LES CLASSIQUES
DU
PROTESTANTISME FRANÇAIS
XVIe, XVIIe ET XVIIIe SIÈCLES.

HISTOIRE ECCLÉSIASTIQUE
DES
ÉGLISES RÉFORMÉES
AU ROYAUME DE FRANCE.

LES CLASSIQUES
DU PROTESTANTISME FRANÇAIS
XVIᵉ, XVIIᵉ ET XVIIIᵉ SIÈCLES.

CETTE RÉIMPRESSION
DES MONUMENTS HISTORIQUES ET LITTÉRAIRES
DE LA RÉFORMATION FRANÇAISE
SERA ANNOTÉE ET REVUE SUR LES MEILLEURS TEXTES.
ELLE EST PUBLIÉ SOUS LE PATRONAGE DE LA
SOCIÉTÉ DE L'HISTOIRE DU PROTESTANTISME FRANÇAIS
ET AVEC LE CONCOURS D'UN COMITÉ COMPOSÉ DE
MM. Alfred André, Eugène Bersier, Jules Bonnet,
Henri Bordier, Maurice Cottier, le Cᵗᵉ Jules Delaborde,
Alfred Franklin, J. Gaiffe, C. Jameson, William Jackson,
Fr. Lichtenberger, Henri Lutteroth, William Martin,
G. de Monbrison, Rosseeuw Saint-Hilaire,
E. Sayous, le Bᵒⁿ de Schickler.

COMMISSAIRE DÉLÉGUÉ POUR LE PRÉSENT OUVRAGE :
M. Jules Bonnet.

HISTOIRE ECCLÉSIASTIQUE

DES

ÉGLISES RÉFORMÉES

AU ROYAUME DE FRANCE.

ÉDITION NOUVELLE AVEC COMMENTAIRE
par feu G. BAUM et par Ed. CUNITZ.

TOME TROISIÈME.

Contenant la Préface, l'Introduction et la Table alphabétique
rédigées par Rodolphe REUSS.

PARIS
LIBRAIRIE FISCHBACHER
Société anonyme
33, rue de Seine, 33

1889.

PRÉFACE.

*Nous offrons enfin au public le troisième et dernier volume de l'*HISTOIRE ECCLÉSIASTIQUE DES ÉGLISES RÉFORMÉES DE FRANCE. *Une véritable fatalité semble s'être acharnée contre cette réimpression critique, désirée depuis si longtemps déjà et si incontestablement utile. Il y a cinquante ans, presque jour pour jour, que cette nouvelle édition devait paraître. Dans un prospectus, resté manuscrit, M. Baum annonçait qu'il allait en commencer la publication en janvier 1839 et la mener à bonne fin dans le courant de l'année même. Pourtant un demi-siècle entier s'est écoulé avant que cette promesse ait pu être tenue, et le savant biographe de Théodore de Bèze n'a pas même eu la satisfaction d'entrevoir la réalisation de son rêve favori. En effet, la malencontreuse et si fautive réimpression, donnée par M. Marzial en 1841, rendit impossible, et pour longtemps, la reprise de tout travail analogue. Néanmoins M. Baum y songeait toujours, et il accumulait des notes nouvelles quand la maladie paralysa son activité scientifique, jusqu'au moment où une mort, bien lente à venir, le délivra de ses souffrances*[1].

Deux ans plus tard, son fidèle ami, M. Edouard Cunitz, entreprit d'utiliser ces matériaux épars, de les coordonner et de les compléter encore, pour donner enfin au protestantisme français

---

1. M. J. G. Baum est mort à Strasbourg le 29 octobre 1878.

Préface.

une édition vraiment scientifique de cet ouvrage si précieux pour la connaissance exacte de l'âge héroïque de la Réforme. Nul n'était mieux préparé pour une tâche pareille que l'érudit auquel nous devons les copieuses annotations de la correspondance de Calvin dans l'édition magistrale de ses ŒUVRES COMPLÈTES. Occupé pendant vingt ans à scruter dans ses menus détails l'histoire du seizième siècle, il était à même d'« illustrer » le texte de l'HISTOIRE ECCLÉSIASTIQUE d'une foule de notes critiques et d'y apporter des éclaircissements, sans lesquels le texte lui-même resterait bien souvent obscur.

Ce n'est pas à nous qu'il appartient d'apprécier ici ce véritable monument de savoir et de patience, œuvre préférée de deux maîtres, étroitement unis par des études communes et par une touchante amitié. Il a reçu d'ailleurs de la part des juges compétents l'accueil reconnaissant qu'il méritait à tous égards. Sans se laisser entraîner à une production hâtive par la concurrence si profondément regrettable, qui surgit inopinément, alors que le travail des savants strasbourgeois était depuis longtemps annoncé, M. Cunitz fit paraître un premier volume en 1883 et le second dans le cours de l'année suivante. Malheureusement pour la réussite complète de son œuvre, le savant professeur, après avoir mis au jour la plus grande partie de son travail, fut saisi, lui aussi, par une maladie cruelle, qui ne lui permit pas d'achever ce qu'il avait si bien commencé. Pendant quelques mois encore sa main défaillante continua de corriger les épreuves du présent volume ; il se raidissait de toute l'énergie d'une volonté tenace contre le mal qui, lentement mais sûrement, le menait au tombeau. Il dut enfin renoncer à la lutte et ce fut son ancien maître et son collègue, M. le professeur Edouard Reuss, qui revit les dernières feuilles du texte, pendant la longue agonie de son ami[1].

Au moment où M. Cunitz fermait les yeux, une double besogne restait à faire, d'inégale importance sans doute, mais également

---

1. M. Edouard Cunitz est mort à Strasbourg le 16 juin 1886.

nécessaire pour donner à cette édition nouvelle toute sa valeur et son utilité pratique. Il y fallait une table des matières détaillée pour les noms de lieux et de personnes, qui permît de se retrouver dans cet amas touffu de faits que le narrateur avait groupés par grandes masses seulement, et non pas en chapitres distincts ; il fallait encore une introduction critique qui orientât les lecteurs sur l'origine du livre, sur sa composition, sa valeur historique, etc.

*La première de ces tâches n'était pas de nature à effrayer un travailleur patient et consciencieux, mais la seconde était autrement difficile, en l'absence surtout de toutes notes préparatoires de la part des savants éditeurs. M. Cunitz n'avait pu se résigner à croire qu'il lui serait refusé de mettre la dernière main à son travail; aussi avait-il toujours réservé pour la fin, cette étude dont les éléments lui étaient trop familiers pour qu'il songeât à les fixer d'avance sur le papier, et qui aurait présenté d'ailleurs peu de difficultés sérieuses à ce connaisseur émérite du siècle de la Réforme. Les liens personnels qui me rattachaient au défunt, bien plus que mes études spéciales, ont engagé l'éditeur de l'*HISTOIRE ECCLÉSIASTIQUE *à s'adresser à moi pour me demander de terminer ce grand travail, deux fois interrompu. Malgré le sentiment très-vif des difficultés de cette tâche, je n'ai pas cru pouvoir refuser une offre qui m'associait, pour une part modeste, à l'œuvre capitale d'un homme auquel m'unissait une vieille et profonde affection. J'ai considéré ce travail en quelque sorte comme un legs pieux du défunt lui-même, et après des hésitations bien naturelles, je me suis mis à l'ouvrage.*

Pendant deux ans j'ai consacré les trop rares loisirs que me laissait ma besogne officielle, à dresser la table détaillée qui termine ce travail; elle facilitera dorénavant, je l'espère, les recherches de tous ceux qui voudront puiser dans cette volumineuse compilation les mille détails relatifs au passé de telle Eglise, à la destinée de tel martyr, obscur ou célèbre, aux violences de tant

de persécuteurs, infimes ou puissants, de l'Evangile en France.
Je ferai remarquer seulement que cette table des matières ne renferme que les noms de lieux et de personnes figurant dans le texte
même de l'Histoire ecclésiastique. M. Cunitz avait encore lui-même entrepris ce dépouillement méthodique pour le premier
volume, et j'ai dû continuer son travail d'après le même système,
négligeant, comme lui, de propos délibéré, les matériaux accumulés dans ses notes, si riches en renseignements de tout genre.
Cette apparente exclusion semblera d'ailleurs naturelle, puisque
l'index ne doit servir en définitive qu'à orienter le lecteur dans
l'œuvre elle-même, qui ouvre la série des Classiques du protestantisme français [1]. J'ai réuni également, à la fin du volume,
un certain nombre de fautes d'impression, échappées à la fatigue
croissante du savant éditeur, alors qu'il essayait encore de lutter
contre la maladie fatale et de continuer son labeur jusque sur
son lit de souffrance.

Quant à l'introduction, placée en tête du volume, j'éprouve le
besoin de réclamer pour elle toute l'indulgence de la critique
compétente. Sans le vœu pressant de mon ami, M. Fischbacher,
j'aurais préféré de beaucoup ne pas aborder une question si complexe et si difficile, que M. Cunitz aurait traitée avec une toute
autre abondance de renseignements précis, avec une connaissance
autrement approfondie du sujet. J'ai tâché d'élucider les divers
problèmes que soulève l'Histoire ecclésiastique du mieux que j'ai
pu, avec les matériaux peu nombreux que j'ai réunis moi-même
et les quelques indications de MM. Baum et Cunitz, fournies par
les papiers de ce dernier. Ce ne sera malheureusement qu'une esquisse fort incomplète et bien différente de ce que nous aurait offert
M. Cunitz, s'il lui avait été donné de pouvoir exposer ici toutes
les idées que lui avaient suggéré ses études spéciales et la longue

---

1. Nous avons à peine besoin de faire remarquer, à cette occasion, que les chiffres de la table des matières renvoient à la pagination de l'édition princeps, reproduite dans la présente, afin qu'elle puisse être utilisée par les possesseurs de l'une et de l'autre.

pratique de l'ouvrage lui-même. La perte de cette belle étude critique, que nous comptions recevoir bientôt de sa plume, n'est pas un des moindres motifs qui doivent nous faire regretter sa fin prématurée.

Mais quelque incomplet que puisse être cet achèvement de l'œuvre commune des deux savants théologiens de Strasbourg, si fraternellement associés durant une longue vie d'étude, je m'assure néanmoins que leur mémoire restera vivante dans le souvenir reconnaissant de tous ceux que la communauté des sentiments religieux ou la grandeur d'un passé héroïque intéressent à l'œuvre de la Réforme. Leur labeur persévérant nous a dotés d'une édition définitive du monument capital de la foi huguenote au seizième siècle. Malgré les taches légères qu'on pourra signaler dans leur travail, et qui sont inhérentes à toute œuvre humaine, malgré les lacunes que la mort seule les a empêché de combler, ils ont bien mérité tous deux du protestantisme français.

Strasbourg, le 26 février 1889.

ROD. REUSS.

NOTICE

BIBLIOGRAPHIQUE, HISTORIQUE ET LITTÉRAIRE

SUR

L'HISTOIRE ECCLÉSIASTIQUE DES ÉGLISES RÉFORMÉES

AU ROYAUME DE FRANCE.

Nous avons groupé dans les pages qui suivent toutes les données que nous avons pu réunir, soit dans les notes de MM. Baum et Cunitz, soit par nous-même, sur l'*Histoire ecclésiastique*. Un premier chapitre est consacré à la description bibliographique de l'ouvrage et à ses éditions successives. Le second essaie d'élucider la question difficile de savoir si c'est réellement à Théodore de Bèze que sont dûs les volumes de notre *Histoire*. Le troisième traite de la composition du récit et des procédés employés pour constituer cette vaste compilation de faits relatifs aux commencements de la Réforme et aux premières guerres de religion en France. Dans le quatrième enfin, nous discuterons rapidement l'*Histoire ecclésiastique* au point de vue de sa valeur historique et littéraire, et nous examinerons l'influence qu'elle a pu exercer sur les contemporains et jusqu'à nos jours.

CHAPITRE I.

LES ÉDITIONS DE L'*HISTOIRE ECCLÉSIASTIQUE*.

I.

La première édition de l'*Histoire ecclésiastique* parut au commencement de 1580[1]. En voici le titre exact et la description sommaire, faite d'après l'original.

HISTOIRE | ECCLESIASTIQVE DES | EGLISES REFORMEES AV ROYAVME | de France, en laquelle eſt deſcrite au vray la renaiſſance & | accroiſſement d'icelles depuis l'an M.D.XXI. juſques | en l'annee M.D.LXIII. leur reiglement ou diſcipline, | Synodes, perſecutions tant generales que particulieres, | noms & labeurs de ceux qui ont heureuſement travaillé, | villes & lieux où elles ont eſté dreſſees, avec le diſcours des | premiers troubles ou guerres civiles, deſquelles la vraye | cauſe eſt auſſi declaree | DIVISÉE EN TROIS TOMES | ayans chaſque Tome leurs tables.

La partie inférieure du titre est ornée de la vignette de trois soldats frappant une enclume à coups redoublés, et dont l'un y brise son marteau. Elle est entourée, sur trois côtés, de la légende bien connue :

Plus a me frapper | on ſ'amuſe, tant plus de | marteaux on y uſe.

Au bas du titre on lit :

De l'Imprimerie de Jean Remy. | A Anvers | 1580.

La préface du premier tome, non paginée, compte 4 feuillets. Suit une *Table des villes et lieux*, de 3 feuillets, et une *Table des martyrs* de 3 feuillets, également non paginées toutes deux. Le texte même embrasse, sur les pages 1 à 901, les livres I à V de l'*Histoire*. Ce volume se termine par un *Indice des matières,* de

---

[1]. Dès le 23 février 1580, Bèze en envoyait un exemplaire au landgrave de Hesse. Heppe, *Beza,* p. 382.

12 feuillets non paginés. Entre le texte du récit et l'Indice se trouve un feuillet blanc.

Le titre du second volume n'est pas semblable à celui du premier; le voici :

DEVXIESME VOLVME | DE | L'HISTOIRE | ECCLESIASTIQUE | DES | EGLISES REFORMEES AV | ROYAUME DE FRANCE : MON- | trant l'eftat des Eglifes, depuis le maffacre de Vaffy, | plus le commencement & continuation des premi- | eres guerres civiles, divers massacres, sieges et prin- | ses de villes, rencontres, batailles, et autres actes me | morables. |

Le reste du titre, y compris la vignette, est identique à celui du premier volume.

Suivent une *Table des villes et lieux,* de quatre feuillets, et une *Table de ceux qui ont efté maffacrés,* de trois feuillets, toutes deux non paginées. Le texte du récit, comprenant les livres VI à IX, va de la page 1 à la page 836. L'*Indice des matières* remplit 9 feuillets non paginés.

Enfin voici le titre du tome III, dont le commencement diffère également de celui des premiers.

TROISIESME VOLVME | DE | L'HISTOIRE | ECCLESIASTIQUE DES | EGLISES REFORMEES AU | ROYAUME DE FRANCE : CON- | tenant la continuation des premieres guerres civi- | les, jufques au premier edit de Pacification. |

Le reste du titre est identique à celui des volumes précédents. La *Table des villes et lieux* comprend 3 feuillets, la *Table des perfonnes de la religion ou maffacrees,* etc., 2 feuillets non paginés. Suit un *Avis au lecteur,* sur un feuillet non paginé; puis vient un feuillet blanc. Le texte des livres X à XVI se trouve pages 1 à 480. Le volume se termine par un *Indice des matières* de 4 feuillets non paginés.

L'impression des trois volumes est des plus compactes; les caractères sont à peine assez grands pour permettre la lecture soutenue d'un plus grand nombre de pages, sans fatiguer la vue, et sur 132 millimètres de hauteur, sans les marges, le texte ne compte pas moins de quarante lignes d'impression. On voit bien que l'on a voulu donner les moindres dimensions possibles à l'ouvrage, afin d'en faciliter l'introduction clandestine en France; toutes les considérations d'élégance typographique ont été sacrifiées évidemment à cette considération d'ordre pratique. Le papier est assez solide cependant, malgré sa couleur jaunâtre et son peu d'épaisseur. Nous n'avons point réussi à y découvrir un filigrane quelconque, qui aurait pu nous éclairer sur sa provenance et nous guider de la sorte dans la détermination de l'imprimerie dont l'ouvrage est sorti.

On n'a jamais hésité d'ailleurs sur le lieu d'impression véritable de l'*Histoire ecclésiastique*. Malgré l'indication d'*Anvers*, placée sur le titre, comme sur celui de bien d'autres volumes prohibés par la censure ecclésiastique, au seizième siècle (à peu près comme on y mettait le nom de *Cologne* au dix-septième ou celui de *Londres* au dix-huitième siècle), on sait fort bien que cet ouvrage a paru à Genève. C'est la seule localité de langue française où pût s'imprimer tranquillement à cette date un travail aussi volumineux. Dans une des notes, malheureusement si rares, que nous avons retrouvées parmi ses papiers, M. Cunitz indiquait même l'officine, ou les officines, dont notre ouvrage, selon lui, devait être vraisemblablement sorti. «L'impression de l'*Histoire ecclésiastique*, dit-il, est faite avec les mêmes caractères qui ont servi à Perrin (*Institution*, 1569, in-8) et à Bourgeois. Ce sont aussi les mêmes caractères que ceux de l'*Histoire des choses mémorables* de Goulart, 1599, in-8.» Si l'on en juge par une autre note fugitive, tracée au crayon, M. Cunitz semblerait avoir songé aussi à un autre imprimeur genevois de l'époque, à Jean de Laon. C'est ce même typographe qui donna en 1581 l'édition française des quarante-quatre *Emblèmes chrétiens* de Théodore de Bèze, traduits par Simon Goulart[1]. Dans l'impossibilité matérielle où nous nous trouvions d'entreprendre l'examen minutieux et la comparaison suivie de tous les types, fleurons, ornements, etc. employés vers 1580 par les concitoyens de Calvin, nous devons abandonner la solution définitive de ce petit problème bibliographique à quelque érudit genevois mieux placé que nous pour élucider ce point de détail.

---

1. Gaullieur, Etudes sur la typographie genevoise, dans le *Bulletin de l'Institut genevois*, 1855. T. II, p. 221.

Introduction.

Il nous faut discuter ici, ou toucher au moins, une autre question, qui se pose au sujet de l'édition que nous venons de décrire. Est-elle vraiment la première, ou ne serait-elle déjà qu'une réimpression, faite immédiatement après la publication de l'*Histoire ecclésiastique,* sortant d'ailleurs des mêmes presses, et portant le même millésime? Voici ce qui a pu donner lieu à une supposition de ce genre [1]. A la page 683 du tome II de notre ouvrage, un paragraphe d'une quinzaine de lignes [2], relatif au siège de Dieppe, manque entièrement dans un certain nombre d'exemplaires, et à la page suivante un autre paragraphe a subi des modifications diverses, de longueur à peu près égale. Cela est assurément singulier, mais il faudrait se garder de conclure, sur un aussi faible indice, à l'existence d'une seconde édition de l'*Histoire,* suivant d'aussi près la première. M. Cunitz n'a vu dans cette *variante* des pages 683 à 684, unique en son genre, qu'une rectification de détail, un *carton,* réclamé par les Dieppois intéressés, dont la conduite était blâmée sans ménagement dans la rédaction primitive. Abstraction faite de bien d'autres raisons (difficulté de réimprimer à si bref délai un tel ouvrage, impossibilité d'avoir placé en si peu de temps l'édition entière, etc.), l'absence de toute autre modification du texte, sauf en cet unique endroit, suffirait pleinement, à notre avis, pour ne pas admettre la mise sous presse d'une édition nouvelle. D'ailleurs on peut constater que le paragraphe modifié à la page 684 a été tiré suffisamment en longueur pour remplir à peu près la place des lignes supprimées à la page précédente. Nous en concluerons donc, en précisant un peu l'opinion énoncée par M. Cunitz, que vraisemblablement le procureur de la ville de Dieppe, ce Le Vasseur qui était accusé de trahison dans la première rédaction, a protesté contre une flétrissure imméritée, et qu'on lui a donné satisfaction en modifiant le texte incriminé dans les exemplaires restant en magasin chez l'éditeur genevois.

1. Cette question n'a jamais été soulevée, que je sache, publiquement, mais dans l'exemplaire de l'édition de 1580, ayant appartenu à M. Cunitz, et actuellement à la Bibliothèque de l'Université de Strasbourg, on lit la note manuscrite suivante : « *Weicht in Band II, p. 683 bis 684 von einer anderen Ausgabe desselben Jahres ab.*»

2. Voy. dans la présente édition II, p. 813, note 2, et 814, note 1 et 2.

2.

La seconde édition de notre ouvrage ne parut que plus de deux siècles et demi après l'édition originale. Pendant que les persécutions continuaient au royaume de France, le nombre des martyrs y croissait trop rapidement pour qu'on pût s'arrêter longtemps à ceux du passé et d'ailleurs l'ouvrage de Crespin, sans cesse tenu à jour et continué par diverses mains, jouissait tout naturellement d'une popularité plus grande. Dans les familles huguenotes, l'*Histoire des Martyrs* était, à bon droit, le livre d'édification par excellence et rejetait dans l'ombre tout ouvrage analogue. Puis vint l'ère d'apaisement sous les règnes de Henri IV et de Louis XIII, époque où le souvenir de ces temps douloureux pouvait sembler importun aux huguenots eux-mêmes, avides avant tout de repos. La révocation de l'Edit de Nantes inaugure une ère de persécutions nouvelles, moins féroces sans doute, mais plus prolongées d'abord et pesant aussi davantage aux générations moins fortement trempées, que la misère ou l'apostasie, l'exil ou la mort venaient frapper. Ce n'était pas le moment de songer aux souffrances du passé, quand, durant tout un siècle, chaque jour en apportait de nouvelles aux protestants français. Plus tard, le triomphe de la philosophie du dix-huitième siècle, la Révolution et ses catastrophes diverses, la bruyante épopée de l'Empire occupèrent exclusivement l'attention publique. Au milieu de tous ces bouleversements qui se pressent et se suivent dans l'histoire de France, il n'y avait guère de place pour l'étude approfondie de l'histoire d'une secte vaincue, poursuivie longtemps, amnistiée maintenant, mais toujours encore peu populaire et ne faisant rien pour le devenir. Ce n'est que sous la Restauration que nous voyons les études sur le passé du protestantisme reprendre parmi nous quelque faveur. Le *Musée des protestans célèbres* de T. G. Doin (1821 à 1824) familiarisa de nouveau, dans une certaine mesure, le grand public réformé avec les noms des héros du seizième siècle. Le rôle politique de plusieurs coreligionnaires éminents, le renouvellement des études historiques, ne furent pas étrangers à ce réveil des sympathies protestantes pour les vieux huguenots, qui se manifesta de 1830 à

1840. C'est sans contredit à ce mouvement général que l'*Histoire ecclésiastique* fut redevable d'un regain de popularité tardive. Un jeune savant strasbourgeois, qui s'était déjà fait connaître par de beaux travaux académiques sur l'histoire de la Réforme en France, M. Jean-Guillaume Baum, conçut en 1838 le projet de réimprimer notre ouvrage avec les éclaircissements nécessaires et des notes critiques, en quatre volumes. Il était encore à la recherche d'un éditeur, quand il se vit inopinément arrêté par l'apparition du premier volume de l'édition de Lille, à laquelle il faut maintenant nous arrêter un instant.

Cette édition forme trois volumes, comme l'édition originale. Le titre est le même pour tous les trois; le voici:

Chroniques ecclésiastiques | HISTOIRE | DES | ÉGLISES RÉFORMÉES | AU | ROYAUME DE FRANCE, | PAR | THÉODORE DE BÈZE. | LILLE | *Imprimerie de Leleux* | *1841.* | in-8[1].

Le nom de l'éditeur ne figure pas sur le titre; nous le trouvons seulement au bas de la dédicace à M. William Declerq, directeur de la Société hollandaise de commerce. C'était M. Th. Marzial, alors pasteur à Lille, depuis l'un des pasteurs de l'Eglise française de Londres, qui avait entrepris cette œuvre difficile, sans y être aucunement préparé par des études ou des recherches spéciales. Aussi le travail qu'il a fourni ne peut-il guère soutenir la critique. Non seulement il est d'une «incorrection scandaleuse», comme l'a dit M. Bordier[2], mais il ne remplit aucune des conditions qu'on est en droit d'exiger aujourd'hui de tout travail de ce genre[3]. Pas une note explicative n'est jointe au texte, le style est modernisé de la façon la plus absurde[4], et tout, jusqu'à la disposition typographique en deux colonnes, en rend la lecture pénible.

Néanmoins nous ne voudrions pas être trop sévère pour l'édi-

---

1. L'ouvrage parut d'abord en livraisons et la première porte la date de 1837, mais le titre d'ensemble du premier volume ne fut imprimé que quatre ans plus tard.

2. France protestante, 2ᵉ édition, II, p. 536.

3. Voy. ce qu'en dit M. Baum dans le vol. II du *Bulletin pour l'histoire du protestantisme français*, p. 217.

4. «C'est Théodore de Bèze rasé, frisé et affublé selon la mode du XIXᵉ siècle», dit M. Baum dans une note manuscrite.

teur lillois ; s'il a jugé inutile de s'expliquer sur ses intentions, dans le moindre bout de préface, on peut croire néanmoins que c'est un sentiment légitime de respect pour les glorieux martyrs du passé qui l'a poussé à remettre leur histoire au jour. Il n'a pas voulu faire, sans doute, œuvre de savant, mais édifier surtout les huguenots contemporains, en leur rendant abordable de nouveau le récit des souffrances de leurs ancêtres. Je m'assure que c'est dans les meilleures intentions du monde qu'il a porté une main maladroite sur le texte de l'*Histoire ecclésiastique* et certes il ne s'est pas rendu compte de l'irrévérence de ses procédés vis-à-vis de l'auteur du seizième siècle. Il a empêché de paraître, pour longtemps du moins, l'édition préparée par M. Baum, c'est vrai ; mais du moins il ignorait, lui, qu'elle était sur le chantier. Et d'autre part, qui sait si le savant strasbourgeois, auquel il n'a pas été donné d'achever sa grande biographie de Théodore de Bèze, bien qu'il y ait consacré trente ans de travail, aurait pu mener à bonne fin, dès alors, cette entreprise de longue haleine, au milieu de tant d'autres projets littéraires caressés et poursuivis par lui? Grâce à M. Marzial, quelques-uns des historiens postérieurs, qui n'auraient pas recherché, ni trouvé peut-être à leur portée, le texte original de notre ouvrage, ont pu utiliser, et non sans profit, les récits de l'*Histoire ecclésiastique*. Ce n'est pas assez pour décerner des éloges à l'éditeur, mais c'est une circonstance atténuante qu'il n'est que juste de faire valoir en sa faveur.

On comprend qu'il n'y ait pas beaucoup d'observations à faire, ni de détails à donner sur une édition faite dans des conditions pareilles. Les pages I à XXIV du premier volume sont occupées par une *Vie de Théodore de Bèze,* très générale et passablement superficielle, sortie de la plume de M. le pasteur Boissard[1] ; il ne s'y trouve pas un mot de renseignement spécial sur l'ouvrage même que réimprimait M. Marzial. Le texte des livres I à V suit de la page 1 à la page 566, imprimé, comme nous l'avons dit, sur deux colonnes. Le second volume (p. 1 à 512) renferme les livres VI à IX, il est dédié à M. le docteur Conquest ; le troisième enfin, dédié à Mad. Cavalier, née van Carnebeck, renferme (p. 1 à 305)

---

1. C'est tout simplement la réimpression de la notice insérée dans le *Musée des protestans célèbres* de Doin, T. IV, deuxième partie, p. 5-69.

le texte des livres X à XVI. Les pages 307 à 317 donnent une *Table analytique* de tout l'ouvrage, les pages 319 à 328 une *Table ou classification des matières,* faite avec celles de l'édition originale, fondues en une seule. On peut croire que les trois noms placés en tête des trois volumes, sont ceux des personnes dont la munificence a permis au pasteur lillois d'entreprendre la réimpression de l'ouvrage, qui ne porte sur le titre, on l'a vu, que le nom du typographe. Il n'a donc pas été mis, paraît-il, en vente par l'intermédiaire d'un libraire-éditeur.

3.

Pendant une série d'années il n'est plus question de l'*Histoire ecclésiastique.* En 1854 enfin, M. Baum revient une seconde fois à son projet favori; il expose au public protestant l'utilité d'une réimpression critique, dans le *Bulletin du protestantisme,* devenu l'organe central pour les études sur l'histoire religieuse et politique du protestantisme français. Il offre d'en donner une édition correcte; « cette œuvre éminemment utile, dit la rédaction du *Bulletin,* est toute prête, en portefeuille; l'édition nouvelle se composerait de trois volumes, dont le prix de souscription pourrait être fixé à vingt francs [1]. »

Il serait fort oiseux de rechercher aujourd'hui les causes pour lesquelles ce nouvel appel ne fut pas entendu. Nous ignorons absolument si des souscriptions furent recueillies alors, ou si le silence seul accueillit les offres bénévoles de notre érudit concitoyen. En tout cas, nous n'en avons pas retrouvé la trace, et lui-même ne devait plus vivre assez longtemps pour se réjouir de la réalisation tardive de ses projets favoris. Il n'avait pas encore fermé les yeux sans doute, mais depuis longtemps cette belle intelligence était voilée, quand, dans la séance générale de la *Société de l'histoire du protestantisme français,* tenue le 20 mai 1878, le président M. de Schickler annonçait que M. Fischbacher avait pris l'initiative de la publication de l'*Histoire ecclésiastique,* annotée par M. Baum, révisée et complétée par M. Cunitz. En présence de la masse énorme des documents à consulter, des

---

[1]. Bulletin II, p. 221.

textes à comparer et à éclaircir, il n'y a pas lieu de s'étonner que la mise sous presse du premier volume se soit fait avec quelque lenteur. Les premières feuilles ne furent imprimées que dans les commencements de l'année 1880[1]. Cette élaboration consciencieuse d'un travail définitif sur la matière, servit malheureusement de prétexte à la *Société des livres religieux* de Toulouse, pour entreprendre, avec une arrière-pensée que nous n'avons point à apprécier ici, mais qui n'échappait à personne, une réimpression hâtive de l'*Histoire ecclésiastique*. Les démarches officieuses tentées pour empêcher un pareil gaspillage de forces et d'argent, pour « substituer à une fâcheuse concurrence l'unité si désirable en un pareil sujet », restèrent malheureusement sans effet. Le Comité de la *Société du protestantisme français* dut se borner à « exprimer ses regrets de ce que le comité de Toulouse n'eût pas crû devoir respecter l'initiative prise et publiquement annoncée, il y a moins de deux ans[2]. »

Voulant arriver à tout prix sur le marché avec leur marchandise, avant le travail des savants strasbourgeois, au risque évident de rendre impossible une seconde fois cette publication si nécessaire, en lui enlevant toute chance de succès matériel, les promoteurs de l'édition de Toulouse firent gémir leurs presses avec une activité fiévreuse et réussirent en effet à devancer de quelques mois la publication du premier volume de M. Cunitz. Leur édition parut en 1882, sous le titre suivant :

HISTOIRE ECCLÉSIASTIQUE | DES | ÉGLISES RÉFORMÉES | AU | ROYAUME DE FRANCE | par | *Théodore de Bèze* | *publiée d'après l'édition de 1580* | *avec des notes et des éclaircissements* | *par* | *P. Vesson.* | Tome premier | (Tome second). |

Suit la vignette imitée de l'édition *princeps*.

Toulouse | Société des livres religieux | Dépôt: Rue Romiguières, 7 | 1882, pet. in-4°.

Le premier volume s'ouvre par un *Avant-propos* de M. Vesson (p. I-III).

1. Bulletin XXIX, p. 575.
2. Ibid.

Introduction. XIX

Le texte des premiers livres y va de la page 1 à la page 661, suivi d'une courte table des matières (p. 663 à 668). Le second volume donne la fin de l'*Histoire ecclésiastique,* dans les pages 1 à 534. Puis vient la *Table des matières* (p. 535 à 540), un *Index alphabétique des villes et lieux* (p. 541 à 556), et un *Index alphabétique des noms de personnes* (p. 557 à 590). Le volume se termine par une page d'*Errata*.

Le texte est imprimé, tout comme dans l'édition de Lille, sur deux colonnes; seulement, le format étant plus grand, cette disposition typographique, pour être incommode, frappe moins désagréablement la vue. L'ensemble typographique se présente également d'une façon bien plus élégante; il devait en être ainsi pour une publication patronnée par une société disposant de ressources aussi considérables que la *Société des livres religieux* de Toulouse. Malheureusement nos éloges doivent se borner à la partie purement matérielle de l'entreprise. Il est vrai que M. Vesson lui-même, dans sa préface, a soin de déclarer que «tout ce que notre publication ambitionne d'être, c'est une édition plus fidèle (que celle de 1841), sans cesser d'être populaire». Il a voulu «faire œuvre de vulgarisation et non d'érudition» et il proteste contre toute velléité «d'aborder la question critique, ce qui nous aurait entraîné beaucoup plus loin». Il aurait pu même se dispenser de ce dernier aveu, le nom de Théodore de Bèze, mis hardiment sur le titre même de l'ouvrage, indiquant assez combien peu l'honorable éditeur avait conscience des problèmes critiques soulevés par l'*Histoire ecclésiastique*. L'appareil des notes, jetées çà et là au bas des pages, ne saurait faire illusion qu'aux lecteurs les moins exigeants et les plus superficiels. La *France protestante*, l'*Histoire des Martyrs*, l'*Encyclopédie des sciences religieuses* en ont fourni la matière, avec quelques autres ouvrages choisis presque au hasard, et très-inégalement exploités d'ailleurs [1]. Le double *Index* est d'une maigreur telle qu'il ne saurait orienter sérieusement les chercheurs, et le travail tout entier aurait pu rester *populaire* — si tant est qu'on puisse appeler populaire n'importe quel ouvrage de *treize cents* pages — tout en étant mieux soigné. La seule

---

[1]. Voy. ce que dit M. Jules Bonnet sur «l'insuffisance notoire» de ces notes dans le Bulletin XXXII, p. 326.

chose qu'on doive à M. Vesson, c'est la reproduction plus exacte du texte même de notre ouvrage, fournie à un bon marché relatif. Cela dispensera dorénavant de recourir à l'édition défigurée de Lille; mais, pour comprendre sans peine, et pour expliquer partout ce texte, ce n'est certes pas à l'édition de Toulouse que les travailleurs sérieux devront s'adresser. Heureusement qu'elle n'a point empêché de paraître à la dernière heure le travail de MM. Baum et Cunitz, «cette édition exceptionnelle, qu'aucune imitation ne saurait approcher même de loin», ainsi que l'appelait naguère un juge des plus autorisés en la matière [1].

CHAPITRE II.

THÉODORE DE BÈZE EST-IL L'AUTEUR DE L'*HISTOIRE ECCLÉSIASTIQUE*?

Quel est l'auteur de l'*Histoire ecclésiastique?* Au premier abord cette question peut sembler oiseuse, tellement le nom de Théodore de Bèze est identifié, pour la plupart de ceux qui le connaissent, avec celui de notre ouvrage. On a vu tout à l'heure que MM. Marzial et Vesson n'ont éprouvé aucun scrupule à indiquer d'office, sur le titre de leurs réimpressions, le successeur de Calvin comme l'auteur de l'*Histoire* et de suppléer ainsi au silence, motivé sans doute, de l'édition originale. Ils s'appuyaient, on doit le dire, sur une tradition constante en apparence, et se savaient en tout cas en excellente compagnie. Mais en les examinant de plus près, on s'aperçoit bientôt que les fondements de cette tradition ne sont rien moins que solides, et que les arguments internes, appelés à la rescousse, laissent, eux aussi, le critique dans une indécision complète.

On nous permettra d'exposer ici un peu longuement cette question, traitée pour la première fois d'une façon plus détaillée, bien qu'avec des matériaux encore bien incomplets. Peut-être réussirons-nous, sinon à convaincre entièrement les partisans de la

---

[1]. Discours de M. Fernand de Schickler à l'Assemblée générale de la Société de l'histoire du protestantisme, du 9 octobre 1883. Bulletin XXXII, p. 439.

donnée traditionnelle, du moins à ébranler leur conviction première, et à pousser quelque érudit de loisir à des recherches nouvelles dans les archives et les bibliothèques de Genève. Il y trouverait sans doute, comme fruit de ses labeurs, la solution définitive de ce petit problème d'histoire et de bibliographie.

I.

Nous avons donc à examiner comment il se fait qu'un ouvrage, publié sans nom d'auteur, et qui, de propos délibéré, s'annonce comme une production anonyme, ait pu être attribué, d'une façon presque unanime, à une personnalité nettement distincte. Et tout d'abord, y a-t-il réellement, comme on le prétend, une tradition constante à ce sujet?

Un de mes premiers étonnements, en me mettant à l'étude de cette question préliminaire, fut de constater combien peu les auteurs contemporains ont parlé de l'*Histoire ecclésiastique,* et combien peu elle a été utilisée par ceux-là même, qui auraient pu y puiser des matériaux en abondance pour leurs propres récits. A la réflexion cependant, ce fait s'explique par la date à laquelle notre ouvrage parut, alors qu'on était énervé par de longues guerres civiles, et qu'une nouvelle lutte, plus acharnée peut-être, allait bientôt s'ouvrir. Le sentiment de respectueuse piété pour les premiers martyrs, qui remplissait autrefois les cœurs, avait fait place à des haines, chaque jour plus intenses, et d'autres personnages occupent la scène, qui détournent l'attention publique des *revenants* d'avant 1563. Sans doute aussi que le nombre des exemplaires, qui purent pénétrer en France, ne fut jamais considérable, et qu'ils s'y noyèrent, pour ainsi dire, dans l'immense littérature, amoncelée sur la matière, depuis Regnier de la Planche et les Mémoires de Condé, jusqu'au monumental travail du président de Thou. Les éditions de l'*Histoire des martyrs,* subséquentes à 1580, sont à peu près le seul travail qui avoue, ainsi que nous le verrons plus tard, en quelques endroits, les emprunts faits à notre ouvrage. La Popelinière, successeur immédiat de l'*Histoire ecclésiastique,* au point de vue chronologique, l'exploite également en maint endroit, mais sans la nommer; à plus forte raison, ces écrits ne nous apprennent-ils rien sur l'auteur. La première mention que nous connaissions sur ce sujet, est celle de La Croix-du-Maine, dans sa *Bibliothèque,* sous la rubrique Théodore de Bèze. «Il a escrit, nous dit-il, l'histoire de son temps, imprimée l'an 1580 [1].» C'est là, nous l'avouons, un témoignage laconique, mais précis, donné par un écrivain qui connaissait bien la littérature contemporaine, et qui, ayant vingt-huit ans au moment où paraissait notre *Histoire,* était à même de se renseigner immédiatement sur la provenance des ouvrages anonymes apparaissant sur le marché. D'autre part, il est permis de conclure de la façon même dont il mentionne le livre, qu'il ne l'a pas eu entre les mains, puisque ce n'est nullement une histoire générale du temps présent; La Croix-du-Maine était d'ailleurs catholique, et son témoignage peut fort bien n'être qu'un écho d'un bruit, répandu partout à cette époque, et attribuant, assez naturellement du reste, une œuvre de cette importance au chef spirituel du calvinisme contemporain.

Après ce témoignage isolé, il nous faut descendre jusqu'à l'*Histoire universelle* de Jacques-Augustin de Thou, pour rencontrer de nouveau l'*Histoire ecclésiastique* et le nom de son auteur présumé. On sait que les premiers volumes de ce grand travail parurent de 1604 à 1606, c'est-à-dire à peu près au moment de la mort du réformateur genevois [2]. Dans les vingt-neuf premiers livres de l'*Histoire universelle* il n'est pas question de notre ouvrage, et les faits qu'on serait tenté d'y croire puisés, peuvent avoir été pris tout aussi bien dans l'*Histoire des Martyrs* [3]. Mais à partir du trentième livre, et jusqu'au trente-cinquième inclusivement, l'ouvrage et son auteur supposé paraissent régulièrement dans la nomenclature des auteurs consultés [4]. On sait que le président ne fait pas de renvois spéciaux dans ses récits, mais qu'il place, au bas du sommaire de chaque livre, la liste de

1. Premier volume de la Bibliothèque du sieur de la Croix-du-Maine, etc. Paris, L'Angelier, 1584. fol., p. 464.

2. Nous nous sommes servi pour nos citations de la meilleure et de la plus complète des éditions de l'original latin, donnée par Samuel Buckley, à Londres, 1733, en sept volumes in-folio.

3. Par ex. au livre XIX, chap. 15, T. I, p. 664.

4. T. II, p. 182. «*Ex auctoribus* : .... *Theodori Beʒae Historia Ecclesiastica.*» Et de même, p. 214, 246, 284, 317, 345.

Introduction. XXIII

ses sources. C'est principalement pour le tableau de la guerre de 1562 que de Thou a puisé dans l'*Histoire ecclésiastique*, montrant ainsi qu'il savait quelles étaient les parties de l'ouvrage dont la valeur comme source historique étaient le plus considérable.

Cette mention de l'*Histoire* et de son auteur, reste pour longtemps la dernière à nous connue. Bientôt les bibliographes d'alors en perdent la trace. Une séparation se fait dans leurs nomenclatures, entre les œuvres théologiques de toute nature, dûes au chef du calvinisme de Genève et cet ouvrage anonyme, dont l'intérêt s'efface à mesure que d'autres événements majeurs se produisent dans l'histoire politique et religieuse. Détail caractéristique, au lendemain presque de sa mort, le biographe de Théodore de Bèze, le ministre Antoine de La Faye, ne sait rien de ce volumineux ouvrage[1]. Durant le dix-septième siècle, les polygraphes et les érudits qui mentionnent l'homme et l'écrivain et nous donnent parfois une liste minutieuse de ses moindres traités polémiques, ne disent rien de ce travail capital qu'il aurait écrit[2].

Il faut arriver à Pierre Bayle et à son *Dictionnaire* (1696), pour rencontrer de nouveau la mention de l'*Histoire ecclésiastique* jointe au nom du disciple préféré de Calvin. Dans une des notes accompagnant sa notice très détaillée sur Bèze, il dit, en parlant de la liste de ses écrits donnée par La Faye : « L'Histoire ecclésiastique des Eglises réformées n'y est pas non plus. C'est un ouvrage très curieux qui s'étend depuis l'an 1521 jusques à la paix du 13 de mars 1563[3]. » L'expression de la pensée du célèbre écrivain n'est pas absolument nette, on le voit, car il ne se prononce pas, du moins pas catégoriquement, sur la question de savoir si réellement Bèze est l'auteur de l'ouvrage. Un autre témoignage est à peu près contemporain de celui de Bayle, le premier qu'on puisse appeler un témoignage direct et réfléchi ; c'est celui que nous rencontrons dans le *Mélange critique de littérature*,

1. *De vita et obitu Theodori Be7ae.* Genevae 1606, in-8.
2. Voy. par exemple Paul Freher, *Theatrum virorum eruditione clarorum*, etc. Norimbergae, Hoffmann, 1688, fol. p. 334-337. Adolphe Clarmundus, *Vitae clarissimorum in re litteraria virorum, d. i. Lebensbeschreibung*, etc. Wittemberg, Ludwig, 2ᵉ édition, 1711, in-18. T. II, p. 140-178.
3. Nous citons d'après la quatrième édition du *Dictionnaire historique et critique* (Amsterdam, 1730), T. I, p. 551, note L.

recueilli des conversations de feu Monsieur Ancillon (Basle, 1698). On y lit la déclaration suivante : «On met au nombre des ouvrages de Bèze l'Histoire ecclésiastique qui paraît sous son nom. Il est vrai qu'il y a travaillé et qu'il y a la meilleure part, mais il est certain que Nicolas Des Gallars y a mis aussi du sien. Placcius *de Anonymis* fait cette remarque et je le sais d'ailleurs[1].» Nous ne connaissons du *Théâtre des anonymes* de Vincent Placcius qu'une édition postérieure à l'apparition du volume d'Ancillon, et donnée en 1708 par le célèbre philologue Fabricius. On y trouve en effet le passage suivant, auquel le ministre berlinois semble faire allusion : «*Gallasius cum Beza habetur auctor Historiae Ecclesiasticae...*» L'auteur ne paraît pas cependant avoir eu une opinion personnelle sur la matière, car cette déclaration n'est qu'un fragment d'une lettre du savant Gerhard de Maestricht, qui lui-même y appelle en témoignage deux autres théologiens hollandais du dix-septième siècle, Jean Hoornbeek et Simon Oomius. Or, ces deux auteurs, dont les ouvrages nous sont restés inconnus, ont exprimé en tout cas leur jugement d'une manière fort peu claire ; car ledit Gerhard est tenté d'attribuer, sur leur témoignage, en outre de l'*Histoire ecclésiastique,* les *Commentaires* de Jean de Serres, soit à Bèze et à Des Gallars, soit à l'un d'entre eux[2]. On voit combien toutes ces hypothèses ou toutes ces réminiscences sont déjà confuses, même au sein des communautés calvinistes du dehors. L'affirmation recueillie de la bouche de David Ancillon rencontre d'ailleurs bientôt des contradicteurs. Dans sa *Bibliothèque historique,* le Père Le Long, après avoir cité le titre de notre ouvrage, continue en ces termes : «Le catalogue de M. Des Cordes, p. 196, marque que ce livre a été imprimé à Genève. Théodore de Bèze, à qui il est attribué par plusieurs, est mort en 1605. On met, dit Ancillon... (suit la citation donnée plus haut). Ancillon n'est point exact dans le commencement de cette

---

1. *Mélange critique,* T. I, p. 402.

2. Vincentii Placcii *Theatrum Anonymorum.* Hamburgi, Liebernickel, 1708, fol. T. I, p. 585-586. Dans le supplément à Placcius, donné par Mylius (*Bibliotheca anonymorum et pseudonymorum ad supplendum Vincentii Placii Theatrum,* etc. Hamburgi, Brandt, 1740. fol.) l'Histoire ecclésiastique reparaît encore une fois avec cette simple mention : «*Auctor est Theodorus Beza, liber autem ipse valde rarus.*» p. 106.

remarque, car cette Histoire ne marque point le nom de son auteur dans le titre et Antoine de La Faye qui a composé la Vie de Bèze et y a ajouté la Catalogue de ses ouvrages, ne fait aucune mention de son Histoire ecclésiastique [1].» Depuis ce moment cependant, et malgré le doute exprimé par le savant oratorien, la thèse de la paternité de Théodore de Bèze recrute des adhérents de plus en plus nombreux. C'est ainsi que, vers le milieu du dix-septième siècle, les compilateurs de la nouvelle édition des *Mémoires de Condé,* Secousse et Lenglet-Dufresnoy, admettaient que Bèze était l'auteur de notre ouvrage [2]. C'était également l'avis des compilateurs des deux dictionnaires historiques les plus consultés et les mieux faits de leur temps, du catholique Moréri [3], comme du protestant Iselin [4], auxquels nous ajouterons Ch. G. Jœcher, l'érudit compilateur du *Gelehrten-Lexicon,* si fréquemment consulté encore de nos jours [5].

Un homme admirablement placé pour approfondir la question, le ministre Jean Senebier, de Genève, vint un peu plus tard l'embrouiller encore par des déclarations presque contradictoires. Dans son *Catalogue raisonné des manuscrits conservés à la Bibliothèque de Genève,* dont il était le directeur, il disait en 1779, à propos de Mémoires manuscrits sur les affaires ecclésiastiques de France, mentionnés sous le numéro 193 : «Ces papiers sont faits en partie par Nicolas des Gallars qui écrivait l'histoire des Eglises de France, attribuée à Théodore de Bèze, quoiqu'il soit prouvé que Théodore de Bèze l'ait seulement dirigée, ou qu'il ait seulement travaillé au premier volume [6].» Il négligeait malheureusement de dire où, quand et par qui ce fait d'importance

---

1. *Bibliothèque historique de la France.* Paris 1719, fol. p. 78.

2. Mémoires de Condé. Londres, 1743 à 1744, 6 vol. in-4. Voy. par ex. vol. IV, p. 116, la *Relation de la mort du roy de Navarre.*

3. Nous citons le *Grand Dictionnaire historique* d'après la dix-huitième édition (Amsterdam 1740), T. II, p. 262.

4. *Neu-vermehrtes historisches und geographisches allgemeines Lexicon.* Basel, 1726, T. I, p. 486.

5. *Allgemeines Gelehrten-Lexicon.* Leipzig, Gleditsch, 1750, in-4. T. I, col. 1069.

6. *Catalogue raisonné des manuscrits,* etc., par J. Senebier. Genève, Chirol, 1779. in-8. p. 457.

majeure avait été établi. Ce qui était plus fâcheux encore, c'est que, sept ans plus tard, il écrivait ce qui suit dans son *Histoire littéraire de Genève*, à propos de l'*Histoire ecclésiastique :* « De Bèze est l'auteur du plan et d'une très-grande partie de cet ouvrage; Nicolas des Gallars l'acheva sous les yeux de Bèze[1]. » Et, parlant un peu plus loin de ce ministre genevois, il ajoute : « Ancillon dit que des Gallars travailla avec Bèze à l'Histoire des Eglises réformées de France; Bayle ne le croit pas, mais il ne donne aucune raison pour appuyer son opinion[2]. » Le bibliothécaire de la République de Genève rétractait, on le voit, l'opinion précédemment énoncée, et, à un siècle de distance, il revenait à l'opinion du vieil émigré messin.

2.

A partir de ce moment le nom de Bèze n'est plus mis sérieusement en question, pour autant que nous sachions, du moins par les écrivains de langue française. Il est l'auteur de l'*Histoire ecclésiastique* pour Sismondi[3] comme pour M. Floquet[4], pour MM. Boissard[5] et Crottet[6] comme pour Henri Martin[7] et pour Michelet[8], soit qu'ils admettent la collaboration de Des Gallars, soit qu'ils ne se soient pas préoccupés du tout de la question critique, et citent notre ouvrage en suivant simplement la tradition vulgaire. Le premier écrivain qui se soit occupé plus longuement, de nos jours, de l'*Histoire ecclésiastique*, M. A. Sayous, n'a consacré, lui aussi, que quelques lignes à ce problème, bien qu'il ait parlé du livre avec des développements sur lesquels nous aurons à revenir. Ce qu'il dit dans ces lignes n'est toujours, en somme,

---

1. *Histoire littéraire de Genève*. Genève, Barde, Manget et Cie., 1786. 3 vols. in-8. T. I, p. 295.

2. Ibid., p. 342.

3. *Histoire des Français*. Paris, Treuttel, 1834. T. XVIII, p. 23.

4. *Histoire du parlement de Normandie*. Rouen, 1840. T. II, p. 367.

5. *Vie de Bèze*, en tête de l'édition de M. Marzial. T. I, p. XVIII.

6. *Petite Chronique protestante de France*. Paris, Cherbuliez, 1846. p. 86, 152, etc.

7. *Histoire de France*. (4ᵉ édit.) 1858. Paris, Furne. T. IX, p. 54, 100, 102, 114, 124, etc.

8. *Histoire de France*. Nouv. édit. Paris, 1879. T. XII, p. 371.

Introduction.

qu'une répétition du passage d'Ancillon. « On l'attribue universellement à Théodore de Bèze. On veut que le ministre des Gallars ait concouru à cet ouvrage, mais on accorde tout au moins à Bèze le premier volume de l'ouvrage, et c'est lui en donner la meilleure part, le reste du livre se réduisant presque uniquement à une accumulation de faits uniformes et peu variés [1]. »

On put croire, un instant, que la question de l'origine et de la composition de l'*Histoire ecclésiastique* allait entrer dans une phase nouvelle, quand parut la quatrième partie de la *France protestante* des frères Haag (1853). Dans la notice consacrée à Théodore de Bèze, après avoir cité les opinions de Bayle, d'Ancillon et de Senebier, le rédacteur de la notice continuait. « Précieuse par les renseignements qu'elle renferme, cette histoire n'a dû coûter néanmoins que peu de peine à ses auteurs. Ils n'ont guère eu qu'à classer, par règne, et d'après les juridictions des parlaments, les mémoires qui leur avaient été envoyés de France, vraisemblablement tout rédigés [2]. » Cette indication sommaire présentait le germe de la seule théorie rationnelle sur la formation de notre ouvrage, et faisait perdre du coup toute importance à la question de l'auteur. Malheureusement elle ne fut pas remarquée ou du moins n'exerça aucune influence appréciable sur les écrivains qui touchèrent à notre ouvrage plus tard, et reprirent tous l'opinion traditionnelle.

Il est presque inutile de continuer à relever dans tous les écrivains récents, qui se sont occupés des guerres de religion du seizième siècle, les traces de cet accord universel. Protestants et catholiques, bibliographes et théologiens s'entendent à ce sujet, M. François Puaux[3] avec M. Brunet[4], M. Henri Lutteroth[5] et

---

1. *Etudes littéraires sur les écrivains français de la Réformation.* 2ᵉ édit. Paris, Cherbuliez, 1854. T. I, p. 340.

2. *France protestante.* Paris, Cherbuliez, 1853. T. IV, p. 281-282.

3. *Histoire de la réformation française.* Paris, M. Lévy, 1859. T. I, p. 210, 223, 226, 269, etc.

4. *Manuel du libraire.* 5ᵉ édit. Paris, Didot, 1860. T. I, p. 834. Dans sa très-maigre notice M. Brunet a introduit un *Jean* des Galards.

5. *La Réformation en France.* Paris, Meyrueis, 1859. p. 86, 177, 219, etc.

M. Alphonse de Ruble[1] avec M. le vicomte de Meaux[2], M. Jules Bonnet[3] avec M. Viguié[4]. Tout récemment encore, lorsque M. A. Franklin mettait au jour cette grande et belle œuvre collective, la réimpression des planches de Tortorel et Périssin, la plupart de ses collaborateurs et lui-même n'ont pas songé à contester à Bèze la paternité de l'*Histoire ecclésiastique*. M. Michel Nicolas et M. Ernest Lavisse, M. Ludovic Lalanne et M. Charles Molinier, ont ajouté sans le moindre scrupule à leurs citations le nom du prédicateur genevois. M. Fernand de Schickler est le seul qui se soit abstenu de joindre le nom de Théodore de Bèze aux extraits de notre ouvrage[5].

A ce moment cependant, M. Henri Bordier, auquel l'histoire du protestantisme français doit une si vive reconnaissance et dont nous déplorons la perte récente, avait réédité déjà, en les faisant siennes, les paroles de MM. Haag, dans la seconde édition de la *France protestante*, et l'autorité légitime de son nom aurait dû inspirer au moins quelques doutes aux défenseurs de la composition de l'*Histoire ecclésiastique* par le théologien de Genève[6]. Nous ne voyons pas, pourtant, qu'il ait trouvé de l'écho, et les pages récentes consacrées par M. Jules Bonnet au premier volume de l'édition de MM. Baum et Cunitz, ne témoignent pas chez le savant historien d'un abandon de la tradition courante à ce sujet[7].

3.

En Allemagne la question de savoir quel était l'auteur de notre *Histoire* ne fut également abordée d'une façon plus sérieuse que

---

1. *Commentaires et lettres de Blaise de Monluc*. Ed. par Alphonse de Ruble. Paris, Renouard, 1866. T. II, p. 343.
2. *Les luttes religieuses au seizième siècle*. Paris, Plon, 1879. p. 20, 21, 23, 41, etc.
3. *Trois ans de l'Eglise réformée de Paris*, dans le *Bulletin du protestantisme*, 1878. T. XXIX, p. 446.
4. *Encyclopédie des sciences religieuses*. Paris, 1879. T. II, p. 271.
5. *Les grandes scènes historiques du seizième siècle*, publiées par M. Alfred Franklin. Paris, Fischbacher, 1886. fol. *passim*.
6. *France protestante*. 2e édit. Paris, Fischbacher. T. II, p. 535-536 (1879).
7. *Bulletin* 1883, p. 323.

Introduction.

de nos jours. Pendant toute la première moitié de ce siècle aucun des biographes allemands de Bèze ne lui disputa cette œuvre. Si Schlosser exprima très-brièvement une opinion contraire [1], ni Meyer de Knonau [2], ni Wachler [3], ni Henry, dans sa *Vie de Calvin* [4], pas plus que Hagenbach [5] ou que Herzog, dans sa grande *Encyclopédie théologique* [6], n'ont eu de doute à cet égard. L'illustre historien Léopold de Ranke ne cite l'*Histoire ecclésiastique* qu'une seule fois, sans se prononcer sur son auteur [7]. C'est dans l'*Histoire du protestantisme français jusqu'à la mort de Charles IX*, de M. Guillaume Soldan, publiée en 1855, que nous rencontrons pour la première fois une réfutation motivée de l'opinion vulgaire. Le savant professeur de Giessen y a consigné dans une note assez étendue les motifs qui ne permettent pas, selon lui, d'attribuer notre ouvrage au réformateur genevois. «On l'attribue ordinairement, dit-il, à Théodore de Bèze, mais celui-ci n'en est certainement pas le véritable auteur, quoiqu'on ait utilisé peut-être des communications émanant de lui. On y rencontre des inexactitudes dans le récit d'événements, auxquels Bèze avait assisté lui-même et qu'il raconte autre part (par ex. dans ses lettres) en termes très-différents. En outre, on ne saurait concilier avec le caractère bien connu de Bèze ce fait qu'il se serait décerné des éloges tels qu'on les rencontre par exemple au tome I, p. 521. En d'autres passages l'auteur parle clairement de lui-même comme d'une personne distincte du réformateur (tome I, p. 583).... L'*Histoire ecclésiastique* est d'ailleurs compilée en grande partie, et même mot à mot, de livres qui avaient paru

---

1. *Leben des Theodor de Beza und des Peter Martyr Vermili.* Heidelberg, Mohr, 1809, p. 105.

2. Ersch und Gruber, *Encyclopædie*, Article *Beza*, Leipzig, Brockhaus, 1822. T. IX, p. 393.

3. *Handbuch des Geschichte der Litteratur*, 3. Aufl. Leipzig, Barth, 1833. T. III, p. 253.

4. *Leben Calvin's*. Hamburg, Perthes, 1835. T. I, p. 73; T. III, p. 507.

5. *Vorlesungen über Wesen und Geschichte der Reformation*. Leipzig, Weidmann, 1837. T. III, p. 42, 56, etc.

6. *Realencyclopædie*. Stuttgart, Besser, 1854. T. II, p. 318. Article *Beza*.

7. *Französische Geschichte*. 4e édit. Leipzig, Duncker, 1868. T. I, p. 167.

auparavant, tels que les *Actes des martyrs,* La Planche, et autres.... [1] »

L'opinion de M. Soldan fut presque immédiatement corroborée, au moins dans une certaine mesure, par un autre historien, également compétent en cette matière. Dans son grand travail sur *La conversion de Henri IV,* M. E. Stæhelin, de Bâle, disait, en parlant de l'*Histoire ecclésiastique :* « Bien que je cite cet ouvrage sous le nom de Bèze, je n'ai pas besoin, je pense, de déclarer ici d'une façon plus catégorique, qu'à mes yeux non plus ce n'est en son entier l'ouvrage du réformateur de Genève. Par contre je suis entièrement d'accord avec les critiques récents, sur ce point que Bèze a contribué pour une part notable à cette œuvre par ses communications écrites et orales; je crois surtout qu'on ne se trompera guère en admettant que les réflexions et les jugements disséminés dans ce livre doivent être considérés comme empruntés à la manière de voir de Bèze [2]. »

Les ouvrages de MM. Soldan et Stæhelin venaient à peine de paraître, quand leur manière de voir au sujet de l'*Histoire ecclésiastique* rencontra la dénégation la plus catégorique. Dans le premier volume d'un travail de longue haleine sur l'histoire des huguenots, qui, malheureusement, n'a jamais été terminé, M. Gottlob de Polenz revendiquait énergiquement pour Bèze l'ouvrage qu'on prétendait lui disputer. L'auteur de l'*Histoire du calvinisme français* insistait sur le caractère primesautier des récits de notre ouvrage, qui ne s'expliquait, selon lui, qu'en admettant leur rédaction par Théodore de Bèze, contemporain, témoin et même acteur dans les scènes qu'il décrit. « Les affirmations produites par Soldan, disait-il, pour contester à Bèze la rédaction de l'*Histoire,* peuvent paraître séduisantes à certains égards, mais toute démonstration probante fait défaut pour cette hypothèse, aussi bien que pour la supposition d'après laquelle le ministre réformé contemporain Des Gallars aurait écrit le livre Sa participation même à la rédaction reste tout-à-fait incertaine [3]. »

1. *Geschichte des Protestantismus in Frankreich bis zum Tode Karl's IX.* Leipzig, Brockhaus, 1855. T. I, p. 88, note.

2. *Der Uebertritt Heinrich's IV.* Basel, Schweighæuser, 1856, p. 115.

3. *Geschichte des französischen Calvinismus bis zur Nationalversammlung von 1789.* Gotha, Perthes, 1857. T. I. p. 221.

Introduction.

La dernière fois, à notre sû du moins, que la question de l'*Histoire ecclésiastique* et de son auteur ait été traitée scientifiquement, c'est dans la *Vie de Théodore de Bèze* de M. le professeur Heppe, de Marbourg. Ce savant, connu par de nombreux travaux sur l'histoire ecclésiastique du seizième siècle, s'est prononcé catégoriquement contre l'opinion traditionnelle, soit en répétant les arguments de Soldan, soit en y ajoutant quelques démonstrations nouvelles, et entre autres, une lettre de Bèze au landgrave Guillaume de Hesse, dont nous aurons à reparler tout à l'heure [1].

Ces protestations réitérées ont eu pour résultat de rendre plus circonspects les compilateurs des dictionnaires et des encyclopédies destinées au grand public allemand ; si l'on y cite encore l'*Histoire ecclésiastique* parmi les ouvrages de Bèze, on y ajoute au moins que beaucoup de savants ne la regardent pas comme étant de lui [2], et le plus souvent on la passe sous silence [3].

Le lecteur qui aurait eu la patience de nous suivre à travers cette longue nomenclature d'auteurs, forcément aride, emportera sans doute de cette course rapide une seule impression durable, mais c'est aussi celle qu'il convient de garder. Il s'étonnera de voir sur quelles affirmations vagues et peu concluantes on a jadis attribué l'*Histoire ecclésiastique* à Bèze ; il s'étonnera plus encore que ces assertions aient été répétées de génération en génération, sans qu'aucun critique protestant, aucun historien français ait eu seulement l'idée d'examiner sur quelles preuves se basait cette tradition, aujourd'hui trois fois séculaire. En tout état de cause, ce n'est pas — si nous en exceptons les indications sommaires de MM. Haag, Soldan, Heppe et Bordier — dans la littérature parcourue tout à l'heure, que l'on peut trouver les éléments nécessaires pour élucider le problème, et savoir à quoi nous en tenir sur l'auteur de notre *Histoire*. Essayons d'aboutir en prenant une autre voie ; abordons l'ouvrage lui-même, examinons-le à ce point de vue tout spécial, et tâchons de lui arracher son secret. C'est

---

1. *Theodor Beza, Leben und ausgewählte Schriften.* Elberfeld, Friederichs, 1861, p. 382-383.

2. Par exemple *Conversations-Lexicon.* 12. Aufl. Leipzig, Brockhaus. T. III, p. 353.

3. Par exemple *Lexicon für Theologie und Kirchenwesen.* Leipzig, 1882. p. 78.

dans cette direction que nous poussent les observations critiques de MM. Soldan et Heppe; voyons si leur méthode est la bonne, ou, du moins, si elle suffit à nous donner des résultats certains et irréfutables.

4.

En parcourant attentivement le volumineux ouvrage qui nous occupe, l'on constatera tout d'abord qu'il ne s'y trouve pas un seul passage qui témoigne d'une façon nette et précise en faveur de Théodore de Bèze comme auteur de l'*Histoire*. Tout ce qu'on pourra déduire de ses récits, ne sont que des présomptions, favorables ou contraires, basées sur les appréciations toutes subjectives du lecteur et qui se contrebalanceront le plus souvent, avec un degré presque égal de vraisemblance.

Examinons d'abord les passages qui peuvent servir ou serviront encore à affirmer l'opinion traditionnelle. Nous les prenons ici, comme pour ceux qu'il faudra citer tout à l'heure en sens contraire, dans l'ordre dans lequel ils se suivent dans l'*Histoire ecclésiastique*, et non pas d'après leur importance, ce qui nécessiterait un classement plus ou moins arbitraire, auquel nous ne saurions attacher d'ailleurs aucune importance. Ces passages se trouvent plus particulièrement au second volume de l'*Histoire* et nous verrons, au chapitre suivant, pourquoi il devait en être ainsi. Nous essaierons de faire valoir avec une égale et scrupuleuse impartialité les arguments contraires, ce qui nous sera d'autant plus facile, qu'un très-petit nombre seulement des passages qui suivent ont été visés jusqu'ici d'une manière spéciale, et que nous aurons à plaider ainsi nous-même, alternativement, le pour et le contre.

I. Dans le récit du martyre des «cinq écoliers de Lyon», la mention du fait que l'un d'eux, Bernard Seguin, «avait servi à escrire à Lausanne à Théodore de Bèze»[1], indiquerait que ce récit est sorti de la plume du réformateur. Un autre n'aurait pas songé à relever ce détail fort secondaire. Cet argument n'a guère de portée, puisque évidemment le secrétaire de Bèze devait être plus connu que d'autres étudiants obscurs, et tout rédacteur

---

1. *Histoire*, T. I, p. 89.

huguenot du martyre de ces pauvres victimes du fanatisme lyonnais pouvait, aussi bien que Bèze, mentionner un détail qui honorait Séguin.

II. A propos de la défection de Genlis, il est raconté qu'« un ministre, qui avait esté appelé à son conseil (celui de Condé) pour faire les prières, adressant sa parole en l'aureille à quelcun des seigneurs assistans, luy dit ces propres mots qui se trouvèrent après trop véritables : Voyez vous cestuy-là qui s'en va, vous ne le verrez plus, etc. [1] » Ce ministre était vraisemblablement Bèze, dit-on; or lui seul pouvait avoir gardé le souvenir précis des paroles amères par lesquelles il comparait Genlis à Judas, et les incorporer à son ouvrage. Il est facile de répondre qu'une prophétie prononcée au quartier-général de l'armée huguenote et accomplie le lendemain, pouvait facilement se répandre et frapper les esprits; d'ailleurs rien ne prouve que le ministre dont il s'agit ait été nécessairement Théodore de Bèze; il y en avait bien d'autres à l'armée, à côté de lui.

III. En parlant des théologiens calvinistes arrivant à Poissy pour assister au colloque, l'un d'eux, Pierre Martyr, est mentionné avec éloge par l'*Histoire* comme «homme de très-grande érudition», tandis qu'on nomme simplement «Théodore de Bèze, de Vezelay en Bourgongne, lors ministre à Genève» [2]. Un autre que Bèze n'aurait pas mis Pierre Martyr avant l'*alter ego* de Calvin, surtout puisqu'il est avéré, par notre texte même, que Bèze «s'y trouva le premier des deux», et de plus, il aurait fait suivre le nom de celui-ci de quelque épithète flatteuse. On peut assurément raisonner ainsi, mais n'est-ce pas attacher bien de l'importance à la position relative de deux noms propres, et Théodore de Bèze n'était-il pas trop connu de tout le monde protestant pour qu'il fût nécessaire de lui accoler quelque éloge banal ?

IV. M. Cunitz a fait ressortir dans une de ses notes que l'*Histoire ecclésiastique* appelle le réformateur wurtembergois Jean Brenz, un «hérétique Eutychien et Nestorien». Or c'est précisément dans ces termes que Théodore de Bèze caractérise les opinions théologiques de Brenz sur le titre d'un opuscule latin, publié en

---

[1]. *Histoire*, T. I, p. 216.
[2]. *Histoire*, T. I, p. 471.

1565[1]. Soit; mais n'est-ce pas dans ces mêmes termes que tout théologien calviniste de l'époque aurait jugé la théologie de cet adversaire luthérien?

V. M. Cunitz a signalé également comme un indice qui permettrait de revendiquer l'*Histoire* pour Bèze, le passage suivant: «Monluc revint de la cour sur le commencement de janvier 1562 . . . et peu s'en fallut qu'un ministre qu'on estimoit avoir quelque crédit envers les Eglises, ne luy fust adjoint par adviser à modérer toutes choses en Guyenne[2].» Il pensait que l'absence même d'un nom propre, alors qu'il s'agissait ici de Théodore de Bèze, militait en faveur du théologien genevois. Mais il faudrait, pour pouvoir accorder à cet argument une valeur probante, être sûr tout d'abord que c'est bien de Bèze qu'il s'agit; même alors, il serait permis de ne pas tirer de ces deux lignes la conséquence qu'on veut en faire sortir.

VI. Au début du second volume, on peut trouver un argument très-plausible dans la réponse du réformateur à Antoine de Navarre: «Sire, c'est à la vérité à l'Eglise de Dieu . . . d'endurer les coups et non pas d'en donner. Mais aussi vous plaira-il vous souvenir que c'est une enclume qui a usé beaucoup de marteaux[3].» C'est évidemment de cette fière parole que s'est inspiré l'auteur de la vignette placée en tête de l'*Histoire* et de la légende qui l'accompagne: «Plus à me frapper on s'amuse, tant plus de marteaux on y use.» Mais il nous semble, à seconde réflexion, que ce fait même devrait plutôt militer contre la paternité de Bèze qu'en sa faveur. Il n'aurait pas commis l'imprudence et n'aurait pas eu la vanité de se dénoncer ainsi comme l'auteur du livre, alors qu'il refusait pourtant d'y mettre son nom.

VII. Bèze s'est également révélé, nous dit-on, comme narrateur et comme témoin oculaire, lorsqu'il raconte les remontrances des ministres à Condé, au sujet de la cession de Beaugency au roi de Navarre: «L'un desquels, ne pouvant avoir autre raison de ceux qui avaient donné ce malheureux conseil, leur dit en face, qu'il estait bien à craindre qu'ils n'essuyassent en leurs propres enfants,

1. *Histoire*, T. I, p. 589.
2. *Histoire*, T. I, p. 806.
3. *Histoire*, T. II, p. 3.

et bientôt, le tort qu'ils avaient fait aux pauvres enfants de Dieu[1].» Bèze seul aurait eu l'autorité nécessaire pour hasarder une semonce pareille. Admettons que le ministre anonyme dont il est question dans ce passage soit Théodore de Bèze; ce n'est pas encore une raison suffisante pour que lui seul puisse l'avoir écrit.

VIII. L'auteur de l'*Histoire ecclésiastique* cite des lettres intimes, comme celles des princes allemands à Condé, ou de Christophe de Wurtemberg à la reine-mère[2]; cela prouve qu'il avait des sources d'information nombreuses, que des renseignements précieux lui sont parvenus; mais le fait ne suffit pas pour appuyer l'hypothèse traditionnelle, car c'est aller infiniment trop loin que de dire que «ces documents ne pouvaient guère être dans d'autres mains que dans celles de Bèze»[3]. Celui-ci ne pouvait-il pas les avoir communiqués à l'auteur, ou ce dernier n'a-t-il pas pu les recevoir d'autre part? Qui sait même, si ces lettres n'étaient pas imprimées depuis longtemps, soit en France, soit en Allemagne, au moment où elles paraissaient dans l'*Histoire,* dix-huit ans après avoir été écrites?

IX. A propos des conférences de Talcy, si légèrement acceptées par Condé, l'*Histoire* dit: «Plusieurs prevoyans le but des ennemis, s'opposoient à cela, et notamment deux ministres qui estaient accourus d'Orléans.... mais toutes leurs remonstrances ne servirent de rien, tant estoit grande l'efficace de l'esprit d'erreur[4].» «L'un de ces deux ministres, ajoute en note M. Cunitz, doit probablement avoir été Théodore de Bèze, dont les regrets rétrospectifs semblent même dominer tout l'exposé des faits, donné par notre texte.» Tous les ministres de France partageaient, à vrai dire, ces regrets; il n'y aurait donc pas de conclusion spéciale à en tirer.

X. L'auteur de l'*Histoire* blâme également comme une faute grave l'hésitation de Condé à marcher sur Paris, en novembre 1562[5]. Or Bèze, dans une de ses lettres à Calvin, formule exacte-

---

1. *Histoire*, T. II, p. 90.
2. *Histoire*, T. II, p. 53 et suiv.
3. Note manuscrite de M. Baum.
4. *Histoire*, T. II, p. 120.
5. *Histoire*, T. II, p. 192-193.

ment le même blâme[1]. C'est là encore une coïncidence, qui aurait pu se reproduire avec tout autre écrivain huguenot.

XI. En parlant de la *Déclaration* de Coligny contre les dépositions de Poltrot, datée du 12 mars 1562, il est dit dans notre ouvrage : «Après lesquels fut aussi ottroyé à Théodore de Bèze d'insérer la réponse sur ce qui le concernoit[2].» On peut voir dans cette mention expresse du ministre de l'Evangile à la suite du grand seigneur, marchant, pour ainsi dire, de pair, une preuve que le premier a participé à la rédaction du récit. Mais on peut répondre aussi que, calomnié comme Coligny, Bèze devait comme lui se défendre, et que n'importe quel narrateur protestant aurait mentionné sa défense.

XII. La mention de Nicolas de Bèze, à propos de la rançon imposée à Antoine Vaysse, médecin à La Charité, semble militer également en faveur de Théodore de Bèze, car aucun autre auteur n'aurait eu l'idée de le mentionner ici, si ce n'est son frère. — On ne voit pas bien comment on se serait dispensé de nommer Nicolas de Bèze, en racontant ce fait, puisque c'est précisément dans sa maison de Chalonne qu'il eut lieu[3].

XIII. L'*Histoire,* en racontant l'arrivée «d'un autre envoyé de la part du prince» à Angers, rapporte que les soldats de son escorte «rompirent les images au temple Sainct-Samson... Cela fut cause que le lendemain, s'estant iceluy transporté au palais... il desavoua aussi... tous ceux qui rompraient les images et commettraient aucunes insolences»[4]. Or ce fait nous est confirmé d'autre part, et on nous apprend même que Bèze y prêcha contre les iconoclastes[5]. Si Bèze n'était pas l'auteur de notre récit, pourquoi l'auteur aurait-il supprimé le nom? — Il y a bien d'autres pages encore de l'*Histoire* où sont mentionnés, d'une façon anonyme, des ministres, qui ne sauraient être le réformateur genevois; pourquoi l'aurait-on nommé toujours, contrairement à la «modestie evangélique»? Il est bien assez souvent mentionné dans le cours

---

1. *Beza Calvino, Calvini Opera.* XIX, p. 597.
2. *Histoire,* T. II, p. 290.
3. *Histoire,* T. II, p. 431.
4. *Histoire,* T. II, p. 547.
5. *Ibid.* Voy. la note de M. Cunitz.

Introduction.

de notre livre pour qu'on ne voie pas dans l'oubli de son nom, la preuve assurée qu'il en est l'auteur.

Tous ces passages, scrupuleusement colligés par nous dans les volumes de l'*Histoire ecclésiastique,* et dont beaucoup n'avaient encore jamais été allégués en faveur de Théodore de Bèze, ne sont nullement décisifs, on le voit, en sa faveur. Ils ne convaincront que ceux des lecteurs qui sont enclins d'avance à se laisser convaincre. Ils persuaderont d'autant moins les esprits calmes et réfléchis qu'en reprenant la lecture de l'*Histoire,* dans le but d'y rencontrer des indices contraires à l'histoire traditionnelle, on y trouvera tout autant de motifs plausibles pour la mettre en doute. Nous ne parlons pas ici des nombreuses répétitions, des contradictions même, qui se trouvent dans le récit, et qui, subsistant en tout état de cause, peuvent s'expliquer, comme on le verra, d'une façon très naturelle. Nous ne nous y arrêterons donc pas ici; les passages que nous relèverons sont ceux-là seulement que Soldan déjà, puis Heppe, ont allégués pour démontrer que Bèze n'est pas l'auteur de l'*Histoire ecclésiastique,* et quelques autres, dont nous avons pu allonger leur liste.

Nous les plaçons ici, comme les précédents, à la suite l'un de l'autre, dans l'ordre où nous les rencontrons dans l'ouvrage luimême, et non d'après leur importance au point de vue critique.

I. On a fait remarquer d'abord que Bèze, l'auteur des *Juvenilia* et de tant d'autres poésies latines, n'aurait pas copié, sans la changer, l'épithète de «poëte infâme» donnée à Horace par Regnier de la Planche [1]. A cela on peut répondre que précisément à cause des accusations calomnieuses dont ses poésies légères étaient le prétexte, le réformateur genevois aurait pu vouloir flétrir un confrère dont la licence dépassait encore la sienne.

II. On a relevé ensuite ce détail que, d'après l'*Histoire ecclésiastique,* les ministres réunis à Poissy, présentent leur mémoire à la reine le *17* août 1561 [2]. Or, d'après une lettre de Bèze du 22 août [3], cette remise aurait eu lieu dès le *12* août, ce qui constitue une différence très appréciable de cinq jours. Les défenseurs

---

1. *Histoire,* T. I, p. 225.
2. *Histoire,* T. I, p. 490.
3. *Calvini Opera,* XVII, p. 626.

de la tradition répondront sans doute que Théodore de Bèze, en écrivant sa lettre, avait forcément un souvenir plus précis des événements survenus, que dix-huit ans plus tard, en écrivant son ouvrage, et qu'il n'avait pas, probablement, sa correspondance sous la main, lorsqu'il rédigeait ce chapitre de son livre.

III. Après avoir reproduit la harangue de Théodore de Bèze à la reine-mère, l'*Histoire* continue : «Cette harangue fut prononcée d'une façon fort agréable à l'assistance[1].» Soldan, et Heppe après lui, ont fait remarquer que le caractère grave et modeste du réformateur ne lui aurait pas permis de vanter ainsi sa propre éloquence. On pourrait objecter peut-être aux deux savants allemands que le mot *agréable* n'a pas ici le sens qu'ils lui prêtent, et peut signifier simplement que les paroles de Bèze agréèrent à l'assemblée de Poissy.

IV. Dans le récit du colloque, nous rencontrons un passage qui peut sembler décisif, à moins qu'on ne veuille attribuer à Théodore de Bèze l'intention d'induire en erreur ses lecteurs, de propos délibéré. «Quant à ce que de Bèze, est-il dit dans l'*Histoire,* avoit esté repris d'avoir usé de mauvaise foy.... de Bèze n'y respondit rien pour lors, pour ce qu'il se contentoit (*comme depuis je le luy ay ouï dire*) d'avoir respondu au principal sans s'arrester aux accessoires»[2]. Ici la personne du narrateur et celle du ministre de Genève sont si nettement distinguées l'une de l'autre, qu'on ne saurait les embrouiller par une subtilité quelconque, du moment qu'on maintient l'unité de l'ouvrage.

V. Un peu plus loin, le réformateur n'aurait pas sans doute écrit, en parlant de lui-même: «De Bèze respondit, en sous riant, que c'estait mal argué»[3]; c'est la note d'un *observateur* du colloque, l'orateur principal n'ayant pas le loisir de remarquer et de marquer de la sorte les nuances de sa discussion.

VI. Dans le récit des discussions dogmatiques reprises à la conférence de Saint-Germain, nous lisons ce qui suit: «.... Les autres docteurs (catholiques) leurent un long escrit dont je n'ay jamais peu recouvrer copie.... Finalement les ministres, par

---

1. *Histoire*, T. I, p. 521.
2. *Histoire*, T. I, p. 583.
3. *Histoire*, T. I, p. 586.

l'organe dudit de Beze, proposèrent ce que s'ensuit, ainsi qu'il a peu estre recueilli »[1]. Ici encore, il est presque impossible de croire que le rédacteur de ces lignes n'ait pas été distinct de l'orateur dont il cite le discours, à moins qu'on n'admette que Théodore de Bèze ait voulu sciemment masquer son activité littéraire.

VII. L'*Histoire ecclésiastique* se prononce très-favorablement sur le ministre Jacques Ruffi qui prit «par singulière providence de Dieu» une part si active à la saisie de la ville de Lyon par les huguenots[2]. Or Calvin jugea avec une sévérité extrême l'attitude militante de ce ministre et son « indécence » à prendre les armes[3]. Il n'est guère admissible que Théodore de Bèze ait différé, dans ses idées sur ce point, de son maître et ami vénéré. Il ne peut donc avoir rédigé notre *Histoire*.

On le voit, une fois de plus, nous restons indécis en présence de ces arguments, moins nombreux sans doute que ceux allégués en sens contraire, mais autrement concluants, pour la plupart. Il n'est donc pas étonnant qu'on ait tâché de découvrir, autre part encore, des preuves subsidiaires à l'appui, soit de l'une, soit de l'autre hypothèse.

5.

Ces preuves, on les a cherchées dans la correspondance de Bèze, et c'est assurément là qu'il est le plus probable d'en trouver un jour de définitives. Malheureusement une partie minime seulement de cette correspondance, dispersée par toute l'Europe, a vu le jour, et nous ne pouvions utiliser ici que les documents à la portée de tous. Le *Bulletin du protestantisme français* a publié naguère une lettre de Théodore de Bèze à l'érudit Nicolas Pithou, de Troyes, lettre datée de Genève, 22 mai 1565, et dont l'original est conservé au tome 104 de la collection Dupuy (Bibliothèque Nationale). On y lit le passage suivant : «... Les longs delays desquels on a usé en plusieurs lieux à m'envoyer mémoires, m'ont fait retarder jusques à maintenant l'ouvrage que savez : mais j'espère bientôt y mettre la main...[4]» L'éditeur de

---

1. *Histoire*, T. I, p. 695.
2. *Histoire*, T. III, p. 220.
3. *Calvini Opera*, XIX, p. 409.
4. *Bulletin*, année 1883, T. XXXII, p. 252.

cette pièce a parfaitement raison, en voyant dans ces lignes une «allusion évidente à l'*Histoire ecclésiastique,* publiée quinze ans plus tard, et à la façon dont elle fut composée»; nous croyons seulement qu'il dépasse le but en ajoutant «par Théodore de Bèze». De ce que le président du Vénérable Consistoire de Genève centralisait entre ses mains tous ces mémoires historiques sur les diverses Eglises de France, dont nous parlerons au chapitre suivant, on n'est pas en droit de conclure, à notre avis, qu'il a rédigé lui-même la compilation qui en est sortie.

La même remarque critique s'applique à une lettre de Théodore de Bèze à Henri Bullinger, de Zurich, en date du 3 mai 1565, dans laquelle il lui parle de ses nombreux travaux. Après en avoir mentionné deux, il ajoute: «*Tertius labor est omnium maximus, civilis nimirum belli historia, cuius Commentarios vix tandem undique nunc collegi, tantae molis ut camelum, nedum asinum possint obruere. Sed hoc postremum tibi in aurem dictum velim...*[1]» Ecrite au même moment que la précédente, elle parle uniquement d'un amoncellement de matériaux formidable, et rien ne nous y fait voir l'activité d'un historien créant une œuvre personnelle. La dernière ligne ne marque pas nécessairement le désir de l'auteur de se cacher sous le voile de l'anonyme, mais peut s'appliquer tout aussi bien au chef de parti religieux, ne voulant pas compromettre ses correspondants nombreux de France, en révélant prématurément le réquisitoire qu'on prépare contre les persécuteurs de l'Evangile.

Enfin nous pouvons citer encore une troisième lettre, inédite celle-là, que M. Baum a copiée jadis à Genève; elle est adressée par le pasteur Théophile Banos à Théodore de Bèze. Elle est datée du 14 des calendes de mars, sans indication d'année. En voici le texte, d'après les notes du savant strasbourgeois: «*Integrum mihi non fuit certi aliquid de iis scribere quae tu mihi praeceperas et summopere desiderare intelligebam. Nam quod ad historiam attinet, offerebantur tantum nobis rhapsodiae nonnullae a quibus te abhorrere certo scio, neque hac de (re) certi aliquid respondere possum, nisi quod Synodus, quae istic coacta est, designavit*

---

[1]. L'original de cette lettre se trouve à la Bibliothèque ducale de Gotha. M. Cunitz en avait pris une copie, conservée dans ses papiers.

nonnullos ad rerum gestarum memoriam diligenter perscrutandam, et monumenta omnia, si quae colligi possunt fide digna, ad te quam primum mitterentur, quod propediem facturos confido[1].» Ici encore nous voyons Théodore de Bèze réunir des dossiers pour un travail futur, nous ne trouvons rien dans ces lignes qui établisse d'une façon tant soit peu certaine que l'*Histoire ecclésiastique* est sortie de sa plume.

Parmi les documents allégués *contre* le réformateur genevois, M. Heppe a placé en première ligne une lettre écrite par Théodore de Bèze au landgrave Guillaume de Hesse, datée du 23 février 1580, et publiée pour la première fois par lui, d'après l'autographe de Marbourg[2]. C'est le seul document contemporain imprimé qui nous parle de l'*Histoire ecclésiastique* immédiatement après son apparition, et, à ce titre déjà, nous devions le reproduire, pour autant qu'il touche à notre sujet.

Illustrissimo et potentissimo Principi et Domino,
Domino Wilhelmo Dei gratia Hassiae Landgravio,
Comiti in Catzenellenbogen, Dietz, Ziegenhain, Nidda, etc.
Theodorus Beza graciam et pacem a Domino.

. . . . Caeterum, Illustrissime princeps, edita est nunc primum Gallicarum Ecclesiarum historia, ab ipso instaurati veri Christianismi initio, nempe ab anno Christi 1521 ad annum usque 1563, id est primi civilis belli finem, vel potius primum de pace edictum, quum ne nunc quidem bellum illud finitum videatur. Continet autem haec historia res supra modum memorabiles et pene incredibiles plurimas : verissimas tamen et tum summa diligentia collectas, tum pari fide absque fuco et ornatu descriptas, *etiamsi scriptor nomen suum reticuit,* vetus illud verissimum dictum veritus : Veritas odium parit. Etsi autem edita nunc non est tam

---

1. «Manuscrits de Genève». Note de M. Baum. Nous ne savons qui était ce correspondant de Bèze. Un Etienne Banos figure *France protestante*, 2ᵉ édit. I, p. 666.

2. *Universitati literarum Basiliensi . . . solemnia saecularia quarta . . . rite celebranti, optima quaeque precatur Universitatis literarum Marpurgensis Proretor cum Senatu. Insunt epistolae quas Theodorus Beza ad Wilhelmum IV, Hassiae landgravium misit, primum editae.* Marpurgi, 1860. in-8. p. 25.

emendate quam oportuit, spero tamen Celsitudini tuae ingratum non fore, ac proinde *velim a Celsitudine tua benigno vultu accipi ex eius, ut arbitror, manu, a quo has ipsas literas acceperis,* Deum precatus, Illustrissime princeps, ut Celsitudinem tuam Spiritu sancto suo regere et omni sanctae felicitatis genere magis ac magis cumulare pergat.

Genevae, 23 Februarii 1580.

Celsitudini Tuae addictissimus
Theodorus Beza.

M. Heppe, en reproduisant plus tard une partie de cette lettre, découverte par lui, dans sa *Vie de Théodore de Bèze,* ajoute que le réformateur fait parvenir l'*Histoire ecclésiastique* au prince allemand comme un ouvrage auquel il est entièrement étranger, mais en lui reconnaissant de grands mérites; qu'en expliquant le motif pour lequel l'auteur a gardé l'anonyme, c'est-à-dire la crainte de s'attirer de puissantes inimitiés, il indique évidemment que le rédacteur de l'*Histoire* habite la France catholique et non la protestante Genève. Si Bèze avait vraiment composé le livre, dit-il, il ne l'aurait pas autant vanté, et vu ses relations intimes avec le landgrave Guillaume, il n'aurait point eu l'idée, en général, de parler d'une façon si obscure et si embrouillée d'un travail sortant de sa plume[1]. On pourrait arguer d'autre part en tirant précisément parti des phrases, passablement embrouillées, en effet, de notre lettre, que Théodore de Bèze a voulu laisser deviner au prince qu'il était lui-même l'auteur du livre, sans déposer pourtant le masque de l'anonyme. Tout dépendra de l'interprétation subjective du critique et surtout du sens que l'on donnera à la seconde phrase soulignée par nous dans le texte reproduit plus haut. Aussi longtemps que d'autres documents ne seront pas venus se joindre au maigre dossier réuni jusqu'à ce jour par nos savants prédécesseurs et par nous-même, aucune solution définitive ne s'imposera sans conteste à la critique prudente et peu pressée de conclure. Nous avons mis, avec autant d'impartialité que possible, les arguments *pour* et *contre*

---

1. Heppe, *Beza*, p. 382-383.

Introduction.

sous les yeux du lecteur. Ni les uns ni les autres ne nous semblent décisifs pour établir que Bèze est, ou n'est pas, l'auteur de l'*Histoire ecclésiastique*. Il faut espérer qu'un jour la volumineuse correspondance politique et religieuse du réformateur, disséminée dans les dépôts publics de Genève, de Paris, de Berne, de Gotha, de Marbourg, etc., sera recueillie par quelque éditeur patient et courageux[1]. Il sera plus facile alors de pénétrer jusqu'à la vérité historique et nous verrons sans doute se dérouler devant nous la genèse de notre ouvrage; mais ce beau travail ne sera pas entrepris de sitôt, car ce serait une tâche laborieuse et de longue haleine, et les bénédictins protestants sont malheureusement bien rares.

Si nous croyons néanmoins, pour notre part, être arrivé à une conviction raisonnée sur la question de l'auteur de l'*Histoire ecclésiastique,* c'est en faisant abstraction des arguments produits jusqu'ici de part et d'autre et résumés dans les pages précédentes. Peut-être réussirons-nous à faire partager cette conviction au lecteur; en tout cas, nous espérons lui montrer combien peu d'importance pratique conserve cette détermination de l'auteur d'un livre, alors qu'il s'agit d'un ouvrage auquel ont collaboré tant d'écrivains divers, et qui fut, à vrai dire, l'œuvre collective du protestantisme français. C'est ce qui fera le sujet de notre prochain chapitre.

CHAPITRE III.

DE LA FORMATION ET DE LA COMPOSITION DE *L'HISTOIRE ECCLÉSIASTIQUE.*

I.

Dans l'une de ses séances, tenues au mois d'août 1563, le quatrième Synode national, réuni à Lyon, avait décrété « que les Eglises seront adverties de faire un recueil fidèle de tout ce qui

[1]. Un second travail serait le corollaire forcé de cette première besogne, au point de vue spécial qui nous occupe. Il faudrait parcourir attentivement les papiers du Conseil et du Consistoire de Genève; nul doute qu'on n'y trouvât quelque trace des travaux préliminaires à la publication de l'*Histoire ecclésiastique*, des détails sur sa mise sous presse, sur ceux qui furent employés à ce travail, leur rémunération, etc.

est arrivé de plus remarquable par la Providence divine aux lieux de leur ressort et d'en envoyer les relations à nos révérends frères de Genève, avec toute la diligence possible [1].» C'est dans ce vote qu'il faut chercher le point de départ de notre ouvrage ; ce sont en réalité les communautés huguenotes, stimulées par leur représentation suprême, qui appelèrent à l'existence l'*Histoire ecclésiastique des Eglises réformées au royaume de France.*

Le fait que la plupart des histoires particulières des Eglises s'y arrêtent au premier Edit de pacification (mars 1563), semble indiquer que c'est immédiatement après avoir reçu l'invitation officielle, que les conducteurs spirituels et temporels des différentes paroisses se mirent à compiler leur « relations » plus ou moins détaillées, pour les expédier ensuite à Genève. D'autre part la lettre de Théodore de Bèze à Bullinger, citée plus haut [2], nous fait voir qu'en été 1565, il y avait beaucoup de ces « commentaires » qui venaient seulement de lui parvenir. Ils formaient une masse effrayante de manuscrits, « au point de ne pouvoir être chargés sur un chameau, comme disait le réformateur en plaisantant, et à plus forte raison pas sur un âne.» Vers la même époque, Bèze formule des plaintes analogues « sur les longs délays desquels on a usé en plusieurs lieux à m'envoyer mémoires », dans sa lettre à Nicolas Pithou, également placée déjà sous les yeux du lecteur.

Il n'y a pas lieu d'être surpris de voir ces matériaux si nombreux, réunis entre les mains de Théodore de Bèze. Non seulement il connaissait, mieux que la plupart de ses collègues genevois, l'histoire intime de la Réforme française, et il y avait joué dès lors un rôle marquant, mais il était, depuis la mort de Calvin, le président du Consistoire et le chef officiel de l'Eglise genevoise. C'était tout naturellement dans son cabinet de travail que venaient se concentrer les innombrables correspondances des frères de l'Eglise militante de France, et avec ces lettres, les notices, brèves ou détaillées, qui racontaient les souffrances et le martyre des uns, la délivrance miraculeuse des autres. Ces *mémoires* ou

---

1. J. Aymon, *Synodes nationaux des Eglises réformées de France*, etc. La Haye, 1710. in-4. T. I, p. 47.
2. Voy. Introduction, p. 40.

relations ne devaient servir sans doute, à l'origine, que de matériaux pour la rédaction d'une œuvre historique homogène, que Bèze se proposait évidemment d'écrire lui-même. Les deux lettres citées plus haut en font foi. Quant à la lettre de Banos, également citée déjà[1], elle prouve que les pièces réunies alors étaient d'inégale valeur, quelques-unes de celles qu'on avait rédigées d'abord étant qualifiées de « rhapsodies, ne pouvant inspirer que du dégoût » à Bèze, non pas au point de vue moral, bien entendu, mais par le manque de soin, sans doute, ou l'absence de tout sens critique. On voit par cette même lettre comment les Synodes particuliers finirent par satisfaire au vœu exprimé par le Synode national de Lyon ; pour hâter le travail et le rendre plus parfait, ils chargèrent des commissaires-enquêteurs de dresser les mémoires nécessaires et de transmettre le résultat de leurs recherches à l'adresse du ministre genevois[2].

Cependant ce dernier ne trouva jamais les loisirs nécessaires pour procéder au travail de refonte et d'élaboration littéraire, dont il avait assumé le fardeau. Les affaires de chaque jour, politiques et religieuses, la reprise des guerres civiles, les polémiques incessantes avec les luthériens d'Allemagne et les catholiques de de France, l'âge qui arrivait, tout l'empêcha d'aborder d'une façon suivie la tâche qui avait dû lui paraître bien lourde dès l'abord. Théodore de Bèze était d'ailleurs un homme d'action, bien plus qu'un savant de cabinet ; il avait trop à faire dans le présent, pour consacrer beaucoup de temps à l'histoire du passé, quelque touchant et édifiant que fût ce dernier. Cela nous explique pourquoi seize ans se passèrent depuis le vote du Synode de Lyon jusqu'au moment où l'*Histoire ecclésiastique* fut mise au jour. Cela nous explique aussi pourquoi elle fut publiée finalement sous la forme imparfaite que nous lui voyons aujourd'hui.

Quand la lassitude se fut emparée des âmes les mieux trempées, quand l'enthousiasme généreux des anciens jours se fut

---

[1]. Introduction, p. 40-41.
[2]. On retrouverait sans doute quelques-uns de ces mémoires originaux, en examinant de plus près la collection des *Mémoires manuscrits sur les affaires de France*, mentionnés sous le n° 193 de son *Catalogue raisonné* par J. Senebier, et qu'il attribue, en partie du moins, à Nicolas des Gallars.

éteint avec la génération des premiers martyrs, avec les hommes de parole et d'épée, tombés sur les champs de bataille de Saint-Denis, de Jarnac et de Moncontour, ou sous le poignard des assassins de la Saint-Barthélemy, on comprit qu'il fallait raviver l'élan des huguenots, en montrant à la génération nouvelle ce qu'avaient été ses pères. On reprit alors les dossiers manuscrits envoyés par les Eglises, de 1563 à 1565 ; on les réunit par une révision sommaire et fort imparfaite — nous en donnerons la preuve tantôt —, et pour constituer avec ces fragments légèrement disparates une histoire d'ensemble, on emprunta, de droite et de gauche, sans scrupules déplacés, les textes de coreligionnaires qui, dans les années précédentes, avaient déjà traité ces chapitres douloureux de l'histoire contemporaine. Ce ne fut pas, à coup sûr, Bèze lui-même qui trouva le loisir de se livrer à ce travail de compilation littéraire, mais il le dirigea de près, et le fit exécuter selon ses vues, soit par Nicolas des Gallars, soit par Simon Goulart, ou tel autre de ces nombreux hommes de lettres et d'église qui formaient alors la milice, intelligente autant qu'active, du calvinisme à Genève. Il y contribua sans doute par quelques chapitres de ses souvenirs personnels, par ses réminiscences du colloque de Poissy, par ses souvenirs de la bataille de Dreux et du siège d'Orléans ; il en écrivit probablement la préface, et c'est ainsi que l'année 1580 vit enfin sortir des presses genevoises cette *Histoire ecclésiastique des Eglises réformées de France,* promise depuis longtemps aux fidèles et qu'on croyait oubliée à jamais.

Telle est, résumée en peu de mots, notre manière de voir ; c'est de cette façon que s'explique le plus facilement, selon nous, la composition de l'ouvrage et les singularités qu'on y remarque en l'étudiant de plus près. Cette manière de voir n'est pas absolument nouvelle ; on pouvait la deviner déjà dans les indications de Senebier, dès le dernier siècle. Elle a été esquissée par MM. Haag, développée dans ses traits généraux, par M. Baum, dans une note manuscrite, et M. Cunitz la faisait sienne dans le seul entretien plus approfondi que j'eus avec lui sur la matière, quelques mois avant sa mort. Il reste seulement à la faire sortir du domaine de l'hypothèse, et à en démontrer l'exactitude, ou tout au moins la vraisemblance, par l'accumulation des détails nombreux que fournit une étude minutieuse de l'œuvre elle-même. C'est à

Introduction.

cette démonstration que seront consacrés les paragraphes suivants du présent chapitre.

2.

L'auteur de l'*Histoire ecclésiastique* s'est livré, dit la préface, à « une très-diligente recherche des choses les plus notables, advenues au royaume de France, pour le fait de la religion, depuis l'an 1521, qu'elle commença d'y estre remise sus, jusques à la fin de la première guerre civile, terminée par l'Edict du 13 de mars 1563[1]. » Après avoir réuni ses matériaux, il a « finalement essayé de réunir toutes ces pièces en un corps, par le meilleur ordre, dit-il, que j'ay peu, regardant tellement au but que je me suis proposé (qui est l'estat de la religion), que je n'ay rien entremeslé de l'estat politique, sinon autant que la nécessité m'y a contrainct[2]. » Après avoir ainsi, dès l'abord, fixé le cadre général et le but poursuivi par son travail, l'auteur ou le compilateur a deux fois encore, dans le cours de son récit, indiqué la marche qu'il entendait suivre ou qu'il avait suivie, pour exécuter ce vaste programme.

Au début du troisième livre nous lisons en effet ces lignes : « Nous avons monstré jusqu'ici la singulière assistance de Dieu, establissant tant d'Eglises, et par très-petits ou plustost nuls moyens humains, parmi très-grands et très-horribles orages ... Maintenant nous declarerons suivant le mesme ordre des parlements de France, les très-aspres et très-durs assauts de toute sorte qui furent alors livrés à toutes les Eglises de France, et monstrerons comme peu à peu le faict de la religion et de l'estat politic ont esté débatus en France conjointement, premièrement par la violence du gouvernement, estans entre les mains du cardinal, et du duc de Guise, son frère, et finalement par le moyen qu'aucuns voulurent tenir pour empescher l'exécution de l'Edit de Janvier ... Nous commencerons donques par ce qui advint à Paris et en la cour, laquelle durant tout ce règne, ne s'escarta du dit parlement.[3] »

1. *Histoire*, T. I, p. v.
2. *Ibid.*
3. *Histoire*, T. I, p. 220.

Et en tête du cinquième livre, nous trouvons encore une déclaration de ce genre : « Jusques ici nous avons entendu ce qui advint tant à la cour qu'en la ville de Paris, pour le faict de la religion, depuis l'avènement de Charles neufiesme à la couronne jusques au massacre de Vassy, c'est-à-dire depuis le cinquiesme de décembre 1560 jusques au premier de mars 1562... Il reste maintenant que nous déclarions selon les parlements des provinces les choses remarquables advenues au même temps [1]. »

Ces citations, auxquelles nous pourrions joindre quelques énonciations analogues, contenues dans les volumes suivants, suffisent pour établir que le groupement des matériaux, amoncelés dans l'*Histoire ecclésiastique,* a eu lieu d'après un plan déterminé d'avance et qui n'a jamais été perdu de vue, du moins dans son ensemble [2]. Une énumération très-succincte du contenu des seize livres de l'ouvrage permettra de s'en convaincre mieux encore.

Le *premier* livre contient l'histoire de l'établissement du protestantisme en France et celle des persécutions subies par l'Eglise sous François Ier. Le *second* livre embrasse les événements écoulés sous le règne de Henri II, le *troisième*, le règne de François II, du 10 juillet 1559 au 5 décembre 1560. Ces trois premiers livres peuvent être considérés comme une introduction générale à l'ouvrage proprement dit, puisqu'ils comprennent l'histoire d'une quarantaine d'années, tandis que les treize livres suivants n'embrassent que les faits politiques et religieux qui se sont passés durant les trois premières années du règne de Charles IX, et forment les trois quarts au moins de l'ouvrage.

Dans le *quatrième* livre on nous raconte tout ce qui s'est passé à la cour de France, depuis la mort de François II jusqu'au colloque de Poissy et au massacre de Vassy. Le *cinquième* renferme le récit des événements qui se sont produits en province, pendant le même laps de temps, c'est-à-dire, depuis le 5 décembre 1560

---

1. *Histoire*, T. I, p. 729.
2. Dès la page 21 du premier tome on renvoie au dernier livre de l'ouvrage, «comme il sera déduit en l'histoire de Metz». En tout cas, le reproche de manquer absolument de plan (*völlige Planlosigkeit*), que fait M. de Polenz au rédacteur de l'*Histoire* (*Geschichte des franz. Calvinismus*, I, 221), n'est pas mérité.

au 1er mars 1562. Avec le second volume et le sixième livre s'ouvre le tableau de la première guerre de religion ; il nous présente les péripéties de cette grande lutte, engagée pour le maintien de l'Edit de janvier, et qui se termine par le premier Edit de pacification, au mois de mars 1563. C'est le chapitre le plus développé peut-être de tout l'ouvrage ; il remplit, à lui seul, à peu près la moitié du second volume. Les dix livres suivants en forment comme le commentaire local ; ils nous informent sur les événements qui se sont produits à la même époque dans les différentes provinces du royaume, sur les destinées, souvent tragiques, des églises réformées, parfois depuis leurs origines, jusqu'au même mois de mars 1563.

Le récit ne suit pas, dans ces chapitres successifs, l'histoire provinciale proprement dite, encore moins un développement chronologique général. C'est d'après le ressort juridique des différents parlements du royaume que sont groupées les monographies locales que nous rencontrons dans ces derniers livres de notre *Histoire*. On dirait que, même en racontant les scènes de guerre, l'auteur ou le compilateur du livre a voulu conserver à ce dernier le cachet d'une œuvre civile plutôt que militaire, l'apparence d'un plaidoyer en faveur d'innocents opprimés, et qui en appellent à la justice divine de l'injustice criante et de la barbarie des représentants attitrés du droit. Le *septième* livre renferme l'histoire des villes et lieux ressortissant du parlement de Paris, le *huitième*, celle des localités dépendant de celui de Rouen. Le *neuvième* nous mène dans la circonscription de Bordeaux, le *dixième* dans celle de Toulouse. Le *onzième* livre renferme le détail de « ce qui advint à Lyon et pays circonvoisins du parlement de Paris » ; le *douzième* embrasse le ressort du parlement de Grenoble ; le *treizième*, celui du parlement de Provence. Le *quatorzième* livre, qui ne compte que très peu de pages, nous invite à franchir les Alpes, et nous conduit à Turin[1] ; le *quinzième* nous transporte en Bourgogne, et le *seizième* et dernier livre est consacré à Metz et au pays messin.

1. On pourrait s'étonner à bon droit de trouver les protestants du Piémont mentionnés dans notre ouvrage, si l'on ne savait que cette province fut occupée par les Français sous Henri II, et administrée pendant plusieurs années au nom du roi.

L. *Introduction.*

On ne saurait nier, on le voit, qu'une certaine méthode n'ait présidé à la constitution de l'*Histoire ecclésiastique,* et que les matériaux lentement accumulés depuis le vote du synode national de Lyon, n'aient été groupés dans un ordre, plutôt logique, il est vrai, que chronologique. Une direction supérieure a tenté de fondre en un seul tout, des éléments très divers et souvent disparates. Seulement, ce que l'on constate tout aussi bien quand on lit attentivement l'ouvrage, c'est que cet esprit directeur s'est lassé trop vite du travail minutieux qui s'imposait à lui, et que de nombreuses retouches auraient été encore nécessaires pour effacer la trace des raccords maladroits, des renvois incorrects, des contradictions de détail. On peut en relever un assez grand nombre dans notre texte, et toute étude plus attentive défend, par suite, d'admettre l'hypothèse de la publication directe de l'*Histoire ecclésiastique* par un esprit aussi supérieur que celui de Bèze. En parcourant la série passablement longue de ces *errata* négligés par le rédacteur de notre ouvrage, on tombera d'accord, je l'espère, que l'éditeur responsable du livre fut un simple manœuvrier de la littérature, bien intentionné sans doute, mais bien inattentif aussi, ou du moins infiniment trop pressé.

3.

Nous appellerons tout d'abord l'attention du lecteur sur un certain nombre de données, qui montrent clairement que les différentes parties de l'*Histoire ecclésiastique* ont été rédigées à des dates passablement distantes l'une de l'autre [1]. Le fait, en lui-même, n'a rien qui doive nous étonner puisque nous savons que les différents «mémoires soigneusement recherchés et publiquement attestés»[2] dont parle la préface, sont arrivés également à des dates différentes entre les mains de l'ordonnateur de l'ouvrage, à Genève. Mais il montre cependant combien superficielle fut la révision, à laquelle ces mémoires furent soumis, avant d'être incorporés à l'*Histoire* elle-même. En voici quelques exemples :

1. On peut dire, en thèse générale, que ces dates varient entre 1562 et 1577.
2. *Histoire,* T. I, p. vi.

T. I, p. 404, à propos des tristes fruits de la conduite d'Antoine de Navarre, il est dit «comme on l'a senti depuis et sent encores». Ce passage a donc été certainement rédigé *avant octobre 1562,* date à laquelle le roi de Navarre fut blessé mortellement devant Rouen.

T. II, p. 194. A propos de la blessure de Robert Stuart à Dreux, il est dit: «Dieu le réservant pour d'autres affaires», ce qui est une allusion évidente au coup fatal porté par le gentilhomme écossais au vieux connétable Anne de Montmorency, à la bataille de Saint-Denis. Ce passage a donc été écrit *après 1567.*

T. II, p. 229, on mentionne la mort de Condé; cette partie du récit date donc d'*après 1569.*

T. II, p. 214, il est question de la Saint-Barthélemy à Chartres.

T. III, p. 153, on parle de la prise de Sainte-Colombe à la Rochelle; les deux passages ont donc été rédigés au plus tôt *après 1572.*

T. III, p. 606, on fait mention de la mort de Charles IX; le passage date donc *au moins de 1574.*

Nous ne parlons pas ici du livre XVI, relatif à l'histoire ecclésiastique de Metz et du pays messin, qui présente en général un cachet tout particulier et a été rédigé visiblement beaucoup plus tard, et d'une seule venue, soit *après février 1577,* probablement au moment où l'on se décidait enfin sérieusement à en finir avec un travail depuis si longtemps annoncé.

Ce qui frappe davantage que ces traces d'une rédaction à dates assez différentes, faciles à expliquer, du reste, ce sont certains passages de l'*Histoire*, qui se trouvaient évidemment dans les mémoires primitifs et qu'on a oublié d'en retrancher, bien qu'ils soient inutiles ou fautifs dans leur contexte actuel. C'est ainsi que nous lisons, T. III, p. 380: «Après l'Edit de paix... les cruautés furent encore continuées quelque temps, ainsi qu'il sera dit *à la suite de l'histoire.*» Ce passage nous paraît avoir appartenu au mémoire relatif à la Provence, et avoir été laissé là par mégarde, puisque l'on ne revient plus nulle part sur les maux soufferts par les Eglises soumises à la juridiction du parlement d'Aix[1]. T. II, p. 512, le narrateur, qui vient d'exposer les persécutions à Issoudun, ajoute qu'elles continuèrent encore après l'édit d'Amboise, « comme il sera dit en son lieu ». Or il n'est plus jamais question d'Issoudun plus tard, et l'on doit en conclure que le compilateur, en retranchant la fin du mémoire particulier de cette Eglise, a négligé de rayer ce lambeau de phrase. T. II, p. 568, l'auteur du mémoire particulier sur l'Eglise d'Angers, mentionne en peu de mots les faits arrivés après la paix et ajoute « comme il sera dit par ceux qui poursuivront cette histoire », parole très-naturelle dans sa bouche, mais qui ne présente aucun sens dans la bouche du compilateur, puisqu'il n'est plus question d'Angers dans la suite.

T. III, p. 521, il est dit, à propos d'un fait, mentionné seulement en passant, *« comme il sera dit* en l'histoire du Lyonnais ». Or ce passage se trouve au livre XV, relatif à la Bourgogne, et l'histoire de Lyon remplit le livre XI; il est donc évident que les mémoires particuliers avaient été placés d'abord dans un ordre différent de celui qui prévalut en définitive, et qu'on n'a pas songé à rectifier le renvoi primitif.

Nous attacherons moins d'importance à quelques autres détails, à certaines répétitions, par exemple, consignées déjà par M. Baum dans une note manuscrite ; il est évident, en effet, qu'un seul et même auteur aurait pu, lui aussi, être amené à se répéter parfois dans un ouvrage de pareille étendue. Sans qu'on prétende en conclure grand chose, il peut être utile néanmoins qu'on les signale en passant. Ainsi l'on trouve deux fois la même notice sur Danès, le savant professeur de grec au Collège de France[2]; on nous raconte deux fois la fin tragique du président Le Maître ou Magistri du parlement de Paris[3], deux fois aussi la défection du jeune duc

---

[1]. Cette explication n'est pas, il est vrai, celle de M. Cunitz, qui croit y voir l'intention de continuer plus tard l'*Histoire ecclésiastique* elle-même (*Histoire*, III, p. 380, note). Mais je ne sais trop sur quoi l'on appuierait une interprétation pareille. On avait eu quinze ans devant soi pour continuer le récit, si l'on y avait vraiment songé.

[2]. *Histoire*, T. I, p. 30 et 535.

[3]. *Histoire*. T. II. p. 121 et 208.

Introduction.

de Nevers[1]. La prise de Lauzerte est rapportée en deux endroits différents, avec des variantes assez notables[2]; il en est de même du martyre de Bertrand Sausse, en Provence[3]. Mais, nous le répétons, il nous semble difficile d'attacher de l'importance à ces répétitions, même contradictoires, quand on voit combien souvent il se rencontre des contradictions analogues dans des récits sortis de la même plume et rédigés par des témoins oculaires[4].

Les menus détails réunis dans ce paragraphe suffiront, je pense, pour motiver l'une des vérités générales énoncées plus haut. Il ne saurait plus être question d'un seul et unique auteur, travaillant sur des matériaux, fournis par d'autres, il est vrai, mais librement utilisés par lui pour une œuvre d'ensemble, portant le même cachet et conçue dans un même esprit. On se sentira plus porté encore à se rallier à notre manière de voir, si l'on prend la peine d'examiner un certain nombre des chapitres, des *histoires locales* réunies dans l'*Histoire ecclésiastique,* au point de vue de leur composition, et de les comparer entre eux. Rien de plus dissemblable, par exemple, pour le fond et pour la forme, que le récit des persécutions et des massacres de Toulouse, et celui des persécutions subies par les Eglises de Provence, si voisines pourtant du Languedoc. Le premier est une véritable *histoire*, rédigée par un homme habile à manier la plume[5]; l'autre est en grande partie un simple *Catalogue* de martyrs, sans aucune prétention littéraire, et plus saisissant peut-être dans sa navrante simplicité[6]. Le tableau des péripéties par lesquelles a passé l'Eglise de Montauban, est animé du souffle belliqueux, qui ne s'y était pas seulement emparé des laïques et des hommes de guerre, mais des paisibles ministres eux-mêmes[7]. Comparez à ce récit celui des souffrances de l'Eglise d'Annonay ou celui de l'interrogatoire du

1. *Histoire,* T. II, p. 226 et 249.
2. *Histoire,* T. II, 476 et III, 57.
3. *Histoire,* T. III, p. 338 et 362.
4. Voy. par ex., *Histoire,* T. III, p. 24 et 26, où la mort de l'écolier Roche, de Toulouse, est décrite d'une façon tout à fait différente, à deux pages de distance, et certainement d'après un seul et même mémoire.
5. *Histoire,* T. III, p. 1-61.
6. *Histoire,* T. III, p. 337-378.
7. *Histoire,* T. III, p. 61-138.

ministre Malet, de Millau, par le cardinal d'Armagnac, celui des massacres de Céant-en-Othe ou de Mâcon; quelle note plus résignée! On croirait lire un chapitre de l'*Histoire des martyrs* [1]. Nous avons déjà fait ressortir le caractère des pages consacrées à l'Eglise de Metz, les plus tard venues dans notre ouvrage [2]. On devinerait leur date à la lecture, même sans les indications chronologiques, tellement on y est loin déjà de l'émotion pieuse qui vibre dans les récits précédents, rédigés alors que le souvenir des tribulations subies était vivant encore dans le cœur des écrivains et se trahissait dans leur style.

Pour qui s'absorbera résolument dans la lecture de nos volumes, en s'attachant à cet ordre d'idées, il ne sera bientôt plus possible d'admettre cette unité de rédaction que la tradition proclame, tellement le caractère individuel des différents et nombreux collaborateurs de l'*Histoire ecclésiastique* ressort d'une étude tant soit peu attentive de l'ouvrage. Quant à dire maintenant quels furent ces collaborateurs de la première heure, ce serait chose bien difficile, sinon impossible, dans la plupart des cas, puisqu'il faudrait d'abord exactement connaître, avant de rien décider, à quelle époque précise chacun des chapitres de notre livre a été écrit. On ne se tromperait certes pas en affirmant, en thèse générale, que les rédacteurs des *mémoires* particuliers, étaient les ministres de chacune des communautés réformées dont il est question dans le cours du récit. Mais on sait — on l'apprendrait au besoin en feuilletant l'*Histoire ecclésiastique* — combien souvent les ministres changeaient alors de résidence, soit pour courir au plus pressé, soit pour laisser à la tempête le temps de se calmer, soit aussi, poussés par ce besoin de migration perpétuelle que l'humanisme avait mis à la mode et que nous rencontrons comme un trait distinctif des classes lettrées, jusqu'à la fin du seizième siècle. On risquerait donc de se tromper souvent en attribuant, sans autre preuve, le tableau de l'histoire d'une Eglise au conducteur spirituel qui s'y trouve nommé, je dirais volontiers, surtout s'il y est nommé. Car les mœurs sévères d'alors n'auraient point autorisé les éloges accordés à sa propre personne,

1. *Histoire*, T. III, 186-191. T. I, 857-860. T. II, 393-394. T. III, p. 428-429.
2. T. III, p. 431-480.

Introduction.

par un pareil rédacteur. On a pu conjecturer à bon droit, par exemple, que le récit de la persécution à Nevers[1], était dû à la plume de J. F. Salvart, dit du Palmier, le second des ministres de l'endroit, précisément parce que le nom de son collègue y est mentionné plusieurs fois, tandis qu'il est bien parlé de lui, mais sans désignation plus précise[2]. Il est évident que le jour où les manuscrits de la Bibliothèque et des Archives de Genève seront examinés de plus près, afin de voir si réellement les originaux de ces mémoires y subsistent encore, on retrouvera du coup — si on les retrouve eux-mêmes — les signataires de bon nombre de ces mémoires qui ont dû être expédiés à Bèze avec des lettres d'envoi de leurs auteurs.

4.

Nous n'avons parlé jusqu'ici que de la composition du corps même de l'ouvrage, de l'histoire particulière des diverses Eglises du royaume, immédiatement avant et durant la première guerre civile. Mais l'on ne doit point oublier que l'*Histoire ecclésiastique* est précédée d'une longue introduction qui ne comprend pas moins de trois livres, et qui, pour certains critiques, est même la partie la plus remarquable de toute l'œuvre, la plus personnelle à Théodore de Bèze[3]. Or, si nous n'avons guère réussi jusqu'ici à retrouver la main de Bèze dans le cours de l'*Histoire,* il sera moins possible encore d'en revendiquer les quatre cent premières pages pour le théologien genevois. C'est en effet la partie la moins originale de notre ouvrage. Elle se compose presque uniquement d'extraits pris de droite et de gauche, dans de gros volumes et de minces plaquettes, mais principalement dans l'*Histoire des Martyrs,* de Jean Crespin[4], et dans l'*Histoire de l'Estat de France,* attribuée à Louis Regnier de la Planche[5]. Ce n'est pas un des

---

1. *Histoire*, T. II, 412-422.
2. *Bulletin,* 1887, p. 499.
3. Sayous, *Etudes,* I, p. 341.
4. Nous citons, comme M. Cunitz, d'après la dernière et la plus complète des éditions, L'*Histoire des martyrs persecutez et mis à mort,* nouvelle et dernière édition. Genève, Pierre Aubert, 1619, 862 p. fol.
5. *Histoire de l'Estat de France, tant de la République que de la Religion : sous le règne de François II.* S. lieu ni nom d'impr., 1576. 765 p. in-18.

moindres mérites de l'édition de MM. Baum et Cunitz, d'avoir détruit, par une confrontation minutieuse et suivie des textes, la légende attribuant à Bèze l'introduction de l'*Histoire*; on n'a eu qu'à relever les données enrégistrées au bas de leurs pages pour trouver toutes préparées, pour ainsi dire, les conclusions qui s'imposent dorénavant à ce sujet.

Il ne faudrait pas s'étonner de voir le compilateur de notre ouvrage recourir, avec une telle absence de scrupule, à ce que nous appellerions de nos jours un véritable plagiat. Il ne visait à aucune gloire personnelle, il n'entendait pas se prévaloir auprès de qui que ce fût, de la prose d'autrui. Pressé d'aboutir, il se croyait assurément en droit de prendre son bien où il le trouvait, et certes, il n'avait que l'embarras du choix. On peut s'en assurer en jetant un regard sur le chapitre de la *Bibliothèque historique* du P. Le Long, intitulé : Histoire des prétendus réformés de France [1]. En dehors des deux ouvrages capitaux mentionnés tout à l'heure, il avait à sa disposition le *Recueil des choses mémorables*, plus connu sous le nom des *Mémoires de Condé* [2], les *Commentaires* de Jean de Serres [3], et de nombreuses histoires particulières, comme l'*Histoire des persécutions de l'Eglise de Paris,* d'Antoine de Chandieu [4], le *Discours des choses advenues en la ville de Lyon* [5], l'*Histoire des troubles arrivés à Tolose* [6], etc. Il existait en outre une foule de plaquettes, feuilles volantes contemporaines, dont on avait fait assurément collection à Genève et qui ont été incorporées simplement au récit comme l'a

---

1. *Bibliothèque historique de la France*, Paris 1719, p. 77.

2. Recueil des choses mémorables faites et passées pour le fait de la Religion et de l'Etat de ce Royaume, depuis la mort de Henri II jusques au commencement des troubles en 1565. Strasbourg, Estiard, 1565-1566, 3 vol. in-16.

3. Les *Commentaria de statu religionis et reipublicae*, de J. de Serres (première partie, de 1557-1561) ont paru de 1570 à 1572.

4. Histoire des persécutions et martyres de l'Eglise de Paris depuis 1557, par Zamariel (A. de Chandieu). Lyon 1563. in-8.

5. Le texte de ce *Discours* n'a été publié intégralement que par M. J. Bonnet, dans le *Bulletin*, de 1879 et 1880, mais le rédacteur de l'*Histoire ecclésiastique* l'a connu (Voy. T. II, p. 224, note).

6. Nous citons de préférence ici cet écrit d'origine catholique, parce que l'un des rares passages de l'*Histoire ecclésiastique* où il soit fait de la polémique littéraire, est celui qui le concerne. T. I, p. 849.

démontré M. Cunitz. Telles la *Remonstrance du Roy au Pape*[1], les *Déclarations* de Condé[2], celle du Triumvirat[3], la *Confession de foy présentée au nom des Eglifes de France* à Francfort[4], la harangue de Spifame aux princes allemands[5], et mainte autre pièce, publiée au cours des événements. On oublie un peu trop, généralement, que les documents d'état et les pièces confidentielles elles-mêmes n'étaient pas toujours mieux gardés au seizième siècle qu'ils ne le sont au dix-neuvième, et que bien des papiers, confiés à d'imprudents amis, à des dépositaires infidèles, ou saisis, durant les opérations militaires, sur des courriers ou des agents secrets de l'un ou l'autre parti, trouvaient alors le chemin des imprimeries connues ou clandestines, tout comme ils trouvent aujourd'hui celui des bureaux de rédaction de nos feuilles politiques.

5.

Si nous voulons examiner maintenant de plus près les emprunts faits par l'*Histoire ecclésiastique* à ses devanciers, nous commencerons par l'*Histoire des Martyrs* de Crespin, qui a fourni le plus de passages, surtout au premier volume, et dont presque toujours les extraits restent, pour ainsi dire, parallèles au texte de notre ouvrage. Dans leurs notes, MM. Baum et Cunitz ont recherché soigneusement ces emprunts et les ont signalés au lecteur. Un petit tableau des cent premières pages — car il serait trop long de le dresser pour l'*Histoire* entière — en fera ressortir toute l'importance.

Histoire ecclésiastique	*Histoire des Martyrs*	*Histoire ecclésiastique*	*Histoire des Martyrs*
Tome I, 6	fol. 92	Tome I, 12	fol. 106 b
» 7	» 99 102 a	» 13	» 107 b
» 8	» 102 b	» 15	» 111
» 11	» 106 a	» 23	» 106 b 114 a b

1. *Histoire*, T. I, p. 651-665.
2. *Histoire*, T. II, p. 27-31.
3. *Histoire*, T. II, p. 42-46.
4. *Histoire*, T. II, p. 156-178.
5. *Histoire*, T. II, p. 178-181.

Histoire ecclésiastique	*Histoire des Martyrs*	*Histoire ecclésiastique*	*Histoire des Martyrs*
Tome I, 25	fol. 126 b	Tome I, 79	fol. 199 a b
» 26	» 126 b	» 81	» 200 a
» 27	» 128 b	» 83	» 202 a
» 29	» 134 a	» 85	» 204 a
» 30	» 134 a	» 86	» 206 b 207 a
» 34	» 185 a	» 90	» 251 b
» 35	» 141 a	» 91	» 264 b
» 52	» 182 a 183 b	» 92	» 273 a
» 53	» 191 a	» 93	» 278 a 283 a
» 59	» 194 b	» 94	» 285 a
» 69	» 195 a	» 95	» 306 a b 287 a 297 a
» 70	» 195 b	» 96	» 327 b 329 a
» 71	» 195 b	» 97	» 345 a
» 78	» 197 b 198 b		

Nous pourrions continuer longtemps encore de la sorte ; mais ce relevé ayant été fait avec le plus grand soin dans les notes mêmes, il serait oiseux de le reproduire entièrement une seconde fois. On voit, par ce que nous citons, qu'il y a certaines parties du premier volume de l'*Histoire ecclésiastique* qui sont presque uniquement composées de textes copiés dans Crespin.

Pour ce qui est des très-nombreux passages du second et du troisième volumes de notre *Histoire,* qui concordent également avec l'*Histoire des Martyrs*, il y aurait lieu, sans doute, de renverser, dans une certaine mesure, la question d'origine. On est autorisé à croire que c'est le continuateur de Crespin qui a introduit dans les éditions, postérieures à 1580, les matériaux empruntés à l'*Histoire ecclésiastique,* soit qu'il ait utilisé les mêmes *mémoires* manuscrits que celle-ci, soit qu'il ait puisé directement dans le texte imprimé de notre ouvrage, ainsi que cela est dit expressément à l'un ou l'autre endroit[1]. Mais la première explication est également plausible, vu que le continuateur de Crespin est précisément ce même Simon Goulart, que certaines opinions, des plus autorisées, donnent comme collaborateur à Théodore de

---

[1]. Par exemple *Histoire des Martyrs*, fol. 646 a. Voy. aussi fol. 463 a, où l'histoire de Jean le Mâçon, dit La Rivière, correspond bien avec l'*Histoire ecclésiastique*, T. I, 97-98, mais le passage ne s'y trouve que dans les éditions postérieures à celle de 1582.

Introduction.

Bèze et Des Gallars, et qui aurait eu, naturellement, toutes facilités pour utiliser les matériaux, mis à sa disposition, dans les deux ouvrages à la fois [1]. En effet, l'ordre suivi par les deux *Histoires* est le même, seulement le récit de l'*Histoire des Martyrs* porte plutôt le cachet d'un résumé, comme semble le prouver le tableau comparatif de quelques passages, que nous donnons à titre d'exemples.

Histoire ecclésiastique.			*Histoire des Martyrs.*
Tome II, p. 129	(massacres	à Paris)	fol. 639 a
» 337	(»	à Senlis)	» 639 a
» 345	(»	à Amiens)	» 640 a
» 355	(»	à Loisy, Troyes, etc.)	» 640 b
» 378	(»	à Diarre)	» 643 b
» 394	(»	à Céant-en-Othe)	» 644 b
» 400	(»	à Sens)	» 645 ab
» 406	(»	à Auxerre)	» 646 a
» 504	(»	à Issoudun)	» 648 ab
» 527	(»	au Mans)	» 648 a
Tome III, 62	(»	à Caylus)	» 669 a
» 68	(»	à Gaillac)	» 669 a
» 139	(»	à Castelnaudary)	» 669 a
» 150	(»	à Limoux)	» 670 b
» 192	(»	dans le Rouergue)	» 672 b
» 202	(»	à Foix)	» 673 a
» 260	(»	à Orange)	» 673 a
» 337	(»	à Provence)	» 674 a suiv.
» 393	(»	à Dijon)	» 681 b
» 427	(»	à Macon)	» 682 b etc.

On le voit, les passages de l'*Histoire des Martyrs* se suivent de près, tandis que les passages correspondants de notre ouvrage se trouvent séparés parfois par une assez longue série de pages; le rédacteur du premier travail nous apparaît donc comme un *épitomateur* du second [2].

1. M. Frossard avait déjà fait ressortir cette « ressemblance frappante » des des deux textes (*Bulletin*, T. XXXIX, p. 277). Il disait : « Il y a là une communauté de rédaction qui est le fait de Goulard ou du successeur de Calvin. » Combien mieux s'explique-t-elle, si l'on admet que ces deux écrivains n'en font qu'un !

2. Notons cependant à propos de ces emprunts de l'un à l'autre ouvrage, que même dans ces passages empruntés on peut signaler de légères variantes

6.

A côté de l'*Histoire des Martyrs*, il est un autre ouvrage que le rédacteur ou le compilateur de l'*Histoire ecclésiastique* a mis à contribution avec un entrain qui montre bien qu'il y trouvait l'expression de ses sentiments intimes sur les affaires politiques du temps. Nous avons déjà mentionné plus haut l'*Histoire de l'estat de France... sous le règne de François II,* qu'on attribue généralement à Louis Regnier, sieur de la Planche, sans pouvoir en avancer d'autres preuves plus convainquantes que la conversation secrète, rapportée par l'auteur anonyme, et qui eut lieu, en 1560, entre la reine-mère et « un certain Louys Regnier seigneur de la Planche [1]. » Quoiqu'il en soit d'ailleurs de cette question spéciale, l'*Histoire de l'Estat de France* est un livre fort bien écrit, d'un style sobre et nerveux, et l'auteur, protestant modéré mais convaincu, connaît admirablement les hommes de la cour et les chefs des partis qui se disputaient alors l'influence suprême dans le royaume. On comprend aisément qu'ayant un guide pareil sous la main et n'ayant d'ailleurs aucune prétention à mieux faire, le compilateur de l'*Histoire ecclésiastique* ait largement emprunté, pour la partie politique, au texte de son prédécesseur, tout comme il puisait, pour le détail des faits religieux, dans l'*Histoire des Martyrs*. A partir de la page 220 du premier volume, les passages extraits de Regnier de la Planche se succèdent rapidement, et ce sont parfois des pages entières qui passent, sans modification, ou avec d'insignifiants changements [2] seulement, dans notre ouvrage. Le nom de l'auteur véritable ou

d'orthographe, qui sont le fait d'un copiste plus attentif des mémoires manuscrits ou peut-être simplement du typographe. Ainsi dans l'*Histoire* (I, 53), on écrit *Jean* Chapot, dans Crespin (fol. 190 a) *Pierre* Chapot; l'*Histoire* (I, 54) écrit *Brugère*, Crespin (192 a) *Brugière*; l'*Histoire* (I, 69) a *Blondet*) Crespin (195 a) *Blondel*; l'*Histoire* imprime *Dangnon*, Crespin (370 b) *Dongnon*.

1. *Histoire de l'Estat de France*, p. 397-399.
2. Quelquefois un nom propre est changé ; par exemple l'*Histoire ecclésiastique* (I, 370) appelle Matthieu *Dantoine* un personnage appelé M. *Dautrine* par Regnier, p. 588. Ou bien (I, 250) un petit détail est ajouté ; généralement ce sont des coupures qu'il faudrait signaler.

Introduction. LXI

présumé n'est mentionné nulle part et le livre lui-même n'est cité que deux ou trois fois sous le nom de la *Vraye histoire du roy François deuxiesme*[2]. Mais le tableau suivant, emprunté, lui aussi, aux notes de M. Cunitz, montrera jusqu'à quel point le récit de l'*Histoire ecclésiastique* est dépendant de l'autre :

Histoire ecclésiastique.	Histoire de l'Estat de France.
Tome I, p. 221-226	p. 30- 39
» 227 (résumé)	p. 40- 64
» 227-240	p. 65- 87
» 241-244	p. 91- 97
» 245-248	p. 111-113, 120-123
» 249-261	p. 125-135, 142-154
» 261-264	p. 155-160
» 266-267 (résumé)	p. 165-188
» 268-269	p. 226-228
» 270-273	p. 230-235
» 276-277	p. 519-521
» 278-284	p. 527-537
» 300-302	p. 532-335
» 342-353	p. 287-305
» 353-367	p. 474-497
» 368	p. 568-570
» 368-372	p. 584-591
» 372-383	p. 305-323
» 383-385	p. 700-702
» 386	p. 703
» 387	p. 706
» 387-389 (résumé)	p. 711-714
» 389-392	p. 707-711
» 392-398	p. 724-737
» 399	p. 739
» 400 (résumé)	p. 752-754

7.

Il nous reste à mentionner un troisième ouvrage comme ayant servi, dans des proportions inusitées, à la constitution du texte de l'*Histoire ecclésiastique*. Jusqu'ici nous avons parlé surtout du résumé général qui ouvre l'ouvrage, et qui raconte les souffrances du protestantisme français sous François I, Henri II et François II.

2. *Histoire*, T. I, p. 220, 284.

A partir de l'avênement de Charles IX, on aurait pu croire que des emprunts aussi considérables, que ceux que nous venons de signaler dans les trois premiers livres, n'avaient plus de raison d'être. Ceux-là surtout qui regardaient Théodore de Bèze comme l'auteur de notre ouvrage ne pouvaient songer à l'accuser de plagiat dans le récit d'évènements dont il avait été le témoin attentif, l'inspirateur discret et l'acteur même, à certains moments. Il n'en est rien cependant. Presque à la même page où l'*Histoire ecclésiastique* perd le précieux concours de Regnier de la Planche, elle le remplace par le texte d'un autre écrivain, qui lui fournit à son tour les éléments nécessaires à la rédaction plus rapide d'un récit, entrepris évidemment dans des conditions peu favorables à de longues études préliminaires. Ce texte conducteur, elle le trouve dans les *Commentaires de l'Estat de la religion et République soubs les rois Henry et François seconds, et Charles neufvième*, parus en 1565 et dûs à Pierre de la Place, président de la Cour des Aides. Il n'y a point mis son nom, bien qu'ils fassent grand honneur, autant pour le fond que pour la forme, au magistrat intègre, au protestant convaincu, qui les rédigea durant les troubles des guerres civiles et qui allait les continuer encore quand il périt assassiné lors de la Saint Barthélémy[1]. Tels qu'ils nous sont parvenus, les *Commentaires* du président de la Place vont de 1556 à 1561, et surtout pour les deux dernières années qu'ils racontent, ils ont été largement extraits par le compilateur de l'*Histoire ecclésiastique*. C'est ce que fait voir le tableau comparatif suivant:

Histoire ecclésiastique.	Commentaires.
Tome I, p. 407-425	p. 79- 88
» 427-444 (résumé)	p. 88-118
» 444-445	p. 89
» 446-448	p. 111-112
» 449 (résumé)	p. 114-118
» 449-453	p. 118-120
» 453 (résumé)	p. 120

[1]. Voy. sur la Place le *Discours* de M. Christian Bartholmess, Paris, Cherbuliez, 1853, qui ne parle d'ailleurs pas de son principal ouvrage. — Nous n'avons pu nous servir que de la réimpression des *Commentaires*, donnée par Buchon (Paris, Desrez, 1836, gr. in-8.). C'est à cette édition que renvoient nos citations.

Introduction.

Histoire ecclésiastique.	Commentaires.
» 454 (résumé)	p. 120
» 454-454 (résumé)	p. 121
» 456 (résumé)	p. 122
» 457 (résumé)	p. 124
» 460	p. 127-128
» 461-464	p. 128-130
» 467-468 (résumé)	p. 130
» 472	p. 139-140
» 473-489	p. 140-153
» 501-502	p. 158-159
» 503-521	p. 159-167
» 522-525	p. 168-169
» 528-553	p. 170-177
» 556-577	p. 179-189
» 591-596	p. 193-196
» 597-603 (avec additions)	p. 198

Un détail bien caractéristique et qui gêne singulièrement la thèse traditionnelle de l'origine de l'*Histoire,* a été relevé par M. Cunitz. Immédiatement après le colloque de Poissy, il a paru plusieurs éditions, quasiment officielles, et révisées par Bèze, des *Actes* ou *Discours du Colloque.* Or la célèbre *Confession des péchés* par laquelle Théodore de Bèze inaugura sa première harangue, n'est pas rapportée dans notre ouvrage, d'après ces textes primitifs, mais avec une interpolation qui ne se trouve que dans le texte de La Place [1].

8.

Grâce aux données précises, groupées dans les paragraphes précédents, nous avons singulièrement facilité les conclusions auxquelles doit aboutir le lecteur, s'il a bien voulu nous suivre attentivement jusque là. Nous avons vu que la plus grande partie de l'ouvrage est formée par la réunion des mémoires envoyés à Genève de toutes les régions du royaume; cette réunion, ou, pour mieux dire, cette juxtaposition, n'a pas été exécutée avec une attention soutenue, et l'ouvrage porte visiblement les traces d'une origine différente. L'introduction est emprunté, en bonne partie, à des écrivains antérieurs, dont les textes ont été utilisés sans le moindre

---

1. *Histoire,* T. 1, page 503, note.

scrupule, dans l'intérêt de «la cause» qu'il s'agissait de défendre. Ces faits une fois constatés — et je ne crois pas qu'il se trouve désormais quelqu'un pour les mettre en doute — nous avons à peu près tranché la question de la paternité de l'ouvrage, attribuée à Théodore de Bèze, que des informations directes, trop insuffisantes, laissaient encore en suspens, à la fin du dernier chapitre. Ce n'est pas l'illustre théologien qui a pu se charger de faire les *raccords* entre les mémoires autographes des diverses Eglises. C'est encore moins Théodore de Bèze qu'on peut se représenter, le crayon rouge ou les ciseaux du compilateur à la main, marquant ou détachant dans l'*Histoire des Martyrs*, dans Regnier de la Planche, dans le président La Place, les passages qu'il destine à son propre ouvrage. Le chef spirituel des religionnaires vers 1580, l'homme absorbé par ses correspondances politiques si nombreuses et lui-même agent diplomatique à ses heures, le polémiste infatigable, le professeur et le prédicateur occupé sans cesse à ses devoirs officiels, n'avait ni les loisirs nécessaires pour une pareille besogne, presque machinale, ni peut-être la patience et l'abnégation nécessaires à son accomplissement. Nous croyons donc qu'il est presque impossible d'admettre que Théodore de Bèze ait eu dans la composition de l'*Histoire ecclésiastique,* considérée dans son ensemble, une autre part, que celle d'un directeur responsable, d'un patron bienveillant, qui donne à ses subordonnés des instructions plus ou moins détaillées, des conseils oraux, et qui orne finalement l'œuvre, dégrossie par d'autres, de quelques considérations générales et de quelques pages de préface.

Nous n'entendons pas nier par là que la part de Bèze n'ait été plus considérable, pour certaines parties de l'ouvrage. Dès la première fois que nous avons parcouru l'*Histoire ecclésiastique*, et alors que nous ne songions nullement qu'il pourrait nous incomber jamais d'en discuter les origines, nous avions été frappé du ton plus particulièrement personnel qui règne dans le sixième livre, où l'on nous raconte les événements de la première guerre de religion, depuis le massacre de Vassy jusqu'à la proclamation de l'Edit de pacification, en mars 1563 [1]. Là aussi, le récit

---

1. *Histoire*, T. II, p. 1-336.

Introduction.

est loin d'être tout d'une pièce, et l'on n'a qu'à se reporter aux notes et renvois des deux éditeurs, pour constater que la rédaction définitive s'est faite, comme partout, à l'aide de pièces et de documents empruntés à des sources diverses [1]. Il n'en est pas moins vrai que le tableau de la vie à Orléans, celui de la lutte des influences religieuses et politiques dans l'entourage de Condé, le récit de la bataille de Dreux, etc. semblent être sortis de la plume d'un témoin oculaire des faits, bien au courant des hommes et des choses, et que le narrateur qui a su si bien s'informer sur tant de point divers, ne peut guère être que Théodore de Bèze lui-même [2].

De quelle façon ses souvenirs ont-ils été fixés, avant d'être incorporés à l'*Histoire ecclésiastique*? C'est une question que l'on ne saurait se flatter de résoudre, en l'absence de documents plus précis. Bèze *peut* avoir communiqué aux compilateurs de l'ouvrage sa correspondance avec Calvin, durant le séjour qu'il fit alors en France et auprès de Condé [3]. Il *peut* avoir rédigé des fragments de ses mémoires et mis ce manuscrit à leur disposition [4]. Il *peut* aussi leur avoir raconté de vive voix ses impres-

---

1. Principalement aux *Mémoires de Condé*, à l'*Histoire des Martyrs*, à certaines plaquettes contemporaines, comme l'*Oratio Spifamii . . . ad S. I. R. principes*, etc.

2. Nous citerons parmi ces passages la députation faite par Bèze et Francour à Monceaux (II, 3); l'entrée du prince de Condé à Orléans (II, 10); les lignes précédant la *Réponse de Condé touchant les requêtes du Triumvirat*, réponse notoirement rédigée par Bèze (II, 52); la démarche des ministres auprès du prince, concernant «les paillardises, larrecins et autres souilleures» (II, 190); les discussions au camp huguenot au sujet de la paix (II, 198); principalement le récit si animé de la bataille de Dreux et les mouvements subséquents de l'amiral (II, 228-250). Calvin signale dans une lettre à Bullinger, du 16 janvier 1563, la vaillance de Bèze, qui assista à la bataille au premier plan «*ac si unus esset ex signiferis*».

3. Ces lettres se trouvent dans les *Calvini Opera*, tom. XIX, *passim*.

4. Antoine de la Faye a mis sur l'autographe d'une lettre française de Bèze, conservée à Genève, et traduite par lui en latin: «J'y ai inséré (dans la traduction) le traité sommaire . . . , *lequel j'ai trouvé en l'histoire que M. de Bèze m'a prestée*» (*Histoire*. II, 492, note). S'agirait-il d'un manuscrit de *Mémoires*, ou simplement d'une relation *imprimée* du Colloque de Poissy, comme il en avait paru plusieurs, dès après la clôture de cette mémorable controverse?

sions d'autrefois, à une époque postérieure,[1] en leur permettant d'enrichir leur texte de ces réminiscences historiques. Tout cela est possible ; rien de tout cela n'est établi, pour le moment du moins. En tout cas, nous nous refusons à croire que même le texte du sixième livre soit, dans son ensemble, l'œuvre du ministre genevois. Il aurait évité certaines bévues qu'un scribe subalterne pouvait seul commettre[2].

9.

La tradition, représentée par quelques-uns au moins de la longue série d'auteurs que nous avons cités au chapitre précédent, veut que Théodore de Bèze ait été secondé, et selon d'autres, remplacé, dans son travail par l'un de ses collègues dans le ministère genevois, par Nicolas Des Gallars, seigneur de Saules. Parisien de naissance, il vint, jeune encore, sur les bords du Léman, pour y suivre les leçons de Calvin. Il fonctionna successivement comme pasteur à Genève, à Paris et à Londres, assista au colloque de Poissy, devint ministre à Orléans, puis après le synode de La Rochelle (1570), fut l'un des ministres de Jeanne d'Albret, qu'il assista dans ses derniers instants. Après la mort de la reine de Navarre, il resta dans le Béarn ; en 1579, on l'y trouve encore comme professeur à l'académie protestante de Lescar. Depuis nous n'entendons plus parler de lui[3]. Des Gallars était un homme de savoir ; il a beaucoup écrit, mais principalement des ouvrages d'exégèse et de polémique. Il a pu voir de près les hommes et les choses de la Réforme française ; il y a joué un certain rôle aux synodes nationaux de Paris et de La Rochelle, comme président ou secrétaire, ainsi qu'à la cour des

---

1. La *rédaction* du sixième livre n'est en aucun cas contemporaine des faits qu'elle raconte. Ainsi (I, 191) il est dit du sieur Gonnor, « depuis maréchal de Cossé » ; il ne l'est devenu qu'en 1567. P. 332 ils est question des troubles qui désolent le royaume et ces lignes ne peuvent se rapporter qu'à la seconde ou à la troisième guerre de religion.

2. Ainsi Bèze n'aurait certainement pas attribué à l'*Electeur* palatin *Frédéric* une lettre du *comte* palatin *Wolfgang*, signée de lui en toutes lettres (II, 17).

3. France protestante, 2º édit. article *Des Gallars*. T. V, p. 298-305.

princes. Il n'y a rien d'impossible à ce qu'il ait « travaillé aussi à l'*Histoire ecclésiastique* », dans les années écoulées entre le vote du synode de Lyon (1563) et son départ définitif de Genève, et la tradition peut avoir raison. Mais elle peut être fondée aussi, en dernière analyse, sur le seul fait que Des Gallars avait été l'un des ministres, natifs de France, le plus en vue à Genève, le collègue de Bèze à la députation de Poissy, honoré comme lui de la confiance des chefs du protestantisme, le traducteur ordinaire en latin des écrits français de Calvin, et par suite, plus connu des savants étrangers que la plupart des autres théologiens genevois d'alors. En tout cas, la part que Des Gallars a prise à la *rédaction* de l'*Histoire ecclésiastique,* ne saurait avoir été considérable, puisqu'il avait quitté Genève depuis tantôt dix ans, quand l'ouvrage y parut.

En dehors de ce collaborateur, plus ou moins douteux, « il y avait alors à Genève un autre ministre, très-savant en littérature et en histoire, polygraphe qui a publié beaucoup de pièces historiques et qui a composé des histoires de son temps. Cet homme, c'est Simon Goulart, grand ami de Théodore de Bèze et pasteur à Saint-Gervais, c'est-à-dire dans le quartier des artisans sur la rive droite du Rhône. A cette époque Simon Goulart était dans toute la vigueur de l'âge viril; il avait déjà publié bien des ouvrages, pour la plupart des traductions d'ouvrages écrits en latin. C'est lui qui était dans la position de faire entrer dans le premier volume de cette *Histoire* des parties considérables d'autres auteurs; c'est lui encore qui pouvait disposer de tous les matériaux et manuscrits qu'avait rassemblés Théodore de Bèze. C'est là, nous l'avouons, une hypothèse, mais elle ne nous parait pas dénuée de fondement [1]. »

Nous avons transcrit dans toute son étendue la note précédente, qui, pour la première fois, autant que nous sachions, a mentionné le personnage auquel serait dû la mise en lumière de l'*Histoire ecclésiastique,* afin de laisser l'honneur et la responsabilité de cette revendication à qui de droit. M. Cunitz partageait, sur ce point, l'opinion de son savant ami, comme il me l'a dit une fois en passant. Il me parlait même, à cette occasion, d'un vote

---

1. Baum, note manuscrite.

du Conseil de Genève, attribuant à Simon Goulart une somme de cent écus comme récompense de ses travaux relatifs à notre ouvrage; mais je n'ai pu découvrir rien de semblable dans ses papiers [1]. En tout cas l'on trouverait difficilement dans la Genève d'alors un homme mieux qualifié que le ministre de Saint-Gervais pour une tâche de ce genre. Homme érudit, doué d'une mémoire prodigieuse, d'une facilité de travail extrême, il était comme fait pour extraire, compiler et coordonner, un peu à la légère, mais avec la rapidité voulue, les liasses de mémoires qui encombraient depuis des années le cabinet de travail de Bèze. Il était venu de France, lui aussi, comme fugitif à Genève; il y avait trouvé, dès 1564, une place de pasteur, il y mettait au jour les in-8° et les in-folio, avec une fécondité presque effrayante [2], si l'on songe aux exigences de la prédication presque quotidienne de ce temps. Son zèle religieux, l'intérêt patriotique qu'il témoignait au sort de ses coreligionnaires au royaume de France, sont suffisamment attestés par les éditions successives qu'il fit paraître, avec de nombreuses additions, du *Martyrologe* de Crespin. C'était bien le manœuvre intelligent et zélé qu'il fallait à Théodore de Bèze pour mener à bonne fin une œuvre qui l'effrayait depuis longtemps, bien plus encore qu'elle ne l'attirait. Si nous nous gardons d'affirmer que Goulart soit l'*auteur* de l'*Histoire ecclésiastique*, nous ne voyons personne qui, selon toutes les probabilités, puisse disputer l'honneur d'en avoir été le principal *compilateur* au laborieux exilé de Senlis [3].

1. Nous n'y avons trouvé que la mention d'un vote analogue du Conseil, antérieur de dix-huit ans, et se rapportant en effet à une *Histoire ecclésiastique*, mais non la nôtre; à savoir celle que publiait Bourgoing, tirée des Centuries de Magdebourg. Y avait-il confusion dans les souvenirs du savant éditeur, déjà bien malade à ce moment? L'érudit qui dépouillera les registres du Conseil de Genève nous le dira sans doute quelque jour.

2. Si quelque chose pouvait nuire au succès de l'hypothèse de M. Baum, ce serait précisément la masse de volumes produits par Goulart aux alentours de la date où parut notre ouvrage. Cette même année 1580, il publiait une *Chronique et histoire universelle*, traduite de Jean Carion, en deux volumes, et une *Histoire de la guerre de Genève avec le duc de Savoie*, en 1581 une *Histoire du Portugal* in-fol., etc.

3. Dans une de ses notes, M. Cunitz a signalé la ressemblance, sans doute amenée par un emprunt volontaire, qui peut s'observer entre l'*Histoire ecclé-*

CHAPITRE IV.

DE LA VALEUR LITTÉRAIRE ET HISTORIQUE DE L'*HISTOIRE ECCLÉSIASTIQUE*.

I.

Après tout ce qu'on vient de lire sur la formation et la composition de l'*Histoire ecclésiastique*, il est permis d'être bref dans ce dernier chapitre. La question de la valeur littéraire de l'ouvrage ne saurait plus, en effet, se poser pour nous, et il nous paraîtrait au moins oiseux de discuter les mérites du style de Bèze et d'examiner sa syntaxe, alors qu'il est certain que les compilateurs de l'*Histoire* n'ont jamais prétendu la faire figurer à aucun titre parmi les œuvres littéraires du temps. On peut se borner simplement à constater, à ce point de vue, que les promesses de la préface ont été tenues, et que notre ouvrage est écrit «du stile d'une simple et nue narrative, ne cherchant aucun embellissement de l'histoire, ains comme preparant la matière à quiconque, estant plus eloquent que moy, pourra mettre le tout en telle forme qu'un si sainct et digne sujet le mérite[1].» S'il en est cependant parmi nos lecteurs qui désireraient trouver làdessus de plus longs développement, nous les renvoyons à l'attrayante étude consacrée par M. A. Sayous au ministre genevois. Ce qu'il dit de la *forme* de l'ouvrage reste, en général, exact, quand bien même ses éloges et ses critiques devraient changer d'adresse, si Bèze est mis dorénavant hors de cause. Ce qu'il dit du *fond* de l'*Histoire* mérite encore davantage d'être lu, car notre livre a été rarement apprécié avec plus de sympathie et d'équité[2].

---

siastique (II, 489) et l'*Histoire des choses mémorables* de Simon Goulart (édit. 1599), p. 139. La ressemblance est encore plus frappante *Histoire*, II, 502 et Goulart, 138. Goulart copiait-il notre texte, comme il aurait copié n'importe quel autre auteur, ou reprenait-il son bien, puisqu'il l'y avait mis autrefois lui-même? La décision est difficile à prendre, d'autant que le seizième siècle ne connaissait guère les scrupules qui tourmentent aujourd'hui les esprits délicats.

1. *Histoire*, T. I, p. VI.
2. Sayous, *Etudes littéraires*, I, p. 340-355 : Bèze historien.

2.

Il en est tout autrement de la valeur historique de l'ouvrage. Non seulement celle-ci ne perd rien par le fait qu'on le revendique pour d'autres que l'auteur traditionnel, mais il gagne peut-être, au point de vue documentaire, à être reconnu comme l'expression directe des sentiments de la multitude des Eglises réformées de France, et non plus seulement d'un homme, quelque éminent qu'il soit. Naturellement les renseignements renfermés dans les trois gros volumes de l'*Histoire ecclésiastique* sont de valeur très-différente. Tous les collaborateurs de l'œuvre n'avaient ni le même zèle, ni la même justesse de coup d'œil, ni les mêmes moyens d'information; les nombreux extraits, empruntés à d'autres auteurs, n'ont que l'autorité que l'on doit reconnaître à ces écrivains eux-mêmes. Nous avons vu d'ailleurs que le compilateur de notre ouvrage les a bien choisis, et qu'il ne pouvait guère en trouver de meilleurs, au moment où il colligeait son *Histoire*. Mais ce qui constitue surtout la grande et durable valeur de notre livre, c'est la série des *Mémoires particuliers* des différentes communautés huguenotes de France, qui en forment la majeure partie, la plus attrayante, en tout cas, pour un historien de ces temps. Au point de vue de la science, sinon de la littérature, c'est un bonheur qu'il ne soit pas survenu d'historien supérieur, pour mettre en œuvre ces matériaux, pour se les assimiler et en former quelque grand ouvrage, portant son empreinte personnelle. La littérature française y aurait gagné peut-être un chef-d'œuvre de plus, mais nous aurions vraisemblablement perdu ces précieux dossiers, qui reflètent d'une manière si précise, si naïve parfois, les sentiments et les passions, les craintes et les espérances des protestants français avant 1580[1]. On a reproché au plan de notre livre « d'achever de disperser des événements auxquels une histoire des Eglises aurait dû rendre leur unité en les rattachant par leurs liens communs »[2]. C'est

---

[1]. Disons pourtant qu'au point de vue même du style, il y a certains beaux passages; nous citerons comme exemple ce qui est dit de la Saint-Barthélemy, III, p. 473.

[2]. Sayous, I, 341.

précisément, à notre humble avis, cette « dispersion des événements » qui fait, non seulement l'intérêt de l'ouvrage, mais surtout sa valeur scientifique. Le dossier de chacune des Eglises est ainsi complet; aucun avocat n'a passé par là pour le trier et le classer à sa guise, au point de vue de l'attaque ou de la défense. La sincérité des rédacteurs de nos *Mémoires* est hors de doute, et leur franchise, vis-à-vis des adversaires, comme vis-à-vis d'eux-mêmes, se montre à chaque page. On sent qu'il y a eu là des recherches sérieuses, prolongées, pour établir d'une manière exacte des détails parfois bien insignifiants en apparence; on voit que ces « enquêteurs » ont essayé de remplir scrupuleusement leur tâche, sauvant de l'oubli les noms des plus obscures victimes, quand ils en retrouvaient la trace, attaquant avec courage les puissants eux-mêmes, qu'ils fussent morts ou vivants.

C'est une œuvre de parti, nous dit-on. Assurément l'*Histoire ecclésiastique* n'est point impartiale, au sens absolu du mot. Elle ne l'est pas surtout au yeux d'une certaine école contemporaine, qui ne consent à décerner cette épithète flatteuse qu'à des écrivains protestants ayant renié leurs ancêtres pour glorifier l'absolutisme ou la persécution religieuse. Elle ne pouvait l'être d'ailleurs. Au moment où elle paraissait, de nouveaux et terribles combats s'apprêtaient, entre les deux partis qui luttaient, l'un pour la suprématie, et l'autre pour l'existence. Comment demander aux victimes d'accorder les circonstances atténuantes à leurs propres bourreaux ? C'est là toujours et partout la tâche qui incombe à l'avenir; on ne saurait en exiger autant du présent. A défaut de cette froide impartialité que le manque d'intérêt direct rend seul parfois possible, notre livre est, je le répète, supérieurement sincère. C'est la fixation de la société huguenote primitive, faite au moment précis où les guerres, de plus en plus farouches, vont en détruire l'image. On y assiste à la naissance et au développement de ces conventicules modestes, groupés autour de quelque grave échevin, de quelque avocat ou procureur dans les villes, autour du château seigneurial dans les villages, à l'appel de quelque missionnaire de la Bonne Parole, écolier venu de Genève, moine défroqué, prédicateur descendu de sa chaire, colporteur ambulant de traités religieux. On en suit les luttes de plus en plus difficiles contre la magistrature et l'Eglise, contre le fa-

natisme des uns, la basse convoitise des autres, auxquels on jette en
pâture les hérétiques et leurs biens. Au plus fort des guerres civiles, l'*Histoire ecclésiastique* vient nous montrer, une fois encore,
avant qu'il ne soit trop tard, le protestantisme français à ses origines, si résigné dans le malheur, si héroïque au milieu des persécutions. Derrière l'*Eglise militante* du présent, nous admirons
l'*Eglise sous la croix* du passé; mais on nous la montre sans
nimbe menteur, sans les exagérations habituelles aux partis. On
nous y fait voir toutes les petites misères du jour, les rivalités et
les querelles dogmatiques entre les ministres, les hésitations et les
lâchetés de certains fidèles, tout aussi franchement que le dévouement et le martyre des uns et des autres.

Notre livre est loin d'approuver tout ce qui se dit et tout ce qui
s'est fait dans le camp huguenot. L'auteur de la préface déclare
qu'il «voudrait racheter de sa vie plusieurs choses très-mauvaises
et très-malheureuses, advenues de part et d'autres»[1]. Le narrateur
blâme vivement la destruction des monuments de l'art et des bibliothèques par «l'ignorance et l'insolence» de la soldatesque,
ainsi que la violation des sépultures dans les églises[2]. Il repousse
avec indignation l'accusation de complicité morale avec Poltrot,
dirigée contre Bèze[3]; il parle avec un calme, bien remarquable
au milieu de cette horrible tourmente et huit ans à peine après
la Saint-Barthélemy, de François II et de Charles IX, comme de
deux enfants «déchargés assès» devant les hommes, de tous les
crimes commis en leur nom. Sans doute il proclame la théorie de
l'intervention directe de la justice divine, pour punir les méfaits
de ceux qui persécutent les enfants de Dieu[4], mais personne alors
ne songeait à refuser au «Dieu d'Israël», au «Dieu des armées»
le droit d'utiliser des instruments, même peu dignes, pour arriver
à ses fins.

Ce dont on veut le plus aux narrateurs de l'*Histoire ecclésiastique,* et ce qu'on leur reproche au fond, c'est précisément de nous

---

1. *Histoire*, T. I, p. vi.
2. *Histoire*, T. II, p. 36-37. T. III, p. 421.
3. *Histoire*, II, 298. Et dire qu'on a pu faire répéter à Henri Martin, l'historien scrupuleux et honnête par excellence, que Bèze avait fait l'apologie de
l'assassinat de Guise! (*Histoire de France*, IX, p. 162.)
4. *Histoire*, T. I, p. 801.

avoir laissé ce tableau si détaillé, si vivant, si poignant, dans sa simplicité, du sort des protestants de France aux débuts de la guerre civile. On peut réfuter des considérations générales, — que ne réfute-t-on pas aujourd'hui ? — on peut accuser d'exagération l'esquisse d'une époque, rapidement tracée, fût-ce par la main d'un maître ; on ne peut espérer convaincre un homme de sens rassis que toute cette masse de menus faits, réunis par des milliers de témoins en tant endroits divers, soient le fruit d'une imagination échauffée ou le résultat d'un vaste complot mensonger, destiné à calomnier l'Eglise et à compromettre la royauté. C'est le dossier complet, précis, irréfutable, des longues tribulations infligées à la foi des huguenots, avant que le désespoir leur eût mis les armes à la main. Ces choses-là ne s'inventent pas, mais trop souvent l'histoire les néglige, et plus tard la postérité les oublie. On comprend que de pareils souvenirs, remis en plein jour, soient gênants pour ceux auxquels la mémoire des persécuteurs est chère[1], on comprend qu'ils éprouvent une irritation sourde en présence d'une œuvre qui se dresse comme un écrasant réquisitoire en face de leurs ancêtres spirituels.

Quand on n'est pas aveuglé par des passions de ce genre, dont la violence ferait presque croire à des remords secrets, on ne peut s'empêcher, au contraire, d'être frappé, presque à chaque page de notre livre, du caractère de vérité qu'il respire. Il y a naturellement des erreurs de faits, il y a des erreurs de date aussi, dans ces trois gros volumes, mais il n'y en a pas, je pense, qu'on puisse attribuer avec justice à une intention cachée, soit au désir de dissimuler une action fâcheuse pour le parti, soit au besoin malsain d'exciter encore les haines contre les ennemis les plus cruels. Rien du ton du pamphlet, arme redoutable qu'on savait manier cependant dans les rangs des huguenots aussi bien que dans ceux de leurs adversaires. La gravité, la fidélité du récit a frappé tous ceux qui l'ont étudié de plus près. Nous n'en citerons, pour exemple, que ce jugement d'un écrivain, catholique pourtant,

1. On peut voir, par exemple dans un travail, très-estimable pourtant, l'*Histoire du parlement de Normandie*, de M. Floquet, la protestation, aussi vague qu'indignée de l'auteur contre les accusations très-précises portées par notre ouvrage contre certains membres de la magistrature suprême de Normandie (T. II, 367).

mais véritable historien celui-là, et dont les recherches spéciales l'ont amené forcément à contrôler en détail les données de notre ouvrage. «L'*Histoire ecclésiastique,* dit-il, systématiquement négligée par quelques historiens, ne mérite pas cet oubli. Nous avons pu vérifier, d'après de nombreuses lettres originales, l'exactitude de son récit des troubles de Guyenne. Outre la sûreté de ses informations, de Bèze a toute l'autorité d'un témoin oculaire . . . . . Sa partialité est tempérée par la largeur et la supériorité de son esprit [1].»

Cela dit, — et nous devions insister sur ce point pour rendre hommage à la vérité — il est bien évident que l'*Histoire ecclésiastique* a plus d'un défaut, même au point de vue de la facture scientifique. Constatons un manque de proportions visible, une tendance à considérer toutes choses au point de vue plus spécialement théologique, une certaine difficulté, involontaire à coup sûr, mais très-réelle, à se rendre compte de la situation générale du royaume et, par suite, la tendance d'interpréter comme indifférence, pusillanimité ou mauvais vouloir, les scrupules assez naturels des gouvernants de ne point vouloir se brouiller avec la majorité de leurs sujets pour satisfaire une minorité dissidente, etc. Si les rédacteurs du livre avaient eu la prétention de nous offrir une histoire complète de leur temps, on aurait le devoir d'appuyer encore davantage sur ces fautes de groupement et de perspective ; mais on n'a qu'à relire le titre même de l'ouvrage, *Histoire ecclésiastique des Eglises réformées au royaume de France,* pour se rappeler qu'une double limitation, si nette et si précise, permet bien d'exprimer des regrets, mais exclut tout reproche à cet égard. Il est inutile, ce me semble, d'insister davantage, et je résumerai donc ma façon de voir sur l'*Histoire ecclésiastique,* en disant, que c'est le recueil de documents le plus précieux et le plus complet que nous possédions sur les origines du protestantisme français ; que la sincérité absolue des impressions contemporaines qu'il a recueillies, et qu'il nous conserve dans leur fraîcheur et leur naïveté premières, en fait la source la

---

[1]. Alphonse de Ruble, *Commentaires et lettres de Monluc,* T. II, p. 343. M. de Ruble ajoutait : «Il est regrettable qu'un tel historien n'ait pas encore trouvé un éditeur digne de lui.»

plus digne de foi pour les années antérieures aux guerres civiles. Nul ne pourra prétendre retracer d'une manière impartiale et vivante à la fois, le tableau des épreuves et des souffrances des réformés, depuis François Ier jusqu'à Charles IX, ni la genèse véridique des terribles guerres de religion qui suivirent, s'il n'étudie à fond ce témoignage à peu près anonyme et d'autant plus fidèle qu'il est sorti des entrailles même de l'Eglise huguenote[1].

3.

Une question que l'on pourrait s'attendre à voir encore traitée dans cette notice, c'est celle de savoir quelle impression produisit au sein du protestantisme français, et chez les protestants du dehors, l'apparition de l'*Histoire ecclésiastique*. Malheureusement les documents font trop entièrement défaut pour permettre de se former une idée nette et claire à ce sujet. On ne parle pas, à vrai dire, de notre ouvrage, dans toute la littérature contemporaine, et le seul auteur qui, dès le lendemain de sa publication, l'exploite, Henri Lancelot Voisin de la Popelinière (dans son *Histoire de France* de 1550 à 1577, parue en 1581), le copie sans le nommer jamais[2]. Il faut descendre ensuite jusqu'au président de Thou pour en retrouver la simple mention[3], et la dernière trace, assez incertaine d'ailleurs, que nous en ayons retrouvée, se rencontre dans l'*Histoire universelle* d'Agrippa d'Aubigné[4].

D'autres n'ont pas été plus heureux que moi; M. N. Weiss, le savant bibliothécaire de la *Société de l'Histoire du protestantisme*

---

[1]. C'est aussi l'opinion énoncée par MM. Herzog (*Realencyclopaedie*, II, 138) et G. de Polenz (*Geschichte der franz. Calvinismus*, I, 221), et celle de la plupart des écrivains protestants français qu'il serait trop long d'énumérer ici, d'autant plus que nous les avons mentionnés au deuxième chapitre, auquel nous renvoyons.

[2]. Sur les emprunts de La Popelinière, voy. par exemple *Histoire ecclésiastique*, II, 1, 22, 81, 103, 187 et *passim*, dans les notes de M. Cunitz.

[3]. Voy. *Introduction*, p. xxi.

[4]. *Histoire universelle*, 2e édit. Amsterdam, Commelin, 1626. fol. — On peut trouver des allusions à notre ouvrage p. 6, 183, 233, 245, mais le seul emprunt un peu assuré nous semble se trouver au chapitre XIII du deuxième livre, où d'Aubigné raconte le songe de Condé avant la bataille de Dreux. Comp. *Histoire ecclésiastique*, T. II, 228-229.

français, auquel j'avais communiqué mon étonnement à ce sujet, a bien voulu me répondre par un aveu d'ignorance semblable. Je ne puis mieux faire que de citer ici textuellement ses paroles, parce qu'elles indiquent, d'une façon précise, les motifs de ce silence universel, en apparence si bizarre : « Je ne puis malheureusement vous donner de *jugements* sur l'*Histoire ecclésiastique ;* je n'en ai, à vrai dire, jamais rencontré. Je croirais volontiers d'ailleurs que : 1° l'ouvrage paraissant beaucoup plus tard qu'on n'avait espéré et peut-être aussi devenu (malgré des retranchements) plus volumineux qu'on n'eût voulu, a été tiré relativement à peu d'exemplaires. 2° Il paraissait après beaucoup d'autres auteurs qui avaient plus ou moins traité le même sujet (Crespin, La Planche, La Place, Mémoires de Condé, etc.), et à un moment particulièrement peu favorable. En 1580, on approchait de la période dangereuse de la Ligue. Le royaume était profondément troublé, les Églises à peu près dispersées, ou peu s'en faut. Ces diverses raisons aident à expliquer que l'ouvrage ait attiré moins d'attention. Plus tard il lui est arrivé ce qui est arrivé à beaucoup d'ouvrages insuffisamment remarqués à leur apparition. Il a été quelque peu oublié, et cela surtout à dessein. »

Ce dernier mot nous parait particulièrement topique. Quand une fois l'ère des combats fut close, quand les *politiques* l'eurent définitivement emporté sur les confesseurs de l'Evangile, quand une immense fatigue eut fait naître partout un immense besoin de repos, le souvenir des luttes et des souffrances d'autrefois devint indifférent et bientôt importun aux générations huguenotes nouvelles, qui n'avaient plus connu les émotions vivifiantes de l'âge héroïque de la Réforme. Le protestantisme français, assuré de son existence légale, grâce à l'Edit de Nantes, se détourna volontiers de l'histoire de ces temps néfastes, dont nul ne craignait alors le retour. Cette disposition des esprits explique le peu d'impression que semble avoir fait sur les contemporains l'œuvre capitale dont nous avons entretenu, trop longuement peut-être, le lecteur. L'Allemagne strictement luthérienne, devenait de plus en plus indifférente ou franchement hostile ; l'Angleterre était absorbée par sa lutte contre la papauté, l'Espagne et Marie Stuart ; les Pays-Bas jouaient alors la partie suprême contre le terrorisme religieux et politique de Philippe II. En France même, au sein du parti huguenot, nous ne voyons pas, quoiqu'on en ait dit, que l'impression produite fût profonde et salutaire et que, par la publication de l'*Histoire ecclésiastique,* Théodore de Bèze ait réveillé l'enthousiasme des siens [1]. Mais ce grand élan moral, que le *Livre d'or* du protestantisme français n'a point réussi à faire renaître alors au sein d'une génération, dont la sève était épuisée par vingt ans de guerre civile, ne saurait-il le faire revivre en un temps où certes ce n'est pas l'intensité des persécutions religieuses qui amène l'indifférence et la lassitude du grand nombre? Le protestantisme français, si faible actuellement, par ce qu'il est si tristement divisé, aurait tout à gagner en se retrempant aux sources vives où puisaient ses ancêtres, en retrouvant, au contact de leurs souffrances et de leur martyre, une foi personnelle et vivante, quelque chose de ce calme dans les épreuves et de cette sérénité dans la mort, qui sont aujourd'hui l'objet de notre admiration profonde et de notre secrète envie.

1. *Encyclopédie des sciences religieuses,* II, p. 271.

TROISIESME VOLVME

DE

L'HISTOIRE
ECCLESIASTIQVE DES
EGLISES REFORMEES AU
ROYAVME DE FRANCE: CONtenant la continuation des premieres guerres civiles, jusques au premier edit de Pacification.

S'AMVSE, TANT PLVS DE

PLVS A ME FRAPPER ON

MARTEAVX ON Y VSE.

De l'Imprimerie de Iean Remy.
A ANVERS.
1580.

HISTOIRE
ECCLESIASTIQUE
fous Charles neufiefme.
PARLEMENT DE TOULOUSE.

* *
*

LIVRE X.

1 Le vendredi, fixiefme de Fevrier, mille cinq cens foixante deux, l'Ediɕt de Janvier, par lequel l'exercice de la religion eſtoit permis aux fauxbourgs des villes, fut publié en la Cour de Parlement de Touloufe fans trop grand contredit en apparence [1]. Suivant cela, *du Nort,* miniſtre de la parole de Dieu, duquel nous avons parlé en l'hiſtoire d'Agen [2], ayant fait le ferment requis par l'Ediɕt entre les mains du Senefchal, Viguier [3] & Capitouls de la

L'édit de Janvier publié à Toulouse.

Commencement du culte réformé.

---

1. *De Thou. Hist. univ.*, IV, p. 56 : L'on eut bien de la peine à les obliger (les membres du parlement de Toulouse) après quatre lettres de Jussion à enregistrer l'Edit. Ils l'enregistrerent enfin ; mais avec des modifications et des restrictions qu'ils eurent soin d'inserer secretement dans les registres de la Cour.

2. Voy. vol. I, p. 790. A côté de *Nort* fonctionnaient encore *Nicolas Folion* (ou *Foliou*), dit *La Valée* (I, 156), *Jean Cormère,* dit *Barrelles* (*Opp. Calv.*, XIX, 282), et le vieux *Molinet,* et dès le mois de mars 1562 furent encore installés *François Diabat* (ou Tabart), ministre d'Agen, *Antoine de Bellerue* et *Arrien Chaunière* (Adrien Chamier). Voy. *Mém. de Gaches* par *Pradel,* p. 17 s.

3. Le viguier ou juge exerçait les fonctions de prévôt royal et remplissait en même temps les fonctions militaires administratives et judiciaires, et les huit capitouls (ou échevins), élus annuellement, formaient le corps des conseillers de la ville. *Fr. de Portal, Les descendants des Albigeois* ou *mémoires de la famille de Portal,* p. 152. *Jehan de Portal* avait été nommé viguier par Henri II en 1555, *ibid.,* p. 178.

ville, fit le premier fermon hors la ville, joignant la maifon des heritiers du feu feigneur *d'Olinieres*[1], jadis Prefident, auquel affifterent les Capitouls & Viguier de *Touloufe,* avec les forces de la ville, pour empefcher qu'aucun tumulte n'en advint. Ce commencement fut fort paifible, combien que, par ordonnance du Parlement, l'affemblée puis après fuft remuée en un autre lieu, à favoir fur les foffés derriere les prifons des Hauts Murats; & derechef, peu de temps après, à la porte de Villeneufve, pour toufiours ennuyer ceux de la religion. Mais ils y eurent tantoft remedié, ayans fait baftir vers cefte porte un temple de vingt quatre cannes[2] de long & feize de large, capable de tenir environ huict mille perfonnes, lequel en peu de temps fe remplit, tellement qu'il en demeuroit plus dehors qu'il n'y en avoit dedans. Voyans cela, quelques particuliers, tenans ou faifans tenir à leurs enfans ou parens les gras & riches benefices, ils commencerent de pratiquer & efmouvoir le peuple, tellement que plufieurs injures furent dites à l'aller & au retour du prefche; & des injures finalement on vint à bailler des coups de main & de pierres. Les Capitouls & Viguier, pour obvier à cela, acompagnés de bon nombre d'hommes bien armés, commencerent de conduire les miniftres, d'affifter aux prefches & d'acompagner les baptefmes & enterremens; & ne faut douter que fi la Cour de Parlement euft voulu adjoindre fon authorité, les chofes euffent paffé fans aucun bruit.

Construction d'un temple.

Mais ceux que deffus, preferans leur particulier au public, & recevans nouvelles de ce qui fe pratiquoit dès lors entre le *Conneftable,* gouverneur de Languedoc, & ceux *de Guife,* qui gagnoient peu à peu le *Roy de Navarre,* au lieu de pourvoir au repos public, effayerent tous moyens pour empefcher l'obfervation de l'Edict, voire jufques à ce poinct, que les Capitouls ayans procedé

Opposition du parlement.

---

1. Ce nom doit être corrigé d'après la notice donnée par *Germ. La Faille, Annales de la ville de Toulouse,* II, p. 212 : Le 7 février, les huguenots commencèrent l'exercice de leur religion, ce qu'ils firent hors la porte Montgaillard, joignant le petit chasteau *d'Ulmières* (ou Olmières).

2. *Canne,* mesure de longueur employée en divers pays, particulièrement en Italie, et dont la valeur n'est pas constante ; celle de Naples vaut deux mètres vingt-neuf centimètres, celle de Toulouse 1 mètre 79 centimètres. *Littré: canne,* mesure de Montpellier. D'après *La Faille* ce temple était en bois. Voy. *Mém. de la famille de Portal.* Paris 1860, p. 213.

à la capture de quelques uns des feditieux, il leur fut commandé en vertu d'une fimple requefte de les eflargir ; & ne paffoit aucun jour que les Capitouls ne fuffent appelés, maintenant au Parlement, maintenant en quelques maifons de Confeillers particuliers, pour les intimider & amener par tous moyens à ce qu'ils fe deportaffent d'acompagner ainfi ceux de la religion, difans que ce port d'armes eftoit une occafion des tumultes. Les Capitouls refpondoient qu'ils eftoient tenus de ce faire par la teneur de l'Edict, & que toutesfois ils f'en deporteroient, en leur baillant, pour leur defcharge, l'ordonnance de la Cour au contraire par efcrit ; ce que ne leur eftant accordé, ils continuerent comme de couftume.

En ces entrefaites, rien ne fut obmis pour allumer de plus en plus la fedition par les prefcheurs du Carefme ; entre lefquels eftoit comme principal un Chanoine de Conques [1], nommé *Sere*, auquel, autresfois prefchant fainement, ceux de la religion avoient fauvé la vie ; lequel alors ayant changé de langage, & prefchant au temple fainct Eftienne, n'oublioit rien de ce qui pouvoit fervir à efchauffer le peuple, y accourant de toutes parts, au grand contentement des preftres, & nommément des Chanoines, qui pour cefte caufe le mirent en poffeffion de la prebende theologale. Davantage furent dreffées nouvelles confrairies, fous couleur defquelles fe faifoient affemblées & monopoles [2] dans les temples, avec proceffions extraordinaires, paffans expreffement par les rues où fe pouvoient rencontrer ceux qui venoient de l'exhortation, de forte qu'il eftoit aifé à juger que plus grand mal fe preparoit, par la connivence de ceux qui y devoient mettre la main. Et lors advint un grand inconvenient : car eftant une partie des forces de la ville fur la muraille, de laquelle on pouvoit aifément entendre le miniftre, n'y ayant que le foffé entre la muraille & le lieu de l'exhortation, par mefgarde, comme il eft à prefuppofer, un foldat, gendre de *Bodeville*, imprimeur, ne prenant garde à fa mefche, delafcha au travers de l'affemblée, dont furent bleffés trois hommes, à favoir des drageons [3], & un gentilhomme, fils du fieur

Excitations des prédicateurs de carême.

---

1. *Conques*, bourg du Languedoc (Aude), à 8 kil. de Carcassonne, sur l'Orbiel, dans une des contrées les plus fertiles.

2. intrigues, conspirations.

3. dragons.

de la Garde Montbreton[1] en Quercy, fut tué du boulet par la tefte. Nonobftant ceft efclandre, la conftance du peuple & du miniftre fut telle, moyennant le bon ordre des Capitouls, que l'exhortation fe paracheva ; & quant au foldat qui avoit fait le coup, eftant faifi & enquis mefmes par la torture f'il avoit efté suborné, dont il n'apparut jamais, il demeura longtemps prifonnier, jufques à ce qu'en haine de la religion, par arreft de la Cour, il fut pendu le dernier de Juillet.

Première émeute.

Les chofes eftans en ces troubles, l'apofteme creva finalement ès fauxbourgs de Sainct Michel, le jeudi d'après Pafques, deuxiefme d'Avril[2] (auquel jour le *Prince* arriva dans Orleans, ne fachant rien encores de la guerre de ceux de Toulouze). Et fut l'occafion de l'efmeute telle que f'enfuit. Advint donc ce jour qu'eftant morte une femme de la religion, en la maifon d'un marchand, qui la faifoit enterrer avec bien peu de compagnie, dautant que c'eftoit à l'heure mefme de l'exhortation, certains preftres des fauxbourgs de Sainct Michel, fe fervans de cefte occafion, ne faillirent d'arracher ce pauvre corps à ceux qui le portoient & de l'enterrer à leur mode. Qui pis eft, fe doutans bien qu'il y en auroit de mal contens, ils commencerent quant & quant à fonner le toxin, au fon duquel accourut incontinent infinie populace, tant du fauxbourg de Sainct Michel que de celuy de Sainct Eftienne, & mefmes de Sainct Salvador, duquel ce jour mefme ils celebroient la fefte. Alors furent pierres jettées & efpées defgainées fur tous ceux de la religion qui fe pouvoient rencontrer, defquels plufieurs furent bleffés & quelques uns tués ; entre lefquels furent recognus un fubftitut d'un procureur en Parlement, nommé *Vitalis,* un nommé monfieur *de Bazac* de Viterbe[3], *Claude Carron,* laveur, & un efcolier, outre plufieurs jettés dedans les puits. Le bruit de ce tumulte rapporté au Parlement, foudain

---

1. Peut-être : *Montbeton,* branche protestante de la famille de Caumont. *France prot.,* nouv. éd., III, 899.

2. Voy. *Relation de l'Emeute arrivée à Toulouse en 1562* dans les *Mém. de Condé,* III, 423 (voy. aussi *Cimber et Danjou, Archives cur. de l'Hist. de France,* IV, 343). *Commentaires de Monluc,* éd. de Ruble, II, 390 s. *Camille Rabaud, Hist. du Protestantisme dans l'Albigeois et le Lauragais,* Paris 1873, p. 68 s. (*Bull. du Prot.,* XI, 258). *Mém. de Portal,* p. 214.

3. *Viterbe,* village à 11 kil. de Lavaur (Tarn).

furent deputés deux Commiffaires pour aller voir que c'eftoit, à favoir *Dalzon* & *de Lozelargie,* Confeillers, lefquels ayans parlé aux preftres & à la populace, f'en retournerent, rapportans contre verité que le tout eftoit appaifé, eftant le corps demeuré aux preftres & enterré par eux, ayans dit cependant à leur departement ces mots : « Tués tout, pillés tout ; nous fommes vos peres, nous vous garentirons » ; ainfi qu'il apparut depuis par bonnes informations, lefquelles, après la diffipation entiere de l'Eglife reformée, furent prifes & bruflées par ceux qui y avoient intereft, voire avec telle animofité que mefmes ils firent executer la plus part de ceux qui les avoient faites, & des tefmoins qui avoient depofé.

Ce peuple donques continuoit toufiours en fa furie jufques à piller les maifons. Ceux de la religion d'autre cofté commencerent de f'affembler en armes, fe rendans à la maifon commune pour eftre fous la protection des Magiftrats & Capitouls, lefquels ayans fait affembler les dizaines, envoyerent auffi toft querir le capitaine du guet, avec une partie de fes gens fuivis de quelques efcoliers de bonne volonté, lefquels joints enfemble, firent fi bien que la plus part de cefte commune fut mife en route, & quelques preftres & autres qui furent trouvés cachés & mafqués furent amenés prifonniers en ladite maifon de ville. Ce neantmoins, le refte de cefte populace, croiffant toufiours en nombre (pource mefmes que ceux de dedans la ville f'y eftoient joints), fe ramaffa devers la porte du chafteau avec affeurance de la conciergerie du palais refpondant deffus cefte porte, & fortifiée de gens & de baftons à feu pour ceft effect par un nommé *Robin,* concierge, fous couleur de bien garder les prifonniers, lefquels toutesfois luy-mefme fit armer.

Etat de défense des protestants.

Eftans ainfi les chofes meflées d'une part & d'autre, quatre confeillers furent envoyés aux Capitouls en la maifon de ville, pour regarder ce qui eftoit de faire ; & là fut conclu d'aller droit où eftoit le defordre pour appaifer le tout, f'il eftoit poffible, par douces paroles & remonftrances. Ces quatre confeillers donques, avec les Capitouls, fe mirent en chemin. Mais tant f'en falut qu'ils fuffent efcoutés, qu'au contraire plufieurs pierres leur furent jettées des feneftres, nommément de la maifon d'un nommé *Larlon,* auparavant pris pour autre fedition par les Capitouls & eflargi par la Cour, & d'un nommé *Jean Babut,* advocat de

Intervention infructueuse des capitouls.

Parlement; & à grand peine arrivés en la conciergerie, ils furent tellement receus à coups de pierres & d'arquebouzades que plufieurs y furent bleffés. Alors fe glifferent les Confeillers, abandonnans les Capitouls à la merci de la commune, lefquels ce neantmoins f'efforcerent avec leurs dizaines de retourner vers le palais, mais il ne leur fut poffible de paffer outre, pour le grand nombre de charrettes que les feditieux avoient mifes pour empefcher le paffage. Quelques uns toutesfois, tournans vers le palais, monterent fur les murailles de la ville dont ils tuerent deux des feditieux. Ce conflict dura jufques à la nuict, laquelle furvenant, les Capitouls avec leurs dizaines fe retirerent vers la maifon de ville, & à l'inftant grand nombre des feditieux qui f'eftoient cachés dans les maifons de la place du Salin fe rua de grande furie contre deux maifons, l'une d'un apothicaire, l'autre d'un procureur eftant de la religion, dont ils furent toutesfois vaillamment repouffés.

Proclamation sans effet.

Le lendemain après midi, troifiefme Avril, fe tint un confeil où fe trouverent *Maffaucal*[1], *de Paulo*, *Daphio* & *Ferrier*, Prefidens, avec *Affefat*, *du Cedre*, *Paftorel* & *Ganelon*, Capitouls, adjoints avec eux des confeillers, advocats & bourgeois; par l'advis defquels fut arrefté & publié à fon de trompe par tous les carrefours, que l'exercice de la religion fe feroit fuivant l'Edict aux fauxbourgs, auquel affifteroient les Capitouls avec cent hommes de garde, armés comme ils voudroient, horfmis d'arquebouzes & piftoles; & defquels cent hommes ceux de la religion

---

1. *De Thou*, I, 706; III, 289, écrit: Jean de Mesencal ou Masencal (Mansencal, *Mém. de Condé*, l. c.), président, Jean de Paulle, Jean Daffis, du Ferrier, Pierre Assesat, Pierre du Cedre, Olivier Pastorel, Antoine Ganelon. — Vol. I, 854, il est dit que deux des fils du premier président Massancal et le fils aîné du second président de Paulo étaient protestants. Comp. aussi *La Popelinière* (*L'Hist. de France 1581*, fol. 311 a), qui alors était à Toulouse, mais qui, comme ordinairement, ne fait que copier notre *Histoire*. — (*Fr. de Portal*) *Les descendants de Albigeois*, p. 249, note, croit au contraire que *Théod. de Bèze* copie *La Popelinière*, et ne s'aperçoit pas que le livre de celui-ci parut en 1581 et l'*Hist. eccl.* en 1580, sans parler d'autres preuves. *D'Aubigné* (p. 192) rapporte, «qu'une des quatre compagnies d'escholiers des Reformés estoit commandée par *Popelinière*, nostre laborieux historien, auquel je renvoye ceux qui voudront voir cest acte curieusement desduict.»

respondroient; qu'au reciproque, ceux de la religion Romaine bailleroient deux cens hommes pour la garde de la ville, foldoyés à leurs defpens & defquels ils refpondroient. Qu'il feroit defendu aux Ecclefiaftiques de fonner le toxin, fous peine d'eftre bruflés tous vifs. Que tous foldats & gens fans adveu, tant d'une religion que de l'autre, vuideroient la ville dans vingt quatre heures. Que le Senefchal avec les Capitouls jugeroient des feditieux fans appel, fuivant les Edicts du Roy, fans que la Cour de Parlement en prinft aucune cognoiffance. Et en outre, que les bourgeois, par rues, garderoient eux mefmes les portes de la ville & tiendroient les portes tout le jour.

Ces articles furent trefbien couchés par efcrit après longues difputes, & clairement publiés à fon de trompe, mais l'effect f'en efvanouit avec le fon. Car quant à ce qui eftoit paffé, les Capitouls en ayans informé & fait plufieurs prifonniers, encores que cela fe fift fort legerement, & en efpargnant quelques uns des principaux, comme le concierge de la conciergerie & autres, fi eft ce que ceux qui avoient mefmes confenti à ces articles, ne le pouvoient porter, prenans pour pretexte qu'on devoit donc faifir auffi ceux qui avoient tiré de deffus les creneaux des murailles de la ville, & qui en avoient tué deux, comme il a efté dit ci deffus. Ce neantmoins, les efcoliers firent telle inftance, que finalement le procès fut fait à fix de ces feditieux par les Capitouls, certains magiftrats du Senefchal & Viguier, appelés avec eux les Syndics des temples de l'Eglife Romaine ; par lefquels eftans condamnés à mort, fi eft ce que par les menées & folicitations toutes manifeftes de quelques uns, nonobftant les articles fufdits, la Cour en ayant pris cognoiffance, reforma ce jugement à l'endroit de deux qui ne furent que fouettés & bannis ; les autres furent pendus & eftranglés. Mais comme un petit jet d'eau jetté fur un grand feu, ne fait que l'allumer au lieu de l'eftcindre, tant f'en falut que cefte petite execution apportaft remede à ces defordres, qu'au contraire les autheurs d'iceux en furent tant plus irrités, reprenans auffi courage par ce qui eftoit advenu à *Cahors* & à *Caftelnau d'Arri*[1], & de ce qu'ils entendoient qu'on faifoit à la Cour, joint que defià *Monluc* & *Terrides* fe remuoyent à bon efcient[2].

Quelques condamnations.

1. Voy. vol. I, p. 854 s. et 849.
2. Vol. I, 856 s. *Monluc, Comm.*, éd. de Ruble, III, 58 s. *De Thou*, III, 287.

Préparatifs des catholiques. D'un cofté donques, les bourgeois commencerent à faire leurs menées de maifon en maifon. Les Ecclefiaftiques & nommément les Chapitres des Eglifes fainct Eftienne, fainct Sernin & fainct Jean, contribuans par forme de taille, rempliffoient leurs temples, clochers & cloiftres de gens en armes ; plufieurs des Prefidens & Confeillers, & nommément les greffiers, civil & criminel, n'en faifoient pas moins, voire jufques à ce poinct que l'un des Capitouls fut outragé à l'huis de la maifon du greffier civil, luy ayant (efté) fermé l'huis au vifage par un nommé *Serradet,* tenant alors garnifon en cefte maifon, & autresfois prevenu de fauffe monnoye & de meurtre. Poudres auffi & munitions de guerre eftoient amenées dans la ville, eftans les portes gardées par ceux de l'eglife Romaine. Et combien que les Capitouls euffent furpris de ces poudres avec grande quantité d'armes, la Cour les fit rendre à *Delpech, Madron* & autres monopoleurs [1].

Dispositions du parlement. Ceux de la religion, d'autre part, voyans à l'œil ce qu'on leur preparoit, commencerent auffi à fe munir d'armes & de gens ; le tout ce neantmoins fans outrager aucun, & fe tenans feulement fous la garde & protection des Capitouls affiftans ordinairement à l'exercice de la religion. Voyans cela, les adverfaires commencerent à fe plaindre les premiers à la Cour de Parlement, lors compofée de trois diverfes humeurs. Car les uns eftoient promoteurs de la fedition, les autres favorifoient du cofté de la religion, les autres, eftans neutres quant à la religion, ne demandoient que la paix. Mais les premiers eftans les plus audacieux & en plus grand nombre que les feconds, l'emportoient par la connivence des neutres. De là vint qu'eftant remonftré par eux au corps de la Cour qu'ès affaires qui fe prefentoient, il eftoit requis que la fuperiorité demeuraft à la Cour de Parlement, compofée de gens de favoir & de experience, fans que les Capitouls, eftans gentilshommes ou marchands non exercés en police & autres tels affaires, fe gouvernaffent par eux-mefmes, ceft advis fut trouvé bon de tous en general. Les Capitouls f'y rengerent auffi tantoft, les uns par crainte, les autres fe perfuadans que tout

---

[1]. Monopoleur, marchand, mais auffi fauteur de défordres. *Pierre Delpech* et *Madron le jeune*, vol. I, 825. *Delpech* (Delpuech), feigneur *de Maurisses*, capitoul de Toulouse en 1562. *Pierre Madron*, tréforier de France, quatre fois capitoul de 1542 à 1567. *Mém. de Gaches*, p. 45, 119.

du Parlement de Toulouse. Livre X.

iroit bien, & les autres se voulans descharger d'un si pesant fardeau, de sorte que par ce moyen ceux de la religion demeurerent sans appui, conseil ni advis autre que d'eux mesmes. Ce neantmoins ils ne remuoient rien horsmis le port des armes pour leur defensive, voire jusques à ce poinct, que si quelcun faisoit du fol, ne se contenant dans les limites de l'Edict, ils trouvoient bon qu'il fust pris & puni ; comme aussi le juge criminel, homme pour certain mauvais & cruel, ne les espargnoit, passant mesmes, en l'execution, par dessus les appellations, par la connivence du Parlement.

En ce temps estoient apportées nouvelles du *Prince* à ceux de la religion, leur demandant pour le moins quelque ayde & subside d'argent pour la defense de la cause commune, s'ils ne pouvoient faire mieux, estant envoyé d'Orleans pour cest effect, pour se joindre aux forces qui se levoient en Guienne par *Duras* & *Grammont,* le sieur *Darpajon*[1]*,* de Rouergue ; à quoy ne se faisoit autre responce qu'incertaine & ambigue[2]. Ceux *de Guise,* d'autre costé, s'armans du nom du Roy, escrivoient à la Cour de Parlement qu'ils n'espargnassent ceux de la religion, sans avoir esgard à l'Edict, employans pour ce faire toutes les forces qu'il leur seroit possible. Voyans cela, ceux qui espioient de long temps ceste occasion firent venir ouvertement les capitaines *Trebons, Baʒordan*[3]*, Clermont, Montmor,* & autres, pour lever compagnies, lesquels, contre toute coustume & contre les privileges, firent sonner le tabourin pour le Roy dans la ville, sans avoir communiqué leur commission aux Capitouls. Cela fut cause qu'un escolier rompit en pleine rue le tabourin qui sonnoit pour *Baʒordan* (ce qui luy cousta la vie puis après), & *Ganelon,* l'un des Capitouls, en fit mettre prisonnier un qui s'estoit hazardé de sonner le tabourin dans la maison de la ville. Mesmes, le sixiesme[4] de May, deux des Capitouls furent deputés pour remonstrer à la Cour la violation

Condé demande aux protestants des subsides.

Les capitaines catholiques lèvent des troupes.

Plaintes des Capitouls à la cour, repoussées.

---

1. Voy. vol. I, p. 865 ; II, p. 533 et 761. *Antoine, vicomte d'Arpajon. France prot.,* nouv. éd., I, 383.

2. Vivans aussi mal resolus pour les affaires publiques que particulières de leur ville, ajoute *La Popelinière,* l. c.

3. Popelinière : *Bajordan,* neveu du maréchal de Termes. Vol. II, 789. *De Faudoas,* baron de Clermont.

4. *Ibid.* : le cinquiesme.

de leurs privileges & les contraventions à ce qui avoit esté accordé peu auparavant, requerans pour le moins que si on ne vouloit reprimer tels desordres, & notamment les insultes qui s'estoient faits tant du temple de sainct Estienne que de la conciergerie du palais, avec les menaces toutes manifestes de couper la gorge à tous ceux de la religion, au moins les protestations qu'ils faisoient de leur costé, de n'estre point coulpables de ce qui en adviendroit, fussent enregistrées pour leur descharge. A cela il fut respondu par la Cour, c'est à dire par ceux qui manioient les affaires & qui tenoient sujets à leur appetit leurs compagnons, qu'il suffisoit que la Cour eust veu les commissions desdits capitaines, mais au reste qu'encores que *Bazordan* fist sonner le tabourin dans la ville, toutesfois il feroit sa compagnie dehors, mais que les garnisons demeureroient dedans, sauf que les estrangers estans mis hors la ville, on adviseroit puis après qu'on feroit de ces garnisons. Les Capitouls, sur cela, firent publier, estans bien acompagnés, que tous soldats estrangers eussent à vuider, que les dizeniers eussent à les advertir des estrangers qui logeroient en leurs dizaines, qu'aucun n'eust à injurier l'autre, ni à dire aucunes chansons[1] diffamatoires, & finalement que toutes garnisons, sous peine de cinq cens livres & autre peine arbitraire, vuideroient incontinent les Chapitres, monasteres, colleges privés & particuliers. Mais tant s'en falut qu'ils fussent obeis, que mesmes la Cour, c'est à dire vingt ou trente se couvrans du nom & de l'authorité du corps d'icelle, cassa par arrest ceste proclamation, pour le regard de la vuidange desdites garnisons.

Proclamation des Capitouls, cassée.

Mesures pour le maintien de l'ordre, repoussées.

Voyans cela, les Capitouls ne laisserent de chercher tous autres moyens d'empescher ces desordres, firent tant que ceux de la religion offrirent de bailler un bon nombre de bourgeois & habitans de la ville pour caution & que de leur costé il ne seroit aucunement contrevenu aux Edicts, pourveu que ceux de la religion Romaine en fissent autant. Mais cela ne fut trouvé bon par les dessusdits, comme ils respondirent incontinent aux Capitouls, seulement de parole & non jamais par escrit, en mesprisans leurs compagnons jusques là, que mesmes ils n'en firent point de rapport à l'assemblée, comme plusieurs autres conseillers affermerent

---

1. *La Popelinière :* aucunes choses diffamatoires.

du Parlement de Touloufe. Livre X. 11

quand on leur en parla particulierement. Sur cela, ils mirent encores en avant un autre moyen, à favoir que les uns & les autres pofaffent les armes, & que les garnifons vuidaffent, leur permettant ¹, fuivant le pouvoir à eux donné par le fieur *de Curfol*², de lever quatre cens hommes des habitans, fous la charge de quatre gentilshommes, des Nobles de la ville, qu'ils nommerent, eftans gens de bien & amateurs du repos public, par le commun tefmoignage de ceux de l'une & de l'autre religion ; le tout pour tenir main forte à la juftice en cas de fedition & tumulte. Mais ce moyen ne leur pleut non plus que l'autre.

Cependant le fieur *de Lanta*, gentilhomme & l'un des principaux Capitouls ³, retournant de la Cour, & f'eftant arrefté en fa maifon près de la ville, pour f'y rafraifchir, deux ou trois jours devant que rentrer en la continuation de fon eftat, les monopoleurs ⁴ qui le craignoient dautant qu'il eftoit homme de cœur, & qu'il f'eftoit fouvent oppofé à eux pour la confervation des privileges des Capitouls, uferent d'une rufe pour le retenir dehors, fe fervans en cela de la cautelle & malice du Juge Mage de Montpellier, nommé *de Cofta*⁵. Ceftuy cy donques, arrivé de la Cour en pofte, avec letres de ceux *de Guife*, adreffantes à certains particuliers qu'ils favoient eftre affectionnés à leur parti, les affembla tant au palais où tout fe gouvernoit à leur appetit, que chés *Pierre del Puech*, marchand, des principaux feditieux, leur faifant entendre que le Parlement de Paris f'eftoit declaré tuteur du Roy durant la minorité d'iceluy, avec refolution d'exterminer tous ceux de la religion comme criminels de lefe majefté divine & humaine. Ce que le *Conneftable*, le *Marefchal Sainct André* & le *Duc de Guife* avoient promis au Parlement d'executer avec bonne intelligence du *Roy de Navarre*.

Un envoyé des Guife.

Suivant donc ceft advis, ces comploteurs arrefterent d'enfuivre les erres dudit Parlement de Paris, & furent deputés *Colguart*, confeiller, & *Alliés*⁶, advocat, pour prendre garde à ce que feroient

Complot pour l'extermination des protestants.

1. *La Popelinière* : promettant.
2. *Ibid.* : dès longtemps envoyé par le Roy en tous ces quartiers pour la manutention de ses Edits.
3. Voy. I, 825. *De Thou*, III, 290, écrit : *Pierre Hunault*, sieur de Lanta.
4. *La Popelinière* : les Catholiques.
5. Vol. I, 335 : *Pierre de la Coste*.
6. *Jean d'Aliés*, plus tard, en 1570, capitoul de Toulouse. *Gaches*, p. 105.

ceux de la religion. Au mefme inftant, à favoir le dixiefme de May, comme ils eftoient affemblés au palais, jour de Dimanche, letres du fieur *de Monluc* leur furent apportées, foit qu'elles fuffent apoftilles [1], foit qu'elles euffent efté veritablement envoyées, par lefquelles il leur eftoit mandé que *de Lanta*, paffant par Orleans, avoit donné parole au *Prince* de rendre la ville de *Touloufe* à fa devotion, dedans le quinziefme May. Cela entendu, prife de corps fut auffi toft decretée contre *de Lanta*. Lequel à cefte occafion, craignant l'animofité & le pouvoir de fes ennemis, fe retira arriere, quoy qu'il fuft femond d'entrer, avec affeurance de fa perfonne, par ceux de la religion. Or avoit efté le mefme jour publiée la Cene pour le Dimanche fuivant, qui eftoit le jour de Pentecoufte, & *Barreles* [2], miniftre, ayant un efprit impetueux, avoit difputé en plaine chaire des caufes de cefte guerre, fans avoir efgard à ce qui pouvoit advenir d'une telle procedure.

Discours imprudent du ministre Barrelles.

Cela fut caufe que le lendemain, unziefme dudit mois (de mai), eftans mandés trois Capitouls, il fut ordonné que quatre capitaines, à favoir *Baʒourdan*, *Montmor* (le feul nom duquel eftoit fuffifant pour efmouvoir fedition), *Clermont*, qui avoit defià fa compagnie faite à Grenade, à trois lieues de Touloufe, & *Trebous* [3], fe difant nepveu du grand Prieur de S. Jean de Touloufe, auroient la charge de quatre cens hommes, tous de la religion Romaine & des habitans de la ville, aufquels feroit baillée en garde la maifon de la ville pour y faire leur demeure [4]; & en outre, que, pour obvier à tous dangers, douze bourgeois refponfables, tous de la religion Romaine, feroient adjoints aux trois Capitouls, avec injonction de faire vuider tous les eftrangers de la religion, & de inhiber la celebration de la Cene, pour laquelle on avoit efcrit aux

Mesures du parti catholique.

---

1. *La Popelinière*: contrefaites. Comp. la *Relation* dans les *Mém. de Condé*. III, p. 423.

2. *Barrelles, Jean*. Popelinière dit qu'il avait été autrefois cordelier, d'autres le défignent comme espagnol de naissance. Voy. encore I, 790, 807 s., 811, 834; aussi *Cormère* ou *Cornière* (*Bull. du Protest.*, XI, 258. *France prot.*, 2e éd., I, 888; 1re éd., IV, 61). *Correspond. de Calvin, Oeuvres*, XVII, 557; XIX, 146, 282, 514.

3. *La Popelinière*: Trebons. Voy. *supra*, p. 8.

4. Le même ajoute : D'autant que là estoit l'Arsenal de toutes armes, l'un des plus beaux de France, et le magazin des poudres et autres munitions de guerre.

Eglises reformées circonvoisines. Ces trois Capitouls¹ intimidés, & voyans bien qu'il ne leur eut servi de rien d'y contredire, accorderent ce qu'on voulut.

Ce qu'entendu par ceux de la religion, avec infinies vanteries de leurs adversaires, ne les menaçans pas de moins que de les massacrer & exterminer entierement, ils furent contraints de penser à leur defense. Mais estans assemblés les principaux, les advis se trouverent du tout contraires². Car les uns, plus posés & mieux considerans ce qui pouvoit advenir en ayant recours aux armes, veu la grande force des adversaires, ne y pouvoient accorder. Les autres plus eschauffés ne regardoient pas si loing, de sorte que rien ne se conclut pour lors par commune deliberation. Mais après souper, *Barrelles,* ministre, homme de cœur & de zele, mais au reste fort estourdi, & non pas conduit par tout par l'esprit de Dieu³, comme il l'a monstré depuis, fit en sorte avec ceux de son humeur, qu'il fut resolu, dautant que le lendemain matin les adversaires devoient entrer en la maison de la ville, qu'on s'en saisiroit des premiers, dès le soir mesme. De laquelle execution la charge fut commise au Capitaine *Saux.*

Hésitations des protestants.

Ils prennent l'hôtel-de-ville.

Cestuy-ci donques avec nombre de soldats Gascons, qu'il avoit tousiours avec soy, bien armés, sur les neuf heures du soir, arrivé à la porte de la maison de la ville, il frappa si coyement à la porte qu'on luy ouvrit aisément, & suivi de ses soldats à la foule⁴, retint très bien les trois Capitouls qu'il trouva au dedans, donnant advertissement de ceste saisie à ceux de la religion par les dizaines qui y accoururent incontinent. Et pource que ceux du College de Sainct Martial & de Saincte Catherine, prochains de la maison de ville, ne leur vouloient ayder, ils s'en saisirent aussi, & de celuy de Perigort semblablement; le tout cependant avec telle moderation⁵ qu'aucun ne fut tué ni mesmes blessé. Outre les trois susdits Capitouls, il y en arriva encores deux, l'un desquels, nommé *du Cedre*⁶,

---

1. *La Popelinière* dit : Cella fut accordé, y assistans trois Capitouls confederez qui depuis dirent qu'ils y avoient esté contraints.
2. *Ibid.* : comme il avient entre gens mal resoluz.
3. *Ibid.* : comme les reformez mesmes escrivent.
4. *Ibid.* : en foulle.
5. *La Popelinière* ajoute : par l'intelligence et faveurs des escoliers.
6. *Du Cedre*, avocat tué à la prise de Castres. *Mém. de Gaches,* p. 185.

avoit efté envoyé fur la minuict, par quelques particuliers de la Cour, pour favoir que c'eftoit de cefte entreprife, & puis en faire le rapport aux Prefidens. Mais il fut retenu au dedans avec les autres, tellement qu'il n'en reftoit que deux dehors, eftant le huictiefme, à favoir *de Lanta,* comme nous avons dit, contraint de demeurer hors la ville. La nuict donc paffa en cefte façon, f'eftans ceux de la religion faifis de deux carrefours, & là fe fortifians de barricades avec tonneaux [1] & moufquets.

Mesures de défense du parlement.

Mais ayans fur tout grande faute de capitaines, dautant mefmes qu'on ne fe fioit pas fort au Capitaine *Saux,* qui avoit efté une fois auparavant fur le poinct de fe revolter, combien qu'alors il euft executé fort dextrement fa charge, le lendemain matin, douxiefme dudit mois, la Cour (c'eft à dire ceux qui manioient le corps d'icelle à leur appetit) extremement defpitée, envoya foudain en pofte vers le fieur *de Fourquenaulx*[2], gouverneur de Narbonne, *Bellegarde*[3], Lieutenant du marefchal *de Termes*[4], *Terrides*[5], *Monluc* & autres feigneurs & gentilshommes circonvoifins, les priant d'accourir avec leurs forces, & leur donnant à entendre non feulement la faifie de la maifon de la ville, mais auffi que ceux de la religion vouloient faire Roy le *Prince de Condé,* & devoient tuer tous ceux de la religion Romaine, jufques aux enfans de fept ans, defquels ils avoient defià tué & faccagé quelques uns, comme ils difoient. Semblablement ils envoyerent à tous les Magiftrats des villes, communautés & villages d'alentour, leur com-

1. *La Popelinière:* pleins de terre.
2. *Ibid.,* fol. 312 : *Fourquevaux.* De Thou, III, 291 : *Raymond de Pavie,* sieur de Fourquevaux, gouverneur de Narbonne. Comp. *Mém. de Condé,* III, 653, note. Fourquevaux servait dans l'armée protestante. Il ne faut pas confondre les deux noms. Fourquevaux, l'officier protestant, est l'auteur d'un mémoire sur la bataille de S. Gilles, inséré dans les *Mém. de Condé,* III, 653.
3. *Roger de Bellegarde* était en même temps le neveu du maréchal dont il était le lieutenant. Dans les notes des *Mém. de Gaches,* p. 21, le lieutenant du maréchal de Thermes est appelé *Pierre de Saint-Lari,* seigneur de Bellegarde.
4. *Paul de La Barthe,* seigneur de Thermes, maréchal de France, mourut à cette époque même, dans les premiers jours du mois de mai 1562.
5. Voy. vol. I, 863. *Antoine de Lomagne,* baron de Terrides, vicomte de Gimois, lieutenant du roi en Piémont, avait été envoyé fin d'août 1561 à Toulouse pour contenir la ville. Il trouva une malheureuse fin dans les guerres de 1569.

mandans, comme de par le Roy, de s'affembler en armes, & maffacrer tous ceux qu'ils trouveroient de la religion en armes ou autrement affemblés ; les exhortans davantage de s'en venir à Touloufe pour avoir leur part du pillage des biens d'iceux. Et quant au dedans de la ville, les Prefidens & Confeillers, armés, avec leurs robes rouges, allerent par la ville jufques à la Dorade d'un cofté, & jufques à S. Eftienne de l'autre, faifans crier de la part du Roy, qu'il eftoit loifible de courir fur ceux de la religion, & que chacun de l'eglife Romaine portaft fur foy une croix blanche, & en marquaft auffi fa maifon. Ils firent auffi crier l'apresdifnée que tous bons ferviteurs du Roy euffent à prendre les armes & fe trouver en armes au palais contre ceux de la Religion qu'ils appeloient feditieux & brigands. Pour commencer l'execution de ces cries, ils firent brufler les boutiques des libraires qui eftoient ès environs du palais, avec leurs livres, fans regarder s'ils eftoient bons ou mauvais, de la religion ou autres, & y en eut dès lors plufieurs prifonniers, & treseftrangement traittés.

Cependant ceux de la Religion qui eftoient en la maifon de ville & à l'entour, fe tindrent cois, eftans retenus par les Capitouls, qui effayoient d'amener le tout à quelque compofition, envoyans vers la Cour pour leur remonftrer que ceux de la religion proteftoient de ne s'eftre faifis de la maifon de la ville que pour leur feureté & defenfe & fans avoir tué ni bleffé aucun, & offroient d'en fortir, pourveu qu'on les affeuraft en quelque forte. Et mefmes que quatre gentilshommes, de ceux qui eftoient venus lors à Touloufe pour l'arriereban, fuffent fans refpect ni difference de religion ordonnés Capitaines, avec forces convenables pour conferver les uns & les autres en paix, fuivant les Edicts du Roy. Les officiers [1] furent approuvés par plufieurs gentilshommes mefmes, qui lors eftoient affemblés pour le ban & arriereban de la Senefchaucée de Thouloufe, qui en firent le rapport à la Cour, mais on ne laiffa pas de paffer outre.

Les protestants offrent de transiger.

Ce neantmoins, ceux de la religion qui avoient les armes & s'eftoient ainfi affemblés, ne firent aucun effort pour ce jour jufques au foir, que *Saux,* eftant forti avec quelques uns, fe rencontra avec le Capitaine *Montmor* [2], lequel fut fait prifonnier ; & n'euft efté

1. *La Popelinière : les offres,* et c'est ainsi qu'il faut évidemment lire.
2. *Monmaur,* voy. plus haut, p. 11.

que *Saux* le garentit, & ne voulut pourfuivre plus outre, les affaires fe fuffent mieux portées pour ce coup. Son intention eftoit de fe faifir d'une tour près de la porte de Bazacle, où il y avoit grande munition ; mais il y arriva trop tard, f'en eftans defià faifis ceux de la religion Romaine, comme auffi de toutes les portes de la ville, horfmis celle de Villeneufve, tenue avec fes tours par ceux de la religion.

Le parlement s'arroge de nommer de nouveaux capitouls.

Le lendemain, qui fut le treiziefme dudit mois (de mai), dès le matin, contre tout ordre, & notamment outre deux arrefts du privé confeil, par lefquels il avoit efté defendu à la Cour de prendre cognoiffance de l'affemblée de ville, ni de l'election des Capitouls, finon en cas d'abus, ou par voye d'appel, & nonobftant que les Capitouls de cefte année là n'euffent commis aucune faute, fi ce n'eftoit de ne f'eftre oppofés affés vivement pour la confervation de leurs privileges & repos de la ville, ils firent & ordonnerent à leur appetit huiɛt autres Capitouls, qu'ils favoient eftre de leur humeur & à leur devotion, à favoir *Guillaume Lalleyne*[1], bourgeois, *Jean Barderia*, Doɛteur, *Pierre Madron le jeune, François de Sainɛt Felix, fieur de Clapiers, Raymond Alliés*, Doɛteur, *Eftienne de Rabafteux, Gafton du Pin*[2], bourgeois, *Laurens de Puibefque*[3], *fieur de la Landelle*, aufquels ils firent faire le ferment.

Simulacre de transactions.

D'autre part, pour amufer ceux qui eftoient en la maifon de ville jufques à ce que les forces fuffent bien preftes, ils y envoyerent le fieur *de Fourquenaux*[4], qui eftoit foudain arrivé avec le Comte *de Carning*[5] & le fieur *de Langele*[6], pour parlementer avec eux, & favoir leur intention, comme ils difoyent. Ceux-ci ayans entendu par eux que leur intention n'eftoit en forte quelconque de f'armer contre le Roy, ains feulement (que) pour garantir leurs vies, ils avoient pris les armes, offrans de les pofer, pourveu qu'on les affeuraft de

---

1. La Popelinière: *La Leine.*
2. *Ibid.*: *Estienne de Rabasteux*, Gascon ; *Du Pin*, bourgeois.
3. *Ibid.* : *de Pinbesque.*
4. *Fourquevaux*, voy. supra, p. 12, note 5. Germ. La Faille, Annales de la ville de Thoulouse, vol. II, fol. 17.
5. *La Popelinière: de Carming*. De Thou: *Odet de Foix*, comte de Carmain. Ce comte tirait son nom ou bien de S. Felix de Carmain (Caraman), ou bien de Caraman, petite ville dans le voisinage de Toulouse.
6. *Ibid.*: *de Landelle*. De Thou: le sieur *de l'Angel.*

du Parlement de Touloufe. Livre X. 17

leurs concitoyens de la religion Romaine, avec lefquels ils vouloient vivre en paix, fuivant les Edicts du Roy, trouverent leurs raifons bonnes & en firent inftance à la Cour. Mais au lieu de les efcouter, les feditieux fortirent quant à quant du Palais, pour publier l'horrible carnage qui lors f'enfuivit, faifans crier en leurs prefences & avec leurs robes rouges, au nom du Roy, que tous bons catholiques & fideles au Roy euffent à prendre les armes contre ceux de la religion, pour [1] les prendre morts ou vifs, voire les tuer & piller fans aucune merci. Après cela, les Prefidens *de Paulo* & *Latomi* [2], & deux Confeillers, f'affemblerent au lieu où fe tient la chancellerie, pour traitter de l'ordre qu'on tiendroit à executer leur defordre; & autres cinq ou fix confeillers allerent, crians par la ville, comme enragés, qu'on tuaft & pillaft hardiment, leur eftant permis par la Cour, avec adveu du Pape & du Roy; & fut la copie de ce cri quant & quant envoyée par tous les bourgs & villages circonvoifins.

Excitations au meurtre des religionnaires.

Alors commencerent à fonner les toxins par tous les clochers de la ville, voire bien toft après par tout le païs circonvoifin, à quatre ou cinq lieues à la ronde. Ce qu'eftant entendu, chacun peut penfer quelle rage & furie f'efmeut en une telle ville, fi grande & fi peuplée de toutes fortes de gens. Tout foudain donc, ces enragés fe mirent à courir par les rues, & à tuer & piller autant de fufpects qu'ils en pouvoient rencontrer, f'eftant une grande partie de ceux de la religion tenue [3] avec leurs familles, dont les uns n'avoient efté advertis de l'entreprife faite à la hafte de fe faifir de la maifon de ville, les autres n'approuvoient ce faict. Plufieurs auffi n'eftoient propres à porter armes, & plufieurs eftoient furpris de crainte. Par ce moyen il n'y avoit faute de maifons à piller, ni de perfonnes à tuer. Ceux [4] qui n'eftoient pas des plus enragés menoient en prifon ceux qu'ils rencontroient, mais ce n'eftoit pas

Commencement du massacre et des emprisonnements.

1. *La Popelinière* omet ces derniers mots, comme auffi les noms des deux Préfidents en ce qui fuit.

2. Voy. I, 825, et plus bas, p. 41.

3. C'est-à-dire : étant une grande partie demeurés avec leur famille. *La Popelinière* écrit feulement : Plufieurs y furent mal traittez. Car bon nombre n'avaient efté avertis de l'entreprife, etc.

4. Tout le paffage qui fuit, jufqu'à p. 16 : à coups de pierres et d'arquebouzes, est omis par *La Popelinière*.

fans recevoir en chemin des coups de poing, de dagues, & de pierres ; puis, s'ils pouvoient venir jufques à la prifon, c'eftoit là qu'ils recevoient mille outrages, eftant la barbe arrachée aux uns, les autres chargés de coups de halebardes jufques à ce qu'ils fuffent jettés aux crotons, enchainés & enferrés, avec toute forte de cruauté, par deux commis de la conciergerie, à favoir *Leonard Robin* & fon fils *Nicolas,* deux des plus mefchans hommes de la France, & convaincus de toutes fortes de crimes. Les prifons donc furent tantoft remplies, de forte qu'on les refufoit aux portes, là où plufieurs furent trefcruellement maffacrés. Au refte, parmi la ville croiffant toufiours la furie, ceux qu'on trouvoit dehors & dedans les maifons eftoient mis en chemife, tués, trainés, & jettés en la riviere ; ce qui fut executé principalement à la Dalbade & rue des Couteliers, là où on commença la grande rage, à l'inftigation d'un mefchant homme nommé *Faures,* & *de Bonail,* & *Barrani,* & *Richard Novery,* confeillers de la Cour. Les paovres fervantes allans querir de l'eau eftoient plongées dans la riviere, voire hommes, femmes & enfans eftoient jettés en l'eau par les feneftres, & fi d'avanture quelcun arrivoit à bord, là ils en trouvoient qui fans mifericorde les affommoient à coups de pierres & d'arquebouzes.

Maifons saccagées. Les premieres maifons faccagées furent celles de *Teula*[1], *des Jordains, Monvert,* & *Teronde.* Suivant ceft exemple, on commença de piller & fourrager partout, voire jufques aux paffans & eftrangers, fans demander s'ils eftoient de la religion ou non, pourveu qu'ils fuffent bien veftus, ou qu'ils euffent apparence de porter de l'argent ; joint que qui avoit envie d'executer fes vengances, n'oublioit cefte occafion. Parmi ces defordres, il n'y avoit que cris & lamentations efpouvantables des pauvres innocens, dont les uns fe fauvoient parmi leurs voifins & autres amis, qui fouventesfois les livroient entre les mains de leurs ennemis ; les autres gagnoient de tout leur pouvoir la maifon de ville, n'eftant ayfé de fortir hors la ville, dautant que ceux de la religion

---

1. *La Popelinière* : *Teuta des Jardins ... Teronde. Mém. de Gaches,* p. 21, note 4 : c'étaient les frères de François Jordain, conseiller du roi, seigneur de Latour et La Villate (La Faille), Jean de Téronde, exécuté le 1ᵉʳ juin. Voy. plus bas, p. 33.

du Parlement de Touloufe. Livre X.

n'avoient qu'une porte à leur devotion[1], à laquelle on ne pouvoit arriver fans paffer par infinis dangers. Par ce moyen, peu à peu la maifon de ville fut remplie d'hommes, de femmes & de petits enfans, inutiles à la defenfe, & qui ne fervoient qu'à empefcher & affamer les autres. Un feul, nommé *George*[2], gainier, demeurant aux Couteliers, ayant avec foy dix hommes de defenfe, voyant telles cruautés, fe refolut de fe bien defendre, quoy que le Capitaine *Monts* le vouluft perfuader de fe rendre. Et de faict, (il) combatit tellement qu'il ne fut onques poffible de le forcer. Quoy voyans, les affaillans mirent le feu en la maifon, où luy & les fiens ne moururent fans en avoir beaucoup abatu & bleffé. Et fut ainfi la maifon enfondrée & bruflée avec quatre petites filles, entre autres, qui y demeurerent. Sur le foir[3], eftant aperceu un pauvre coufturier, fortant des trous des cloaques de la ville fur la riviere, près du vieux pont, comme il fe penfoit fauver, il fut empongné, & contraint de declarer que vingtquatre autres f'eftoient fauvés là dedans. Au lieu d'en avoir pitié, furent foudain jettés par les pertuis des cloaques tout en un coup huict ou dix pipes d'eau, qui pouffa dehors ces pauvres gens pleins de fange & d'ordure, nonobftant laquelle ils furent mis en chemifes & tous enfemble attachés avec le pauvre coufturier mefmes, jettés & noyés en la riviere.

Meurtres.

Pendant ce defordre de la ville, les payfans de dehors, advertis dès le jour precedent, faifoient auffi tout le mal qu'ils pouvoient de leur cofté, f'amaffans par grandes troupes avec plufieurs voleurs & brigands, & autres auparavant fugitifs; & furent ces troupes au commencement receues en la ville, puis après, pour eftre gens inutiles aux armes, peu à peu renvoyés dehors, où elles firent des meurtres & pilleries innumerables. Les autres gens de guerre furent reduits[4] fous les capitaines *Boisjourdan, Monmaur, Lamefan,* le *Viel* avec fon fils, *Savignac* & fes deux autres freres, *Ricard, Gar-*

Pillages et tueries des paysans.

Capitaines des catholiques.

---

1. Voy. *supra*, p. 14.

2. *La Popelinière*: *George Ganier*, ce qui évidemment est erroné. *La Popelinière* aussi abrège ici parfois.

3. Ce qui suit manque dans *La Popelinière*.

4. *La Popelinière*, qui omet aussi ce qui précède, dit seulement: Les catholiques avoient dix compagnies de trois cents soldats chacune, sous plusieurs gentilshommes, assemblez pour le Ban et Riereban.

douche, Mons, Trebons[1], Maces, Engarrevaques, Villemagne, La Congne, Pierre del Puech, Grepiar, & le *Comte de Caraming*. Outre cela, il y avoit alors en la ville plusieurs gentilshommes du ban & arriereban, & s'attendoient de jour à autre les forces de Monluc, Terrides & Gondrin[2]. Ceux de la Religion, d'autre part, penserent à leurs affaires & firent plusieurs forts & remparts de barriques & autres choses en divers endroits, à sçavoir un du costé du puits, appelé de Trois Carrieres[3], un autre devers la maison du greffier *Pelissier*, derriere la Pomme, un troisiesme à la Grande rue des Changes, près le temple sainct Rome, un quatriesme devers Pecolieres[4], vers la maison de *Sacalé*, un cinquiesme vers la tour de Najac, au coing de la rue, regardant ceste tour, un sixiesme au coing sainct George, un septiesme au coing du costé du Bazacle, près la maison de *Suberne*, un huictiesme vers sainct Servin[5], & un neufiesme vers le college de Perigort.

Barricades des réformés.

Fortification des catholiques.

Ceux de la religion Romaine, d'autre costé, se fortifioient ès clochers des temples & autres plusieurs maisons fortes, en divers

---

1. *De Thou* écrit: *Trebous* (voy. supra, p. 11), *Masses, d'Engarrevacques. Grepiac*, fils de Masencal, le *comte de Carmain*. Il ajoute aussi le nom de *Ricaud*, mais il omet les quatre premiers noms, de même que celui de *La Congne*.

2. Au lieu de *Gondrin* (qui, du reste, figure dans la *Relation* des *Mém. de Condé*, III, p. 426), *La Popelinière* nomme *Joieuse*. Il ajoute aussi : Les Reformés n'eussent sceu estre sept cens en armes. Entre autres compagnies qu'ils dresserent, ils en firent quatre d'Escoliers (comme Tolose a tousjours esté la plus fameuse université de France pour l'un et l'autre droit Civil et Canon, et non seulement Gentilshommes et autres François, mais les Espagnols, Alemans et Italiens envoient leurs enfants estudier). Stopinian eut charge des Gascons et leurs alliez. *La Popelinière* (c'est-à-dire l'historien lui-même) des Poitevins, Saintongeois, Angoumoisins et Rochellois, avec lesquels on mesla nombre de soldats forains, pour les duire et façonner aux armes ; le hazard desquels ne les estonnait pas tant que d'autres vieils guerriers, non de vaillance, mais faute d'aprehension, que ceste bouillante challeur de jeunesse survenant ès naturels genereux oste à si jeunes leurons. Ainsi travaillans à l'envy des uns des autres, ils furent distribuez de la maison commune (retraite generalle) en plusieurs cartiers (quartiers) qu'ils saisirent sur les Catholiques, qu'ils fortifierent comme ils peurent. Les *Mém. de Gaches*, p. 19, parlent de trois compagnies d'escoliers conduites par *Soupets, Rapin* et *Saussens*.

3. *La Popelinière*: des trois cartiers (quartiers).

4. *Ibid.* : les Pecolieres.

5. *Ibid.* : *Saint Sornin*.

endroits de la ville, fe preparans¹ à l'aſſaut, au moins ceux qui ne demandoient pas mieux que de tuer & piller, eſtans inceſſamment ſolicités & pouſſés à celà par les ſeditieux & ſanguinaires du Parlement; combien que grand nombre de notables perſonnages, avec une infinité de pauvre menu peuple, fendiſt l'air de cris, prians pour l'honneur de Dieu qu'on fiſt paix, & qu'on laiſſaſt preſcher ceux de la Religion tant qu'ils voudroient, puis qu'il ne tenoit qu'à cela qu'un ſi horrible deſordre ceſſaſt. Mais ni les ſages ni les miſerables n'eſtoient eſcoutés.

Par ainſi, ſur les dix heures du matin commença le combat par le capitaine *Lameʒan*² le vieil avec ſon fils, ſuivis d'environ deux cens hommes du coſté de la tour de Najac. Mais ils furent tantoſt repouſſés. Le ſemblable advint à ceux qui vouloient entrer en la rue de la Pomme & des Peroliers³ & de ſainct Rome. Une grande troupe alla vers la porte de Mathebuou⁴, pour la prendre, mais ils en furent auſſi dechaſſés. Ce fait, ceux de la Religion prindrent un tel cœur, qu'ils ſe delibererent d'aller droit au palais, où eſtoit la principale force de leurs ennemis; mais le capitaine *Saux*, qui avoit le jour de devant parlementé avec quelques uns des ennemis pour faire trahiſon⁵, comme après il fut cognu, rompit ceſte entrepriſe, qui euſt en apparence rompu tout le deſſein de leurs adverſaires, ſurpris en grande confuſion & deſordre⁶. Si

Les combats.

Trahiſon du capitaine Saux.

1. *La Popelinière* omet cette phrase qui suit.
2. *La Popelinière* : *Lameʒaus.*
3. *Ibid.* : des Perolieres, bien que plus haut il écrive lui-même comme le fait notre texte.
4. *Ibid.* : *Mathebuon. Mém. de Gaches.* p. 19 : *Matebiou* (la porte Matabiau).
5. *La Popelinière* ajoute : avec une marque et soupçon d'intelligence neantmoins que le peuple s'imprima de luy tellement, que deslors la pluspart esleurent le Capitaine Saussen pour chef. (*Antoine de Bonvilar*, seigneur de Saussens.) Quant à cette accusation de trahison, les *Mém. de Gaches*, p. 20, disent : Saux, qui avoit le principal commandement, *ayant esté gagné*, les disposa à capituler, à condition de se retirer aux villes de leur party et de laisser toutes les armes dans l'hostel de ville ; ce qu'ils escouterent de bonne foy quoiqu'ils eussent pressenty qu'on les trahissoit, ce qui leur fit arrester et mettre dans l'hostel de ville ledict de Saux, l'y laissant à leur depart . . jour de la Pentecoste. Comp. *Mém. de Jehan de Portal*, p. 243, où la trahison de Saux est révoquée en doute.
6. *De Thou*, III, 202, dit : je crois plutôt qu'il avoit envie d'en venir à un accommodement.

eft-ce que finalement ce traiftre ne peut empefcher qu'ils ne for-
tiffent & marchaffent par la ville, prenans la rue de la Pomme¹,
toutesfois² fans bleffer perfonne, jufques à ce qu'eftans arrivés
devant la maifon de *Buet,* Confeiller, des plus malins de la troupe,
des feneftres de laquelle ils furent rudement affaillis à grands
coups de cailloux & d'arquebouzades, dont fut bleffé entre autres
trefrudement le jeune *Recodere,* docteur. Cela fut caufe que la
maifon fut affaillie & forcée, ayant efté tué un arquebouzier qui
eftoit fur le toict de la maifon. Ce neantmoins, tant f'en falut que
la maifon eftant ainfi forcée à trop jufte occafion, on ufaft de vengeance, qu'au contraire à la requefte de *Jaques de Beruy*³, fieur de
la Villeneufve, & beaufrere dudit *Buet,* il n'y fut rien pris, & n'y
fut bleffé perfonne au dedans. Qui plus eft, quelques efcoliers de
la Religion y furent logés pour la garder, dont le Confeiller fe
monftra fi ingrat, qu'en recompenfe il les livra finalement pour
eftre emprifonnés, & fi rigoureufement traités, que mefmes quelques uns furent executés à mort. *Cadillac*⁴, maiftre des ports,
avoit braqué une piece fur la tour de fa maifon contre ceux de la
maifon de la ville, ce qui fut caufe qu'eftant braquée au contraire
une piece au plus haut de la maifon du capitaine du guet, il fut
contraint de fe rendre & fa maifon avec, mais il fut fauvé par le
capitaine *Saux.*

Evénements du 13 mai. Les chofes ayans ainfi fuccedé, le bruit courut que ceux de la
Religion eftoient defià maiftres de toute la ville, qui fut caufe que
le *Comte de Carning*⁵, importuné, & comme contraint par les
feditieux de la Cour defià tremblans & tous eftonnés, alla au devant

---

1. *La Popelinière* ajoute : et se barricans en toutes les avenues d'icelle, par
laquelle mesme ils faisoient marcher le canon, qu'ils tiroient de la maison
commune et le plaçoient contre les Catholiques ou pour la ruyne de leurs
maisons.

2. Tout ce qui suit, jusqu'à la page 20, manque dans *La Popelinière.*

3. *Jacques de Bernui,* président aux enquêtes au parlement de Toulouse,
avait embrassé les nouvelles opinions. Les troubles l'obligèrent de s'enfuir.
Il fut exclu, avec d'autres membres, par les membres catholiques. *France prot.,*
nouv. éd., II, 392 s.

4. Ces faits se trouvent aussi rapportés dans la Relation insérée dans les
Mém. de Condé, III, 427. Les détails qu'elle donne, du reste, sont autres que
ceux de notre *Hist.* Mais elle ne va que jusqu'à l'arrivée de *Monluc,* 18 mai.

5. *de Carmain.* Voy. p. 14.

avec les *Savignacs*¹, *Monmaur*, *Endefielle*², *Gardouche*, *Ricaud*³, & autres, ayans eu loifir de f'affembler au palais, à laquelle rencontre fut tué entre autres le fieur *de Penes*⁴, frere de *Savignac*, & *Ricaud*, ledit *Comte de Carning* & *Monmaur* bleffés. Et n'eft icy à oublier le faict du capitaine *Ricaud*, lequel ayant le jour precedent parlementé avec *Cavagnes*⁵, *Sepet* & les *Jourdanis*, qui luy remonftrerent le tort qu'il fe faifoit de prendre les armes contre fa propre confcience, fut tellement touché, que f'en retournant aux Auguftins où eftoit fon quartier, il ne voulut boire ni manger, foufpirant & f'ecriant que cefte guerre eftoit trop malheureufe, qui cauferoit la mort à tant de gens de bien. Sur quoy luy eftant dit, par quelques uns, qu'il n'allaft point au combat à fon regret, il refpondit qu'il y iroit puis que il l'avoit promis, encores qu'il fceuft bien qu'il luy en coufteroit la vie; ce qu'il luy advint le lendemain, f'eftant prefenté des premiers. Il y eut encores une autre efcarmouche fur le foir, vers la maifon du fieur de *la Garde*, près de Rouais, qui eftoit de la Religion, en laquelle quelques foldats de *Monmaur* furent tués & plufieurs bleffés, mais *la Garde* y fut tué auffi & quelques uns avec luy, & ainfi pafferent les affaires le mercredi, treiziefme dudit mois⁶.

Le Jeudi fuivant, quatorziefme, continuans les feditieux de la Cour en leur furie, quoy que quelques uns leur remonftraffent, & nonobftant la pitié qu'ils voyoient devant leurs yeux, ayans affemblé tous leurs capitaines au palais pour les acharner davantage, publierent le pillage eftre accordé de tous ceux de la Religion, pour les exterminer fans aucune merci ; ce qui renouvella la tuerie par toute la ville, de ceux qu'on foupçonnoit feulement f'eftre trouvés à quelque fermon, fans efpargner aage ni fexe. Et dautant que dès les quatre heures du matin, certains huiffiers furent envoyés par tout le pays de Lauragues⁷, pour publier le mefme & donner

Combats du 14 mai. Acharnement du du parlement.

1. *de Savignac Peuloron. Mém. de Condé,* III, 426.
2. De Thou omet ce nom. Peut-être est-ce *Endoufielle. Mém. de Gaches*, p. 108, note 3.
3. *De Thou : Ricard.*
4. *Ibid. : de Penne.*
5. ou *Cavaignes. France prot.*, nouv. éd., III, 921.
6. de mai.
7. *Lauraguais,* aujourd'hui le département de Tarn.

l'alarme par tout, infinis maux se commirent aussi par les champs, voire sans distinction de religion, estans mesmes les passans mieux vestus & ayans contenance d'avoir la bourse garnie, surpris & massacrés sur le champ.

Cependant[1] dedans la ville le combat recommença, estant arrivé secours à ceux de la Religion, premierement de soixante hommes que leur amena le sieur *de Souppet,* cent hommes de l'isle Jourdan, & soixante autres de Rabasteux[2] & Verfeuil, conduits par *Juvin* & *Codere de Verfeuil*[3]. Mais tous ceux de la Religion ensemble n'estoient qu'une petite poignée d'hommes au prix de leurs ennemis, qui n'estoient pas moins que de sept à huict mille[4].

Or avoient ceux de la religion Romaine dressé quatre manteaux[5] sur roue, pour arquebouzer à couvert, lesquels faisans couler[6] par autant de rues, ceux de la Religion ayans legerement repeu, fait prieres solennelles & chanté un Pseaume, marcherent droit contre ces manteaux qui firent un grand effort par la rue de la Pomme, & par les Filatiers, jusques à ce que ceux de la Religion en gagnerent un, avec deux pieces qu'ils tournerent contre leurs ennemis, non sans perte des leurs toutesfois, entre lesquels fut le sieur *de Bousquet*[7], blessé d'une arquebouzade en la cheville du pied. Aussi fut tué là le susdit *Juvin*[8], d'un coup de mousquet venant de la maison de *Bolé,* marchand, de la religion Romaine. Et pourtant[9] fut braquée sur la tour de la maison de ville une grosse piece contre ladite maison de *Bolé* & contre le clocher des Augustins, & une autre piece sur le portail contre les clochers des

---

1. Ici *La Popelinière* reprend le récit, fol. 313ᵃ, en copiant, comme toujours.
2. *Rabastens*, sur le Tarn; *Verfeil,* bourg dans la Haute-Garonne, à 28 kil. de Toulouse.
3. *Couderc. Mém. de Gaches,* p. 96.
4. *La Popelinière:* de quatre à cinq mille, sans le menu peuple qui faisoit plus de mal que tout.
5. *Ibid.:* mantelets. *De Thou*, III, 292, explique par: machines couvertes de clayes, pour aller à couvert attaquer les retranchements.
6. *Ibid.:* lesquels ils faisoient rouller par les rues et tiroient à couvert les Confederez, lesquels deliberez de leur enlever ce moien, marcherent etc.
7. *Bousquet*, natif de Mazamet. *France prot.*, nouv. éd., III, 17.
8. *La Popelinière : Junin.*
9. *Ibid. :* partant.

Jacopins, Cordeliers, & Sainct Servin[1], dont venoit le grand mal. Et furent auffi envoyées quelques petites pieces au college de Perigort, pour defendre ce cofté là. Par ce moyen ayant efté abatu le clocher des Jacopins avec la cloche dont ils fonnoient le toxin, les rues furent plus libres à ceux de la Religion, lefquels advertis que par la porte du Bazacle devoit entrer grande gendarmerie pour leurs ennemis, y envoyerent vingtcinq foldats refolus pour gagner la porte, qui firent fi bien, que perçans toute la grande troupe des ennemis, ils rompirent le fort qu'ils avoient dreffé & tuerent grand nombre de larrons mariniers[2], & f'en retournans avec le renfort qui leur venoit au devant, fe ruerent fur les Jacopins, dont le devant fut bruflé, prindrent le convent des Beguins, puis allerent aux Cordeliers qui fe rendirent finalement à eux, entre lefquels fe trouva une femme habillée en Cordelier[3], & mirent forces par toute la rue de Percamenieres jufques près du Bazacle. Ils prindrent femblablement le convent Sainct Aureux[4] & emmenerent dans la maifon de la ville les moines de leans, & auffi les Cordeliers, fans faire autre mal à leurs perfonnes. Car au contraire, après leur avoir donné à fouper, on leur donna congé le lendemain, les ayant conduits feurement hors la ville, excepté deux qui cognoiffoient *Barrelles,* Miniftre[5], avec lequel ils voulurent demeurer. Quant aux provifions qu'ils trouverent aux convents, elles furent amenées en la maifon de la ville & les reliques mefmes, avec inventaire entre les mains des Capitouls. Mais il n'eft à oublier qu'ès prifons des Cordeliers fut trouvé un pauvre moine qui avoit efté mis *In pace,* au pain & à l'eau, il y avoit defià de fept à huict ans, pour avoir efté accufé d'eftre Lutherien.

Cependant on combatoit bien rudement en plufieurs endroits, f'eftant jettée grande populace jufques en la ruelle qui refpond auprès de la maifon de *Marnac,* cuidant regagner le convent des Jacopins, dont ceux de la Religion fe remparoient. Mais tout cela fut tantoft mis en fuite avec quelques gens de cheval qui les fui-

---

1. *La Popelinière : Saint-Sornin.*
2. *La Popelinière* ajoute : ainsi appellent ils les passagiers de la riviere de Garonne.
3. *La Popelinière :* et ne fut sans rompre tout ce qu'ils ne peurent emporter.
4. *St-Orens.*
5. Ayant autrefois lui-même été cordelier.

voient de loing. Ce fait, ceux de la Religion craignans que de la maifon de *Bernoye* on leur fift outrage, fi leurs ennemis f'en faififfoient[1], y envoyerent fix foldats, lefquels conduits par un orfevre voifin d'icelle, par deffus le couvert des maifons, gagnerent les creneaux, duquel lieu ayans crié à ceux qui eftoient au dedans, & demandé fi on leur vouloit faire la guerre, refponfe leur fut faite par *Chauvet,* confeiller, par le commandement de *Bernoye*[2], Prefident, qu'ils f'affeuraffent de ne recevoir aucun mal de la maifon, & qu'il ne fe vouloit mefler d'un cofté ni d'autre, de forte qu'ils delibererent de f'en retourner. Mais ayans fur le champ aperceu que les ennemis tiroient defià fur ceux qu'ils avoient aperceus aux creneaux, ils fe logerent à la galerie qui refpond fur la grand'rue des Peiroliers, tirans contre le baftion[3] du carrefour de la Dorade, où ils en tuerent quelques uns, & demeurent ces foldats en la maifon jufques fur le tard, qu'eftans affaillis, ils furent contraints fe retirer vers la maifon de ville. En la rue de la Pomme fut auffi baillée grande alarme[4] & furent repouffés ceux de la religion Romaine de la maifon du maiftre des Ports & du Loup, voire pourfuivis jufques à la place de S. Eftienne. *Clermont* ayant fa maifon près celle d'*Affezat,* f'en eftoit faifi, comme auffi de celle *du Prat, Alleros* & autres prochaines qui eftoient fufpectes, & pouffant plus outre, avoit mis garnifon ès autres jufques à la tour de Najac, où il dreffa une barricade. Devers le college de Perigort il y avoit un trefapre combat, auquel tantoft les uns tantoft les autres avoient le deffus, & fut finalement mis le feu par ceux de la religion Romaine en la maifon de *Moran,* après l'avoir pillée & faccagée, où fut tué, du cofté de la Religion, *Sepet le jeune.*

Du cofté de fainct George[5], ceux de la Religion firent fi bien qu'ils gagnerent le temple de fainct George, des Auguftins & de

1. *La Popelinière* : comme de l'une des plus belles et fortes de la ville.
2. *La Faille* écrit : *Bernui,* comp. supra, p. 18, note ; les *Mém. de Condé,* p. 431 : *Berenin,* president fugitif.
3. *La Popelinière* : le bastiment. *La Relation* dans les *Mém. de Condé,* p. 430, dit : Et est dressé par lesdictz particuliers et sans chef une batterie à la rue de Peroliere, où lesdictz nouveaulx (c'est-à-dire les protestants) faisoient plus de maulx que en lieu de la ville.
4. *Ibid.* : on faisoit aussi grans efforts en la rue de la Pomme, que tachoit à gagner le capitaine *Pins,* mais pour neant.
5. *Ibid.* : *sainct Geory,* mais immédiatement après : *S. George.*

Sainct Antoine, où ils mirent garnifon, après en avoir tiré plufieurs barriques, tant pleines de vin que vuides, qu'ils menerent en la maifon de ville, comme auffi tous les vivres qu'ils pouvoient rencontrer. Sur l'heure, ceux de la religion Romaine en grand nombre affaillirent la porte de Villeneufve, & la tour du Salpetre, f'avançans jufques à la maifon des trois Pigeons. Mais ceux qui eftoient dedans les repoufferent à l'ayde d'un canon tirant de la maifon de ville droit aux trois Pigeons, qui les fit departir de là pour f'avancer par les rues du Puits clos, dont ils furent derechef rechaffés, ayant efté tiré le canon tout au travers. Ce nonobftant ils f'effayerent derechef d'approcher par la grande rue, avec un de leurs manteaux, qui fut caufe que le canon fut amené au carrefour de la Porterie, où ils furent rompus pour la troifiefme fois, & pourfuivis jufques à la Pierre & le manteau prins & trainé en la maifon de la ville. Et ainfi fe paffa tout ce jour jufques au foir, ayans combatu fans ceffe ceux de la Religion par tous les endroits de leurs defenfes, où on leur apportoit tout ce qui leur eftoit neceffaire. Plufieurs autres actes terribles fe commettoient au mefme inftant ès autres quartiers de la ville, où n'eftoit le combat, comme au fauxbourg S. Michel, là où un certain *Amadon*, homme de tresmefchante reputation & ce neantmoins creé Prevoft par la Cour, vola la maifon d'un de la Religion nommé *la Broquiere*, faifant tirer le vin de la cave, qu'il fit rouler & deffoncer par les places à qui en vouloit. Pareillement *Jean Portal*[1], Viguier de Touloufe, combien qu'il ne fuft trouvé en ces troupes, fut affiegé dans fa maifon, & fe confiant en l'affeurance de deux Confeillers qui luy furent envoyés du Palais, fe rendit à eux, qu'ils emmenerent avec fa femme, & peu après le firent ferrer en la Conciergerie, dont il ne fortit depuis finon pour aller à la mort, quelque promeffe qu'on luy euft faite.

Ce mefme jour[2], le fieur *de Bellegarde*, Lieutenant du Mare-

---

1. *La Relation* des *Mém. de Condé*, p. 428, fe contente de rapporter que Mercredy (13 mai) fut faict prisonnier le Viguier *Portal* et un Conseiller *Jambert* et plusieurs autres de qualité. — Voy. *(Fr. de Portal) Les descendants des Albigeois et des Huguenots* ou *Mém. de la famille de Portal*, Paris 1860, p. 175 s.

2. Jeudi, le 14 mai. — *Comment. de Monluc*, II, 394 : Et comme je feuz à Sezan, une lieue de Saint Poy, voicy ung homme de Tholoze, que M. le

schal de Termes, arriva avec sa compagnie de gendarmes, &
pareillement celle de *Terrides*, lequel demeura dehors à *Blagnac*[1],
comme auſſi la compagnie de *Monluc* ſe tenoit dehors par les
chemins, pour empeſcher que quelque ſecours ne vinſt à ceux de
la religion, comme de faict le ſieur *d'Arpajon*, qui avoit eſté
envoyé par le *Prince*, comme dit a eſté, devoit venir avec douze
ou quinze cens arquebouziers[2]. Mais il tarda trop, joint que *Saux*
le contremanda, diſant qu'il avoit aſſés de forces pour combatre
l'ennemi, ſoit qu'il l'eſtimaſt ainſi par outrecuidance, ſoit qu'il fuſt

> president *Masencal* m'envoyoit, là où il me mandoit et me prioit de venir
> secourir ladite ville de Tholoze, car les Huguenotz s'estoient saisis de la mai-
> son de la ville et de l'artillerie qui estoit dedans. Je . . despechay vers M. le
> president qu'il advertisse en diligence les cappitaines susnommés (*Bajordan,
> Corne* et *baron de Clermont*), qu'ilz s'allassent jecter dans Tholoze, et que
> j'allois faire marcher la companye de M. le mareschal de Termes, qu'estoit à
> Pessan, près d'Auch, afin qu'elle se rendist au poinct du jour à Tholoze, et
> qu'ilz eussent couraige seullement, que je serois bientost avec eulx. Et baillay 4
> ou 5 blancz à mon secretaire, pour dresser lettres à M. de Gondrin et autres,
> afin de les faire partir et achemyner droict à Tholoze. Puis m'en allay, cou-
> rant à Auch . . . manday aussi à ma companye qui s'en retournast en dilli-
> gence à la Sauvetat, et, en mangeant, j'escrips deux lettres, l'une à *M. de
> Bellegarde*, qui n'y a que deux lieues jusques à sa maison, et l'aultre au
> cappitaine *Massès*, qui n'y avoit que demy-lieue ; mandant à *M. de Belle-
> garde* qu'il partist incontinent en poste, et qu'il s'allast jecter dans Tholoze
> pour commander aux armes, faisant aller après luy jour et nuict ses armes et
> grandz chevaulx. *M. du Massès* partist dès qu'il eust parlé à moy, et n'arresta
> qu'il ne feust dans Tholoze, qui feust lendemain au poinct du jour, et
> *M. de Bellegarde* y estoit arrivé deux heures après minuict ; le *baron de
> Clermont* entra le mesme matin. Et en mesme temps que les soldatz entroient,
> ilz alloient au combat, qu'estoit depuis la place Sainct Georges jusques aux
> deux portes de la ville, qui tirent vers Montauban, lesquelles portes les enne-
> mis tenoient. Le cappitaine *Corne* entra envyron 2 heures après midy, en
> mesmes temps le cappitaine *Bajordan*. — Dans ce qui suit, *Monluc* rapporte
> encore, avec force détails, les mesures qu'il prit pour empêcher que les
> secours que les protestants attendaient de Montauban n'arrivassent ; ayant
> pour cet effect commandé au capitaine *Charry* d'occuper tous les lieux par
> où ils pourraient venir, et à *de Terrides*, de battre avec sa compagnie de
> cavalerie toute la campagne située entre Toulouse et Montauban.

1. *Blagnac*, village à 7 kil. de Toulouse.
2. *De Thou*, III, 292 : D'Arpajon étoit accouru au secours des Protestants,
avec Mouledier, maistre de camp de cavalerie, et 1500 arquebusiers, dont les
capitaines étoient *La Vernade, S. Michel* et *Belfort*, commandés par de
Marchâtel, fils du sieur de Peyre.

defià pratiqué. Finalement, fur le foir, fut envoyée une letre aux Capitouls & à *Barrelles*, Miniftre, pour faire accord. A quoy confentirent ceux de la religion, demandans feulement feureté de leurs perfonnes & du refte de leurs biens, avec l'obfervation de l'Edict de Janvier; ce que leur eftant denié, chacun f'apprefta pour le lendemain.

Le Vendredi, quinziefme (may), le combat recommença plus furieux que jamais en plufieurs & divers lieux, aufquels fut tué entre autres le feigneur *de Cotz,* frere de *Savignac,* qu'on eftima avoir efté trahi d'un efcolier d'Alby, nommé *la Roche,* l'ayant pouffé à quartier de l'un des manteaux[1] dont nous avons fait mention, lequel *la Roche* fut foudain pris, mené & pendu par le peuple fans aucune forme de jugement[2]. Ce neantmoins la verité eft qu'il[3] fut tué par fon infolence (comme il eftoit homme vicieux & defbordé), ainfi qu'il monftroit le derriere à un preftre de Rabafteux, portant les armes avec ceux de la Religion, & qui le tua fur le champ d'une arquebouzade. Ceux de la Religion tiroient[4] tout bellement les Chanoyneffes de Sainct Sernin, & fe faifirent du temple pour combatre[5], là où ils fe trouverent fort endommagés du clocher; à raifon de quoy le canon fut amené en rue, comme auffi plufieurs groffes pieces furent montées au plus haut plancher de la maifon de ville & aux torrions[6] du college[7] Sainct Marcial, lefquelles pieces eftans defferrées, efbranlerent merveilleufement toute la ville. Quoy voyans les chefs de cefte multitude qui f'eftonnoient fort, confulterent enfemble en la place Sainct George, où il fut conclu, avec l'advis des confeillers de la Cour, qui manioient tous ces affaires, de mettre le feu aux maifons de ladite place, & de le faire continuer jufques à la maifon commune. Ce malheureux confeil fut auffi cruellement executé que conclu, après avoir fait

Journée du 15 mai.

---

1. *La Popelinière :* manteaux roulans.
2. Une version toute différente est donnée p. 26 s. sur la mort de ce La Roche.
3. C'est-à-dire *de Cotz. La Popelinière.*
4. *La Popelinière :* mirent hors.
5. *Ibid. :* pour s'y accommoder au combat. Mais ils s'y trouverent etc.
6. Probablement: *torillons, tourillons.*
7. *La Popelinière :* du clocher.

defense d'y porter de l'eau, de forte que plus de deux cens maifons y furent bruflées avec une extreme pitié & defolation, fe retirans ceux de dedans de maifon en maifon ainfi qu'ils pouvoient¹.

Ce jour, en un autre endroit, fut auffi bruflée la maifon de *Brun, feigneur de la Sale*², qui ne fe voulut jamais rendre, avec laquelle bruflerent deux autres maifons de ceux de l'Eglife Romaine, tellement acharnés au feu & au fang, qu'ils eftoient contens de fe brufler eux-mefmes pour en faire autant à leurs concitoyens³. Ce neantmoins, avec tout cela ils n'avançoient rien, eftans toufiours repouffés quand ils venoient aux approches.

Ce mefme jour, le Prefident *de Bernoye*, qui f'eftoit tenu pour neutre en fa maifon avec *Chauvet*, Confeiller, ayant entendu le defordre qui eftoit en la maifon de la ville⁴, dautant que fe doutans de plus en plus du Capitaine *Saux*, chacun fe vouloit mefler de commander, delibera de recevoir garnifon de ceux de la religion Romaine en fa maifon. Ce qu'il fit par le moyen de *Lupis*⁵, marchand, fon prochain voifin, à la folicitation duquel le Capitaine *Clermont* envoya quinze de fes foldats pour la garder. Mais ceux-ci, après avoir defieuné, commencerent de parler de tuer & piller. Ce qu'entendant, le Prefident fe fauva en la maifon de ce voifin, & foudain fut affaillie la maifon par d'autres de dehors accourans à la file, lefquels y eftans finalement entrés, y firent un terrible mefnage, prenans *Chauvet* prifonnier, après luy avoir ofté jufques à fes habillemens, de forte qu'ils le menerent tout en faye⁶, & eut grand'peine d'efchapper de leurs mains, après avoir payé rançon. Et pour combler leur mefchanceté, ayans trouvé leans une dame honorable de la Religion, & deux fiennes filles, qui f'y eftoient retirées le jour de devant, cuidans y eftre en plus grande feureté qu'en la maifon de ville, ces malheureux violerent ces deux filles

---

1. *La Popelinière*: ainsi qu'ils pouvoient gagner lieu, pour se sauver à toutes peynes.

2. *Antoine Brun*, seigneur de La Salle, capitoul en 1561, exécuté le 23 mai 1562. *France prot.*, nouv. éd., III, 290.

3. *La Popelinière*: qui n'estoient pas moins eschauffez, voire autant aveuglez au combat qu'eux.

4. *Ibid.*: en la ville.

5. *Ibid.*: Lapis.

6. étoffe légère de laine, espèce de serge.

du Parlement de Touloufe. Livre X.

en la prefence de leur mere. Ce qu'ils ne porterent pas loin, car Dieu voulut qu'ainfi que ces larrons eftoient après à piller & à commettre tels actes, quelques arquebouziers de la maifon de la ville en ayans ouy le bruit, y furvindrent, qui en tuerent fix fur le champ & mirent en fuite le refte hors de la maifon, laquelle toutesfois ne pouvans plus longuement garder, force leur fut de f'en retourner à leurs gens[1]. Par ce moyen fut cefte bonne & riche maifon[2] achevée de piller, emportans les brigands le threfor[3] à pleins chapeaux. Ce qui affrianda tellement les foldats, que le Capitaine *Cornet*[4] ofa bien entreprendre (eftant conduit par le precepteur des enfans de *Pierre Delpuech,* l'un des chefs des feditieux) d'entrer de furie dans la maifon du Prefident *de Paulo,* l'un de leurs principaux piliers, lors mefmes qu'il vaquoit au Palais à leurs affaires. Mais force luy fut puis après de rendre ce qu'il y avoit pris; & ainfi fe paffa ce jour en horrible confufion, fe rempliffant toufiours la maifon de ville & les colleges voifins de pauvres hommes, femmes & petits enfans, efchappans du feu comme ils pouvoient.

Le Samedi, feiziefme dudit mois, il fut encores trefcruellement combatu jufques après midi, ce qui efmeut les Capitaines de la ville, voyans qu'ils perdoient beaucoup de foldats, & que chaque matin ceux de la Religion reprenoient ce qu'ils avoient perdu le jour de devant, commencerent à faire figne pour parlementer. En ce parlement, après plufieurs allées & venues, finalement *Fourquevaux*[5] prefenta certains articles, par lefquels entre autres chofes il eftoit dit que ceux de la religion laiffans leurs armes & harnois, qui eftoient en la maifon commune, fe retireroient en paix & toute feureté. Cela fut caufe que trefves furent faites jufques au midi du lendemain, jour de Pentecofte[6]. Pendant lequel

Evénements du 16 mai.

---

1. *La Popelinière :* avec le plus beau et meilleur de ce que les autres avoient laiffé.
2. *Ibid. :* la plus belle et riche maison de Tolose.
3. *Ibid. :* les thresors ... ravissans le bien à la seule heritiere de ceste maison faicte et agrandie par un marchand jusques à huict cens mil livres vaillant, qu'a espousé *Clermont de Codeve,* gouverneur de Quercy, l'une des plus accomplies dames de la France en toutes sortes de vertus.
4. *La Popelinière* omet son nom. Il était un de ceux que Monluc avait envoyés.
5. Voy. p. 14.
6. Le jour de la Pentecôte était le 17 mai.

temps, combien qu'un foldat de Foix, nommé *le Bigarrat,* eſtant forti fous la confiance des trefves, euſt eſté pris & mis entre les mains des Conſeilliers qui le firent pendre à l'inſtant. Ce neantmoins ceux de la religion ayans perdu toute eſperance de ſecours, & voyans que leurs vivres & les poudres ne leur dureroient plus gueres, ſolicités auſſi par les ſoldats eſtrangers venus à leur ſecours, qui trouvoient ces articles raiſonnables, & menaçoient de ſ'en aller ſi on ne les vouloit accepter, reſolurent de partir le lendemain au ſoir. Suivant donques ceſte reſolution[1], le matin venu du Dimanche dixſeptieſme, la Cene fut faite avec larmes & prieres ſolennelles, durant leſquelles le Trompette de la ville monta au plus haut de la maiſon commune & chanta Pſeaumes & cantiques entendus par toute la ville.

Cène du dimanche de Pentecôte, 17 mai.

Le ſoir venu, la confuſion fut grande au ſortir, les uns cuidans ſe ſauver en la ville par divers moyens, les autres eſtans ſortis, & auſſi toſt eſpiés & aſſaillis, nonobſtant la compoſition & la foy donnée tant par les Capitaines que par le Parlement. *Les Jordanis*[2] *& le Comte,* jeunes hommes de la ville, ſe cuiderent ſauver ſe meſlans parmi ceux de l'egliſe Romaine de leur cognoiſſance, mais ils furent incontinent deſcouverts & empriſonnés, comme auſſi pluſieurs autres. Il en print mieux aux eſcoliers qui furent receus & garantis par leurs compagnons, nonobſtant la diverſité de religion. Mais il advint qu'un eſcolier d'Alby, nommé *la Roche*[3], demeurant devant la maiſon du greffier criminel, nommé *du Tournier,* combien qu'il n'euſt bougé de ce jour de ſon logis, & ne fuſt de la Religion, fut pris toutesfois & par le faux teſmoignage dudit greffier, qui rapporta qu'il eſtoit meſchant Huguenot, & qu'il avoit voulu ſeduire ſes enfans, fut livré entre les mains du Prevoſt *Amadon,* qui le fit pendre & eſtrangler ſur le champ[4]. Ceux qui

Violation de la trêve conclue.

---

1. A partir d'ici, l'*Hist. des Martyrs,* fol. 666 b, commence la reproduction de notre texte.

2. *La Popelinière : les Jourdeins.*

3. Voy. plus haut, p. 24. Il est naturellement impossible de décider laquelle de ces deux versions, touchant la mort de La Roche, est exacte. Il ne faut d'ailleurs pas s'étonner de pareilles négligences et incertitudes dans la composition de ces sortes de mémoires, composés sous l'impression d'événements aussi tumultueux qu'émouvants.

4. Comp. *Mém. de Gaches,* p. 21 s.

fortirent hors la ville par la porte de Villeneufve à la faveur de la nuict, petis & grands, jeunes & vieux, eurent diverfes rencontres, qui furent caufe que f'eftans efcartés en plufieurs bandes, ils furent tant plus aifés à eftre endommagés par leurs ennemis, les aguettans.

Le premier qui les vint charger avec quelque cavalerie fut Savignac[1], qui en tua ce qu'il peut, difant qu'il vengeoit la mort de fes freres[2]. Il y en eut d'autres pillés & tués vers le Colombier[3], & Verfueil, où ils eftoient aguettés par ceux des villages & villes d'alentour, efmeus par le toxin fonnant de toutes parts. Ceux qui peurent efchapper, les uns bleffés, les autres efchapperent comme Dieu voulut, & furent receus pour la plus part ès villes de Montauban, Puylaurens, la Vaur & Caftres; entre lefquels eftoient quatre *Capitouls*, l'un defquels ayant pris la pofte pour aller advertir le Roy de tout ce qui f'eftoit paffé, fut tellement intimidé qu'il changea de chemin, comme auffi quelques uns des autres qui fe fauveront finalement en Allemagne. Le Capitaine *de la Sauté*[4], envoyé le lendemain pour recognoiftre ceux qui avoient efté tués par les chemins, rapporta en avoir trouvé, depuis Sainct Roc jufques aux Juftices, cinquante trois morts, qui eftoient defià à demi mangés des chiens. La commune opinion eft qu'en toute cefte fedition il y mourut de trois à quatre mille perfonnes, tant d'une part que d'autre.

Massacre des fuyards.

Nombre des morts.

Cependant ceux de la religion Romaine, avec la plus grande furie qu'il eftoit poffible, fe ruerent contre la maifon commune, crians: «Vive la croix», où ils trouverent le Capitoul *Mandinelli*[5], ayant mieux aimé fe confier en fon innocence que fuivre la troupe avec quatre de fes compagnons, lequel ils trainerent aux prifons avec toutes fortes d'outrages. Ils y trouverent auffi le Capitaine *Quaux*[6] en un croton, les fers aux pieds, où il avoit efté mis comme chargé de trahifon, lequel auffi ils

Irruption à l'hôtel-de-ville. Mandinelli et Saux, prisonniers.

1. Voy. p. 19.
2. *de Penne* et *de Cots*, p. 19 et 23.
3. *Colomiers*, village à 10 kil. de Toulouse.
4. *La Popelinière*: *de la Santé*.
5. Voy. vol. I, p. 818, 815. Adémor Mandinelli, docteur et premier capitoul, il était catholique.
6. *La Popelinière*: *Saux*. C'est ainsi qu'il faut lire. Comp. p. 32.

amenerent à la Conciergerie. Quelques moines auſſi furent trouvés en quelques chambres, qui furent eſlargis & renvoyés en leur convent. Ils trouverent davantage pluſieurs letres miſſives, roolles, memoires & procedures de juſtice, comme procès verbaux & inquiſitions que les Capitouls avoient faites contre quelques Conſeillers & autres ſeditieux, qu'ils deſchirerent & bruſlerent, comme auſſi tous les papiers concernans ce que les Capitouls avoient fait en leur charge, & qui leur pouvoient ſervir pour faire apparoir de leur innocence & juſtification, uſans les Conſeillers de telle & ſi apparente animoſité & cruauté, que meſmes ils firent pendre les greffier & notaire qui avoient eſcrit & ſigné les actes. Et après avoir cruellement gehenné *Mandinelli*, ſur lequel ne trouverent autre choſe que pluſieurs deſdits procès verbaux & actes, le firent executer à mort ſix ſemaines après [1].

Le 18 mai. Arrivée de Montluc. Destruction du temple.

Le lundi ſuivant, dixhuictieſme du mois, *Monluc* [2] arrivé fit auſſi toſt mettre par terre & bruſler le temple de ceux de la Religion, avec tel deſordre que trois ou quatre des executeurs de ceſte

1. Le 16 juin. Voy. plus bas, p. 35. Comp. *Mém. de Gaches*, p. 21.
2. *Comment. de Monluc*, II, 402 : Voilà comme la ville feuſt ſecourue, que le combat dura 3 jours et 3 nuictz, pendant lequel ſe bruſlarent plus de 5o maiſons les ungs ſur les autres, et y moreuſt beaucoup de gens, d'une partye et d'autre, entre autres deux freres de *M. de Savignac de Commenge* (Comminges). A noſtre arrivée nous allaſmes deſcendre devant le palais, tous armés, mon enſeigne et guidon deſpliés ; et pour 15o ou 200 gentilshommes que nous pouvyons eſtre en trouppe avecques ma companye, il faiſoit fort beau voir ceſte trouppe. Nous trouvaſmes toute la cour enſemble. Je laiſſe penſer à ung chacun ſi nous feumes là bien receuz... M. le preſident *Maſencal* me feyt une ramonſtrance fort honorable ; et me remerſiarent bien fort, et à toute la companye. Meſſieurs les cappitoulz nous baillarent incontinent logis, et quant et quant ſe meyrent à enqueſter de ceulx qu'eſtiont demeurés dans la ville et de ceulx qu'avoient eſté prins à la ſortie, et dès l'endemain commenſarent à faire juſtice. Et ne veys jamais à ma vye tant de teſtes voler que feyrent là. Je n'y allois poinct, car j'eſtois prou occupé ailleurs. Il ne s'en failleuſt comme de rien que la ville ne feuſt ſaccaigée des noſtres propres, car comme ceulx des envyrons entendirent que ladite ville eſtoit ſecourue, ilz coureurent tous au pillaige, païſans et autres. Et ne leur baſtoit de ſaccaiger les maiſons des Huguenotz, car ilz commençoient à s'attaquer à celles des catholiques ; et la maiſon de M. le preſident *de Paulo* meſmes cuyda eſtre ſaccaigée, et moy-meſmes y coureus, pource que quelqu'un fiſt courir le bruict qu'il avoit là dedans ung eſcollier, ſon parant, qu'eſtoit huguenot, mais il ne ſe trouva pas. Et feuz contrainct, pour rompre le deſ-

ruine y furent tués & plufieurs bleffés. La confufion[1] n'eftoit moins eftrange par toute la ville, ayans efté par arreft du Parlement declarés traiftres convaincus de crime de lefe Majefté, & condamnés à la mort, tous ceux qui avoient porté les armes en la maifon de ville, donné faveur ni fecours quelconque au *Prince,* ou qui auroient efté du Confiftoire. Chacun donques commença à les rechercher, batre, rançonner, meurtrir, voire jufques à ce poinct, que plufieurs de l'eglife Romaine y furent auffi tués par leurs compagnons, les uns pour eftre fufpects, les autres pour querelles particulieres, entre lefquels[2] euft efté compris *Jaques Alel,* medecin Piedmontois, f'il n'euft efté recognu par les Confeillers de la Tournelle, devant lefquels il fut mené avec grande rudeffe, & pareillement le Recteur *Seres,* officialifte, quelque preftre & officialifte qu'il fuft, n'euft efté *Pierre Delpuech,* qui le recognuft & fauva. Les rues donques furent tantoft femées de pauvres perfonnes meurtries, & les prifons remplies de toute forte de gens traittés fi inhumainement, que plufieurs y moururent, n'ayans jamais peu obtenir d'eftre eflargis pour fe faire penfer.

Anarchie complète.

29 S'il y avoit horrible defordre en la ville, il n'eftoit pas moindre aux champs, courans les foldats aux metairies de ceux de la Religion, & tuans les uns, & amenans les autres prifonniers à pleines charretées, lefquels ils alloient rechercher & defcouvrir entre les payfans & ouvriers mefmes, parmy lefquels fe trouverent plufieurs defguifés.

Il feroit impoffible de reciter les defordres qui fe firent ès pillages & captures, depuis le foir du Dimanche jufques au Jeudy fuivant. Mais nous en ferons feulement quelque fommaire. La maifon du Prefident *de Bernoye,* pleine de grandes richeffes, fut pillée, puis celle de *Chauvet* & *Caulet,* Confeillers de la Cour, *de la Myeuffeux, Jordani, Lamyre, Cati, Idriard,* Confeillers du Senefchal & Prefidial, d'*Antoine Ferrier,* du Viguier *Portal,*

Sommaire des maisons saccagées.

---

ordre, de faire monfter à cheval la companye de M. le mareschal de Termes, et la mienne, qui alyont de 6 heures en 6 heures, la moitié de chesque companye, par la ville, armés et montés de 6 en 6 par les rues.

1. *La Popelinière:* l'animosité n'estoit pas moins grande.
2. *La Popelinière* omet ce qui suit.

du fieur *de Marnac*¹, de nos fieurs *de Malrifique*², *de Montdozil*, *de Grateux*, & les huict Capitouls, *de Teronde, Fabri, Petri, Captan, Auvet, Boniol*, advocats, des deux Prevofts, *Serrapi, Dumazel*, procureurs, *de Ferrier, Duranti, Caiare, Montvert, Broffe*, medecins, & celles des plus eftimés apothicaires ; comme auffi de *Eftienne Ferrieres, Jean Baille, Gabriel du Sel, Gilles Chamaion, Denys Baillet, Ducros,* & autres infinies de toute qualité. Car fi un mari avoit une femme de la Religion ou une femme un mari, rien n'eftoit efpargné, voire le pere fouffroit pour la religion du fils, & le fils pour la religion du pere. *Maffaucal*³, premier Prefident, fut garenti par fon fils qui fe fit Capitaine de ceux de l'eglife Romaine⁴, lequel auffi preferva *du Bourg* & *Cavagnes,* fes beaux freres. Le Prefident *du Faur* fut fort menacé, mais la faveur de la nobleffe l'exempta de ceft orage. *Coras*, Confeiller renommé⁵, eut un bon ami, à favoir le fieur *de Fourquevaux,* lequel eut grand peine de le fauver d'entre les mains du peuple, qui l'appeloit le miniftre de la Cour, & ne tint pas à un trefmechant homme, *Marc Antoine,* advocat, & fils d'un Juif d'Avignon, qu'il ne fut mefmes maffacré, ou pour le moins⁶ emprifonné & executé comme les autres, ayant bien efté fi mefchant & ingrat, qu'après avoir de longtemps fait femblant de fuivre la Religion, voyant ces troubles, non feulement il quitta la Religion, mais auffi fe defborda jufques à depofer chofes tresfauffes contre *Coras, les Perrieres,* & *Caulet,* Confeillers, aufquels il eftoit tenu de fon avancement. Mais Dieu voulut que cela offenfa tellement plufieurs Confeillers, mefmes des plus ennemis, voyans

Membres du parlement, sauvés.

---

1. Voy. ci-dessous, p. 37.

2. *Malorifique.* Voy. vol. I, 817. *Mém. de Gaches,* p. 21, note 5 : *Jean Denos*, seigneur de Novital et de Malecefique, capitoul en 1559 et 1560.

3. Ici *La Popelinière* reprend.

4. C'était *Jean de Mansencal, seigneur de Grépiac,* qui forma une compagnie d'hommes de pied, attaquée et détruite par les protestants, le 8 juillet 1562. *Mém. de Gaches,* p. 26. Dom Vaissete, *Hist. du Languedoc,* t. VIII. *Comment. de Monluc,* II, 405 s. *De Thou,* III, 294. Les beaux-frères étaient *Gabriel du Bourg* et *Arnaud de Cavagnes,* conseillers.

5. *La Popelinière :* pour ses escrits. *Jean de Coras,* conseiller au parlement depuis 1552, fut pendu en 1572. *Mém. de Gaches,* p. 120.

6. *La Popelinière* passe la notice qui suit sur *Marc Antoine.*

du Parlement de Toulouse. Livre X.

son ingratitude & la fausseté de son tesmoignage, qu'il fut en danger luy-mesme d'aller à la Conciergerie. Or, combien que le peuple ne sust que trop esmeu à chercher les hommes jusques dans les maisons, si est ce que rien n'estoit oublié outre cela par la Cour de Parlement, ni par le Clergé, à ce que tout sust exterminé.

Les Ecclesiastiques donc firent publier un monitoire conjoint avec grandes exhortations des Curés & Vicaires, & autres prescheurs, de reveler sur peine d'excommunication & de damnation eternelle, tous ceux qu'ils sauroient pour certain, ou par ouyr dire, avoir donné faveur, conseil ni ayde à ceux de la Religion, desquels les noms estoient apportés au tablier du greffier de l'Arcevesque, qui puis après les envoyoit à la Cour. Par ce moyen, une infinité de gens de toutes qualités furent rendus criminels. Le voisin qui avoit pillé, craignant de rendre, portoit faux tesmoignage contre celuy duquel il tenoit le bien; l'ennemy deposoit faussement pour se venger; le debiteur estoit tesmoin contre le creancier, ou bien le menaçoit à outrance pour avoir sa dette. Et n'estoit pas seulement loisible d'avoir quelque compassion des miserables, sans se mettre en tresminent danger, ains faloit estre enragé ou faire de l'enragé, jurer & blasphemer avec les autres. La gendarmerie, d'autre costé, commençoit desià à maistriser, mesprisant tous commandemens, les soldats contrefaisoient les Capitaines, les Capitaines faisoient des Roys.

Faux témoignages.

Cela fut¹ cause que les plus mauvais de la Cour de Parlement, craignans ceux-là qu'eux mesmes avoient mis en besongne, ne cesserent qu'ils ne les eussent mis dehors à tel prix qu'ils voulurent, contraignans le thresorier du Roy de fournir de trente à quarante mille livres, sous caution toutesfois de quelques bourgeois, pour contenter les gens de guerre. Mais en sortant ils furent aussi tost departis & espars comme s'en suit, afin de faire ailleurs comme ils avoient fait en la ville. *Monluc* & *Terrides* tirerent à Montauban, en deliberation de ruiner tout². *Fourquevaux* s'en retourna

Les capitaines vont ailleurs.

---

1. Ce qui suit ne se trouve pas dans le texte de *La Popelinière*.
2. *Comment. de Monluc*, II, 410 : Je feuz conseillé d'aller devant Montauban, plus pour tirer les soldatz des envyrons de Tholoze et de dedans la ville, et manger le païs ennemy, que pour esperance que j'eusse de la prendre, car je sçavois bien qu'il y avoit dedans beaucoup de gens qui s'y estoient assemblés pour l'entreprinse de Tholoze. Toutesfois je m'y achemynay (le

à Narbonne pour dreffer avec *Joyeufe*[1] un camp contre *Beziers*. *Mirepoix le jeune, Enguarrevaques* & autres allerent à Lymoux, avec *Ouvrier* & *Rudelle,* Confeillers & commiffaires deputés contre cefte pauvre ville, là où fut exercée toute cruauté comme il fera dit en fon lieu[2].

Vengeances particulières du parlement.

Adonc ceux de la Cour eftans maiftres tous feuls, commencerent à exercer leurs vengeances d'une eftrange façon, ayant dechaffé de leur compagnie non feulement les fufpects jufques au nombre de vingt deux, mais auffi quelques uns qui ne leur fembloient affés enragés, aufquels Dieu fit cefte grace par ce moyen de n'eftre coulpables des horribles cruautés & mefchancetés qui furent lors commifes fous couleur de juftice, defquels les noms f'enfuivent : *Michel du Faur,* Prefident en la Cour, *Jaques de Bernoye,* Prefident aux enqueftes, *Guillaume Collet, François Ferrieres, Thomas Latiger, Jean Perfin, Pierre Robert, Jean Coras, Gabriel du Bourg, Jean Cavagnes, Jean de l'Hofpital, François Chauvet, Guillem Donjat, de Cofta, Raymon Ferrier, Charles du Faur, Berbinier, du Pins, de Nos, Reffeigner,* & *de la Mieuffeux Condos;* & f'il y avoit quelques uns de ceux qui eftoient reftés qui vouluffent amener les chofes à quelque equité & raifon, ils eftoient foudain rembarrés, furtout par ce monftre *Latomi,* Prefident[3], de forte qu'il faloit fe taire. Davantage, ayans fait appeler à trois briefs jours les Capitouls abfens, eftans lors en office, ils en creerent de nouveaux avec puiffance de faire pendre fans appel. Ils eftendirent auffi la jurifdiction du Prevoft *Amadon,* homme du tout mefchant & ecervellé, jufques fur les habitués & domiciliers de la ville, lequel, en moins de deux ou trois jours, en fit pendre plus de foixante, & mefmes, entre autres, un petit garçon de douze à treize ans, venu de Montauban, lequel eftant fur l'efchelle, femond de dire l'Ave Maria, f'excufa, difant qu'on

---

24 mai 1562), n'ayant que six enseignes de gens de pied, qu'estoient celles des sieurs de Sainct Orens, de Bajordan, baron de Clermont, Corne et Charry ; et me baillarent aussi ceulx de Tholoze deux canons et une coulevrine, faisant une courtoisye aux soldatz, car ilz leur donnarent une paye.

1. *Guillaume, vicomte de Joyeuse,* lieutenant-général du Languedoc. Voy. vol. I, 879 et passim, et ce vol., plus bas, p. 125, etc.

2. Voy. p. 150.

3. *supra,* p. 15.

ne luy avoit pas appris, & ce neantmoins fut executé. Finalement ils ordonnerent que la grande Chambre & la Tournelle vaqueroient, toutes chofes ceffantes, aux procès des criminels, pour la capture defquels, outre ceux qui eftoient defià ès prifons, les plus paffionnés Confeillers f'eftoient departis la ville par rues, allans mefmes de porte en porte pour chercher des tefmoins felon qu'ils en avoient befoin pour executer leur deffeins. Et parce qu'il eftoit befoin d'avoir en main de l'argent pour ces pourfuites & executions, & nommément pour la guerre qu'ils faifoient hors la ville en plufieurs lieux, ils firent un roolle des prevenus prefens & abfens, lequel ils envoyerent avec commandement d'expedier tous actes d'acquifitions, contracts & dettes appartenans aufdits enroollés, contraignans les detteurs de payer la teneur de l'inftrument delivré par les notaires. Par ce moyen, plufieurs furent contraincts de payer deux fois f'ils ne monftroient leurs quittances, & plufieurs, tant des creanciers que des detteurs, deftruits.

Quant aux executés à mort, depuis ce mois de May jufques au trefpas du *duc de Guyfe,* furent de trois à quatre cens, dont nous nous contenterons de cotter les principaux [1]. *Liste des suppliciés.*

Des premiers executés à mort, le dixhuictiefme de May, furent pendus *Chaulay,* Diacre de Saincte Foy.

Baftard, Diacre.

Nicolas Boche, trompette [2] & crieur public de la ville, auquel eftant remonftré qu'il dift Ave maria, il refpondit d'un vifage affeuré : Où eft elle, la bonne Dame, que je la falue; puis, ayant regardé ça & là, dit : Elle n'eft pas ici, elle eft au ciel, où je la vay trouver; & fur cela mourut conftamment.

Le dixneufiefme furent pendus l'heritier de *Hermi de Rabafteux, Martin,* Greffier de la maifon commune, & un libraire de Paris, nommé *Pierre du Puys,* à la folicitation de *Pierre de Gargas,* pour ne rendre une malette bien ferrée qu'il avoit à luy.

Le vingtiefme, un *vicaire de la parroiffe S. George,* & *Bondeville,* Imprimeur.

Le vingt & uniefme, *Bonafos,* procureur en la Senefchaucée,

---

1. Comp. la lifte des condamnés à Touloufe, de 1562, dans la *France prot.,* nouv. éd., II, 44 s. *L'Hift. des Martyrs* continue de copier notre texte.
2. Voy. ci-deffus, p. 26.

pour avoir feulement contribué un efcu aux pauvres & pour reparer le lieu où prefchoit le Miniftre. *Jean Portal*, viguier, fut decapité[1] comme convaincu de trahifon, boutement de feu, maffacres & pilleries, combien que notoirement il n'euft bougé de fa maifon, comme il a efté dit ci-deffus[2]. *Santerre, le Comte*, docteur, & les deux *Jordanis*, freres[3], decapités. Le Capitaine *Saux*[4] fut mis en quatre quartiers tout vif, & par ce moyen payé par ceux-là mefmes qui l'avoient mis en befongne de la trahifon qu'il confeffa, & mourut ce neantmoins en la religion, confeffant fes fautes, & refufant de fe confeffer aux preftres.

Le vingtdeuxiefme, *la Mothe*, gentilhomme & collegial de fainte Catherine, avec un libraire, nepveu de *Vafcofan*, imprimeur de Paris, *Garrigues* & *Legat*, foldats.

Le vingttroifiefme, *Jean Brun*, dit *le Loup*, marchand, demeurant à la Pomme, *Antoine Brun, feigneur de la Sale*, Capitoul de l'année 1561, & le *baftard de Colommiers*.

Le vingtcinquiefme furent pendus un maiftre *Denis*, foliciteur, & *un Diacre* de Villepinte en Lauragues.

Le vingtfixiefme, *Jean de Nos, feigneur d'Orival, & de Malfifique*[5], Capitoul de l'année 1561, trouvé dans le Convent des Nonnains de S. Sernin, dites Chanoyneffes, par *Nicolas Difpania*, advocat, qui f'employoit volontiers à telles executions, fut mené aux prifons, tout malade qu'il eftoit, & foudain condamné à avoir la tefte tranchée.

Le vingtfeptiefme, *Manaut Boniol*, docteur ès droicts, lequel preffé fur l'efchaffaut de dire l'Ave Maria, refpondit qu'il n'eftoit pas l'Ange Gabriel, fut decapité avec le capitaine *Pompertufat*.

Le 27 (vingthuictiefme ?), *Branconner*, libraire, fon ferviteur, un peliffier, *Raudanne*, fergent du guet, & quatre foldats, pendus.

Le trentiefme furent pendus deux foldats, & un caporal decapité.

---

1. *Fr. de Portal. Les descendants des Albigeois* ou *Mém. de la famille de Portal*, p. 256. *Corresp. de Calvin, Opp.*, XIX, 433 s.
2. Voy. p. 23.
3. Voy. p. 19.
4. Voy. p. 12, 14, 19, 23, 24, 27.
5. Vol. I, p. 815, il est écrit seigneur *d'Aurival et de Malorifique*. Comp. *supra*, p. 29.

Jean Teronde, advocat, homme grandement renommé pour fon favoir & integrité, & mefmes reveré des plus adverfaires, fe trouvant bien fort malade devant & durant ces troubles, prié de fortir hors la ville par le *Comte de Caraman,* qui luy offroit toute feureté, fe fiant en fon innocence, fe retira chés *Guillemot,* Confeiller en Parlement, fon voifin, lequel un peu auparavant & fur la prife de la maifon de ville, cuidant que ceux de la religion euffent le deffus, f'eftoit fauvé en la maifon dudit *Teronde,* avec fa femme & fes enfans, qui l'avoit humainement receu. Ce neantmoins ce malheureux & ingrat ne fit confcience, combien qu'il le fceuft innocent de tout ce qui eftoit advenu, de l'envoyer en prifon, là où eftant enquis & ne fe trouvant chargé en forte quelconque, horfmis d'avoir baillé cinquante efcus pour les pauvres, fut ce neantmoins condamné à eftre decapité, & luy fut l'arreft le plus eftrange que fut onques, prononcé par *Bonail,* Confeiller, en la forme que f'enfuit : « Monfieur *Teronde,* la Cour par le difcours de voftre procès ne vous a trouvé aucunement coulpable ; toutesfois d'ailleurs tresbien advertie de l'interieur de voftre confcience, & que vous euffiés efté tresaife que ceux de voftre malheureufe & reprouvée fecte euffent eu la victoire (comme auffi vous les avés toufiours favorifés), vous condamne à perdre la tefte, & a confifqué vos biens fans nulle detraction.» *Teronde,* oyant ceft arreft, loua Dieu, difant : J'ayme mieux mourir innocent que coulpable ; puis exhorta fa femme à craindre Dieu, à fuivre fa parole & faire inftituer en icelle fes enfans. Eftant fur l'efchaffaut, il fit confeffion de fa foy fort conftamment, & dit qu'il eftimoit telle condamnation luy eftre efcheute dautant qu'ayant eu la cognoiffance des abus de l'Eglife Romaine dès quarante ans, il avoit trop longtemps diffimulé la verité, dont il crioit merci à Dieu. L'autheur de ce tant inique jugement fut l'un des plus mefchans & malins hommes qui nafquift jamais, à favoir *Pierre de la Cofte,* Juge de Montpelier, hayffant à mort *Teronde,* fans occafion & feulement pource qu'ayant cedé fon eftat, *Teronde* avoit efté nommé entre autres par ceux de Montpelier.

Le fecond dudit mois [1] furent pendus fept foldats.

Le troifiefme, fix foldats & deux autres avec l'hofte fainde

---

1. de juin.

Barbe, *Tubef*, Conful de Sainct Suplice, le poifeur de la ville, & un autre.

Le quatriefme furent pendus deux foldats.

Le cinquiefme, trois foldats pendus & *Pierre Nantaire*, gentilhomme, capitaine du guet, decapité & mis en quatre quartiers.

Le fixiefme furent fouettés trois Auguftins pour ne vouloir renoncer à la religion, & ne rentrer en leur Convent; un autre Auguftin pendu. Pareillement *Guillem Fabri*, clerc Audiencier, après avoir efté par trois fois cruellement gehenné pour le contraindre d'accufer *du Faur*, Prefident, *Caulet, Corax, Ferrieres, Cavagnes*, & autres Confeillers de la Cour, comme f'ils euffent aydé à la faifie de la maifon de ville, fut pendu à un arbre devant le palais, après avoir prealablement defchargé les deffufdits, & comme il vouloit amplement declarer comme on l'avoit traitté & contraint de les accufer, *Tournier*, greffier criminel cria tout haut au bourreau qu'il le jettaft pour empefcher la cognoiffance de la verité.

Le treifiefme, un foldat pendu & un autre decapité.

Le feiziefme, *Mandinelli*, Capitoul[1], lequel fe confiant en fon innocence, n'avoit voulu fortir de la ville avec fes compagnons, fut mené avec la robbe de la livrée en la maifon commune, où il fut degradé, puis decapité à la Dorade, combien qu'il fuft de la religion Romaine, & deux autres pendus.

Le dixfeptiefme furent pendus l'apothicaire *du Salin*, nommé maiftre *Giles*, & un foliciteur nommé *l'Efpinaffe*.

Le dixneufiefme fut pendu un libraire, & un diacre de Puylaurens decapité; decapité un paffementier, & un efcolier de Bourges, nommé *l'Eftrille*, pendu.

Le vingtiefme, le miniftre de Mazeres[2] fut bruflé tout vif.

Le vingtcinquiefme, deux hommes pendus.

Le vingtfeptiefme, à la folicitation du Prefident *Latomi*, *Pierre de Ferrieres*, honorable marchand, eftant de retour de Geneve, où il avoit longtemps demeuré, fut pendu comme coulpable de la fedition, combien qu'il en fuft notoirement innocent. Fut auffi

---

1. Voy. vol. I, p. 818, 825 ; III, 27.

2. Probablement de la petite ville de *Mazères*, dans le pays de Foix (Ariége), à 16 kil. de Pamiers.

pendu *François Calvet,* autresfois official de Montauban, & un libraire nommé *Pierre des Champs.* Le dernier de Juin fut pendu un nommé *Joſſe,* jadis Jacopin.

Le quatriefme de Juillet, un diacre de Mazeres, decapité, qui avoit efté preftre. Et le jour precedent, entre neuf & dix heures du foir, furent veues au ciel trois lunes en forme de croiſſans contiguës & nouées aux extremités.

Le fixiefme, *Jean Ferrier,* advocat, pendu, & *Raymond Joubert,* Confeiller au fiege prefidial, decapité.

Le huiftiefme, un bonnetier nommé *Faraon,* pendu.

Le penultiefme dudit mois, par arreft de la Cour furent pendus en effigie, par contumace, en la place S. George, les fept Capitouls de l'année, abfens, n'ayans comparu, & leurs biens confifqués au Roy, fauf à defduire cent mille livres pour les dommages & interefts de la ville, eftant adjoufté à l'arreft, qu'il feroit mis un tableau de marbre en la maifon commune où feroient engravés les noms defdits Capitouls, leurs enfans declarés inhabiles de porter titre de Nobleſſe, & d'avoir jamais eftat publique. Et que finalement ceft arreft feroit leu tous les ans en prefence du peuple, pour en rafraifchir à jamais la memoire.

Le dernier dudit mois fut pendu le gendre de *Boudeville,* imprimeur, qui avoit par mefgarde tué le fieur *de la Garde* en l'aſſemblée, comme il a efté dit cy deſſus [1].

Le premier d'Aouft fut decapité *Tatoy,* advocat.

Le quatriefme, quatre furent pendus & un fouetté.

Le fixiefme fut decapité un fergent du guet nommé *Gueyne.*

Le douziefme, un foldat nommé *Trefves,* decapité.

Le quatorziefme, la femme d'un nommé *Mathelin le Hautbois Tailleſon* eut la langue coupée, puis fut pendue & mourut fort conftamment.

Le dixfeptiefme, *Fevrier,* un fergent du Viguier, fut pendu.

Le dixhuiftiefme, un libraire & un fien fils, pendus.

Le vingtfeptiefme, quatre pendus.

Le vingtneufiefme, la femme de *la Broquiere,* foliciteur, fut menée avec un baillon, puis pendue; mais le peuple voyant qu'elle ne vouloit aucunement confentir à aucun acte de la religion

---

1. Voy. p. 19.

Romaine, rompit la corde; & eſtant encores vifve, après avoir receu infinis coups de pierres, fut bruſlée, touſiours invoquant Dieu avec une conſtance admirable; & un orfevre nommé *Bataille,* pendu.

Le deuxieſme Septembre, *Peyrolet,* ſergent du Viguier, pendu, deux fleſtris & envoyés aux galeres.

Le cinquieſme, *Pierre Aſquet* & *Montauban,* ſergent du guet, decapités.

Le onzieſme, *Barrelles,* miniſtre, trainé en effigie & bruſlé à la place Sainct George.

Le douzieſme, un nommé *Moulins,* decapité.

Le vingtdeuxieſme, un *de Roquezieve,* decapité.

Un autre envoyé aux galeres, après avoir eu la langue percée.

Le vingtquatrieſme, *Villiers,* aſſeſſeur des Capitouls, decapité, pour ſ'eſtre meſlé du procès fait aux preſcheurs ſeditieux dont il a eſté parlé. Un jeune enfant aagé ſeulement de ſeize ans, excellent peintre pour ſon aage, nommé *Jean le Page,* eut la langue percée, fut eſtranglé & bruſlé, & un nommé *Gravot,* pendu.

Le vingtſixieſme, le Viguier de Sainct Inac fut decapité & mis en quatre quartiers.

Le ſixieſme Octobre, *Creſſac,* Diacre de Puy la Roque [1], pendu.

Le dixieſme, *Julien Suau,* chauſſetier, pendu.

Le quatorzieſme, un blancher [2] decapité.

Le dixſeptieſme, un preſtre & un autre pendus.

Le vingtieſme, le capitaine *de Millau,* dit *de la Pierre,* mis tout vif en quatre quartiers; & la femme de *Guyon Boudeville* pendue.

Le vingtſeptieſme, nonobſtant l'abolition generale envoyée du Roy, *Tabart* & *Guiral,* notables advocats, decapités.

Entre ces executés, les uns ſe monſtrerent conſtans juſqu'au bout, deſquels pluſieurs furent menés au ſupplice ayans le baillon en la bouche, eſtans ſur tout irrités les Juges de ce qu'encores qu'on les ſeparaſt & les miſt aux crotons, ils ne laiſſoient de prier Dieu ordinairement à pleine voix pour ſe faire ouïr, ſ'entre-reſpondre & conſoler. Les autres, plus infirmes & mal inſtruits,

---

1. *Puy-La-Roque,* à 35 kil. de Montauban.
2. tanneur de petits cuirs.

faifoient ce que vouloient les preftres, & avoient ce paffe-droit qu'on enterroit puis après les corps ès temples & cimitieres.

Plufieurs auffi moururent ès prifons, les uns à force de gehenne & par autre mauvais traittement; entre lefquels furent le fieur *de Marnac, Petri,* advocat, & *Roland,* prevoft procureur en Parment, & plufieurs autres; comme auffi la pefte en tua plufieurs, au lieu qu'on retira de la prifon les autres prifonniers pour autre caufe que pour la religion. Entre ceux-là ne font à oublier tous ceux qui avoient efté faifis & condamnés aux galeres pour la fedition de Sainct Sauveur, aufquels comme aux plus deteftables brigands & larrons, les prifons furent ouvertes à condition de faire la guerre à toute outrance à ceux de la religion, de forte qu'un voleur infigne & convaincu par bons tefmoins, mefmes de la religion Romaine, d'avoir tué de fa main & volé de guet à pens de quarante à cinquante perfonnes, fut eflargi à ces enfeignes.

Outre tous les executés, montans environ deux cens, & autres tués & maffacrés par la ville, il y en eut près de quatre cens de condamnés par contumace, de toutes qualités, tant des habitans de la ville, que plufieurs feigneurs & gentilshommes du reffort du Parlement; & grand nombre de prifonniers reftans[1]. Et pource que par l'authorité de ladite Cour, la guerre auffi fe demenoit en plufieurs lieux, & nommément à Montauban, comme il fera amplement dit cy après[2], (ce qui ne fe pouvoit faire fans grands frais, joint que ceux qui tenoient Montauban affiegé menaçoient de fe retirer fi on ne leur envoyoit argent), la Cour, c'eft à dire ceux du Parlement qui gouvernoient tout à leur pofte, f'advifa de donner un trefcruel arreft du vingtiefme Aouft[3], à l'exemple d'un autre donné à Paris, duquel la teneur f'enfuit :

Condamnés par contumace.

« La Cour, attendu les notoires & obftinées rebellions, feditions, & proditoires invafions faites, & attentées, & pertinacement continuées par plufieurs, tant habitans que forains defvoyés de noftre Saincte Foy catholique, & la fidele fujetion & obeiffance deue au Roy, noftre fouverain feigneur, retirés ès villes de Touloufe, Montauban, Caftres, Beziers, Montpelier, Nifmes, Lectore, Ville-

Arrêt du parlement, du 20 août.

---

1. Jufqu'ici s'étend le texte emprunté par l'*Hist. des Martyrs*.
2. Voy. p. 61.
3. *De Thou,* III, 294 s. Comp. *(Goulard) Hist. des choses mémor.,* p. 225.

franque de Rouergue, Millaut, Villeneufve, Pamiers, Limoux, que autres villes, lieux, bourgades & chafteaux du reffort de ladite Cour; & veu plufieurs inquifitions & procedures faites fur lefdites rebellions & proditions, & fur les violentes invafions des eglifses & monafteres, & execrables fractions des croix, autels, reliquaires & images, & veu les requeftes fur ce baillées par le procureur general du Roy, a declaré & declare tous iceux rebelles & ceux qui en ce leur ont donné fecours, faveur, confeil & ayde, par armes ou fubvention de vivres, munitions & argent, ou qui ont invadé, forcé, pillé & faccagé les maifons, villages, & lieux des catholiques, avoir commis crime de lefe majefté divine & humaine, & eftre ennemis du Roy & royaume de France ;

« Et declaire tous & chacuns leurs biens acquis & confifqués au Roy, fauf les detractions qui feront ordonnées par la Cour, tant pour la fatisfaction des parties intereffées, que reftauration des eglifes, lefquelles feront reintegrées des reliquaires & autres ornemens pris, volés & defrobés, & les croix & oratoires & autres images brifées, caffées & rompues feront refaites & remifes au premier eftat & deu ; & à ce faire & fouffrir feront contraints ceux qui pour ce (fe) feront contraindre par toutes voyes deues & raifonnables.

« Et fait icelle Cour inhibition & defenfes à toutes perfonnes, de quelque qualité & condition qu'ils foyent, de porter ou envoyer vivres, argent, ou armes, ni autres chofes quelconques ès villes & lieux dont lefdits rebelles fe font emparés, fur les peines cy deffus contenues.

« Et fur mefmes peines prohibé & defendu faire de privée authorité levée de gens en armes & à ces fins defpefcher commiffion ou mandement; & à tous gentilshommes, & autres, d'accepter telles charges, ni en vertu d'icelles f'enrooller, fi ce n'eft pas par commiffion fpeciale, ou letres patentes du Roy, fes lieutenans, ou par authorité de ladite Cour.

« Ordonné en outre que tous ceux qui feront trouvés faire affemblées fans mandement & authorité que deffus, ou feront trouvés faccageans ou pillans eglifes ou maifons, & qui fuivront & acompagneront ceux qui feront lefdits pillages & faccagemens, feront deffiés & deffaits, taillés & mis en pieces, fuivant les Edicts publiés en ladite Cour par ordonnance du feu Roy François premier de ce nom, & arrefts fur ce donnés.

«Ordonné aussi que tous predicans, ministres, diacres, & autres officiers de la nouvelle & pretendue religion seront pris au corps en quelque part qu'ils puissent estre trouvés & apprehendés, comme criminels de lese majesté divine & humaine, seditieux & perturbateurs du repos & tranquillité publique, pour estre comme tels punis. Si a prohibé & defendu à toutes personnes de quelque condition qu'ils soient de les receler sur les mesmes peines.

«Et attendu qu'il y a des personnes ecclesiastiques, tenans benefices & autres biens & dignités en l'eglise, qui notoirement sont desvoyés de la foy & religion catholique, & tiennent opinion & secte contraire à icelle, servans de mauvaise doctrine, seduisans le peuple à suivre la nouvelle secte d'heresie, convertissans les deniers de l'Eglise à l'expugnation d'icelle, eux rendans indignes desdits benefices, faisans actes contraires à leur profession :

«La Cour a ordonné & ordonne que le revenu & temporel desdits benefices & dignités ecclesiastiques possedé par ceux qui se sont trouvés avoir commis lesdits crimes estans dans le ressort, seront saisis à la requeste du procureur general du Roy, & mis entre les mains des commis non suspects d'heresie, resseans & solvables, lesquels feront dire & celebrer le service divin par gens de bien, capables & suffisans, payeront les aumosnes & autres charges & devoirs, & le surplus des fruits & revenus desdits benefices, lesdits commissaires tiendront & garderont sous la main du Roy & de ladite Cour, pour estre employés au payement & satisfaction des frais faits & exposés à la poursuite desdits seditieux & rebelles, & aussi en œuvres pitoyables à l'ordonnance de ladite Cour.

«Et sera le present arrest leu & publié à son de trompe & cri public par les carrefours de ceste ville & fauxbourgs d'icelle, enjoignant à tous Senefchaux, Juges ordinaires, Consuls & autres magistrats du ressort de le faire publier, tant en leurs dits sieges & auditoires, qu'à son de trompe & cri public, & lieux accoustumés, afin qu'aucun n'en puisse pretendre cause d'ignorance, & neantmoins iceluy faire garder & observer & contre les contrevenans proceder à telle punition exemplaire qu'il appartiendra, à ce que l'obeissance en demeure au Roy & à justice. Prononcé à Toulouze en Parlement, le vingtiesme Aoust 1562, & publié le lendemain vingtuniesme dudit mois par les rues & carrefours acoustumés dudit Touloufe.»

Cest arrest fut une ouverture pour continuer les grandes exactions qui furent faites tant sur ceux de la religion qui estoient absens, que sur les orphelins des executés. Mais d'autre part cela fut cause que finalement quelques uns des absens, voyans qu'ils estoient traictés de mal en pis & que le reste des prisonniers estoit en evident peril de n'avoir meilleur traictement que les autres, s'adresserent au Roy, duquel ils obtindrent letres d'abolition, telles que s'ensuit[1] :

Lettres d'abolition du roi.

« Charles, par la grace de Dieu Roy de France, à tous presens & à venir salut. Comme ainsi soit que l'Edict par nous fait en Janvier dernier, pour appaiser les troubles & esmotions survenues en nostre Royaume, aucuns de nos sujets habitans de nostre ville de Toulouze qui avoient suivi la nouvelle religion, pour ce qu'on leur avait fait entendre que c'estoit la seule voye de salut, se sont incontinent rendus obeissans & fait leurs assemblées hors la dite ville, ne desirans autre chose que servir à Dieu & à nous en toute modestie, & pour l'exercice de ladite religion ayent appelé des ministres en plus grand nombre qu'ils n'avoient auparavant, iceux nourris & entretenus en leurs maisons, se trouvans ordinairement aux presches & exhortations, prieres & autres exercices qu'ils ont acoustumé, mesmes communiqué & participé à leurs sacremens, & quelques uns d'entre eux pris des charges & estats de leur religion, ou police par eux appelés diacres, surveillans & autres, & se feroient trouvés en leurs conseils, Synodes & confistoires, tant en ladite ville que autres lieux circonvoisins tousiours paisibles & sans trouble, jusques à ce qu'ayans entendu que ceux de l'ancienne religion auroient fait en quelques villes & lieux d'alentour plusieurs forces & violences & meurtres contre ceux qui n'estoient de leur dite opinion, & qu'on s'apprestoit de leur faire le semblable, se feroient retirés à nos officiers à Toulouze, lesquels pour obvier ausdites entreprises, leur auroient permis avoir & tenir pour leur

---

1. *De Thou*, III, 295 : Comme à la faveur de cet arrêt (du 20 août), chaque particulier satisfaisoit impunément sa haine, et assouvissoit sa rage contre les Protestants, *Jean Coras* et *Arnaud de Cavagnes*, deux conseillers interdits par le Parlement de Toulouse, s'adressèrent au *Chancelier de l'Hôpital*, et obtinrent par son moyen une *Declaration du Roi*, donnée à Romiville dans le mois d'octobre, etc. Comp. *Rabaud, Hist. du Protestantisme dans l'Albigeois*, p. 72.

defenfe quelque nombre de gens en armes, ce qu'ils auroient fait. Ce nonobftant auroient efté affaillis & aucuns d'eux meurtris au mois d'Avril par ceux de l'ancienne religion avec lefquels depuis ils feroient venus en accord & promis de laiffer toutes forces & vivre fuivant l'Edict, ce que ceux de l'ancienne religion n'auroient obfervé, ains auroient fait venir & entrer fecretement grand nombre de foldats eftrangers qu'ils auroient logé aux églifes & autres maifons de ladite ville, attendans l'occafion de faire ce qu'ils ont fait depuis; pendant lequel temps ceux de ladite nouvelle religion, craignans leur entreprife, & d'ailleurs entendans le bruit qu'on faifoit courir que nous & noftre treshonorée dame & mere eftions detenus en captivité, & que, pour nous delivrer, plufieurs de nos fujets auroient pris les armes & fe feroient emparés d'aucunes villes principales de noftre royaume, fe feroient volontiers cottifés & contribués à l'entretenement de la guerre qui eftoit dreffée, penfant que ce fuft pour noftre fervice, & fatisfaire à l'obligation qu'ils ont à nous; & par mefme moyen auroient contribué à quelques frais & charge de ladite religion, auffi fe feroient contenus jufques à ce que voyans journellement ceux de ladite ancienne religion fe fortifier d'armes & de gens, ils auroient pareillement fait venir quelque nombre de foldats pour leur defenfe; toutesfois depuis aucuns d'entre eux, par effroy, ou bien ne fachans autre moyen de fe defendre, fe feroient jettés de nuict dans la maifon commune dudit Touloufe où ils favoient qu'eftoient les armes & munitions d'icelle, & en quelques autres maifons d'alentour, qu'ils avoient occupées, & effayé de fe fortifier, tellement que pour menaces qu'on leur faifoit, & quelque commandement qu'on leur peuft faire par nos officiers, ou par autres de noftre Cour de Parlement, au lieu de fe rendre & laiffer les armes, ils ne l'auroient voulu faire que ceux de la dite ancienne religion de leur part ne fiffent le femblable, entretenans l'Edict, jufques à ce que nous, advertis du tout, y euffions pourveu; & que ceux de l'ancienne religion n'auroient voulu faire, ains à fon de toxin, tant en ladite ville que villes & villages de fept ou huict lieues à l'entour, fe feroient affemblés en armes & couru fur ceux que bon leur fembloit, les chargeans d'eftre de ladite religion, lefquels de leur cofté fe feroient mis comme auroient peu en defenfe, & au conflict & tumulte auroient efté commis d'une part & d'autre plufieurs meurtres & d'autres excès, & mis le feu en plusieurs maisons, continuant ladite sedition par plusieurs jours, durant lesquels aucuns de ladite nouvelle religion seroient sortis de ladite maison de ville & couru jusques à quelques eglises & convens, desquels ils auroient chassé les prestres & religieux, rompu les images, croix & autels, prins les reliquaires, joyaux & ornemens, & emportés de ladite maison commune, en laquelle ils se seroient retirés & aux environs, s'entrebatans de jour & de nuict, jusques à ce que voyans l'obstination & fureur du peuple, auquel ils eussent peu porter beaucoup de dommage, tant avec l'artillerie qu'ils avoient en leur pouvoir que autrement, pour eviter plus grand mal, desolation & ruine de ladite ville, sans autre effort se feroient departis, les aucuns armés de corselets & piques, dont ils s'estoient saisis en ladite maison commune, &, sans emporter aucune chose desdits reliques & joyaux, s'en seroient allés hors ladite ville, où ils auroient esté poursuivis furieusement & grand nombre d'iceux taillés & mis en pieces, noyés, meurtris & massacrés tant hommes que femmes & enfans, tant en ladite ville que aux champs villes & villages; un autre grand nombre pris & faits prisonniers de leur authorité privée, contre lesquels depuis nostre dite Cour & autres officiers auroient tellement procedé, qu'ils en auroient esté condamnés & executés à mort deux cens ou environ, & en detiennent encores de present trois cens ou plus, & les autres se feroient eschappés en beaucoup plus grand nombre, craignans la rigueur de nosdits officiers, ou la fureur dudit menu peuple, seroient miserablement vagans par le pays en tresgrande pauvreté & calamité, tellement que sans l'esperance qu'ils ont de nostre clemence ils aimeroient mieux mourir que vivre, estans bannis de leurs païs & biens, supplians & requerans treshumblement, qu'ayant esgard que tout ce qu'ils ont fait a esté pour le zele de ladite religion & repos de leur conscience, ainsi qu'ils auroient esté instruits & enseignés par lesdits ministres, & que jamais ils n'ont eu vouloir ni intention de se retraire ou soustraire de la fidelité, sujetion & obeissance qu'ils nous doivent, en laquelle ils veulent vivre & mourir, qu'il nous plaise en avoir pitié & compassion, ensemble des vefves & enfans de ceux qui sont decedés, & leur impartir nos graces, pardon & misericorde.

« Savoir faisons que nous, desirans conserver nos sujets par douceur & benignité, pour ces causes & autres considerations à ce nous mouvans de l'advis de noftre treshonorée Dame & mere & gens de noftre confeil, à iceux fupplians avons quitté, remis & pardonné, quittons, remettons & pardonnons tous les cas fusdits avec toute peine & offenfe corporelle, criminelle & civile en quoy pour raifon de ce ils pourroient eftre encourus envers nous & juftice ; fans que pour raifon d'iceux ils puiffent aucunement eftre recherchés, inquietés, & moleftés en leurs perfonnes & biens, en façon quelconque, ne femblablement pour le faict de ladite nouvelle religion pour le paffé, dont nous l'aboliffons entierement & tout ce qui en depend, les avons abfouls & defchargés, abfolvons & defchargeons en mettant à neant tous les deffauts, fentences, jugemens, & arrefts, & toutes autres procedures qui contre eux font ou pourront eftre faites, en quelque forte & maniere que ce foit, & de noftre plus ample grace les avons remis & reftitués, remettons & reftituons en leurs bons noms, fame & renommée, en leur pays, villes & biens comme non confifqués.

« Et où aucuns defdits fupplians feroient detenus prifonniers pour les caufes deffufdites, voulons & nous plaift que incontinent après la prefentation des prefentes ils foient eflargis & delivrés & mis hors des prifons, faifans main levée aufdits fupplians de tous & chacuns leurs biens faifis & arreftés, & fur ce avons impofé filence perpetuel à noftre procureur general prefent & à venir, & à tous autres, fans que les fupplians foyent tenus prendre autre verification que ces prefentes, nonobftant le contenu en nos Edicts, ordonnances & arrefts de nos Cours Souveraines, que ne voulons aucunement empefcher l'effect de ces prefentes, à la charge de vivre cy après catholiquement & felon les conftitutions de noftre mere faincte Eglife, & de ne porter d'orefnavant aucunes armes, ne favorifer directement ou indirectement ceux qui les prendront & porteront contre noftre authorité & vouloir. Sans en ce comprendre les principaux chefs des feditions, autheurs des voleries & faccagemens des biens d'Eglife & maifons, auffi des taxes des deniers, emolumens qu'ils en ayent fait, achats & magazin d'armes & munitions pour ceft effect, contre lefquels entendons eftre procedé felon nos Edicts & ordonnances.

« Si donnons en mandement à nos amés & feaux les gens de noftre Cour de Parlement de Touloufe, Senefchal dudit lieu, ou fon lieutenant, & tous nos autres jufticiers & officiers qu'il appartiendra, que les prefentes ils facent lire, crier & publier à fon de trompe & cri public par les lieux acouftumés à faire proclamations, & du contenu en icelles jouir & ufer pleinement, paifiblement & perpetuellement, ainfi que deffus eft dit. Ceffans & faifans ceffer tous troubles & empefchemens au contraire, en faifant expreffes inhibitions & defenfes de par nous à tous qu'il appartiendra qu'ils n'ayent à s'affembler en armes, injurier, provoquer ou courir fus les uns aux autres, fous peine d'eftre pendus & eftranglés, ains laiffent contre ceux qui feront feditieux proceder par nos officiers fuivant nos ordonnances.

«Mandons en outre à noftre amé & feal coufin, le fieur *de Joyeufe,* gouverneur, & noftre lieutenant general en noftre pays de Languedoc, en l'abfence de noftre trefcher & trefamé coufin le *Duc de Montmorency, Conneftable de France,* que pour le faict & execution de ces prefentes, il baille toute la force & fecours, ayde, faveur & affeurance dont il fera befoin ; de forte que l'obeiffance nous en demeure, en faifant à favoir à tous que befoing fera, que nous avons mis & mettons lefdits fuppliants en noftre protection & fauvegarde ; car tel eft noftre plaifir. Et à fin que ce foit chofe ferme & ftable à toufiours, nous avons fait mettre noftre feel à ces prefentes, fauf en autres chofes noftre droict & d'autruy en toutes. Et pource que de ces prefentes on en pourroit avoir à faire en plufieurs & divers lieux, nous voulons qu'au *vidimus* d'icelles, foit fous feel Royal, ou copie deuement collationée par un de nos amés & feaux fecretaires, foy foit adjouftée comme au prefent original. Donné à *Romiville,* au mois d'Octobre l'an de grace 1562. De noftre regne le deuxiefme. Par le Roy, le fieur *d'Arqueville,* maiftre des requeftes ordinaires de l'hoftel, prefent *Bourdin, Coignet.* »

Telle fut cefte forme de grace par laquelle fe peut entendre à la verité, que ceux qui demandoient grace devoient pluftoft demander juftice contre tels & fi iniques juges. Mais le temps ne le portoit pas, qui doit auffi excufer aucunement les impetrans en leur infirmité.

Insoumission du parlement.

D'autre part, les Prefidens & Confeillers interdits, ayans deputé envers le Roy les Confeillers *Coras* & *Cavagnes* [1], pour donner à

---

1. Voy. *supra,* p. 29 s.

entendre au Roy le tort à eux fait par leurs compagnons, obtindrent letres portans commandement de les reintegrer, lesquelles ayans esté presentées le vingtdeuxiesme d'Octobre, ne furent interinées, ains remises à la Sainct Martin; & quant aux letres precedentes d'abolition, ne s'estant trouvé huissier, notaire, ni officier qui les osast presenter, une simple femme, ayant son mari prisonnier, s'enhardit de ce faire, le vingtquatriesme dudit mois; à quoy tant s'en falut que la Cour obeist, qu'au contraire, ayant le vingtseptiesme dudit mois debouté les impetrans de l'effect d'icelles, elle condamna ce mesme jour deux notables advocats à estre decapités comme il a esté dit, à savoir *Tabart* & *Gayrat*[1]; laquelle rebellion estant rapportée au Roy, furent expediées autres letres en toute diligence, à savoir du neufiesme de Novembre, dont la teneur s'ensuit[2]:

« Charles, par la grace de Dieu Roy de France, à nos amés & feaux, les gens tenans nostre Cour à Toulouse, Salut. Encores que plusieurs de nos sujets se soient grandement oubliés de prendre les armes & se saisir des villes, & ayent esmeu infinis troubles, menaçans de ruine de nostre Royaume, & de la subversion de nostre estat; & qu'il ne se puisse excogiter assés griefve peine pour punir ceux qui sont cause de tels troubles. Toutesfois par l'advis des Princes de nostre sang & grands personnages de nostre conseil, voulans que nostre memoire soit plus recommandée de benignité & clemence que de severité & rigueur, nous avons advisé de faire grace & pardon à ceux qui nous en requerront, & pourront estre coulpables dudit faict, exceptés les principaux autheurs, comme il est contenu aux letres sur ce depeschées.

Nouvelles lettres du roi, du 9 novembre.

« Et sachans tresbien que la multitude a plus failli par ignorance que par malice, & entre autres ayans entendu le grand nombre de ceux qui ont esté executés en nostre ville de Toulouse, voulans faire cesser lesdites executions & avoir pitié de tant de personnages qui se pourroient estre oubliés, esperans que d'oresnavant ils nous feront plus fideles & affectionnés sujets, nous vous avons envoyé une abolition generale, à laquelle la chambre, seant aux vacations de jour à lendemain, en audience à portes ouvertes, comme si

---

1. Voy. plus haut, p. 37, où ces avocats sont nommés *Tabart* et *Guiral*. De Thou dit, p. 296 : *Nicolas Tabart* et *Gaspard Gayard*. (Fr. de Portal, p. 268 : *Gayrard*.)
2. De Thou, III, 296.

noſtre Cour euſt eſté ſeant, a dit par grande precipitation n'y vouloir avoir eſgard, ains qu'elle deboutoit ceux qui voudroient & entendoient ſ'en ayder; & le jour meſme, comme par meſpris & contemnement de noſtre authorité, auroit condamné certains perſonnages qui pouvoient & devoient jouir du fruict de noſtre abolition. Ce que nous, ayans entendu en noſtre conſeil privé, où les choſes ont eſté derechef deliberées, voulans que noſdites letres ſortent effet, & deſirans ſavoir les cauſes & raiſons qui ont meu ceux qui ont donné ledit arreſt de l'advis de noſtre conſeil privé & de noſtre certaine ſcience, pleine puiſſance & authorité Royale, Vous mandons treſexpreſſement & enjoignons, par ces preſentes, que dans un mois complet du jour de la ſignification des preſentes, vous nous envoyés les cauſes & raiſons qui ont meu ceux qui ont donné ledit arreſt, de n'avoir eſgard à noſdites letres, & d'en avoir debouté ſur le champ ceux qui vouloient & entendoient ſ'ayder d'icelles.

« Et cependant voulons qu'il ſoit ſurſis, tant pour vous que autres officiers de ladite ville, à proceder contre les prevenus du faict contenu auſdites letres d'abolition, circonſtances & dependances, de donner aucun jugement, moins de proceder à aucune execution. Et à ces fins, vous avons & à tous autres juges & officiers de ladite ville interdit & defendu, interdiſons & defendons toute cour, juriſdiction, & cognoiſſance; & ſur peine d'en reſpondre en voſtre propre & privé nom: declarans en outre nul & invalable tout ce qui ſera fait au contraire juſques à ce que, leſdites raiſons veues, nous en ayons en noſtredit privé Conſeil autrement ordonné. Car tel eſt noſtre plaiſir; nonobſtant quelconques letres cloſes, patentes, ou mandement à ce contraires. Mandons à noſtre huiſſier ou ſergent ſur ce requis, ſur peine de privation de ſon eſtat, incontinent & ſans delay preſenter ces preſentes & de ſes exploits nous certifier, ſans pour ce en demander aucun *placet, viſa* ne *pareatis*. Donné à *Rouan* le neufieſme jour de Novembre 1562. »

Le parlement continue sa résistance et ses excès.

Livre de Georges Bosquet.

Ces letres preſentées au Parlement par un jeune garçon, ayant ſon pere extremement malade en priſon, ne fut reſolu autre choſe, ſinon qu'on envoyeroit deux Conſeillers au Roy, pour le mieux informer. Et nonobſtant tout ce que deſſus, ſe continuerent toutes ſortes d'excès, voire juſques à ce poinct, qu'un certain nommé *George Boſquet*, qui depuis par deriſion fut appelé *Bruſquet*, fut delegué pour deſcrire en forme d'hiſtoire tous ces beaux exploits de la Cour¹, avec promeſſe d'en avoir trois cens eſcus pour ſes peines; lequel ayant demeuré huict mois ſur ce bel ouvrage, en acquit le nom d'eſtre un grand fol, & finalement, ayant eſté ſon livre convaincu de mille fauſſetés, & autant de badineries au conſeil privé, qui le condamna à eſtre bruſlé & entierement ſupprimé, il en perdit le reſte de ſon ſens, & toſt après mourut de peſte.

Au commencement du meſme mois d'Octobre, le *Cardinal d'Armagnac*², inveteré apoſtat de la religion, ſous l'umbre de laquelle la feue *Royne de Navarre,* ſeur unique du grand *Roy François,* l'avoit avancé, fit ſon entrée à Touloufe comme lieutenant du Roy, & au contraire le premier Preſident, nommé *Maſſancal*³, qui n'eſtoit pas des pires, treſpaſſa, à la grande eſiouiſſance de ceux de la religion Romaine; tenant la main ce *Cardinal* à toutes les concuſſions & deſordres qui ſe commettoient, & ſur tout à la guerre qui ſe faiſoit au dehors en divers lieux. Qui plus eſt, pour eſtre encores mieux authoriſé, ayant receu les bulles de ſon Arceveſché de Touloufe, il fit une ſeconde entrée avec grandes pompes, comme Arceveſque, le unzieſme de Decembre. Ce qui offenſa tellement pluſieurs du peuple, que ce propos commença à courir, que c'eſtoit à ceſte vache rouge qu'il ſe faloit adreſſer deſormais, puis qu'il eſtoit tant à ſon aiſe, & qu'il avoit tel loiſir de faire ces bravades, quand tout le monde eſtoit en telles peines & confuſions. Et de faict, les pillards avoient deſià tout mangé, & ne cherchoient plus que quelque nouveau butin, diſans ouvertement qu'ils ſ'attacheroient aux plus grands. Bref, la ville eſtoit pleine d'un horrible deſordre; de quoy le Roy eſtant adverti, envoya au Seneſchal & aux juges ordinaires de la Seneſchaucée autres lettres, dont la teneur ſ'enſuit⁴:

Arrivée du cardinal d'Armagnac, lieutenant du roi.

Troisième déclaration du roi, du 24 décembre.

---

1. Voy. plus bas, p. 58 s., l'arrêt qui condamne le livre de *Bosquet*, dont le titre est: *Georgii Bosqueti Hugonotorum hæreticorum Tolosæ conjuratorum profligatio memoriæ posita. Tolosæ.* 4°. *Hist. de M. G. de Bosquet, sur les troubles advenus en la ville de Tolose l'an 1562.* Imprimé à Tolose, en 1595.

2. Vol. I, p. 12, 325. *De Thou,* VI, 543, vante la douceur de caractère et la libéralité de ce cardinal protecteur des lettres. Il mourut en 1585 à Avignon, qu'il avait choisi comme résidence et où il fut aussi enterré.

3. Voy. ci-dessus, p. 29.

4. *De Portal,* l. c., p. 264 s. *De Thou,* III, p. 296.

« Charles, par la grace de Dieu Roy de France, à nos amés & feaux, le Senefchal de Touloufe, nos juges ordinaires de la Senefchaucée ou leurs Lieutenans, chacun d'iceux en fon endroit, & comme lui appartiendra, Salut & dilection. A l'advenement de noftre couronne, plufieurs troubles & controverfes fe font meues entre nos fujets mefmes par le faict de la religion, à quoy nous avons voulu à noftre pouvoir remedier, & nous en refoudre avec les Princes de noftre fang, principaux officiers de noftre Royaume, & autres perfonnages doctes de grande erudition, & fur ce expedié noftre Edict du mois de Janvier dernier paffé, pour inviolablement l'entretenir & obferver. Toutesfois, au lieu de ce faire, & nous prefter le devoir & obeiffance qu'il appartient, certains ennemis du repos public, ambitieux & malcontents d'icelui Edict, auroient machiné & executé plufieurs meurtres & cruautés contre ceux de la nouvelle religion, tellement qu'à faute de prompte juftice pour la defenfe & crimes en quoy fe font mis, auroient appelé une plus grande fedition & meurtre en noftre ville de Touloufe, pour foy bander & armer les uns contre les autres, ayans abandonné noftre ayde & fecours, & entre eux fi mal recognu le devoir de prochain & de mefme nation qu'ils fe feroyent comme ennemis meurtris & entretués, & à nous caufé une guerre en noftredit Royaume, & non contens de ce, pillé, volé & faccagé ceux de ladite nouvelle religion.

« Et à ce faire, pour executer leurs malices, les confuls & jurats des villes & villages de noftre dite Senefchaucée ayans jurisdiction criminelle, fe feroient rendus juges & parties, & contre eux attiré[1] faux tefmoins, fourni deniers, creé Syndics, & fait toutes procedures & pourfuites, fans confiderer noftre Edict. En outre qu'ils auroient fait mettre à mort la plus grande partie d'iceux; & neantmoins avec le menu populaire & autres, tant de l'Eglife que de la nobleffe, fe feroient fans noftre mandement mis en armes, auroient fait monftres induifans & provoquans à fedition leurs gens à leur deffein & defpens, foulans nos fujets qui n'eftoient caufe ni occafion de leurs affections & querelles, & (ayans) iceux tant de nuict que de jour faccagé, volé & pillé leurs meubles & beftial, & ruiné leurs maifons & habitations, fous umbre d'eftre hugenots, & avoir porté

---

1. attitré (?).

armes, violé leurs femmes & filles, tués & meurtris leurs enfans, alaictans & de bon aage, & fous couleur de capitaines, chefs
49 d'armes & de juftice, fait plufieurs procedures, extorfions, & exactions de deniers fur le peuple, cruelles & infupportables fentences & jugemens, fubvertiffans noftre-dit eftat, & abufans de leur authorité; defquelles inhumanités, cruautés, fcifmes & prodigieux actes, nous avons deliberé de faire telle punition qu'il fera en exemple & perpetuelle memoire, quelque guerre qui fe prefente; & à ces fins, pour faire vivre nos fujets en bonne paix & fans oppreffions, nous avons deliberé d'envoyer juges non fufpects ne favorables à telles entreprifes en chacun chef (-lieu) de noftre Royaume, pour y proceder après nous avoir ouys.

« A cefte caufe & pour plus prompte expedition & reftitution à qui appartiendra, Vous mandons & à chacun de vous en fa jurifdiction, reffort & eftendue de ladite Senefchaucée, commettons à tous & expreffement enjoignons par ces prefentes, que fur peine de privation & perdition de vos eftats & de nous en prendre à vos perfonnes, comme fauteurs de telles enormités, incontinent ces prefentes receues, faites proclamer le regret & defplaifir que nous en avons; & que tout ceffe, & que l'ire de Dieu foit appaifée, receues toutes plaintes & doleances tant criminelles, civiles que particulieres, & fur ce & chofes fufdites, informer diligemment, tous autres affaires ceffans, fans efpargner, diffimuler, exempter ni excepter aucuns de nos fujets, de quelque qualité ou dignité qu'ils foient, ayans commis tels actes; diffimuler ou favorifer les autres; pour après lefdites plaintes & informations eftre envoyées à noftre-dit privé confeil, & mifes ès mains de nofdits juges pour en faire la punition de qui il appartiendra, fauf que, où trouvans tels delinquans non domiciliés, & non folvables de reftitution, & fufpects de fuite, les faire faifir, contre eux proceder par fentence de mort, felon l'exigence du delict & execution d'icelle, nonobftant oppofitions ou appellations quelconques; par lefquelles ne voulons eftre par vous & chacun de vous, en endroit aucun, differé ne retardé.

« Lefquelles fentences données avec l'advis & deliberation de fept de nos Confeillers ou Advocats, appartenans à vos auditoires & fieges, par l'advis de ceux de noftre confeil privé, & de noftre certaine fcience & authorité Royalle, avons authorifées & en pleine puiffance validées, & par ces prefentes authorifons & validons,

comme fi avoient efté données par l'un de nos Prevofts de nos
Marefchaux : interdit & defendu, interdifons & defendons toute 50
jurifdiction & cognoiffance à noftre Cour de Parlement, & autres
jufticiers & officiers, aufquels mandons & enjoignons, fous peine
de rebellion & defobeiffance, vous prefter ayde & faveur, &
enjoignons par lefdites prefentes que nous voulons leur eftre & à
tous qu'il appartiendra & befoin fera, monftrées & fignifiées par le
premier noftre huiffier ou fergent, afin qu'ils n'en puiffent pretendre ignorance, car tel eft noftre plaifir, nonobftant quelconques
remonftrances faites, letres & claufes patentes & autres à ce contraires. Et pource que de ces prefentes on auroit affaire en un
chacun fiege judiciaire de voftre Senefchaucée, pour l'execution
d'icelles, nous voulons que, au *vidimus* d'icelles, fait fous le feel
Royal ou figné par l'un de nos notaires & fecretaires, foy y foit
adjouftée, comme au prefent original. Donné à *Paris,* le vingtquatriefme jour de Decembre 1562, & de noftre regne le troifiefme,
le Roy eftant en fon confeil. *De l'Aubefpine.* »

Impression de cette déclaration sur le parlement.
Ces letres, dignes de perpetuelle memoire, condamnantes les
malverfations de la Cour de Parlement ci-deffus recitées, & qui
plus eft, expediées quatre jours après la bataille de Dreux, lors
que ceux de la religion Romaine penfoient avoir tout gagné,
devoient bien faire penfer à foy ceux qui fe voyoient à demi jugés.
Et de faict, ils furent eftonnés, oyans les murmures du peuple,

Crainte de sédition.
duquel ils avoient abufé pour le deftruire par foy-mefme. Mais au
lieu de tafcher à reparer leurs fautes, autant qu'il feroit poffible,
perfeverans en leurs paffions, & toutesfois craignans les hommes,
ils f'aviferent environ la mi-Janvier 1563 de baftir une clofture
de muraille à l'entour du Palais, de peur d'eftre furpris par quelque fedition, de laquelle clofture la charge fut commife à un architecte nommé *Dominique Bertin.*

Soulève- ments populaires.
Ceft ouvrage ne fut pas plus toft commencé à baftir que le bruit
courut que le Parlement fe vouloit fortifier contre la ville ; & combien que les Capitouls euffent efté creés extraordinairement par
l'authorité de la Cour, & fe fuffent entendus avec eux jufques alors
en tout & par tout, fi eft-ce que par une admirable providence de
Dieu, chaftiant les mefchans par leur propre glaive, lors toute
cefte intelligence fut rompue, nommément par les menées de trois
d'iceux vrayement mutins en toutes fortes, à favoir *Genelard,*

Gamoye & *Delpuech,* defquels le peuple fe voyant fouftenu, courut en grande furie, le dixneufiefme jour dudit mois de Janvier, demoliffant ce qui avoit efté commencé à baftir. Ce nonobftant la Cour ordonna que cefte clofture fe continueroit. Ce qu'entendant, la commune fe raffembla le vingtiefme dudit mois, jour de poiffon [1], & d'une furie plus grande que jamais, affaillit, faccagea & demolit la maifon du Roy deftinée à la demeure du Viguier, à l'occafion d'un des Capitaines de la ville, hofte des *Balances,* lequel entré en cefte maifon où eftoit logé *Bertin,* l'Architecte, avec plufieurs ouvriers, & tirant de fes chauffes un os d'une efpaule de mouton, f'efcria au peuple, difant: voyés les mefchans Huguenots qui mangeoient de la chair aujourd'huy. A ce cri, ayant efté forcée la maifon, le pauvre *Bertin* & plufieurs ouvriers y furent pris, ayans efté à grand peine garantis par la furvenue des Capitouls, qui les menerent en la Conciergerie. Mais tant y a qu'il y en eut un excellent ouvrier & bien cognu, lequel ayant efté amené devant le Cardinal, qui l'abandonna à l'entrée de la rue de la Pomme, y fut tué trefcruellement & defpouillé jufques à la chemife.

Le lendemain fut faite defenfe à fon de trompe, de f'affembler en forte quelconque, fous peine de la vie. Mais la commune ne f'en fit que rire, fentant alors le Parlement contre foymefme le fruict de la licence qu'eux-mefmes avoient donné au peuple. Qui plus eft, le quinziefme de Fevrier audit an, peu f'en falut que la ville ne fuft entierement ruinée par une autre fedition, & le tout à l'occafion d'unes letres envoyées à Touloufe par ce bel Aftrologue *Noftradamus,* ayant efcrit à quelques uns qu'on fe tinft fur fes gardes, comme eftant la ville en danger d'eftre prife ce jour là. Sur ces letres donques de ce beau prophete, ayant efté renforcées les fentinelles & autres gardes parmi la ville, la populace fe voyant les armes en main par l'authorité mefmes de juftice, f'efmeut tellement cefte nuit là, qu'il tint à peu que la ville ne fuft faccagée, fans efpargner Cardinal, Prefident ni Confeiller, ni les autres plus opulens de la ville. Voilà que c'eft d'adjoufter foy à telle canaille de pronoftiqueurs & devins, puniffables par tout droit divin & humain, & notamment par un article des Eftats tenus à Orleans. Mais ce n'eft pas de maintenant que telles ordures, par un jufte

Nouveau mouvement provoqué par Noftradamus.

---

1. C'eft-à-dire mercredi.

jugement de Dieu, ruinent les Royaumes & Republiques & qu'au Royaume de France, plus qu'en Royaume du monde, les bonnes & ſainctes ordonnances ne confiftent qu'en papier.

Association fondée par Armagnac, en faveur de la religion romaine, 2 mars 1563.

Outre tant de maux & de calamités ci-deſſus recitées, le *Cardinal*, avec autres de ſon humeur, ſ'adviſa de dreſſer une conjuration horrible, qu'ils nommerent *Aſſociation*, laquelle j'ay voulu ici coucher tout au long, ainſi qu'elle fut dreſſée, voire meſmes approuvée & imprimée, afin que la poſterité ait en horreur tels & ſi pernicieux deſſeins couverts du manteau de devotion, dont il ne ſauroit ſuivre autre effect qu'un demembrement du Royaume en autant de pieces qu'il y auroit de telles aſſociations, & en autant de Rois ou de Princes qu'il y auroit de chefs d'icelles. Telle fut donc ceſte-ci, ſur laquelle pluſieurs autres ont eſté moulées depuis, que Dieu veuille bien rompre & deſnouer[1].

« Traitté d'aſſociation fait par l'advis & conſeil des reverends peres, *Meſſire George, Cardinal d'Armaignac,* lieutenant du Roy en la province & Seneſchaucée de Touloufe; *Meſſire Laurens, Cardinal de Stroſſi*[2], lieutenant pour ſa Majeſté au pays d'Albigeois; le *Seigneur de Monluc,* Chevalier de l'ordre, Capitaine de cinquante hommes d'armes, lieutenant pour ledit Seigneur en Guyenne; les *Seigneurs de Terrides,* auſſi Capitaine de cinquante hommes d'armes, *de Negrepeliſſe*[3], & *Fourquevaux,* Chevaliers de l'Ordre, le ſecond de Mars 1563, & depuis communiqué au ſieur *de Joyeuſe,* Capitaine de cinquante hommes d'armes, lieutenant dudit Seigneur au pays du Languedoc.

« Pour ſatisfaire au pouvoir chreſtien, ſubvention de l'egliſe Catholique Romaine, ſervice du Roy, ſoulagement & conſervation de ſon peuple, & pour reſiſter aux rebelles & ennemis de ſa Majeſté qui ſe ſont eſlevés, & autres qui par ci-après ſe voudroient eſlever & mettre en armes, pour opprimer les bons & fideles ſujets du Roy, envahir & ſurprendre les chaſteaux & villes appartenans tant

---

1. *De la Popelinière*, fol. 315ᵃ. L'auteur, par ces autres Associations, a en vue la *Ligue*.

2. Vol. I, p. 878. D'abord évêque de Béziers, il devint évêque d'Alby par la démission du cardinal de Guise.

3. Voy. vol. I, p. 844. *Nègrepelisse*, un des principaux membres de la noblesse de la Guyenne, membre de l'ordre de S. Michel. *Mém. de Condé* III, 185; I, 113 s.

audit Seigneur que à fes voifins, & les eglifes, monafteres & autres lieux facrés, comme ils ont fait par ci-devant en plufieurs & divers lieux.

53 « Et pour obvier aux frais & defpens qu'il conviendroit journellement faire audit Seigneur & à fon peuple, tant pour la nourriture qu'entretenement des gens de guerre qui journellement f'eflevent fur le peuple à grands frais & defpens infupportables; extirper & chaffer du Royaume lefdits rebelles & feditieux, & pour autres bonnes & juftes confiderations, concernans le repos public, tuition & defenfe dudit pays :

« Eft utile & expedient d'ordonner que confederation & affociation fera faite entre l'eftat Ecclefiaftique, la nobleffe & le commun du tiers eftat, des habitans des villes, diocefes, Senefchaucées, Vigueries, & jurifdictions du reffort du Parlement de Touloufe, foient[1] du pays de Languedoc ou Guyenne, fous le bon plaifir du Roy & de ladite Cour.

« Laquelle affociation fera tenue, gardée & obfervée felon fa forme & teneur, tant par lefdits confederés, qu'autres fujets du Roy qui fe voudront joindre à icelle, à peine d'eftre dits & declarés rebelles & defobeiffans à fa Majefté.

« Permettant aufdits confederés de f'affembler le plus toft que faire fe pourra aux jours & lieux qui feront advifés & *illec,* par villes capitales, diocefes & Senefchaucées, deputer un ou deux perfonnages pour venir avec charge fuffifante en la ville de Touloufe faire & prefter ferment folennel entre les mains de ceux que ladite Cour & lieutenant du Roy adviferont de tenir, garder & obferver ladite confederation & affociation. Laquelle, ainfi jurée, les deputés feront proclamer à voix de trompe & cri public, par toutes les villes & lieux notables dudit reffort, & *illec* par Comtés, Vicomtés, Baronnies, Diocefes, Chaftellenies, Senefchaucées, Vigueries, ou autrement feront recherche tant de gentilshommes que autres aptes aux armes, & iceux enroolleront, defquels fera choifi certain nombre pour accourir à l'ayde & fecours des circonvoifins, & le refte retiendront pour la garde du pays que les ennemis du Roy ne le trouvent defpourveu de defenfes.

---

1. Lisez : soit.

« De forte que chafque Senefchaucée faura par nombre les gentilshommes & chafque ville & village auffi le nombre, nom & furnom des hommes qu'ils doivent faire, & les armes qu'ils doivent avoir pour leur garde & defenfe, lefquels hommes feront choifis des plus aguerris & aptes aux armes, non fufpects.

« Les armes à feu de ceux qui feront commis & deputés par le pays feront affemblées à un lieu public qui fera advifé, & icelles diftribuées aux foldats qui feront deftinés; & lors que Dieu donnera pacification & repos au Royaume, feront remifes audit lieu public pour illec eftre gardées.

« Lefdits gentilshommes feront conduits en l'equippage qu'il fera advifé par les Senefchaux ou lieutenans non fufpects, & en leur defaut, abfence ou empefchement par tel gentilhomme que par la nobleffe de ladite Senefchaucée fera nommé, fans eftre tiré en confequence.

« Et dautant qu'il eft queftion de l'eftat univerfel & ordre Ecclefiaftique, fera advifé entre les Prelats Ecclefiaftiques & le clergé, de fe preparer & mettre en devoir pour defendre l'honneur de Dieu, & de fon eglife Catholique Romaine & couronne Royalle expofée en proye à fes ennemis, qui defià fe font emparés d'aucunes villes, places fortes du Royaume [&], voyans le Roy en bas aage.

« Et quant au refte du tiers eftat, pourront par Comtés, Diocefes, ou autrement, comme deffus, nommer Capitaines, Lieutenans, Enfeignes, Sergens de bande, Centeniers, Caporals, & autres eftats[1] requis, pourveu que lefdits Capitaines & membres ayent autresfois commandé pour le fervice du Roy, & ne foient fufpects de nouvelle fecte.

« Lefquels Capitaines, lieutenans & membres feront pris des pays & lieux que les hommes feront levés, pour eftre mieux recogneus & obeis, & fe tenir prefts à conduire lefdites compagnies la part où befoin fera; à la charge que de quinze en quinze jours chafque Capitaine recognoiftra fa compagnie et la mettra en bataillon, pour accouftumer les foldats à l'ordre & difcipline militaire.

« Eft inhibé aufdites compagnies marcher par le pays ni entreprendre aucune chofe, fous quelque pretexte que ce foit, fans leur Capitaine, lieutenant, ou enfeigne, à la peine de la hart.

---

1. *La Popelinière*: et autres estans requis.

« Et lors qu'ils marcheront, leur eft enjoint de vivre par eftappes, fans fe desbander, courir le pays, ni opprimer le peuple, fous femblable peine.

« Et tout incontinent l'eftat, nombre & equippage des hommes ainfi choifis fait, fera envoyé à la Cour & [1] lieutenans du Roy tant en Languedoc, Guyenne, que province de Touloufe & Albigeois, pour favoir les forces desquelles on fe pourra ayder à la neceffité, tant pour marcher que pour retenir à la garde & defenfe du pays. »

Articles de ladite affociation [2].

« Premierement lefdits confederés promettront qu'ils feront bons, loyaux & fideles fujets du Roy, fadite Cour de Parlement, lieutenans de fa majefté & autres magiftrats Royaux.

« Qu'ils vivront felon la religion du Roy & de l'eglife catholique Romaine, & felon icelle feront adminiftrer les fainéts facremens de baptefme, de la meffe & autres ordonnés de ladite eglife pour le fervice divin.

« Que toutes & quantes fois que lefdits affociés & confederés feront advertis que lefdits feditieux & rebelles au Roy f'affembleront avec armes ou autrement, pour troubler le repos public, envahir & faifir aucunes villes, eglifes, bourgs, bourgades, chafteaux, & autres maifons du Roy, lefdits confederés, comme ils ont fait cy devant, en advertiront chacun en fon endroit, les autres plus prochains, pour f'affembler en armes, refifter & courir fus fur lefdits feditieux & autres perturbateurs du repos public, tant que la force leur en demeure pour le fervice du Roy.

« Permettant faire lefdites affemblées efdits cas & autres femblables qui pourront furvenir par toxin, brandons à feu & autres advertiffemens, que lefdits confederés pourront faire les uns aux autres.

« Et où lefdits feditieux voudroient refifter aufdits confederés, & continuer lefdites affemblées, incurfions & violences, iceux confederés conduits de leurs capitaines, leur pourront courir fus pour les desfaire & mettre en pieces.

« Et au cas qu'aucuns defdits feditieux & rebelles puiffent eftre

---

1. *La Popelinière* : le lieutenant.
2. *La Popelinière* néglige de donner ces articles.

pris par lefdits confederés, ils feront tenus de les mettre promptement entre les mains de la juftice, fans delay, diffimulation ou connivence aucune; fans qu'il foit loifible de rançonner, prendre argent ni autre chofe defdits prifonniers pour leur delivrance, à peine d'eftre declarés rebelles au Roy, fauteurs defdits feditieux, & comme tels punis par lefdits magiftrats & officiers Royaux.

« Advenant le cas qu'aucunes perfonnes, de quelque eftat, condition & qualité qu'ils foient, favorifaffent & retiraffent lefdits feditieux & rebelles en leurs maifons & autres lieux forts, pour illec dreffer & tenir leurs forces, pourront lefdits confederés aller aufdits lieux avec leurs forces, pour fommer les maiftres, feigneurs & poffeffeurs defdites maifons, chafteaux & places fortes, ou ceux qui feront dans icelles à leur nom, de mettre lefdits rebelles entre leurs mains, pour iceux conduire & amener à la juftice. Et au cas qu'ils ne vouluffent obeir, pourront proceder contre eux par fractions de portes & autres voyes de faict, pour entrer efdites maifons, prendre lefdits feditieux, enfemble les maiftres defdites maifons, chafteaux & forfereffes, ou autres ayans charge d'eux, pour eftre punis par lefdits juges & magiftrats du Roy comme rebelles, criminels de lefe majefté & fauteurs defdits feditieux.

« Et neantmoins eft faite inhibition & defenfe aufdits confederés & autres manieres de gens de ne receler, retirer ne favorifer aucuns defdits rebelles & feditieux. Ains incontinent les mettre ès mains de juftice, à peine d'eftre dits & declarés rebelles & defobeiffans au Roy, & comme tels punis des peines de droict, permettant en ce cas aufdits confederés, fous la charge de leurs capitaines, abatre, demolir & brufler les maifons, chafteaux & granges de tels rebelles qui feront refiftence, & les conftituer prifonniers, pour eftre punis exemplairement par les magiftrats Royaux.

« Et où aucuns defdits confederés eftans mandés & advertis d'aucune affemblée defdits feditieux, recelement d'iceux, & de la neceffité que les autres confederés auront de leur ayde pour refifter à leurs entreprifes, n'aillent à leur fecours avec leurs forces, ou n'ayent adverti les autres confederés, leurs voifins, pour aller audit fecours, & que pour raifon de leur negligence & diffimulation aucuns defdits confederés fuffent volés, pillés ou autrement endommagés, feront lefdits negligens & diffimulateurs tenus reparer & defdommager lefdits confederés & intereffés.

« Eſt ordonné que les villes, lieux, places, bourgs, bourgades, communautés & perſonnes publiques ou privées, de quelque dignité, authorité qu'elles ſoient, [qui] après l'interpellation ne ſe voudroient tenir & joindre à ladite aſſociation, ou delayeroient de ce faire, ſeront tenus pour rebelles, ennemis du Roy & criminels de leſe majeſté divine & humaine, & comme tels deffiés du Roy & de ſes vrais & fideles ſujets, pour eſtre courus de voye & de faict par main militaire ſur leurs perſonnes, terres, places & ſeigneuries, pour icelles mettre ès mains du Roy.

« Et quant aux maiſons, chaſteaux, places & ſeigneuries de ceux qui notoirement ont tenu le parti des ennemis dudit ſeigneur, fait ou permis faire aſſemblées & conjurations en leurs maiſons contre ſa majeſté, ou ſeroient aujourd'huy en expedition dans les villes rebelles, ou ailleurs contre le Roy, ſeront realement & de faict priſes & miſes ès mains & obeiſſance dudit ſeigneur.

« Sera auſſi faite requeſte & ſupplication au Roy que le bon plaiſir de ſa majeſté ſoit de emologuer & authoriſer ladite aſſociation, faite par grande neceſſité, pour conſerver ledit reſſort & pays de l'invaſion de toutes parts des ennemis de ſa majeſté, ſans eſtre tirée en conſequence, veu que ledit pays a eſté contraint de ce faire, pour n'eſtre mis en proye aux ennemis du Roy.

« Ainſi ſigné,   *Cardinal d'Armaignac*, etc. »

Ceſte aſſociation[1] ainſi arreſtée, fut finalement preſentée à la Cour, les Chambres aſſemblées, le vingtieſme de Mars audit an 1563, laquelle, ſur la requeſte du Procureur general du Roy, ordonna qu'elle n'entendoit empeſcher qu'elle ne ſortiſt ſon plein & entier effect, par proviſion toutesfois, & ſans conſequence, avec le bon plaiſir du Roy; enjoignant à tous magiſtrats & ſujets de ſa majeſté de la faire tenir, garder & obſerver ſelon ſa forme & teneur, ſous les peines y contenues & autres que de droict. Mais trois jours après arriverent les nouvelles de la paix arreſtée, qui faſcherent tellement[2] ceux qui ne ſouhaitoient rien moins que cela, que les uns en devindrent malades, les autres crioient tout haut

Irritation du parti des Confédérés par la paix ſurvenue.

---

1. Ici *La Popelinière* continue à copier de nouveau le texte de notre *Histoire*.
2. *La Popelinière:* tellement fort etc. Il omet enſuite : que les uns, juſqu'à : contre tous.

qu'il ne s'en feroit rien & que pluftoft ils changeroient de Roy. Et fut mefmes quelque bruit qu'on avoit envoyé fecretement pratiquer le Roy d'Efpagne pour entreprendre la caufe de la religion Romaine en France, envers & contre tous. Mais quelque temps après arriva l'Edict de la paix avec bonnes letres & fermes, qui rompirent tous ces deffeins.

Opposition du parlement à la réintégration des conseillers interdits.

Ce neantmoins ils en delayerent la publication le plus longuement qu'ils peurent, & finalement, ne pouvans plus reculer, en firent publier le preambule feulement en l'audience, & par les carrefours certains articles choifis[1] pour leur avantage, omettans le demeurant, & firent mefmes defenfes de les imprimer. Les Confeillers interdicts cependant n'entroient point[2], ce qui les contraignit d'avoir recours au Confeil privé, auquel eftans ouys *Coras, Cavagnes* & *du Bourg*, d'une part, & *Cautel*[3] & *Barrani*, d'autre part, envoyés au contraire par le Parlement, il fut dit par trois arrefts, que lefdits Confeillers feroient remis en leurs eftats, avec defpens, dommages & interefts contre ceux qui les avoyent dechaffés. A quoy ne voulans obeir les condamnés, s'enfuivit un quatriefme arreft, par lequel ils furent trefaigrement repris de leurs malverfations, de forte que lefdits Confeillers furent receus & reftablis, au grand regret des[4] autres, qui depuis ne ceferent de leur nuire de tout leur pouvoir. Mais leur integrité & vertu les maintenoit.

Les fept Capitouls de l'an 1562 pareillement, qui avoient efté dechaffés, comme dit a efté[5], joints avec eux les enfans de feu *Ademat Mandinelli*, executé à mort[6], & qui eftoit le huictiefme Capitoul de ladite année, obtindrent finalement arreft du Confeil privé, dont[7] la teneur s'enfuit :

1. choisis, manque dans *La Popelinière*.

2. *La Popelinière* ajoute : en court.

3. *La Popelinière : Cantal* et *Barrain*. Voy. supra, p. 34 : *Caulet*.

4. *Ibid.* : de ceux qui n'en approuvoient la conscience. Les 7 Capitouls etc.

5. Voy. p. 14, 27 et 30.

6. *supra*, p. 27 s. et 35.

7. *La Popelinière* se contente d'en dire : à leur profit, sans donner le texte de l'arrêté.

«Après que *N.*, Advocat en la Cour de Parlement de Touloufe pour *Pierre Hunaut*, fieur *de Lanta, Pierre Affeʒat*, fieur *de du Cedre, Pierre du Cedre, Guillaume Dareau, Antoine de Ganelon*, fieur *de la Tricherie & de Sel, Olivier Paftorel*, bourgeois, & *Arnaud de Vigues*, fieur *de Montesquieu*, Capitouls en la ville de Touloufe, en l'année 1562, & pour les enfans de feu *Ademat Mandinel*, Capitoul en ladite année, & maiftre *Bertrand Daigna*, Advocat du Roy en la Cour de Parlement de Touloufe, pour le Procureur general dudit feigneur audit Parlement, & maiftre *Bernard de Super fanctis*, Advocat en iceluy, pour les Capitouls & Syndics de la ville de Touloufe pour la prefente année 1563, affiftant avec luy *Jean Gamoy*, Capitoul, ont efté ouys & que les plaintes, doleances & remonftrances prefentées par lefdits Capitouls de ladite année 1562 ont efté leues : Le Roy en fon Confeil, ayant efgard à ce que l'eftat de Capitoul eft annuel, & que l'année du Capitoulat defdits *de Lanta* & autres fufdits eftant achevée, ils ne peuvent eftre remis en l'exercice de leurs dits eftats de Capitouls, a ordonné et ordonne qu'ils pourront eftre cy après efleus Capitouls & affifteront à toutes elections de Capitouls, affemblées de ville, audition de contes & autres actes & affaires d'icelle, comme ils faifoient auparavant les troubles, & feroient f'ils ne fuffent advenus, nonobftant les arrefts & jugemens intervenus, lefquels, enfemble les executions d'iceux & tout ce qui f'en eft enfuivi, ledit feigneur a caffé, revoqué, annullé, caffe, revoque & annulle.

« Et a ordonné & ordonne que le tout fera rayé des regiftres de ladite Cour & autres lieux où ils ont efté enregiftrés. Et pareillement toutes les autres efcritures, actes, marques & enfeignes fervans à la memoire defdits arrefts & execution d'iceux ; & que les effigies defdits Capitouls qui ont efté peintes en la maifon de ladite ville, pour les années de ladite adminiftration confulaire, par eux cy devant faites, lefquelles ladite Cour avoit fait rompre & ofter, feront remifes & repeintes ès mefmes lieux defquels elles ont efté oftées ; & leurs peintures qui pour ladite année 1562 devoient eftre faites en la maifon de ladite ville, feront faites & mifes en leurs lieux & endroits qu'elles euffent efté f'ils euffent parachevé leur adminiftration de ladite année. Et les actes qui ont efté par eux faits, que ladite Cour a pareillement fait rayer des regiftres de ladite maifon commune, & ailleurs, feront remis & refcris.

Arrêt du Privé Conseil en faveur des Capitouls de 1562.

« Et a ordonné & ordonne que le livre compofé par un nommé *George Bofquet*[1], habitant de ladite ville de Touloufe, contenant libelle diffamatoire, fera bruflé, & defenfes faites à tous libraires & Imprimeurs de ne l'imprimer, ne faire imprimer, ne vendre & à tous de n'en acheter. Et pareillement caffé, revoqué & annullé l'arreft de ladite Cour de Touloufe, par lequel elle auroit ordonné que chacun an, le dixiefme jour de May, feroit faite une proceffion en ladite ville, afin de perpetuer la memoire defdits troubles ; lequel fera rayé des regiftres de ladite Cour, & autres où il a efté enregiftré. Et fait defenfes à l'Arcevefque de Touloufe, chanoines, curés & autres perfonnes ecclefiaftique de ladite ville de Touloufe de ne faire ladite proceffion.

« Et a remis & reintegré & reftabli lefdits Capitouls en tous & chacun leurs biens, meubles & immeubles, defquels leur fera rendu conte & reliqua, tant des meubles que fruicts & revenus des immeubles. Et leur feront les fcedules, obligations, papiers, titres, documens, & enfeignemens, procès verbaux & autres pieces qu'ils avoient, tant en leurs maifons privées, maifon commune de ladite ville, qu'autres lieux qui leur ont efté pris, rendus & reftitués. Et quant à ce que lefdits Capitouls requierent les procedures faites contre eux eftre apportées, pour, icelles veues, leur eftre fait droit de leurs defpens, dommages & interefts. A ledit feigneur ordonné & ordonne qu'il y pourvoira ; & a ordonné & ordonne que ce prefent arreft fera enregiftré ès regiftre de la Cour de Parlement, Senefchaucée & maifon commune de ladite ville de Touloufe. Et fait defenfes audit Procureur general, Capitouls & Syndic de ladite ville, & tous autres de n'y contrevenir, ne meffaire, ne mefdire aufdits Capitouls, leurs femmes & famille. Lefquels ledit fieur a prins & mis en fa protection & fauvegarde. Fait au Confeil privé du Roy, tenu au chafteau de *Vincennes,* le dix-huictiefme jour de Juin mil cinq cens foixante trois.

« Ainfi figné, *De l'Omenie*[2]. »

Inexécution de cet arrêt.

Tel fut ceft arreft en vertu duquel furent reftablis en leurs honneurs & maifons les fufdits Capitouls. Mais nonobftant toutes ces

---

1. Voy. plus haut, p. 47.
2. Voy. *France prot.*, VII, 119 s.

61 chofes, l'Edict ne fut obfervé qu'ès articles qui faifoient contre ceux de la religion [1], non fans couleur toutesfois, allegans ceux de la religion Romaine que les autres[2] en plufieurs endroits du Royaume contrevenoient à l'Edict, auquel de jour en jour il eſtoit derogué par nouveaux edicts & modifications, par les pratiques & menées de ceux qui manioient les affaires du Royaume, lefquels ne cefferent que la feconde guerre civile ne fuft allumée[3].

Ayant expedié les chofes advenues à *Touloufe* depuis l'Edict de Janvier jufques à la publication de l'Edict de la paix qui termina la premiere guerre civile, il eft temps que nous revenions aux chofes advenues ès pays & villes du reffort de ce Parlement, que nous avons laiffé fort travaillées par *Burie* & *Monluc,* fuivans le vent de la Cour.

Pour commencer donques par la ville de *Montauban*[4], en laquelle font advenues les chofes les plus memorables en cefte guerre, ceux de la Religion, à l'exhortation de ceux de Touloufe, quittans les temples pour obeir à l'Edict de Janvier, commencerent de prefcher aux fauxbourgs, à favoir au foffé joignant la porte des Cordeliers, en bonne paix & tranquillité, jufques à ce que *Burie* & *Monluc* continuans leurs ravages, fous couleur de punir les abateurs d'images, comme il a efté dit en fon lieu[5], envoyerent, le feiziefme de Mars, un gentilhomme avec letres, portant injonction

Montauban et pays circonvoifins.

Arreſtation du miniſtre Tachard, manquée.

1. On voit combien peu cet arrêt fut exécuté, puisqu'une traduction française du livre de *Bosquet* fut imprimée et publiée en 1595. Comp. plus haut, p. 47. De même aussi la procession en commémoration de la délivrance de Toulouse par les troupes catholiques ne fut jamais supprimée, malgré les injonctions du roi. Elle se perpétua jusqu'à l'époque de la révolution française. *Fr. de Portal, Les descendants des Albigeois et des Huguenots,* ou *Mémoires* etc., p. 274.

2. C'est-à-dire les protestants.

3. Il paraît presque que cette seconde guerre n'était pas encore terminée, quand ce passage fut écrit.

4. *Mary Lafon, Hist. d'une ville protestante.* Paris 1862, ch. 3, p. 33 s. — *La Popelinière,* liv. 15, fol. 79ᵇ, dit de Montauban : La ville est petite, estendue sur le Tar (Tarn), qui luy moyenne de grandes commoditez : bien peuplée, mesmement de gens aguerris, tant pour le naturel de la nation, que pour le long usage et pratique ordinaire des armes, qu'ils ont maniées depuis les premiers troubles jusques ici. *De Thou,* III, p. 297.

5. Vol. II, p. 780, 794.

au principal Lieutenant de prendre *Taſchard*, Miniſtre[1], au corps. Leur eſperance eſtoit, ou que le Magiſtrat n'y obeiroit point, ou qu'en ſe ſaiſiſſant de *Taſchard,* le peuple ne faudroit de le recourre ; ce qui rendroit les habitans coulpables de rebellion, dont ils ſe feroient bien ſervis puis après. Mais Dieu y pourveut puis après d'une façon eſtrange, comme ſ'enſuit : *Taſchard* eſtant lors en ſepmaine (dont le gentilhomme, qui ne le cognoiſſoit de face, ſ'eſtoit bien informé), ſi toſt qu'il fut deſcendu en l'hoſtelerie, Dieu voulut que *Taſchard,* ſe trouvant enrumé, pria un de ſes compagnons, nommé *du Croiſſant*[2], de preſcher en ſa place. Preſchant donc *du Croiſſant,* & le gentilhomme, ſi toſt que le ſermon fut achevé, ſur la fin duquel il eſtoit arrivé dans le temple, ayant preſenté ſes letres audit Lieutenant, le requerant tout haut qu'il euſt à prendre & luy mettre entre les mains celuy qui avoit preſché, & le Lieutenant au contraire luy reſpondant que les letres ne faiſoient point mention de celuy qui avoit preſché, nommé *du Croiſſant,* mais bien d'un autre, nommé *Taſchard,* il fut aiſé, tandis que le gentilhomme ſ'eſtoit meſpris là-deſſus, de faire evader *Taſchard,* lequel par l'advis de l'Egliſe ſe retira hors du Royaume pour ceder à la fureur. Cela contriſta grandement l'aſſemblée, laquelle toutesfois reconfortée par les autres Miniſtres, à ſavoir *Pierre du Croiſſant, Jean Conſtans*[3], *& Pierre du Perier*[4], ne laiſſa de celebrer la Cene, le Dimanche, vingtneufieſme dudit mois.

---

1. Vol. I, 811, p. 846, 849. Comp. *Corresp. de Calvin (Opp.).* XX, 186. La *France prot.*, IX, p. 333. *Martin Tachard*, né à Montauban, formé au ministère à Genève, avait d'abord, en juin 1558, été envoyé comme pasteur à Pragelas, et puis 1561, à Montauban, avec Pierre du Perrier, pour assister les ministres Vignault et du Croissant. *Monluc* ne croit pas devoir mentionner dans ses *Commentaires* les faits rapportés par le texte. La manière dont notre texte les expose, ne peut pas être tout à fait exacte, puisque Monluc et Burie n'arrivèrent à Fumel que le 6 mars 1562 *(Comment. de Monluc*, II, p. 367), de sorte qu'il n'est pas probable que le 16 mars ils se soient déjà occupés de l'arrestation du pasteur de Montauban.

2. *Pierre du Croissant*, I, 832, 841, 843 s., 853, 866 s. Comp. ce vol. III, p. 134.

3. *Jean Constans.* Voy. I, 215, 844, 852. *Corresp. de Calvin (Opp.)*, XX, p. 485. *Bulletin du prot. franç.*, XI, p. 319.

4. *Pierre du Périer.* Voy. I, p. 215, 851.

du Parlement de Touloufe. Livre X.

Cependant *Burie* & *Monluc* [1], fous pretexte de faire punition de ceux qui avoient brifé les images, fe preparans à faire du pis qu'ils pourroient, furtout à Montauban, après qu'ils auroient, à la requifition du Cardinal *d'Armagnac,* diffipé l'Eglife de *Villefranche* [2], où ils avoient envoyé la compagnie du *Prince de Navarre,* & f'y acheminans incontinent après Pafques (29 mars), pafferent par *Caylus de Quercy* [3], où ils firent pendre un des Surveillans, nommé *Jean Madier,* lequel eftant tombé en la rue avec quelque peu de vie par la rupture de la corde, & de là eftant porté en une maifon prochaine, *Monluc* le fit eftrangler puis après dans le lict. De là venus à Villefranche, le cinquiefme Avril, ils y firent du pis qu'il leur fut poffible, faifans trencher la tefte à deux hommes, en hayne que l'un avoit efté Auguftin, & l'autre preftre. Il y en eut deux auffi pendus fur le champ fans forme ni figure de procès, à l'inftance du Cardinal qui leur en vouloit, un [4], nommé *Arnauld Freffines,* tailleur, l'autre eftoit paintier [5] de fon meftier [6].

Exécutions à Caylus, par Burie et Monluc.

1. *Hist. des Martyrs,* fol. 669ᵃ.
2. Voy. vol. I, p. 157, 844, 866. *Villefranche-de-Rouergue* (Aveyron), dont les protestants s'étaient emparés. *Comment. de Monluc,* II, p. 381 : Nous nous acheminasmes droict à Villefranche de Rouergue, entendans de toutes partz que les Huguenotz s'assembloient. Mr. de Burie feist venir les companyes de Mr. le mareschal de Termes, de Messrs. de Randan et de Vauguyon et de Jarnac ; car nous n'avions que les nostres deux. Et trouvasmes à Villefranche Mr. le cardinal d'Armaignac (évêque de Rodez et archevêque de Toulouse), qui nous y attendoit pour se plaindre des eglises que l'on luy avoit rompues, et mesmement à Villefranche, qui est de son evesché de Rodez.
3. *Caylus* (Tarn-et-Garonne), à 44 kil. de Montauban.
4. C'est ainsi qu'l faut corriger le texte d'après l'*Hist. des Martyrs,* en omettant : *Mais,* qui se trouve inséré ici par une faute d'impression.
5. L'*Hist. des Martyrs* a simplement : l'autre pintier (sans ajouter : de son mestier), c'est-à-dire il tenait une *pinte,* une petite auberge.
6. *Comment. de Monluc,* II, 382 : Et comme ilz nous sentirent approcher, les consulz se saisirent de quatre ou cinq des principaulx seditieux, et les trouvasmes prisonniers. Et l'endemain que nous feusmes arrivés, vindrent les susditz sieurs d'Alesme et de Ferron, lesquels les commissaires (du roi, Compain et Girard, vol. I, p. 856) ne vouloient approuver, disant qu'ilz n'avoient poinct de patentes du roy ; mais à la fin nous nous en feysmes accroire . . . A la fin Messrs. d'Alesme et de Ferron vindrent à mon logis . . . Alors Mr. d'Alesme me dit : Voulés-vous faire ung tour digne de vous ? envoyés-les faire pendre aux fenestres de la maison de ville, là où ilz sont prisonnierz, et vous nous jecterés de débat ; car autrement il ne fault poinct esperer que

Jean de la Rive[1], & *Jean de la Garande*[2], Miniſtres, pour eſtre chargés du briſement des images, ſ'eſtoient deſià retirés à Sainct Antonin par l'advis de leur aſſemblée. *Vaiſſe*[3], qui eſtoit venu en leur place, fut auſſi mis priſonnier, & courut le bruit juſques à Montauban qu'on l'avoit fait mourir. Mais par le moyen de l'enſeigne *de Jargnac*[4], qui ſe formaliſa pour luy[5], il eſchappa.

Ce fait, à la requeſte du ſieur *de Negrepelice*, qui ſe vouloit venger de ſes ſujets, ils envoyerent avec luy un Capitaine nommé *la Vauguion*, avec cent ou ſix vingts chevaux, leſquels y eſtans arrivés le neufieſme dudit mois avec une grande furie, donnerent tel effroy à ceux de la Religion, qui penſoient eſtre en ſeureté ſuivant l'Edict, que chacun ſ'eſcarta comme il peut. Le Miniſtre qu'ils cherchoient ſur tous autres ſe ſauva. Trois autres furent pris, à ſavoir un nommé *Jean Raymond du Mas* avec *François Benas*, Mareſchal, & *Jean Figuier*, barbier, leſquels deux derniers, empriſonnés au chaſteau, furent traittés d'une treſcruelle façon, eſtans couchés par terre ſur le dos, & tellement liés de pieds & de mains, qu'il ne leur eſtoit poſſible de faire autre choſe que de tourner les yeux au ciel. Ce neantmoins, de peur que cela eſtonnaſt tellement ceux de Montauban, qu'au lieu d'ouvrir les portes ils ſe miſſent ſur leur defenſive, ils ne leur firent autre mal pour ce coup, & feignans de ne ſe vouloir oppoſer directement à l'Edict, permirent par maniere d'acquit à un nommé *Jean Claret*, Diacre, de faire les prieres en leur aſſemblée.

Montauban essaie les voies de conciliation.

En ces entrefaites, ceux de Montauban[6] ſachans qu'on leur en

justice s'en face. Alors je leur dis: Estes-vous tous deux d'este opinion? Ils me dirent qu'ouy. Ce fut assez dict. Sur quoy j'appellay le sergent de Mr. de S. Orens, et luy dis en leur presence: Sergent, va moy faire venir le jaulier. Ce qu'il feist. Auquel je dis: Baille-luy ces prisonniers que tu tiens; et vous, sergent, prenés mes deux bourreaux, et les allés faire pendre aux fenestres de la maison de ville. Et incontinent partit, et en moings d'ung quart d'heure nous les vismes attachés aux fenestres.

1. *Jean de Chevery*, dit *de la Rive*, I, p. 157, 863 s.
2. *Jean Chrestien*, dit *de la Garande*, I, p. 337, 863 s., 866.
3. *Bernard Vaisse de Milhaud*, I, p. 216, 337.
4. *Hist. des Martyrs*: Jarnac.
5. C'est-à-dire intervint en sa faveur. L'emploi de *se formaliser* dans ce sens se trouve aussi dans *Amyot*.
6. Vol. II, p. 780.

du Parlement de Touloufe. Livre X.

vouloit principalement, fe trouvoient bien empefchés, craignans d'un cofté d'eftre repris comme feditieux f'ils prenoient les armes pour fe defendre contre les fufdits, eftans Gouverneurs & Lieutenans pour le Roy; & d'autre part, voyans comme les autres eftoient traittés, & fachans bien qu'ils fe deliberoient de leur faire encores pis, leur ayant efté rapporté par les fugitifs de Villefranche que *Monluc*, en pleine rue, faifant tirer l'efpée à fon bourreau, luy avoit demandé fi elle coupoit bien, & dit avec grans blafphemes qu'il la faloit bien effayer autrement, & que bien toft il mangeroit de la cervelle d'un miniftre avec de la fauffe verd. Il furent auffi grandement efmeus par le rapport de *Barrelles*[1], Miniftre de Touloufe, venant d'Agen. Ce neantmoins leur refolution fut d'effayer premierement f'ils pourroient par douces remonftrances, & en offrant toute obeiffance, empefcher *Burie* & *Monluc*[2] de venir jufques à eux, ou de leur envoyer garnifon. Pour ceft effect ils envoyerent vers eux un de leurs Confuls, & *Guychard Sorbiac*, Syndic[3], pour leur prefenter la ville & leur offrir tout ce qu'ils avoient à leur commandement[4]. Mais cela ne fervit de rien, eftant empefché le tout par l'Evefque de Montauban[5], fe fervant de ce

---

[1]. *Jean Cormère*, dit *Barrelles*, voy. plus haut, p. 11. Brûlé en effigie à Toulouse, il avait réussi à s'enfuir à Agen, et de là, comme nous voyons par notre texte, à Montauban.

[2]. *Comment. de Monluc*, II, 358 : Or nous feusmes d'opinion (commencement d'avril 1562) de nous en aller droict à Montauban, et nous jecter dans la ville avant qu'elle se revoltast, car nous entendions que la ville d'Agen estoit revoltée, et avoient prins les officiers et consulz catholiques et les chanoines. Et allasmes à *S. Antony*, pensant entrer l'endemain à Montauban ; mais comme nous feusmes à moytié chemyn, on nous dit que la ville estoit revoltée ; et nous acheminasmes droict à Villeneufve d'Agenois, et trouvasmes le tout revolté. Puis vinsmes à ung villaige nommé Gallapiau, près du Port Saincte Marie, et trouvasmes aussi le Port S. Marie revolté, car ces gens avoient faict leur entreprinse de longue main. Ilz estoient fort secretz. Et là arrestasmes que Mr. de Burie s'en iroit jecter dans Bordeaux avec les quatre companyes de gensdarmes, et moy, acecques celles du roy de Navarre, qui estoient demeurées à Condom, de Mr. le mareschal de Termes, et la mienne, passerois la Garonne vers la Gascoigne, et me tiendrois dans le plat païs vers Tholoze, Beaumont de Lomaigne et Auch.

[3]. Voy. vol. I, p. 847.

[4]. Comp. plus bas, p. 66.

[5]. *Jacques Desprez*, évêque de Montauban. *Lafon, Hist. d'une ville prot.*, p. 24, 56.

brifement d'images dont il demandoit juſtice ſans ceſſe. Ils envoyerent d'autre part *Hugues Calvet,* conſeillier de la Seneſchaucée & Surveillant, à un colloque qui ſe tenoit à Touloufe, pour aviſer comme l'on pourvoiroit à ces affaires, attendu qu'il conſtoit par le rapport d'un gentilhomme envoyé exprès de la part du *Prince,* du renverſement de l'Edict & de la protection des Egliſes qu'avoit priſe ledit ſeigneur *Prince,* auquel pluſieurs bonnes villes ſ'eſtoient deſià conjointes.

On demande l'avis du Colloque de Toulouze.

L'effroy cependant croiſſoit à Montauban, de ſorte que *du Croiſſant,* Miniſtre, ſe retira, au lieu duquel arriva, avec quelques fugitifs de Villefranche, *Jean de la Rive*[1], & fut lors arreſté qu'on ne laiſſeroit entrer *Burie* ne *Monluc;* pour auſquels reſiſter, comme contrevenans à l'Edict de Janvier, *Pierre du Berger,* Advocat, fut derechef envoyé audit Colloque pour avancer les affaires, *Jeroſme Vaque* à Caſtres, *le Vaur* & *Realmont, Olivier Amely,* aux gentilshommes circonvoiſins, & *Dominique Ceſtat,* Miniſtre[2], n'agueres revenu de Beaumont en Gaſcoigne, audit pays de Gaſcoigne, pour demander ſecours. Ils adviſerent auſſi d'avoir pour Gouverneur le ſieur *de Ricard,* nommé *Jean de Viguier*[3], à quoy il conſentit[4].

Secours recherchés.

Quant au Colloque de Touloufe, il fut merveilleuſement tardif à ſe reſoudre aux armes, quelque choſe que le *Prince* leur mandaſt, de ſorte que *Berger* & les autres deputés ne peurent rien impetrer, ſinon qu'au cas que *l'Egliſe de Montauban* fuſt aſſaillie tyranniquement, & que la cauſe de la reſiſtence fuſt trouvée legitime, ils ſeroient ſecourus de deux cens hommes de ladite ville, avec quelque peu d'autres forces que les villes d'alentour fourniroient. Mais *Berger* voyant bien que toute ceſte reſolution leur ſeroit inutile en cas de neceſſité, pratiqua quelque nombre d'eſcoliers pour ſe rendre ſecretement à *Montauban;* ce qui fut derechef rompu & empeſché par l'un des Miniſtres, non pas qu'il fuſt de mauvaiſe volonté, mais pour l'eſperance qu'il ſe forgeoit qu'on

Nul eſpoir de la part de Toulouſe.

---

1. Voy. p. 62, note 5.
2. Voy. vol. I, p. 841, 854, 865. *Dominique Cestat.*
3. La *France prot.,* VIII, 431, ne contient pas d'autres renseignements sur son compte.
4. Voy. la suite du récit de la délivrance de Montauban, p. 66.

pourroit eviter la guerre. *Barrelles,* au rebours, eftoit d'un efprit trop bouillant, & f'il euft pleu à Dieu que ces deux naturels euffent attrempé l'un l'autre, il eft certain (laiffant à Dieu fes fecrets jugemens) qu'infinis maux qui advindrent depuis ne fuffent advenus; chofe qui doit bien fervir d'advertiffement à tous ceux qui manient les affaires, foient temporels ou Ecclefiaftiques, de n'eftre point adonnés à leurs fens.

Pour revenir à ce Colloque, *Monlaufun*[1], gentilhomme au refte plein de preudhommie & bien cognu par les Eglifes, fut envoyé à Montauban, pour remonftrer aux Magiftrats & aux Miniftres qu'il ne faloit point refifter, & qu'il valoit mieux ceder à cefte fureur, ce qui euft caufé l'entiere deftruction de la ville, fans une finguliere providence de Dieu. Car ayant efté depefché un homme à cheval, pour hafter l'ayde des Eglifes de Gafcoigne, il fut furpris à Beaumont[2] avec fes letres, & de là mené & finalement pendu à Touloufe. D'autre cofté, ceux du fauxbourg delà la riviere du Tar, fachans qu'on leur en vouloit principalement à caufe du brifement des images, & fe difans eftre trahis par la lafcheté de leurs concitoyens, à grand peine peurent eftre retenus que dès lors ils ne fe retiraffent là où ils pourroient. Mais quelques jours après, eftant arrivé *Louys de Portail,* avec letres du *Prince,* & quafi au mefme inftant paffans par Montauban le Capitaine *Sauffeux*[3], venant de Touloufe, & le feigneur *de Valemanne* d'Agenois, allans trouver à Cieurac[4], près de Cahors, le feigneur *de Peyre*[5], qui donnoient efpoir de fecours, chacun commença de reprendre courage. Sur cela eftans venues nouvelles, comme le Dimanche fuivant (qui eftoit le dixneufiefme dudit mois[6], dont ils eftoient à la veille) *Burie* & *Monluc* devoient arriver, l'effroy commença; les uns defefperans de pouvoir tenir bon, pour avoir contremandé le

Encouragements venus d'autre part.

---

1. Vol. I, p. 833.
2. *Beaumont de Lomagne,* Tarn-et-Garonne.
3. Ce capitaine ne paraît pas être le même que ce Sausseux dont il est question au vol. I. Peut-être était-ce Antoine de Bonvilar, sgr. de Saussens ou de Sausseux et de La Vernède. *France prot.,* nouv. éd., II, 870. Ayant commandé une compagnie d'étudians à Toulouse il fut condamné à mort par plusieurs arrêts du parlement avec Soupets et Rapin. *Mém. de Gaches,* p. 19.
4. *Cieurac,* village à 13 kil. de Cahors.
5. Probablement *Antoine Hector de Cardaillac,* baron de Peyre.
6. d'avril.

secours des Eglises ; les autres se fortifians en leur juste querelle &
en la providence de Dieu ; joint que *Valemanne*, retournant de
Cieurac, les asseuroit qu'ils seroient secourus la sepmaine suivante.
Bref, l'assemblée se trouva ce jour tellement irresolue, que *Constans*,
Ministre, qui demandoit les voix, fut contraint de dire que Dieu
dissipoit leur conseil, & de declarer aux assistans que ceux qui voudroient se retirer de la ville le pourroient faire.

Une grande partie des protestants quittent la ville avec les ministres.

Qui plus est, le lendemain, dixneufiesme, estant le Consistoire
assemblé, *Jean Constans* & *Pierre du Perier*, remonstrans plusieurs causes particulieres pour lesquelles *Monluc*, outre sa mauvaise
volonté, n'auroit faute de pretexte pour les mettre entre les mains
de son bourreau, demanderent congé de se retirer. Cela ne leur
fut ottroyé, ains leur furent faites grandes remonstrances, lesquelles
leur estans reiterées par le Lieutenant principal, ce neantmoins
allegans que, puis que l'Eglise se despartoit, ils seroient plustost
deserteurs d'icelle en demeurant en la ville qu'en la conduisant
dehors où Dieu les meneroit, ils partirent ce mesme jour après
l'arrivée des fourriers de *Burie* & *Monluc*, & marchans deçà l'eau,
vindrent à Verlac[1], auquel lieu deux troupes de Montauban se rendirent aussi, avec *Dominique Cestat* & *Pierre Galeuste,* ministre
d'Albias[2]. Le lendemain matin (20 avril), ils arriverent à Rabasteux[3], où se rencontrerent ceux de Villefranche qui avoient pris le
chemin de delà la riviere, avec *Jean de la Rive*, leur ministre. Les
autres fugitifs de Montauban se retirerent, les uns à Toulouse, les
autres à Agen, les autres en autres lieux, demeurant la ville presque deserte, quant aux hommes. Ce neantmoins les Lieutenans &
Consuls, & quelques officiers du Senefchal avec les femmes y
resterent. Ausquels *Jean Carvin*[4], ministre, chassé de Moncuq,
fit bonne compagnie, les consolant & leur promettant ne les abandonner jamais.

1. *Verlac-Tescou*, village à 20 kil. de Montauban.
2. *Albias*, bourg de Quercy (Tarn-et-Garonne), à 12 kil. de Montauban, à peu de distance de l'Aveyron. Le ministre P. *Galeuste* paraît être autrement inconnu.
3. *Rabastens* (dép. du Tarn), ville sur le Tarn, à 16 kil. de Gaillac, et à une quarantaine de kil. de Montauban.
4. *Jean Carvin*, autrefois diacre à Montauban, I, p. 27 ; après avoir prêché en différents endroits, redressa l'église de Cahors, p. 855, II, 752. — *Montcuq*, petite ville du Quercy (Lot), à 28 kil. de Cahors.

Et ce mefme jour [1] furent envoyés *Jean de la Porte,* Syndic du païs de Quercy, & *Jean Tieys,* dit *Dariat,* bourgeois, tous deux de la religion Romaine, à *Burie* & *Monluc,* pour leur prefenter les clefs de la ville ; lefquels ils rencontrerent à Sainct Antonin [2]. Ainfi eftoit cefte pauvre ville hors de tout efpoir de fecours humain pour fe pouvoir garantir contre la furie de leurs ennemis, quand Dieu monftra qu'il n'avoit jamais faute de moyens pour delivrer ceux qu'il luy plaift. Car le Lundy, vingtiefme (avril), eftans prefts *Burie* & *Monluc* de monfter à cheval, poftes fur poftes arriverent, leur apportans nouvelles de la furprife d'Agen & de l'emprifonnement des principaux par ceux de la Religion. Cela les contraignit non feulement de changer de chemin, mais auffi de fe feparer, tirant *Burie* à Bordeaux, où il eftoit appelé en diligence par *Novailles,* Capitaine du chafteau du Ha [3], & *Monluc* vers Agen [4] ; tellement que non feulement Montauban demeura delivré, mais auffi Neigrepeliffe & plufieurs autres places dont les garnifons fe departirent. Ces nouvelles apportées à Montauban, toute la ville f'affembla pour en rendre grace à Dieu, & les fugitifs fe mirent fur leur retour de toutes parts. Qui plus eft, les troupes qui f'eftoient arreftées à Rabafteux, comme dit a efté, ayans entendu ces nouvelles, delibererent par l'advis des plus fages de recouvrer Sainct Antonin fous la conduite du Seigneur *de Savignac* [5] & d'un de Montauban, nommé *Jean de Moureau,* dit *Bremont,* laquelle entreprife n'ayant fuccédé, la plus part fe retira à Montauban. Ce neantmoins, quelques jours après, ceux de Villefranche y entrerent de nuict.

Quant aux miniftres qui f'eftoient retirés [6], *du Perier* fut ottroyé à ceux de Gaillac [7], *Dominique Ceftat* fut arrefté par l'Eglife de la Vaur [8]. *Conftans,* prié de retourner par ceux de Montauban, y

Burie et Monluc rappelés, Montauban délivré.

Les ministres Constans et Du Croissant reviennent à Montauban.

1. le 20 avril.
2. Voy. plus haut, p. 63, note. *S. Antonin,* à 41 kil. de Montauban.
3. Voy. vol. I, p. 788.
4. Monluc, *Commentaires,* II, p. 385, comp. p. 63, note 3.
5. *Savignac de Thouars,* surnommé le capitaine *Rossillon (Comment. de Monluc).*
6. p. 66.
7. Probablement la ville de *Gaillac* dans l'Albigeois, sur la rive droite du Tarn, à 22 kil. d'Albi.
8. *Lavaur* (Tarn), siège épiscopal, sur l'Agout.

78   *Histoire Ecclesiastique*

retourna, non pas toutesfois fans avoir eschappé un merveilleux danger à Villemur[1], où il fuft preft d'eftre bruflé avec la maifon de l'hoftelerie où il avoit difné, y eftant advenue une forte fedition par le moyen de quelques joueurs de cartes, ayans entendu comme luy & *Bremont,* après difner, chantoient tout bas quelque verfet d'un Pfeaume. *Du Croiffant* fe rendit auffi à Montauban, le mefme jour, vingtfixiefme dudit mois (d'avril). Et par ainfi furent comme en un inftant remis fur[2] ceux de la religion par un moyen du tout inefperé, continuans leurs affemblées comme auparavant, hors la ville au foffé des Cordeliers.

Tiraillements entre les protestants de Montauban et le sieur d'Arpajon.

Pendant ces efmotions, outre plufieurs gentilshommes & autres envoyés d'Orleans par le *Prince,* pour admonnefter chacun de fon devoir, tant pour fe tenir fur leurs gardes que pour luy envoyer fecours de gens & d'argent, le fieur *d'Arpajon*[3], venu d'Orleans, & qui avoit efté efleu Protecteur des Eglifes du colloque de Villefranche, & d'autre part le fieur *de Thoras,* fils aifné du fieur *de Peyre*[4], auffi efleu Protecteur des autres Eglifes circonvoifines, commencerent à f'apprefter; eftant envoyé à Montauban le feigneur *de la Vernade*[5], pour faire levée de ceux qui eftoient de bonne volonté. A quoy fe trouverent fort bien difpofés tant les Magiftrats que les habitans de Montauban, où eftoient arrivés *Thoras* & *Arpajon,* le cinquiefme de May. Le bruit de ces chofes efpandu par tout & les deux parties fe preparans ouvertement aux armes, la maifon commune de Touloufe fut faifie, l'onziefme dudit mois; ce qu'eftant fait, *Arpajon* & *Thoras,* autrement *Marchaftel,* furent inftamment folicités de leur envoyer promptement fecours, mais ils uferent de longueur, craignans d'eftre rencontrés en chemin, f'ils n'y alloient avec bonnes & grandes forces. A quoy il eft certain qu'ils firent une trefgrande faute. De quoy extremement fafchés,

---

1. *Villemur-sur-Tarn,* petite ville du Languedoc (Haute-Garonne), à 38 kil. de Toulouse.

2. Il paraît manquer un mot. La réimpression de *Lille* corrige : *sur pied.* Peut-être suffit-il de lire : *sus.*

3. Vol. I, p. 865 ; II, p. 242, 761, et ce vol. III, p. 8, 23, etc.

4. *Marchastel,* baron *de Peyre.* Voy. plus bas et vol. I, p. 803 ; II, p. 763, 777 et passim. Le fils du baron de Peyre est tantôt appelé *Thoras,* tantôt *Marchastel. De Thou,* III, p. 297, le désigne d'après notre *Histoire.*

5. *Lafon, Hist. d'une ville prot.,* p. 32, l'appelle *La Vernède.*

ceux de Montauban, qui confideroient l'importance de ce faict, ils[1] voulurent fortir fur le foir, le quatorziefme dudit mois (de mai); mais ils en furent empefchés par *Arpajon,* leur difant qu'ils f'alloient perdre & fe faififfant mefmes des clefs des portes de la ville, lefquelles il rendit puis après aux Confuls qui commençoient à f'en defpiter fort & ferme.

Trois jours après, à favoir le dixfeptiefme dudit mois (de mai), le *Vifcomte de Bruniquet*[2], le fieur *de Veollac Reymes*[3] & *de Sainct Leofaire,* & certains autres, bien montés, fortis de Montauban par la porte des Cordeliers, pour aller defcouvrir vers le chemin qu'on devoit tenir pour aller au fecours de Touloufe, furent pris par la cavalerie de *Terride,* dont l'iffue fut telle, qu'eftans peu après relafchés, ils ne fe meflerent onques puis durant cefte premiere guerre du parti de ceux de la religion, à laquelle toutesfois ils fe rejoignirent après la paix; horfmis le fieur *de Sainct Leofaire,* qui fe revolta jufques à faire la guerre à ceux qu'il avoit defendus auparavant.

Ce mefme jour (17 mai), qui eftoit la fefte de Pentecofte, arriverent deux grans malheurs à ceux de la religion, à favoir le maffacre de *Gaillac*[4], en Albigeois, & la reddition de la maifon commune de *Touloufe,* à faute d'eftre fecourus. Quant au faict de *Gaillac,* il eft tel que f'enfuit[5] :

Ceux de la Religion, dès devant l'Edict de Janvier, f'eftans adreffés aux Magiftrats & principaux de la religion Romaine, avoient obtenu d'eux de pouvoir prefcher au temple de Sainct Pierre; ce qu'eftant pratiqué paifiblement jufques à la publication

Le massacre de Gaillac.

---

1. Cet *ils* paraît être de trop dans le texte, et devoir être omis.

2. *De Thou* le nomme *vicomte de Bourniquet.* C'était *Bernard Roger de Comminges, vicomte de Bruniquet;* n'ayant plus pu servir pendant cette première guerre, il se distingua dans les guerres postérieures. *France prot.,* IV, p. 18.

3. Lisez : *de Verllac Reyniés.* L'ancien château de Reyniés est à 13 kil. de Montauban, près du village de ce nom, sur la rive droite du Tarn.

4. *Gaillac,* sur la rive droite du Tarn, dép. du Tarn, à 22 kil. d'Albi; patrie de dom Vaissette, auteur de l'*Histoire générale du Languedoc.*

5. Voy. la reproduction du récit dans l'*Hist. des Martyrs,* fol. 669a. Comp. De Thou, L. XXXII, t. III, p. 297. *Calvin à Bullinger,* 9 juin, *Corresp. de Calvin, Opp.* XIX, p. 434. *Mém. de Gaches,* p. 24.

de l'Edict de Janvier, le *Cardinal Strozzi*, Evefque d'Alby[1], ne ceffa qu'il n'euft dreffé une partie pour les maffacrer & ruiner entierement. Le jour affigné pour ce faire fut le jour de Pentecofte, dixfeptiefme de May, de quoy fe doutans aucunement les Confuls, gens de bien, & defirans entretenir en concorde les deux parties, fuyvant l'Edict, ottroyerent à ceux de la Religion de f'affembler & celebrer la Cene entre deux portes, où ils avoient fait conduire quelques pieces d'artillerie, pour empefcher qu'aucun tumulte ne furvinft. Par ainfi fut celebrée la Cene paifiblement, eftant rompu le deffein de leurs ennemis. Mais fur les trois heures après difner, eftant l'artillerie reserrée, & penfans ceux de la Religion que tout le danger fuft paffé, les conjurés, avec lefquels la commune f'adjoignit incontinent, fe ruerent deffus l'affemblée, & dura cefte fedition jufques au vingtdeuxiefme jour dudit mois, y eftant entré le *Cardinal* avec trois cens arquebouziers.

Les cruautés qui fe commirent furent horribles, de forte qu'il en fut conté & recognu de morts huict vingts & deux, outre les bleffés & les morts incognus, dont les uns furent trainés par les boues, puis jettés aux corbeaux, les autres eftoient pouffés à l'Abbaye Sainct Michel dudit lieu, fituée fur un grand & haut rocher, ayant au pied riviere du Tar, fort profonde, dans laquelle ils eftoient precipités, rencontrans en chemin le rocher où ils fe crevoient & mettoient en pieces, & fi d'avanture quelqu'un tomboit en la riviere fans eftre du tout mort, il y eftoit affommé par les meurtriers, qui les y attendoient dans des bateaux. Ainfi en advint, entre autres, à un ferviteur d'apothicaire, nommé *Pierre de Domo*, lequel ayant requis qu'il luy fuft permis de fe jetter foy-mefme d'un lieu encores plus haut que celuy dont avoient efté precipités les autres, à la condition d'efchapper fi Dieu luy faifoit la grace de tomber en bas fans fe faire mal, & fur cela, mené au plus haut de l'Abbaye, après avoir invoqué Dieu, prenant fa courfe, fe guinda fi dextrement, que fans rencontrer le rocher, il tomba dans l'eau fain & fauf, laquelle voulant paffer à nage, il y fut affommé nonobftant la promeffe qu'on luy avoit faite. L'un des Confuls, nommé *Jean Cabrol*, f'eftant prefenté en la place comme Magiftrat, avec fon

---

1. *Laurent Strozzi*, évêque d'Albi, mort archevêque d'Aix, 1571. Voy. *supra*, p. 52.

chaperon de Conful & un bafton blanc en la main, pour appaifer l'efmeute, eftant appuyé contre un pilier de bois, fut cloué contre le pofteau d'un coup de traict luy perçant l'œil gauche, & percé de plufieurs autres coups puis après au travers du corps, mourut ainfi debout attaché, ce que voyant d'une feneftre un fien ferviteur qui tenoit une arqueboufe en fes mains, en tira fi droit, que d'un coup il tua deux des meurtriers de fon maiftre, qui fut caufe qu'on fe rua dans la maifon, où il fut tué & mis en pieces. Quant aux *Miniftres,* l'un d'iceux fe fauva, mais l'autre, à favoir *Pierre du Perier*[1], qui f'eftoit retiré de Montauban, comme il a efté dit, eftant trahi par quelques bateliers de Montauban, fut tué, trainé & jetté dans un puits. Tel fut doncques le maffacre de *Gaillac*[2].

Quant au faict de *Touloufe,* advenu le mefme jour, il a efté ci-deffus amplement declaré[3]. Ce qu'ignorans ceux de Montauban, le lendemain, dixhuictiefme, après difner, partirent pour les aller fecourir, à favoir de gens de pied conduits par les Capitaines *la Vernade*[4], *Sainct Michel*[5] & *Belfort*[6], fous *Marchaftel,* colonnel; la cavalerie par *Arpajon,* & fous luy *Mouledier*[7], Capitaine des arquebouziers à cheval, eftant laiffé pour gouverneur de la ville en leur abfence le fieur *de la Tour,* avec ordonnance de prefcher de là en avant dans la ville, au temple de Sainct Jaques. Mais fur le foir arriverent des fugitifs de Touloufe avec certaines nouvelles de ce qui eftoit advenu. Le fieur *d'Arpajon,* ce mefme jour, eftoit venu à *Rabafteux*[8], bien à poinct, ainfi comme quelques feditieux avoient defià marqué de croye les portes des maifons de ceux de

1. Voy. p. 62.
2. *De Thou,* l. c., dit : On y exerça pendant cinq jours entiers toute sorte de cruautés.
3. *supra,* p. 26 s.
4. *La Vernade* (ou *Vernède, supra,* p. 68), qui avait été chargé du gouvernement de la ville de Montauban. *De Thou,* p. 297.
5. Voy. sur *Sainct Michel* et sa malheureuse fin, l'article de la *France prot.,* IX, p. 93, résumant les données de notre *Histoire. De Thou,* p. 300.
6. *Mary Lafon, Hist. de Montauban,* p. 32.
7. *François de Villettes,* sieur de Montlédier. *Mém. de Gaches,* p. 14, 16 et souvent.
8. *Rabastens,* p. 66. *De Thou,* p. 298, dit *Rabasteins,* petite ville dans le voisinage, située sur le Tarn.

la Religion, en deliberation de les faccager la nuict fuivante¹, ce qu'eftant defcouvert, ils tomberent en la foffe qu'ils preparoient aux autres.

Représailles des protestants à Rabastens et St-Sulpice.

Le lendemain, dixneufiefme dudit mois (de mai), eftans auffi arrivées à *Rabafteux* les compagnies de gens de pied, *Arpajon* envoya *Mouledier* à la Vaur², pour de là faire venir la Compagnie de *Caftres*. Ce qu'il fit, mais non pas fans rencontre, f'eftans affemblés ceux de Sainct Sulpice³ avec les gens du fieur *d'Ambres*⁴, au paffage de la riviere du Tar, dont l'iffue fut telle, que quelques uns des ennemis y eftans tués, & les autres mis en route, la compagnie arriva faine & fauve à *Rabafteux*. Leur deliberation eftoit de paffer outre, eftant envoyé, le vingtiefme dudit mois, *Mouledier*, à l'Ifle d'Albigeoys⁵, pour defcouvrir vers Gaillac, pour effayer de donner fur la compagnie du *Cardinal de Stroffi*. Mais il ne f'en enfuivit autre effect, finon que fur le retour, quelques uns des maffacreurs, furpris dans les bleds, y finirent leur vie, entre lefquels y furent trouvés quatre preftres. D'autre part, *Sainct Michel* & *Belfort,* furprenans Sainct Sulpice, y attrapperent quelques meurtriers qui y avoient un peu auparavant maffacré quelques uns de la Religion, & y firent pendre fept preftres, autheurs du meurtre advenu ; comme auffi quelques bateliers de Montauban, complices du maffacre de Gaillac, l'un defquels avoit trahi *du Perier,* Miniftre, furent pris & executés le mefme jour, vingtiefme dudit mois.

Arpajon revient à Montauban.

Le lendemain, vingt & uniefme, *Arpajon,* ayant receu letres de ceux de Montauban, bien advertis de ce qui eftoit advenu à Touloufe, par lefquelles il eftoit fupplié de revenir avec fes troupes, pour raffeurer la ville grandement menacée par ceux de Touloufe, joint que deux Capitouls & les Capitaines *Rapin*⁶ & *Sopets* eftoient

1. *De Thou* dit que ce fut un conte que publièrent les protestants, pour justifier leur conduite.
2. *Lavaur*, à une quinzaine de kil. de Rabastens, sur l'Agout.
3. *St-Sulpice*, à 14 kil. de Lavaur, non loin de l'embouchure de l'Agout dans le Tarn, à peu de distance de Rabastens.
4. *Jean-Jacques de Voisins*, baron d'Ambres. *Mém. de Gaches*, p. 16, 25, 34 s., 68.
5. La petite ville de l'*Isle d'Albi* (Tarn), à 9 kil. de Gaillac.
6. *Pierre de Rapin* (*France prot.*, VIII, p. 381). Les *Mém. de Gaches* rapportent que Rapin, Soupets (François-Joseph de Laurens, seigneur de

arrivés à Rabafteux, qui leur avoient recité comme le tout f'eftoit paffé, il print le chemin de fon retour, ayant adjoint à fes troupes celles de Caftres & ceux-là mefmes de Rabafteux, qui le voulurent fuivre, avec *Pierre Salicet,* leur Miniftre[1], menans avec eux prifonniers deux Confuls, pour la feureté de ceux qui reftoient derriere dans la ville. Ces compagnies, jointes enfemble, faifoient environ deux mille hommes, divifés en deux troupes, l'une defquelles, avec *Arpajon* & *Marchaftel,* tint le grand chemin, l'autre, conduite par *Mouledier* & *Sainct Michel,* pafferent à Buzet[2], où ils firent tant, que le Capitaine de la ville, tenant pour la religion Romaine, eflargit & leur mit entre les mains (mais tous pillés & mis en chemife) quelques uns de la Religion qu'il avoit mis en prifon. Et de là, paffans par Saincte Radegonde[3], tuerent quelques preftres, qui fervirent à reveftir les defpouillés.

Par ce moyen fut remplie la ville de Montauban de toutes ces compagnies, qui y furent les tresbien venues & receues. Mais cefte affeurance ne leur dura gueres. Car le lendemain, vingt-deuxiefme du mois, eftant venu certain advertiffement que *Monluc* & *Terrides* avoient entierement deliberé d'affaillir Montauban[4] avec toutes les forces qu'ils pourroient recueillir, tant d'hommes que d'artillerie, *Arpajon* & *Marchaftel* ayans convoqué les Confuls & Capitaines, leur remonftrerent que les murailles de la ville n'eftans pour foutenir le canon, joint qu'ils n'avoient ni foldats experimentés, ni armes neceffaires à un fiege, ni fuffifante provifion d'artilleries, poudres & autres munitions, il n'y avoit ordre de tenir la ville, & que pourtant le meilleur eftoit de defemparer la ville & cedant à la fureur de l'ennemi, fe retirer à Orleans avec les forces, au fecours du *Prince,* lequel eftant desfait, ils ne pourroient auffi fubfifter, comme au contraire, eftant victorieux, ils

Décision de se défendre.

Soupets) et Saussens (Antoine de Bonvilar, seigneur de Saussens) avaient conduit trois compagnies d'écoliers. Après les lettres de Toulouse ils se retirèrent à Castres, pour y prendre le commandement d'autres compagnies.

1. *Salicet*, vol. I, p. 865.

2. *Buzet*, bourg du dép. de la Haute-Garonne, à peu de kil. de St-Sulpice, sur le Tarn, à 25 kil. de Toulouse.

3. *Ste-Radegonde*, village près de Villeneuve-sur-Lot (Lot-et-Garonne).

4. Voy. les *Comment. de Monluc*, II, p. 410. Comp. *Lafon, Hist. d'une ville prot.*, p. 33.

auroient tantoſt recouvré leur patrie. Les Conſuls, au contraire, les ſupplioient de conſiderer la juſtice de leur cauſe & la puiſſance de Dieu pour maintenir les ſiens, joint que la ville n'eſtoit de ſi petite defenſe, ni ſi mal munie qu'ils cuidoient, outre la deſolation qui adviendroit ſi un tel conſeil eſtoit ſuivi, non ſeulement entre une bonne partie des hommes n'eſtans aſſés forts pour porter la peine d'un tel voyage, mais auſſi entre les femmes, petis enfans & hommes anciens, qui ne pourroient jamais arriver à ſauveté à Orleans. Il y eut ſur cela des Capitaines ſi mal adviſés, qu'ils oſerent bien repliquer que ceux qui ne voudroient ou pourroient ſuivre apprinſſent de faire comme les pauvres gens de Picardie, ès guerres paſſées. Un autre adjouſta, qu'ils chantaſſent le pſeaume : « Eſtans aſſis aux rives aquatiques. » Voilà les paroles conſolatoires deſquelles pour lors on uſa envers ce pauvre peuple, de ſorte que ce n'eſt pas merveilles ſi Dieu uſa de ſes jugemens puis après ſur quelques uns vrayement indignes de porter les armes pour une ni pour l'autre religion, & monſtrans aſſés par leurs paroles quels ils eſtoient au dedans.

73

Sur cela, un meſſager d'Agenoys arriva avec letres, portans qu'il y avoit deſià quatre mille hommes de la Religion aſſemblés en bon equippage & tous preſts de marcher quand ils ſeroient mandés ; leſquelles nouvelles modererent la precedente deliberation juſques à ce poinct, qu'ils arreſterent de defendre la ville, mais à la condition qu'en laiſſant en la ville de bons Capitaines pour ſouſtenir en attendant leur retour, ils ſortiroient pour haſter le ſecours d'Agenois[1], ce qu'ils ne pourroient faire ſ'ils eſtoient une fois enclos. Et de faict, ſuivant ceſte deliberation, *Arpajon* & *Marchaſtel,* ayans laiſſé, pour commander, le ſieur *de la Tour* & le Capitaine *Rapin,* partirent ce jour-meſme avec le Capitaine *Mouledier* & preſque toute la cavalerie, laiſſans la ville

---

1. *De Thou*, III, p. 298 : Dans ce moment, le bruit se répandit que 4000 hommes armés s'étoient assemblés dans l'Agenois, et ne demandoient qu'un chef. Une si bonne nouvelle fit changer de sentiment à Arpajon et à Marchâtel : mais appréhendant qu'elle ne fût fausse, et inventée exprès pour les tromper, ils résolurent d'aller eux-mêmes voir, si ce qu'on disoit étoit vrai ou faux ; et ils promirent qu'ils se chargeroient de la défense de la ville, à condition qu'ils feroient auparavant partir les secours qu'ils devoient conduire au Prince.

en grande fafcherie & desfiance, pour les diverfes opinions qu'on avoit de leur departement.

Le lendemain, vingtroifiefme dudit mois (de mai), les troubla bien davantage, eftant arrivé de Touloufe, à grand'hafte, un marchand de Montauban, nommé *Valentin,* lequel apofté par les ennemis, comme il eft vray-femblable, leur affeura d'avoir paffé par le camp de *Monluc* & *Terrides,* eftant de dix mille hommes de pied, & fi grand nombre de cavalerie que les chemins en eftoient tous couverts, & de vingt deux doubles canons[1]. Ce rapport eftant femé, & fur cela le confeil affemblé pour favoir ce qui eftoit de faire, les Capitaines *Rapin, de la Tour, la Vernade, Richard*[2], & quelques autres firent tout ce qu'ils peurent pour faire abandonner la ville. Mais les Confuls, aydés par les Capitaines *la Manne*[3] & *Sainct Michel,* firent tant de remonftrances, qu'il fut arrefté qu'on fe defendroit. Ce neantmoins, les autres ne fe pouvant raffeurer, firent une contraire refolution, en la maifon d'un nommé *Jean de Jean,* bourgeois, à favoir, d'advertir de main en main leurs parents & amis, & foldats de leurs charges, & quant & quant laiffer la ville.

Nouvelles terreurs et résolution d'abandonner la ville.

Suivant donc cefte malheureufe deliberation, fur le profond fommeil de la nuict, ayans efté defcouverts par les corps de garde quelques uns qui menoient leurs chevaux fellés & bridés pour fortir hors la ville, force leur fut de deceler leur complot, ayans fait fonner l'alarme, lequel bruit entendu, tous accoururent en armes, mais avec diverfe volonté, les uns eftimans que l'ennemi fuft aux portes & qu'il faluft combatre, & les autres ne demandans qu'à fortir. Chacun donques fe regardoit, jufques à ce que ceux qui ne favoient rien du complot des autres, ayans aperceu que c'eftoit une fauffe alarme, f'en retournerent en leurs maifons. Alors ceux qui eftoient du complot commencerent à marcher par les rues vers la porte appelée du Foffat, & enquis où & pourquoy ils y alloyent, crierent à haute voix que chacun fe fauvaft qui pourroit. Ce cri entendu, donna tel efpouvantement aux habitans en general, eftans foudainement advertis de cefte fuite, qu'eux

Une partie des habitants quittent la ville.

---

1. Voy. plus bas, p. 78, l'eftimation des forces de Monluc et de Terrides.

2. Ci-deffous, p. 75, il eft appelé *Ricard.*

3. Les *Mém. de Gaches,* p. 14, 16, 29, parlent d'un capitaine proteftant *Goffre,* dit *La Manne,* à Caftres.

& leurs femmes, les unes portans les berceaux fur la tefte, les autres en chemife ou à demie veftues, en miferable defarroy, fe prindrent à fortir de leurs maifons, les gardes furent abandonnées du tout, & n'y avoit par tout que confufion, pleurs & lamentations. Mais Dieu donna le cœur à quelque peu des habitans, qu'eftans accourus à cefte porte, partie avec grandes & courageufes remonftrances, partie à belle force, ils fermerent le guichet, & garderent qu'aucun ne fortift qu'au danger de fa vie. Or eftoit defià forti bon nombre de ceux de ce complot, lefquels voyans le courage de ceux qui gardoient la porte & ne voulans auffi fe feparer de leurs compagnons qui eftoient demeurés derriere, prierent de rentrer dedans, ce qui leur fut accordé. Toutesfois quelques uns pourfuivirent leur chemin, comme entre autres *Rapin* & *la Tour,* lefquels arrivés à *Cieurac,* affeurerent le fieur *de Peyre* que Montauban eftoit pris, & que tout eftoit perdu. *Ricard* auffi n'eut pas meilleur courage, &, pour trouver moyen de fortir, fe mit à pied, & feignant qu'il alloit feulement au bout du fauxbourg Sainct Antoine pour faire entrer quelques voituriers, deceut les gardes & gagna les champs. Il y eut auffi des habitans tellement effrayés, que ne pouvans fortir par la porte, ils fe firent devaller par la muraille.

Les ministres rassurent les esprits.

Conftans, Miniftre, fe porta fort courageufement durant ceft effroy, priant les uns, exhortant les autres qu'il rencontroit, de forte que plufieurs fe raffeurerent, & finalement les portes eftans bien fermées, il alla faire les prieres à la place, qui raffermirent le cœur d'un chacun, & ainfi fe paffa la nuict d'entre le Samedi vingt & troifiefme & le Dimanche fuivant.

Le matin venu, *Jean Carvin* fit un fermon plein de vehemence pour encourager un chacun; *Conftans,* d'autre cofté, alla de maifon en maifon chés les principaux pour les efchauffer. Ce

Nouvelles alarmes. Les uns sortent, d'autres gardent courage.

nonobftant, eftans les capitaines affemblés l'aprefdinée chés le principal lieutenant, qui mit derechef en deliberation f'ils devoient attendre le fiege ou non, tous (excepté deux, à favoir *Sainct Michel,* qui dit qu'il eftoit preft de demeurer fi les autres en eftoient d'advis, & *Jean Laboria*[1], fait depuis capitaine de la ville, remonftrant courageufement qu'on devoit demeurer & tenir ferme)

---

1. *Jean La Borie,* peut-être fils de Jean Bernard, seigneur de La Borie. Voy. l'article de la *France prot.,* nouv. éd., II, 356 s.

furent d'advis de s'aller joindre aux troupes d'Agenois. Les magistrats, ni les ministres, ni quelques autres assistans, n'opinerent en ce conseil qu'ils trouvoient tresmauvais, & notamment quelques enfans de la ville, à savoir *Jean Durval* (celuy qui avoit apporté unes letres du sieur *d'Andelot* & qui depuis fut fait sergent major) & *Cardelles,* sergent de bande, entrerent en grande colere. Mais quoy qu'il en fust, les capitaines le gagnerent, faisans incontinent sonner le tabourin. Alors commencerent tant les habitans que les estrangers de sortir à la foule avec la plus estrange confusion qu'il est possible, demeurant la ville presque deserte, les portes estans ouvertes & à l'abandon, les clefs desquelles furent trouvées sur le pont du Tar par un artisan. La chose donc estoit en une extreme desolation & du tout desesperée, quand Dieu suscita miraculeusement un petit nombre d'hommes, lesquels entierement resolus de demeurer, firent aussi tost un cri par la ville, que tous ceux qui voudroient demeurer pour la defense d'icelle se joignissent à eux, pressans les uns de se retirer en leurs maisons, & contraignans les autres de s'arrester à belle force, jusques à tendre les chaines par les carrefours. Par ce moyen, *Jean Paulet,* lieutenant principal, contraint de descendre de dessus son cheval, rentra chés soy. *Hugues Bonencontre*[1] & *Richard Sorbiac,* Syndics, ne pouvans sortir, s'en allerent cacher. Quant aux ministres, ils furent aussi emportés en ce desordre comme par un torrent, de sorte que *Carvin* sortit comme les autres. *Pierre du Croissant* s'alla si bien cacher, qu'il ne se monstra plus.

Conduite des ministres.

Jean Constans[2], estant à cheval & prest à sortir comme les autres, rencontré par ceux qui vouloient demeurer, luy reprochans si c'estoit faire ce qu'il leur avoit presché, & luy disans qu'il devoit vivre & mourir avec eux, s'y accorda & ne tint qu'à luy qu'ils ne le fissent leur capitaine. Leur ayant donc respondu que ce n'estoit sa vocation, il les pria de s'assembler au temple sainct Jaques pour choisir le propre, après avoir invoqué Dieu. Mais il en advint autrement. Car s'estant esmeu un horrible debat par les rues entre ceux qui

Energie de Constans à arrêter les fuyards et St-Michel.

---

1. *Hugues Bonencontre,* licencié en droit, avocat à Montauban. Voy. *France prot.,* nouv. éd., II, 809.

2. *De Thou,* p. 299, le nomme *Pierre Constans,* le confondant sans doute avec *Pierre du Croissant.*

vouloient demeurer, & ceux qui vouloient sortir, force luy fut de courir par tout où il oyoit la crierie, Dieu luy faisant la grace d'estre escouté, tellement que peu à peu le tumulte cessa. Qui plus est, arrivé à la porte appelée du Griffol, Dieu voulut qu'il y rencontra le capitaine *Sainct Michel,* estant rentré pour faire sortir deux pieces de campagne qu'il avoit amenées de Sainct Antonin & qu'on luy avoit arrestées, lequel il pria à mains jointes & avec larmes d'avoir pitié de ceste pauvre ville, luy mettant devant les yeux l'assistence de Dieu & l'honneur qu'il en rapporteroit. Plusieurs des habitans secondoient ces prieres, l'asseurans que tous luy obeyroient comme à leur capitaine & gouverneur. D'autre costé, certains capitaines ayans laissé leurs compagnons au fauxbourg S. Antoine, pour attendre *Sainct Michel* & ces pieces de campagne, le pressoient infiniment de se haster, reprenant aigrement *Constans* de ce qu'il l'arrestoit; de sorte que ce pauvre homme ayant grande compassion de la ville & considerant d'autre costé qu'il demeuroit tout seul, sans apparence d'avoir moyen de la bien garder, tomba en telle perplexité d'esprit qu'il vint jusques à prier *Constans* de prendre sa dague & de l'en tuer.

Ceste instance avoit duré plus d'une heure, quand la sentinelle du temple des Jacopins, prochain de la porte, donna advertissement qu'il descouvroit certaine cavalerie de l'ennemi; ce qu'entendant *Constans,* poussé plutost par l'esprit de Dieu que de raison, comme l'evenement le monstra, laissant *Sainct Michel* à la porte, se jette tout du long du fauxbourg, jusques à la maladerie, exhortant les soldats qui s'estoient arrestés avec leurs capitaines, en attendant ledit *Sainct Michel,* à rentrer dans la ville, leur remonstrant que *Sainct Michel* estoit resolu d'y demeurer, & que faisant autrement ils s'alloient perdre, tombans entre les mains de l'ennemi qu'on avoit descouvert. Cela fut cause, estant donnée l'alarme, dautant que la sentinelle avoit clairement descouvert que la cavalerie de l'ennemi accouroit à bride abatue du costé de l'Evesché, que plusieurs s'arresterent tout court.

Arrivée de l'ennemi.

Ce neantmoins, n'y ayant en toute la ville aucune garde assise, ni piece d'artillerie chargée, ains tout estant en terrible desordre, tout estoit perdu; & fust entré l'ennemi sans aucune difficulté, sans une particuliere assistence de Dieu, se servant d'un des habitans nommé *Arnaud Guybert,* Advocat, lequel se trouvant feul & fans armes fur la muraille, près la porte appelée du Mouftier, & voyant approcher la cavalerie près de la porte, fe mit à crier tant qu'il peut : Canonniers, il est temps de tirer. Or n'y avoit il là aucun canonnier, mais ceux qui ouyrent cefte voix, penfans que ce fuft à bon efcient, tournerent bride. Autant en advint à la troupe des ennemis venant par le fauxbourg des Cordeliers ; & cependant *Cardelles,* fergent, monté à cheval, courut pour advertir ceux qui eftoient dehors ; lefquels ayant fait jufques alors l'aureille fourde aux prieres & remonftrances de *Conftans,* entendans pour certain l'arrivée des ennemis, fe rejetterent dans la ville, entre lefquels fe trouverent tous les capitaines, & *Jean Carvin,* Miniftre. Mais quant aux habitans & eftrangers, plufieurs avoient defià gagné chemin, tellement qu'à grand peine la tierce partie d'iceux rentra, f'en eftans fuis les Confuls mefmes, comme auffi le lieutenant du juge ordinaire & le lieutenant particulier, de forte que des magiftrats ne demeura que le lieutenant principal du Senefchal. Plufieurs, en cefte fuite, furent furpris & mis à mort ; d'autres fe fauverent à fainct Antonin[1], & autres divers lieux ; autres furent menés prifonniers, entre lefquels fut *Hugues Calvet,* Confeiller[2], pris par le capitaine *Coulombier,* & mené à Piquecos[3], où eftoit l'Evefque ; auquel lieu il fouffrit infinies

1. *St-Antonin,* sur l'Aveyron, à 41 kil. de Montauban.

2. *Hugues Calvet,* frère de l'ancien official de l'évêque de Montauban, François Calvet, depuis ministre. Ci-dessus, p. 35 ; vol. I, p. 851. Comp. *France prot.,* nouv. éd., III, 497.

3. *Piquecos,* village et château, à 11 kil. de Montauban. *Monluc, Commentaires,* II, p. 410 : Je feuz confeillé d'aller devant Montauban, plus pour tirer les soldatz des envyrons de Tholoze et dedans la ville, et manger le païs ennemy, que pour esperance que j'eusse de la prendre, car je sçavois bien qu'il y avoit dedans beaucoup de gens qui s'y estoient assemblés pour l'entreprinse de Tholoze. Toutesfois je m'y achemynay, n'ayant que six enseignes de gens de pied, qu'estoient celles des sieurs de Sainct Orenx, de Bajordan, baron de Clermont, Corne et Charry ; et me baillarent aussi ceulx de Tholoze deux canons et une coulevrine, faisant une courtoisye aux soldatz, car ilz leur donnarent une paye. Et comme je feuz devant Montauban, je trouvay qu'il y avoit deux mil et deux cens soldatz estrangiers et mil ou douze cens hommes de la ville, tous bien armés ; et j'en pouvois avoir huict ou neuf cens, dont la pluspart n'avoient jamais pourté armes, car tous les bons soldatz s'estoient retirés avecques les Huguenotz après la malheureuse paix, et ce feust par contraincte, car ilz ne sçavoient mestier aucun,

deftreffes, nourri d'eau & de pain des chiens, & couchant fur la dure, jufques à ce qu'il fut efchangé avec un chanoine, frere dudit *Coulombier*. Un autre, nommé *Jean Creiffac,* pris par le mefme capitaine *Coulombier,* après avoir efté longtemps en prifon à Piquecos, fut finalement mené à Touloufe & pendu. Autant en print-il à *Joce Vilaire,* pris par le capitaine *Maranal,* qui luy fit fouffrir infinies cruautés, le faifant piquer avec un efguillon de bouvier, jufques à la prifon de Piquecos, en laquelle, au lieu de luy faire penfer les playes dont il eftoit tout navré, il luy fit donner chacun jour d'ordinaire les eftrivieres, & de là finalement conduit à Touloufe, il mourut conftamment.

Premier siège de Montauban. Le camp de Monluc.

Au camp de *Monluc* eftoient environ mille chevaux, à favoir les hommes d'armes des compagnies de *Monluc,* du *Marefchal de Termes* & *de Terrides,* avec une compagnie d'argoulets, & cinq mille hommes de pied fous les capitaines *Charry, Sainct Salvy* [1], frere de *Terrides, Bazordan,* neveu de *Termes, Montmor* [2], *Cramoyn, Armé, Villemagne, la Crozille* [3], *Trebons, Tilladet, la Baftide* & *Colombier.* Tous ceux-ci, horfmis *Terrides,* lequel avec la plus part de fa compagnie demeura au chafteau du Clos pour la feureté du port, fe camperent ledit jour de Dimanche,

Le 24 mai.

vingtquartiefme dudit mois, après difner, au deffous du fauxbourg du Mouftier, affés loin toutefois de la ville, en la plaine qui eft delà une petite riviere nommée Tefcon [4]. Mais devant l'affiete du camp, les premiers arrivés f'eftans prefentés derechef aufdites portes des Cordeliers & du Mouftier, il f'y dreffa deux efcarmouches, en la premiere defquelles *Sainct Michel* tua trois hommes d'armes, & gagna un beau cheval, mais en la feconde, *la Vernade,* qui ne trouvoit bonnes ces forties, voulant retirer

ayant duré les guerres longuement, et ayant esté entretenus en Ytalie et aux aultres conquestes du roy. Les bons ministres leur promettoient non seulement des richesses, mais, à ce que j'oyois dire, paradis comme s'ilz en eussent eu la clef.

1. *de Lomagne,* sieur de St-Salvy.
2. Voy. p. 8.
3. *La Crozille* ou *Crouzille.* Voy. *Mém. de Gaches,* p. 214. François de Villeneuve-Francarville, sgr. de *Barthanave,* cadet de *La Crousille* ou *La Croisille.*
4. Lisez : *Tescou.* Cette rivière, avec le Tarn, entoure le plateau sur lequel Montauban est bâti.

Sainct Michel, receut une arquebouzade à la cuiffe, & deux autres foldats furent grandement bleffés, & ainfi en alla de ces premieres efcarmouches ¹.

Cela paffé, meffagers furent auffi toft envoyés avec letres vers *Arpajon* & *Marchaftel* en Agenois, pour les advertir comme le tout eftoit paffé, & pour les prier de fecourir la ville fuivant leur promeffe. La juftice (dautant qu'aucun autre magiftrat n'eftoit refté finon le lieutenant principal, & que les deux Syndics dont nous avons parlé fe tenoient cachés, comme auffi *du Croiffant,* Miniftre) demeura entre les mains dudit lieutenant, affifté de *Jean Conftans,* requis de ce faire. Quant à la garde de la ville, la porte du Mouftier fut baillée en garde au capitaine *la Manne* ², avec les foldats de Caftres; celle des Cordelier, à *Sainct Michel,* celle du Griffol à *Belfort* ³; le couvent des Jacopins à *Jean Laboria,* avec les habitans; les portes de Mommurat & du Pont au capitaine *la Vernade,* & en fon abfence, f'eftant fait iceluy porter à caufe de

Distribution de la garde de la ville.

---

1. *Monluc,* II, p. 411 : Et comme je feuz devant Montauban, je feuz contrainct de tenir tous mes gens de pied au bourg de l'evesché; car de les separer, ilz me faisoient de si grandz sorties, qu'ilz me radmenoient les nostres sur les bras de la gendarmerie, sans laquelle ilz estoient plus fortz que moy et m'eussent taillé en pièces; et pour ung que les nostres estoient, ilz estoient dix; tellement que, le deuxiesme jour (26 mai), feuz contrainct de partir de l'evesché pour aller secourir M. de Terride, que j'avois laissé aux faulxbourgz qui tirent vers Moissac, auquel j'avois baillé la companye de M. Bajordan; et trouvay que les ennemis les avoient jectés hors du bourg près d'une teuliere, et parlay aux soldatz, auxquels je feis baisser la teste pour regaigner le bourg, leur faisant la cargue. Et pource que j'estois venu là en courant, et que tout à coup je feys la cargue, je ne trouvay près de moy que le cappitaine Gabarret, qu'est en vye, M. de Clermont, qu'est de la maison de Faudoas, M. de Beaucaire, qu'est mort, et trois ou quatre de ceulx de M. de Terride, sans plus. Et donnasmes la cargue de telle sorte que nous les readmenasmes battans dans le guychet de la porte de la ville, lesquelz ne peurent réentrer la plus part; car ilz prindrent à main gauche droict au pont, les autres à main droicte. Et si la grande porte eust esté ouverte, nous feussions peu entrer dedans; car le cheval de M. de Beaucaire feust tué sur la porte, près le guychet, et le mien blessé tout contre. Et ainsin nous retirasmes, car toute la muraille estoit playne de harquebouzerye; et feurent blessés deux chevaulx en nous retirant, de ceulx de la companye de M. de Terride, qui nous avoient suivys.

2. Le capitaine *Goffre,* dit *La Manne. Mém. de Gaches,* p. 14.

3. *France prot.,* nouv. éd., II, 216.

sa blessure hors la ville chés le sieur *de Paresols,* son parent, à ses enseignes; la porte des Carmes à *la Bouguiere.*

Sommation de se rendre, repoussée.

Monluc campé, envoya un Trompette pour sommer la ville, lequel arrivé à la porte du Moustier, demanda premierement les deux Syndics qui se tenoient enfermés comme nous avons dit, leur promettant asseurance s'ils vouloient parlementer au chasteau de la Serre, estant un peu delà l'Evesché. La responce fut que les Syndics ne se trouvoient en la ville. Adonc il requit que la ville se rendist en l'obeissance du Roy, & que en signe de cela, il fut permis au sieur *de Monluc,* son lieutenant, & à son camp, de passer seulement par la ville sans s'y arrester aucunement, ou bien qu'on vinst à quelque autre composition. *Sainct Michel* & *Constans* respondirent qu'ils estoient treshumbles & loyaux sujets & serviteurs du Roy à la vie & à la mort, n'ayans commis aucun acte pour lequel ils deussent estre molestés ni assiegés, & que s'il plaisoit à *Monluc* d'entrer, luy trentiesme, il y seroit le tresbien venu & receu; mais quant à son camp, il cousteroit la vie à tous ceux de dedans devant que de l'y laisser entrer, & ne vouloient composition quelconque, sinon à condition que premierement le camp fust levé. Aucuns des habitans vouloient induire *Constans* à demander tresves pour certains jours, dans lesquels, si la ville n'estoit secourue d'*Arpajon* & *Marchastel,* ils se rendroient à *Monluc,* s'asseurans, comme ils disoient, qu'ils auroient secours; & que cependant ils gagneroient ce poinct, de n'estre assaillis & en danger d'estre forcés. Mais *Constans* rompit ce coup, remonstrant que le secours estoit trop incertain, & que telle responce croistroit le cœur à *Monluc;* joint que ce seroit comme prescrire à Dieu le moyen & terme de leur delivrance. Le Trompette revint peu après, offrant à tous soldats forains de pouvoir sortir vies & bagues sauves, auquel il fut respondu comme dessus.

Incertitudes des assiégés

La nuict venue, un chacun se tint sur ses gardes, se doutans les habitans de quelque escalade sur tout du costé des portes du Moustier & des Carmes, au dortoir duquel convent, comme aussi en quelque autre lieu des Jacopins, fut mis le feu pour estre ce convent de trop grande garde, comme aussi au convent des Cordeliers & Evesché, maisons & granches d'alentour, & à quelques maisons au devant dudit Moustier, de peur que l'ennemi ne s'en emparast pour s'y fortifier, & y dresser quelque baterie ou surprise. Et se passa ceste nuict en grande suspicion de trahison contre le capitaine *la Manne,* pour avoir pris avec tous ses soldats une marque particuliere, s'estans fait tous raser la barbe horsmis les moustaches; joint qu'en la porte du Moustier, où il commandoit, on disoit avoir aperceu quelques sentinelles faisant mauvais guet, & tournans le dos du costé des ennemis, desquels estoient venus auprès de la porte allumer leurs cordes sans qu'on leur eust rien dit. Davantage on avoit ouy marteler quelque piece d'artillerie, & craignoit-on qu'on la voulust enclouer. D'autre part, la porte des Carmes fut trouvée toute ouverte, sans pouvoir savoir qui avoit retiré les clefs d'icelle. Toutes ces choses mirent les habitans en telle deffiance, qu'eux-mesmes voulurent faire la sentinelle à la porte du Moustier & à l'entour, & fut mis un cadenas à la porte des Carmes jusques à ce que les clefs fussent trouvées. Ce nonobstant *la Manne* se porta tousjours depuis si loyaument qu'il apparut evidemment de sa preudhomie.

Le Lundy, vingtcinquiesme du mois, arriva l'artillerie au camp de l'ennemi, conduite par un Commissaire nommé *la Mothe rouge,* à savoir deux grosses coulevrines, deux canons, & cinq autres pieces, & se donnerent ce jour de grandes escarmouches, tant du costé des Jacopins, où commandoit *la Boria,* que vers les Cordeliers & Carmes, que gardoit *Sainct Michel;* esquelles plusieurs des ennemis furent blessés & aucuns tués. Sur le soir, quelque cavalerie de l'ennemi passa la riviere du Tescou[1], cuidant sur-

Le 25 mai, escarmouches.

---

1. Monluc, p. 412 : Le troisiesme jour je feuz conseillé de nous ouster de là, car la gendarmerie ne pouvoit plus tenir escorte aux gens de pied; et d'autre part, quant bien j'eusse faict bapterie, je n'eusse ausé donner l'assaut au nombre qu'ilz estoient dedans et au peu que j'en avois dehors. Et renvoyay l'artillerie à Tholoze, les companyes de gens de pied, chesque cappitaine aux lieux qu'ils me demandarent pour parachever de faire leurs companyes. — De Thou, III, p. 300 : Monluc avoit au-dehors bien de l'embarras, et un grand nombre d'obstacles à surmonter, parce que sa cavalerie, étant séparée de son infanterie par la petite rivière de Tescon, et les assiegés faisant de frequentes sorties, il ne pouvoit pas porter de secours de l'un à l'autre côté. D'ailleurs estant allé dans le quartier du sieur de Terrides, il eut un cheval tué sous lui, et il courut un très-grand danger. Ainsi, quoique la brêche fut faite, il ne jugea pas à propos de donner l'assaut, à cause que les assiegés avoient une infanterie supérieure à la sienne; mais il plia promptement bagage, et s'en alla . . .

prendre la porte des Carmes, mais ils furent vivement repoussés, ayant esté tué le cheval de *Monluc* entre ses jambes ; & n'eust esté que le feu print à la poudre qui estoit à la porte pour fournir les soldats qui escamourchoient, la perte eust esté beaucoup plus grande du costé des assiegeans. Il y eut aussi quelque combat du costé des Cordeliers, ayans fait les ennemis une barricade, dont ils tiroient force arquebouzades, ausquels fut respondu du haut du boulevart des Cordeliers, & ne se fit autre exploit tout ce jour là.

Le 26 mai. Le siège est levé.

Le Mardi, vingtsixiesme, Dieu frappa d'un si soudain espouvantement les ennemis, qu'on fut tout esbahi qu'ils leverent leur camp en grand'haste & en tresgrand desordre, tirans au port de Clos, où quelques uns se noyerent, & de là tirans à Chasteau Sarrazin. Ce nonobstant ils ne furent poursuivis, craignans les assiegés que ce ne fust quelque ruse de guerre. Tel fut ce premier siege, auquel moururent environ soixante soldats du costé des ennemis, qui firent au surplus beaucoup de maux en peu de temps, ayans pillé les metairies d'alentour, avec les maisons des fauxbourgs de Sainct Estienne, dit Moustier, & des Cordeliers, plus prochains de leur camp, & foulé aux pieds de leurs chevaux les bleds verds qui estoient desià à demi grenés. Et quant à leur artillerie, après avoir esté mise sur la greve à Chasteau Sarrazin, dans un grand bateau, pour la mener en Agenois, finalement elle y fut laissée en esperance de revenir bien tost à Montauban.

Le siege levé inesperement, les habitans, en l'absence de leurs Consuls & jusques à leur retour, esleurent cinq Prevosts avec puissance consulaire pour gouverner la ville, & pour leur seureté bruslerent quelques endroits qui leur pouvoient nuire, en attendant la response d'*Arpajon* & de *Marchastel*. Et pource que le sieur *de Mombeton* estoit grand ennemi, *Sainct Michel* alla piller son chasteau [1], où il ne trouva nulle resistence, ce qui luy cousta la vie puis après. Il cuida aussi en faire autant au chasteau de Parefoles [2], mais il en fut vivement repoussé. En ces entrefaites, à sçavoir le

4 juin. Marchastel arrive. Rébellion de St-Michel réprimée.

quatriesme de Juin, *Marchastel*, arrivé à Montauban, ayant entendu la licence de piller & de tuer que se donnoient les soldats, & considerant là où les choses en viendroient s'il n'usoit de severité

---

1. *Mombeton*, à 16 kil. de Castel-Sarrasin, près de Montech.
2. *Parasols*, commune de La Française, à 16 kil. de Montauban.

à ces commencemens, après avoir fait de grandes remonſtrances
à tous de vivre ſelon Dieu & de ſ'abſtenir de larrecins & pillages
illegitimes, fit pendre & eſtrangler deux habitans de la ville pour
avoir mis une corde au col à la chambriere d'un preſtre de *Sainct
Eſtienne,* pour luy faire deceler quelques reliques & autres biens
de ſon maiſtre. Et ſe monſtrant treſmarri du pillage du chaſteau
de *Mombeton* (attendu qu'encores que le ſeigneur euſt en haine la
religion, ce neantmoins il ne faiſoit point la guerre, & n'avoit
aucunement muni ſon chaſteau pour reſiſter, joint que *Sainct
Michel* à la verité n'avoit fait ceſte entrepriſe que pour butiner &
faire ſon profit particulier), luy bailla les arreſts. Toutesfois il fut
puis après eſlargi, moyennant la reddition du pillage, lequel ce
neantmoins ne fut rendu à qui il appartenoit. Mais *Sainct Michel,*
irrité de cela, delibera de ſ'en aller avec ſa compagnie; ce qu'eſtant
rapporté à *Marchaſtel,* il le fit inſtamment prier, tant par les Conſuls qui eſtoient revenus, que par *Conſtans,* miniſtre, le capitaine
la Manne & autres, de demeurer au moins pour huict jours,
attendu qu'il y avoit apparence que la ville ne mettroit gueres à
eſtre derechef aſſiegée. Qui plus eſt, n'ayant voulu accorder cela,
il fut prié de laiſſer ſa compagnie; à quoy derechef n'ayant voulu
conſentir, il fut requis pour la troiſieſme fois de ſe contenter de
prendre les ſoldats qu'il avoit amenés, laiſſant les autres qui
ſ'eſtoient adjoints à ſa compagnie, mais il ne fut poſſible de luy
faire changer d'advis, ſauf que par grande importunité il dit qu'il
differeroit ſon partement pour un jour ou deux; & quant à ſes
ſoldats, que ceux-là demeuraſſent qui voudroient demeurer. Entendant cela *Marchaſtel,* ayant fait fermer les portes de la ville &
ſ'eſtant ſaiſi des clefs, après avoir eu la promeſſe des habitans
qu'ils luy tiendroient la main pour dompter une telle opiniaſtreté,
il envoya querir les ſoldats de *Sainct Michel,* auſquels ayant fait
eſteindre la meſche, il leur commanda de ſe retirer en leur logis,
& de n'en ſortir ſous peine de la vie, ayant eſté tué ſur le champ le
ſergent dudit *Sainct Michel,* nommé *du Pont,* pour avoir fierement reſpondu à *Marchaſtel,* qui le menaçoit de le faire pendre
comme un larron. *Sainct Michel* cependant ſe voyant enfermé en
la ville, fut ſi outrecuidé que de lever la ſerrure de la porte des
Cordeliers à laquelle il commandoit; & peu après luy eſtant commandé avec grandes remonſtrances par *Laboria* & *Conſtans,* de

venir parler à *Marchaſtel,* ſon colonnel, non ſeulement reſpondit
deſdaigneuſement, mais qui pis eſt, deſpita vilainement & colonnel
& habitans, & pour le comble de ſon outrecuidance deſeſperée,
tourna la bouche de deux pieces de campagne qu'il avoit à ladite
porte des Cordeliers contre la ville, eſtant acompagné de ſon frere,
Louys Peyralade, & de bien peu d'autres. Mais ſoudain, voyant
arriver le long du fauxbourg une troupe d'argoulets pour le ſaiſir
mort ou vif, & qu'il eſtoit ſans monture, luy ayant eſté ſaiſi ſon
cheval de bonne heure, le cœur luy faillit, & tout eſperdu ſe vint
preſenter avec ſon frere en la maiſon du Lieutenant principal à
Marchaſtel, ſon colonnel; lequel leur ayant fait poſer leurs piſtoles
& leurs eſpées, leur remonſtra les enormes fautes qu'ils avoient
faites, ſ'eſtans voulu departir de l'alliance pour ſe rendre (comme
il eſt à preſumer) à l'ennemi, ayans auſſi, au lieu de rendre obeiſſance à leur colonnel, violé la porte de la ville, & braqué l'artillerie
contre icelle; achevant leſquelles remonſtrances, il delaſcha ſa
piſtole contre *Sainct Michel,* lequel ſe ſentant ainſi bleſſé, &
voyant bien que c'eſtoit fait de ſa vie, reprenant ſon eſpée qu'il
avoit poſée ſur la table, ſe ruant d'un cœur merveilleux ſur *Marchaſtel,* il luy donna d'un coup d'eſtoc en l'eſtomac ; mais pource
qu'il eſtoit armé, le coup gliſſant porta entre le ventre & la cuiſſe,
dont *Marchaſtel* fut en danger de mort, & demeura long temps
malade. Alors *Sainct Michel* & ſon frere, chargés de toutes parts,
furent horriblement deſchiquetés, & la nuict ſuivante tous deux
pendus en une potence en la place publique ; comme auſſi fut
pendu le corps du ſergent *du Pont* en une autre potence, ayant
Sainct Michel un eſcriteau attaché aux pieds, dont la teneur
ſ'enſuit[1] :

« C'eſt *Sainct Michel,* conveincu d'avoir eſté larron, voleur,
meurtrier, traiſtre, rompant la foy à Dieu, au Roy, & à l'alliance
faite par monſieur le Prince de Condé pour le delivrement de ſa
majeſté. Et pour ceſte cauſe l'avons exterminé, tant par ſes demerites, que pour ſervir d'exemple à tous ceux qui voudroient ſuivre
ceſte vie malheureuſe & deſordonnée; auſquels nous faiſons
entendre qu'il ſera fait de meſme. Car ſommes deliberés de vivre

---

1. Laſon, *Hist. d'une ville prot.*, p. 42, donne ces mêmes faits d'après une autre source : l'*Affliction de Montauban,* fol. 45.

fous la crainte de Dieu & l'obeiſſance du Roy, obſervans de tout
noſtre pouvoir les loix & ordonnances de la guerre, puis que par
le vouloir de Dieu nous avons les armes en main, pour retirer de
captivité Charles, par la grace de Dieu Roy de France, noſtre
ſouverain prince & ſeigneur, enſemble la Royne, ſa mere. »

Telle fut la fin de ce capitaine vaillant & hardi à la verité, &
qui avoit eſté principal inſtrument de la delivrance de la ville ;
laquelle procedure j'ay bien voulu deſcrire tout au long pour ſervir
d'exemple de ſeverité militaire, laquelle ſi on euſt bien obſervée
en ceſte guerre, infinies miſeres & calamités ne fuſſent advenues.
Ce neantmoins ce jugement ne fut approuvé de tous, excuſans le
faiƈt de *Mombeton* ſur ce que la guerre eſtoit ouverte contre les
ennemis de la religion, joint qu'eſtant *Mombeton* parent de *Marchaſtel,* aucuns ſoupçonnoient qu'il avoit procedé contre *Sainƈt
Michel* avec quelque paſſion particuliere, ſolicité, comme on eſtime,
par le capitaine *la Tour,* ayant quelque hayne ſecrete contre les
ſuſdits. Et quant au crime de trahiſon, il eſtoit fondé ſur une
ſimple preſomption ; mais à la verité ſa rebellion & deſobeiſſance
par trop outrageuſe ne pouvoit eſtre endurée ſans une merveilleuſe
conſequence. Et quant au crime de meurtre & volerie, cela ſe
rapportoit à ce que luy & ſon frere ayans debat & queſtion pour
leur legitime contre leur frere aiſné, nommé *Raymond,* ils l'avoient
tué à Sainƈt Antonin, & ſ'eſtoient emparés de la maiſon & biens
d'iceluy, qui furent incontinent rendus à la veſve après la ſuſdite
execution. Combien qu'aucuns diſent que ce fut un ſoldat de
Cardaillac qui fit le coup, & que *Raymond* avoit eſté le premier
aggreſſeur ; tant y a que telle fut la fin de l'un & de l'autre, qui
doit bien apprendre à ceux qui ont bien commencé quelque
beſongne, de prier Dieu qu'il leur face la grace de pouvoir commander à leurs paſſions, & de continuer de bien en mieux juſques
à la fin.

Les ennemis cependant, pour enceindre la ville de toutes parts *La ville*
& manger les vivres d'alentour, aſſirent leurs garniſons en pluſieurs *bloquée.*
lieux, comme à Moiteich[1], à Meiſſac, à Piquecos, Paraſols, Sainƈt
Leofaire, Villemur, Neigrepelice & autres lieux, & notamment à
Mombeton, duquel lieu le ſeigneur ne ſe voulut jamais contenter

---

1. Liſez : *Montech, Moiſſac.*

de raifon, nonobftant l'execution de *Sainɛt Michel*, & qu'on luy offrift reftitution de tout ce qui luy avoit efté pris, dont infinies courfes & pilleries f'enfuivirent de part & d'autre, avec la mort de quelques uns.

Laboria chargé du commandement de la ville. Mesures de défense.

Quant aux forces qui eftoient dans la ville, dont *La Boria* eftoit capitaine du confentement de *Marchaftel*, colonnel, *la Tour* partit de Montauban, le vingttroifiefme dudit mois, difant qu'il fe trouvait mal difpofé. *Marchaftel*, le lendemain, n'eftant encores gueri de fa playe, fe retira à Vieulle, dautant que la Dame du lieu eftoit fa tante, laiffant en fon lieu *Boifferon*[1], homme vrayement craignant Dieu, ennemi d'avarice & de tout pillage, voire jufques à ne vouloir pas permettre que la ville luy deffrayaft feulement fa defpenfe, & n'avoir jamais voulu prendre aucun prefent de ce qui avoit efté licitement pris fur l'ennemi. Alors auffi fe departirent *Belfort* avec ceux de Millaut, & le capitaine *la Manne* avec ceux de Caftres, de l'exploit defquels il fera parlé en l'hiftoire de Rouergue[2]. Et quant au refte, trois compagnies des habitans furent dreffées fous la charge de *Laboria,* dont les enfeignes furent baillées à *Jean de Monceau,* dit *Bramont,* à *Antoine de Jean,* & *François Malferes,* dit *Letap.* Et d'abondant fut permis aux trois Capitaines eftrangers qui eftoient de refte, & qui n'avoient amené aucune compagnie, à favoir *la Vernade,* gueri de fa playe, *Soupets* & *Fontgrave,* d'en dreffer chacun une pour la defenfe de la ville, tant que befoin feroit; & furent auffi vingt confeillers creés des plus notables habitans de la ville, pour, avec les Confuls, determiner des affaires pour toute la communauté au lieu du confeil general, afin que les gardes ne fuffent jamais abandonnées.

Le 13 juillet, sortie.

Ces chofes ainfi rangées, ceux de *Montauban,* voyans que leurs ennemis fortans de diverfes garnifons ne faifoient autre meftier que ravager & brigander, tant deçà que delà l'eau, faillirent fur eux un lundi, treiziefme de Juillet, & en tuerent bon nombre, ramenans vivres & prifonniers, & fe continuerent ces rencontres fort heureufement pour ceux de la ville conduits par *Laboria,* qui

---

1. *Antoine de Peyrusse,* sieur *de Boisseҫon.* Voy. ci-dessous, p. 193. *Mém. de Gaches,* p. 14 et passim. Le village *Boisseҫon de Masviel,* commune de Murat, Tarn.

2. Voy. ci-dessous, p. 191 s.

rembarra fort vivement les ennemis, le dernier dudit mois. Et lors pource que plusieurs butins se faisoient avec grand desordre, il fut advisé au conseil entre les Consuls & leurs assesseurs & les Capitaines, avec l'advis des ministres, qu'il en seroit fait desormais comme s'ensuit :

« Premierement, quant aux choses publiques ayans servi à l'usage de l'Eglise Romaine, celles dont la forme ne pouvoit estre changée sans qu'il y restast quelque trace & memoire de superstitions, comme tapisseries contenant histoires ou devises superstitieuses, chappes de mesmes sortes, & autres choses semblables, seroient mises au feu & bruflées. Mais quant à celles dont la forme se pourroit commodément changer sans qu'il y apparut aucune marque de superstition ou impieté, & dont la matiere pourroit estre convertie en quelque usage licite, & pareillement toutes autres choses publiques legitimement prises sur les ennemis jurés de la religion (en ce comprises les dismes), on en feroit trois parts : l'une pour estre employée en usages pies, comme subventions & nourriture des pauvres, guerison des soldats blessés, & autres œuvres charitables ; l'autre pour estre appliquée aux frais de la guerre & autres necessités ; & la troisiesme pour les capitaines & soldats qui auroient fait la prise.

Ordonnances sur le butin.

« Secondement, quant aux choses privées & particulieres, si c'estoit bled ou vin, tout seroit fidelement apporté dans le magazin de la ville, à laquelle en appartiendroit la moitié, l'autre estant reservée aux soldats qui auroient fait la prise ; comme aussi toutes autres choses particulieres seroient entierement à eux, sans qu'il leur fust licite, sur peine de la vie, de vendre ni transporter en façon quelconque hors la ville aucuns fruits de la terre.

« Tiercement, qu'il ne seroit fait aucune course sur aucun village ou personne, encores qu'ils fussent de la religion Romaine, qu'ils n'eussent au prealable porté les armes & ne se fussent par tel moyen declarés ennemis ouverts de la religion.

« Quartement que les prises illegitimes & qui n'auroient esté faites sur les vrais ennemis, seroient entierement rendues. »

Ces ordonnances furent ainsi dressées & jurées, mais tresmal observées, bien souvent au grand regret du peuple, comme il advint au commencement du mois d'Aoust, ayans esté conduits

Désordres et pillages.

quelques foldats en divers lieux, comme Bonrepaire¹, la Baftide², Corlarieu³, Sainct Capraife⁴, Sainct Leofaire⁵ & autres lieux du Tap⁶ & Monceau⁷, où ils fourragerent les difmes, & firent autre grand butin qu'ils f'approprierent, horfmis qu'ils firent quelque part à la ville du bled qu'ils ne pouvoient celer. Pour cefte caufe, communément ces pillars eftoient appelés par le commun *Fifaires*, & les miniftres crioient affés en chaire (eftant revenu en la ville *Martin Tafchard*, le dixiefme d'Aouft, au grand contentement d'un chacun); mais l'avarice & la force l'emportoient. Ce mefme jour, dixiefme d'Aouft, les compagnies de *Caftres* eftans allées à *Frejeville*⁸, furent mifes en telle defroute, qu'il y mourut de quatre vingts à cent foldats & quafi tous enfans de la ville. Le douziefme dudit mois (d'août), pour eviter confufion, fut arrefté que les capitaines ne prendroient cognoiffance fur aucun des habitans de la ville ayant fait faute dans ladite ville & jurifdiction d'icelle, finon en ce qui concerne le faict de la guerre ; ni pareillement les Confuls fur aucun foldat ayant fait excès concernant l'Edict fait, mais bien auroient cognoiffance des eftrangers mefmes de leurs compagnies ayans commis larcins, voleries, paillardifes, & femblables excès dans la ville.

Enrôlements par Duras, et Marchastel, pour Orléans.

Tandis que ces chofes fe faifoient à *Montauban*, *Duras*, renvoyé d'Orleans pour lever nouvelles forces, eftans mort de pefte à Orleans pour la plus part ceux qui y avoient efté conduits de la Guyenne au commencement, ayant fait fon amas d'environ feize

1. Peut-être *Bonrepaux*, village (Haute-Garonne), à 18 kil. de Toulouse, près de Verfeil.
2. Ou bien *La Bastide-de-Penne* (Tarn-et-Garonne), village à 40 kil. de Montauban, canton de Montpezas, près de Caussade, ou bien le village de *La Bastide-St-Pierre*, près de Grisolles, à 32 kil. de Castel-Sarrasin (Tarn-et-Garonne).
3. *Corlarieu*, à 6 kil. de Montauban.
4. Ou bien *St-Caprais*, commune de Belmontet, près de Montclar, à 15 kil. de Montauban, ou *St-Caprais-de-Lerm* (Lot-et-Garonne), à 13 kil. d'Agen, près de Puymirol.
5. Peut-être le village de *St-Nauphary* (Tarn-et-Garonne), à 9 kil. de Montauban.
6. *Le Tap*, commune de La-Villedieu, bourg à 6 kil. de Castel-Sarrasin, canton de Montech.
7. *Moncaut*, village de l'Agénois, Lot-et-Garonne, à 16 kil. de Nérac.
8. *Féjeville*, village à 9 kil. de Castres (Tarn).

du Parlement de Touloufe. Livre X.   101

enfeignes en Agenois, après avoir laiffé garnifon feulement au chaftcau de Penne ¹, qui eftoit eftimé imprenable, & en la ville de Tournon, f'enchemina vers le païs de Quercy pour fe joindre à *Marchaftel,* gueri de fa playe & fejournant à Sainct Antonin, & print en chemin la ville de *Lauzerte,* le quinziefme dudit mois d'Aouft, où furent tués fix cens hommes ou plus par un jufte jugement de Dieu, pour avoir les habitans malheureufement & traiftreufement meurtri le fieur *de Monlaufun,* duquel il a efté parlé cy devant ², homme vrayement de grande pieté, de vie irreprehenfible & de doux efprit. Cela fait, *Marchaftel* voulant de fon cofté affembler gens pour eftre auffi colonnel de ceux des eglifes de fa profeffion, tira premierement de Villeneufve leurs compagnies de *Savignac* & *Belfort,* car pieçà *la Manne* & *Honorat* f'eftoient retirés de la dite ville tirans au cofté de Foix; & ne tint pas à commander & à menacer qu'il ne degarnift Montauban pour le moins des compagnies eftrangeres, allegant qu'il faloit pourvoir au principal, & pluftoft abandonner tout le païs que de deftituer de fecours le *Prince,* qui avoit en tefte le plus fort des ennemis. A cefte occafion, chacun courant au camp de *Duras* & de *Marchaftel,* plufieurs villes & places demeurerent fans aucune garde, & f'adjoignoient mefmes les miniftres aux troupes de leurs eglifes. *Monluc* donc ayant envitaillé Bordeaux, ne faillit à cefte occafion, & ayant pris d'affaut *Monfegur* ³, tira droit au chaftcau de Penne⁴, lequel ayant pris en peu de jours, il y exerça toute forte de très barbare cruauté fans avoir efgard à l'aage ni au fexe ⁵, ce qui donna telle frayeur aux villes & places deftituées de gens de guerre, qu'elles fe rendirent incontinent à fa volonté, efquelles auffi toft il abolit tout excercice de religion & reftablit la meffe, combien que notoirement il fe moqua de l'une & de l'autre.

Monluc prend Penne.

---

1. Voy. vol. II, p. 773 et 775, où les détails, quant à la prise de Lauzerte et au nombre des tués, diffèrent de ceux-ci.
2. Voy. *supra*, p. 65.
3. *Monluc, Comment.*, II, p. 443.
4. *Ibid.*, p. 452.
5. *Ibid.*, p. 458 : La prinse de *Pene* n'estoit pas de petite importance, pour estre une place tres-forte, et à ung bon païs, sur la riviere, où plusieurs mauvais garçons feurent despechés. — Il se peult dire que le monde feist là son devoir.

Le 19 août.
Combat de Mirabel, mort de St-Vit et de Parisols.

Le Mardi, dixneufiefme dudit mois (d'août), les garnifons laiffées à Tournon par *Duras* quitterent auffi la ville [1], fous la conduite de leurs capitaines *Blagnac, Boudon* & *Saincte Vit ;* lequel en une rencontre qu'ils eurent à Mirabel, diftant deux lieues de Montauban, fut tué, non fans avoir vaillamment combatu, voire de forte que le fergent *de Parifols* & fix foldats y demeurerent fur la place, & *Parifols* mefmes, ennemi du tout enragé de ceux de la religion, & particulierement de ceux de Montauban, y fut tellement bleffé qu'il en mourut peu de jours après.

Boisjourdan tente de gagner Montauban par perfuasion.

Ceux de *Touloufe,* au grand regret defquels le fiege de Montauban n'avoit fuccédé, foudroyoient cependant par arrefts, & nommément par celuy qu'ils donnerent le vingtiefme dudit mois d'Aouft, folicitans auffi *Baʒordan* de tenter par tous moyens d'entrer à Montauban; lequel feignant de ne demander rien moins que leur ruine, envoya un nommé le fieur *de la Mothe,* pour leur dire qu'il ne demandoit d'entrer dans la ville qu'avec trente chevaux, & de mettre fon infanterie aux fauxbourgs du Tar, afin que par un tel figne d'obeiffance *Monluc* & *Terrides* perdiffent la volonté d'entreprendre chofe plus griefve contre la ville. La refponfe fut que les habitans tenoient la ville pour le Roy, & que fi on les affailloit, ils fe defendroient.

20 août. Pillage de Caylus, de Rocamadour et de St-Antoine de Marcolles.

Ce mefme jour (20 août), la ville de *Caylus* ayant refufé ouverture & vivres à *Duras,* fut prife & pillée, comme il alloit fe joindre à *Gourdon*[2], avec *Bordet,* lieutenant du *Comte de la Rochefoucaut*[3], & furent en ce voyage pillés & deftruits deux temples les plus renommés entre ceux de la religion Romaine, à favoir celuy de fainct Antoine de Marcolles, & celuy de Noftre Dame de Roquemadour[4], par le capitaine *la Beffonnie,* fous la charge de *Marchaftel,* y ayant efté quelque temps auparavant defcouverte par

1. *De Thou,* III, p. 319.
2. *Gourdon,* dans le Quercy, vol. III, p. 778.
3. *Monluc, Comment.,* III, p. 452: *Le Bordet* passa (devant Agen, en août) et alla gaigner Montauban, où M. de Duras l'attendoit. — Le seigneur *du Bordet* avoit été envoyé par le comte de la Rochefoucault à *Duras,* avec quelques compagnies de cavalerie, pour lui servir d'escorte et presser son départ pour Orléans. Il marqua son passage en Guyenne par bon nombre de coups de main heureux. *De Ruble.* Comp. du reste le vol. II de notre *Histoire,* p. 777 s.
4. *Rocamadour.* Vol. II, 778.

90 *Coras*[1], conseiller au Parlement de Toulouse, une grande imposture des prestres, faisans croire qu'ils avoient leans le corps de S. Amador en chair & en os, au lieu duquel n'y fut trouvé qu'un os semblable à celuy d'une espaule de mouton, avec quelques petis drapeaux pleins de poudres[2].

Le vingttroisiesme dudit mois, *Bazourdan*, après avoir envoyé devant en la ville quelques damoiselles de la religion, mais aisées à estre deceues, & propres à decevoir les autres, pour effrayer les habitans vint luy-mesme en personne pour les induire à quelque composition, n'oubliant ni promesses ni menaces pour les y amener. Mais le tout fut en vain, & furent telles les dernieres paroles de *Bazourdan :* Et bien, vous vous fiés en Dieu ! ce qui fut receuilli par *Constans*, ministre[3], luy respondant ces propres mots : C'est celuy vrayement qui nous defendra & qui confondra ses ennemis.

Duras & *Marchastel,* advertis de ces choses, encores qu'ils eussent une intention toute contraire à ceux de Toulouse, toutesfois desirans de mener bonnes troupes à Orleans, & tenans la ville pour perdue, envoyerent aussi tost à Montauban le capitaine *la Soule*, lequel arrivé le vingtcinquiesme du mois (d'août), exhorta les consuls & habitans d'entendre à quelque composition raisonnable, & de leur envoyer leurs forces pour les conduire avec le reste à Orleans, de sorte qu'il ne tint ni aux amis ni aux ennemis

23 août.
Nouvelle tentative de Boisjourdan.

Duras et Marchastel conseillent de capituler.

1. *Jean Coras*. *D'Aubigné, Hist. univ.*, tome II, liv. I, p. 560, le nomme l'excellent *Coras*. Il perdit la vie lors des meurtres de la St-Barthélemy, à Toulouse, le 31 août, avec quatre autres conseillers. Leurs cadavres furent pendus dans leurs robes rouges, sous l'orme de la cour du Palais. *Ibid.* — Comp. *De Thou*, IV, p. 606. *Le Duchat* rapporte qu'il eut un descendant, ministre gascon, auteur de plusieurs poëmes : *Jonas, ou Ninive repentante*, 1663, et trois autres : *Josué, Samson et David*, en un vol., 1665. Il retourna au catholicisme. *Ducatiana*, II, p. 247. Voy. aussi *La France prot.*, IV, p. 54 s.

2. C'est-à-dire : poussière. De là, le proverbe rapporté par *Châtelain, Vocabulaire Hagiologique* (au mot *Amator*): En chair et en os, comme Saint Amadour. *De Thou*, l. c.

3. *Lafon, Hist. d'une ville prot.*, p. 46, d'après *Jean Fornier, l'Affliction de Montauban*, fait intervenir *Tachard* au lieu de *Constans*. Il désigne aussi *Boisjourdan* (c'est ainsi qu'il nomme *Bazourdan*) comme commandant de Montbeton (*Mombeton*, Tarn-et-Garonne, à 16 kil. de Castelsarrazin).

de cefte pauvre ville, tant les uns eftoient cauteleux & les autres credules, qu'elle ne fuft expofée à l'abandon. Mais Dieu y pourveut, fortifiant tellement les habitans, qu'ils refolurent de fe defendre en une querelle fi jufte, ne permettant à ce capitaine de tirer de la ville autres foldats que ceux qui eftoient depuis n'agueres venus d'Agenois, fi bon leur fembloit. Ils envoyerent auffi vers *Duras* & *Marchaftel* deux bourgeois pour leur faire amples remonftrances, & demander fecours; & le trentiefme du mois, effayerent les quatre pieces d'artillerie qu'ils avoient fondues de nouveau, à favoir une coulevrine, une baftarde[1], & deux pieces de campagne.

Essai infructueux de sauver Nègrepelisse. 5 sept.

Le Samedi, cinquiefme de Septembre, le capitaine *Coulombier* & l'Evefque de Montauban[2], menans avec eux quatrevingts chevaux & environ trois cens hommes de pied, par le moyen d'un advertiffement à eux donné par ceux du chafteau de Neigrepelliffe de paffer par l'ifle du Moulin, furprindrent la ville de Neigrepelliffe, où plufieurs furent tués. S'eftans auffi finalement rendus par contrainte ceux qui f'eftoient retirés, les uns au clocher, les autres à la tour de la porte dite d'Amon, lefquels furent menés avec grandes extorfions ès prifons du chafteau. Ceux de Montauban, foudainement advertis, y envoyerent auffi fubitement quatre cens hommes de fecours. Ce neantmoins ils y arriverent trop tard, trouvans la ville prife, faccagée, & les portes fermées, contre lefquelles ils firent tout l'effort qu'il leur fut poffible, & y blefferent entre autres le capitaine *Coulombier,* qui en eft depuis demeuré eftropiat du bras droit, & un autre tué[3] mefchant, nommé *la Vorrette,* lequel quelques jours après fe faifant porter en fa maifon, fut furpris par ceux de la religion, achevé de tuer, & jetté dans la riviere de Laveron[4]. Mais finalement ceux de Montauban, deftitués d'efchelles, & furpris de la nuict, & entendans qu'il

---

1. Dans l'ancienne artillerie, la bâtarde était une sorte de canon, long d'environ neuf pieds et demi, avec trois pouces dix lignes de calibre. *Littré.* — La coulevrine, canon plus long que les pièces ordinaires, chassait beaucoup plus loin. Le diamètre de son calibre était d'environ cinq pouces, et son boulet de seize livres. *Ibid.*

2. Comp. *De Thou,* III, 322.

3. Il faut probablement lire : et un autre *très* meschant.

4. C'est-à-dire: l'*Aveyron,* qui devient navigable à Nègrepelisse.

du Parlement de Touloufe. Livre X.

venoit grand fecours de cavalerie aux ennemis, fe retirerent fans avoir perdu un feul homme[1]. Quoy voyant l'Evefque, le lendemain, feiziefme[2] dudit mois, fit tirer d'entre les prifonniers *Jean Claret,* dit *des Plats,* Diacre; *Jean Sezeran; Pierre* & *Jean Artis; Jean* & *Guillaume Millas,* qu'il fit très cruellement maffacrer à coups de pierres & de baftons au bord de la riviere de Laveron, où ils furent jettés puis après, eftans les autres prifonniers mis à rançon. *Massacres ordonnés par l'évêque.*

Le huictiefme dudit mois partirent de Montauban quarante argoulets & foixante arquebouziers avec les Capitaines *la Vernade* & *Fontgrave,* dit *Jean de Jean* & *du Tap,* enfeignes, en intention de prendre à Mirabel[3] quelques compagnies qui y eftoient; auquel lieu eftans arrivés, n'y trouverent perfonne, f'eftans retirés les habitans & ayans fort bien caché tant leurs biens que leurs pieces. Se preparans donques le lendemain pour f'en retourner, & f'eftans amufés à brufler un temple nommé noftre Dame des Miferes[4], ils furent auffi toft affaillis de tous coftés par cent hommes d'armes ou environ des compagnies de *Monluc* & *Burie,* fuivans le camp de *Duras,* comme pas à pas pour le furprendre. Quoy voyant, cefte petite troupe de Montauban f'efcarta çà & là comme elle peut, fe retirant *Fongrave* en une metairie prochaine avec environ vingcinq foldats, & *la Vernade* à Realville pour chercher fecours, de forte qu'il n'y en eut que quatre qui fiffent tefte, l'un defquels, nommé *Jean Bordes,* natif de Negrepelice, receut deux coups de lance, l'un à la joue & l'autre à la cuiffe, un coup de piftole à l'eftomac, où il y avoit trois balles qui rencontrerent les coftes, & fix coups de couftelas en divers endroits, eftant laiffé pour mort, dont toutesfois il ne mourut point, ni ne peut eftre forcée la metairie, f'eftans retirés les ennemis, pour eftre venu fecours de Realville aux affiegés, où fe retira le demeurant, y eftans demeurés morts *du Tap,* enfeigne; *Jean Durval le vieil,* & *Guillaume du Verger,* caporaux; *Claude Cortillaut,* marchand, & *Laurens* *Expédition à Mirabel.*

---

1. *De Thou,* l. c., dit au contraire qu'ils furent bien maltraités à leur retour.
2. *Seiziesme* est évidemment une faute d'impression pour *sixiesme.*
3. à 18 kil. de Montauban.
4. Cette église est encore maintenant un pèlerinage célèbre dans toute la contrée.

Coulon, avec environ dix foldats & deux prins prifonniers. Le moyen de cefte route fut un trompette de *Monluc,* lequel fait prifonnier à Montauban avoit fait bonne mine, & lors voyans l'opportunité s'eftoit rendu aux ennemis qu'il advertit du petit nombre de ceux de Montauban.

Passage de Marchâtel et de Duras avec une grande troupe.

Ce mefme jour, neufiefme dudit mois, *Marchaftel* & *Duras* arriverent à *Montauban*[1], en intention de enlever les compagnies & l'artillerie de la ville qu'ils tenoient pour perdue; de quoy advertis, les confeillers & habitans refolurent ne le fouffrir, dont fuft advenue confufion fi Dieu n'y euft pourveu par fa providence, ayant fait que leur camp (au moyen d'un faux bruit qui courut que *Duras* avoit efté furpris en chemin & eftoit tenu affiegé par *Monluc*) deflogea auffi toft de Cauffade & de Realville, tirant droit à Montauban, où il arriva pour retraicte fur le foir, bien tard, s'eftans logés au fauxbourg Sainct Antoine pour ce jour; mais le lendemain, dixiefme dudit mois, à caufe de la pluye furent logés dedans la ville. Ils eftoient environ huict mille hommes, tant à pied qu'à cheval, en vingt deux compagnies de gens de pied & dixhuict cornettes d'argoulets, fans les goujats & autre bagage quafi en pareil nombre que les maiftres, qui foulerent grandement la ville, leur eftant baillé le bled & autres fruits fans payer.

Le lendemain, unziefme dudit mois, les confuls fe voulans fervir de cefte occafion, prierent *Duras* & les autres chefs de les vouloir delivrer des chafteaux de Mombeton, Piquecos & Parifols, & des villages de Montech & la Francefe, qui eftoient les repaires & tannieres de leurs ennemis. Suivant laquelle requifition *Duras,* envoya affaillir Mombeton. Mais *Bazordan* avec fa compagnie eftoit dedans, qui repouffa tresbien les affaillans. Ce jour mefme fut accordée l'artillerie au fieur *de Duras,* fe voyant qu'il eftoit le plus fort dans la ville, & qu'il menaçoit de la prendre par force, fi on ne la luy ottroyoit de gré.

13 sept. Sortie.

Le Dimanche, treiziefme, fut faite une grande efcarmouche vers le fauxbourg du Tar, contre environ fix vingts hommes de cheval, amenés par *Bazordan,* qui furent contraints finalement de fe retirer avec perte.

---

1. *De Thou,* III, p. 322.

du Parlement de Toulouse. Livre X. 107

Le quatorziefme, *Burie* & *Monluc* vindrent pofer le fiege pour la deuxiefme fois devant *Montauban*[1], & fe camperent delà la riviere du Tar, à trois portées d'arqueboufe de la ville, près d'une tour appelée Phanafergle, menans avec eux neuf compagnies d'hommes d'armes outre plufieurs gentilshommes qui les fuivoient pour fe trouver à la curée, & vingtneuf enfeignes tant d'argoulets que de gens de pied, & trois compagnies d'Efpagnols, chacune de quatre cens hommes, avec cinq canons, trois groffes coulevrines, & cinq moyennes[2]. A l'arrivée, les ennemis gaignerent les metairies fituées hors la tranchée du fauxbourg du Tar, tirans à Gafferas, où fe fit une grande efcarmouche affés confufe du commencement, en laquelle *Baʒordan* fut mis à pied, & fe fourrant parmi les foldats de la ville joua fi bien fon roolle, qu'il fut mefcognu, & finalement refcoux par quelques Efpagnols. Et n'eft auffi à oublier la vaillance d'un de la ville, nommé *Jean Maʒier*, lequel

14 sept.
Burie et Monluc renouvellent le siège.

---

1. *De Thou, ibid. (Goulard), Hist. des choses mémor.*, p. 228 s. *Lafon, Hist. d'une ville prot.*, p. 47 s. — *Monluc, Comment.*, III, p. 14, ne dit que peu de mots sur cette attaque : Or, M. de Burie mist en avant une entreprinse qu'estoit d'aller assieger Montauban par le cousté devers Tholose, et qu'il failloit retourner à Moissac (à 28 kil. de Montauban) et passer la rivière (le Tarn); et feis venir encore ung canon et une coulouvrine, et prinsmes le chemyn droit à Moissac. Je le voulcis laisser faire sans le contredire de rien, ayant juré ung bon coup que je ne dirois mot, pour veoir ce qu'il feroit, encores que je congneusse bien que son entreprinse retourneroit en fumée et à néant ; car, puisque nous ne les avions auzé combattre à la campagne (savoir Duras et son armée), que pouvions-nous esperer de les voloir combatre dans une ville, et encore telle que celle-là ? Toutesfois je suyvis comme les autres, et arrivasmes au bourg, et là demeurasmes sept ou huict jours ; et feust tiré quelques coups de canon à la tour du pont. Nous tenions le bourg (c'est-à-dire le faubourg) jusques aux maisons qu'estoient tout auprès du pont, là où il y avoit une eglise et l'avoient fortifiée et reparé les rues. Bref, je ne sçay par quel boult commencer à escripre ceste belle entreprinse, car je n'en sçaurois faire ung bon potaige ; et vault mieulx, sans tirer plus outre, que je la laisse là. Et feust arresté que nous nous retirerions à Montech.

2. *Lafon*, l. c. Le 14 parut, sur la rive gauche du Tarn, tout le camp de *Burie*, composé des compagnies de *Montluc, Terride, Randan, La Vauguyon, Navarre, Paraʒols, Léonard, Cadillac, Murviel, Maces, Benque, Miquel, Merens, Najac*, outre les gendarmes de l'évêque, les argoulets de Valsergues, et trois compagnies d'Espagnols de quatre cent trente hommes chacune, guidées par don *Luis de Carvajal*... avec huit canons. (*De Thou* : cinq gros canons, trois coulevrines, et cinq moyennes pièces.)

après avoir longuement combatu fur le cheval de *Bazordan,* que les Efpagnols tafchoient de ravoir, finalement abatu & percé d'une efpée à travers le corps, fe fauva toutesfois d'entre leurs mains, & paffa la riviere à nage. L'iffue de l'efcarmouche fut telle que les affiegeans abandonnerent la place qu'ils avoient prife, pour fe retirer en leur camp avec grand pertes des leurs; & d'autre cofté, ceux de la ville y perdirent *Loppes,* capitaine du camp de *Duras, Cargoles,* fergent de bande, *la Gacherie,* caporal de la compagnie de *la Vernade,* fix foldats de la ville, & quelques autres eftrangers, outre plufieurs bleffés.

15 sept.
Sortie heureuse.

Le lendemain, quinziefme, le fauxbourg de Tar qui avoit efté abandonné, fut derechef muni de bonnes gardes par les habitans, & fit *Monluc* une grande faute en ce qu'il laiffa paffer cefte occafion. Ce mefme jour fe dreffa une fort belle efcarmouche, en laquelle les affiegeans eurent du pire; toutesfois du cofté de ceux de la ville, *Sapientis,* fergent de *la Vernade,* & *la Moynerie* furent tués, & *Druelle,* capitaine d'*Ages,* bleffé. Il y eut auffi ce mefme jour un moulin, nommé d'Abbarades[1], fur la riviere de Tar, entierement bruflé. Mais peu après eftans furpris les boutefeux en nombre de quatre vingts Efpagnols, comme ils faifoient bonne chere en la metairie d'un nommé *Jean Conftans* dit *Robbi,* foldat, furent tous tués jufques à un, par vingtcinq foldats feulement de la ville, qui en rapporterent trente-deux arquebouzes, avec autres defpouilles, le tout à la veue du camp des ennemis; defquels f'eftans quelques uns mis en devoir de paffer l'eau pour fecourir leurs compagnons, leur bateau verfa, & furent quafi tous noyés.

16 sept.
Le second siège est levé.

Le lendemain, feiziefme, quelques petites efcarmouches fe dres-ferent, & furent envoyés le capitaine *Peirelongue,* maiftre du camp de *Duras,* & le capitaine *la Vernade,* pour prefenter la bataille à *Monluc,* qui la refufa. D'autre cofté, le capitaine *Fontgrave* alla parlementer avec l'ennemi fous quelque pretexte, & dès lors commença à pratiquer fa trahifon, dont il fera parlé cy après. On tira hors la ville quelques pieces de campagne, ce qui fit reculer le camp des ennemis, defquels toutesfois aucuns paf-ferent la riviere & mirent le feu en quelques metairies. Quoy

---

1. *Lafon* : le moulin d'*Albarèdes.*

voyans *Burie* & *Monluc*, & qu'eftant la ville garnie de tant de gens il leur eftoit comme impoffible de la forcer, leverent le fiege, le dix-feptieme dudit mois, prenans le chemin de *Montefch*[1], dont puis après partie d'iceux alla affieger *Lectore*[2], & l'autre revint à *Touloufe*, le tout fans faire aucune perte de gens au deflogement. Telle fut l'iffue de ce fecond fiege de trois jours, dans lefquels plufieurs degafts fe firent, & y perdirent les affiegeans environ fix cens hommes, & ceux de dedans trente fans plus.

 La ville eftant par ce moyen delivrée aucunement des ennemis de dehors, f'en rejouiffoit, priant *Duras*, *Marchaftel* & *Bordet*, chefs du camp qui eftoit en la ville, de les delivrer des garnifons circonvoifines. Mais leur joye ne dura gueres, f'efforceans les defsufdits de perfuader aux habitans ou d'abandonner la ville, ou de compofer avec leurs ennemis en donnant quelque argent, ou recevans garnifon, comme eftant impoffible que la ville fe peuft garder après qu'ils feroient departis, pourfuivans le voyage d'Orleans. Les habitans fur cela ufoient de toutes prieres & remonftrances. Mais quoy qu'ils fceuffent dire, *Marchaftel*, les appelant opiniaftres & proteftant qu'ils eftoyent caufe de leur propre ruine, fe refolut d'emmener les deux compagnies d'eftrangers, à favoir des capitaines *la Vernade* & *Fontgrave*, combien que jufques là elles euffent efté dreffées & entretenues aux defpens de la ville. Suivant donques cefte deliberation, le vingt & deuxiefme dudit mois (de feptembre), leur camp deflogea avec les fufdites compagnies, horfmis quelques foldats folicités par *Peirol*, enfeigne de *Fontgrave*, qui fe tindrent cachés pour n'eftre contraints de fortir.

 Et quant à *Fontgrave*, feignant envers *Duras* de vouloir feulement mener fa femme à un village nommé Genebrieres[3], terre du Vicomté de Bourniquel, où elle feroit en feureté, & donnant à entendre d'autre part aux habitans qu'il fortiroit pour quelques jours, afin d'avoir excufe de ne fuivre *Marchaftel*, au lieu de faire cela, f'en alla droit à Montefch pour achever de baftir fa trahifon, qu'il voulut bien depuis executer, tafchant de rentrer en la ville, mais l'entrée luy en fut defendue, & fut *Peirol* fait capitaine en chef

Marchastel conseille de composer avec l'ennemi.

Il quitte, le 22 sept.

Trahison de Fontgrave.

---

1. *Montech.*
2. Vol. II, p. 782 s.
3. A 16 kil. de Montauban.

des soldats restés de ceste compagnie. Outreplus ceste pauvre ville, que *Marchastel* tenoit pour perdue, fut desnuée des deux grosses pieces d'artillerie qu'elle avoit fait fondre, & des deux pieces de campagne que feu *Saint Michel* avoit amenées au mois de May precedent; & qui plus est, furent contraints ceux de la ville de fournir tout l'attelage avec le fondeur, leur principal ingenieux[1], pouldres & boulets, estant par ce moyen destituée quasi de toute ayde humaine, estans mesmes sortis plusieurs de la ville, & entre autres *Jehan Brassac*, lieutenant particulier du Senefchal, & *Jean de Montcau*, enseigne d'une des compagnies des habitans[2]; de sorte qu'il n'y demeura de capitaines que *Laboria*, auquel il ne tint puis après que la ville ne se perdist, & *Antoine de Janson*, porte enseigne de *Peyrol*. Car bien est vray que *Duras*, estant sorti, avoit commandé à *Peyrelongue*, son maistre de camp, ensemble à *Malvirade* & *Bonguac* de rentrer dans la ville avec leurs compagnies, mais cela ne fut qu'une dissimulation, s'estans deux jours après retirés les deux capitaines pour ratteindre leur camp. Voilà le pauvre estat & comme desesperé auquel fut laissée la ville de *Montauban*, laquelle toutesfois fut maintenue & conservée, comme il sera dit cy après; & au contraire (tant est la providence de Dieu admirable) ceux qui la tenoient pour perdue se perdirent euxmesmes bien tost après, comme dit est en son lieu[3].

Estant donques la ville abandonnée, comme dit a esté, Dieu, qui avoit deschargé les habitans de beaucoup de tresmauvais hommes, remplit le reste d'un tresgrand courage, combien que tous n'ayent pas perseveré jusques à la fin, voire les principaux ayent fait les plus grandes fautes. Et pourtant, au lieu de perdre courage, *Laboria*, comme gouverneur, fit faire reveue de ce qui restoit, & se trouverent six cens hommes & quelque peu davantage. Cela se fit le vingt & deuxiesme de Septembre, & pour encores mieux pourveoir aux affaires, autre reveue fut faite le vingt septiesme, auquel jour l'enseigne de *Jean de Montcau*, qui avoit aussi abandonné la ville, fut baillée à *Martin de Lanis*, vrayement

---

1. ingénieur.
2. Voy. plus haut, p. 86.
3. La défaite de *Duras* à Ver, le 9 octobre, voy. vol. II, p. 787 s.

vaillant homme, & celle de *du Tap*¹, qui avoit efté tué, à *Jean Acier*².

Toft après les ennemis fe preparans au troifiefme fiege³, après que le camp de *Duras* f'eftoit deflogé, pourfuivirent d'enceindre Montauban de plus en plus, & mirent garnifon au chafteau de Corbarieu⁴, diftant d'une lieue de Montauban, le dernier de Septembre. Mais le deuxiefme Octobre, ceux de la garnifon fe retirerent de crainte d'eftre forcés, & le quatriefme du mefme mois, *Laboria* leur ofta tout efpoir de retour, ayant bruflé le temple haut, affis vis à vis du chafteau.

Préparatifs du troisième siège.

Ce qui advint le neufiefme dudit mois à Montauban, & le propre jour de la deffaite de *Duras* près Bergerac, monftre bien que ceux de l'eglife Romaine fe tenoient bien affeurés de leurs entreprifes, combien que l'une ne leur fuccedaft pas comme l'autre. Voici donc ce qui leur advint du cofté de Montauban, par le moyen du traiftre *Fontgrave,* les ayant affeurés fur fa vie que gagnans le fort des Jacopins ils emporteroient la ville par efcalade ; ce qui ne leur feroit malaifé, comme il difoit, f'ils bailloient l'alarme en plufieurs autres lieux pour trouver ledit fort des Jacopins defgarni, dautant que ceux de Montauban avoient cefte mauvaife couftume d'accourir tous incontinent au lieu où fe donnoit l'alarme, ce que le traiftre eftimoit qu'ils feroient, fachant la ville avoir efté ainfi defgarnie de gens de guerre. Suivant donc cefte refolution, fur les deux heures après minuict, ceux qui avoient efté ordonnés pour ceft effect, qu'ils tenoient pour tout certain, ayans fait femblant de vouloir

Assaut du fort des Jacobins manqué, 9 octobre.

---

1. *supra*, p. 91.
2. *Lafon*, p. 51, le nomme *Astier*.
3. *Lafon*, l. c., rapporte que le parlement de Toulouse, après avoir vainement sollicité le baron de Burie, qui laissait rafraîchir ses troupes à Montech, de renouveler le siège de Montauban, s'était adressé au cardinal d'Armagnac, gouverneur de Toulouse, et que celui-ci, se rendant à leurs instances, chargea Terride de l'expédition. Les Toulousains fournirent des canons et sept enseignes de la ville, auxquelles Terride joignit ses deux compagnies, celle de *Saint-Salvy*, les deux de *Boisjourdan (Baʒourdan)*, avec mille ou douze cents hommes de milices, et marcha contre Montauban. — *De Thou*, III, p. 345, d'accord avec notre *Histoire* (comp. aussi *Goulard, Hist. des choses mém.*, p. 230), ne fait arriver l'artillerie et les troupes de Toulouse que le 10 octobre (*Goulard*, le 11).
4. *Corbarieu*, à 9 kil. de Montauban.

bailler l'efcalade du cofté des Carmes, laſcherent force coups d'arqueboufades, & de là venans donner l'alarme à la porte des Cordeliers, & en mefme inftant à celle du Pont delà l'eau, & du Mouftier, avec grands cris & tintamarres, finalement aucuns d'entr'eux, couverts de chemifes pour f'entrecognoiftre, f'adrefferent tout coyement au fort des Jacopins, cuidans furprendre la garde. Mais *Laboria,* foit qu'il euft eu advertiffement de ceft effort ou autrement[1], y avoit fort bien pourveu, ayant mefmes logé une fentinelle au fommet du temple, & d'autres dedans un pré fitué au devant du fort, par lefquelles fe voyans les ennemis defcouverts, ne laifferent d'appliquer leurs efchelles, & mefmes firent ouverture avec un belier de guerre, autrement appelé malmouton, bien ferré & pouffé à douze hommes avec grand bruit de trompettes & tabourins & cris effroyables. Par ce moyen, environ deux cens efchelerent la premiere courtine contre le cloiftre du cofté de Septentrion, & les deux enfeignes de *Baʒordan* y monterent en criant ville gagnée. Mais ils furent fi bien batus des cafemates d'au deffous & des corps de garde qui regardoient fur le pré, qu'ils furent contraints de fe retirer à leur grand'honte & dommage, ayans perdu environ deux cens hommes avec trois efchelles toutes fanglantes & leur belier; au lieu que du cofté de la ville ne fut tué qu'un feul homme nommé *Perrinet,* nepveu du fieur *de Corniffon*[2], grand maiftre de Rhodes, auquel il n'avoit tenu que le corps de garde où il eftoit ne quittaft la place, & qui fut tué par fa faute.

Terride prend le faubourg de St-Antoine.

Tel fut le commencement du troifiefme fiege de *Montauban,* n'ayant efté levé fi toft que le fecond, finon en intention de l'avoir tant plus aifément ou par furprife ou par un autre fiege, en baillant moyen au camp de *Duras* de f'en retirer, foit qu'il fuft rompu en chemin, comme il fut, foit que, pourfuivant fon chemin vers Orleans, il laiffaft la Guyenne defpourveue. Se voyant donc

---

1. D'après *Lafon* (sur la foi de *Jan Fornier, Manuscrit d'Emeran Forestier*), les Montalbanais, avertis par une main amie, et sachant quel était le point menacé, le 9 octobre 1562, veillaient depuis cinq nuits au fort des Jacobins.

2. Nous trouvons dans les *Mém. de Gaches,* p. 212 etc., *François de la Valette,* sieur de Cornusson, sénéchal de Toulouse, qui avec Joyeuse commandait les catholiques dans les guerres de 1575 et s., chevalier de deux ordres, mort à la suite des fatigues du siège de Salvagnac en 1586.

Terride, qui arriva le premier à ce fiege, defcheu de ce que le traiftre *Fontgrave* luy avoit promis, ayant avec fa compagnie d'hommes d'armes dix compagnies de gens de pied, pofant une partie de fon camp près la ladrerie, & quelque corps de garde à l'hofpital de la pefte du cofté d'Occident, f'empara auffi toft du fauxbourg *Sainct Antoine*[1], riche & peuplé, & garni de plufieurs belles maifons, mais aifées à gagner, pour n'eftre le fauxbourg enceint que d'une petite tranchée, gardée par les feuls habitans d'iceluy, qui f'enfuirent au feul vifage de leurs ennemis. Là ne fut rien oublié de cruauté, pillage & vilenie, voire jufques à ce poinct qu'une femme honnefte de la religion, eftant enceinte, fe monftrant conftante & vertueufe jufques au bout, y fut fendue vive, fon fruict arraché du ventre, & auffi toft maffacré. Voilà par où commencerent ce jour là ceux de la religion Romaine, eftant au refte advenu tout cela par un jufte jugement de Dieu fur ce fauxbourg plein de contempteurs de Dieu, voire jufques à ce poinct que de tous les habitans d'iceluy à grand'peine y avoit il une douzaine de perfonnes qui fiffent profeffion d'eftre de la religion, & par confequent les autres n'ayans ni prefche ni meffe.

Le lendemain dixiefme & l'onziefme auffi, il y eut force arquebouzades tirées de part & d'autre, tirans ceux de la ville des murailles & du fort des Jacopins, mais pour cela les ennemis ne furent deflogés, leurs eftans arrivées neuf pieces d'artillerie de Touloufe, à favoir deux canons portans le boulet pefant de quarante livres, trois coulevrines de baterie, & quatre baftardes, dont eftoient commiffaires deux Capitouls de Toulouze, avec quatre compagnies de gens de pied d'eflite, fous les capitaines *Gargas, Cadillac,* maiftre des ports, *Pierre Delpech,* marchand, & *Maignagut,* & autres fept enfeignes conduites par *la Garde, Montmor, Villemagne, Tilladet,* & quelques autres[1]; & furent ce mefme jour rompus les conduits d'eaux de la fontaine du Griffol, au deffaut de laquelle fuppleerent puis après les puits & la fontaine du convent des Jacopins. Sur le foir auffi comparurent trois gentilshommes de l'ennemi contre la porte de Montmarat qui

Forces des assiégeants.

---

1. ou Ville nouvelle. *Lafon.*

2. *Lafon* ajoute encore les noms de *Boisjourdan (Baʒourdan), Saint-Salvy, Gimont.*

estoit murée, entre lesquels estoit *Montbertier,* maistre de l'artillerie, lequel depuis la paix a fait profession ouverte de la religion, exhortans les habitans à se rendre; ausquels il fut commandé de se retirer. Et pour ce qu'on vid que c'estoit à bon escient, voici l'ordre qui fut establi par dedans pour se defendre avec armes temporelles & spirituelles.

Distribution des ministres et des consuls de la ville.

Pierre Salicet, ministre de Rabasteux[1], & *Bernard Preissac,* ministre de Cajarc[2], furent assignés au fort des Jacopins; *Jean Constans,* ministre de la ville[3], à la porte des Cordeliers; *Pierre Gailleuse,* ministre d'Albias[4], à celle du Moustier; *Regnaut,* ministre de Cataleux, à celle des Carmes; *Estienne Moalan,* ministre de Caylus[5], à celle du Pont; *Pierre du Croissant,* ministre de la ville[6], au corps de garde de la place, pour y faire les prieres, & y demeurer jour & nuict, se donnans garde que Dieu n'y fust offensé, & qu'aucune trahison ne s'y fist. *Jean Carvin,* aussi ministre[7], mais desià ancien, & auparavant medecin de sa profession, fut ordonné pour visiter les malades; *Martin Taschard,* ministre de la ville[8], eut la charge de faire les prieres au temple Sainct Jaques pour les femmes & vieilles gens, excusés d'aller à la garde; lesquelles prieres depuis il changea en briefves exhortations, comme aussi les autres ministres se mirent à prescher les Dimanches à leurs corps de garde. Outre tout cela ne faillit ledit *Taschard,* pendant ce siege, de visiter tous les corps de garde avec la ronde chasque nuict, & d'y faire prieres. Les Consuls tindrent quasi un ordre semblable, se tenant *Hugues Calvet* aux portes de Tar & de Tescon; *Jean Portus,* à celle du Moustier; *Jean Pons,* à celle des

---

1. Vol. I, p. 865 et ce vol. III, p. 71.

2. Vol. I, p. 850, où *Preissac* est désigné comme ministre de *Cieurre* (peut-être, *Cieurac,* village du Quercy, de même que *Cajarc* aussi est située dans le Quercy, sur le Lot).

3. *Constans,* déjà souvent nommé, p. 62 et ailleurs.

4. *Albias,* également bourg du Quercy, à 12 kil. de Montauban, à peu de distance de l'Aveyron.

5. *Caylus,* ville du Quercy, à 44 kil. de Montauban.

6. *Du Croissant, supra,* p. 61, 64, 77, 79, et vol. I, *passim.* Il mourut le 20 mars 1563.

7. *Carvin,* vol. I, p. 27, 851; II, p. 752; III, p. 66, etc.

8. *supra,* p. 61, 87, et vol. I, *passim.* Il souffrit courageusement le martyre après les troubles de Pamiers, 1567. *Hist. des Martyrs,* p. 772 b.

Cordeliers; *Naves,* à celle du Griffol, & *Antoine Canefilles,* à Montmurat, fans en bouger mefmes la nuict. En chafque porte auffi y avoit un des Confeillers de la ville pour difpenfer la corde & les boulets. Au refte, tous, foldats, habitans & eftrangers furent affis à leur garde, à la charge de ne f'en departir ne jour, ne nuict, ni aller coucher en leurs maifons.

Le douziefme d'Octobre, ceux de la ville firent deux faillies, l'une du cofté des Carmes pour mettre le feu au fauxbourg Sainct Eftienne, afin que l'ennemi ne f'en faifift, l'autre par la porte des Carmes tirant vers un temple de Sainct Michel qui eftoit loin de la ville, où quelques uns des ennemis furent tués. La nuict fuivante & le jour d'après, la baterie commença, mais feulement des deux plus groffes pieces, & affés foiblement, tantoft contre le fort des Jacopins, tantoft contre la muraille de la ville, & la maifon d'un bourgeois nommé *Dariat* [1]. *Le 12 oct. Sorties.*

Le 13 oct. Le canon commence à battre la ville.

De là, remuans la nuict l'artillerie plus bas, ils commencerent à batre avec quatre groffes pieces la tour de Sainct Leger [2], qui fert d'encoigneure aux murailles de la ville entre le Septentrion & l'Occident. Mais eftant le lieu où ils poferent leur artillerie en pente & rabouteux, ils y perdirent environ fix vingts pionniers tués par ceux de la ville, tirans à coup perdu au travers des tenebres de la nuict.

Le quatorziefme & quinziefme fuivans, ils batirent la muraille joignant cefte tour, mais il n'y eut ni brefche faite, ni aucun bleffé, & firent merveilles les femmes & le refte des habitans d'apporter terre, bois, & fumier, & tous les coftés qui avoient befoin de reparation & fouftenement, furent tresbien remparés par dedans, de forte que l'ennemi, ni ces deux jours, ni le troifiefme, n'avancerent rien par leur baterie, eftans conviés les affaillans par ceux de dedans, qui pendirent aux murailles trois effigies par une espece de moquerie, l'une du *Cardinal Stroffi* [3], avec fon chapeau & fa robbe rouge, l'autre du cadet *de Montpeʒat* [4], *Evefque de Montauban,* & la troifiefme du traiftre *Fontgrave* [5], auquel fpectacle

Le 14 et 15 octobre.

---

1. adoffée au rempart du nord. *Lafon,* p. 56.
2. la tour *Liʒier, ibid.*
3. Le cardinal *d'Armagnac,* gouverneur de Toulouse. Voy. p. 96, note 5.
4. *Jacques Despreʒ,* seigneur de Montpezat.
5. Voy. plus haut, p. 94.

tous ceux de dehors qui y accoururent ne f'en retournerent pas, dautant que là auprès on avoit logé des meilleurs arquebouziers, qui ne failloient gueres à leur vifée.

Le 17 oct. Propositions de Terride.

Le dixfeptiefme (famedi), un certain capitaine apoftat[1], envoyé de la part de *Terride,* demanda de parlementer avec *Laboria,* lequel contre l'advis des miniftres, allegans que par ce moyen peu à peu les cœurs eftoient affadis & tentée la fiance qu'ils avoient en Dieu, y alla accompagné entre autres de *Tafchard* & de *Conftans,* miniftres. La demande fut du cofté de *Terride,* que ceux de Montauban euffent à fe rendre à pareille condition que ceux de Lectore[2] avoient rendu leur ville. La refponfe fut qu'ils gardoient & garderoient la ville au Roy, par l'Edict & confentement duquel ils avoient l'exercice de la religion, qui ne leur feroit jamais ofté qu'avec la vie, f'affeurans que Dieu les maintiendroit en une fi jufte defenfe, contre tous leurs efforts. *Laboria* donc pour ce coup refpondit vertueufement, combien que devant qu'en fortir, il euft monftré qu'il avoit defià quelque chofe en fon cœur qui ne valoit rien, ayant refpondu avec grand' aigreur aux miniftres luy contredifans, qu'ils fe vouloient faire Cardinaux, & qu'ayant refifté à la force des ennemis, il refifteroit bien auffi à la pointe de leurs langues.

Nouvelles attaques. 19 et 20 oct.

La baterie donques fut continuée le dixneufiefme & le vingtiefme (d'octobre, lundi & mardi), contre cefte tour de Sainct Leger & la muraille prochaine, & pareillement de deux pieces baftardes contre le boulevart de la porte de Montmurat[3]. Davantage efperans les ennemis de forcer la porte du Griffol en y mettant le feu, ils y amenerent à diverfes fois deux mantelets dreffés à la façon de ceux dont ils avoient ufé à la fedition de Touloufe, cy deffus efcrite[4]. Mais toutes leurs entreprifes furent vaines. Car leurs mantelets, abandonnés de ceux qui les conduifoient, fe voyans batus avec des pieces de campagne, furent aifément renverfés & puis bruflés; & quant à leur artillerie, elle ne porta aucun dom-

---

1. C'était *Pierre-longue* (ou Peyrelongue), qui avait été fait prisonnier à la bataille de Ver (vol. II, p. 790). *De Thou,* III, 346.

2. Vol. II, 784-786. *De Thou,* III, 325.

3. Le texte a, par faute d'impression, la leçon : *Montmierat*. Il faut lire : Montmurat, voy. la page précéd. (*Lafon,* l. c., p. 56.)

4. *Supra,* p. 20.

du Parlement de Touloufe. Livre X.

102 mage à perfonne, horfmis un feul jeune homme qui fut tué d'un coup d'une piece baftarde. Bref, il fe vid à l'œil, par maniere de dire, que la main de Dieu conduifoit les boulets, eftant advenu que l'un d'iceux rencontrant par le milieu un banc fur les deux bouts duquel deux foldats dormoient, le mit juftement en deux pieces, fans endommager ni l'un ni l'autre. Un autre boulet donnant entre les jambes d'une fervante fe courbant pour fe charger de terre, paffa outre fans luy faire mal quelconque. Les affiegés [1], au contraire, en abatirent plufieurs, tirans inceffamment, & des murailles & du fort, outre certaines pieces pofées fur certaines hautes tours & maifons de la ville; f'eftans auffi garnis les habitans de groffes maffes de bois, garnies de poinctes de fer, pour enfoncer mefmes leurs morions, f'ils venoient à l'efcalade. Bref, ils eftoient tellement efchauffés, qu'un jeune garçon fut bien fi hardi que d'aller faifir une enfeigne de l'ennemi dedans le fauxbourg Sainct Antoine, laquelle peut f'en falut qu'il n'emportaft.

Le vingt & uniefme (octobre, mercredi), les ennemis ayans pofé deux compagnies devant la porte des Cordeliers, pour empefcher que ceux de dedans ne fiffent quelques forties, remuerent leur artillerie, à favoir cinq pieces de canon, plus haut, au vieil portail du jardin des Jacopins, dont ils batirent la cuifine & tout ceft endroit du convent, où furent tués un fergent & un foldat de la compagnie de *Peirol*, & firent brefche, à la recognoiffance de laquelle fut tué, avec des [2] autres, un hardi foldat & fort regretté des fiens, nommé *Le Gendre*. Ils tirerent auffi quelques coups contre la maifon de *Dariat* [3], qui fert de muraille, comme auffi toutes les autres de ce cofté là, dont fut bleffé un foldat qui en mourut. Mais quant à la brefche, le creux qui eftoit derriere fut tantoft rempli de fagots & de poudre avec des ais pleins de cloux, efperans que l'ennemi viendroit à l'affaut, mais ils f'en garderent bien, eftans advertis de cela par quelques traiftres de la ville.

Les ennemis changent leurs positions. 21 oct.

Le vingtdeuxiefme (jeudi), les affiegeans ayans planté plus haut quatre pieces de leur artillerie, fur une platte forme que les habitans avoient commencé de faire avant le fecond fiege, à foixante

21 oct. Une brèche est faite. Boisjourdan tué.

---

1. C'est le mot qu'il faut évidemment lire, au lieu de : *assiégeans*, comme cela se trouve dans l'ancien texte.
2. Peut-être faut-il lire : *avec deux autres*.
3. Voy. ci-dessus, p. 100 (comp. p. 66 : *Jean Pieys*, dit *Dariat*).

pas ou environ du Convent, batirent le fort du cofté du dortoir &
fut cefte baterie fort rude, de forte que la terre trembloit fous les
pieds de ceux qui eftoient au dedans du fort. Et fut faite brefche
à la premiere courtine [1]. Laquelle voulant recognoiftre *Bazordan,*
& ayant deftourné fon rondache [2], pour regarder f'il y avoit moyen
de faire quelque tranchée pour pouvoir fapper la muraille, receut
une harquebouzade au deffous du tetin gauche, dont il mourut à
l'inftant. Ce fut une trefgrande perte pour les affiegeans, & grand
advantage pour ceux de dedans. Car il eftoit trefvaillant homme
& entendu au faict de guerre. Ce fut celuy qui f'eftoit au commencement moqué de ceux de Montauban, quand ils luy dirent qu'ils
fe fioient en Dieu, lequel le fceut bien trouver au paffage [3].

23 oct.
Affaut
repouffé.
Le vingttroifiefme (d'octobre, vendredi), la baterie fut continuée,
tellement que trois murailles furent percées l'une après l'autre, &
fut eflargie la brefche jufques à y pouvoir entrer douze hommes
de front. Quoy voyant, *Terride* commanda l'affaut, pour lequel
ayant *Sainct Salvi,* fon frere & maiftre de camp [4], choifi des plus
hardis foldats, conduits par le capitaine *Gardouche* [5], fucceffeur
de *Bazordan,* ils y vindrent hardiment. Mais eftans entrés & fe
voyans enfermés de trois murailles avec un rempart en tefte, &
pleuvant tout à l'entour d'eux une grefle de boulets, retournerent
encores plus vifte qu'ils n'eftoient venus, tumbans & chancellans
les uns fur les autres pour gagner leurs tranchées. Plufieurs y laifferent la vie, tant au dedans de la brefche qu'au pied de la muraille, & entre autres, *Haulteribe* [6], lieutenant de *Sainct Salvi,* &
autres officiers; & n'euft efté que les affiegeans, pour couvrir de
fumée leurs gens à leur retraicte, tirerent deux pieces d'artillerie
chargées de fourrage & poudre baignée, il y en fuft demouré
davantage. Quelques uns auffi des ennemis fe prefenterent devant
la porte des Cordeliers, fur la voufte & ruine du Convent, mais
ils en furent tantoft defchaffés avec perte de fix de leurs compagnies,

---

1. Elle fut faite au mur du dortoir du couvent des Jacobins. *Lafon,* p. 56.
2. *bouclier.*
3. Voy. p. 90 ; comp. p. 8, 9, 78 et passim.
4. Voy. ci-dessus, p. 78.
5. Voy. *supra,* p. 17.
6. *De Thou,* III, 346 : *Hauterive.*

n'eſtant mort du coſté de la ville, en tout ceſt aſſaut, qu'un ſoldat au fort des Jacopins, & encores par ſa faute, n'ayant voulu bouger de ſa place, combien qu'on l'advertiſt de ce qui luy advint.

Le Dimanche vingtcinquieſme (d'octobre), un rempart de bois & de tonneaux que les aſſiegeans avoient fait au devant de la porte des Cordeliers, fut bruſlé ; & depuis ceſſa la baterie, ſ'eſtans crevés deux de leurs gros canons, à leur grand'honte & confuſion. Car c'eſt une choſe quaſi incroyable des vanteries & blaſphemes par eux prononcés, comme ſ'ils euſſent eu deſià tout gagné, ne diſſimulans point qu'ils tueroient juſques aux enfans du berceau, & n'eſpargneroient femmes ni filles en leurs vilenies, menaçans meſmes Dieu, qu'ils appeloient Huguenot, & deſguiſans avec blaſphemes plus que abominables le commencement du Pſeaume cinquantieſme, commençant « Le Dieu le fort » etc., qu'ils changeoient en un blaſpheme par trop eſpouvantable, diſans : « Le Dieu le fol » ; choſes qui navroient les aſſiegés plus que choſe qu'ils euſſent peu ſouffrir. Auſſi monſtra l'experience que Dieu ne ſouffriroit tels blaſphemes impunis, ayant verifié ce que *Taſchard,* miniſtre, diſoit au rebours à ceux de dedans, à ſavoir, que ſ'ils avoient fiance en Dieu, il donneroit aux hommes un cœur de lion, & aux femmes un cœur d'homme, ce qui ſe trouva vray juſques à ce poinct, que les femmes vindrent juſques à monter ſur la muraille avec eſpées & piſtoles. Et qui plus eſt, les petis enfans dreſſerent une police de guerre entre eux, ayans un corps de garde & jettans coups de fronde qui n'eſtoient quelquefois ſans effect, ayant eſté meſmes *Baʒordan* bleſſé près du nés d'un de ces coups de pierres. Au contraire, de cinq cens coups de canon qui furent tirés contre la ville, il ne fut jamais tué que cinq perſonnes ; mais il reſtoit encores d'autres combas beaucoup plus dangereux, afin que la poſterité peuſt avoir en ceſte pauvre ville un ſingulier exemple, que Dieu ſait bien garder les ſiens, & par dehors & par dedans.

Voyans donc les aſſiegeans que ni par le traiſtre *Fontgrave*[1], ni par aucun aſſaut ils n'avoient ſeu rien gagner, delibererent de traitter deux autres moyens, à ſavoir d'environner la ville de blocus & de forts pour la ſauver[2], & cependant attirer à quelque

25 oct.
La canonnade est interrompue.

L'ennemi essaie de bloquer la ville.

1. Voy. ci-deſſus, p. 94.
2. C'eſt ce qu'on lit dans le texte original, peut-être faudrait-il lire : *l'affamer.*

parlement quelques uns de dedans, esperans qu'il s'en trouveroit tousiours quelqu'un qui se laisseroit gagner par quelque offre de composition, dont ils ne tiendroient puis après que ce qu'il leur plairoit. Suivant donques ceste deliberation, ils envoyerent plusieurs tabourins, l'un après l'autre, demandans nommément quelques uns pour parlementer. Mais ils furent renvoyés avec defenses de ne plus revenir, s'opposans formellement entre autres à tous parlemens les ministres, avec plusieurs vives remonstrances & tesmoignages exprès de l'Escriture, & notamment de l'histoire de Nehemie[1], & semblables autres passages. Ce qui les faisoit insister tant plus fort sur ce poinct, c'estoit que quelques uns se trouvoient desià de si foible courage, qu'on ne leur pouvoit oster de l'entendement qu'il ne fust bon de parler de la reddition de la ville, avec quelques tolerables conditions ; du nombre desquels se trouva, contre toute esperance[2], celuy qui avoit si bien fait jusques alors, & qui avoit la principale charge entre les gens de guerre, à savoir *Laboria,* lequel, quoy qu'on luy dissuadast, resolut toutes fois de parlementer, comme desià il avoit fait une fois[3]. Ce parlement donc se fit le vingthuictiesme dudit mois (d'octobre), entre *Laboria,* accompagné de *Jean Constans,* ministre, & de quelques soldats, d'une part, & le capitaine *Sainct Leonard,* accompagné d'un autre, (tous deux apostats) de l'autre. Là furent tenus plusieurs propos par ledit *Sainct Leonard* & son compagnon pour espouvanter les assiegés. Sur quoy estant tousiours respondu par *Constans :* que Dieu sauroit bien remedier à tout ce qu'ils mettoient en avant, dont les autres se moquoient, repliquans qu'il y avoit longtemps que Dieu ne faisoit plus de miracles, advint qu'à l'instant l'arc du ciel se monstra fort grand & beau, & derriere & comme fort près de celui qui se moquoit ainsi ; auquel s'adressant *Constans :* Tournés vous, dit-il, monsieur, & voyés de vos yeux l'arc que Dieu nous a mis en ces nuées, qui ne permettra que nul deluge nous engloutisse. Cela ferma la bouche à cestuy-là, ayant esté de la religion, & ouy parler de ceste histoire. Mais *Laboria,* tirant à part *Sainct Leonard,* parla longuement avec luy, au grand regret de sa compagnie, & à sa ruine aussi, comme il sera dit cy-après.

Laboria essaie de parlementer.

1. Chap. 6.
2. C'est-à-dire : contre toute attente.
3. p. 101.

Ce parlement s'eſtant fait au ſoir aſſés tard, le lendemain au matin, vingtneufieſme (d'octobre), *Laboria* fit aſſembler un conſeil particulier & extraordinaire, où ſe trouverent quelques conſuls, *Antoine Durant*, Lieutenant du juge[1] ordinaire, *Taſchard, du Croiſſant* & *Conſtans*, miniſtres, avec quelques uns du conſeil ordinaire, & quelques autres qui n'en eſtoient point ; en laquelle aſſemblée *Laboria*, après pluſieurs remonſtrances, conclut qu'on devoit entendre à la compoſition requiſe, & par ce moyen recevoir *Terride* comme lieutenant de Roy, & luy rendre la ville moyennant qu'il promiſt de conſerver la religion en ſon entier. Ceſte opinion fut ſuivie par le lieutenant *du Croiſſant* & quelques autres. Mais ayant eſté vivement remonſtré par les autres, qu'on voyoit à l'œil, tant par ce qui avoit eſté fait en toutes les autres villes priſes ou rendues, que par l'arreſt du mois d'Aouſt, donné à Touloufe, l'intention de leurs ennemis n'eſtre autre que de renverſer de fond en comble toute la religion, quelque promeſſe qu'ils fiſſent au contraire, & d'abondant que recevoir *Terride* comme lieutenant de Roy, eſtoit ſe condamner ſoymeſme, comme ayant cy devant porté les armes contre le Roy, & trahir le *Prince* & tous ces aſſociés. La plus grande opinion emporta qu'on reſpondroit à *Terride* : que les habitans de Montauban garderoient leur ville au Roy eux meſmes, comme ſes treshumbles & trefanciens ſerviteurs & ſujets, qui vouloient vivre & mourir en la religion ; qu'ils accordoient aux citoyens qui ſ'eſtoient retirés avec l'ennemi de rentrer en la ville & de jouir de leurs maiſons & de leurs biens, ſans aucun empeſchement ; & finalement qu'on permettoit à *Terride* d'entrer dans la ville, ſi bon luy ſembloit, mais comme voiſin ſeulement, & avec ſon train ordinaire. Ceſte reſponſe fut baillée par eſcrit à *Laboria*, pour eſtre preſentée par le premier conſul *Calvet*, accompagné d'iceluy & d'aucuns du conſeil, après avoir appaiſé le peuple, qui ne vouloit aucunement conſentir à ce que *Terride* peuſt entrer dans la ville, à quelque condition que ce fuſt. Mais ils ne furent en ceſte peine, car ceſte reſponſe n'avoit garde de le contenter.

Laboria, deſià auparavant à demi pratiqué, voyant cela, alla derechef, l'apreſdinée, entre deux & trois heures, parlementer

29 oct.
La compoſition propoſée par un conſeil de la ville.

Laboria continue les pourparlers.

1. Voy. tome I, p. 834 ; comp. ce vol. III, p. 136.

122   *Histoire Ecclesiastique*

avec *Sainct Leonard*, sans estre acompagné de consul ni de ministre, où il se laissa pleinement gagner, luy ayant esté promis qu'il seroit gouverneur de la ville pour le Roy, & capitaine de trois compagnies entretenues, & que *Sainct Leonard* seroit gouverneur du fort des Jacopins. Cela fait, *Laboria,* que Dieu avoit desià aveuglé, fit assembler le conseil ordinaire, pour arrester cest accord. Mais Dieu suscita un bourgeois nommé *Assier*[1], lequel entrant leans, rompit ce complot, protestant, tant en son nom que des autres citoyens, de ce qu'ils venoient remettre au conseil ce qui avoit desià esté determiné, & de se prendre à eux de tous les troubles & inconveniens qui s'en pourroient ensuivre. Sur cela donques, il fut arresté, que vrayement cest affaire estant de telle importance, & concernant le general, le tout seroit rapporté à une assemblée générale des habitans.

Laboria faiblit.

En ces entrefaites advint que deux soldats estrangers eurent de grandes querelles ensemble, l'un qui s'appeloit *Jean Messier,* soustenant qu'on ne devoit faire composition avec l'ennemi, contre l'autre, se faisant nommer le capitaine *Pius,* disant le contraire, & appelant ceux de Montauban rebelles & seditieux. Ce qu'estant rapporté à *Laboria,* il fit mettre en prison *Messier,* & dès lors se delibera de gagner tous ceux qu'il pourroit, pour faire puis après une assemblée generale à sa poste. Et pource qu'il savoit qu'il luy seroit fort difficile de rien executer à son aise s'il n'avoit quelques ministres de son costé, il s'adressa premierement dans le fort des Jacopins à *Pierre Salicet*[2], ministre, auquel il tint des propos merveilleusement estranges, disant une fois que l'idolatrie estoit une chose politique, n'appartenant aux consciences; une autre fois, qu'il n'estoit licite aux Chrestiens de prendre les armes, ni de resister; que le *Prince de Condé* n'avoit point d'authorité, que le conseil du Roy estant legitime, *Terride* avoit authorité & puissance d'assaillir & batre les villes; bref, que l'Edict de Janvier, de la transgression duquel on se plaignoit, n'avoit esté arresté que par l'advis de quelques particuliers, choisis comme on avoit voulu, & non par les Estats du Royaume. Ausquels poincts luy ayant esté pertinemment respondu par *Salicet,* il feignit de s'en

1. *Jules Assier. France prot.*, nouv. éd. I, 414.
2. Voy. ci-dessus, p. 71 et 99.

contenter aucunement, & promit de ne rien faire contre la gloire de Dieu. Mais cependant ayant avec ce *Pius*, homme pernicieux, gagné à fa cordelle quelques foldats, il refolut que fi le lendemain on ne luy accordoit ce qu'il propoferoit, il fe faifiroit du fort avec ceux de fon parti, & des munitions qui y eftoient.

Le lendemain, trentiefme du mois (d'octobre), *Eftienne Conftans*, citoyen, & qui plus est, confeiller de la ville & frere de *Jean Conftans*, miniftre, eftant venu prier *Laboria* pour la delivrance de ce foldat nommé *Meffier*, qu'il avoit emprifonné le jour precedent, il fut bien fi outrecuidé, combien qu'il n'euft aucune authorité fur les citoyens en tel cas, & auffi que *Conftans* n'euft aucunement meffait, de le mettre luy mefme prifonnier; ce qu'il fit tant en hayne de *Jean Conftans*, miniftre & frere d'icelui, que pour efpouvanter les autres, afin de pouvoir tant plus aifément venir à bout de fes deffeins, joint qu'il eftoit defià fi troublé par un jufte jugement de Dieu, qu'il ne favoit plus [ce] qu'il difoit ni ce qu'il faifoit, appelant tout haut mutins & feditieux ceux qui ne lui vouloient adherer. Mais tant y a toutesfois que voyant que plufieurs prenoient à cœur les emprifonnemens, il fit quelque temps après eflargir tous les deux prifonniers.

L'aprefdinée venue, *Laboria*, penfant bien executer fon deffein, fit crier de fon authorité, que tous foldats, tant eftrangers qu'habitans, euffent à fe trouver en la place publique pour entendre chofes concernans grandement leur profit. Suivant donques ce cri, grande multitude fe trouva en la place, où affifterent auffi le premier & le fecond confeil, *Tafchard, Conftans, Salicet & Regnault*, miniftres. Adonc *Laboria*, monté à cheval, la tefte couverte, comme ainfi fuft que tous les autres, voire mefmes les confuls & les miniftres, euffent le bonnet à la main, commença de haranguer avec une contenance fort fiere, remonftrant l'intention des ennemis toute refolue de ne bouger du fiege qu'ils n'euffent pris la ville en quelque façon que ce fuft, le defaut des portes, des munitions, des vivres qu'ils voyoient & fentoient, joint que le camp de *Duras* eftoit deffait, & toutes les villes circonvoifines reduites en la puiffance de l'ennemi, ou par compofition ou par force, jufques aux villes eftimées inexpugnables, comme eftoient Penne & Lectore, ils ne pouvoient efperer fecours d'aucun, concluant par là qu'il valoit beaucoup mieux d'accepter de bonne heure la compofition

30 oct.
Acte de violence de Laboria.

Assemblée générale.

que *Terride* leur offroit, qu'en la rejettant n'y pouvoir plus parvenir.

Conduite compromettante de Laboria.

Ceſte remonſtrance achevée, le ſecond conſul approuva ceſte opinion, & lors *Laboria,* laiſſant là l'autre conſeil & les miniſtres, ſe tourna vers les autres aſſiſtans, demandant furieuſement ſ'il y en avoit qui vouluſſent contredire à un tel & ſi neceſſaire accord. Trois du peuple ſur cela reſpondirent, qu'eſtant impoſſible de demander les voix dautant que la multitude n'eſtoit point rengée, ils ſ'en rapporteroient à ce que le conſeil de la ville, les miniſtres & certains nombres d'habitans qu'on y adjoindroit, en arreſteroient. Alors trois femmes qui eſtaient au derrière du peuple, pouſſées d'un inſtinct extraordinaire, ſe mirent à crier de toute leur puiſſance, qu'il ne faloit faire aucun accord avec l'ennemi; ce qu'entendant, *Laboria* fut tellement troublé, qu'avec une extreme colere il tira droit à elles, faiſant bondir ſon cheval, & ſ'oubliant ſi fort que d'uſer de paroles vilaines & deshonneſtes contre ces femmes, qui eſtoient toutesfois de bonne & honneſte reputation, ce qui offenſa grandement la multitude. Mais bien fit il une grande faute, quand il oſa dire que l'accord ſe feroit, ou qu'il ſ'en iroit avec ceux qui le voudroient ſuivre, ou qu'il couſteroit cinq cens teſtes. A quoy luy fut reſpondu de meſme par pluſieurs, qu'il en auroit menti, & qu'il eſtoit traiſtre, & il y en eut meſmes qui dreſſerent leur piques contre luy.

Sur cela, entreprindrent les miniſtres lui remonſtrer avec toute modeſtie le tort qu'il ſe faiſoit, & le danger apparent de ſedition, mais il fut bien derechef ſi mal adviſé qu'il lui eſchappa de ſe dreſſer contre eux, & de leur dire que tous les miniſtres n'eſtoient que des mutins & ſeditieux. Laquelle parole le mit en tel danger, que ſi les conſuls & ceux meſmes qu'il outrageoit ne ſe fuſſent mis entre deux & ne l'euſſent accompagné juſques au fort, à grand peine en fuſt il rechappé.

Sa proposition repoussée.

Cela fait, le conſeil fut aſſemblé, auquel eſtans d'advis preſque tous que *Laboria* devoit eſtre arreſté & mis en ſeure garde dans une maiſon pour lui faire ſon procès, *Hugues Bonencontre*[1], l'un des chefs & principaux de ceſte brigue, ayant mis diviſion, non

---

1. *Hugues Bonencontre*, l'un des syndics de la ville; voy. I, 834, et ce vol., p. 76.

du Parlement de Touloufe. Livre X. 125

feulement entre ceux du confeil dont il en avoit tiré fix à fon opinion, mais auffi entre les habitans, furvint, remonftrant que *Laboria* avoit prononcé ces paroles en colere, dont il eftoit bien defplaifant[1], priant que pour cela on n'euft point mauvaife eftime de lui, ne qu'il euft perdu la volonté de faire mieux que jamais fon devoir. Cela fut caufe que le confeil, moderant fon premier advis, conclut feulement que *Laboria*, fe deportant du gouvernement du fort, continueroit de faire le devoir au corps de garde de la place, mais au furplus qu'il ne feroit plus parlementé en maniere ni façon quelconque. Alors *Bonencontre* paffa plus outre, requerant au nom de *Laboria*, que punition fuft faite de ceux qui avoient dreffé les piques contre lui, & qui l'avoient appelé traiftre, mais il ne peut obtenir autre chofe finon que, puis que *Laboria* avoit ufé de fon cofté de trefmauvaifes & injurieufes paroles, les injures feroient compenfées & feroit faite reconciliation mutuelle. Sur quoy fut envoyé querir *Laboria*, qui promit & jura d'eftre fidele & loyal à la ville, retenant toutesfois toufiours fon mauvais cœur, comme toft après il monftra.

Ces chofes ainfi paffées, *Laboria*, ayant changé de logis par trois fois en un jour, *Bonencontre* auffi & autres de cefte faction, ne laiffoient de recevoir letres & prefens, comme de perdrix, orenges, & autres telles chofes que l'Evefque leur envoyoit. Cela les rendoit toufiours de tant plus fufpects, par une finguliere providence de Dieu, eftans à cefte caufe leurs actions tant mieux obfervées, ce qu'ils n'apercevoient point, eftans aveuglés de leurs paffions. Davantage *Peyrelongue*, lequel on difoit f'eftre revolté & avoir trahi le camp de *Duras*[2], fe prefenta fouventesfois à parlementer, ayant mefmes dreffé une embufcade avec quelque intelligence des traiftres de la ville, efperant fous couleur de ce parlement de f'emparer du boulevart des Cordeliers, le premier jour de Novembre enfuivant. Mais il fut toufiours refpondu fuivant ce qui avoit efté refolu au confeil. Et pourtant recommença la guerre à bon efcient, eftant le courage redoublé à ceux de dedans, tout au rebours de ce que *Laboria* & ceux de fon parti efperoient; de forte que ce mefme jour, *Paupelon*, caporal, gagna fur les ennemis

Les intrigues continuent.

Prife du moulin de Girac.

---

1. C'est-à-dire : repentant.
2. Voy. ci-dessus, vol. II, p. 790, 802 ; et dans ce tome III, p. 94, 96.

le moulin de Girac, eftant delà la rivière, & feul reftant avec un [1] autre, car tous les autres avoient efté bruflés. Et combien que ce moulin fuft grandement efloigné de la ville, fi eft ce que, malgré les ennemis, il fut tenu par l'efpace de fept jours, & le peuple y alloit moudre journellement; qui fut un grand foulagement à la ville, dautant que lors il y avoit peu de moulins à bras qui y fuffent dreffés. Et d'abondant, ce mefme jour, furent pris fur les ennemis & amenés en la ville huit bœufs, neuf porceaux & trois chevaux chargés de pain, chair & orenges, dont plufieurs pauvres familles furent foulagées.

4 nov.
Les assiégeants se fortifient.

Le quatriefme dudit mois[4], ayans les affiegeans receu de Touloufe deux autres pieces baftardes, & trois efmereillons[2], abandonnerent le fauxbourg Sainct Antoine & l'hofpital de la Pefte, pour fe retirer en l'Evefché qu'ils avoient fortifié. Sur lequel remuement, ceux de dedans, les pourfuivans fur la queue, gagnerent une charrette pleine d'armes, & tuerent quelques uns de leurs ennemis, tant des habitans dudit fauxbourg qui f'eftoient rengés avec eux, que des eftrangers, & mirent le feu au fauxbourg qui fut entierement bruflé. D'autre part les ennemis logerent trois baftardes au haut du cloiftre qui eft devant le temple, & deux à la baffe-cour devant la maifon de l'Evefque. Et quant aux autres pieces, elles furent logées par eux jufques au nombre de cinquante ou plus, tant au clocher que aux vouftes du temple. Ils firent auffi un autre fort devant la riviere, ayans fortifié la tour de Palafeque; ce qui ne fe fit fans efcarmouches, efquelles fe trouverent que bleffés que meurtris, du cofté des ennemis, feize foldats, fans qu'aucun de ceux de la ville y receuft aucun mal.

Laboria persiste dans ses dispositions.

En ces entrefaictes, *Laboria,* continuant en fa mauvaife volonté, tafchoit toufiours d'en gagner quelques uns. Mais la colere le furmontoit fouvent, de forte que, horfmis le corps de garde de la place, les autres ne lui obeiffoient nullement. Et lui auffi, de fon cofté, ne les alloit plus vifiter; en quoy fe trouvans bien empefchés les gens de bien, efperans qu'avec le temps cefte divifion cefferoit, & qu'au pis aller on empefcheroit bien l'execution de tous mau- [1]

---

1. C'eft-à-dire : de novembre.

2. *Émerillon*, ancien terme d'artillerie. Sorte de canon qui avait trente-fept calibres de longueur, mais qui ne tirait que dix onces de fer, ou quinze onces de plomb. *Littré.*

vais deffeins, furent d'advis de moyenner quelque reconciliation, &
à ces fins donc, le cinquiefme dudit mois, ayant efté mené *Laboria*
par les corps de garde, par les lieutenant & Confuls, promeffes
furent faites de part & d'autre d'oublier tout le paffé. Ce neantmoins, *Laboria* ne ceffa qu'il n'obtint que ceux qui avoient dreffé
les piques contre luy feroient mis en prifon, en grand danger de
leur vie fi, on ne luy euft refifté. Il fit auffi emprifonner un bon
foldat nommé *Jaubart,* pour avoir parlé un peu franchement, &
le tint aux fers par l'efpace de douze jours & jufques à ce que les
Confuls, voyans qu'il n'y avoit aucune preuve de crime contre luy,
l'eflargirent de leur authorité.

Le huictiefme (novembre), fur la Diane, les ennemis, ayans
braqué quelques pieces de l'autre cofté de la riviere, reprindrent
le moulin de Girac¹, & en furent tués huict ou neuf de ceux de la
ville & quelques uns faits prifonniers, le tout par la faute & mau-
vaiftié de *Laboria,* lequel eftant bien adverti le foir de devant de
ce que les ennemis pretendoient², afin qu'il pourveuft à ce que la
garnifon qui y eftoit ne fe perdift point, n'en tint conte aucunement.
Mais, horfmis la perte des hommes, Dieu pourveut à ce mal,
ayant donné l'invention & moyen aux habitans de dreffer telle
quantité de moulins à bras dans peu de temps, que perfonne ne
fut en neceffité de farines ; comme auffi quelques uns trouverent
l'induftrie de faire du falpeftre, dont ils firent de la poudre fort
exquife & en bonne quantité.

8 nov.
Le moulin
de Girac
reperdu.

Le douziefme dudit mois, *Laboria* & ceux de fon parti (entre
lefquels n'eft à oublier *du Croiffant,* miniftre³) fe fafchans de
attendre, furent bien fi hardis d'envoyer, nonobftant la fufdite refolution du confeil, le Syndic des Confuls, nommé *Guichard Scorbiac*⁴, vers *Terride,* pour remettre fus les termes de quelque
accord ; lequel *Scorbiac,* quelques jours après, fut fuivi de plufieurs autres, allans parlementer ouvertement avec les ennemis,
quelque defenfe qu'on leur en fift. Et pource que nonobftant tout
cela les foldats tenans le bon parti ne laiffoient de fortir & d'efcarmoucher avec grand fuccès, *Laboria* fe defpitoit extremement

Laboria
continue
de
parlementer.

1. Le texte a : *Gilæ*, mais voy. ci-deffus, p. 110 s.
2. Méditaient, projetaient.
3. Voy. ci-deffus, p. 106.
4. Vol. I, p. 847.

jufques à les outrager, tellement que les chofes eftoient en tref-
piteux eftat, dont les ennemis fe rejouiffoient grandement, tirans
forces canonnades à coup perdu fur la ville, pour efpouvanter les
plus affeurés.

*15 nov.
Conseil
général.*

Le Dimanche, quinziefme du mois (de novembre), jour affigné
par *Laboria* & les fiens pour mettre fin à ce qu'ils pretendoient,
ils donnerent ordre en premier lieu que *Tafchard*, lequel ils craignoient & hayffoient extremement, ne prefchaft au matin, comme
la couftume & l'ordre eftabli entre les Miniftres le portoit, & fut
pour ceft effect suborné par eux *du Croiffant,* lequel f'oublia tant
que contre fon ordre il monta en chaire, en la place de *Tafchard,*
devant que la cloche eut achevé de fonner; ce que voyans, fes
compagnons furent bien eftonnés d'un tel defordre qu'ils n'euffent
jamais attendu. Mais pour eviter un plus grand mal, ils le laifferent faire, remettans le tout à Dieu, lequel auffi gouverna tellement la langue d'iceluy qu'aucun plus grand mal n'en advint.
Après midi fut affemblé le confeil general, où fe trouverent le
principal *lieutenant du Senefchal*[1], les *Confuls,* l'*Advocat du Roy*
& quelques Confeillers du Senefchal, *Tafchard, Carvin* & *Conftans,* Miniftres, defquels les compagnons eftoient cependant en
prieres, lefquelles Dieu monftra bien qu'il avoit exaucées. *Laboria,*
tout armé, avec ceux de fon parti, f'y trouva auffi, & fe mirent
prefque tous d'un rang.

*Scorbiac
rapporte
son
entrevue
avec
Terride.*

Adonc *Scorbiac,* qui avoit efté motif de faire cefte affemblée,
après f'eftre excufé de ce que il eftoit allé voir *Terride* malgré
foy, difoit-il, & comme par contrainte de plufieurs des habitans
(auffi n'y eftoit-il pas allé fans le fceu & adveu de quelques uns
des Confuls), recita comme *Terride* l'avoit affeuré d'une finguliere
bonne volonté qu'il portoit à la ville; que *Monluc* devoit arriver
bien toft avec grandes forces, duquel ils ne pouvoient attendre que
mauvais traittement; que de fa part il fe rendroit traittable f'ils
vouloient envoyer vers luy pour advifer des conditions de quelque
bon accord. Puis il adjoufta pour la fin, qu'il avoit entendu que
les ennemis fe vouloient emparer de la maladerie & du convent
des Auguftins, pour en faire des forts, comme ils avoient fait du
Mouftier & de la tour de Panefeigue, pour tenir la ville en deftreffe
de tous coftés.

1. *Antoine Durant*, lieutenant du juge; voy. ci-dessus, p. 105.

du Parlement de Touloufe. Livre X. 129

Le *lieutenant* opinant fur cela le premier, fut d'advis qu'on *Les avis.* envoyaft vers *Terride*, pour favoir plus amplement fon intention. Après luy, *Laboria* opina, par fes raifons acouftumées, qu'on devoit faire accord, concluant en termes exprès que tous ceux qui n'eftoient d'advis de faire paix eftoient menés de l'efprit du diable. Les officiers du Senefchal parlerent confequemment, puis les Miniftres, lefquels rabatirent toutes les raifons de *Laboria*, l'une après l'autre, concluans tout au contraire d'iceluy, en toute modeftie. Toutesfois les advis qui fuivirent furent divers, jufques à ce qu'un citoyen, nommé *Beffier*, dit hautement qu'avant de fe rendre à l'ennemi, les habitans mettroient pluftoft le feu à leurs maifons, puis fe retireroient où il plairoit à Dieu. Un Marefchal, nommé *Pyramis,* allega en Italien le mandement que le Pape avoit donné aux ennemis de rafer *Montauban*. Un foldat eftranger, nommé *Meffier,* duquel il a efté parlé cy-deffus [1], declara au nom de tous les foldats eftrangers, que fi on vouloit rendre la ville en la puiffance de l'ennemi, à quelque condition que ce fuft, ils f'en departiroient tous. Un autre remonftra que la plus part des citoyens eftoient abfens ès corps de garde, lefquels peut-eftre, fi on arreftoit quelque chofe en cefte affemblée, ne le voudroient pas tenir, & pourtant il feroit bon de deputer quelques uns pour recueillir les voix des foldats par les corps de garde. Cefte derniere opinion fut fuivie, & furent deputés deux notaires pour ce faire ; ce qui mit *Laboria* en telle furie, qu'il ne fe pouvoit tenir de prononcer paroles merveilleufement indecentes contre ce que les Miniftres avoient ordinairement en la bouche de la fiance qu'on doit avoir en Dieu ; voire jufques à refufer & renvoyer à *Tafchard* ceux qui luy demandoient quelque provifion appartenant à fa charge.

Ce nonobftant, ceux qui avoient bon courage pourfuivoient *Laboria* toufiours, & fut, fuivant l'advertiffement dudit *Scorbiac*, ruiné le *persiste.* convent des Auguftins, & pareillement la maladerie avec la voufte
115 du temple fainét Eftienne, & de celuy des Carmes. Et la nuiét de ce jour-là[2], quelques uns du camp des ennemis vindrent advertir les fentinelles qu'on fe gardaft bien de fe rendre, ne demandant

1. *Supra*, p. 107.
2. C'est-à-dire : la nuit du 15 au 16 novembre.

Terrides que de mettre le pied dans la ville pour tout exterminer, quelque promesse qu'on eust faite & jurée. Cela fut rapporté aux Consuls mesmes, qui le firent aussi tost entendre à *Laboria,* esperans que cela le divertiroit. Mais l'ambition & l'avarice l'avoient tellement gagné, qu'au lieu de changer d'advis, il envoya de ses supofts, le seiziesme dudit mois (de novembre), en divers endroits de la ville, demander aux plus simples s'ils n'aimoient pas mieux la paix que la guerre, lesquels respondans qu'ouy, leurs noms estoient aussi tost mis par escrit. Luy mesme aussi, d'un autre costé, s'en alla au principal corps de garde du fort pour savoir l'opinion des soldats, lesquels la luy ayans monstrée escrite à la paroy en ces mots: «*Les accordans ne sont à recevoir!*» il se deporta d'aller aux autres corps de garde, & se retira au sien qui estoit en la place.

Déclaration du Consistoire. Mais le Consistoire ne pouvant plus souffrir un tel desordre, veu mesmement que *Laboria* refusoit de faire sa charge par despit des Ministres, envoya *Jean Carvin* & *Constans* remonstrer ces choses au Conseil, pour l'advertir qu'il eust à pourvoir à ce que la ville ne tombast en ruine & surprise à faute de conduite, avec protestation que, si on n'y pourvoyoit autrement, le Consistoire seroit contraint d'avoir recours à une assemblée generale pour y pourvoir. *Bonencontre*[1], homme pernicieux, prevoyant par cela ce qui adviendroit à *Laboria,* souffla lors en l'aureille au lieutenant, que la responce fut delayée, laquelle il feroit luy-mesme au Consistoire, y ayant entrée. Suivant ceste resolution, le *lieutenant*[2], conseillé par *Scorbiac,* & venu en Consistoire, requit trois choses. La première, que desormais il y eust entrée. Pour la seconde, qu'il fust traitté entre eux pour quelles raisons fondées en la parole de Dieu il n'estoit licite de parlementer avec les ennemis & de faire accord avec eux. La troisiesme, qu'on prouvast qu'il fust permis aux Ministres de reprendre quelqu'un publiquement, & le remarquer si bien qu'on peust entendre qui c'estoit.

Quant au premier de ces trois poincts, il luy fut respondu sur le champ que l'authorité des magistrats & la jurisdiction ecclesiastique estoient choses notoirement distinctes par Jesus Christ, & par per-

---

1. Voy. plus haut, p. 109.
2. Le lieutenant du sénéchal, *Antoine Durant*, p. 105 et 113.

petuelle ufance de l'Eglife Chreftienne, tant à l'efgard des perfonnes y feants, que quant à la maniere de proceder, & quant au but principal de l'un & de l'autre. Et que plufieurs craindroient de defcouvrir leurs fautes au Confiftoire fi le magiftrat y eftoit prefent, pour la crainte des peines civiles, dont f'enfuivroit que les admonitions & cenfures, par lefquelles les pecheurs font amenés à repentance, n'auroient plus de lieu. Et quant à ce que le magiftrat pourroit craindre que le Confiftoire entreprinft de faire quelque chofe contre l'authorité d'iceluy, qu'il y avoit toufiours un des officiers du fiege du Senefchal qui feoit au Confiftoire comme Ancien, lequel pourroit avoir l'œil à ce que telle chofe n'advinft, comme Dieu merci, elle n'eftoit jamais advenue. Les exemples des Roys Saul & Ozias, ayans voulu ufurper la facrificature, ne furent oubliés; prians ledit fieur *lieutenant* de fe deporter de fon entreprife. Que si, nonobftant toutes ces remonftrances, il vouloit paffer outre, ils n'entendoient de luy refifter, mais qu'ils gemiroient à Dieu; proteftans avec cela d'avoir recours où il appartiendroit pour le recouvrement de la liberté de l'Eglife.

Quant aux autres deux poincts, ils demanderent delay pour en deliberer, & promirent luy envoyer la refolution qui en feroit faite. Le *lieutenant* protefta au contraire; & cela fait & les actes retenus des proteftations refpectivement faites, fe departit.

La refponfe au fecond poinct fut telle, que vrayement il n'eft pas fimplement defendu de parler, ni d'avoir quelques convenances avec les infideles, ou generalement avec fes ennemis, veu que Jefus Chrift nous commande d'aimer mefmes nos ennemis, & l'Apoftre veut que nous ayons paix avec tous hommes; mais ce qu'il adjoufte, à favoir que cela fe face autant qu'il eft poffible (Rom. 12, 18), monftre qu'il faut bien confiderer les circonftances de telles chofes pour n'offenfer ni Dieu ni fon prochain, & pour ne fe precipiter foy-mefme fous ombre de charité ou de paix, attendu que David dit qu'il hait les ennemis de Dieu, Jefus Chrift dit qu'il n'eft poffible de fervir à deux maiftres, l'Apoftre dit qu'il n'y a point d'accointance entre la lumiere & les tenebres. Et que quant au faict dont il eftoit queftion, les paroles & les faits monftroient plus clair que le jour, que ceux avec lefquels on veut parlementer & accorder, non feulement font deteftables & execrables perfonnes, ne cerchans que la vie & les biens de ceux qu'ils aſſaillent, mais auſſi que nomméement & expreſſement ils ont les armes au poing pour exterminer la Religion de fond en comble, comme ils l'ont monſtré par effect par tout où ils ont peu; tellement que ſi on en veut douter, c'eſt autant que diſputer ſ'il eſt jour en plein midi. Il y a davantage, dit le Conſiſtoire, c'eſt à ſavoir que la religion des ennemis porte expreſſement qu'il ne faut point tenir de foy à l'endroit de nous, qu'ils appellent heretiques; de ſorte que ſ'il y a quelques conſciencieux entre eux, ils penſeroient eſtre damnés ſ'ils nous avoient tenu promeſſe. Finalement que, quand *Terride,* eſmeu de quelque humanité, & ſes capitaines auroient deliberé de garder quelques equitables conditions, encores ne le pourroient-ils faire, veu qu'ils ne ſont ſouverains, ains ceux qui abuſent du jeune aage du Roy, & nomméement la Cour de Parlement; l'intention de laquelle ſ'apercevoit aſſés & trop par leurs arreſts & executions de tant de perſonnes de toutes qualités. Et dautant que parlementer avec eux ne ſauroit ſervir à autre choſe qu'à vouloir ſeduire ceux qu'ils pourroient, comme on ne ſ'apercevoit que trop, ou bien à les enaigrir davantage, ce ſeroit non ſeulement peine perdue, mais auſſi dangereuſe & treſdommageable, & ſelon Dieu & ſelon les hommes, d'entrer en ces parlemens, ne ſ'en pouvant enſuivre que la ruine de la patrie, de laquelle on doit cercher la conſervation ſur toutes choſes après Dieu.

Quant au troiſieſme poinct, l'occaſion de faire ceſte demande eſtoit advenue de ce que *Taſchard,* deuement informé que *Pius,* duquel a eſté parlé [1], avoit haut & clair ſouventesfois appelé ceux de *Montauban* ſeditieux & rebelles au Roy, & qui plus eſt, diſoit vouloir maintenir que les hommes avoient franc arbitre, avoit repris tellement ceſte hereſie en chaire, que chacun avoit bien entendu de qui il parloit, encores qu'il ne l'euſt point nommé. Il fut donc reſpondu ſur ce poinct, qu'on n'avoit point failli en ceſt endroit, non pas meſmes quand on l'euſt nommé expreſſement, comme ſemeur d'une fauſſe doctrine, & detracteur du *Prince* & de tant de ſeigneurs & gens de bien, veu que l'Apoſtre veut qu'on reprenne publiquement ceux qui pechent publiquement (1 Tim. 5, 20), & qu'il en a meſmes nommé pluſieurs en ſes

---

1. *Supra,* p. 107.

Epiſtres, qui eſt bien plus que nommer quelqu'un en chaire, veu que la voix ſ'eſvanouit & l'eſcriture demeure. Telle fut la reſponſe du Conſiſtoire qui ferma la bouche aux plus effrontés, & ſervit de jugement à *Pius,* lequel voyant ne pouvoir acomplir ſa trahiſon, ſe retira au plus toſt vers les ennemis, au lieu qu'on le devoit attacher à un gibet.

Ce meſme jour [1], les aſſiegeans ayans tantoſt ſceu la concluſion de l'aſſemblée generale, leverent leur camp, deliberans de reduire la ville à l'extremité en l'environnant de garniſons de toutes parts. Ils mirent donc au Mouſtier cinq enſeignes ſous les capitaines *Eſternan,* gouverneur auſſi de tous les forts, *Montmor, Sainct Salvy, Sainct Leonard* & *Gardouche;* une compagnie à Breſſols ſous la charge de *Maces,* frere d'*Eſpenan;* une autre à la tour d'Anguelbaut ſous le capitaine *Guerin, Colombier* [à] Paneſeigue, duquel lieu ſe remuant, il occupa Albias, Cos & Ardus, tenant tous les paſſages de la riviere de Laveron [2], au lieu duquel fut mis *Gardouche,* n'oublians pas auſſi de mettre garniſon de cavalerie & d'infanterie à Monbeton, Montech, Piquecos, Neigrepeliſſe, Vieulle, Realville, Cauſſade & Bruniquel.

Laboria, en ces entrefaites, diſſimulant ſa trahiſon tant qu'il pouvoit, recommença d'exercer ſa charge, en deliberation d'executer encores ſon deſſein, en faiſant reveue des ſoldats tant habitans qu'eſtrangers, pource qu'il eſperoit, ſous ombre de ſoulager ceux qui avoient eſté des plus travaillés, de les changer d'un corps de garde en l'autre, & par ce moyen de remplir le fort des Jacopins, dominant ſur la ville, de ſoldats de ſon parti. Mais Dieu rompit ſon deſſein par deux fois. La premiere, dautant qu'il advint que voulant faire la reveue, la plus part des ſoldats du fort ſe trouverent eſtre allés à l'eſcarmouche, & les autres ne voulurent bouger de leur corps de garde. La ſeconde, en une fauſſe alarme. Ce que voyans, les chefs de la faction furent bien ſi malheureux que de laiſſer de faire garde, diſans que ceux là qui demandoient guerre la fiſſent ſ'ils vouloient, dont il advint que par moquerie ils furent appelés les Chanoines & les cent gentilshommes de la maiſon du Roy. Mais ils en firent tant pis, ayans dreſſé un rolle

Le blocus resserré.

Artifices de Laboria.

1. Le 15 novembre.
2. l'*Aveyron.*

des plus gens de bien qu'ils appeloient mutins & feditieux, lequel ils envoyerent à *Terride,* afin que fi aucun d'iceux eftoit pris en quelque efcarmouche, il fut executé. Et n'eft ici à oublier un evident miracle de Dieu, au veu & fceu de qui l'a voulu voir & favoir : c'eft que *Laboria* & les fiens, & notamment *Jean de Moncau,* Lieutenant de *Laboria*[1], fe moquans ordinairement des Miniftres exhortans le peuple & l'affeurans que Dieu ne les laifferoit point en leurs deftreffes, & notamment de ce que *Tafchard* avoit nomméement mis en avant les paroles annoncées au Roy Ezechias par Efaie le Prophete (fecond des Rois, dix neuf), à favoir ces mots : «Cefte année tu mangeras ce qui eft efcheu ; en la seconde, ce qui croiftra fans femer ; & en la troifiefme, vous femerés & moiffonnerés» ; voulant monftrer par cela que Dieu n'eft point fujet aux moyens communs & ordinaires, il advint qu'un bien grand champ près de la tour de Panefeigue, appartenant à la mere dudit *Moncau,* fans avoir efté labouré ni femé, fe trouva tout couvert de beau bled qui vint à maturité ; & fut ce champ, après la paix faite, fouvent vifité par plufieurs comme par miracle, dautant qu'il eftoit près de la ville. Davantage au terroir d'Ilmade, en un champ appartenant audit *Tafchard,* provint du millet, fans qu'il en euft efté femé plus de fix ans auparavant.

Réconciliation simulée. Le vingtfeptiefme dudit mois (de novembre), pour empefcher ces divifions & partialités, *Laboria,* avec les Miniftres & autres qui fe tenoient offenfés de part & d'autre, furent appelés au Confeil ; là où, après f'eftre defchargés bien amplement de leurs complaintes & doleances, finalement il fut arrefté que toutes chofes paffées f'oublieroient & qu'ils f'embrafferoient en figne de bonne reconciliation ; ce qui fut fait, mais peu fincerement de l'un des coftés, comme l'evenement le monftra.

28 nov. Cruautés de l'ennemi. Le vingt huictiefme du mois, la cavalerie de l'ennemi commit trois enormes cruautés. La premiere fut un nommé *Antoine Flancolon,* lequel eftant furpris hors la ville, & le trouvant au roolle qu'on leur avoit envoyé de ceux qui avoyent contredit à l'accord au jour de l'affemblée generale, ils le tindrent en un efgout parmi la boue & ordure par l'efpace de neuf jours, puis le pendirent à Montech. L'autre fut commife en la perfonne d'une femme,

---

1. Voy. ci-dessus, p. 86, 96.

nommée *Thomasse*, laquelle estant sortie de la ville aux fauxbourgs des Cordeliers, fut, nonobstant à la verité qu'elle fust de la religion Romaine, non seulement tuée par eux, mais aussi (cas par trop abominable) charnellement cognue après sa mort. La troisiesme fut exercée contre une pauvre vieille femme qu'ils jetterent toute vive dans un puits, où ils l'accablerent de pierres, tellement toutesfois qu'estant secourue & retirée par quelques uns de la ville y estans accourus, elle vescut quelques heures depuis.

Le reste de ce mois se passa en diverses escarmouches, vers Paneseigue & ailleurs, esquelles *Jean Assier*[1], duquel il a esté parlé cy dessus, receut un coup à la cuisse dont il mourut depuis.

Le deuxiesme du mois suivant de Decembre, *Laboria* sentant bien qu'à la fin il seroit du tout descouvert & empoigné, resolut de quitter la ville, & après avoir arresté avec ceux de sa ligue qu'un certain jour il les viendroit querir, auquel ils mettroient le feu aux poudres & s'empareroient d'une porte pour sortir avec leurs hardes, si autrement ils ne pouvoient mettre l'ennemi dedans, feignit d'aller voir sa femme pour trois ou quatre jours seulement, promettant de revenir, empruntant mesmes du lieutenant & de quelques autres des chevaux & des pistoles, & ainsi s'en alla droit au fort du Moustier, avec *Vesset*, son sergent. Ce jour mesme, le consistoire en fut adverti par letres de quelque ami, & quatre jours après, luy-mesme escrivit aux consuls, declarant que pour le mauvais traittement qu'on luy avoit fait, il ne retourneroit plus. Toutesfois que si on vouloit entendre à composition, il y employeroit ses amis, si non il regrettoit la prochaine ruine de la ville par la faute des mutins & seditieux. Et estoient ces letres dattées d'Espavel, combien qu'à la verité il fust au fort du Moustier avec l'ennemi. Ausquelles letres ne fut faite aucune responce. Mais bien furent adverties les Eglises circonvoisines de se garder de luy, comme d'un traistre pernicieux.

2 décembre. Laboria passe à l'ennemi.

Le huictiesme du mois, letres arriverent de Castres, contenans que le *Prince* avoit pris *Estampes* & autres villes[2], & s'estant joint avec ses Alemans, alloit assieger Paris, & que d'autre costé, *des Adrés* tenoit *Nemours* assiegé à Vienne[3], lesquelles letres estans

Bonnes nouvelles.

1. *Supra*, p. 107.
2. Voy. vol. II, 146 (comp. 226).
3. Voy. plus bas, p. 186-189.

leues publiquement en l'affemblée, après les prieres du foir, refiouirent grandement un chacun. Mais la joye fut encores plus grande le lendemain, ayans efté receues autres letres de *Jean Breffal*, lieutenant particulier, efcrites d'Affier [1], qui affeuroient la ville d'eftre bien toft fecourue par *Jaques de Curfol, baron de Baudiné* [2], fils de la *Dame d'Affier*, lieutenant pour le Roy en Languedoc; advertiffant auffi qu'il eftoit bien vray que la ville de *Rouen* eftoit prife, mais que *Rendan* [3], Colonel de l'infanterie du *Duc de Guyfe*, & grand nombre de grands fieurs & Capitaines y eftoient morts; que le *Prince* f'approchoit de Paris, auquel eftoit envoyé le fieur *de Gonnor* [4], pour parlementer avec luy, de forte qu'on efperoit bien toft la paix ou une bataille. Ces letres leues & le foir venu, furent faites prieres folennelles en la place, après avoir fonné toutes les cloches de Sainct Jaques comme au jour de la Cene; & furent les feux allumés avec chants de Pfeaumes, delafchemens de toutes les pieces, & grandes fcopeteries [5] par tous les corps de garde, & par tous les boulevarts, tours, clochers & autres lieux eminens, tellement que plufieurs des ennemis accoururent de toutes parts pour avoir part au butin, penfans que la ville fuft prife. Mais c'eftoit bien le contraire. Car tout au rebours, ces nouvelles affeurerent tellement les cœurs des plus infirmes & decouragés, que tous fe rallierent de nouveau, f'entrembraffans, promettans par ferment de ne plus parlementer fans congé des Confuls & capitaine. Par ainfi demeura dehors tout confus *Laboria*, eftant du tout rompue fon entreprife.

Attaques repouffées. Le dixiefme, Dieu favorifa encores les affiegés, eftant mort le capitaine *Efpenan*, gouverneur de tous les forts, dedans le fort du Mouftier, d'un coup de tuile qui luy tomba fur la tefte, comme il

---

1. *Assier*, village du Quercy (dép. du Lot), à 18 kil. de Figeac.
2. *Jacques de Crussol*, seigneur d'Acier, frère puîné du baron Antoine de Cursol ou de Crussol, plus tard duc d'Uzès par la mort sans enfants de son frère Antoine. Voy. sur lui, *Le Laboureur, Addit. aux Mém. de Castelnau*, II, 56. Il était le plus grand propriétaire du Languedoc.
3. *Charles de la Rochefoucauld*, comte de Randan, frère de François de La Rochefoucaut, tué le 8 octobre à l'attaque du fort Sainte-Catherine à Rouen. *Brantôme, Hommes illustres*, éd. Buchon, vol. I, p. 633. Voy. sur lui, *Le Laboureur, Addit. à Castelnau*, I, p. 827.
4. Vol. II, p. 191.
5. *Escopetterie*, salves, décharges d'escopette, mousquetteries.

se pourmenoit ; dont les ennemis demeurerent bien eftonnés, & fans fe remuer jufques au dixfeptiefme dudit mois (de décembre), auquel ils firent faillie de tous les endroits, & vindrent jufques au pré des Auguftins. Mais ils furent repouffés de tous coftés, fans y rien gagner que des coups, comme auffi le lendemain, dixhuiétiefme, auquel fut tué entre autres un fergent de bande du Capitaine *de Sainct Salvi* [1].

Ce neantmoins, encores y avoit il quelques foldats traiftres, lefquels, le vingtiefme dudit mois, fe devoient aller rendre à ceux du fort de Panefeigue. Mais Dieu voulut qu'au lieu qu'auparavant on laiffoit fortir les foldats à l'efcarmouche quand l'ennemi fe prefentoit, les Confuls tindrent les portes clofes, doutans de quelque trame, dont bien leur print, comme on a fceu depuis, fans toutesfois avoir peu defcouvrir les coulpables.

Le vingtdeuxiefme (décembre), les ennemis voyans que la force ne leur fervoit de rien, retournerent à leurs premieres erres, envoyans à Montauban le fieur *de Verlac,* qui eftoit de la religion ; mais ayant efté pris lors que ceux de Montauban fortirent pour cuider fecourir Touloufe, & depuis eflargi, f'eftoit contenu, fans fe formalifer d'un cofté ni d'autre. Sa charge portoit, que toutes les garnifons vuideroient, pourveu que les habitans fe fubmiffent en l'obeiffance du Roy, & recevans pour Gouverneur tel gentilhomme qu'ils voudroient choifir de ceux de la religion Romaine, ils miffent les armes bas & promiffent de ne faire plus invafions fur leurs voifins. La refponfe fut, qu'ils avoient efté & feroient toufiours loyaux ferviteurs de Dieu & du Roy ; que la ville de tout temps eftoit gouvernée du vouloir & confentement du Roy par les Confuls & autres Magiftrats, & pourtant ne recevroient autre gouverneur, fans exprès commandement du Roy, & ne pourroient auffi pofer les armes, eftant la ville ainfi haye & environnée d'ennemis. Et quant aux courfes & invafions, que les Capitaines laiffés par *Terride* avoyent commencé le train avec toute cruauté & infameté, violans mefmes en public les pauvres femmes ravies, fans avoir non plus de honte que les chiens ; & pourtant qu'on les fit ceffer, qu'eux contiendroient les leurs en toute raifon.

22 déc. Le sieur de Verlac envoyé avec de nouvelles propositions.

1. *S. Salvy*, frère de Terrides, voy. p. 78, 103.

Transfuges. Cefte refponfe ouye, & *Verlac* f'en eftant retourné, ils drefferent une efcarmouche, en laquelle fut pris & foudainement tué, dans le boulevart des Carmes, un foldat grandement regretté par eux. Et ce jour mefme, deux mefchans garnemens, à favoir *Sebaftien Dabidon*, qui avoit efté preftre & vicaire de Sainct Jaques, & depuis ayant volontairement abjuré la religion Romaine, avoit efté fait Diacre pour faire les prieres aux fauxbourgs des Cordeliers, & un nommé *Robert*, autrefois bedeau de fainct Eftienne, ayant defrobé deux arquebouzes au corps de garde de la porte des Cordeliers, fe rendirent aux ennemis, leur donnans à entendre que ceux de la ville, ne trouvans plus ni pain ni bled à vendre, & ne mangeans que du pain de fon (ce qui eftoit très faux), ne fauroient encores durer plus de huict jours, (ce) qui fut caufe qu'ils f'opiniaftrerent davantage.

Le vingttroifiefme, fut dreffée une fort belle efcarmouche aux fauxbourgs fainct Eftienne, d'efpée à efpée, fans aucune arquebouze, en laquelle le Capitaine *de Lanis*[1], du cofté de la ville, fit merveilles, de forte que l'ennemi fut mis en fuite.

Propositions de Monluc. Le vingtquatriefme, *Monluc*[2], penfant mieux venir à bout de

1. *Martin de Lanis*, voy. p. 96.

2. *Lafon*, *Hist. d'une ville protest.*, p. 57, dit que *Monluc* arriva au siège de Montauban le lendemain de la mort de Boisjourdan, c'est-à-dire le 23 octobre, et que, sur son conseil, *Terride* leva le siège le 3 novembre suivant, avec perte de quinze cents hommes. Ces données ne s'accordent pas avec les faits tels que notre *Histoire* les expose, suivie par *De Thou*, III, 346. *Monluc* lui-même, dans ses *Commentaires*, éd. de Ruble, III, p. 58 s., ne précise pas exactement l'époque de son arrivée, mais il paraît néanmoins la placer encore en octobre, à peu près au 21. Il raconte : Estant arrivé à Agen (après la bataille de Ver et la défaite de Duras, le 9 octobre), je feuz adverty que M. de Terride s'estoit allé engager devant Montauban ... et ce feust incontinent après qu'il eust entendeu le gain de nostre bataille, et comme je feuz sejourné huict jours, M. le cardinal d'Armagnac, qui pour lors commandoit à Tholose, m'envoya pryer, ensemble toute la cour de parlement, de vouloir aller à Montauban, leur semblant que les affaires alloient fort à la longue, et avoient presque perdeu l'esperance. Je partis incontinent, et m'en allay droit à Tholose... Et estant à Tholoze, je feuz fort pressé de y aller ; mais je respondis à M. le cardinal et autres, que je ne voulois point faire ce tort à ung mien compaignon ; car ... il se tenoit asseuré de prendre la place. Et comme ilz veyrent que je n'en voulois point prendre la charge, ilz me prierent à tout le moingz que j'allasse jusques là, veoir comme tout y alloit,

Montauban que les autres, leur envoya *Jean Treys* [1], dit *Dariat*, bourgeois de Montauban & receveur de Quercy, qui s'eftoit abfenté de la ville de bonne heure, avec fes inftructions fignées de *Monluc*, contenant en fomme qu'ayant le *Prince* fait venir l'Angloys en France, ils fe devoient departir d'une telle guerre, & envoyer vers le Roy pour luy demander grace du paffé. En quoy il promettoit leur ayder, comme leur eftant bon ami, & de faire en forte qu'ils demeureroient en leur liberté, eftant libre l'exercice des deux religions en leur ville fous l'obeiffance du Roy, & que dès lors toutes les garnifons vuideroient, en baillant oftages de part & d'autre, jufques au retour des deputés qu'il acompagneroit d'un fien gentilhomme à l'aller & au retour. Mais ces articles receus au fauxbourg fainct Antoine, & communiqués par *Hugues Calvet,* premier Conful, à fes compagnons, & au lieutenant principal, on ne fut d'advis d'en parler davantage ; & fut refpondu à *Dariac,* que *Monluc,* ni *Terride,* ni le *Cardinal d'Armagnac* n'auroient l'honneur de la delivrance de Montauban, mais Dieu feul qui l'avoit jufques alors prefervée contre toute efperance humaine.

Les jours fuivans fe pafferent en efcarmouches, toufiours à l'avantage de ceux de la ville, & le vingtfeptiefme du mois fe fit la Cene avec grand joye d'un chacun, en laquelle furent nommément

Excommunications.

---

ce que je fys. M. de Terride me monftra tout ce qu'il avoit faict, et trouvay que, en douze jours qu'il avoit demeuré devant (Terride étant arrivé devant Montauban le 9 octobre, d'après notre *Histoire,* ci-dessus, p. 96 et 97, il s'agirait ici du 21 octobre), il ne s'estoit pas faict œuvre pour deux jours ; et congneuz bien que le commencement n'avoit guières esté bon, me doubtant que la fin en seroit pire. — Comme il parle ensuite de la mort de Bazordan (le 22 octobre), comme d'un fait qui avait pour suite que les soldats abandonnaient *Terride,* il faudra admettre que quelque temps s'était encore écoulé depuis. Après plusieurs considérations sur le peu d'aptitude de *Terride* à diriger un siège, *Monluc* termine ce récit, en disant (p. 61) : Je m'en retournay à Agen, en ayant dict mon advis à *Terride,* qui n'en rappourta que ce que j'avois predit. — Notre *Histoire* ne dit rien de l'époque à laquelle *Terride* se retira du commandement du siège ; d'autres sources indiquent le 3 novembre et rapportent qu'il le laissa à *Saint-Salvy,* son frère et son lieutenant, et que ce fut celui-ci qui changea le siège en blocus (le 15 novembre, voy. *supra,* p. 118). *(Goulard) Hist. des choses mémor.,* p. 232 s., suivant, comme toujours, notre *Histoire,* dit expressément : Le 22 (décembre), *Terride* essaya un nouveau parlement, qui n'ayant succédé, l'escarmouche recommença, etc.

1. Voy. ci-dessus, p. 66, où il est nommé *Tieys.*

excommuniés le Capitaine *Fontgrave*[1], *du Puy*, fon fergent, *Laboria*, & *Veffet*, fon fergent, un nommé *Jean Veffiere*[2], & quelques autres, comme auffi il y en eut qui firent reparation & confeffion publique, fe reuniffans à l'Eglife, avec grande edification & confolation des affiftans. Et ainfi paffa tout ce mois.

1er janvier 1563.

Le premier jour de Janvier, commençant l'année 1563, quelques uns de la ville, f'efgayans, envoyerent demander leurs eftrenes aux ennemis, leur prefentans le combat de cent contre cent, jufques à ce que la victoire demeuraft d'un cofté ou de l'autre; & pour tenir promeffe, marcherent jufques devant le fort du Mouftier. Mais quelque chofe qu'ils peuffent dire à ceux de dedans pour les attirer, ils ne voulurent jamais fortir, combien qu'au commencement ils euffent refpondu au tabourin qu'ils fortiroient feulement cinquante contre cent; mais au lieu de fortir, ils firent pendre un pauvre jeune garçon qu'ils avoient furpris vers le fauxbourg du Tar[3].

Laboria se mêle aux combattants.

Le deuxiefme furent receues letres d'advertiffement, comme le traiftre *Laboria*, pour irriter les gentilshommes circonvoifins contre la ville, leur avoit donné fauffement à entendre que ceux de la ville avoient deliberé de les aller faccager & de brufler entierement leurs maifons & chafteaux, fi le fiege pouvoit eftre levé, laquelle fauffeté & calomnie fut amplement remonftrée au *Vicomte de Montclar*. Mais *Laboria*, continuant fa malheureufe volonté, fe prefenta luy-mefme en une efcarmouche dans le fauxbourg Sainct Antonin, où il fut recognu, nonobftant qu'il portaft un taffetas rouge devant le vifage, comme de faict il devoit bien rougir de honte, mais tant y a qu'ils furent gaillardement repouffés, comme auffi du cofté de la porte des Carmes.

Sorties.

Le fixiefme du mois, l'efcarmouche fe donna fi chaude, en laquelle fut tué entre autres le frere du Capitaine *Gardouche*[4], que les ennemis furent contraints d'envoyer querir en diligence les garnifons de Brefols & de Mombeton à leurs fecours, lefquelles arrivées, le Capitaine *Lanis*[5] eut grand peine de faire retirer fes

---

1. p. 94 et 97 s.
2. p. 120.
3. *France prot.*, VII, 468.
4. Voy. *supra*, p. 17, 103.
5. Voy. p. 96, 123.

foldats à coups de plat d'efpée, tant ils eſtoient efchauffés, & n'euſt efté qu'un foldat de la ville fe haſta de tirer, il y euſt eu un terrible efchec, dautant que les ennemis fuſſent tombés ès embufches qu'on leur avoit preparées dans les vignes, & alentour des foſſés. Mais eſtans defcouvertes, chacun fe retira, les uns toutesfois plus marris que les autres. Et n'euſt pas meilleur fuccès une autre efcarmouche dreſſée devers le fort des Jacopins.

Le huiƈtiefme, le *Vicomte de Bruniquel*[1] envoya copie d'unes letres du Roy, efcrites au fieur *de Joyeufe*[2], l'advertiſſant de la prinfe du *Prince,* & que la victoire eſtoit demeurée du coſté de *Guife;* [&] s'offrit à parler à ceux de *Montauban* & de leur dire un bon expedient pour les remettre en liberté, s'ils luy vouloient bailler aſſeurance de fa perfonne. Ceux qui avoient bon cœur ne firent pas grand cas de ces letres, aufquelles fut refpondu qu'on le remercioit, & que s'il favoit quelque expedient pour le bien de la ville autre que par la voye de reddition, il luy pleuſt de les en advertir par letres, dont la ville luy feroit à toufiours redevable. Ce qu'entendans, les aſſiegeans du coſté du fort du Mouſtier, efcrivirent, le deuxiefme dudit mois[3], à *Moncau le vieil*[4], qui avoit eſté lieutenant de *Laboria*, l'advertiſſans que fi ceux de la ville vouloient remettre la ville fous l'obeiſſance du Roy, on leur prefenteroit de fi bonnes conditions qu'ils auroient occafion de fe contenter. Ces letres communiquées aux *Confuls,* la refponfe fut qu'ils avoient aſſés fouvent declaré qu'ils ne tenoient la ville pour autre que pour le Roy, & qu'ils eſtoient meilleurs ferviteurs & fujets qu'eux, qui ne faifoient que brigander, meurtrir, ravir femmes & filles, blafphemer Dieu inceſſamment, & commettre toute efpece de cruauté & vilenie contre les commandemens de

Lettre du roi au sieur de Joyeuse.

Réponse de ceux de la ville.

---

1. Voy. p. 68.

2. *Guillaume, vicomte de Joyeuse,* lieutenant-général du Languedoc, depuis maréchal de France, mort à la bataille de Coutras, 1587. Voy. vol. I, 879, et ce vol. III, 52 et passim. *Le Laboureur, Addit. aux Mém. de Castelnau,* II, 52. *De Thou,* III; VI; VII, 12 et passim. — Cette lettre devait être des derniers jours de décembre, puisqu'elle donnait la nouvelle de la bataille de Dreux (19 décembre 1562).

3. Probablement il faut lire : *le dixiesme,* puisqu'à la page suivante, le lendemain est désigné comme le onzième.

4. *Jean de Monceau,* dit *Bramont,* p. 86, 96, 119.

Dieu et du Roy, mais que s'ils vouloient faire reparation de tels excès, qu'ils les prendroient à merci. Et dautant que les ennemis avoient datté leur letre « du fort Royal du Mouftier », il fut efcrit fur la letre de refponfe : « Au temple papal & bourdeau Epifcopal qui perira. » Cela fafcha grandement leurs ennemis, & toutesfois leur fit fi grand honte, que tant pour cefte (sic) reproche, que dautant que les foldats eftoient mangés de verolle, ils chafferent les putains du fort du Mouftier & de Panefeigue ; mais ils ne laifferent de retenir quelques pauvres femmes & filles, qu'ils avoient ravies de Montauban & du pays d'alentour.

Nouveaux essais d'intimidation.

Ce mefme jour[1], *Verlac*[2], d'un cofté manda que *Monluc* faifoit appareil de dixhuict canons & de plufieurs ingenieux, pour avoir la ville, & d'autre part furent furprifes à la porte du Griffol deux letres, dont l'une eftoit efcrite par le *Chevalier de la Serre,* trefmauvais homme, à un certain habitant, auquel il mandoit qu'il tafchaft de fortir, & que luy mandant le jour, il le viendroit recevoir & accompagner, dautant que bien toft la ville feroit ruinée. L'autre letre, efcrite d'un certain fugitif à fa femme, l'advertiffoit de ferrer fes papiers en lieu bien affeuré, dautant que bien toft la ville feroit pillée ; le porteur defquelles letres fut mis en prifon eftroite. Mais Dieu, d'autre cofté, encouragea grandement ceux de la ville par autres letres receues du fieur *de Crufol*[3] & de ceux de la ville de *Caftres,* les advertiffans de la verité de la bataille de Dreux, en laquelle il eftoit bien vray que le *Prince* avoit efté pris, mais avec un terrible contre efchange, ayant efté pris & mené à Orleans le *Conneftable,* & le *Marefchal de Sainct André* tué avec trefgrande perte de plufieurs grands Seigneurs & gentilshommes, & que la place du camp n'eftoit demeurée aux uns ni aux autres, & leur promettant fecours en brief.

D'autre part, nouvelles rassurantes.

11 janvier. Nouvelles invitations à composition.

Le lendemain unziefme, le capitaine *Saincte Jame*[4], le moine de

---

1. C'est-à-dire le dixième de Janvier, le lendemain étant désigné après comme le onzième.

2. *Supra*, p. 122.

3. Jacques de Crussol, de Baudiné, *supra*, p. 121.

4. Ce *S. Jame* n'est pas à confondre avec le capitaine protestant *James* ou *Saincte Jamme* ou *S. Gemme*, II, 589.

Maranal[1] & Jean Moncau[2], qui avoit efté pris à la desfaite de Duras, vindrent parlementer avec les *Confuls* hors la porte de Tar, leur voulans perfuader que l'Evefque leur portait fort bonne affection & ne demandoit que le payement de fes difmes, pour leur faire avoir quelque bonne compofition. Mais ils eurent telle refponce qu'ils meritoient.

Le douziefme (de janvier), le Capitaine *de Lanis*[3], avec douze chevaux & quarante arquebouziers, befogna fi heureufement, qu'il gagna le fort de Bidonnet, & en ramena affés bon nombre de beftail, ce qui foulagea grandement les habitans.

12 janvier. Heureuse sortie.

Le quatorziefme, le Capitaine *Montmor*[4], homme renommé pour avoir efté des plus cruels hommes au faiét de Touloufe, où il f'eftoit fait porter pour fe faire guerir, tant de la verolle, que d'une arquebouzade qu'il avoit receue en une efcarmouche devant Montauban, mourut par un grand jugement de Dieu. Car eftans apportées fauffes nouvelles que Montauban eftoit pris, foudain craignant que le butin fuft departi fans luy, il fe mit en chemin avec *d'Alzon*[5] & *Danqueville,* Confeillers en Parlement. Mais à grand peine eut il fait trois lieues que fa playe f'ouvrit, & fut à grand peine de retour dans la ville pour y mourir, laiffant fa place à *Entraigues*[6].

14 janvier. Monmaur meurt.

Le quinziefme, advint une eftrange rencontre en une efcarmouche vers Panefeigue, en laquelle quelque nombre de foldats de Montauban, furpris par cinquante chevaux de l'ennemi, bien equippés, firent fi bien, qu'au lieu d'eftre enfoncés ils blefferent au col le Capitaine *Gardouche*[7], dont il f'eft fenti toute fa vie, navrerent à mort *Sainéte Jame*, fon lieutenant, & le fieur *du Repaire,* chef des argoulets de *Monluc,* trefcruel & trefmefchant homme; tuerent fur la place deux foldats de pied & deux che-

15 janvier. Nouveau succès des Montalbanais.

---

1. Ce moine *de Maranal* doit être identique avec le capitaine de ce nom, p. 78.
2. *Jean Moncau*, dit *Bramont, supra*, p. 86, 96, 119, est peut-être *Moncau le vieil*, p. précédente.
3. *Supra*, p. 96, 123, 125.
4. Voy. p. 8, 11, 14, etc.
5. Voy. vol. I, p. 327, 825, etc.
6. Voy. *infra*, p. 135.
7. p. 17, 103, 125.

vaux, dont l'un eſtoit à *Gardouche*, outre pluſieurs de pied & de cheval bleſſés, ſans qu'un ſeul de la ville fuſt tué ni bleſſé, combien qu'ils pourſuiviſſent leur victoire juſques au fort, auquel les ennemis ſe tindrent de là en avant plus cois & meſmes, craignans d'eſtre forcés, ſe trancherent tout alentour.

18 janvier.
Aſſignation
devant
les Etats
de Quercy.

Le dixhuictieſme (de janvier), le Capitaine *Sainct Salvi*[1] envoya en la ville, par un tabourin, la letre des eſtats de Quercy, dattée du quatrieſme, eſtans les eſtats aſſignés au vingtieſme. La reſponſe fut delayée juſques au lendemain, contenant remonſtrance de la briefve aſſignation qui leur avoit eſté donnée, pour leur avoir eſté trop tard rendues les letres du mandement. Auſſi leur eſtoit remonſtrée l'ancienne & du tout deſmeſurée haine du *Parlement de Touloufe* contre la ville de *Montauban,* tant devant ceſte guerre (comme il avoit eſté cognu & jugé au conſeil privé du Roy) que depuis ceſte guerre, en laquelle ils auroient eſté & ſeroient encores autheurs des plus eſtranges cruautés & extorſions de toutes ſortes, qu'on ſauroit faire contre une pauvre ville qu'ils tenoient encores environnée de toutes parts, pour la reduire à la faim, & par conſequent l'exterminer; n'eſtans hays que pour la profeſſion qu'ils faiſoient de la Religion, prians les Eſtats à ceſte cauſe de leur eſtre aydans en ſi juſte & neceſſaire cauſe, & n'admettre aucunes accuſations contre eux en leur abſence trop legitimement fondée; offrans toutesfois de faire leur devoir, en leur endroit, quant au departement des tailles, comme ils avoient touſiours eſté & vouloient eſtre treshumbles ſujets & ſerviteurs du Roy, à la charge toutesfois que leſdits Eſtats ne les greveroient, ne ſurchargeroient en rien, contre leſquels, en faiſant autrement, ils auroient ci après leur recours au Roy, leur eſtant donné ſeur accès à ſa Majeſté. Ceſte reſponſe fut baillée à *Sainct Salvy,* au fauxbourg du Mouſtier, par les Conſuls qui ſ'y trouverent avec bonne garde pour ceſt effect. Et pour ce que *Sainct Salvy* n'oublia de mettre en avant les termes de quelque compoſition, diſant que Monſieur de *Montpenſier*[2] devoit bientoſt arriver avec douze canons, les

---

1. Le frère de Terride (voy. p. 78, 103, 122), qui commandait le blocus de Montauban.

2. *Louis de Bourbon,* duc de Montpensier, neveu du connétable. Voy. vol. I, 193 et passim. Fils de Louis de Bourbon, prince de la Roche-sur-Yon et de

du Parlement de Touloufe. Livre X. 145

Confuls refpondirent, en un mot, qu'ils ne pouvoient dire autre chofe que cela mefme qui avoit efté tant de fois refpondu. Et fur cela, chacun fe retira.

Le refte du mois (de janvier) fe paffa en plufieurs efcarmouches qui furent bien rudes, fur tout le vingtfixiefme & le vingthuiétiefme dudit mois, avec perte d'un cofté & d'autre, mais trop plus grandes fans comparaifon du cofté des affiegeans, lefquels pour f'en venger uferent de terribles cruautés, notamment le Capitaine *Colombier*, le plus grand carnaffier qui fut jamais de fon eftat, jufques à brufler hommes, femmes & pauvres petis enfans dans quelques metairies & maifons des fauxbourgs, encores qu'ils fuffent de la religion Romaine.

Efcarmouches.

Ce fait, les affiegeans remuerent leurs garnifons pour la perte de plufieurs des plus braves foldats qui fuffent ès compagnies plus proches de la ville, & fut mis *Saint Leonard*[1] dans Panefeigue, dont f'enfuivirent plufieurs efcarmouches de jour à autre, efquelles ceux de dedans eurent toufiours du meilleur, non toutesfois fans en perdre toufiours quelqu'un. Mais advindrent nommément des coups merveilleufement eftranges & memorables, le fixiefme de Fevrier, auquel du cofté de la ville un vaillant foldat, nommé *Robert Vaillant*, bleffé à la tefte d'une arquebouzade, & porté dans la ville, après avoir perdu la parole deux jours, fut toft après gueri. Un coup d'artillerie emporta la femelle du foulier du fergent *de Forges,* fans luy faire mal aucun. Un autre coup d'artillerie coupa à un autre foldat, nommé *Defpailla,* le bois de fon arquebouze fans l'endommager aucunement, ni aucun de ceux qui eftoient tout auprès de luy. Un autre, nommé *François de Portus,* eut fon collet percé tout outre, demeurant le boulet près de la chaire fans l'avoir feulement froiffée, & fi n'avoit-il point de chemife de noftre Dame de Chartres[2]. Et ce mefme jour, furent receues certaines nouvelles, comme les efchelles conduites par le traiftre *Laboria* f'eftoient perdues fur la riviere de la Garonne, au

Accidents remarquables.

Louise de Bourbon, sœur et héritière du connétable. *Le Laboureur, Addit. aux Mém. de Castelnau,* II, 734 s. Il était gouverneur d'Anjou, Touraine et Maine, et grand adversaire des protestants.

1. Voy. ci-dessus, p. 105.
2. Voy. vol. I, p. 163.

III. 10

port de Mouleu, ce qui vint fort à poinct à ceux de la ville, qui n'eſtoient aucunement advertis de ceſte eſcalade.

Cruautés du capitaine Colombier.

Le ſeptieſme dudit mois, le meurtrier *Coulombier*[1] donna, à dix heures de nuict, dans le fauxbourg de Tar, & y exerça de merveilleuſes cruautés ſur hommes, femmes & enfans qu'il fit bruſler tous vifs, & ravit la belle fille d'un nommé *Fatigue*, après l'avoir maſſacré, & ſa femme, combien qu'ils fuſſent de la religion Romaine. Et ne fut faite aucune ſaillie du coſté de la ville, dautant qu'on avoit eu advertiſſement ſur le ſoir, qu'il y avoit quelque trahiſon qui ſe devoit executer ceſte nuict là, ce qui fut cauſe qu'on tint les portes ſoigneuſement gardées. Ce neantmoins les ennemis furent finalement contraints de ſe retirer à coups d'arquebouſes & de mouſquets, craignans auſſi quelque ſaillie.

Requête découverte.

Le lendemain huictieſme, tumba entre les mains de *Conſtans* & *Taſchard*, miniſtres, une certaine requeſte, dreſſée par *Hugues Bonencontre*[2], comme pour preſenter au Roy, au nom des Conſuls, Syndics & habitans de Montauban, pour le ſupplier de commander à *Burie* de ſe tranſporter à Montauban pour faire oſter les garniſons de devant ladite ville; de quoy adverti le conſeil, ladite requeſte fut deſavouée & lacerée, mais il ne fut paſſé plus outre contre l'autheur d'icelle.

9 février. Sortie.

Le lendemain, neufieſme, une troupe de bons ſoldats de la ville, ſortie de nuict ſous la conduite du ſergent *Forges* & d'un caporal nommé *Pambelon*, allerent fourrager juſques à Villeneufve, qui eſt un mas[3] diſtant de Montauban d'une lieue & demie, dont ils amenerent ſeize que bœufs que vaches, ſix chevaux, ſix vingts moutons & ſeize pourceaux, avec nombre de poulailles & d'oiſons, & deux preſtres priſonniers, l'un deſquels, nommé *Pierre de Villeneufve*, eſtoit un tres meſchant garnement, qui fut pendu, eſtant ſon compagnon delivré par rançon. Mais ne fut fait aucun deſplaiſir à autre perſonne qu'on y trouvaſt, combien qu'ils fuſſent tous de la religion Romaine, & qu'ils donnaſſent ſecours de tout leur pouvoir à leurs ennemis. Et le lendemain, le meſme *Pambelon*, caporal, donna juſques au village de Gaſſeras[4], où il fit la vengeance de

---

1. Voy. page précédente.
2. Le syndic. Voy. p. 76 et passim.
3. *Mas, mansus,* maison de campagne.
4. *Gasseras,* village faisant partie de la commune de Montauban.

quelques uns qui f'eftoient trouvés au bruflement des femmes & enfans qui f'eftoit fait au fauxbourg de Tar.

L'onziefme dudit mois, ayans efté affemblées toutes les garnifons & autres gens de guerre, couvertement avec appareil de beliers de guerre pour batre les murailles d'efchelles, pics & autres inftrumens neceffaires, les ennemis conduits par le traiftre *Laboria,* vindrent, environ les dix heures de nuict & fur le premier fommeil, vers le corps de garde dit de Coffignal, à cofté de la courtine du fort des Jacopins, & paffans le long des tranchées larges & profondes, & qui venoient toucher à un des bouts de la courtine flanquée de peu de canonnieres, joint que *Laboria,* avant fon depart, avoit fait demolir un petit ravelin eftant devant une porte qu'il avoit fait murer, marcherent fi coyement qu'ils ne furent aperceus jufques à ce qu'ils furent près de la muraille, appliquans leurs engins pour emboucher les canonnieres dont ils pouvoient eftre batus. Ces engins eftoient des palles de bois, garnies par derriere & tout au travers de lames de fer, ayans les manches fort longs, & mis à la façon des palles de four, lefquels engins ainfi plaqués contre les canonnieres, incontinent les piquiers les raffermiffoient en dehors avec les piques, afin qu'on ne les peuft ofter ni efbranler. Davantage ils portoient des gros marteaux pour rompre les pointes des halebardes ou javelines qu'on euft peu faire paffer par quelques trous des canonnieres pour repouffer lefdites palles lors qu'on les auroit appliquées. Et pour ce que *Laboria,* devant qu'eftre traiftre, fe deffiant de pouvoir tenir ce corps de garde, avoit fait oindre de trebentine & de fouffre les foliveaux & poultres d'iceluy, afin d'y mettre le feu promptement f'il euft efté contraint de l'abandonner, il avoit auffi lors donné ordre de le brufler, en attachant au bout de quelques piques des fagots & farmens fecs, femés de fouffre & de trebentine pour appliquer à l'avant-toict & chevrons fortans hors la muraille, afin que le corps de garde fuft abandonné, ou bien que, cependant qu'on f'amuferoit à efteindre le feu, ils euffent moyen de batre la muraille avec leurs beliers. Toutesfois Dieu aneantit leur entreprife, ne f'eftant pris le feu que bien peu, lequel fut foudain amorti, dautant que la trebentine de laquelle les chevrons avoient efté frottés long temps auparavant, f'eftoit deffechée & confumée.

Attaque infructueuse dirigée par Laboria. 11 février.

Se voyans donc les ennemis defcouverts, ils commencerent de crier d'une façon merveilleufement efpouvantable aux foldats eftrangers qu'ils fe retiraffent en quelque quartier de la ville, & qu'on les vouloit fauver, comme f'ils euffent defià tout gagné. D'autre cofté, ceux du fort, fe voyans en petit nombre, fonnerent une petite cloche pour avoir fecours, duquel fon on vint tantoft au toxin, qui amena tantoft tel nombre de defendans, que les affiegeans bien toft repouffés, reprindrent leurs erres par le mefme chemin qu'ils eftoient venus, ayans efté des leurs que tués que bleffés environ deux cens, fans que aucun de ceux de la ville receuft dommage. Ce qui deceut *Laboria,* fut que depuis fon departement on avoit fait une petite tranchée devant le corps de garde de Coffignal, tellement qu'on ne fe pouvoit approcher pour batre la muraille; joint qu'on avoit coupé les hantes[1] des piliers de la courtine, à cofté defquelles les ennemis fe penfoient fauver contre les arquebouzades qu'on leur tiroit en flanc. Davantage, combien que la nuict fuft obfcure lors que les ennemis f'approcherent, toutesfois la lune commença incontinent à reluire, & y voyoit on clair à tirer comme f'il euft efté jour. Et dura ceft affaut environ deux heures, pendant lequel ceux de la garnifon de Panefeigue, pour amufer ceux de la ville, vindrent donner l'alarme par la porte du Pont. Mais le lieutenant du capitaine *Sainct Leonard* ayant efté bleffé au bras, & trois foldats tués, ils furent pareillement contraints de fe retirer.

Mort subite de Laboria. 12 février.

Le lendemain, douziefme, furent trouvés plufieurs morts des ennemis çà & là, & fut auffi trouvée la dague de *Laboria,* lequel dès lors devint comme hors du fens, & finalement, un peu après la paix, par un jufte jugement de Dieu, fe preparant, comme il difoit (tant il eftoit impudent), à vouloir defendre fa caufe en plein Synode, il fut frappé de mort fubite, & alla plaider fa caufe devant Dieu.

13 février. Dariat essaie de nouvelles propositions.

Le treiziefme du mois, *Jean Dariat,* receveur de Quercy, duquel a efté faite mention cy deffus[2], envoya à Montauban le departement fait fur la ville par les Eftats, montant à deux mille fix cens livres; & fuivant l'affeurance qu'il avoit impetrée, fe prefentant devant la porte des Cordeliers avec le capitaine *Malicy,* rapporta

1. *Littré* ne connaît pas ce terme.
2. p. 66, 123. Il est aussi écrit, ici et p. 123, *Darjat.*

du Parlement de Touloufe. Livre X.

comme les Eftats avoient tranfporté le fiege du Senefchal à Moyffac[1], & ordonné que l'office de Senefchal feroit impetré du Roy pour *Terride,* & que les garnifons eftans à l'entour de Montauban feroient entretenues aux defpens des Eftats ; fur quoy depuis fut advifé par le confeil de perfifter en leurs proteftations, demandans copie des letres patentes du Roy, en vertu defquelles lesdits Eftats auroient efté tenus. Ces chofes ainfi conclues, *Dariat* ayant retiré à part les Confuls, Syndics & quelques uns du confeil, n'oublia rien à dire de ce qui les pouvoit intimider & induire à rendre la ville, leur faifant entendre comme *Monluc, Terride* & *Neigrepeliffe*[2] avoient deliberé d'affaillir la ville de plus près que jamais, f'ils perdoient cefte occafion ; & qui plus eft, adjouftoit les larmes à tout cela (combien que le tout fuft tref-faux), comme f'il euft plaint grandement la ville. Mais il luy fut refpondu magnanimement à tout cela par *Hugues Calvet*[3], premier Conful, que tant qu'eux & leurs enfans feroient en vie, ils defendroient la ville contre leurs ennemis, contre lefquels ils efperoient bien d'avoir quelque jour la reparation des tyrannies & cruautés plus que brutales qu'on leur avoit fait, lors que le Roy feroit remis en fa liberté. Ainfi fe paffa ce mois avec plufieurs efcarmouches, en l'une defquelles, le vingt & uniefme jour du mois, ceux de la ville qui eftoient fortis furent en grand danger & finalement fecourus.

Le deuxiefme de Mars, *Coulombier,* avec trente ou quarante chevaux & quelque infanterie, fe levant d'une embufche où il avoit demeuré la nuict, au terroir de Valgilade, fut chargé & mis en route par ceux de *Montauban,* & pourfuivi jufques au fort du Mouftier. Et l'après dinée du jour fuivant, en une autre efcarmouche, fut tué, entre autres, le fergent de bande du capitaine *Sainct Salvi,* & fut rapporté en la ville que *Monluc* avoit deliberé de batre la ville dans dix jours en deux endroits, à favoir par le fauxbourg fainct Antoine, du cofté de Septentrion, & devers la porte du Mouftier, du cofté du levant, de forte que chacun fe prepara à le recevoir.

2 mars. Escarmouches et faux bruits d'attaque projetée.

Le quatriefme, furent receues letres de la mort du *Duc de Guife,* & comme la paix fe traittoit, dont furent rendues graces à Dieu

Nouvelle de la mort de Guise et des transactions de paix.

---

1. *Moissac,* à 28 kil. de Montauban.
2. Voy. ci-dessus, p. 52.
3. p. 64 et passim.

solennellement. Depuis, aucun jour ne se passa sans escarmouche, & sur tout le dixiesme dudit mois, estans arrivés aux ennemis deux Conseillers de Tolouse pour leur faire grandes reproches, comme s'il eust tenu aux capitaines & soldats que la ville ne fust pieçà prise. Sur lesquelles remonstrances ayans esté assemblées toutes les garnisons avec les plus braves soldats, l'escarmouche se dressa fort terrible en la plaine qui est entre le Moustier & le fauxbourg sainct Estienne; en laquelle, du costé de la ville, fut tué un caporal & huict soldats blessés, & du costé des ennemis en demeura trois sur le champ & vingt blessés, comme il fut rapporté. Entre autres, ce cruel *Colombier* fut griefvement navré, & un nommé *Jean Vaissiere* aussi, lequel nous avons dit cy dessus avoir esté excommunié[1]. Depuis ceste escarmouche, ceux de la ville eurent plus grande liberté de tenir les champs. Ce qui leur vint fort à poinct, car desià y avoit-il necessité de graines en la ville.

Colombier et Vaissière blessés.

Le quatorziesme dudit mois advint un exemple memorable du jugement de Dieu sur un jeune marchand de Tolouse, nommé *Chalon,* lequel estant soldat dans la ville, prié d'un escolier du dit Tolouse, nommé *Corvidat,* de luy faire compagnie, arrivés tous deux en un bois, nommé le Ramier, à un quart de lieue de Montauban, *Chalon* le tua & briganda, puis revint en la ville; & demeura quelque temps ce meurtre en tel estat, sans estre descouvert. Mais *Chalon,* tourmenté par sa propre conscience, changea premierement de contenance, estant devenu fort morne & pensif, puis tumba en frenesie, en laquelle il crioit à haute voix que c'estoit luy qui avoit fait ce meurtre, declarant où & comment, & criant que Dieu n'estoit pas assés misericordieux pour luy pardonner; & finalement, ce quatorziesme jour, combien qu'auparavant il fust debile & ne se pouvant remuer, s'estant celle qui le gardoit endormie, il se pendit & estrangla d'une corde qu'il trouva d'aventure pendue au plancher.

Crime et désespoir de Chalon.

Le vingtiesme du mois, *Pierre Sestier,* dit *du Croissans,* ministre, mourut en partie de regret de s'estre laissé tromper par *Laboria,* non pas pour trahir la ville, mais pour estre du costé de ceux qui demandoient qu'on la rendist à quelques conditions tolerables, estimant qu'il estoit impossible de la garder.

Mort du ministre Du Croissant.

---

1. Voy. p. 124.

du Parlement de Toulouse. Livre X. 151

Le vingtdeuxiefme, les nouvelles vindrent en la ville que la paix s'en alloit faite, mais que devant qu'elle fuft publiée, Monluc devoit faire tous fes efforts pour prendre la ville; de quoy tant s'en falut que ceux de la ville perdiffent courage, qu'au contraire le capitaine de Lanis[1], accompagné d'environ deux cens hommes, tant de cheval que de pied, avec un belier ou malmouton, & autres inftrumens neceffaires pour batre une muraille, après avoir prié Dieu, hors la ville, tira droit au fort de Bedonnet, qui avoit defià efté forcé une fois, lequel fe trouva vuide de la plus part des foldats, fortis pour voler ceux qui venoient du marché de la Françoife. Ils firent fi bien, qu'ayans fait brefche, ils contraignirent ceux qui eftoient reftés dedans de fe rendre à merci, à favoir huict hommes reftés vivans & deux putains, lefquels avec leur bagage & defpouille amenés en la ville, furent proumenés avec triomphe en la place publique, où furent rendues graces à Dieu, avec grande efiouiffance. Quant aux foldats qui eftoient fortis du fort, n'ayans defcouvert ceux de Montauban que trop tard, ils s'enfuirent à vau de route, & pafferent quelques uns la riviere du Tar, à la faveur de ceux de Panefegue, qui arqueboufoient delà l'eau. Mais cependant le fort de Bedonnet fut entierement bruflé avec une tour qui eftoit auprès, afin que les ennemis ne s'en vinffent emparer; & par ce moyen tout ceft endroit de pays fut rendu feur, au grand avantage non feulement de la ville, mais auffi de tous les villages de ce cofté là.

Prise du fort de Bedonnet.

Le refte de ce mois fe paffa en efcarmouches, efquelles le premier corps de garde & puis auffi un autre eftant au jardin dit du Celier, devant le fort du Mouftier, furent forcés, y eftant bleffé à mort le capitaine la Nafrede, lieutenant de Del Riu, fucceffeur d'Antraigues[2], qui eftoit mort.

Le premier d'Avril, ceux de la ville fortis la nuict, bruflerent le temple & les granges de Perifols & Sainct Maurice delà la riviere

Avril. Sorties heureuses.

---

1. Voy. p. 96, etc.
2. Il est aussi écrit d'Entraigues et Entragues, voy. p. 127 et 137. Il ne faut pas confondre ce capitaine avec l'un ou l'autre des deux frères de la maison d'Entragues: Charles de Dunes et Charles de Marcoussis. Voy. De Thou, VII, 232 ; IX, 715 ; X, 17 s. Un autre qu'il faut distinguer, était encore François de Balzac, seigneur d'Entragues. Mém. de Condé, I, 184. Le Laboureur, Addit. à Castelnau, II, 600.

152   *Hiſtoire Eccleſiaſtique*

de Laveron, dont ils amenerent force fourrage, nonobſtant lefquels avantages encores y en avoit il quelques uns ſi laſches, que de parler de compoſition ; deux defquels allerent parlementer vers les ennemis vers Panefegue. L'un d'iceux eſtoit frere du fergent *Forges,* lequel en ayant eſté prevenu, & depuis relaſché par faute de bonne preuve, n'eſchappa pour cela le juſte jugement de Dieu, eſtant mort le lendemain, ainſi qu'on le rapportoit d'une efcarmouche en la ville, eſtant feulement bleſſé en la jambe. Ainſi continuerent les efcarmouches d'une part & d'autre juſques au dixieſme dudit mois, auquel jour arriverent les letres du *Cardinal d'Armagnac* & de *Terride,* portans les nouvelles de la paix, & defirans fur cela ſavoir l'intention de ceux de la ville. La refponſe fut qu'on l'acceptoit tref-volontiers, pourveu que toutes les garniſons ſe retiraſſent, & qu'on montraſt par effect qu'on defiroit auſſi de leur obferver la paix. Ce jour meſme arriverent nouvelles du ſecours de deux cens chevaux & de ſix cens arquebouziers que *Rapin*[1] leur amenoit de Caſtres & Puylaurens ; lequel de faict y entra le lendemain, onzieſme dudit mois, ſur le ſoir, ayant eſté la ſaincte Cene celebrée le matin avec ſolennelle action de graces pour la paix, & dès lors on ſe print à parlementer touchant l'execution de ceſte paix. Mais le quatorzieſme arriverent nouvelles que ceux de *Touloufe,* conduits par *Dalzon*[2], confeiller en Parlement, eſtoient allés aſſieger ceux que *Rapin,* en paſſant, avoit laiſſés ſous la charge du capitaine *la Legade* dedans Buzet, pour aſſeurer ſon retour. Ces nouvelles receues, *Rapin* partit en toute diligence avec deux cens ſoldats pour lever le ſiege. Mais devant qu'il y arrivaſt, *la Legade* avoit defià choqué tellement ceux de *Touloufe,* qui eſtoient un grand nombre de gens mal aguerris, & plus propres à manier l'efcritoire que l'efpée, qu'ils ſ'eſtoient retirés à leur grand'honte, y laiſſans mort le capitaine *Graignague,* avec trente deux ſoldats, outre grand nombre de bleſſés.

Le quinzieſme (avril) arriva dans *Montauban* le ſieur *de Chaumont*[3], envoyé par la *Royne mere* & par le *Prince,* pour faire

10 avril. Nouvelles de la paix.

De Chaumont vient publier la paix.

1. Voy. ci-deſſus, p. 71 s.
2. ou *d'Alzon,* voy. p. 127 et I, 327, etc.
3. Quant à ce ſieur de Chaumont, il s'agit ici, ſans doute, du gentilhomme Luquois, *Scipion Sardini,* vicomte de Buzancy, baron de Chaumont (ou Chaulmont) ſur-Loire, un de ces Italiens qui ſurent gagner les bonnes grâces

du Parlement de Touloufe. Livre X.

publier & executer la paix à *Montauban;* ce qu'ayant notifié *Sainct Salvi*[1], qui demanda terme pour en advertir *Terride* & ceux de *Touloufe,* le capitaine *Bidonnet,* Lieutenant de *Terride*[2], arriva avec commiffion de conclure & arrefter avec ceux de *Montauban* fur la vuidange des garnifons, demandant qu'on baillaft oftages de toutes parts & quelques autres articles. Sur cela ayant efté refpondu qu'il ne faloit ni oftages ni articles, mais feulement bonne foy & confcience pour l'execution de la paix, elle fut folennellement publiée le lendemain au matin, jour de Dimanche, dix huictiefme dudit mois (d'avril), par les Confuls, veftus de leurs robes confulaires, acompagnés du Lieutenant particulier[3] (eftant decedé auparavant le Lieutenant principal), le fieur *de Rapin* & plufieurs autres gentilshommes, & autres montés à cheval. L'après-dinée cefte publication fut reiterée devant le fort du Mouftier, auquel ledit *Rapin,* avec plufieurs autres, tant eftrangers qu'habitans, allerent fouper avec *Sainct Salvi,* en tefmoignage de bonne paix & amitié, & furent après fouper rendues graces en la place publique de la ville, avec feu de joye & grande efjouiffance, eftant chanté nommément avec les commandemens de Dieu, le pfeaume cent vingt & quatriefme, commençant : « Or peut bien dire Ifrael » etc. Ceux de la religion Romaine, d'autre part, deflogerent les uns après les autres, ne laiffans rien dedans leurs forts que ce qu'ils ne pouvoient vendre ou emporter, & mefmes ayans mis le feu dans le fort du Mouftier, qui ne peuft eftre efteint que la voulte du temple & les maifons d'alentour, qui eftoient des Chanoines, ne fuffent ruinées.

Le vingtquatriefme du mois arriva le capitaine *Saincte Colombe*[4], *La ville reste sous ses propres magistrats.*

de Catherine de Médicis. Il épousa la fille d'honneur de Catherine, Isabelle de La Tour, demoiselle de Limeuil, maîtresse du prince de Condé. Aussi ne faut-il pas confondre ce sieur de Chaumont avec le capitaine de ce nom, dont il est question vol. II, p. 779.

1. Le frère de Terride qui avait commandé devant Montauban, après celui-ci.
2. Et son neveu, voy. I, p. 796.
3. Voy. vol. I, p. 834, où le lieutenant particulier du juge ordinaire est nommé *Jean Dubost,* et le lieutenant principal *Antoine Durant.* Comp. ce vol. III, 105.
4. Voy. vol. II, 647. Le nom de ce capitaine *Sainte-Colombe* paraît aussi dans les *Mém. de Condé,* V, 187, 336, 360. Il fut fait prisonnier par les protestants, au siège de La Rochelle, en 1572. *De Thou,* IV, 658, dit du reste qu'il était un très-bon officier.

envoyé par le Roy pour faire publier la paix par tout, avec charge de faire que Montauban receuft *Terride* pour gouverneur; ce que n'advint toutesfois, ayans remonftré ceux de la ville le peu d'occafion qu'ils avoient de f'affeurer de luy qui leur avoit fait une guerre fi cruelle, & *Terride*, d'autre cofté, comme auffi *Monluc*[1], refufans le gouvernement de ladite ville, laquelle par ce moyen demeura en la puiffance de fes magiftrats ordinaires.

Les pertes. Telle fut l'iffue de toutes ces tempeftes à l'endroit de Montauban, où Dieu, à la verité, monftra de merveilleux tefmoignages de fa providence, ayant efté fi griefvement affaillie & par dedans & par dehors, y eftans demeurés de la part des affiegeans, par leur dire mefme, environ deux mille foldats, avec les capitaines *Baʒourdan, Montmaur, Efpenan* & fon enfeigne, *Haute Rive, Entragues, la Nafrede, Sainɗ Jame, Coulombier, Pellefigue,* un Italien, Lieutenant de *Sainɗ Salvi, Gardouche,* fon Lieutenant & fon frere. Le fieur *de Zigouʒac,* & plufieurs officiers & membres de compagnies defquels on n'a peu avoir les noms, avec plufieurs, autres griefvement bleffés; au lieu que de ceux de dedans ne font pas morts plus de foixante foldats, & quant aux gens de marque, feulement les capitaines *Affier* & *Confignal, Perrinet, Pierre Colon,* enfeignes, & bien peu d'autres. Et n'eft à oublier, entre autres chofes, le bon ordre qui fut mis & tresbien obfervé dès le commencement jufques à la fin, quant aux bleds, ayans efté recherchés tous ceux qui en avoient outre leur provifion, & contraints de les vendre felon l'ordonnance & diftribution faite par les Confuls, fans leur eftre permis de jamais hauffer le prix, tellement qu'après la paix faite, le prix du bled augmenta au double.

Affaires du Bas-Languedoc. Nîmes. Synode. Les temples ayans efté quittés par ceux de la religion en la ville de *Nifmes*[2], fuivant le mandement du feigneur *Comte de Cruffol*[3], le vingtiefme de Janvier 1562, ils commencerent leur exercice

---

1. *Monluc* ne fait pas mention de ce fait dans ses *Commentaires.*
2. Voy. vol. I, p. 218.
3. *Antoine comte de Crussol et de Tonnerre.* Voy. vol. I, 325, 720 et passim.; II, 777; III, 10. Le comte avait été nommé par la reine-mère, le 10 décembre 1561, lieutenant-général pour la pacification des troubles en Provence, en Languedoc et en Dauphiné. Le 13 janvier 1562, étant arrivé à Villeneuve-d'Avignon, il rendit une ordonnance pour expliquer les moyens par lesquels

ordinaire en l'hofpital hors la ville¹. Il fut tenu au mefme temps un Synode provincial du bas Languedoc, à Nifmes², où fe trouverent feptante miniftres, outre ceux qui y furent efleus; auquel temps, à favoir l'unziefme de Fevrier, fut apporté l'*Edict de Janvier,* & receu avec grand'joye, combien qu'il femblaft defavantageux en quelque poinct. Mais cefte efperance ne dura gueres, eftant venues les nouvelles du maffacre de Vaffy³, toft après lefquelles arriva auffi un gentilhomme de la part du *Prince,* advertiffant les eglifes de Languedoc de l'eftat des affaires, & leur demandant fecours de gens & d'argent⁴. Ceux de la religion

Nouvelles du massacre de Vassy et de Condé.

l'union devait être entretenue entre les catholiques et les protestants. Il s'agissait surtout de rendre des églises aux catholiques, ce qui fut fait à Nîmes, le 14 janvier. Ménard, *Hist. de la ville de Nîmes,* 1874, tome IV, p. 299, 306 s.

1. Viret, après avoir été se présenter à Crussol, à Villeneuve, fut de retour à Nîmes le 20 janvier et «fit le lendemain le prêche au Collége des Arts, pour la première fois». Ménard, l. c., n° 75, p. 308. Le corps des religionnaires ne laissait pas de se conformer à l'édit de janvier sur le fait des assemblées. Ils avaient depuis cessé de les tenir dans la ville, et s'étaient servis de l'Hôtel-Dieu pour leurs exercices, maison située hors des murs, près du chemin de Montpellier. Mais comme ils y étaient trop à l'étroit, on fut contraint le dimanche, 1ᵉʳ mars de l'an 1561 (1562), de prêcher dans un enclos du faubourg des Augustins. *Ibid.*, n° 89, p. 314.

2. Ménard, n° 66, p. 303 : Le consistoire, le jeudi, 8 janvier (1562), arrêta que le synode général de toutes les églises de la province serait convoqué à Nîmes pour le premier dimanche de février suivant. — *Ibid.*, n° 79, p. 310 : Il ne commença néanmoins que le lendemain. L'assemblée se tint dans la maison du seigneur de Saint-Véran. Elle dura jusqu'au 11 du mois.

3. Le 1ᵉʳ mars 1562. Voy. vol. I, p. 721.

4. Ménard, n° 95, p. 318 : L'église réformée de Paris, de concert avec celle des environs, envoya aux religionnaires de Nîmes un député avec une lettre de créance. Ce fut le sieur *de Chanterenard* qui fut chargé de cette commission. Étant arrivé à Nîmes, ceux de l'église réformée s'assemblèrent en grand nombre, le samedi, 28 mars, dans la maison de Jean Bertrand, lieu où l'on avait accoutumé de tenir le consistoire... Le sieur de Chanterenard vint à l'assemblée, et remit sa lettre de créance que Bèze avait signée au nom de l'église de Paris. Le député.. dit que l'église de Paris et celles des environs étaient extrêmement maltraitées par les adversaires... que cependant leur défense, ainsi que celle de la religion réformée, venait d'être embrassée par le *prince de Condé,* qui avait pris les armes... qu'avec l'aide des églises, on espérait les plus heureux succès de cette importante entreprise... que les églises devaient... concourir par des secours d'hommes et d'argent; qu'il

156   *Histoire Ecclesiastique*

Romaine, d'autre costé, aussi tost que *Crussol* eust repris le chemin de la Cour, où il avoit esté rappelé par la Royne mere, s'esmeurent de toutes parts, & principalement les Provençaux, conjoints avec les gens du Pape, comme il est dit en l'histoire de Dauphiné [1]. Cela fut cause que ceux de ces quartiers, ayans assés d'affaires à pourvoir eux-mesmes, ne peurent envoyer au *Prince* tout le secours d'hommes & d'argent qu'ils eussent bien desiré. Ce neantmoins ils luy accorderent, pour le commencement, vingt mille livres [2], & luy envoyerent cinq compagnies de gens de pied, conduites par les sieurs *de Peyrault* [3], *de Cardet* [4], *de Sainct Jean* [5], *de Mandagout* [6], & *de Sestalle* [7], fils du *Baron d'Alex;* auxquels s'adjoignirent quatre autres compagnies qui avoient esté laissées en garnison en Provence après la prise de Barjols [8], desquelles le sieur *de Sainct Auban* [9] estoit Colonel, conduites par luy, le *Baron*

exhortait enfin l'église de Nîmes, en particulier, de contribuer de toutes ses forces... On tint une seconde assemblée le lendemain, dimanche, 29 du mois..... Il fut unanimement délibéré que l'église de Nîmes, tant en son nom qu'en celui des classes et colloques des environs, offrirait une somme d'argent pour la défense de la religion.

1. Voy. plus bas, p. 248, liv. XII.
2. Voy. page précédente la note 4. *Ménard* ne parle pas des secours en hommes.
3. Voy. vol. II, 226. *François de Fay*, baron de Péraut. *France prot.*, V, 88.
4. *Cardet*, le texte original, par faute d'impression, a *Catdet*. Marc de Valette, seigneur de Cardet, Lézan et Saint-Saturnin. Le château de Cardet (le village de Cardet est à 14 kil. d'Alais) avait été abattu par le comte de Villars lors des troubles en novembre 1560. *Ménard*, l. c., IV, 253.
5. Voy. vol. I, 340; II, 481. Le sieur de *Saint-Jean* ou *Saint-Jean de Gardonnanque*, dont le château avait été détruit par Villars, comme celui de Cardet, en 1560. Il était fils du seigneur de Toiras. (*Hugues, Hist. de l'église d'Anduze*, 2e éd., p. 64.)
6. *Mandagout* est un bourg du Languedoc, à 10 kil. du Vigan (Gard). Il s'agit probablement du seigneur de cet endroit.
7. Il est question de *Jean, seigneur de Soustelle*, gouverneur de la viguerie d'Alais (capitale des Cévennes, Gard) et lieutenant du roi en Languedoc. Il était fils de Louis de Cambis, baron d'Alais, qui aussi avait embrassé la réforme et pris les armes dans cette guerre. *France prot.*, nouv. éd., vol. III, p. 641 (1re éd. III, 162 s.).
8. Vol. I, p. 898 s.
9. Vol. I, p. 343, 898; II, 89, 226, 481. *Gaspard Pape*, sieur de S. Auban. *France prot.*, VIII, 101 ; comp. II, 117.

des Portes¹, Luſſan², & Rouſſet³. Et demeurerent encores les choſes aſſés paiſibles au quartier de Niſmes juſques au mois de May.

Mais il n'en advint pas de meſme en pluſieurs autres endroits du Languedoc. Car à *Caſtelnaudarry*⁴ en Lauragues⁵, environ Paſques fleuries⁶, comme ceux de la religion eſtoient au ſermon hors la ville, ſuivant l'Edict de Janvier, joignant un moulin à paſtel, ceux de la religion Romaine, pour pratiquer le proverbe « à bon jour bon œuvre », ayans attiré une proceſſion generale, non jamais acouſtumée à tel jour, & paſſans par devant le lieu de l'aſſemblée, dreſſerent premierement l'eſcarmouche à coups de pierres par les enfans, puis entrés au dedans, ſans aucune diſtinction de ſexe, d'aage ni qualité, tuerent le conſeiller *Tomaſſi*⁷, le

Massacre de Castelnaudary.

---

1. Ce baron *des Portes* ne doit pas être confondu avec le capitaine *Portes* dont parle notre *Histoire* ci-après, p. 303 et 305, comme ayant servi sous Des Adrets dans le Dauphiné. Il est encore question, vol. II, 811, d'un *Guillaume des Portes*, dit *Viset*, valet de chambre du jeune prince de Navarre, différent aussi du baron Des Portes de notre passage. Mais il faut encore distinguer ce dernier de *Guillaume des Portes*, second président du parlement de Grenoble, mentionné ci-après, p. 255 s. Enfin, la *France prot.*, 1ʳᵉ éd., III, 77, nomme *Jacques de Budos, baron de Portes*, d'une famille distinguée du Languedoc, qui en 1563 répondit à l'appel de Crussol et l'aida à faire lever le siège de Florac ; peut-être faut-il ici voir ce personnage, quoique, en dehors de ce fait, la famille semble plutôt du parti catholique. La nouvelle édition de la *France prot.*, III, 383, vise cet article, mais n'énumère que d'autres personnages.

2. *Gabriel d'Audibert*, fils aîné de Gaspard d'Audibert, seigneur de Lussan. Il servit aussi la cause protestante, surtout dans la troisième guerre de religion, et mourut après 1595. *France prot.*, I, 191 ; nouv. éd., I, 566 s.

3. Nous ne retrouvons pas ce nom. Il n'est pas probable que ce capitaine est le même que Du Rousset (ou Rosset), qui lors de la troisième guerre de religion servit parmi les catholiques et fut lieutenant de Simiane de Gordes, gouverneur du Dauphiné, et fut fait prisonnier lors de la déroute que Montbrun infligea à Gordes, lorsque celui-ci voulut passer le Rhône. *De Thou*, IV, 307 s. *D'Aubigné*, *Hist. univ.*, 2ᵉ éd., 455 s. Arnaud, *Hist. des Protestants du Dauphiné*, I, 243.

4. *Hist. des Martyrs*, fol. 699 b. *Mém. de Jacques Gaches sur les guerres de relig. à Castres*, par *Ch. Pradel*. Paris 1879, p. 23.

5. Lauraguais.

6. Pâques tombant, en 1562, sur le 29 mars, Pâques fleuries (*Palmarum*, jour des Rameaux) fut le 22 mars.

7. *Gaches* le nomme *Jean Thomas*.

contrerolleur *Marion*[1], le Juge ordinaire[2], l'Advocat du Roy, les Confuls *Tuquet* & *Dachié*, & quarante ou cinquante autres; entre lefquels fut le miniftre nommé *Gifcart*[3], auquel, après la mort, on tira les tripes du ventre qu'on brufla, avec autres indignités, & en blefferent foixante ou quatre vingts, mirent le feu au moulin, & rentrés en la ville, ferrerent les portes, fe mettans en defenfe fous la conduite d'un gentilhomme, leur voifin[4]. Ce fait tant horrible eftant rapporté au fieur *de Cruffol,* il depefcha commiffion au Senefchal de Touloufe, pour y aller avec bonnes forces, & en faire juftice exemplaire, auquel furent refufées les portes & dès lors eftoient les chofes tant enaigries, après avoir entendu le maffacre de Vaffy & ce qui fe faifoit & preparoit à la Cour, qu'il n'y eut ordre d'y pourvoir ni d'empefcher la tempefte toute prochaine.

Béziers. Froissements entre les partis religieux.

D'autre part, l'Edict de Janvier eftant publié à *Beziers*[5], ceux de la religion commencerent à prefcher avec accroiffement de peuple, tant de la ville que des villages; ce que ceux de la religion Romaine, prevoyans leur ruine fi cela continuoit, ne peurent endurer. Ceux de la religion, d'autre part, fe voyans ainfi accreus, au lieu de cheminer en humilité, & gagner leurs prochains par la pratique de ce qui leur eftoit prefché journellement, devindrent merveilleufement infolens. Les uns donques appeloient les autres *Papiftes* & *Gregoriaux;* les autres, au contraire, les furnommoient *Huguenots,*

---

1. *Raymond de Marion*, contrôleur de la reine-mère en son comté de Lauragais. *Gaches,* p. 24.

2. *Gaches*, tout en disant que beaucoup furent massacrés, ne nomme pas ces autres, mais il ajoute : et laissèrent mortellement blessés Bernard Rollande, Jean Lacger (c'était le juge de Castelnaudary), Guillaume Rieux et plusieurs autres.

3. La *France prot.,* III, 466, le nomme *Cinglade.*

4. Voy. la lettre de *Viret* à *Calvin,* du 23 mars 1562 (*Corresp. de Calv., Opp.,* XIX, 357 s.) : *In urbe, cui nomen est Castelnau, quæ non ita procul a Tholosa abest .. quum nostri ad sacrum cœtum convenissent, incensa prius domo, hostes in eos irruerunt tanta crudelitate ut magnus fuerit occisorum numerus. In his primus cæsus est minister, qui suum caput hostibus pro cæteris omnibus obtulit. Sed ne hac quidem ratione compesci potuit hostium rabies : deinde Diaconus pari fato sublatus, et unus regius procurator vir optimus, et consiliarii aliquot, præter vulgus promiscuum.*

5. *De Thou,* III, 310.

Lutheriens, & Gregons¹. Il y avoit auſſi des factions ès villages, dont les uns, qui eſtoient les plus foibles, à ſavoir ceux de la religion, eſtans batus par les autres, qu'ils appeloient *les malins,* eurent recours à ceux de la ville, qui rendoient la pareille à ces bateurs, quand ils les trouvoient à l'eſcart en la ville ou aux champs, avec de gros baſtons de trois *pans* (qui eſt une meſure d'environ de trois pieds, qu'ils nommoient *eſpouſettes*²). Et combien que pour remedier à ces inconveniens il y euſt des chefs eſleus, à ſavoir un de chacun coſté, marchans avec vingtcinq hommes en armes, ſi eſt ce que le mal ne ceſſa pour cela, pource qu'il y en avoit touſiours qui allumoient le feu avec impunité. Ainſi en advint il un Dimanche, quinzieſme de Mars, auquel jour peu ſ'en falut que tout n'eſclataſt, eſtant en un meſme temps rapporté au grand temple de Sainct Nazaire, comme on diſoit la grand meſſe, que ceux de la religion eſtoient en armes pour les venir maſſacrer ; & au meſme inſtant, au contraire, ſ'eſtant eſlevée une rumeur en l'aſſemblée de dehors la ville, que ceux de la Religion Romaine leur venoient couper la gorge. Ce neantmoins, nul ne comparoiſſant de part ne d'autre, cela ſ'eſvanouit³.

Nous avons dit cy devant⁴ que ceux de la religion eſtans en la ville de *Carcaſſonne,* nonobſtant que le tort à eux fait par la conspiration de certains de leurs Magiſtrats demeuraſt impuni, avoient commencé de jouir de l'exercice de la religion ſuivant l'Edict de Janvier, en vertu duquel ayans obtenu pour miniſtre un nommé *Vignaux*⁵, ils le preſenterent au Viguier, le treizieſme de Mars

Carcassonne.

---

1. Ce surnom de *Grégons* paraît avoir été la contre-partie de celui de *Grégoriaux,* donné aux catholiques. Peut-être que ces sobriquets n'étaient que d'une origine locale. Grégoriaux pourrait s'expliquer par le nom du pape Grégoire VII. Il ne semble pas que Grégons ait quelque rapport avec le mot de *grègues* ou haut-de-chausses.

2 Peut-être d'*épousseter.*

3. Par une lettre du 31 juillet 1563, les consuls et frères du consistoire de Béziers demandèrent à Genève un pasteur : « par la grande disette de pasteurs dans la province toute entière et la grande moisson qu'il y a. » *Archives de Genève.* Pièces histor. 1733. Voy. *Oeuvres de Calvin,* XXI, 806. Annales.

4. Vol. I, p. 875.

5. *Vignaux,* autrement *Masson,* qui exerça à Nérac et à Toulouse (vol. I, 155, 156, 216), ensuite à Montauban ; *ibid.,* p. 327, 826, 834, 842. Il fut bientôt après, le 6 juin, tué à Limoux. Voy. ci-après, p. 151. Comp. *Mém. de Gaches,* p. 23.

audit an, pour faire le ferment, lequel ne le voulut recevoir, alleguant qu'il vouloit premierement avoir l'advis de la Cour de Parlement, où ils avoyent envoyé fous main pour obtenir letres d'appel. Mais Dieu voulut que le meffager apportant ces letres, quelcun auquel il f'en eftoit declaré fur le chemin trouva façon de retirer fon paquet fi dextrement, qu'eftant arrivé, fes letres fe trouverent efgarées. Ceux de la religion, voyans ce refus, delibererent, le quinziefme dudit mois de Mars, de commencer l'exercice de leur religion hors la ville à huict heures du matin. Leurs adverfaires, advertis de cela, firent une proceffion generale extraordinaire, & porterent leur hoftie auffi folennellement que le jour de leur fefte-Dieu, qui fut caufe de differer le fermon jufques à une heure après midi ; après laquelle ils fortirent, non fans avoir efté vifités à la porte par le juge mage & par le Viguier, qui les trouverent fans armes. Ils fortirent donc environ deux cens perfonnes de la ville, aufquels f'adjoingnirent trois ou quatre cens des Eglifes circonvoifines, que ceux de la ville avoient priés de venir pour leur affifter à ce commencement f'ils en avoient befoin contre la populace. Eux fortis, les portes furent incontinent faifies, & fut en armes toute la ville haute & baffe, eftans les magiftras les premiers à efmouvoir le peuple, notamment deux confeillers, l'un nommé *Eftevenely*, & l'autre *Eftogy*, avec *du Vernet*, Lieutenant principal [1].

Les protestants attaqués et expulsés de la ville.

Ceux de la religion voyans qu'au lieu de leur ouvrir les portes on les repouffoit à coups d'arquebouzades, de traicts d'arbalefte, & de pierres, fe rangerent dans l'hofpital de la pefte, envoyans en diligence leurs deputés vers le fieur *de Cruffol*, pour l'advertir de tout & obtenir provifion. Et cependant faifans leur proteftation fe gabionnerent pour n'eftre offenfés, veu qu'on avoit affis l'artillerie fur les murailles alencontre d'eux. Et pafferent ainfi les affaires en parlementant d'un cofté & d'autre jufques au dix-neufiefme dudit mois, auquel jour ceux de la ville ayans fait venir pour leur chef le fils du fieur *de Lanet,* nommé *Caftelmaure,* & fe voyans de quatre à cinq mille perfonnes, commencerent à canonner & à faire fonner partout les tabourins & trompettes, dont le petit

---

1. *Guillaume du Vernet* était lieutenant principal du sénéchal de Carcassonne.

nombre de ceux de la religion, tout effrayé, abandonnans les fauxbourgs, fe mirent à vau de route; aucuns defquels, rencontrés au bout du pont par ceux de la cité & des fauxbourgs, furent les uns tués, les autres bleffés[1]. D'autre cofté, ceux de la ville baffe, venans avec grande furie en la maifon d'un nommé *Jaques Sabatier,* qui eftoit de la religion, le tuerent, enfemble fon fils, & trois ou quatre autres qu'ils y trouverent; & fut amené prifonnier aux prifons de l'inquifition un nommé *Montirot,* Syndic de ceux de la religion, ayant efté trouvé fort malade au delà du pont près de la baffe ville ; & finalement, comme ayans fait une grande vaillance, ordonnerent qu'au pareil jour fe feroit proceffion folennelle pour en conferver la memoire.

Cruffol, commiffaire ordonné de par le Roy pour appaifer tous ces defordres, eftant peu auparavant venu de Provence en Languedoc, & ayant entendu ce que deffus, ordonna fur la requefte à lui prefentée le fixiefme d'Avril, que les prifonniers detenus par l'inquifiteur nommé frere *Jofeph Corroge*, Jacopin, feroient eflargis ; ce qui fut executé après qu'ils eurent beaucoup fouffert de rançonnemens & violences ès prifons. Et ce fait, cuidant pourvoir au principal, depefcha le fieur *de l'Efpinaffon,* maiftre des requeftes, pour y aller & remettre les chofes en eftat, en attendant qu'il y vinft en perfonne. Mais *d'Efpinaffon* ne fceut jamais trouver moyen de perfuader à ceux de dedans de recevoir ceux qu'ils avoient dechaffés qu'avec des conditions fi defavantageufes, qu'eux aimerent mieux demeurer hors de leurs maifons, fe retirans aux lieux circonvoifins en attendant la venue de *Cruffol*. Mais il fut tellement contraint de hafter fon retour à la Cour qu'il n'y vint point, & demeurerent dehors ceux de la religion jufques à la fin de la premiere guerre civile, par la faute du fieur *de Joyeufe*, auquel, comme Lieutenant du gouverneur, *Cruffol* en avoit laiffé

Crussol néglige d'y mettre ordre.

---

1. *Viretus Calvino, 23 Mart.* (l. c.): *Quum ecclesia Carcassonensis regio parens edicto, urbe egressa esset ad sacrum conventum, clausæ sunt urbis portæ ne in urbem reverteretur. Fratres quum se viderent exclusos, urbis portas obsederunt ne quis urbe egrederetur, aut in eam ingrederetur. Interea tormento bellico ex urbe tres ex nostris occisos fuisse audivimus.* Gaches, Mém., l. c., p. 23. Hist. des Mart., fol. 669[b]. *(Goulard)* Hist. des choses mémor., p. 234, ajoute encore plusieurs faits arrivés le 19 mai et le jour de la Pentecôte (17 mai).

toute charge de faire juftice. Mais au lieu de cela, le Prefident *de Laffet*[1] & autres principaux confeillers, notoirement autheurs & promoteurs de la fedition, en vertu des fauffes informations faites par eux mefmes, par lefquelles ils mettoient toute la faute & coulpe fur ceux de la religion, decernerent prife de corps contre cent ou fix vingts; & nonobftant les caufes de recufations par lefquelles ils eftoient chargés un par un d'eftre eux mefmes ceux aufquels il faloit faire le procès, ne laifferent de paffer outre fous couleur de juftice, comme nous dirons en fon lieu[2].

Revel.
La paix
maintenue.

L'edict de Janvier eftant auffi publié à *Revel,* ville de Lauragais, & ceux de la religion fuivant iceluy faifans leurs affemblées hors la ville, les preftres & moines, le jour de Pafques, vingtneufiefme de Mars, fachans la fufdite fedition advenue à deux lieues près d'eux, en la ville de Casftelnaudarry, delibererent de faire de mefme, faifans fonner le toxin en tous les clochers de la ville, auquel fon les uns & les autres eftans courus aux armes, peu f'en falut qu'on n'en vinft aux coups. Mais les Magiftrats uferent de telle diligence, que chacun fe retira en paix en fa maifon. Cela fait, ceux de la religion ayans recours aux fieurs *de Cruffol* & *de Joyeufe,* lieutenans pour le Roy audit païs, obtindrent letres en datte du dixiefme d'Avril, par lefquelles il eftoit mandé au juge & magiftrats du lieu de maintenir les uns & les autres en bonne paix fuivant les Edits du Roy, & de choifir pour ceft effect tel nombre qu'il verroit eftre neceffaire des habitans des mieux famés, & refponfables; ce qu'eftant executé, toutes chofes furent paifibles jufques en May[3].

Castres.

Ceux de *Caftres*[4], oyans ces chofes, f'eftans faifis de leur ville fans aucune difficulté, efleurent d'un commun confentement pour leur gouverneur general le fieur *de Favieres*[5], & *Jean Jaques*

1. Voy. vol. I, 876, où il est appelé *de Lasses.*
2. Voy. ci-après, p. 152.
3. Voy. p. 155 s.
4. Comp. les *Mém. de Gaches,* p. 15 et 16, qui donnent des détails sur l'établissement de l'ordre de l'église et sur les mesures politiques pour assurer la paix et le bon ordre.
5. D'après *Gaches,* l. c., il faut lire: *Guillaume de Guillot,* sieur de Ferrières, choisi à cause de son âge et de son expérience, et comme étant un des gentilshommes les plus zélés; on lui adjoignit MM. de Boissezon (Antoine Peyrusse) et le baron d'Ambres (Jean-Jacques de Voisins), et on dressa trois compagnies de cavalerie et trois d'infanterie.

du Parlement de Touloufe. Livre X. 163

de Bernas pour capitaine, s'eftans auffi retirés en la ville[1] les fieurs *de Sauvages*, & *de Boiffefon, de Rapin*[2], *de Soupés*[3], *de la Mothe*[4], *de Monledier*[5], *de Vairagnes*[6] & le capitaine *Honorat de Foix*[7].

Le neufiefme de Mars[8], *Cruffol,* acompagné du fieur *de Joyeufe* & de fefdits commiffaires, arrivé à Montpelier où l'Edict de Janvier avoit efté publié dès le feptiefme de Fevrier, fans que toutesfois ceux de la religion Romaine euffent encores ofé recommencer leur fervice, dès le lendemain appelant à foy les officiers des Prefidiaux, Confuls, & les Anciens de l'Eglife reformée avec les Ecclefiaftiques, leur declara l'intention du Roy fur l'exercice paifible des deux religions; fur quoy les uns & les autres ayans protefté de vouloir vivre & mourir en bonne paix & accord, chacun exerçant fa religion en feureté, & fans aucun deftourbier, ordonna finalement que, pour remedier à tous inconveniens, le fieur *de Mofcon,* gentilhomme capable de telle charge, demeureroit en la ville fuivi de vingtcinq foldats de fuite ordinaire, avec puiffance d'en lever davantage fi la neceffité le requeroit.

Crussol à Montpellier.

144

Suivant ceft accord, *Pierre Viret,* miniftre de grand renom, prefchant le jour de Pafques, vingtneufiefme dudit mois (de mars), au foffé du portail de Lattes[9], en temps fort clair & ferain, furent

Viret y prêche. Phénomène céleste.

---

1. Les gentilshommes habitaient ordinairement leur châteaux situés dans la campagne environnante. *Gaches, Mém.,* p. 14, note.
2. *Philibert de Rapin,* décapité à Toulouse en 1568, l. c.
3. Lisez : *de Soupets;* il s'agit de François-Joseph de Laurens, seigneur de Soupets; *ibid.,* p. 19.
4. *Charles d'Aure,* sieur de la Mothe. *Gaches,* l. c., p. 29. La mort de ce capitaine protestant est rapportée par *Gaches,* p. 28 s.
5. *François de Vilettes,* seigneur de Monlédié; *ibid.,* p. 14, 16, etc.
6. *Isaac de Gach,* sieur de Varagnes ou Varaignes, capitaine protestant; *ibid.,* p. 76, 405.
7. Voy. ci-après, p. 193 et 206 s.
8. Les protestnats de Montpellier, pour se conformer à l'édit de janvier, avaient, le 8 mars 1562, installé leur culte dans le fossé des Arbalétriers. Ils s'abstenaient complètement de se réunir dans l'intérieur de la ville. Les catholiques, ne voulant ni osant célébrer leur culte à Montpellier, allaient ailleurs. *Phil. Corbière, Hist. de l'église réf. de Montpellier,* 1861, p. 52.
9. Voy. vol. I, p. 888. *Ménard, Hist. de Nîmes,* IV, p. 312, n° 84: Le lendemain (c'est-à-dire 15 février), Viret passa à Montpellier, dont il dirigea quelque temps l'église réformée. Il y fit le prêche, le 18 du même mois (de février) (comp. *Hist. générale de Languedoc,* V, p. 215), dans le temple de la Loge,

veus, par l'espace d'une heure & plus, trois soleils environnés d'une forme d'arc en ciel[1]; chose qui donna à penser à beaucoup de gens, comme estant presage de quelques grandes divisions. Et de faict, les guerres civiles commencerent ce mesme mois par le massacre de Vassy, perpetré par le sieur *de Guyse,* premiere occasion de toutes ces calamités qui sont ensuivies ; outre la desolation des Eglises de Castelnaudarry, Carcassonne, Foix & Villefranche, advenue en ce mesme mois. Qui plus est, ce fut le mesme jour que le *Prince de Condé,* estant à Maux[2], se mit aux champs contre le Triumvirat, pour la conservation de l'estat & de la religion tout ensemble.

La messe rétablie à Montpellier. Troubles.

Les Ecclesiastiques, d'autre part, le treiziesme du mois d'Avril suivant, recommencerent de chanter messe à Montpelier, au temple de sainct Firmin, sans aucune resistence[3]. Mais advint, sans qu'on ait jamais peu savoir d'où venoit cela, que quelque bien petite pierre

avec un concours extraordinaire de peuple. — Pendant qu'il se trouvait à Nîmes, il fut pressé par différentes Eglises d'aller les visiter. Le 5 déc. déjà il écrit à *Calvin* de Nîmes : *Interea urgeor vehementer a multis ecclesiis ut ipsas invisam, maxime a Monspessulana, Montaubana et Aureliana* (*Opp. Calv.,* XIX, 150). L'état déplorable de sa santé le décida à se rendre à Montpellier pour y consulter les médecins de la faculté. Dans la lettre du 23 mars, déjà citée plus haut, il dit : *Duo sunt quæ me hic adhuc detinent. Primum medici quibuscum mihi res est* (c'étaient surtout les professeurs Rondelet, anatomiste célèbre, et Saporta (ils avaient adopté la Réforme), qui lui donnaient leurs soins. Corbière, *Hist. de l'église réf. de Montpellier,* p. 51. Ch. Schmidt, *Wilhelm Farel u. Peter Viret.* Elberfeld 1860, p. 49). *Deinde motus variis in locis excitati ab hostibus et cædes crudelissimæ ab iisdem perpetratæ.* Il resta à Montpellier jusqu'au mois de mai. Jeudi, le 21 mai, il arriva de nouveau à Nîmes. *Ménard,* p. 322, n° 100.

1. Comp. Jean Philippi, *Hist. de la guerre civile en Languedoc et partic. à Montpellier* (dans le 2° vol. des *Pièces fugit. de M. le marquis d'Aubais,* 1759, in-4°). — Le même phénomène se vit aussi à Nîmes. *Ménard,* p. 320, n° 96 : Le jour de l'assemblée (du 29 mars), qui se trouvait la fête de Pâques, les religionnaires de Nîmes firent la cène, avec un concours si prodigieux que l'on compte qu'il y eut environ douze mille personnes.. Le ministre de Chambrun y fit le prêche... Pendant que se faisait la cène, il apparut au ciel l'image de deux soleils autour du véritable, qui dura demie heure.

2. Vol. II, p. 7 et 350.

3. Le 8 avril 1562, M. de Joyeuse et le comte de Crussol se trouvèrent réunis à Montpellier et organisèrent une réunion, où les catholiques étaient représentés par Léonard d'Aguilhon, prévôt de l'église cathédrale et conseiller

tumba d'en haut au milieu du temple fur la tefte de l'un des affiftans, qui jetta un très-grand cri, & au mefme inftant un garçon, neveu du capitaine *Rat*, qui le trainoit par force dedans le temple, commença auffi à f'efcrier. Ce qui donna telle alarme aux
145 Ecclefiaftiques, qu'ils fortirent à la foule tous efperdus quittans leur fervice. Le fieur *de Joyeufe*, entre autres, f'enfuit tout eftonné en la maifon du *premier Conful*, tellement qu'à grand peine *Cruffol* le peut raffeurer après avoir fait un tour par la ville fans trouver aucun qui fe bougeaft; comme de faiɛt, ainfi que puis après il fut bien cognu dès l'aprefdinée, pas un de ceux de la Religion n'avoit penfé à fe remuer.

Le lendemain, quatorziefme du mois (d'avril), les fufdits Commiffaires ayans appelé derechef les Miniftres & Anciens, f'enquirent tant de la premiere faifie des temples, que du brifement des images; fur quoy leur fut refpondu que l'incommodité des lieux & l'injure du temps ayans efmeu quelques uns affés & par trop indifcrets à vouloir entrer dans les temples, il avoit efté advifé, pour eviter l'efmotion & pillerie qui fut advenue, qu'on f'avanceroit de ferrer ce qui eftoit le plus dangereux. Et par ainfi avoit-on choifi le moindre mal; & quant au brifement d'images, leur fut remonftré comme les armes prinfes par les Ecclefiaftiques en avoient donné l'occafion telle & fi foudaine, qu'il n'avoit efté poffible d'empefcher que les foldats, qui autrement fe fuffent acharnés fur les hommes, ne fe ruaffent fur les images.

Ces chofes entendues, on ne contefta plus amplement fur cela, mais après grandes exhortations *Cruffol* leur donna congé, & le lendemain partit pour aller ailleurs.

En ces entrefaites, ceux de la ville de *Nismes*, à favoir ceux de la Religion, f'y eftans auffi rendus les plus forts fans aucune difficulté, & voyans ce qui fe faifoit de là le Rofne, & notamment que ceux de la religion Romaine traittoient fort mal leurs concitoyens à *Ayguemortes,* & ailleurs, joint que de toutes parts on fe retiroit devers eux comme au principal fiege de la Senefchaucée, com-

Troupes levées à Nîmes. Les prêtres quittent la ville.

---

en la Cour des aides. Michel de Saint-Ravy, aussi conseiller en la même cour, représentait les protestants. Il fut convenu que les deux partis se pardonneraient réciproquement tout le passé. (*Corbière*, l. c., p. 52). A la suite de cet accord, le rétablissement de la messe dut se faire sans difficulté (*ibid.*, p. 60).

mencerent à lever gens de pied & de cheval¹. Quoy voyans, les prestres abandonnerent volontairement leurs temples², se retirans pour la plus part où bon leur sembla, sans qu'aucun d'eux receust aucun mal ou injure en sa personne, & afin de pourvoir aux affaires, six personnages furent esleus d'un commun accord, tant d'entre les Magistrats que du peuple, pour estre adjoints aux Consuls avec puissance de pourvoir à tout ce qui seroit requis en telles difficultés.

Montpellier. Les protestants organisent la défense.

A *Montpelier* aussi, ceux de la Religion, s'estans sans aucun combat rendus les plus forts, après avoir entendu les cruautés exercées à Toulouse & Orenge³, delibererent de se bien defendre, & suivant leurs privileges, esleurent quatre hommes pour la defense de la ville, à savoir *Sanravi*⁴, *Sainct André*, *Sainct George*⁵, & *Tuffani*⁶. Vray est qu'ayans entendu la surprise de Beaucaire⁷, ils furent merveilleusement esbranlés, mais leur ayans aussi tost esté apportées les nouvelles de la reprise par le secours envoyé de Nismes, ils reprindrent courage jusques à secourir les autres.

Le sieur de Baudiné élu chef des Eglises.

Finalement, le vingt septiesme de May, fut esleu à Nismes pour chef & protecteur des Eglises de Languedoc, sous l'authorité du Roy & du *Prince,* le sieur *de Baudiné*⁸, frere puisné dudit sieur *comte de Crussol,* laquelle election fut depuis ratifiée par toute la noblesse, & generalement de ceux du parti de la Religion. Aussi estoit-il bien besoin qu'il y eust quelque chef & bien capable de ceste charge pour conduire les affaires qui s'enaigrissoient fort, de plus en plus.

1. *Ménard*, l. c., p. 323, n⁰ 102.
2. Le 26 avril, le service catholique avait cessé, dans ces circonstances, de se faire. *Ibid.*, p. 321, n⁰ 97.
3. Voy. plus bas, p. 259.
4. *Michel de Saint-Ravy*, conseiller en la cour des aides, membre du consistoire, condamné à mort par contumace par arrêt du parlement de Toulouse, rendu contre les protestants en 1569. *Corbière*, l. c., p. 62, 64. *Bullet. de l'hist. du prot.*, II, 90; III, 127.
5. *Guillaume de Sandic*, seigneur de Saint-Georges.
6. *Guillaume Tuffany*, garde pour le roi du pays de Languedoc. *Bullet. de l'Hist. du prot.*, II, 89.
7. Voy. ci-après, p. 153.
8. *Jacques de Crussol.* Voy. supra, p. 121. *Le Laboureur, Addit. à Castelnau*, II, 56 s. *Corbière, Hist. de l'église réf. de Montpellier*, p. 61.

Car du cofté de *Beziers*, où toutes chofes avoient efté affés pai- | *Béziers.*
fibles, nonobftant les maffacres advenus à Carcaffonne & à Caftel- | *Préparatifs de défense.*
naudarry, tellement que la Cene y avoit efté celebrée fans trouble
le Dimanche d'après Pafques[1], eftans venues les nouvelles du
maffacre de Vaffi, & de ce que le *Conneftable* avoit fait à Paris, &
ès lieux où on prefchoit, ceux de la religion prevoyans une guerre,
ou pour le moins quelque grande efmeute, mirent en avant de fe
fournir de gens, chacun felon fa puiffance, pour les avoir & nourrir
en fa maifon, & f'en fervir au befoin, efperans les introduire fans
aucun bruit un jour de marché, qui eftoit le premier jour de May.
Ce confeil n'eftoit pas des pires, veue la neceffité du temps, f'il euft
efté fagement conduit, & fi on en euft bien ufé. Mais il advint tout
autrement, eftant foudain monté en la tefte de quelques uns qu'il
faloit fe fervir de ce moyen pour abatre les images, de forte que
plufieurs de ceux qui furent appelés en la ville y vindrent en cefte
efperance. Mais ceux du Confiftoire, qui avoient efté nouvellement efleus, f'y eftans oppofés fort & ferme, chacun fe contint
ledit jour, premier de May, & le lendemain furent d'advis les plus
fages de renvoyer les foldats qui eftoient venus. Mais le Dimanche, | *Les images sont brisées.*
troifiefme dudit mois, eftant advenu qu'une troupe de ces gens qui
fe retiroient, paffans par devant le temple des Auguftins, ouit une
cloche qui fonnoit la meffe, foudain ils entrerent dedans & fe
mirent à tout renverfer. Ce qu'eftant entendu parmi la ville, on
fut tout esbahi que plufieurs de toutes parts fuivirent ceft exemple,
de forte que quelques remonftrances que fceuffent faire les Confuls
& autres officiers, ni les Anciens ni les Miniftres, les autels &
images furent abatus en treize ou quatorze temples qu'il y a,
entre dix & unze heures devant midi, le peuple, au refte, fe tenant
affis devant les portes des maifons fans que pour cela il furvint
mutinerie ne querelle, ayans auffi les preftres pourveu quelques
jours auparavant à mettre en lieu feur leurs reliques & autres
chofes plus precieufes.

Ces chofes ainfi advenues, & le confeil affemblé en la maifon de | *Projets de Joyeuse contre les protestants.*
ville, quelques uns furent deputés pour en advertir *Joyeufe* en
pofte, lequel fe trouva bien eftonné, non feulement à caufe du
faict auquel il ne f'eftoit attendu, mais auffi & principalement

---

1. Le 5 avril.

pource qu'il voyoit ces entreprifes avoir efté prevenues. Car c'eft chofe bien certaine que luy & *Fourquevaux*[1], Capitaine de Narbonne, tenans le parti du Triumvirat, avoient preparé fous mains tout ce qu'ils avoient peu pour l'extermination de ceux de la Religion. Tout ce qu'il peut donc faire en telle neceffité, fut qu'il manda à ceux de Beziers qu'ils fiffent vuider tous les foldats, en attendant qu'il vinft luy-mefme en la ville pour pacifier le tout. C'eftoit la couleur qu'il vouloit donner à fon entreprife, ayant cependant donné ordre que les foldats fe faififfent de fainct Nazaire, qui eft le fort de la ville[2], & envoyé le Capitaine *Dones* fe faifir de Villeneufve[3], qui eft à une lieue de Beziers. Ceux de la ville cependant, prefuppofans que *Joyeufe* y allaft à la bonne foy, f'accorderent volontairement les uns avec les autres, qu'on fe contenteroit d'avoir en la ville deux Capitaines, avec cinquante hommes du pays, bien cognus, avec autres conditions fort avantageufes pour ceux de la Religion; lefquelles eftans envoyées à *Joyeufe* pour les authorifer, le contraignirent de lever le mafque pour ne defavantager par trop ceux de la religion Romaine, pource qu'en ces articles n'eftoit faite aucune mention du retabliffement de la meffe, & qu'il eftoit dit par exprès que les Ecclefiaftiques fe pourroient trouver à l'exercice de la Religion, fans eftre empefchés ès fruicts & revenus de leurs benefices. Cela fut caufe que d'autre cofté ceux de Beziers, ne doutant plus de la mauvaife volonté de *Joyeufe,* advertirent de toutes chofes les eglifes circonvoifines pour en avoir fecours, & faifans fortir deux canons, contraignirent *Dones* de quitter Villeneufve, où les images & autels furent incontinent brifées & rompues.

Béziers intimidé par les troupes de Joyeuse.

Ce nonobftant, *Joyeufe* pourfuivit fes coups, ayant fait defenfe, fous peine de la vie, de bailler ni apporter aucuns vivres à Beziers, & rempliffant de capitaines & foldats tous les lieux circonvoifins, pillans & faccageans les biens de ceux de la Religion jufques aux portes de la ville, qui en fut tellement effrayée, qu'ils furent prefts

---

1. Voy. ci-dessus, p. 12. C'est *Raymond de Bécaria, de Pavie, de Rouer*, sieur de Fourquevaux.

2. L'ancienne cathédrale de Saint-Nazaire est bâtie sur le bord du plateau qu'occupe la ville, s'élevant presque à pic au-dessus de l'Orb, surtout du côté de Narbonne.

3. *Villeneuve-lès-Béziers* (Hérault) est à 7 kil. de Béziers.

de s'accorder de recevoir pour gouverneur le sieur *de Connas*[1], que *Joyeuse* leur presentoit. Mais estans survenus quelques uns de Pezenas & le sieur *de Combas,* avec six vingts hommes qui avoient marché toute la nuict pour cest effect, ils furent tellement fortifiés qu'ils se resolurent de tenir bon, offrans toutesfois à *Joyeuse* de recevoir un gouverneur, pourveu qu'il fust de la Religion.

Mais en ces entrefaites la ville se desnuoit fort, se retirans ceux de l'une & de l'autre religion, mesmes des officiers & gens de qualité. Toutesfois cinq Conseillers presidiaux & le procureur du Roy avec le lieutenant du Juge Royal & plusieurs advocats y demeurerent, & gens de pied & de cheval y arrivoient de jour en jour. Mais sur tout y vint bien à poinct le sieur *de Baudiné,* que j'ay dit[2] avoir esté esleu à Nismes chef des armes en ceste guerre en Languedoc, lequel ayant accepté ceste charge, & sur le champ adverti que *Joyeuse* pratiquoit la ville d'Agde[3], tenue aussi par ceux de la Religion, y accourut en poste, après avoir donné ordre que cinquante pistoliers envoyés de Beziers y entreroient aussi à poinct nommé. Ce qu'ayant esté bien executé, il trouva qu'un nommé *Antoine,* sieur *de Belican,* avoit dressé une compagnie de gens de pied ès villages circonvoisins, pour s'y rendre le plus fort sous l'authorité de *Joyeuse,* lequel *Antoine* avec partie de ses gens il fit prisonnier, mais il le relascha puis après pour n'enaigrir les affaires davantage. Puis ayant laissé leans le Capitaine *Codrouhac,* & venu à Beziers le trentiesme de May, donna ordre à toutes choses & notamment à la cueillette des deniers necessaires pour ceste guerre, en l'exaction desquels toutesfois il usa d'une rigueur qui en degousta plusieurs. Ce neantmoins, les habitans en general prindrent courage, se voyans assistés d'un chef accompagné de

Arrivée du sieur de Baudiné.

---

1. Le château de Connas se trouvait à peu de distance de Pezenas ; voy. p. 149.

2. Voy. p. 146.

3. *Gaches, Mém.*, p. 29 : Les mesmes persécutions et oppressions que souffroient ceux du Haut-Languedoc pour la religion estoient exercées sur ceux du Bas en mesme temps, jusqu'à la prise des armes (du prince de Condé), dont ils furent advertis par M. le comte de Crussol, lieutenant de Msgr. le Prince ; en conséquence de laquelle ils (c'est-à-dire les protestants) se saisirent de Béziers, Pezenas, Montagnac, Agde, Clermont, Montpellier, Nismes, Uzès, Beaucaire, Sommières, St-Gilles et de plusieurs autres.

plufieurs feigneurs & Capitaines de nom, comme des fieurs de *Coulombiers*[1], du *Baron de Momperroux*[2], *Gasparet, Codrouhac, Olivier*[3], les *Gremians*[4], & autres.

Succès de Baudiné. Le premier exploit de *Baudiné*, eftant à Beziers, fut fur la garnifon de Magalas[5], empefchant le chemin de Beziers à Pezenas[6], laquelle place finalement fe rendit, après avoir attendu le canon. Toutesfois on n'y ufa d'aucune violence, pource que n'y trouvant les foldats qui f'en eftoient allés le jour de devant à Gabian[7], les pauvres payfans furent efpargnés, comme auffi les damoyfelles des fieurs *de Magalas* & *de Connas,* qui y furent laiffées, contre l'advis de plufieurs Capitaines, qui vouloient qu'on les retint prifonnieres avec tout bon traittement, pour f'en ayder en quelque efchange de prifonniers, & pour tenir en bride leurs maris. Peu après ils allerent au village de Lefpignan[8], qui fut pris à la Diane, où furent tués environ quatre vingts ou cent foldats de deux compagnies d'infanterie de bandouliers[9], que *Fourquevaux*, gouverneur de Narbonne, y avoit mifes, f'eftant le demeurant fauvé au chafteau, qui ne peut eftre forcé. De là, *Baudiné* fut à Servian[10], pour affaillir deux autres compagnies des Capitaines *Bizanel*[11] & *Dones*[12], mais pour eftre mal fervi d'artillerie & de

---

1. *Coulombiers*, voy. *supra*, p. 78 s., 90.
2. Voy. ci-après, p. 178, où il est écrit *Montpeiroux*.
3. Voy. p. 168 de vol.
4. *Antoine Dupleix*, sieur de Grémian et de Lecques, *Mém. de Gaches*. p. 33. Il fut gouverneur d'Aigues-Mortes en 1575. *France prot.*, I, 487. Son frère était Guillaume Dupleix, sieur de la Tour. Comp. pour le premier, notre vol., p. 159, 166, 171, 177. *Mém. de Condé*, III, 657. *Ibid.*, p. 675, le premier (?) est nommé le capitaine *Gremian de Montpellier*.
5. *Magalas*, village du Languedoc (Hérault), près de Pézenas, à 13 kil. de Béziers.
6. (Hérault) à 24 kil. de Béziers.
7. *Gabian*, village (Hérault), à 24 kil. de Béziers. Un aqueduc romain unissait les deux endroits.
8. *Lespignan*, village à 11 kil. de Béziers.
9. *bandoulier*, espagnol : *bandolero* (de *banda*, faction), séditieux, brigand. Ici, portant *bandoulière*, espèce de baudrier, équipement pour suspendre le mousqueton et les munitions.
10. *Servian*, à 12 kil. de Béziers.
11. Comp. plus bas, p. 168.
12. Voy. les pages précédentes.

vivres, joint qu'il faifoit une extreme chaleur, on revint à Beziers fans rien faire, horfmis que vingtneuf foldats de bon conte, revenans de piller les metairies, & furpris en une grange, y furent tués. Mais lors eftans fortis ceux de dedans, exercerent une grande cruauté à l'endroit d'un pauvre jeune laquais du lieutenant ordinaire de Beziers, lequel trouvé dormant au pied d'un olivier, ils attacherent & bruflerent vif au pied de l'arbre, en la préfence de 150 leurs deux Capitaines, lefquels Dieu en punit depuis, ayant efté *Biʒanet* tué devant Montpelier [1], & *Dones* devant Agde, & ce village furpris depuis, & trefmal traitté par ceux de Beziers.

Joyeufe entendant ces chofes, fur le commencement du mois de Juillet, & fe voyant fruftré de l'opinion qu'il avoit de gagner Beziers par famine, affembla fes forces de toutes parts, & f'eftant mis aux champs avec environ cinq mille hommes, recueillis de divers lieux, avec quatre canons, deux coulevrines, deux baftardes & quatre pieces de campagne, fe vint camper à une lieue de Beziers devant le chafteau de Lignan [2], où nous le laifferons, pour reciter ce qui advint en ces entrefaites à Limoux, Carcaffonne, Beaucaire & Revel.

Joyeuse se met devant Lignan.

Limoux [3] donc eftant l'une [4], finon des plus grandes, toutesfois des plus riches villes de Languedoc, pour le faiɛt de draperie qui f'y exerce, jouiffoit, comme les autres, de l'exercice de la Religion, fuivant l'Ediɛt de Janvier, ceux de la Religion eftans de beaucoup les plus forts, quand un Dimanche, premier de Mars, fur l'heure des vefpres, une fedition f'y efmeut, en laquelle deux de la religion Romaine furent tués, & qui ne peut f'appaifer tellement, que, le vingtfeptiefme d'Avril, eftant renouvellée, trois autres n'y

Limoux. Emeutes. 1er mars et 27 avril.

---

1. Sa mort est rapportée ci-après, p. 158.
2. *Lignan*, château des évêques de Béziers, à 6 kil. de cette ville.
3. *Limoux* (départ. de l'Aude), dans une situation charmante, en un vallon fertile, sur la rive gauche de l'Aude. *La Popelinière*, fol. 316 a 3., qui copie ce récit, dit seulement : «des plus riches villes de Languedoc, pour le fait de marchandise qui s'y exerce,» mais il ajoute : «mesmement des fins estamets» (petite étoffe de laine, dont étaient faites les chausses de Gargantua : «pour la braguette furent levées seize aulnes un quartier d'iceluy mesme drap.» *Rabelais*, liv. 1, chap. 8). Les manufactures de drap et les filatures de laine sont encore très importantes à Limoux.
4. Le texte est aussi copié dans l'*Hist. des Martyrs*, fol. 670 b s. Comp. Gaches, p. 23. De Thou, III, 301. *(Goulard)* Hist. des choses mémor., p. 235.

fuſſent tués. Cela fut cauſe que la guerre ayant commencé de ſ'eſchauffer, le ſeptieſme de May, le ſieur *de Pomas*, arrivé de Carcaſſonne, au ſecours de ceux de la religion Romaine de Limoux, la guerre fut ouverte, ſ'eſtans à ceſte occaſion ceux de la Religion ſaiſis de la grand' ville[1] (partie de la ville ainſi appelée), qui fut cauſe que *Pomas*, avec ceux de ſon parti, fut contraint de ſ'arreſter en la petite ville, dont il deſlogea toſt après. Mais ce fut pour revenir avec trop plus grandes forces, l'unzieſme du meſme mois, tenant & pillant les villages d'alentour l'eſpace de dix-huict jours, avant que ſe camper devant la ville, combien qu'il euſt dix compagnies, auxquelles ſ'adjoignirent de ſept à huict cens bandouliers[2], la plus part Eſpagnols[3], conduits par un inſigne larron[4], nommé *Peyrot Loupian*. Mais de l'autre coſté, le ſeizieſme du mois, cinquante bons hommes[5], venus de Foix, avec deux charges de poudres[6], entrerent en la ville au ſecours des aſſiegés.

Priſe et pillage de la ville.
En ces entrefaites advint la ruine du parti de la Religion en la ville de Toulouſe, & incontinent après, le *Mareſchal de Foix*[7], par authorité de la Cour, fut envoyé à Limoux avec nouvelles forces, lequel après l'avoir batue en vain avec ſeize pieces d'artillerie, finalement, le ſixieſme du Juin, y entra par trahiſon, ayant un certain marchand trouvé moyen de percer une ſienne maiſon, reſpondant ſur la muraille de la ville, & d'introduire, ſans qu'on ſ'en aperceuſt, bon nombre d'ennemis, qui ſe firent par

---

1. *La Popelinière*, l. c., ajoute : car Limoux est divisée par la Garonne, sous l'enclos toutesfois de mesmes murailles.

2. *De Thou*, l. c. : 600 hommes levés dans les montagnes voisines et accoutumés aux brigandages. On les appelle communément *Bandouliers*, soit parce que ce sont des restes des Vandales, soit parce qu'ils marchent toujours par bandes. — Cette explication du mot de *bandoulier* est erronée. Voy. plus haut, p. 149, note 9.

3. *La Popelinière :* Gascons et Espagnols.

4. *Ibid. :* fameux capitaine de Montagnards.

5. *De Thou :* deux cents arquebusiers.

6. *La Popelinière :* avec deux livres de poudre chacun.

7. *Jean de Lévis*, vicomte de Mirepoix (le jeune, l'aîné était Philippe). Voy. *supra*, p. 31 et plus loin, p. 166.

ce moyen maiſtres de la ville[1], où fut exercée toute eſpece de cruauté & de pillerie, avec violement de femmes et de filles le plus vilain & deteſtable qui ait jamais eſté commis, ſans aucune diſtinction de Religion. *Vignaux,* Miniſtre[2], y fut tué, les principaux chefs, à ſavoir le ſieur *de Nouvelles* & *le Baſtard de Sainct Coignat,* avec ſoixante ſoldats d'eſlite, ayans eſté pris priſonniers, furent ce nonobſtant pendus à l'inſtance du Seneſchal[3], père dudit *Mareſchal de Foix.* Un nommé *Peyrot Dauches*[4] y commit entre autre un acte merveilleuſement deteſtable, ſ'eſtant logé en ceſte priſe chés une honneſte femme vefve, laquelle ayant racheté de luy avec bonne ſomme d'argent la pudicité d'une ſienne fort belle fille unique qu'elle avoit avec elle, ce meſchant toutesfois, après avoir receu l'argent & juré qu'elle ſeroit conſervée, la viola en la preſence de ſa propre mere, puis, pour le comble de ſa meſchanceté plus qu'enorme, les tua toutes deux de ſa main. Le butin du *Mareſchal de Foix,* en ce ſaccagement, fut eſtimé valoir de trois à quatre cens mille livres, & n'y eut capitaine ni ſoldat qui ne ſe fiſt riche de la deſolation de ceſte pauvre ville, pillée,

Le ministre Vignaux tué. Horreurs de toute espèce.

1. *La Popelinière* ajoute : pendant que le *Mareschal, Dodo, Pomas,* le capitaine *Pins,* le jeune (son ainé estoit Confédéré) et autres chefs faisoyent tout devoir en divers lieux d'encourager les catholiques à la prinse. Aucuns forçans les soldats à mettre le feu aux portes sous la faveur de certains mantelets, que nombre d'arquebuziers y cachez rouloyent jusques au pied de la muraille, tirans à couvert et sans cesse harquebuzades à ceux qui paroissent. Les autres employés à eslargir, puis à remplir de soldats la breche que le canon avoit faict. Et le Capitaine *Pins* à donner l'escalade d'un autre costé, où il fut tué néantmoins, une mosquetade luy traversant les deux flancs, comme jà le premier à l'eschelle, tout nu, avec l'espée et la dague (pour y monter sans autres armes plus dispostement) il s'avançoit sur le Parapet, afin d'y faire abandonner les murailles aux reformez. En mesme temps que les Espagnols et Gascons Bandoliers employoient toutes leurs forces et moyens pour franchir la muraille de l'autre ville, devant laquelle ilz estoient campez. Somme, que le Capitaine Noailes (*sic*), reconu pour les charges honorables qu'il avoit bien manié en Corse et Italie èz guerres Reales, retiré pour ses blessures, et croissant le nombre des catholiques y entrans par ce trou, la ville fut prinse et le plus estrangement tourmentée qu'on sauroit dire.

2. Comp. vol. I, 843, et ce vol., p. 140; autrement dit *Masson.*

3. Le sénéchal de Foix. Vol. I, p. 867.

4. Probablement le même que *Pierre Dauches,* dont il est parlé plus loin, p. 183.

comme nous avons dit, fans efpargner mefmes ceux de la religion Romaine, à l'un defquels, nommé *Jean Ribes,* trouvé hors la ville, ils crevèrent les yeux & couperent le nés; comme auffi le treiziefme dudit mois de Juin, *Bernard Semer,* lieutenant du Viguier, aagé de quatre vingts ans, fortant du temple, où il avoit ouy fa meffe ordinaire, fut ce neantmoins tué à coups d'efpée, defpouillé & laiffé tout nud fur le pavé, fur le corps duquel une pauvre femme ayant mis un linceul blanc, le linceul fut auffi toft defrobé & fut finalement ce corps à grande peine enterré.

Toutesfois ce pillage ayant finalement ceffé, la ville commença peu à peu à fe redreffer par ceux qui avoient efté caufe de cefte deftruction, amenans avec eux certains Commiffaires & Confeillers de Touloufe, lefquels, pour achever d'exterminer ceux de la Religion qui f'eftoient abfentés, ne faillirent de leur faire leur procès, & de les condamner à la mort avec confifcation de leurs biens. Et dura cefte furie fi longuement que, mefmement après l'Edict de pacification publié, il y eut pour un coup quatorze de ceux de la Religion tués, qui f'eftoient hazardés d'y rentrer; comme auffi un autre, combien qu'il fuft ferviteur de *Joyeufe,* ce neantmoins fut tué en pleine rue, & pillé de cent nonante efcus, pour avoir efté trouvé à la fuite de *Pierre du Chafteau,* juge de Limoux, qui eut grande peine à fe fauver, f'eftant jetté dans une eftable, & de là en une maifon, où il fut caché.

Carcassonne. Persécutions. Nous avons dit[1] que ceux de *Carcaffonne* qui eftoient de la religion Romaine, non contens d'avoir dechaffé leurs concitoyens dès devant la guerre ouverte, perfeveroient en leur furie de plus en plus[2]. Premierement donques le dixiefme de May, le fieur *de Pommas,* retourné du fiege de Limoux à Carcaffonne pour lever gens, les feditieux qui eftoient demeurés prifonniers depuis le mois de Decembre precedent, & lefquels jufques alors, quelque defordre qu'il y euft en la ville, n'avoient efté delivrés, furent *19 mai.* eflargis à pur & à plein. Le fruict de cela fut que, le dixneufiefme du mefme mois, trois maifons de riches bourgeois furent pillées & faccagées, à favoir celle de *Monterat,* de *Bernard Ithier* & de

---

1. p. 142.
2. Comp. *Hist. des Martyrs,* fol. 670 ᵃ.

Pech. Davantage, le propre jour de Pentecoste[1], un de la Religion nommé *Lugua,* du lieu de Conques[2], amené prisonnier à Carcassonne, fut assommé ès fauxbourgs à coups de pierres, avec telle cruauté qu'après sa mort ils luy couperent encores les aureilles & le nés, & luy arracherent les yeux de la teste.

La populace ayant joué ces jeux, les bons magistrats que dessus, qui estoient notoirement juges & parties, procedans au jugement contre ceux qu'ils avoient ajournés jusques au nombre de cinquante neuf, de toutes qualités, les condamnerent à estre pendus & estranglés; en vertu de laquelle sentence furent quelques uns executés en effigie jusques au nombre de dix, & des prisonniers qu'ils tenoient fut executé un nommé *Artigues,* avec quatre autres, & plusieurs condamnés en amendes pecuniaires, comme entre autres le receveur de Sainct Pons[3], & depuis, à savoir le troisiesme d'Octobre, le sieur *du Villa*[4], gentilhomme paisible & toutesfois renommé tant pour sa vaillance que pour sa preudhommie, estant chargé d'avoir esté aux fauxbourgs de la basse ville avec ceux de la Religion, ayant corcelet & pistole (ce qui estoit faux), s'estant, à la persuasion de quelques uns de ses parents qui le trahissoient, rendu prisonnier à Carcassonne pour se justifier, fut, sans estre ouy en ses defenses ni admis à prouver ses reproches, condamné à estre decapité, comme il le fut hors la porte, au lieu nommé le Pradet.

Au mesme temps que ceste piteuse tragedie se jouoit à Limoux, ceux de Nismes[5], advertis par ceux de Beaucaire qui avoient jouy de l'exercice de la Religion paisiblement depuis le douziesme de Janvier, que ceux de la religion Romaine avoient deliberé de les exterminer le deuxiesme de Juin, jour des Octaves de leur feste-Dieu, y envoyerent deux compagnies sous la conduite

Beaucaire pris par les religionnaires de Nîmes.

---

1. Le 18 juin.

2. *Conques,* bourg à 8 kil. de Carcassonne.

3. *St-Pons,* dép. de l'Hérault, sur le Jaur.

4. *Barthélemy de Ferrier,* sieur du Villa. *Mém. de Gaches,* p. 63, 72. Le soi-disant juge était le conseiller Turcy. Comp. *ibid.,* p. 356.

5. *Ménard, Hist. de Nîmes,* IV, p. 324, n° 104. *De Thou,* III, p. 302. *Gaches, Mém.,* p. 30.

des capitaines *Sainct Veran*[1], *Beauvoisin*[2], *Servas*[3] & *Bouillargues*[4], lesquels trois jours devant ce jour-là, arrivés de bon matin à une petite porte appelée le Canceau, qui leur fut subtilement ouverte, firent en sorte que s'estans faits maistres de la ville & du chasteau sans offenser personne, ils entrerent dans les temples tant de la parroisse que des Cordeliers, où ils eurent tantost brisé les autels & rompu les images, dont ils firent deux ou trois feux par la ville; & cela fait, se retirerent, ayant esté dressée une compagnie pour la garde de la ville, sous la charge *d'Ardouin de Porcelles,* sieur *de Maillaire*[5], ayant pour lieutenant *Beauregard,* & le sieur *d'Adignan*[6] pour enseigne. Cest exploit fascha extremement ceux de la religion Romaine, de sorte qu'ils se delibererent d'avoir leur revanche, moyennant le viguier de Tarascon qui leur promit tous les fouages de sa jurisdiction. Et de faict, la nuit du dixiesme dudit mois, plusieurs des ennemis habillés en paysans[7] entrerent secretement & furent cachés en la maison d'un nommé *Pierre Tairon,* audit lieu.

10 juin.

Repris par les catholiques.

Ce mesme jour, environ onze heures de nuict, ayant esté donné un signal à ceux de Tarascon, n'y ayant que le Rosne entre deux, qu'ils eurent tantost passé, & les portes de la ville, de ce costé là, leur estans ouvertes, ils entrerent de quinze à seize cens vestus de chemises blanches, avec hurlemens & crieries espouvantables, tuans & pillans sans aucun respect tous ceux de la Religion que ils pouvoient rencontrer, entre lesquels ledit sieur *de Ledignan* fut

154.

---

1. *Honoré de Montcalm*, sieur de St-Véran. *France prot.*, VII, 460. *Gaches*, p. 30.

2. *Melchior de Génas*, sieur de Beauvoisin. *Gaches*, l. c.

3. *François Pavée*, sieur de Servas. *Gaches*, l. c. (*France prot.*, VIII, 161.) De Thou, l. c.

4. *Pierre Suau*, dit le capitaine *Bouillargues*. *Gaches*, p. 30-33, 78. *Ménard* ajoute encore *Claude Rey*, du lieu de Bellegarde.

5. *Hardouin des Porcelets*, sieur de Maillane (comme il est plus correctement nommé ci-après, p. 154). *Gaches*, l. c., le nomme le capitaine *Porcaires,* c'est-à-dire *Hérail Pagès*, sieur de Porcairès, comme il est plus explicitement désigné dans l'*Index*. Comp. aussi ci-dessous, p. 158, note 7.

6. A la page suivante, il est nommé *Ledignan*.

7. *Ménard*, l. c. Ils firent entrer dans la ville quinze ou seize cents soldats, vêtus de casaques ou surtouts de toile blanche, qui ressemblaient à des chemises, d'où leur fut donné le nom de *camisards*. (*De Thou*.)

du Parlement de Touloufe. Livre X. 177

tué. Ce neantmoins ils fe fauverent quafi tous au chafteau, & entre autres le Miniftre, lequel ayant prié Dieu & raffeuré chacun du mieux qu'il peut, f'advifa de devaler un garçon[1] avec une corde par la muraille, pour aller à Monfrain[2], demander fecours à toutes avantures, & ne fachant ce que Dieu y avoit preparé. Car le jour precedent, *Servas* & *Bouillargues,* advertis que les ennemis f'eftoient faifis d'Aramon[3], eftoient accourus à Monfrain, en efperance de regagner Aramon, ce que ne ayans peu faire, f'eftoient arreftés là après une barque, chargée de leurs ennemis tirans à Beaucaire, laquelle ils gagnerent, ayans deffait tout ce qui eftoit dedans, en intention de f'en retourner le lendemain. Mais Dieu voulut que les nouvelles de la camifade de Beaucaire leur furent apportées par ce garçon, lefquelles entendues, ils firent fi bonne diligence qu'environ huict heures du matin ils arriverent, à favoir l'infanterie au chafteau, & la cavalerie le long des oliviers, paffant le long de la muraille au travers des arquebouzades pour aller à l'endroit appelé le Four de la Chaux, où il y avoit deux bateaux pleins de gens, charrians le bagage qu'ils avoient pillé toute la nuict, jufques aux cloux des maifons, ayans auffi mis le feu ès maifons de *Maillane* & de *Beauregard.*

Voyans ces chofes, ceux qui avoient fait leur conte de jouir de la ville & du chafteau mefmes à leur plaifir, ne penfans qu'à leur butin, tomberent auffi toft en merveilleufe confufion. Ce neantmoins repousferent *Servas* avec fon infanterie, affés rudement du premier coup, mais finalement tous fe mirent à fuir en merveilleux defordre, & nonobftant que parmi les rues & maifons ils fe fuffent remparés avec du bois & autres befongnes femées par les rues, fi eft-ce que partout ils furent forcés, jettans leurs armes & crians mifericorde, à plufieurs defquels *Servas* pardonna. Cependant les gens de cheval de *Bouillargues,* qui eftoient à l'entour de la ville, laffés de tuer ceux qui f'enfuioient & fautoient par deffus les murailles, entrés en la ville, en depefcherent autant qu'ils en peurent atrapper. Ce neantmoins quelque nombre eftoit efchappé, f'eftans jettés les uns dans deux bateaux, les autres fur un radeau. Mais

Les protestants regagnent le dessus.

---

1. *Ménard:* un goujat.
2. *Montfrin,* bourg à 20 kil. de Nîmes, sur la rive gauche du Gard.
3. *Aramon,* bourg à 29 kil. de Nîmes.

Dieu ne voulut que pas un d'eux fe fauvaft, f'eftant noyé le bateau au milieu du Rhofne, & le radeau près de Valabrigue¹.

Telle fut la fin de ces pillars qui fe trouverent que tués que noyés plus de douze cens, ayant efté prife la ville fur la minuict, & reprife devant les dix heures du matin ; n'eftant à oublier qu'environ trois heures après midi, *Sainct Veran* arriva dans le chafteau avec trois cens hommes de pied, au mefme inftant que les ennemis, f'eftans raffemblés à Tarafcon² avec ceux d'Arles, conduits par *Ventabran*³, avoient paffé le Rhofne & f'eftoient campés devant la ville en intention de l'affieger. Mais voyans le nouveau fecours arrivé dans le chafteau, ils f'en deporterent. Par ainfi demeura Beaucaire, ville & chafteau, en la puiffance de ceux de la Religion jufques à l'Edict de la paix. Mais *Ventabran* avec fa fuite, craignant d'eftre chargé en f'embarquant pour retourner à Tarafcon, defcendit trois lieues plus bas pour repaffer le Rhofne, à favoir jufques à Fourques⁴, là où trouvant le chafteau abandonné par le capitaine *Goyart,* il f'en faifit au grand dommage de tout le pays ; ne ceffans les voleurs qui f'y logerent & qui avoient barques & fregates à leur commandement, de courir toutes les nuicts, jufques à ce que *Bouillargues* les refferra de près, ayant desfait un nommé *le Chevaucheur de Sargnac,* qui f'eftoit faifi d'un lieu clos nommé Domchan⁵, au nom de ceux d'Avignon, après laquelle deffaite, *Bouillargues* tint toute la riviere en quelque fujetion.

Les catholiques maitres à Revel.

D'auftre cofté, le vingt & uniefme de May, eftans venues les nouvelles à ceux de *Revel*⁶, que ceux de la religion avoient abandonné Touloufe, & que le fiege eftoit devant Limoux, ce qui hauffoit merveilleufement le cœur à leurs concitoyens, ils furent contraints, pour eviter plus grand mal, d'abandonner leurs biens & familles, fe retirans les uns à Caftres, les autres ailleurs, où ils penfoient eftre en plus grande feureté. Mefmement le juge du lieu

---

1. *Vallabrègues,* bourg à 24 kil. de Nîmes, près de Tarascon-sur-Rhône.
2. *Tarascon,* à 15 kil. d'Arles.
3. Voy. vol. I, p. 898 et 901. *Jean de Quiqueran,* sieur de Ventabren (ou Vantebran), un des chefs des catholiques d'Arles. Voy. ci-après, p. 260.
4. *Fourques,* village à 30 kil. de Nîmes, à peu de distance d'Arles.
5. *De Thou* écrit : *Donchamp. Domazan,* village à 29 kil. de Nîmes et à 24 à peu près d'Avignon, près de Remoulin.
6. Voy. la copie de ce récit dans l'*Hist. des Martyrs,* fol. 671 ª.

du Parlement de Touloufe. Livre X. 179

nommé *Jean Roques*, encores qu'il ne fuft de la Religion, toutesfois pour avoir affifté aux affemblées, feulement pour empefcher la fedition, comme il luy avoit efté commandé, fut contraint, pour fauver fa vie, de quitter auffi fon eftat & abandonner la ville, au lieu duquel fut eftabli un perfonnage propre à leurs deffeins, nommé *Sebaftien Turées*. Ils creerent auffi nouveaux Confuls, & finalement, pour avoir moyen d'occuper fous ombre de juftice les biens de ceux qui f'eftoient retirés, introduirent en la ville un nommé *Simon de Canes*, lieutenant particulier au fiege du Senefchal de Lauragues, pour informer du port d'armes dont ils chargeoient ledit juge & ceux de la Religion, appelans port d'armes ce qui avoit efté fait par letres patentes & commandement exprès des fufdits lieutenans pour le Roy au pays. Ce lieutenant ayant fait telles informations que bon leur fembla, les envoya au Parlement de Touloufe, qui decerna auffi toft, en une mefme commiffion, adjournement à trois briefs jours, prife de corps, & à faute d'apprehenfion, annotation de biens, tant contre ledit *Roques*, juge, que contre cent & douze perfonnes[1], entre lefquels il y avoit plufieurs des plus notables & honorables. Et pour l'execution de cefte commiffion, ayans efté les nouveaux Confuls advertis qu'un nommé *Martin du Puits*, l'un des Diacres, homme paifible & fans reproche, f'eftoit retiré en une petite borde[2] près de la ville, baftie à fimple muraille de terre feiche, appartenant à un nommé *Paul Bertrand*, fortis avec grand nombre d'arquebouziers, & une piece d'artillerie, comme f'ils euffent voulu affaillir quelques grands guerriers & quelque grande fortereffe, le faifirent fans aucune refiftence, ayans toutesfois mis le feu en ladite borde, & ne cefferent que ce pauvre homme, quoy qu'il peuft alleguer, ne fuft pendu & eftranglé, f'eftant monftré fort conftant jufques à la mort. Qui plus eft, le corps eftant pendu au gibet, le vifage, les pieds & les mains lui furent noircis fecretement, faifans courir le bruit qu'il avoit eu le diable au corps, & finalement fut jetté par terre, & baillé à manger aux chiens.

Exactions du parlement de Toulouse.

---

1. Voy. cet arrêt du 10 juin 1562 contre les protestants de Revel, *France prot.*, nouv. éd., II, 50 s.

2. *Borde*, maison isolée dans les champs, métairie, du Provençal *borda*.

Autres persécutions.

Quelques autres auffi, faifis & menés à la boucherie, c'eft-à-dire à Touloufe, furent condamnés les uns aux galeres, les autres en groffes amendes pecuniaires, les autres bannis. Et quant aux abfens, les Confuls & autres habitans f'eftans emparés de leurs meubles, les immeubles furent annotés, les femmes defpouillées de tous leurs biens, contraintes ce nonobftant de loger & nourrir les foldats eftrangers, forcées d'aller à la meffe à coups de bafton, & les enfans rebaptifés. Outre tout cela, ils firent venir de Touloufe le capitaine *Montmaur*[1] en la ville, avec fa compagnie, lequel ayant fait crier que quiconque auroit en garde quelque chofe appartenant à ceux de la Religion, euft à le reveler & apporter fous peine de la vie, en quatorze jours qu'il fut dans la ville, acheva de fourrager tout ce que ces pauvres femmes avoient peu ferrer.

Tel fut l'eftat de *Revel* jufques à la publication de la paix.

Venés pris par les protestants de Castres.

Le huiftiefme de Juillet, les compagnies de Caftres & Roquecourbe prindrent par efcalade la ville de *Venés*[2], où eftoit une garnifon de trefmefchans hommes qui f'eftoient ramaffés, defquels les uns furent tués, les autres amenés prifonniers & depuis executés par juftice, pour eftre convaincus de voleries & brigandages.

Joyeuse s'empare de Lignan, Lésignan et Montagnac.

Nous avons laiffé *Joyeufe*[3] devant Lignan, chafteau appartenant à l'Evefque de Beziers, & lequel le *Cardinal Stroffi*[4], faifant efchange de Beziers contre Alby, f'eftoit refervé pour en faire fon bordeau, mais ceux de Beziers f'en eftoient faifis dès le commencement de cefte guerre. Or, n'y avoit-il lors en cefte place que

1. *Montmaur* ou *Montmor*, voy. *supra*, p. 8 etc., 127.
2. *Venés* (dép. du Tarn), village à 16 kil. de Castres, près de Réalmont, au nord de Castres et de Roquecourbe, sur la rivière du Dadou. Venés était une baronnie. *Gaches, Mém.*, p. 26 : Le capitaine (Jean seigneur de) *Grépiac*, fils du président Masencal (au parlement de Toulouse), ayant levé une compagnie de fantassins des plus belles, vint prendre logement à Venés, maison du sieur de Bernuy (Jean, chevalier de l'ordre), une grande lieue de Castres. Ceux de la ville en ayant eu advis, furent les surprendre, où il y eut beaucoup de morts, le reste prisonniers, menés à Castres. Ces prisonniers furent exécutés (au nombre de soixante).
3. Voy. ci-dessus, p. 150. Comp. *Gaches, Mém.*, p. 30. *De Thou*, III, 303.
4. *Laurent Stroʒʒi*. Vol. I, p. 878 ; III, 52.

du Parlement de Touloufe. Livre X. 181

158 douze foldats, avec munition de deux jours feulement, aufquels voulant Baudiné donner moyen de fe fauver, forti de Beziers avec quatre compagnies, amufa tellement fon ennemi, que les foldats eurent loifir de percer la muraille à l'endroit auquel la riviere touche le chafteau, laquelle ayans gayée[1], ils fe rendirent à leurs compagnons, & de là à Beziers. Cela fait, *Joyeufe*, pour tenir en feureté le chemin de Narbonne à fon camp, au lieu d'affaillir Beziers où il y avoit encores pour lors cinq grandes brefches faites par les pluyes dès dix ans auparavant, prenant la route de la ville de Pezenas, laiffant dans Lignan le Capitaine *Crouzille*[2] avec deux compagnies d'infanterie, affiegea Lezignan[3], qui attendit le canon, & fut forcée au deuxiefme affaut, y eftant mort, entre autres, du cofté de *Joyeufe*, le fieur *de Pomas*[4]. De là, paffant plus outre, il affaillit Montagnac[5], où il trouva les compagnies des capitaines *Paraloup*[6] & *Porquerez*[7], lefquels ayans vaillamment fouftenu leurs ennemis, finalement toutesfois fe rendirent leurs vies fauves ; nonobftant laquelle compofition, *Joyeufe* en fit mourir quatre, entre lefquels eftoit le fieur *de Bomail*.

Baudiné cependant faifoit auffi fon amas de toutes parts pour fecourir Pezenas, luy eftans envoyées forces de pied & de cheval des Cevenes, du Vivarais, d'Ufés, Nimes & Lunel, qui fe rendirent en Agde, où il les devoint joindre. Par ainfi partant de Beziers avec ce qu'il peut tirer de forces, le quatorziefme de Juillet, il arriva le lendemain à midi à Pezenas, ayant deffait en chemin une compagnie de l'ennemi conduite par fon enfeigne, nommé *la Veine*, de Lodève, qu'il furprint pillant une metairie appelée Concergue. L'armée de *Joyeufe* approchant auffi, le voyoit entrer, & repaffant la riviere, fe mit en bataille.

Baudiné battu par Joyeuse à Pézenas. 15 juillet.

1. *gayer*, de gué (provençal : *gua*, italien : *guado*), passer à gué.
2. *Crouzille* ou *La Croisille*. Voy. *supra*, p. 78.
3. *Lésignan-la-Cèbe* (dép. de l'Hérault), village à 26 kil. de Béziers, non loin de Pézenas.
4. Voy. ci-dessus, p. 150 s.
5. *Montagnac* (Hérault), petite ville à 30 kil. de Béziers, sur la rive gauche de l'Hérault.
6. *De Lom*, sieur de Pareloups.
7. *Hérail Pagés*, sieur de Porcairès. Le nom de Porcairès figure aussi parmi ceux des membres de l'assemblée générale des Eglises réformées, tenue à Milhaud en 1573. *Bull. du Prot. franç.*, X, p. 352. Comp. plus haut, p. 153.

Baudiné, combien que l'heure fuft indeue, dautant que le foir n'eftoit pas loin, et que la campagne eftoit fort à l'avantage pour *Joyeufe,* qui eftoit fort d'artillerie & de cavalerie, joint que les gens de cheval n'avoient eu loifir de repaiftre, & que les capitaines eftoient d'advis d'attendre au lendemain, veu que *Bouillargue* & le Baron *d'Aigremont* devoient arriver avec deux cens chevaux, ne fe tint d'affaillir l'ennemi de toutes fes forces, dreffant le premier l'efcarmouche, où il fit fort bien, f'eftant meflé tellement parmi l'ennemi qu'il fut pris une fois; mais efchappé de leurs mains, il fe retira vers fon infanterie, laquelle marchant en fort bel ordre le long d'une colline avec trois pieces de campagne feulement, au couvert de l'artillerie de l'ennemi, les Capitaines *Servas*[1] & *Gremian*[2], ayans tiré cinq cens arquebouziers de la troupe, & f'acheminans vers le camp de l'ennemi à flanc de l'artillerie, l'alloient faifir pour certain, branflant defià la plus part de l'infanterie de *Joyeufe,* quand *Cordognac,* maiftre de camp, cria qu'on tournaft vifage pour gagner la montagne; ce qu'eftant fait, & le front du bataillon eftant parvenu au pied de la montagne, fut expofé au canon, lequel en emporta les deux premiers rangs, ce qui mit tout en defroute & defordre, tellement que, fans les vignes qui garentirent ceux qui fe fauvoient, & la nuict qui furvint, tout eftoit perdu.

La defroute fut grande, en laquelle furent perdues cinq enfeignes de *Baudiné,* demeurant le champ à *Joyeufe.* Mais on affeure que de part & d'autre il ne mourut plus de cent perfonnes. *Cordognac* fut grandement chargé d'avoir pratiqué cefte rencontre & trahi le camp; & de faict, peu de jours après fut faifi d'une maladie à Montpelier, dont il mourut. On dit qu'il confeffa que l'ennemi luy avoit promis quinze cens efcus, defquels il avoit defià receu cinq cens. Auffi eftoit il un ordinaire blafphemateur du nom de Dieu, & y avoit plufieurs gens de bien qui n'eftoient pas contens de le veoir en telle charge. Ce nonobftant, on fe rallia dans peu de temps, & dès le lendemain matin furent redreffées les enfeignes comme auparavant. Mais à vray dire, le nombre de tous les foldats ne f'y trouva pas, plufieurs f'eftans efcartés, lefquels, fe retirans comme fi tout eftoit perdu, furent caufe que ceux de la reli-

---

1. Voy. plus haut, p. 153.
2. *Antoine Duplex,* sieur de S. Germain, p. 149.

gion Romaine, qui faifoient bonne mine en plufieurs lieux auparavant, fe declarerent ennemis, comme à Gignac[1], Clermont[2], Sainct Andien[3], & nommément à Frontignan[4], dont nous parlerons tantoft[5].

 Quelques jours après cefte defroute, *Baudiné,* par le confeil (comme on eftime) du capitaine *Daiffe*[6], auquel il avoit grande creance, confentit de parlementer, eftans moyenneurs deux gentilshommes voifins de Pezenas, à favoir le fieur *de Chaftelnon*[7], du cofté de *Joyeufe,* & le fieur *de Sainct Martin,* de la part de ceux de la religion, offrant *Joyeufe* de laiffer paifibles ceux de la Religion par tout en la jouiffance de l'Edict de Janvier & de fe retirer à Narbonne, pourveu qu'il fuft recogniu pour gouverneur du pays, & que dès lors on luy mift entre les mains Pezenas & Beziers. Ces offres furent auffi toft acceptées, à favoir le vingttroifiefme de Juillet, contre l'advis de plufieurs Capitaines, & au grand mefcontentement des Eglifes, alleguans que cela ne fe pouvoit ni devoit faire en cefte façon. Ce neantmoins, *Baudiné* fe retira en Agde[8], departant fes compagnies par garnifons, & *Joyeufe,* d'autre cofté, entra dans Pezenas, auquel lieu il ne fut plus toft arrivé, qu'oubliant les promeffes (dont bien en print à ceux de la Religion, qui eftoient perdus f'il euft fait contenance de tenir l'accord), on n'ouit que menaces par la ville, qui furent tantoft fuivies de l'effect, y eftans tués les pauvres foldats bleffés qu'on y avoit laiffés, & quelques autres habitans qui n'avoient eu moyen de fortir avec l'armée.

 . Suivant donque ceft accord, *Joyeufe,* penfant auffi recouvrer Beziers, y accourut, faifant fommer la ville par le Capitaine *Coulombiers,* qui avoit efté pris prifonnier à la defroute de Pezenas.

Accord entre Joyeuse et Baudiné.

Mauvaise foi de Joyeuse.

Siège de Béziers.

---

 1. *Gignac,* petite ville (Hérault), à 24 kil. de Lodève.
 2. *Clermont-Lodève* ou *Clermont-l'Hérault,* à 15 kil. de Lodève, ancienne baronnie.
 3. *Saint-André-de-Sangonis,* bourg à 20 kil. de Lodève, à peu de distance de Gignac.
 4. *Frontignan,* à 22 kil. de Montpellier.
 5. p. 161.
 6. *Pierre d'Aisse* ou *Daysse* ou *Aisse* (I, p. 218, 335), gouverneur d'Aigues-Mortes et maître de camp au siège de Montpellier; voy. ci-après, p. 176, 217.
 7. *De Thou,* III, p. 304, le nomme *de Castelnou.*
 8. *Agde,* à 22 kil. (est) de Béziers et à 51 kil. (sud) de Montpellier.

Mais il trouva visage de bois, dautant que *Baudiné*, ayant entendu le traittement fait à Pezenas, contre les promesses accordées, y avoit desià envoyé les Capitaines *la Laignade, Tourrie* & *la Castelle*. Et qui plus est, durant les affaires de Pezenas, à sçavoir le dixseptiesme de Juillet, ceux de Beziers avoient pris & bruslé le chasteau de Lignan, ayans desfait les deux enseignes laissées par *Joyeuse* en garnison, & avoient amené leur Capitaine, *Crozille*, prisonnier en la ville¹. Mais il n'en print pas ainsi à ceux de Bedarieux, lieu distant de cinq lieues de Beziers, lesquels jusques alors avoient constamment continué l'exercice de la Religion, & estimans que l'accord de Pezenas tiendroit, s'adresserent, le vingthuictiesme dudit mois de Juillet, au Baron *de Puzol*², leur voisin, le priant de les recevoir & maintenir, tant les uns que les autres, en bonne paix, suivant ledit accord, ce qu'il leur promit ; mais aussi tost qu'il y fut entré, il remplit la ville de prestres & soldats ramassés, & mesmes y establit pour lieutenant un sien frere, moine & secretaire de l'Abbaye de Villemanche, ce qui contraignit tous ceux de la religion de sortir & de se sauver où ils peurent.

Baudiné, d'autre part, après avoir laissé bonne garnison dans Agde, vint à Montpelier, où il trouva les Capitaines *Grille*³, envoyé de la part du Baron *des Adrets* au secours de Languedoc, & *Bouillargues*, avec les seigneurs *de Thouras*⁴ & *Monvaillant*⁵ qui lui venoient au secours, ayans entendu la desroute advenue à Pezenas, avec lesquelles forces, ayant sceu que *Joyeuse* ne tenoit rien de ce qui avoit esté accordé, il se delibera de faire la guerre

---

1. D'après *De Thou*, III, 304, la prise de Lignan était la véritable raison pourquoi Béziers refusa d'ouvrir ses portes à Joyeuse, sachant que celui-ci était extrêmement irrité de ce qu'ils avaient brûlé le château tout récemment, et craignant les effets de sa vengeance.

2. *Olivier de Thézan*, seigneur et baron de Pujol. Il avait un frère, nommé Jean-Jacques. *Gaches*, p. 262. *De Thou*, III, 304.

3. *Honoré des Martins*, dit le capitaine *Grilles*. En 1566 il devint gouverneur d'Aigues-Mortes, et mourut en 1599. *Gaches*, p. 33. Comp. *Mém. de Condé*, II, 157.

4. *de Thouras* ou *Thoras*, voy. p. 68, fils de Marchastel, baron de Peyre. Comp. I, p. 803. — *Geoffroi-Astorg-Aldebert de Cardaillac de Peyre*, sieur de Marchastel. *Gaches*, p. 32.

5. *Jean de Belcastel*, seigneur de Montvaillant.

du Parlement de Touloufe. Livre X. 185

plus forte que jamais. Et dautant qu'à Frontignan ceux de la religion, lefquels, au commencement de cefte guerre, ayans efté en danger d'avoir la gorge coupée par leurs concitoyens de la religion Romaine, les avoient mis hors la ville, & au contraire, après la defroute de Pezenas, ayans efté induits à les laiffer rentrer à certaines conditions, avoient efté dechaffés par eux, il fe delibera de les affaillir les premiers, ce qu'il fit le dixiefme d'Aouft, mais mal à propos. Car, pource qu'on luy avoit donné à entendre qu'ils fe rendroient au premier coup de canon, cela fut caufe qu'au lieu d'y mener toutes fes forces & de les affaillir vivement, il n'y alla qu'avec quelques compagnies & quelques pieces, fans pionniers & fans grandes munitions. Il f'y trouva donques bien trompé, fe defendans les affiegés fort vaillamment, de forte que plufieurs vaillans hommes y furent tués, comme entre autres les Capitaines *la Caftelle,* revenu de Beziers, & *Coftier,* & plufieurs bien bleffés, comme entre autres le feigneur *de la Valette,* Lieutenant du Capitaine *Bombas.* *Attaque de Frontignan déjouée.*

Joyeufe, entendant ce fiege, prepara fes forces pour y accourir, ayant commandé au feigneur *de Connas*[1], fon maiftre de camp & Gouverneur de Pezenas, de f'avancer des premiers, lequel acompagné de fept à huiɫ cens hommes de pied, & de cent ou fix vingts chevaux, eftant venu à Loupian[2], fut tellement chargé à la defpourveue par *Grille* & *Bouillargues,* menans avec eux deux cens chevaux & cinq cens arquebouziers, qu'il fut contraint de fe retirer à fon dommage. Cela fe portoit bien, ce fembloit, au defavantage des affiegés, mais tout au contraire fut occafion de leur delivrance, dautant qu'à cefte caufe, ayant efté abandonnée la plage de la mer fans grande garde, deux fregates de Provençaux vindrent au fecours de la ville. Ce qu'entendant, *Baudiné* fut contraint de fe retirer à Montpelier, tant pour rafraifchir les foldats que pour redreffer les compagnies, à fin de faire tefte à l'ennemi. Car *Fourquevaux* & *Connas,* ayans affemblé grandes forces, & trouvé Frontignan delivré, eftoient venus jufques au Terrail, chafteau appartenant à l'Evefque de Montpelier, à une lieue de la ville, monftrans contenance de le vouloir affieger. *Baudiné se retire à Montpellier.*

---

1. Voy. ci-deffus, p. 148.
2. *Loupian,* village près de Mèze (Hérault), à 31 kil. de Montpellier.

Baudiné donc, pour oſter l'avantage à l'ennemi de ſe camper aux fauxbourgs, contenans autant ou plus que le corps de la ville, avec pluſieurs temples qui pouvoient nuire grandement, commanda de les raſer; qui fut un merveilleux dommage, y eſtant ruiné grand nombre de ſuperbes edifices, avec une trentaine de temples[1], outre la perte ineſtimable des pauvres particuliers, ayans eu bien fort peu de delay pour retirer ce qu'ils pouvoient de leurs biens dedans la ville.

Baudiné assiège Four- quevaux à Lattes.

Fourquevaux & *Connas,* voyans cela, prindrent leur chemin à Lates[2], pour ſe camper au mas d'Euſimade, lieu environné d'eau par la riviere du Lez, à une lieue françoiſe de la ville, où ils ſ'aſſirent le deuxieſme de Septembre, ayans forcé en chemin une tour antique & non flanquée, en laquelle avoient eſté logés quelques arquebouziers, leſquels ſ'eſtans rendus la vie ſauve, par faute de munitions, furent tous tués ce neantmoins à la ſortie. Trois jours après, à ſavoir le cinquieſme dudit mois, *Peyrot Lopian*[3], celebre bandoulier, duquel nous avons parlé en l'hiſtoire de Limoux, leur amena renfort de grand nombre d'Eſpagnols, tant à cheval qu'à pied. *Baudiné,* d'autre coſté, après les avoir eſcarmouchés à l'entour de la ville, ſortit de Montpelier, l'onzieſme du mois, avec ſeize enſeignes d'infanterie & cinq cornettes de cavalerie, ſe campant en un lieu appelé la metairie de Boiſon, ſi près de l'ennemi, que les uns pouvoient tirer ſur les autres, où *Baudiné* faillit d'eſtre tué, luy ayant eſté emporté d'une mouſquetade un chapeau de paille de deſſus ſa teſte. Par ce moyen, ceux qui eſtoient venus pour aſſieger Montpelier, ſe trouverent aſſiegés, ayans d'un coſté le camp qui l'empeſchoit d'avoir vivres par terre,

---

1. *De Thou*, III, 305 : Parmi les vingt-cinq lieux saints qui furent rasés jusqu'aux fondements, il faut citer les couvents des Dominicains, des Augustins et des Carmes, dont les deux premiers étaient assez vastes et assez magnifiques pour loger le roi, sa cour, et toute leur suite.

2. *Lattes*, village à 7 kil. de Montpellier, à proximité de vastes marais et avec une église romane très-ancienne. La rivière du Lez, dont il va être question, après avoir traversé Montpellier, passe aussi par Lattes et va se perdre dans l'étang du même nom qui longe le bord de la mer. *De Thou*, III, 304 s.

3. *Loupian.* Voy. ci-dessus, p. 150.

163 & d'autre part le chafteau de *Maguelone*[1] leur fermant la mer, pour eftre affis à la chauffée d'entre la mer & l'eftang de Pequaix[2], lequel à cefte caufe ils affaillirent, mais en vain, jufques à ce qu'il leur fut vendu & rendu[3] par le Capitaine du fort[4], autrement bon foldat, mais pauvre & convoiteux de f'enrichir, lequel toutesfois n'en receut autre payement que la mort, qu'il meritoit, avec vingt foldats qu'il avoit, ne leur ayant efté non plus tenu promeffe qu'à ceux de la Tour, dont nous avons parlé ci devant.

Eftans donc les chofes en ces termes, *des Adrets*[5], requis auparavant de ceux de Languedoc de les fecourir, arrivé à Nifmes avec une incroyable diligence à onze heures du foir, paffant le lendemain outre Montpelier, fans y entrer, arriva au camp de *Baudiné,* le treiziefme dudit mois[6], & d'une mefme celerité ayant

Des Adrets arrive au camp de Baudiné, le 13 sept.

1. *Maguelonne* est une petite île ou plutôt une presqu'île d'environ deux mille pas de long, située sur l'étang de Thau, près du canal des Etangs, à 6 kil. de Montpellier. Le château est détruit, il ne reste plus qu'une église dont la première construction remonte jusqu'au 6e siècle. Elle fut restaurée en 1178. Maguelonne fut aussi un siège épiscopal autrefois. Tout le monde connaît le roman de la belle Maguelonne.

2. *Les étangs de Peccais* (à l'ouest d'Aigues-Mortes), alimentés par les eaux de la mer Méditerranée, forment de vastes marais salants. Ils entourent un village et un fort. L'enclos a près de 18 kil. de circuit.

3. Après avoir essuyé 27 coups. *De Thou.*

4. Le baron *de Combas.*

5. *Ménard*, Hist. de *Nîmes*, IV, 337, liv. 15, n° 13. Le baron des Adrets (François de Beaumont) était venu à Nîmes, le 12 de ce mois de septembre, dans le dessein d'aller combattre le vicomte de Joyeuse, qui voulait se rendre maître de Montpellier dont les religionnaires s'étaient emparés, et qui avait placé son camp dans l'île de Lates que la rivière de Lez environne de tous côtés. Des Adrets venait du Pont-Saint-Esprit, et était à la tête de cinq cornettes de cavalerie, qu'il renforça de toutes les troupes qu'il put trouver à Nîmes. Il partit de cette ville le dimanche, 13 septembre, à cinq heures du matin, et arriva à Montpellier sur les trois heures après midi. Là il se joignit à Jacques de Crussol, seigneur de Beaudiné. Ils attaquèrent le camp, posté dans l'île de Lates, par trois endroits différents, mais sans succès.

6. *De Thou*, p. 306 : Le lendemain (14 septembre), après avoir laissé rafraichir le soldat, il sort de la ville le soir ; il passe le Lez pour aller reconnaître l'ennemi ; il s'avance jusqu'à l'étang de Pequaix ; il met en déroute les gens armés qui gardoient les troupeaux ; il en défait une partie, et contraint l'autre à se jetter dans le marais voisin, où elle périt dans des trous pleins de vase et de boue. Il fait amener 400 moutons à la ville (de Lattes) ; il s'empare d'un moulin qui est au-dessous de Lattes ; et après y avoir combattu pendant quelque temps, il se retire enfin dans la ville assez avant dans la nuit.

donné ordre que leurs forces fuſſent departies en trois [1], à ſavoir ſous luy, *Baudiné & Bouillargues,* aſſaillit ainſi l'ennemi de trois divers coſtés ſur la nuiɕt du meſme jour, ayans eſté reveſtus leurs ſoldats de toiles blanches pour ſ'entrecognoiſtre. Et fut ceſt aſſaut ſi bien & ſi vaillamment pourſuivi, qu'ainſi qu'on a entendu depuis par des principaux des ennemis, ſi l'aſſaut euſt duré juſques au jour, la cavalerie avoit reſolu de ſe ſauver de viſteſſe, abandonnant l'infanterie à la merci de *des Adrets*. Mais on ne ſait à quelle occaſion, environ la minuiɕt, comme les tranchées de l'ennemi ſ'en alloient infailliblement forcées, on ſonna la retraitte, & *des Adrets* ayant ramené rafraiſchir ſa cavalerie en la ville, le ſeiziesme

Le 16 ſept. dudit mois, ayant entendu nouvelles de *Soubiʒe*, & de ce qui eſtoit advenu à Vienne, retourna avec la compagnie du Capitaine *Merle* [2], avec non moindre diligence qu'il eſtoit venu. Touteſfois il laiſſa à Lates les compagnies d'argoulets du Baron *du Bar* [3], du ſieur

---

1. *De Thou :* Le lendemain (15 septembre), on délibéra d'attaquer le camp des ennemis, et pour cela on jugea à propos de jetter un pont sur un canal qui vient du Lez, par lequel les vaisseaux abordent à Lattes, et amènent les provisions de Provence et de Narbonne ; on confia la garde de ce pont à Bouillargues, qui s'y établit avec une pièce de campagne. On arrêta encore que Bouillargues passeroit l'autre bras du Lez à gué ; que le baron des Adrets passeroit de l'autre côté de cette rivière, et iroit dans le même lieu où il avoit pénétré la veille, avec une pièce de campagne et quatre fauconnaux. — L'armée ainsi partagée en trois, Beaudisner de front, Bouillargues et des Adrets aux deux côtés, ils attaquèrent ensemble, la nuit, le camp ennemi avec tant de vigueur, que la cavalerie, après un long combat, songeoit à se retirer et à abandonner l'infanterie. On étoit déjà sur le point de forcer le retranchement, lorsque le baron des Adrets, ayant reçu la nouvelle de la prise de Vienne par le duc de Nemours, fit battre la retraite, et perdit ainsi la plus belle occasion qu'on pût désirer. Le baron étant parti, Bouillargues quitta le pont et rentra dans la ville. Des Adrets ayant reçu cinq mille écus d'or, laissa à Montpellier trois compagnies de cavalerie, et s'en retourna avec la même diligence dont il avoit usé en venant. — Comp. le rapport de *Fourquenaulx*, du 14 septembre 1562. (*Mém. de Condé*, III, 657-667 s.)

2. Un autre capitaine de ce nom, *Matthieu Merle*, né en 1548, se distingua dans les guerres postérieures en Auvergne, et mourut en 1590. (*France prot.*, VII, 340.) Le capitaine Merle, dont parle notre texte, fut tué à Arenasses. Voy. ci-dessous, p. 167. (*France prot.*, VII, 385 ; IV, 259.)

3. Dans le rapport cité de *Fourquenaulx* (*Mém de Condé*, III, 657), le sieur *de Bar* (d'une ancienne famille languedocienne dévouée à la Réforme) est compté parmi les chefs des cornettes de l'armée réunie devant Lattes.

de Senas[1] & du Capitaine *Herbaut*[2], lesquels, batans l'estrade, attrappoient tousiours quelqu'un des bandouliers & pillars, entre lesquels se trouva finalement un nepveu de *Peyrot Loupian,* aussi homme de bien à peu près que son oncle.

Le dixhuictiesme dudit mois, deux *Ministres,* l'un de Vehau[3], & l'autre de Cornonterrail, allans à Mogueul[4], furent pris de l'ennemi, conduits au camp & aussi tost pendus à un arbre, qui fut cause qu'on pendit quelques ennemis à Montpelier. *Deux ministres pendus. 18 sept.*

Or l'intention des ennemis estoit, après la prise de Cisteron par *Sommerive*[5], & de Vienne par *Nemours,* de joindre toutes leurs forces, à savoir les Provençaux, ceux du bas Languedoc & de Gevaudan, pour prendre Montpelier & nettoyer entierement le Languedoc, comme de faict, si toutes ces forces se fussent jointes ensemble, il n'y eut eu moyen de leur faire teste, à parler humainement, mais Dieu y pourveut comme s'ensuit[6]. *Défaite de Sommerive et de Suze à St-Gilles, par les protestants.*

Suze[7], ayant sceu comme le Baron *des Adrets* avoit passé le Rhosne pour aller à Lattes au secours de *Baudiné,* passa le Rhosne avec ses regimens, le quinziesme dudit mois, à Villeneufve d'Avignon, qui furent suivis le lendemain par *Sommerive,* & finalement tous ensemble se camperent au lieu Fourques[8], à une lieue d'Arles, *Le 15 sept.*

---

1. *Balthasar de Gérente-Sénas.* Vol. I, p. 898.

2. Le capitaine *Herbaut;* voy. le rapport cité, de *Fourquenaulx*, p. 660, 668.

3. Le texte porte *Vehau*, faute d'impression, au lieu de *Uchaud*, village à 12 kil. de Nîmes. *Cournonterral*, bourg de l'Hérault, à 16 kil. de Montpellier.

4. *Mogueul, Melgueil* ou *Melguel*, aujourd'hui *Mauguio*, bourg à 12 kil. de Montpellier.

5. *Honoré de Savoie,* comte de Sommerive, fils aîné du comte de Tende. *Mém. de Gaches*, p. 31.

6. Voy. *Brief et véritable Discours de la deffaite des Provençaux*, appellée la Bataille de Sainct-Gilles, advenue l'an 1562 près de la ville de Sainct-Gilles, en Languedoc, située près le bras du Rhosne, qui sépare le Languedoc de la Carmagne (Camargue), anciennement dit *Campus Marius*, distant quattre lieues de la ville de Nismes (par *Fourquevaux*), *Mém. de Condé*, III, 653 s. *De Thou*, III, 306 s. *Ménard, Hist. de Nîmes*, IV, 338. *Gust. Lambert, Hist. des guerres de relig. en Provence*, I, 181 s. *Mém. de Gaches*, p. 31 s.

7. *François de la Baume*, comte de Suze.

8. *Fourques* (Gard), à 30 kil. de Nîmes, vis-à-vis d'Arles.

eſtans en nombre d'environ trois mille hommes de pied, & quatre cens bons chevaux, avec deux canons & une coulevrine¹.

 Baudiné, entendant cela, ramena ſon camp dans Montpelier, dont fut envoyé le Capitaine *Grille,* pour jetter des arquebouziers dans Sainct Gilles², petite ville ſur le Rhoſne, conduiſant les trois ſuſdites compagnies d'argoulets Provençaux avec ſix cens hommes de pied, ſous la charge du Capitaine *Rapin*³. *Bouillargues* auſſi, avec ſa cavalerie & celle du Capitaine *Albenas*⁴, fut envoyée à Niſmes. Ceux ci ſ'eſtans joints enſemble en intention de ſecourir Sainct Gilles⁵, en nombre de ſix cens chevaux & huict cens hommes de pied, partis de Niſmes le vingtſeptieſme dudit mois, & tirans à Fourques, prindrent trois hommes de cheval Provençaux en une metairie nommée Eſtagels, à demie lieue de Sainct Gilles⁶, deux deſquels ayans eſté tués, le troiſieſme, pour ſauver ſa vie, leur declara l'eſtat du camp des ennemis ne ſe doutans de rien, & logés ſans aucun ordre militaire en la plaine, joignant une maiſons des Croiſats de Malte. Ce qu'ayans deſcouvert eſtre veri-

Le 27 sept.

---

 1. *Ménard, Hist. de Nîmes,* IV, p. 338, n° 14, évalue le nombre de ces troupes à 4000 hommes d'infanterie et 600 hommes à cheval, Provençaux ou Italiens, avec deux gros canons et quelques coulevrines.

 2. *Saint-Gilles* (ci-devant St-Gilles-les-Boucheries), petite ville à 20 kil. de Nîmes, autrefois grand-prieuré de l'ordre de Malte. L'église construite au 9ᵉ ou au 10ᵉ siècle provient de l'ancienne abbaye de St-Gilles. La ville était occupée par ceux de la religion.

 3. *Philibert* ou *Pierre de Rapin,* gouverneur de Montpellier. Gaches, p. 31.

 4. *Vital-Poldo d'Albenas.* Gaches, ibid.

 5. Saint-Gilles n'était pas tenable ; la place n'avait que des murailles en ruines et n'était gardée que par une compagnie commandée par Beauvoisin le Jeune. Lambert. — *De Thou* dit : Bouillargues ayant visité la place et l'ayant trouvée en état de se défendre, y laissa 50 hommes de son détachement, et promit incessamment de venir à son secours. Pendant qu'il y était, le comte de Sommerive envoya pour la seconde fois un trompette pour sommer la place de se rendre. Bouillargues, qui vit sur ce trompette la livrée et les armes du Pape, qu'il portoit comme servant dans les troupes de Fabrice Serbellone, le fit mettre en prison. Le 27 de septembre, de Sommerive, accompagné de 22 enseignes d'infanterie et de 500 cavaliers, avec 3 canons, vint sur le soir, dans la disposition d'escalader la ville ; mais la garnison le repoussa avec tant de vigueur, qu'elle fit échouer son entreprise.

 6. *Le brief Discours* dit : *Estaigel,* distant de St-Gilles d'une lieue. *De Thou: Estagels,* à quatre milles de St-Gilles.

table, & pourfuivans leur chemin, non point en intention de combatre s'ils le pouvoient eviter, mais feulement de fecourir Sainct Gilles, y mettans leurs arquebouziers que *Bouillargues* conduifoit¹, ils ne furent pluftoft defcouverts defcendans de la montagne tous de front, avec leur infanterie au milieu & leurs drapeaux ployés (ce qui faifoit paroir leur nombre au double), que leurs ennemis furpris en defordre, & fe perfuadans que ce n'eftoit que l'avant garde, & que la bataille fuivoit puis après, en laquelle ils penfoient que *des Adrets* fuft en perfonne, fe mirent à vau de route, tant Capitaines que foldats avec le plus grand efpouvantement qu'il eft poffible.

Cela fut caufe que *Bouillargues,* au lieu de tirer droit à Sainct Gilles, comme il avoit pourpenfé, frappa deffus ces fuiarts, dont il eut trefbon marché, pas un d'eux ne tournant vifage. *Grille* furvint puis après, qui fit une terrible boucherie, de forte qu'il ne mourut de l'infanterie moins de deux mille hommes, que tués que noyés, eftans gagnées les barques par une partie de ceux de cheval, & les autres tirans à courfe de cheval au pont de Fourques, les autres vers Aiguemortes, où toutesfois ils n'arriverent pas tous. Tout le bagage du camp fut pris auffi

1. *Le brief Discours,* p. 671, est entièrement d'accord avec le récit de notre Histoire. *Bouillargues* s'approcha de S. Gilles, et passant outre du costé du siege, veit que le camp des Papistes se retiroit vers le Rhosne, et feit alte, faisant entendre audit *Gilhe* et *De Bar* qu'ils s'advançassent (car l'ennemy bransloit) et qu'il alloit donner dedans... L'ennemy les voyant si près, mit sa cavallerie autour de leur artillerie qu'ils amenoyent avec leur infanterie, et se mirent en bataille près du bord du Rhosne. Alors ledit *Bouillargues* dist à ses gens: Voicy l'heure: qui m'aimera, si me suyve; et donnerent sur la cavallerie des Papistes, de sorte que eux quittans leur artillerie, gaignerent au pié tout au long de la chaussée du Rhosne, tirant le chemin de Fourques, à qui mieux pourroit courir, et qui estoit mieux monté. Leur infanterie fut toute mise en piece par la troupe que menoit Mr de Grilhe, sauf ceux qui sceurent passer le Rhosne à la nage; dont une bonne partie cuidant se sauver en nageant, fut noyée et portée à la mer, et estendus sur le bord; et ont esté trouvez des corps morts sur le plaige jusques à Agde, distant du lieu où le Rhosne entre en la mer, de onze grandes lieues. Ledit *de Suʒe* et *Sommerive,* estans arrivez au pont qu'ils avoyent fait faire, et iceluy passé, craignans que pesle mesle ceux de la religion ne le passassent, le feirent coupper; et des Papistes ne s'en sauva pas plus de trois à quatre cens, que tous ne fussent tuez ou noyez. (Parmi les noyez le plus grand nombre étaient des Italiens, *d'Aubigné,* 213.)

& nommément les coffres de *Sommerive* & de *Suze,* où furent trouvées plusieurs letres & commissions bien estranges¹. Le butin fut grand, dautant que ces gens s'estoient equippés comme pour aller aux nopces, de sorte qu'il s'y trouva une infinité de violons & de livres d'amours, qui furent tous rompus & brisés. Les deux canons furent pris aussi, avec vingt deux enseignes & le guidon du Colonel², & menés à Nismes, estant la coulevrine submergée au Rhosne, qu'on ne peut onques recouvrer. De prisonniers il n'y eut que le *Baron de Ledenon*³. Or n'est à oublier entre les miracles de ceste journée, qu'un seul homme de ceux de la Religion n'y mourut de la main de leur ennemi, ains seulement deux furent tués par ceux de leur costé mesme, ayans oublié le mot du guet, qui estoit Salomon; comme au contraire quelques Espagnols & Italiens l'ayans appris, se fourrerent pesle mesle parmi les victorieux; mais leurs langues les ayans tantost descouverts, ils passerent au prix des autres. Le lendemain matin, le Capitaine *Bouillargues,* estant venu à Fourques, trouva le pont rompu & le chasteau tout ouvert & abandonné, muni toutesfois de pain & de farines.

Echec des protestants. Ceste victoire rapportée à Nismes & de là à *Baudiné,* graces à Dieu en furent rendues par tout. Si est-ce qu'en ces entrefaites, à savoir le vingt sixiesme du mois, ceux de la Religion eurent une frottée, estant advenu que des deux Capitaines *Gremians,* l'un⁴ fut tué au Pont Juvenal, & aussi le fils du sieur *de Maillane,* de Beaucaire⁵, ayant esté surprise & forcée une embuscade qu'ils avoient dressée aux ennemis, lesquels voyans que *Baudiné* s'estoit retiré en la ville & avoit grandement diminué ses forces, commencerent de courir le pays plus librement. Si est-ce que les morts vendirent bien cher leur vie, ayans tué plusieurs des ennemis,

---

1. *Brief Discours*, p. 672 : Et entre le pillage, furent pris les coffres du Sʳ *de Suze* et *Sommerive*, dedans lesquels furent trouvées plusieurs lettres de conspiration contre ceux de la religion; entre autres, une de *Fourquevaux* au Sgr. *de Sommerive* (du 14 septembre).

2. L'enseigne blanche. *D'Aubigné*, p. 213.

3. Parmi les tués se trouvaient les capitaines Saint-Cristol, Barjac, Cesarello, Gabriel de Panisse, le commandant de Jallais, etc. *Lambert.*

4. *Gremian le jeune. De Thou.*

5. *Hardouin de Porcelet,* sieur de Maillane. Voy. ci-dessus, p. 153, note 8.

entre lesquels se trouva *Peyrot Loupian*, ce detestable brigand, tué d'une arquebouzade ¹.

Le lendemain, vingtseptiesme du mois, & le propre jour de la desfaite de Sainct Gilles, *Joyeuse*, esperant bien de se joindre avec les Provençaux, arriva au *camp de Lattes* avec six enseignes d'infanterie & deux cornettes de cavalerie, entre lesquels y avoit plusieurs prestres & moines recueillis pour la plus part de Carcassonne, qu'on appelle *les mendits*² *verds*, & huict ou neuf pieces d'artillerie, où il entendit les piteuses nouvelles de la desfaite à Sainct Gilles. Ce neantmoins, & combien qu'outre ceste perte il fust bien marri, voire despité contre *Fourquevaux* & *Connas,* de ce qu'ils s'estoient campés si mal à propos & en lieu si desavantageux, delibera toutesfois d'attendre les forces qu'*Apcher*³ devoit amener de Givaudan, fust pour se retirer tant plus aisément de ces marets, fust pour assieger Montpelier. Mais il fut derechef trompé de ce costé là, s'estant *Apcher* amusé au siege de Florac⁴, comme il est dit en l'histoire de Givaudan⁵. Toutesfois le vingt neufiesme dudit mois, *Mirepoix*⁶, qui s'appeloit le *Mareschal de la Foy*, arriva vers *Joyeuse,* amenant six canons & deux doubles canons pour servir à batre Montpelier, avec vingt trois pieces, si leur dessein eut succedé.

Pour retourner à la desfaite de Sainct Gilles, *Grille*⁷, le pre-

Arrivée de Joyeuse. Le 27 sept.

Défaite de Grille aux Arenasses.

1. *Brief Discours*, p. 673 : Le 27 (septembre), ceux du camp de Lattes vindrent à un moulin, nommé le moulin de l'Evesque, distant des murs de Montpellier de six à sept cens pas, où ceux dudit Montpellier alloient meudre leur bled ; et là ils avoient mis 20 harquebousiers dans une tour. Ils avoient deliberé rompre ledit moulin ; ce qui advint autrement ; car ils en furent si bien chassez, que oncques depuis n'y retournerent. Mais le susdit *Peyrot Louppia*, capitaine des Bandolliers susdit, y fut tué d'un coup de mousquet, qui le print à l'œil droit et sortit par derriere l'aureille gauche ; de la mort duquel tout le camp des Papistes fut en grande fascherie et dueil, et le firent enterrer en grande solemnité au temple de Lattes, à leur mode papale.

2. *mendis (mendicus)*, vieux français pour mendiants.

3. *Jacques d'Apcher,* seigneur de Billière et Marlorie, comte de Vabres en Rouergue. *Gaches*, p. 408. Comp. *De Thou*, III, 309.

4. *Florac*, petite ville du Gévaudan (Lozère), à 29 kil. (sud) de Mende. Le Gévaudan comprenait la plus grande partie du département de la Lozère.

5. Voy. ci-dessous, p. 196 s.

6. Voy. p. 150, note 11. *De Thou*, p. 309 : Alors le Marechal Philippe de Levy de Mirepoix vint au camp de Joyeuse avec six canons.

7. *De Thou*, l. c. *Mém. de Gaches*, p. 32.

mier jour d'Octobre, eftant fur fon retour à Montpelier, *Joyeufe* luy dreffa une tresforte embufcade de deux mille hommes de pied & de cinq cens chevaux dans le bois de Grammont, dont il fut averti affés à temps, avec confeil, devant que paffer outre, d'attendre les compagnies qui eftoient demeurées derriere, joint qu'on luy promettoit de faire faillie de Montpelier, & d'enclorre par ce moyen l'embufcade des ennemis devant & derriere, ou bien que laiffant le pays plat, il prinft chemin vers Vendargues[1], & gagnant la garrigue[2] du Crefts, il fe rendift en feureté jufques à Chafteauneuf & Montpelier. Mais enflé par trop de fa victoire, au lieu de croire ce confeil, il marcha tant plus audacieufement jufques au lieu appelé la Belle-Croix, dont ayant defcouvert les morions & corcelets des ennemis reluifans parmi les olivettes, il paffa outre ce neantmoins, & parvenu en une pleine de fablons (lieu appelé les *Arenaffes*), attendit fon ennemi en bataille. Là donc fut chargée fa cavalerie, laquelle fit fort bien du commencement, mais finalement fut contrainte de ceder au grand nombre des ennemis, fe reculant jufques dans l'infanterie, qu'elle rompit. L'infanterie, d'autre part, ne fongeant qu'à fauver fon butin de Sainct Gilles, & voyant qu'il n'y avoit qu'un traict d'arquebouze à paffer la pleine pour gagner les olivettes & delà la montagne, fe mit auffi à la retraitte, horfmis quelques uns, lefquels aveuglés de la pouffiere fe trouverent enveloppés de leurs ennemis, tellement que le Capitaine *Merle*[3] y fut tué, combatant vaillamment ; & demeurerent fur le champ d'une part & d'autre environ cent cinquante foldats. *Baudiné,* en ces entrefaites, ayant defcouvert la meflée, fortit avec ce qu'il peut de forces, & rencontrant encores plufieurs des ennemis, les uns occupés au pillage, les autres pourfuivans les vaincus, les contraignit de lafcher prife, ayant tué entre autres le Capitaine *Bizanet*, & par ainfi ramena *Grille* dedans la ville. Mais la defroute fut fi grande que les uns fuyans vers Lunel[4], les autres à

1. *Vendargues*, village du Languedoc (Hérault), à 9 kil. de Montpellier.
2. *garrigue*, du provençal *gariga, guarriga,* chênaie, lieu planté de chênes, lande, terre inculte.
3. Voy. p. 163.
4. *Lunel*, à 23 kil. de Montpellier, avec le village *Lunel-viel*, plus rapproché de Montpellier de 3 kil. — *Mauguio*, voy. p. 163, note 8. — *Sommières*, dans le Gard, entre Montpellier et Nîmes (à 24 kil.). (Giry, *Hist. des choses mémor. advenues en la ville de Sommières*, 1578, in-8º.)

Maugueul, les autres vers Sommieres, à peine la troisiefme partie rentra pour lors dans la ville, & pafferent quelques jours devant que le tout fe peuft raffembler.

Joyeufe, nonobftant cefte victoire, fe voyant enferré dans ces marets fi puans que plufieurs mouroient de caquefangue [1], ou enflés comme crapaux à caufe des mavaifes eaux, & dautant qu'ils n'avoient autre vin que du mouft de raifins paiftris dans des tonneaux, demanda de parlementer, ce que luy eftant accordé au Pont Juvenal [2], l'iffue en fut telle qu'on luy donna paffage, & ainfi reprint fon chemin de Fabrecques [3] & Frontignan, après avoir chargé leur artillerie & autre attirail de leur camp fur les eftangs en barques plates. Ce nonobftant les garnifons qu'avoit l'ennemi en la vallée de Montferrant [4] venoient tous les foirs jufques aux portes bailler l'alarme, & pillans les granges, contre lefquelles courfes le Capitaine *Olivier* eftant forti de la ville, tua quelques uns de ces coureurs; mais les pourfuivant jufques aux Matelles [5], il fut tué d'un coup d'arquebouzade, dont le Capitaine *Heronart* fit peu après la vengeance, ayant furpris & tué l'un de leurs chefs principaux, nommé *Valeftre*. Ce qui faifoit ainfi tenir les voleurs alentour de la ville eftoit une fecrete intelligence que *Joyeufe* avoit dans la ville avec le Capitaine *Rafcalon* & fon lieutenant *Annet Jacommel*, lefquels accufés d'autre faict, à favoir, d'avoir pillé la maifon du lieutenant du gouverneur, & condamnés, le huictiefme d'Octobre, d'avoir la tefte tranchée, confefferent à leurs derniers foufpirs cefte trahifon de laquelle on ne f'eftoit jamais aperceu.

Le camp de *Lattes* eftant ainfi departi, *Grille* delibera de gagner une tour de garde, appeléé la Carbonniere [6], affife ès palus d'Aigue-

Joyeufe lève le camp de Lattes.

Maraudeurs.

Prife de la tour de la Carbonnière par Grille.

---

1. *caquesangue*, dyssenterie.
2. Grille traita d'abord, le 2 octobre, avec l'évêque d'Alet (*Mém. de Condé*, III, p. 675), qui était venu au camp de Joyeuse, et le lendemain Joyeuse se retira et leva ainsi le siège de Montpellier (Corbière, *Hist. de l'église de Montpellier*, dit qu'il leva le camp le 8 octobre, si ce n'est pas une faute d'impression), investi depuis le 2 sept.
3. *Fabrègues*, bourg à 13 kil. de Montpellier.
4. *Montferrier*, village à 7 kil. de Montpellier, avec les restes d'un vieux château et un parc. Le nouveau château fut construit sous Louis XIV.
5. *Les Matelles*, village à 17 kil. de Montpellier.
6. *De Thou*, p. 310. La tour Carbonnière se rattache aux fortifications d'Aigues-mortes, et est située à mi-chemin de la chaussée qui conduit à Psal-

mortes, à une lieue de la ville, & defendant le paſſage pour aller à la ville par terre ferme. Pour ceſt effect donc parti de Montpelier, le neufieſme d'Octobre, ayant braqué le canon contre un endroit de la tour où eſtoit la montée des degrés, par advertiſſement de quelques gens du pays, il contraignit ceux de dedans à ſe rendre, ne reſtans que deux ſoldats en vie de ſix qu'ils eſtoient, auſquels la vie fut donnée contre les droits de guerre. Et de là, *Bouillargues,* allant de nuict au port d'Aiguemortes, ſe ſaiſit, malgré la garniſon de la ville, des barques & luts, qu'il mena à la Carbonniere, avec leſquelles furent enlevés les ſeuls de Pequais[1], dont ceux de la Religion firent depuis de grands deniers pour les frais de la guerre.

Béziers échappe à une surprise. Pendant ces entrefaites, *Beziers*[2], qui eſtoit touſiours environné de quelques garniſons, cuida eſtre ſurpris, eſtans venus les ennemis juſques au pied de la muraille, le ſeizieſme d'Octobre ; mais la providence de Dieu y pourveut miraculeuſement, eſtant advenu qu'un certain tabourin, nommé *Candalier,* ſ'eſtant enyvré le ſoir & d'aventure reſveillé en ſurſaut ſur les deux heures après minuict, au meſme inſtant que l'ennemi vouloit planter ſes eſchelles, ſe mit à ſonner la Diane, qui fut cauſe que les aſſaillans, cuidans que ce fuſt une alarme contre eux, ſe mirent en fuite, laiſſans leurs eſchelles qui furent trouvées le lendemain. Les conſpirateurs eſtoient un nommé *Marot Caſſeneufve, Antoine Rocoles, Pierre Pages,* dit *de Revel, Foulcrant Vainte,* & autres ; leſquels pour faire la bonne mine avoient fait profeſſion de la Religion en l'aſſemblée; mais peu après, le faict eſtant deſcouverts & conveincus, furent executés. Ce nonobſtant, le vingtquatrieſme du mois, quelques uns des ennemis ayans bien beu, au lieu de Bejan, delibererent par bravade de toucher en plein jour les portes & murs de Beziers. Mais ce fut à leurs deſpens, y eſtant frappé entre autres un renommé Capitaine & grandement regretté par les ſiens, nommé *Fendilles,* dont il mourut bien toſt après, faiſant de grands regrets, comme il a eſté depuis rapporté, de ſ'eſtre contre ſa conſcience bandé contre ceux de la Religion.

modi. Elle est bâtie dans le même style que les remparts, elle s'ouvre en arceau pour le passage de la grande route et est fermée d'une double porte.
1. Peccais ; voy. p. 163, note 1.
2. De Thou, p. 310. Mém. de Gaches, p. 32.

170 Pour retourner à ceux qui eftoient fortis de *Lalles*[1], *Joyeufe* ayant pris la route de Pezenas, laiffant *Rapin*[2] pour gouverneur dans Montpelier, *Baudiné* vint à Poufan[3], auquel lieu *Joyeufe* avoit mis deux compagnies d'infanterie fous la charge du Capitaine *la Crofe,* lequel non content d'avoir infiniment afligé les pauvres habitans, qui eftoient prefque tous de la Religion, & fe voyant preffé de fortir, pour n'eftre le lieu de grande refiftence, delibera de leur couper la gorge la nuict devant fon partement. Mais Dieu y pourveut par le moyen d'une honnefte damoyfelle, leur voifine, qui les en advertit, tellement qu'ils evaderent tous, & le lendemain rentrerent avec *Baudiné,* louans Dieu de ce que tous enfemble il les avoit delivrés d'une telle fervitude & corporelle & fpirituelle. Cela fait, *Baudiné* ayant entendu que la ville d'Agde eftoit aucunement menacée, y envoya le Capitaine *Sanglas*[4], & s'en alla affieger le Bourg, fur le Rhofne[5].

Les protestants de Poussan échappent au danger de mort.

Joyeufe cependant eftant arrivé à Pezenas, on luy amena certains prifonniers de Montpelier, entre lefquels eftoit un nommé *François Guichard,* homme d'efprit fubtil & d'entreprife, avec un nommé *Jean le Peliffier,* tous deux très mefchans & très ingrats, lefquels ayans receu à Montpelier beaucoup plus d'honneur que ne portoit leur qualité, s'eftoient volontairement fait prendre prifonniers, pour mieux venir à bout de leur malheureufe intention. Or avoient ils mis en tefte à *Joyeufe* d'affembler à Gignac[6] toutes

Trame de Guichard contre Montpellier déjouée.

---

1. Voy. p. 168.

2. *Philibert* ou *Pierre de Rapin;* voy. p. 71, 73. Lisez: Baudiné, laissant Rapin pour gouverneur dans Montpellier, vint à Pousan. Comp. *De Thou,* p. 309: Beaudisner laissa Rapin à Montpellier, et alla attaquer Pousan.

3. *Poussan,* bourg (Hérault), à 26 kil. de Montpellier (sud), vers Mèze.

4. *Jean Amalri,* dit sieur de *Sanglas* ou *Senglar,* de Montpellier (*Goulard, Hist. des choses mémor.,* p. 243), un des plus braves chefs protestants du Languedoc. *Mém. de Condé,* III, 657 et 675. *France prot.,* I, 67; VI, 444, nouv. éd., I, 163 s. *Mém. de Gaches,* p. 32, 220. Il fut pendu en 1577 par ordre du maréchal Damville, infidèle à sa parole, *ibid.,* p. 248.

5. *Le Bourg-St-Andéol,* petite ville du Languedoc (Ardèche), à 52 kil. de Privas. *Gaches,* p. 33.

6. *Gignac,* petite ville sur la rive gauche de l'Hérault, à 24 kil. de Lodève, avec une église remarquable par son architecture, située sur une colline des environs, et célèbre pélerinage.

les plus grandes forces, avec tous les chevaux, mulets & mules qu'il pourroit recouvrer, pour porter nombre d'arquebouziers, avec lefquels, venu fur la Diane à Montpelier, comme il le pouvoit faire à couvert jufques à cent pas près de la ville, à caufe des olivettes & fauxbourgs ruinés, & l'infanterie mife en embufche, *Guichard,* comme f'eftant fauvé viendroit à la porte, où il favoit qu'il feroit le fort bien receu pour la bonne eftime qu'on avoit de luy, de forte que chacun feroit joyeux de fa delivrance, mais qu'il y trouveroit de fes compagnons & amis avec lefquels il fe faifiroit de la porte, & donneroit aifément l'entrée à ceux qui fortiroient de l'embufcade.

Entreprise de Joyeuse contre Agde.

Cefte entreprife pour certain eftoit trefaifée à executer, mais *Sanglas,* adverti de l'affemblée de Gignac, & fe doutant de ce qui eftoit, envoya auffi toft le capitaine *Calvet,* fon enfeigne, vers *Rapin,* lequel ayant encores eu advertiffement plus ample de fe tenir fur fes gardes, pourveut fi bien à la fermeture & ouverture des portes, & à faire bonnes rondes toute la nuict, que *Joyeufe,* perdant toute efperance de cefte execution, print deliberation d'affieger Agde, venant à Florenfac[1] & Marfillan[2]; ce qu'ayant defcouvert *Calvet,* qui retournoit de Montpelier en Agde, en vint advertir incontinent *Baudiné,* qui cependant avoit pris le Bourg. Il envoya donc auffi toft & en extreme diligence la compagnie d'argoulets du capitaine *Antoine Duplex,* dit *Gremian*[3], avec cent foldats des compagnies de Montpelier que devoit mener *Calvet,* pour fe jetter dans Agde f'il eftoit poffible, & cependant fe mit à raffembler à Montpelier les plus grandes forces qu'il peut recouvrer pour fecourir les affiegés. Mais eftant defià la ville enceincte, dès le penultiefme d'Octobre, par le fieur *de Villeneufve*[4], auquel *Joyeufe* fe rapportoit principalement du faict de fon armée, il ne fut poffible à ces compagnies d'y entrer, dont l'une demeura à Mefe, l'autre fe tint à Loupian; & par ce moyen demeura la ville en grand danger, eftant mal munie d'elle mefme & avec cela mal

---

1. *Florensac*, petite ville sur l'Hérault, à 24 kil. de Béziers, entre Mèze et Béziers.

2. *Marseillan*, petite ville sur l'étang de Thau, à 28 kil. de Béziers.

3. Voy. p. 149 et 158.

4. *Villeneuve*, lieutenant de Joyeuse. *De Thou,* III, 310.

fournie de poudres & munitions & de gens, eftant decedé le capitaine *de Lom,* autrement *Pareloups,* & fon lieutenant, nommé *Perreau,* abfent. Ce neantmoins, *Sanglas,* acompagné d'un bon confeil de quelques habitans, pourveut bien & diligemment à toutes chofes. Le penultiefme d'Octobre, *Villeneufve* eftant venu recognoiftre le lieu propre pour affeoir fes pieces, fut frappé d'une arquebouzade au pied, près la porte Sainct Julien, qui fut caufe que on le ramena à Pezenas, faifant place à *Connas* [1].

Le premier de Novembre, la baterie fe fit du mefme cofté de Sainct Julien avec trois canons & une coulevrine, aufquelles on adjoufta encores un canon & une coulevrine venue d'Aigue-mortes, qui eurent tantoft fait brefche à fleur de terre & fort large, pour y entrer mefmes à cheval. Toft après, les affiegeans fe prepareront à l'affaut. Ceux de dedans, d'autre part, faifans un merveilleux devoir, tant hommes que femmes, fe prepareront auffi à les recevoir, ayans fur tout recours à Dieu par prieres qui fe faifoient à haute voix, & jufques à fe faire ouir de leurs ennemis, par *Torreau* [2], Miniftre, homme plein de zele & de courage. Ceft affaut dura quatre bonnes heures, auquel rien ne fut oublié, jufques à combatre à coups de coutelas, avec telle ardeur qu'il y en eut de ceux de dedans qui fortirent hors la brefche pourfuivans leurs ennemis, & jufques à une femme qui fit merveilles avec une efpée baftarde. Cependant on donnoit l'efcalade d'autre cofté, en laquelle les affiegeans ne gagnerent auffi que des coups, tellement que force leur fut de fe retirer fur le deffaut du jour, laiffans plufieurs morts au lieu du combat. Et fut faite la nuict fuivante telle diligence de remparer, que le lendemain la brefche fe trouva plus forte qu'en autre endroit de la ville.

Le jour fuivant, deuxiefme dudit mois, ne fe continua la baterie par faute de munition ; & les affaillans f'eftans faifis d'un colombier près de la brefche, endommagerent grandement ceux de dedans, entre lefquels *Torreau,* Miniftre, fut bleffé d'une moufquetade, duquel coup il deceda quelques jours après le fiege levé. Or avoient ceux de dedans, dès le commencement du fiege, envoyé à

---

1. *Connas.* Voy. ci deffus, p. 148.
2. Nous n'avons pu trouver aucun autre renfeignement fur ce miniftre. (*France prot.*, I, 67 s.)

Secours envoyés par ceux de Béziers.

Beziers un foldat, nommé *Trencaire*, natif de la ville, pour demander fecours, lequel ayant trouvé un gué entre deux corps de garde, fit fi bien qu'y eftant arrivé & ayant expofé la neceffité des afliegés qui avoient faute de gens & de poudres, il fut arrefté de leur envoyer fix vingts arquebouziers, portans chacun outre leur fourniture une livre de poudre, avec charge que fi Dieu leur faifoit la grace d'entrer dans la ville, ils fiffent un fignal de feu au clocher dès leur arrivée.

Ceux-cy donques partans fur le commencement d'entre le deuxiefme & troifiefme jour du mefme mois, conduits par le capitaine *Angles*[1], & guidés à couvert par *Trencaire* droit audit gué, pafferent, ayans l'eau jufques aux aiffelles, de forte qu'il faloit porter la poudre & le flafque[2] au bout de la arquebouze. De là parvenus aux jardins, près de la ville, ils f'arrefterent fur le bord de la riviere de Heraut, fort large & profonde, laquelle *Trencaire* ayant paffé à nage, & apporté les nouvelles du fecours, foudain bateaux leur furent envoyés à la faveur de la nuict, qui les rendirent à fauveté dans la ville, laquelle pour certain fans cela f'en alloit perdue, autant qu'on en peut juger. Et fut foudain donné le fignal du feu au haut du clocher, lequel aperçu de ceux de *Beziers* qui eftoient toufiours au guet, donna occafion d'en rendre graces à Dieu & de faire prieres publiques partout, pour la fauveté des afliegés; mefmes advint que les deux fufdites compagnies vindrent au mefme inftant donner l'alarme au camp des ennemis, pour monftrer aux afliegés que *Baudiné* veilloit pour leur fecours. De faict, il eftoit arrivé à Poufan, & y avoit defià grandes forces à Mefe, à Loupian & autres villages, arrivans toufiours gens de pied & de cheval à la file.

Ce nonobftant *Joyeufe*, le troifiefme du mois, ayant fait nouvelle baterie, par l'advertiffement d'un preftre, à un autre quartier de muraille baftie feulement de terre & pierres rondes, y fit belle & grande brefche, ayant percé le mur tout outre en trois coups de canon, & commanda quant & quant de donner l'affaut. Mais les afliegés ayans ufé de la diligence acouftumée, les uns à remparer,

---

1. *Jacques Cabrol*, sieur d'Angles (?). *Gaches*, p. 76, 270. *France prot.*, l. c., V, 397 b; nouv. éd., I, 262.

2. *flasque*, poire à poudre (de l'allemand : *Flasche*, flacon).

les autres à se presenter à la defense, peu de soldats s'offrirent à l'assaut, lesquels estans repoussés, furent fort mal suivis.

Voyant donc cela *Joyeuse,* & d'abondant adverti du secours que *Baudiné* amenoit, leva son camp sur la minuict du quatriesme du mois, les uns allans à Pezenas, les autres à Gignac, les autres à Agienne[1]. *Le siège est levé.*

Baudiné adverti de cela à Montpelier, envoya *Bouillargues* pour sçavoir leurs brisées, lequel ayant entendu par un paysan que deux compagnies, à sçavoir celle du Baron *de Combas*[2], conduite par le Cadet *Touvillon,* & celle de *Sainct Felix*[3], estoient à Sainct Paragone[4], tenant la route de Gignac, les chargea si à propos qu'il en tua sur le champ deux cens septante quatre de conte fait, entre lesquels fut le capitaine, ensemble le Cadet *de Balfonds,* & *Morgue,* chanoine de Montpelier, sans perdre un seul homme que le pauvre paysan, qui fut tué pour n'avoir sceu dire le mot; & rapporta *Bouillargues* les enseignes, armes & chevaux à Montpelier. *Exploits de Bouillargues.*

Après ceste deffaite, *Bouillargues* s'estant retiré à Nismes, adverti par le capitaine *Burgondi,* estant en garnison à Monfrain[5], que trois cens hommes mis en garnison par ceux *d'Avignon* dans Aramon[6], couroient ordinairement jusques aux portes de Bagnols[7], y donna si bon ordre, que les ayant attirés en une embusche, il en deffit la plus part, mettant aussi en fond une fregate que ils avoient amenée.

En ces entrefraites, le Comte *de Crussol,* lequel à son retour à la Cour, dont il a esté parlé en son lieu[8], ayant trouvé les choses mer- *Antoine de Crussol nommé chef des protestants.*

---

1. *Agienne;* lisez: *Agnane* (p. 177) ou *Aniane,* petite ville dans la vallée de l'Hérault, à 30 kil. de Montpellier, célèbre surtout par l'abbaye que S. Benoît d'Aniane fonda en 780 dans son propre domaine et où il mourut en 821.
2. Voy. p. 148.
3. Le sieur *de S. Felix.* Voy. *Gaches,* p. 156.
4. Il s'agit ici probablement de *St-Pargoire,* à 35 kil. de Lodève, non loin de Gignac, sur la rive gauche de l'Hérault.
5. *Montfrin,* bourg sur le Gard, à 12 kil. de Nîmes. Comp. *(Goulard) Hist. des choses mémor.,* p. 244.
6. *Aramon,* sur la rive droite du Rhône, à 29 kil. de Nîmes.
7. *Bagnols* (Gard), à 23 kil. d'Uzès, à une dizaine de kilomètres du Rhône.
8. Vol. I, p. 886, 895, 901.

veilleufement confufes, avoit pris le chemin d'Alemagne & de Suiffe, & finalement f'eftoit rendu en Dauphiné en fa maifon de Charme [1], & de là en fa ville d'Uzès [2], fut inftamment requis (& toutesfois en vain) dès le premier d'Octobre, par ceux de *Languedoc,* d'accepter le gouverneur [3] & la protection de tout le pays, durant ces troubles, à la faveur de ceux de la Religion, fous l'obeiffance du Roy. Mais finalement ayant efté efleu par les Eftats generaux qui avoient commencé de [fe] tenir à Nifmes, le deuxiefme de Novembre (où fe trouverent avec la nobleffe, les Confuls & deputés des villes & dioceses de Montpelier, Nifmes, Beziers, Agde, pour lors affiegée, Uzès, Viviers, Caftres, Mande & la Vaur), ayant efté nommé & efleu par commun accord, comme trefdigne de cefte charge [4], l'accepta l'onziefme dudit mois, après avoir receu ferment de tout le corps de l'affemblée parlant par la bouche de *Charles de Barges,* juge & lieutenant criminel au gouvernement de Montpelier [5], de demeurer entierement en l'obeiffance & fujetion du Roy, & d'obferver inviolablement les loix politiques du Royaume par cy-devant receues, avec quelque autre reiglement pour la diftinction des Confiftoires d'avec la jurifdiction des magiftrats, dont chacun fut grandement refioui.

1. *Charmes,* aujourd'hui village (Dauphiné) du département de la Drôme, à 32 kil. de Valence, non loin de St-Donnat.

2. L'ancien château des ducs, entouré de hautes murailles et flanqué de deux tours rondes avec une grosse tour carrée au milieu, a été converti en maison d'arrêt. A 20 kil. de Nîmes.

3. La charge de gouverneur.

4. Ménard, *Hist. de Nîmes,* IV, p. 342, nº 1 ª : Le parti des religionnaires du Languedoc, déjà parvenu au plus puissant pouvoir, tint à Nîmes une assemblée générale des états des villes et diocèses de cette province qui lui étaient soumis. Elle commença le 2 de novembre et finit le 11 de ce mois (1562). On y élut pour chef du parti, jusqu'à la majorité du roi, *Antoine, comte de Crussol,* sur lequel les religionnaires avaient déjà jeté les yeux pour lui déférer le commandement. Il y fut arrêté que les habitants des villes et autres lieux de Languedoc feraient serment d'être fidèles au roi et de ne jamais se départir de l'obéissance qu'ils lui devaient, et qu'ils en certifieraient le *comte de Crussol* dans la quinzaine à compter du jour qu'il aurait accepté le commandement et pris la défense du pays.

5. *Ménard,* p. 343 : En conséquence de l'élection que venaient de faire les religionnaires assemblés à Nîmes, ceux qui formaient cette assemblée se rendirent en corps à Uzès, le 11 de novembre, jour de la clôture des états, pour

du Parlement de Touloufe. Livre X. 203

175 Plufieurs ordonnances furent auffi faites en la feance defdits Eftats (après avoir folennellement approuvé l'affociation jurée à Orleans) tant fur la recepte & diftribution des deniers procedans partie des receptes du Roy, partie des impofts qui fe feroient, & des biens ecclefiaftiques, que fur les gages des officiers, Miniftres, Capitaines & foldats, & fur l'execution de la juftice & taxe des vivres ordinaires, afin que toutes chofes fuffent faites par bon ordre. Et nomméement fut arrefté que ledit fieur Comte ne tiendroit en fon fervice & fuite aucuns de la religion Romaine, ni temporifeurs de quelque eftat & condition qu'ils fuffent. Et feroit auffi prié de ne recevoir aucun Gouverneur ni capitaine, fans avoir receu bonne atteftation de fa vie & de fes mœurs; & auroit pour fon confeil le Baron *d'Andufe,* Prefident en la Cour des generaux des Aydes[1], le fieur *de Sainct Ravi,* general en ladite Cour[2], *Guillaume de Contour,* contreroolleur general des finances[3], le fieur *de Claufonne,* Confeiller Prefidial de Nifmes[4], le fieur de *Bouffargues,* de la ville de Bagnols, le *fieur de la Roche,* viguier d'Uzès[5],

Ordonnances des Etats.

prier, avec de pressantes instances, le *comte de Crussol* d'accepter la charge de chef et de conservateur du pays. Ce fut *Bargès*, juge et lieutenant de la ville et du gouvernement de Montpellier, président de l'assemblée, qui porta la parole au nom des états, et qui somma le comte d'accepter cette charge. Il fit cette sommation en présence du prince *de Salerne,* du seigneur *de Châtillon,* comte de Beauvais, auparavant cardinal, de *Jean de St. Gelais,* évêque d'Uzès, fauteur déclaré des nouvelles opinions, et de plusieurs autres personnes distinguées. A cette sommation, le *comte de Crussol* declara qu'il donnerait sur le soir une réponse par écrit, ce qu'il fit. Comp. *Hist. du Languedoc* par *Dom Vaissete,* tome V, preuves, p. 135 s., 139 s.

1. *Guy d'Airebauduze,* seigneur d'Anduze, président de la chambre des comptes de Montpellier, condamné à mort par coutumace par arrêt du parlement de Toulouse rendu en 1569 contre les religionnaires. *France prot.,* nouv. éd., I, 61 s.

2. *Michel de Saint-Ravi;* voy. ci-dessus, p. 146.

3. *Guillaume de Contour,* conseiller du roi et trésorier des finances à Montpellier, 1562-1574. *Bullet. du protest.,* III, 228. *France prot.,* nouv. éd., IV, 613.

4. *Guillaume Roques,* sieur de Clausonne (*France prot.,* VIII, 524), personnage marquant du parti protestant jusqu'en 1588.

5. Il ne paraît pas exister de renseignement particulier sur ce sieur *de la Roche,* d'Uzès. Il y eut aussi des De la Roche à Castres. *Mém. de Gaches,* p. 4 etc.

Antoine du Solier, de Privas[1], Antoine Fabre, de Nonnay[2], Pierre de Prata, d'Agde, & Antoine du Chemin[3], medecin de Beziers. Et demeura Cruſſol à Uzès juſques au treizieſme de Decembre, qu'il fit ſon entrée à Niſmes.

Faits ſurvenus à Béziers.
Tandis que les Eſtats du pays pourveurent ainſi treſbien & ſagement à leurs affaires (ce qui fut puis après ſuivi par les Eſtats du Dauphiné, là où tout le grand effort de la guerre tomba), ceux de *Beziers* non ſeulement ſe defendoient, mais auſſi gagnerent ſur les garniſons circonvoiſines ce qu'ils pouvoient, eſtant *Joyeuſe* trop foible pour tenir la campagne en gros. Ainſi le douzieſme de Novembre, le capitaine *Lauraguès*, avec ſa compagnie, fut deffait par ceux de Beziers près de Ceſſenon[4]. Quant au dedans de la ville, les uns ſe gouvernans ſelon le temps, les autres ayans eu quelque bon vouloir, mais eſtans auparavant ſurmontés de crainte, embraſſerent franchement & publiquement la Religion, & nomméement toutes les nonnains quittans leur habit, ſans force ni violence aucune. Pluſieurs auſſi qui ſ'eſtoient retirés de la ville y rentrerent, non toutesfois ſans difficulté. Mais il advint un faict bien vilain, & qui monſtra bien que tous ceux qui avoient la Religion en la bouche, & qui la portoient avec la arquebouze ſur l'eſpaule, ne l'avoient pas au cœur. C'eſt qu'un nommé *Antoine Salvin*, ſerviteur d'un bourgeois de la ville, ayant eſté pris en une eſcarmouche, lequel on offroit de rendre pour un cheval, pris en la meſme eſcarmouche au capitaine *Verdaille*, on aima mieux le laiſſer pendre que rendre le cheval. Mais Dieu en fit bien toſt après la vengeance, ayant ce cheval, qui avoit forte bouche, emporté un gentilhomme, auquel il avoit eſté donné, au milieu des ennemis, qui tuerent le maiſtre & recouvrerent le cheval.

On trouve le moyen de payer les ſoldats.
Au ſurplus, ce meſme mois, ceux de Beziers ſe trouverent en merveilleuſe perplexité pour le payement de leurs garniſons; à quoy n'avoit encores eſté donné ordre par les Eſtats, de ſorte que

---

1. Cet *Antoine du Solier*, de Privas, ne ſemble pas autrement connu. *La France prot.*, IV, 129, ne connaît que ce que dit notre *Histoire*; elle y ajoute ſeulement qu'Antoine Du Solier eut deux fils, *ibid.*, p. 512. Il est encore question des biens de l'ancienne maison *Du Sollier*. *Mém. de Condé*, III, 684.
2. Voy. plus bas, p. 190.
3. Voy. p. 179.
4. *Cessenon*, petite ville sur l'Orb, à 34 kil. de St-Pons (Hérault).

les foldats eftoient prefts à fortir, & peut-eftre à fe payer eux-
mefmes. Mais la providence de Dieu y pourveut miraculeufement,
eftant advenu qu'ainfi qu'on creufoit une foffe pour la fonte de
l'artillerie, au lieu où le Chapitre de fainct Nazaire avoit
acouftumé de fondre fes cloches, une grande table d'argent, & de
grand prix, qui avoit fervi au grand autel de ladite eglife, & que
certains chanoines y avoient enfouye, y fut trouvée & auffi toft
rompue & monnoyée à Montpelier, dont les foldats furent payés.

Cependant que ces chofes fe faifoient, une troupe de brigands *Le Bourg* qui couroient à l'entour du Bourg[1] (pris auparavant par *Baudiné*), *Saint-* ayans pris & tué le fieur *de Sauzet,* de Nifmes[2], homme fort zelé, *Andéol pris* qu'ils trouverent allant vers *des Adrets,* advertis qu'il n'y avoit *par les* point de garnifon audit lieu de Bourg f'en faifirent fans refiftence, *protestants.* & y tuerent le Baron *de Sainct Remefy*[3], avec un fien fils de l'aage de douze ans, qui f'y trouva d'aventure paffant par là, & y ayant couché. De quoy advertis, ceux de la Religion affiegerent la place avec le canon pris à Sainct Gilles, & la forcerent, le douziefme de Novembre, où furent tués environ quatre vingts voleurs qui f'eftoient là ramaffés de tout le pays outre une batelée qui fe noya, fe fauvant par la porte du Rhofne. Mais d'autre cofté, les capitaines *Aiffe*[4], jadis gouverneur d'Aiguemortes, & *Claude Rays,*
guidon de *Bouillargues,* hommes vaillans & hardis, qui avoient
efté laiffés à la Carbonière pour preffer Aiguemortes, dont ils
faifoient trefbien leur devoir, furent furpris & tués par certains
arquebouziers, en un valon, le mefme douziefme dudit mois.

L'onziefme du mois de Decembre, ceux de la religion qui *Bédarieux* avoient efté chaffés de Bedarieux[5], dès le mois de Juillet, par le *repris* moyen du fecours de ceux de Beziers, conduits par le capitaine *par les protestants.*

1. *Le Bourg-St-Andéol* (Ardèche), sur le Rhône, vis-à-vis de Pierrelatte, à 11 kil. du Pont St Esprit. *Ménard*, p. 344 : *Jacques de Crussol*, seigneur d'Acier et de Beaudiné, frère du comte, était allé faire le siège du Bourg Saint-Andéol (voy. *supra*, p. 170), qui avait été surpris par trois compagnies catholiques. Il l'emporta d'assaut le 12 de novembre, et fit passer une partie de la garnison au fil de l'épée, l'autre partie s'étant sauvée par le Rhône.
2. *Guillaume de Sauzet. Bull. du Protest.*, III, 228. *France prot.* IV, 132.
3. *Victor de Comban,* baron de Saint-Remèse, comp. ci-dessous, p. 194, 202. *France prot.*, IV, 132.
4. *Pierre Daisse,* voy. ci-dessus, p. 159, note 6. *Mém. de Gaches*, p. 33.
5. Voy. plus haut, p. 160.

Angles¹, furprindrent la ville en plein jour, & la tindrent toufjours depuis jufques à l'Ediét de pacification ; comme auffi huiét jours après, le capitaine *Rapin,* gouverneur de Montpelier, adverti qu'une troupe de brigands, qui tenoient le lieu d'*Agnane*², & faifoient mille maux ès lieux circonvoifins, ayans convié tous les preftres d'alentour, faifans leurs Bachanales, acompagné de cinq cens arquebouziers & de la cavalerie du capitaine *Gremian,* les vint refveiller fi à propos qu'ils les furprint les uns endormis, les autres en chemife, defquels la plus part furent mis à mort, les autres amenés prifonniers à Montpelier ; avec lefquels fe trouverent quelques Damoyfelles de la ville, qui f'y eftoient retirées pour avoir la meffe & ce qui en depend à commandement. Ce fut le mefme jour que la bataille de Dreux fut donnée.

Bouillargues prend St-Laurent-des-Arbres.

Bouillargues, d'autre cofté, après avoir longtemps demeuré en garnifon à Loudon³, adverti que trente cinq lanciers Italiens, foixante arquebouziers à cheval, & une compagnie de gens de pied f'eftoient faifis de Sainét Laurens des Arbres⁴, au Comté de Veniffe, d'où ils faifoient mille maux, paffant le Rhofne, les approcha jufques à les fapper, où il perdit fept hommes. Et le lendemain ayant fait venir l'artillerie de Roquemaure, finalement, les Italiens eftans fortis, il les chargea & repouffa dedans, horfmis ceux qui demeurerent fur la place, & fut le lieu abandonné la nuiét & laiffé à fa difcretion.

Reprife de Puylaurens par les protestants.

La veille de Noel, vingtquatriefme de Decembre, ceux de Beziers ayans entreprife fur Pezenas, la faillirent ayans efté defcouverts, mais au rebours, le vingthuitiefme de Decembre, ceux de *Puylaurens*⁵ rentrerent dans la ville par efcalade, dont ils avoient

---

1. Voy. p. 172, note 2.
2. Voy. p. 173, note 1. **Mém. de Gaches**, p. 33 : Rapin, gouverneur de Montpellier, suivi de 500 arquebuziers et de la cavalerie de Grémian (Antoine Dupleix, p. 149, 159), les réveilla de nuit, environ les fêtes de la Noël. Ayant surpris les uns dormans, les autres en chemise, il en tua le plus grand nombre et (fit) les autres prisonniers.
3. *Laudun* (Gard), à 22 kil. d'Uzès, à peu de distance de Roquemaure, sur le Rhône (à 29 kil. d'Uzès).
4. *St-Laurent-des-Arbres*, à 23 kil. d'Uzès, près de Roquemaure.
5. *Puylaurens*, ville du département du Tarn, à 25 kil. de Lavaur. Avant la révocation de l'édit de Nantes, académie protestante où Bayle enseigna quelque temps.

esté tirés par cautelle, & y fut incontinent l'exercice de la religion reſtabli. En ce meſme temps arriverent les nouvelles de la priſe du *Prince* à la journée de Dreux, qui fut cauſe que ceux de Beziers, preſuppoſans que leurs ennemis ne faudroient de ſ'en prevaloir, commencerent de regarder de plus près à leurs affaires, amenans de tous coſtés bleds & vins en la ville, & nettoyans le pays circonvoiſin le plus qu'ils pouvoient. Entre autres, le lieu de *Servian*[1], acouſtumé de favoriſer à ceux de *Joyeuſe,* fut pris d'eſcalade par le capitaine *Montpeiroux,* le dixhuitieſme de Janvier ; mais il y gagna une pleureſie, dont il mourut puis après. La garniſon de *Caſouls*[2] fut auſſi forcée par le capitaine *Gremian,* lequel peu après ſ'en alla vers *Caſtres,* & de là à Montauban. Mais ce meſme jour, le capitaine *Peyrot,* fils de *Monluc*[3], aſſiegea & batit avec des canons tirés de Toulouze, deux petites villes ſeparées ſeulement de la riviere Dagout, à ſavoir Sainct Paul & Damyate[4], qu'il traitta treſcruellement, les ayans priſes le troiſieſme jour. Ce neantmoins *Jean Sevin,* miniſtre[5], fut ſauvé par le moyen d'un capitaine enſeigne, nommé *Amadine,* natif de Florence[6] en Gaſcogne, lequel ayant tué un preſtre, cria que c'eſtoit le miniſtre, qu'il fit conduire trois jours après à Puylaurens & de là à Caſtres, là où les habitans, pour ſe fortifier à bon eſcient, demolirent le chaſteau de la Caſe[7], maiſon forte de l'Eveſque de Caſtres, & prochaine de la ville.

Béziers se prépare à être attaqué.

Servian pris.

Peyrot prend St-Paul et Damiate.

Le ministre Sevin sauvé.

1. *Servian* (Hérault), à 12 kil. de Béziers.
2. *Caʒouls-les-Béʒiers* (Hérault), à 12 kil. de Béziers.
3. Le capitaine *Peyrot* (Pierre-Bertrand de Monluc, second fils de Blaise de Monluc) avait pris par escalade la ville de Saint-Paul, avec grand carnage, et Damiatte par assaut, après une batterie de trois jours.
4. *St-Paul-de-Joux* et *Damiate* (Tarn), à 15 kil. de Lavaur, entre cette ville et Castres, sur l'Agout.
5. *Gaches,* l. c. : Un capitaine-enseigne de l'armée de Peyrot sauva le ministre, *Jean Savin,* qu'il conduisit à Castres peu de jours après à la dérobée et se fit recevoir de la Religion au mois de janvier. — On retrouve *Savin* ou *Sevin* plus tard, en 1569, comme pasteur à Mazères. *France prot.,* IX, 277.
6. *Fleurance* (Gers), dans le pays d'Armagnac, à 11 kil. de Lectoure, sur le Gers.
7. *Lacaʒe,* grand village à 40 kil. de Castres et non loin de Vabres (Tarn). On y voit encore les restes du château. *Ph. Corbière, La famille de Bourbon-Malauʒe et le château de Lacaʒe.* — *Gaches,* p. 25 s. : Ceux de Castres, effarouchés des massacres qui se faisoient à l'entour d'eux, se résolurent de

Béziers menacé d'une émeute de la garnison.

Au mois de Fevrier enfuivant, *Beziers* fut en grand danger par deux fois, à favoir par une fedition qui s'efmeut entre les foldats & ceux de la ville, tant à caufe de la folde qu'on ne leur payoit pas, que pour quelques paroles indifcretes, qui fafcherent tellement les foldats, que fi les principaux capitaines n'euffent fait fermer les portes de la ville, ils l'euffent du tout abandonnée.

Escalade repouffée.

L'autre occafion fut que les ennemis, le onziefme dudit mois, donnerent une efcalade, moyennant une intelligence qu'ils avoient avec quelques preftres, soufferts jufques alors dans la ville. Et de faict, combien que les ennemis fuffent repouffés, fi eft-ce qu'ils eftoient venus fi forts, qu'ils emmenerent grand nombre de beftail, & mefmes quelques prifonniers furpris en leurs jardins. Cela fut caufe que tous les preftres furent jettés hors, fans toutesfois leur faire autre mal. Un autre inconvenient plus grand & plus dangereux furvint encores entre ceux de la religion mefmes, f'eftant efmeue une grande envie entre ceux qui eftoient natifs de la ville & les eftrangers, fe plaignans ceux de la ville de ce que quelques eftrangers eftoient employés aux affaires. Pour ces caufes, *Cruffol*, afin de remedier à ces divifions, envoya le capitaine *la Cofte*[1] avec une compagnie d'argolets pour commander à Beziers. Et d'abondant deputa le fieur *de Maillane*[2], conduit par un docteur en medecine, homme de grand favoir & jugement, nommé *Antoine du Chemin*[3], pour entendre que c'eftoit de ce different, & y pourvoir. *Maillane* fur cela ayant pris cognoiffance de ce

Division intérieure.

se mettre en sûreté.... La première entreprise fut sur le chasteau de Lacaze, appartenant à l'évesque. Jean-Jacques de Voisin, baron d'Ambres, en fut l'auteur . . qui . . voyant le dessein (de l'évesque) de faire la guerre à la ville, résolut de prévenir le fait et d'attaquer le chasteau au despourvu, avant qu'on y eust jeté des gens de guerre. . . On va droit au chasteau et on fait mine de vouloir former le siège; on somme quelques valets qui restoient dedans . . ils se rendirent à discrétion. On mit une bonne garnison dans le chasteau, comme important, qui le garda jusques au mois de mars 1563 qu'il fut desmoli, par l'ordre du général, pour esviter un surprise qui auroit esté ruineuse à la ville.

1. Le capitaine *Lacoste*, pendu en 1575 pour lâcheté. *Gaches*, p. 216. *France prot.*, VI, 181.

2. *Hardouin de Porcelet*, sieur de Maillane (ou de Maillaire). Voy. p. 153, note 8; p. 154, 166, note 2.

3. Voy. ci-dessus, p. 175.

faict, fit fortir de la ville quelques uns des plus mutins ; de quoy fe fentant irrité un tref-mauvais homme de la ville, nommé *François Porteffons,* ayant rencontré ledit *du Chemin* fur la muraille, le precipita du haut en bas, le quatriefme de Mars, dont il mourut, le feiziefme d'Avril enfuivant, grandement regretté par toutes gens de bien. Mais *Porteffons* qui fe difoit auparavant de la religion, s'enfuit au camp des ennemis. Quelque temps après, à favoir le dixfeptiefme dudit mois, ledit capitaine *la Cofte* print Villeneufve lez Beziers [1] d'efcalade.

En ces entrefaites, *Cruffol,* entré en fon gouvernement le vingtfeptiefme de Novembre, avoit pourveu en toute diligence aux garnifons neceffaires contre les forces de *Joyeufe,* du cofté de Beziers, & contre *Apcher* en *Givoudan* [2]. Et finalement, pour la faute commife par *des Adrets,* amplement defduite en l'hiftoire de Dauphiné [3], eftant requis par les Eftats du pays de prendre auffi leur protection, eftans par ce moyen jointes par une particulière affociation les trois provinces, à favoir Lyonnois, gouvernée par *Soubize* [4], Languedoc & Dauphiné, fous la charge de *Cruffol,* il paffa le Rhofne pour fecourir Grenoble, où il entra le cinquiefme de Mars [5], durant lequel temps Aramon [6] fut en vain affiegé par ceux de la religion.

Crussol remplace des Adrets dans le Dauphiné.

Cela fait, les Eftats furent affignés à *Bagnols* [7], le dernier de Mars, où fe trouverent les delegués des fusdites trois Provinces, où furent propofés quatre poincts. Le premier, touchant les deniers neceffaires, à quoy on n'avoit pas fuffifamment pourveu, pour n'avoir peu favoir au vray quel nombre de gens il faloit entretenir. Le fecond, touchant le deffaut de l'adminiftration de la juftice & police. Le troifiefme, pour le defir qu'avoient les confeillers de rendre conte de leur adminiftration & d'eftre defchargés pour

Assemblée des Etats à Bagnols.

---

1. Village à 7 kil. de Béziers.
2. *Jacques d'Apcher*, seigneur de Billière et Marlorie, comte de Vabres en Rouergue. *Gaches*, p. 408. *De Thou*, 309, le désigne simplement comme un des seigneurs catholiques du Gévaudan.
3. *Gévaudan* (Lozère).
4. Liv. XII, p. 273 s.
5. Voy. p. 313.
6. *Aramon* (Gard), sur le Rhône, à 29 kil. de Nîmes.
7. *Bagnols* (Gard), à 23 kil. d'Uzès, sur la Cèze.

leur foulagement. Le quatriefme eftoit touchant certaines letres avec une copie d'articles, non fignée¹, du traitté de la paix, que le *Prince* avoit envoyées à *Cruſſol*. Il fut donc pourveu à tout cela, & fe departit l'affemblée en grand'joye, eſtans entendues les nouvelles de la mort de *Guife*², apportant certaine eſperance de la paix, puis que le principal empeſchement en eſtoit oſté.

Aſſemblée des Etats à Montpellier, pour la publication de l'édit de paix.

Et de faict, les nouvelles certaines en arriverent bien toſt, leſquelles receues, *Cruſſol* leva ſon armée qu'il avoit au Comté de Veniſſe, la departant par les garniſons, & quant & quant aſſigna une autre aſſemblée des Eſtats à Montpelier, à l'onzieſme de May, ayans auparavant eſté envoyés de la Cour le ſieur *de Caylus,* de par le Roy, prenant ſon chemin droit à Touloufe³, & le ſieur *de Boucart,* de la part du *Prince*⁴, à *Cruſſol,* pour donner ordre à la publication de l'Edict. *Boucart* donques, ledit jour, onzieſme du mois, fit une longue & belle harangue, comme il eſtoit gentilhomme, de letres & d'eſpée, declarant par le menu les juſtes cauſes & neceſſaires qui avoient contraint le *Prince* d'accepter ceſte paix, encores qu'il femblaſt que quelque choſe fuſt cognue de l'Edict de Janvier⁵. Deux jours après, *Caylus,* arrivé, declara comme il avoit fait publier l'Edict à Touloufe, Carcaſſonne, & Caſtelnaudarry; qu'il avoit auſſi ſignifié à Narbonne, à *Joyeufe.*

1. Voy. dans les *Mém. de Condé*, IV, 305, une lettre ſemblable de M. de l'Aubeſpine à M. de Gonnor, avec les Articles de la paix conclue.

2. Arrivée le 18 février 1563.

3. *Ménard, Hist. de Nîmes*, IV, 354 : Le roi avoit nommé François de Scepeaux de Vieilleville, maréchal de France, pour faire exécuter le dernier édit de pacification, à Lyon, ainsi que dans les provinces de Dauphiné, de Provence et de Languedoc... Enfin, au défaut du maréchal de Vieilleville, qui n'exécuta sa commission que dans la Provence et dans le comté Venaissin, et qui s'en retourna à Lyon, sans avoir parcouru le Languedoc, *Antoine de Levis, comte de Cailus,* que le roi avoit nommé pour le même objet, reçut au mois d'août suivant (*Dom Vaissette, Hist. gén. de Languedoc*, V, 255), des mains du comte de Crussol, les places que les religionnaires avaient occupées dans la province.

4. Comp. ci-dessous, p. 242. *Jacques de Boucard* s'était acquis une grande réputation parmi les protestants, par sa noblesse et par son habileté dans les affaires. *De Thou*, V, p. 4. Comp. *Corbière, Hist. de l'église réf. de Montpellier*, p. 69.

5. Probablement il faut lire, au lieu de *cognue*: «contraire à» l'édit de Janvier.

Et combien qu'il euft trouvé du commencement les peuples affés mal difpofés à la paix, fi eft-ce que depuis fon partement il avoit receu letres qu'ils avoient fait meilleur devoir; ce qui n'eftoit pas toutesfois trop veritable. Il adjoufta, puis après, qu'il avoit commandement exprès du Roy de declarer, tant à *Cruffol* qu'aux manans & habitans du pays faifans profeffion de la religion, que le Roy & la Royne fa mere avoient à gré tout ce qu'ils avoient fait pour leur jufte defenfe, & les tenoient pour bons & loyaux fujets, voire les remercioit du bon fervice qu'ils avoient fait pour le bien de la couronne; puis fit lire les letres patentes de fa commiffion, donnée à Amboyfe, le fixiefme d'Avril, en vertu de laquelle il dit qu'il pretendoit de faire publier l'Edict tant en la ville de Montpelier que par tout autre lieu où il appartenoit, efperant qu'il n'y auroit oppofition ni contredit. *Cruffol* auffi, de fa part, fit lire certaines letres à luy envoyées par la Royne mere à mefme fin, dattées d'Amboyfe, du quatriefme Avril. Sur lefquelles remonftrances, le lendemain, treiziefme dudit mois, *Claufonne*[1], au nom des Eftats, fit ample refponfe à *Caylus,* remerciant treshumblement le Roy de l'honneur qu'il leur faifoit, & du tefmoignage qu'il plaifoit à fa majefté leur rendre du devoir qu'ils avoient fait à fon fervice, en quoy ils delibereroient de perfeverer à toufiours comme trefobeiffans fujets & ferviteurs, confentans à la publication de l'Edict, fans y contrevenir directement ou indirectement; mais au furplus fupplioient le Roy de deux poincts. Le premier, que ceux qui leur avoient efté tant injuftement adverfaires, fuffent rengés au mefme devoir qu'eux, & à ce contraints par toutes voyes de legitime rigueur, veu qu'on eftoit affés adverti qu'ils renforçoient leurs garnifons au lieu de les ofter, & que depuis la publication de l'Edict à Touloufe, plufieurs grands maux f'eftoient commis & commettoient tous les jours. Le fecond, qu'attendu le cruel traittement qu'ils ont receu de *Joyeufe,* ayant mefmes introduit les Espagnols au royaume, il pleuft au Roy leur ottroyer un autre gouverneur, & nommément un Prince du fang, comme portoient leurs anciens privileges; lefquelles chofes ils efperoient faire entendre au Roy par deputés exprès. Et quant au fieur *du Boucart,* envoyé de la part du *Prince,* il fut prié luy prefenter

---

1. Voy. p. 175, note.

tout fervice au nom defdits Eftats, avec remerciemens de tant de
peines & travaux qu'il avoit foufferts pour la delivrance des
Eglifes, & confervation de l'eftat, dont ils confeffoient luy eftre
infiniment obligés à jamais, et en general & en particulier, le
fuplians de continuer, & fur tout de donner ordre à l'entiere &
Chreftienne inftruction de la jeuneffe du Roy, leur fouverain
feigneur. Bien le fupplioient-ils outre cela, fe trouvans en l'Edict
quelques dures conditions, tant en ce qui concerne l'exercice de la
religion que pour la feureté de ceux qui ont fuivi & acompagné
ledit fieur *Prince,* & quelques chofes auffi concernans particulierement le païs de Languedoc, qu'il luy pleuft de faire en forte qu'ils
ne fuffent point preffés à une eftroite obfervation de tous les
poincts de l'Edict, devant qu'ils euffent eu loifir & moyen de faire
les remonftrances au Roy & d'entendre fur cela fon bon plaifir.
Semblablement quant à *Cruffol,* après avoir declaré combien ils luy
eftoient tenus & obligés, ils le fupplierent, qu'ayant efgard aux
menaces & à la mauvaife volonté de leurs adverfaires, eftant plus-
toft accreue que diminuée, luy pleuft continuer encores en leur
defenfe & confervation jufques à ce que le Roy y euft plus feurement pourveu. Sur quoy *Cruffol,* f'eftant excufé bien & longuement, finalement il leur promit de faire tout ce qu'il pourroit pour
leur confervation fous le bon vouloir du Roy. Ces chofes furent
bien & fagement confiderées & remonftrées. Mais nonobftant
toutes allegations, *Joyeufe,* par la faveur du *Conneftable,* Gouverneur en chef du Languedoc, duquel il avoit efpoufé une niepce,
quittant l'Evefché d'Alet[1], fut maintenu en fa lieutenance, & qui
plus eft, tumba le gouvernement principal entre les mains de
Henry de Montmorency, fieur *de Damville,* & fecond fils dudit
Conneftable, l'un des plus grands & cruels ennemis de la religion[2].

1. *Guillaume de Joyeuse*, tristement renommé pour ses actes de cruauté
et de perfidie, troisième fils du maréchal de France, Guillaume, vicomte
de Joyeuse, avait été d'abord prêtre et évêque d'Aleth, et après avoir été
gouverneur du Languedoc, duc et pair de France et ensuite maréchal, se fit
enfin de nouveau capucin. *Le Laboureur, Addit. à Castelnau,* II, 51 s.

2. *Henry de Montmorency*, qui à la bataille de Dreux fit prisonnier le
Prince de Condé, après s'être signalé aux guerres de Picardie et de Piémont,
et qui, deux ans plus tard, fut créé maréchal de France et combattit en 1567 à
la bataille de St-Denis, devint le chef du parti des Politiques. *Le Laboureur,
ibid.,* p. 128. Comp. *Brantôme, Hommes illustres,* n° 78 (éd. Buchon, p. 337).

Eſtant puis après queſtion de *Montpelier,* & de la publication & execution de l'Ediſt, une aſſemblée ſe fit entre ceux de l'une & de l'autre religion en la maiſon conſulaire, où ceux de la religion Romaine accorderent d'un commun conſentement à ceux de la religion trois temples qu'ils leur avoient quittés [1], ſuivant la teneur de l'Ediſt, à ſavoir celuy de la Loge, de Sainſt Firmin & de Sainſt Paul. Nonobſtant lequel accord, *Caylus* vouloit executer l'Ediſt à toute rigueur ; mais ceux de la religion Romaine ne comparoiſ-ſans point devant luy, encores qu'il les ſommaſt, il remit cela à un autre voyage, qui fut le dernier de Juillet. Ceux de la religion cependant rentrerent aux temples deſſuſdits qui leur avoient eſté accordés.

Effets de la miſſion de Caylus à Montpellier.

183   De là, *Cruſſol* & *Caylus* vindrent à *Beʒiers,* où ils firent publier l'Ediſt le ſeizieſme de May, après avoir parlementé avec *Joyeuſe;* tellement que peu à peu les choſes ſ'appaiſerent. Auſſi fut-il tenu, ſur le commencement de Juillet, un Synode provincial des egliſes reformées à Beziers, où ſe trouverent environ vingt cinq miniſtres qui adoucirent grandement les cœurs de pluſieurs, tellement que ſans contredit, le quatrieſme d'Aouſt, ſuivant le mandement du ſieur *de Caylus,* commiſſaire ordonné par le Roy, le temple fut abandonné par ceux de la religion, continuans leur exercice à la grand place juſques au commencement de Novembre, que *Damville,* Lieutenant pour le Roy au gouvernement de Languedoc, le leur defendit par cries publiques, nonobſtant l'Ediſt.

Cruſſol et Caylus à Béʒiers.

Les choſes ſe porterent beaucoup plus mal à *Carcaſſonne,* où ceux de dedans pourſuivoient touſiours leur furie contre ceux de la religion qu'ils avoient ſi cruellement deſchaſſés. Et finalement furent tous preſts de ſe tuer eux-meſmes, ayant eſté mis en avant en une aſſemblée de ville, environ le temps de l'Ediſt de la pacification, par *Roque,* advocat du Roy [2], de chaſſer hors certains qu'il diſoit eſtre ſuſpeſts d'eſtre de la religion, tant hommes que femmes & enfans, juſques au nombre de deux à trois cens perſonnes, pour les expoſer en proye aux meurtriers qui les devoient ſuivre. Mais Dieu ne voulut qu'un ſi malheureux conſeil fuſt ſuivi. Ce que voyans ceux qui ſ'eſtoient attendus à ce butin, deſquels eſtoit

Haine des catholiques à Carcassonne.

---

1. *Corbière,* p. 69. Comp. *Bull. du prot. franç.,* III, 227.
2. *Guillaume de Roque.* Vol. I, p. 876.

chef un nommé *Pierre Dauches*[1], ils delibererent d'executer dans la ville ce qu'ils n'avoient peu faire aux champs. Mais Dieu derechef y pourveut par une certaine femme qui defcouvrit la confpiration au juge mage, lequel y donna fi bon ordre, que *Dauches* fut faifi prifonnier, mais non pas executé comme il meritoit, dautant qu'il fut envoyé à Touloufe, auquel lieu telles gens eftoient les biens venus pour lors, tant f'en faloit que juftice euft lieu. Peu de temps après arriva l'Edict de pacification, auquel tant f'en falut qu'on vouluft obeir, qu'au contraire ceux qui fe hazarderent de le publier en un feul carrefour furent en grand danger de leur vie ; & dura cefte rebellion bien fix mois après, devant qu'ils ouvriffent les portes à leurs concitoyens.

Cruautés exercées à Sorèze : Un prêtre converti, assassiné.

L'année de cefte guerre[2], qui fut mille cinq cens foixante deux, furent commifes deux execrables cruautés en la ville de *Souraize* en Lauragues[3], où il y a une Abbaye de moines noirs, par un nommé le capitaine *Durre*, du regiment du fieur *Dangarravaques*[4], que j'ay ici remarquées à part pour n'avoir pu favoir le mois ni le jour. L'une fut en la perfonne d'un homme de Sainct Ain, en la Baronnie de la Gardeolle[5], lequel en haine de ce qu'il avoit renoncé à la preftrife pour fe renger à la religion, gagnant fa vie au labeur de fes mains, fut pris & amené à Souraize, & conduit fur une haute tour & arquebousé, puis jetté en bas dans les foffés. Celuy qui tira le premier coup à ce pauvre homme fut un moine de cefte Abbaye, donnant exemple aux autres de l'enfuivre.

Abominable assassinat de Castille Rocques.

L'autre fut encores plus execrable, en la perfonne d'une pauvre femme nommée *Caftille Rocques*, vefve d'un menuifier nommé *Benoift Laveine*, agée de foixante ans, laquelle f'eftant retirée en une fienne petite maifon près de Souraize, y fut prife par le capitaine *Durre* acompagné de trois cens hommes de pied, & amenée en la ville, où il commanda qu'elle fuft liée fort eftroitement de cordes, luy difant, en blafphemant Dieu, qu'il la feroit arquebouzer, comme il avoit fait le preftre Huguenot. Mais à caufe

---

1. Voy. ci-deffus, p. 151.
2. Reproduit dans l'*Hist. des Martyrs*, fol. 671 a.
3. *Sorèze*, sur le Sor, petite ville (Tarn), à 26 kil. de Castres. Il y avait une riche abbaye de bénédictins.
4. *Engarrevaques* (Tarn), non loin de Sorèze, à 34 kil. de Castres.
5. *Lagardiolle*, petite ville à 19 kil. de Castres.

qu'il eſtoit trop tard, il la fit ferrer en un retraict toute ceſte nuict, luy tenant une corde au col. Le lendemain, l'ayant à demi eſtranglée & trainée par la place, il luy demanda par deriſion combien de fois elle avoit paillardé en l'aſſemblée de ceux de la religion ; à quoy fut reſpondu par ceſte pauvre femme courageuſement, que telles vilenies n'avoient aucun lieu ès aſſemblées Chreſtiennes. Sur cela, *Durre* la print par les joues, & luy heurtant la teſte contre les murailles par telle violence & par tant de fois que peu s'en falut que la cervelle n'en ſortiſt. Après cela luy demanda ſept cens pieces d'or, qu'il diſoit qu'elle avoit cachées. A quoy luy ayant reſpondu qu'elle eſtoit pauvre et qu'en tout ſon avoir qu'elle n'avoit qu'un ſeul[1] tournois. Irrité de ceſte reſponſe, il la traina derechef la corde au col, & qui pis eſt, il fit cuire des œufs durs qu'il luy appliqua tous chauds ſous les eſſailles, de telle façon qu'il luy bruſla partie des coſtes, & blaſphemant, luy diſoit par moquerie qu'elle criaſt à ſon pere qui eſt aux cieux, afin qu'il la vinſt ſecourir. Elle reſpondit : « Je ne crie pas haut, mais il m'entend bien, et me delivrera de tes mains » ; eſtant plus affligée des blaſphefmes prononcés par ce malheureux que du tourment qu'elle enduroit en ſon corps ; & frappant les jambes d'iceluy avec des ſabots qu'elle portoit en ſes pieds, luy reprocha ſa cruauté qui ſurpaſſoit celle des Turcs & infideles. Ce meſchant ſur cela l'appelant Huguenotte, luy dit que cela n'eſtoit que commencemens de douleurs, & que ſi elle ne luy reveloit les ſept cens pieces d'or, luy larderoit les joues & les mammelles avec des lardons, puis l'attacheroit ſur un banc & la flamberoit toute vive, puis la feroit monter ſur le plus haut clocher de la ville & la precipiteroit en bas. A quoy elle fit reſponſe « que ſi ſon corps eſtoit jetté en bas, ſon ame voleroit en haut au ciel ». Adonc ce capitaine, enflambé plus que devant, reniant Dieu, & ayant pris du papier preſſé, luy en remplit la bouche avec grand'force, puis la baillonna de ſon couvrechef, & l'eſtraignit de telle force qu'il luy rompit deux dents. D'abondant, voyant que tous ces tourmens ne pouvoient eſbranler la foy & conſtance de ceſte pauvre femme, il luy dit : « Mange ce ſucre », & luy ouvrant la bouche, il print du mortier, & luy faiſant ouvrir la bouche avec ſa dague, le luy fit avaller. Davantage, non

1. Peut-être faut-il lire : sol.

content de cela, luy fit boire un verre d'urine qu'il avoit faite devant elle, puis luy jetta le verre contre la face avec ce qui reſtoit dedans. Finalement il la fit proumener à l'entour de la ville et par les corps de garde, en la preſence des magiſtrats & d'un Prevoſt des Mareſchaux nommé *de Menerbes,* qui ne ſ'en faiſoient que moquer. Finalement, combien qu'elle fuſt proumenée entre les ſoldats en intention de la faire mourir, toutesfois eſtans eſmeus de compaſſion, ils ne luy firent aucun mal; ce que voyant ceſt enragé capitaine, la fit ramener en ſon logis, où il luy donna quatre traits de corde, dont il luy rompit les bras, & tout le corps, & luy ſerra tellement les bouts des doigts, qu'il les luy briſa de telle façon qu'elle tumba comme morte, & l'euſt achevée du tout, ſans quelques habitans du lieu, leſquels moyennant dix eſcus qu'ils baillerent à ce cruel tyran, la firent ramener en ſa maiſon, où elle mourut peu de temps après.

Annonay. Les nouvelles du maſſacre de Vaſſy[1] & de ce qui ſ'en eſtoit enſuivi, eſtans venues à *Nonnay*[2], ceux de la religion, pourvoyans à leur defenſe, ſe rendirent les plus forts, & toſt après les images & autels furent abatus, & notamment la chaſſe, qu'on appeloit les *Sainctes Vertus,* dont nous avons parlé en ſon lieu[3], fut ouverte & bruſlée à la veue d'un chacun en pleine place. Ces choſes irriterent grandement leurs voiſins, & notamment le *Baron de Sainct Vidal*[4], l'*Eveſque du Puy*[5], & pluſieurs autres, les menaçans de les venir aſſieger. Ce nonobſtant ils demeurerent aſſés paiſibles juſques à la fin du mois d'Aouſt 1562, auquel temps leur fut envoyé pour gouverneur le ſieur *de Sarras*[6], de par le *Baron des Adrets,* lequel ayant entendu que les deſſuſdits ſe tenans forts de ce que le ſieur *Duc de Nemours* avoit de nouveau pris la ville de Vienne[7], ſe preparoient à le venir aſſieger, delibera de les ſouſtenir,

1. *Hist. des Martyrs,* fol. 671 b.
2. Dans le Vivarais. Comp. *(Goulard) Hist. des choses mémor.,* p. 245. *De Thou,* III, 379.
3. Voy. vol. I, p. 8.
4. Qui figure encore p. 197, 223, 225.
5. *Antoine de Senneterre* fut nommé évêque du Puy en Velay, en juin 1561. *Mém. de Condé,* II, 125. *De Thou,* l. c., le nomme par erreur *Nectaire de Senneterre.*
6. *François de Buisson,* sieur de Sarras. *France prot.,* nouv. éd., III, 389 s.
7. Voy. plus bas, p. 281, le 15 septembre.

quelques conditions que *Nemours* luy offrist par le capitaine *Jarnieu,* Bailly de la ville. Et dautant qu'il avoit trouvé la ville defgarnie d'armes, eftant forti de nuiƈt, le vingt feptiefme d'Oƈtobre, avec le plus d'armes qu'il peut amaffer, fe trouva fur le poinƈt du jour à Saint Eftienne de Foreft¹, petite ville² renommée pour la multitude d'armes qui f'y forge, & foudain, mettant le feu aux portes, y entra & fit prendre & emballer toutes les armes qui luy faifoient befoin, fans commettre autre excès dans la ville. Mais cela ne f'eftant peu faire fans donner loifir au voifinage de f'affembler³, & la retraitte eftant par trop longue, *Sarras* & les fiens furent chargés au retour fi rudement que tout fut mis en route, luy pris prifonnier, un fien frere fort bleffé, & de Nonnay environ fix vingts que tués que bleffés, & fort mal traittés depuis.

Défaite de Sarras.

187   Le bruit de cefte deffaite troubla merveilleufement les pauvres habitans, deftitués d'armes, de gens & de gouverneur : qui fut caufe que plufieurs dès lors f'en retirerent. Mais le pis fut que quatre jours après, à fçavoir le dernier dudit mois, le fieur de Sainƈt Chaumont⁴, leur mortel ennemi, avec grandes forces de pied & de cheval, fe trouva devant les portes, envoyé par *Nemours,* au nom duquel ayant fommé la ville, & feignant ne demander finon obeiffance au Roy, avec quelque fomme de deniers pour payer fes foldats, cuida entrer dans la ville fans refiftence. Mais il en advint autrement, f'eftans ceux de dedans efvertués à le repouffer, lesquels toutesfois prevoyans leur eftre impoffible de tenir longuement, après avoir trouvé moyen de fauver *Pierre Aillet* & *Pierre Bolot*⁵, leurs miniftres, qu'ils firent conduire avec leurs

Annonay affiégé et pris par St-Chaumont.

---

1. Maintenant ville de plus de 100,000 habitants. *Goulard*, l. c., dit «villette».

2. *Forez.*

3. *Goulard*, p. 246 : «ayant une grande journée de retraite à faire». A peu près 42 kil.

4. *De Thou*, III, 380. Il avait été nouvellement créé chevalier de l'ordre, *Mém. de Condé*, I, 113 s. La *France prot.*, IX, p. 92, le nomme *Saint-Chamond*.

5. Une lifte de pasteurs de 1567(?), dans le *Bull. du prot. franç.*, IX, p. 294, a : Pierre Raillot, maître d'école à Chanci, ministre à Annonay. (*La France prot.*, l. c., 390, imprime : Raillet.) La même liste dit : Maistre Pierre Boulot, revenu à Sauveta, envoyé à Mascon. Voy. l'article Bollot, Pierre, ministre de

familles jufques en lieu de feureté, fe delibererent d'entrer en compofition, qu'ils efperoient d'obtenir pour n'avoir *Sainct Chaumont* aucunes pieces de baterie. Mais ils furent bien efbahis, quand fur les deux heures après midi ils virent les rues pleines de leurs ennemis, les uns eftans entrés par une vieille poterne joignant la rivière, les autres par une porte appelée de Deome. La defolation de cefte pauvre ville ainfi furprife fut fort extreme, n'y eftant oubliée aucune efpece de pillerie quant aux biens, jufques à emporter les gonds, barres & ferrures, ni de cruauté quant aux meurtres, avec les plus horribles deteftables blafphemes qu'il eft poffible de penfer, dont je reciteray feulement trois exemples. Un pauvre ferrurier, fommé de renier Dieu pour avoir la vie fauve, ayant refufé de ce faire, fut decoupé à coups d'efpée. Un autre, nommé *Jean Balmaret,* payfant, luy eftant propofé ceft exemple & ayant auffi peu voulu prononcer ce blafpheme, fut affommé jufques à luy crever la cervelle du talon d'une arqueboufe. Un autre pauvre clouftier, aagé de quatre vingts ans, & qui avoit auffi perdu la veue, refufant de fe donner au Diable, trainé par fes pauvres cheveux gris en fa boutique, fut enlevé par les pieds fur fon enclume, fur laquelle la tefte luy fut efcarbouillée[1] à coups de marteau. Au refte, le feu mis à la porte gagna tellement par un vent impetueux, qu'il brufla vingt deux maifons, & n'euft efté qu'à l'ayde du capitaine *Jarnieu* le feu fut amorti, toute la ville eftoit en mefme danger.

Pendant que ces chofes fe faifoient en la ville, le fieur d'*Achon* faifoit fes ravages parmi les villages, autant ou plus cruellement que *Sainct Chaumont* en la ville; & dura cefte defolation jufques au fecond de Novembre, auquel jour eftans venues nouvelles que *des Adrets* remuoit mefnage du cofté de Vienne, les gens de guerre fortirent de Nonnay après midi pour fe rendre au camp de

Pillage et cruautés.

Noyers et d'Annonay, dans la *France prot.*, nouv. éd., II, 743; éd. 1re, III, 80a. Comp. la *Corresp. de Calvin* (*Opp.*, XVII, 352, note 10): P. Bolot figure parmi les réfugiés de Neuchâtel, et Farel lui confie en 1558 sa fiancée, jusqu'à ce qu'il l'épouse. *Ibid.*, XIX, 10: Bolot est envoyé de Genève comme ministre à Mâcon, en octobre 1561, d'où il doit être allé quelque temps après dans le Vivarais.

1. écrasée.

Nemours, eſtant laiſſé *Jarnieu* en garniſon dans le chaſteau des Celeſtins, à demie lieu de la ville.

Après ce ſac, la ville demeura longtemps defolée & comme deſerte, où ſe retiroient toutesfois quelques uns peu à peu, qui s'eſtoient cachés, les uns en quelques maiſons de gentilſhommes voiſins, les autres par les bois & montagnes, ne penſans à autre choſe, à leur retour, qu'à ſe tenir cois & à ceder à ceſte tempeſte. Mais les conſuls, avec le procureur du Roy & cinq ou six autres qui s'eſtoient retirés à Tournon & Valence, ayans plus de courage, firent tant que le ſieur *Comte de Curſol,* eſleu pour chef des Egliſes de Languedoc, ſous l'obeiſſance du Roy[1], leur envoya le ſieur *de Sainct Martin*[2] pour ſon lieutenant au païs de Vivarès. Lequel, arrivé à Nonnay, le vingthuictieſme de Decembre, avec environ quatre cens hommes que de pied que de cheval, uſa de toute diligence pour reparer les murailles, fortifier les portes, & pourvoir en general à la defenſe de la ville, ayant meſmes ſommé & taſché d'avoir le chaſteau des Celeſtins, mais en vain. Car ſoudain *Nemours* renvoya *Sainct Chaumont* avec forces d'environ quatre mille hommes, ramaſſés de tout le païs d'alentour, avec leſquels & deux pieces de canon il ſe trouva devant la ville, le dixieſme de Janvier 1563. Dès le matin, *Sainct Martin* ayant entendu ceſt appreſt, s'eſtoit retiré à Tournon avec la plus part de ſes gens de cheval, ayant laiſſé le reſte & la garde de la ville ſous la charge des capitaines *Proſt, le Mas* & *Montgros*. Les fauxbourgs furent incontinent ſaiſis, & l'artillerie poſée devant le monaſtere Saincte Clere au bourg de Deome[3], & la baterie dreſſée à l'endroit d'un coulombier contre la muraille, joignant certain jardin en lieu haut & pendant. Là donc furent tirés environ cinquante coups de canon, qui firent aſſés grande breſche, mais de ſi difficile accès, qu'il eſtoit meſmes comme impoſſible de la venir recognoiſtre, joint que *Montgros*, qui avoit la charge de ce

Nouveau siège.

---

1. Le 2 novembre. Voy. p. 174.

2. *De Thou,* l. c. *St-Martin,* seigneur de Cournon-Terral. *France prot.* IX, p. 92.

3. La Drôme est aussi le nom de la rivière qui se réunit à la Cance et au confluent desquelles est située la ville d'Annonay, dont la situation offre des particularités intéressantes, étant bâtie sur sept collines avec des accidents de terrain variés.

Capitulation. quartier, faisoit une merveilleuse diligence de remparer autant de pertuis que pouvoit faire le canon. Cela fut cause que *Sainct Chaumont* delibera de parlementer & faire composition; & fit tant, après plusieurs allées & venues de *Jarnieu,* & d'une pauvre femme du fauxbourg, qu'on contraignoit de faire office de trompette, que la capitulation fut accordée sur la minuict, au grand regret des soldats estrangers & de leurs capitaines, aux conditions qui s'ensuivent :

« Que les chefs & soldats estrangers se retireroient en toute seureté avec leurs armes & chevaux, laissans toutesfois leurs enseignes.

« Que l'infanterie n'entreroit point dans la ville, ains seulement quelques gens de cheval en petit nombre, pour s'y rafraischir & y demeurer seulement un jour.

« Qu'aucun de la ville ne recevroit dommage ni desplaisir, pouvans les hommes, pour plus d'asseurance, si bon leur sembloit, se retirer au chasteau, & les femmes & enfans ès maisons des sieurs de *Jarnieu* & *du Peloux*. »

La capitulation violée. Telle fut la capitulation, en vertu de laquelle les habitans laisserent entrer quelques compagnies de gens de cheval, sortans les capitaines & soldats estrangers qui avoient tenu la ville, par la porte de Tournon; ausquels fut baillée escorte pour un peu de chemin. Mais ayans passé outre, ils furent chargés par *Achon*[1], qui n'y gagna rien, estant vaillamment repoussé par *Montgros;* comme aussi *Jarnieu* fit tresgrand devoir à ce que la promesse fust observée. Mait *Achon* voyant cela, fit du pis qu'il peut, pillant & tuant tout ce qu'il rencontroit à deux lieues à l'entour de la ville, sans respect d'aage ni de sexe. Cependant les portes furent desmurées, & nonobstant toutes promesses bien signées & jurées, l'infanterie ayant eu le mot du guet pour ce soir, « la double mort-Dieu »[2], entra dans la ville, où il n'est possible de dire les cruautés qui y furent commises, dont il suffira de reciter quelques exemples.

Horreurs exercées par les vainqueurs. Une pauvre jeune femme trouvée cachée dans une maison avec son mari, fut violée en sa presence, puis contrainte de tenir l'espée

1. Vol. II, 225 etc. Voy. la page précédente.
2. Quel peut avoir été le sens de ce mot, dans l'intention de ceux qui en usèrent ? Probablement cela ne devait être qu'un redoublement de l'énergie du juron.

en fa main, de laquelle un autre luy pouffant le bras, tua fon mari. *Antoine Fabre*, qui avoit defià beaucoup fouffert pour la religion, & procureur du Roy en la baronnie de Nonnay, & pareillement *Jean Monchal*, honnefte bourgeois, & *Ymbert Ranchon*, chirurgien, tous trois anciens du Confiftoire, furent precipitée de la haute tour en la prefence & du commandement de *Sainct Chaumont*, monftrans une fingulière conftance. Plufieurs autres furent auffi precipités comme par paffetemps ; & entre autres deux jeunes laboureurs, par faute de deux teftons que quelques foldats leur demandoient. Bref, c'eftoit une chofe plus qu'horrible de veoir l'un enfermé dans fa maifon & y brufler, l'autre precipité d'une feneftre, ou de plus haut, fur le pavé ; les cris & hurlemens des filles & des femmes ; tout rempli de flammes, de fang & de glaives ; les perfonnes expofées à l'inquant[1] & pour ne trouver aucun qui les rachetaft, cruellement tués & maffacrés. Les maifons auffi eftoient expofées de mefme, & f'il ne fe trouvoit perfonne qui en baillaft argent, le feu eftoit mis dedans, jufques à en brufler de cent à fix vingts en cefte façon ; & fans la diligence de quelques gens de bien, & entre autres de *Jarnieu* & *du Peloux* (qui sauverent fur tout la plus part des femmes, joint que Dieu fit ouverture miraculeufement à quelques uns, mefme à ceux qui f'eftoient retirés au chafteau), il femble qu'il ne fuft demeuré creature vivante en cefte pauvre ville, ni mefme aucuns biens ; eftant rompu & brifé par les foldats tout ce qu'ils ne pouvoient emporter, voire jufques à tirer coups de piftoles contre les tonneaux pleins de vin, dont il y avoit grande quantité au pays, après en avoir beu leur saoul, tellement que plufieurs caves furent remplies de vin ainfi perdu. Et dura cefte furie jufques au quatorziefme dudit mois, auquel jour *Sainct Chaumont* ayant fait, outre tout cela, abatre les murailles de la ville en vingt lieux jufques au fondement, demanteler les tours, ofter les portes, fe retira à Boulieu[2], petite ville à demi lieue de Nonnay, où il fit quafi de mefme.

Il fembloit bien qu'il fut impoffible que cefte pauvre ville, ainfi defolée en toutes fortes, à grand peine fe releveroit jamais, & toutesfois Dieu en difpofa autrement, donnant un tel courage au

Restauration de la ville, rétablissement du culte.

---

1. « inquant », forme provençale pour *encan*, « *in quantum* ».
2. *Boulieu*, petite ville à 33 kil. de Tournon.

demeurant de ces pauvres gens, que nonobstant tout le passé, & combien que depuis encores ils ayent esté chargés de garnisons & passages de gendarmerie, toutesfois s'entre-aydans les uns les autres, & assistés d'une grace de Dieu miraculeuse, devant les yeux de leurs ennemis, en peu de temps ils se remirent en quelque estat. Sur tout ils pourchasserent le restablissement de l'exercice de la religion au milieu d'eux ; lequel leur fut premierement accordé par le *Mareschal de Vieilleville,* puis defendu par le *Mareschal Damville,* auquel se rendans obeissans, ils desisterent de s'assembler publiquement, mais ne laisserent d'estre particulièrement consolés par les maisons, avec prieres & larmes assiduelles, par *Pierre Aillet*[1], leur ministre, y faisant un tresbon & grand devoir. Finalement Dieu leur fit ceste grace, que la ville de Nonnay, le vingtiesme d'Aoust 1564, fut assignée par le Roy, estant à Romans, pour lieu destiné à l'exercice public de la religion pour toute la Seneschaucée de Beaucaire, suivant l'Edict de pacification, avec plusieurs privileges & exemptions, en consideration des calamités par eux souffertes. En quoy leur ayda grandement envers le Roy *Monluc,* evesque de Valence, se souvenant du gracieux traittement qu'il y avoit receu, lors qu'il y estoit retenu prisonnier, par le commandement de *des Adrets*[2].

Rouergue.   Nous avons dit cy dessus[3], parlant de Rouergue, que plusieurs Eglises s'y dresserent mesmes devant l'Edict de Janvier, mais d'une façon fort violente, dont aussi ils furent aigrement repris, tant par les plus sages des lieux mesmes, que par letres escrites des ministres deputés qui estoient lors à la Cour. Nous avons aussi veu[4], comme à l'occasion du massacre advenu à Cahors, & de la mort de *Fumel,* commissaires furent envoyés de la part du Roy pour faire justice ; ce qu'ayant esté bien ordonné pour appaiser les troubles de part & d'autre, tourna entierement contre ceux de la religion, par le moyen premierement *de Monluc,* puis après *Burie,* lesquels entendans le changement advenu à la Cour depuis la

---

1. Le nom d'*Aillet* manque dans la nouv. éd. de la *France prot.*
2. Voy. ci-dessous, p. 277 s.
3. Vol. I, p. 865.
4. Vol. I, 816 ; II, 752, et surtout aussi ci-dessus, III, 62. Notre texte se retrouve dans l'*Hist. des Martyrs,* fol. 672 b. De Thou, III, 288. *(Goulard) Hist. des choses mémor.,* p. 247 s.

faction du Triumvirat, firent de pis qu'ils peurent, fous couleur de punir les rompeurs d'images. Eftans donc les deffufdits solicités par le *Cardinal d'Armagnac,* ils vindrent à *Villefranche,* l'onziefme d'Avril [1]. Ce jour mefme auffi eftoit arrivé d'Orleans au païs le fieur *d'Arpajon,* envoyé du *Prince,* pour advertir chacun de la religion de l'eftat des affaires. Mais ce fut trop tard, car dès le lendemain, douziefme du mois, les deffudits, fans plus ufer de diffimulation, ayans affailli l'affemblée hors la ville, prindrent prifonnier en pleine chaire *Vaiffe,* miniftre, & dix huict ou vingt des principaux avec luy. Toutesfois il furent eflargis le foir, horfmis le miniftre, qui fut en grand danger de fa vie, & toutesfois fut relafché dans le fixiefme jour, après avoir peremptoirement refpondu aux calomnies qu'on lui impofoit, avec inhibition toutesfois de ne plus prefcher dans Rouergue, & commandement de vuider de Villefranche avec fa famille dans deux jours. Mais au lieu d'iceluy, *Monluc*[2], pour complaire au Cardinal, y fit executer, fans forme de procès, un tailleur de la Baftide[3], qui fouloit recueillir tous gentilshommes de la religion.

Monluc et Burie à Villefranche.

Ces chofes ainfi executées, le fieur *de Valfergues*[4] y fut laiffé en garnifon, fous l'authorité duquel vingt-fix autres perfonnages y furent executés, entre lefquels ne fut oublié un Diacre, nommé *la Serrette.* Toutes fortes de jeux, paillardifes & diffolutions, qui en avoient efté dechaffées, y furent remifes, les enfants rebaptifés, plufieurs filles & femmes violées, & par confequent tout le troupeau de ceux de la religion diffipé. Autant en print aux Eglifes de Villeneufve[5], Perrouffe[6], Froiffac[7], Savignac[8], la Guepye[9],

Exécutions, et dispersion des églises.

1. *Mém. de Monluc,* éd. de Ruble, II, 381.
2. *Supra,* p. 62.
3. *La Bastide-l'Evêque* (Aveyron), à 7 kil. de Villefranche. Comp. *Hist. des Martyrs,* fol. 672 b.
4. *Albin,* seigneur de Valzergues. *De Thou,* V, 388, parle d'un Valsergue, sieur de Seré.
5. *Villeneuve,* à 10 kil. de Villefranche-de-Rouergue.
6. *Peyrusse,* bourg à 22 kil. de Villefranche, près de Montbazens.
7. Lisez : *Foissac,* à 19 kil. de Villefranche, près de Villeneuve.
8. *Savignac,* village, commune de Toulonjac, à 5 kil. de Villefranche.
9. *Laguépie,* bourg de Languedoc (Tarn-et-Garonne), à 65 kil. de Montauban, à peu de distance de St-Antonin.

Espaillon¹ & Sainête Afrique², par le moyen de l'arriereban de Rouergue, qui y fut envoyé. Mais nonobſtant ceſte tempeſte, Millau³, Brefeul⁴, Compeyre⁵, S. Felix⁶, Cornus⁷ & le Pont de Camarès⁸ tindrent bon. S. Antonin⁹ auſſi, ayant eſté ſurprins par le ſieur *de Corniſſon*¹⁰, fut recouvré par le ſieur *de Savignac*¹¹, au commencement de May, qui l'en deſchaſſa avec trente ſoldats ſeulement. Ainſi ſ'eſmeuſt la guerre en Rouergue entre les deux parties. Au meſme eſtat auſſi eſtoit le païs de Givoudan¹², & ſe firent pluſieurs grands exploits de guerre en ces pays, ainſi que ſ'enſuit.

Pillages commis par les protestants.
Environ le vingtieſme de Juin, ceux des Cevenes conduits par le *Baron d'Alès*¹³, entrerent à Jamberigaut¹⁴. Mais au lieu d'y planter la religion, ils ne firent que piller et bruſler.

---

1. *Espalion* (Aveyron), à 40 kil. de Rodez, sur le Lot, au pied des pics escarpés de Calmont et de Roquelaure, couronnés des ruines de deux forts gothiques.

2. *St-Affrique*, à 75 kil. de Rodez, à 35 kil. d'Albi, dans un beau vallon, sur la Sorgue, au milieu de vignes, de prairies et de vergers.

3. *Millau*, ville à 72 kil. de Rodez, sur le Tarn, et entourée de rochers escarpés.

4. *Verfeil*, village du Languedoc (Tarn-et-Garonne), à 53 kil. de Montauban, non loin de St-Antonin.

5. *Compeyre*, petite ville de Rouergue, à 8 kil. de Millau, sur le Tarn.

6. *St-Félix de Sorgues*, village à 15 kil. de St-Affrique.

7. *Cornus*, petite ville à 36 kil. de St-Affrique.

8. *Pont-de Camarès* ou *Comarès*, petite ville à 25 kil. de St-Affrique ; à 2 kil. se trouve le hameau d'Andabre, avec des sources d'eaux minérales très-fréquentées.

9. *St-Antonin*, petite ville de Rouergue (Tarn-et-Garonne), à 41 kil. de Montauban, dans un vallon spacieux, au confluent de l'Aveyron et de la Bonnette; sur un rocher escarpé au dessus de l'Aveyron, on voit les ruines pittoresques d'un vieux château, dont Simon de Montfort s'empara sur le vaillant chevalier Ademar Jourdain, que Raimond VI y avait mis comme gouverneur.

10. Voy. *supra*, p. 98.

11. Vol. I, p. 864, et ce vol. III, p. 19 etc. *Cornusson de La Valette*.

12. *Gévaudan* (Lozère).

13. Voy. ci-dessus, p. 138, note 13.

14. *Chamborigaud*, village du Languedoc (Gard), à 28 kil. d'Alais.

du Parlement de Touloufe. Livre X. 225

Le quinziefme de Juillet en fut fait autant au fort de Quefac[1], où fut bruflée une image de noftre Dame fort renommée, & n'y fut efpargné le pillage des reliques & autres ornemens, qui fe trouverent monter à deux cens octante marcs d'argent, que les foldats, à la verité, cherchoient pluftoft que la gloire de Dieu.

Ces chofes eftans en ceft eftat, le capitaine *Boy Sezon*[2], par l'advis de *Marchaftel,* partant de Montauban, reprint d'amblée Villeneufve en Rouergue, diftant d'une lieue de Villefranche, & là fe joignirent à luy les compagnies de *la Manne*[3] & de *Soupets*[4], auffi forties de Montauban, & conduites par *Honorat*[5], fon enfeigne. Entendans cela les capitaines *Valfergues*[6], *Vezin*[7] & *Belcaftel*[8], les vindrent auffi toft envelopper avec multitude de populace, eftimée de quatre à cinq mille hommes; mais le capitaine *Savignac,* nommé *Raymond Gauthier*[9], & *Belfort*[10], avec environ deux cens hommes feulement, voyans le danger où eftoient les affiegés, entreprindrent de les fecourir, & de faict les fauflerent tout au travers jufques dedans la ville, duquel effort les affiegeans eftonnés fe retirerent.

Reprise de Villeneuve.

1. *Quézac,* ancien village (Lozère), sur le Tarn, à 10 kil. de Florac, avec des eaux minérales. Pour le fait, comp. *(Goulard) Hist. des choses mémor.,* p. 248.

2. *Antoine de Peyrusse,* sieur de Boissezon. Voy. *supra,* p. 85 et p. 143, note 4.

3. *Goffre,* dit *la Manne,* capitaine d'une compagnie d'infanterie de Castres. *Mém. de Gaches,* p. 14, 16, 29.

4. *François-Joseph de Laurens,* sieur de Soupets, capitaine d'une compagnie d'écoliers du collége de Périgord. *Gaches,* p. 19.

5. *Honorat de Foix.* Voy. ce vol., p. 143.

6. Voy. *supra,* p. 192, note 5.

7. *Jean de Vezins,* seigneur del Rodier-Charri, capitaine de cent hommes d'armes, qui en 1572 sauva son ennemi Reiniés, échappé à la St-Barthélemy, et fut sénéchal du Quercy, de 1576 à 1580, où il mourut.

8. *Belcastel* ne doit pas être le même que *Jean de Belcastel,* seigneur de Montvaillant, qui avait embrassé la réforme et combattait alors sous Beaudiné. *France prot.,* nouv. éd., II, 211.

9. Il était donc différent de *Savignac Peuloron, supra,* p. 19, mais probablement le même que celui qui figure vol. I, p. 864.

10. Voy. plus haut, p. 70, etc.

Les protestants prennent Mende.

Sur la fin du mefme mois, ceux qui avoient pris Quefac, eftans la plus part de Marvejols, vindrent droit à Mende[1], où ils entrerent par compofition faite avec le fieur *de la Vigne*, eftant accordé que *Leon de la Vigne,* fieur *de Mombrun* (non pas celuy de Dauphiné)[2], en feroit gouverneur. Il y avoit parmi ces troupes un nommé *Copier*[3], miniftre, mais au refte faifant du capitaine au grand fcandale de plufieurs, lequel, avec quelques autres, fi toft qu'ils furent entrés, commencerent de tout manier & notamment les deniers, defquels ils fournirent deux mille efcus aux foldats qu'ils renvoyerent, n'y reftant que vingtcinq ou trente, au lieu qu'il en faloit pour le moins trois cens pour bien garder la ville, quand mefmes elles n'euft pas efté pleine de preftres, comme elle eftoit.

Autres exploits à Chirac et à Mende.

En cefte mefme faifon, cent ou fix vingts foldats de Marvejols, departans de Mende, & conduits par un chauffetier d'Albi tout fraifchement fait capitaine, nommé *Eftienne Crifas,* & depuis fe faifant appeler le capitaine *la Croix,* vindrent fommer ceux de Chirac[4], aufquels ils en vouloient, tant pour eftre leurs voifins que pour une querelle particuliere du fieur *d'Auriac*[5], gouverneur de Marvejols, contre le *baftard d'Entraigues*[6], habitant de Chirac. L'iffue de cefte entreprife fut telle, qu'eftans trefves de quelques jours acordées à ceux de dedans, qui baillirent oftages, & ce nouveau capitaine & fes foldats courans les champs en defordre, le capitaine *Treillans le puifné*[7], le premier jour d'Aouft, avec une cornette de cinquante chevaux & quelques foldats à pied, les ayant

---

1. *Mende* (Gévaudan), chef-lieu de la Lozère, sur le Lot, dans un beau vallon. — Comp. *Goulard,* l. c.

2. Savoir *Du Puy Montbrun,* du Dauphiné.

3. *La France prot.,* nouv. éd., IV, 617, désigne un ministre *Antoine Copier,* consacré à Nîmes, 23 déc. 1561, et demandé par l'église de Florac, mais probablement ce n'est pas le même.

4. *Chirac* (Lozère), à 5 kil. de Marvejols, sur la Colagne.

5. *Auriac,* dans le Rouergue (Lozère), à 30 kil. de Rodez, non loin de Cassagnes-Bégonhès. *La France prot.,* nouv. éd., I, 584, ne sait dire autre chose d'*Auriac,* si ce n'est qu'il était gentilhomme du Gévaudan.

6. Voy. *supra,* p. 135.

7. Les exploits ultérieurs de ce jeune *Treillans,* à la tête des catholiques de ces contrées, sont rapportés p. 196 et 197. *Goulard,* p. 249, raconte les mêmes faits.

furprins, en tua une bonne partie, f'eftant le refte fauvé à la fuite dans Marvejols ; après laquelle execution, ayant pris le chemin de Mende, dont peu auparavant *Mombrun*[1] eftoit forti pour reparer la faute de *Copier* & amener des forces, il y entra fans refiftance, prenant prifonnier le capitaine, le miniftre avec les foldats reftans dans la ville, en quoy il ne fauroit eftre blafmé, mais non pas en ce que, difant faire la guerre pour la religion Romaine, il f'appropria un calice eftimé mille efcus & davantage, avec grand butin, fans efpargner mefmes l'argent du Roy, pillé chés *Serré*, receveur, duquel auffi il emporta les papiers, qui luy coufterent trois cens efcus à ravoir depuis la paix. Cela fait, il f'en retourna en Rouergue avec fon butin, laiffant la ville à l'abandon, mais le fieur *d'Apcher*[2] & *de Sainct Remefe*[3], le pere, fe jetterent dedans, environ le quinziefme d'Aouft, en intention de la bien garder.

Ceux de Marvejols, voyans ces chofes, firent tant envers le fieur *de Peyre*[4], leur voifin et grand fieur en ces quartiers-là, favorifant tellement à la religion, en laquelle *Marchaftel*[5], fon fils, f'eftoit embarqué bien avant, que cependant jufques alors il ne f'eftoit nullement déclaré, qu'il leur bailla letres de creance envers ceux des Cevenes, pour en avoir fecours & par ce moyen venir à bout de Chirac. Cela fut caufe que le fieur *de Gabriac*[6] fe mit aux champs, avec quinze cens hommes, recueillis des eglifes du païs, avec lefquels ayant pris *Chanac*[7] en paffant, il n'avoit pas fait peu de chofe, dautant que c'eft le paffage pour aller aux Cevenes ;

Prise et sac de Chirac.

---

1. *Léon de la Vigne*, sieur de Mombrun, ci-dessus, p. 193, dont le nom figure p. 195.
2. *Jacques*, comte d'Apcher. Voy. p. 166 et 179.
3. *Victor de Comban.* Voy. ci-dessus, p. 176.
4. Le sieur *de Peyre*, voy. ci-dessus, p. 65. Le château de la Roche de Peyre, dans le Gévaudan, fut pris après le sac de Marvejols, dans la guerre de 1586, par Anne, duc de Joyeuse, amiral de France. *Mém. de Gaches*, p. 341.
5. *Geoffroi-Astorg-Aldebert de Cardaillac de Peyre*, sieur de Marchastel. Voy. vol. I, p. 803.
6. *Maffre-Janin*, sieur de Gabriac, capitaine qui figure encore dans les guerres de 1572 en ces contrées. *Gaches*, p. 226.
7. *Chanac*, petite ville de la Lozère, à 14 kil. de Marvejols, sur le Lot, avec les ruines de l'ancien château des évêques de Mende.

mais pour l'amitié qu'il portoit particulierement à l'Evefque de Mende, comme Comte de Givoudan, il l'abandonna, & lors fe jetta dedans le chevalier *de la Vigne,* avec fix vingts hommes, qui firent depuis beaucoup de maux. De là, eftans *Gabriac* & fes troupes arrivés devant Chirac, le vingttroifiefme d'Aouft, *Peyre* f'y trouva auffi, non pour autre chofe que pour empefcher qu'il n'y euft du fang refpandu, & ne tint à luy qu'ainfi ne fuft, ayant amené ceux de Marvejols à cefte raifon, qu'ils ne demandoient à ceux de Chirac finon qu'ils chaffaffent les preftres & donnans quelque chofe pour contenter les foldats, ils receuffent l'exercice de la religion; mais ceux de dedans ayans fierement refpondu, & fans occafion, n'eftant la ville aucunement tenable de foy-mefme, avec cela trefmal garnie, à favoir de quelques 25 hommes d'armes, quelques preftres mal advifés, & le tout conduit par un gentilhomme de peu d'experience, nommé *Salebruffe, Peyre* pria le fieur *d'Entraigues,* qui n'eftoit pour lors de la religion, d'aller luymefme remonftrer à ces pauvres gens le danger où ils eftoient; ce qu'il fit, voire mefmes avec larmes & jufques à leur offrir de leur faire puis après refaire leurs images à fes defpens. Mais cela ne fervit de rien envers ces opiniaftres entretenus par leur Curé, qui fut la fource de tout mal. Parquoy le lendemain ayans efté aifément abatues quelques defenfes par deux moufquets, & le feu mis en trois portes, & un trou fait à la muraille, la ville fut forcée, où furent tués, fans aucun refpect, quatrevingts perfonnes pour le moins, & fut pillé tout ce que les foldats peurent emporter, le feu mis au temple & en trois ou quatre maifons pour avoir ceux qui f'y eftoient cachés, les cloches fondues & la ville demantelée. Mais quant à y mettre la religion, on ne f'en foucia pas beaucoup, & fut vendu ce butin puis après à Marvejols, duquel encores ne fe contenterent pas les foldats, difans qu'on leur avoit promis argent pour leur paye. De là, le vingtfeptiefme d'Aouft, ils allerent droit à Mende, en efperance de l'avoir & piller auffi. Mais *Apcher* eftant dedans avec plufieurs gentilshommes de l'arriereban, tout ce qu'ils peurent faire fut de ravoir les prifonniers, à favoir *Copier* & vingt cinq foldats. Vray est que ceux de dedans promirent auffi de vivre en paix, fuivant l'Edict de Janvier, mais il n'en fut rien fait.

Cependant le fieur *de Vefin*[1] & *Treillans le puifné* affiegerent Compeyre[2] en Rouergue, mais ils furent repouffés par ceux de dedans. Ceux de Millau eftans fortis pour leur donner fecours, fous la conduite d'un de leurs bourgeois, nommé *Peigre,* peu ou point experimenté au faict de la guerre, perdirent de vingtcinq à trente hommes, & fut pris leur capitaine. Lequel depuis, à la folicitation du Cardinal *d'Armagnac,* fut defmembré tout vif à Touloufe; & peu auparavant, le mefme *Treillans,* entré au chafteau de Beaucaire, y print prifonniers trois confeillers de la Senefchaucée, l'un desquels, nommé *Cavagnac,* fut rançonné par luy de quatre mille livres, les deux autres furent maffacrés fans forme de juftice, combien que l'un, nommé *Guifart,* n'euft jamais efté de la religion, & l'autre, nommé *Pomeraux,* f'en fuft notoirement revolté. *Compeyre résiste à Vesin et à Treillans.*

Treillans prend le château de Beaucaire.

Sur la fin de Septembre, le *Baron de la Goize,* guidon du fieur *de la Fayette*[3], fils *d'Apcher,* entré dedans Givoudan, où toutes chofes commençoient d'eftre affés paifibles, fit un terrible & vilain mefnage, ayant pillé entre autres un village nommé le Mafet, près de Marvejols, puis la montagne de Lauzerre[4], & jufques au pont de Montvert[5], violant par tout filles & femmes, & mefmes ayant mis le feu à quelques maifons. Par là commencerent infinies voleries, meurtres & pillages par tout le païs de Givoudan, où ne reftoit quafi de places bien tenables que Marvejols pour ceux de la religion, & ayant mis *Apcher,* nouvellement creé lieutenant pour le Roy en Givoudan, des gouverneurs & garnifons par tout. Entre autres vilains & deteftables actes n'eft à oublier le rapt d'une fille de païfant fur les terres du fieur *de Peyre,* qu'un certain gentilhomme, que je ne veux nommer, commit d'une façon bien vilaine, ayant contraint le pauvre pere, aagé de quatre vingts ans, de luy tenir fa fille pour commettre fa vilenie. Il y en avoit bien d'autres auffi fe renommans de la religion qui ne faifoient *Désolations dans le Gévaudan.*

1. *Jean de Vezins.* Voy. *supra,* p. 193, note 20.
2. *Compeyre,* petite ville (Aveyron), à 8 kil. de Millau, dans une situation pittoresque sur le penchant d'une montagne au dessus du Tarn.
3. *La Fayette.* Voy. vol. II, p. 411, etc. Nous ne possédons pas de renseignements particuliers sur le baron *de la Goize.*
4. *La Lozère,* montagne de 1490 mètres d'élévation, dans les Cévennes, à 8 kil. de Mende.
5. *Pont-de-Montvert,* village de la Lozère, à 17 kil. de Florac.

pas gueres mieux, tefmoins ceux de la Cappelle Livron [1], lefquels fe voulans venger, difoient ils, du commandeur du lieu abufant d'une nonnain, leur fœur, le tuerent en fa maifon, qu'ils pillerent, & puis, fe faifans braves du pillage, fe rengerent au camp de *Duras.* Dans Marvejols mefme, où eftoient les forces de ceux de la religion, les gros mangeoient les petis, & hormis les meurtres & violemens, il n'y avoit gueres meilleur ordre qu'ailleurs.

Siège de Florac. Sur le commencement du mois d'Octobre, *Apcher, Baron Sainct Vidal, la Fare* [2], *Treillans* & autres, ayans affemblé leurs forces de pied & de cheval jufques au nombre de deux mille hommes, en intention de fe joindre avec *Joyeufe* au camp de Lates, comme il fera dit [3] au refte de *l'hiftoire de Languedoc,* ayans entendu que les affaires f'y portoient mal, & nommément la deffaite des Provençaux à *Sainct Gilles* [4], changerent d'advis, & dautant qu'un peu auparavant ceux de la religion tenans *Fleurac* [5], fe doutans de ceft amas de gens qu'avoit fait *Apcher,* avoient fait vuider ceux de l'eglife Romaine pour leur feureté, conclurent de les avoir, fachans (comme c'eftoit la verité) qu'il y avoit fort peu de gens pour la defendre; car de faict il n'y avoit que huict foldats qui fceuffent [ce] que c'eftoit de la guerre, conduits par un vaillant foldat nommé *Boiffi,* de Montpelier. Mais plus eftoient foibles les affiegés, plus apparut la puiffance de Dieu en leur delivrance vrayement miraculeufe; car ayant efté la ville affiegée l'efpace de huict jours, batue, affaillie par efcalades & tentée par la fappe, les affaillans, n'y ayans gagné que des coups, furent finalement contraints d'abandonner le fiege à leur grand'honte & confufion, aux premieres nouvelles qu'ils ouyrent que *Baudiné* [6] venoit au fecours des affiegés. Les femmes, & une entre toutes les autres, firent merveilles en ce fiege, faifans elles mefmes les rondes, &

---

1. *La-Capelle-Livron,* village du Quercy (Tarn-et-Garonne), à 48 kil. de Montauban, aux environs de Caylux.

2. Le baron de *La Fare.* Voy. p. 201.

3. La relation en est déjà donnée ci-dessus, p. 166, et l'on voit que le préfent récit est fait indépendamment de l'autre et que la disposition et l'arrangement général n'ont été faits qu'après.

4. Voy. p. 164.

5. *Florac* (Lozère), à 29 kil. de Mende.

6. *Jacques, comte de Crussol.*

du Parlement de Touloufe. Livre X.

tirans arquebouzades, outre la diligence incroyable à jetter pierres & bois fur les affaillans, faifant auffi un merveilleux devoir de prier Dieu & d'encourager chacun leur miniftre, nommé *Louys du Mas,* auparavant miniftre d'Efpaillon[1]. *Boiffi* y acquit un grand honneur, mais il n'en peut jouir long temps, eftant advenu, fur le poinct que le fiege fe levoit, qu'il fut bleffé d'une arquebouzade, ce qu'il diffimula tellement, de peur d'effrayer fes foldats, que par faute d'avoir de bonne heure pourveu à la playe qui de foy n'eftoit mortelle, il en mourut certain temps après, au grand regret de ceux qui luy eftoient tenus après Dieu de leur confervation.

Sur la mi-Novembre, la compagnie du capitaine *Sobeyras,* allant à la Convertirade, fut rompue par vingt cinq ou trente chevaux de l'*Evefque de Lodeve.* *Défaite de Sobeyras.*

Le premier de Decembre advint un grand mefchef au fieur de *Savignac*[2], lequel ayant failli de furprendre Villefranche de Rouergue en faveur de ceux de la religion, s'eftoit retiré au chafteau de *Granes*[3] avec cent foldats ou plus, efperant de tenir la ville en fujetion. Mais il en advint tout autrement, ayant efté luy-mefme auffi toft enveloppé & preffé de fi près, que pour la neceffité des eaux, ayans efté empoifonnés les conduits de la cifterne du chafteau, il fut contraint dedans le treiziefme jour de venir à compofition, fignée par les capitaines des ennemis, par les Confuls de Villefranche & par *Jean Ymbert,* feigneur dudit chafteau, portant que tous fortiroient la vie fauve, en delaiffant leurs armes, fauf ledit fieur *de Savignac* & fix autres, tels qu'il voudroit choifir, & autres fix foldats de Foix & un autre de Villefranche y denommés, aufquels il eftoit permis de fortir avec leurs arquebouzes & autres armes; mais comme ils eftoient prefts de fortir, quelques uns, envoyés pour fe faifir des armes qu'on devoit laiffer au chafteau, perfuaderent à *Savignac* qu'il eftoit expedient, de peur d'efmotion, que les arquebouzes des refervés leur fuffent portées dans quelques facs en certain lieu. Eftans donc ainfi fortis fans armes, auffi toft *Savignac affiégé et traitreufement affaffiné à Granes.*

---

1. *Espalion,* en Rouergue (Aveyron), à 40 kil. de Rodez, à une cinquantaine de kil. de Florac. Ce *Louis Du Mas* ne paraît pas autrement connu.
2. Le sieur *de Savignac Pauloron.* Vol. I, p. 864, et ci-dessus, p. 19 et 193.
3. Le château de *Granes,* au-dessus de Villeneuve-de-Rouergue, qui est à 10 kil. de Villefranche-de-Rouergue.

qu'un capitaine eut fait figne à ceux qui eftoient difpofés tout à l'entour, ils furent accablés de coups d'arquebouzes trefmalheureufement jufques au nombre de quatre vingts & quinze; entre lefquels eftoient les fieurs *de Savignac, de Geniers* & *de Toloniac,* les corps defquels ayans efté affés contemplés par ceux de Villefranche, qui en firent grand'fefte, & y vindrent en proceffion, furent jettés en deux foffes en un pré devant le chafteau, horfmis les corps des cinq; l'un defquels, à favoir *de Daigna,* advocat, fut enfeveli à Verzac, & les autres quatre ailleurs, f'en eftans fauvés fix ou fept au moyen des bruines, qui eftoient lors fort efpeffes. Ce fut la premiere foy rompue en la guerre de ces quartiers-là, dont vint puis après le proverbe, *la foy de Granes.*

Treillans prend Loupiac.

Environ ce mefme temps, *Treillans* affiegea Loupiac[1], chafteau fort, auprès de Severac[2], qui fe rendit; & *Millau,* d'autre part, voyant aller mal les affaires de Rouergue, fe mit fous la protection du *Comte de Cruffol,* gouverneur de Languedoc pour ceux de la religion, lequel leur envoya le capitaine *Beaufort.*

Beaufort à Millau.

D'Entraigues et de Peyre se déclarent pour la religion.

Sur le commencement de Janvier, le capitaine *Puechanet*[3], qui fe tenoit à Servieres[4], ayant pillé Sainct Lager de Peyre[5], où il n'y a que de pauvres drapiers, vint auffi à Chirac[6], piller la maifon d'*Entraigues,* qui n'eftoit encores de la religion, & pour fa feureté, ne fe voulant mefler de ces affaires, fe tenoit à Marvejols; mais ayant entendu l'outrage à luy fait par *Puechaut,* & f'eftant mieux informé de la doctrine de ceux de la religion, il l'embraffa dès lors & fortit de Marvejols avec le capitaine *Rouzier* & trois cens hommes, pour avoir fa revanche de *Puechaut*. Mais il faillit de l'attrapper dans Servieres, parquoy fe vengeant fur fes gens, il

---

1. *Loupiac*, village en Rouergue (Aveyron), à 24 kil. de Villefranche en Rouergue, non loin de Villeneuve.

2. *Séverac-le-Château*, ancienne petite ville, à 31 kil. de Millau, avec un château entouré de remparts et avec des terrasses qui dominent le cours de l'Aveyron.

3. Un seigneur *de Puechassaut* et un château de ce nom, à 6 kil. de Lautrec (Tarn), figurent dans les *Mém. de Gaches,* p. 236, 263, etc., où se trouve citée la *Revue histor. du départ. du Tarn,* I, 343. Notre texte, après avoir d'abord écrit *Puchanet,* donne ensuite le nom de *Puechaut.*

4. *Servières,* bourg de la Lozère, à 12 kil. de Mende.

5. *St-Léger-de-Peyre,* à 6 kil. de Marvejols.

6. *Chirac,* bourg à 5 kil. de Marvejols, sur la Colagne.

pilla Servieres, de forte que *Puechaut* fut du tout defpouillé de fa garnifon. Et d'autre part, le fieur *de Peyre*[1], irrité de quelque pillage fait fur luy, f'eftant auffi tenu comme neutre jufques alors, commença de fe declarer pour la religion, & envoya querir des forces aux Cevenes.

Sur le commencement de Fevrier[2], un nommé *le Coffart*, chef de la garnifon de Recoles d'Albrac[3], affiegea la place de Marchaftel[4], & la print par la trahifon d'un fils de putain nommé *Jean Briffonnade*, notaire, & fuivant l'exemple de Granes, ayant donné la foy à quelques foldats qui y eftoient, les fit tous cruellement maffacrer.

Massacre à Marchastel.

200   Adonc recommença la guerre en Givoudan plus cruelle que jamais, eftans arrivés à Marvejols, à la femonfe du fieur *de Peyre*, le capitaine *Sainct Jean de Gardonnenche*[5] & *Fontenailles*[6], avec leurs compagnies; tous lefquels affemblés, allerent à Recoules & à Saincte Orfille, où furent tués de foixante à feptante de leurs ennemis. *Le Coffart,* & *le Chayla,* fon enfeigne, furent pris, l'un mis à rançon de trois cens efcus, après avoir efté trefrudement traitté, mais non pas comme il le meritoit. L'autre, à favoir *le Chaylar (sic)*, a depuis fait profeffion de la religion.

La guerre reprend dans le Gévaudan.

Le chafteau de Marchaftel auffi fut repris & rendu par ceux qui eftoient dedans, aufquels la foy fut tenue. Pareillement les garnifons de Haumont[7] & de Serniantes[8] vuiderent, tellement que les affaires de ceux de la religion fe remirent fus. Et en Rouergue

Succès et échecs alternatifs en Rouergue et Gévaudan.

---

1. Le sieur *de Peyre*. Voy. *supra*, p. 65 et 194.

2. *(Goulard)* Hist. des choses mémor., p. 250.

3. *Recoules-d'Aubrac* (Lozère), village à 31 kil. de Marvejols, non loin de Nasbinals.

4. *Marchastel*, à 22 kil. de Marvejols, vers Nasbinals.

5. Voy. ci-dessus, p. 138, note 2.

6. *La France prot.*, nouv. éd., I, 418 (1re éd., I, 143 b), lit *Fonterailles* au lieu de *Fontenailles*, sans expliquer pourquoi. *(Goulard)* Hist. des choses mémor., p. 250, en parlant de ces faits, omet de nommer le capitaine *St-Jean de Gardonanche*, aussi bien que ce *Fontenailles*.

7. *Aumont*, bourg à 24 kil. de Marvejols. *(Goulard* aussi a *Haumont* et *Serniantes.)*

8. *Serniantes*, nom probablement mal lu au lieu de *Serverette*, petite ville peu éloignée de Aumont, sur la Truyère, à 24 kil. de Marvejols.

aussi, le Pont de Camares¹ fut pris par ceux de la religion. D'autre part *Apcher*² faisoit son amas, auquel se vint joindre *Bresous,* se disant lieutenant du Roy au haut pays d'Auvergne ; ce qu'ayant entendu Marvejouls, *Guillot,* lieutenant de Sainct Jean, & *Fontenailles,* sortirent avec cent cinquante hommes pour recognoistre l'ennemi, mais ils furent tellement & si soudainement enveloppés, qu'ils furent contraints de se jetter dedans Haumont, où il n'y avoit poudres ne vivres requis à soutenir un siege. D'aultre costé, ceux de *Marvejouls* n'avoient forces suffisantes pour lever le siege. Ce que voyans, les assiegés prindrent courage de lion, & se souvenans de la foy de Granes, sans s'arrester à aucune promesse qu'on leur fist, le deuxiesme jour de leur siege, qui fut le quatriesme de Mars, entre les dix & onze heures de nuict, sortirent les armes au poing, & ayans faussé trois corps de garde, se rendirent à Marvejouls, ayant perdu toutesfois vingt six hommes de leur compagnie, qui furent tués sur la place, & quatre prisonniers, l'un desquels, qui estoit tabourin de *Sainct Jean, Apcher* tua de sa main, comme on dit. Les autres trois, amenés à Sainct Chely³, furent laschés, comme si on leur eust donné la vie sauve, mais furent aussi tost massacrés qu'ils furent sortis sans armes, à la façon de Granes.

Ainsi passerent les affaires de ceste miserable guerre ès provinces de Rouergue & Givoudan, dont plusieurs se servoient, les uns pour occasion de butiner, les autres pour executer leurs vengeances & passions particulieres, les autres pour gratifier aux plus grands, dont ils esperoient recompense, faillans grandement en cela non seulement ceux de la religion Romaine, qui estoient notoirement assaillans, mais aussi ceux de la religion, quoy qu'ils eussent juste cause de se defendre, estans armés de l'Edict du Roy, pour le moins durant sa minorité. Mais ces defauts, après estre arrivées les nouvelles de l'Edict de la paix, se monstrerent encores plus

---

1. *Pont de Camarès* ou *Andabre Camarès.* Voy. *supra,* p. 193, note 6.

2. *Jacques d'Apcher.* Voy. ci-dessus, p. 179, note 4, et 196 s.

3. *St-Chély-ville* ou *St-Chély-d'Apchier,* petite ville à 5 kil. de Marvejols, au centre des montagnes de la Lozère. Il y a dans ces environs encore plusieurs endroits du même nom : *St-Chély-Forain,* village à 35 kil. de Marvejols ; le bourg de *St-Chély-d'Aubrac* (Aveyron), à la même distance à peu près de Marvejols, à l'ouest, et *St-Chély-du-Tarn* (Lozère), village à 22 kil. de Florac.

du Parlement de Touloufe. Livre X. 235

clairement du cofté de ceux de la religion Romaine. Car, comme ainfi fuft que ceux de la religion offriffent toute obeiffance, & ne demandaffent autre chofe finon que l'Edict fuft pratiqué, leurs ennemis, au lieu de s'accorder à la raifon & à l'Edict, ne laifferent de faire du pis qu'ils peurent. Ainfi fe porta le *Baron de la Fare*[1], qui avoit efté mis à Mende, lequel après avoir effayé par tous moyens de fubornation d'avoir à fon commandement une jeune fille de Florac, renommée pour fa beauté, fuft pour foy ou pour *Apcher,* comme on difoit, depuis l'Edict de la paix, le cinquiefme d'Avril 1563, affiegea Florac; mais Dieu ne permit une telle mefchanceté, eftant venu au fecours de la ville le fieur *de Baudiné*[2], qui le contraignit de fe retirer.

Conduite du baron de la Fare après la paix.

Au mefme temps, *la Vigne,* qui n'avoit jamais commandé durant la guerre, s'efmouvant fans aucune raifon, print Queyfac[3] par compofition, & finalement après avoir en vain affailli, *Hifpagnac*[4] fe jetta dedans Mende, delaiffée par *la Fare,* & s'y porta fi bien avec une compagnie qu'il y amena, qu'il en acquit le furnom de *Mange peuple.*

La Vigne à Quéfac et à Mende.

Treillans, fur le commencement de Juin, rendit Loupiac[5], mais tout pillé & defnué, trainant avec foy deux prifonniers qui luy avoient defpleu, nommés *les Crefpias,* qu'il efperoit bien faire mourir à Rodez. Mais leur innocence fe trouva telle, qu'ils furent eflargis quelque mois après. Le gouverneur de Marvejouls, penfant eviter la garnifon, accorda au *Marefchal Damville,* gouverneur du Languedoc en l'abfence du *Conneftable,* fon pere, ce qu'il voulut, fans avoir affés d'efgard à ceux de la religion. Mais il ne laiffa d'eftre contraint de recevoir, avec la meffe, la compagnie de *Dom Francifque d'Eft*[6], conduite par *Perneranches,* guidon, & après ceftuy-là une compagnie du regiment de *Sarlabos*[7], com-

Le Gévaudan encore ravagé en juin.

---

1. Voy. p. 197; comp. pour le fait aussi *Goulard,* p. 251.
2. Voy. p. 193.
3. *Quéçac,* village de la Lozère, sur le Tarn, à 10 kil. de Florac.
4. *Ispagnac,* bourg sur le Tarn, à 9 kil. de Florac, route de Mende, sur un plateau aride.
5. *Loupiac.* Voy. plus haut, p. 199, note 1.
6. *François d'Este* était le frère du duc de Ferrare, l'oncle du cardinal Caraffa.
7. *Sarlabos,* maître de camp au service de France. *Mém. de Condé,* IV, p. 564 s.

posée plus de putains & autre bagage que de soldats, les plus mal complexionnés qu'il est possible, qui ravagerent tout le pays de Givoudan de lieu à autre, aveques toute impunité.

Etat de la religion en Rouergue, après la paix.

D'autre costé, en Rouergue, *Valsergues*[1], deslogeant de Villefranche, donna l'alarme à Millau, ayant tué & pillé ce qu'il rencontra. Et quant à ceux de Villefranche, vray est que finalement ils rentrerent en leurs maisons, mais jamais il ne leur fut possible d'obtenir que quelque lieu fust nommé pour l'exercice de la religion suivant l'Edict. Ce neantmoins les assemblées de ceux de la religion se redresserent peu à peu, & qui plus est, plusieurs qui leur avoient fait la guerre se rengerent à elles, comme entre autres le *Baron de Saint Remese*[2], & son fils, le *Baron de Tournel*[3], lesquels, suivant la permission du Roy, ont depuis dressé de belles Eglises en leurs maisons.

Le comté de Foix sous le gouvernement de Pailles.

L'Edict de Janvier[4] estant publié, ceux de *Foix* qui estoient de la religion commencerent à prescher hors de la ville, obeissans à l'Edict en tout & par tout. Mais tant s'en falut que cela adoucist *Pailles*[5], Gouverneur du païs pour le *Roy de Nararre,* ni ceux qu'il avoit mis dans le chasteau, livré par subtils moyens, comme a esté dit, qu'au contraire (surtout après avoir entendu les nouvelles du massacre de Vassy & ce qui s'en estoit ensuivi en Cour) il delibera de se servir de ceste occasion pour tout exterminer. Ceux de la religion, apercevans cela clairement, dissimulerent toutesfois jusques à ce que ceux du chasteau commencerent ouvertement à faire provision de vivres & munitions, & de nombre de gens, contre l'accord qui avoit esté fait. Alors donques ils delibererent de prevenir, esperans d'affamer le chasteau aisément, à faute d'eau. Et de faict, il en fust ainsi advenu, n'eust esté que *Pailles,* usant de ses ruses accoustumées, donna le tort en appa-

---

1. Voy. ci-dessus, p. 192 s.
2. Voy. p. 194.
3. Gentilhomme du pays.
4. Voy. *Hist. des Martyrs,* fol. 673 a. Comp. aussi *(Goulard) Hist. des choses mémor.,* p. 251.
5. Voy. vol. I, p. 871, où il est dépeint comme un des hommes les plus méchants et les plus cruels. *Goulard,* l. c., le nomme Seneschal pour le Roy de Navarre.

203 rence à ceux du chafteau, & promettant merveilles à ceux de la religion, les detourna de leur entreprife, pour executer la fienne.

Il y avoit lors au Confeil du *Roy de Navarre*, *l'Evefque de Mende*[1], baftard du feu *Chancelier du Prat*, lequel nous avons dit[2] avoir efté des principaux inftrumens pour perfuader fon maiftre de quitter le parti de ceux de la religion. Ceftuy-là, outre la hayne qu'il portoit en général à tous ceux de la religion, eftoit nommément irrité contre ceux de Foix, qui luy avoient ruiné une abbaye dedans la ville; à raifon de quoy il ne faillit, à la folicitation de *Pailles*, d'avoir telles letres qu'il voulut du *Roy de Navarre* contre ces pauvres fujets, donnant à entendre qu'ils avoient les armes en main, & ne vouloient aucunement obeir à l'Edict. Les nouvelles de ces letres rapportées à ceux de la religion, ils ne faillirent d'envoyer à *Pailles* faire leurs doleances, & pour le prier de leur bailler letres de tefmoignage envers le *Roy de Navarre*, pour f'en fervir contre ceux qui les auroient ainfi calomniés. Sa refponfe fut qu'il feroit cela luy-mefme pour eux, & qu'ils n'avoient rien à craindre, pourveu qu'ils vouluffent f'accorder que toutes leurs armes fuffent reduites en la maifon de ville, ce qu'il feroit faire auffi à tous ceux de la religion Romaine, afin que tous vecuffent en paix fuivant l'Edict du Roy.

L'évêque de Mende.

Toft après cefte refponfe, le feigneur *de Roquebrune*[3] fut envoyé par luy en la ville, pour executer ce que deffus, avec letres les plus gratieufes qu'il eftoit poffible. C'eftoit alors que la fedition commença à Touloufe & que Limoux fut affiegé, ce qui faifoit tenir *Pailles* en fufpends, pour fe gouverner felon que ces affaires là fe porteroient.

Eftant donc rapportée la defolation advenue à Touloufe[4], & *Pailles* preffant ce que deffus, ceux de la ville confentirent à rendre les armes, ce qu'eftant rapporté à *Pailles*, encore ne fe pouvoit il affeurer, & pourtant leur manda, par letres plus gratieufes que jamais, qu'eftant befoin qu'il fit un tour à la ville pour donner ordre à tout, il leur confeilloit & les prioit que

Pailles s'empare de la ville.

---

1. *Nicolas d'Angu*, chancelier de Navarre.
2. Vol. I, p. 688.
3. Vol. II, p. 727.
4. En août 1562.

quelques uns d'entre eux (à favoir ceux qu'il craignoit le plus, &
qui eftoient pour conduire les autres en cas de refiftence) fe retiraffent de la ville pour quelques jours, dautant, difoit-il, qu'ils fe
trouvoient chargés de la demolition des autels et des images, &
toutesfois il ne leur vouloit mal faire. Ceux-là donques eftans
departis, & le refte eftant defarmé & fans conduite, fut aifé à
Pailles, arrivé en la ville, de faire tout ce qu'il avoit entrepris,
mettant prifonniers tout ceux que bon lui fembla, ce qui effraya
tellement les autres, qu'ils fortirent pour la plus part ainfi comme
qu'ils peurent. Entre ceux-là le miniftre, nommé *Antoine Caffer*[1],
fe fauva en habit de berger. Mais fa femme, nommée *Ruth,* fe
voulant fauver en habit de payfande, fut furprife à la porte, à
laquelle *Paille* fit cefte courtoifie, qu'il la recommanda à une
maifon honnefte, & quelque temps après la fit feurement conduire
à fon mari dans Pamiers. Mais la cruauté de laquelle il ufa envers
les pauvres prifonniers innocens, quoy qu'il les chargeaft de tels
crimes qu'il vouloit, ayant auffi nombre de tefmoings à fon commandement, effaça tout le los de cefte humanité. Car ayant fait
venir un juge de fes terres, nommé *Abatia,* qu'il crea prevoft, &
fe debordant du tout, après avoir entendu la prife & faccagement
de Limoux, de dix perfonnes qu'il avoit pour lors, il en fit mourir
deux d'une cruelle forte, leur faifant couper bras & jambes, &
finalement la tefte. L'un d'iceux eftoit nommé *Aconrat*[2], qui avoit
efté capitaine de ceux de la ville, homme paifible & irreprehenfible en fa vie. L'autre eftoit un gentilhomme, dit *d'Amboys.* Il
en fit brufler deux autres, l'un defquels fut accufé d'avoir fait la
couronne de paille à l'image de *Nougaufi*[3], dont il a efté parlé en
fon lieu; l'autre, d'avoir dit par rifée à un grand crucefix qu'on
avoit abatu : « Tu te chauffes à plus de poinćts que moy. » Les fix
autres furent pendus, comme auffi quelques temps après, ayant
fait venir quelques commiffaires, vingtdeux perfonnages furent
executés à mort & dix condamnés aux galeres.

Exécution cruelle des prisonniers.

Pillage des biens.
Si les perfonnes n'eftoient efpargnées, encores avoit on moins
d'efgard aux biens abandonnés au pillage des foldats, fur tout

---

1. *France prot.*, nouv. éd. III, 236 (1re éd. III, 92).
2. *Acontat* ou *Acoucat*, d'après la *France prot.*, l. c., qui nomme auffi le gentilhomme *Amboux.* Comp. *France prot.*, nouv. éd., I, 169.
3. *Mongausy.* Comp. vol. I, 869.

de ceux qui eſtoient ſortis de la ville. Ce qui effraya tellement tout le Comté de Foix, que toutes les villes, horſmis Pamiers, poſerent les armes, ainſi qu'il pleuſt à *Pailles* de commander. Ce nonobſtant ceux de la religion n'eſtoient aſſeurés ni ès villes, ni aux champs, eſtans les païſans par tout au guet pour deſtrouſſer, tuer & rançonner les paſſans, fuſſent en troupes ou non, leur eſtant permis de sonner le toxin quand & comme bon leur ſembleroit.

Ceux de Pamiers [1], en ces entrefaites, oyans telles choſes & cognoiſſans le peu de moyen qu'ils avoient de reſiſter, ſ'ils eſtoient aſſaillis avec grande force, ſe trouvoient en merveilleuſe perplexité, de ſorte qu'un jour ils ſortirent, en deliberation de ſe retirer à Caſtres d'Albigeois ou à Montauban. Mais ayans ſceu qu'ils eſtoient aguettés par les champs, & conſiderans plus meurement que pourroient devenir leurs pauvres familles, ainſi abandonnées à leurs ennemis, ils rentrerent auſſi toſt, & dès lors ſe reſolurent de ſe remettre à la bonne volonté de Dieu, encores que ſelon les hommes ils ſe viſſent deſtitués de tout moyen. Ce neantmoins, peu après quelques uns ſe retirerent là où ils peurent, & la predication eſtant ceſſée, force fut aux miniſtres de ſe contenter de faire ce qu'ils pourroient, conſolans & exhortans particulierement les perſonnes, juſques à ce que le peuple les contraignit de ſe retirer en un chaſteau ſur la montagne, pour eſtre là comme en depoſt, juſques à ce qu'il pleuſt à Dieu de leur donner plus de moyen de ſ'aſſembler.

Pamiers. Ceſſation du culte.

La ville donques, en tel eſtat, n'attendoit autre choſe ſinon que l'ennemi y entraſt ſans reſiſtence. Mais Dieu y pourveut d'une eſtrange façon, envoyant la peſte dans la ville, laquelle fut tellement conduite par la main de Dieu, que quant à ceux qui eſtoient à craindre par dehors, il n'y eut perſonne d'eux qui euſt envie d'y entrer, eſtant leur cruauté & leur avarice ſurmontée par la crainte de la mort. Et quant à ceux de dedans, de la religion Romaine, les uns ſ'enfuirent de bonne heure, à ſavoir les plus riches & qui avoient plus de moyen de nuire; les autres, plus pauvres & qui euſſent peu eſtre d'autant plus ardens au pillage, furent tellement frappés de ce fleau de peſte, que chacun jour il en mouroit grand nombre, au lieu que ceux de la religion eſtoient merveilleuſement

La peſte y éclate.

---

1. Comp. *(Goulard) Hiſt. des choſes mémor.*, p. 251 s.

espargnés, voire de telle sorte que de trois mille & plus qui moururent de ce mal, il ne s'en trouva pas plus de cinquante de ceux de la religion. Qui plus est, beaucoup de ceux de la religion, qui estoient persecutés d'une part & d'autre, se venoient renger à Pamiers, de sorte qu'ils demeurerent ainsi maistres de la ville, ayans la peste pour tout rempart. Car, quant à la *Royne de Navarre,* leur dame & maistresse, qui estoit en Bearn, & laquelle ils solicitoient souvent par letres, la pauvre Dame estoit elle-mesme bien empeschée à se garder soy-mesme en son païs souverain. Ils eurent donques recours à Dieu seul, & reprenans courage, redresserent la predication publique. Mais la plus part du peuple s'estant trouvée saisie de telle crainte que fort peu de gens se trouvoient à l'assemblée, il fut advisé que les exhortations se feroient en secret & par les maisons, pour n'irriter davantage *Pailles,* n'attendant autre chose sinon que la peste sortist, afin qu'il y entrast.

Castres assiégé. En ces entrefaites la *Royne de Navarre,* voulant donner à sa ville de Pamiers le rafraischissement qu'elle pouvoit, leur envoya le Baron *de Benac,* lequel leur ayant donné quelque esperance d'estre secourus par *Duras,* qui fut deffait environ ce mesme temps [1], se retira à Castres, investi pour lors par le *chevalier d'Ambres* [2] & le sieur *d'Albigeon* [3], tenans les villages circonvoisins & pressans la ville de si près que force luy fut de demander secours de quelques gens de Pamiers.

Aventure de ceux qui vont au secours de Castres. Cela fut cause qu'environ soixante soldats de bon cœur, ausquels fut adjoint un de leurs ministres, nommé *Geoffroy Brun* [4], se

1. Le 9 octobre 1562, à Vergt près de Bergerac. Voy. vol. II, 787.

2. *Mém. de Gaches,* p. 26 : Le sieur d'Ambres (*François de Voisins,* baron d'Ambres, vicomte de Lautrec, sénéchal de Lauragais, gouverneur de Castres et Lavaur, mort en 1576), catholique, qui avoit eu commission du roy pour le gouvernement de la ville (de Castres), s'y venoit présenter souvent avec des troupes, demandant d'estre reçu à peine de désobeissance, et entretenoit des menées secrètes dedans, à quoy on pourvut ; et un jour, comme il s'avançoit trop, on luy tira un coup de coulevrine qui le rasa et emporta une des oreilles de son cheval, ce qui fut cause qu'il ne revint plus.

3. *Jacques d'Amboise,* comte d'Aubijoux, *ibid.,* p. 47, 49, etc.

4. *Geoffroy Brun,* autrefois ministre dans les terres de Berne, d'où il avait été expulsé lors de la révolution de 1559 et reçu à Genève le 13 mars. (Voy. *Opera Calvini,* XXI, 712.) Comp. *supra,* vol. I, 864, 867, 869, 874. (*France prot.,* nouv. éd., III, 289.)

mirent au hazard de traverser jusques à Castres, distant de douze grandes lieues du pays[1], sous la conduite du Capitaine *Honorat*[2]. Suivant donques ceste resolution, s'estans jettés sur la nuict en une metairie de Lauraguez, & s'y estans tenus enfermés tout le jour suivant, qui estoit le vingthuictiesme d'Octobre, ils cheminerent toute la nuict suivante en telle diligence, qu'ils firent environ neuf lieues de chemin, sans que le pays fust esmeu. Mais sur la pointe du jour, s'estans rencontrés quelques muletiers portans quelque marchandise de Toulouse en Espagne, & quelques uns de la compagnie, convoiteux de ce butin, les ayans saisis avec commandement de les suivre à Castres, l'alarme fut aussitost donnée par un de ces muletiers, qui s'en estoit fui en un village prochain, nommé Escossans[3]. Par ce moyen, le toxin sonnant de village en village, ils furent aussi tost assaillis & environnés de toutes parts, quelque diligence qu'ils fissent de gagner païs. Car outre ce qu'ils estoient lassés d'avoir fait un tel chemin sans repaistre, joint qu'il avoit beaucoup pleu tout ce jour là, il leur faloit cheminer par les champs gras & fraischement labourés, au milieu desquels le ministre estant cheu dessous un petit cheval sur lequel il estoit monté, fut sauvé miraculeusement. L'issue de toute ceste rencontre, en laquelle dix ou douze de ceux de Pamiers demeurerent, fut telle que, s'estant le reste sauvé en une maison champestre, ils se defendirent depuis huict heures du matin jusques à trois heures après midi. Et lors vindrent au secours ceux de Castres, advertis par un de la troupe qui s'y estoit sauvé en fuyant, quoy qu'il y eust la distance de deux bonnes lieues entre Castres & ceste maison. Les assiegés donques, delivrés par ce moyen, se rendirent en la ville, où ils servirent beaucoup depuis.

Et six sepmaines après, entendans les menaces de *Pailles*, ils retournerent à Pamiers avec leur Capitaine *Honorat* & une autre compagnie, que ceux de Castres leur fournirent pour leur rendre la pareille. Mais leur voyage ne fut sans grand hazard, ayans esté contraints de rebrousser chemin une fois, depuis un lieu appelé

Secours envoyés à Pamiers.

---

1. A deux journées françoises. *Goulard*, l. c., p. 252.
2. Voy. ci-dessus, p. 143, 193.
3. *Escoussens*, village (Tarn), à 14 kil. de Castres.

Lamyate[1], pour avoir entendu une embufcade qu'on leur avoit preparée. Et depuis, s'eftans remis en chemin le huiƈtiefme de Decembre, leur guide, qu'ils eftoient contraints de prendre pource qu'ils ne pouvoient cheminer affés feurement que de nuiƈt, les mena droit aux portes de la ville de Revel[2], fur les onze heures de nuiƈt, auquel lieu eftans defcouverts & l'alarme eftant auffi toft donnée de clocher en clocher par tout le pays, bien leur print qu'il fe leva un brouillars fi efpés qu'ils eurent moyen de paffer le refte de leur chemin, fans qu'on les ofaft feulement venir recognoiftre. Ils entrerent donques dans Pamiers en fauveté, & huiƈt jours après donnerent une efcalade au chafteau de Saverdun[3], en efperance d'en faire leur retraiƈte en la neceffité, comme eftant cefte place beaucoup plus defenfable que Pamiers. Mais ils n'y firent rien, en ayans efté ceux de dedans advertis, ne fe pouvant faire dans Pamiers aucune entreprife, qu'elle ne fuft incontinent decelée à leurs ennemis.

Accord entre le Parlement de Toulouse et les députés de Pamiers, désavoué.

Le *Parlement de Touloufe* entendant ces chofes, menaçoit fort Pamiers; de quoy eftans advertis, quelques temporifeurs firent tant qu'il fut arrefté d'y envoyer pour traitter de quelque accord tolerable, & duquel les conditions feroient prealablement communiquées & approuvées de ceux de la religion. Mais ces deputés excedans leur commiffion, accorderent tout, outre que ceux de Pamiers feroient vuider les miniftres, & vivroient felon l'Eglife Romaine; ce qu'eftant rapporté en la ville, ils furent trefbien defavoués, & fervit cela à ceux de la religion pour mieux cognoiftre ceux aufquels ils avoient à faire.

Honorat défait de Serres à Tarascon.

N'eftant donques plus queftion que de faire la guerre, le capitaine *Honorat,* au mois de Fevrier 1563, accompagné de deux freres, nommés les *Lombats,* & de trente huiƈt hommes, entreprint d'entrer dans Tarafcon en Foix[4], pays de fa naiffance; mais le *Vicomte de Seres*[5] & fon frere, advertis de leur venue, ayans

---

1. *Damiate,* voy. ci-deffus, p. 178, note 5. A une vingtaine de kil. de Caftres.
2. Ils n'étaient donc encore arrivés qu'à 35 kil. à peu près de Caftres.
3. *Saverdun,* dans le pays de Foix, à 14 kil. de Pamiers, sur l'Ariège. Il existe encore quelques restes de ses anciennes fortifications.
4. *Tarascon,* sur l'Ariège, à 16 kil. de Foix.
5. Ou *de Serres (Goulard).*

assemblé trois cens hommes, les contraignirent de se retirer ès montaignes, esquelles les poursuivans, ils se trouverent eux mesmes enclos; de sorte que non seulement le *Vicomte* y fut tué de la main propre de *Honorat,* quelque rançon qu'il lui offrist, mais aussi son frere y fut tué, & la plus part de leurs gens. Ce fut un grand jugement de Dieu, ayant le *Vicomte* commis infinies cruautés & pilleries au Comté de Foix, & se preparant y en faire encores d'autres. Cela fait, *Honorat* revint à Pamiers, & *Lombat* n'osant encores y entrer à cause de sa mauvaise vie passée, revint à une vieille tour qui estoit sa retraite acoustumée, en un lieu apelé les Cabanes[1].

Ceux de Pamiers cependant s'essayerent de surprendre un petit lieu, nommé Varilles[2], situé sur le chemin de Foix & Tarascon, & faschant fort les allans & venans à cause du passage. Mais, outre ce qu'ils furent descouverts, leur estant venu un advertissement qu'un Consul de la ville, nommé *Don Rieu,* faisant auparavant profession d'estre de la Religion, avoit esmeu sedition en la ville après leur partement, force leur fut de retourner à grande haste. Toutesfois ils ne peurent revenir si viste qu'ils ne trouvassent les portes fermées, & plusieurs de la religion Romaine sur les murailles; quoy voyans, ils se hasterent aussi de leur costé, & firent si bien qu'avec des eschelles ils entrerent par un endroit dont on ne se doutoit, près d'une porte, appelée la porte de l'Estang. Chacun peut estimer en quelle colere ils estoient, pour la desloyauté de laquelle on avoit usé envers eux, sans aucune occasion. Et de faict, leur deliberation estoit d'en faire une horrible vengeance. Mais Dieu voulut qu'un nommé *Semer,* homme d'authorité & craignant Dieu, voyant ses compagnons ainsi animés, les retint, disant que pour le moins il faloit avant toutes choses remercier Dieu de la grace qu'il leur avoit fait, d'estre ainsi rentrés dans la ville, & ayant luymesme sur cela fait une prière tresardente à haute voix, leur cœur fut tellement adouci tout soudain, & encliné à rendre le bien pour le mal, qu'ils se contenterent de marcher par

Expédition contre Varilles, manquée.

---

1. *Les Cabannes* (Ariège), bourg à 26 kil. de Foix. Le château de Gudannes s'y élève sur une terrasse au milieu de bosquets. Les ruines des châteaux de Leudre et de Lordat se voient dans le lointain.

2. *Varilles,* petite ville du pays de Foix, sur l'Ariège, à 8 kil. de Pamiers.

la ville en bataille, fans aucunement offenfer aucun de leurs adverfaires, demeurans convaincus en leurs propres confciences.

Tentative de Peyrot contre Pamiers. Cefte trahifon n'ayant fuccedé, le Parlement folicita le capitaine *Peyrot*, fils de *Monluc*, d'effayer quelque autre moyen; ce qu'il entreprint par une fecrete intelligence avec un preftre, nommé *Raspaud*, & un autre nommé *Rodes*, ayans entrepris de luy donner entrée par le couvent des Auguftins. Mais la trahifon ayant efté decelée par un tiers qu'ils avoient tafché de pratiquer, *Rodes* fut faifi & emprifonné à temps. Le mal fut que bien peu après il efchappa des prifons, foit qu'on luy ouvrift la porte ou autrement.

Carla vainement attaqué. Au mefme temps, un grand pillard, nommé *Sainct Paul*, s'eftant logé, par le commandement de *Pailles*, en un village nommé Artigat[1], en intention d'affieger Carlat[2], petite ville du Comté de Foix, à trois lieues de Pamiers, qui avoit toujours refufé de pofer les armes, & qui tenoit pour la Religion, ceux de Pamiers, efperans d'entrer dans Artigat par le moyen d'un preftre, fe mirent en chemin. Mais eftans defcheus de leur efperance, ils ne firent autre chofe que fe prefenter à l'efcarmouche, en laquelle quelques eftans tombés de part à d'autre, chacun fe retira. Tant y a toutesfois que Carlat demeura en paix depuis cefte efcarmouche.

Histoire des frères Lombats, aux Cabannes. Nous avons dit cy-deffus[3] que les *Lombats*, après la deffaite du *Vifcomte de Seres*, s'eftoient retirés en leur vieille tour, des mœurs & de la condition defquels il eft bon de faire ici quelque mention. L'aifné de ces deux freres, nommé *Guiraut*, quelques années devant ces guerres, ayant pour quelque querelle affés legere tué un homme des principales familles de Tarafcon, qu'on appelle les *Merciers*, s'eftoit accompagné de quelques fiens femblables, tenans les champs & tuans autant des parens defdits *Merciers* qu'ils en pouvoient rencontrer, fans qu'il fuft poffible de l'attrapper pour en faire juftice, & ainfi s'entrecherchoient ces deux familles avec une inimitié irreconciliable. Mais ce qui fortifia le plus les

---

1. *Artigat*, village à 14 kil. de Pamiers.
2. *Carla-le-Comte*, à 20 kil. de Pamiers, connu comme lieu de naissance de *Pierre Bayle*, 1647.
3. Voy. p. 208.

Lombats en leur mefchanceté, fut que *Pailles,* quelque commandement qu'il euft, comme Senefchal, de les prendre & de leur faire leur procès, au lieu de les punir, f'en fervit au siege de Foix, au mois de Fevrier, l'an 1562. Et depuis les ayant fupportés contre les *Merciers,* qui eftoient de la Religion, les envoya à *Monluc,* auquel ils firent bonne compagnie en toutes les pilleries & cruautés commifes à Montfegur[1]; auquel lieu, faifans comme les autres, ils prindrent deux jeunes filles fort bien inftruites en la Religion, qu'ils violerent & emmenerent en leurs montagnes, en intention d'en abufer à leur maniere acouftumée. Mais il en advint tout autrement par un fingulier miracle de Dieu. Car au contraire, ces pauvres femmes defolées firent tant par leurs remonftrances, que ceux qui les avoient ainfi ravies commencerent à recognoiftre & detefter leur mefchante vie paffée, & preftans l'aureille & le cœur à ce qui leur fut dit tant par ces deux femmes que par autres qu'elles envoyerent querir pour les enfeigner, embrafferent la Religion à bon efcient, les efpoufans en loyal mariage; & mefmes ayans appointé avec les *Merciers,* auparavant leurs ennemis, ils fe vouerent dès lors à la Religion à la vie & à la mort.

Tels eftoient ces *Lombats* alors, qu'ayans deffait le *Vifcomte de Seres,* ils fe retirerent en leur vieille tour[2]; de quoy eftans indignés ceux qui les avoient cheris tandis qu'ils eftoient brigands, & qui ne les pouvoient endurer eftans devenus gens de bien, delibererent de les avoir, à quelque prix que ce fuft. Et de faict, ayans affemblé nombre d'hommes, les affiegerent en efperance de les avoir pour le moins par famine, dautant que l'artillerie ne pouvoit eftre conduite contre leur tour. Mais les affiegeans furent les premiers affamés, ne leur pouvant eftre fournis vivres à fuffifance qu'avec un merveilleux travail. Ce neantmoins, les uns furvenans au prix que les autres f'en retournoient, le siege continuoit, là où nous les laifferons pour cefte heure, pour revenir à Pamiers.

Nous avons dit que *Rodes,* le traiftre, eftoit efchappé des prifons, dont ceux de la juftice, qui eftoient compofés de l'une & de *Brimont rétablit le bon ordre à Pamiers.*

1. Pris le 1er août 1562. Voy. vol. II, p. 771 s. *Comment. de Monluc,* éd. de Ruble, II, p. 443 s.
2. Aux *Cabannes,* voy. ci-dessus, p. 208.

l'autre Religion, s'excufoient grandement. Mais le mal eſtoit tref-grand en toute l'adminiſtration de la juſtice, fur tout en la punition des crimes, en partie par la puſillanimité des juges, allegans qu'il ne leur eſtoit licite de juger en dernier reſſort, en partie pource que parmi les armes il eſt fort difficile d'exercer la juſtice civile comme durant la paix. Ce defordre donc croiſſant, & attirant pluſieurs maux qui demouroient impunis, les plus gens de bien & les plus fages, prevoyans que cela ne pourroit durer, fe delibereroient d'abandonner la ville, quand un gentilhomme de la Guyenne, nommé *Brimont*[1], de la preudhommie & vaillance duquel il a eſté parlé en l'hiſtoire de Lectore, eſtant arrivé à Pamiers, donna ſi bon ordre aux affaires, reprenant les uns, encourageant les autres, & faifant dreſſer potences par tout au nom de la *Royne de Navarre,* que chacun reprint courage. Voyans cela, ceux de la religion Romaine commencerent à pratiquer avec *Pailles* & autres, irrités auſſi de ce que peu à peu leur fervice eſtoit empefché par les foldats, ne fe pouvans plus contenir. Mais eſtant tombées entre les mains de quelqu'un certaines letres, par lefquelles il apparoiſſoit de l'entreprife faite pour introduire l'ennemi par l'intelligence des convents, tout le mal efclatta en un coup, après avoir longuement couvé ; eſtans les foldats courus en un inſtant ès convens des Quatre Mendians, efquels incontinent après il ne fe trouva un feul moine, foit qu'ils f'en fuſſent fuis tous à la fois, foit (comme il eſt beaucoup plus vrayfemblable) qu'ils les euſſent tués, acte cruel pour certain, & non convenable à la Religion pour laquelle ils fe difoient porter les armes. Au bruit de cela, les chanoines & preſtres de la ville f'enfuirent à Foix, & furent leurs maifons, comme auſſi celle de l'Evefque, pillées, quoy que les Miniſtres & *Brimont* peuſſent dire ne faire.

Expulsion des moines et des prêtres.

Faits survenus après la paix.

Toft après arriverent les nouvelles de la paix, auſſi agreables aux gens de bien que mal plaifantes à ceux de l'une & de l'autre religion qui faifoient leur proffit des calamités d'autruy. Par ce moyen la guerre f'amortiſſoit fort lentement, quand Dieu, juſtement irrité, envoya une grefle, fur le commencement de May, fur tout le territoire de Foix & de Barbillieres, là où avoient commencé les armes l'année precedente, ſi terrible & ſi impetueufe &

---

1. *Brimont*, voy. vol. II, p. 784.

continuée par trois fois de huict en huict jours, qu'il ne demeura fruict ni verdure aucune fur le pays non plus qu'en plein hyver ; voire mefmes plufieurs maifons furent entierement defcouvertse. Cela fut interpreté en diverfes fortes, les uns confeffans que c'eftoit un jufte jugement de Dieu pour les cruautés & pilleries qu'ils avoient commifes contre leurs concitoyens prefens et abfens ; les autres, au contraire, difans que Dieu f'eftoit courroucé de ce qu'on avoit laiffé rentrer par les villes quelques uns de ceux de la Religion en vertu de l'*Edict de la paix*. Mais tant y a que les chanoines de Pamiers, qui fembloient au commun peuple avoir amené cefte grefle à leur queue, furent contraints, pour eviter la fureur de la commune, de fortir de la ville de Foix & fe retirer à Mauganfy[1].

Les *Lombats* cependant eftoient toufiours affiegés en qualité de brigands, de forte que perfonne ne les ofoit fecourir. Eux, d'autre part, fe defendoient à merveilles, n'eftans leans qu'environ trente perfonnes. Il y avoit une fontaine près de la tour, que les affiegeans avoient trenchée, comme l'affiete du lieu le pouvoit porter. Ce nonobftant, ceux de dedans trouvoient façon de f'en fervir, jufques à ce que les affiegeans l'empoifonnerent, jettans dedans du fublimé, avec du bled & plufieurs charongnes. En fin les *Lombats,* un fecond jour de May, fe voyans contraints de quitter la place, ayans percé la tour du cofté par lequel l'ennemi ne la pouvoit approcher, mirent au pertuis plufieurs canons d'arquebouzes chargées jufques à la gueule, puis ayans envoyé les femmes avec les foldats par certains paffages entrecoupés, fe fauverent à leur queue, après avoir mis le feu dedans un grand tas de bois qu'ils avoient expreffément arrangé pour cela; de quoy f'apercevans ceux de dehors, qui avoient plus d'envie d'avoir les defpouilles qu'ils penfoient eftre là dedans, que de pourfuivre ceux qui fe retiroient par chemins fi fafcheux & roides, accoururent pour entrer & efteindre le feu. Mais plufieurs f'en trouverent bien mal, f'eftans crevées les arquebouzes chargées comme dit a efté, dont plufieurs furent tués, & d'autres bleffés. Les *Lombats* cependant, avec leur troupe, recueilloient plufieurs qui f'eftoient retirés ès

Suite de l'histoire des Lombats.

1. *Mongausi*, dans l'Armagnac (Gers), à 10 kil. de Lombez. Voy. vol. I, p. 869.

cavernes de ces montagnes, qu'on eftime avoir efté autrefois des Minieres, eftans merveilleufement longues & fpacieufes, & qui ne fervirent pas moins à plufieurs en ce temps là, qu'autres fois à David auffi fugitif les rochers d'Engaddi. Et en fin arriverent à Pamiers, là où f'eftans repofés quelques jours, & n'ofans y fejourner davantage, f'en allerent à Caftres, où pour lors eftoit la pefte bien grande, qui les contraignit de fe retirer, en intention d'aller redreffer leur tour ou en baftir une autre auprès. Mais voulans executer leur entreprife, ils moururent tous deux de pefte, combien que quelques uns ayent eftimé qu'ils fe foient pluftoft retirés en quelque pays eftrange. Mais tant y a que jamais depuis ils n'ont efté veus.

Rétabliſſement de l'ordre dans le comté de Foix.

Au furplus, combien que l'*Edict de la paix* euft efté publié, & que dès le mois d'Avril Montauban euft efté delivré, fi eft-ce que ceux du Comté de Foix ne vouloient aucunement recevoir ceux de la Religion. Mais eftant advenu au Mas Dazils[1], qu'eftant refufée une troupe de ceux de la Religion, ils f'eftoient eux-mefmes fait ouverture, fans faire au demeurant aucun mal à perfonnes, les autres villes
f'adoucirent peu à peu, comme fit auffi la
ville de Foix, après avoir longuement
refifté, nomméement quant au
chafteau, que le capitaine
refufa de rendre à fa
dame & maiftreffe,
mefmes depuis
la paix.

1. *Mas-d'Azil*, dans le pays de Foix (Ariège), à 22 kil. de Pamiers.

HISTOIRE

ECCLESIASTIQUE

DE LA VILLE DE LYON ET PAYS CIRCONVOISIN,

du reffort du parlement de Paris.

* *
*

LIVRE XI.

CEUX de *Lyon*, que nous avons dit en l'hiftoire du *Roy Henry*[1], dès l'an 1551, avoir continué leurs affemblées fecretes fous le Miniftere de *Pierre Fournelet* & *Claude Monier,* qui y fut bruflé en ladite année, pourfuivirent ce nonobftant, ayans auffi receu pour Miniftre, premierement un nommé *La Rochebouiller*[2], & depuis encores un nommé *Semide*[3], & confequemment un nommé

Premiers pasteurs de l'église de Lyon.

---

1. Voy. vol. I, p. 55 s., dans l'*Hist. des Eglises sous François I*er. Ce n'est que le martyre du ministre *Claude Monier* qui est rapporté dans le Livre II, p. 85, dans l'*Hist. des Eglises sous Henri II.*

2. C'est-à-dire *Jean Boulier,* dit *La Roche,* ministre à Vandœuvre et à Cologny (*Corresp. de Calv.*, *Opera,* XVIII, 509); il paraît avoir été envoyé une première fois à Lyon, dès le mois de mai 1561 (*ibid.*, p. 440), pour y revenir quelque temps après. Il existe de lui une lettre à Calvin sans date (*ibid.*, XX, 500), qui pourrait être écrite de Lyon. (Son nom est inséré dans la *France prot.*, nouv. éd., II, 1014.)

3. Quant à *de Semidde,* plusieurs lettres de lui se trouvent dans la *Corresp. de Calvin.* En 1560 on le trouve comme pasteur à Lyon, d'où il avait obtenu un congé (en septembre) pour desservir le troupeau de Bagnols (Gard). Il était revenu à Lyon, en avril 1561 (*Opera Calv.*, XVIII, 413, 416, 432). Les dangers auxquels il s'y était vu exposé l'avaient engagé à retourner à Bagnols, d'où il écrit en juillet 1561 (*ibid.*, p. 549, 574). De bonnes nouvelles de Lyon lui font espérer pouvoir y revenir en octobre (*ibid.*, p. 717; XIX, 516).

Jaques Ruffi[1], Provençal, s'accroissant tousiours le nombre jusques en l'an 1561, auquel temps, voyans comme en la plus part du Royaume, & mesmes en la Cour du Roy, on preschoit publiquement, ils s'enhardirent de faire le semblable. Premierement en la maison de *Archimbault,* près le temple de la Platiere, puis, trois jours après, au cimetiere de Sainct Pierre, & de là en la maison de *Martin Pontus*[2]*,* près de la maison de ville. Au mesme temps (à savoir le dixneufiesme dudit mois[3]) arriva en la ville le *Comte de Sault*[4]*,* pour y commander en titre de Lieutenant general en l'absence du *Mareschal de Sainct André,* personnage de grande qualité, & dès lors non ennemi de la religion, desirant toutesfois,

Lieux de réunion.

De Sault, gouverneur.

---

1. *Jacques Ruffi* (ou *Ruffin*) ne peut pas être identifié avec *Jacques Roux,* puisqu'ils sont mentionnés, comme ayant exercé le ministère l'un à côté de l'autre à Valence, au commencement de 1561, où, lors des sévices que La Motte-Gondrin y exerça, Roux fut expulsé du Dauphiné, tandis que Ruffi put y rester, mais avec défense de présider aucune assemblée. *E. Arnaud, Hist. des Protestants du Dauphiné,* I, p. 75. En 1562, Ruffi paraît avoir fonctionné à La Côte-Saint-André, *ibid.,* II, p. 424. Une lettre de *François Hotman* du commencement de 1560 parle d'un pasteur *Ruffinus* en Provence (*Corresp. de Calv.,* XVIII, 19). Une autre lettre du ministre *La Place*, à Lyon, de mars 1562, parle de Ruffy à Lyon, où on lui défend également de prêcher (*Corresp.*, XIX, 354 et 410).

2. *Moutarde, Étude hist. sur la Réforme à Lyon,* Genève 1881, p. 67, rapporte, d'après l'*Hist. de Lyon* du jésuite *Colonia,* que les réunions se tenaient habituellement dans la cour d'un épicier près de la chapelle Saint-Cosme, et dans une autre maison près du cimetière de Saint-Pierre. Le bruit des cloches les incommodant, les réformés se réunirent encore près de l'ancienne maison de ville, chez un nommé Martin Ponthus; enfin dans le temple Martin, rue Longue.

3. L'auteur, en renvoyant au mois indiqué plus haut, oublie qu'il ne l'a désigné nulle part. Le premier rapport que le comte de Sault adressa au roi sur l'état de Lyon lors de son arrivée, étant daté du 19 octobre 1561, il est à présumer que ce fut le 19 septembre 1561.

4. *François d'Agoult de Montauban,* comte de Sault, fils de Louis de Montauban, avait été élevé page de François Ier et nommé capitaine de cent chevaulégers en 1551. — *De Rubys, Hist. de Lyon,* liv. LVI, p. 389 (cité par *Moutarde, Étude hist. sur la Réforme à Lyon,* Genève 1881, p. 71), dit de lui : Quoy qu'en son ame il adherast aux protestants, comme les effects le firent paroistre, il sceut si bien, en tout ce qui estoit de l'extérieur, trancher du catholique, qu'il n'y avoit nul qui l'en sceut juger estre autre. Il oyoit la

de la ville de Lyon. Livre XI. 251

en tout & partout, de fe gouverner felon ce qui luy feroit commandé. A fon arrivée donques, il ne tint pas à luy que ceux de la religion ne fe deportaffent de prefcher en public. Mais il luy fut remonftré par ceux de la religion, qu'il ne devoit les preffer davantage que le Roy ne preffoit ceux de fa Cour, luy offrans au refte toute obeiffance. Si eft ce qu'il obtint d'eux qu'ils fe deporteroient du lieu fi proche de la maifon de la ville. Et lors furent achetés par eux les fruicts pour fix ans de la maifon du *General de Bretagne* [1], où fe firent les affemblées jufques à la publication de l'Edict de Janvier, y exerçans le Miniftere avec *Ruffi,* le fieur *d'Andufe* [2],

---

messe à deux genoux; il se communioit toutes les bonnes festes, et se confessoit à ce tant renommé frere *Ropitel,* tenu en ce temps-là pour le fléau de Calvin et de sa secte à Lyon. — *De Thou,* III, p. 219, le caractérise ainsi : C'étoit un homme naturellement doux, qui ne haïssoit pas extrêmement les Protestants; il tâchoit, suivant l'esprit des Edits, de conserver la tranquillité publique; et il exhortoit les bourgeois à vivre ensemble en paix et bonne intelligence.

1. Ce lieu de réunion fut le grand temple de la place des Cordeliers. *Moutarde,* l. c., p. 75 : Le nombre des réformés grossissant toujours, il leur fallut chercher cet emplacement plus spacieux. Ils aménagèrent un vaste édifice, « où l'on pouvait aisément mettre deux ou trois mille hommes en bataille », comme dit *Colonia (Hist. de Lyon,* II, p. 637 s.). C'était sur la place des Cordeliers, à l'angle de la rue Grenette. « La cour de cette maison, qui est assez vaste et qu'on eut soin d'ombrager de tentes, servit à faire les presches et l'intérieur de la maison servit de magasin, d'arsenal et de logement pour les ministres que Calvin envoya de Genève. »

2. *Pierre d'Airebaudouze,* baron d'Anduze (vol. I, p. 218), parent de Guy, baron d'Anduze, président de la chambre des comptes de Montpellier, dont il est parlé plus haut, p. 175. Pierre avait été archidiacre de Nîmes et s'était retiré à Genève, après avoir embrassé la Réforme, en 1553. Il y fut reçu bourgeois en 1555 et devint ministre à Jussy et, en 1561, à Genève même, après avoir aussi été envoyé dans l'intervalle à Lyon et dans le Languedoc. En 1561 déjà il retourna pour quelque temps à Lyon, où, le 25 novembre, il présida un synode provincial des églises du Dauphiné *(Arnaud, Hist. des prot. du Dauphiné,* I, p. 95). En 1563 il fut temporairement prêté par Genève à l'église de Montpellier; en octobre il alla comme pasteur à Nîmes, qui l'avait demandé le 13 août *(Docum. des archives de Genève. Ménard, Hist. de Nîmes,* IV, p. 355. *Corresp. de Calvin, Opp.,* XX, 5, 158; XXI, *passim.*). Lors des troubles qui y éclatèrent en 1569, il fut un des quatre ministres condamnés à mort par contumace à cette occasion *(Ménard,* V, p. 40). On conjecture qu'il mourut en 1570. *France prot.,* nouv. éd., I, p. 64.

Jean *l'Anglois* [1], *Paiani* [2], *Pageſi* [3], & *Pierre Viret* [4].

Essai d'accord entre les catholiques et les réformés.

Pour revenir au ſieur *de Sault,* quelques jours après avoir fait retirer les aſſemblées en ladite maiſon, s'eſſayant de moyenner quelque maniere de vivre entre les uns & les autres, taſcha de leur perſuader de s'entraſſeurer par quelques bonnes cautions; à quoy ceux de la religion s'eſtans accordés & ayans offert caution de 400,000 eſcus, ceux de la religion Romaine n'y voulurent entendre, s'excuſans ſur ce que la ville eſtoit compoſée de pluſieurs eſtrangers pour leſquels ils ne pouvoient reſpondre. Eſtans donc les choſes ainſi confuſes, le *Comte de Cruſſol* [5] y arriva, envoyé par le Roy au Pays d'en bas, pour remedier aux troubles qui s'y eſlevoient, lequel fit tant avec *de Sault,* que ceux de la religion s'accorderent de preſcher hors la ville, ès fauxbourgs de la Guillotiere [6]. Mais nonobſtant cela, & que le peuple, ſuivant le com-

Régime de l'édit de Janvier établi.

1. Il s'appelait non pas *Jean*, mais *Jacques Langlois*, et avait été pasteur à Poitiers; en 1561 il fut envoyé à Lyon, où il devint président du Consistoire. Il périt lors de la St-Barthélemy. *Corresp. de Calvin, passim* (XX, 535).

2. *Payan,* que *Viret,* dans une lettre de Lyon, désigne encore en 1563 comme son collègue. *Corresp. de Calvin (Opp.,* XIX, 653). Il se trouvait encore à Lyon à la fin de 1565. *Bull. du prot. franç.,* XII, 482. Une lettre mss. de l'Eglise de Montpellier, du 24 juin 1595, rapporte que Payan mourut en cette année, probablement à Montpellier même.

3. *Pagesi* ou *P. Pagès* était encore en juin 1566 pasteur de cette église. *Bull.,* l. c.

4. Obligé par l'état de sa santé de prendre un congé de Genève, en septembre 1561, pour consulter les médecins de Montpellier (*Corresp. de Calvin, Opp.,* XVIII, 383, 719), il ne paraît s'être arrêté que peu de jours à Lyon, en y passant, car il arriva le 6 octobre à Nîmes (*Ménard, Hist. de Nîmes,* IV, 286. *Corresp. de Calvin,* XIX, 3, 91), où il se fixa pour quelque temps avec quelques courtes interruptions, pour, entre autres, se rendre à Montpellier (*Ménard,* IV, 312. *Corresp. de Calvin,* XIX, 357, 379). Le 25 mai 1561 il repartit de Nîmes pour se rendre à Lyon (*Ménard,* IV, 322). Y étant arrivé en juin, aussitôt cette église adressa ses instances au sénat de Genève pour que celui-ci accordât à *Viret* un congé, afin qu'il pût y exercer pour quelque temps son ministère (*Corresp.,* XIX, 474, 475, 519). Bien que Genève le pressât de revenir (novembre 1562, *ibid.,* p. 580), Lyon réussit à obtenir (12 janvier 1563, *ibid.,* p. 634) que son congé lui fût indéfiniment prolongé. Il est par conséquent inexact de la part de *Moutarde,* l. c., p. 74, de dire que *P. Viret* fut depuis 1559 un des pasteurs de Lyon. Il y resta jusqu'en 1565.

5. Voy. vol. I, p. 720. Il avait été chargé de cette mission, le 10 déc. 1561.

6. Voy. la lettre de *Bèze* aux *Lyonnais,* du 25 novembre 1561. *Languet,* dans sa lettre du 23 janvier 1562 (*Epistol.,* II, p. 197), décrit la célébration de

mandement fait à cri public, fuſt defarmé, les deffiances continuoient, & fur cela fut apporté l'Ediƈt de Janvier avec letres patentes du Roy, qui portoient expreſſément de remettre les preſches de ceux de la religion dans les villes de frontieres. Ce que craignit toutesfois *de Sault* d'executer en la ville de Lyon, s'y oppofans ceux de la religion Romaine, en laquelle difficulté le Gouverneur fe voyant, delibera, avec le bon vouloir du Roy, de fe rendre fort dedans la ville pour empefcher, quoy qu'il advint, que les uns ne fe heurtaſſent contre les autres. Pour ceſt effeƈt donc, il envoya en Dauphiné le Capitaine *Mormoiron*, pour luy amener deux cens hommes, & en leva cinq cens autres dans la ville, à favoir trois cens de ceux de la religion Romaine & deux cens de la Religion, lefquels il diſtribua en telle forte que ceux de la religion Romaine eurent la garde des portes & chaines, & des places plus importantes de la ville. Et quant aux deux cens autres, les faifant conduire par un Capitaine de fa maifon nommé *Vertis*, il s'en fervoit feulement pour faire efcorte à ceux qui revenoient du prefche de la Guillotiere, & pour la garde de la Platiere, dont ceux de la religion fe difoient avoir receu pluſieurs outrages par les bouchers & bateliers du quartier de S. Vincent. Et ainfi paſſerent les affaires avec grande deffiance de part & d'autre, fans notable tumulte toutesfois, jufques aux nouvelles du maſſacre de Vaſſy[1], qui fut caufe que non feulement à Lyon, mais auſſi beaucoup plus avant, ceux de la Religion commencerent à preparer tout ce qu'ils penfoient eſtre neceſſaire pour leur defenfe.

la cène à Lyon : *Decima huius mensis celebrata est coena Lugduni, et eo die communicarunt ad decem millia hominum. Interea autem dum isti communicant, alia decem millia erant in armis, qui observarent ne quid tumultus exoriretur. Postridie qui fuerant in armis communicarunt, et qui pridie communicarant successerunt in eorum locum. Res est peracta sine ullo tumultu, et ipsi actioni interfuit gubernator urbis.* — *Cousin (Cognatus)* écrit de Nozeroy, en Franche-Comté, au jurisconsulte *Amerbach* à Bâle (le 28 février 1562) : *Lugduni qui Evangelicos se vocant coenam Domini celebrarunt maximo conventu extra urbem in loco La Guiloutiere nuncupato, totumque triduum in eam rem insumpserunt, erant autem triginta novem millia hominum. Aderant eis catapultarum jaculatores ducenti armati qui a vi eos protegebant, si quid exortum fuisset, præter duo armatorum millia foederis eorum eius rei causa inibi constituta.* (Mss. des archives ecclésiast de Bâle.)

1. 1ᵉʳ mars 1562.

Nouvelles du massacre de Vassy.
Les protestants s'abouchent avec Condé.

Alors donc fut envoyé en diligence à Orleans le Capitaine *Moreau*[1], de la part des Eglises du Comtat de Venisse, de Languedoc, du Dauphiné & de Lyon, pour entendre du *Prince* ce qu'il leur commanderoit pour le service du Roy & repos du Royaume, contre les transgresseurs de l'Edict de Janvier. Le *Prince* renvoya incontinent en poste ledit *Moreau,* ensemble le sieur *de Grille,* gentilhomme de la chambre du Roy[2], & le Capitaine *Aisse*[3], auparavant Capitaine d'Aiguemortes, par lesquels il prioit ceux de la religion de luy envoyer des forces, & notamment ceux de Lyon, & de se tenir asseurés de la ville pour le Roy, sous la charge du sieur *de Sault,* Gouverneur en icelle, pourveu qu'il se contentast de ne tenir autres gens de guerre que de ceux de la religion. Ces trois gentilshommes, avec grand peril de leur vie, notamment en la ville de Bourges, où ils furent arrestés quatre ou cinq heures, arriverent à Lyon le penultiesme jour d'Avril, où peu s'en falut qu'ils ne fussent descouverts, estans menés par les gardes de la porte de Veze au dit seigneur Gouverneur, qui les enquit soigneusement. Mais ils sceurent si bien respondre qu'ils furent renvoyés pour s'en aller loger & rafraischir pour ce soir; mais leur rafraischissement fut tel, qu'ayans envoyé querir des principaux de ceux de la religion, ausquels ils firent entendre leur creance, & ayans trouvé leur cœur & leurs forces disposées, ils se delibererent de se saisir la nuict mesme de la ville, sans plus attendre[4].

Les réformés s'emparent de la ville.

Suivant donques ceste deliberation aussi chaudement prise que executée, la providence de Dieu le voulant ainsi, le dernier jour

---

1. *Jehan Moreau* se trouve sur la liste des partisans de Condé réunis à Orléans, contre lesquels le procureur général du parlement de Paris formula l'accusation de rébellion, comme ayant pris les armes. *Mém. de Condé,* IV, p. 95.

2. Voy. *supra,* p. 161, note 1. « Ung de ceulx qui a faict le pis en ceste guerre », dit de lui *Chantonnay,* dans une lettre du 7 juin 1563. *Mém. de Condé,* II, 157.

3. Voy. p. 159, note 6.

4. Voyez sur la prise de Lyon par les réformés, le 30 avril 1562, le *Récit* inséré dans les *Mém. de Condé,* III, 339 s., qui ne coïncide pas avec la manière dont les faits sont exposés dans notre texte. Comp. aussi *Moutarde, La Réforme à Lyon,* p. 76. — Voy. aussi la pièce intitulée : *De ce qui est advenu en la bonne ville de Lion,* réimprimée dans les *Mém. de Condé,* III, 345 s.

d'Avril, à deux heures après minuict, fortans ceux de la religion, affaillirent les corps de garde ordonnés à Sainct Nizier, & dans la maifon commune, comme lieux les plus importans, qui fe laifferent furprendre fans peu ou point de refiftence, n'y eftant tué qu'une feule fentinelle, le Capitaine *du Perat* n'ayant eu le loifir de prendre fes chauffes, qu'il ne fuft arrefté dans le lict[1]. Par ainfi fe firent maiftres ceux de la Religion, tant de la maifon commune que de l'Eglife & clocher de Sainct Nizier. Au mefme inftant, ils forcerent les eglifes des Cordeliers & de Confort, gagnans les clochers qui commandent aux places qui font devant icelles, où ils logerent de leurs forces. Ils furprindrent pareillement la porte du Rhofne, rompans les ferrures, & du cofté de deçà l'eau, gagnerent les places du Change, & f'emparerent des advenues du pont, fans que le corps de garde eftant à Sainct Eloy fift aucun devoir de fe defendre, f'eftant depuis excufé le Capitaine qui y commandoit, fur ce qu'ayant envoyé de fes foldats frapper aux portes de Sainct Paul & de Veze, pour recueillir quelques bonnes forces, l'on avoit refpondu par tout qu'on vouloit garder fa maifon, ce qui l'empefcha d'affaillir ceux qui avoient gagné lefdites places du Change & du Pont.

Le Gouverneur oyant tout, & n'ayant avec foy que vingt arquebouziers de garde, avec fes ferviteurs & domeftiques, envoya foudain de cofté & d'autre recognoiftre que c'eftoit, difpofant fes gens tant aux portes de fa maifon, qu'autour du Parapet des cloiftres de l'Arcevefque, quand arriverent vers luy, bien eftonnés, trois Comtes de Saint Jean[2], à favoir *la Barge*, le *Comte Marc* & *Chevrieres*, avec autres, la plupart armés de corcelets, lefquels ayans envoyé dehors appeler des forces, n'avoient fceu ramaffer que fept hommes, chacun de ceux qui eftoient appelés refpondant qu'ils vouloient garder chacun fa maifon. Plufieurs du clergé

Situation du Gouverneur.

---

1. *Du Peirat* était venu à Lyon, envoyé par M. de Nemours, avec la commiffion d'y lever 300 hommes, deftinés, avec les gens de pied levés en Savoye, au maffacre des proteftants, le 2 mai, comme des lettres de la cour, trouvées dans les coffres de La Motte-Gondrin, lieutenant du roi au gouvernement de Dauphiné, qui venait d'être tué à Valence, l'apprirent aux proteftants. *La prinse de Lyon*, l. c., p. 340.

2. C'eft-à-dire membres du chapitre de St-Jean, qui avaient le titre de Comtes.

arriverent puis après à la file vers le Gouverneur, & les officiers du Roy auffi, pour fe fauver; par le confeil defquels un nommé *la Motte* fut envoyé pour parler à ceux de la Religion, qui luy envoyerent le fieur *Defplans,* avec lequel il fut communiqué des moyens de quelque accord. Mais cependant ceux de la Religion, ne voulans perdre l'occafion, f'approcherent plus près, braquans à chacune des portes du cloiftre une grande coulevrine, & deux autres dans le jardin des Celeftins, vis-à-vis de l'Arcevefché [1]. Quoy voyans les dits Comtes, & quelques foldats de la ville, qui f'y eftoient auffi venus fauver à la file, & qu'on avoit affis pour la garde defdites portes, ils furent furpris de telle frayeur, qu'abandonnans tout, ils fe fauverent par la porte Sainct George. Le gouverneur ayant entendu cela, fit referrer la porte Sainct George, eftans demeurés avec luy les fufdits, *la Barge,* le *Comte Marc* & *Chevrieres,* à l'inftance defquels il permit que certaines reliques & autres ornements fuffent logés dans une chambre de fon logis, dont ils retindrent la clef, ne f'en eftant voulu charger, & ainfi paffa cefte nuict jufques au matin, que ceux de la Religion heurtans à la porte du cloiftre & fe difans eftre feulement cinq ou fix qui vouloient parler audit fieur Gouverneur, y entrerent puis après à la foule, par la faute de ceux qui leur firent ouverture, & montans jufques à la chambre dudit Gouverneur, après quelques briefves remonftrances des caufes qui les avoient efmeus à prendre les armes, luy demanderent les trois Comtes fufdits, pour les emmener, afin de recouvrer quelques uns de leurs Miniftres prifonniers en *Foreft* [2]. Ce que ne leur eftant accordé par le Gouverneur, qui leur dit que pluftoft il feroit luy-mefme fait prifonnier

---

1. Une lettre du comte de Sault au roi, du 1ᵉʳ mai 1562, citée par *Moutarde,* l. c., p. 77, dit que les huguenots avaient trouvé à l'Hôtel de ville des armes et de l'artillerie, « ce qui leur donna meilleur moyen de gaigner le pont en ça, et feyrent des places du cousté du Change le mesme que des aultres, et en après vindrent planter leurs pieces vis-à-vis de seans, là où ilz me tiennent assiegé avec Messieurs les Comtes, de sorte qu'ils se peuvent dire maistres de toute la ville, fors du chasteau de Pierre-Sise où j'avoys mys des harquebusiers. »

2. *La prinse de Lyon,* l. c., p. 342 : Messieurs les Comtes se sauvent et quittent la place; toutesfois que deux d'entre eux sont demeurez prisonniers, jusques à ce que l'on aura rendu quatre ministres de Forest, que les enfans de feu le seigneur *d'Achon,* beau-frère du Mareschal de St-André, ont fait

que de les lafcher, ils f'en retournerent, & furent puis après ces Comtes envoyés hors de la ville en feureté.

Voilà en fomme comme cefte grande & tant peuplée ville de Lyon fut faifie par petit nombre de gens & peu experimentés, aydés de bien peu de gens de guerre, ayans titres de Capitaines, comme entre autres du Capitaine *Brion*[1], du Dauphiné, *Prau*, de Vivarets, *Monfegur,* Gafcon, *Cherverieu* & *Pifay,* de la ville, comme auffi f'y porterent vaillamment entre autres *Raucoules* & *la Jaquiere.* Mais entre tous eft deue principalement cefte execution au confeil & à la conftance *d'un des Miniftres*[2], lequel, entre autres chofes, modera fi bien le tout, par une finguliere providence de Dieu, qu'encores que ceft exploit euft duré depuis après minuict jufques à huict heures du matin, il ne f'y trouva de morts que deux hommes, & tous deux de la religion Romaine.

Or eftant donques la ville ainfi reduite entre les mains de ceux de la Religion, la premiere chofe qu'ils firent, fut d'aller au Gouverneur, auquel, deux heures après midi, par la bouche d'un notable marchand nommé *Jean Darut,* ils firent leurs excufes de

Pourparlers entre les protestants et le Gouverneur.

---

prendre et mis prisonniers à Montbrison. — *Le Forez*, aujourd'hui formant une grande partie du département de la Loire. Autrefois cette province dépendait du Lyonnais. Montbrison en était la capitale.

1. Voy. vol. II, p. 271 s.
2. *Calvin* ne partageait nullement l'avis de notre *Histoire* sur la conduite de ce ministre. Dans une lettre qu'il adressa le 13 mai aux Ministres de Lyon sur ces événements, il s'exprime de la manière la plus énergique : « Il y a des choses insupportables, dit-il, dont nous sommes contraints de vous escrire plus asprement que nous ne voudrions. Nous serions traistres à Dieu et à vous et à toute la chrestienté en dissimulant ce que vous orrez icy à nostre grand regret. Ce n'est pas un acte decent qu'un ministre se face soudat ou capitaine ; mais c'est beaucoup pis quand on quitte la chaire pour porter les armes. Le comble est de venir à un gouverneur de ville le pistolet en la main, et le menacer en se vantant de force et violence ; car voicy les mots qu'on nous a recitez, et que nous avons entendus par tesmoins dignes de foy : Monsieur, il faut que vous le faciez, car nous avons la force en main. Nous vous disons rondement que ce propos nous a esté en horreur comme un monstre. (*Opp. Calvini*, XIX, 409 s.) — Le ministre en question est *Jacques Ruffi*, comme cela ressort de ce que *Calvin* ajoute plus bas : « Vray est que monsieur *Rufi* est nommément chargé de toutes ces choses, mais il nous semble que vous estes en partie coulpables de ne l'avoir reprimé, ayant liberté et puissance de le faire, car s'il ne se soumet à vostre correction, qu'il cherche où il bastisse une Eglise à part. »

ce qui eſtoit advenu, alleguans pour leurs raiſons, que voyans comme ceux de la Religion eſtoient traittés en pluſieurs endroits du Royaume, & n'ignorans pas ce que le ſieur *de Maugeron*[1] & autres leur preparoient, dont ils avoient certains advertiſſemens, ils avoient eſté contraints de prevenir leurs adverſaires ; auquel exploit toutesfois chacun voyoit à l'œil qu'ils n'avoient procedé par vengeance, ni pour ravir les biens d'autrui, proteſtans, au ſurplus, ne ſ'eſtre ſaiſis des forces en intention de tenir la ville

1. *Laurent de Maugiron*, partisan dévoué des Guise, «suivant la faveur de la cour», homme dissolu, ennemi mortel du parti de la réforme, lieutenant général du roi en Dauphiné (vol. I, p. 347. Il sera question de lui plus amplement ci-après, livre XIII). *La prinse de Lyon*, l. c., p. 340 : *M. de Mogeron* estant arrivé après La Motte-Gondrin à Lyon, le 26 d'Avril, se trouva au logis de Mr. le *Gouverneur (de Saulx)*, auquel, ensemble aux Consuls et Deputez des Protestans, feit entendre que le Roy l'avoit fait lieutenant de cent lances et coadjuteur à M. le Gouverneur ; combien que les lettres qu'il presenta audit Sieur ne portassent tels titres. Au reste, il use de propos fort doux et amiellez envers lesdits protestants, qu'il vouloit vivre et mourir avec eux, et que pour l'asseurance de sa promesse il donneroit en ostage femme et enfans. Les protestans presterent fort bien l'oreille à tel fardé langage ; mais en leurs esprits bastissoyent bien divers conseils, estans asseurez que ledit *Mogeron* estoit creature de *M. de Guyse*, qui avoit juré leur mort ; et mesme que le bruit couroit par delà que les gens qu'amassoyent *La Motte-Gondrin*, *M. de Nemours* et autres capitaines commis en Forest, estoyent destinez pour les conduire à la boucherie, comme ceux de Vassy et de Sens ; et aussi que *M. d'Aumale*, ou son frere, le *Grand-Prieur*, devoit arriver en brief à Lyon pour casser *M. de Saulx* de son gouvernement. Le Lundy suyvant, 27 jour du mois, les nouvelles vindrent que *La Motte-Gondrin*, accompagné de 3000 soldats, estoit assiegé à Valence... Or mardi (28 avril) les nouvelles vindrent que *La Motte-Gondrin* avoit esté tué à Valence, et que dedans ses coffres on avoit trouvé plusieurs lettres tant de la cour, de Lyon, que du *Légat d'Avignon*, entre lesquels s'en trouva une de la Cour, portant que le deuxiesme jour de May estoit dedié et consacré au massacre des protestans. — *De ce qui est advenu à Lion. Mém. de Condé*, III, 346 : Cependant le 26 d'Avril 1562, voici arriver le Seigneur *de Maugeron*, muni de lettres au nom du roy, pour estre receu au gouvernement de ladite ville de Lion avec le Sieur *de Saulx ;* chose tresagreable aux Senat et Papistes susdits ; d'autant qu'il est un pillier, et tasche de soustenir un pied de la marmite. Ce neantmoins le Lundi suivant (27 avril), ledit Seigneur *de Maugeron* sortit de Lion, après disner ; je ne sçay pourquoy, sinon pour aller à l'aide des Papistes de Valence. Mais estant en chemin, et adverti de la mort du capitaine *Gondrin*, tourna bride et se retira, non à Lion, mais en sa maison.

de la ville de Lyon. Livre XI.

pour autre quelconque que pour le Roy, leur souverain Seigneur après Dieu, contre les perturbateurs de repos public, & notoires violateurs des Edicts dudit Seigneur ; prians au surplus ledit sieur Gouverneur de demeurer en sa charge, & de leur commander, comme à ceux qui estoient prests de luy obeir autant que faire se pourroit & devroit. La response du Gouverneur fut, qu'ils ne se pouvoient excuser de rebellion, dont il advertiroit le Roy ; & quant à sa charge, que s'ils remettoient les armes entre ses mains, & dechassoient les soldats estrangers, alors, & non autrement, il reprendroit sa charge, & moyenneroit envers le Roy à ce que ceste rebellion fust oubliée, & qu'ils fussent conservés selon les Edits ; & ne fut pour lors conclu ne resolu autre chose, ne voulans nullement ceux de la Religion se desarmer.

Le lendemain, tous les officiers de la justice, Eschevins de la ville, & autres principaux bourgeois de la religion Romaine, craignans d'avoir pis, prierent tresinstamment ledit sieur Gouverneur de continuer en sa charge, ce qu'il ne leur voulut accorder, que toute la force ne luy demeurast entre ses mains. Ils vindrent donc jusques à protester contre luy en son propre & privé nom ; ce qui fut cause finalement qu'il promit de demeurer, & faire du mieux qu'il pourroit en la ville, attendant la response du Roy sur le tout[1]. Et quant aux armes, ceux de la religion Romaine consentirent qu'elles demeureroient entre les mains de ceux de la Religion, avec lesquels ils contribueroient pour l'entretenement de douze cens hommes de guerre sous la charge de six Capitaines, tous choisis de la Religion, par lesquels, avec approbation du Gouverneur, fut fait certain reiglement pour la tuition & tranquillité de la ville.

Mesures pour le maintien de l'ordre.

Deux jours après, arriverent les Capitaines *Blacons*[2], &

---

1. *La prinse de Lyon*, l. c., p. 343 : Le Samedi, le Consulat, la Justice et les protestans, ensemble trois capitaines du prince de Condé, prierent M. de Saulx de prendre la charge de Gouverneur ; ce que de premiere entrée il refusa, à la parfin l'accepta, jusques à ce que autrement en fust ordonné ; et sous tel si (telle condition), que les capitaines feront ce qu'ils verront estre au contentement du prince de Condé.

2. *Jacques de Forest*, seigneur de Blacons (*France prot.*, 1re éd., V, 134. Comp. notre vol. I, 363). Après avoir d'abord combattu les protestants sous les ordres de La Motte-Gondrin, il se rangea du côté de ces derniers sous

Condourcet[1], avec quelques gentilshommes & leurs compagnies. Le mefme jour au foir, arriva auffi *François de Beaumont,* fieur & Baron *des Adrets*[2], aufquels les fufdits Capitaines *Grille*[3], *Aiffe*[4] & *Moreau*[5] ayans fait entendre l'intention & charge qu'ils avoient du *Prince* pour le fervice du Roy, & confervation des provinces

des Adrets. Toutefois selon *De Thou*, III, 222, ce ne fut pas *Jacques*, mais *Hector de Forest*, seigneur de Blacons, chevalier de Malte (*Imberdis, Guerres religieuses d'Auvergne*, I, 61), qui fut envoyé à Lyon.

1. *Henri de Caritat*, seigneur de Condorcet. (Vol. I, 343.) *France prot.*, nouv. éd., III, 761.

2. *François de Beaumont*, baron des Adrets (vol. I, 898; II, 97, 226; III, 121, 161, 163 etc. Comp. *France prot.*, 2ᵉ éd., II, 89 s. Rochas. *Biographie dauphinoise*. Martin, *Hist. milit. et polit. de François de Beaumont, baron des Adrets*. Grenoble 1803. *De Thou*, II et III. *Id.*, *Mém. de la vie de De Thou*, p. 8. *De Thou*, versé dans le dessin, ébaucha son portrait en passant, quand il vit *des Adrets* à Grenoble, se promenant dans son jardin avec *Lamoignon*. Il le dépeint ainsi : «*Des Adrets* étoit alors fort vieux, mais d'une vieillesse encore forte et vigoureuse, d'un regard farouche, le nez aquilin, le visage maigre, décharné et marqué de taches de couleur de sang noir, tel que l'on nous dépeint Sylla. Du reste, il avoit l'air d'un véritable homme de guerre.» Arnaud, *Hist. des Protestants du Dauphiné*, I, 105). Il servit d'abord avec distinction en Italie et en 1555 il fut placé comme colonel à la tête de 6000 hommes. Fait prisonnier en 1558 à Montcalvo, il en accusa le gouverneur et demanda que celui-ci fût condamné à lui restituer le prix de sa rançon, et n'ayant pu obtenir cette satisfaction, on attribue au dépit qu'il en conçut sa haine contre les Guise et le motif qui l'engagea à embrasser le parti du protestantisme. Dès les commencements de la guerre, en avril 1562, il se vit appelé à combattre La Motte-Gondrin, il délivra les protestants de Valence menacés par celui-ci et fut accusé (*Journal de Bruslard*, *Mém. de Condé*, I, p. 84 s.) d'avoir pris part à son assassinat, de quoi, du reste, il se défendit énergiquement dans une lettre au duc de Nemours, du 15 novembre. (*Arnaud*, I, 109.) Comp. encore sa lettre à la reine-mère, du 29 avril. *Mém. de Condé*, III, 348. Maître de Valence, il fut chargé par le prince de Condé de s'emparer de Lyon, quand il apprit que les protestants l'avaient prévenu en se saisissant eux-mêmes de la ville. — *La prinse de Lyon*, *Mém. de Condé*, III, 343 : Depuis le cinquiesme de ce mois (de mai), pour tenir le tout en asseurance et tranquillité, est venu en la dite ville (de Lyon), de la part du Prince de Condé, M. le *Baron des Adrets*, chef de l'infanterie, qui toutesfois n'entreprend rien sans le communiquer à M. de Saulx. Moutarde, *Hist. de la Réforme à Lyon*, p. 77.

3. Voy. ci-dessus, p. 161 s.
4. Voy. ci-dessus, p. 217, 176.
5. Voy. ci-dessus, p. 217.

du Dauphiné, du Comtat, de Provence, & Languedoc, partirent par eau dès le lendemain, pour executer leur charge, non fans avoir donné advertiffement au *Prince* de l'eftat auquel ils laiffoient la ville de Lyon.

Le *Baron des Adrets* eftoit auparavant Colonnel des legionnaires de Lyonnois, Dauphiné, Provence & Languedoc, homme vigilant au poffible, hardi & heureux entrepreneur, & vrayement doué de plufieurs qualités requifes en un grand Capitaine, mais au refte extremement ambitieux & cruel; lefquels deux vices obscurciffoient le luftre de fes autres vertus, & finalement luy firent perdre confcience & reputation[1]. Tant y a, que f'eftant trouvé à Valence, en Dauphiné, le vingt huiétiefme d'Avril[2], qui fut le

Arrivée de des Adrets à Lyon. De Sault quitte.

---

1. Ci-dessous, p. 253, il est question du 27 avril.

2. *Coligny* disait de lui : Qu'il falloit se servir de lui comme d'un lion furieux et que ses services devaient faire passer ses cruautés. Voy. *Pièces intéress. et peu connues pour servir à l'Hist. et à la Littérat.*, par M. D. L. P. Bruxelles 1785. 18º. Tome IV, p. 86. — Le trait que *d'Aubigné* dans l'*Hist. univ.*, liv. III, chap. 9, 2ᵉ éd., p. 215, a conservé du vieux des Adrets, ne manque pas d'intérêt. « Je ne puis passer outre, dit-il, sans donner à mon Lecteur un petit compte pour apologie de ce capitaine excellent. Nous estions à Lyon au retour du roi de Polongne (Henri III). Je vis un huissier qui refusoit la porte au vieil comte de *Bennes* et au Baron *des Adrets*, et m'en presentoit l'entrée. J'eus honte que mes capriolles et affecteries de cour me fissent entrer sans barbe où ces vieillards estoient refusez. Le *Baron* s'estant retiré sur un banc de la salle, me tenant debout, je l'accoste avec beaucoup de reverence; luy, ayant recogneu ce que j'avoye faict, me donna privauté de lui demander trois choses : « Pourquoy il avoit usé de cruautez mal convenables à sa grande valeur. Pourquoy il avoit quitté un parti auquel il estoit tant creancé. Et puis pourquoy rien ne lui avoit succedé dès le parti quitté, quoi qu'il se fust employé contre. » Il me respond au premier point : « Que nul ne fait cruauté en la rendant; que les premieres s'appellent cruautez, les secondes justice. » Là dessus m'ayant faict un discours horrible de plus de 4000 meurtres de sang froid, et d'inventions de supplices que je n'avois jamais ouy, et surtout des sauteries de Mascon, où le Gouverneur (*Saint-Point*) despendoit en festins pour donner ses esbattemens au fruict, pour aprendre jusques aux enfans et aux filles à voir mourir les Huguenots sans pitié (voy. notre vol. III, p. 423 s. et 429). Il me dit, « qu'il leur avoit rendu quelque pareille en beaucoup moindre quantité, ayant esgard au passé et à l'advenir. Au passé, ne pouvant endurer sans une grande poltronnerie le deschirement des ses fideiles compagnons. Mais pour l'advenir, il y a deux raisons que nul capitaine ne peut refuser : l'une, que le seul moyen de faire cesser les barbaries des ennemis est de leur rendre les revanches. » Surquoi il me conta de

lendemain de la fedition en laquelle *la Motte Gondrin* avoit efté tué, comme il eft dit en l'hiftoire de Dauphiné [1], il fut, du vouloir & de l'advis de la nobleffe de la Religion, choifi & efleu pour avoir le maniement des affaires, en attendant plus ample declaration du *Prince,* fi d'avanture il n'avoit cela pour agreable [2]. *Des Adrets* donques fur cela, fi toft qu'il eut entendu ce qui eftoit advenu à Lyon, ne faillit d'y accourir, & combien que ceux de la ville ne luy euffent baillé aucune charge, fi eft-ce qu'il eftendit fon election

---

300 cavaliers, renvoyez il y a quelque temps en l'armée des ennemis sur des chariots, ayans chacun un pied et un poing couppés, pour faire, comme cela fit, changer une guerre sans merci, en courtoisie. L'autre raison pour l'advenir, estoit : « qu'il n'y a rien de si dangereux, que de monstrer à ses partisans imparité de droict et de personnes ; pource que quand ils font la guerre avec respect, ils portent le front et le cœur bas; surtout quand les ennemis se vantent du nom du Roi. » Et en un mot : « Qu'on ne peut apprendre au soldat à mettre ensemble la main à l'espée et au chappeau. De plus, qu'ayant au cœur des resolutions hautaines et dures, il ne vouloit point voir ses troupes filler du derriere en bonne occasion ; mais en leur ostant l'espoir de tout pardon, il faloit qu'ils ne vissent abri que l'ombre des drapeaux, ni vie qu'en la victoire. » Quant aux raisons pour lesquelles il quitta le parti, elles furent: « Que *M. l'Admiral* avoit disposé de la guerre par des *Maximes Ministrales* (inspirées par les ministres de la religion), et vouloit donner les diseurs pour juges aux faiseurs. Que *M. de Soubize* estoit bon, vaillant, sage et meilleur capitaine que lui ; mais que pour rompre la vieille police du royaume, il ne faloit autre police que les militaires. Que la modestie n'est pas bonne pour abatre l'orgueil des ennemis qui n'en ont point. Qu'il est mal convenable de combatre des lions avec des moutons, cela s'appelant enrager avec raison. Qu'il avoit envoyé un censeur où il faloit un dictateur et un Fabius au lieu d'un Marcelle. Que voyant son sang et ses peines subjectes à tels supplantemens, il n'avoit peu despouiller envers son superieur le courage qu'il avoit vestu contre les ennemis. Qu'à la verité il avoit traicté avec le *Duc de Nemours,* non par avarice ou crainte, mais par vengeance, et après l'ingratitude redoublée. » Quand je le pressai sur la troisiesme demande, il la fit courte avec un souspir. « Mon enfant, dit-il, rien n'est trop chaut pour un capitaine qui n'a pas plus d'interest à la victoire que son soldat. Avec les *Huguenots* j'avoye des soldats, depuis je n'ai eu que des marchands qui ne pensent qu'à l'argent. Les autres estoyent serrez de crainte, sans peur, soudoyez de vengeance, de passion et d'honneur ; je ne pouvois fournir de rênes pour les premiers ; ces derniers ont usé mes esperons. »

1. Liv. XII, ci-dessus, p. 253 s. *Arnaud, Hist. des Protest. du Dauphiné,* I, p. 107 s.

2. *Arnaud,* l. c., p. 110. *De Thou,* III, 221.

de la ville de Lyon. Livre XI.

jufques là[1], fans qu'eux f'y oppofaffent, voyans qu'il eftoit homme d'execution, & prefuppofans qu'après leur avoir donné fon advis de ce qui feroit de faire, il f'en retourneroit en Dauphiné. Mais du premier coup il f'empara de toute authorité, ordonnant & faifant tout à fon appetit. Quoy voyant ledit fieur *de Sault,* après avoir temporifé quelque temps, obtint congé du Roy pour f'en retourner en fa maifon. Ce qu'il fit le dernier de Juin 1562, combien que le Capitaine *Moreau*[2] luy euft amené dès le quinziefme de May deux cens bons hommes de pied & quelques hommes de cheval, levés ès propres terres d'iceluy.

Environ le mefme temps, arriverent auffi à Lyon, envoyés d'Orléans de la part du *Prince,* les fieurs de *Poncenat*[3] & de *Changy*[4], gentilshommes de bon lieu, & honorables; l'un, à favoir *Poncenat,* pour commander aux gens de cheval, & *Changy* *Lyon centre d'action des protestants des provinces environnantes.*

1. *Langueti, Epistolæ,* II, p. 224 *(9 Maii 1562)*: *Lugdunenses admiserunt Baronem des Adrez in urbem, ubi statim deiecit imagines in omnibus templis. Canonici summi templi, qui sunt potentissimi, habebant sexcentos milites præsidiarios, quos iste redactos in suam potestatem spoliavit armis et spoliatos dimisit incolumes. Res est ea felicitate peracta, ut in tanta urbis occupatione et tam subita mutatione, dicantur duo homines tantum interfecti. Occupatio Lugduni est maximi momenti ad totum bellum, tum quod ibi sit instructissimum armamentarium, tum quod ii qui hic sunt, sperabant per negotiatores Lugdunenses se pecuniam confecturos, et præterea retinet Ducem Sabaudiæ in officio.* — Le 13 mai 1562, Calvin adressa une lettre au baron des Adrets pour l'exhorter à maintenir le bon ordre à Lyon, et à punir ceux qui avaient commis des vols lors du soulèvement, s'ils ne rendaient leur proie à bref délai. *Opp. Calv.,* XIX, 411.

2. Voy. p. 221.

3. *De Thou,* III, 222. *(Goulard) Hist. des choses mémor.,* p. 254. Il ne faut pas confondre *Ponsenat* avec *Ponsenas* ou *Ponsonnas,* bailli de Vienne, vol. I, p. 351, 366. *Jacques de Boucé,* seigneur de Ponsenac ou Ponsenat, était capitaine de compagnies huguenotes. Son nom paraîtra encore souvent dans les pages suivantes, de même qu'il figura aussi surtout dans les guerres de religion postérieures. Il tomba frappé à mort à Cognat, en 1568. *France prot.,* II, 411; 2ᵉ éd., II, 939 s.

4. *Michel du Fay,* seigneur de Changy, gentilhomme protestant du Dauphiné. Voy. vol. I, p. 219, 343. *Arnaud,* l. c., p. 41. Après son expédition à la tête des protestants de Romans, en 1560, il subit avec son frère Jacques, le jeune, une longue captivité dont ils ne furent délivrés qu'à la prise de Valence par des Adrets. Michel alla rejoindre Condé à Orléans, qui l'envoya à Lyon, comme le dit notre texte. *France prot.,* 1ʳᵉ éd., V, 89.

pour les gens de pied, en eſtat de maiſtre de camp ; ce qui cuida cauſer dès lors quelque divorce, mais le tout fut appaiſé par la modeſtie de *Changy,* lequel ſe contenta d'eſtre envoyé pour gouverneur à Valence, demeurant la maiſtriſe de camp à *Blacons ;* & fut la ville de Lyon deſignée pour lieu principal, dont ſe prendroit le conſeil & la force pour la conſervation tant du Dauphiné que des autres pays circonvoiſins, ſous le gouvernement de *des Adrets,* duquel *Blacons* fut fait lieutenant en ſon abſence, dautant que le *Baron des Adrets* alloit & venoit avec une extrême diligence en divers lieux.

Exploits dans le Mâconnais et dans le Forez.

Mombrun[1] donques, le quinzieſme jour de May, fut envoyé à *Challon,* dont l'iſſue fut malheureuſe, comme eſt dit en l'hiſtoire de Maſconnois[2], & peu après les Capitaines *Moreau* & *Verty*[3] furent auſſi envoyés à *Maſcon,* qui eſtoit demeurée deſpourveue, dont eſtans retournés, il leur fallut auſſi toſt aller à Villefranche[4], à ſavoir, *Verty* avec ſa compagnie de cent ſoldats & deux coulevrines baſtardes, & *Moreau* avec ſa troupe de gens de cheval, accompagnant *Blacons,* outre cinquante hommes de cheval conduits par le capitaine *Baron de Villeneufve de Berc,* l'exploit deſquels eſt declaré en l'hiſtoire de Maſconnois[5]. Toſt après, *des Adrets* eſtant parti pour aſſaillir Maugiron en Dauphiné, *Blacons,* ſon lieutenant dedans Lyon[6], adverti que le *Baron de Sainct Vidal,* & autres gentilshommes d'Auvergne, avoient aſſemblé grand nombre de gens du plat pays[7], pour tenir les champs, & pour faire le degaſt à l'entour le pays de Lyonnois, y envoya *Poncenat,* pour les combatre, acompagné du Capitaine *Montferrier,* ſon neveu, ſeulement avec environ cinq cens hommes, leſquels, encores que leurs ennemis fuſſent en nombre

---

1. Voy. ci-dessus, p. 193.
2. Voy. ci-dessous, p. 408 s.
3. Ou *Vertis.* Voy. p. 410, 415.
4. *Villefranche-sur-Saône,* dans le Beaujolais, à égale distance de Lyon et de Mâcon, autrefois entourée de remparts.
5. Voy. p. 415 s. *Mém. de Gasp. de Saulx, sgr. de Tavannes,* éd. Michaud et Poujoulat *des Mém. de France,* VIII, 254.
6. *De Thou,* III, 222, raconte le même exploit.
7. C'est-à-dire que ce n'était qu'un ramassis de paysans, avec quelques nobles d'Auvergne du Velai et de Gévaudan. *Ibid.*

de trois à quatre mille (mais quafi tous payfans & autres gens mal aguerris), leur donnerent la chaffe, & en firent tel carnage, qu'ils en delivrerent tout le pays, & pourfuivit *Poncenat* fa victoire jufques en Feur[1], l'une des principales villes de Foreft, en laquelle le fieur *de Sainct Prye*[2] & autres gens de nom, luy voulans faire tefte, furent tellement repouffés en une efcarmouche, que les uns gagnerent le haut, les autres furent affiegés en la ville, laquelle ayant ledit *Poncenat* affiegée & forcée, il la garda jufques à le prife de Montbrifon, comme il fera dit ci après.

Ceux de Mafcon, environ ce mefme temps, ayans demandé fecours à Lyon, obtinrent pour gouverneur le Capitaine *Entrages*[3] avec cent arquebouziers, conduits par le Capitaine *Sainct Louys*, & quelques pieces de campagne, lefquelles y firent tresbien leur devoir, ayans repouffé *Tavanes* à fon grand deshonneur, comme il eft dit en l'hiftoire de Mafconnois[4].

Pendant ces exploits de *Blacons* & *Poncenat* en Foreft, *des Adrets* fit merveilles en Dauphiné[5] contre les ennemis de *Sommerive*, *Suze*, *Carfes*, *Maugeron* & autres, puis retournant à Lyon, fur le commencement de Juillet, delibera d'affaillir deux places de Foreft, à favoir Mouron[6] & Mombrifon; pour lequel exploit il employa quafi toutes fes forces avec celles de Vivarets, ayant laiffé à Lyon pour gouverneur en fon abfence le Senefchal de *Valentinois*[7], homme de letres & non de guerre. Cela mefcon-

Des Adrets en Dauphiné. Acte de cruauté à Montbrison

---

1. *Feurs* (Loire), dans le Forez, petite ville très ancienne, à 23 kil. de Montbrison. Il y a encore différents restes d'antiquités romaines.

2. *De Saint-Prié*. De Thou, l. c.

3. *César Guilleran*, seigneur d'Entragues. *De Thou*, III, 214.

4. Voy. ci-dessous, p. 416 s.

5. Voy. p. 265 s. *Arnaud*, l. c.

6. *Mouron*. Il est difficile de décider quel doit être cet endroit. Est-ce *Montrond*, sur la Loire, entre St-Etienne et Roanne, avec le château de Bellegarde, situé à 3 kil. à distance sur un rocher qui commande la vallée que parcourt la route de Lyon à Montbrison? Ou serait-ce le bourg du Dauphiné *Moras* (Drôme), sur la route de Vienne à Romans (*Arnaud*, l. c., p. 173), à 56 kil. de Valence? Peut-être est-ce plutôt le bourg de *Moirans*, dans le Dauphiné, à 37 kil. de S. Macellin, sur la route de Valence, dont Maugiron s'était emparé. *Arnaud*, l. c., p. 131.

7. *Félix de Bourjac (Barjac)*. Vol. I, p. 219, 344 s.

tenta fort les Lyonnois, outre plufieurs autres deportemens, [ne][1] voulant *des Adrets* faire à fa fantafie, de forte qu'ils importunoient fort le *Prince* de leur envoyer quelque feigneur de marque pour mieux conduire les affaires. *Des Adrets* cependant pourfuivant fon entreprife, print les places qu'il pretendoit, comme auffi elles n'eftoient de grande refiftence ni munies de forces. Mais le feiziefme de Juillet, il ufa d'une cruauté qui fit grand tort à fes victoires & reputation, ayant fait precipiter de fang froid & comme pour paffe temps après difner plufieurs prifonniers du fommet de la haute tour de Mombrifon, entre lefquels mefmes il y avoit quelques gentilshommes de nom[2]. Ce fut au grand regret de *Blacons* & *Poncenat* & des autres Capitaines, qui firent tout ce qu'ils peurent pour l'en deftourner, alleguant *des Adrets*, qui eftoit en une merveilleufe furie, que les ennemis en avoient fait cent fois autant à Orenge, & que le moyen de faire ceffer tels actes eftoit de leur rendre la pareille.

De Soubise remplace des Adrets à Lyon.

De là il tourna vers le Puy en Auvergne, mais il ne fit que paffer, fe retirant à Lyon, où il trouva les chofes changées. Car ayant le *Prince* failli à combatre fes ennemis à Talfi près de *Bogency*[3], comme il eft dit en l'hiftoire d'Orleans, & voyant après la furprife de Bloys qu'il ne pouvoit faire tefte en campagne à fes ennemis renforcées nouvellement de Reiftres & Lanfquenets, il delibera de fe mettre fur fa defenfive, envoyant le fieur *de la Rochefoucaut* en Poytou, le fieur *de Duras* en Guyenne, le fieur *d'Andelot* en Alemagne[4], pour luy amener nouvelles forces en toute diligence, & pour commander à Lyon, le fieur *de Soubize,* Chevalier de l'Ordre, plein de confeil & d'experience tout

---

1. Il faut évidemment omettre ce : *ne.*
2. Les *Pièces intéress.* (*supra,* p. 221, note 9 ; tome IV, p. 85) rapportent à cette occasion le trait que raconte aussi *De Thou,* III, 232 : Ayant reproché à l'un de ces malheureux de s'être déjà présenté deux fois sans avoir osé faire le saut : « Parbleu, M. le Baron, lui dit le soldat, tout brave que vous êtes, je vous le donne en trois (en dix). » Réponse qui le fit rire et sauva la vie au soldat. Comp. deux lettres d'*Estienne du Tronchat,* alors à Montbrison, dans ses *Lettres Missives etc.,* p. 75 de l'*Hist. lamentable etc. de Gonon.* Voy. aussi *supra,* p. 221, note 9, le passage de *d'Aubigné.*
3. *Beaugency.* Vol. II, p. 100 s.
4. Vol. II, p. 102.

enſemble. *Soubiʒe* donc y eſtant arrivé [1], le dixneufieſme dudit mois de Juillet (non ſans avoir eſchappé de grands dangers en chemin), au meſme temps que *des Adrets* retournoit de Foreſt, après luy avoir déclaré ſa charge, luy fit quelques douces remonſtrances touchant ceſte cruauté [2], & d'abondant declara à toutes gens de guerre ayans charge & ſoldats, que ceux qui en voudroient faire autant, euſſent à ſe retirer de Lyon ſous peine d'eſtre chaſtiés. Sur quoy, *des Adrets* au commencement ne peut diſſimuler ſon mecontentement, mais ayant entendu l'intention du

1. *Mém. de la vie de Soubise*, éd. J. Bonnet, 1879, p. 60. *Arnaud*, l. c., p. 141 s. : « Or n'eſtoit pas le voyage peu hasardeux à cause de tout le pays qui luy falloit passer depuis Orleans jusque-là estoit tenu par les catholiques.» Le récit de ses aventures y suit p. 62 s. Ce qui suit sur le séjour de Soubise à Lyon est presque textuellement emprunté au *Discours des choses advenues en la ville de Lion pendant que Monsieur de Soubise y a commandé*, conservé dans les *Mélanges de Méʒeray*. (*Bibl. nation.*, *Fonds français*, vol. 20 783, fol. 113-157, cité par M. J. Bonnet, Publié dans le *Bull. du Prot. franç.*, tome XXVIII, p. 396 et 439, tome XXIX.) *De Thou*, III, 232 : Ce seigneur, qui joignoit à une illustre naissance une très-grande modération et une habileté peu commune, fit cesser les plaintes des bourgeois, et il les consola par l'espérance d'un meilleur temps. Il rétablit le bon ordre, et il eut un grand soin que la ville ne manquât de rien. — Aux *Archives de Bâle* se trouve une lettre que Soubize adressa à cette ville, le 29 juillet, qu'il commit à Jean Budé, seigneur de Vérac, et à Henri Scringer, pour y négocier un emprunt de 200,000 écus. Pour justifier le besoin urgent d'argent, en vue de l'objection de ce qu'on avait fait de tous les trésors d'églises qu'on avait pillés, il répond en premier lieu que ces trésors n'avaient pas été la dixième partie aussi considérables qu'on s'était plu à le dire, et ensuite qu'il n'y avait pas la seule armée de Condé à nourrir, qui à elle seule pourrait engloutir des trésors, mais qu'il y avait encore d'autres armées à entretenir dans presque toutes les provinces.

2. *Discours des choses adv.* (*Bull.*, XXVIII, p. 399): Ledit sieur de Soubize luy en feit une doulce et gracieuse remonstrance, luy disant que telles cruaultez n'estoient pas agreables à Dieu, et que l'on pouvoit faire son service et de son Eglise beaucoup mieux en n'en usant point, et qu'il y avoit grand dangier que cela ne l'irritast contre les siens ; davantage que cela empiroit grandement la cause de la Reïligion Refformée, pource que monsieur le prince en toutes ses escriptures a toujours taxé monsieur de Guyse et ses adherens des cruaultez dont il faisoit user envers lesdits de la Religion etc. . . . Ledit Baron des Adrets, qui ne pouvoit supporter d'estre en un lieu où autre que luy commandast et qui luy fust superieur, print congé dudit sieur de Soubize et s'en alla au païs de Daulphiné pour y pourveoir aux affaires selon qu'il entendoit estre besoing.

Prince, tant par letres que par la bouche de *Soubize,* il se rappaisa, deliberant quant & quant d'aller besongner en Dauphiné, où il estoit appelé par *Mombrun,* ce qu'il fit, menant avec soy quatre des plus belles compagnies Françoises, & une de cent Suisses pour sa garde, toutes bien armées & payées pour un mois; ce que *Soubize* luy accorda gratieusement pour ne l'irriter, & au contraire l'incita de faire de bien en mieux. Ce qu'il promit & partit en apparence fort content dudit sieur *de Soubize,* & fit merveilles puis après, estant descendu en diligence contre *Suze* au secours de *Mombrun,* comme il est dit en l'histoire de Dauphiné¹.

Lyon se renforce d'auxiliaires suisses.

Quelque temps devant l'arrivée du sieur *de Soubize,* ceux de Lyon avoient surpris unes letres du *Roy de Navarre* au sieur *de Sommerive,* lieutenant du Comte, son pere, au gouvernement de Provence², par lesquelles il luy mandoit qu'il assemblast toutes les plus grandes forces qu'il pourroit en Provence, pour icelles jointes avec celles que *Maugeron* leveroit en Dauphiné, & *Tavanes* en Bourgogne & lieux circonvoisins, empescher la ville de Lyon de faire la cueillette, & l'assaillir de toutes parts. Unes autres letres de

1. Voy. ci-dessous, p. 272.
2. Voy. *supra,* p. 164. *Honoré de Savoie,* comte de Sommerive, fils de Claude de Savoie, comte de Tende. Il était né à Marseille, en 1538, et n'était par conséquent âgé que de 24 ans. Il était neveu du connétable de Montmorency, qui avait épousé Madeleine de Savoie, sœur du comte de Tende. D'un caractère ambitieux et étant entré en des relations suivies avec le seigneur de Carces, l'agent le plus accrédité du duc de Guise en Provence, il se croyait appelé à se mettre à la tête du parti catholique dans le pays. Son père était doux, tolérant ami de la paix ; il avait en outre épousé en secondes noces Françoise de Foix, zélée protestante, qui exerçait une notable influence sur les décisions de son mari. Le fils, jaloux de la préférence que le père paraissait donner à René de Cipières, né de ce second mariage, était devenu l'ennemi de son père ; il sut le faire décrier à la cour comme huguenot et se faire nommer lieutenant du roi en Provence, avec pouvoir d'y commander comme si le gouverneur, son père, était absent. Les dissensions religieuses devinrent des plus déplorables dans le pays. Sommerive exerça d'affreuses cruautés contre les protestants, lors de la prise de Cisteron. Il est vrai que d'après le témoignage de *Brantôme,* il passa plus tard pour avoir refusé d'obéir aux ordres du roi, concernant le massacre des huguenots lors de la S. Barthélemy. Mais il se trouvait alors sur son lit de mort et d'autres attribuent le mérite de cette conduite au comte de Carces. *Le Laboureur, Addit. aux Mém. de Castelnau,* II, 14 s. *G. Lambert, Hist. des guerres de relig. en Provence,* I, 138, 267.

Tavanes, efcrites à *Sommerive* & aux autres chefs des Provençaux, furent furprifes, par lefquelles il exhortoit à faire diligence, comme il promettoit de faire de fa part. Sur ces advertiffemens, ceux de Lyon firent tant, qu'il leur fut accordé huict enfeignes de la ville de *Berne,* trois de Neufchaftel & quatre des Valefans, faifans nombre de cinq à fix mille hommes [1], auffi bien armés & equippés qu'il en fortit jamais de ce pays là, avec certaines conditions portées par la refponfe defdits Seigneurs de Berne, l'unziefme de Juillet, à favoir qu'ayans entendu la requefte à eux prefentée par *Jean Freflon,* libraire de Lyon, à ce commis [2], pour leur accorder une levée de huict enfeignes, tant pour la defenfe de la ville de Lyon que pour fecourir leurs circonvoifins fideles, eux f'arreftans au premier poinct du fecours de Lyon, fans accepter le fecond de paffer outre, leur refpondoient que la difficulté du temps & leurs propres dangers les gardoient de leur donner fecours par election & commandement, mais que prefumans que quelques uns de leur fujets acouftumés de fuivre les guerres par le paffé contre leurs defenfes & Edicts, oyans ce commun bruit de guerre, f'efleveroient pour la fuivre, leurs dits commis les pourroient attendre à Geneve pour les mener à leur fecours, entendans que ce fut pour la defenfe & confervation de ladite ville, afin qu'elle ne fuft foulée ni oppreffée comme quelques autres defpourveues de garnifon. Puis donc que ladite levée eftoit venue en effect, f'arreftans à cefte leur intention, ils avoient fait commandement aux Capitaines

---

1. *Corresp. de Calvin, Bullingerus-Calvino,* 7 juillet. *Opp. Calv.,* XIX, 482. *Zerkintes Calv.,* 8 juillet, *ibid.,* p. 483. *Bulling. Calv.,* 17 juillet, *ibid.,* p. 487. *Condé à Genève,* 23 juillet, *ibid.,* p. 489. *Ruchat, Hist. de la Réform. de la Suisse,* éd. Vulliemin, VI, p. 491-496. *Tavannes,* dans ses *Mém.,* l. c. p. 254, dit : Les Huguenots, par lettres de la Royne mere (!), obtiennent en juillet six mil Suisses du canton de Berne et de Vallais, qui arrivent à Lyon. — Voy. le *Discours (Bullet. du Prot.,* XXVIII, p. 400 s.), sur les craintes que l'admission de ces troupes dans Lyon suggéraient à Soubise et combien il insista sur ce qu'elles restassent hors la ville, ainsi que la lettre de la reine-mère par laquelle elle le félicitait : « qu'avez si bien et sagement faict de n'avoir receu les Suisses. »

2. *Jean Frellon,* funestement connu par la part qu'il prit à la mort de Servet. *Opp. Calv.,* VIII, 833 s. Voy. *De Thou,* III, 232 s. Ils étaient commandés par le colonel Nicolas Diesbach de Berne. Voy. ci-dessous, p. 418.

conducteurs¹ desdites enseignes, à peine de corps & biens & honneurs, qu'ils euffent à fuivre leurdite limitation, & eftre & demeurer en garnifon audit Lyon pour y faire ceft honneur & fervice au Roy, & fervice de garder & preferver de tout leur pouvoir la ville & les habitants d'icelle des inconveniens advenus en d'autres villes defgarnies d'ayde, durant ces troubles de France, jufques à ce qu'il pleuft à Dieu reftablir la paix du Royaume, & de dreffer les moyens que fa Majefté puiffe conftituer fa ville de Lyon & autres en l'eftat de paix & tranquillité, contre les cruels affaux de ceux qui jufques alors les avoient tant tourmentés. Partant ils avoient enjoint aufdits Capitaines & conducteurs, de fe declarer de ce que deffus à tous demandans raifon de leurs entreprifes, à favoir qu'ils ne portoient les armes contre le Roy, ni aucun de leurs alliés & confederés, ains leur intention n'eftoit autre que de garder la ville de Lyon de force & violence, de quoy ils les avoient bien voulu advertir, afin qu'ils euffent pour excufés lefdits Capitaines & conducteurs f'ils refufoient d'eftre autrement employés ; les leur recommandans au furplus, & prians fe contenter d'un tel fervice, fans les importuner outre leur vouloir & intention, qui n'eftoit qu'eux ni les leurs entrepriffent acte d'hoftilité contre la couronne de France.

Arrangement concernant les auxiliaires suisses.

Suivant donques cefte refolution, ces compagnies auxquelles f'eftoient adjoints à Geneve cent hommes de cheval en fort bon equippage, eftoient defià à *Sardon*², en Savoye, lieu diftant de Lyon de journée & demie, quand le fieur *de Soubize* arriva à Lyon, lequel trouvant eftrange cefte capitulation, envoya à *Berne*, remonftrant que pour garder Lyon il n'eftoit befoin de f'enclorre dans les murailles³, ains de tenir la campagne pour favorifer la cueillette & envitaillement, & faire tefte aux ennemis qui f'affembloient à Chaflon, pour leur ofter toute commodité. A quoy fut finalement refpondu par lefdits feigneurs de *Berne*, qu'ils accordoient que leurs gens allaffent la part où il feroit befoin, feulement pour la feureté & defenfe de la ville de Lyon, & pour la cueillette.

---

1. Le capitaine de la compagnie genevoise de ces auxiliaires était *Louis Franc*. Voy. ci-dessous, p. 422, note.
2. Village, à deux journées de Lyon. *De Thou*, p. 233.
3. Voy. p. 225, note 3. *De Thou*, l. c.

Cela fut caufe qu'au lieu de fe loger dans la ville, ils marcherent vers Mafcon avec autres forces commifes à *Poncenat*[1], difans ceux de *Neufchaftel* & les *Valaifans* qu'ils iroient par tout où l'on voudroit, & promettans auffi quelques particuliers des Bernois de fe defbander f'ils eftoient rapelés par leurs fuperieurs, & faire bon fervice en tous lieux pour la querelle de la Religion. Cela mettoit *Soubize* en quelque efperance d'en envoyer jufques à quatre mille à Orleans au fecours du *Prince,* envoyant d'autre cofté à Strafbourg pour effayer d'avoir quelques Reiftres pour leur efcorte[2]. Mais tout cela fut rompu par la furprife de *Mafcon*, ainfi qu'il eft dit en fon lieu.

D'autre cofté, *Soubize* ayant pourveu à plufieurs defauts qu'il trouva au gouvernement du dedans de la ville, tant en la police qu'en la juftice, & notamment à ce qu'elle ne fuft defpouillée du refte de plufieurs grandes richeffes dont les ennemis, qui eftoient dehors, fe prevaloient, en les tirant par faveurs & corruptions, envoya quelques compagnies au pays de Foreft, pour amener des bleds, fans laquelle provifion la ville f'en alloit affamée. *Blacons* en eftoit le conducteur[3], lequel ayant pris l'Abbaye de la Chaife-Dieu[4], y laiffa en garnifon *Monjoux*[5], fon beau frere, & alla

Exploits de Blacons.

1. Il commandait la cavalerie à Lyon. *Discours*, l. c., p. 401.
2. *Discours*, l. c., p. 497 : Ledit sieur de Soubize, en desirant se renforcer de cavalerie, pour avoir moyen de sortir à la campagne, remonstra à ceulx de Lyon que s'ils vouloient faire la despense, et soldoyer pour deux ou trois mois deux ou trois cornettes de reistres, il esperoit avec les forces qu'il avoit dans Lyon, et celles de Provence qui y venoient, se mettre à la campagne et faire bientôt fin à la guerre de ce costé là, à quoy ceulx de Lyon respondirent que les Suisses les avoient tellement espuisés d'argent, qu'il seroit impossible d'entrer en ceste nouvelle despense. — Comp. *De Thou*, p. 233 : Comme il avoit envoyé à Strasbourg pour lever de la cavalerie Allemande, Soubise s'étoit flatté qu'il pourroit en envoyer 4000 hommes au Prince de Condé; mais Mâcon ayant été repris, cette espérance s'évanouit.
3. Voy. sur ces opérations du chevalier de Malte, *Hector de la Forest,* sieur de Blacons, premier lieutenant du baron des Adrets : *Imberdis, Hist. des guerres relig. en Auvergne,* p. 61.
4. *La Chaise-Dieu (Casa Dei),* petite ville de l'Auvergne (Haute-Loire), au sud-est et à 9 lieues d'Issoire, à 5 de Brioude, à 6 d'Ambert, bâtie sur un revers de montagne, dans une position triste. Elle est dominée par l'ancienne abbaye de bénédictins pillée par les religionnaires.
5. *Jean de Forest,* dit *de Vesc,* sieur de Monjoux. Blacons prit aussi et démantela le château d'Expaly. Mais à peine s'était-il éloigné, que les catho-

jufques en la ville du Puy en Auvergne, où il ne fit rien, par faute d'artillerie ; joint qu'il avoit en tefte les forces conduites par *Sainct Eran, Sainct Chaumont, Sainct Vidal,* & autres, lefquels reprindrent ladite Abbaye, & contre la compofition faite avec *Monjoux,* l'envoyerent prifonnier à Ryon, où il demeura longuement & fut tresinhumainement traitté. De là ils furent à Sainct Saphorin[1], où eftoit le Capitaine *Chaftelus,* qui fit quelque mine de tenir, mais fe retira puis après fans attendre le fecours qui luy eftoit envoyé, de forte que l'ennemi y entra à fon aife.

Tentatives de corrompre Soubise et de faire rappeler les Suisses.
Cependant on n'oublioit de pratiquer *Soubize,* pour luy perfuader de remettre Lyon entre les mains du Roy, comme portoient les letres qu'on luy efcrivoit, mais comme il eftoit fage & advifé, il favoit bien auffi faire telles refponfes qu'il appartenoit, declarant qu'il ne la tenoit point contre le Roy, & qu'on ne la pouvoit commettre pour ce temps-là en meilleur main que la fienne, pour la luy bien garder[2]. En ces entrefaites, ceux qui faifoient cefte guerre fous le nom du Roy, envoyerent *Mandozze* en Suiffe[3], pour fe pleindre aux Bernois, comme contrevenans au

liques, commandés par le gouverneur d'Auvergne, le sieur *de Montmorin-Saint-Hérem* (ou *Saint-Héran*), *Saint-Chamond* et *Saint-Vidal,* investirent La Chaise-Dieu, Monjou fut fait prisonnier, et accusé d'avoir tué La Motte-Gondrin, envoyé à Riom (Puy-de-Dôme), où il mourut dans son cachot. *Imberdis,* l. c., p. 65.

1. *Saint-Simphorien-d'Ozon,* bourg dans le Dauphiné (Isère), au sud de Lyon, à 13 kil. de Vienne. (Ou peut-être aussi le bourg du département du Rhône, *St-Symphorien-sur-Coise* ou *St-Symphorien-le-Chastel,* à 34 kil. de Lyon, sur la Coise.)

2. Voy. la lettre de la reine-mère, du 9 septembre, et la réponse de Soubise, du 17 septembre, dans le *Discours* cité (*Bull. du prot.,* XXVIII, 497 s.).

3. *Calvinus Bullingero,* 15 août (*Opp.,* XIX, 498) : *Tandem a Bernensibus impetratum est ut ad recuperandas Burgundiæ urbes se accingerent. Lenti tamen sunt progressus et metuimus ne tota expeditio brevi in nihilum recidat, quia nimium timide ac serviliter Mendozæ senatus respondit. Semper subsistunt in puerili cavillo, venisse ad urbem custodiendam. Quasi vero non satis multi essent qui consumerent tenuem alioqui annonam.* — *Mém. de Tavannes,* l. c., p. 255 : Le Roy, par le conseil de *M. de Guise,* depesche *Mendosse* à Berne ; il leur demande s'ils vouloient rompre l'alliance, ou, s'ils vouloient la garder, qu'ils revoquassent leurs gens qui estoient avec les Huguenots, ce qui luy fut refusé. — *De Thou,* III, 233 : Dans le même temps, *Jean de Mendoza,* Espagnol, qui avoit depuis longtemps quitté sa

traitté perpetuel des ligues avec la Couronne de France, & pour les prier de rappeler leurs gens. A quoy leur fut faite ample refponfe, contenant en fomme, que leurs gens n'eſtoient point envoyés par leur commandement, mais que ne les pouvans empefcher d'aller à la guerre, ils les avoient toutesfois amenés à ce poinct, de leur faire jurer & promettre de ne faire autre exploit que de garder la ville de Lyon d'eſtre forcée ou pillée, comme pluſieurs autres villes, en quoy ils eſtimoient faire un grand fervice au Roy, tant f'en faloit qu'ils euſſent pretendu contrevenir au traitté de paix perpetuelle. Mais que ce neantmoins ils renvoiroient querir leurs gens, puis qu'ils entendoient que le Roy n'avoit à gré ce qu'ils en avoient fait.

Suivant donc ceſte reſolution, furent envoyés à Lyon deux de leurs Conſeillers, à favoir les Seigneurs *Nicolas de Grafenried* & *Jeroſme Manuel*[1], qui donnerent à entendre tout ce que deſſus au ſieur *de Soubize*, lequel ils prioient ſe souvenir à quelle condition leurs gens leur avoient eſté envoyés, & que ſi toſt que le terme de leur fervice feroit expiré, ou bien que dès lors, f'ils f'en pouvoient paſſer, ils les contentaſſent, & leur baillaſſent congé de f'en retourner. *Soubize* leur accorda cela trefvolontiers, dautant qu'il n'en avoit que faire pour la garde de la ville. Et pourtant, eſtans receus dans la ville deux jours après, il leur fit faire monſtres & les congedia dès le lendemain[2]. Ce neantmoins, les Capitaines

Les Suiſſes ſont congédiés.

patrie pour s'engager au service de nos rois, homme qui joignoit à une humeur très enjouée beaucoup d'habileté, et qui avoit déjà été ambassadeur en Suisse, fut envoyé à Berne, pour se plaindre de ce que, contre la disposition des traités d'alliance faits avec la France, ils avoient fourni des troupes auxiliaires à la ville de Lyon. Ceux de Berne dirent pour s'excuser : Que ces troupes y étoient allées d'elles-mêmes ; et que n'ayant pu les empêcher, ils y avoient consenti à condition qu'elles ne seroient employées qu'à garder la ville ; en quoi ils avoient fait un office d'amis, et avoient rendu un vrai service au Roi, leur allié. Cependant *Mendoza* obtint qu'ils les rappelleroient. — Comp. Ruchat, *Hist. de la Réform. de la Suisse*, éd. Vulliemin, VI, p. 496.

1. Le 11 août. Ruchat, l. c.
2. Cela ne se fit pas aussitôt, comme le dit De Thou ; il se passa au contraire encore quelques semaines, et l'ambassadeur de France eut encore à en faire ses plaintes à Berne, qui chargea de nouveau, le 10 septembre, le conseiller Béat Louis de Mülinen d'aller à Lyon rappeler les huit enseignes de sujets bernois, sous peine de bannissement. Ils quittèrent enfin Lyon vers le milieu de septembre. *Ruchat*, l. c., p. 497.

Une partie reste à Lyon. des Valefans & de Neufchaftel, fous la charge de *Peter Ambiel*[1], leur Colonnel, fe rengerent fous fix enfeignes, ayans fait nouvelle capitulation, & demeurerent à Lyon, où ils firent depuis de tres-bons fervices.

Emigration d'une partie des habitants. Ce departement des Suiffes ne pleut pas à tous les habitans de Lyon, qui penfoient par ce moyen eftre abandonnés en proye aux ennemis, de forte que plufieurs d'iceux fortirent avec les Suiffes, abandonnans la ville; les uns fous couleur d'acompagner quelques marchandifes baillées aux Suiffes, pour en faire argent & en fournir leur payement, les autres feignans d'aller à leurs granges, les autres fortans à pied comme pour voir paffer les Suiffes; de quoy eftant adverti *Soubize,* tant f'en falut qu'il en fuft marri, que mefmes il dit publiquement que tous ceux qui avoient peur luy feroient plaifir de fortir après les autres, laiffans toutefois bon gages après eux pour la defenfe de leur patrie qu'ils abandonnoient.

Approche menaçante de Tavanne. Peu de jours après, *Tavanes,* faifant fon conte d'affaillir Lyon à bon efcient, f'approcha jufques à *Anfe*[2], à trois lieues de la ville de Lyon & non plus près, attendant fa groffe artillerie de Chaflon, & le fecours des Italiens[3], au devant defquels arrivés à Mafcon en nombre d'environ trois mille, fous la charge du *Comte d'Anguefole*[4], il alla jufques à Belleville dont il les amena en fon

1. *Am Buhel,* Ruchat, l. c. Cependant les Valaisans furent aussi rappelés plus tard par leurs Seigneurs et sortirent de Lyon au commencement de décembre, *ibid.*

2. *Anse*, petite ville du Lyonnais, à 5 kil. de Villefranche, sur la Saône.

3. *Discours des choses avenues à Lyon (Bull. du Protestantisme franç.,* XXVIII), p. 496 : Peu de jours après le partement des Suisses, le sieur de Tavannes avec ses forces s'approcha jusques à Anse . . . où il feit sejour d'un mois ou environ, sans faire autre logis plus près, sous coulleur d'attendre la grosse artillerye qu'il disoit faire venir de Challons, et les Itailliens, ou par avanture (et ce qui estoit plus à croire) attendant le fruit de quelque intelligence qu'il pouvoit avoir en la ville de Lyon. Mais il ne parvint pas jusques à la fin du mois, qu'il ne perdît l'esperance et de l'ung et de l'autre, et qu'il ne cogneut bien qu'il avoit esté pourveu à la dite ville, de façon que par la force ny par les intelligences ses desseings ne pouvoient reussir.

4. Le comte *Anguesole, Jean, comte d'Anguisciola,* un des assassins de Pietro Luigi Farnese, duc de Parme, fils naturel du pape Paul III, Alexandre Farnese.

camp, où fe trouverent auffi les troupes de *Sainct Chaumont, grand Prieur d'Auvergne*[1]. Ce neantmoins il ne f'approcha point plus près de la ville, à l'entour de laquelle, vers la porte appelée de Veze, fe firent plufieurs belles efcarmouches durant le fejour de *Tavanes* à Anfe, qui fut d'environ un mois, empefchant ceux de Lyon de faire leurs vendanges, exceptés les lieux les plus voifins de la ville[2].

En ces entrefaites, la Royne mere efcrivoit derechef à *Soubize*, par le fieur *de Monchenu,* le neufiefme de Septembre, le conviant à rendre Lyon, qu'elle eftimoit eftre en danger d'eftre faccagée[3]. A quoy *Soubize* fit refponfe que c'eftoit au Roy, qu'il la gardoit & garderoit tant qu'il y auroit commandement. Ce qu'entendans, ceux *de Guyfe* y envoyerent le *Duc de Nemours* avec nombre de cavalerie & les Reiftres du *Comte de Roquendorff*[4], eftimans que *Tavanes* fe contenteroit de demeurer fous ledit *de Nemours;* en quoy ils furent deceus. Car eftant *Nemours* arrivé au camp, le

Soubise vainement sommé de rendre Lyon.

Irruption de Nemours dans le Dauphiné.

1. Cette désignation qui confond deux personnes en une seule, est fautive. Saint-Chaumont (ou Saint-Chamond) n'était pas Grand-Prieur. *D'Aubigné, Hist. univ.,* I, 214: Tavannes, ayant joinct à trois lieues de Lyon le comte d'Anguisciolle avec 3000 Italiens, et environ autant que le Grand-Prieur d'Auvergne, et S. Chaumont lui amenoyent, avec l'artillerie qu'il avoit eue de Dijon, et celle que les autres avoyent prise à Cavaillon, et par ainsi ayant 10,000 hommes de pied, et quelque cavalerie, se resolvoit au siege de Lyon... Mais le Duc de Guise ayant voulu que celui de Nemours commandast au siege, Tavannes fit dissiper l'armée. — *De Thou*, p. 244, dit que *Louis de Lastic (Imberdis,* l. c., p. 123) était Grand-Prieur d'Auvergne. *Anguisciola* est aussi appelé incorrectement *Anguisulle*. Lettre de *Chantonney,* du 16 septembre 1562. *Mém. de Condé,* II, 85.

2. *Mém. de Tavannes,* l. c., p. 255: Il se joint au sieur de Tavannes quatre mil Italiens commandez par le comte de Saincte-Fleur, envoyez du Pape, et toutes les forces catholiques de Forests et de Vivarets. Il arrive avec ces troupes, assiége Lyon du costé de la porte de Vaize. Là se firent plusieurs belles escarmouches, dont il eut tousjours le meilleur, serrant et bloquant tellement les Lyonnais, qu'ils perdirent leurs vendanges. Il attent l'artillerie et des munitions qu'il faisoit venir de Bourgogne pour battre Lyon, que sa bonne fortune et son nom avoient mis en si grande terreur, qu'ils avoient produit des intelligences infaillibles dans la ville; nul ne doute qu'il ne l'eust pris.

3. Voy. cette lettre et la réponse de Soubise, du 17 septembre, dans le *Discours, Bull. du Prot. franç.,* XXVIII, p. 497.

4. Rockendorf. Vol. II, p. 88, 103.

quinziefme de Septembre, *Tavanes,* mal content, ou pluftoft, comme il eftoit un homme prevoyant les chofes de loing, eftant bien aife d'avoir quelque occafion de fe retirer de ce fiege, dont il n'attendoit aucune iffue qui fuft à fon honneur, fachant la force des affiegés & la vigilance de *Soubize,* fe retira en fon gouvernement de Bourgongne[1]. *Nemours* donques recueillit toutes les forces de ce camp, jointes aux fiennes, & il tira droit en Dauphiné, où fe firent plufieurs exploits dont nous parlerons en fon lieu[2]. Mais le *Comte d'Anguefol,* fe plaignant qu'il n'eftoit payé, fe retira dès lors, horfmis fix enfeignes qui accompagnerent *Nemours* fous la charge de *Brancaccio*[3]. Ces troupes d'Italiens, envoyés & foldoyés par le Pape, firent beaucoup de maux par où ils pafferent, & pillerent jufques aux fouliers des pauvres ladres qu'ils trouvoient, & au refte fi vilains & deteftables en leur vie, qu'ils trainoient avec eux des chevres pour f'en fervir à leurs vilenies plus que brutales, qui fut caufe que puis après, en tous lieux par où ils avoient paffé, les chevres furent tuées & jettées en la voyrie par les payfans.

Les troupes italiennes.

1. *Discours*, l. c., p. 499 : Ledit sieur de Tavannes se retira en son gouvernement de Bourgogne, ayant quelque malcontentement ou feignant d'en avoir, qu'il disoit estre pour le tort qu'on lui faisoit d'envoyer un autre par dessus luy, ou bien par aventure prenoit ceste couleur pour ce qu'il veoyoit bien qu'il ne pouvoit satisfaire aux promesses que l'on dict qu'il avoit faites au duc de Guyse, d'entrer bien tost dans Lyon par le moyen de ses intelligences. — *Mém. de Tavannes*, l. c., p. 256 : MM. de Guise qui vouloient obliger M. de Nemours à eux, la Roine, se souvenant de la malle ouverte, fit donner la charge de general audit sieur de Nemours, avec supplication au sieur de Tavannes de demeurer près de luy avec tout pouvoir ; ce que luy confirmant M. de Nemours, l'asseurant qu'il commanderoit à luy mesme, le sieur de Tavannes se ressent du tort à luy faict : après avoir bien servy, l'on luy trenche le fil de ses victoires; il ne voulut obeyr à M. de Nemours, et luy remet toutes les forces et les munitions entre les mains, se retire en son gouvernement pour le soulager et maintenir en paix. Comp. ci-dessous, p. 429.

2. Voy. ci-dessous, p. 281.

3. *Discours*, l. c., p. 497 : Il faut notter qu'après que le comte Jehan Ingulsoul (Anguisciola, voy. p. 229, note 4) eust faict quelque sejour au camp de Monseigneur de Nemours, il se retira avec les trouppes qu'il avoit, et disoit-on que c'estoit à faute de paiement. Si est-ce qu'il (se) paya assez bien par ses mains, car il emporta grand butin des pilleries et volleries qu'il avoit faictes sur les subjets du roy. Et sur son partement, le duc de Nemours tira de ses bandes six enseignes, dont il feit collonnel *Julio Branccatio (Brancaccio)*, qui demeurerent en son camp tant que la guerre dura.

de la ville de Lyon. Livre XI. 277

Pendant le fejour de *Nemours* à Vienne, qui luy fut rendue par le Capitaine *Bernin,* comme il fera dit en l'hiftoire de Dauphiné¹, les vivres devenoient fort courts à Lyon. Pour à quoy remedier, *Soubize* tafcha d'obtenir des habitans la folde de deux ou trois cornettes de Reiftres, avec lefquels, joints à fa cavalerie & autres forces, il fe promettoit de pouvoir tenir la campagne, & envitailler la ville. Ce que luy eftant refufé par ceux qui fe difoient avoir efté efpuifés d'argent par les Suiffes, & fachant que *Mouvans*² & *Senas*³, par faute de fecours, ayans efté contraints d'abandonner Cifteron, comme il fera dit en l'hiftoire de Provence⁴, f'eftoient retirés du cofté de Pragela⁵, avec bon nombre de bons & braves foldats Provençaux, endurans grande neceffité, & en grand danger d'eftre perdus, il leur efcrivit, enfemble à *des Adrets,* qui eftoit au Pont Sainct Efprit, afin de le venir trouver en telle neceffité⁶.

Suivant donc cefte deliberation, *des Adrets,* avec trois ou quatre
231 cens argoulets, n'ofant entreprendre d'amener des gens de pied parce que quafi toute l'armée de *Nemours* eftoit logée près des lieux où il vouloit paffer, fe mit en chemin fans attendre les Pro-

Soubise appelle des Adrets et les Provençaux.

1. Voy. ce vol., p. 277, 281 s. *François de Terrail de Bernins (Arnaud, Protestants du Dauphiné,* I, 119, 149, 154 s.), de l'illustre famille du chevalier Bayard, mais qui ne lui était pas comparable. *De Thou,* III, 245. *Discours,* p. 500.

2. *Paul de Mouvans.* Vol. I, 376, etc., 893, 901. Paul de Richiende, sieur de Mouvans.

3. Vol. I, 898. *Balthazar de Gérente,* baron de Sénas, voy. ce vol., p. 163. Comp. *Arnaud,* l. c., p. 134.

4. Voy. ci-dessous, p. 276 et 319.

5. La vallée vaudoise du Haut-Piémont, descendant du mont Genèvre. Vol. I, p. 372.

6. *Discours,* p. 501 : Ledit *duc de Nemours* feit un assez long sejour à Vienne pour favoriser quelques entreprises qu'il avoit en certaines villes de Dauphiné, et ledit *de Soubize,* voyant les bleds se diminuer fort en ladite ville, après avoir fait la recherche et description d'iceulx par toutes les maisons, voyant qu'il n'y en avoit pas pour tenir longuement, depescha vers le *baron des Adrets* pour le prier de s'approcher de Lyon avec ses forces pour le secourir, et luy aider à mectre les bleds du pays de Daulphiné dans ladite ville de Lyon. — *De Thou,* p. 245, dit que Des Adrets était allé faire une course à Lattes, en Languedoc, à trois lieues de Montpellier, et qu'il partit trois jours après, presque dans le même temps que Sénas et Mouvans étaient venus de Grenoble à Lyon.

vençaux. Mais il ne sceut achever son voyage si coyement ne si diligemment qu'auprès de Beaurepaire¹ il ne fust chargé de toute la cavalerie de *Nemours,* laquelle finalement le mit en route. Si est ce qu'il entra dans Lyon avec la plus part de ses gens, & combien que ses argoulets prinssent la fuite, toutesfois il se trouva que *Nemours* y perdit plus qu'il n'y gagna. Quant aux Provençaux², ils avoient tiré à Grenoble, & advertis de laisser leur droit chemin, tournerent vers Cremieu³, là où ayans sejourné une nuict seulement, & receu l'escorte envoyée de *Soubize,* finalement ils arriverent à Lyon en sauveté, comme il sera deduit en son lieu⁴.

Envoi de secours à Orléans.

Outre ces forces, *Soubize* depescha à Orleans, & d'autre part aussi au sieur *de Andelot,* sur les confins d'Allemagne, le capitaine *Bataille*⁵, pour avoir trois cornettes de Reistres qui devoient estre conduites par la Bourgongne en toute seureté par ledit *Bataille,* sachant fort bien tous les destroits & chemins, se deliberant avec ces forces de combatre *Nemours* avec grande esperance de victoire, pour lequel effect aussi il fit à Lyon trois fontes d'artillerie, à savoir quatre canons, douze grandes coulevrines, & le reste de

---

1. *Beaurepaire,* dans le Dauphiné, à 20 kil. de Vienne, autrefois fortifié.

2. Les gens de pied Provençaux, amenés par Sénas et Mouvans, étaient au nombre de douze ou treize cents. *Discours,* l. c.

3. *Crémieux,* petite ville du Dauphiné, à 16 kil. de La Tour-du-Pin, à peu de distance du Rhône.

4. Voy. ci-dessous, p. 281 s. *Discours,* l. c. : Le lendemain, ledit sieur de Soubize leur envoya de la cavallerie qui les conduisit jusques dans Lyon.

5. *Pierre de Rostaing de Bataille, d'Aucelle,* dans le Champsaur (Hautes-Alpes). *France prot.,* nouv. éd. I, 959. *Discours* (*Bull. du Prot.,* XXIX, p. 18) : En ce mesme temps ledit sieur de Soubize feit une depesche devers M. le prince de Condé et M. l'Amiral, leur faisant entendre la grande nécessité de bledz où il estoit, et qu'il n'en avoit pour le vivre des soldatz jusques au xv fevrier ensuivant. Et pour cette cause il les supplioit mander à M. d'Andelot, qui estoit sur le point de son retour d'Allemagne, de luy envoyer trois cornettes de reistres, et en ce mesme instant ledit sieur de Soubize feit pareille depesche audit sieur d'Andelot par ung gentilhomme de Bourgongne, nommé le cappitaine *Bataille,* qui avoit laissé le service du sieur de Tavannes pour se rendre audit sieur de Soubize, d'auttant qu'il estoit de la religion, et estoit un brave et vaillant soldat, et bien cognoissant tout le pays de Bourgongne, et entreprenoit d'amener les reistres que le sieur d'Andelot voudroit bailler, par des lieux où l'on ne pourroit leur empescher le passage.

moyennes & baftardes[1]. Mais il ne peut obtenir ce qu'il demandoit, tant pource que les Reiftres refuferent de prendre le hazard du chemin en fi petit nombre, que pour eftre preffé le *Prince,* à Orléans, de fecourir Rouan, f'il eftoit poffible, efcrivant de jour à autre à *Andelot,* qu'il le vinft trouver avec toutes fes forces, & en diligence.

Eftans les affaires de Lyon en ces termes, *Soubize,* voyant qu'il n'avoit faute de capitaines, mais bien de foldats pour faire fon renvitaillement, fit tant que *des Adrets* fut content de repaffer en Dauphiné pour luy amener plus grandes forces tant de pied que de cheval, le priant *Soubize* de ne faillir de l'advertir quand il approcheroit, afin qu'il ne luy en prinft, comme à l'autre fois, par faute d'avoir efté fortifié de cavalerie[2]. *Des Adrets,* arrivé en Dauphiné, fit telle diligence qu'il affembla de quatre à cinq mille hommes de pied, & environ quatre cens chevaux, avec lefquels, fans advertir *Soubize* (en quoy il fit une grande faute), eftant près de *Beaurepaire,* il fut derechef chargé comme l'autre fois, de toute l'armée de *Nemours,* où il y eut grand combat pour quelque peu de temps. Mais une partie de l'infanterie de *des Adrets,* & mefmement fa cavalerie, ne f'opiniaftra gueres au combat, prenant la route de Lyon, où ils donnerent un grand effroy. Ce nonobftant, *des Adrets,* ralliant fes gens, gagna Bourgoing, & puis après Cremieu, où il fut mal fuivi de *Nemours,* qui perdit lors une belle occafion de le deffaire du tout, & advint cefte route le dix-neufiefme d'Octobre[3].

Soubize, adverti le mefme jour de ce faict par letres de *des Adrets* mefme, qui l'affeuroit n'avoir perdu gens ni bagage, &

Echec de des Adrets près de Beaurepaire.

Des Adrets chargé de réunir des provisions.

1. *Discours,* l. c., p. 19 : Quelques jours auparavant ledit sieur de Soubize avoit faict une fonte d'artillerie de quelques canons et grandes couleuvrines, sur l'espérance qu'il avoit de se mettre bientost à la campagne, pour faire ouverture des villes et chasteaux qui pourroient tenir fort contre luy. Et pendant le temps qu'il demeura audit Lyon, il feit trois fontes de vingt-huit pieces d'artillerie pour le roy, à ses armes et devises, et d'icelles y a quatre canons, douze grandes couleuvrines, et le reste moyennes et bastardes.
2. *Ibid.,* p. 19.
3. Cet exposé est à peu près textuellement emprunté au *Discours,* l. c. *De Thou,* III, p. (246), 250. Comp. *Arnaud, Hist. des Prot. du Dauphiné,* I, 156 s. Plus bas, p. 283, la date est mise au 29 octobre. *L'Hist. des choses mémor.,* p. 256, a le 19 octobre.

qui plus eſt, que le ſieur *de Mirabel*[1], avec dix ou douze gentils-hommes & environ ſoixante ſoldats partis de Romans, l'eſtant venu trouver bien à poinct, & ayant laiſſé derriere eux plus de trois cens chevaux qui devoient bientoſt arriver, ſe reſouloit d'aller vers l'ennemi le plus près qu'il pourroit, demandant ſeulement des vivres en attendant qu'il euſt loiſir d'en dreſſer quelque eſtat. *Soubize,* di-je, entendant ces choſes & ne voulant perdre une ſi bonne occaſion de recouvrer des vivres, luy envoya auſſi toſt les deux mille Suiſſes qu'il avoit, ſous la charge d'*Ambiel*[2], & environ trois mille hommes de pied François, conduits par *Senas*[3], avec trois cens chevaux ſous la conduite de *Poncenat*[4] & *Mouvans,* le priant de planter ſon camp entre Lyon & Vienne, afin que ſous ſa faveur il peuſt retirer le plus de bled qu'il pourroit du pays de Dauphiné. *Des Adrets* donques planta ſon camp ès villages de Sainct Simphorian & Tenay[5], à deux lieues près de Vienne, où il ſejourna l'eſpace de trois ſemaines, durant leſquelles ſe firent pluſieurs belles eſcarmouches, eſquelles ceux de Nemours eurent touſiours du pire, comme il ſera dit en l'hiſtoire de Dauphiné[6].

1. Vol. I, p. 342. *Claude de Mirabel,* et ci-deſſous, p. 253 et 255, il est question de *Rozans,* sieur de Mirebel. *Arnaud,* l. c., p. 124.

2. *Am Buhel,* voy. ci-deſſus, p. 228, note 5. Le *Discours* dit, sans doute par erreur, car il y avait six enseignes (*supra,* p. 228) : Ledit sieur de Soubize mit hors de Lyon les *deux cens Suisses,* qu'il avoit soubz la charge du collonnel Petter Ambiel, etc.

3. Voy. *supra,* p. 163.

4. Voy. ci-deſſus, p. 222, note 4, 223 s. *D'Aubigné, Hist. univ.,* fol. 215 : Poncenat. *Arnaud,* l. c. : *Charles Borrel de Ponsonnas.*

5. *St-Simphorien-d'Ozon* (voy. p. 227, note 8). *Ternay* (*Tenay,* faute d'impression, comme déjà dans le *Discours*), bourg peu éloigné du précédent, à 11 kil. de Vienne, près du confluent de l'Ozon et du Rhône.

6. Voy. p. 282 s., et surtout p. 284. *Discours,* p. 20 : Durant lequel sejour (de des Adrets à St-Simphorien et Ternay) on mit dans Lyon ce peu de bled que l'on peust amasser. Mais cela ne repondoit pas à la despence du pain que l'on envoyoit dudit Lyon en l'armée dudit baron des Adretz. Et fut faict en ce sejour de belles et grosses escarmouches jusques aux portes de Vienne, où estoit le duc de Nemours avec toute son armée, où il se feit de belles choses ; et toujours ceulx dudit sieur de Nemours y eurent du pire. Et mourut de son coté un brave gentilhommen qui estoit guydon de sa compagnie ; et de l'autre, les capitaines Mouvans, Puyviau, La Nauraye et Moreau, des gens de cheval, feirent tresbien, et de ceulx de pied, le sieur de Bleaucour, mestre de camp, les capitaines Milly, Payet, Antragues et aultres. *Arnaud,* l. c., p. 157.

Eſtans les affaires en tel eſtat¹, à ſavoir *Nemours* avec ſon armée ayant *des Adrets* devant ſoy, & *Soubize* donnant ordre cependant à ce qui eſtoit neceſſaire pour avoir du bled, advint que un certain meſſager que *Soubize* avoit envoyé vers l'Amiral à Orleans, portant letres, tant de luy que du *Cardinal de Chaſtillon*², eſtant pour lors en Languedoc avec le *Comte de Cruſſol*, au lieu de ſ'en revenir à Lyon avec la reſponſe de l'Amiral, porta le tout au *Mareſchal de Briſſac*³, ſous lequel il avoit autresfois eſté ſoldat⁴. En ceſte depeſche de l'Amiral, il y avoit une letre⁵ contenant ſur ce qui luy avoit eſté eſcrit des deportemens de *des Adrets*, qu'il faloit endurer le plus qu'on pourroit de ſes bouillons, & l'entretenir, de peur de le faire devenir d'inſolent du tout inſenſé ; ce qu'ayant leu *Briſſac,* il ne faillit d'envoyer en poſte un gentilhomme de Dauphiné nommé *Sainct Sernin*⁶, premierement vers *Nemours,* luy ouvrant ce moyen pour pratiquer *des Adrets*, & de là vers *des Adrets* meſmes, auquel il eſcrivit des letres que nous infererons en ſon lieu⁷.

De Brissac commence à pratiquer des Adrets.

1. Comp. le *Discours*, l. c., p. 20.
2. Voy. vol. I, 30, etc.; II, 107.
3. Voy. vol. I, 402 ; II, 75, 90.
4. En Piémont. *Discours*, l. c.
5. *Discours*, l. c.: Et pource que par la lettre qu'il escrivit à M. le cardinal (de Chastillon), son frere, il apparoissoit qu'il lui avoit faict plainte des deportemens dudit baron des Adretz, disant que c'estoit un homme insolent, qui ne vouloit croire conseil ni advis de personne, mais faire toutes choses à sa teste, et pour ceste cause il faisoit de grandes erreurs, ne voulant point secourir les principalles places, et allant faire la guerre ès lieux où il n'estoit pas besoin, et semblables propos. Car par la response que faisoit ledit sieur admiral là dessus, que ce traistre mit entre les mains du mareschal de Brissac, il y avoit ces mots : « Quant à ce que me mandez du baron des Adretz, chacun le cognoit bien pour tel qu'il est ; mais puisqu'il a si bien servy jusques icy en ceste cause, il est forcé (nécessaire) d'endurer un peu de ses insolences, car il y auroit dangier au lieu d'insolent le faire devenir insensé. Parquoy je suis d'advis que vous mettiez peine à l'entretenir, et d'en endurer le plus qu'il se pourra faire. » Voilà la substance des propos de ladite lettre concernant ce fait.
6. Plus loin, p. 291, il est nommé une fois *S. Sornin*, comme aussi dans le *Discours*, p. 21, et dans *de Thou*, III, 350. *(Goulard) Hist. des choses mémor.*, p. 216, le nomme *S. Sernin*.
7. Voy. ci-dessous, p. 290 s.

Soubize conçoit des soupçons contre des Adrets.

Ainsi que ces choses avoient esté projettées, elles furent aussi executées, tellement que dès lors *des Adrets* commença d'estre gagné. Mais la providence de Dieu & la vigilance de *Soubize* pourveurent à tout, car *Soubize*, le lendemain que *Sainct Sernin* estoit venu parler à *des Adrets*, estant venu en personne au camp, tant pour le visiter que pour communiquer avec *des Adrets* de quelque entreprise, il aperceut tantost, parlant à luy, qu'il avoit quelque estrange deliberation en son entendement, ce qu'il declara en partant, pour s'en revenir à Lyon, à quelques gentilshommes[1], les priant d'avoir l'œil sur luy, & de l'advenir de tout ce qu'ils en pourroient descouvrir, dont ils s'acquitterent fidelement depuis, comme il sera dit en l'histoire de Dauphiné[2].

Le Dauphiné et Lyon menacés par Nemours.

Des Adrets[3] donques, après avoir communiqué avec *Nemours*, tant par personnes interposées qu'en presence, rompit son armée, & tout aussi tost *Nemours*, tant pour faire semblant qu'il ne pretendoit qu'à la ville de Lyon, combien qu'à la verité il s'attendist bien d'estre bien tost en possession de tout le Dauphiné, se vint loger à Sainct Genis[4], à une bonne lieue de Lyon, empeschant par escarmouches qu'aucuns vivres n'y entrassent, & attendant que le terme assigné pour le mettre dans Romans & Valence fust escheu, monta jusques à Villefranche[5], & mit garnison par tout le pays de Dombes[6], de sorte qu'il ne pouvoit sortir homme par la porte de Lyon, nommée de Sainct Sebastien, qu'il ne fust en grand danger. Davantage, en ce mesme temps, le capitaine *Sainct Auban*[7], revenant du camp du *Prince* avec quelques autres capitaines & soldats, jusques au nombre de quatre vingts chevaux, fut deffait & pris avec son fils sur la montagne de Tarare[8], mais peu

---

1. Le *Discours*, l. c., dit: quelques gentilshommes de Daulphiné, auxquels ledit baron se fioit le plus. — Comme à l'ordinaire, notre *Histoire* reproduit à peu près textuellement le récit du *Discours*.
2. l. c., note 6.
3. *Discours*, p. 24-26.
4. La petite ville de *St-Genis-Laval*, à 9 kil. au sud de Lyon.
5. *Villefranche-sur-Saône*, dans le Beaujolais, au nord de Lyon.
6. La principauté, alors souveraine, de *Dombes*, avec la capitale de Trévoux, aujourd'hui comprise dans le département de l'Ain.
7. Vol. I, p. 343, 898. II, p. 89.
8. Vol. II, p. 225 s., et ci-dessous, p. 301 s. *Tarare*, au pied de la montagne de Tarare, à l'ouest entre Lyon et Villefranche. Comp. les détails dans le *Discours*, p. 67. De Thou, III, p. 354.

après lafché par *Nemours*, auquel il laiffa fon fils en oftage, tellement que *Soubize* n'eftoit pas fans grande perplexité pour le deffaut de vivres qui le menaçoit. Bref, fans que la providence de Dieu y remedia d'une eftrange façon, c'eftoit chofe affeurée que Lyon euft eu beaucoup à fouffrir.

L'intelligence donques d'entre *Nemours* & *des Adrets*, par laquelle *Nemours* efperoit venir à bout de toutes chofes, fut caufe que *Nemours* f'affeurant d'avoir Dauphiné & puis Lyon, n'eut ne l'un ne l'autre. Car eftant venu le temps de l'affignation, *Nemours*, revenu à Sainct Genis, tira droit à Vienne avec fon armée, qu'il ne pouvoit pas departir en deux fans eftre trop foible. Ce qu'ayant fceu *Soubize,* comme il n'avoit faute de bons efpions, fit fortir auffi toft & comme à poinct nommé, trois mille hommes de pied, & de trois à quatre cens chevaux, pour luy amener du bled de Dombes[1]. D'autre part il depefcha les capitaines *Mouvans* & *Clery* en Dauphiné, avec charge de fe faifir du *Baron des Adrets,* fuivant l'advertiffement que luy en avoient donné les gentilshommes, qu'ils luy avoient mis à la queue pour veiller fur toutes fes actions, ce qui fera plus amplement declaré en fon lieu[2]. *Soubise surveille des Adrets.*

Ceux qui furent envoyés en Dombes, tant pour avoir vivres que pour nettoyer tout le pays des garnifons que *Nemours* y avoit laiffées, firent ce qu'ils voulurent, fans grande refiftence, dautant que toutes les garnifons, auffi toft qu'elles eurent entendu quelles forces eftoient en pays contre eux, abandonnerent lafchement les places, horfmis quarante hommes, qui entreprindrent de garder le chafteau de Trevoux, lequel toutesfois fut forcé par le capitaine *Moreau*[3]. Ce que voyans, ceux de dedans gagnerent une tour à trois vouftes, d'où ils fe defendirent tellement, eftans montés par une echelle fur le plus haut eftage, & ne fe voulans rendre à compofition qu'on leur offrit, qu'on fut contraint par le moyen d'un caque de poudre de les faire tous fauter et enfevelir en la ruine de la tour. Cela fait, furent amenés environ cinq mille charges de bled dans Lyon dudit pays de Dombes, pour mettre au *Il débarrasse le pays des troupes de Nemours.*

---

1. *Discours*, p. 68.
2. Voy. p. 307. *Discours*, l. c. Arnaud, *Prot. du Dauph.,* p. 174.
3. *Discours*, p. 69. *Moreau,* voy. ci-deffus, p. 217, note 2, p. 221.

magazin, avec bonne affeurance du payement à ceux à qui on l'avoit pris[1].

Entreprises contre Lyon manquées.

Nemours adonc, voyant l'entreprife de Dauphiné faillie & mefmes le *Baron des Adrets* arrefté prifonnier, ayant auffi entendu quel nombre d'hommes eftoit forti de Lyon, efcrivit à *Sainct Chaumont*[2] (lequel, avec l'*Evefque du Puy*, avoit affemblé quelque bon nombre d'hommes) à ce qu'il entreprinft d'y donner une efcalade avec grande apparence d'y entrer, veu le petit nombre de foldats reftés au dedans. Mais *Soubize* en eftant bien adverti, jufques à favoir la nuict qu'ils devoient venir, donna fi bon ordre à toutes les advenues, que *Sainct Chaumont* l'ayant aperceu, n'ofa jamais approcher la muraille de cinq cens pas[3]. Voyant cela, *Nemours*, retourné à Sainct Genis, delibera luy-mefme de bailler une efcalade par le cofté de Sainct Juft, dès le premier foir de fon arrivée, dont *Brancaccio*[4] eut la charge avec fes Italiens. Ils gagnerent les fauxbourgs fans combatre, par ce qu'ils eftoient abandonnés; mais ainfi qu'ils fe perfuadoient d'eftre tous riches & d'avoir tout gagné, *Soubize* arrivé à la porte, après avoir tout mis en bon eftat du cofté des murailles, fit une faillie[5] fur eux fi rude & fi afpre qu'ils deflogerent encores plus habilement qu'ils n'y eftoient entrés. La mefme nuict, les autres forces donnerent à un quartier des tranchées, où on dit que *Nemours* fe trouva en perfonne, & fe mit à pied. Mais voyant le bon nombre d'hommes qui eftoient fur les tranchées, tous prefts à le recevoir, il fe retira, laiffant les efchelles dans les vignes avec grande confufion.

---

1. *De Thou*, III, p. 383, diffère de notre *Histoire*, en disant : Le capitaine Moreau fit sauter la tour, où il se trouva cinq mille muids de bled, que l'on prit et que l'on porta dans les greniers de Lyon.

2. *Saint-Chaumont*, le grand prieur d'Auvergne, *supra*, p. 229. Comp. p. 187 s.

3. *Discours*, p. 69, d'où est aussi puisé ce qui suit.

4. *supra*, p. 230.

5. Il fit saillir bon nombre d'arquebuziers choisis, soubz la charge des capittaines *Blacons*, *Poyet* et *Audiffroy*, et aultres, lesquels les meirent en deroute, et en taillerent en pieces jusques au nombre de quatre-vingts à cent, partie de ceulx qui voulurent faire teste et combattre, et l'autre partie de ceulx qui ne pouvoient si bien fuir que les aultres. Voilà la premiere entreprise que fit ledit sieur duc de *Nemours* sur Lyon. *Discours*, l. c. — Pour ce qui suit, l'*Histoire* puise aussi fidèlement dans ce document.

Sur cela, voyant *Nemours* qu'il eſtoit debouté de ceſte entre-   *Approvi-*
priſe, & que cependant la ville s'envitailloit, fit quelque ſemblant   *ſionnement*
de tirer à Maſcon, dautant qu'il n'avoit autre moyen de paſſer la   *de la ville.*
riviere pour aller en Dombes, à cauſe que ceux que *Soubize* y
avoit envoyés, avoient retiré tous les bateaux de leur coſté. Mais
Soubize, prevoyant cela, fit retirer ces gens tout à temps, qui luy
amenerent les bateaux tous chargés de vivres ; outre ceſte proviſion, encores fit-il en ſorte que monſieur le *Duc de Savoye* fut content, pour avoir du ſel, dont il avoit grande faute en ſes pays, de
luy fournir deux mille charges de bled. Et n'euſt eſté la cherté du
grain, qui lors eſtoit bien grande en Savoye, il en euſt bien eu
davantage.

Nonobſtant cela, *Nemours* s'opiniaſtra de tenter encor une eſca-   *Escalade*
lade du coſté de Sainct Juſt & de Loiaſſe[1], faiſant auſſi monter des   *de Nemours*
bateaux par le Rhoſne, pour faire deſcendre des gens dans le pré   *repouſſée.*
d'Eſnay[2], pource que de ce coſté là les tranchées & boulevarts
eſtoient fort bas & ſans foſſé, & penſoit bien que s'il avoit moyen
de faire deſcendre gens dans le pré, il forceroit aiſément les tranchées, meſmement aſſaillant la ville par pluſieurs endroits, après
avoir adverti quelques uns, avec leſquels il avoit intelligence dans
la ville, de s'eſlever ſoudain qu'ils entendroient l'alarme. *Soubize*,
adverti de tout ce que deſſus, fit mettre la moitié de toutes les
compagnies en garde, & tenir preſte l'autre moitié en leurs quartiers, fit auſſi marcher la cavalerie en armes & toute la nuict par
la ville[3], pour empeſcher qu'aucun traiſtre ne s'eſlevaſt, outre
cela mit bon nombre d'artillerie ſur les remparts du coſté d'Eſnay,
gardée par bon nombre[4] de gens de pied, avec commandement
de laiſſer deſcendre les ennemis dans le pré, ſans les empeſcher,
juſques à ce qu'il y fuſt arrivé. Outre tout cela, il envoya des gens
de cheval ſur les advenues, pour eſtre adverti de bonne heure ſi
les ennemis marchoient, qui fut cauſe que l'entrepriſe du coſté du
pré d'Eſnay ne fut executée. Car le ſieur *de Leſſein*[5], frère de

---

1. *St-Juſt* et *Loyaſſe*, fauxbourgs de Lyon du côté de l'est. St-Juſt était un grand monastère.
2. *Ainai;* le *Discours* écrit Aisnay, une des paroisses de la ville.
3. pour faire la patrouille. *Discours,* p. 71.
4. trois cents, *ibid*.
5. *Discours,* p. 72 : le sieur *de Lessin,* frère du sieur de Maugiron.

Maugeron, qui menoit une troupe de cavalerie le long du bord du Rhofne, près des bateaux qui portoient les gens de pied, ayant efté rencontré par trois ou quatre chevaux, que *Soubize* avoit fait fortir du cofté de la Guillotiere, où ils fe fauverent, cognoiffant par là que leur entreprife eftoit defcouverte, f'en retourna incontinent, faifant reculer arriere fes bateaux, lefquels auffi n'euffent peu arriver, que le jour ne les euft defcouverts.

Mais *Nemours,* qui eftoit de l'autre cofté avec le refte de fon armée, vers Sainct Juft, n'eftant adverti de cela, ne laiffa de faire donner l'efcalade, qui ne peut auffi avoir effect, dautant que le jour les furprit comme ils montoient, & que par dedans la ville il ne fe fit aucune rumeur, n'ayans peu ceux qui avoient intelligence avec les ennemis fe remuer, à caufe de la cavalerie marchant par tous les quartiers de la ville. Cefte entreprife donques tourna à neant, comme les autres, moyennant la vigilance de *Soubize,* lequel fit une faillie fur la queue des ennemis, dont ils emmenerent quelques uns prifonniers.

Nemours, avec un grand defplaifir, tant de n'avoir peu executer fon entreprife, que de fe voir trop foible pour batre & affaillir une telle ville par vive force, f'en retourna à Saint Genis, attendant nouveaux moyens, & entretenant les intelligences qu'il avoit en la ville, & peu après receut les nouvelles de la bataille de Dreux avec charge de les faire entendre à *Soubize,* luy envoyant les letres de la *Royne mere* [1], en datte du vingtdeuxiefme de Decembre, dont la teneur f'enfuit :

Lettre de la reine-mère donnant nouvelle à Nemours de la bataille de Dreux.

« Mon coufin, je vous efcrivis hier comme nous avons perdu la bataille, & veritablement le penfois, mais depuis j'ay fceu comme ayant efté la bataille rompue où eftoit mon coufin le *Conneftable,* & luy prins, dont cefte alarme eftoit venue, mon coufin le *Duc de Guife* avec l'avantgarde avoit chargé avec une telle furie qu'il avoit recouvré l'artillerie qui eftoit perdue, rompu leurs troupes & regagné la bataille perdue, de façon que le *Prince* fut pris prifonnier & toute l'armée taillée en pieces. Et penfe l'on que l'*Amiral* foit mort, ayant efté combatu avec une telle obftination qu'il ne fut jamais une bataille mieux combatue. De quoy je n'ay voulu faillir vous advertir en toute diligence, afin que vous le

---

1. *Discours, Bulletin du Prot.*, XXIX, p. 205.

faciés femer & entendre par tout, & que vous retiriés tous ceux d'entre eux qui voudront venir au fervice du Roy, monfieur mon fils, leur promettant qu'il leur fera pardonné, fans qu'ils foient recerchés ni travaillés pour le paffé, & que ceux qui ne voudront revenir fe peuvent affeurer que leurs biens feront confifqués fans efperance de grace ou mifericorde. Ce que vous ferés publier par tout, afin que voyans toute leur efperance perdue, ils regardent à eux, & prennent parti. Vous ferés auffi entendre cefte nouvelle au fieur *de Soubize,* afin qu'il regarde fi, luy eftant toute efperance de fecours levée, & ne pouvant attendre qu'une ruine prompte & manifefte, il ne veut pas remettre la ville de Lyon entre vos mains, & la rendre au Roy, mondit fils, lequel acte fera fuffifant pour effacer tout le mal qu'il fauroit avoir fait, ou il fe peut affeurer que faifant autrement, il f'en trouvera fi mal que la repentance fuivra de bien près le peché, me femblant fur cefte occafion que vous avés beau moyen de faire quelque chofe de bon. Quant à l'argent, j'efpere en trouver maintenant plus aifément qu'au paravant cefte deffaite, ce que je vous feray favoir le plus promptement qu'il me fera poffible. Et cependant je prieray Dieu, mon coufin, vous avoir en fa fainéte & digne garde. De Paris, ce vingtdeuxiefme jour de Decembre 1562.» Et au deffous eft efcrit : « Voftre bonne coufine, Caterine. »

Sur cela, ne croyant pas la moitié de ces nouvelles, qui avoient efté efcrites fi toft après la bataille & devant qu'on peuft favoir pleinement quelle en pouvoit eftre l'iffue de part & d'autre, fachant auffi que ceux *de Guife,* ayans le Roy & la Royne en leur puiffance, leur faifoient efcrire en tel ftyle que bon leur fembloit, ne fit autre refponfe à *Nemours,* finon qu'il attendroit nouvelles du Roy & de la Royne mefmes, adreffantes à luy.

Cela fut tantoft fait & en telle diligence, que le Roy & la Royne luy en efcrivirent en mefmes termes & en mefme fin, en date du vingtfeptiefme & du dernier de Decembre[1]. *Soubize,* pour y faire refponfe, eftant arrivé fort à propos un gentilhomme envoyé à la Cour de la part des *Cardinal de Chaftillon* & *Comte Cruffol,* adjoufta fa creance, que quand il voudroit remettre la ville de Lyon en autres mains, ceux de la ville ne confentiroient jamais

Lettre de la reine-mère à Soubise et réponse de celui-ci.

---

1. Ces deux lettres font inférées dans le *Discours,* p. 205 s.

qu'elle fuſt remiſe en la puiſſance de *Nemours,* ſachans qu'il leur eſtoit ennemi capital (ce qui eſtoit ſuffiſant pour l'excuſer d'obeir ſi toſt à ce commandement); mais que voyant leur majeſté en leur pleine liberté, & hors la puiſſance de ceux *de Guiſe,* il monſtreroit par effect, que les armes n'avoient eſté priſes que pour la conſervation d'eux & du Royaume, deſquels il eſtoit fidele & obeiſſant ſujet et ſerviteur.

Malentendus. Ce gentilhomme, arrivé à la Cour, expoſa ſi mal ceſte creance, & l'amplifia tellement, qu'on entendit que *Soubize* ne faiſoit difficulté que de la perſonne de *Nemours,* & pourtant eſcrivirent le Roy & la Royne, en datte du treizieſme & du quatorzieſme de Janvier (1563), à *Soubize:* que puis que *Nemours,* pour ſi juſte occaſion, n'eſtoit agreable à ceux de Lyon, il remiſt la ville entre les mains du ſieur *de Bourdillon*[1], qui eſtoit encores delà les monts, auquel auſſi ils en eſcrivoient pour la recevoir de ſes mains.

Ceſte reſponſe, apportée par le gentilhomme meſme qui avoit porté la creance, & qui advoua, en bonne compagnie, de l'avoir amplifiée par neceſſité, & ne penſant pas que ce qu'il avoit adjouſté fuſt de telle importance, mit *Soubize* en grand' peine, ne voulant eſtre trouvé en deux paroles, & ſe voyant eſtre contraint de deſavouer le gentilhomme, joint qu'il craignoit que ſi ces nouvelles eſtoient rapportées au *Prince,* à Orleans, cela ne les deſcourageaſt grandement, & ne miſt en doute ſa reputation. Il reſolut donc de ſuſpendre ſa reſponſe juſques à ce qu'il euſt adverti l'*Amiral* de toutes ces choſes, ce qu'il fit, luy envoyant *Merey*[2], un de ſes domeſtiques, pour le prier de luy envoyer certaines nouvelles de la bataille, dautant qu'il n'en auroit rien entendu, ſinon ce que deſſus, tant avoient eſté les paſſages diligemment fermés & empeſchés.

Quelque temps après, à ſavoir le quatrieſme de Fevrier, eſtant le ſieur *d'Albeine*[3] venu au camp de *Nemours,* dont il advertit *Soubize* qu'il alloit à la Cour, il luy donna letres de creance quaſi

---

1. Le maréchal *Imbert de la Plattiere,* sgr. de Bourdillon, mort 1567. Voy. II, p. 137.
2. *Jean de Poltrot,* sieur de Merey, qui assassina le duc de Guise, vol. II, p. 267 ss.
3. *Discours,* p. 210: le sieur d'*Elbène,* venu au camp de M. de Nemours, et passant par Lyon.

de la ville de Lyon. Livre XI. 289

pareilles à la precedente, hormis la fusdite amplification adjouftée par le gentilhomme, fuppliant auffi le Roy et la Royne l'excufer f'il ne leur faifoit encores refponfe à leurs dernieres, pour des raifons qu'il leur feroit entendre bien toft après [1].

Or y avoit il à Lyon un nommé *Marc Herlin* [2], receveur du Taillon pour le Roy, lequel, eftant homme de cœur, avoit par la permiffion de *Soubize* levé & entretenu, à fes propres defpens, une compagnie d'arquebouziers à pied l'efpace de deux à trois mois, après lefquels expirés, & les moyens luy eftans deffaillis, & ces foldats remis en d'autres compagnies, f'eftant bien monté & armé, il fortoit fouvent à l'efcarmouche avec les autres. Advint donc, fur la fin de Fevrier, que eftant forti pour aller à la guerre, fous la charge de *Poncenat* [3], il fut pris & mené au camp, où il fut recogneu par les Lyonnois, qui le menaçoient de le faire pendre comme portant les armes contre le Roy, duquel il eftoit officier. Mais il fit par *Lignerolles* [4], qu'il cognoiffoit de long temps, qu'il fut prefenté à *Nemours,* comme ayant à luy dire chofe d'importance. Ce qu'il luy dit fut en fomme, que f'il luy plaifoit, il luy mettroit entre mains une porte de Lyon. Enquis quel moyen il en avoit, affeura qu'il avoit de fes foldats jufques au nombre de cent & plus, aufquels il feroit faire tout ce qu'il voudroit, pour avoir entierement gagné leurs cœurs, durant le temps de deux à trois mois qu'il les avoit fort bien foldoyés & entretenus, en deliberation de f'en ayder pour faire un bon fervice au Roy, & qu'il eftoit forti exprès en intention de fe faire prendre pour f'y employer. Il adjouftoit que la porte de Sainct Juft eftoit la plus propre, tant à caufe des montagnes & vignes qui font tout auprès, où grand nombre de gens fe pourroit tenir caché, que pour avoir moyen de loger un foldat à la defrobée au tourrion du fauxbourg [5], qui leur donneroit le fignal fi toft que luy, avec fes gens, auroit coupé la gorge à ceux

Défaite de Nemours organifée par une ruse de Marc Herlin.

---

1. La lettre est insérée dans le *Discours*, l. c.

2. Le *Discours*, l. c., écrit *Marc Herrain*. De Thou, III, p. 384, et l'*Hist. des choses mém.*, p. 257, ont le même nom que notre texte.

3. Voy. ci-dessus, p. 222.

4. Vol. I, p. 668.

5. *Discours*, p. 211 : d'un des tourrions (tourelles), qui sont à la muraille du faulxbourg.

du corps de garde de la porte. Mais que il faloit neceffairement que cela f'executaft de jour, à favoir à huict heures du matin, dautant que lors on prefchoit par toute la ville, la plus part des foldats allant au fermon, & les autres f'amufans à defjuner, jufques à laiffer quelques fois les portes bien mal gardées, au lieu que *Soubize* faifoit fi bonne garde toutes les nuicts, qu'il eftoit impoffible de le furprendre.

Nemours, adjouftant foy à ce que deffus, donna ordre que *Herlin* fut lafché, comme fi (eftant mal gardé) il fuft efchappé, lequel eftant de retour à Lyon, & foudain ayant le tout declaré fecretement à *Soubize,* trama fi bien tout ceft affaire par le confeil d'iceluy, qu'envoyant letres & recevant refponfe & mefmement parlant quelquefois en perfonne à *Nemours,* le jour de l'execution fut affigné, à favoir le feptiefme de Mars 1563.

Ce jour donques, eftans arrivés trois mille hommes de pied, fuivant le fignal qui leur fut donné du tourrion, entrerent dans le fauxbourg *Sainct Juft* fans aucun empefchement, ce qu'ils ne trouverent eftrange, pource qu'ils eftoient bien advertis qu'on ne faifoit point de garde en ce fauxbourg, & eft à noter que les premiers qui y entrerent eftoient les vieilles bandes du *Comte de Briffac*[1], lequel y fit à la verité auffi vaillamment & bravement que jeune homme fauroit faire. Ainfi entrés & marchans vers la porte, *Herlin,* qui les conduifoit en perfonne, eftant entré par le guichet, le leur ferma foudain, & auffi toft fut defchargée fur eux toute la groffe artillerie avec deux ou trois cens moufquets qui avoient efté portés la nuict dans les boulevards & le long des murailles, outre le nombre de trois à quatre mille arquebouziers qui tirerent deffus cefte troupe branflante & fort eftonnée. D'abondant furent foudain mis dehors environ fix cens arquebouziers des plus affeurés, fous la charge des capitaines [2] *Blacons*[3], *Poyet*[4],

---

1. Voy. I, p. 389. 402. II, p. 75, 90.

2. Le *Discours,* p. 213, dit feulement : foubz la charge de cincq ou six des meilleurs capitaines qu'euft le fieur de Soubize.

3. Ci-deffus, p. 221, note 2.

4. Le capitaine *Poyet,* lieutenant d'une enfeigne colonnelle de M. d'Andelot. *Mém. de Condé,* IV, p. 561. (*France prot.,* 1ʳᵉ éd., VIII, p. 314.) *De Thou* le nomme du Poët; *d'Aubigné,* p. 247, du Pouët.

Andefroy[1] & *Entrages*[2], qui les acheverent de rompre, les uns fortans à la foule par la mefme porte du fauxbourg par où ils eftoient entrés, les autres fe jettans par deffus les murailles & fe rompans bras & jambes; quelques autres, fe retirans par la porte, f'enclouerent aux chauffes trappes que quelques uns, cachés dans le portail, avoient eu charge de jetter au premier coup de canon qu'ils entendroient tirer. Il y en eut auffi plufieurs affommés de coups de pierre, de forte qu'à cefte porte il fe fit un monceau fi haut de morts & de bleffés, que le paffage fut fermé aux derniers. Et fi la cavalerie, conduite par *Poncenat*[3], qui avoit efté envoyée à la porte de Veze, avec commandement de fortir dès qu'ils orroient le premier coup de canon, pour f'en venir tout le long des boulevarts jufques à la porte du fauxbourg, euft bien fait ce qui luy avoit efté commandé, à grand' peine un feul des ennemis fe fuft il fauvé. Mais par quelque faute qui y furvint, ils y arriverent fi tard que ceux qui avoient eu moyen de fortir f'eftoient defià fauvés, n'ayans pas grande retraitte à faire, dautant que *Nemours* eftoit fur la montagne prochaine & fort près dudit fauxbourg. Mais tant y a qu'il y en demeura de trois à quatre cens de morts dans les fauxbourgs, outre grand nombre de bleffés, dont les uns moururent en fe retirant, les uns en leur camp & les autres à Vienne, où on les conduifit pour eftre penfés. *Nemours*, qui en avoit efté fpectateur de deffus la montagne, conceut de cela tel defplaifir qu'il en cuida mourir, & en fut malade au lict près de deux mois.

Les chofes donques demeurerent en ceft eftat, fe faifans toufiours quelques efcarmouches à l'entour de la ville, jufques à ce que la paix eftant faite à Orleans, le dixneufiefme dudit mois de Mars[4], & auffi toft envoyée à *Nemours*[5], il la fit publier en fon camp, en donnant advertiffement à *Soubize*, & le priant de faire le femblable. La refponfe de *Soubize* fut qu'il attendroit que luy-mefme en receuft les nouvelles, envoyant quant & quant letres de creance

Notification de la paix, faite à Soubise.

---

1. *De Thou* suit la même orthographe. Peut-être était-ce *Charles des Isnards*, sieur d'Odefroy ou d'Odefred.
2. *d'Entrages*, voy. ci-dessus, p. 410 s.
3. Voy. *supra*, p. 222 et autres. Le *Discours* ne le nomme pas ici.
4. 1563. Voy. vol. II, p. 283.
5. *Discours. Bulletin du Prot. franç.*, XXIX, p. 251 s.

à la Cour par *Bonacourſy le jeune,* avec ſaufconduit de *Nemours* à luy accordé. La creance portoit en ſomme[1], qu'il ſupplioit le Roy & la Royne luy faire entendre ce qui eſtoit de la paix & leur volonté ſur icelle pour luy obeir, y adjouſtant qu'il eſtoit raiſonnable que *Nemours* deſaſiegeaſt la ville entierement devant que ceux de Lyon ſe fiaſſent à ceſte paix, & les advertiſſant auſſi des moyens qu'il penſoit eſtre les plus propres pour rendre ceſte paix ferme & durable.

Ceſt advertiſſement receu à la Cour, le ſieur *de Gordes,* gentilhomme de Dauphiné[2] & chevalier de l'Ordre, avec letres patentes du Roy, fut envoyé à Lyon avec bonnes & gratieuſes letres à *Soubize*[3], en datte du huiĉtieſme Avril mille cinq cens ſoixante trois, afin qu'il ne fiſt difficulté de remettre la ville entre les mains d'iceluy, après avoir donné ordre à tout ce qu'il penſoit eſtre neceſſaire pour y induire les habitans, & acheminer toutes choſes à une bonne tranquillité; & deſià auparavant, le ſieur *de Boucart*[4], avec letres non ſeulement du Roy & de la Royne, mais auſſi du *Prince,* lequel il avoit touſiours ſuivi en ceſte guerre, eſtoit paſſé par Lyon pour aller en Dauphiné & Languedoc, avec charge bien ample pour l'execution de l'Ediĉt de la paix.

Refus des Lyonnais de recevoir de Gordes.

Sur cela, *Soubize* ayant appelé les Conſeillers & Eſchevins de la ville en la preſence du ſieur *de Gordes,* auquel il eſtoit preſt de quitter ſa place, ils leur propoſerent pluſieurs difficultés & non ſans cauſe après un tel & ſi grand changement, ſur leſquelles fut arreſté qu'ils envoyeroient leurs deputés au Roy, acompagnés des letres deſdits *Soubize* & *de Gordes.* Cependant il leur fut eſcrit[5] quant à l'armée du *Duc de Nemours,* qu'il luy eſtoit mandé, & à *Maugeron,* d'en licencier la plus part, outre ce que les vieilles bandes eſtoient rappelées. Mais cela meſme ayant accreu le ſoupçon plus grand qu'auparavant, combien que *Nemours* ſe fuſt retiré en une ſienne maiſon & non ſans cauſe, dautant qu'il ſembloit par là qu'on les vouluſt ſeulement aſſieger de plus loin, il y

---

1. Le texte du document avec la réponse, dans le *Discours,* l. c.
2. Bertrand de Simiane de Gordes. *De Thou,* III, p. 384.
3. *Discours,* p. 253.
4. Voy. *supra,* p. 180, et vol. II, p. 187 etc. *Discours,* p. 253, écrit *de Boucal.*
5. *Discours,* p. 256.

avoit encores deux autres difficultés grandes : c'eſt qu'il faloit trouver deniers pour payer les ſoldats eſtrangers ; & davantage, comme ainſi fut qu'entre les ſoldats il y eut pluſieurs François d'autres provinces, & nommément comme de Provence & de Bourgongne, auſquels nonobſtant l'Ediɾt ou refuſoit l'entrée dans leurs maiſons, cela fut cauſe que ceux de Lyon ne firent autre reſponſe, ſinon qu'ils attendroient le retour de leurs deputés envoyés à la Cour.

Cela fut cauſe que le *Mareſchal de Vieilleville* fut envoyé à Lyon [1], pour paſſer puis après plus outre, à ſavoir en Dauphiné & en Languedoc, la venue duquel, comme il eſtoit homme d'eſprit paiſible & qui ne ſ'eſtoit jamais rendu partial en ces derniers troubles, ſervit de beaucoup pour adoucir les eſprits, mais non pas tant qu'il n'y euſt de treſgrandes difficultés & non ſans cauſe ; car outre ce que deſſus, ceux de la religion ne pouvoient eſtre amenés à conſentir de voir derechef la meſſe devant leurs yeux, ni à ſe fier à ceux qui eſtoient fortis. Ce neantmoins, finalement la paix fut publiée, lieux aſſignés à ceux de la religion [2] qu'ils baſtirent depuis à grands frais, dont l'un fut nommé *Paradis* [3] & l'autre

Vieilleville appaiſe les eſprits.

1. Le 23 mai 1563, voy. les lettres, *ibid.*, p. 259. Comp. ci-dessus, vol. I, p. 310. II, p. 254 etc., et ce vol. III, p. 191. *Langueti Epistolæ*, II, p. 247. 29 juin 1563 : *Viellevillius est Lugduni ut urbem et vicinas regiones pacatas reddat, quod puto eum tandem facturum, nam utitur magna moderatione.*

2. *Calvinus Bullingero*, 2 Jul. 1563 (*Opera*, XX, p. 54) : *Lugduni reddita sunt templa sacrificis, quatuor tantum nobis relicta, ex quibus unum astute falso prætextu impetratum fuit.* Ils furent obligés de rendre un de leurs temples aux marchands Florentins, qui y avaient leurs sépulcres. — *Moutarde, la Réforme à Lyon*, p. 86 : On leur avait provisoirement laissé l'église des Cordeliers et celle du Couvent de Confort, ainsi qu'une maison à la Chana, sur l'autre rive de la Saône. Ils avoient six mois pour se construire deux temples où bon leur semblerait. Ils se hâtèrent donc d'élever un édifice aux Terreaux, sur les fossés de la Lanterne... Ce temple fut détruit par les catholiques en 1566, avant même d'avoir été achevé. Les deux autres temples que les réformés possédaient, eurent le même sort, l'année suivante. — Dans le temple des Cordeliers, dit une lettre mss. du mois d'octobre, «*munitissimo Mendicantium templo tantum munitionis et armorum habent, ut ad primum tubæ sonitum quinque hominum millia instruere possint.*» Collect. Simler. Turicens.

3. A la bibliothèque de Genève se trouve un tableau à l'huile, repréſentant ce temple.

la *Fleur de lys*, & fut le tout accommodé par la venue du *Mareſchal de Vieilleville*, attrempant tellement l'humeur des uns & des autres, qu'en fin ceux de dehors rentrerent dedans. Et com-

Difficultés. mença chacun de faire ſes beſongnes & traffiques, mais en condition non eſgale, eſtans peu à peu ceux de la religion fort mal traittés, nonobſtant qu'ils n'eſpargnaſſent rien pour advertir le Roy des contraventions, donnans bons & gros gages à un perſonnage qu'ils entretenoient à la Cour pour ceſt effect. Mais l'effect monſtra que le texte de l'Edict & l'intention de ceux qui manioient les affaires ne ſ'accordoient pas.

Pamphlet dangereux. Ce ſeroit choſe par trop longue, de vouloir reciter toutes les particularités & traverſes advenues en ce temps là. Mais j'en diray ſeulement une des plus notables, & dont j'ay eu bonne & certaine cognoiſſance. Il fut imprimé ſous main en ce temps là dans Lyon, ſans y appoſer le nom de l'autheur ni de l'imprimeur, un livre intitulé : «*La defenſe civile & militaire des innocens & de l'Egliſe de Chriſt*», forgé vrayement en la boutique de quelque eſprit malin & ſeditieux ; lequel livre eſtant tumbé entre les mains de quelques gens de bien, on fit tout ce qu'on peut pour ſavoir d'où il venoit, mais il ne fut poſſible d'en ſavoir la verité, horſmis qu'il y avoit de grandes conjectures que *Charles du Moulin*, advocat & juriſconſulte celebre du Parlement de Paris [1], qui pour lors eſtoit à Lyon & avoit ſuivi le parti de ceux de la religion dès les temps du Roy Henry, en eſtoit l'autheur, ayant touſiours devant & depuis monſtré un eſprit par trop fantaſtique. Mais tant y a qu'il ſ'en excuſa meſmes avec grands ſermens, ſoit à tort ou à droit. Pour ſ'arreſter donques pluſtoſt au livre qu'à l'autheur, le tout

244

---

[1]. Voir : *La vie de M. Charles Du Molin*, advocat en Parlement, tirée des titres de sa maison, de ses propres écrits, de l'histoire du temps, des Registres de la cour et autres monuments publics, par *M. Julien Brodeau*. Paris 1654, in-4º (*Caroli Molinæi omnia quæ exstant Opera*, I, Paris 1681, fol.). Comp. Niceron, *Mémoires*, *La France prot.*, 1re éd., IV, p. 411 s.

Du Moulin se défendit d'être l'auteur du livre qu'on lui attribuait, dans l'*Apologie de Maistre Charles du Moulin contre un livre intitulé : La Défense civile et militaire des innocens et de l'Eglise du Christ*. A laquelle est adjoustée l'ordonnance de M. de Soubise sur ledit livre, ensemble la Censure des Ministres de la Parole de Dieu en ceste ville de Lyon. Lyon 1563, in-8º.

fut renvoyé par *Soubize* aux ministres pour entendre leur jugement, lesquels respondirent ce que s'ensuit :

« Nous ministres de la parole de Dieu en l'Eglise reformée de Lyon, suivant le commandement à nous fait par monseigneur *de Soubize*, chevalier de l'ordre, gouverneur pour le Roy en ladite ville, après avoir invoqué le nom de Dieu & veu un certain livre, puis n'agueres imprimé, intitulé : *La defense civile & militaire des hommes & de l'Eglise de Christ*, certifions & tesmoignons iceluy estre plein de fausse & mauvaise doctrine, conforme en aucuns poincts à celle des Anabaptistes induisant les hommes à sedition, rebellion & desobeissance aux Rois & Princes, contre l'exprès commandement & ordonnance de Dieu ; & ce d'autant plus que l'autheur d'iceluy abuse de plusieurs tesmoignages & exemples des Escritures sainctes, lesquelles il applique tresmal à son propos contre le vray sens & saine intelligence d'icelles, comme nous sommes prests de monstrer & maintenir par la parole de Dieu ; au moyen de quoy nous desirons, & en tant que besoin est, requerons que ledit livre soit totalement aboli, afin que les hommes ne soient infectés de telle seditieuse & pestilente doctrine. Ainsi signé : *Pierre Viret, L. de Semidde, Jaques Roux, l'Anglois, la Roche, de Mesmes, Payan, Pelet, P. Pages, Micael.* »

<small>Jugement des ministres.</small>

Suivant laquelle censure, *Soubize* fit l'ordonnance qui s'ensuit :
« Sur l'advertissement à nous fait, qu'aucuns esprits malins meus de mauvaise & damnable affection envers le repos public, ont puis n'agueres fait imprimer un livre intitulé : *La defense civile & militaire des innocens & de l'Eglise de Christ*, & ledit livre parvenu en nos mains, l'ayans trouvé plein de fausse doctrine, tendant à sedition & esmotion populaire contre l'obeissance deue au Roy & à ses magistrats, & comme tel estant censuré par l'advis des ministres de la parole de Dieu de l'Eglise reformée de ceste ville de Lyon : Pour ces causes, il est tresexpressement commandé à tous ceux qui auront devers eux ledit livre, de l'apporter & mettre ès mains dudit seigneur *de Soubize*, dedans vint quatre heures après la publication de ces presentes ; & defendu à tous marchands, imprimeurs, libraires & autres, d'aucunement vendre ni s'entrecommuniquer ledit livre, d'en distribuer, transporter ou faire transporter hors ceste dite ville en quelque sorte & maniere

<small>Soubise ordonne la suppression du pamphlet.</small>

que ce foit, le tout fous peine à ceux qui f'en trouveront faifis, & qui les auront diftribués ou qui les auront & retiendront devers eux après cefte publication, d'eftre pendus & eftranglés fans aucune forme & figure de procès & fans efperance de grace ni moderation de peine. Pareillement eft commandé à tous ceux qui en auront jà mis hors cefte ville de venir declarer les lieux & perfonnes où ils les ont envoyés; & cependant feront leurs diligences de les retirer & remettre par devers ledit fieur, autrement où ils fe trouveront en faute ou demeure de ce faire, ils feront punis de la mefme peine. Et afin que l'autheur & Imprimeur foient chaftiés felon leurs demerites, celuy ou ceux qui les reveleront, feront remunerés comme bons & loyaux & fideles ferviteurs de Dieu & du Roy; autrement, ils feront punis comme criminels & convaincus de lefe majefté divine & humaine, où il fe trouvera qu'ils l'ayent fceu fans le reveler audit fieur. Davantage nous avons ordonné & ordonnons au prevoft du camp, de faire brufler ledit livre en quatre des principales places de cefte dite ville; & par mefme moyen reiterer, avec les prefentes, les defenfes ci deffus faites à tous imprimeurs faire imprimer ni expofer en vente aucuns livres nouveaux fans le privilege du Roy ou noftre permiffion, fur les peines contenues en nofdites defenfes ci devant publiées. Donné à Lyon, le unziefme de Juin mille cinq cens foixante trois. Ainfi signé : *Soubize;* par commandement de mondit feigneur, *Servin.*»

«Leue, criée & publiée à haute voix & cri public & fon de trompe par tous les carrefours de cefte ville de Lyon, par moy *Claude Ravot,* crieur public de cefte dite ville, afin que du contenu en icelle nul n'en puiffe pretendre caufe d'ignorance, ce jourdhuy, Samedi douziefme jour du mois de Juin 1563. Signé : *Ravot.*»

«Ladite publication faite comme deffus eft efcrite fuivant l'ordonnance de mondit feigneur *de Soubize,* adreffée au Prevoft de camp à Lyon, les livres fus mentionnés en ladite ordonnance ont efté bruflés par l'executeur de la haute juftice à Lyon, à favoir ès places des deux defcentes du pont de la Saonne, des Cordeliers, Confort, puis Pelu, & puis de la Sel audit Lyon; prefens lefdits crieur & trompette, enfemble des archers dudit prevoft de camp, le douziefme jour de Juin mille cinq cens foixante trois. Signé : *Gafteron.*»

de la ville de Lyon. Livre XI.

Ainfi paſſerent les affaires touchant ce livre, duquel pluſieurs années depuis fut accuſé, comme en eſtant autheur, *du Roſier*, miniſtre d'Orleans[1], qui n'eſtoit lors à Lyon, ains à Orleans, ne ſachant non plus ce qui ſe faiſoit lors à Lyon, que le gouvernement des Indes. Si en fut il recherché, mené priſonnier à Paris avec grand bruit, comme ſi ceux de la religion approuvoient ceſte doctrine. Mais Dieu voulut que la verité fut tantoſt cognue, combien que *du Roſier* euſt forte partie, nommément *Birague*[2], qui quelques années après fut gouverneur indigne de Lyon.

---

1. *Journal de Bruslard* (*Mém. de Condé*, I, p. 166), 1ᵉʳ juin 1566 : En ce mesme temps fust amené prisonnier en la bastille un ministre d'Orléans, nommé *Des Rosiers*, chargé d'avoir composé quelque livre seditieux, et despuis fust mené en la Conciergerie du Palais... Quelques jours après, le ministre Des Rosiers, à la poursuite de ceux de la Religion, fust delivré de prison. — *Hugues Sureau*, dit *Du Rosier*, ou *Des Rosiers*, natif de Rosoy-sur-Serre, en Tiérache, après avoir été d'abord correcteur d'imprimerie, se voua au ministère et devint ministre à Orléans, en 1561. Il existe de lui plusieurs lettres à Calvin de cette époque (*Opp. Calvini*, XVIII, p. 503. XIX, p. 185, 212, 312). Vol. I, p. 738. En 1572, il abjura le Calvinisme, et fut employé à la conversion de Henri IV, du prince de Condé et autres. Revenu au protestantisme, il se retira en Allemagne. Voy. ci-dessous, p. 475. *De Thou*, IV, p. 630 s. *La France prot.*, 1ʳᵉ éd., IX, p. 329. *Bulletin du Prot.*, VIII, p. 602.

2. Voy. vol. II, p. 138.

HISTOIRE

ECCLESIASTIQUE

du reſſort et parlement de Grenoble en Dauphiné.

* *

Livre XII.

Etat de l'Eglise à Grenoble.

NOUS avons veu ci deſſus [1], comme le preſche, ſuivant l'Edict de Janvier, ſe faiſoit à *Grenoble* aux fauxbourgs en une Cour appartenant à un marchand nommé *Bernardin Curial*. L'Egliſe donc commençoit de multiplier grandement, combien que leurs adverſaires ordinairement leur diſſent mille injures; dont finalement ceux de la religion firent plaintes au Preſident *des Portes* [2], & à *Bucher*, procureur du Roy, leſquels au lieu d'y donner ordre, ne reſpondirent autre choſe, ſinon que puis qu'on vouloit oſter au peuple ſa religion, il faloit qu'on en vinſt aux mains. Qui plus eſt, le quatrieſme de Mars, la Cour deroguant à l'Edict, fit defenſe à ceux de la religion de n'aller en troupe en plus grande compagnie que de dix, adjouſtant, pour colorer leur modification, defenſes au peuple de les injurier, dont le peuple ſe moquoit, ce que toutesfois ceux de la religion porterent patiemment. D'autre coſté, le ſieur *de la Motte Gondrin* [3], Lieutenant au gouvernement de Dauphiné, en l'abſence du *Duc de Guiſe*, gouverneur en chef, au ſer-

Hostilité de La Motte Gondrin.

1. Vol. I, p. 893.
2. *De Thou*, III, 222. Comp. Arnaud, *Hist. des Protestants du Dauphiné*, I, 122 s. *Guillaume de Portes* président au Parlement, *Pierre Bucher*, procureur général.
3. Voy. vol. I, 355 s. *De Thou*, II, 813; III, 218. Arnaud, I, 58. *Hector de Pardaillan*, seigneur de la Motte-Gondrin.

du Parlement de Grenoble. Livre XII. 299

vice duquel il s'eftoit du tout voué, n'oublioit aucun moyen de travailler ceux de la religion, de forte qu'eftant allé à *Romans*[1], il commença de faire abatre une maifon où f'eftoient faits quelques prefches, dont il fe leva tantoft un tel tumulte, qu'il fut contraint de fortir par l'huis de derriere, & fe fauver au galop à Valence, plain de defpit de vengeance; pour l'execution de laquelle il obtint de la Cour de Parlement de Grenoble à la requefte de *Bucher*, procureur du Roy, adjournement perfonnel contre quelques uns des principaux dudit *Romans*; mais iceux ayans eu recours au fieur *de Curfol*, ayant charge expreffe du Roy de telles matieres, le tout fut renvoyé aux commiffaires qui luy avoient efté ordonnés pour l'execution de fa charge. *Suze* & *Vinay*[2] eftans venus parlementer avec *Gondrin*, avoient de là pris leur chemin vers le *Duc de Guife*, des deffeins duquel, & du changement de la volonté du *Roy de Navarre*, plufieurs nouvelles fe femoient. Ils furent auffi advertis que le *Duc de Guife* avoit efcrit certaines letres à *Gondrin*, dont la teneur s'enfuit[3] :

«Monfieur *de la Motte,* depuis vous avoir dernierement efcrit par la voye du capitaine *Fouroux*, retournant en Provence, la Royne m'a fait entendre que j'aille incontinent la trouver, comme celuy qui y feroit le trefbien venu ; & fuivant la refolution que j'avois prife fur la depefche qu'elle m'avoit faite peu auparavant, comme vous avés veu par mefdites dernieres, je m'avance toufiours le plus qu'il m'eft poffible, & ay efté bien aife de m'eftre conformé là deffus felon fon intention. J'ay cependant veu ce que vous me mandés du dixneufviefme du mois paffé & troifiefme du prefent. Et au regard de la declaration qui a efté prife, d'eftablir bien toft au chafteau de *Quirieu*[4] quelque garnifon, j'efpere à mon arrivée à la Cour entendre plus à plein ce qui en fera ; & fi cefte occafion

Lettre du duc de Guife à Gondrin.

---

1. *Arnaud*, p. 97 s.

2. Voy. la lettre du ministre de Valence, *La Place* à *Calvin*, du 22 mars 1562. *Opp. Calv.*, XIX, 353.

3. *César d'Ancezune*, seigneur de Vinay (vol. I, p. 347), homme instruit, mais astucieux et corrompu. *Arnaud*, p. 47.

4. *Quirieu*, château près du village du même nom, sur la rive gauche du Rhône, à une vingtaine de kil. au nord de La-Tour-du-Pin et à 25 kil. de Bourgoin.

advient dependant de mon authorité, j'auroy plaifir que le capitaine *Nicolas Allonard* ait la charge dudit chafteau, veu le bon rapport que vous m'en faites, & tant plus volontiers, qu'il eft natif & habitant du païs. Quant à l'advertiffement que vous m'avés fait au refte de l'alarme que vous avés eue paffant par *Romans,* j'ay efté merveilleufement aife que vous y ayés fi bien pourveu, que le mal n'ait point efté plus grand de voftre cofté que vous me le faites favoir, & neantmoins je vous prie bien fort que, fans diffimulation, ce faict ne demeure impuni, à ce qu'il puiffe fervir d'exemple, m'affeurant que le vouloir du Roy & de la Royne, & du *Roy de Navarre* font tels, & qu'il n'y a celuy d'eux qui le trouve mauvais. Je penfe que f'il fe fait par de là quelque affemblée notable & où il y ait beaucoup de gens, qu'il fera bon de fe faifir du miniftre, & le faire tout foudain pendre & eftrangler, comme autheur des feditions & tumultes dont on a ufé à l'encontre de vous, & des rebellions que on fait aujourd'huy contre les ordonnances & commandemens du Roy & de fa juftice, eftimant que par ce moyen les autres fe voudront garder de mefprendre, & que cela reprimera à plufieurs leur folie. Vous me ferés plaifir de n'efpargner en cela chofe que vous puifliés; car je ne penfe point qu'on en puiffe autrement venir à bout, & fi vos forces ne font fuffifantes avec les trois compagnies qui ont efté ordonnées tenir garnifon au pays, & l'ayde que vous pourrés trouver de gens de bien, qu'il y foit pourveu ainfi qu'il fera neceffaire; priant toufiours Dieu, monfieur *de la Motte,* qu'il vous ait continuellement en fa treffaincte & digne garde. Efcrit à *Dampmartin le Franc* près *Jeinville,* ce dernier de Fevrier, mille cinq cens foixante un[1]. »

Il se vante du massacre de Vassy.

Ces letres furent envoyées quatre jours après, comme fe peut juger par ce qui eftoit adjoufté de la main propre dudit fieur *de Guife* au deffous & au marge : «Vous eftes homme de guerre, il vous faut attrapper lefdits predicants, quand ils font peu acompagnés hors de leurs prefches, ou en autres lieux, comme verrés à propos, & foudain, le billet au pied, les faire pendre par le prevoft,

---

1. Il est évident que la lettre est datée d'après l'ancien style et qu'elle est écrite au commencement de 1562. Comp. du reste, vol. I, 721 : Guise arriva le dernier jour de fevrier (1562) au village de Dampmartin-le-Franc, distant de Joinville de deux lieues et demie seulement.

comme feditieux, contrevenans aux Edicts du Roy. De mes voifins & sujets m'ont voulu depuis trois jours faire une braverie, où ils m'ont bleffé une douzaine de gentilshommes, de quoy ils fe font trouvés marchands[1]. Voilà leurs belles evangiles. Voftre bien affectionné ami *François de Lorraine,* » & au deffus d'icelle letre eft efcrit : « A monfieur *de la Motte Gondrin,* chevalier de l'Ordre, capitaine de cinquante lances & lieutenant pour le Roy au gouvernement de Dauphiné. »

Ces letres ayans efté defcouvertes par une finguliere providence de Dieu, ceux de la religion fe trouvans bien empefchés comme ils pourvoiroient à leurs affaires, receurent nouvelles de la retraicte du *Prince* à Orleans, du deuxiefme Avril (1562), & de l'affociation qui y avoit efté jurée, le onziefme dudit mois[2] ; laquelle eftant rapportée & publiée par toutes les Eglifes, chacun fe delibera d'employer fes biens & fa vie pour une jufte defenfe contre une fi intolerable tyrannie de ceux *de Guyfe,* f'armans & couvrans fe de l'authorité du *Roy de Navarre,* ainfi miferablement feduit par eux.

Nouvelle de l'association des protestants à Orléans.

Or eftoit ce la couftume obfervée de tout ancienneté en la ville de *Valence*[3], eflire nouveaux Confuls & Confeillers le jour de fainct Marc, vingtcinquiefme jour dudit mois (d'avril), auquel jour pretendant *Gondrin* de faire eflire des Confuls à fa pofte, & pour ceft effect ayant fait fermer les portes de la ville, armé tous fes gens de pied & de cheval, defquels il environnoit le lieu où fe faifoit l'election, dixhuict ou vingt perfonnes de la religion, f'apercevans de cela, f'affemblerent en une maifon, en deliberation de fe defendre jufques à la mort f'ils eftoient affaillis. Ce qu'ayant efté rapporté à *Gondrin,* il envoya d'un cofté le capitaine *Nicolas* pour les deffaire & luy-mefme entrant en perfonne en l'affemblée avec un rondache à la main gauche & une piftole à la droite qu'il delafcha contre un fien fecretaire trouvé en l'affemblée, mit le tout en une horrible confufion. Cependant ceux qui f'eftoient affemblés en

Exploit de Gondrin à Valence.

---

1. Il est parlé du massacre de Vassy, ayant eu lieu le 1er mars 1562. Ces lignes sont donc ajoutées trois jours plus tard. — « Se sont trouvés marchands », c'est-à-dire « *mauvais* marchands », selon la locution proverbiale, s'en sont trouvés mal.
2. Vol. II, p. 20.
3. *Arnaud,* I, p. 105 s.

cefte maifon, fortis par une porte de derriere, gagnerent la porte fainct Felix qu'ils trouverent moyen d'ouvrir pour donner ouverture à tous ceux de la religion qui voudroient fe fauver, eftant le bruit efmeu par toute la ville qu'on les vouloit tous maffacrer. Mais *Gondrin*, pour leur couper le chemin, avoit defià fait fortir par une autre porte nombre de cavalerie pour les rencontrer & les mettre en pieces. Ce qu'eux ayans defcouvert, fe tindrent au dedans de la porte dont ils fe tenoient couverts. Mais la cavalerie ne les ayant trouvés, fe mit à batre les chemins, efquels rencontrans quelques pauvres païfans des villages circonvoifins venans au marché, pour ce que c'eftoit un jour de Samedi, fe rua deffus fans autre cognoiffance de caufe, & en furent trouvés ce jour là quelques uns morts dans les bleds, les corps defquels eftans apportés en ville fur des efchelles, devant les yeux de tout le peuple, un merveilleux tumulte f'efmeut des gens de l'une & l'autre religion crians juftice, ce qui rompit le deffein de *Gondrin*, voyant qu'il avoit à faire aux uns et aux autres, dont l'iffue fut telle, que ceux de la religion Romaine, appaifés par le vicaire de l'Evefque, & ceux de la religion par *la Place*, leur miniftre [1], chacun retourna en fa maifon.

Affluence des protestants au secours de ceux de la ville.

Le lendemain, vingtfixiefme dudit mois (d'avril), l'experience monftra combien ce bruit f'eftoit efpandu au long & au loing, arrivant à la file à *Valence* grand nombre d'hommes, non feulement des lieux circonvoifins de la ville du cofté du Dauphiné, mais auffi du Vivarets, feparé du Dauphiné par la feule riviere du Rhofne, tous en deliberation de fecourir ceux de la religion qui eftoient à Valence, aufquels ils avoient entendu qu'on vouloit couper la gorge, lefquels craignans au contraire que ce remede ne fuft pire que la maladie, leur envoyerent gens au devant pour leur remonftrer que le tout avoit efté appaifé, & pour les remercier de leur bonne volonté & de la peine qu'ils avoient prife. Qui plus eft, dautant que ces chofes fe faifoient environ le temps que le prefche avoit acouftumé d'eftre fait, auquel defiroient affifter plufieurs de ceux qui eftoient furvenus, ceux de l'Eglife de Valence craignans que cefte occafion les retenant, le nombre des eftrangers n'accreuft

---

1. Voy. sa lettre à Calvin, citée ci-dessus, p. 249, note 2. *Arnaud*, l. c., et p. 76.

toujours, furent d'advis, combien que ce fuft un jour de Dimanche, de ne prefcher point pour ce jour. Mais *Gondrin* penfant avoir trouvé une belle occafion pour faire fortir de la ville ceux de la religion, & par ce moyen demeurer feul maiftre d'icelle en leur fermant les portes au retour, dautant que les prefches fuivant l'Edict fe faifoient aux fauxbourgs, ne ceffa qu'il ne les euft tant par prieres que par commandement perfuadé de prefcher, difant que par cela chacun monftreroit avoir defir de fe gouverneur felon l'Edict. Ce nonobftant Dieu deftourna fur la tefte de *Gondrin* cefte mauvaife volonté, ayant efté furpris le portier fur le poinct qu'il vouloit fermer les portes. Cela fut caufe que la multitude tant de ceux de la ville que des eftrangers, fans attendre la fin de la predication, fe jettans dans la ville, fe faifirent des portes, croiffant le trouble, quoy que les plus fages tafcherent d'appaifer le tout d'une part & d'autre.

Le jour venu, qui eftoit le vingtfeptiefme dudit mois (d'avril), advint par une finguliere providence de Dieu (comme il en apparut trefevidemment puis après) que les principaux gentilshommes de la religion au pays de Dauphiné arrivèrent à *Valence*, à favoir les fieurs *Baron des Adrets, de Mombrun*[1], *de Mirabel*[2], & *Monjoux*[3], beau frère du fieur *de Blacons*[4], qui trouverent la ville ainfi faifie que dit eft, & *Gondrin* affiegé de toutes parts en fa maifon, avec merveilleufes crieries & menaces, les uns fe plaignans des outrages & concuffions de *Gondrin* & de fes gens, les autres demandans que les meurtriers qui avoient tué le jour precedent ces pauvres païfans, fuffent chaftiés fur le champ & devant tous. Et dura cefte efmeute (nonobftant toutes remonftrances tant des Magiftrats que du miniftre[5], tafchans par tous moyens d'appaifer le peuple) jufques à ce que, deux heures après midy, le feu fut mis à la porte de la maifon. Quoy voyant *Gondrin*, combien qu'il cuft à ladite porte une coulevrine toute chargée d'un boulet & d'une chaine, & qu'il euft affés de force

Emeute; et maſſacre de Gondrin.

---

1. Voy. ci-dessus, p. 193, 222.
2. *Claude Mirabel.* Vol. I, 342 et ce vol., p. 232.
3. Voy. ci-dessus, p. 227, note 7. *Joan de Vesc de Montjoux.*
4. *Supra*, p. 221, note 2, et p. 227.
5. *La Place.* Voy. ci-dessus, p. 251.

avec foy pour enfoncer cefte commune defarmée pour la plus part, & efparfe fans aucun ordre, & que mefmes bon & grand nombre de ceux de la religion, aufquels ce tumulte defplaifoit, f'offriffent de lui faire faire paffage au hazard de leur propre vie, perdant fens & courage tout enfemble, fe retira en la maifon voifine, en laquelle il fut fuivi & tué avec fix ou fept de fes domestiques, & ne peut encores eftre appaifé ce peuple, que le corps n'euft efté pendu en une feneftre regardant fur la grand'rue, pour eftre recognu de tous[1]. Encores fut cela fort mal aifé, à caufe que *Gondrin,* durant ce tumulte, cuidant fe fauver par ce moyen, avoit tellement fait noircir & rongner fa barbe, voire tout fon vifage, qu'il falut prouver à ce peuple que c'eftoit lui-mefme. Mais au furplus nul ne fut endommagé en fes biens ni en fa perfonne, horfmis que la maifon de *Gondrin* fut faccagée, de laquelle toutesfois les meubles furent après rendus à la pourfuite des Anciens du Confiftoire, & remis entre les mains du capitaine *Cadret*[2].

Ce fait, & les eftrangers f'eftans retirés, les plus fages, confiderans l'importance d'un tel faict, envoyerent à Grenoble, fuppliants le Parlement de deputer quelques commiffaires pour informer de ce faict. Suivant laquelle requifition fut delegué un confeiller qui en print les informations. Mais pource que ceft acte femble avoir efté la premiere ouverture de cefte guerre civile en

---

1. Comp. ci-deffus, p. 221. Les détails fur la mort de *Gondrin* varient. *Langueti Epistolæ,* II, 221, du 3 mai 1562, en dit feulement: *Ante aliquot dies facinus admodum atrox perpetratum est Valentiæ in Delphinatu. Cum enim se eo recepisset Dominus De la Motte Gondrin, Guisii Vicarius in præfectura Delphinatus, Baro des Adrez et Monbrun, collecto milite irruperunt in urbem, et ipsum de La Motte, qui se in arcem receperat, obsederunt, arce tandem expugnata, trucidarunt omnes quos ibi repererunt. Ipsum vero Præfectum interfectum de fenestra suspenderunt. Is erat insignis miles et auctoritatis non exiguæ, ac etiam eques ordinis Divi Michaelis; sed erat ita infensus nostræ religioni, ut nullus magis, quæ res ipsi perniciem attulit. Nam dicebatur ante paucos dies decem cives Valentinos ob religionem interfecisse.* — Comp. *Discours de ce qui a esté fait ès villes de Valence et Lyon, et premier ladite Ville de Valence. Mém. de Condé,* III, 344. *Lettre du Sgr Baron des Adretz à la Roine Mere,* touchant la mort de La Motte-Gondrin. *Ibid.,* p. 348. *De Perussis, Discours des guerres de Venayscin et de la Provence. Cimber* et *Danjou, Archives Curieuses,* tome IV, p. 424 s. *De Thou,* III, 218. *Arnaud, Hist. des Protestants du Dauphiné,* I, p. 107 ; comp. p. XXI.

2. Capitaine *Cadoret. Arnaud.* l. c., p. 109.

Dauphiné, je diray en quel eftat eftoient lors les affaires, outre ce qui en a efté dit auparavant.

Ceux du *Parlement de Grenoble* fe monftrans notoirement partiaux, dès le fixiefme d'Avril, derogans à l'Edict, firent expreffes defenfes aux magiftrats Royaux de fe trouver aux affemblées de ceux de la religion, & le dixhuictiefme dudit mois, arrefterent (chofe ne leur appartenant aucunement) que perfonne, fous peine de la hart, n'euft à partir de fa maifon fans congé du Vibailly. Qui plus eft, le vingtfeptiefme du mefme mois, commandement fut fait à tous gentilshommes ayans fervice au Roi de fe trouver à Paris vers le Roy dans le vingtiefme de May, avec leur equippage de guerre, fous peine de crime de lefe majefté, pour fecourir, difoient-ils, le *Prince de Condé,* detenu prifonnier à Orleans par les feditieux. Au refte, voici l'ordre que ceux *de Guife* avoient donné pour faire leurs befongnes à l'entiere ruine de ceux de la religion & pays de Lyonnois, Dauphiné & Provence. *Maugeron* avoit defià arré[1] grande quantité d'armes dans la ville de Lyon, en laquelle il pretendoit d'eftre introduit avec puiffance de commander, par les forces & confeil de *Gondrin*. Le naturel paifible du *Comte de Tendes*[2], gouverneur en chef de Provence, n'eftant propre à remuer mefnage, le fieur *de Sommerive*[3], fon fils, eftoit fubrogé en fon lieu. Le Pape diligentoit d'envoyer compagnies de cheval & de pied à *Fabrice Serbelonne*[4], au Comtat. Tous les feditieux & rebelles de Provence, tels declarés par l'arreft des commiffaires, comme il eft dit en l'hiftoire de Provence, f'eftoient reunis & tenoient defià la campagne.

Grenoble[5] eftoit fous le gouvernement d'un gentilhomme du pays, gendre de l'un des confeillers de Parlement, avec garde de gens choifis & efleus, tous adverfaires de la religion & à l'appetit de certains particuliers notoirement paffionnés. Tous ces deffeins, pour la plus part, furent rompus par la mort de *Gondrin,* furvenue par un jufte jugement de Dieu, & fort à propos pour empefcher

Etat du Dauphiné. Préparatifs pour l'oppression des religionnaires.

---

1. Acheté moyennant des arrhes donnés.
2. Vol. I, 376 s., 394 s., et surtout ci-dessous, livre XIII.
3. Voy. ce vol., p. 164, 225.
4. Vol. II, 73, 119.
5. *Arnaud,* l. c., p. 123, ne paraît pas en savoir plus que notre *Histoire* sur le nom et la personne de ce gouverneur.

infinies cruautés, combien que le moyen de l'execution ne soit de soy-mesme excusable.

Des Adrets élu pour chef des protestants.

Estans donc les choses en tel estat, le mesme jour de la mort de *Gondrin,* les gentilshommes & autres personnes notables qui se retrouverent dans *Valence,* s'estans assemblés, choisirent pour chef le *baron des Adrets*[1], comme estant desià colonnel des Legionnaires du Dauphiné, Provence & Languedoc, pour la conservation de ceux de la religion, suivant l'Edict, en adherant à l'association faite à Orleans, seize jours auparavant, & dont la copie leur avoit esté apportée; le tout ce neantmoins par provision, en attendant plus certain commandement du *Prince.* Davantage il fut ordonné en la mesme assemblée, qu'en attendant plus particulier advertissement du *Prince,* on ne toucheroit en sorte que ce fust aux biens ecclesiastiques, ains que pour empescher tous desordres, les temples demeureroient clos & fermés. Et fut cela fait & observé jusques à ce que les nouvelles du brisement des images fait par tout le Royaume furent arrivées, n'ayant esté lors possible de les garentir en Dauphiné non plus qu'ailleurs.

Des Adrets fait expulser des séditieux de Grenoble.

Des Adrets, homme d'extreme vigilance, considerant de quelle importance estoit entre autres villes celle de *Lyon,* de l'estat de laquelle il estoit en grand souci, & celle de *Grenoble,* où estoit assis le Parlement du Dauphiné, qui pouvoit faire de grandes nuisances, ne faillit d'advertir incontinent ceux de la religion dedans Grenoble qu'ils advisassent à leurs affaires en toute diligence, leur promettant bonne assistence. Et pource qu'il cognoissoit les particuliers plus passionnés contre ceux de la religion, dès le premier de May, il envoya letres pleines d'authorité à la Cour de Parlement, comme choisi pour Gouverneur du pays pour la conservation d'iceluy durant ces troubles, à ce qu'ils eussent à faire absenter de la ville certains seditieux[2], comme entre autres *Guillaume de Portes,* second President, *Pierre Bucher,* procureur general, *Jean de Buffenent*[3], vibailly, *Jean Robert,* advocat de la ville, *Jean Paviot* dit *Bariat,* quatriesme consul, lesquels il mena-

---

1. *Arnaud,* p. 110.
2. *De Thou,* III, 222.
3. *Arnaud,* p. 123 : *Abel de Buffevant,* vibailli du Grésivaudan, *Jean Rabot,* avocat. — *De Thou* a les mêmes noms que notre texte.

çoit de faire pendre & eftrangler f'ils ne fortoient incontinent de la ville; mais ils n'attendirent pas le commandement, ains fe fauverent à l'intention que f'enfuit. Ces bonnes gens eftans de l'intelligence de *Gondrin,* avoient fait complot avec un gentilhomme nommé *Rozans,* fieur *de Myrebel* [1], de le mettre dans la ville avec trois cens hommes; ce qui euft efté executé, fe proumenant defià *Rozans* dans la ville avec quelque fuite, n'euft efté que ce complot fut defcouvert tout à temps par une finguliere providence de Dieu.

Advint donc qu'un certain perfonnage allant foliciter *Bucher* pour un fien procès, entre-ouït, fans qu'on f'en donnaft garde, comme *Bucher* parlant à *Mirebel* luy promettoit de luy faire bailler ce foir-là toutes les armes qui eftoient en la tour de l'Ifle, pour armer fa compagnie; ce qu'eftant foudain rapporté à ceux de la religion, ils ne firent pas comme l'efchevin dont fera parlé en l'hiftoire de Mafcon [2], ains tout incontinent f'en allerent au Parlement, fe plaignans de l'entreprife faite contre eux de leur couper la gorge. Cela ainfi dit & entendu, & la Cour f'eftant incontinent levée, ceux de la religion, tant confeillers qu'autres, fe retirerent, declarans qu'ils pourvoiroient à leurs affaires; & quant à *des Portes,* faifant la meilleure mine qu'il pouvoit, il alla par la ville, feignant de chercher *Mirebel,* lequel au premier bruit entendu eftoit defià forti, & ne l'ayant trouvé, mais bien un fien valet portant une arqueboufe, au lieu de le faire mettre prifonnier, l'envoya hors la ville avec grandes menaces; & toft après fouper, feignant d'aller à l'efbat, f'enfuit luy-mefme. Autant en firent les fus nommés *Bucher, Robert,* & autres complices, & mefmes un Cordelier nommé *Caperon* [3], qui prefchoit ordinairement devant ledit Prefident & autres, le plus feditieufement qu'il eftoit poffible.

Ceux-là eftans defpartis, ceux de la religion, voyans bien qu'ils eftoient perdus f'ils ne pourvoyoient à leurs affaires, fe faifirent des portes de la ville, ledit premier jour de May, & commencerent

Découverte d'un complot de Rozans de Miribel.

Les protestants s'emparent des portes de la ville et d'un temple.

---

1. *Miribel,* dans le Dauphiné. Probablement *Miribel-l'Anchatre,* à 30 kil. de Grenoble.
2. Voy. ci-dessous, p. 422.
3. D'après la rectification faite par M. *Arnaud,* p. 124, le cordelier *George Chaperon,* de Picardie, avait été appelé par la ville, et non par le parlement, et il prêchait le carême à la cathédrale de Notre-Dame.

à les garder, fans toutesfois offenfer aucun en leurs biens ni en leurs perfonnes, & pour la jufte crainte qu'ils avoient d'eftre affaillis ès fauxbourgs, du confentement exprès des deputés tant de la Cour de Parlement & chambres des Contes, que du confeil de la ville, entrerent au Convent des Cordeliers, qu'ils nettoyèrent de toutes les images & autels, pour deformais y continuer l'exercice de la religion; fe plaignans toutesfois grandement les Cordeliers, & reprochans au Parlement que leur marchandife eftoit d'auffi bonne mife que celle des autres Ecclefiaftiques. Mais tant y a qu'il leur fut permis fans aucun empefchement de tirer leurs meubles, & de fe retirer en paix, fans perdre une maille, ni recevoir aucun outrage.

Elections des consuls et des conseillers de la ville.
En ce mefme temps eftant remife fus l'election des Confuls, entrepofée trois mois & plus, comme il a efté dit en fon lieu [1], quatre Confuls nouveaux furen efleus, dont les trois eftoient de la Religion, & les Confeillers de ville furent choifis de ceux de l'une & de l'autre religion, quafi en nombre efgal, le tout en Confeil general, à la maniere acouftumée, & fans contradiction d'aucun; eftant cefte election faite nomméement afin de pourvoir à ce que la ville fuft gardée contre tous fans ayde d'eftrangers. Pareillement les deputés de la Cour de Parlement, des contes, du confeil de la ville, & de ceux de la Religion, eftans affemblés, efleurent pour capitaine de la ville un jeune homme natif d'icelle, nommé

Nomination d'un capitaine.
Aynemont Cot [2], auquel ils permirent de lever deux cens foldats, payés aux defpens communs de la ville, qui fe leveroient par letres de permiffion de la Cour, & le premier payement defquels fut prefté par quelques particuliers, entre lesquels furent volontairement quelques Confeillers de la religion Romaine.

Des Adrets amène des troupes.
Eftant la ville en ceft eftat, *Maugeron* [3] d'autre cofté ayant failli à fon entreprife de Lyon, faifoit quelque amas de gens à Cham-

---

1. Vol. I, 892.

2. *Arnaud*, l. c., p. 124, donne la variante *Ennemond de Coct*. Il était probablement parent du gentilhomme dauphinois, le chevalier *Anémond de Coct*, qui fut gagné à l'évangile par Farel et se lia avec François Lambert d'Avignon, surtout avec Luther, mais qui mourut à Schaffhouse, en 1525. *France prot.*, nouv. éd., IV, 487 s.

3. *Laurent de Maugiron* avait succédé à La Motte-Gondrin comme Lieutenant-général.

bery pour affaillir *Grenoble,* qui fut caufe que les habitans, pour ne fe voir affés forts, envoyerent à *des Adrets,* alors accouru à Lyon incontinent après la faifie de ladite ville, le fupplians de venir pourvoir à leurs affaires. Suyvant donques cefte advertiffement, *des Adrets* y envoya une compagnie de gens de pied fous la charge du capitaine *Commung*[1], puis vint luy-mefme en perfonne avec cinquante chevaux, fuivi de plufieurs compagnies de gens de pied, recueillies tant du plat pays que des montagnes, & mefmes de ceux de Pragela, fous la charge du capitaine *Furmeyer*[2]; lefquelles troupes eftans arrivées, il ne fut poffible de garantir les images des autres temples, defquelles une partie fut bruflée depuis en plufieurs places de la ville, & en avoit efté fait autant dès & auparavant par tout le Dauphiné, horfmis à Ambrun & Briançon. *On brûle les images.*

258 *Des Adrets* arrivé, fit crier qu'au lieu de prefter ayde ni faveur à *Maugeron,* ufurpant le titre de lieutenant general au pays de Dauphiné, on euft à le pourchaffer & prendre, fi faire fe pouvoit, comme feditieux & violateur des Edicts du Roy, le tout fous peine de la vie aux contrevenans. Incontinent après faifant le tour de la ville, il ordonna ce qui eftoit neceffaire pour la defenfe d'icelle, commandant d'abatre certaines maifons bafties auprès des murailles, & quelques jardins edifiés aux vieux foffés; fit auffi plufieurs ordonnances fur la police, lefquelles furent affés mal exploitées[3]. Ce fait, le vingtfixiefme dudit mois de May, il envoya des compagnies jufques au chafteau de *la Buffiere*[4], avec quelques picees de campagne, lequel eftant abandonné des ennemis, fut baillé en garde au capitaine *la Coche*[5]. Auffi fut envoyé au chafteau de *Mirebel*[6], en garnifon, le capitaine *Loquet*[7]. *Mesures de défense.*

1. *Arnaud,* l. c., p. 125, le nomme *Camming.*
2. *Jacques de Rambaud,* seigneur de La Villette-Furmeyer, gentilhomme protestant de Gap. *France prot.,* VIII, p. 367. *Arnaud,* I, p. 125. *(Goulard) Hist. des choses mémor.,* p. 261 s. *De Thou,* III, 222.
3. Peut-être faut-il lire : *exécutées.*
4. *La Buissière,* village à 34 kil. de Grenoble, près de Barraux, sur la frontière de Savoie.
5. *Pierre de Theys,* dit *La Coche. Arnaud,* p. 125.
6. *Miribel,* village situé près Les Echelles et St-Laurent du Pont, non loin du Guiers, qui forme ici la limite de la Savoie, à 40 kil. de Grenoble, et commandant l'une des routes de Chambéry, de même que La Buissière l'autre.
7. Probablement le même que celui qui ci-dessous, p. 311, est nommé le capitaine *Boquet.*

Le trésor de la cathédrale mis en sûreté.

De là [*des Adrets*] estant retourné à Lyon, les ennemis s'essayerent en vain de recouvrer le chasteau de *Mirebel* ; qui fut cause que tout incontinent, à savoir le deuxiesme de Juin, il retourna dans Grenoble, là où deux jours après, à savoir le quatriesme du mois, furent descouvertes & portées en sa maison les reliques de l'eglise cathedrale, à savoir les images de Sainct Hugon & Sainct Vincent, appelés patrons de ladite eglise, une autre de la vierge Marie, avec quelques croix & calices, & la mitre Episcopale ; le tout mis en inventaire & pesé & estimé deux cens soixante marcs d'argents. Ces reliques furent aussi tost envoyées à Valence, dont il se fit grand murmure en la ville, allegans les habitans de l'une & de l'autre religion, qu'il les faloit retenir, & en faire batre monnoye au coin du Roy pour en soldoyer la garnison. Ce qu'estant rapporté à *des Adrets,* il leur en fit telles remonstrances en une assemblée generale (en laquelle assisterent *François de Sainct Marcel,* Evesque, & plusieurs conseillers du Roy en Parlement, & des Comtes, & grand peuple de l'une et de l'autre religion), qu'ils approuverent le transport de ladite argenterie. Ce fait, leur ayant *des Adrets* remonstré que s'ils vouloient vivre en bonne union, ils se pourroient conserver avec peu de despense & sans garnison d'estrangers, il se fist un autre conseil general, auquel il fust arresté que cinquante citoyens, tous solvables, seroient choisis de l'une & de l'autre religion, & pleigeroient respectivement qu'il n'adviendroit du costé de leur parti aucune desunion, auquel advis la Cour de Parlement consentit de parole & non pas d'effect, ne le voulant emologuer par arrest escrit, ni estre du nombre des pleiges ; non pas, ce disoient-ils, qu'ils ne trouvassent bon & necessaire cest advis, mais de peur tant seulement de faire vaquer leurs estats.

Saccagement de la Grande Chartreuse.

Le cinquiesme dudit mois, ayant esté rapporté qu'il y avoit quelque nombre de gens de guerre en la *Grand'Chartrousse,* à trois lieues de la ville, dans les montagnes, lieu tresfort de situation, & duquel on pouvoit venir à couvert jusques auprès de la ville, on y envoya des compagnies qui n'y trouverent grande resistence, & fut-on d'advis de la brusler, ce qu'estant executé, tous retournerent à Grenoble [1]. Ce fait, *des Adrets* voyant que la ville de Grenoble,

---

1. On peut voir des détails sur ce sac de la *Grande-Chartreuse,* dans *De Thou,* III, 223. *Arnaud,* l. c., p. 127.

du Parlement de Grenoble. Livre XII.

où il y avoit bonne provifion d'artillerie, n'eftoit pas pour fouftenir un fort fiege, & qu'advenant le cas qu'elle fuft prife par l'ennemi il fe pourroit prevaloir de ces pieces, dont il auroit faute ailleurs, joint que fi elle eftoit afliegée, il auroit moyen de la fecourir, il fit charger & conduire à Valence deux groffes pieces de baterie, avec une vingtaine de pieces de campagne, & plufieurs moufquets & arquebouzes à croc. Mais fur cela, les nouvelles qu'il entendit de la prife & faccagement de la ville d'*Orenge* par le fieur *de Suze*[1], acompagné des forces du Comtat & de Provence, le contraignirent de defcendre au bas Dauphiné en toute diligence, partant de Grenoble le feptiefme de Juin, où il laiffa pour commander le fieur *de Brion*[2], gentilhomme voifin de la ville, avec quatre compagnies. Nous laifferons donques pour maintenant *des Adrets* au bas Dauphiné, & *Maugeron* à Chambery, pour venir au faiƈt d'Orenge, lequel nous reprendrons un peu de plus haut.

260   *Orenge*[3], ville Epifcopale, en titre de principauté fouveraine, enclavée dans le Comtat de Veniffe, ville trefancienne, fituée à demie lieue du Rhofne & à quatre lieues d'Avignon, où fe voit encores le grand trophée de Marius & Catulus, Confuls Romains, qu'ils drefferent de la victoire tant celebre contre les Cymbres. Après avoir fervi de retraitte à plufieurs de la Religion perfecutés ès temps du *Roy Henry & François deuxiefme*, Roys de France, eut finalement un Miniftre, l'an 1561, qui les enfeignoit ès maifons privées[4], nonobftant la refiftence du Parlement d'icelle princi-

Histoire d'Orange. Commencement de la réforme.

---

1. *François de la Baume*, comte de Suze (vol. I, p. 367), grand seigneur dans le Vivarais. *Le Laboureur, Addit. à Castelnau*, II, 18. *Arnaud*, I, 128.
2. *Jean des Vieux*, seigneur de Brion. *Arnaud*, p. 123. Comp. *supra*, p. 220.
3. Le récit que donne notre texte est aussi inséré dans l'*Hist. des Martyrs*, fol. 673 a s. *Perussis, Discours des guerres de Venayssin et de la Provence. Cimber* et *Danjou*, IV, p. 439 s. Comp. *d'Aubigné, Hist. univ.*, I, 203 s. *(Goulard) Hist. des choses mémor.*, p. 262. *Lambert, Hist. des guerres de religion en Provence*, I, 150 s. Voyez l'aperçu historique sur la principauté d'Orange, que donne *De Thou*, III, 223 s. *E. Arnaud, Hist. des Protestants de Provence, du Comtat de Venaissin, et de la principauté d'Orange*. 2 vol. Paris 1884, vol. II, p. 147 s., où l'on trouve une énumération des sources principales, p. 151 s.
4. C'était *Georges Cornelli*, qui y vint de Puimichel, en Provence. *Corresp. de Calvin. Opera*, XVIII, p. 500. XIX, p. 181, 535 ss. Comp. *Arnaud*, l. c.,

pauté, enfemble du fieur *de Caufans*, gouverneur, & de *Philippe de La Chambre* [1], Evefque, folicités par les officiers du *Pape*, ne pouvans fouffrir cela fi près de leurs nés. Toutesfois les chofes allerent toufiours en croiffant, jufques à ce que l'Edict de Janvier eftant fait en France, le *Prince* [2], qui eft de la maifon de Nanffau & refident en Flandres, leur envoya un fien efcuyer, nommé *Alexandre de la Tour* [3], pour pacifier toutes chofes ; comme de faict tout y fut paifible jufques à ce qu'après le maffacre de Vaffy les armes f'eftans levées en Dauphiné, ceux d'Orenge qui eftoient de la Religion fe rendirent auffi les plus forts, voyans ce qui leur eftoit apprefté par *François Fabrice Serbellonne*, parent du Pape [4], & envoyé au mefme temps en Avignon avec forces ; aufquelles, environ la fin du mois de Mai (1562), fe joignirent celles du fieur *de Sommerive* [5], lieutenant de fon pere au gouvernement de Provence, avec compagnie des fieurs *de Suze* [6], *de Carces, Flaffan, Ventebran, Sentac*,

Réunion des forces catholiques.

vol. I, p. 325. II, p. 168. Il fut bientôt remplacé par *Siméon Lacombe*, prêté par l'église de Romans (*Calv. Opp.*, XIX, p. 180, 322. *Arnaud*, p. 175). Enfin vint *Patac*, qui périt au massacre. *Arnaud*, p. 181, 187.

1. De la maison des marquis de la Chambre. *De Thou*.

2. *Philibert de Châlons*, mort sans postérité, laissa la principauté d'Orange à René de Nassau, fils de sa sœur Claude. Il est ici question de Guillaume de Nassau, prince d'Orange, surnommé le Taciturne, assassiné en 1584. Il était fils de Guillaume, le cousin-germain de René de Nassau. Les Protestants d'Orange tenaient librement leurs assemblées, sous le gouvernement du sieur de Causans, comme aussi sous celui d'Alexandre de La Tour, nommés par le prince Guillaume. Néanmoins ce dernier se montra bientôt leur ennemi cruel et partisan du pape.

3. Il était l'écuyer du prince d'Orange. *Arnaud*, l. c., p. 166, 172, 179. Il resta jusqu'en avril 1562, où il se réfugia à Avignon.

4. Voy. p. 254. Il était cousin-germain du pape ; le cardinal Borromée était aussi son cousin, et le cardinal de St-George, son frère. *Perussis, Discours des guerres de Venayssin, etc.* (Cimber et Danjou, *Archives curieuses de l'Hist. de France,* V, p. 411), rapporte que Serbellon était arrivé à Avignon depuis le 19 novembre 1561, chargé du commandement général des armes dans le comtat de Venaissin.

5. Voy. *supra*, p. 164. Il était le lieutenant de son père Claude, comte de Tende, dans le gouvernement de Provence.

6. Voy. la page précédente. *De Ponteveẓ*, comte de Carces, de Flassan ; son frère, gouverneur d'Aix, Gaucher de Ventabren, capitaine de cavalerie (vol. I, p. 898 s.). (*Quiqueran-Ventabren. Lambert*, l. c., p. 165.) *La Verdière*,

Laverdiere, Mondragon, Venterol, & autres, dont la plus part avoient efté condamnés comme feditieux par le Parlement d'Aix, ainfi qu'il fera dit ailleurs [1].

Toutes ces forces donques f'affemblerent à *Cavaillon* [2], attendans l'opportunité de fe jetter dans Orenge par intelligence qu'ils y avoient. Ceux de la Religion, d'autre part, f'eftans munis d'environ fix cens hommes, advint que *Perrin,* fieur *de Parpaille* [3], prefident d'Orenge, qui eftoit allé à Lyon, tant pour autres raifons que pour amener des armes, fut à fon retour trahi avec fon bateau par le batelier qui le conduifoit, & livré entre les mains des ennemis au *Bourg Sainct Andiol,* à deux lieues au deffus du Pont Saint Efprit, & à cinq lieues d'Orenge. De quoy eftans advertis ceux d'Orenge, voyans que leurs ennemis n'eftoient encores fortis en campagne, envoyerent auffi toft quafi toutes les forces qu'ils avoient, de pied & de cheval, audit lieu du Bourg, fous la charge du Capitaine *Sainct André,* pour ravoir *Parpaille.* Mais cependant leurs concitoyens de la religion Romaine n'ayans failli d'en donner advertiffement à *Fabrice,* il fe trouva devant la ville avec toutes fes forces, le lendemain, cinquiefme dudit mois (de juin), au poinct du jour, ayant cheminé toute la nuict, avec deux pieces de baterie, & quelques autres de campagne [4]; laquelle eftant auffi toft fommée, ceux de dedans envoyerent d'un cofté un nommé *la Rays* audit Capitaine *Sainct André* pour avoir fecours, &

Surprise du sieur de Parpaillon.

Investissement d'Orange.

---

gendre de Carces; *de Cental* (De Thou, III, 226), seigneur très bon en conseil et aux exécutions, et un des premiers de la Provence. (*Perussis*, l. c., p. 433): *de Venterol*, maistre de camp.

1. *Arnaud*, p. 183 s.

2. *Cavaillon* (département de Vaucluse), sur la Durance, à 25 kil. d'Avignon.

3. *Jean Perrin* ou *Perrinet*, seigneur de Parpaille, natif d'Avignon, où il avait professé le droit et siégé comme primicier de l'université, plus fait pour les aventures de la guerre que pour les travaux scientifiques, quitta la foi catholique pour se mettre à la tête d'un corps de partisans, et fut chargé par les huguenots d'Orange de la présidence de la ville. Sa présence encouragea les religionnaires à toute sorte d'actes de fanatisme. Ils abattirent les images, pillèrent les couvents, supprimèrent la messe, outragèrent l'évêque de la ville, Philippe de La Chambre, qui s'enfuit à Caderousse avec ses chanoines. *Lambert*, l. c., p. 151. *Arnaud*, p. 167, sa conversion, p. 184, son arrestation.

4. Comp. *Perussis*, p. 440 s. *Lambert*, p. 153. *Arnaud*, p. 184.

d'autre cofté deputerent fix hommes pour parlementer, lefquels ne peurent obtenir autres conditions, finon que tous les eftrangers fortiroient promptement de la ville, & le refte des habitans, ayans mis toutes leurs armes au grand temple, en bailleroient la clef à *la Tour,* qui f'eftoit declaré leur ennemi capital dès le commencement, lequel puis après y entreroit avec deux compagnies.

La ville est battue en brèche.
Ces conditions entendues par ceux de dedans & de la Religion, qui eftoient encores plus forts que leurs concitoyens de la Religion Romaine, la refolution fut de mourir pluftoft que de les accepter. *Fabrice,* d'autre cofté, commença de batre du cofté de Sainct Eutrope, vers le chafteau, à l'endroit nommé Pourtoulles, duquel lieu eftans repouffés pour eftre grandement endommagés par ceux du chafteau, où eftoit le Capitaine *la Cofte* le jeune, defplaçant de là, il fe logea du cofté de la porte des Moulins, batant fi furieufement, qu'après avoir tiré huict vingts coups de canon, il fit brefche raifonnable. Cependant ceux qui avoient efté envoyés à Bourg, oyans la baterie, prindrent le chemin du retour en toute diligence, f'eftans joints avec plufieurs des autres Eglifes prochaines, de forte qu'ils pouvoient eftre jufques au nombre de douze cens hommes, efperans de rentrer dans la ville, durans encores les tenebres de la nuict, pour n'eftre endommagés de la cavalerie de leurs ennemis ; mais le jour les ayant furpris, ils furent contraints de demeurer à Serignan, à une lieue d'Orenge.

Fuite d'une partie des protestants.
Cefte mefme nuict, ceux de la Religion, eftans en fort petit nombre pour defendre la brefche, & voyans que leurs concitoyens mefmes f'appreftoient pour leur courir fus, quitterent la ville en partie, emmenans leurs femmes & petis enfans, avec telle mifere que chacun peut penfer, aufquels Dieu fit cefte faveur, qu'ils parvindrent jufques audit lieu de Serignan. Les autres, f'eftans recommandés à Dieu, fe preparoient à defendre la brefche, quand

Prise de la ville.
le matin, fixiefme dudit mois, ils ouïrent le bruit de l'ennemi, entrant tant par un treillis de fer, où f'efcoulent les eaux du pont Toillard[1], qui leur avoit efté ouvert par leurs traiftres concitoyens, que par plufieurs autres maifons d'iceux jointes aux murailles, & par les portes mefmes qui furent incontinent bruflées. Auquel effroy plufieurs fe retirerent au chafteau, & les autres là où ils pouvoient, avec efperance de f'y pouvoir cacher.

---

1. *Arnaud,* p. 186, la porte de Pontillard.

Les ennemis entrés n'oublierent aucune forte de cruauté plus *Massacres*
que barbare & inhumaine, n'efpargnans fexe ni aage, fain ni *et horribles*
malade ; car quant aux hommes, ils en tuerent qui eftoient aagés *cruautés.*
de feptante à octante ans, & mefmes quelques paralitiques, gifans
de long temps en leurs licts ; voire mefmes, entrés en l'hopital, ils
tuerent tous les pauvres fans en excepter un feul, & n'efpargnerent
non plus grand nombre de pauvres moiffonneurs montagnars,
defcendus, fuivant leur couftume, pour les moiffons, & n'ayans
rien que leurs faucilles pendues en efcharpes. Quant aux filles &
femmes, enceintes ou non, ils en tuerent un grand nombre, les
pendans toutes groffes aux feneftres & galleries, & plufieurs furent
arquebouzées avec leurs pauvres petis enfans qu'elles tenoient en
leurs bras ; plufieurs auffi furent violées, defquelles les unes moururent de trifteffe, autres avorterent en danger de leur vie. Plufieurs petites filles, de cinq à fix ans, furent ravies d'entre les bras
de leurs meres, & emmenées fans jamais les avoir voulu rendre
depuis. Et eft à remarquer que non feulement ils tuerent, mais
auffi en tuant exercerent toutes les cruautés à eux poffibles, faifans
mourir les uns à petis coups de dague & d'efpée, precipitans les
autres fur les pointes des halebardes & efpées, en pendant aucuns
par le menton au croc des cremalieres des cheminées, & les y
faifans brufler, coupans auffi les genitoires à plufieurs, & qui plus
eft, fichans aux parties honteufes des femmes mortes des cornes
de bœuf, & gros caillous, & fourrans pfeaumes & autres livres de
l'Efcriture fainéte dans les playes des hommes morts. Leur mot
du guet eftoit : Je renie Dieu par trois fois, & les oyoit-on crier
à haute voix de toutes parts. Quant aux biens, il ne faut pas
demander f'ils furent pillés fans y rien laiffer ; le refte fut refpandu
& perdu, eftant trouvée la ville bien fournie de bled & de vin.

Mais parmi telle crauté, Dieu exerça un notable jugement fur *Massacre*
les autheurs de tout ce mal, qui avoient fait ouverture à l'ennemi, *des traîtres.*
n'eftans non plus efpargnés hommes & femmes que les autres,
combien qu'ils fe fuffent retirés en armes en la place, penfans y
recevoir & remercier ceux qu'eux-mefmes avoient fait venir. Mais
les ennemis, penfans qu'ils fuffent là pour faire refiftence, fe
ruerent deffus, & mirent tout au fil de l'efpée. Ce fait, ceux qui
f'eftoient retirés au chafteau f'eftans rendus, après avoir eu promeffe & ferment de la vie fauve, ne furent pas mieux traités que

ceux de la ville, y eſtans tués de fang froid cent & neuf hommes, precipités en partie du haut en bas, de forte que les marques du fang coulant à plein ruiſſeau y demeurerent long temps. Ce ne fut point aſſés à ces inhumains d'avoir exercé telles cruautés contre les perſonnes, mais auſſi fur le foleil couchant le feu fut mis, à la folicitation de *Suze,* tant au chafteau qu'au lieu où on tenoit le Parlement, en l'Evefché, & ailleurs, dont furent bruſlées environ trois cens maifons, avec pluſieurs perſonnes qui ſ'eſtoient cachées dedans; & n'euſt eſté que Dieu, comme monſtrant d'en haut que les blafphemes & cruautés des uns, & les cris & lamentations des autres eſtoient parvenus juſques à luy, efclata fur les unze heures de nuict terribles tonnerres avec une pluye merveilleufe & extra-ordinaire, il ne fuſt reſté une feule maifon en la ville[1]. Ce fut auſſi un moyen que Dieu envoya pour faire evader aux champs quelques uns de ceux qui ſ'eſtoient cachés, defquels toutesfois une grande partie fut furprife & maſſacrée par les villages.

<small>*Incendie de la ville.*</small>

Le lendemain, pour parachever ce beau mefnage, *Suze* ayant pris du plus beau & meilleur butin, dont il meubla fa maifon, fit tant envers *Fabrice,* que partie mefmes de la muraille de la ville fut demolie & rafée juſques à la terre, & furent menés priſonniers à Tarafcon le Capitaine *la Cofte le jeune*[2], le fieur *de la Caritat*[3] & un nommé *de la Rays*[4].

<small>*Supplice de Parpaille.*</small>

Ceux qui eſtoient à Serignan[5], entendans ces chofes fans y pouvoir aucunement donner ordre, fe retirerent à Montelimart, & quant à *Parpaille*[6], après avoir long temps demeuré priſonnier en Avignon, d'où il eſtoit, il eut finalement, par le commandement du Vicelegat, la teſte trenchée, le huictiefme d'Aouſt enſuivant.

---

1. Des noſtres n'y en mourutent que dix ou douze, . . les morts des adverſaires furent environ de neuf cens à mille. *Peruſſis,* l. c., p. 442.

2. *La Coste,* le commandant du château, fut pendu à Tarascon.

3. *Henri de la Caritat,* seigneur de Condorcet; probablement on doit le distinguer du capitaine du même nom, mentionné *supra,* p. 221. *France prot.,* nouv. éd., III, 761.

4. Voy. ci-dessus, p. 261.

5. *Sérignan,* bourg du Comtat, à 7 kil. d'Orange. Voy. ci-dessus, p. 261.

6. *Supra,* p. 260. Voy. les détails de sa mort, *De Thou,* III, 228. *Lambert,* p. 157, désigne comme date de sa mort le 9 septembre.

Ainsi demeura la ville d'*Orenge* en ce piteux estat, entre les mains de ceux de la religion Romaine, sous le gouvernement dudit *de la Tour*[1], plus fidele serviteur du siege Romain que de son maistre, attendu qu'à la solicitation d'iceluy la ville fut ainsi destruite. Mais le vingt & uniesme de Mars 1563, le sieur *Comte de Cursol*, esleu gouverneur de Dauphiné en la place de *des Adrets*, y estant entré à main forte, y establit ceux de la Religion, y mettant pour gouverneur le sieur *de Sainct Auban*[2], sous lequel finalement, le vingtsixiesme de Septembre audit an, l'exercice des deux religions y fut estabil de l'authorité du *Prince*, suivant l'Edict de la paix du Royaume de France.

De Cursol reprend la ville.

Pour revenir au sac d'*Orenge*, l'armée de *Fabrice*, après cefte belle execution, se partit en trois. Car quant à luy, il se retira avec ses soldats apostoliques, sanglans du sang innocent & chargés de butin, en sa taniere d'Avignon. Ceux de Provence[3] reprindrent leur chemin par Vedannes[4], Chasteauneuf[5], & Coumons[6], venans camper aux Baumettes[7], comme il sera dit en l'histoire de Provence[8]. Et quant à *Suze*, qui faisoit bien son conte, estant passé jusques à Pierre-Latte[9], petite ville en Dauphiné, d'aller plus outre & de piller Montelimart, estant adverti des forces qu'il y trouveroit, il s'alla rafraischir à Suze[10], sa maison paternelle, à deux lieues d'Orenge, laissant trois cens hommes de garde au chasteau de Pierre-Latte[11].

Retraite des forces catholiques.

1. Voy. ci-dessus, p. 260.
2. *Gaspard Pape*, seigneur de Saint-Auban. Vol. I, p. 343, 898; II, 225, etc. *Arnaud*, p. 196.
3. Sous le comte *de Sommerive*.
4. *Vedènes*, à 7 kil. d'Avignon, entre Bédarrides et Sorgues (Vaucluse).
5. *Châteauneuf-Calcernier* (ou *Château du Pape*), sur le Rhône, à 9 kil. d'Avignon.
6. *Caumont* (Vaucluse), près de Cavaillon, à 30 kil. d'Avignon.
7. *De Thou*, III, 228, écrit *Balmete*.
8. Voy. ci-dessous, p. 319 s. Comp. *Lambert*, I, 163.
9. *Pierrelatte* (Drôme), à 21 kil. de Montélimart.
10. *Suze-la-Rousse*, bourg du département de la Drôme, canton de Pierrelatte, à 34 kil. de Montélimart.
11. La ville se trouve au pied du rocher, couronné aujourd'hui des ruines du château dont parle le texte.

Représailles de Des Adrets à Pierrelatte.

Il eſt temps maintenant de retourner à *des Adrets,* lequel nous avont dit eſtre parti de Grenoble, le ſeptieſme de Juin, en deliberation de venger le ſaccagement d'Orenge & de garantir le bas Dauphiné contre *Suʒe,* & le haut contre *Maugeron.* Eſtant donc arrivé à Montelimart, où il trouva les forces d'Orenge[1] qui y eſtoient venues de Serignan, comme dit a eſté, & en ayant recueilli d'autres en extreme diligence, il tira droit à Pierre-Latte, ville aſſiſe en plat pays, & n'ayant montagne plus près que d'une lieue, horſmis un grand & ſpatieux rocher dans la ville, deſſus lequel eſt aſſis le chaſteau, commandant à toute la campagne, ſans qu'il y ait aucun accès, ſinon par un ſeul petit chemin & eſtroit; de ſorte qu'il eſt non ſeulement tenable, mais preſque tenu comme inexpugnable. Ce neantmoins, *des Adrets,* en approchant comme une foudre[2], eut tantoſt fait breſche à la ville, avec un tel eſtonnement des trois cens ſoldats que *Suʒe* y avoit laiſſés ſous la charge du Capitaine *Richart de Vaurias*[3], qu'abandonnans la breſche, ils ſe retirerent au chaſteau. La ville priſe, en laquelle tous ceux qui furent trouvés en armes, & non autres, furent mis au fil de l'eſpée, *des Adrets* cognoiſſant la place & l'eſtonnement des ennemis, tira droit au chaſteau, duquel il ſaiſit la porte avec une telle hardieſſe, que ceux de dedans eſtonnés, & n'ayans eu loiſir de ſe recognoiſtre, demanderent ſoudain à parlementer; mais tandis qu'on parloit des conditions, la furie des ſoldats d'Orenge, enflambés par le ſaccagement de leur patrie, fut telle, qu'ils entrerent dedans, où ils n'eſpargnerent rien, tuans les uns & precipitans les autres du haut en bas[4].

Priſe du Pont-Saint-Esprit.

De là, ſans aucunement ſejourner, *des Adrets* tira droit à *Bourg*[5], qui ſe rendit ſans attendre le canon; comme fit auſſi le *Pont Sainɛt Eſprit,* qui luy apporta les clefs; auquel lieu il laiſſa

---

1. Ceci ne paraît pas confirmer l'aſſertion de *Lambert,* qui dit, p. 158, que *des Adrets* paſſa au fil de l'épée la garniſon de Montélimart.

2. Comp. ſur la célérité de ſes mouvements ci-deſſous, p. 269 et 275.

3. *Valréas,* petite ville du Comtat (Vaucluſe), à 33 kil. d'Orange. *Lambert,* p. 161.

4. Voir plus bas, comment *des Adrets* ſe juſtifie des ces faits, dans ſa lettre au duc de Nemours, p. 294.

5. *Bourg Saint-Andéol,* dans le Vivarais (Ardèche), vis-à-vis de Pierrelatte. *Arnaud,* l. c., p. 129.

266 forte garnifon à caufe du paffage, fous la charge d'un Capitaine manchot[1] d'un bras, nommé *le Pont*. Et de là f'achemina à *Boulenes*[2], ville frontiere du Comtat du cofté de Dauphiné, laquelle il força & print d'affaut, y eftans dedans quelques foldats de la compagnie du Capitaine *Bartelaffe,* qui pafferent tous au fil de l'efpée. Et de là eftoit bien deliberé *des Adrets* de tirer droit en Avignon. Mais les nouvelles de l'eftat de Grenoble le contraignirent d'y remonter en toute diligence, f'y eftans portés les affaires en fon abfence ainfi que f'enfuit.

Des Adrets eftant forti de Grenoble, les affaires commencerent à f'y manier avec grand defordre, eftant devenu malade le fieur *de Brion*[3], joint qu'à la fuafion d'un certain Confeiller[4] peu entendu & voulant toutesfois tout manier, plufieurs petis confeils particuliers fe faifoient au defceu du Confiftoire & des principaux de la Religion, prevoyans le mal qu'ils ne pouvoient empefcher. *Maugeron*[5] d'autre cofté, eftant en Savoye, amaffoit gens, n'ayant faute d'intelligence dans la ville. Advertis de cela, ceux de la Religion eurent recours à la Cour de Parlement, remonftrans les occafions qu'ils avoient de n'accorder à *Maugeron* l'entrée de la ville, & les maux qu'il en adviendroit f'il y eftoit introduit. A quoy feignant la Cour de vouloir entendre, envoyerent devers luy à Chambery *Laurens Rabot,* Confeiller du Roy, & le quatriefme Conful de la ville, pour le fupplier, difoient-ils, de fe deporter d'y venir, pour le mal qui f'en enfuivroit, y eftans aucunement les chofes paifibles & en tranquillité par l'accord de ceux des deux religions fous l'obeiffance du Roy; mais c'eftoit à la verité pour f'accorder fecretement avec *Maugeron* des moyens qu'il tiendroit pour y entrer, comme il fit bien toft après.

Etat de Grenoble.

Sur cela donques, *Maugeron* filant doux[6] à fa maniere accouftumée, refpondit qu'il ne pouvoit faire moins que d'entrer en

Maugiron prépare son entrée à Grenoble.

1. L'édition originale a *manchet*, peut-être par faute d'impression.
2. *Bollène*, petite ville du comtat de Venaissin (Vaucluse), à 20 kil. d'Orange. Lambert, p. 162.
3. Voy. *supra*, p. 259.
4. *Ponat.* Voy. ci-dessous, p. 270 et surtout 279. Comp. *Arnaud, Prot. du Dauph.* I, p. 130 s.
5. *Arnaud*, p. 130. *De Thou*, III, 229.
6. Homme de cour, dit *De Thou*, l. c., poli et gracieux.

poſſeſſion de ſon gouvernement ; promettant que ſi on le vouloit recevoir amiablement, il viendroit en petite compagnie, puis ſe retireroit ſi on le trouvoit bon, & ne permettroit jamais qu'aucun fuſt recerché pour le faiƈt de la Religion. Ceſte reſponſe donnée, *Maugeron* ſachant que *des Adrets* eſtoit occupé en bas, comme dit a eſté, & voyant qu'il ne luy reſtoit que d'entrer le plus fort à Grenoble, ſuivant les ſecretes promeſſes qu'il avoit de la Cour de Parlement, commença de faire ſon amas au *Pont de Beauvoiſin*[1], ſeparant la Savoye d'avec le Dauphiné par un pont qui y eſt, & pour aſſeurer les paſſages, envoya certains capitaines ſur les advenues[2], qui firent beaucoup de maux au pays, qui avoit eſté juſques alors ouvert & libre pour les allans & venans. Les uns donques ſe ſaiſirent de la *Coſte Sainƈt André*[3], ville de Viennois, ſur le grand chemin de Vienne à Grenoble, laquelle fut pillée d'une eſtrange façon par le capitaine *Meiſtral*[4], apoſtat & mauvais homme. Autres furent envoyés à Morenne[5], bourgade à trois lieues de Grenoble, ſur le chemin de Valence, & d'autre coſté ſur les deſtroits de la deſcente de la riviere d'Iſere, deux lieues au deſſous de Grenoble, pour deſtrouſſer les bateaux deſcendans à Romans.

Ce fait, le quatorzieſme de Juin, *Maugeron* ſe preſentant au *Port de la roche*[6], & s'aſſeurant de la plus part de ceux de dedans Grenoble, envoya dès le matin un gentilhomme avec letres adreſſantes aux Conſuls, manans & habitans de la ville, pleines de douceur & de belles promeſſes, pour la leƈture deſquelles fut aſſemblé un conſeil general, où fut auſſi leue une copie en papier & non ſignée de la proviſion de l'eſtat de lieutenant pour le Roy au gouvernement de Dauphiné, en l'abſence du *Duc de Guyſe*,

---

1. *Pont de Beauvoisin*, à une trentaine de kil. au nord de Grenoble, sur le Guiers, qui sépare le Dauphiné de la Savoie ; le milieu du pont, dont parle le texte, forme la limite.

2. C'est-à-dire sur les chemins conduisant à Grenoble.

3. La Côte St-André (Isère), à 36 kil. de Vienne et à une dizaine de kil. de plus de Grenoble.

4. Pierre Mistral. Arnaud, p. 133. De Thou, p. 230.

5. *Moirans*, au nord-ouest de Grenoble, à peu de distance de l'Isère.

6. *Arnaud*, l. c. : au pont de la Roche, aujourd'hui le rocher dit de la Porte de France.

gouverneur en chef, comme vacant par le decès de feu *Gondrin;* & toutesfois ces letres eftoient en datte du deuxiefme de May, c'eft à dire cinq jours après la mort de *Gondrin,* de forte qu'il y avoit apparence de fauffeté toute evidente. Mais on difputoit là d'une chofe defià conclue auparavant, de forte qu'à la pluralité des voix il fut conclu que *Maugeron* entreroit, & que les foldats que *des Adrets* y avoit laiffés fe retireroient où bon leur fembleroit avec leurs armes & bagues; promettant *Maugeron* non feulement de ne molefter perfonne de la Religion, mais auffi que l'exercice en demeureroit aux Cordeliers, ainfi que la Cour l'avoit ordonné.

Voilà ce que promit *Maugeron,* en vertu de quoy il entra ce mefme quatorziefme de Juin, acompagné d'environ deux cens chevaux & fuivi de quatorze ou quinze cens hommes de pied. Mais combien qu'il euft efté receu avec un tresgrand accueil, non feulement de ceux de l'eglife Romaine, mais mefmes de ceux de la Religion qui reftoient (car les plus fages, tant capitaines, foldats, qu'autres, f'eftoient retirés auffi toft par les montagnes), foudain les foldats crians «tue, tue», fe mirent au pillage, leur eftant permife toute efpece de force & violence. Gibets avec les efchelles furent dreffés par la ville; proceffion generale fut commandée le lendemain, avec l'injonction à tous de f'y trouver, fous peine de la hart; les livres de la Religion furent faifis, defchirés & efpandus par les rues & bruflés, & là quelques uns jettés du pont à bas dans Lifere, & autres tués par la ville; plufieurs auffi mis prifonniers, entre lefquels n'eft à oublier *Efnard Pichon,* Miniftre [1], lequel ayant efté pris en un village comme il venoit de *La Mure,* & de là mené en pourpoint avec mille opprobres, & prefenté à *Maugeron* qui luy dit plufieurs outrages, il fut reduit finalement entre les mains de l'Evefque, qui ufa envers luy de toute douceur.

Ce fait, *Maugeron* ayant fait interiner fes letres, partit, le dixhuictiefme du mois, pour aller à la *Cofte Sainct André*[2], laiffant

Violences de Maugiron.

Sassenage est établi gouverneur.

---

1. *Eynard Pichon.* Voy. sur ce ministre, vol. I, p. 891, et surtout les différentes indications dans la *Corresp. de Calvin (Index).* Une lettre que Pichon adressa de Grenoble, le 25 décembre 1561, à Calvin, figure dans cette Correspondance. *Opera Calv.,* XIX, n° 3665.

2. Voy. à la page précédente, note 3.

pour gouverneur de la ville & du bailliage du Grifvodan [1], le *Baron de Seſſonnage* [2], lequel ayant fait crier que tous eſtrangers, ſans exception, euſſent à vuider la ville, fit monſtres en armes des habitans en nombre de ſept à huict cens. Vray eſt qu'il fit crier auſſi ſous grandes peines, que les ſoldats ou autres euſſent à rendre dans vingt quatre heures le pillage qu'ils avoient pris, & à n'entrer plus aux maiſons; mais tout le contraire eſtoit pratiqué, eſtans pluſieurs de jour à autre menés priſonniers, & quelques uns precipités du pont en la riviere. Davantage, n'ayant peu obtenir du capitaine *la Coche* [3] qu'il leur rendiſt le chaſteau de *la Buſſiere,* ils aſſemblerent les communes juſques en nombre d'environ deux mille hommes pour le forcer, mais ils n'y perdirent que leurs peines & pluſieurs de leurs gens.

Entreprise contre le château de La Bussière manquée.

Approche de Des Adrets. Fuite de Maugiron.

Pendant ces beaux exploits, & que *Maugeron* eſtoit après à lever un emprunt de quatorze mille eſcus dont il avoit fait les roolles, *des Adrets* ne dormoit pas; lequel ayant entendu ces nouvelles de Grenoble, & contraint par ce moyen de laiſſer ſon entrepriſe du *Comtat* [4], où il eſperoit bien toſt de chaſtier *Fabrice, Suze* & tous ceux qui avoient ſi inhumainement traitté *Orenge,* tourna bride vers *Valence,* & d'une celerité incroyable arriva ſi à propos dans *Romans* avec tout ſon camp, qu'il raſſeura la ville contre l'entrepriſe de *Maugeron* qui ſ'en approchoit. Et n'y ayant ſejourné qu'une nuict, ſ'en vint droit à *Sainct Marcellin* [5], qu'il força d'une meſme impetuoſité, ayant mis en pieces la garniſon de trois cens hommes que *Maugeron* y avoit laiſſés, lequel il deſiroit extremement de rencontrer & combatre en campagne raſe, combien qu'il fuſt beaucoup plus foible que luy de cavalerie. Mais il n'avoit garde de le rencontrer. Car au lieu de l'attendre, il ſ'enfuit droit en Savoye, ſans dire à Dieu à ceux de Grenoble, & de là ſe rendit vers Tavanes, en Bourgogne, dont il ne revint qu'avec le *Duc de Nemours.*

1. La vallée ou le bailliage du Grésivaudan, formé par la plus grande partie du Val de l'Isère.
2. *Laurent de Béranger,* baron de Sassenage. Arnaud, p. 133. *De Thou,* p. 230.
3. Voy. *supra,* p. 257.
4. de *Venaissin.*
5. *St-Marcellin,* village du Comtat (Vaucluse), à 30 kil. d'Orange.

du Parlement de Grenoble. Livre XII. 323

Ces nouvelles, tant de la prife de Sainct Marcellin que de la fuite de *Maugeron* & de la furie de *des Adrets,* eftans rapportées, le vingtcinquiefme du mois, à Grenoble, ce fut à qui fe fauveroit le premier, tant des Confeillers de la Cour que de plufieurs du peuple fe fentans coulpables de ce que deffus, qui fe retirerent pareillement en Savoye, maudiffans *Maugeron* & fa lafcheté. Eftans ceux-là departis, les prifonniers furent tantoft lafchés, & f'eftans affemblés ceux de la Religion qui reftoient en la ville, refolurent en premier lieu d'aller au devant de *des Adrets,* pour le fupplier de pardonner au menu peuple & à leurs pauvres concitoyens. A quoi f'accordant *des Adrets,* y entra fans aucune refiftence, le vingtfixiefme du mois, accompagné de fept à huict cens chevaux, entre lefquels eftoient les fieurs *de Cipierres*[1], fils du *Comte de Tandes,* le fieur *de Senas*[2], le capitaine *Mouvans*[3] & autres, logeant fon camp, qui eftoit de cinq à fix mille hommes de pied, avec fi bon ordre, qu'il n'y eut pillage ni faccagement fait en la ville. Il fit auffi crier, afin que la juftice ne ceffaft, que tous Confeillers de la Cour & autres juges Royaux ou bannerets & tous autres euffent à fe retirer dans fix jours en la ville pour y faire leurs charges, promettant oubliance de toutes les chofes paffées, exceptés feulement les cinq perfonnages cy-deffus nommés[4] & qui eftoient deflogés de Grenoble dès lors qu'elle fut faifie au commencement. Mais perfonne d'eux ne comparut pour cela. Toft après arriva dans Grenoble le Confeiller *Ponnat*[5], venant par les montagnes avec cinq ou fix compagnies de gens de pied, & furent envoyés aux frontieres, à favoir à Chaperolian[6], Pont Charra[7], Allevard[8] & autres lieux prochains de la frontiere, fous

Des Adrets rétablit l'ordre à Grenoble.

---

1. *René de Savoie,* baron de Cipierre, fils du comte de Tende. *Arnaud,* l. c.
2. *Balthasar de Gérente,* baron de Sénas. *Ibid.*
3. *Paul Richend,* sieur de Mouvans. *Ibid.*
4. Voy. p. 255.
5. Voy. ci-dessus, p. 266, note 3.
6. *Chapareillan,* village (Isère), à 43 kil. de Grenoble, dans la vallée de l'Isère, sur les limites de la Savoie.
7. *Pontcharra,* village sur l'Isère, à proximité du précédent.
8. *Allevard,* bourg de la même contrée, à 8 kil. de l'Isère, dans une situation extrêmement pittoresque, célèbre par ses mines de fer.

la charge du jeune *Sainct Muris*¹, les compagnies du jeune *Changy*² & du capitaine *Charbonneau*³, lefquels y firent prefcher, & y demeurerent environ trois femaines. Ces chofes ainfi heureufement executées & en fi peu de jours, *des Adrets*⁴, avec fes forces, dès le dernier de Juin, c'eft à dire quatre jours après fon arrivée, print le chemin de Lyon, & de là en Foreft, laiffant *Ponnat* colonnel de cinq compagnies pour commander dans la ville, & le chevalier *Caffart*⁵ au chafteau de la Buffiere, pour garder la frontiere.

Suze s'établit dans le Comtat. Pendant que le *Baron des Adrets* eftoit empefché au faict de Grenoble & de Foreft, ayant laiffé à *Mombrun*⁶ partie de fes forces pour faire tefte à *Suze*, & pourfuivre l'entreprife du Comtat tant qu'il pourroit, comme, d'auftre cofté, *Mouvans* eftoit defcendu à Cifteron en Province pour rompre les deffeins de *Sommerive, Suze* fit fon amas premierement au lieu de *Serrian*⁷, avec quelques pieces d'artillerie & nombre de compagnies, tant des fiens que de celles de *Fabrice* & de l'arriereban du Comtat, en deliberation de fe camper à Orenge; aufquels f'eftans prefentées, le cinquiefme de Juillet, quelques troupes près la riviere d'*Oveze*⁸, joignant Orenge, il y eut une efcarmouche, en laquelle *Suze,* ayant eu du meilleur, delibera fe camper au pont de *Sorgue*⁹, le

1. *St-Muris* ; il faut probablement lire *St-Mauris le jeune*. Voy. p. 280 et 312, comme corrige *de Thou*, p. 231. D'après *Arnaud*, p. 152, c'était *Claude de Brunel*, seigneur de St-Maurice.

2. *Jacques du Fay*, seigneur de Changy, le jeune. Voy. p. 222.

3. *de Charbonneau.* Voy. p. 303. De Thou, III, 231.

4. *Arnaud*, p. 135.

5. *Alexandre de Cassard. Arnaud*, l. c. Quant au château de La Buissière, dans la haute vallée de l'Isère, sur les confins de la Savoie, voy. p. 258, note 2.

6. *Lambert, Hist. des guerres de religion en Provence*, I, p. 159. Montbrun était le lieutenant de *des Adrets*.

7. *Sarrians*, bourg du Comtat (Vaucluse) à 11 kil. de Carpentras, entre Orange et Carpentras. (*Perussis*, l. c., p. 450, décrit ces rencontres avec beaucoup de détails).

8. *Ouvèze*, rivière prenant sa source près du village de Montauban, dans la Drôme, traverse le Venaissin, et se jette, après un cours de 50 kil. dans la Sorgues, à Bédarrides (Vaucluse).

9. *Sorgues*, bourg du Comtat, à 10 kil. d'Avignon, sur la rivière du même nom, qui sort de la célèbre fontaine de Vaucluse. Le pont est très ancien, de

lendemain fixiefme du mois, ayant laiffé dans les ruines du chafteau d'Orenge le capitaine *Hugon*[1]. *Mombrun,* d'auftre cofté, le huictiefme dudit mois, affiegea *Mornas*[2], une des clefs du Comtat, où eftoit le capitaine *La Combe,* avec nombre de foldats fuffifant pour defendre la place. Ce nonobftant, la ville fut forcée & pareillement le chafteau, quoy que le rocher où il eft affis foit fort haut & difficile à monter. Car le fommet d'iceluy gagné par les foldats avec une extreme difficulté, *la Combe* commença de parler de compofition, mais il n'eftoit plus temps, & par ainfi fut tué tout ce qui eftoit dedans, ayans toufiours les foldats de *Mombrun* le fac d'Orenge en la bouche, & tuans les uns & precipitans les autres, les corps defquels ils envoyerent puis après en Avignon par le Rhofne, leur attachans des efcriteaux par infolence militaire, qui portoient qu'on les laiffaft paffer comme ayans payé le peage à Mornas[3], fans que jamais *Mombrun* y peuft donner ordre, tant eftoient les foldats d'Orenge acharnés à la vengeance de leur patrie. Mais un cas remarquable y advint à un des foldats precipité comme les autres, lequel eftant demeuré fauf & pendu de fes mains à mi chemin du rocher, luy ayant efté tiré en vain grand nombre d'arquebouzades, fut finalement fauvé par *Mombrun,* au fervice duquel il fe rengea. Cefte prife de Mornas entendue, tout le peuple des lieux d'alentour, comme de Caderouffe, Pyoulene[4], Orenge, Courtaifon, Bedarrides & Chafteauneuf, quittans leurs maifons à *Mombrun,* fe retirerent aux fortes

Mombrun prend Mornas.

quatre arches, fort étroit et élevé, et singulièrement construit sur deux alignements différents. De l'ancien château, construit par les papes du XIVe siècle, il reste encore deux tours.

1. *Perussis* (*Cimber* et *Danjou, Archives curieuses,* IV, p. 452).

2. *Mornas,* petite ville à 10 kil. d'Orange, sur la rive gauche du Rhône. Il n'existe plus que des ruines du château qui la dominait. Voy. sur la prise de la place, *Perussis,* l. c.

3. *Perussis:* Le capitaine (La Combe) et aultres apparens furent mis nus dans ung basteau sans timon ou guide, et avecques des cornes mises à force dans leurs testes et ung baston blanc aux mains, où estoit attaché ung escriteau disant: «A ceulx d'Avignon, laissés passer ces pourteurs; car ils ont payé le péage à Mornas.»

4. *Piolenc,* bourg à 7 kil. d'Orange, au pied d'un rocher que dominent les ruines d'un ancien château.

places, comme Avignon, Carpentras, l'Isle[1], Vayson[2] & autres, lesquelles ne furent assaillies par *Mombrun*, estant contraint d'envoyer partie de ses forces à Cisteron. Or avoit bien *Mombrun* deliberé de suivre le cours de sa victoire, mais deux choses l'en garderent, à savoir le siege de Cisteron, & l'amas de *Suze*, estans *Mouvans* & *Cenas* dans Cisteron assiegés par *Sommerive*. Il envoya donc partie de ses forces, logeant le reste dans Boulene, où il se tint en personne, & à Vaureas, pour opposer à *Suze*, lequel, parti du Pont de Sorgue avec bon nombre d'infanterie & gens de cheval, un canon & une grande couleurine, vint droit à Boulene. Mais il y fut si bien receu, le dixneufiesme dudit mois, qu'il sonna tantost la retraitte, y ayant esté tué entre autres le capitaine *Rossieu*[3], & blessé le capitaine *Gaucher de Ventabran*[4], en faisant une grande folie, qui estoit d'entreprendre d'aller escrire de sa main aux murailles de Boulene le nom d'une dame qu'il appeloit sa maistresse, à la maniere acoustumée de la folle jeunesse de France. *Suze*, ainsi repoussé de Boulene, s'adressa à Vaureas, qui luy fut quittée par le capitaine *André*[5], le vingt-troisiesme dudit mois, s'estant sauvé de nuict avec ses gens, & fut la ville pillée par *Suze* de fond en comble. Mais la possession ne luy en dura gueres, ayant auparavant *Mombrun* adverti *des Adrets*, retourné de Forest à Lyon, de le venir secourir, & luy-mesme estant sorti de Boulene si à propos & si sagement, qu'au jour mesme que *Suze* entra dans Vaureas, *Mombrun* se presenta sur un coustau remparé de vignes & voisin de la ville, attendant *des Adrets*, lequel usant de sa celerité acoustumée & comme trainant le bonheur avec soy, arrivé qu'il fut, le vingtcinquiesme dudit mois, audit *Mombrun*, avec quelques compagnies bien armées & payées, & cent Suisses que *Soubize*, envoyé par le *Prince* à Lyon, pour y

---

1. *L'Isle*, petite ville du Comtat, à 22 kil. d'Avignon, au milieu d'une île de la Sorgues.

2. *Vaison*, petite ville à 25 kil. d'Orange (Vaucluse), sur un rocher escarpé près de l'Ouvèze.

3. Il mourut bientôt après de sa blessure. *Perussis*, p. 457. *Lambert*, p. 162, le nomme *Guillaume Bouvard*, seigneur de Roussieu.

4. Le capitaine *Gauchier de Ventabren*, seigneur de Méjannes, fut blessé à la joue, « aiant voulu de trop d'hardiesse aler escripre le nom de sa maistresse aux murailles de Bolene ». *Ibid.*

5. *André de Vauréas. Perussis.*

du Parlement de Grenoble. Livre XII. 327

commander deformais, luy avoit baillés, fans donner efpace à l'ennemi de le venir recognoiftre, delibera quant & quant de l'affaillir & de l'attaquer de toutes fes forces. Au fortir de Vaureas il y a une colline fur le fommet d'une planure[1] affés grande & capable, commandant en cavalier à la ville, en laquelle Suze avoit affis fon camp, ayant la ville à dos, retranchée d'un bon foffé, & ayant braqué fon artillerie en fond[2], vis à vis de la colline vers la bize[3]. A la portée du canon eftoit un autre petit couftau plus bas que la colline, & defendu feulement des ceps de vigne, là où *des Adrets* trouva *Mombrun*. Il y avoit encore une autre chofe qui fortifioit le camp de *Suze,* à favoir plufieurs foffés tirés tout à l'entour des terres, lesquels il falloit paffer defcendant du couftau pour retourner à la colline; mais toutes ces difficultés ne peurent aucunement retarder l'impetuofité de *des Adrets,* ni la furie de fes foldats, fautans les foffés & montans à cefte colline de telle roideur, qu'entre autres l'enfeigne des Suyffes que *des Adrets* avoit amenés de Lyon, eftouffa dans fon harnois[4], & ne faut douter que fi *des Adrets* euft pourfuivi cefte pointe, il fe fuft perdu, dautant que fes gens, ayans perdu l'alaine, euffent efté aifément abatus par gens frais, & les attendans de pied coy avec plus grandes forces. Mais *des Adrets* y pourveut incontinent, laiffant ce chemin, & fe hazardant de paffer contre les murailles de la ville, & de monter par les flancs de la colline, criant & faifant crier victoire. Cela eftonna tellement les ennemis, qu'en peu d'heures *Suze,* non toutesfois fans avoir vaillamment combatu quant à fa perfonne, fut contraint de fe fauver à toute bride, fans fa bourguignote[5], ayant perdu la plus part de fon infanterie, toute fon artillerie, & quelques gentilshommes & capitaines de

Défaite de Suze par des Adrets.

---

1. *planure*, italien : *pianura*, plaine.
2. Dans le fond.
3. Vers le nord.
4. Par suite de l'excessive chaleur qu'il faisait.
5. *bourguignotte*, casque léger, laissant le visage à découvert, et employé par l'infanterie au seizième siècle. *Littré, Supplément.* Perussis, p. 459 : Il est bien aussi à noter ce que fit l'escuier de la Jardine du Thor, lequel estant desmonté de son cheval pour dresser la bourguignote de mondict seigneur de Suze, fut envelopé des adversaires, des mains desquelz il se desempecha, et pourta ladicte bourguignote à mondict seigneur.

marque; entre lesquels se trouva le chevalier *Dolon,* enseigne de *Glandages,* & le capitaine *de Seps,* d'Avignon[1], outre plusieurs gentilshommes François & Italiens blessés.

Des Adrets s'empare du Pont de Sorgue et se retire à Valence.

Après ceste victoire[2], *des Adrets,* dès le lendemain, vingt-sixiesme dudit mois, ayant marché à Tulotte[3], distant de deux lieues de Vaureas, & nettoyé des garnisons Italiennes les lieux de Caderousse, Bedarides, Orenge, Courtaison, Serrian, Pyoulene[4], & Chasteauneuf du Pape, emporta la ville & chasteau du Pont de Sorgue, qui donna un tel effroy à la ville d'Avignon, qu'ils se preparoient au siege comme si *des Adrets* fust desià aux portes[5]. Mais au lieu de cela, il s'alla camper devant Carpentras, le pre-

---

1. *Perussis,* p. 459 : Entre aultres fut tué le chevalier d'Olon, dict de Remusa, enseigne de monseigneur de Glandages, et le capitaine de Ceps, d'Avignon.

2. *De Thou,* III, 242 s., donne aussi *des Adrets* comme ayant été vainqueur dans ce combat de Valréas (à 33 kil. d'Orange). *Lambert,* l. c., p. 170, note : Les historiens s'accordent à donner l'avantage à *des Adrets.* — *Nostradamus, Perussis, le P. Justin, Fantoni,* assurent seuls que *de Suze* remporta la victoire. Du reste, *Perussis,* que *Nostradamus* a copié probablement, a les plus grandes peines à présenter *de Suze* comme vainqueur : «Vray est, dit-il, que par désastre pour lors nostre artillerie tomba aux mains des adversaires... Ayant esté adverti de ceste journée, le seigneur de Fabrice, qui estoit en Avignon, en receut une extresme douleur...» Ce qui ne l'empêcha pas d'ajouter : «et encore que ceste journée se soit dicte perdue, elle se peut à bon droict nommer victoire et bataille gagnée sur les adversaires.» — Aussi il rapporte : «Et estant mondict seigneur de Suze tant animeux chevalier, donna dedans de telle roideur et fureur que en un instant il y eut mil cinq cens hommes des adversaires renversés morts, et perte de cinq de leurs enseignes; des nostres n'en demeurerent que deux cens.» — *De Thou,* au contraire, dit : Après un combat de peu de durée, dans lequel le Comte de Suze fait tout ce qu'on peut attendre d'un grand capitaine, ses troupes sont enfoncées et taillées en pièces ; la vitesse de son cheval l'empêcha d'être pris, mais il perdit presque toute son infanterie et toute l'artillerie. La plupart de la noblesse françoise et italienne qui l'accompagnoit, furent ou tués, ou blessés, ou faits prisonniers.

3. *Tulettes* (Drôme), à 41 kil. de Montélimart.

4. Lisez : *Piolenc.*

5. *Perussis,* p. 463 : Toutes les nuictz l'on pouvoit veoir toutes les murailles environnées d'hommes armés, qui faisoient le nombre avecques ceulx des sept corps de garde dans la ville, de sept à huict mille, aiant chacune maison une lampe ardente pendue aux fenestres, et telle maison en avoit trois et quatre.

du Parlement de Grenoble. Livre XII. 329

mier d'Aouſt, au deſſous des Arcs des fontaines, à la portée du canon, eſperant, comme on preſuppoſe, l'emporter par quelque intelligence, ce que ne luy ayant ſuccedé & ſes ſoldats eſtans haraſſés au poſſible, joint que ſes executions ſe faiſoient ſi ſoudainement que ſouventesfois les ſoldats ſe trouvoient affamés de vivres, ce qui les contraignoit de ſe debander çà & là, il ſe retira à Valence, non ſans perte d'aucuns de ſes gens ſurpris par les païſans en ceſte retraite, qui ſe fit de nuict, le deuxieſme d'Aouſt.

En ces entrefaites, Ciſteron[1] eſtoit menacé d'un ſecond ſiege par Sommerive[2], auquel arrivoient gens de tous coſtés, ſ'y eſtant acheminé Suẓe avec ſeize compagnies de gens de pied & deux de cheval. Senas[3] & Mouvans eſtoient dedans, preparans tout ce qui eſtoit requis; mais prevoyans qu'ils ſeroient extremement preſſés, tant par l'ennemi au dehors, comme il ſera dit en ſon lieu, que par faute de vivres au dedans, cela fut cauſe que ramentevans à *des Adrets* comme ils l'avoient ſuivi & ſecouru au voyage de Grenoble, ils le prierent par letres & homme exprès, qu'il luy pleuſt leur rendre la pareille en telle neceſſité. *Des Adrets,* ſur cela, fit du long, ce qu'on imputoit partie au meſcontentement qu'il avoit & qu'il ne pouvoit oublier ce que le *Prince* avoit envoyé *Soubiẓe* à Lyon en ſa place, de ſorte qu'il ſembloit vouloir faire paroir dès lors qu'on ſ'en repentiroit, & partie auſſi parce que les eſprits de ces deux grands capitaines, à ſavoir *des Adrets* & *Mouvans,* n'eſtans ſans grande emulation, ne ſe pouvoient aſſés bien accorder enſemble, combien que *des Adrets* fuſt d'autre

Sénas et Mouvans pressés à Sisteron.

274

---

1. *Sisteron* (Basses-Alpes, Provence), ancienne et forte ville. *Lambert*, l. c. : Cette ville, que sa situation à l'extrémité de la double vallée formée par le cours du Buech et de la Durance, sur le penchant d'une colline et entre les deux montagnes du Molard et de la Baume, rendait naturellement d'une forte assiette et d'un difficile accès, était, depuis quelques années, le boulevard de la Réforme en Provence. Depuis longtemps les habitants avaient négligé d'entretenir et de compléter les fortifications de la place ; de simples murailles flanquées de tours (quoique démantelées elles sont encore d'un aspect pittoresque), des portes crénelées et très imparfaitement bastionnées, quelques ravelins, pouvaient suffire pour mettre Sisteron à l'abri d'un coup de main, mais étaient impuissants contre un siège en règle.

2. *De Thou*, III, 243. *Lambert*, I, 164.

3. Voy. *supra*, p. 163.

qualité que *Mouvans,* qui n'eſtoit que ſimple gentilhomme, mais au reſte d'un cœur haut & de grande creance envers les ſoldats.

Des Adrets s'apprête à les ſecourir.

Ce neantmoins, *des Adrets,* preſſé par les gentilshommes de Dauphiné, joint qu'il voyoit bien que ce luy euſt eſté trop grand reproche d'avoir laiſſé perdre de ſi vaillans hommes ſans aucunement ſ'en eſmouvoir, commença de raſſembler ſon camp au *Pont du Sainct Eſprit,* envoyant l'artillerie priſe à Vaureas, avec les munitions neceſſaires, par le ſieur *de Mombrun,* par le chemin de Grenoble & de *la Croix haute*[1], comme eſtant plus ayſé au charriage, promettant le venir rencontrer par le chemin *des Baronnies*[2]. Ainſi donc *Mombrun* ſe partit de Valence avec cinq cens hommes de pied, le quinzieſme d'Aouſt, & finalement arriva à Orpierre[3], petite ville du Gapanſois.

D'autre coſté, *des Adrets* ayant ramaſſé ſes forces, & fait monſtre à ſes gens de pied, pour mieux les contenir ſous la diſcipline militaire, força premierement Sainct Laurens des Arbres[4], puis le fort lieu de Roquemaure, le vingtſixieſme d'Aouſt, & trois jours après reprindrent le chaſteau de Pont de Sorgues[5], auquel *Fabrice* avoit laiſſé quelque garniſon de ſoldats Italiens, qui furent bruſlés avec le chaſteau, & peu ſ'en falut qu'ils ne prinſſent d'emblée la tour du pont de Villeneufve lès Avignon, & le fort Sainct André y joignant.

Surpriſe préparée par Fabrice à des Adrets changée en déroute.

Le lendemain, trentieſme, *Fabrice* ayant envoyé quelques fregates contremont le Rhoſne pour amuſer *des Adrets* d'un coſté, & cependant l'aſſaillir de l'autre, fit une ſortie, acompagné de toute la Nobleſſe d'Avignon, & de trois cens hommes de pied, choiſis de toutes les compagnies. Mais il y fut luy-meſme ſurpris

1. C'est-à-dire le chemin de la montagne qui conduisait par le col de la Croix-haute (le village de Lus de la Croix-haute, situé au milieu des hautes montagnes, à 38 kil. de Die) et la vallée de la Buech dans la Provence, c'est-à-dire de Grenoble à Aspres et Orpierre.
2. *Les Baronnies,* ancien nom de la partie méridionale du Dauphiné qui bordait le Comtat de Venaissin.
3. *Orpierre,* bourg du département des Hautes-Alpes, à 50 kil. de Gap, non loin de Serres, sur le Buech.
4. *St-Laurent-des-Arbres,* village du département du Gard, à 6 kil. de Roquemaure, petite ville sur la rive droite du Rhône. Comp. sur ces mouvements de *des Adrets, Perussis,* p. 470.
5. *Pont-de-Sorgues,* sur l'Ouvèze, à peu de kil. d'Avignon.

par la rufe de *des Adrets,* lequel eftant allé en perfonne efcarmoucher les fregates, avoit envoyé d'autre part *Mirebel* batre le chemin d'Avignon, là où fe trouva *Fabrice,* non pas affaillant, comme il cuidoit, mais affailli fi rudement que fon cheval luy fervit fort bien au befoin, fe fauvant à toute bride dans la ville avec fa cavalerie, mais non pas avec toute fon infanterie, parce qu'une partie d'icelle demeura dans les vignes.

Ce fait, *des Adrets,* pourfuivant fon chemin vers la Durance, renverfant tout ce qu'il trouvoit devant foy, arriva à *Cavaillon*[1], le premier de Septembre, courant tout le païs d'alentour, & là, adverti *des Adrets* que quelque bon nombre de cavalerie de la ville d'Arles avec quelques compagnies d'infanterie venoit à Orgon[2], vis à vis de Cavaillon, & feparé par la riviere de la Durance, paffa à gué la riviere, qui lors eftoit fort baffe, fi à propos qu'il renverfa les ennemis, & en tua une grand' partie, fuyant le refte comme en une pleine defconfiture.

Des Adrets défait une troupe d'Arles.

De là, *des Adrets,* au lieu de pourfuivre fon chemin comme il avoit commencé, foit qu'il ne vouluft à la verité fecourir Cifteron (en quoy il fit trefmal, fi ainfi eft), foit qu'il penfaft encores y arriver à temps, fit une grande faute, prenant un autre chemin, plus long, par la campagne, dont advindrent deux grands maux. Car *Mombrun,* voyant la longueur de *des Adrets,* & f'effayant par tous moyens[3] de conduire fes forces dedans Cifteron, fut furpris & deffait entierement par *Suze*[4], le deuxiefme Septembre, à demi lieue d'Orpierre, en un lieu appelé *Lagran*[5], & y fut auffi reprife

Il occasionne la déroute de Montbrun et la chûte de Sisteron.

1. *Cavaillon,* ancienne ville du Comtat Venaissin, à 25 kil. d'Avignon, alors évêché, sur la rive droite de la Durance.

2. *Orgon,* à quelques kilomètres à mont de Cavaillon, sur la Durance, entourée de vieux remparts.

3. C'est-à-dire à lui seul, sans attendre que *des Adrets* l'eût rejoint et renforcé.

4. Comp. *Arnaud, Hist. des Protestants du Dauphiné,* I, 140 : Montbrun se jeta sur Suze avec fureur, dit *de La Planc* (*Hist. de Sisteron* II), mais il éprouva une résistance qu'il avait cru sans doute prévenir par son impétuosité, et dont l'effet inattendu ne fit dès lors que préparer sa défaite. Montbrun pliait déjà, lorsque de la cavalerie arrivant lui fit grand carnage et lui laissa à peine le temps de se sauver en toute hâte à Orpierre, abandonnant plus de 900 des siens sur la place, son bagage, ses munitions et son artillerie.

5. Voy. ci-dessous, p. 328. *Lagrand,* village des Hautes-Alpes, à 10 kil. d'Orpierre.

par *Suze* l'artillerie qu'il avoit auparavant perdue à Vaureas¹. Et quant à *Cisteron,* force fut à *Mouvans,* après s'estre defendu autant que faire se pouvoit, de l'abandonner, le cinquiesme de Septembre, se retirant d'une façon merveilleuse quasi tout le peuple de la ville par les montagnes, comme il sera dit en l'histoire de Provence².

Il est lui-même obligé de battre en retraite.

Des Adrets cependant ayant commencé de batre la ville d'*Apt*³, pensant peut estre que ce siege de Cisteron se leveroit à ceste occasion, si tost qu'il eut entendu la route de *Mombrun,* pensa de la retraicte le plus viste qu'il luy fut possible, non sans quelque perte d'hommes toutesfois sur les chemins, & ne cessa qu'il ne fust arrivé au Pont Sainct Esprit, ayant distribué de son infanterie à Boulene, Roquemaure, Baignols & Pierre-Latte, & de là se retira à Valence avec sa cavalerie. Ce fut un tresgrand desavantage, tant pour la Provence que pour le Dauphiné, d'avoir ainsi laissé perdre ceste ville de Cisteron, servant de clef à ces deux Provinces. Par cela peut on cognoistre mieux encores que par ce que recite Homere du courroux de son Achilles, combien est dommageable le despit d'un grand capitaine ambitieux ou jaloux de sa reputation.

Dissolution croissante des soldats.

Mais il y a encores à considerer en ce faict quelque faute de plus grand poids, à savoir l'insolence & dissolution des soldats, lesquels peu à peu, depuis la reprise de Grenoble, s'estoient merveilleusement desbordés en pilleries, cruautés, bruslemens, & autres excès non tolerables mesmes en la guerre, sans une extreme necessité, monstrans par l'effect qu'ils avoient oublié les deux occasions de ceste guerre, à savoir l'observation de l'Edict de Janvier, & la conservation de l'estat du Royaume contre les perturbateurs du repos public, & non la ruine du peuple & du païs, ni l'establissement de la religion & abolition de l'Eglise papale à force d'armes, encores moins l'aneantissement de toute religion.

Les protestants de Gap obligés d'abandonner la ville.

La premiere ville de Dauphiné qui se sentit de la prise de Cisteron fut *Gap*⁴, ville episcopale, & tout le bailliage d'icelle qui

1. Voy. *supra*, p. 272.
2. Voy. plus bas, p. 329 s.
3. *Apt*, département de Vaucluse, sur la rive gauche du Calavon, entouré de fortes murailles, à 42 kil. d'Avignon, alors évêché.
4. Vol. I, p. 891. L'ancien Gapençois est aujourd'hui compris dans le département des Hautes-Alpes. *Gap* était alors un évêché, situé sur les ruisseaux

eſt de quinze à vingt lieues d'eſtendue, dont nous avons à parler maintenant. Ceſte ville, en laquelle *Guillaume Farel,* qui en eſtoit natif, avoit dreſſé l'egliſe[1] dès environ le colloque de Poiſſy[2] (ſ'eſtant puis après retiré en ſon egliſe de Neufchaſtel en Suiſſe), fut auſſi ſaiſie au commencement de ces troubles par ceux de la religion, ſans aucun autre deſordre, là où ils ſe maintindrent paiſiblement juſques à ce que le capitaine *Gargas*[3], natif de Ventavon, environ la ſainct Jean, ſurprint la ville & chaſteau de *Talart*[4], à deux lieues de Gap, là où il fut aſſiegé ſi toſt & de ſi près qu'il fut contraint, au bout de trois ſepmaines, de rendre ville & chaſteau, y eſtans ſurvenus fort à propos *Mouvans* & *Senas,* à leur retour de la priſe de Grenoble, où ils avoient acompagné *des Adrets.* Car ſans cela les aſſiegeans, qui eſtoient à grand peine 150 hommes, eſtoient perdus par le moyen de l'Eveſque *d'Ambrun*[5], ayant aſſemblé de huict à neuf cens ſoldats de ſes ſujets, leſquels eſtans deſcendus & tout preſts de ſe jetter ſur ceſte petite troupe, furent rencontrés & deffaits au lieu de *Chorges*[6], entre Gap & Ambrun, par les deux deſſuſdits, ſ'y eſtans rencontrés, non de propos deliberé, mais par une ſpeciale providence de Dieu. Ainſi donc demeura ceſte ville en repos juſques à la priſe de Ciſteron, laquelle entendue, avec la retraicte de *des Adrets,* voyans ceux de la religion que la ville n'eſtoit aucunement tenable contre le canon, departirent de nuict environ dix heures tous en troupe, tant hommes que la plus part des femmes & enfans, au mieux qu'ils peurent, & ainſi cheminerent juſques à *Corp*[7], là où Dieu leur

---

de Bonne et de la Luye, au milieu d'une belle vallée, dont les côteaux environnants s'élèvent peu à peu vers le nord-est à une hauteur considérable.

1. *Farellus Calvino,* 26 novembre 1561. *Opp. Calv.,* XIX, 137.

2. Il arriva à Gap et commença à y prêcher immédiatement, le 15 novembre 1561 ; l. c.

3. *Arnaud,* l. c., p. 137.

4. *Tallard,* petite ville dans les Hautes-Alpes, à 13 kil. de Gap, sur la Durance ; on y voit encore les ruines de l'ancien château, détruit en 1692.

5. *Guillaume de Saint-Marcel d'Avançon.* Arnaud, p. 139.

6. *Chorges,* ancienne petite ville, à 24 kil. d'Embrun, située au milieu d'un bas-fond.

7. *Corps,* bourg (Isère) sur la rive gauche du Drac, presque à mi-chemin entre Gap et Grenoble, à 58 kil. de ce dernier.

preſenta le capitaine *Furmeyer*[1], s'eſtant ſauvé de la deffaite de *Mombrun,* avec quelque peu de ſoldats, qui leur donna courage, & les ayant conduits à *Dye*[2], donna ordre que les femmes & autres n'eſtans pour porter les armes y furent receus en la garde de Dieu, prenant avec ſoy ceux qui voulurent ſuivre, leſquels il rendit à *Montelimart,* où nous les laiſſerons pour maintenant.

L'évêque Monluc s'étant compromis se sauve avec peine. Pendant ces exploits du mois d'Aouſt au Comtat & confins de Provence, *Monluc*[3], frere de *Monluc* (dont il a eſté tant parlé en l'hiſtoire de Guyenne), conſeiller du conſeil privé, & Eveſque de Valence (homme de merveilleux eſprit, & qui ès affaires de la religion, meſmes depuis la guerre commencée, s'eſtoit rendu à Orleans, & s'eſtoit tellement porté qu'il ſembloit eſtre de ce parti, & ce neantmoins, d'autre coſté s'entretenoit de telle ſorte avec la Royne mere que pluſieurs le tenoient pour eſtre du nombre de ceux qui ſavent faire leur profit de tout), eſtant departi d'Orleans en aſſés mauvaiſe grace, ſoit que la Royne s'en voulut ſervir en Dauphiné, ſoit qu'il pretendiſt ailleurs, deſcendit à Lyon, où il tint (comme il eſt homme fort libre en paroles) quelques propos qui ſembloient condamner la cauſe ou la procedure de ceux de la religion. Cela eſtant rapporté à Vienne, à l'heure qu'il en eſtoit ſorti pour tirer à Valence, il fut pourſuivi par *Berny*[4], alors gouverneur commandant à Vienne, en intention de l'arreſter ; ce qu'ayant deſcouvert à temps, il paſſa le Rhoſne & ſe ſauva dans Nonnay[5], le quinzieſme d'Aouſt, là où derechef, partie par ſoupçon, en partie auſſi ſuivant les letres expreſſes ſoudainement eſcrites à ces fins par *Berny,* qui avoit retenu ſon bagage & ſon ſecretaire, il fut arreſté, monſtrant un grand eſtonnement en ſon viſage, qui donna occaſion à un certain perſonnage, nommé *Morgues*[6], homme contre-

---

1. Voy. *supra*, p. 256.
2. Probablement par le col de la Croix-haute, à une cinquantaine de kil. de Corps.
3. *Jean de Montluc,* évêque de Valence. Voy. *De Thou,* V, 604. Comp. le curieux portrait que fait de ce prélat *Brantôme,* dans son article sur *Blaise de Montluc* (*Panthéon litt.*, I, p. 368). Voy. I, 343, 352, 603 s. Arnaud, p. 149. (*Bull. de l'hist. du prot.*, I, p. 101.)
4. Voy. *supra*, p. 230. *Bernins* ou *Berny, François de Terrail,* sieur de Bernins.
5. *Annonay.*
6. *Arnaud* écrit *Morges,* sans le désigner de plus près.

fait en fon corps, mais au refte de fort bon entendement, l'efpier tellement, qu'il l'aperceut cachant certains papiers en un endroit des privés du logis où il eftoit, defquels il fe faifit, & a dit depuis ledit *Morgues,* qui les porta à *des Adrets,* qu'ils contenoient chofes eftranges à la ruine de ceux de la religion. Cela fut caufe que *Berny,* fuivant le commandement de *des Adrets,* fit ce qu'il peut à ce qu'il luy fuft renvoyé à Vienne. De quoy f'apercevant, l'Evefque efcrivit à Lyon, ramentevant à *Soubize* leur ancienne amitié, & le priant, avec grandes excufes des fufdits propos, de le vouloir envoyer querir ou de moyenner pleine delivrance. *Soubize* fur cela ne fe pouvant perfuader que l'Evefque fuft tel qu'on le foupçonnoit, ne faillit de prier ceux de Nonnay de le bien garder fans le mettre entre autres mains; ce qui mefcontenta tellement *des Adrets,* defià marri de ce que *Soubize* commandoit à Lyon, qu'il f'en formalifa tout outre, comme gouverneur de Dauphiné, Vivarets & Languedoc, & menaça bien rudement ceux de Nonnay, leur ordonnant de ne faillir de fe bien garder quoy qu'il leur fuft mandé d'ailleurs, & de le delivrer à ceux qu'il leur envoyeroit, fi luy-mefme ne le venoit querir pour en faire bonne juftice; & ne faut douter que ce mefcontentement n'ait efté caufe en partie de ce que *des Adrets* fit puis après. Tant y a quoy qu'il en foit que l'Evefque, le premier de Septembre, trouva façon avec fes gens de faire un trou en la muraille de fon logis joignant les foffés, par lequel ils fe fauverent, & n'a point efté fceu depuis plus amplement le contenu de fes papiers & memoires.

Or, Cifteron eftant ainfi abandonné, & *des Adrets* f'eftant retiré, il fut aifé à *Sommerive* & à *Suze* de ravager le pays à leur plaifir, eftans entrés fans refiftence dedans *Gap, Vaupierre*[1]*, Talard,* & autres plufieurs places. *Corp* auffi & *Muns*[2] en Trieves, villes du baillage de Grisvaudan[3], n'ayans gens expers en guerre, furent finalement abandonnés par les uns, occupés & pillés par les autres, defquels eftoit conducteur le capitaine *Gargas,* avec *Baratier* & *Salettes*[4].

La chûte de Sisteron expose le Dauphiné à la merci de l'ennemi.

1. Lifez: *Orpierre.*
2. *Mens,* bourg du Dauphiné, dans les montagnes de Trièves, à 50 kil. au sud de Grenoble.
3. C'est-à-dire du *Graisivaudan, Gratianopolitanus ager.*
4. *Arnaud,* p. 148.

Incapacité de Ponat à Grenoble.

Mais finalement ces troupes, chargées de butin, fe retirerent dedans Avignon, dont puis après partirent *Sommerive, Suʒe* & *Carces,* le quatorziefme Septembre, pour aller en Provence[1], là où nous les laifferons pour retourner à *Grenoble,* où nous avons dit[2] avoir efté laiffé pour gouverneur par *des Adrets,* dès le dernier de Juin, le Confeiller *Ponat,* homme incapable d'une telle charge, comme l'effect le monftra, car quant à la juftice, il n'y tenoit aucunement la main. Cela fut caufe que ceux de l'une & de l'autre religion f'eftans affemblés, conclurent d'un commun accord de faire tant que les Confeillers de la Cour de Parlement, qui f'eftoient retirés à Chambery & ailleurs, retournaffent en la ville pour y exercer leur eftat, leur offrans toute feureté & affiftence, tant par letres que par homme exprès. Mais on ne fceut gagner ce poinct fur eux. Et quant au faict de la guerre, tout ce qu'il entreprint fut pour fecourir Gap & Cifteron. Il fit quelque amas de gens de pied & de cheval, avec lefquels, le vingtdeuxiefme de Juillet, il partit, laiffant fon frere, le capitaine *Pierre Ponat,* pour commander en la ville avec quatre compagnies de gens de pied. Mais il retourna, l'onziefme du mois d'Aouft fuivant, fans avoir fait aucun exploit.

Quelque temps après, eftant paffé *Mombrun* par Grenoble, pour aller au fecours de Cifteron, ainfi qu'il a efté dit cy-deffus[3], *Ponat,* feignant de le vouloir fuivre, partit derechef de Grenoble avec fes forces. Mais au lieu de ce faire (ce qui euft peut eftre garenti *Mombrun* de la grand' perte qu'il fit puis après), il effaya d'entrer au bourg d'*Oyfans*[4], pour chaftier les habitans de ce que fe plaignans d'eftre furchargés de la contribution des deniers à eux impofés, ils n'avoient voulu obeir à fes mandemens. Mais eftant ce bourg fitué entre les montagnes, & *Ponat* ne fachant rien de l'art de la guerre, il f'en retourna fans rien faire, & fut cela puis après caufe d'un grand mal pour la ville de Grenoble & pour tout le pays, ayans receu ceux du bourg le fecours des ennemis, qui puis après en firent leur plus feure retraitte.

---

1. *Perussis*, p. 493.
2. Voy. ci-dessus, p. 270.
3. Voy. p. 274. Comp. *Arnaud*, p. 142.
4. *Bourg-d'Oisans*, village à 43 kil. à l'est de Grenoble, dans la vallée de la Romanche, resserrée entre de hautes montagnes.

En ces entrefaites, le fieur *de Vinay*[1], fachant le pauvre ordre & le peu de forces qui eftoit dans Grenoble, qui ne pouvoit attendre fecours d'autre lieu, eftans toutes les forces de part & d'autre tournées vers Cifteron qui fe rendit au mefme temps, commença d'affembler quelques forces en Savoye des fugitifs de Dauphiné. Ce qu'entendant *Caffart*, auquel avoit efté laiffé en garde le chafteau de la Buiffiere[2], fit tout devoir d'en advertir *Ponat*, luy demandant gens de renfort; lequel n'en faifant conte, il trouva façon de vendre fecretement les bleds & vins de la munition du chafteau, puis en remit les clefs à *Ponat;* lequel ne confiderant l'importance de cefte place, y envoya un Chanoine, nommé *Bally,* devenu foldat tout nouvellement, & qui plus eft, l'envoya quafi tout feul, tellement que *Vinay* n'eut aucune peine d'y entrer, l'ayant trouvé abandonné par le Chanoine, pratiqué par un fien frere advocat. De là donques prenant *Vinay* fon chemin à *Goufelin*[3] & *Pierre Domeine*[4], arrivé à *Giere*, à une petite lieue de Grenoble, adverti qu'à la porte appelée Trefclauftre[5] il n'y avoit quafi perfonne, fit foudain marcher fon camp, le feiziefme de Septembre, & luy-mefme avec les meilleurs arquebouziers de fes troupes & quelques gens de cheval entra dans le fauxbourg; & de faict euft paffé aifément jufques au dedans, n'euft efté le courage & la diligence du capitaine *la Coche*[6] avec le fieur *de Sainct Mauris*[7], lefquels ayans refveillé *Ponat* qui dormoit, firent monter à cheval les autres capitaines; & ayans affemblé à la hafte le plus de gens qu'ils peurent, fortans par cefte porte de Trefclauftre, attacherent fi brufquement l'efcarmouche aux fauxbourgs, qu'en ayans tué d'iceux environ foixante, qu'Italiens qu'Efpagnols

Vinay s'empare du château de la Buissière.

Grenoble sauvé.

---

1. *(Goulard) Hist. des choses mémor.*, p. 240. Voy. *supra*, p. 249 (vol. I, p. 347). *Vinay* était lieutenant de Maugiron. *Arnaud*, p. 152.
2. *La Buissière*, village et château, à 38 kil. au nord de Grenoble, dans la vallée de l'Isère, vers les confins de la Savoie.
3. Lisez : *Goncelin*, bourg sur une hauteur, près de la rive gauche de l'Isère, à 30 kil. de Grenoble.
4. *Pierre Domeine*, faute d'impression. Ce sont deux endroits : *La Pierre*, village dans la vallée de l'Isère, à 23 kil., et *Domène*, bourg à 11 kil. *Gières*, village à 6 kil. de Grenoble.
5. *Très-Cloistres.*
6. Voy. *supra*, p. 258, note 3, p. 268.
7. *Claude de Brunel*, seigneur de Saint-Maurice. *Arnaud*, p. 152.

pour la plus part, & bleffé plufieurs, fans avoir perdu que trois des leurs, ils en defchafferent l'ennemi jufques à la plaine nommée du Raffourt; auquel lieu apercevant le gros du camp qui marchoit en nombre de quinze à feize cens hommes de pied & de deux cens chevaux, ils fe retirerent tout bellement en la ville, avec quelques prifonniers, entre lefquels fe trouva un Efpagnol, pris par le capitaine *Champé le jeune*. Et fur cela, *Vinay* ayant entendu fauffement que *Senas* & *Mouvans*, à leur retour de Cifteron, avoient affiegé Briançon, quitta le fiege pour f'y en aller, où il fit beaucoup de maux à ceux du val *de Pragela*[1], pillant & bruflant les maifons abandonnées par les habitans. En quoy la providence de Dieu fe monftra merveilleufe, eftant chofe certaine que fi *Vinay* ne fuft deflogé de devant Grenoble, *Mouvans* pour le moins & toute la troupe[2] qu'il menoit eftoient perdus.

Ponat remplacé par la Coche.

Nonobftant cefte delivrance plus miraculeufe qu'autrement, la ville de Grenoble eftoit en merveilleux effroy, tant pour eftre trefmal munie de gens, que pour n'avoir autre gouverneur que *Ponat*, lequel au lieu d'affeurer les autres, deliberoit de f'en aller, confeillant mefmes aux miniftres de ce faire, comme la ville n'eftant defenfable contre les forces des ennemis, fur tout eftans entendues les nouvelles de la venue du *Duc de Nemours*[3] avec grandes forces, pour donner ordre au Lyonnois & Dauphiné. Voyans donc cela ceux de Grenoble, ils advertirent de toutes leurs difficultés le *Baron des Adrets*, lequel appelant *Ponat* à foy, mit en fa place le capitaine *la Coche*, par la diligence & vaillance duquel Dieu befongna tellement, qu'avec bien peu de gens la ville fut confervée, ainfi qu'il fera dit cy après[4].

Nemours s'empare de Vienne par l'incapacité de Berny.

Pendant ces entrefaites donques, *Nemours*, environ le quinziefme de Septembre[5], ayant recueilli toutes les forces que

1. *Le val de Pragela*, habité par les Vaudois et descendant de l'autre côté du Mont-Genèvre en deçà duquel est situé Briançon. *Goulard*, l. c., dit que le val de Pragela «fut une porte ouverte à Mouvans, pour sauver les troupes de vieillards, femmes et petis enfans qu'il avait sauvez de Cisteron».
2. Savoir les fugitifs de Sisteron.
3. Venant de la Bourgogne avec Tavannes et Maugiron.
4. Voy. p. 285.
5. Voy. *supra*, p. 230. *Arnaud*, p. 154.

Tavanes avoit auprès de Lyon, avec celles qu'il avoit amenées, en voyant l'avantage qu'avoient ceux de la religion Romaine en Dauphiné, devant que f'arrefter à Lyon, tira droit à Vienne, en laquelle il entra par la grand' faute de *Berny*[1], qui en avoit le gouvernement ; duquel il monftra par effect qu'il n'eftoit capable pour n'avoir efté nourri aux armes, combien qu'il fuft gentilhomme de bon lieu. Car combien qu'il fuft adverti par *Soubize* qu'il euft à fe tenir fur fes gardes, attendant le fecours que *des Adrets* & luy ne faudroient nullement à luy envoyer, luy mettant auffi devant les yeux de quelle confequence eftoit cefte place là, ce neantmoins il voulut fortir en campagne, là où trouvant ce qu'il n'efperoit pas, il fut fi effrayé & les foldats auffi après leur capitaine, qu'abandonnant la ville, il fe retira dans le chafteau de *Pipet*[2], lequel f'il euft tenu quelque peu de jours, encores y euft il eu moyen de recouvrer fa faute, eftant la place pour commander à la ville & trefforte. Mais outre l'eftonnement de luy & de fes foldats, defquels eftans au nombre de deux cens, il ne fe trouva que quinze de bonne volonté, il avoit fi mal pourveu aux chofes requifes à un fiege, que fe voyant n'avoir que bien peu d'eau en la cifterne, il quitta la place auffi bien que la ville, eftant par ce moyen le Dauphiné ouvert aux ennemis tant du cofté de Provence par Cifteron que du cofté du Lyonnois par la prinfe de Vienne, au grand regret de *des Adrets,* qui avoit envoyé à *Berny* un vieil foldat defguifé, pour l'advertir qu'il tinft feulement trois jours. Mais le foldat trouva la place defià quittée, & toutesfois deux jours après Dieu envoya tant de pluye, que fi *Berny* euft attendu bien peu, il ne luy euft point falu craindre la faute d'eau. Voilà comme il en prend de commettre les places d'importance à gens non experimentés.

Perte du château de Pipet.

Des Adrets, qui avoit cependant accouru en Languedoc jufques à Lattes[3], bien defplaifant de ce faict, reprint le chemin de Lyon comme *Soubize* l'en avoit inftamment requis, ayant affaire de plus grandes forces pour le renvitaillement de Lyon.

Des Adrets revient à Lyon.

1. Voy. ce vol., p. 230.

2. Le mont Pipet avec le fort dominant la ville de Vienne.

3. *Lattes*, à 7 kil. de Montpellier.

340   *Hiſtoire Eccleſiaſtique*

Mouvans arrive à Lyon avec les réfugiés de Sisteron.

Mouvans d'autre coſté, & *Senas*, avec environ quatre mille perſonnes, y compriſes les femmes avec pluſieurs petis enfans, ayans abandonné *Ciſteron*, prindrent le chemin des plus hautes & aſpres montagnes, & ſe peut dire qu'à grand peine ſe fit-il jamais retraitte plus courageuſement entrepriſe ni plus courageuſement executée, comme il ſera dit en l'hiſtoire de Provence[1]. Toute ceſte troupe donques arriva ſaine & ſauve à Grenoble, le vingſeptieſme de Septembre[2], là où *Mouvans* ayant laiſſé quelque petit nombre de malades pour ſe repoſer, tira droit à *Cremieu*[3] avec toute ſa ſuite, de laquelle ſe rendit à Lyon, ſans eſtre rencontré des forces de *Nemours* qui avoit l'œil ſur *des Adrets,* duquel le voyage ne fut pas ſi heureux.

Des Adrets mis en déroute par Nemours.

Car ayant laiſſé derriere ſon infanterie pour ne l'expoſer à la cavalerie de *Nemours,* il delibera de paſſer avec quatre cens argoulets, eſperant de revenir querir ſes gens avec nouvelles forces de Lyon. Mais eſtant à *Beaurepaire*[4], il fut chargé & mis en route par la cavalerie de *Nemours,* avec telle iſſue toutesfois qu'ayant rencontré *Mouvans* à *La Coſte*[5], lequel avoit laiſſé ſon infanterie à *Ryves,* tous deux arriverent à Lyon, dont ſortit incontinent *Mouvans* avec eſcorte au devant de ſes gens qu'il avoit laiſſés derriere, afin de les amener ſeurement, comme il fit, juſques à Lyon avec un grand heur & honneur.

Monbrun échappe à Nemours.

Mais quant à l'infanterie que *des Adrets* avoit laiſſée derriere, voici quelle fut ſon avanture. Ceux de Gap[6], eſtans environ trois cens, que nous avons laiſſés à Montelimart avec *Furmeyer,* leur Capitaine, pour ne perdre temps, eſtoient paſſés en Vivarets pour

1. Voy. ci-deſſous, p. 330.
2. Voy. p. 335 s.
3. *Crémieux*, petite ville du Dauphiné (Isère), à 16 kil. de La Tour du Pin et à peu près à la même distance de Lyon, avec quelques vestiges de l'ancien château des Dauphins Viennois.
4. *Beaurepaire*, village à 20 kil. de Vienne
5. *La Côte St-André*, à mi-chemin entre Beaurepaire et Rives, bourg dans un vallon de la Fure, qui y reçoit le ruisseau du Réaumond. Mais *Arnaud*, p. 156, dit que ce fut à *Virieu* (à 10 kil. de la Tour du Pin) que *des Adrets* rejoignit Mouvans. La différence, du reste, n'est pas grande.
6. Les fugitifs (p. 278, 279) qui s'étaient joints à Corps aux soldats que Furmeyer avait conduits à Montélimart, après la défaite de Montbrun à Lagrand. *Arnaud*, l. c. — Quant à *Furmeyer*, voy. p. 257, note 5.

assieger *la Chapelle*[1], où le sieur *de Balazu*[2] fut tué, & de là revenus à Montelimart, puis de là à *Romans*[3], où se trouverent environ treize enseignes[4], s'acheminerent à *Beaurepaire*, sous la charge de *Mombrun*, auquel lieu ayans sejourné une nuict, ils furent le lendemain assaillis par la mesme cavalerie de *Nemours*, grosse & forte, qui avoit baillé la chasse à *des Adrets*, là où il fut combatu tout le jour, y estant tué du costé de *Nemours* le capitaine *Peirat* de Lyon ; & n'y avoit apparence que ceste infanterie peust eschapper aucunément, dautant que *Nemours* attendoit d'heure à autre sept mille hommes de pied avec trois canons & une coulevrine. Mais Dieu y pourveut d'une estrange façon, estant advenu que le maistre d'hostel de *Nemours*, venant de Vienne avec six chevaux, & cuidant que son maistre fut dedans *Beaurepaire*, au lieu qu'il s'estoit retiré à une lieue de là, pour repaistre en un lieu appelé *Moura*[5], estant pris de ceux dedans *Beaurepaire* à l'entrée, & interrogué, declara comme l'infanterie approchoit avec lesdites pieces. Cela fut cause que *Mombrun* deslogea tout sur l'heure, & si coyement, qu'à la poincte du jour, arrivés à *la Coste Sainct André*[6], où ils repeurent legerement, puis ayans marché tout le jour & la nuict suivante par une montagne & dans un bois, ils se rendirent à *Romans*[7], attendans nouvelles & plus grandes forces.

Des Adrets, d'autre part, ressorti de Lyon, ayant rassemblé en tout de trois à quatre mille hommes de pied & environ quatre cens chevaux, sans advertir *Soubize* (qui avoit grand moyen de le renforcer, comme aussi il avoit esté arresté entre eux qu'il seroit fait), marcha jusques à *Beaurepaire*, auquel lieu, le vingtneufiesme d'Octobre[8], estant derechef chargé de la cavalerie de *Nemours*, *Nouvelle déroute de des Adrets à Beaurepaire.*

---

1. Le village de *La Chapelle*, dans le Vivarais (Ardèche), est à 34 kil. de Privas, à quelque distance d'Aubenas.
2. De *Thou*, p. 250, écrit : *de Balazo*.
3. *Romans sur l'Isère*, à 18 kil. de Valence.
4. C'est-à-dire l'infanterie de *des Adrets*.
5. *Moras*, à peu de kilomètres au sud de Beaurepaire.
6. Donc à une douzaine à peu près de kilomètres au nord-est.
7. Vers le sud (?).
8. *De Thou*, p. 250 (246) et *Arnaud*, p. 157, disent que ce fut le 19 octobre. *D'Aubigné*, p. 215, ne donne pas de date.

qui eſtoit fort au quadruple de la ſienne, il fut mis en route encores plus lourdement que la premiere fois; & ne faut douter que ſi *Nemours* euſt bien ſceu pourſuivre ſa victoire, *des Adrets* & tous ſes gens fuſſent morts ou pris. Mais n'eſtant pouſuivi de meſme vigueur qu'il avoit eſté aſſailli, n'ayant perdu qu'environ ſix vingts hommes, meſmes ayant ſauvé ſon bagage, il gagna *Borgoin*[1], & de là ſe rendit à *Cremieu*, à cinq lieues de Lyon, où il vint rencontrer le ſecours de Lyon fort & roide, à ſavoir de deux mille Suiſſes ſous la charge du capitaine *Ambiel*[2], d'autant de François ſous la charge de *Senas,* & trois cens chevaux conduits par *Poncenat*[3] & *Mouvans*.

Nemours est assiégé à Vienne.

Toutes ces forces donques eſtant jointes, *des Adrets* ſe mit entre Vienne & Lyon[4] pour donner moyen à *Soubize* de ſe renvitailler, comme il fit, en tirant droit à Vienne, ſe logeant à *Ternay*[5], à deux lieues de Vienne, avec les gens de pied, envoyant ſept enſeignes en un autre village dit *Commenay*. Pendant lequel temps la cavalerie de Lyon demeurée devant Vienne dreſſa une fort belle eſcarmouche[6], en laquelle *Mouvans* fit une merveilleuſe preuve de ſa vaillance, ſ'eſtant jetté peſle meſle avec dix ou douze gentilshommes, eſbranlants ſi bien les ennemis, que ſ'il euſt eſté ſuivi il y a grand apparence que Vienne euſt eſté repriſe, tant fut grand l'eſtonnement. Par ce moyen furent les choſes bien toſt changées, eſtant aſſiegé *Nemours* avec toutes ces forces, lequel un peu auparavant tenoit aſſiegé Lyon, & avoit donné deux fois la chaſſe à *des Adrets,* lequel nous laiſſerons maintenant en ce ſiege pour retourner à la ville de Grenoble, qui fut cependant ſerrée de fort près, & toute preſte à ſe rendre.

Amélioration de l'état de Grenoble.

Nous avons dit[7] que par le peu d'advis de *Ponnat*, la ville eſtoit

1. *Bourgoin*, sur la petite rivière de la Bourbre, à 13 kil. de La Tour du Pin et à la même distance de Crémieux.
2. Peter Ambühel, *supra*, p. 228 s.
3. Charles Borrel de Ponsonnas. *Arnaud*, l. c.
4. D'après *Arnaud*, ce fut à *Saint-Symphorien-d'Ozou*, à peu près à égale distance de Vienne et de Lyon.
5. *Ternay*, à 11 kil. de Vienne, près du confluent de l'Ozou et du Rhône; *Communay*, un peu plus éloigné du Rhône, à 9 kil. de Vienne.
6. Le 11 novembre, dans la plaine de la Récluserie. *Arnaud*.
7. Voy. p. 281. Pour ce qui suit, comp. *De Thou*, III, 347 s. *(Goulard) Hist. des choses mémor.*, p. 266. *Arnaud*, p. 158.

en un piteux eſtat. Ce neantmoins Dieu y pourveut tant par le moyen du capitaine *la Coche*[1], eſtabli au gouvernement au lieu de *Ponnat,* que par la venue de huiƈt ou neuf miniſtres, les uns envoyés de Lyon, les autres ſ'eſtans retirés des montagnes que les ennemis avoient ſaiſies depuis la priſe de Ciſteron; leſquels, & entre autres un nommé *Eſtienne Noel,* miniſtre de la vallée d'Angrougne[2] (lequel à ſon retour de France, où il avoit fait un voyage pour ſes affaires, ſ'eſtoit trouvé enclavé dedans Grenoble), firent un tel devoir d'encourager ce pauvre peuple, preſchans à toutes heures, avec prieres ardentes & continuelles de jour & de nuiƈt, qu'ils ſe reſolurent de tenir bon juſques à la mort, ſous la garde de Dieu, au lieu qu'auparavant chacun eſt preſt de quitter la ville, ſachans l'aſſemblée des ennemis qui tenoient la Buſſiere[3] & les montagnes, & faiſoient leur amas au lieu de Seyſommage[4], & qui plus eſt, ayans receu letres de *Mombrun,* eſtant à Romans, où il aſſembloit les forces qui accompagnerent *des Adrets* au voyage de Lyon, comme il a eſté dit[5], par leſquelles il les exhortoit à le venir trouver en quittant & demantelant la ville. A cela ſervit auſſi merveilleuſement *la Coche,* appelant haut & clair traiſtres & couards ceux qui ſ'en vouloient fuir avant que d'avoir veu l'ennemi, allegant auſſi pluſieurs autres raiſons d'homme courageux & guerrier, de ſorte que la reſolution fut priſe de demeurer.

Quant & quant chacun commença de ſe remparer & de fermer les lieux dangereux, meſmes du coſté de la riviere d'Iſere, avec tonneaux remplis de terre & de fumier. Deux couliſſes auſſi furent *On fortifie la ville.*

---

1. *Pierre de Theys*, dit *La Coche, supra,* p. 258, note 3. Il mourut, lâchement assassiné à Metz, en 1568, après avoir combattu le duc d'Aumale dans la Franche-Comté, l'Alsace et dans l'évêché de Strasbourg. Voy. ci-dessous, p. 462. *De Thou,* IV, 162 s.
2. Voy. la *Corresp. de Calvin, Opera,* XVI, 533 ; XIX, 515 ; surtout XX, 58, 476 ; XXI, 755. *Herminjard, Corresp.,* VI, 204, note. Il était déjà très-âgé alors, dit *De Thou,* III, 347.
3. *La Buissière,* fort de la vallée de l'Isère, presque aux confins de la Savoie.
4. Lisez : *Sassenage,* bourg à 10 kil. de Grenoble, au pied de la montagne du même nom, sur les deux rives du Furon, avec la fameuse cascade de Sassenage et deux grottes célèbres de la fée Mélusine, de l'une desquelles sort le torrent de Germe.
5. Voy. p. 283.

mifes aux portes Du Pont & Trefclauftre ; & cognoiffant bien
la Coche¹ qu'il feroit impoffible de garder les rues Sainct Laurens
& de la Perriere, à caufe des advenues du cofté de la montagne, &
pource auffi que les habitans de ces deux rues eftoient quafi tous
de la religion Romaine, il ne voulut plus qu'on fit la ronde de ce
cofté-là, de peur que l'ennemi n'y apprinft le mot du guet, pour
après par ce moyen entrer dans la ville, & mit feulement aux
portes des dites rues à chacune fix foldats pour les garder. Ils
mirent auffi en une maifon forte fur la montagne, appelée la *Tour
de Rabot,* huict ou dix foldats fous la charge d'un nommé *la Loge,*
feulement pour defcouvrir la venue des ennemis.

La ville assiégée. 24 oct. Ayans donc ainfi pourveu à leurs affaires, advint la nuict precedente le vingtquatriefme d'Octobre², après minuict, que le capitaine *la Rochette,* de la part des ennemis, avec quelque compagnie de foldats, entra par les vignes dans les maifons de quelques uns de la religion Romaine, qui leur donnerent accès en la rue de la Perriere, de forte qu'ayans furpris les gardes des portes, ils fe firent maiftres de ces deux rues, auquel bruit ayant efté baiffé le treillis de la Porte du Pont, chacun accourut en armes en fon quartier, eftant par ce moyen la ville affiegée de ce cofté là. Le lendemain au foir, vingtcinquiefme dudit mois, autre partie des ennemis vindrent au quartier de Trefclauftre, aux fauxbourgs Sainct Jaques & du Breul³, & aux Jacopins. Par ce moyen, la ville fut affiegée de tous coftés en condition fort inegale, n'y ayant dedans pour le plus qu'environ deux cens hommes de guerre, au lieu que les affiegeans eftoient environ fix mille hommes, dautant que outre les gentilshommes du pays (aufquels il fut commandé de fe trouver en ce fiege), toutes les communes des villages circonvoifins y arriverent. Outre cela, il y avoit quelques compagnies tant d'Italiens que d'Efpagnols, qui gouvernoient quafi tout le refte, voire jufques à ce poinct que la plus part des capitaines & foldats portoient l'efcharpe rouge pour les gratifier ; & fut fouvent ouy crier : «Vive Efpagne», dont les affiegés prindrent informa-

---

1. «Secondé puiffamment par *Claude de Béranger*, seigneur de Pipet.» *Arnaud*, p. 158. *De Thou*, p. 385. Comp. ci-dessous, p. 289, 308.

2. C'est-à-dire du 24 au 25 octobre.

3. Lisez : *du Breuil*.

tions par authorité de juftice pour faire apparoir en temps & en lieu de quel cofté eftoient les vrais fujets du Roy.

Il refte maintenant de declarer quel ordre il y avoit dans la ville & quels efforts firent les affiegeans. Quant à la ville, voici le bon & fainct ordre eftabli & obfervé exactement par *la Coche,* que j'ay bien voulu defcrire au long, afin qu'il puiffe fervir à d'autres. Premierement les prefches & prieres continuoient fans intermiffion, tant en l'affemblée generale qu'ès corps de garde, & par les tours, où fe trouvoient les miniftres, avec une grande diligence exhortans les foldats jour & nuict. Quant aux vivres, certains bons perfonnages de la ville firent entiere defcription des bleds & vins trouvés ès greniers & caves, lequel roolle eftant mis entre les mains du Gouverneur, il en empruntoit par neceffité pour la nourriture de fes foldats, felon la quantité & portée des maifons, baillant affeurance par efcrit de tout ce qu'il empruntoit. Et dautant que tous les moulins acouftumés eftoient hors la ville, il fit tant chercher des moulins d'acier qu'il en trouva fept, qu'il fit tous porter en fon logis, où il faifoit moudre le bled & peftrir le pain pour donner à fes foldats, lefquels n'en avoient qu'une livre par jour avec deux pots de vin, mefure du lieu qui eft petite, & quelque peu de chair de certains moutons & bœufs amenés dans la ville devant le fiege. Quant aux autres citoyens, ils faifoient moudre les uns aux mortiers des apothicaires, les autres en des mouftardiers de pierre, tellement que par la grace de Dieu la farine ne deffaillit point.

Quant au faict de la guerre, chacun des citoyens, hommes & femmes, f'employoient de grand courage à porter & trainer terre & pierres, pour la reparation des endroits les plus foibles. Les quartiers de la ville furent diftribués aux capitaines, à leurs Lieutenans & enfeignes; les corps de garde bien garnis, & jamais abandonnés ne nuict ne jour, leur eftans apportés les vivres jufques au lieu à poinct nommé; la nuict fe faifoient force rondes, & le gouverneur mefme en faifoit deux toutes les nuicts, & outre cela, quand les nuicts eftoient obfcures, il faifoit de quart en quart d'heure jetter brandons de paille tous allumés dans le foffé, pour defcouvrir fi l'ennemi faifoit quelque approche. Bref, la vigilance de ce gouverneur eftoit incroyable, eftant au refte de petite ftature, & d'un corps maigre, tellement que chacun f'efbahiffoit comme il pouvoit fournir à un tel labeur.

Ordre établi dans la ville.

Mesures de sûreté.

Sortie.

Ces chofes ainfi bien preparées, pour defcouvrir à la verité le nombre des affiegeans, *la Coche,* voyant dès le commencement du fiege un endroit nommé le Gentil, auquel l'ennemi ne faifoit comme point de bruit, il fortit environ cinquante foldats avec trois chevaux feulement, lefquels tuerent quelques ennemis dans les maifons, & emmenerent quelques prifonniers, defquels ayant entendu le grand nombre des ennemis, il ne voulut onques puis qu'aucune faillie fe fift, refervant le petit nombre de fes foldats pour la defenfe.

Difcorde parmi les affiégeans.

Le *Baron de Seyffonnage*[1], à caufe de fon degré, commandoit au dehors comme Lieutenant de *Maugeron*. Mais dautant qu'il n'eftoit tenu pour homme de guerre, les capitaines ne fe vouloient gouverner par luy, f'eftimant tous autant l'un que l'autre; laquelle difcorde empefcha l'execution de plufieurs entreprifes & fut à la verité l'un des principaux moyens de la fauveté de la ville, eftant fi peu defenfable en plufieurs endroits, & fi mal fournie de foldats.

Efforts des ennemis.

Ce fiege dura trois fepmaines, à favoir depuis le vingtcinquiefme d'Octobre jufques au feiziefme de Novembre; durant lequel temps les affiegeans ne faifoient leurs efforts que de nuict, donnans force alarmes, principalement du cofté de la Threforerie. Ils avoient une piece de campagne de laquelle ils batoient la porte de la Tour du Pont. Et voyans qu'ils n'y faifoient pas grand dommage, voulurent fe fervir d'un autre moyen, attachans la nuict aux treillis de ladite porte deux grands croqs de fer tenans à deux groffes cordes qu'ils tiroient fi fort avec tours & engins, que peu f'en falut qu'ils ne tiraffent le treillis à eux. Voyans cela, les affiegés allumerent foudain une torche à bafton avec laquelle ils brullerent ces cordes, puis tirerent à eux les crochets. Ils tafcherent auffi d'approcher d'autres endroits de la ville, avec des mantelets de bois chargés fur des charrettes, & avoient fait grandes provifions d'efchelles. Mais ils ne peurent jamais rien executer à propos. Du cofté de (la) Porte Troine, ils avoient commencé à faire une mine par deffous les murailles, à l'endroit de la maifon d'un advocat nommé *Vervin,* joignant à la muraille; ce qu'ayant efté fenti la nuict par le corps de garde, & le gouverneur en eftant foudain adverti, il donna ordre incontinent, pource que cefte maifon eftoit

---

1. De Sassenage.

toute joignante les murailles, que le feu y fuft mis, tellement que la maifon fut bruflée, les mineurs dechaffés, & le trou de la mine comblé. Cependant les vivres commencerent à faillir. Pour à quoy remedier de bonne heure, *la Coche* fit fortir de nuict quelques uns pour demander fecours à *des Adrets,* eftant lors au fiege de Vienne.

Mais, comme on a fceu depuis, ceux qui fortoient ne tafchoient qu'à evader, & ne fe foucioient pas beaucoup de faire leur meffage. Cela fut caufe que *la Coche* n'ayant nulle efperance de fecours, prefenta par plufieurs fois aux ennemis, que f'ils vouloient combatre cent contre cent des fiens, ou vingt contre vingt, ou dix contre dix, en luy donnant bons oftages, il fortiroit, à la charge que f'il eftoit vaincu il quitteroit la place, comme eux auffi d'autre part eftans vaincus leveroient le fiege. Mais les affiegeans n'y voulurent jamais entendre.

Les chofes donques eftans reduites en ces termes, *la Coche* finalement commença de parler de capituler, & furent donnés oftages de part & d'autre, à favoir du cofté de dedans le Capitaine *Champ* & le fieur *de Sainct Marie de Theis,* & du cofté de dehors le fieur *de Sernin* & le Capitaine *Meftral*. Mais pendant qu'on difputoit de ces capitulations, Dieu pourvoyoit à la delivrance de la ville par un moyen tout autre, & tel que f'enfuit. Quelques perfonnages de Valence & de Romans, advertis par aucuns de la Religion & enfans de Grenoble abfens de la ville, fe retrouvans au camp de *des Adrets* devant Vienne, firent tant que *Furmeyer* avec les trois cens hommes de Gap f'en vint droit à Valence & à Romans ; là où ayant affemblé de trois à quatre cens autres avec environ quatre vingts chevaux, conduits par le capitaine *Terrendel,* Provençal, aufquels fe joignirent le fieur *de Changy*[1], le capitaine *Baron*[2], le fieur *de Pipet*[3] & quelques autres gentilshommes de bon cœur, ils fe refolurent tous enfemble de mourir ou de fecourir Grenoble, quoy que l'entreprife femblaft comme impoffible, ou pour le moins merveilleufement hazardeufe. Arrivés

Furmeyer vient au secours.

---

1. *Michel du Fay*, seigneur de Changy. Vol. I, 219, 343 ; ce vol., p. 222, note 5. *Arnaud*, p. 41.

2. *Claude Baron*, sieur de Vallouse. *Arnaud*, p. 162.

3. Voy. *supra*, p. 285, note 4, et ci-dessous, p. 308.

donques en un lieu appelé *Noyare*[1], ils trouverent qu'il faloit
passer par un fort petit chemin estroit, ayant la grande montagne
au dessus, & la riviere d'Isere au pied. Outre cela, ce chemin se
trouva trenché avec une muraille de pierre seiche, & estoient les
paysans au dessus de la montagne, roulans force pierres, tellement
qu'il sembloit que ce passage leur fust clos entierement. Ce neantmoins ils delibererent de forcer ceste trenchée & muraille, en quoy
ils firent tel devoir, que sans perdre qu'un seul homme, nommé le
sergent *Colombis*, & ayans tué huict ou dix de ceux qu'ils rencontrerent, ils passerent outre, s'estans retirés le reste des ennemis
vers la montagne, & de là firent tant qu'ils arriverent à Sessenage,
à une lieue de Grenoble, ayans devant eux la riviere du Drac[2],
qu'il faloit passer pour arriver à la ville.

Défaite des assiégeants. Ayans entendu cela les assiegeans & cognu le petit nombre qui
venoit au secours des assiegés, un lundi matin, seiziesme de
Novembre, ils firent passer le Drac à trois ou quatre cens
chevaux avec la fleur de leur infanterie, qui fut cause de leur
ruine, s'estans ainst partis en deux. Estant donques le jour venu,
Furmeyer avec sa suite arrivé sur le bord de la riviere, encores
qu'il vist l'autre costé bordé d'arquebouziers, & que le guay
fust assés profond, il se delibera toutesfois de passer outre, quand
Dieu voulut qu'il descouvrit les ennemis, lesquels estans passés
coyement, s'estoient embuschés dans un bois, pour leur donner
en queue, & par ce moyen les deffaire à leur aise, se trouvans
au guay enveloppés devant & derriere. Ceste difficulté s'estant
ainsi soudainement offerte, *Furmeyer* trouva aussitost le remede,
commandant à ses soldats, qui ne savoient rien de ceste embusche, de tourner visage, ce qu'il fit crier à haute voix de
main en main, mettant toutesfois ses gens en bataille, comme si,
ayant trouvé le passage impossible, il reprenoit le chemin par où il
estoit venu. L'ennemi mesmes croyant cela, se descouvrit alors
pleinement, les appelant fuyars & couards; & lors *Furmeyer* les
ayant en teste, tourna droit à eux avec telle furie, que la plus part
y demeura sur la place, le reste estant du tout desconfit à la veue

---

1. *Noyarey*, sur la rive gauche de l'Isère, à 5 kil. de Sassenage, à 16 kil. de Grenoble.

2. *Le Drac*, torrent rapide, qui se jette dans l'Isère non loin de Sassenage.

de leurs compagnons qui eſtoient delà l'eau, & avec fort peu ou point de perte des ſiens ; leſquels d'une meſme impetuoſité ſe jettans dedans le guay, qu'ils paſſerent ayans l'eau juſques aux aiſſelles, eſtonnerent tellement les arquebouziers qu'ils avoient en teſte, qu'il ne fut plus queſtion que de donner ſur ceux qui tournoient le dos & fuyoient de tous coſtés ; ayans ouy la deffaite de leurs gens de delà l'eau, combien qu'ils fuſſent encores ſix contre un, & que du coſté de Sainƈt Laurens ils euſſent la riviere entre deux & ſe fuſſent remparés au bout du pont, ſe mirent à fuir & ne ceſſerent qu'ils ne ſe fuſſent rendus en Savoye. Telle fut l'iſſue de ce ſiege, d'une façon pluſtoſt miraculeuſe que autrement.

Après ce ſiege levé, la Mure[1], Mens[2] en Triefves & quelques autres lieux furent abandonnés de ceux qui les avoient occupés, où rentrerent ceux de la Religion. Mais quant au chaſteau de la *Buſſiere,* on y fit une grande faute, ſ'eſtans eſcoulés ſix jours devant que d'y aller, durant lequel temps les ennemis eurent loiſir de ſe raſſeurer, ayans receu environ cinquante lanciers Italiens ſous la charge d'un nommé *Jean Antoine de Laqua,* qui firent infinis maux par tout le pays, pillans tout le monde, ſans diſtinƈtion de religion. Et combien qu'au bout de ſix jours, à ſavoir le vingtdeuxieſme de Novembre, quelques uns ſortis de Grenoble y allaſſent pour les recognoiſtre, ſi n'y receurent-ils que perte & honte, y eſtans pris priſonniers les capitaines *Ricobeau,* de Dauphiné, & *Sainƈt Didier,* Provençal, outre la perte de quelques ſoldats qui ſ'eſtoient desbandés.

Attaque du château de la Bussière manquée.

Je revien maintenant à *des Adrets*[3], que nous avons laiſſé devant Vienne, où il fit ſon dernier exploit avec la perte entiere de la reputation qu'il avoit acquiſe auparavant, & qui plus eſt, mit ſa vie en extreme danger. La cauſe pour certain fut telle que ſ'enſuit. *Soubiʒe* ſ'eſtant aperceu que *des Adrets,* ne pouvant oublier le meſcontentement qu'il avoit de ce qu'il eſtoit deſcheu du gouver-

Correspondance de Soubise touchant des Adrets, trahie.

---

1. *La Mure,* petite ville à 37 kil. au sud de Grenoble, à l'extrémité de la vallée de la Matésine dans les montagnes de Trièves.

2. *Mens,* bourg à 50 kil. au sud de Grenoble, dans les montagnes de Trièves.

3. Comp. *Mém. de Condé,* IV, 215, et dans le *Bull. du Prot. franç.,* XXIX, 21 ; le *Discours des choses advenues à Lyon.*

nement de Lyon[1], avoit beaucoup relafché de fon affection premiere, & faifoit tout comme par defpit, dont eftoit advenu un grand changement d'affaires en Dauphiné, en avoit adverti premierement les *Comtes de Curfol* & *de Beauvois,* autrement le *Cardinal de Chaftillon,* frere de l'*Amiral,* par un foldat expreffément envoyé à Orleans, lequel, comme il a efté dit en l'hiftoire de Lyon[2], au lieu d'apporter la refponfe à Lyon, f'en alla droit au *Marefchal de Briffac,* duquel autresfois il avoit efté foldat en Piedmont, & luy mit fon paquet entre les mains. En ce paquet fe trouverent unes letres de l'*Amiral* à fon dit frere le *Cardinal Comte de Beauvois,* efquelles il mandoit à *Soubize,* quant à *des Adrets,* ce qui f'enfuit : « Quant à ce que me mandés du *Baron des Adrets,* chacun le cognoit pour tel qu'il eft, mais puis qu'il a fi bien fervi jufques icy en cefte caufe, il eft forcé d'endurer un peu de fes infolences, car il y auroit danger en lieu d'infolent de le faire devenir infenfé ; parquoy je fuis d'advis que vous mettiés peine de l'entretenir & d'en endurer le plus que faire fe pourra. » *Briffac* ayant veu cela, ne faillit d'envoyer en pofte un gentilhomme de Dauphiné nommé *Sainct Sernin,* premierement vers *Nemours,* luy ouvrant ce moyen pour pratiquer *des Adrets,* puis après vers *des Adrets* mefmes, auquel il efcrivit letres portans ces mots : « Vous verrés par la letre que monfieur l'*Amiral* efcrit à fon frere le *Cardinal,* en quel conte ils vous tiennent, & comme vous employés bien vos peines & les fervices que vous faites à ceux à qui vous les faites ; parquoy je vous prie d'y penfer, & vous fouvenir que les plus courtes folies font les meilleures. Vous favés que je vous ay toufiours aimé, je defire voftre heur, voftre bien & voftre grandeur. De fuivre le chemin que vous tenés, il ne vous en peut rien advenir qu'une confifcation de corps & de biens, mais fi vous voulés venir au fecours du Roy, & vous

Offres faites par Brissac à des Adrets.

---

1. *De Thou*, p. 349, ajoute à cette cause principale de mécontentement de *des Adrets,* les discours que semaient à son désavantage les gens ombrageux du parti, et l'injure qu'il prétendait qu'on lui avait faite à Annonay, en ce que lors de la prise de Jean de Montluc, l'évêque de Valence, en cette place, les habitants, au lieu de le remettre entre ses mains, comme le baron l'avoit demandé, donnèrent par leurs délais et leurs vains pourparlers, le temps à l'*évêque* de s'évader.

2. Voy. ci-dessus, p. 233.

joindre à monsieur *de Nemours,* je vous asseure de vous faire donner l'ordre, & 50 hommes d'armes, & cent mille francs de recompense. Et si vous ne vous y voulés fier, & que vous vouliés aller demeurer hors le Royaume, je vous asseure de vous faire tenir dans Strasbourg ou autre ville d'Allemagne, telle que vous la voudrés choisir, cent mille escus contens. »

Sainct Sernin avec ceste depesche arriva à Vienne, où *des Adrets* estoit sans rien faire, dautant que *Nemours* se contenoit avec les siens dans la ville, ne voulant rien hazarder, & s'attendant bien que le camp ennemi peu à peu s'escouleroit par faute de vivres. Ayant donc *Nemours* receu ceste letre, il ne faillit d'envoyer à *des Adrets* deux gentilshommes, l'un nommé *Gast,* qu'il tenoit prisonnier, & un des siens nommé *la Duche,* pour l'advertir qu'il desiroit fort de parlementer avec luy pour trouver moyen de pacifier toutes choses.

Nemours demande à parlementer avec des Adrets.

Ce qui faisoit ouverture à *Nemours,* outre ce que dessus, de rechercher *des Adrets,* estoit une letre que *des Adrets* luy avoit escrite le premier, en un stile fort doux & mol, en laquelle il luy rendoit conte de ses deportemens, depuis les commencemens de ceste guerre jusques à ce temps, sous couleur de luy demander deux prisonniers Italiens, laquelle letre pouvoit donner opinion qu'il avoit desià quelque envie de regagner la bonne grace de ceux qu'il avoit offensés, & pourtant en ay-je bien voulu inferer la teneur pour la consequence du faict.

« Monseigneur, ces jours passés, près de Beaurepaire, furent prins deux soldats Italiens qui estoient à mon service, l'un appelé *Fassin,* & l'autre *Bastian Das;* lesquels je vous supplie commander estre mis en liberté, & en semblable chose, & toute autre qu'il vous plaira me commander, experimenterés le service & prompte obeissance que de bon cœur desire vous faire. Au reste, monseigneur, pource que j'ay esté taxé entre mes ennemis d'avoir exercé cruauté, permettant indifferemment tuer les hommes de froid sang, j'ay bien voulu adjouster à ce petit mot d'escrit la declaration de tout ce qui en est, vous en laissant, monseigneur, le jugement, & à tout autre Prince & seigneur qui sans affection privée voudra ouïr mes raisons, lesquelles je vous supplie tres-humblement d'entendre. — Or est il ainsi, que me trouvant inopinément au tumulte excité à Valence, deux jours auparavant mon

Lettre de des Adrets à Nemours.

arrivée, par une partie de la noblesse & du peuple de Dauphiné, contre le feu sieur *de la Motte Gondrin,* je fi tous efforts d'empefcher que violence ne luy fust faite. Mais la fureur du peuple estoit tellement embrasée que elle surmonta ma resistence, & ne peus empefcher qu'il ne fust tué. Et voyant que l'esmotion & tumulte du peuple s'augmentoit à l'encontre de luy pour la haine qu'on luy portoit, ne pouvant croire qu'il fust mort, je fus contraint de le leur monstrer, pour eviter plus grand mal, & sauver la vie au reste de ses gens, lesquels avec grand travail & hazard j'empefchay d'estre aucunément offensés. — Puis ayant pris les armes, tant par l'election de la plus grande partie de la noblesse & du peuple de ce pays, qu'aussi par le commandement de monfeigneur le *Prince de Condé* & autres seigneurs du conseil privé, pour defendre & maintenir les Edicts du Roy, nostre Sire, contre les desseins & entreprises des ennemis de la Religion dont nous faisons profession, lesquels desseins & entreprises nous avons cognus pour la plus part des personnes qui les menoient, & par l'instruction des memoires & autres letres qui sont tombées entre nos mains, je me suis tellement porté en ma charge, & avec si bon ordre par la grace de Dieu, qu'il n'y a homme en tout le pays de Dauphiné qui ait esté de par moy offensé en sa personne ni en ses biens. — Et commençant par les plus contraires à nostre-dite Religion, ay porté tel honneur & tel respect à monsieur *de Tournon,* comme sa qualité le merite, le laissant en sa maison en toute liberté, vivre selon sa religion sans toucher à sa maison, & quand il luy a pleu en partir, ne luy a esté donné aucun empefchement. — De telle façon ay usé semblablement envers mesdames *de Suze, Maugeron* & *de Vinay,* leur envoyant sauvegarde telle qu'elles me la demanderent pour la protection & confervation de leurs biens, leur presentant à toutes, en l'absence de leurs maris, tout service & plaisir. — Outre plus, je n'ay jamais pressé ni contraint gentilhomme à prendre les armes pour suivre nostre parti, ne les voulant forcer en leurs volontés ni en leurs consciences. — Je n'ay jamais permis imposition de tailles ni tributs, comme puis quelques jours j'ay veu qu'on a fait. — J'ay guerroyé tousiours sur la terre du *Pape,* pour exempter mieux le pays des ruines & dissipations que la guerre apporte après soy.

294 « Moy eftant empefché à Lyon, l'armée du fieur *de Sommerive & Fabrice,* acompagnés des fieurs *de Cental, de Suze* & *de Carces,* print la ville d'Orenge, là où combien qu'il n'y euft gens de guerre, ils firent toutesfois le plus hideux & execrable fpectacle que jamais ait efté veu entre les Barbares. Car indifferemment fans regarder à l'aage ni fexe, ni ceux mefmes de leur religion Romaine, tout fut mis au trenchant de l'efpée ; & n'eftans encores raffafiés du fang des innocens, ils mirent le feu en la ville. Or ayant entendu cefte horrible & lamentable tragedie, mes entrailles furent tellement efmeues, qu'en deux jours j'affemblay à *Montelimart* trois ou quatre mille hommes avec une bonne troupe de gentilshommes, & me deliberay avec ce peu de les aller combatre, pour venger tant de fang iniquement efpandu, fachant bien que Dieu qui conduit & donne les victoires, chaftieroit cefte cruelle armée qui eftoit trois fois plus grande que la mienne.

« Eux m'ayans quitté la campagne, je m'acheminay par le pays du *Pape,* où je prins deux villes de affaut, aufquelles je ne peu retenir les mains, à mon regret, des foldats qu'ils ne prinffent leur revenche fur quatre ou cinq cens hommes qui furent trouvés à *Pierre Latte* & à *Boulene,* qui avoient encores leurs veftemens, efpées & armes enfanglantées du fang d'une partie des peres, freres & coufins de plufieurs de mes foldats ; & ne fe trouvera point qu'ès villes que j'ay prifes d'affaut, il y ait eu homme ou femme ne portant armes, qui ait efté offenfé, voire en la plus grand' fureur mefmes au pays du *Pape.* — Et pleuft à Dieu que ceux qui ont pris les armes à l'encontre de nous fuffent auffi gratieux & benins, comme de noftre part nous nous fommes toufiours monftrés.

« Et pour refpondre, monfeigneur, à plufieurs de nos adverfaires qui difent qu'ils ne portent point les armes pour la religion Romaine, & que c'eft contre les rebelles dont ils nous accufent, jufques à dire que monfeigneur le *Prince,* fous titre de la Religion, fe veut faire Roy, & moy ufurper en ce pays quelque titre autre que celuy que mon Roy m'ordonnera :

« Pour refpondre au premier poinct, bien que les actions de mondit feigneur le *Prince* le purgent affés de telles calomnies, jufques à ce qu'il a penfé eftre accablé par fes adverfaires ayans amené toute forte de nation eftrange contre luy & la Religion dont il s'est rendu protecteur, avant qu'il se soit voulu ayder d'autre nation que de la nostre, pour ne mestre en proye ce Royaume; je vous proteste, monseigneur, que quand il attenteroit chose qui ne fust juste & saincte, mesmes contre l'estat de son Roy, duquel il est parent, sujet & serviteur (ce que je me asseure qu'il n'a jamais fait, ne fera), je luy serois en ma petitesse autant mortel ennemi, comme je luy suis très-humble serviteur.

« Et pour respondre, monseigneur, au second poinct qui me touche, il y a tant de gentilshommes, tant de capitaines & de bons soldats de ceste province, & autres, qui me tiennent en ceste juste guerre pour chef, lesquels s'ils cognoissoient que j'entreprisse quelque chose de sinistre, je ne les tiendrois ni homme du monde pour gens de bien, s'ils ne m'estoient autant ennemis comme ils me sont bons amis & freres.

« Je vous declare donc, monseigneur, pour me purger de toutes calomnies, bien que aux patentes que je baille je me die gouverneur de ceste province, que c'est durant ces troubles pour conduire & tenir le pays en repos, comme j'avois tousiours fait contre ceux qui avec belles promesses aux Princes, ont tasché d'amener la guerre en cedit pays. Quand donc ceux de cest estat pourront jouir du repos de leurs consciences, & de l'asseurance de leurs personnes & biens, je ne veux autre titre que celuy que le Roy avec son conseil legitime me donnera. Et en toute autre chose, Monseigneur, je suis prest de vous suivre, & vous faire service d'aussi bon cœur que je prie le Createur, Monseigneur, en tresbonne prosperité vous donner longue vie. Du camp de *Sainct Saphorin*, le quinziesme de Novembre 1562. »

Entrevue de Nemours et de des Adrets.

Or, pour retourner à *La Duche,* on ne sait s'il dit à *des Adrets* quelque mot en l'aureille. Mais ce qu'on a peu savoir de ce faict à la verité, est que *des Adrets* communiqua ceste demande de *Nemours* aux principaux de son armée, à savoir aux sieurs *de Senas, Poncenat, Blacons, du Sauzel* [1], *Mouvans, Mirabel, du Peigne* [2], *Cugy* [3] *& Bataille;* lesquels, ainsi que *des Adrets* a depuis declaré durant sa detention, ne trouverent mauvais qu'il

1. *Guillaume de Moreton du Sauzet.*
2. *Charles des Alrics*, seigneur du Pègue. *Arnaud,* p. 165.
3. *Aimé de Glanes*, sieur de Cugy et d'Urre.

ouyſt parler *Nemours,* pour aviſer puis après ce qui feroit de faire [1]. Nonobſtant ceſt advis des capitaines, *des Adrets* envoya à Lyon vers *Soubize,* pour entendre de luy ſ'il le trouveroit bon ou non, lequel luy fit reſponſe [2], qu'il trouveroit cela treſmauvais en un autre, tel qu'il fuſt, mais qu'il le tenoit ſi homme de bien qu'il ſ'en remettoit du tout à ce que luy-meſme trouveroit eſtre le meilleur. Et de faict, *Soubize* ne ſe trompoit point en cela. Car *des Adrets,* devant qu'avoir receu ceſte reſponſe, avoit deſià conclu le tout, receu & envoyé les oſtages. Eſtans donc envoyés oſtages d'une part & d'autres, à ſavoir de la part de *Nemours,* le *Comte de Monravel* [3] & *Mandelot,* & du coſté de *des Adrets, Poncenat* & *Blacons,* ils ſ'emboucherent à demie lieue près de Vienne ſeul à ſeul, deviſans à part. Les gentilshommes qui les avoient acompagnés de l'un & de l'autre parti n'eſtoient ſans parler les uns aux autres ; entre leſquels n'eſt à omettre une parole prononcée haut & clair par un gentilhomme de la compagnie nommé *Merey,* autrement *Poltrot,* lequel ainſi que ces gentilshommes deviſoient des miſeres de ceſte guerre, & particulierement de la mort du *Roy de Navarre,* decedé quelques jours auparavant ce temps, prononça ces mots : « Cela ne mettra pas fin à la guerre, mais il faut avoir le chien au grand colier ; » & interrogué par quelqu'un de qui il entendoit parler : « C'eſt, dit-il, du grand Guyſard ; » & ſur cela, levant le bras droit, dit tout haut : « Voilà, voilà le bras qui fera le coup. » Leſquels propos il avoit acouſtumé de dire publiquement entre ſes compagnons plus de trois mois auparavant, & ainſi en advint à la fin, comme il a eſté dit en l'hiſtoire d'Orleans [4]. Tant y a que cela monſtre evidemment que ce qu'on

Mot de Poltrot touchant ſes plans.

---

1. *De Thou,* p. 352, dit au contraire que les gentilshommes consultés par *des Adrets* sur ce que le duc de Nemours demandait et qui se réduisait à chercher les moyens de rétablir la paix dans le Dauphiné, ne trouvèrent pas cette proposition de leur goût et qu'ils conclurent qu'il fallait avant toutes choses consulter Soubize.

2. *De Thou,* l. c. Soubize répondit que l'affaire lui paraissait très-délicate, et n'être pas sans danger ; qu'il n'y avait que le Baron des Adrets à qui on pût confier une négociation de cette conséquence ; qu'il l'abandonnait à sa prudence et à son amour pour le bien de l'Etat, et qu'il fît ce qu'il jugerait à propos.

3. *Jean de La Baume,* comte de Montrevel, et *François de Mandelot,* seigneur de Passy. *Arnaud.*

4. Vol. II, p. 267.

a impofé qu'il avoit efté depuis fuborné par l'*Amiral* & autres, pour tuer le *Duc de Guyfe*, eft fauffement controuvé, & qu'au contraire *Merey* avoit long temps auparavant qu'il partift de Lyon pour venir à Orleans, refolu & deliberé de faire ce qu'il fit.

Rapport de des Adrets sur cette entrevue.

Pour revenir à ceft abouchement de *Nemours* avec *des Adrets*, pource qu'il fe fit entre eux deux tous feuls, & n'eft apparu (que j'aye peu favoir) aucun tiers qui en ait fait rapport, il n'y a moyen d'en favoir autre chofe que ce que *des Adrets* luy-mefme en a refpondu en juftice, & ce qui en peut eftre recueilli, tant par conjectures probables que par ce qui f'en eft enfuivi. Voici donc ce qu'en a dit *des Adrets*, à favoir que le premier propos avec *Nemours* fut touchant les cruautés defquelles *des Adrets* eftoit chargé, dont il fe feroit purgé, remonftrant la bonne guerre qu'il avoit toufiours faite jufques aux cruautés execrables commifes à Orenge & ailleurs. Secondement, que les moyens que *Nemours* luy avoit propofés pour pacifier toutes chofes, eftoient, qu'il fuft receu au gouvernement du Dauphiné fuivant les letres patentes du Roy qu'il monftreroit, qu'on laiffaft les armes, que les Miniftres f'en allaffent hors du pays, & qu'au furplus les fufdits vefcuffent en liberté de leurs confciences. Aufquels poincts luy, *des Adrets*, auroit refpondu que le peuple feroit grande difficulté de fe mettre entre fes mains, à caufe de la grande amitié qui eftoit entre luy & le *Duc de Guyfe*, & que jamais le peuple ne f'accorderoit ni à chaffer leurs Miniftres, ni à pofer les armes, pour eftre à la merci de leurs ennemis. Tiercement, que *Nemours* luy avoit remonftré le peu de cas qu'on faifoit de fes fervices, luy ayant fait voir pour preuve de cela une letre efcrite de l'*Amiral* au *Cardinal Comte de Beauvais*, fon frere, fur lefquels propos luy, *des Adrets*, auroit dit qu'il rapporteroit le tout tant aux gentilshommes Capitaines que aux eftats de Dauphiné pour luy en faire refponfe, mais qu'il feroit befoin d'avoir une trefve pour quelques jours pour en traitter.

297

Préfomptions contre ce récit de des Adrets.

Voilà le dire de *des Adrets*, qui peut eftre contredit par les conjectures fuivantes[1]. Quant au premier poinct, il f'en eftoit

1. *De Thou*, p. 352, conclut au contraire : Voilà ce que le Baron racontoit avec beaucoup d'ingénuité. Mais comme on interprétoit bien différemment ses paroles et ses actions, et qu'on les prenoit en très-mauvaise part, ce Capitaine, « qui avait l'âme noble et fière, se trouva enfin poussé à bout, et forcé à prendre un parti auquel il n'avoit peut-être pas d'abord pensé ».

desià purgé suffisamment par la letre ci-dessus transcrite, laquelle il ne devoit taire en ses responses faites en justice. Quant au troisiesme poinct, il est trop certain que *des Adrets* avoit desià ouy parler de ces letres auparavant, & ne devoit pas taire aussi celles que *Brissac* luy avoit escrites par mesme moyen, lesquelles il appert par ce qui s'en est ensuivi l'avoir extremement esmeu & induit à prendre en main la defense de *Nemours,* contre lequel il avoit auparavant pris les armes, n'estant aucunement à presumer qu'un si estrange & si soudain changement peust estre survenu si soudainement en son cœur, sans l'occasion desdites letres. Et quant à la conclusion, elle semble monstrer evidemment qu'il enclinoit desià à la demande de *Nemours,* faisant offre de la rapporter aux Estats devant que d'en avoir communiqué à ceux par l'advis desquels l'abouchement avoit esté conclu, seulement pour ouyr ce que diroit *Nemours,* & non pour passer outre.

Cest abouchement ainsi achevé, duquel *des Adrets* rapporta à ses Capitaines ce que bon luy sembla, il fut question de regarder que deviendroit ce camp. Sur quoy, dautant que l'armée ne faisoit plus rien devant Vienne qu'affamer Lyon, & que les soldats, à faute d'argent & de vivres, se desbandoient à toutes heures, & mesmes se perdoient, estans massacrés sur les passages, joint qu'on disoit que *Suze,* sorti d'Avignon avec grandes forces, avoit repris la ville de Vaureas & plusieurs autres, faisant son conte de fourrager le Dauphiné à son ayse, estant *des Adrets* devant Vienne avec toutes les forces, ils furent d'advis qu'on moyenneroit quelque trefve, durant laquelle l'armée se peust retirer sans danger.

Les capitaines se déclarent pour la conclusion d'une trêve.

Ceste deliberation ainsi prise, *des Adrets* alla incontinent pour en communiquer avec *Soubize,* luy demandant mesmes s'il vouloit estre compris à la trefve, ce qu'il refusa entierement[1].

---

1. *Discours des choses advenues à Lyon. Bull. du Prot. franç.,* XXIX, p. 23 : Le lendemain dudit abouchement ledit baron des Adretz vint trouver ledit sieur de Soubize à Lyon et luy dict qu'il luy estoit venu rendre compte de tout ce qu'il avoit fait, et pour commencement luy proposa ce que luy mesme avoit dit... qu'il ne se pouvoit plus tirer de bledz du costé de Daulphiné ; et que... pour ce qu'il ne pouvoit plus tenir ses soldats de Daulphiné, qui tous se debandoient pour s'en aller en leurs maisons, il avoit tramé avecque M. de Nemours une suspension d'armes de quinze jours par tout le pays de Daulphiné, luy laissant toutesfois lieu d'y entrer pour Lyon et tout le pays Lyonnois, si bon luy sembloit. A quoy ledit sieur de Soubize luy feit

Nouveau pourparler de des Adrets avec Nemours.

Mais *des Adrets,* fous ce pretexte, parlementa à Vienne pour la feconde fois avec *Nemours* feul à feul, dont il rapporta deux poincts: le premier, que *Nemours,* lequel luy, *des Adrets,* auroit mis en efperance d'eftre receu pour gouverner, s'il vouloit faire profeffion de la Religion, luy avoit refpondu, que chacun favoit qu'il avoit toufiours favorifé la Religion, & qu'il le monftreroit par effect; le fecond, que la trefve eftoit accordée avec tout commerce pour douze jours, à favoir depuis le vingtcinquiefme de Novembre jufques au fixiefme de Decembre inclufivement. Or y a il plufieurs conjectures contre *des Adrets* en ceft endroit, confermées par ce qui s'en eft enfuivi, à favoir qu'en la forme & teneur des dites trefves, *Nemours* eft qualifié de titre de lieutenant general en Dauphiné, ce que *des Adrets* ne devoit avouer legerement & qu'avec l'advis des gentilshommes & Capitaines, voire des eftats de Dauphiné. Il eft auffi vray femblable que *Nemours* n'eftant aucunement preffé & voyant le camp de *des Adrets* defbandé, & avoir faute de vivres, n'euft jamais accordé une telle trefve, s'il ne fe fuft affeuré de quelque promeffe dudit *des Adrets,* à favoir de fe rendre paifible gouverneur du Dauphiné, fans coup frapper, par le moyen d'iceluy. Encores eft-il moins à prefumer qu'il euft efté parlé de comprendre *Soubize* en cefte trefve, fi *Nemours* n'euft pretendu par ce moyen de n'eftre contraint d'efloigner le Dauphiné, comme il fut, par ce que *Soubize* n'en voulut eftre.

Conduite suspecte de des Adrets après la trève.

Quoy que foit, le jour fuivant *des Adrets* ayant licencié tous fes gens, fe mit par eau, tirant droit à *Vienne,* où derechef il parlementa tout à loifir avec *Nemours*[1]; de quoy eftant depuis interresponfe, que veu qu'il n'avoit plus befoing de fon secours pour tenir vivres du cofté de Daulphiné, et qu'il ne pouvoit plus tirer ses soldats selon qu'il disoit, il ne pouvoit trouver mauvais la suspension d'armes par luy accordée avec M. de Nemours, affin de faire plus seurement retirer ses soldats sans les mectre en un tel hazard que celuy qu'ils avoient trouvé en venant; mais quant à luy, d'entrer en ladicte suspension d'armes pour Lyon, il ne le vouloit point faire.

1. *Discours,* l. c., p. 24: Le jour ensuivant, ledit sieur des Adrets licencia tous ses gens et se mit par eau pour s'en aller à Vienne, où il séjourna un jour ou environ avec M. de Nemours. Et là complotterent ensemble ce qu'ils avoient affaire pour luy mectre le Daulphiné entre ses mains, et de là s'en aller, ledit baron à Rouans et à Valence, où il feit assembler les états de Daulphiné pour y adviser aux necessités et calamités du pays provenues à cause

rogué, il a refpondu qu'il y alla voirement, mais que c'eftoit pour conduire, fous l'affeurance de la trefve, fon artillerie, avec les poudres, boulets & autres munitions qu'il avoit prifes à Lyon pour faire la guerre au Comtat. Et de faict, il envoya les compagnies de Provence & du Comtat au bas pays de Dauphiné, où il alla avec deux pieces d'artillerie, & recouvra lefdites petites villes en peu de jours & fans grande refiftence. Mais deux chofes derechef, voire trois, le rendirent fufpect en ceft endroit. Car outre ce qu'il ne trouva quafi aucune refiftence en ces villes, qui a fait penfer que c'eftoit un jeu fait à pofte, il degarnit par ce moyen le Dauphiné d'autant de forces. Davantage il n'a point nié que *Suze* l'ayant requis de parlementer avec luy, il ne f'y foit accordé, combien que cela ne foit venu à effect, de peur (comme quelques uns ont eftimé) que cela ne gaftaft ce qu'il pretendoit faire aux Eftats.

Les Eftats donques de Dauphiné affemblés à Montelimart[1], le fixiefme de Decembre, où fe trouva auffi entre autres le fieur de *Claufonne*[2] pour le Languedoc, *des Adrets* ufa de toutes les remonftrances qu'il peut, pour faire accorder le pays à recevoir *Nemours* pour gouverneur, remonftrant que c'eftoit le proffit de toute la province, & nommément des Eglifes de la Religion, qui ne pouvoient plus longuement fubfifter contre fi grandes forces, avec une infinité de propos pour faire perdre cœur à chacun, comme de peu de moyens d'hommes, d'argent, de munitions; ce qui fut trouvé merveilleufement fufpect & mauvais, dautant qu'auparavant il avoit toufiours acouftumé de dire qu'avec deux mille foldats il vouloit fouftenir toute la force des adverfaires. Tous ces propos ont efté depuis avoués par *des Adrets* en fon procès, difant qu'il en parloit en fa confcience, confiderant les

Ses efforts pour faire accepter Nemours comme gouverneur du Dauphiné.

---

de la longue guerre... et de loing essayoit de les induire à se mectre entre les mains de M. de Nemours, qui estoit un bon prince, et qui n'estoit point cruel ny ennemy de la religion. — *De Thou*, p. 252 : Le Baron eut une seconde conférence avec le Duc de Nemours, et ils convinrent d'une trêve jusqu'au 6 de Décembre. Après cette conférence il congédia les troupes; et profitant de la suspension d'armes, il vint le lendemain à Vienne avec quelques canons. Il eut une troisième entrevue avec le Duc de Nemours, et de là il descendit la rivière jusqu'au Pont S. Esprit.

1. *Arnaud*, p. 168.
2. Voy. ci-dessus, p. 175 et 181.

forces des ennemis, & fe fondant furtout fur les conditions des articles qu'il fit lire par le fieur *Remy*[1], Confeiller de Grenoble, ayant bonne part en tout ce traitté, enfemble les letres patentes du Roy, par lefquelles *Nemours* eftoit ordonné gouverneur de Dauphiné; lefquels articles dreffés par ledit Confeiller *Remy,* par le commandement de *des Adrets,* eftoient grandement favorables à ceux de la Religion, n'y eftant cependant oublié qu'en l'abfence de *Nemours, des Adrets* gouverneroit.

Nemours dans l'impoffibilité d'accorder les demandes de des Adrets.

Mais *des Adrets* cependant fe rendoit du tout inexcufable par une telle procedure, par plufieurs raifons. Car premierement, puis qu'il fe difoit avoir pris les armes fous l'authorité du *Prince,* comme il eftoit vray, & fuivant l'affociation faite à Orleans, il ne luy eftoit loifible d'entreprendre ni de mettre en avant un tel faict, fans en avoir communiqué au *Prince* & du bon vouloir d'iceluy. En fecond lieu, feparant cefte province de toutes les autres, outre ce qu'il affoibliffoit d'autant le parti du *Prince,* & monftroit le chemin de diffipation aux autres provinces, il expofoit le Dauphiné en proye aux ennemis qui euft efté auffi abandonné de tous fes affociés. Tiercement, il n'eftoit en la puiffance de *Nemours* d'accorder ce qui luy eftoit demandé, finon qu'il euft voulu notoirement f'attribuer l'authorité Royale, de forte que *Nemours* euft toufiours eu fuffifante excufe de n'en rien tenir f'il luy euft pleu; & de penfer que le Roy euft voulu accorder tels articles, c'eftoit baftir en l'air. Davantage il ne pouvoit ignorer l'intention des ennemis n'eftre autre que celle que *Maugeron* avoit monftré à Grenoble, joint que le *Duc de Guyfe* avoit affés monftré à Amboyfe le peu de confcience qu'il euft fait de desavouer tout ce que *Nemours* euft promis.

Changy et les états proteftent contre des Adrets.

Ces caufes & plufieurs autres, comme *des Adrets* eftoit en l'hoftelerie du Croiffant à Montelimart, efmeurent *Changy* & quelques autres gentilshommes, devant lefquels il faifoit lire par-

1. *Paul Rémy. De Thou,* l. c. : Comme les esprits étoient déjà portés à la paix, Rémy, Conseiller au Parlement de Grenoble, proposa à l'assemblée des Articles très raisonnables, et qui, de l'aveu même des protestants, leur étoient fort avantageux. Cependant les pasteurs, animés d'un zèle outré de religion, et quelques uns du peuple qui n'étoient pas des plus prudens, en firent des plaisanteries, se fondant principalement sur ce que le Duc de Nemours promettoit ce qu'il n'étoit maître de tenir, etc.

ticulierement ces articles, de s'y oppofer directement, & de protefter qu'ils ne les avoueroient jamais, ains que pluftoft ils vouloient mourir en la jufte defenfe qu'ils avoient fouftenue jufques alors contre *Nemours* & tous autres. Ce que voyant, *des Adrets* cuida dechirer les articles & les jetter au feu, mais il en fut gardé par les affiftans, & fut commandé audit *Remy* d'y changer quelque peu de chofe. Mais eftant derechef leus en l'affemblée des Eftats, *Claufonne* mit en avant un poinct qui arrefta tout court cefte deliberation, remonftrant que les letres en vertu defquelles *Nemours* demandoit d'eftre reçeu pour gouverneur, portoient expreffément qu'il eftoit envoyé pour punir les feditieux & rebelles; tellement que fi, fuivant lefdits articles & en vertu defdites letres, on recevoit *Nemours* pour gouverneur, on avouoit auffi qu'on eftoit feditieux & rebelle, ou bien il fe faloit joindre avec luy pour courir fus à ceux de la Religion portans les armes. La refolution donques des Eftats fut, n'y pouvant mefmes contredire *des Adrets,* qu'il faloit refpondre à *Nemours* que, devant que le recevoir pour gouverneur, il faloit qu'il obtinft autres letres, fondées fur autres qualités, & octroyées par legitime confeil du Roy, où fuft monfeigneur le *Prince de Condé* comme tenant le lieu du *Roy de Navarre,* fon frere decedé.

Au mefme temps, *des Adrets* ayant entendu comme d'un autre cofté le feigneur *Comte de Curfol,* acompagné du Cardinal *Comte de Beauvois,* frere de l'*Amiral,* gouvernoient en Languedoc, delibera en tout evenement de les aller trouver; & de faict, pourfuivit fon chemin jufques au Pont fainct Efprit, là où eftant, il receut, comme il dit en fes refponfes, certain advertiffement, que les Capitaines *Bouillargues*[1] & *Spondillan* avoient voulu furprendre cefte place au nom de *Curfol.* Ce nonobftant il vint jufques à Bagnols, là où derechef eftant adverti qu'on machinoit contre luy, il f'en revint au Pont fainct Efprit, auquel lieu eftant venu trouver *la Duche* de par le fieur *de Nemours,* pour favoir la refolution des Eftats, il la luy fit entendre & luy en bailla copie, fans luy en donner autre efperance. Ainfi en a refpondu *des Adrets.* Mais il y a une grande conjecture au contraire, à favoir qu'ayans efté tenus par luy les Eftats expreffément pour ce faict,

Des Adrets prétend avoir informé Nemours du refus des états.

---

1. Voy. *supra,* p. 153.

selon la promesse qu'il en avoit faite à *Nemours,* il n'est pas à presumer qu'il se fust tant oublié que de differer d'en faire entendre la resolution jusques à ce que *Nemours* la luy envoyast demander par gentilhomme axprès, encores moins qu'au lieu d'envoyer la response, il eust voulu se faire chercher en Languedoc, qui eust esté autant que se moquer pleinement de *Nemours.*

<small>Des Adrets fortifié dans Plessans.</small>

Incontinent après, *des Adrets* estant de retour à Valence[1], eut derechef nouvelles de *Nemours* par le mesme *la Duche,* pour l'advertir que son maistre avoit eu nouvelles letres de provision du Roy, & que le sieur *de Sainct Auban*[2], avec soixante ou quatre vingts chevaux, avoit esté desfait & pris à Tarare, avec grand nombre de depesches qu'on luy feroit voir, entre lesquelles il y avoit des commissions fort amples, tant pour ledit *Sainct Auban,* pour commander deformais en Dauphiné, qu'à plusieurs gentilshommes. Et de faict, il est bien vray que le *Prince,* adverti des desportemens d'iceluy, par les propos mesmes qu'en avoit tenus le *Mareschal de Brissac,* avoit expedié *Sainct Auban* en Dauphiné pour y gouverner, priant *des Adrets* de le venir trouver. Cest advertissement irrita tellement *des Adrets,* qu'il se delibera plus que jamais de poursuivre ce qu'il avoit commencé à la faveur de *Nemours,* sous lequel il faisoit son conte de demeurer au degré auquel il estoit, & se garantir contre ceux qui recognoissoient si mal ses services.

<small>Il insiste sur un accommodement avec Nemours.</small>

Pour cest effect donc il fit derechef assembler à *Valence*[3] la plus part des gentilshommes & conseil politique, & quelques Consuls d'aucunes villes, ausquels il tascha derechef de persuader par tous moyens qu'il faloit entendre à la paix avec *Nemours,* taisant cependant la vraye cause qui le menoit à cela, à savoir la doute qu'il avoit qu'on ne le saisist, & son mescontentement de ce qu'on le vouloit despouiller du gouvernement de Dauphiné qui luy restoit, sous

---

1. *De Thou,* p. 353 : (Des Adrets) ayant été averti par ses amis, et ayant lieu de soupçonner qu'on lui avoit dressé quelques pièges, il revint aussitôt au Pont S. Esprit, et de là à Valence, où la Duche vint au devant de lui avec les ordres et lettres du Duc de Nemours, qui achevèrent d'entrainer dans le parti de ce Duc un homme qui chanceloit depuis longtemps et qui ne cherchoit que les moyens de quitter avec honneur le parti où il étoit engagé.

2. Voy. ce vol., p. 264, note 7.

3. Le 4 janvier. *Arnaud,* p. 172.

couleur de le vouloir employer ailleurs. En quoy il n'eſt aucunement excuſable, dautant qu'encores qu'on luy eut fait quelque tort en ſon particulier, ſi ne devoit-il pour cela tramer une choſe tant deſavantageuſe à tous ceux de la Religion, & dont ne ſe pouvoit enſuivre que la deſtruction certaine de la province, & peut-eſtre ſa ruine propre. Ce que toutesfois il eſt à preſuppoſer ne luy eſtre lors venu en penſée, eſtant ſurpris & aveuglé de ſa paſſion.

La reſolution de ceſte aſſemblée fut qu'il pourroit accorder la trefve pour quatre mois, ſi on la pouvoit obtenir, ſinon qu'il pourroit traitter de la paix, mais ſans en rien conclure en ſorte quelconque que par l'advis & conſentement de tous les gentilshommes & du peuple du pays tenant le parti de la Religion & en legitime aſſemblée. Ceſte reſolution faite & dès un peu auparavant, *des Adrets* commença, comme il dit en ſes reſponſes, à ſe preparer à la guerre. Mais d'autre part a il eſſayé de renouer ceſte pacification, choſes ſi contraires qu'il feroit bien mal ayſé de les accorder enſemble. Premierement donques, il fit ſortir de Valence deux groſſes pieces de baterie pour tirer à Romans, diſant qu'il avoit entrepriſe ſur la coſte Sainct André, ou comme les autres diſoient, ſur le chaſteau de la Buſſiere, près de Grenoble. Il caſſa auſſi une compagnie de gens de pied qui eſtoit à *Changy*[1], gouverneur à Valence, reduiſit la compagnie du jeune *Changy*[2] de deux cens hommes à cent, celles des Capitaines *Charbonneau* & *Chamel* de cent hommes à cinquante. Puis venu à Romans, envoya la compagnie du Capitaine *Portes* à Sainct Marcelin[3] & celle du Capitaine *Guay* à Tulins[4], delivra un des ſecretaires *de Guyſe,* nommé *Marſeille,* qu'il tenoit priſonnier de long temps & qui eſtoit de treſgrande importance ; il l'envoya à *Nemours* avec le Capitaine *Bologne,* ſur leſquels faits eſtant puis après interrogué, il rendit de grandes raiſons, alleguant nommément qu'il rendit ledit ſecretaire *Marſeille,* pour ſelon la

Actes suspects de des Adrets.

---

1. *Michel du Fay*, sieur de Changy, l'aîné.
2. *Jacques du Fay*, sieur de Changy.
3. *St-Marcellin*, sur l'Isère, à 5o kil. de Grenoble.
4. *Tullins*, à 22 kil. de St-Marcellin, au nord. Par ces déplacements, Valence et Romans se trouvaient dégarnis.

promesse de *Nemours* retirer *Monjoux,* beau-frere de *Blacons,* & prisonnier de long temps en Auvergne, comme il a esté dit en l'histoire de Lyonnois[1], dont toutesfois il ne se fit rien, & fut ce neantmoins restitué *Marseille,* dont il faudroit conclure ou que cela a esté controuvé par *des Adrets,* ou que *Nemours* n'auroit point tenu promesse. Mais il en faut tousiours revenir à ce poinct, que s'il vouloit redresser la guerre, il ne devoit faire tels actes qu'il ne pouvoit douter estre suspects, qu'avec bon conseil; & sachant l'intention du *Prince* qui l'appeloit, il en devoit prendre conseil des Estats du pays par lesquels il avoit esté esleu, & ouer à jeu descouvert, comme il est à presumer qu'il eust fait s'il n'eust eu autre intention que de servir au public & de poursuivre comme il avoit tresbien fait auparavant, jusques à ce que son particulier fut entamé.

Estant donc venu de Valence à Romans, il assembla les gentils-hommes & le Consistoire qui y estoient, ausquels il fit derechef lire par le Conseiller *Remy* les articles ci dessus mentionnés, touchant ceste pacification commencée, entre lesquels il y en avoit un qui parloit du consentement du *Prince,* lequel estant leu à la compagnie, *des Adrets* dit qu'il le faloit rayer, nonobstant l'advis de l'assemblée, estant à la verité ce poinct le neud où il se faloit arrester. *Des Adrets* depuis interrogué sur ce poinct, a mis en avant pour son excuse, que c'estoit dautant que le Prince estoit lors prisonnier, auquel à ceste occasion on pouvoit faire faire ce qu'on eust voulu. Mais ceste excuse peut estre à bon droict retorquée contre luy; car s'il craignoit cela, il devoit donc conseiller quelque autre autre expedient remede, au lieu de faire rayer l'article simplement & nuement.

Nouveau pourparler avec Nemours.

Quoy qu'il en soit, *des Adrets* s'aydant de la resolution prise à Valence, par laquelle il estoit dit qu'il pourroit aller moyenner une trefve de quatre mois, ou traitter d'une paix, sauf toutesfois de rien conclure en sorte quelconque, il alla droit à *Vienne*[2], nonobstant les remonstrances qui luy furent faites à Tournon; auquel lieu de Vienne, *Nemours* (qui cependant s'estoit tenu en

---

1. Voy. ci-dessus, p. 227. Monjoux était soupçonné d'avoir tué La Motte-Gondrin.
2. Le 8 janvier. *Arnaud,* p. 173.

Lyonnois, & qu'on eftime n'avoir attendu que le temps auquel *des Adrets* le manderoit pour acheminer ce qu'ils pretendoient) f'eftant retrouvé comme à poinct nommé, ils parlementerent derechef feul à feul, de forte qu'on ne peut rien favoir de ceft abouchement, finon par ce qu'en a rapporté *des Adrets,* & par ce qui f'en eft enfuivi, chofes qui f'accorderent affés mal enfemble.

Eftant donc depuis enquis *des Adrets,* prifonnier, fur ce faict, a refpondu que les trefves luy ayans efté refufées tout court, & les fufdits articles, qui eftoient en nombre de quinze, ayans efté debatus entre eux deux, *Nemours* finalement les accorda à peu près; avec lequel accord *des Adrets* f'en retournant, trouva en chemin, à Moras [1], unes letres qu'on luy envoyoit de Romans, par lefquelles cognoiffant qu'à fon retour il ne trouveroit les chofes difpofées comme il pretendoit, & comme il eft tout apparent qu'il les avoit preparées, depefcha quant & quant le Capitaine *Boulongne* [2] vers *Nemours,* le priant de luy envoyer & faire venir jufques à Serre [3], trois lieues de Romans, trois compagnies de gens de pied, des foldats de Piedmont, fous la charge des Capitaines *Muet, Gordes* & *Deffaurs;* ce qui fut fait auffitoft. Puis eftant accouru à Romans en toute diligence, & y ayant trouvé certains hommes de cheval de la compagnie de *Mouvans,* qui y vouloient entrer (lequel à la verité y eftoit envoyé de *Soubize* pour y faire ce qu'il y fit puis après, fuivant l'advertiffement à luy envoyé par les gentilshommes qu'il avoit priés, dès le fiege de Vienne, d'efpier les actions & deportemens de *des Adrets*), il y pourveut comme il peut, refufant l'entrée aux foldats hommes de cheval, avec telle colere qu'il defgaina mefmes l'efpée contre eux. Cela fait, il fit affembler le confeil, auquel il propofa les fufdits articles accordés, qui furent trouvés bons, au moins à ce qu'il dit en fes refponfes. Prenant donc cela *des Adrets* à fon avantage & faifant fon conte, comme on a prefumé, qu'on ne le pouvoit plus empefcher d'introduire *Nemours* à Romans, il fe difpofa de faire le femblable à Valence tout d'un train, y envoyant les capitaines

Aveu de des Adrets concernant ses pratiques ultérieures.

---

1. *Moras*, entre Vienne et Valence.
2. Voy. la page précédente, où il est écrit *Boloigne*, ce qui évidemment ne fait pas de différence.
3. *Serves*, village sur le Rhône, à peu de distance de Tain (vis-à-vis de Tournon).

Baron, *Portes* & *Villieu*, chacun avec vingt cinq arquebouziers, pour fe faifir des portes ; & envoya quant & quant un nommé *le Bois,* fon Marefchal des logis, vers *Mandelot*[1] à *Serre,* luy mandant qu'il fift approcher les trois deffusdites compagnies à une lieue de Romans, & de jour.

<small>Autres aveux et explications.</small> Toutes ces chofes telles que deffus ont efté advouées par *des Adrets* en fes refponfes, & mefmes que devant que partir de Vienne il avoit accordé que quatre compagnies dudit Piedmont entreroient en Dauphiné, fe fondant fur deux excufes, l'une fur ce que ceux de Romans auroient trouvé bons les articles accordés par *Nemours,* l'autre fur les advertiffemens qui luy eftoient faits qu'on avoit conjuré de le prendre mort ou vif ; adjouftant qu'il n'avoit mandé ausdites trois compagnies de f'approcher plus près que d'une lieue de Romans, & qu'elles eftoient compofées la plus part de foldats qu'il favoit eftre gens de bien & de la religion, pour les avoir eus fous fa charge en Piedmont. Mais d'autres n'ont voulu recevoir fes excufes pour valables ; car ils difent qu'avant toutes chofes il avoit excedé la refolution des Eftats en accordant l'entrée defdites compagnies eftrangeres contre le contenu des articles, portans expreffément qu'elles feroient choifies, non à l'appetit de *des Adrets,* mais de ceux qui feroient agreables à ceux de la religion, & que l'autre faute, plus grande encores, eftoit en ce qu'il entreprenoit de les y faire entrer à l'infceu mefmes de ceux de Romans, aufquels, pofé le cas qu'ils euffent confenti à faire venir ces compagnies, *des Adrets* ne devoit obeir, ains pluftoft remonftrer qu'il faloit attendre prealablement la refolution des Eftats du pays.

Quoy qu'il en foit, Dieu ne permit qu'un fi grand mal advinft, dautant que les gentilshommes, capitaines & autres, ayans entendu que l'ennemi eftoit fi prochain f'oppoferent vivement à *des Adrets,* & *Mombrun* & *Mouvans* avec leurs forces entrerent tout à poinct en la ville, joint que le peuple fe jetta fur les murailles & fe mit en bonne defenfe. Adonc *des Adrets* voyant ces chofes, f'excufa, difant qu'il eftoit bien vray que fuivant ce qu'on avoit accordé avec *Nemours,* ces trois compagnies f'eftoient approchées, mais que c'eftoit beaucoup plus près qu'il ne penfoit, & à heure indeue

---

1. Voy. ci-deffus, p. 298.

(car *le Bois,* fon Marefchal, eftoit retourné & entré en la ville la nuict, après la porte fermée, avec deux foldats que *Mandelot* luy avoit baillés), & en plus grand nombre beaucoup qu'il n'avoit promis.

Sur cela, donc il fut refolu qu'il leur feroit mandé qu'ils fe retiraffent jufqu'à ce que les Eftats du pays affemblés euffent approuvé les articles accordés. Mais le lendemain, dixiefme de Janvier, par l'advis de la Nobleffe, *des Adrets* fut arrêté prifonnier, lequel de prime face fit contenance de mettre la main fur fa dague, comme fe voulant tuer ou quelque autre; mais en eftant empefché par *Mouvans* & autres, l'affeurans qu'il ne feroit procedé avec luy qu'avec bonne & droite juftice, il f'accorda d'aller avec *Mouvans* & fa troupe à Valence, où il demeura quelques jours, fans eftre aucunement reftraint. De là, par le commandement de *Curfol* (auquel la protection du pays de Dauphiné, fous l'obeiffance du Roy, fut commife par les eftats du pays tenus en ladite ville de Valence, comme auffi auparavant le pays de Languedoc l'avoit choifi), il vint à Nifmes avec le capitaine *Bouillargues*[1], puis fut mené à Montpelier, toufiours avec fes armes, & de là ramené à Nifmes & refferré au chafteau comme prifonnier, eftant là interrogué premierement par le *Senefchal de Valentinois*[2], & depuis par quatre Confeillers du fiege prefidial de Nifmes, comme commiffaires fur ce deputés. Il les recufa, allegant ne pouvoir eftre jugé qu'au pays de Dauphiné, felon les privileges dudit pays. Et finalement, après plufieurs interrogatoires & refponfes cy deffus mentionnées, la paix eftant furvenue, il fut relafché & renvoyé en fa maifon[3], fans abfolution ni condamnation.

Il est arrêté et finalement relâché sans sentence définitive.

1. Voy. *supra*, p. 301.

2. *Bourjac.* Vol. I, 219, 344.

3. Le château de *la Frette,* non loin de la Cofte S. André. *De Thou,* dans sa jeunesse, lors d'un voyage à Grenoble avec Lamoignon, accompagna celui-ci allant saluer *des Adrets* et trouva le moyen d'y dessiner son portrait. Il étoit alors fort vieux, mais d'une vieillesse encore forte et vigoureuse, d'un regard farouche, le nez aquilin, le visage maigre, décharné et marqué de taches de couleur de sang noir — tel que l'on nous dépeint Sylla — il avoit l'air d'un véritable homme de guerre. *Mém. de la vie de J. A. de Thou,* p. 8.

Il quitte la religion et combat ses anciens coreligionnaires.

Tels ont efté les deportements du feigneur *Baron des Adrets* en cefte guerre, les derniers bien differens d'avec les premiers, eftant certain que fi Dieu luy eut fait la grace de fe furmonter foy-mefme, comme il avoit plufieurs fois furmonté fes ennemis, l'honneur de la guerre luy fuft demeuré. Mais le plus grand mal fut que depuis ce temps-là, allant de mal en pis, il quitta la religion, menant mefmes fes enfants à la meffe; le plus grand defquels [1] ayant efté durant les troubles nourri en Alemagne, chés le feigneur *Electeur Palatin,* fe rendit toft après l'un des plus vicieux jeunes hommes qui fuft en France, comme auffi Dieu ne l'a pas laiffé longuement vivre. Les deux autres eftoient jumeaux, & avoient efté nés à Geneve durant les troubles, de l'un defquels maiftre *Jean Calvin* avoit efté parrin [2]. Eftant tumbé fi bas, il paffa encores plus avant depuis, ayant porté les armes contre ceux de la religion, tant au pays de Dauphiné qu'en France, eftant colonel d'un regiment de gens de pied; en quoy toutesfois il ne gagna autre chofe que dommage & honte, avec telle perte de fa reputation, qu'il n'a onques depuis efté employé, demeurant en fa maifon fpectateur des miferes d'autruy, efquelles toutesfois il doit bien avoir fa part, fi quelque refte de confcience luy eft demeuré [3].

1. Le sieur de *La Frette*. Hubert Languet écrit à propos de *des Adrets* (*Argentor. Cal.*, Febr. 1563, tome II, p. 231) : *Baro des Adrez ita egit cum duce de Nemours, qui adversus ipsum missus erat cum exercitu, at apud suos venerit in suspicionem defectionis. Cum itaque Viennam profectus esset, ut cum ipso Nemorsio colloqueretur, Lugdunenses monuerunt reliquas urbes confoederatas, ut sibi ab eo caverent : quare cum post Colloquium rediret Valentiam, non tantum est exclusus urbe, sed etiam pene interceptus ab aliquot equitibus, qui prope ipsam urbem posuerant ei insidias. Eodem modo quo ad Valentiam, est cum eo ad reliquas urbes actum. Quare rebus desperatis dicitur se tandem recepisse in quandam suam arcem. Lugdunenses miserunt ad eum aliquot capita accusationis, quæ si dilueret, significarunt se omnino velle eum pristinæ dignitati restituere. . . Filius eius primogenitus, adolescens quindecim aut sedecim annorum, est apud Electorem Palatinum : uxor et reliqui liberi sunt Genevæ.* — Languet écrit encore le 2 janvier 1564, p. 281 : *Adresius dicit se immerito venisse in suspicionem defectionis, se enim collocutum cum Nemorsio ut eum falleret, et illectum spe facilius opprimeret. Talia autem consilia non debuisse multis communicari, ne efferrentur.*

2. *Des Adrets* survécut à ses trois fils. Sa maison ne se continua que par les femmes.

3. Il mourut en 1587. *Le Laboureur, Addit. aux Mém. de Castelnau,* II, p. 22-24.

Nemours, après la prife de *des Adrets,* fe voyant defcheu entierement de fon efperance quant au Dauphiné, tourna la tefte contre Lyon avec toutes fes forces, efperant de l'avoir par efcalade, en quoy il fe trouva deceu, comme il a efté dit amplement en l'hiftoire du Lyonnois [1]. Mais quant au Dauphiné, voici ce qui advint depuis. Quant au *Bas pays,* les chofes demeurerent quafi toufiours en mefme eftat, par le fage gouvernement de *Curfol,* lequel y ayant jetté quelque peu de forces, recouvra Serignan [2] & Orenge, où il remit les pauvres dechaffés, ainfi qu'il a efté dit cy deffus [3], là où toutesfois il perdit un fien frere [4] qui y fut tué.

Nemours menace Lyon. Cursol protège le bas Dauphiné.

Mais quant au *Haut pays* des montagnes, à favoir à Grenoble & à l'entour, la guerre f'y continua à bon efcient, ayant efté furprife, pillée & demantelée par les capitaines *Laborel, la Cazette* [5] & quelques autres de la religion Romaine, la ville de *la Mure* [6], du bailliage de Grifvaudan, en laquelle furent pris quelques prifonniers, & nommément le fieur *de Pipet* [7], auquel il fe peut dire que l'avarice d'un capitaine Italien fauva la vie par le moyen de deux cens efcus & de trois chevaux.

La guerre continue dans le haut Dauphiné.

Ceux de *Grenoble* cependant eftoient gouvernés par ce fage & vaillant capitaine *la Coche* [8], lequel, le feptiefme de Janvier, furprit la tour de Lemps [9], le *Baron de Seyffonnage* [10] & fes deux enfans, auquel Baron, nonobftant qu'il euft bien merité tref-rude

Grenoble. Complot déjoué par La Coche.

1. Voy. ci-deffus, p. 230 s.
2. *Sérignan,* à 7 kil. d'Orange, dans le Comtat (Vauclufe).
3. Voy. p. 264.
4. C'était celui des frères qui portait le nom de *Charles,* comme le père ; il était le cinquième des fils de celui-ci, et avait été, avant d'embraffer la Réforme, abbé d'un couvent de Feuillans. Quoique bleffé mortellement à Sérignan, il fut encore conduit à Orange, où il mourut, le 19 de mars 1563. *France prot.,* IV, 135.
5. *Claude de Gruel,* feigneur de Laborel, gouverneur de Gap. *La Cazette,* gouverneur de Briançon. Le premier, guerrier auffi humain et doux, que le fecond étoit un brigand cruel et barbare. *De Thou,* p. 385. *Arnaud,* p. 178.
6. Voy. ci-deffus, p. 290.
7. Voy. p. 285, note 4 ; p. 289, note 3.
8. Ayant remplacé *Ponnat* comme gouverneur de Grenoble, depuis le 16 novembre. Voy. p. 284.
9. *Lans,* village à 25 kil. de Grenoble.
10. *Saffenage, supra,* p. 268, 287.

traittement pour les extorfions par luy commifes en la ville &
dehors, comme il a efté dit, il luy fit gratieux recueil, fauf qu'il le
tint en feure garde jufqu'à ce qu'il fut envoyé à Valence. — Eftant
Grenoble ainfi bien gardée contre les ennemis de dehors, *Maugeron* ufant de fes tours acouftumés, faillit d'y entrer à l'ayde de
ceux mefmes de dedans. Le principal inftrument de cefte trahifon
fut la vefve du feu fieur *Davanfon*[1], laquelle ayant trouvé façon
de faire venir vers elle (qui eftoit efpargnée de cofté & d'autre, &
qui faifoit femblant de ne fe mefler de rien) un fien coufin qui
eftoit dedans Grenoble, nommé le capitaine *Genton*[2], enfeigne du
capitaine *Bardonnanche,* & ayant charge de la porte de Trefclauftre, luy perfuada d'aller parler à *Maugeron,* qui n'eftoit pas
loin. Par les offres duquel eftant gagné dautant plus facilement
qu'il eftoit irrité de ce qu'on l'avoit repris de quelques diffolutions,
& de ce que *la Coche* l'avoit feulement fait enfeigne de *Bardonnanche,* auquel il avoit baillé en chef la compagnie vacante par la
revolte d'un capitaine, nommé *le jeune Champé,* il luy promit de
luy donner entrée par la porte de Trefclauftre.

Eftant donc de retour en la ville, il pratiqua un nommé *Caillat,*
fergent de la compagnie du capitaine *la Coche,* de forte que le
cas eftant tout preft, *Maugeron,* avec fon camp recueilli de tous
ceux qui eftoient au Haut pays, arrivans vers luy à la file, vint
jufques à *Giere*[3], diftant une petite lieue de Grenoble. Mais Dieu
voulut que *la Coche,* comme très vigilant capitaine, f'apercevant
que *Genton* ne le venoit plus voir fi fouvent qu'auparavant, &
ayant ouy quelque vent qu'eftant forti pour aller parler à fa coufine, il avoit paffé plus outre, commença de remuer les gardes la
nuict & à redoubler les rondes. *Caillat,* complice de la trahifon,
voyant cela & confiderant que l'execution en eftoit rendue fort
difficile & hazardeufe, f'en defcouvrit au capitaine *Buffiere,* enfeigne
de la mefme compagnie dont *Caillat* eftoit fergent, qui luy perfuada de reveler le tout luy-mefme au gouverneur, lequel ne
faillit pas de luy promettre la vie, pourveu qu'il feigniſt d'executer
l'entreprife, & qu'il mandaft à *Maugeron* de venir la nuict fui-

---

1. *Jean de Saint-Marcel d'Avançon,* conseiller au parlement. *Arnaud,* p. 179.
2. *Gabriel de Genton.*
3. *Gières,* village à 6 kil. de Grenoble en amont de l'Isère.

vante, ce qu'il fit. Mais *Maugeron* ne s'y voulant fier, pource que *Genton* ne luy en mandoit rien, au lieu d'approcher se recula, conjecturant par là ce qui en estoit, dont bien luy en print, ayant *la Coche* si bien pourveu à tous affaires & si coyement, que s'il fust arrivé, il eust trouvé un banquet d'autre potage que de ris. Cependant aussi *la Coche* ne faillit de se saisir de *Genton* & de plusieurs autres suspects, dont l'issue fut telle, que *Genton,* ayant confessé le tout, sans estre mis à la question, fut arquebouzé, recognoissant sa faute avec grande repentance. Un autre complice, nommé *Marescales,* soldat, ayant recognu des letres qu'il portoit à *Laboret,* gouverneur de Gapançois, pour avoir de luy quelque nombre de bons soldats qui devoient entrer dans la ville comme cerchans solde, & pareillement un Gascon, laquais de ladite dame *d'Avenson,* ayant avoué qu'il estoit venu faire plusieurs messages, furent pendus & estranglés par les mains d'un pauvre jardinier qui avoit presté sa grange aux complices, lequel s'offrit à faire cest office pour sauver sa vie, s'en estant fuy auparavant l'executeur de la haute justice.

Ceste execution ayant esté entendue par *Maugeron,* encores ne laissa-il de tenter autre moyen, escrivant letres fort gratieuses aux habitans de Grenoble, ausquels ramentevant le bon traittement qu'ils avoient receu du feu sieur de *Maugeron*[1], son pere, gouverneur de Dauphiné en son vivant, l'exemple duquel il promettoit ensuivre, les prioit en somme, comme leur patriote[2], de rendre la ville au Roy sous son gouvernement, dont il avoit bonnes letres, afin qu'il ne fust contraint d'y entrer par force & de l'exposer en proye. Mais il ne fut longuement sans response, luy mandans ceux de Grenoble le peu d'occasion qu'ils avoient d'esperer de luy ce qu'ils avoient cogneu en feu son pere, veu que les playes saignoient encores des horribles cruautés qu'il avoit exercées contre eux un peu auparavant, & contre ses promesses. Et quant à leur ville, qu'elle estoit au Roy & non à autre quelconque, auquel ils la garderoient jusques à la derniere goutte de leur sang contre les perturbateurs du repos public. *Maugeron,* fort despité de ceste response, ayant assemblé toutes ses forces ès montagnes, & notam-

Déloyauté de Maugiron.

---

1. *Guy de Maugiron,* lieutenant général du Dauphiné.
2. *patriote,* vieux français, synonyme de compatriote.

ment à *la Mure,* où eſtoient *Labourel* & *la Cazette,* envoya à la ville de Muns[1], tenue par ceux de la religion, trois gentilshommes, à ſavoir les ſieurs *de Varce, Verdeier* & *de Lorme,* comme pour oſtages, pour capituler avec ceux de la reddition de la ville ; & cependant arrivé au pont de Cugnet[2], ſur la riviere du Drac, gardé ſeulement par ſix ſoldats de la religion dautant qu'on ſe fioit ſur leſdits oſtages, il le força, & par ce moyen entra au pays de Triefves ; & de premiere abordée, tuant ſans aucune diſtinction tous ceux qu'il rencontra, bruſla le village de Rives[3]. Par cela ſe peut juger en quel eſtat ſe trouvoient les trois gentilshommes qu'il avoit envoyés pour oſtages de ſa foy, auſquels toutesfois, comme eſtans gens d'honneur & innocens de la deſloyauté de *Maugeron,* ne fut fait aucun mal, ains pour les garentir de la fureur du peuple ſi juſtement irrité, ils furent renvoyés de nuict en ſeureté, les prians ſeulement de conſiderer contre qui ils faiſoient la guerre & à qui ils faiſoient ſervice.

Grenoble ravitaillée. Malheureuse sortie. Le ſeiziesme de Fevrier, le ſieur *du Jayet,* de la religion Romaine, fut pris en ſa maiſon & amené priſonnier à Grenoble, pour racheter quelques priſonniers detenus à la Buſſiere ; & deux jours après fut la ville envitaillée d'environ ſept cens ſextiers de bled, avec quelques poudres, le tout envoyé de Valence par bateaux, moyennant la diligence de *Galeys,* alors premier Conſul de Grenoble. Mais ce meſme jour, environ vingt chevaux & ſoixante ſoldats, attirés par quelques uns de la garniſon de la Buſſiere venus juſques aux portes de Grenoble, furent chargés & deffaits par une embuſche de ſix vingts chevaux & cinq cens hommes de pied, de ſorte qu'il y en eut pluſieurs morts & d'autres priſonniers, qui furent depuis recouvrés par eſchange.

Maugiron ravage le pays de Triéves. Le vingtieſme dudit mois de Fevrier[4], ceux de la religion qui tenoient la ville de *Mens* en Triefves, ſachans que *Maugeron* & *Suze* venoient vers eux avec artillerie, abandonnerent la ville, dont s'enſuivit le ravage de tout le pays, ayans les ennemis, après

---

1. c'est-à-dire *Mens.* Voy. *supra*, p. 290.
2. *Cognet,* petit village tout près de La Mure et à 41 kil. de Grenoble, formant la clef de Trièves.
3. Voy. *supra.* p. 282.
4. *Arnaud,* p. 180.

s'eſtre jettés dans la ville, ſaccagé tous les villages circonvoiſins, tuans les uns, rançonnans les autres, avec violemens de femmes & de filles & autres enormes cruautés, juſques à bruſler les villages, comme le Perſc, le Villard, Sainƈt Pancrace, Serre, Berthon & les Rives, avec les fauxbourgs de Mens.

Le vingtdeuxieſme du meſme mois, quelques capitaines ſortis hors de Grenoble avec un miniſtre nommé *Marin,* gentilhomme, ne ſe donnans garde des montagnes, furent pris priſonniers & menés à la Buſliere, d'entre leſquels le capitaine *Boquet* & le miniſtre furent un ſoir menés à la riviere, où ils furent de ſang froid aſſommés & jettés en l'eau. *Le ministre Marin et le capitaine Boquet assassinés.*

En ces entrefaites[1], *la Coche* ne dormoit pas, pourvoyant à ce qui eſtoit requis pour le ſiege prochain, faiſant mettre le feu à quelques maiſons de dehors prochaines des murailles, & nommément ès Jacopins, & en la maiſon des heritiers de feu *Davanſon,* ſe ſouvenans du mal qu'ils en avoient receu en l'autre ſiege. Il fit auſſi faire des trenchées par dedans la ville, ès endroits les plus foibles, qui eſtoient la place des Cordeliers, & tout le long du Convent juſques au près de la porte de Treſclauſtre, avec telle diligence qu'ils eſleverent le rempart preſque à la hauteur des murailles. Cela fut cauſe que le dernier jour du mois, les ennemis ayans aſſiegé la ville en nombre d'environ huiƈt mille hommes que de pied que de cheval, avec deux groſſes pieces de baterie, dont le boulet de fonte peſoit environ cinquante livres, & trois belles pieces de campagne, ne dreſſerent leur baterie de ce coſté là, combien que les murailles y fuſſent plus foibles qu'ailleurs, ains auprès des Jacopins, contre la muraille prochaine à la porte Troyne, à l'endroit de la maiſon d'un nommé *Vervin,* ayans eſté advertis par un maſſon nommé *Jean Leyrault,* que pour eſlargir une petite cave de ladite maiſon, on avoit retreſſi le pied de la muraille de cinq ou ſix pieds. Au dedans de la ville il y avoit avec *la Coche* neuf capitaines, & quelques gentilshommes de la religion, avec ſix cens bons ſoldats outre les citoyens, tous reſolus de ſe bien defendre, juſques aux femmes de toutes qualités, portans la terre alaigrement, avec chant des pſeaumes & continuation de prieres par tout. *La Coche renforce les fortifications.*

Troisième siège de la ville.

---

1. *Arnaud,* p. 181.

Commencement de l'attaque.   La baterie commença le Lundi, premier jour de Mars, & dura trois jours & trois nuiêt. Mais outre ce que derriere l'endroit où ils batoient, les afliegés eurent tantoft fait un rempart de terre & de fagots fort efpès, & à la hauteur prefque de la muraille, il fáloit efcheler la brefche pour y parvenir. Nonobftant cefte difficulté, pour n'eftre flanquée la muraille, les ennemis planterent les efchelles, & par trois fois fe prefenterent comme pour venir à l'affaut. Mais ils furent encores plus vivement repouffés, avec grande perte de leurs hommes, & ne furent tués au dedans que le fieur *de Sainêt Mauris*[1], qui fut une grande perte, & cinq foldats.

Crussol délivre la ville.   D'autre cofté, *Curfol,* eftant à Valence, adverti de bonne heure de ce fiege, fit toute diligence de venir au fecours, avec belles & grandes forces de pied & de cheval, & approchoit defià de *Sainêt Quentin*[2], à quatre lieues près de la ville, quand les ennemis, le quatriefme de Mars, ayant fait paffer leur artillerie outre l'Ifere, qui pour lors eftoit fort baffe, deflogerent, tirans vers Lyon, eftans appelés par *Nemours,* qui cuidoit bien furprendre Lyon par l'intelligence qu'il penfoit avoir dedans, comme il a efté dit en l'hiftoire de Lyonnois[3]; joint que les nouvelles de la mort du *Duc de Guyfe* leur firent beaucoup rabatre de leurs menaces & entreprifes. Le fiege donques levé, *Curfol* entra dans Grenoble, le lendemain, cinquiefme dudit mois, avec fes plus apparens capitaines, où il fut receu à grand'joye ; & le lendemain, après avoir vifité la ville & donné ordre à ce qui eftoit neceffaire pour la fortification d'icelle, partit pour f'en retourner en bas.

Prise du château de Viʒille.   Le dixneufiefme dudit mois de Mars, tenans encores les ennemis le chafteau de *Viʒile*[4], à deux lieues de Grenoble, dont ils faifoient plufieurs courfes, le capitaine *Sainêt Ange*[5], frere du fieur *Verfé,* y fut envoyé, qui fit fi bien, qu'au bout de deux jours

---

1. *Claude de Brunel*, seigneur de Saint-Maurice. *Ibid.*

2. *St-Quentin*, village sur l'Isère, entre St-Marcellin et Grenoble.

3. Voy. ci-dessus, p. 240 s.

4. *Viʒille*, bourg à 15 kil. au sud de Grenoble, sur la rive droite de la Romanche. Le château était construit sur un rocher qui sépare la route de Grenoble de la vallée de Vannaveys. Il en reste encore des ruines.

5. *Pierre de Briançon*, seigneur de Saint-Ange, qui remplaça aussi dès lors La Coche, comme commandant de Grenoble. *Arnaud.* p. 182.

le capitaine du chafteau, nommé le *Caporal Batifte,* Italien de nation, qui y avoit efté laiffé pour le capitaine *Maugarny,* ayant compofé à bagues fauves pour foy & deux autres Italiens feulement, laiffa le refte à la merci de l'efpée.

Après la delivrance de *Grenoble,* le vaillant capitaine *Furmeyer*[1], & ceux de *Gap* qu'il avoit toufiours heureufement conduits, deliberés de f'approcher de leur ville, & de tenter tous moyens d'y rentrer, f'y acheminerent, & parvenus au lieu de *Champfor*[2], *Furmeyer* envoya devant *la Buffiere*[3], fon frere, avec deux autres non cognus, dont l'un eftoit nommé *Guyot de Veyne,* & l'autre *David de la Roche,* foldats du tout refolus, qui y firent fi bien, que fe rendans à la porte de *Romette*[4], petite ville clofe, à deux lieues de Gap, & feignans d'eftre envoyés de Gap par le capitaine *Chaudan,* lors y commandant, pour les advertir que ceux de la religion eftoient à Champfor, qu'ils fiffent bonne garde, & que f'ils avoient faute de gens on leur en envoyeroit, f'approcherent fi près du corps de garde qu'ils fe faifirent des armes eftans en ladite porte, dont ils tuerent quelques uns & eftonnerent tellement les autres, qu'ayans pris la fuite, ils laifferent l'entrée à ceux qui les fuivoient de près, f'eftant fauvé le capitaine, nommé *Mongin,* avec fix autres dans le clocher, où ils furent pris le lendemain, & fut le capitaine pendu pour les mefchancetés dont les habitans mefmes fe plaignoient contre luy, ayans efté fes compagnons precipités du haut en bas.

Furmeyer s'empare de Romette.

Tant y a cependant que *Furmeyer,* envoyant toufiours fon infanterie devant foy à la file, qui avoit à paffer une colline pour fe jetter dedans *Romette,* fut en un terrible danger. Car ayans ceux de *Gap* entendu le fon des cloches de Romette, que le capitaine *Mongin* branfloit à toute force pour avoir fecours, ceux de *Gap* ne faillirent de fortir incontinent en grand nombre de gens de pied & de cheval, marchans en bataille. Quoy apercevant *Fur-*

Valeur de Furmeyer.

---

1. Voy. p. 283 et 289 s.

2. *Le Champsaur,* petit pays au nord-est du Gapençais, dans les Hautes-Alpes, traversé par le Drac, qui y prend sa source. Saint-Bonnet et Orsières en sont les principaux endroits.

3. *Buissière.*

4. *Romette,* village à 4 kil. de Gap. Comp. d'Aubigné, *Hist. univ.,* p. 247.

meyer, luy quinziefme, faifant avancer la queue de fon infanterie, fut bien fi hardi que de fe mettre entre deux, & fe recommandant à Dieu, de faire tefte à toute cefte troupe, qui f'efbranla tellement par un fingulier miracle de Dieu, que fe mettans à vau de route, ayant efté commencée la fuite par un Piedmontois nommé le capitaine *André*, *Furmeyer* & ceux qui l'acompagnoient n'eurent autre peine que de frapper deffus, & de tuer jufques aux portes de Gap. Et pource que cefte deffaite eft merveilleufement eftrange & remarquable, j'ay bien voulu ici cotter les noms des capitaines & vaillans foldats qui y firent fi bon & grand devoir, à favoir le capitaine *Sainct Germain*, le capitaine *Champolieu*[1] & fes deux freres, les *d'Yguieres*[2], les deux *Chapans*, *Guyot de Veyne*, *David de la Roche*, *Jean Boutoux*[3] *de Corps*, *Claude du Vallog*[4], & deux appelés les *Parifiens*, de Gap; & ainfi demeurerent ces deux compagnies à Romette, tenans Gap en fujetion jufques à ce qu'ils y rentrerent par l'Edict de pacification.

Trahison découverte. En ces entrefaites fut defcouverte à Valence & à Romans une trahifon dont plufieurs furent mis prifonniers, entre lefquels un nommé *Achilles Chion*, fecretaire de l'Evefque de Valence, & fe feignant eftre de la religion, fut pendu & eftranglé, comme autheur de la trahifon. Et d'autre part, les foldats de la religion Romaine eftans dedans *Mens*, efmeurent une fedition contre leur capitaine, nommé *Bernard*, qu'ils tuerent & pillerent, luy ayans trouvé quinze cens efcus, qu'ils difoient qu'il avoit pillé fans leur en faire part.

Etat du Dauphiné après la paix. Peu après fut fait l'*Edict de pacification*. Mais il eftoit bien malayfé qu'une telle mer & fi efmeue f'appaifaft incontinent, non plus en Dauphiné qu'ailleurs; ayant auffi monftré l'experience que ce n'eftoit point fans caufe que ceux de la religion ne fe vouloient ayfément fier en papier & fon de trompette, combien que toft après ledit fieur *de Boucart*[5], qui avoit toufiours tenu le parti

---

1. *De Thou*, p. 387, l'appelle *Albert Martin Champoleon*. Arnaud : *Martin Aubert*, seigneur de *Champoléon*, et ses deux frères, et ajoute *Gaspard de Saint-Germain la Vilette*. Aussi il nomme ensuite *Guy de Veynes*.
2. *François de Bonne, de Lesdiguières*.
3. Ou *Bontoux*.
4. Arnaud : *Vallouse*, c'est-à-dire *Claude Baron*, sieur de Vallouse. Voy. ci-dessus, p. 289, 305, et plus bas, p. 415.
5. Voy. ci-dessus, p. 180 et 242.

de la religion, leur fuſt envoyé par la *Royne* (comme auſſi au Lyonnois), pour les aſſeurer de l'obſervation de l'Ediƈt. *Maugeron* donques attendit juſques au mois de May, fit publier à *Mens* en Triefves l'Ediƈt de pacification, & par meſme moyen fit demanteler la ville, voyant qu'il ne pouvoit entretenir tant de garniſons ſans fouler le pays, comme il diſoit.

Le vingttroiſieſme de Juillet, le *Baron de Breſſieu,* envoyé par le *Mareſchal de Vieilleville*[1], auquel la charge avoit eſté commiſe pour l'execution de l'Ediƈt tant au Lyonnois qu'au pays plus bas, entra dans *Grenoble,* où il fit publier l'Ediƈt ſolennellement, avec tous ſignes d'eſiouiſſance de part & d'autre ; eſtant enjoint à tous de poſer les armes, & aux eſtrangers de ſortir de la ville dans vingt quatre heures, ſous peine de la hart, eſtans ceux de la religion accommodés par proviſion, pour les ſix mois prochains, des temples de Sainƈte Claire & de la Magdelene, en quittant les autres entierement, à quoy ils obeirent promptement.

Publication de l'édit de pacification à Grenoble.

Le deuxieſme d'Aouſt, ceux de la Cour de Parlement eſtant rentrés, firent derechef publier & enregiſtrer l'Ediƈt en audience & allans par la ville, careſſerent infiniment ceux de la religion, leur promettans beaucoup plus qu'ils ne leur tindrent depuis.

L'onzieſme d'Aouſt, monſieur le *Prince de la Roche-ſur-Yon,* Prince vrayement debonnaire, combien qu'il ne fiſt profeſſion de la religion, fut receu pour gouverneur en chef de Dauphiné ; & le troiſieſme d'Oƈtobre, le *Mareſchal de Vieilleville,* à ſon retour de Provence, ayant paſſé avec neuf compagnies de gendarmerie par Valence & Romans, Montelimart, le Creſt, Sainƈt Marcelin, & autres lieux, pour y faire executer l'Ediƈt, arriva auſſi à *Grenoble,* où il parla benigment à ceux de la religion[2], leur allongeant le

Mesures de pacification de Vieilleville.

---

1. Un des seigneurs les plus distingués de la province. Comp. *Arnaud*, p. 192. De Bressieux devait surtout engager les compagnies de La Coche, Ponnat et Bardonnenche, qui comptaient 200 soldats, à mettre bas les armes. Mais ces capitaines refusèrent, attendu que Grenoble était entouré de troupes catholiques et que les paysans de tous les villages environnants étaient également armés.

2. *Brantôme, Hommes illustres,* 28, p. 495, dit de lui, qu'on l'accusoit de favoriser fort soubs main le party huguenot. « Ceux qui le vouloient excuser, disoient qu'il estoit plus politicq que religieux, et qu'il ne vouloit rien troubler, mais pacifier tout ce qu'il eust peu. »

terme de fortir des fufdits deux temples jufques à ce qu'on leur
euft affigné lieu certain, fuivant l'Edict, & finalement y eftant de 316
retour au mois de Decembre, y fit tenir les Eftats[1]. Puis ayant
defchargé le pays des garnifons & gens de guerre, moyennant vingt mille francs pour leur folde, f'en alla, laiffant
pour Lieutenant general du Roy en Dauphiné,
en l'abfence du fieur *Prince de la Roche-*
fur-Yon, ledit fieur *de Maugeron,*
acompagné d'une garde de cinquante arquebouziers, tant
de cheval, que de
pied, aux def-
pens du
païs.

1. *Arnaud,* l. c.

HISTOIRE
ECCLESIASTIQUE
du reffort & Parlement de Provence.

* *
*

Livre XIII.

Nous avons dit cy deffus en l'hiftoire de Provence[1], que par le moyen & bonne diligence du fieur *Comte de Tande*[2], gouverneur en chef du pays, & du *Comte de Curfol,* commiffaire à ce deputé par le Roy[3], la Provence avoit efté reduite en paifible eftat, ayans efté *Flaffans* & tous fes adherans reprimés, tant par la voye de juftice que par les armes, joint que bonnes garnifons fe trouverent eftablies ès lieux & places neceffaires pour l'entretenement de cefte tranquillité, fous l'obeiffance du Roy avec l'obfervation de l'Edict de Janvier fur le faict de la religion. Mais auffi toft que ce repos commença d'eftre troublé à la Cour par le maffacre de Vaffy, & par ce qui f'en enfuivit, le mal qui fembloit eftre appaifé fut tantoft remis fus en Provence comme ailleurs, & ce par un moyen fort eftrange & tel que f'enfuit.

Etat de la Provence avant la guerre.

1. Vol. I, p. 372 et 893. — Comp. pour les faits rapportés dans ce Livre, le *Discours véritable des guerres et troubles advenus au Pays de Provence, en l'an 1562. A Monseigneur le Comte de Tende.*. N. R. (c'est-à-dire Nicolas Regnault, un soldat protestant qui avait pris part à cette guerre) 1564. *Mém. de Condé,* III, 636 s. — E. *Arnaud, Hist. des Prot. de Provence, du Comtat Venaissin et de la Principauté d'Orange.* Vol. I, Paris 1884.

2. Vol. I, p. 376, 894. *Claude de Savoye,* comte de Tende. *De Thou,* III, 234. *Le Laboureur, Addit. aux Mém. de Castelnau,* II, 14 s.

3. Vol. I, p. 895.

Le comte de Tende chef des religionnaires, son fils Sommerive chef des catholiques.

Le *Comte de Tande*[1], feigneur de fort doux naturel & non ennemi de ceux de la religion, qu'il voyoit notoirement eftre opprimés par violence, avoit un fils de fon premier mariage, portant le titre de fieur *de Sommerive*[2], & de fon fecond mariage[3] une fille[4], mariée au fieur *de Cardé,* de la maifon de *Saluces*[5], & un fils, encores bien jeune gentilhomme, nommé le fieur *de Cipierres*[6]. De ces trois, les deux derniers favorifoient au parti de la religion & fe rendoient plus fujets & aimables audit fieur *Comte de Tande;* de quoy prenant occafion le fieur *de Carces*[7], homme de trefmalin & trefpernitieux efprit, f'il y en a au monde (ce qui a efté finalement l'occafion de la ruine entiere de cefte maifon), fit tant que *Sommerive,* oubliant ce qu'il devoit à fa patrie, à fon pere, & aux fiens, fe fit chef du parti contraire.

Cela donques eftant ainfi comploté, ceux de *Guyfe,* ne faifans non plus de difficulté d'armer le fils contre le pere, que de toute autre chofe, ne faillirent de luy efcrire & à tous ceux qui l'avoient embarqué, qu'ils fe tinffent prefts pour executer ce qui leur feroit commandé. Cela ne fut pas plus toft entendu par eux, que *Flaffans* & toute cefte troupe de condamnés, avec tous ceux qui efperoient en mieux valoir, en ayans efté advertis, autres letres arriverent à *Tande,* par lefquelles il luy eftoit commandé de caffer les garnifons auparavant eftablies, comme dit a efté[8]. Ce qu'il fit, ordonnant toutesfois cent chevaux à *Mouvans,* pour empefcher qu'aucun trouble furvinft au païs.

Cela executé fur la fin du mois d'Avril 1562, voici venir autres letres, tant patentes que particulieres, par lefquelles *Sommerive* eftoit ordonné gouverneur & lieutenant general pour le Roy en l'abfence de fon pere, *Flaffans* & fes compagnons reftitués & remis en leur entier, avec commiffions de lever gens de pied & de

1. *(Goulard) Hist. des choses mémor.*, p. 270.
2. *Honoré de Savoye*, comte de Sommerive.
3. Avec *Françoise de Foix*, qui était protestante.
4. *Anne de Savoye.*
5. *Jacques de Saluces de Miolans*, sieur de Cardé. (Comp. vol. I, p. 900.)
6. *René de Cipierre*, né en 1547.
7. Chef de la maison de Pontevez, frère de Flassans de Pontevès, gouverneur d'Aix. (Vol. I, p. 894 et ce vol. ci-dessus, p. 260.)
8. Vol. I, p. 901.

du Parlement de Provence. Livre XIII.

cheval, en vertu de ces letres ; au lieu des garnisons cassées auparavant, *Sommerive* mit ceux qu'il luy pleust ès villes d'Aix, Marseille, & autres villes de toute la basse Provence, de sorte que tout le païs fut incontinent en armes contre ceux de la religion, se trouvans surpris & enveloppés de toutes parts dès l'entrée du mois de May [1].

De là en avant s'ensuivirent incontinent infinis & incroyables desordres, n'y ayant espece de cruauté plus que barbare & inhumaine qui n'y ait esté executée, comme cy après sera deduit par le menu. Estans donques les pauvres gens reduits à ceste extremité, s'espandirent par le païs en la plus grande misere qu'il est possible de penser, se retirans au mieux qu'ils pouvoient à la coste de Cabrieres, Merindol, Cadenet [2], Cisteron, Ries [3], & autres pays de Provence delà la Durance [4]. *Tande,* voyant cela à son grand regret, vint à *Manosque* [5], faisant prendre les armes tant aux fugitifs qu'à ceux du pays, & les pourvoyant de bons & vaillans chefs, entre lesquels il fit *Cardet,* son gendre, colonnel de l'infanterie, *Cipierre,* son autre fils, colonnel de la cavalerie, fit de sorte que toutes les villes de ce costé là demeurerent sous son gouvernement & obeissance, fors la ville de *Pertuys* [6], assise au bord de la Durance, qui favorisoit à *Sommerive,* pour luy donner passage au pays de delà. Cela fut cause qu'elle fut assiegée dixhuit jours durans, pendant lesquels *Tande,* voyant qu'en toute ceste coste là n'y avoit ville ni village de grande resistence se tenant à

Situation pénible des protestants.

Tende se concentre à Manosque et à Sisteron.

---

1. Perussis, Discours des guerres de Venayscin et de la Provence. (Cimber et Danjou, IV, p. 432.) Lambert, Hist. des guerres de religion en Provence, I, p. 140.

2. *Cadenet,* petite ville (dép. de Vaucluse), à 19 kil. d'Apt, sur la rive droite de la Durance.

3. *Riez* (Basses-Alpes), à 47 kil. au sud de Digne.

4. *Lambert,* l. c., p. 147.

5. *Manosque,* petite ville (Basses-Alpes), à 18 kil. au sud de Forcalquier.

6. *Pertuis,* petite ville du département de Vaucluse, au sud de Manosque, à 30 kil. d'Apt. — Perussis, l. c., p. 433 : Les adversaires (huguenots) marcherent à Pertuys et l'assiegerent ; et de là se vindrent joindre les forces de leur capitaine Mouvans et autres .. et s'y treuverent campés environ 4000 hommes à pié et 500 chevaulx, en bon equipage ; et ne l'ayant peu prendre de prime arrivée, firent mil maux à la campaigne.

Manosque, à cinq lieues de Pertuys, fit retirer à Cisteron[1] tous ceux qu'il pouvoit. Cela fait & les assiegeans estans prests d'assaillir *Pertuys* par une mine qu'ils avoient achevée, pour n'avoir autre moyen de batre la ville par faute d'artillerie, *Tande,* se persuadant que jamais son fils n'auroit le cœur de le poursuivre de plus près, & cuidant espargner le sang, fit lever le siege; en quoy il se trouva grandement deceu. Car *Sommerive,* ayant recueilli ses forces, vint passer la Durance au pont d'Orgon[2], le vingtiesme de May, non sans grande difficulté toutesfois, & n'eust esté que *Fabrice,* Gouverneur d'Avignon pour le Pape, le vint favoriser à *Cavaillon*[3], à grand peine eust il passé.

Tande, d'autre costé, sur cela fit acheminer son camp vers *Manosque,* où fut mis le capitaine *Coloux* avec cent soldats & bonnes munitions de vivres; & vers *Cisteron,* pour estre une des clefs de Provence & ville assés forte de situation, estans envoyés *Cipierre* & *Mouvans* par *Merindol* vers *des Adrets,* en Dauphiné, pour avoir secours[4].

---

1. *Sisteron* (Basses-Alpes), au confluent du Buech avec la Durance, fermant le passage entre le Dauphiné et la Provence (à 40 kil. de Digne).

2. *Orgon* (Bouches-du-Rhône), petite ville sur la rive gauche de la Durance, au pied d'un château, sur le penchant d'une colline qui ne laisse entre elle et la Durance qu'une lisière pour la route. — *Perussis,* p. 434 : Cependant... le comte de Sommerive faisoit tout son possible pour faire passer son camp deçà la Durance, pour aller batre l'ennemy audict siege de Pertuys; mais ne luy fut jamais possible, à cause que tous les pontz avoient estez rompus par lesdicts adversaires, horsmis celuy d'Orgon, et ne s'en pouvoient dresser d'aultres, à cause de la grosseur et impetuosité de la Durence, qui alors estoit tout à coup pour desborder... Le 20 de may, mondict seigneur (de Sommerive) et tout le camp passa ledict pont d'Orgon, et se campa au bort de la riviere, en ung beau lieu et fort de sa nature, et prez de la cité de Cavaillon.

3. *Cavaillon* (Vaucluse), à 25 kil. d'Avignon, sur la rive droite de la Durance.

4. *Perussis,* p. 437 : Ayant veu les adversaires de Provence qu'ilz travailloient en vain au siege de Pertuys... le camp laissa le siege de Pertuys, et de lieu en aultre prindrent le chemin droict à Sesteron, pour estre une des clefz de la Provence, en deliberation de s'y retirer trestous et demeurer en force et seureté, y aiant amenées la pluspart de leurs richesses et beaucoup de biens et meubles des eglises pillées, et le tenir jusques à toute derniere extremité. De Pertuys, leur camp passa à la tour d'Eigues (Tour d'Aigues, à

Sommerive, d'autre cofté, planta fon camp près de *Cavaillon*, duquel lieu fe firent quelques forties fur ceux de *Merindol*, à l'avantage maintenant des uns, maintenant des autres, & de là, à la requefte de *Fabrice* & de *Suze*, entreprint fur la ville d'Orenge, qui fut miferablement faccagée, comme il a efté dit en l'hiftoire de Dauphiné [1]. Ce fait, il f'en vint à Manofque, qui luy fut quittée fort mal à propos par *Coloux,* auquel lieu, ayant recueilli toutes les forces qu'il peut & cottifé les fougages (qui font hommes que chacune des communes doit fournir aux neceffités de la guerre) à trois hommes pour un, fit monftre de cinquante enfeignes de gens de pied, & de quelque nombre de cavalerie.

Tande cependant, ne doutant plus que *Sommerive,* fon fils, ne deliberaft d'affaillir Cifteron, la faifoit fortifier & mettre en defenfe, & finalement, y ayant laiffé unze compagnies, avec les femmes & enfans des pauvres fugitifs, qu'il effaya d'accommoder le mieux qu'il peut fous la conduite du fieur *de Beaujeu,* fon nepveu [2], gentilhomme de Bourgongne, ancien & vaillant guerrier, fe retira, le dernier de Juin, en une petite ville de huict ou dix lieues, tirant vers Barfelonne & autres terres du *Duc de Savoye;* laquelle feule vallée luy reftoit au pays de Provence, pour accommoder Sifteron des vivres qu'il en pouvoit tirer, afin auffi qu'elle fervift de retraitte en cas de neceffité, & qu'il peuft par ce moyen recueillir le fecours qu'il attendoit.

20 kil. d'Apt), une place amene et forte, de celles de Mgr. de Cental, où il y ha ung superbe, riche et fort chasteau... De là ils lougerent à la ville de Manoasque, et puis au lieu de Peirves (Peyruis, village à 22 kil. de Forcalquier), sur le rivage de Durence, place de M. de Faucon, et où il ha un fort et beau chasteau... ensemble un aultre.. qui est chasteau Arnoux.. Ilz passerent aussi par beaucoup d'aultres lieux, où ils rompirent toutes les eglises et firent des maux innumerables... A leur passage et après le passé de leur camp, ilz rompirent tous les chemins et pontz... S'estans aperceu mondict seigneur le comte de Sommerive de la soubdaine, honteuse et inopinée retraicte des adversaires, delibera de les suyvre; et voulant faire marcher son camp droict ez lieux de Merindol, Lauris et Pertuys, fut mondict seigneur requis et prié par monseigneur Fabrice de vouloir lors executer l'entreprinse d'Orange, pour la purger et chastier...

1. Voy. *supra*, p. 259 s.

2. *Beaujeu* était fils d'une des trois sœurs du comte de Tende. *De Thou*, III, 238.

Situation de la ville.

Ces chofes ainfi appreftées de part & d'autre, *Sommerive* arrivé à trois lieues de Cifteron, en un village appelé *Lux*[1], affis fur une montagne, entre laquelle eft la riviere de la Durance & le grand chemin, force luy fut de f'arrefter. Mais la lafcheté d'un nommé *Chafteauneuf*, furnommé *Nés de velours,* auquel la garde en avoit efté commife, luy donna paffage, tellement que le quatriefme de Juillet il fe campa au village de *Caftel Arnoux*[2], au bord de la Durance, où il fut jufques au dixiefme du mois deliberant des moyens plus aifés d'affieger *Cifteron*[3], ce qui luy eftoit malaifé pour la fituation de la ville coftoyée de deux rivieres, à favoir de la Durance, du cofté du levant, & de celle de Buech[4], du cofté de la Tramontane, & fituée contre un petit couftau clos des murailles d'icelle, entre deux grandes montagnes, l'une appelée le Molard,

---

1. *Lurs,* village sur la Durance (Basses-Alpes), à 12 kil. à l'est de Forcalquier. *Perussis,* p. 455 : Ayant le camp de monseigneur de Sommerive faict tout le possible pour s'approcher de Sesteron, chose qui fut fort difficile à cause des rampars, empechement des pons et chemins rompus par les adversaires, les embuches par eulx mises au lieux plus fors et difficiles, comme au lieu du Lux, l'abbaye de Gannagobye (à 18 kil. de Forcalquier) et aultres fors, où partout lesdictz adversaires receurent perte de leurs gens.

2. *Château-Arnoux,* vis-à-vis de Volonne, à 16 kil. de Sisteron.

3. *Perussis,* l. c. : Enfin le diziesme jour de juillet, les nostres camperent près ledict Sesteron, du cousté du midy et près de l'observance demollie, où nostre artillerie fut braquée. — *Lambert, Hist. des guerres de religion en Provence,* p. 165 : Il (Sommerive) établit une batterie de deux couleuvrines et de deux canons au milieu des ruines de la chapelle des Cordeliers, à une portée d'arquebuse des murailles ; il en éleva ensuite une deuxième de deux canons, du côté opposé, sur le chemin du *Seignavous,* et occupa un poste fortifié sur la montagne du Molard, qui lui permettait d'observer les mouvemens des assiégés dans l'intérieur de la ville. Son camp était assis dans la plaine qui s'étend vers Puinin, et se composait de 50 compagnies d'infanterie, sous les ordres de Carcès, et de 7 cornettes de cavalerie, commandées par Flassans, Quiqueran-Ventabren, Castellane la Verdière, le baron Villeneuve des Arcs, les commandeurs Glandevès de Cujès, de Salerne, Castellane et le prévôt d'Aix. L'armée comptait dans ses rangs des membres des principales familles de la Provence.

4. Le *Buech* prend sa source au pied de la Croix-Haute (*supra,* p. 274, note, et p. 277, note), dans les montagnes du département de la Drôme, à 24 kil. de Die ; après un cours d'environ 25 kil., il se jette dans la Durance, sous les murs de Sisteron. Comp. *Lambert, Hist. des guerres de religion en Provence,* I, p. 164.

& l'autre appelée la Bauline, paffant entre icelles la Durance contre les murailles de la ville, auquel couftau enfemble la courtine des murailles qui le circuiffent on peut le batre de plufieurs & divers endroits, & mefmes d'une plate campagne fur la riviere de la Durance de la longueur de demie lieue, depuis les murailles de la ville, tirant vers ledit *Caftel Arnoux* & la baffe Provence.

321 Mais cefte baterie par courtine ne peut empefcher la defenfe au contraire, qu'en braquant l'artillerie fur deux autres petis couftaux hors des murailles, lefquels couftaux font contre la montagne du Moulart, appelés l'un Sainct Jean, & l'autre Sainct Brançon, defquels l'on peut batre & faire brefche à fleur de terre aufdites murailles, & ainfi batre une partie de la courtine des murailles, contre lefquelles on peut faire baterie de ladite plate campagne, tellement que pour bien affieger Cifteron, il faut avoir ces deux couftaux, & pour y venir paffer entre les murailles & la montagne du Moulart. Au delà de la Durance, il y a un petit bourg clos contre la montagne de la Baume, appelé femblablement le bourg de la Baume[1], duquel on va par un pont de pierre, lequel bourg eftoit gardé par ceux de ladite ville; & encores une vieille & ruineufe tour au faifte de cefte montagne de la Baume, commandant à toute la ville, à laquelle neantmoins on ne peut venir que du cofté de ladite campagne, fans circuir ladite montagne de la Baume, qui eft de grande eftendue, & le circuit de laquelle eft par pays & chemins fi difficiles qu'on n'y fauroit paffer artillerie.

Sommerive donques, après toutes deliberations, refolut de conduire tout fon camp du long de la riviere, & de camper pour le premier coup à la campagne, efperant que ceux de la ville n'attendroient point le canon; en intention toutesfois, f'il en advenoit autrement, de paffer outre la Durance pour gagner le bourg de *la Baume*. Ce qui luy faifoit efperer d'avoir la ville par compofition, eftoit que les defenfes d'icelle n'eftoient que de petites & fimples tours, fans aucuns baftions, & n'avoient par dedans les affiegés qu'un petit carreau au haut du clocher du grand temple, qui leur fervoit de plate forme; joint que pour

Les habitants décidés à la résistance.

---

1. Le village de *La Baume* forme un faubourg de Sisteron, dont il n'est séparé que par la Durance, que l'on traverse sur le pont dont parle le texte.

toutes pieces ils n'avoient que dix ou douze petits mousquets. Et si estoit bien adverti *Sommerive,* que les vivres ne leur pouvoient pas beaucoup durer, ayant esté la ville surchargée de grand nombre de fugitifs avec leurs femmes & enfans, sans avoir eu loisir ni moyen de se renvitailler pour long temps. Mais le bon courage des habitans & le peu ou point d'esperance qu'avoient les fugitifs de recevoir aucun bon traittement de leurs ennemis si cruels & inhumains, avec l'asseurance que *Tande* leur avoit donnée, de ne partir jamais d'auprès d'eux, & de les ayder de sa personne, de ses biens, nom, authorité & faveur jusques à toute extremité, les firent resoudre de se defendre moyennant l'ayde de Dieu & la bonne diligence de *Beaujeu,* leur gouverneur, jusques à la derniere goutte de leur sang[1]. En cela aussi les asseura grandement la venue du capitaine *Furmeyer,* gentilhomme de Dauphiné[2], avec trois cens bons hommes & bien deliberés.

Le capitaine Bouquenègre pris et pendu.

Suivant donc ceste resolution, *Sommerive,* le septiesme du dit mois, envoya, pour recognoistre toutes choses, le Capitaine *Bouque Negre,* vieil & vaillant soldat, mais au reste aussi meschant & detestable en toute sa vie comme sa naissance le portoit, estant né en paillardise d'un prestre & d'une nonnain. Cestui-ci, après avoir fait son exploit, se rafraischissant en un petit village appelé *Chasteauneuf*[3], fut pris prisonnier avec deux soldats Corses & un sien valet, la femme duquel il entretenoit, & peu après convaincu d'infinis meurtres & violemens, fut pendu & estranglé en la place publique par les propres mains de sondit valet, mourant tout ainsi qu'il avoit vescu[4].

1. *Lambert,* p. 165 : Les capitaines qui commandaient ses troupes étaient tous des hommes ayant déjà fait la guerre et rompus au métier des armes ; c'étaient : Balthasar Gérente, baron de Sénas, Villeneuve d'Espinouse, les frères du Bar et de Malijaï, de la maison de Foix, Merbes, Montclar, Séguiran, de la Marck Tripoli, auxquels venait de se joindre Raimbaud-Furmeyer.

2. Voy. ci-dessus, p. 257.

3. *Châteauneuf-Val-St-Donat*, village à 16 kil. de Sisteron. Le *Discours de Regnault, Mém. de Condé,* p. 644, rapporte que *Bouque-nègre* fut surpris par le capitaine *Pélissier (Pelissari, de Thou)*, dans un village appelé *Biquoc. Sommerive,* par mesure de revanche, fit immédiatement pendre à Tarascon le capitaine *La Coste,* le jeune (commandant militaire d'Orange pendant le siége de cette ville, *Lambert,* p. 169, note), qui avait été pris dans la citadelle d'Orange. — Comp. *Perussis,* p. 456.

4. *De Thou,* III, 239.

Le dixiefme dudit mois, *Sommerive,* partant de *Caftel Arnoux*[1], *Sommerive prend pied devant la ville.* vint fans refiftence à demie lieue près de la ville, où il trouva les chemins rompus, & deux compagnies de la ville en garde, pour empefcher le paffage de l'artillerie. Mais cela fut tantoft forcé, fe retirant l'une de ces compagnies, compofée de gens de Cabrieres & Merindol, lefquels duits à jetter pierres avec leurs fondes[2], gagnerent le haut de quelques couftaux; l'autre gagna le grand chemin tirant à la ville, laquelle ils mirent en grand danger, eftans pourfuivis des ennemis, qui fuffent entrés pefle mefle, n'euft efté que le gros qui les fuivoit fut employé fur le champ à preparer les chemins pour paffer l'artillerie, de peur d'en perdre l'occafion. Cependant ceux qui avoient gagné les couftaux rentrerent d'un autre cofté dans la ville, par la porte de Dauphiné, ayans fait un circuit de deux lieues[3].

Par ainfi, *Sommerive* ayant fait reparer les chemins en peu de temps, fe vint planter fur le midi jufques aux ruines du temple des Cordeliers[4], un peu plus loing de la ville que la portée d'une arquebouze. En ce mefme endroit furent braquées deux coulevrines & deux moyennes; & en un chemin contre la montagne du Moulart, qui defcouvroit le dedans de la ville, deux autres moyennes, avec un corps de garde au plus haut de la montagne. *Les batteries commencent à donner.*

Beaujeu, d'autre cofté, par le dedans, ayant fait renger un chacun en fon quartier, ayant commandé que fans ceffe on fift prieres publiques à Dieu, logea deux moufquets fur le carreau du temple, contre lequel d'autre part fe dreffa la premiere baterie, depuis les deux heures après midi jufques à la nuict, de forte que le carreau fut finalement abatu. Le lendemain, unziefme dudit

---

1. *Château-Arnoux,* voy. ci-dessus, p. 320.
2. *fonde, funda,* provençal : *fonda,* usité au 16ᵉ siècle au lieu de *fronde.*
3. *Discours de Regnault, Mém. de Condé,* p. 645 : Le vendredi, 10 de juillet, ils mettent le siege devant Cisteron, où il fut combatu par deux ou trois heures, à l'endroit du Pont de Jabron; toutesfois voyans les nostres que la retirade estoit longue, et que l'ennemy les chargeoit de si près, ils se retirerent à la ville; toutesfois il y demeura bien trente des nostres, ou morts, ou prisonniers, s'estans voulu sauver par la plaine.
4. *Perussis,* p. 455 : Le dizième jour de juillet, les nostres camperent près Sesteron, du cousté du midy et près de l'observance demollie, où nostre artillerie fut braquée.

mois, une autre baterie eſtant dreſſée contre un pan d'une vieille muraille pourrie & nullement flanquée, du coſté de la Durance, près d'une porte appelée Porte Sauve[1], après quelques volées de canon il fit ſommer la ville, offrant aux aſſiegés de leur permettre la retraitte hors de Provence, avec vies & bagues ſauves. La reſponſe de *Beaujeu* fut, que l'ayant receue en garde pour le Roy du ſieur *Comte de Tande,* ſon pere, gouverneur du pays, il la garderoit, juſques à la mort; & que ce n'eſtoit pas la façon de ſommer les villes, après les avoir batues un jour. La baterie donc continua ſans intervalle, juſques à faire breſche d'environ cent pas. Mais ſi la furie des aſſaillans eſtoit grande, la conſtance eſtoit incroyable de ceux de dedans à remparer & ſe preſenter à tous dangers, juſques aux femmes & petis enfans; & ſe pouvoit là remarquer une merveilleuſe difference entre les uns & les autres. Car ceux de dedans n'avoient que pſeaumes & cantiques en leur bouche, apportans, trainans & charrians tout ce qui eſtoit requis; & ceux de dehors, au contraire, crians du deſſus de la montagne du Moulart, dont ils voyoient toute la ville, leur diſoient mille ordures & vilenies, demandans aux uns des fugitifs où eſtoient leurs femmes qu'ils avoient violées, & monſtrans aux autres leurs pauvres femmes qu'ils avoient trainées avec eux en leur camp, & convians les habitans de leur appreſter leurs licts & leurs couches. Car de faict ils ſe tenoient tant aſſeurés de ſouper dans la ville, qu'ayans ſerré tout leur bagage, ſans avoir autrement recognu la breſche, ils vindrent la teſte baiſſée juſques à trois aſſauts, l'un

Sommerive fait ſommer la ville.

Eſprit reſpectif des aſſiégés et des aſſiégeants.

Premiers aſſauts.

---

1. *Discours de Regnault*, l. c.: Puis le ſoir que l'artillerie fut arrivée, l'ennemy fit ſes approches, et commença la batterie à la diane, du coſté de la Durance, en un coin de la ville devers le ſoleil levant; tellement que par leur diligence la breſche fut faicte environ deux heures après midy, et lors ils mirent leur camp en trois ou quatre bataillons, pour venir à l'aſſaut. Ce que voyant le Seigneur de Beaujeu et autres capitaines de la ville de Ciſteron, ils ſe mettent en devoir de ſe defendre... L'ennemy fut repouſſé, et ne revint à la breſche de quinze jours. — *Peruſſis,* l. c.: Le hunzieme, la batterie fut faicte, enſemble une fort mal ayſée breche, s'eſtant rencontrée au plus fort lieu des murailles et où il y avoit des caves par où il falloit monter, deſcendre et puis remonter... Les aſſaillans donnerent à l'aſſaut, montant les uns ſur les aultres, tuant beaucoup de defenſeurs adverſaires. Mais il fut adviſé par Mgr. de Sommerive et M. de Carces de les faire retirer pour cette heure... n'eſtant auſſy la breche raiſonnable.

après l'autre. Mais ils furent fouftenus avec tel courage & fi bon ordre, que les affaillans n'y gagnerent que des coups, en quoy fe monftrerent merveilleufement courageufes les femmes, rafraifchiffans les unes de pain & de vin à toutes heures les combatans, & retirans les bleffés avec extreme diligence & fans aucune crainte ; les autres faifans des balles qu'elles fourniffoient à ceux qui tiroient; les autres avec les enfans & autres perfonnes inhabiles aux armes, eftans arrengées par les rues & combatans avec prieres, les mains tendues au ciel, comme auffi *Beaujeu, Furmeyer, Mellejay* [1], & autres Capitaines firent un merveilleux devoir.

Mais il cuida avenir un grand inconvenient à une des portes de la ville, y ayant efté femé un bruit que la brefche eftoit forcée, ce qui cuida eftre caufe à ceux qui gardoient cefte porte de l'ouvrir pour fe fauver. Mais il y fut pourveu par le Capitaine *Talon*, fergent major; lequel, ainfi qu'il alloit de lieu en lieu pour efchanger les foldats où la neceffité le requeroit, fit auffi toft courir un bruit tout au contraire, à favoir que *Carces* & *Flaffans* eftoient morts à l'affaut; ce qui raffeura les plus effrayés. Ces affauts durerent depuis les trois heures après midi jufques à la nuiét clofe, durant laquelle ceux de dedans travaillerent tellement à remparer la brefche, qu'elle fe trouva le lendemain en bonne defenfe.

Le courage des assiégés remonte.
La brèche réparée.

Sommerive voyant cela le lendemain, douziefme dudit mois [de juillet], effaya de faire par rufe ce qu'il n'avoit peu obtenir de force, faifant femblant de fe lever pour aller au devant du fecours que leur amenoient *Soreze* [2], fils du fieur *de Senas*, & *Mouvans*,

Peu de succès de Sommerive.

---

1. *Henri de Grasse*, seigneur de Malijaï ou Mallegeai (*Regnault*, p. 647), frère cadet de Du Bar (p. 320), de la maison de Foix par sa mère. *France prot.*, V, 353. *Lambert*, p. 166, qui énumère les capitaines commandant les troupes des deux côtés, p. 165 s.

2. D'accord avec notre texte, la *France prot.*, V, 254, dit que *Balthazar de Gérente*, baron de Sénas, un des principaux chefs des Protestants dans la Provence, eut pour fils aîné Balthazar, sieur de Sorrèze, qui se signala en plusieurs rencontres dans la première guerre civile, et fut tué, en 1567, devant Saint-Marcel-d'Ardèche. — *Gaspard Laurens*, dans une note de l'*Hist. de De Thou*, III, 237, dit que c'est à tort qu'il est parlé de Soreze et de Cipierre, comme de deux personnes. « Ce Cipierre, qui favorisoit les Protestants en 1562, est ce même Soreze que j'ai vu très-souvent à Cisteron. Il

esperant que ceux de dedans seroient plus negligens à garder la bresche, ou mesmes sortiroient pour favoriser ce secours. Mais pour cela rien ne remua dans la ville; & ne faut douter que si *Sommerive,* au lieu de chercher ceste ruse, eust poursuivi de batre & d'assaillir, il eust beaucoup plus gagné, dautant qu'au dernier des trois assauts du jour precedent il n'estoit demeuré qu'environ vingts livres de poudre dans la ville; ce qui fut toutesfois tellement conduit par *Beaujeu,* que ni les soldats ni les Capitaines n'en sceurent jamais rien. Les jours suivans tout ce que fit *Sommerive* fut de faire semblant d'assaillir la bresche & de tirer à coup perdu dans la ville, dont il abatit plusieurs maisons, mais à grand'peine blessa-il une seule personne.

Sorèze et Mouvans amènent du secours à la ville.

Voyant donc cela & entendant que *Sorèze* & *Mouvans* venoient au secours de la ville avec deux mille bons hommes, il fit passer la moitié de son camp du costé de Dauphiné, & au delà de la riviere de Buech[1], pour les empescher, où il se tint jusques au dixhuictiesme dudit mois, qu'il quitta la place à *Sorèze,* qui eut par ce moyen la campagne & le chemin libre du costé de Dauphiné, ne demeurant la ville par ce moyen assiegée que d'un costé. Ce mesme jour, environ dix heures de nuict, trois cens hommes sortis de la ville ayans failli d'enlever l'artillerie, donnerent sur le corps de garde qui estoit au haut de la montagne du Moulart, lequel ils rompirent. Le lendemain au matin se firent quelques escarmouches jusques à huict heures, & lors chacun se retira.

estoit fils du Comte de Tende, Gouverneur de Provence (voy. ci-dessus, p. 318, note 4). Après la mort de son père, il prit le nom de Cipierre... nommé tantôt Soreze, tantôt Cipierre, il suivit ouvertement le parti et la religion des Protestans. Il défendit dans la suite, en 1567, la ville de Sisteron, plus heureusement que d'autres ne l'avoient fait en 1562. Enfin, il fut indignement massacré, à la faveur de cette fameuse paix de 1568. » (*De Thou,* IV, p. 134.) — *René de Cipierre* n'étant né qu'en 1547, il est plus probable que la donnée de notre texte soit juste. L'erreur de l'annotateur de *De Thou* s'explique peut-être par la notice fournie par la *France prot.,* IX, 204 : S'il faut en croire les *Pièces fugitives d'Aubaïs,* René de Cipierre avait été destiné à l'état ecclésiastique, et avait même été pourvu de l'abbaye de Sorrèze.

1. *Buech,* voy. p. 320, note 4. — *Lambert,* p. 167 : Sommerive passa le Buech, mais il fut mal renseigné sur la route qu'il suivait, et pendant qu'il s'égarait dans les vallées des Alpes, les troupes dauphinoises entrèrent, le 18 juillet, dans Sisteron.

Le vingt & deuxiefme, *Soreʒe* f'eftant venu camper de l'autre cofté de la Durance, près du bourg de la Baume, *Sommerive* changeant fon artillerie, tafcha d'abatre le pont par lequel on alloit de la ville audit bourg de la Baume, afin de luy ofter le paffage. Mais ce fut en vain ; & lors luy fut offerte la bataille, laquelle il refufa, ufant de part & d'autre de telle animofité, qu'il n'en refchappoit pas un de ceux qui eftoient faits prifonniers.

Finalement, le vingthuiƈtiefme dudit mois, en la nuiƈt, *Sommerive* voyant qu'il ne gagneroit plus rien en ce lieu, & craignant que *des Adrets*, après la viƈtoire de Vaureas, f'en vinft droit à luy, leva fon camp le plus coyement qu'il peut, & paffant la Durance au village de *Voulongne*[1], fe faifit d'une petite place & maifon d'un Prieur appelé l'*Efcalle*[2], là où laiffant garnifon, il fe campa en une rafe & plate campagne fituée entre la Prieuré & le village *des Mees*[3], à trois lieues de Cifteron, entournée d'une montagne d'un cofté, & de l'autre part tant de la Durance que d'une autre petite riviere entrant en icelle. Et quant au cofté par où il eftoit entré & qui eftoit tout ouvert, il y fit trois grandes & profondes tranchées, eftant ainfi dans ce grand & fpatieux enclos, garni de plufieurs bons fruiƈts & autres rafraifchiffemens, comme dans une grande forterefte, avec la commodité du grand chemin par lequel on defcent en la baffe Provence, dont il eftoit renvitaillé.

Sommerive change de position.

D'autre cofté, toutes les forces qui eftoient dans la ville avec le fecours qui leur eftoit venu, fortis fous la conduite de *Cardet*, gendre de *Tande,* vindrent droit à ce Prieuré[4] ; duquel lieu ayans la garnifon, & par ce moyen fait ouverture jufques aux trenchées

Cardet réunit toutes les forces proteftantes.

1. *Volonne*, village à 12 kil. de Sisteron, près de la Durance.

2. *L'Escale,* village sur la Durance, à 19 kil. de Sisteron, non loin de Volonne.

3. *Les Mées*, ancienne petite ville, à 27 kil. de Digne et à peu près à la même distance de Sisteron, située au pied d'une montagne sur le versant de laquelle s'élèvent les rochers de Mées, une longue suite de rochers de forme conique et aigus, aux bords de la Durance.

4. *Regnault*, p. 646 : Entendant le Seigneur de Mauvans que l'ennemy passoit la riviere, fit revirer bride, pour aller passer du costé du pont vers Cisteron, et vint dresser son camp où estoit l'ennemy, si bien que les sentinelles de tous les deux camps se voyoyent.

de *Sommerive,* ils y dresserent leur camp, auquel estoient *Soreze, Beaujeu, Senas, Mouvans, Du Bar*[1], *Malejay,* & autres gentilshommes & anciens guerriers Provençaux, ayans vingtneuf enseignes d'infanterie & quatre cornettes de cavalerie, qu'ils esperoient bien tost devoir estre renforcées ; comme de faiét, le dernier du mois [de juillet], *Ponat*[2], envoyé par *des Adrets,* y arriva avec neuf enseignes de gens de pied du Dauphiné, & quelque cavalerie, de toutes lesquelles forces estoit chef general ledit sieur de *Cardet.*

Heureux exploit de Mouvans. Là se firent plusieurs escarmouches, soir & matin, ès trenchées du camp de *Sommerive* pour l'attirer à la bataille, jusques à ce que le deuxiesme d'Aoust, *Mouvans,* accompagné de quelque infanterie, s'en alla de plein saut donner au corps de garde des trenchées, là où estant recognu & aussi soudain enveloppé, il fut chargé entre autres par *la Verdiere,* l'un des plus vaillans & meilleurs Capitaines qu'eust *Sommerive,* cuidant bien l'avoir attrappé[3].

1. **Claude de Grasse,** sieur Du Bar, d'une noble famille de Provence, de la maison de Foix par sa mère, Marthe de Foix, frère aîné de Henri de Malijaï (p. 324), paraît avoir abjuré à la Saint-Barthélemy, devint gouverneur d'Antibes, et fut tué en 1578. *France prot.,* V, 353.

2. Voy. ci-dessus, p. 279. — *Regnault,* l. c.. Deux jours après, voici arriver le Sgr. De Ponart (*sic*), avec mille ou douze cens hommes et trois cens chevaux ou environ.

3. *Regnault, ibid.*: Cependant au camp de l'ennemy arriverent quelques damoiselles.. lesquelles furent receuillies des capitaines du camp en grande pompe et liesse. Entre autres, le Sgr. de La Verdiere dit qu'il vouloit pour l'amour des dames dresser l'escarmouche contre M. de Mauvans ; ce qu'il fit. Mais le Sgr. de Mauvans, entendant le bruit, monte à cheval, ensemble le Sgr. du Bar et autres qui les suyvoyent, et vont trouver lesdicts assaillans, lesquels (après) s'estre rencontrez, se saluerent à coups de pistoletades. Mais La Verdiere recognoissant le Sgr. Du Bar, commence à crier : au Bar, au Bar. Toutesfois Le Bar fut secondé par le Sgr. de Mauvans, et lors La Verdière courut sur Mauvans, et Mauvans le blesse d'une pistoletade, puis Le Bar le poursuivant, de son coustelas le tue... Cependant l'escarmouche duroit tousjours, et Mauvans se retira blessé d'une harquebouzade à une jambe, et se fit porter à Cisteron, pour estre mieux en repos. — *Perussis,* p. 461 : Estant nostre camp audict lieu de Les Mées... ne se pouvoit tenir Mauvans de les y venir molester.. dont mal luy en advint ; car ung jour il fut blessé d'une pistoletade lachée par le capitaine Ventabren, et ce à la cuisse, en danger de la perdre ou de n'aller jamais droict ; et s'il ne fust esté bien habile à se retirer courant à son gitte, ledict sgr. de Ventabren le prenoit au corps,

Mais il advint tout le contraire ; car *Mouvans* l'ayant joint, luy donna le coup mortel à une des jointures de fon harnois, & fe jetta de telle roideur hors de la preffe qu'il en efchappa, ayant toutesfois receu une arquebouzade au deffous du gras d'une jambe, dont il a toujours cloché depuis.

L'intention de ces deux camps eftoit bien diverfe ; car l'un ne demandoit que la bataille, l'autre vouloit fans fe hazarder attendre que la faim contraigniſt fon ennemi de fe desbander. Et de faiɔ, combien que *Tande,* venu de fa vallée à Cifteron, recueilliſt tout ce qu'il pouvoit de vivres pour fournir la ville & le camp de fon gendre, fi eſt ce que les foldats fentoient defià la faim, & commençoient à fe desbander. Voyant donc cela, *Cardet*[1], le quatriefme dudit mois [d'Aouſt], ayant rengé tout fon camp, tira droit contre l'ennemi, efperant le forcer à la bataille. *Beaujeu* donc conduifant les coureurs & enfans perdus, donna de telle furie dans les trenchées qu'ils pafferent outre, avec tel etonnement de l'ennemi, que plufieurs jettans leur bagage dans la riviere, tournerent le dos. Mais pource qu'eftans entrés plus avant ils euſſent eu à combatre l'avantgarde qui les euſt aifément desfaits, eftant la bataille de *Cardet,* qui les fuivoit, demeurée fort loin, ils furent rappelés, n'ayant auffi efté fait ceſt effort que pour attirer l'ennemi du tout hors de ces trenchées. Mais ils n'en voulurent jamais fortir, & par ce moyen falut que *Cardet* fe retiraſt fans avoir fait autre chofe, fe plaignans grandement les foldats de ce qu'ayans gagné les trenchées on n'avoit paſſé plus outre.

La faim menace les assiégés.

Le lendemain, cinquiefme d'Aouſt, *Ponnat,* gouverneur de Grenoble, qui eftoit venu avec fecours auparavant à Cifteron, fe

Commencement de débandade.

desirant essayer sa force et le renverser, ainsy qu'il faict souvent les non-domptés toureaux de la Camargue. Ausdictes sorties fut blessé M. de la Verdiere... de laquelle blessure tost après mourut. — *Philibert de Castellane,* seigneur de la Verdière, était le père de Honorat, Louis de Bezaudun et de Balthazar d'Ampus, qui jouèrent un grand rôle pendant les guerres de la Ligue. *Lambert,* p. 174.

1. *Regnault,* p. 647 : Le sgr. de Cardé, general du camp, conclud avec le sgr. de Ponart et autres capitaines de donner la bataille .. Ils mettent deux compagnies en teste pour faire la premiere escarmouche .. lesquelles firent si bien leur devoir, qu'elles firent quitter la première tranchée à l'ennemy. Toutesfois craignant le sgr. de Cardé l'artillerie de l'ennemy, manda aux combatans qu'ils se retirassent.

desbanda le premier, monftrant le chemin aux autres, quoy qu'on luy peuft remonftrer ¹. Ce que *Tande* voyant & que la faim menaçoit fon camp, ne pouvant *Sommerive*, fon fils, eftre attiré au combat, fit lever le camp ², duquel il remit une partie à Cifteron fous le gouvernement de *Senas* ³, envoyant le refte à *des Adrets,* qui promettoit de le venir voir bien toft avec bonnes forces, ce que toutesfois il ne fit.

Sommerive reprend le siège.

Sommerive fur cela, deliberant de retourner au fiege de Cifteron, fit telle diligence d'affembler gens, tant de nouveaux fougages ⁴ de Provence, que de tous les autres lieux (f'eftant *Suze* joint avec luy, & grandes forces luy eftans envoyées du Comtat), que le vingt-feptiefme dudit mois [d'Aouft] il fe trouva dans le fort, acompagné de cent & deux enfeignes d'infanterie, & bon nombre de cornettes de cavalerie; avec lefquelles forces il rafliegea Cifteron le mefme jour, & foudain fit une grande trenchée ⁵ jufques aux deux

1. *Ibid.:* Lendemain, le Sgr. de Ponart voyant qu'on avoit failly de donner la bataille, il fut fasché, et s'excusa, disant qu'il avoit receu lettres pour marcher vers le Dauphiné, ce qu'il fit.

2. *Ibid.:* Parquoy voyans les autres de nostre camp qu'il estoyent demeurez en si petit nombre, ils conclurent de se retirer... Parquoy les nostres se retirerent à Cisteron, et là il fut deliberé de soulager la ville de partie de soldats, et departir les compagnies. Et de faict, le Sgr. Du Bar et le Sgr. de Mallegeai, son frere, se departent avec trois compagnies de cavalerie et toute l'infanterie ... pour aller trouver le Baron des Adrets.

3. Voy. ci-dessus, p. 163, 269, 324, 326. *Balthasar de Gérente,* baron de Sénas. *France prot.*, V, 252. — Regnault, p. 648 : Or de ce temps le Sgr. de Senas fut esleu gouverneur de la ville de Cisteron, par le Sgr. Comte de Tende, où il demeura accompagné de M. de Mauvans, qui estoit blessé en une jambe...; où ils commencerent de tout leur pouvoir à fortifier, faire tranchées, abbatre maisons et aultres empeschemens. Le Sgr. de Brac (c'est à tort que les *Mém. de Condé,* conjecturent qu'il faut lire *Du Bar,* qui, comme nous venons de voir, était allé rejoindre des Adrets) et le capitaine Thollon, Sergent major, ne s'espargnoyent point à travailler, et à faire travailler les gens de la ville, soldats et autres, à faire couper arbres, etc.

4. *fougages.* Le mot manque dans *Littré.* Du bas latin *foagium, focagium,* redevance féodale due par le seigneur pour chaque feu *(focus, foyer)* de ses tenanciers. Comp. *Du Cange.* Français moderne: *fouage.* Espagnol: *fogage.*

5. *Regnault,* l. c.: Du costé de l'ennemy, Flaccan (Flassan) et le capitaine La Forest, maistre de l'artillerie, furent envoyez à Marseille, pour emmener deux pieces de batterie. Et le mercredi, vingtseptiesme d'aoust, l'ennemy vint

couſtaux de Sainct Jean & de Sainct Brançon, pour y pouvoir paſſer ſon artillerie & ſon camp à couvert, eſtant le chemin tel, que neceſſairement il faloit qu'il paſſaſt à la portée de l'arquebouze près des murailles de la ville; là où ſe firent pluſieurs belles & groſſes eſcarmouches, demeurans touſiours ceux de la ville maiſtres deſdits couſtaux, juſques à ce que, ayans ouy nouvelles que *Mombrun* les venoit ſecourir avec artillerie par le Dauphiné, ils les quitterent pour ſe ſaiſir du pont de la riviere de Buech, ſur lequel il faloit que *Mombrun* paſſaſt. Cela fut cauſe que *Sommerive*, après avoir aſſis quelques moyennes en ces couſtaux, & commencé une autre trenchée pour venir à l'autre, de laquelle nous avons parlé, employa toutes ſes forces pour gagner ce pont, qui ne fut pas moins courageuſement & opiniaſtrement defendu. Mais finalement les defendans voyans que *Mombrun* ne venoit point, & que cependant ils conſumoient beaucoup de leurs munitions, & perdoient de leurs hommes qui leur faiſoient bon beſoin pour la defenſe de leurs murailles, quitterent le pont, & par ce moyen fut la ville aſſiegée de trois coſtés.

Peu après (mais trop tard), *Mombrun* eſtant arrivé à Orpierre, *Sommerive*, qui tenoit lors le chemin de Dauphiné bien à propos, envoya *Suze* contre luy avec le plus beau de ſon camp, par lequel eſtant ſurpris & desfait *Mombrun*, le deuxieſme de Septembre[1], en un lieu appelé *Lagrand*, comme il a eſté dit en l'hiſtoire de

Il repouſſe Montbrun.

---

avec grande furie aſſieger la ville de Ciſteron, et commença à faire une tranchée bien profonde et bien large, laquelle il eut faite dans ſept ou huit jours.

1. *Ibid.*: Le mercredi venant, deuxieme du mois de Septembre, le Sgr. de Suze, La Boret et autres capitaines du camp de l'ennemy, departent avec deux ou trois mille hommes et six cens chevaux, pour aller contre le Sgr. de Mombrun, qui venoit au ſecours de la ville de Ciſteron, accompagné de huit ou neuf cens hommes. Et l'ayans rencontré à Araigne (Laragne, ſur le Buech), qui eſt à trois petites lieues de Ciſteron, ils deffirent environ cent cinquante hommes des noſtres, et mettent les autres en route; et Mombrun ſe retire au chaſteau de Vaupierre (Orpierre. *Peruſſis* a auſſi le nom de Vaupierre, p. 482), avec deux pieces d'artillerie, qui furent peu après prinſe de l'ennemy; et lors La Boret demeura pour hoſtage, et pluſieurs autres. Ceux qui ſe retirerent au camp de l'ennemy commencerent à laſcher force harquebouzades, en resjouiſſance de la victoire, et crier par mocquerie: «va querir ton Mombrun.»

Dauphiné [1], il fit le lendemain, troifiefme dudit mois [2], braquer fur les deux couftaux fes deux grandes coulevrines, & un grand canon qu'il avoit receu de renfort de Marfeille pour batre à fleur de terre la courtine du bas de la ville ; y adjouftant la baterie de deux moyennes braquées aux ruines du temple des Cordeliers. Et afin que la ville fut enclofe de toutes parts, le fieur *de Mirebel* avec quelques enfeignes fe campa delà la Durance, de forte que les affiegés n'avoient aucun chemin de retraitte, qu'un feul, fort raboteux & malaifé, qui eft à l'autre iffue du bourg de la Baume, & qui va à de hautes montagnes toutes defertes, par un chemin fi eftroit, que deux hommes de cheval n'y euffent fceu paffer de front ; joint qu'il eftoit expofé à la veue du camp affis ès ruines des Cordeliers, n'en eftant efloigné que de la largeur de la Durance qui fe paffoit à guay en plufieurs endroits, à raifon de quoy *Sommerive* n'avoit mis perfonne pour le garder, tenant au refte les affiegés enclos comme dans une prifon.

La ville complètement fermée.

Par ainfi, le quatriefme dudit mois, ayant efté commencée la baterie, il y eut brefche, fur les dix heures, d'environ cent quarante pas, fans qu'il y euft flanc ni baftion pour la defendre. En outre, les deux moyennes batans du cofté des Cordeliers, voyoient tout à defcouvert le chemin par lequel il faloit que ceux de dedans vinffent à la brefche. Ce nonobftant & combien que la plus part de ceux de dedans, tafchans de remparer la brefche, fuffent emportés & volaffent par pieces en l'air, hommes & femmes, paffans les vifs par deffus les morts, ils firent un eftrange devoir de apporter terre, coutres de licts, fients, fafcines, & tout ce qui pouvoit fervir. Au mefme inftant, eftant donné l'affaut par trente trois enfeignes d'infanterie, & une cornette de cavalerie venant après eux, il y fut combatu, reprenant haleine par cinq fois, & jufques à fept heures après midi, avec une telle furie que la poudre

La brèche est ouverte. Premier assaut.

---

1. Voy. *supra*, p. 275.

2. *Regnault*, p. 649 : Le lendemain, quatrieme (il faut lire le troisième, puisque c'est le lendemain du deuxième, comme il le dit lui-même) de Septembre, l'ennemi fit ses approches, avec les quatre pieces d'artillerie ; mettant trois pieces de campagne d'un bout de leur tranchée, pour battre la ville à flanc. Par ce moyen, la bresche faite d'environ cent pas, nos gens ne s'estonnerent de rien ; mais venans à la bresche et combatans vaillamment l'espace d'une heure, ils soustindrent le premier assaut, et plusieurs après.

eſtant faillie aux uns & aux autres, ils vindrent juſques aux eſpées, aux pierres & aux mains[1]. Mais tant y a que les aſſaillans finalement furent contraints ſe retirer.

Le ſoir venu, & *Sommerive,* depuis l'aſſaut quitté, ayant commencé une autre baterie, *Senas, Mouvans* (qui ne pouvoit encores marcher à cauſe de ſa bleſſure & qui ſ'eſtoit ce nonobſtant fait porter à la breſche où il avoit bien ſervi pour encourager les ſoldats), enſemble les autres capitaines, ſe trouverent en une merveilleuſe perplexité, voyans d'un coſté la perte de leurs gens avec le deffaut de munitions ſans aucune eſperance de ſecours, & d'autre part conſiderans les grandes forces & l'opinaſtreté de leurs ennemis. Mais ce qui les eſtonnoit encores plus, eſtoit la commiſeration qu'ils avoient de ce pauvre peuple, qu'ils ne pouvoient ni garantir par forces humaines, ni retirer à ſauveté, eſtant la retraitte par ce ſeul petit chemin, duquel nous avons parlé, pluſtoſt impoſſible que difficile. Ce neantmoins, après avoir invoqué Dieu avec telle ardeur que chacun peut penſer, ils conclurent de prendre ceſte route-là, quoy qu'il en deuſt advenir.

Situation déſespérée. La retraite décidée.

330

Mais à grand'peine avoit eſté priſe ceſte reſolution en chambre cloſe, qu'un malheureux homme qui ſ'y eſtoit trouvé, & qui avoit eſté juſques alors en fort bonne reputation, ſe coulant par la breſche, ſe rendit à l'ennemi, luy declarant ceſte reſolution; laquelle entendue, *Sommerive* ſe reſolut d'autre coſté d'en empeſcher l'execution qui luy eſtoit treſaiſée, mettant ſeulement vingt-cinq ou trente chevaux avec quelque infanterie en ce deſtroit. Ce qu'eſtant executé, tous ces pauvres gens infailliblement eſtoient perdus, mais Dieu y pourveut auſſi miraculeuſement qu'il ſauva jadis David contre ſon fils Abſalon, rompant le conſeil d'Achitophel. Car eſtant l'opinion que deſſus deſià comme concluë au conſeil de *Sommerive,* le ſieur *de Cental*[2] (non qu'il euſt en penſée

Trahison déjouée.

---

1. *Ibid.:* Le nombre des morts et des bleſſez eſtoit grand du coſté des fideles .... ſemblablement du coſté de l'ennemy il y eut grand nombre de morts et de bleſſez; car noſtre harquebouzerie tiroit à plaiſir à travers la troupe qui venoit à la breſche, avec balles empoiſonnées; tellement qu'il en rechappoit peu de ceux que la balle avoit atteints... On trouva morts quelques capitaines des noſtres; et le capitaine *Bras,* maiſtre de camp, eut une jambe rompue.

2. *Gabriel de Bouliers,* ſieur de Cental. *De Thou,* III, 245.

de sauver ces pauvres gens, mais Dieu le faisant ainsi parler) alleguant qu'il ne faloit aisément adjouster foy à ce personnage, que ceste retraitte estoit incroyable, & que c'estoit une ruse de ceux de dedans pour esmouvoir les soldats à courir à ce chemin, pour cependant faire une sortie sur leur camp & donner sur leur artillerie, se fit croire tellement, qu'il fut arresté que nul ne bougeroit du camp cette nuict-là, encores que quelques uns fissent mine de se retirer par là; mais qu'au poinct du jour il seroit tout à temps de regarder ce qui seroit de faire.

Préparatifs à la retraite. Cependant dedans la ville estant declarée la retraitte, combien que tant les soldats que le peuple fussent merveilleusement harassés du travail si grand du jour precedent, chacun s'appresta de sortir[1]. Cela ne se pouvoit faire sans grande confusion, chacun troussant ce qu'il pensoit le plus aisé à porter; les uns qui avoient le moyen chargeans sur asnes, mulets & chevaux les petits enfants, les blessés, les malades, les vieilles gens ne pouvans marcher; les autres, tant peres que meres, portans leurs enfans sur leur col, entre leurs bras & aux mammelles, avec grands pleurs & lamentations, & se faisoit tout cela à la veue de l'ennemi qui les pouvoit descouvrir du camp de *Mirebel,* & de la ruine des Cordeliers, pour la lumiere qui estoit aux fenestres des maisons par toute la ville. Ce *La sortie de la ville.* neantmoins, environ les onze heures de nuict, toute ceste troupe commença de sortir par une fausse porte de la ville pour aller au pont, & de là à une petite porte du bourg, par laquelle on sortoit au chemin; & marchans ainsi à la file, poursuivirent leur chemin toute la nuict d'entre le quatriesme & cinquiesme dudit mois, sans que pas un du camp de l'ennemi remuast non plus que si ce pauvre peuple eust eu saufconduit, jusques au poinct du jour que *Sommerive* fit passer la riviere à quelque cavalerie & infanterie qui donna sur la queue[2], où se trouverent quelques pauvres

---

1. *Regnault,* l. c.: Ils partirent environ onze heures de nuict, sans toutesfois advertir les soldats qui estoyent aux murailles et à la bresche, de peur de mener trop grand bruit et à fin de ne donner advis à l'ennemy, voyant abandonner la place. — *Lambert,* p. 177: Ce fut à minuit, par un ciel noir et déchiré à chaque instant par des éclairs, sous des torrents de pluie et au milieu du fracas de la foudre.

2. *Regnault,* l. c.: Il estoit presque jour devant que l'ennemy entrast dedans; car la main puissante de Dieu les avoit tellement bridez qu'ilz ne

du Parlement de Provence. Livre XIII. 399

femmes qui eſtoient demeurées derriere, dont les unes furent tuées, les autres emmenées priſonnieres ; & ne fut la pourſuite plus grande, tant à cauſe de la difficulté du chemin, que pour la friandiſe du butin dont ces pourſuivans ne vouloient perdre leur part, eſtimans bien que leurs compagnons cependant entreroient dans la ville.

Ainſi le firent-ils auſſi ſur les dix heures du matin & non plus toſt, craignant encores *Sommerive* qu'il y euſt quelque ruſe, & ne ſe pouvant perſuader l'entrepriſe d'une retraitte ſi eſtrange. Chacun peut penſer quel fut le deſordre en ceſte pauvre ville, là où toutesfois ils trouverent fort peu de gens à tuer au prix de ceux qui eſtoient ſortis, & fort peu de biens à piller. Si eſt-ce qu'ils y tuerent de trois à quatre cens que femmes qu'enfans, ſans aucun reſpect ni d'aage ni de religion[1]. Cela fait, *Sommerive* n'y ſejourna gueres, y laiſſant pour gouverneur le ſieur *de Montagut,* avec un regiment de ſept compagnies.

Sommerive entre dans la ville.

Je revien maintenant à ces pauvres gens, lesquels par chemins deſtournés, reprenans leur haleine comme ils pouvoient, ayans cheminé le reſte de la nuict & le jour ſuivant[2], cinquieſme dudit mois, ſe retrouverent à quatre heures après midi à ſept grandes lieues de Ciſteron, en un petit village appelé Barles[3] ; auquel lieu, les uns ayans attendu les autres juſques à la nuict, & notamment

Formation de la colonne de retraite.

voulurent entrer, diſans, la nuict que les noſtres ſortirent, que le ſecours de Mombrun eſtoit venu, ou que c'eſtoit quelque trahiſon ; nonobſtant que les Papiſtes criaſſent de la muraille à l'ennemy, qu'il entraſt et s'aſſeuraſt du departement des autres, et meſmes ſonnans les cloches pour aſſeurance.

1. *Ibid.* : Enfin ils entrerent, partie par la breſche, et partie par eſcallade, tuans et maſſacrans tous ceux de la ville, tant hommes que femmes, tant papiſtes qu'autres, et faiſans grandes extorſions et pilleries, dedans et dehors la ville ; tellement qu'ils prindrent un pauvre vieillard, qui fut trouvé à la queue des autres qui eſtoyent eſchappez, et le jetterent du pont dans la Durance, pource qu'il ne vouloit dire : « je croy en Dieu et en la vierge Marie. » — *De Thou,* p. 245 : Sommerive fit égorger plus de deux cents malheureux qui n'étaient pas en état de lui réſiſter et il abandonna la ville au pillage. Il y laiſſa de Montagut avec ſept compagnies et s'en alla.

2. Ils ſe dirigèrent vers Saint-Geniez, Authon et Feiſſal. *Lambert,* l. c.

3. *Regnault :* Le ſgr. *de Senas* et *Mauvans,* avec la troupe, marchèrent tout le jour, cinquieme de Septembre, par les bois, et arriverent ſur les trois heures après midi à un village nommé Barles, et là demeurerent, attendant

les bleffés & malades, avec quelques pauvres femmes, dont les unes mefmes avoient accouché en chemin, fe raffemblerent environ quatre mille perfonnes, entre lefquels n'y pouvoit avoir plus de mille hommes de refiftence. De là, ayans efté mis les arquebouziers en tefte & en queue & le refte cheminant au milieu, ils tirerent au village de *Salonnet*[1], où ils repoferent quelques heures de la nuict. Le lendemain matin, fixiefme, ils prindrent le chemin de Gap, où ils penfoient fe retirer, & qui n'eft qu'à huict lieues de Cifteron par le droit chemin, au lieu qu'il leur en faloit faire quatorze par les deftroits qu'ils avoient pris. Mais eftans arrivés au village *du Baye*[2], pour paffer la Durance, ils trouverent une embufcade de leurs ennemis qui avoit gagné deux montagnes[3], entre lefquelles ils eftoient neceffairement contraints de paffer en pourfuivant ce chemin, auquel une jeune damoifelle accoucha d'effroy fur le gravier. Cela fut caufe que reculans en arriere, & non toutesfois par le chemin qu'ils avoient fait, dautant que tous les villageois f'y eftoient mis en armes, ils prindrent le chemin d'un lieu appelé *Le pas du Loʒet,* qui eft une groffe roche fendue, par laquelle il faut paffer comme par une porte, en une vallée appelée *Terre neufve,* par laquelle on va de Provence en Piedmont, appartenant le pays au *Duc de Savoye.* Craignans donc les arquebou-

Nuit paſſée à Lauʒet.

toute la troupe. Toutesfois l'ennemy, donnant à la queue, en tua et fit plusieurs prisonniers, et viola femmes et filles, et mesmes de celles qu'il trouvoit esgarées par les champs. — *Barles*, dans le bailliage de la Seyne, situé dans un vallon très-froid, où les neiges séjournent pendant six à huit mois de l'année, sur la rive droite du Bés.

1. *Regnault:* Le soir venu, que le reste de la troupe fut recueilli, les nostres prennent le chemin de *Serve*, pour aller à *Selonet* (*Selonnet*, village à 10 kil. à peu près au nord de Barles), et de là à Hubaye, à fin de passer la Durance au dessus de Tallard (petite ville du Dauphiné, Hautes-Alpes, sur la Durance, à 13 kil. au sud de Gap), et se joindre avec la troupe qui estoit à Gap.

2. *Ubaye*, village encore en Provence (Basses-Alpes), sur la rivière du même nom, qui à 4 kil. au-dessous du village se jette dans la Durance. Le village se trouve au pied de rochers énormes bordant la route.

3. *Regnault:* Toutesfois à *Hubaye* ils entendirent que l'ennemy estoit aux embusches, non gueres loin de là, pour leur donner la trousse, s'il eust peu; parquoy ils revirent bride. — *Lambert*, p. 177, dit: Ils furent arrêtés par de nombreux torrents formés par de récents orages, et ils se décidèrent à prendre le chemin des vallées du Piémont.

du Parlement de Provence. Livre XIII. 401

ziers que ce paffage ne leur fuft fermé, ils f'en allerent le faifir, ce que ceux du village de *Lozet*¹ entendans, cuiderent f'efmouvoir à bon efcient; mais *Senas & Mouvans,* arrivés, accorderent avec eux, que feulement les femmes & petis enfans y entreroient, pour y eftre jufques à la refponfe de leur Prince², laquelle feroit attendue par eux au deçà du paffage. Ce neantmoins, les femmes & enfans y eftans entrés, & voyans ceux du village qu'on ne prenoit rien fans bien payer, joint que la force n'eftoit de leur cofté, ils accorderent que le refte y entreroit auffi, de forte que tous y paffererent la nuict.

Le jour venu, feptiefme dudit mois, eftant arrefté de prendre le chemin de Grenoble, toute cefte troupe deflogea, ayant fur le dos une trefgroffe pluye qui dura jufques au midi. Ce nonobftant, avec un infini travail, ils vindrent coucher au village de *Sainct Paulo*³. Le lendemain, huictiefme du mois, comme ils tiroient en Dauphiné, advertis d'une groffe embufche que *l'Evefque d'Ambrun*⁴ leur avoit appreftée, & contraints de prendre le chemin de *Pragela* par un pays fort defert, ils arriverent au village de *la Chanau*⁵,

Les étapes du voyage jusqu'à Pragela et à Césane.

333

---

1. *Le Lauzet*, petit bourg sur le bord de la rivière de l'Ubaye, au commencement de la vallée de Barcelonnette et à 25 kil. de cette ville. Cette vallée, que François Iᵉʳ avait conquise avec la plus grande partie des états du duc de Savoie, venait d'être restituée en 1559, par Henri II, au duc Philibert Emmanuel, en exécution du traité de Câteau-Cambresis. Elle ne revint à la France qu'en 1713, par le traité d'Utrecht.

2. C'est-à-dire le duc de Piémont, *Philibert Emmanuel.* — *Regnault:* La troupe vint à *Lauset,* où ils envoyèrent le capitaine *Vivan,* avec quelques harquebouzers, pour gagner un passage. Toutesfois ils furent empeschez par ceux de la ville (du Lauzet), qui se mirent en armes à l'instigation d'un sergent de nos compagnies, qui fit la trahison.

3. *St-Paul,* petite ville à l'extrémité de la vallée de Barcelonnette, à 26 kil. plus haut que cette ville, et au pied des cols qui d'un côté conduisent dans l'Embrunais et de l'autre dans le Briançonnais. Pour se diriger vers Grenoble, c'était le col de Vars qu'il fallait passer, tirant son nom du village et de la vallée de Vars, qui, encaissée par de hautes montagnes, descend (du côté du nord) vers le bourg de Guillestre (dép. des Hautes-Alpes). — *Regnault:* De là (du Lauzet) ils viennent à Barcellone (Barcelonnette) et viennent coucher à Sainct-Paul, où ils furent advertis que l'ennemy est à Guiglestre.

4. *Guillaume de Saint-Marcel d'Avançon,* archevêque d'Embrun.

5. *Regnault:* Parquoy (c'est-à-dire ayant été advertis que l'ennemi les attendait à Guillestre) passans à *la Caval,* viennent à *Prat-gellat,* où ils reposèrent trois ou quatre jours. — Ces indications de l'un et de l'autre récit

III.   26

qu'ils trouverent tout vuide d'habitans & de tous meubles, de forte que force fut à toute leur troupe d'y paſſer la nuict, avec des choux pommés. Le lendemain, neufieſme, ayans paſſé le col de la Guel [1], montagne des plus faſcheuſes & roides, ils vindrent juſques au village de Molieres [2], où ils ne trouverent rien qu'une embuſche que leur avoit dreſſée la Cazette [3], gouverneur de Briançon du Dauphiné. Ils furent donc contraints de marcher juſques au viage de Bioias [4], où ils coucherent avec quelque commodité de pain & de laictage. Le douzieſme [5], ayans paſſé le *col de l'Argentiere,* ils

ne paraissent pas claires. Il en ressort, qu'au lieu de pousser vers le nord et de passer à Guillestre, dans la vallée d'Embrun, ils prirent une autre direction.
— *Lambert* dit : Ils furent obligés de faire un grand détour pour remonter la vallée de *Pragelas*, et arrivèrent exténués, après cinq jours de marche, à *la Chenal*, où ils séjournèrent pendant vingt-quatre heures. — Ceci n'est conforme ni à l'une ni à l'autre des deux narrations. D'après celles-ci, ils partirent de S. Paul, le huit septembre, pour arriver ce même jour à *la Chanau* ou *la Caval*. M. *Arnaud* (*Hist. des Prot. du Dauphiné*, p. 145) admet que, pour échapper à l'embuscade de l'archevêque d'Embrun, les fuyards se dirigèrent vers la vallée de Pragela, par un aride désert, et traversant sans doute le col de l'Aubaret, ils arrivèrent à *La Chenal* (Ponte-Chianale), dont les habitants avaient pris la fuite, comme le dit notre *Histoire*.

1. M. *Arnaud* et M. *Lambert* retrouvent (de même que déjà *De Thou*, III, 246) dans ce col de *la Guel*, le col de *l'Agnel*.

2. *Regnault* omet ces détails. *De Thou* a aussi le nom de *Mollières* (de même que *Lambert*). M. *Arnaud* trouve que c'est évidemment une erreur et admet qu'il faut lire *Molines*, c'est-à-dire le bourg de *Molines-en-Queyras*, au pied (nord-ouest) du Mont-Viso, à 59 kil. de Briançon.

3. *Georges de Ferrus*, dit *La Cazette*. Arnaud. *De Thou* dit : A Mollieres ils furent attaqués par la Cazette, gouverneur de Briançon, homme dur et barbare, digne fils d'un boucher, mais qui avait servi dans les guerres de Piémont, et qui avait acquis la réputation d'un très-bon officier. Ils s'échappèrent cependant sans perte.

4. *Bioias*, ce nom présente évidemment une faute d'impression. M. *Arnaud* lit *Ristolas*, village situé à peu près à 10 kil. à l'est de Molines, sur la frontière du Piémont.

5. Il leur fallut donc du neuf au douze septembre, pour arriver, en traversant le col de Largentière, au village de *Sauze*, situé au haut du val de la Dora, à une lieüe au-dessus de Pragela. Ici encore les détails de l'itinéraire sont difficiles à conjecturer. *De Thou* ne fait qu'abréger les données de notre texte, en disant : Ils s'échappèrent à *la Cazette*, passèrent le *Col de l'Argentière* et vinrent à *Sauzé*. — M. *Arnaud* dit, en commentant les indications de notre *Histoire :* Le 10 et le 12, ils franchirent les divers défilés des Alpes qui

logerent à une lieue près de *Pragela*, au village de *Sauze,* auquel lieu, pour la commodité des vivres, ils fejournerent quatre jours, & rengerent leur infanterie fous huiƈt enfeignes. Le quinziefme, arrivés à *Pragela*[1], où ils furent trefbien receus & accommodés de vivres huiƈt jours durans par ceux du lieu, faifans de longue main profeffion de la Religion, de là, voyans les capitaines que la pauvreté du pays ne pouvoit porter qu'ils y peuffent laiffer les femmes & enfans, ou y fejourner plus longuement, eftans guidés par trois cens hommes, tant du lieu que de la vallée d'Angrongne, d'où ils recouvrerent auffi quelques poudres, ils revindrent coucher au village de Sauze, le vingt & uniefme du mois, en intention de fe rendre à Grenoble ou à Valence, le lendemain vingt & deuxiefme, au pied de la montagne[2], au village de Sezanne.

Les capitaines, fe doutans bien que *la Cazette* leur appreftoit quelque chofe, firent batre aux champs environ la minuiƈt, & mirent tout en tel ordre, que toute la troupe ayant paffé la montagne, fe trouva devant la Diane auprès des murailles de Briançon, tirans, pour paffer la Durance, vers un pont qui eft à un quart de lieue de là. Mais leur eftant dreffée une efcarmouche, force leur fut, en la fouftenant, de faire tourner vifage à la troupe, pour tirer à un autre pont à un quart de lieue de là ; lequel f'eftant trouvé rompu, ces pauvres gens demeurerent tous eftonnés & efperdus, jusques à ce que *Senas* & *Mouvans,* fe mettans en bataille entre leurs ennemis & leurs gens qui les attendoient à ce pont rompu, y eftans finalement arrivés, & les ennemis retirés, firent

Passage de la Durance.

---

devaient les conduire à *Pragela*, et passèrent vraisemblablement à *Abriès* (bourg sur la rive droite du Guil, à peu de kil. de Ristolas) et au *Col de La Mait* (au nord d'Abriès). Pour sûr, ils traversèrent le petit village de *Largentière*, et le 12, au matin, ils arrivaient à *Sauze de Césanne* (au pied du *Mont-Genèvre*, dans le Piémont).

1. *Pragela*, dans le val Cluson, une des principales communautés vaudoises (voy. vol. I, p. 372, et ce vol. III, p. 256).

2. *Césanne* est situé au pied du Mont-Genèvre, séparant le Piémont de la France. Le col a 2000 mètres d'élévation, mais se trouvant en partie abrité des vents du nord, il offre un passage sûr. La montée pratiquée à travers des forêts de sapins et de mélèzes, ne présente point les longs développements du Mont-Cenis, mais bien des tournants rapides et des rampes courtes et nombreuses. Au milieu du plateau se trouve le village du Mont-Genèvre, à 8 kil. de Briançon.

si bien, qu'ayans fait passer à guay & mis en bataille leur cavalerie
delà l'eau, ils dresserent quelques planches avec quelques perches
qu'ils trouverent en une prairie, si heureusement, que cette troupe
passa sans aucun dommage, en moins de trois heures, à la veue
de ceux de Briançon qui faisoient bien quelque mine de les
empescher, mais ne les oserent jamais assaillir[1].

De Freissinières à Saint-Bonnet.

Ils vindrent donc jusques au village de *Fressinieres*[2], en tres-
hautes montagnes & du tout steriles, à trois lieues de *Briançon*,
dont les habitans sont aussi de longue main de la Religion ; duquel
lieu estans partis à minuict, ils arriverent environ midi, vingt &
troisiesme dudit mois, à un pauvre village appelé *Orsiere*[3], où ils
ne trouverent habitans, ni pain, ni vin, mais seulement quelques
moutons que les paysans, se retirans de vistesse aux montagnes,
n'avoient peu amener, dont ils disnerent sans pain, n'ayans repeu
depuis le village de Sezanne, & ayans combatu en chemin. De là,
ce mesme jour, descendus au village de *Sainct Bonnet*[4], à trois
lieues de la ville de Gap, se trouverent par ce moyen n'estre qu'à
onze lieues de Cisteron[5], & qu'à trois lieues de leur ennemi qui

1. *Regnault* : A *Prat-gellas* ils reposerent trois ou quatre jours ; et de là
vont à Briançon, et passent le *Mont Ginebre*, et voulans passer la Durance
au pont de *Briançon*, le capitaine *La Casette*, qui estoit à Briançon, accompagné de cinq ou six cens hommes, les en garda (empêcha), faisant rompre
les ponts et couper les passages, tellement que les pauvres fideles furent contraints, tant grands que petits, passer la Durance à pied ou à cheval, ou à la
nage ; ce qui fut une estrange et piteuse aventure, tant pour l'abondance que
pour la froidure des eaux, avec ce que l'ennemy les escarmoucha bien une
lieue près de là. Toutesfois les nostres ne laisserent de prendre le chemin de
Grenoble, où ils entendirent que le Seigneur *de Vinai*, accompagné de mille
ou douze cens hommes, estoit par la campagne.

2. *Freissinières*, village à 31 kil. d'Embrun, à peu de distance de la Durance.
Le bourg de *Guillestre* est situé entre les deux endroits, à 19 kil. d'Embrun.

3. *Orsiere*, faute d'impression, au lieu de : *Orsiere*, c'est-à-dire *Orcières*,
village sur le Drac, composé de vingt-sept hameaux disséminés sur le flanc
des montagnes.

4. *Saint-Bormes*, bourg à 16 kil. de Gap, sur le Drac, autrefois chef-lieu
du petit pays de Champsaur.

5. Partis de Sisteron, dans la nuit du 4 au 5 septembre, ils étaient donc en
marche depuis 19 jours, errant à travers ces montagnes incultes et élevées
des Alpes, ayant à lutter contre les intempéries de cette saison avancée,
rendues encore plus funestes par le manque de toutes provisions.

s'eftoit faifi de la ville de *Gap*. Il y avoit encores, outre cela, un autre trefgrand danger bien prochain d'eux, & dont ils ne favoient rien. Car *Vinay*[1], qui avoit affiegé Grenoble en ce mefme temps, ayant efté fauffement adverti que *Senas* & *Mouvans* avoient affiegé *Briançon*, ayant auffi toft quitté Grenoble, eftoit venu à *Corp*[2] avec huict enfeignes, ne diftant que deux lieues de *Sainct Bonnet*.

Senas cependant & *Mouvans,* penfans que Grenoble fuft toufiours affiegé, & ayans prins refolution de marcher jufques à deux lieues près de Grenoble, d'où ils efperoient de faire prendre le chemin de *Valence* aux femmes & enfans, & conduire le refte au fecours de *Grenoble,* ils tirerent de grand matin, le vingtquatriefme dudit mois, droit à *Corp,* comme par un chemin bien affeuré & fans aucun ordre, jufques à un quart de lieue du village, en un chemin eftroit contre une montagne, au pied de laquelle paffe une petite riviere. En ce lieu, deux gentilshommes de la troupe, à favoir le fieur *de Sainct Martin,* gendre de *Senas,* & le fieur *d'Efpinaffe,* f'eftans un peu avancés devant la file qui les fuivoit, fe jouans l'un avec l'autre & ne penfans à rien moins qu'à ce qu'ils rencontrerent, trouverent un villageois que *Vinay* y avoit mis en fentinelle, lequel ne les cognoiffant point & mefmes penfant qu'ils fuffent de ce quartier-là, leur dit ce qu'ils trouveroient à *Corp,* où on leur feroit bonne chere. Cela eftant incontinent rapporté à *Senas* & *Mouvans,* ils firent mettre à part les femmes & enfans, avec quelques arquebouziers, leur faifans paffer la riviere ; & quant au refte, il commença de marcher vers Corp en bataille. Mais arrivés au lieu où la fentinelle avoit efté trouvée, & laquelle eftoit efchappée aux fufdits gentilshommes, trouverent que *Vinay,* adverti tandis qu'ils rengeoient leurs gens, avoit faifi le paffage & fait monter quelques foldats au haut de la montagne, pour rouler des pierres fur eux.

Cela les contraignit de tourner vifage & de paffer fur le mefme pont outre lequel eftoit leur troupe, & ainfi tous enfemble, à la veue de leur ennemi, fe camperent vis à vis de *Corp,* attendans

Jours de repos à Trieve et à Grenoble (Giery).

1. Voy. *supra*, p. 249, 279 s.
2. *Corps,* bourg de la vallée du Drac, à 58 kil. de Grenoble et à peu près à 16 kil. de St-Bonnet, autrefois petite place assez forte.

quelque fecours de ceux du pays de Triefves [1], tenu par ceux de la Religion & qui n'eſtoient qu'à deux lieues de là. Mais ayans en vain attendu quelque peu de temps, & voyans le befoin qu'ils avoient de repaiſtre, ils firent marcher les femmes & enfans devant, fe tenans en bataille fur la queue; & ainſi arrivés en la ville de *Trieve,* ils receurent tout bon traittement, tout le jour fuivant [2], & de là, fans empefchement, le vingtfeptiefme dudit mois, fe rendirent fains & faufs à *Grenoble* [3], louans Dieu en Pfeaumes & Cantiques de la finguliere aſſiſtance qu'ils avoient experimentée en ce voyage en tant de fortes, & ne fachans rien de ce que Dieu faifoit ailleurs, à favoir à Sainct Gilles, auquel lieu, ce jour mefme, furent deffaits & quafi tous tués leurs ennemis, ainſi qu'il eſt dit en l'hiſtoire de Languedoc [4]. Ceſte troupe donques, arrivée à Grenoble, fut logée à demie lieue de la ville en un village appelé *Giery* [5], là où ayans fejourné trois jours, & laiſſé à Grenoble quelque peu de leurs gens malades & du tout haraſſés, prindrent le chemin de Lyon, là où tous ces pauvres

Le ministre Ruffi vient à leur rencontre.

gens eſtoient conviés par ceux de l'Eglife, leur ayans envoyé au devant d'eux un Miniſtre nommé *Ruffi* [6], jufques à la ville de la Mure.

Dernière étape de Gières à Lyon.

Soubize avoit auſſi efcrit à *Senas* & *Mouvans,* pour le venir 33 trouver avec leurs gens de guerre, dont il avoit bien à faire. Ils partirent donques de Giery, le premier jour d'Octobre, & logerent

1. Le pays et les montagnes du *Trièves* avaient pour chef-lieu le bourg de *Mens* (éloigné de deux lieues seulement de *Corps. Arnaud.* Pour y arriver, ils durent passer le Drac, qui sépare les deux vallées. *Mens* est à 50 kil. de Grenoble.

2. C'est-à-dire le 26 septembre.

3. Pour arriver de Mens à Grenoble, ils durent encore une fois passer le Drac, sur le pont de *Cognet,* et marcher par la petite ville de *La Mure* (de Thou, [p. 247), située à 37 kil. de Grenoble, à l'extrémité de la vallée de la Matésine, bordée par les montagnes de Trièves. — *Regnault,* p. 651 : Mauvans (ayant appris que *Vinai* tenait la campagne avec mille ou douze cents hommes et interceptait la route de Grenoble) fait passer ses gens par le païs de Trioulles, pource que l'ennemy s'estoit saisi du passage près de *Corps.* Et de là, les nostres arrivèrent à *La Mure.*

4. Voy. ce vol. III, p. 165.

5. *Gières,* village à 6 kil. de Grenoble.

6. *Jacques Ruffi.* Voy. p. 215. Comp. *Regnault,* l. c.

à *Moyrant*[1]. Le lendemain, deuxiefme, comme leur manda *des Adrets*, ils vindrent à *Virieu*[2], qui eft à trois lieues du grand chemin, auquel lieu *des Adrets*[3] les eftant venu trouver, les guida toute la nuict jufques au chemin de *Cremieu*[4], pour eviter les embufches de Nemours, où ils arriverent le lendemain matin, & de là, par bateaux qui leur furent envoyés de Lyon, y entrerent finalement fans aucun empefchement, le quatriefme dudit mois, où ils furent tresbien receus & foulagés, jufques au mois de May fuivant, que la paix eftant faite, ces pauvres familles fe retirerent en leurs maifons, où derechef ils eurent de terribles alarmes devant que d'y pouvoir fubfifter. Telle fut l'iffue de cefte retraitte, des plus belles & plus heureufement conduites qui ait efté jamais faite, laquelle pour cefte caufe j'ay bien voulu remarquer de jour à autre pour la pofterité, après m'en eftre bien & diligemment informé.

Séjour à Lyon jusqu'à la paix.

Depuis la prife de Cifteron & la deffaite de Sainct Gilles, *Sommerive* eftant avec le refte de fes adherans pleinement jouiffant de toute la Provence, fans refiftence aucune, il ne fut queftion que de lafcher la bride à toutes pilleries & toutes efpeces de cruautés, les plus defbordées & defefperées, comme je croy, qui ayent jamais efté exercées ni ouyes entre hommes, dont j'ay bien voulu icy faire un extrait par le menu, & à la verité comme les chofes font advenues de lieu en lieu, dont il appert par bonnes informations, pour la plufpart[5]. Car encores que telles chofes foient hor-

La Provence livrée aux massacres.

---

1. *Moirans*, bourg à 1 kil. de l'Isère et à une trentaine de kil. de Grenoble.
2. *Virieu*, bourg du Dauphiné, au nord de Moirans, arrondissement de La Tour-du-Pin.
3. Qui venait de la Côte-Saint-André.
4. *Crémieux*, petite ville du département de l'Isère, à 16 kil. de La Tour-du-Pin, à 2 kil. à peu près du Rhône.
5. *De Thou*, III, p. 248, résume ainsi les fureurs auxquelles *Sommerive* se livra contre les protestants de la Provence : Cisteron étant pris, et tous les protestants chassés de Provence, *Sommerive*, livré aux conseils du *Comte de Carcès* et à la fureur de *Flassans*, traita inhumainement tous ceux qui lui parurent suspects. Ceux qui ont fait une exacte perquisition de tout ce qui se passa, ont compté plus de sept cent soixante et dix hommes, quatre cent soixante femmes et vingt quatre enfants, qu'il fit mourir en diverses façons. — Comp. aussi le résumé de ces massacres de la Provence, donné par *(Goulard) Hist. des choses mémor.*, 1599, p. 275. *Lambert, Hist. des guerres de relig. en Provence*, I, p. 181.

ribles à reciter, si est-il besoin que la posterité en soit advertie, pour apprendre à fuire l'ire de Dieu, de laquelle la vive image est emprainte en ceste miserable guerre, afin aussi que chacun puisse mieux juger de quel esprit ont esté menés les autheurs de ces miseres & calamités, & quelles gens ils ont mis en besongne, sous couleur de la defense de leur religion[1].

Enumération des martyrs de la foi et de leurs tourments.

CEUX QUI ONT ESTÉ TIRÉS DES PRISONS,

PENDUS, PRÉCIPITÉS, ET MASSACRÉS.

A Aix.

Jean Salomon[2], Conseiller en la Cour de Parlement, tiré des prisons & massacré dans la ville.

François Remand, Concierge des prisons de la Cour de Parlement, tiré des prisons & pendu par les pieds au Pin[3].

Bertrand Fregier, tiré des prisons & pendu par la gorge après luy avoir percé le menton luy vivant.

---

1. Le long martyrologe des Protestants de la Provence qui suit, est littéralement réimprimé dans l'*Hist. des Mart. de Crespin*, Genève 1619, fol. 674 s.

2. *Journal de 1562* (*Revue rétrospect.*, V, p. 186): Ce jour 26 juillet 1562 l'on escrivit de Provence que les papistes avoient pendu et etranglé à Aix huit ou neuf des principaux huguenots de la ville, entre lesquels il y avoit deux conseillers de la cour, l'un desquels estoit *Salomonis* de Toulouse. Voy. aussi l'*Hist. des Martyrs*, fol. 681 ᵃ. Lambert, I, p. 145.

3. Voy. vol. I, p. 896. *Hist. des Martyrs*, fol. 680 ᵇ s.: Il y avoit un grand Pin hors la porte de St-Jean, principale de la ville d'Aix, à quelques vingt pas du Ravelin, planté dedans le jardin du *Sieur d'Aiguilles*, conseiller en parlement. Cest arbre estoit haut et droit, l'un des plus beaux qui se peust voir de son espece, merveilleusement gros et massif en son tronc, que trois hommes à peine pouvoient embrasser, bien proportionné en ses branchages, tellement arrondi et montant en coqueluche, que nature sembloit s'estre pleue à le former, et la terre à le nourrir; outre que le fruict qu'il portoit estoit tres excellent et recommandé. Sous icelui s'assembloyent ceux de la Religion, surtout les Dimanches, et y chantoyent les Pseaumes, dont plusieurs estoyent esmeus, mais fort diversement, aucuns s'enquerir que vouloit dire tout cela, la pluspart à s'y opposer. (Extrait de l'*Hist. de Provence*, imprimée à Lyon, par *Simon Rigaud,* l'an 1614, p. 789 de la 7ᵉ partie.)

François Penot, clerc des finances, tiré des prifons & pendu au Pin par les mains, après luy avoir arraché les yeux luy vivant.

Antoine Richelmy, gentilhomme, tiré des prifons & pendu au Pin avec un trompette allant devant luy.

Jean Raiffon, procureur au fiege d'Aix, tiré des prifons & tué à la boucherie d'Aix, mis fon corps en pieces & jettées.

Alexis Gautier dit *Fromaget*, marchand, tiré des prifons & pendu au Pin.

Bernabé Nogue, marchand, tiré des prifons & pendu au Pin par les pieds.

Marin Penchinat, chauffetier, tiré des prifons & pendu au Pin.

A Doullyoulles [1].

Folquet Marin, pris en la maifon de fon pere, mené ès prifons d'Oullyoulles & de là jetté par les feneftres en la rue, maffacré à coups de pierre, & fon corps trainé & baillé aux chiens.

A Baulx [2].

Pierre Majet, tiré des prifons de Baulx & tué à coups d'efpée en la place du lieu, puis jetté.

A Brignolles [3].

Nicolas Bois, de Beffe [4], mis prifonnier par *Jean Clavier*, Juge, & fait tuer par *Balthefar Fouco*.

Jaques Berton, aagé de foixante cinq ans, *Jean Boyer* & *André Belletons*, tirés des prifons & tués du confentement de *Jean Clavier*, Juge.

A Hieres.

Jean Antoine fut arrefté prifonnier à Sainct Maximin [5], & tiré des prifons par *Bouquenegre*, & tué.

---

1. *Ollioules*, jolie petite ville, à 8 kil. de Toulon (Var). Bâtie à la sortie des gorges qui portent le nom de *Vaux d'Ollioules*, et qui présentent l'aspect le plus aride.
2. *Les Baux*. Voir les deux notes suivantes, p. 417.
3. *Brignoles*, sous-préfecture, département du Var.
4. *Besse* (Var), petite ville à 14 kil. de Brignoles.
5. *St-Maximin* (Var), à 20 kil. de Brignoles.

Arles.

Un nommé *Frere Pierre,* tiré des prifons d'Arles & tué par *Jean Raymond Ufachas, Jaques Blanc, Pierre Senequier* & *Louys le menufier.*

Pignans.

Jean Martel, tiré des prifons de Pignans [1] & lapidé.

Bormes [2].

Pierre Hargulhoux, tiré des prifons de Bormes & tué.

Marfeille.

Honoré Paftoret &
George Oluvari, tirés des prifons de Marfeille par le capitaine du guet, à la pourfuite des Confuls, puis pendus à un arbre eftant devant lefdites prifons, & le lendemain trainés par la ville & bruflés au veu & fceu defdits Confuls.

Pierrerue [3].

Aubergé, dit *le Court,* tiré des prifons dudit lieu & precipité du haut du chafteau en bas.

Peyrolle [4].

Un nommé *Auguftin,* tiré des prifons du lieu de Peyrolle, près Caftellane, & tué.

Luc [5].

Balthafar Brun, tiré des prifons & jetté par les feneftres en bas.

Sainct Paul [6].

Bertrand Sauffe, du lieu de Ginafervis [7], tiré des prifons de Sainct Paul & tué.

---

1. *Pignans,* à 23 kil. de Brignoles.
2. *Bormes,* dans une situation semblable à celle d'Hyères, sur le penchant d'une colline, avec la vue de la rade d'Hyères, à 41 kil. de Toulon.
3. *Pierrerue* (Basses-Alpes), village à 5 kil. de Forcalquier.
4. *Peyrolles* (Bouches-du-Rhône), village à 20 kil. d'Aix, sur la Durance. Mirabeau y passa sa jeunesse.
5. *Le Luc* (Var), bourg à 28 kil. de Draguignan, sur la route de Marseille à Nice.
6. *St-Paul-du-Var,* à 26 kil. de Grasse.
7. *Ginasservis,* à 2 kil. de Brignoles.

Pertuis[1].

Vincent de Canes[2],
Eſtienne Bonnefille, &
Jean Bonaud dit *le Clavelier,* hommes anciens, tirés des priſons de Pertuis, & precipités des murailles en bas à la veue de Flaſſans[3].

Sallon de Craux[4].

Raymond Allard, de Sallon de Craux, tiré des priſons de Lambeſc & tué.

Vallenſonne[5].

Pierre Magnali, homme de qualité, tiré des priſons de Vallenſolle, tué à coups d'eſpée & de dague, & puis luy faiſant paſſer des chevaux ſur le ventre.

Thoulon.

Henry de la Mer, preſtre, tiré des priſons, trainé par toute la ville, navré, tué à coups d'eſpées & puis bruſlé.

Lauriol[6].

Antoine Barthelemi, tiré des priſons de Lauriol & pendu aux murailles de la ville avec une groſſe chaine de fer.

Segonier[7].

André Chand, tiré des priſons de Segonier[8], puis pendu.

Beſſe[9].

Nicolas Bois[10], priſonnier à Beſſe & meurtri de nuict.

---

1. *Pertuis* (Vaucluse), petite ville à 30 kil. d'Apt, sur la Lèze, patrie du père de Mirabeau.
2. Probablement de la ville de *Cannes.*
3. *L'Hist. des Martyrs* ajoute : l'un des principaux massacreurs.
4. *Salon,* petite ville (Bouches-du-Rhône) à 33 kil. d'Aix. Dans l'une des églises se trouve le tombeau du fameux Michel Nostradamus. A peu de kil. de la petite ville de Lambesc (à 21 kil. d'Aix).
5. *Valensolles,* bourg des Basses-Alpes, à 52 kil. de Digne.
6. *Loriol,* village du Comtat (Vaucluse), à 5 kil. de Carpentras.
7. *L'Hist. des Martyrs* donne le même nom, probablement défiguré.
8. *Segonier* (?).
9. *Besse* (Var), à 14 kil. de Brignolles. Voy. ci-dessus, p. 337.
10. Voy. *supra,* p. 337, note 6, où ce martyr est déjà nommé.

BRUSLÉS.

A Roquebruffane.

Jean Meffier, à Roquebruffane¹, meurtri fort cruellement & puis fon corps bruflé.

Hieres.

Antoine Hugonis, advocat au fiege dudit Hieres, pris & eftant à genoux devant *Bouquenegre,* duquel avons parlé en l'hiftoire de Cifteron², luy offrit une vigne qu'il avoit, pour fa rançon, pource qu'il n'avoit point d'argent content; ledit *Bouquenegre* le tua de fa main d'un coup de halebarde, puis le fit trainer & brufler.

A Bormes.

*Michel Cauluet*³, à Bormes⁴, tiré des prifons par les Confuls du lieu, tué, puis bruflé au milieu de la place.

Marfeille.

Antoine Vaffé, avec un fien neveu tué entre les bras de fa femme, par *Jean Sabatier,* puis trainé & bruflé hors la ville au lieu appelé Porte gale.

Jofeph Guerin, bleffé par *Charles Sonen* & *Blaife Nicoutier,* puis trainé à demi mort par la ville, puis bruflé, par le confentement des Confuls, par les enfans.

Frejus.

*Jean Pons Rodulphi*⁵, homme de letres, trainé, puis bruflé à la place publique de Frejus.

Luc.

Goubaut Guyon, jetté de la maifon feigneuriale du Luc⁶, en bas, puis meurtri à coups d'efpée, trainé & bruflé en la prefence des confuls.

---

1. *La Roquebrussane (Roca Brussani),* bourg (Var) à 13 kil. de Brignoles.
2. *Bouquenègre.* Voy. plus haut, p. 322.
3. *Cauluet,* ou probablement *Caulvet.*
4. *Bormes,* petite ville (Var) à 20 kil. d'Hyères et à 41 kil. de Toulon. La rade de Bormes a les mêmes charmes que celle d'Hyères. Voy. p. 338 s.
5. Vol. I, p. 383, il est appelé *Rodolphi,* et quelques détails sont ajoutés.
6. *Le Luc,* bourg (Var), à 28 kil. de Draguignan, sur la route de Marseille à Nice, avec les restes d'une abbaye autrefois célèbre.

340 *Jaques Abeille,* notaire, percé par le corps d'un bafton ferré, tout vif, & ainfi porté par la ville, puis bruflé.

D'Oullyoulles[1].

Honoré Roftain, menuifier, tué à coups d'efpée, puis trainé à la place & bruflé à demi mort, & le refte du corps jetté aux chiens.

Pertuis[2].

Benoift Marfal, pris malade au lict, mené par la ville & trainé à la queue d'une afneffe, puis bruflé.

Apt[3].

Jean Barrier, homme caduc & ancien, fut bruflé.

A Gignac[4].

Jean Barrier[5], homme caduc, tué & bruflé.

A Toulon.

Jean Lordo[6], medecin, pris en fa maifon, jetté par les degrés, trainé par la ville, batu & frappé à coups de pierre & baftons, puis bruflé. *François Volant,* mené hors la ville, trainé, tué & bruflé. *François du Mas,* trainé & lapidé vif & bruflé par les enfans, ayans contraint fon propre fils, le quinziefme de May 1562, à ce faire. *Henry de la Mer*[7], preftre, tiré des prifons, trainé par la ville, bleffé d'un coup de piftole, fut achevé de tuer à coups d'efpée & de dague, puis bruflé.

1. *Ollioules*, à 8 kil. de Toulon. Voy. *supra*, p. 337.
2. *Pertuis* (Vaucluse), à 30 kil. d'Apt.
3. *Apt* (Vaucluse).
4. *Gignac*, village à 26 kil. d'Aix.
5. L'identité du nom de ce martyr avec le précédent et des circonstances citées pourraient faire supposer une erreur commise par cette répétition du même nom pour les deux localités, le village de *Oignac* n'étant aussi éloigné que de 13 kil. d'Apt. Un autre village du même nom existe dans les Bouches-du-Rhône, à 26 kil. d'Aix.
6. *Hist. des Martyrs*, fol. 674. *Jean Lardo.*
7. *Henry de la Mer* se trouve déjà inscrit p. 339.

La Roque Danthorron [1].

Guigou Blanc, aagé de quatre vingts ans, aveugle & impotent, bruflé vif.

Antoine Sabille, auffi vieux & impotent, allant fur des potences [2], fut pris & bruflé tout vif.

Antoine Mercier, de la Roque, près Brignolles, pris, trainé, puis bruflé vif, la corde au col.

Arles.

Raymond Collembaud, travaillant, tiré hors fa maifon & bruflé vif par *Jean du Destrech.*

Florimond Serre, forcé dans fa grange, tiré & bruflé par ledit *Destrech, Robert Chavary* & *Jaques Efpiard* & le *Comte de Tande* eftans en Arles.

LAPIDÉS.

Barjoul [3].

Guillaume Mureur,
Eftienne Derbes, lapidés.

A Poignans [4].

Jean Martel, tiré des prifons, & quatre jours après lapidé hors la ville par les enfans.

Congolin [5].

Pierre Caftillon, attaché à un olivier & tué à coups de pierres [6].

---

1. *La Roque d'Antheron,* village à 29 kil. d'Aix, à peu de distance de Lambesc.

2. *potences,* vieux français jusqu'au 16ᵉ siècle : *béquilles. Littré.*

3. *Barjols* (Var), à 22 kil. de Brignoles. Vol. I, p. 898.

4. *Pignans,* voy. ci-dessus, p. 338.

5. *Cagolin,* bourg à 45 kil. de Draguignan.

6. L'édition originale insère ici l'article suivant, qui suit aussi dans l'*Hist. des Martyrs :* Forcalquier : Jean Ganot, ayant esté malade au lict deux ans, pris, livré aux enfans et lapidé de pierres en la place publique. — L'errata dit de supprimer cette notice qui revient au bout de la page.

La Cagne[1].

Baptiste Gardene, au lieu appelé La Cagne, estant malade en son lict, pris, trainé & batu à coups de pierres, dont il mourut.

TUÉS & TRAINÉS.

A Barjoux.

Pierre du Pont, massacré d'un coup de pistole, prins, trainé hors la ville & pendu.

Sainct Quanat[2].

Le *fils de Jean Merindol,* tué gardant son bestail, puis trainé à la queue d'un cheval.

Antibe.

Guigou Abrilh, tué en sa maison, puis trainé & jetté aux chiens.

A l'isle de Martegue[3].

Tropheme Gautier, dit Curateau, tué & trainé.

Jean Ferri, homme ancien & de qualité, tué en plein jour, trainé & finalement jetté en la mer.

A Grimaut[4].

Miche[5] *Colle,* aagé de quatre vingts ans, tué & trainé hors la ville avec une corde. *Boniface,* escuyer, tué audit Grimaut, trainé hors la ville.

Forcalquier.

Denys de Ralhane, prestre, homme vieux & caduc, pour s'estre adonné à la religion reformée, fut pris, trainé & tué, au mois de Juillet.

Jean[6] *le Ganot,* malade d'une maladie incurable, il y avoit deux ans, pris & livré aux enfants, qui le lapiderent.

---

1. *Cagnes,* à 21 kil. de Grasse, bourg extrêmement pittoresque par sa situation au-dessus de la mer et par les ruines du château.
2. *Saint-Cannat,* à 16 kil. d'Aix et à peu de kil. de Lambesc.
3. *Les Martigues,* à 40 kil. d'Aix, au milieu d'étangs et au fond d'un canal.
4. *Grimaud* (Var), village à 44 kil. de Draguignan, avec les ruines du château de Grimaldi, au-dessus du golfe du même nom ou de St-Tropez.
5. Probablement *Michel,* comme il est appelé dans l'Index de Crepin.
6. Voy. plus haut. *L'Hist. des Martyrs* a : *Ives le Ganot.*

Frejus.

Melchion[1] *Buisson,* massacré & trainé dans la riviere d'Argent[2], les cloches sonnans.

Gaspard Feutrier, massacré & trainé comme ledit *Buisson.*

A Sainct Remi.

Jean de Villette fut assailli dans la maison de son pere par le peuple, conduit par *Hugues Frenel,* Viguier, & en sa presence massacré & trainé avec une corde au col hors la ville, jetté dans un fossé aux chiens.

Sainct Martin de Castillon[3].

Denis Berthelin, à Sainct Martin, tué à coups de dague, puis d'une corde trainé & jetté aux chiens, & le laisserent sur un fumier.

TUÉS & PRECIPITÉS.

A Aix.

Jean Giraud, advocat en Parlement, frappé d'un coup d'arquebouze sur le toict de sa maison, & precipité en bas, puis jetté aux bestes hors la ville, à la venue[4] de Mantin.

Quinson[5].

Un executeur de la haute justice du prevost, *Bellon* fut tué, pendu par les pieds, puis precipité dans la riviere de Verdon.

Honoré Fourque, du lieu de Sainct Laurens[6], à faute de payer rançon, fut lié pieds & mains & precipité vif du pont en bas dans la riviere de Verdon. *Jaques Guerin,* prestre, de Poignans[7], passant par Quinson, fut pris & lié pieds & mains, & precipité vif du pont dans la riviere.

1. *Melchior.*
2. *Argens,* se jette dans la mer à 4 kil. de Fréjus.
3. A 10 kil. d'Apt.
4. Peut-être : *l'avenue.*
5. *Quinson,* village des Basses-Alpes, non loin de Riez, à 63 kil. au sud de Digne, sur le Verdon.
6. *St-Laurent,* village à 3 kil. de Quinson.
7. *Poignan.*

Aux Baux[1].

Pierre Maret, tiré des prifons par le peuple, mis en chemife & attaché les mains au dos, à la place de Baux, tué à coups d'efpées, le trainerent par la ville, puis fut precipité des murailles en bas.

Un nommé *Beauregard,* mené à la gallerie du chafteau de Baux, & precipité des feneftres en bas, mort.

Abeffe[2].

Eftienne Olivier, eftant malade en fon lict, fut pris par *Honoré Alene,* de Soliers, & jetté des feneftres en bas, en plein jour, & maffacré à coups de pierres.

Hieres.

Jean Aignier, affailli dans fa maifon, fut bleffé, pris & jetté d'une feneftre en bas, puis pendu par un pied aux murailles de la ville.

Tourretes[3].

Jaques Peiret, precipité d'une feneftre en bas.

Cifteron.

Ifnard Aguillon, aagé de quatre vingts ans, & aveugle, pris & jetté du pont de Cifteron en bas.

Dignes.

Un Medecin de Cifteron, eftant à Dignes, fut pris & precipité du pont en bas, après avoir receu plufieurs coups d'efpée par *Jean Hermite.*

Forcalquier.

Jean Carpentoux, pris & jetté de la plus haute tour du chafteau en bas & receu fur les pointes de piques & halebardes.

---

1. *Les Baux,* petite ville très-curieuse (Bouches-du-Rhône) à 20 kil. d'Arles, sur un rocher escarpé, dominé par les ruines imposantes d'un château.

2. Lisez : à *Besse,* petite ville du Var, à 14 kil. de Brignoles (sud).

3. Ou bien *Tourrettes-lès-Fayence,* à 27 kil. de Draguignan, ou bien *Tourrettes-lès-Vence,* également dans le Var, à 16 kil. de Grasse.

Pierrerue¹, dependant dudit Forcalquier.

Auberge dit *Lovernet,* cordonnier, precipité vif de la plus haute tour du chasteau en bas.

Luts².

Guillaume Chamins, de Pierrerue, &
Jean Fontaine, pris & jettés du haut du chasteau en bas, tout vifs.

Castellane.

Jaquet Arlot, homme vieux & impotent, & griefvement malade en son lict, pris & jetté des fenestres de sa maison en bas, & l'assommerent de ses potences³, dont il se soustenoit.

Ferrier Giraut fut aussi precipité & traitté de mesme.

Apt.

Vingttrois hommes furent precipités du pont d'Apt en la riviere.

Martin Blanchet, pris & jetté du pont en bas en la riviere.

Manosque⁴.

Quatre hommes de la suite du *Comte de Tande,* Gouverneur de Provence, precipités d'une tour du chasteau en bas.

Pierre Sambonin, jetté des murailles de la ville en bas, où il fut foulé des pieds des chevaux, jusques à la mort.

Gaspard Aigosi, de la religion Romaine, fut aussi precipité des murailles de la ville en bas.

Annibal Arquier, de la ville de Lambesc, trouvé malade à Manosque, pris encores vif, luy couperent son membre, luy mirent en sa bouche, & l'ayans trainé par la ville, le jetterent des murailles en bas.

Sainct Martin de Castillon⁵.

Balthesar Bassot, aagé de vingtcinq ans, mené sur un haut rocher, appelé Roquegnan, près dudit Sainct Martin, & precipité en bas.

---

1. *Pierrerue,* à 5 kil. de Forcalquier.
2. Lisez: *Lurs,* à 12 kil. de Forcalquier.
3. Voy. p. 340; *béquilles.*
4. *Manosque,* à 18 kil. de Forcalquier.
5. *St-Martin de Castillon,* village du département du Vaucluse, à 10 kil. d'Apt.

MORTS D'ESPOUVANTEMENT.

Aix.

Jean Roque, advocat du Roy au fiege d'Ieres, eftant à Aix, & voulant fortir de la ville, après avoir efté longuement malade, fut tant batu par les gardes des portes qu'il en mourut après, & fut enterré d'un fien beaupere, nommé *la Sardi.*

Pierre Moton.
Baptifte Gardene.
Paul Cabaffo, Syndic à Sellans¹, eftant affailli en fa maifon².

Antiboul³.

Amiel de Grace, après avoir efté outrageufement tourmenté & tiré rançon d'iceluy, mourut bien toft après.

Un *fils de Bernard Bandon,* defpouillé pour être tué, mourut à Mothe d'Aigue⁴.

A Cuers⁵.

François Fournier, ayant par force refigné fon benefice, au lieu qu'il n'en vouloit non plus pour autruy que pour foy-mefme, mourut.

Seillans⁶.

Paul Cabaffi, Syndic du lieu de Seillans, ayant efté affailli dans fa maifon, mourut.

FENDUS & DESMEMBRÉS VIFS.

A Senas⁷.

Le fieur *de Senas*⁸, l'un des principaux capitaines de ceux de la religion, f'eftant retiré avec le *Comte de Tande,* gouverneur du

---

1. *Seillans,* village du Var, à 13 kil. de Draguignan.
2. Ajoutez : *mourut.*
3. *Antiboul, Antipolis, Antinopolis, Antibes,* à 22 kil. de Graffe et à 32 kil. de Nice, que l'on voit vis-à-vis.
4. *La Motte d'Aigues* (Vaucluse), village à 20 kil. d'Apt.
5. *Cuers,* petite ville (Var), à 21 kil. au nord de Toulon.
6. Cet article est la répétition de celui de plus haut, note 2.
7. *Sénas,* village (Bouches-du-Rhône), à 40 kil. d'Arles.
8. Le sieur *de Sénas.* Voy. vol. I, p. 898, et ce vol. III, p. 163, 232, 269, 324 s.

païs, ceux du lieu, ſes ſujets, envoyerent querir *Flaſſans*[1], pour piller ſon chaſteau; lequel y arrivant avec *Mondragon, Ventabran* & autres, y eſtant entré ſans reſiſtence, tua tout ce qui y eſtoit, à ſavoir quatorze hommes, gens de bien & paiſibles, qui y avoient eſté laiſſés, une femme & une fille, après les avoir violées.

Antoine Alard, fermier dudit ſieur *de Senas,* fut pendu à une croiſée des feneſtres, où il fut arquebouzé & tiré à coups de piſtoles, le faiſant languir cruellement.

Ils prindrent auſſi un homme de *Merindol,* qui y fut trouvé, qu'ils attacherent à une grille dudit chaſteau & luy fendirent le ventre, tout vif, comme à un mouton, diſans qu'ils vouloient manger le cœur d'un Huguenot tout vif.

Thoard[2].

Antoine Julien, de Thoard, fendu tout vif & luy tirerent les boyaux hors du corps, en luy diſant: Crie ton Dieu, qu'il te ſauve.

Luc[3].

Le *Cadet Sainct Stayes,* après avoir eſté rançonné, fut pendu par les pieds, puis deſmembré membre après l'autre. *Jaques Abeille,* transpercé d'un baſton ferré par le corps, ainſi porté long-temps, fut jetté dans un buiſſon & encores vif bruſlé.

Sainct Quentin[4].

Deux freres de *Roland Luc,* de Sainct Quentin, l'un desmembré tout vif, l'autre ſaigné comme un mouton & puis decoupé de ſes membres.

Manoſque.

Annibal, archer de Lambeſc, deſmembré tout vif.

La Mothe Daignes[5].

Un fils de *Bernard Bandon,* les yeux luy furent arrachés tout vif.

---

1. Vol. I, p. 894. *Mondragon,* III, 260. *Ventabran,* I, 898, 901; III, 155.
2. *Thoard,* petite ville des Basses-Alpes, à 16 kil. de Digne.
3. *Le Luc,* bourg (Var), à 28 kil. de Draguignan.
4. *St-Quentin,* village, commune de Saignon, près d'Apt (Vaucluse).
5. *La Motte d'Aigues,* village à 20 kil. d'Apt.

346   *Guillaume Nicolas,* aagé de cent ans ou environ, fut faigné tout vif avec un coufteau au gofier, jufques à ce qu'il euft rendu l'efprit.

Signe[1].

Honoré Labon, aagé de feptante ans, tué après luy avoir coupé les levres, le nés & aureilles, & attaché contre la porte de fa maifon.

ENTERRÉS TOUS VIFS.

Dignes.

Pierre Roche, ferviteur du lieutenant de Dignes, trouvé en fa metairie, fut enterré tout vif, ayant luy-mefme efté contraint faire fa foffe, & effayé fi elle feroit affés grande; & ce par *Barthelemi Chauffe Gros* & fes complices.

Forcalquier.

Louys Dandot, aagé de quatre vingts ans, pris à une lieue près, le meurtrirent environ mille pas près la ville, l'enfouirent encores vif en la terre, ayans les bras rompus.

DESENTERRÉS & JETTÉS AUX CHIENS.

Manofque.

Valerian de Fauris, ayant efté meurtri & enfeveli, fut defenterré & donné aux chiens.

A Sainct Martin de Caftillon[2].

Un jeune enfant, fils d'un libraire, aagé de quinze ans, ayant jà demeuré trois jours en terre, fut desenterré & jetté aux chiens.

MORTS DE FAIM.

A Cabrieres.

Nicolas Franchefquin.
Un frere de Claude Pelat.
Antonie Jourdin.

---

1. *Signes*, ancien bourg du Var, à 35 kil. de Toulon, non loin du Beausset.
2. *St-Martin de Castillon*, village (Vaucluse) à 10 kil. d'Apt.

NOYÉS.

Frejus.

Melchior Boyſſon[1] &
Gaſpard Feutrier, jettés dans la riviere d'Argents[2] & noyés.

Manoſque.

Un nommé *Bayonnet,* noyé dans la Durance.

Quinſon[3].

Un executeur de la haute juſtice du Prevoſt des Mareſchaux, pris & noyé dans la riviere de Verdon.

Honoré Foulque, mis à rançon & ne pouvant pas ſi toſt payer, fut attaché par les pieds & mains & jetté dans la riviere.

Jaques Guerin, preſtre de Pignans[4], paſſant par Quinſon, luy ayant attaché les pieds & mains, fut jetté dans la riviere.

Greaux[5].

Antoine Serenier, pris, tué, pendu, & jetté dans la riviere de Verdon.

Taraſcon.

Antoine Guerin, pourſuivi à coups d'eſpées, pris & noyé au Rhoſne. Un pauvre ſerrurier jetté dans le puits de ſa maiſon & noyé.

TUÉS, PENDUS & ARQUEBOUZÉS.

Aix.

Pierre Marroc, advocat en Parlement, pris dans le temple de la Magdaleine, & mené au Pin[6], & là maſſacré.

---

1. *L'Hist. Eccl.* imprime fauſſement *Melchion :* *l'Hist. des Mart.* corrige *Melchior.*

2. *L'Argens,* rivière dans le Var, qui se jette dans la mer à 4 kil. de Fréjus, après un cours d'environ 100 kil.

3. *Quinson,* village des Basses-Alpes, sur le Verdon, et sur la route de Toulon à Digne.

4. *Pignans,* petite ville entourée de jardins (Var), à 23 kil. de Brignoles.

5. *Gréoux,* ancien village situé sur le Verdon, avec des eaux thermales très-renommées.

6. *Le grand Pin des Martyrs,* près de la porte St-Jean à Aix. Voy. *supra,* p. 337, note 2.

Maturin de la Roque, pelletier, ayant efté tout un jour expofé en moquerie à la porte Sainct Jean, fut tué & fa tefte coupée & baillée pour f'en jouer.

Jofeph Batuti, Bazochien[1], arquebouzé au Pin.

Jean Boche, cellier, pendu au Pin.

Damian Mellet, menuifier, pris en fa maifon, & tué au Pin.

Philippe de la Beniere, cellier, pris en fa maifon & maffacré au Pin.

George Blanc, foliciteur, tué hors la ville, près du jardin du Roy.

George Monnier, mené tout nud & tué au Pin.

Un Pedagogue des enfans du fieur *de Tembon,* tué au Pin.

Berthelemi Bolongue, chauffetier dit *Courte-aureille.*

Durand le cordonnier.   *Jean de Marcelin.*

Jaques Jaqui, libraire.   *Jean de Marie.*

Le *Rentier*[2] de l'archimaire *Auberti,* tué à fa metairie.

Gafpard Boupar, fieur *de Peres,* tué au terroir de Minet par des foldats.

François Mouton, chirurgien, tué & mis dans un four à chaux.

Michel Marroqs & *André Marroqs,* frères, tués hors la ville d'Aix.

Un appelé *le Farinier,* tué hors la ville.

Le *Rentier* de Madame *Guerine,* à Aix.

Un cordonnier fe tenant à la boutiqne de Grefrier, pris en fa maifon & tué au Pin.

François Serre, tué.

Jaques Leon, tué.

Eftienne Rozier, forti de prifon & eftant en fa maifon & fe voulant fauver, fut affailli par le peuple & tué en la rue à coups de pierres, puis pendu par les pieds aux murailles de la ville.

Pierre Allegre, de Marfeille, maffacré par les gardes des portes d'Aix.

Un fils de *Pierre Raynaud,* advocat au Parlement, eftant allé à une fienne metairie, par le commandement de fon pere, fut tué par des foldats.

---

1. *basochien,* membre de la cour de la basoche, où se jugeaient les différends qui s'élevaient entre les clercs du parlement.

2. *rentier.* Du Cange : *rentarius,* débiteur de rente, rentier foncier ou censier, rentier ou fermier. Voy. aussi *Littré.*

Barjoux[1].

Jean Roſtain, combien qu'il fuſt de la religion Romaine & malade en ſa maiſon, fut pris à l'inſtigation de *Marſel Athevoux*[2], ſon ennemi, batu & ceux de ſa famille, rançonné, puis mis dans un bateau feignans le mener au ſieur *de Carces,* puis arrivé au terroir Sainѐte Catherine, juriſdiѐtion du ſieur *de Pontenes*[3], là pendu à un arbre.

Un nommé *Favaric,* pendu.

Barthelemi Peyrolier, de Varages[4], tué à Barjoux, ſon cheval pris, & deſpouillé tout nud ; les meurtriers jetterent au fort ſes veſtemens au veu & ſceu des officiers.

Antoine Derſſes, maſſacré inhumainement à coups de dague.

Sainѐt Mitre[5].

Louys Sabatier & un ſien frere, tués le jour de Sainѐt Jean.

Geoffroy Averic, laboureur, aagé de ſoixante ans, tué.

François Monnyer, pris, lié à un arbre & arquebouzé.

Baux[6].

Pierre Peyre, pris, mené au vergier de Grille, tué, puis jetté dans un foſſé & jetté aux chiens.

Deux enfans de *feu Sebaſtien Olivier,* tués & jettés aux chiens.

Un nommé *Brancaix,* ſerviteur de *Jean Peyre*, tué d'un coup d'eſpée au travers du ventre dont les boyaux luy ſortirent.

Sainѐt Quanat[7].

Jean, aagé de quatre vingts ans, fut rançonné, puis pendu à un cheſne.

---

1. *Barjoux. Hist. des Martyrs* : *Barjeux. Barjols,* petite ville du dép. du Var, à 22 kil. de Brignoles, dans une situation extrêmement pittoresque.
2. *L'Hist. des Martyrs : Athenoux.*
3. Probablement il faut lire *Pontevès,* village aux environs de Barjols.
4. *Varages,* village dans le voisinage de Barjols.
5. *Saint-Mitre, Castrum Sancti Mitri,* village bâti sur un plateau et entouré de remparts, d'où l'on jouit d'une vue immense, aux environs de Martigues, sur les étangs de Berre (Bouches-du-Rhône).
6. Voir la note 1, p. 417. La petite ville des Baux n'est plus qu'une ruine, sur une maison on lit ces mots : *post tenebras lux!* 1571.
7. *St-Cannat,* petite ville (Bouches-du-Rhône), à 16 kil. d'Aix, à 6 ou 8 kil. de Lambesc.

Claude Pinchinat, tué d'un coup d'arquebouze, allant à la chaffe.
Pierre le menuifier fut tué gardant le bled.
Pierre, fecretaire du fieur *d'Agulhes,* tué.

Senas [1].

Bernard Ris, cruellement meurtri en plaine rue & de jour.
Un marchand Piedmontois, paffant par Senas, luy couperent la gorge en chemin, & luy emmenerent fon cheval & tout ce qu'il avoit.
Spire Durant, tué à Senas.
Un frere de *Jean le coufturier,* du lieu d'Aignieres [2], tué à coups de dague à Senas.
Jean Pichon, d'Allançon, & *Jean Cavallhon,* d'Aignieres, tués au terroir de Senas.
Parpalon, procureur jurifdictionnel du fieur *de Senas,* tué.

Fayence [3].

Un preftre, le menerent à la baftide de Tripoli, & le tuerent à coups de dague.
Un pauvre Marefchal, fortant des vefpres, tué à coups de dague.
Antoine Teftamier dit *Court,* tué.
Gilles David, du lieu de Torette [4], tué.

Sainct Anaftazie [5].

Le fieur *de Torris,* tué à coups d'efpée.
Martin Olivier, tué en Avril.
Louys Martin, tué.
Melchion [6] *Olivary,* après l'avoir volé de quelque argent, fut tué à coups d'arqueboufe & d'efpée.
Barthelemy Martin, tué à coups d'efpées & baftons ferrés.

---

1. *Sénas,* village non loin d'Orgon et de la Durance (Bouches-du-Rhône).
2. *Eyguières (Aquaria),* bourg non loin d'Orgon.
3. *Fayence,* petite ville du département du Var, à 26 kil. de Draguignan. La notice sur le prêtre et celle sur le maréchal, tués, est omise dans *Crespin.*
4. *Tourrettes-lès-Fayence,* village, voy. ci-dessus, p. 343.
5. *Ste-Anastasie,* village à 12 kil. de Brignoles (Var).
6. Lisez Melchior *(Hist. des Martyrs).*

Antoine Montin, tué par la compagnie de *Baudiment*[1], puis pendu par les pieds.

Nicolas Martin, se pensant absenter du pays, fut pris & tué par *Baudiment.*

Besse[2].

Pons Geoffroy, notaire, tué par la compagnie de *Baudiment.*

Paulet de Geoffroy, moissonnant ses bleds, pris & rançonné de dix escus, fut tué à coups d'espée.

Antoine Gleys, travaillant à ses terres, fut tué.

Gaspard Portal, pris, blessé, rançonné de quarante escus, puis tué.

Jaques Arvanes, tué d'un coup d'arquebouse.

Bernabé André, tué à coups d'espée.

Huguet Geoffroy, tué hors la ville.

Jean Rigord, tué par des soldats allans à Brignolle.

Nicolas Bois, constitué prisonnier par le juge de Brignolle, & tué la nuict.

Jaques Geoffroy, pris par certains meurtriers en plein jour, & mené par iceux à la mort, après avoir en vain demandé justice au Lieutenant du Baille, qui s'en moqua, fut attaché & arquebouzé contre un poyrier, & qui plus est, n'estant encores mort, un certain malheureux, nommé *Baptiste Regnaud,* luy ayant traversé le corps d'un coup de dague, le bailla à un fils dudit *Geoffroy,* & luy tenant le bras, le força d'en bailler un coup à son propre pere, au veu & sceu de tout le peuple.

Antiboul[3].

Honoré Guerin, prestre du lieu de Sainct Paul[4], s'en allant du lieu de Biel au lieu de Valaurie[5], fut tué.

---

1. *Baudimant,* vol. I, p. 900.
2. *Besse,* voy. p. 337, note 6.
3. *Antiboul,* voy. p. 344.
4. *St-Paul,* petite ville (Basses-Alpes) à 26 kil. de Barcelonnette, sur l'Ubaye.
5. *Valauris* (Var), dépendance de la commune du Plan de la Tour, non loin de Garde-Freinet, dans les montagnes des Maures, qui dominent le golfe de St-Tropez. Ce fait, concernant la mort de ce prêtre *Honoré Guérin,* ne se trouve naturellement pas dans l'*Hist. des Martyrs.*

Ieres[1].

Un serviteur de *Jean Rigaud*, pris dans la maison de son maistre, & tué à la rue.

Un marchand de Lyon, estant au logis de la Couronne, fut tué.

Nicolas Marin, apothicaire à Thoulon, fut mis à rançon de vingt escus, & dautant qu'il ne payoit si tost sa rançon comme il desiroit, fut mené en plein jour hors la ville, & tué par un prestre de la compagnie du sieur *de Gyen*[2].

Jean Amelot dit *de Paris*, volé par les chemins & tué.

Un marchand de Nismes, pris en la maison de *Elione Valsiere*, sa tante, livré au peuple & mis hors la ville, & tellement batu qu'il fut laissé pour mort ; mais, ayant langui toute la nuict, & demandant secours le lendemain aux assistans, le firent achever de tuer avec une hache par *Pierre Emery*, transporté d'entendement[3].

Pierre Brassauri, combien qu'il fust de la religion Romaine, fut tué proditoirement[4].

Gaspard Simier, Viguier dudit Ieres, pris & meurtri en la place publique en plein jour.

Un marchand de Genes, trouvé mort au terroir d'Ieres, au quartier dit d'Estagnan[5].

Un estranger incognu, trouvé mort à la Pierre Plantade. Les officiers emprisonnerent deux des meurtriers, mais huict jours après furent eslargis.

Jean Antoine, constitué prisonnier, & depuis tué par *Bouquenegre*[6].

Sebastien Gombert, procureur au siege d'Ieres, venant de la ville d'Aix, fut tué.

Cuers[7].

Pierre Fournier[8], chanoine de Thoulon & Prieur du lieu de

---

1. *Hyères*.
2. *Giens*, la presqu'île entre le golfe de Giens et la rade d'Hyères.
3. C'est-à-dire : *aliéné d'esprit*.
4. Cette notice se trouve omise par *Crespin*, comme concernant un catholique.
5. *Estagnan*, probablement l'Etang, les Salins.
6. *Bouquenègre*, voy. ci-dessus, p. 322, 339.
7. Voy. p. 344, note 6.
8. Ce fait manque dans l'*Hist. des Martyrs*.

Cuers, pris par *Baudiment*[1], & fait tuer par ſes gens, puis en obtint ſon benefice pour Annibal, ſon fils.

Eſprit Chabert, jeune homme, tué hors le lieu de Cuers.

Poignans[2].

Bernabé Ferand, notaire, pris au lieu de Carnoles[3], & mené à Poignans, & mené priſonnier en la maiſon de *Jean Channat dit le Roux;* là où ayant mandé querir les Conſuls, les prians prendre ſon bien & luy ſauver la vie, luy firent reſponſe, qu'il ne vouloit prier les ſainéts & prioit les hommes, & luy ayans denié ſa requeſte, fut mené hors la ville & tué.

Feriol Borme dit *Pignans,* malade en ſon liét, fut tué.

La Valete[4].

Jean Graſſe, pauvre homme, travaillant à ſa vigne, fut aſſailli & tué.

Ambagne[5].

Barthelemy Ricard, tué.

Soliers[6].

François Muſnier, chirurgien, ayant eſté menacé par les meurtriers, ſe retirant, fut tué hors la ville.

Un pauvre tixerand[7], pris à une metairie, mené en la ville, y fut tué.

Bormes[8].

Pons Hergulhoux, pris priſonnier, mis à rançon, mais à faute de la payer, mené hors la ville et tué.

---

1. *Baudiment,* vol. I, p. 900; vol. II, p. 589 et ci-dessus p. 349.
2. *Pignans* (Var), petite ville à 23 kil. de Brignoles, au sud de Besse.
3. *Carnoulès,* village à peu de distance de Pignans.
4. *La Valette,* village à 5 kil. de Toulon.
5. *Aubagne* (Bouches-du-Rhône), petite ville à 16 kil. de Marseille.
6. *Hist. des Martyrs : Sollers;* à 14 kil. au nord de Toulon, se trouve la petite ville de *Solliès-ville,* avec les trois autres endroits environnants, *Solliès-Pont, Solliès-Farlède* et *Solliès-Toucas.*
7. Ce fait est inscrit sous l'article Bormes, dans l'*Hist. des Martyrs.*
8. *Bormes,* voy. p. 339, note 7.

A Pierre Fu[1].

Joseph Berang, tué allant à Ieres.

Gonfaron[2].

Criſtol Huart, aagé de ſoixante ans, trouvé dans un bois, pris & mené à Gonfaron & tué par les gens de *Baudiment*.

Henri le cordonnier, trouvé caché au bois, amené & tué hors la ville.

Montauroux[3].

Michel, Preſtre[4], pris priſonnier, mené hors la ville, attaché à un arbre & arquebouzé.

Pierre Leget, mis priſonnier & arquebouzé comme le precedent.

Paulet Leget, rançonné & puis tué.

Honoré Tardieu, ranconné & puis tué.

Jean Theas, tué.

Arles.

Jean de Balarin, ſieur de la ville, tué & meurtri par *Jean du Deſtrech* dit *Tanelon*, *Vincens Primat* & *Claude Javores*. Un boucher, duquel on n'a peu ſavoir le nom, meurtri près du jeu de paume par *Jean Begue* dit *l'Armade*.

Jean Tuſier, priſonnier, tué & aſſommé à coups de pierre.

En Juin 1562. *Jean de Quiqueran* dit *Ventrebran*[5], acompagné de dix ou douze brigands, ſaccagerent vingt ou vingtcinq maiſons de ceux de la religion, & furent tués ceux qui ſ'enſuivent :

Louys Bonſon, doĉteur dudit Arles, tué dans ſa maiſon par *Tropheme*[6] *Duzane*, *Jaques Eſpiard*, *Jean Begue* dit *l'Armade*.

Janon Pradon, charpentier, tué dans ſa maiſon par *Jaques Eſpiard*, *Jaques Mathelin* & *Jean du Deſtrech* dit *le Taurelon*[7].

---

1. *Pierrefeu*, village aux environs de Cuers, à 26 kil. de Toulon.
2. *Gonfaron*, village près de Pignans, canton de Besse, à 24 kil. de Brignoles.
3. *Montauroux*, non loin de Fayence, à l'est, à 30 kil. de Draguignan, avec les ruines du fort St-Barthélemy, détruit plus tard dans les guerres de religion.
4. *L'Hist. des Martyrs* donne *Michel Prestre* comme un nom.
5. *Hist. des Martyrs* : *Ventabran*. Comp. ci-dessus p. 345 et ci-dessous, p. 353.
6. *Ibid.* : *Trophime*.
7. *Ibid.* : dit *Tanelon*.

George la Faye, praticien, tué dans fa maifon par ledit *Efpiard, Mathelin* & *de Deftrech.*

Louys Prunet, chauffetier, meurtri par lefdits *Efpiard, Mathelin* & *Deftrech.*

Noel Peyre, aufli chauffetier, meurtri dans fa maifon par les fufdits.

François Barralis, mefnager[1], meurtri dans fa grange.

Le cabrier[2] de Mangueil, meurtri aux champs vers le Mas Tibert[3], où affifta un nommé *Nicolas le Court,* courratier[4].

Michel Baille de Pierre Brun, meurtri dans fa grange par *Jean Jean* & *Barthelemi Agard.*

Louys Pauton, praticien, meurtri hors la porte par *Jean du Deftrech* dit *le Taurelon, André Serrier* & *Jean Challot.*

Jaques Dumet, apothicaire, meurtri fur le pont du Trau[5] par *Jaques Vidau, Jean Uregon* dit *l'Armade, Jaques Blanc,* dit *Chafaire, Amiel de Mallefartre.*

Jean Gautier, pendu aux feneftres de *Jean Brunet,* notaire, par *Eftienne Ycard, Vincens Primat, Jaques Mathelon, Jean Durbaut* & *Honoré Nicolas.*

Frere *Pierre,* pris aux prifons du Roy, où il eftoit detenu par authorité de juftice & meurtri par *Jean Jean, Raymond Vachal* dit *de Cabrieres, Jaques Blanc, Pierre Senequier* & *Louys le Mefurier.*

Un nommé *maiftre Barthelemi le cordonnier,* meurtri hors la porte de la Cavalerie, par *Vincens Primat* & *Jean Jean.*

Antoine Aimar, pefcheur, meurtri par *Guillaume Brunel,* Viguier, & *Laurens,* fon fils.

Baftide de Caftelane, fieur *de la Val,* avec un fien ferviteur, meurtris dans le grand temple par *Jean de Quiqueran* dit *Vente-*

---

1. Mesnager des champs, cultivateur.

2. *cabrier*; provençal: *chevrier. Hist. des Mart.: Le Cabriel de Mangueil.*

3. *Mas-Thiber,* village (Bouches-du-Rhône) appartenant à la commune d'Arles.

4. *courratier,* latin du moyen-âge: *corraterius,* voy. *Du Cange;* provençal: *corratier;* italien: *curratiere,* c'est-à-dire courtier, de *curare,* prendre soin de quelque chose.

5. *Tran,* peut-être faut-il lire *Cran?* Serait-ce la plaine de la Crau, entre le Rhône et les étangs de Martigues?

bran, Honoré de Quiqueran dit *le Secreſtain*¹, ſon frere, *Robert de Quiqueran* dit *de Beaujeu, Gaucher de Quiqueran* dit *de Mejanes, Tropheme Duzane, Antoine de Beſaudin, Jean Jean, Raymond Vacchier* & beaucoup d'autres.

Tropheme, travailleur, meurtri dans ſa maiſon, de nuiƈt, par *Jean du Deſtrech* dit *le Taurelon.*

L'iſle de Martegue².

Jaques Gardon, ſoldat pour le Roy à la tour de Bouc³, en ladite iſle tué.

Tourretes⁴.

Eſprit Segond, du lieu de Fayence, tué au chaſteau de Tourretes.

Michel Gueybier, de Frejus, tué audit chaſteau.

Jaques Peyreſt, eſtant pourſuivi dans ſa maiſon, ſauta d'une feneſtre en bas & ſe creva, dont il mourut. Le vicaire du lieu luy denia ſepulture.

Bergemon⁵.

Barthelemi Sauvaire, tué en la place de Bergemon, en plein jour.

Clavier⁶.

Antoine Courtes, & *Eſtienne Anger,* ſon beaufrere, tués à coups d'arquebouzes hors la ville.

*Melchion*⁷ *Cortes,* tué auſſi à coup d'arquebouze, gardant ſes brebis.

1. C'eſt-à-dire probablement le *sacristain.*
2. *Martigues,* voy. ci-dessus, p. 348, note 5. La ville de Martigues sur l'étang de Berre.
3. *L'île de la Tour de Bouc,* dans la Méditerranée, non loin de la côte, dans la partie occidentale de l'étang de Caronte, à l'entrée de l'étang de Berre, commune de Martigues.
4. *Tourrettes-lès-Fayence,* village (Var). Voy. ci-dessus, p. 343.
5. *Bargemont* (Var), village à 14 kil. au nord de Draguignan. Patrie de l'abbé Moréri, l'auteur du Dictionnaire historique. 1674 (10 vol.).
6. *Claviers,* village dans les mêmes environs, à 13 kil. de Draguignan, au pied des ruines d'un vaste château.
7. Voy. ci-dessus, p. 349.

Sellans [1].

Melchion Langier, tué à coups d'arquebouze.

Thoard [2].

Entre toutes les cruautés qu'on peut remarquer, faut icy noter *Eleon de Barras,* se disant capitaine, lequel ayant pillé la bastide & metairie de *Jean Rocobrun,* & l'ayant rançonné de trois cens florins, print prisonnier aussi *Honoré Dauphin,* qu'il mena avec une tenaille de fer par le nés, jusques à ce qu'il luy eust payé autres trois cens florins de rançon. Ce fait, menant liés & garrotés *Pierre Feraut* & *Pierre Malet,* & arrivés en un lieu appelé Anatans, perça les deux bras dudit *Mallet* avec une dague, puis passa une corde par dedans, le deschiqueterent à coups d'halebarde & d'espée, & de là menerent *Pierre Feraut* au lieu de Champtorsier [3], où ils le arquebouzerent, & après sa mort luy donnerent vingt coups de dague.

Le mesme *Eleon de Barras,* ayant pillé, la veille de Noel, toutes les maisons de ceux de la Religion reformée de Thoard, où il n'y avoit que des femmes, fit tant toutesfois qu'il print prisonnier *Angelin du Plan,* qu'il tua à coups de dague, luy disant : Crie ton Dieu, qu'il te sauve. Il print aussi *Charles Thomas* & *Louys Formel,* qu'il mena prisonniers à Digne, où ayans esté detenus quatre mois, en fin ils furent condamnés en galeres par le lieutenant du lieu, dont ils se porterent pour appelans, & feignans les mener à Aix [4], furent tués & massacrés près de la ville.

Pierre Maurison, chargé de femme & d'enfans, après l'avoir rançonné de huict escus, faisant semblant de le mener à Digne, le massacrerent sur les chemins.

Il rançonna aussi les Consuls dudit lieu de Thoard de soixante escus, disant tout haut : Je suis tout & puis faire ce qu'il me plaira comme lieutenant du Roy.

---

1. *Seillans,* voy. ci-dessus, p. 344.

2. *Thoard,* petite ville (Basses-Alpes) à 16 kil. de Digne, avec les restes de ses anciens mûrs et de ses tours.

3. *Champtersier, Campus Terserius,* village à 9 kil. de Digne.

4. *Hist. des Martyrs* : à Digne.

Benoiſt du Plan, pauvre homme, chargé de femme & enfans, fut attaché par le mefme *de Barras* & fes complices contre un arbre, & arquebouzé & bleſſé de pluſieurs coups d'efpées & de dagues, & eſtant encore vif, luy couperent ſon membre & luy mirent dans ſa bouche, luy diſans: Mange cela, bourreau.

Ciſteron [1].

Antoine Nicolai, notaire,
Antoine de Curia,
Jean de l'Ayde, pendus & eſtranglés.

Ribies [2].

Sauvaire Chais, tué.

Sainct Maximin [3].

Jean Antoine Coche, aagé de quarante cinq ans, fut pris au logis de la Croix blanche, hors la ville, mené dans la ville, rançonné de douze efcus, puis remené hors la ville & tué en plein jour, ſachans les Juges, Viguier & Confuls.

Jaques Fouquete, apothicaire, eſtant pris en une metairie d'un ſien frere, luy firent ouvrir la bouche, diſans qu'ils vouloient voir combien il avoit d'aage, luy tirerent un coup de piſtole dans la bouche, & l'acheverent de tuer à coups d'efpées.

Velaux [4].

Claude Moton, aagé de quatre vingts ans, & cheminant avec des potences, fut tué à coups de coutelas par un nommé *Bigorre Dagulhes*.

Antoine Richard, demeurant au lieu appelé Le grand Tom, arquebouzé de nuict.

---

1. *Sisteron.*

2. *Ribiers*, bourg des Hautes-Alpes, sur le Buech, à quelques kil. de Sisteron.

3. *St-Maximin* (Var), village près de la source de l'Argens, à 20 kil. de Brignoles.

4. *Velaux* (Bouches-du-Rhône), village à 14 kil. d'Aix, à 5 kil. de Berre et des étangs.

Grimaud[1].

Jaques de Mitrite, dudit Grimaud, aagé de trente ans, meurtri au terroir de la Garde[2], joignant Grimaud.

Jean Moreti, aagé de cinquante ans, pauvre travailleur, chargé de deux filles à marier, tué à coups de dague.

Jean Antoine Cordier, Procureur juriſdictionnel du ſieur *de Sault,* pris en ſa maiſon, mené hors la ville, arquebouzé & tué par *Antoine Chantando, Jaques Quirier* dit *Lansquenet, Pierre Clement* & *Honoré Goutier.*

Barthelemi Feraporte, de Cogolins[3], aagé de ſoixante ans, pris en la maiſon d'un ſien frere, mené hors le lieu de Grimand, & tué à coups d'eſpées & de dagues.

Marſeille.

Jean de Vegat fut tué le premier jour de May 1562, près des portes de la ville, en la preſence de l'un des Conſuls nommé *Pierre le Blanc,* & de *Flaſſans*[4], qui y aida à le tuer, puis deſpouillé & laiſſé nud.

Antoine Vaſſe, pris & meurtri entre les bras de ſa femme, par *Jean Sabatier* & autres meurtriers, puis le baillerent aux enfans, qui le trainerent & bruſlerent hors la ville, près de la porte Galle.

Un neveu dudit *Vaſſe* fut ſemblablement tué & bruſlé hors la ville.

Joſeph Guerin, aagé de vingt ans, bleſſé & meurtri en la maiſon de *Chomet,* apothicaire, par *Charles Soucin, Blaiſe Montier* & autres, puis livré aux enfans, demi mort, qui le trainerent en la preſence des Conſuls, hors ladite porte Galle, & bruſlé par le commandement d'iceux.

Les Conſuls de Marſeille, ayans fait commandement à ceux de la Religion de ſortir de la ville, apoſterent certains meurtriers ſur les chemins pour tuer ceux qui en ſortiroient; comme il en advint

---

1. *Grimaud* (Var), village, non loin de St-Tropez, avec les ruines pittoresques du château de Grimaldi, construit par la reine Jeanne Ire.

2. *Hist. des Martyrs: La Garge.*

3. *Cogolin* (Var), bourg à peu de kil. de Grimaud.

4. Le sieur *de Flassans,* dont les violences sont rapportées au long au vol. I.

à *Honorat Bollet,* près de Penes[1], & *Pierre Alegre,* près de Gardane, par lesdits meurtriers apostés.

Louys Jombert[2], prestre, estant de la religion Romaine & Prieur de Sainct Laurens à Marseille, à la poursuite des Consuls pris en son lict par *Jean Sabatier, Annel Sabatier,* son frere & autres meurtriers, luy ayans fait prendre ses meilleurs habits & son argent, sous couleur de luy sauver la vie, & l'ayans mené hors la ville & pris ses habits & argent le tuerent en la presence d'un des Consuls monté à cheval.

Barthelemi Descalis, de la religion Romaine, ayant esté fort blessé & se faisant penser à la Bastide des Guettons, luy fut coupé la gorge entre les mains de sa mere, par *Charles Soucin, Antoine Flassart.*

Nicolas Masse, aussi estant de la religion Romaine, fut tué en plein jour dans la ville, au sceu des juges & Consuls, qui n'en firent aucune justice.

Jean Rostain, aussi de la religion Romaine, fut tué à sa Bastide.

Quelques soldats du fort de la Garde, accusés d'avoir voulu livrer ledit fort à ceux de la Religion, fut tellement gehennés qu'ils en moururent.

Pierre Guilloti, d'Arles, marié audit Marseille, frappé à mort de deux pistoles par *Jean Negre* & *Jean Heraut.*

Elias Rebuffat, assommé & meurtri hors la ville.

Paul de Cipierres, marchand, malade en sa maison, pris par les Consuls & feignans le vouloir mener prisonnier à la tour Sainct Jean, fut tué auprès d'icelle tour.

Edon Tresselin[3], de la religion Romaine, après avoir esté volé de neuf cens ou mille escus, fut pendu & estranglé de nuict par *Jean Sabatier,* un sien frere & leurs complices.

Cadenet[4].

Pierre Plause, de Cadenet, tué.

Guillaume Comet, aagé de septante ans, tué.

---

1. Peut-être le village de *La Penne,* à 11 kil. de Marseille.
2. Cet article, ainsi que les suivants, est omis jusqu'à *Pierre Guilloti,* par *Crespin.*
3. Cette notice manque dans l'*Hist. des Martyrs.*
4. *Cadenet,* voy. p. 319.

Pourcieux[1].

Boniface Marmaillan, tué dans un bois.

Aiguilles[2].

Honoret Bonnet, dit *Beringuel*, meurtri par *Balthazard Taſſel*.

Guillaume Romain, meurtri par *Jean Bonfilhon*, d'Aix, & autres ſes complices.

Lauſſon[3].

Jean de Lero.
Gaſpard Guiſur,
Jean & André Laurens, & un dit *Guigou*, tous tués en un meſme jour, au ſceu des officiers de la juſtice, & eſtant gouverneur du lieu le ſieur *de Trés*, premier Preſident d'Aix.

Digne & lieux circonvoiſins.

Antoine Guichard, de Digne, tué à la Granedeblerie par *Louys Achard*, dit *Chercherus.*

Un homme de Merindol tué par *Anſelme Cantil*.

Un autre homme dudit Merindol, aagé de quatre vingts ans, ayant avec ſoy ſa femme & pluſieurs petis enfans pris par *Olivier Bonardon* & conduit dans la maiſon de *René Aroard*, teinturier, & par moquerie luy diſoient qu'il entraſt en la maiſon d'un de ſes freres, & qu'il feroit ſacrifice, en laquelle maiſon il fut tué cruellement.

Louys Fornel, dit *Bedin*, & *Charles Thomas* furent pris environ Noel au lieu de Thoard[4], par le capitaine *Helion de Mirabel*, & conduits és priſons de Digne, où quelque temps après furent condamnés par *Jean Joncard*, commis audit ſiege, aux galeres, dont ils appelerent à la Cour, & les conduiſant à Aix, eſtans aux iſles de Bleons[5] avec le greffier & geolier portant le procès, furent

---

1. *Pourcieux* (Var), village aux environs de St-Maximin, à 26 kil. de Brignoles.

2. *Eguilles*, bourg à 11 kil. d'Aix, dominant la vallée de l'Arc.

3. *Lausson*, lisez *Lançon*, village près de Salon (Bouches-du-Rhône), à 30 kil. à l'occident d'Aix.

4. Voy. p. 354, note 5.

5. *La Bléone*, petite rivière, passant à Digne, a quelques îles dans son cours inférieur.

affaillis par *Vincens d'Ifabelle Tiratene, Charcheries* & autres leurs complices, & tués cruellement.

Bernard Goy, tué à Colmars[1] par *Barthelemi Laurens*, foldat du capitaine *Pras*, d'une arquebouzade.

Antoine Cholan, Baille[2] de Lambrufche[3], tué par des gens de Sainct André[4], au mois de Septembre.

Sauvaire Donadieu, tué cruellement à Courbons[5], le cinquiefme Juillet.

Jean Caffan fut tué par aucuns garnemens de Courbons, après leur avoir donné à fouper, feignans le mener à l'efbat[6].

Un fermier & rentier du fieur *de Maulvans* fut pendu par un preftre, à la pourfuite du vicaire de Toramenes[7].

Ifnard Marchal, fergent Royal, eftant allé à Barienne[8] pour executer un mandement du fieur *de Sommerive*, fut tué entre Barenne & Chandon[9], luy trencherent la tefte, puis la roulerent par moquerie comme on feroit une boule.

Forcalquier[10].

Marquet Maffé, coufturier, aagé de foixante ans & boiteux, pris en fa maifon & meurtri.

Robert, le menuifier, tué dans la ville en plein jour.

Antoine Plume, aagé de quarante ans, fourd, l'ayant pris en fa maifon & le menant vers le temple Saincte Marie, en plein jour fut tué.

---

1. *Colmars*, petite ville forte (Basses-Alpes), au pied des Alpes, au confluent du Verdon et de la Sens.
2. baille, c'est-à-dire *bailli* ou *baillif*.
3. *Lambruisse* (Basse-Alpes), village à l'ouest de Barême, à 42 kil. de Digne.
4. *St-André de Méouille* (Basses-Alpes), bourg sur le Verdon, à 16 kil. de Castellane.
5. *Courbons*, village, à 7 kil. de Digne.
6. à l'esbat, au divertissement.
7. *Toramènes, Toramina*, aujourd'hui *Thorame*, Haute- et Basse-, deux villages des Basses-Alpes, entre Colmars et Lambruisse.
8. Lisez *Barréme*, village à 36 kil. de Digne.
9. *Chaudonvac*, à quelques kil. au nord de Barrême, 24 kil. de Digne.
10. *Forcalquier* (p. 343), sous-préfecture des Basses-Alpes, au nord de Manosque et à quelques kil. à l'ouest de la Durance, à 53 kil. au sud-ouest de Digne.

Eſtienne, beau-fils du Roux[1], tué en plein jour.

Denis de Relhane[2], preſtre vieux & caduque & ne pouvant cheminer, fut pris trainé par toute la ville & puis maſſacré à la place du Bou à coups d'eſpée.

Auban Bellonnet, pris, tué & trenché la teſte, laquelle ils faiſoient rouler comme d'une boule.

Pons Monrard, Procureur, pris & tué au terroir des Cogues, diſtant de Forcalquier de deux lieues.

Auguſtin Uſelat, du lieu Dongle[3], pris & tué.

Pierre Landuc, du lieu du Sederon[4], tué.

Suffren Vial, de la Roche de Giron[5], tué proditoirement.

Martin Doidier, auſſi meurtri.

Pierre Sevrier, tué.

Bertrand, dit *Botine*, menuſier, meurtri.

Ravoiron, après avoir eſté long temps priſonnier, fut tué & jetté.

Antoine Serenier, de Greaux[6], à trois lieux de Forcalquier, fut pris, tué, pendu & jetté dans la riviere de Verdon.

Jean Verdet, D'ongle, diſtant demie lieue dudit Forcalquier, auquel, après l'avoir tué, lui couperent les genitoires.

Michel, palefrenier & ſerviteur du ſieur *de Pierre Rue*, trouvé endormi aux pieds des chevaux de ſon maiſtre, fut tué & meurtri au mois de Juillet.

Jean Periaud, ſergent ordinaire de Fontiane[7], diſtant d'une lieue de Forcalquier, fut tué proditoirement.

Antoine Alhaud, du lieu de Lux[8], diſtant une lieue dudit Forcalquier, au terroir de Peyrms[9], tué.

---

1. Peut-être était-il du village *du Roux*, dans les Hautes-Alpes, appartenant à la commune d'Abriès, sur les confins du Piémont, vers Pignerol.

2. *Reillanne* (Basses-Alpes), petite ville à 18 kil. de Forcalquier.

3. Lisez : *d'Ongles*, village à 13 kil. au nord de Forcalquier.

4. *Sederon*, bourg à une vingtaine de kil. à l'ouest de Sisteron, dans la partie méridionale du Dauphiné (Drôme).

5. *La Rochegiron* (Basses-Alpes), village à 24 kil. de Forcalquier.

6. *Gréoux* (Basses-Alpes), village sur le Verdon, *supra*, p. 347.

7. *Fontienne*, village à 9 kil. de Forcalquier.

8. Lisez *Lurs*, village sur la Durance, à 12 kil. (est) de Forcalquier, au sud de Peyruis.

9. Lisez *Peyruis*. village sur la Durance, à 22 kil. (nord-est) de Forcalquier.

du Parlement de Provence. Livre XIII.

360   *Laurens Jouve,* dudit lieu de Lux, fut tué au mois de Septembre hors la ville.

Un appelé *Puget,* en ce mefme temps fut tué audit lieu de Lux.

Un homme de Giraud Peys[1], diftant deux lieues dudit Forcalquier, pris & pendu.

Matthieu Laidet, preftre du lieu de Vachieres[2], diftant de deux lieues de Forcalquier, au mois de May fut tué.

Un nommé *Santeli,* dudit Vachieres, fut tué.

Eftienne Argon, de Serefte[3], tué.

François Perniffet, greffier ordinaire dudit Serefte, tué & meurtri.

Gafpard Brunet, dudit Serefte, tué en plein jour.

George, juge dudit Serefte, tué auffi proditoirement, en plein jour.

André Chaut, de Sigoyer[4], fut pris prifonnier & incontinent pendu, au mois d'Octobre.

Trois autres hommes meurtris audit Serefte, dont n'avons peu favoir les noms.

Autres plufieurs perfonnes trouvées tuées & meurtries par les chemins, dont nous n'avons eu cognoiffance.

François de Menolhon, Baille du lieu de Vachieres, & *Elias de Menolhon,* fon fils, ont efté tués hors ledit lieu.

Un mercier dudit Vachieres, tué.

Un porteur de letres, mandé par la dame *de Vachieres,* tué audit lieu.

Graffe.

Philippes Roquemaure & *Monet de Roffignol,* tués hors la ville, allans à Grollieres.

Un nommé *Utrollis,* du lieu de Sainct Paul[5], tué près dudit Graffe

Guillaume Jean, tué dans ladite ville de Graffe.

---

1. *Hist. des Martyrs : Grand Peys.*
2. *Vachères,* village à quelques kil. de Reillanc (voy. la page précédente), à 19 kil. de Forcalquier.
3. *Céreste,* village à 3 ou 4 kil. de Reillanne, à 26 kil. de Forcalquier.
4. *Sigoyer,* village à 20 kil. de Sisteron.
5. *St-Paul-du-Var,* village à 26 kil. de Grasse, non loin de Cagnes.

Vence¹.

Guillaume Enfiere dit *Pillofe*, tué.

Caftellane² & lieux circonvoifins.

Valentin Roubin, mercier dudit Caftellane & un fien compagnon, partis du lieu de Tortone³ pour aller à Digne, furent fuivis par ceux qui avoient beu avec eux, & par eux tués au chemin public.

Auguftin, pris & mis prifonnier à Peyrolles⁴, près de Caftellane, puis eflargi & aguetté par les chemins & tué.

Jaques Laure, aagé de plus de foixante ans, pris par le Prieur de Feugaret⁵, & pendu à un arbre.

N. Pourchat, preftre du lieu de Blioux⁶, pris, rançonné, mené à Barremes & là maffacré.

Martin Simon, du lieu de Sainct André⁷, pris à la maifon du fieur *Torrieres,* audit lieu, & là maffacré.

Antoine Chaillan, Baille du lieu de Lambouche⁸, pris prifonnier en fa maifon, & depuis mené hors la ville & maffacré.

Frejus.

Antoine Rodulphi, maffacré.

Pierre Rollet, befongnant aux champs, fut tué par les gardes de la porte de la ville.

Honoré Rainandi, notaire, pris & rançonné, puis tué hors la ville.

Jean Callas, pris & bleffé à coup de dague, proumené enfanglanté, puis achevé de tuer hors la ville.

1. *Vence*, ancienne ville, à 22 kil. de Grasse, ancien évêché réuni à celui de Fréjus.
2. La ville de *Castellane* (Basses-Alpes), sur le Verdon, au pied d'un rocher, avec une superbe vue sur l'amphithéâtre des Alpes, et le pic le plus élevé, le Taillon.
3. *Portona*, ville du Piémont, non loin de Marengo et d'Alessandria della Pallia.
4. *Peyroules*, village à 17 kil. de Castellane.
5. *Feugeret* ou *Fingeret*, dans les Basses-Alpes.
6. *Blieux*, village à 16 kil. de Castellane.
7. *St-André-de-Méouille*, bourg à 16 kil. de Castellane, sur le Verdon.
8. *Lambruisse*, village (Basses-Alpes), non loin de Barême.

Pierre Gavagnoli, auſſi maſſacré.

Eſtienne Pieyre, Conſul du lieu de Sainct Rafel [1] maſſacré audit Frejus.

Melchion Motet, grenetier dudit Frejus, tué par les chemins.

Luc [2].

Le pere de *Jaques Brun,* tué.

Amphoſſi, travaillant en ſa poſſeſſion tué.

Moreti, de Grimand [3], tué au milieu de la place.

Jean Bertrand, cordonnier, fut tué par le commandement de *Caille,* lors Conſul.

François Garcin, pris priſonnier en ſa maiſon entre les bras de ſa belle mere & de ſa femme, puis mené à *Louys Bras,* Capitaine de la ville luy demandans qu'ils en feroient, & ayant reſpondu à ceux qui le menoient, qu'ils en fiſſent ce qu'ils ſavoient, lors le menerent hors la ville & le tuerent à coup d'arquebouze, puis luy ayans coupé la teſte, la trainerent & roullerent par les chemins, par l'eſpace d'un mois, dont ſa mere a perdu l'entendement de triſteſſe.

Mées [4].

Salvaire Barles, tué par des garnemens après avoir fait bonne chere avec luy.

Michel Meyſſonnier, eſtant en ſa baſtide fut pris & mené devant le lieutenant du Juge du lieu, qui fit reſponſe, qu'ils executaſſent l'Edict du Roy (c'eſt à dire le tuer) qui fut cauſe qu'ils l'attacherent de cordes, & mené hors la ville le maſſacrerent inhumainement.

Bertrand Sauſſe, de Gmaſerins [5], travaillant au lieu de Vinon, pris priſonnier par aucuns de la Verdiere qui le menerent à Sainct Pol, & illec fut meurtri inhumainement.

---

1. *St-Rasel* doit être le village maritime de *St-Raphael,* près de Fréjus, avec un petit port (où le général Bonaparte débarqua lors de son retour d'Egypte).

2. *Le Luc,* voy. supra, p. 345.

3. Lisez *Grimaud,* voy. ci-dessus, p. 356, note 1.

4. *Les Mées,* petite ville fort ancienne (Basses-Alpes), à 27 kil. de Digne, au pied des rochers de Mées, sur la Durance.

5. Lisez *Ginasservis,* bourg (Var), à 2 kil. de Brignoles, près de Gréoux.

Pertuis[1].

Le fils d'*Eſtienne le Jardinier*,
Le ſerviteur de *Eſtienne Fouquet*,
Boyer, ſerviteur de *Louys Court*, furent tués tous dans la ville.

Apt[2] & ſa vallée.

Furent tués en diverſes fois quarante hommes.
Paris, aagé des ſoixante & dix ans,
Martin Barrier, aagé de quatre vingts ans,
Barthelemy Serre, aagé de ſoixante dix ans,
Sebaſtien Chanin, de Caſtelnave, au detroit d'Apt, tués & maſſacrés.

Quatre hommes tués au lieu de Sainct Quintin[3].
Ont eſté tués au lieu de Mus[4] plus de cinquante hommes.
Les pere & oncle de Barthelemy Buech meutris à coup d'eſpées & arquebouzés, puis deſpouillés, trainés & leur chair decoupée.
Le mari de *Honorade Garine* tué à coup de dagues & d'arquebouzes.
Guillaume Girad[5], aagé de quatre vingt ans, tué à coups d'eſpée.
Deux freres & un neveu d'*Eſprit Girard*, trainés, eſtranglés avec une corde au col, & decoupés.

Sainct Remy[6].

Raymond Raupalhe, procureur du Roy à Sainct Remy, combien qu'il fuſt de la religion Romaine fut tué en allant à ſa metairie, navré de dixhuict coups de baſtons ferrés & de halebardes.
Jean Cotton, chirurgien, meurtri dans la ville & partie de ſon corps bruſlé, partie jetté au lieu de la voirie.

---

1. Voy. *supra*, p. 340, note 2.
2. *Apt* (Vaucluse), sous-préfecture.
3. *St-Quentin*, village appartenant à la commune de Saignon, dans les environs d'Apt.
4. Lisez *Murs*, village à 18 kil. d'Apt (canton de Gardes).
5. *Hist. des Martyrs*: Girard.
6. *St-Remy* (Bouches-du-Rhône), à 16 kil. de Tarascon.

Sallon de Craux [1].

Raymond Alard, pris en la ville de Lambefque & fait prifonnier, dont il fut enlevé par certains garnemens dudit Sallon, mené hors la ville & maffacré.

Sainct Chamas [2].

Pierre Rebul, pris dans fa maifon & tué à coups de dagues.

Lourmarin [3].

Antoine Melle,
Bertrand Louye, allans moiffonner leurs bleds & rencontrés par le *Chevalier d'Auffons* & fes complices, furent tués au lieu de Collongne.
Jean Martel, tué.
Jaques Aguitte, tué par les fufdits au lieu de Jonquier [4].
Simon Carbonnier,
Monnet Tasquier, tué en leurs maifons.
Hugues Cavalier,
Claude Cavalier,
Collet Cavalier,
Simon Cavalier,
Gingo Bertin,
Raymond Bertin,
Guigo Laron,
Jean de Sainct Marc,
Simon Guirouch,
Peyron Agniton,
Antoine Carbonnier,
Mathieu Agniton,
Jamme Viton,

---

1. *Salon,* voy. p. 338, note 10. Le nom de Salon de Crau lui est donné de la plaine de Crau, entre le Rhône et l'étang de Martigues, dans laquelle elle est située.
2. *Saint-Chamas,* petite ville maritime, à quelques kil. de Salon, sur l'étang de St-Chamas.
3. *Lourmarin,* bourg (Vaucluse), à 15 kil. d'Apt.
4. Nous ne connaiseons pas d'endroit de ce nom dans les environs de Lourmarin. La petite ville de Jonquières (Bouches-du-Rhône), réunie aujourd'hui à celle des Martigues, paraît trop éloignée.

Huguet Andrinet,
Philip Hugo,
Jamme Jamme,
Conſtans Perrin,
André Sallen,
Louys Sale,
Eſtienne Carbonnier,
Jaques Neſin,
Jean Bonnot,
Pierre Bartomieu,
Guillaume Borgo,
Jean Taſquier & ſon fils,
Bremond de la Roque,
Guillaume Perrotet,
Pierre Court,
Lou Gomon,
Graſſian Sore,
Antoine Gros, tous tués ſans ſ'eſtre mis en defenſe, par les compagnies des Capitaines *Pignoli* & *de Luquin Joffret*.

Plus, audit Lourmarin, quelque temps après, furent tués par la compagnie de *Marquet, de Merindol*, à ſavoir
Guillaume Codoyre,
Antoine Paris,
Antoine Berthelemy,
Eſtienne Serre,
Simon Richard,
Antoine Toux,
Claude Andrinet, &
George Andrinet, ſon frere,
Guillaume Roy, tué près de Lourmarin.

Un berger de Faci Rey fut tué au champ & tout ſon beſtail emmené.

Huguet Gonoux, tué, ſes enfans depuis morts de faim.
Claude Gardiol,
Paguot Rodet, l'aiſné,
Rodet Roſier, &
Pierre Roſier, ſon frere, meurtris par le Capitaine *Cuges* & ſa troupe, & mirent le feu à la maiſon du fuſdit *Guillaume Roy*.

Vallenfolle[1].

Claude Beraud, ferrurier, tué à l'entrée de la ville.
Michel Gay,
Jean Materon, dit *Borriquet,* aagé de feize ans, f'en eftans fuis en des vignes pour fauver leurs vies, furent cherchés avec des chiens, & les trouvans prians furent tués à coups d'arquebouzes.
Honoré Alizon, tué.
Honoré Berton, tué entre les mains de fon père & après luy couperent fon membre, & luy mirent dans la bouche.
Efprit Ymbert, apothicaire, tué en fa maifon.

Puymoiffon[2].

Un pauvre manouvrier nommé *Jaufreton,* tué.

Manofque[3].

Pierre de Montferrat, tué en une fienne metairie.
Un marchand eftranger, trouvé mort près de la ville, & couvert de paille.
Jaques Magnan, &
Olivier Magnan, eftans chés une leur parente, après leur eftre fait commandement de fortir, font tués hors la ville.
Jean Ferrand, notaire, pris en fa maifon, malade en fon lict avec fa femme, mis hors la ville & tué prefens les Juges & Confuls.
Rouftang Carme, tué près Manofque.
André Abel, combien qu'il ne fuft de la Religion reformée, faccagé à Beaumont[4], de quoy fe plaignant à *Sommerive* de ce faccagement, fut mené hors la ville & tué.
Bernard de la Caze, eftant venu voir fa femme, fut tué dans la ville.

Sainct Martin de Caftilhon[5].

Le fils de *Guillaume Renand,* pris à Sainct Martin & mené au lieu de Grandbois, lequel, après avoir efté rançonné de cinquante efcus, fut pendu & eftranglé à un arbre.

---

1. *Valensolles,* voy. p. 339.
2. *Puimoisson* (Basses-Alpes), village, voisin de l'ancienne ville de Riez.
3. *Manosque* (Basses-Alpes), à 18 kil. de Forcalquier.
4. *Beaumont-de-Pertuis* (Vaucluse), village sur la Durance, à 33 kil. d'Apt.
5. *St-Martin-de-Castillon* (Vaucluse), village à 10 kil. d'Apt. *Grambois.* village à 26 kil. d'Apt, canton de Pertuis.

Honoré Abeli, pris & arquebouzé au lieu de Caſtelet[1], par le Curé & preſtres du lieu, puis pendirent ſon corps à un arbre.

Jean Creſt, tué à coups d'eſpées & dagues.

Eſtienne Thome, tué à Sainct Martin de Caſtilhon.

La Val d'Aignes & Cabrieres[2].

François Anthoard, combien qu'il fuſt troublé de ſon entendement, fut tué à Cabrieres.

Claude Anthoard, impotent d'une jambe, tué, delaiſſa une femme & deux filles, depuis mortes de faim.

Pierre Goyrard, aagé de ſoixante dix ans, tué.

Jean Anthoard, vieil & caduque, maſſacré.

Antoine Crespin, aagé de quatre vingts & dix ans, aveugle & impotent, tué.

Guillaume Armand, aagé de quatre vingts ans, tué dans une ſienne vigne.

Jaques Roux, aagé de ſoixante ans, tué.

Un fils de *Bernard Baudon* eut les yeux crevés.

Eſprit Fabre, tué à la Motte[3].

Marquet Teyſſerand, maſſacré.

Jean Roux, tué.

Hugues Bonnet, eſtant malade en ſon lict, tué.

François Roux, tué.

Jean Pascal, tué.

Guillaume Nicolas, aagé de cent ans ou environ, pris à la Motte par un brigand, luy coupa la gorge, tout ainſi comme à un pourceau, luy tenant le couſteau juſques qu'il rendit l'ame.

Oſias Jouvent, homme vieux, allant à la Tour d'Aignes[4], conduiſant deux aſnes, fut pris & tué d'une arquebouzade.

Guillaume Goyrin, pris par le chemin, tué, puis deſpouillé tout nud & abandonné aux beſtes.

---

1. Ce ne peut être le village de *Castelet*, dans le Var, à 10 kil. de Toulon.

2. *Cabrières-d'Aigues* (Vaucluse), à 20 kil. sud-est d'Apt, au pied de la montagne de Luberon, le village des Vaudois, dont la lugubre histoire est racontée au vol. I, p. 43 s.

3. *La Motte-d'Aigues* (Vaucluse), à 20 kil. d'Apt (canton de Pertuis).

4. *La Tour-d'Aigues,* village des mêmes environs.

Le pere de *Guillaume Baille,* rencontré à la montagne de Leberon[1] par des brigands, fut tué.

Brignolle.

Arband Daulps[2], dit *le Nés d'argent,* tué au logis de la Fleur-de-lys, levant une compagnie de gens de pied pour les *Comtes de Tande & Cruſſol,* avec huict ſoldats auſſi tués, ſans les autres qui furent bleſſés & devaliſés par la compagnie de *Flaſſans.*

Guillaume Clavier, fils du procureur du Roy à Brignolle, tué & ſon corps jetté aux chiens.

Jean Rigord, fut pris en ſa maiſon, mené aux champs, & tué à coups d'arquebouzes & eſpées.

Honoré Laurier, dit *Gaſſon,* tué au terroir de Brignolle.

Louys Bellon, fils du Prevoſt des mareſchaux, impotent des jambes, fut pris en ſa maiſon, & tué en pleine rue dans la ville.

Louys Vallie, maſſon, tué.

Berthelemy Felix, mareſchal de Cogolin[3], tué hors la ville.

Claude Maynier, tué en ſa maiſon.

Raynaud de Caſtelan, tué en ſa vigne par ſon vigneron.

Un beau-frere de *Antoine Merciers,* pris à Beaujauſſier[4], & après l'avoir rançonné de quatre eſcus, fut tué d'une arquebouzade.

Honoré Chabert, fut tué au lieu de la Roque.

Thollon[5].

Nicolas Olimarij, fut tué dans la ville à coups d'eſpées & de dagues, le onzieſme de May 1562.

Pierre Pous, de Thollon, tué à coups de dague.

Le prothenotaire *Seguier,* preſtre, le jour ſaincte croix ayant chanté ſa meſſe, fut pris dans ſa maiſon, & tué à coups d'eſpées & de dagues.

---

1. Liſez: la Montagne de Luberon.
2. *Aups (Villa Alpium),* petite ville (Var), à 26 kil. (nord-oueſt) de Draguignan.
3. *Cogolin,* voy. ci-deſſus, p. 341, note 2.
4. *Hiſt. des Martyrs:* Beau-jeauſſier. (Un village de *Jauſiers* ſe trouve dans le Dauphiné (Baſſes-Alpes), à 10 kil. de Barcelonnette; mais ce n'eſt probablement pas celui dont il eſt ici queſtion.)
5. *Toulon-ſur-mer.*

Quinfon¹ & lieux circonvoifins.

Un forbiffeur de Marfeille, allant à Ries, fut tué aux vignes de Quinfon.

Matthieu Rabel & *Barthelemy Terraffon,* du lieu de Sainct Laurens², près Quinfon, furent tués fur le chemin à Spinoufe³.

Jonques⁴.

Eftienne Loifon & *Nicolas Loifon,* freres, tués dans la ville & l'un des meurtriers fauta fur le ventre dudit Nicolas mort & le foula tellement avec les pieds, qu'il remplit fes fouliers de fang.

La Roque Dautheron⁵.

Mathelin Girard, procureur juridictionnel du lieu, aagé de foixante dix ans, pris en fa maifon dans fon lict, mené hors la ville & là maffacré inhumainement.

Jaques Alye, pauvre innocent, fut tué au terroir dudit lieu.
Elias Savollan, tué au terroir de Roques.
Jaques Blanc, tué travaillant en fa poffeffion.

Signe⁶.

Honoré Lobon, aagé de feptante à quatre vingts ans, pris à la maifon de *Mathieu Colhot,* lié & garroté fut mené hors la ville, & là cruellement maffacré, & non contens, luy couperent le nés, les levres & aureilles, & les attacherent à la porte de fa maifon.

Jaques Bernard, cordonnier, tué à coups de dagues & bafton ferré.

Thaurin & *Honoré Bauffiers,* freres, de la religion Romaine, tués par autres de leurs compagnons, pour le partage de quelque butin fur ceux de la Religion reformée.

1. Voy. p. 347, note 1.
2. *Saint-Laurent*, village avec un château, à 5 kil. (est) de Quinson.
3. *Espinouse*, village des Basses-Alpes, non loin de Mées, à 21 kil. de Digne.
4. *Hist. des Martyrs: Jouques*, village des Bouches-du-Rhône, avec ruines d'un ancien château, sur la route de Peyrolles à Rians, à 26 kil. d'Aix.
5. *La Roque-d'Antheron,* voy. p. 340, note 6.
6. *Signes* (Var), ancien bourg, sur le Gapeau, à 35 kil. de Toulon (nord-ouest).

Tarafcon.

Antoine Guerin, dit *Beringuier,* de Tarafcon, eftant en garde à la porte, le troifiefme de Juin 1562, fut affailli fur les dix heures du matin, frappé d'une arquebouzade & de plufieurs coups d'efpée, & devalizé de fes armes, en collet & tefte nue fe voulant fauver, fut pris, & après luy avoir ofté fon argent, fut noyé.

Peu de jours après fut maffacré un pauvre favonnier, de nuict en fa maifon & jetté dans un puits, luy ayans peu auparavant trouvé des livres de la Religion, qui furent bruflés en la place.

Environ ce mefme temps, furent tués deux hommes près de la ville de Tarafcon.

Le lendemain de la Touffainéts *Arnaud Faélal,* pauvre ferrurier, chargé de femme et de fept ou huiét enfans, fut tué allant à fes neceffités.

Alorgnes[1].

Jean, de Draguignan,
Le fils de *Honoré Sicolle,*
Honoré Sicolle, notaire,
Un nommé *l'Argentier,*
Auban Chiouffe,
Bertrand Bonnetier,
Antoine André, dit *Cadet,*
Alery Mories,
Jean Odoh, dit *Garrigue,*
Jean Vincent, fils *d'Alery,*
François Tabonel, notaire,
François Sonailler, & un enfant du Lac.

ROLLE DES FEMMES, FILLES & ENFANS

tués & maffacrés comme f'enfuit.

TUÉES.

A Aix.

Jeanne Amnane, femme ancienne, fut tuée hors la ville d'Aix, fe voulant fauver.

---

1. Lifez : à *Lorgues,* petite ville (Var), fur l'Argens, à 11 kil. de Draguignan.

Deux femmes de Merindol, tuées hors la ville, s'en allans à Merindol [1].

La femme du Rentier *Alberti,* tuée avec son mari à la metairie dudit *Alberti.*

Nones [2].

La femme de *Antoine Blanc,* à Nones, fut menée à une Vignée au lieu de la Cabane vielhe [3], avec un obfervantin [4] d'Avignon, nommé *frere* Antoine, pour la faire confeffer, ce que refufant de faire, la defpouillerent toute nue, luy rompirent une jambe en trois endroits, & batirent outrageufement un fien fils, aagé de deux ans & demi, & fes filles, qu'ils euffent tuées fans la refiftance de quelques perfonnages; & y eut un nommé *Jean Tarre,* qui offrit aux meurtriers quelque argent pour luy fauver la vie, mais luy firent refponfe, qu'ils en avoient eu davantage pour la tuer, ce qu'ils executerent en la prefence des confuls & officiers dudit lieu & n'y contredifans.

Tourves [5].

Jannette Marque, aagée de foixante & dix ans, fut tuée à coups de dague.

A la Roque Bruffeme [6].

Une femme, nommée *la Barbiere,* aagée d'environ cinquante cinq ans, fut tuée.

Beffe [7].

Magdeleine Minchau, femme de *Pierre Geoffroy,* prife en fa maifon & menée en la maifon de *Melefion Monton,* & après

---

1. Le malheureux village vaudois de *Mérindol* (Vaucluse), sur la Durance, à 28 kil. d'Apt et à peu près à la même distance d'Aix.

2. *Noves* (Bouches-du-Rhône), à 24 kil. d'Arles (nord), aux environs de St-Rémy.

3. *Cabannes*, à 3 kil. de Tarascon (30 kil. d'Arles), près d'Orgon.

4. *Observantin*, moine de l'ordre de Saint-François.

5. *Tourves* (Var), bourg à 12 kil. de Brignoles, avec les ruines de l'ancien château.

6. *Roquebrussane*, bourg à 13 kil. de Brignoles, dominé par un rocher avec d'anciennes fortifications.

7. *La Besse,* voy. p. 342, note 5.

du Parlement de Provence. Livre XIII. 451

l'avoir fort batue, la menerent au village de Carvolles¹, où ils la tuerent à coups d'arquebouzes.

Catherine, vefve de feu *Jean Ande,* prife, & après l'avoir rançonnée de quelque argent la tuerent en plein jour à Carnelles.

La mere de *Charles Gleye,* de Beffe, ayant entendu que fon fils eftoit prifonnier au chafteau de Beffe, vendit un jardin pour le racheter, & y portant l'argent, fut volée & après meurtrie.

Arles.

Françoife de Sainéte Marthe, femme de *Jean,* de la ville, cordonnier, tuée & meurtrie.

Cifteron.

370 Trois à quatre cens femmes & enfans qui f'eftoient retirés à Cifteron de divers endroits de Provence, pour la feureté de leurs vies, après que ceux de la religion eurent abandonné la ville, furent tués².

Digne.

Une femme vieille aagée de foixante ans, chambriere de *Alphons Menfe,* tuée delà le pont au chemin allant à Chanterier³, par *Raymon Taiffant.*

Forcalquier.

Marthe de Chabot, du lieu de Vachieres⁴, terroir de Forcalquier, tuée audit Vachieres.

Sainét Auban⁵.

Huiét femmes f'enfuyans du chafteau de Demandols⁶, tuées au lieu de Sainét Auban.

---

1. *Carnoulès,* à peu près à 14 kil. de Besse (sud), sur la route de Brignoles à Toulon.
2. Voy. *supra,* p. 330 s.
3. *Champtercier,* village (Basses-Alpes), à 9 kil. de Digne.
4. *Vachères,* village à 19 kil. de Forcalquier, canton de Reillanne.
5. *Saint-Auban* (Alpes maritimes), sur l'Esteron, à 44 kil. de Grasse, avec le curieux passage de la Clue de Montauban, où l'Esteron roule ses eaux à travers des rochers resserrés et taillés à pic.
6. *Demandolx* (Basses-Alpes), petit village, à 9 kil. de Castellane (est), à peu de distance de la source de l'Esteron.

Frejus.

La mere de *Jean* & *Antoine Rodulphi*, femme ancienne & caduque, fut maſſacrée en ſa maiſon, ayant veu tuer ſes deux enfans.

Pertuis [1].

La femme de *Jean le clavelier* [2], tuée à coups de dague & arquebouzades.

Le femme d'*Antoine Martin*, tuée dans la ville à coups de dagues par le peuple.

Vinon [3].

Six femmes & deux filles de la val de Leberon [4] ſ'eſtans ſauvées de Ciſteron & retirées à l'hoſpital de Vinon, furent aſſaillies par des meurtriers tant dudit Vinon que des environs, & les ſix femmes inhumainement maſſacrées à coups d'eſpées & de halebardes : ce que voyant, *Salvaire Pæterin*, marchand de Ries [5] pour lors habitant audit Vinon, preſenta de l'argent auſdits meurtriers pour racheter les deux filles, ce qu'ils ne voulurent faire, diſans qu'ils en vouloient faire à leur plaiſir ; & de faict les emmenerent par force.

Apt & ſon reſſort.

Au lieu de Gordes [6] reſſort d'Apt furent tuées,
La femme de *Guillaume Martin*.
La femme de *Michel Martin*.
La femme de *Thomas Michelon*.
Louyſe Vialle.
Guillemette, femme d'*Antoine Armand*.
Gonete Bourſete.
Jeanne Peironne, femme de *Claude Pierre*.

---

1. Voy. p. 340, note 2.
2. *Clavelier*, probablement synonyme de vétérinaire. Claveau, maladie éruptive, propre aux bêtes de laine. *Clavus*, clou.
3. *Vinon* (Var), village sur le Verdon, à quelques kil. de Gréoux (sud-ouest). (Voy. p. 347, note 3.)
4. Lisez : *Luberon*.
5. *Riez* (Basses-Alpes), ancienne petite ville sur le Coloſtique, avec des ruines romaines, à 47 kil. de Digne (sud).
6. *Gordes* (Vaucluse), à 18 kil. d'Apt.

A la Coſte.

Jacomme Chauve.
Marie Alhaude.

Joquas[1].

Au lieu de Joquas furent tuées,
Marguerite Gaudine,
Antoinette Gaudine,
Eſperite Gardiolle,
Le femme de *Rigaud Beſſon.*

Au lieu de Gignac[2].

Marguerite Roberte,
Un niepce de *Robert Mello,* aagée de quatorze ans,
Antoinette Barriere, aagée de ſoixante dix ans,
Marthe Barriere, aagée de ſoixante dix ans,
Jeanne Coque, aagée de ſoixante ans,
Egine Girarde des Touaſſes[3], aagée de ſoixante ans,
Jeanne Girarde, agée de quatre vingts ans, tuées & maſſacrées.

Au lieu de Sainct Quentin[4].

Dix femmes, les cinq tuées à coup d'eſpées, & les autres cinq attachées à des arbres, & arquebouzées.
Beatrix Rouſſiere,
La femme de *Pierre Fayet,*
Marguerite Panneyralle,
La femme de *Guillaume Girard,* tuées à coups de dagues & piſtolets.

Muns[5].

La femme de *Jaques Court,*
Gonette Serre,
Jacomme Roqueſure, tuées & maſſacrées.

---

1. *Joucas*, village (Vaucluse), à 13 kil. d'Apt, canton de Gordes.
2. *Gignac*, village (Bouches-du-Rhône), à 26 kil. d'Aix, canton de Martigues, près de Marignane.
3. *Hist. des Martyrs: des Touassades.*
4. Voy. ci-dessus, p. 345, note 6.
5. Lisez: *Murs*, village (Vaucluse), à 18 kil. d'Apt.

A Sallon de Craux.[1]

Antoinette Fabreſſe, vefve de *Gaspard Fabre*, aagée de quatre vingts ans, tuée & ſa teſte roulée par la ville.

A Sainƈt Chamas[2]

Catherine de Chilebre, femme de *André Aigo*, menée hors la ville, ayant un petit enfant entre ſes bras, luy trencherent la teſte & l'enterrerent dans les pierres de la maiſon où on ſouloit preſcher.

A Lourmarin & reſſort d'iceluy.

Magdeleine Guicharde,
Sperite Bouruʒe, &
Magdeleine de Laʒe : tuées au lieu de la Roque Deſpuels[3], par le *chevalier d'Oſſois*.
Catherine Martine,
Huguette Combe,
Françoiſe Guitone,
Michelle Melle,
Anne Reyne,
Louyſe Chavillonne,
Jeane Seguine,
La femme de *Jean Martin*,
La femme d'un appelé *Romans* : tuées par les compagnies de *Pignoli* & *Luquet Geoffret*.
Andriene Vitronne, tuée par *Marquet Moto*.
Marguerite Bertine, tuée par *Barthelemy Revel*, preſtre.
Marguerite Carbonniere, tuée par *Luquin Geoffret*.

Vingtcinq pauvres femmes, venans de Ciſteron, après la deffaite & icelles tuées à Cucuron[4], avec pluſieurs de leurs petis enfans, entre leſquels fut tué un encores vif, alaitant ſa mere morte.

Mathieue Serruſſe & *Marthe Caſtague*, tuées.

---

1. Voy. p. 338, note 10.
2. *St-Chamas*, *Sanctus Amantius*, petite ville maritime (Bouches-du-Rhône), près de Salon (au sud), avec un pont de construction romaine sur la Touloubre.
3. *Hist. des Martyrs : de la Roque Desquels.*
4. *Cucurron*, petite ville (Vaucluse), à 15 kil. d'Apt, non loin de Cadenet.

du Parlement de Provence. Livre XIII.   455

Plus furent prifes fept femmes & menées au lieu d'Auffois[1], & illec furent tuées.

Manofque[2].

Une femme nommée la Chapeliere, tuée.

La femme de Pierre Ymber, coufturier, eftant enceinte fut tuée, & après ces mefchans monterent avec les pieds fur fon ventre pour luy faire fortir l'enfant de fon corps.

A Cabrieres, Daignes & à la Motte[3].

Jeanne Jordanne.
Catherine & Marie Bretes.
Marie Feliciane.
Marguerite Melle.
Fourfine Andonne.
Alix Monftiere, de la Motte d'Aigues.

La mere d'Andrimette Guede, courant pour fauver fa fille, fut tuée.

Catherine Benneche, tuée, laiffant fept pauvres filles.

La femme d'Antoine Alaiffe, eftant enceinte, fut tant batue quelle avorta, dont elle mourut avec un fien petit enfant.

La femme de Jean Brunet, tuée à coups de dague, en prefence de fon mari.

Marie Camufe, aagée de foixante ans, tuée près de Granbois[4].
Antoinette Raymonenque, tuée au lieu d'Aups[5].
La femme de Honoré Sicolle, à Lorques[6].

PLUSIEURS FEMMES & FILLES VIOLÉES & PARTIE TUÉES.

Tant à Valonne[7], Senas, Sainct Maximin, à Thoramene la haute, à Sainct Auban, à Caftelane, au Luc, à Vinon, à Joquas, à

---

1. *Ansouis*, village (Vaucluse), à 20 kil. d'Apt.
2. Voy. p. 343, note 5.
3. *La Motte-d'Aigues*, village (Vaucluse), à 20 kil. d'Apt, non loin de Pertuis (*supra*, p. 344, 345).
4. *Grambois*, village (Vaucluse), à 26 kil. d'Apt (Pertuis).
5. Voy. *supra*, 366. *Aups*, à 26 kil de Draguignan.
6. *Lorgues*, petite ville, déjà nommée p. 449, note 1.
7. *Hist. des Martyrs*: *Valodne*, peut-être le bourg de *Valbonne* (Var), à 8 kil. de Grasse. — *Sénas*, p. 345, 349. *St-Maximin*, p. 355. *Thoramène*,

Cornillon, à Lourmarin, à Sainct Martin de Castillon, à Touries, que autres divers endroits, & lesquelles je n'ay voulu icy nommer pour leur honneur.

TRAINÉES & TUÉES.

Catherine, femme de *Marcellin Roux*, à Vellaux[1], prife & trainée à la queuë d'un cheval dans le bois, où elle mourut.

A Sainct Quintin[2].

La mere de *Barthelemy Buech*, trainée par le lieu de Sainct Quentin, puis mife en pieces.

La mere de *André Guirard,* tuée, defpouillée & trainée la corde au col, avec un bafton dedans fa nature.

La femme de *Polirre*[3] *Fayet*, tuée, puis trainée.

Marguerite Oliviere, auffi tuée, & trainée.

La mere d'*Efprit Girard*, eftranglée avec une corde au col, encores qu'elle fuft aveugle.

La femme de *Pierre Saboin*, trainée demie morte par la ville de Manofque[4].

Louyfe Anthoarde, fille de *Bonnet Antouart*, trainée par le lieu de Cabrieres d'Aigues[5].

Catherine Arbaude, femme d'*Antoine Crefpin*, aagée de foixante ans, trainée par ledit lieu de Cabrieres.

Magdeleine Berdonne, &

Catherine, trainées.

Andrinette Gade, aagée de quinze ans, refiftant à ceux qui la vouloient violer, fut trainée & tuée, puis jettée aux chiens.

---

p. 358. *St-Auban*, p. 370. *Castellane*, p. 360. *Luc*, p. 345. *Vinon*, p. 370. *Joquas* (Joucas), p. 371. *Cornillon*, village (Bouches-du-Rhône), non loin de Salon, sur l'étang de Berre. *St-Martin-Castillon* (Vaucluse), village, à 10 kil. d'Apt. *Touries?* (peut-être *Tourves*, voy. p. 369).

1. *Velaux*, village (Bouches-du-Rhône), à 14 kil. d'Aix, dans le voisinage de Berre.

2. *St-Quentin*, voy. p. 362, note 5.

3. *Hist. des Martyrs: Pollie*.

4. Voy. p. 365, note 2.

5. Voy. p. 365.

BRUSLÉES VIVES.

Baſtienne Gueireſſe, ayant eſté trainée, fut bruſlée à Forcalquier.

La femme de *Jaques Apaſot* bruſlée toute vive à la Coſte[1].

La mere d'*Eſtienne Luc,* aagée de quatre vingts ans & une ſienne fille enceinte, trainées, & l'enfant ſe remuant encores dans le ventre, fut miſe en croix ſur la mere & toutes deux bruſlées à Sainct Quentin.

Catherine Moniere & *Catherine Roques,* toutes deux bruſlées vives à la Roque Denteron[2].

PENDUES.

Machnane de Margaritis, de la ville d'Aix, pendue par les pieds à l'arbre du Pin par certaines femmes du lieu, luy ayans planté en ſa nature un baſton avec un penonceau.

Une appelée *Brancaſſe,* du lieu de Cadenet[3], pendue à Bollone.

La mere de *Chriſtol Fayet,* pendue à un cheſne, puis decoupée à coups d'eſpée au lieu de Sainct Quentin.

Une nommée *Marie Coye,* batue juſques à effuſion de ſang, puis pendue à un arbre à Tourpes[4].

NOYÉES.

Une jeune fille du lieu de Cadenet.

Huguone Grenoliere, avec un ſien petit enfant, aagé de cinq à ſix ans, à Mus[5].

Percées aves baſtons ferrez par la nature en haut.

La femme de *Monet Olivier,* cordonnier, après avoir éſté violée par des meurtriers, luy mirent un baſton ferré dans ſa nature paſſant juſques à la teſte, au lieu de Mauraſque[6].

Marie Borridonne, femme de *Bernard Baudon,* un preſtre,

---

1. *La Coste,* village (Vaucluse), non loin d'Apt.
2. Lisez : *Roque d'Antheron,* voy. p. 340 et p. 367.
3. *Cadenet,* p. 319, 357.
4. Lisez : *Tourves;* voy. p. 373, note 4.
5. *Mus;* lisez *Murs;* voy. p. 371, note 5.
6. *Maurasque ?*

luy coupa trois doigts de la main gauche, perça son bras droit avec un baston ferré, & puis l'acheva de tuer à la Motte d'Aigues¹.

Honorable Menude, aagée de soixante ans, menée par la ville de Brignolles toute nue, batue à coups de soulier, la percerent d'un baston ferré depuis sa nature jusques à la teste, & puis luy sauterent sur le ventre jusques à luy faire sortir les entrailles haut & bas.

A Dauphine Jourdane, aagée de cinquante cinq ans, luy arracherent le nez & les yeux toute vive, puis la tuerent à Cabrieres.

COURONNÉES D'ESPINES.

La femme d'*André Renaud*, menée par le lieu de Sainct Martin de Castillon² despouillée toute nue, & resistant à ceux qui la vouloient violer, la fouetterent outrageusement, puis navrée de coups d'espées, couronnée d'espines, puis jettée dans une riviere, & finalement tuée à coups d'arquebouze.

Jannette Calvine, du lieu de la Celle³, aagée de quatre vingts ans, menée en la ville de Brignolles avec une couronne d'espines plantée sur sa teste, fouettée jusques en grand' effusion de sang, puis lapidée, & encores vive bruslée.

MORTES D'ESPOUVANTEMENT.

Catherine Ramasse, resistant virilement à la force des paillards fut fort batue & tourmentée, dont elle mourut trois jours après à à Cabrieres.

Une femme vieille laissée pour morte aux champs près de la Motte d'Aigue où elle demeura un jour sans se recognoistre. Enfin estant revenue à soy, se traina jusqu'à la tour d'Aigue⁴, où elle mourut bien tost après.

Catherine Canderonne, vieille femme d'Hieres, prise, tondue, mise en chemise, attachée contre un lict & tant batue qu'elle en mourut.

La femme de *Valentin Caille* & la femme de *Honoré Caille*, effrayées à cause de ce qu'on avoit saccagé leurs maisons & menacé de les tuer, moururent à Bergeron⁵.

1. *La Motte-d'Aigues*, voy. p. 372, note 5.
2. Voy. p. 373, note 4.
3. *La Celle (Artacella)*, village (Var), à 3 kil. de Brignoles.
4. Voy. p. 366, note 2.
5. *Bergevon (sic)?*

La mere de *François Guerfin*[1], effrayée d'avoir veu tuer fon fils & fa tefte roulée par l'efpace d'un mois, mourut au Luc.

Une autre femme nommée *Vieille du lieu* de Sainct Chamas[2], aagée de feptante ans, eftant menacée f'en alla cacher dans un bois, où elle fut prife & menée audit Sainct Chamas, & par le chemin à tout propos la faifans mettre à genoux luy mettans l'efpée fur le col, en fut tellement efpouvantée qu'elle en eft devenue ladreffe.

A la Motte[3] la femme d'*Antoine Alaice*, eftant enceinte, fut defpouillée & tellement batue qu'elle en mourut.

Jannette Ramaffe receut un coup de bafton ferré dans la tefte fi avant, que le meurtrier pour l'arracher mit le pied fur la tefte, dont elle mourut.

La femme de *Bernard Romain*, fort batue & tourmentée, mourut à Cabrieres.

PRECIPITÉES DU HAUT EN BAS.

La femme de *Jaques Martin*, dit *de Rellane*, aagée de quatre vingts ans, prife en fa maifon, mife en chemife & jettée des murailles de Pertuis[4] en bas.

FENDUE & DESMEMBRÉE VIVE.

Une nommée *Sielle*, femme de *Bertrand Tafquiert*, d'Apt, eftant enceinte, fut fendue toute vive, & deux enfans arrachés de fon ventre vifs, trainés, & après donnés à manger aux pourceaux.

DESENTERRÉE.

Catherine Amelle d'Antibes, ayant efté quelque temps en fepulture, fut defenterrée & expofée aux chiens.

MORTES DE FAIM ET DE FROID.

A Cabrieres.

La femme de *Claude Antoard*,
La femme de *Tacy Bandon*,

---

1. Voy. ci-dessus, p. 361, sous la rubrique de Luc.
2. Voy. *supra*, p. 371, note 7.
3. *La Motte-d'Aigues*.
4. Voy. p. 340, note 2.

La femme de *Jean Barthalon*,
Marguerite *Pellade*, femme de *Pierre Francisquin*,
Une fille de *Raymond Bernard*,
Une sœur de *Claude Pellat*, &
Jeanne Vincence, font mortes de faim à Cabrieres.

Jeanne Brete, despouillée toute nue en temps d'hyver, endura telle froidure, que le doigts des pieds luy tomberent, & en fin mourut.

Au lieu de la Motte¹ font morts de faim environ cent & dix perfonnes, tant femmes que petis enfans.

ENFANS TUÉS.

Un petit enfant de *Giraud Gros*, &
Un neveu d'*Alzias Serre*, tués à Gorde².
Jean Roufeau, petit enfant tué à la Cofte³.
Deux petis enfans d'*Antoinette Gaudine*, à Jonquas⁴.
Chriftol Martin,
Jean Barries, aagé de huict ans,
Polite Croiffon,
Jean Olier, fimple d'entendement,
Annet Paris, jeunes enfans de neuf à dix ans, tués à Gignac⁵. 37
Un enfant d'*Antoine Pafcal*,
Un enfant de *Philippe Boyne*, tués à Mus⁶.
Un fils de *Jaques Barthomieu*,
Un fils d'*Antoine Crofis*,
Un neveu de *Bertrand Bovin*,
Un petit enfant de Vellaux, aagé de fept à huict ans,
Un fils de *François Serre*, tués à Lourmarin.

Environ vingt cinq petis enfans, portés par leurs meres & autres parentes venantes de Cifteron, furent avec leurs meres tués à Cucuron⁷.

---

1. *La Motte-d'Aigues.*
2. Voy. p. 370, note 11.
3. Voy. p. 374, note 1.
4. *Jonquas, Joucas,* voy. p. 371, 373 et 453.
5. *Gignac* (Vaucluse), village, à 13 kil. d'Apt.
6. Voy. p. 371 s. *Murs.*
7. *Cucurron,* voy. p. 372, note 2.

ENFANS MORTS D'ESPOUVANTEMENT.

Le fils de *Honoré Caille,* aagé de quatorze ans, efpouvanté de voir faccager la maifon, pere & mere, & qu'on le menaçoit de tuer, mourut à Bargemon[1].

Un petit enfant mourut à Thoard[2], au faccagement fait par *Elion de Barras.*

Un fils de *Bernard Bandon,* defpouillé en chemife pour eftre tué, mourut d'efpouvantement.

ENFANS MORTS DE FAIM.

A Cabrieres.

Deux enfans de *Claude Anthoard.*
Quatre enfans de *Honoré Anthoard.*
Trois enfans de *Jeanne Brette.*
Six enfans de *Catherine Ramaffe.*
Trois enfans d'*Antoine Pafchal.*
Cinq enfans de *Thaffi Bandon.*
Six enfans de *Jean Bartalon.*
Un de *François Jourdan.*

Ayant le fieur *de Mandols*[3], de la religion, efpoufé la fille du baron *de Borme,* & fe retrouvant avec fon dit beaupere & fa femme au chafteau de Moant, fur la fin du mois de May mille cinq cens foixante deux, le fieur *de Brianfonnet*[4], fe difant lieutenant du gouverneur en ce quartier là, fous pretexte que quelques uns de la religion f'eftoient retirés d'Hieres & de Bormes audit chafteau pour fauver leurs vies, gens au refte paifibles & notables, affiegea le chafteau, & quelques jours après, y eftant entré avec certaines conditions, au lieu de tenir promeffe, fit mettre prifonniers en la plus baffe cave tous les hommes qu'il y trouva, à favoir environ trente, entre lefquels eftoient deux miniftres, à

Massacre du sieur de Demandols.

---

1. *Bargemont,* village (Var), à 14 kil. de Draguignan.
2. *Thoard* (Basses-Alpes), petite ville, à 16 kil. de Digne.
3. *Hist. des Martyrs,* fol. 679 b : *Demandolx* (Basses-Alpes), village à 9 kil. de Castellane.
4. *Briançonnet* (Var), village à peu de distance de St-Auban.

Les ministres Mison et Vitalis.

savoir un nommé *Mison*, & l'autre *Vitalis*[1], où il souffrirent les miseres qu'il est possible de penser. Et quant ausdits *seigneurs de Bormes* & *de Mandols,* les envoya en sa maison à Grasse, distant environ d'une lieue[2]. Ce fait, il se delibera d'assaillir le chasteau du sieur *de Demandols,* pere du prisonnier, lequel estant adverti de ceste entreprise, & pensant eviter le siege en envoyant dehors tous ses serviteurs & autres gens de defense, dautant que *Briansonnet* prenoit ceste couverture pour luy faire du mal, les envoya tous vers le pays de Savoye, par un sien frere; lequel passant près le village de Sainct Auban[3], à trois lieues de Demandols, fut cruellement massacré, luy dixhuictiesme, entre lesquels estoit un ministre, nommé *George Corneli*[4], par les paysans & autres voisins dudict Sainct Auban, au veu & à l'instigation du seigneur & dame du lieu, lesquels avec leurs enfans eurent le plaisir de ce cruel spectacle, qu'ils regarderent de leur chasteau.

Massacre du ministre George Cornéli.

Prise du château.

Ce nonobstant les gens de *Briansonnet,* conduits par un nommé *Augustin Raupe,* s'estans joints avec une autre troupe de meurtriers, envoyés par l'*Evesque de Senes*[5], nommé *Clausse,* ne laisserent de venir à Demandols, n'ayans à combatre qu'un bon homme ancien avec des femmes & des petis enfans. Or, est ce chasteau situé en un lieu fort haut & de grande descouverte, de sorte que ces meurtriers ayans esté aperceus de loin, ce bon gentilhomme esperant que pour le moins ces brigands ayans trouvé son chasteau ouvert, & l'ayans pillé s'en iroient, & que lors il y pourroit retourner, sortit dehors aussi tost, tout à pied par les montagnes & rochers à une lieue de là, au lieu de *Vergons*[6],

---

1. Peut-être ce *Vitalis* est-il le même que l'étudiant de ce nom à Lausanne, dont parle Viret dans une lettre à Calvin de 1559. *Opera Calv.*, XVII, 45.

2. Cette notice ne paraît pas être exacte, Grasse étant beaucoup plus éloigné de la contrée de Borme et d'Hyères, comme aussi de Demandolx.

3. *St-Auban,* voy. p. 370 (à 44 kil. de Grasse), sur l'Esteron, à peu près à 6 kil. de Castellane et à 1 kil. (sud) de Briançonnet.

4. *George Corneli,* après avoir servi comme ministre dans le pays roman de MM. de Berne est mentionné comme fonctionnant à Orange. *Manuscr. de Genève, Hallerus Bullingero,* déc. 1560, 13 janv. 1561, et *Corresp. de Calv., Opera Calv.,* XVIII, 500 ; XIX, 181, 535 s.

5. *Senez* (Basses-Alpes), ancienne petite ville, autrefois siège d'un évêché.

6. *Vergons* (Basses-Alpes), village à 26 kil. (nord-est) de Castellane, à mi-chemin entre ce dernier et le chef-lieu du canton, Annot.

ayant pour toute compagnie fa femme, avec une leur fille de dix à douze enfans, la femme de fon dit frere avec un fien enfant de fix mois, la femme d'un *Michel Bourgarel,* du lieu de la Garde[1], avec deux fiens petis enfants, l'un de trois l'autre de cinq ans, une jeune fille de chambre de fa femme, une chambriere, & deux jeunes laquais. Les brigands, cependant arrivés au chafteau, ne f'eftans contentés de l'avoir faccagé, y mirent le feu, & pareillement aux efcuyeries, granges & moulins, couperent les arbres & les vignes, & y firent tout autre degaft; puis, ayans ouy nouvelles du faict de Sainct Auban, y accoururent en diligence pour avoir part au butin, & notamment aux chevaux. Cependant ce pauvre fieur fe tenoit en un bois audit lieu de Vergons, luy eftans adminiftrés vivres par un nommé *Guillem Paul Baille,* de Vergons, eftant de la religion Romaine, mais ancien ami dudit fieur, lequel toutesfois il n'avoit ofé retirer en fa maifon. Ce pauvre traittement dura jufques à ce que quelques uns des habitans de Demandols & fujets dudit fieur, feignans de luy vouloir rendre le devoir de bons fujets, & ayans trouvé le fufdit *Michel Bourgarel,* le prierent de f'enquerir où eftoit leur feigneur & de l'advertir de fe trouver de nuict en un lieu de fon territoire nommé Charoupet[2], où ils le viendroient querir pour le ramener fecretement aux ruines de fa maifon. Ce rapport entendu par ce pauvre fieur, il ne faillit de fe rendre avec toute fa fuite que deffus & ledit *Bourgarel* au lieu affigné; là où arrivés de nuict & laffés du chemin, ils f'endormirent fur un prés auprès d'une petite fontaine, jufques à ce qu'à l'aube du jour, la troupe des deffudits avec toutes fortes d'armes les ayans reveillé d'un coup d'arquebouzade, ainfi que le pauvre fieur les appeloit par leurs noms & les remercioit du foin qu'ils avoient eu de luy, comme il cuidoit, ils fe ruerent fur luy, & fans aucun refpect à fexe ni aage, tuerent tout, excepté toutesfois *Bourgarel,* lequel ayant empoigné fes deux enfans & couru environ trois cens pas, fut contraint pour fe fauver de vifteffe (comme il fit) de les jetter en un buiffon, où ils demeurerent cachés fans crier ni pleurer jufques environ dix

---

1. *La Garde*, village à 5 kil. de Castellane.

2. Le nom de *Charoupet* n'est pas indiqué sur la carte du Dépôt de la Guerre.

heures du matin, que leur pere n'oyant plus de bruit les vint reprendre où il les avoit laissés ; & de là, passant au lieu de ce cruel massacre, trouva sa femme tuée & les corps desdits sieur & dame ensemble de leur fille & des autres morts, tout nuds sur la terre. Outre ces trois, Dieu sauva encore plus miraculeusement la belle sœur dudit sieur *de Demandols,* le mari de laquelle avoit esté tué à Sainct Auban, comme dit a esté, laquelle ayant saisi son petit enfant de six mois, ainsi comme on tuoit tout se jetta sur iceluy en un buisson, là où ayant receu plusieurs coups, elle fut laissée pour morte, estant toute couverte de pierres, sous lesquelles elle demeura, ne s'estans amusés les meurtriers à la despouiller dautant qu'il estoit desia grand jour, & ne s'estans aussi aperceus du petit enfant, qui s'estoit tousiours tenu coy & sans jetter aucun cri sous sa mere, ausquels par ce moyen la vie demeura sauve. Et quant au jeune sieur *de Demandols,* prisonnier à Grasse, après avoir changé plusieurs fois de prison & souffert une infinité de miseres, il evada finalement, se sauvant hors du pays du Roy. Sa femme aussi & une sienne sœur, finalement sorties de prison, furent receues à sauveté à l'*Espel,* en terre neufve[1], en la maison d'un vray homme de bien, nommé *Bernardin Richelme,* jusques à ce que, en vertu de l'Edict de pacification, il revindrent en leur maison bien desolée.

Telles[2] furent les desolations parmi tout le pays de Provence jusques à ce que l'*Edict de la paix* y fut envoyé, nonobstant lequel, ne pouvans ces meurtriers se rassasier de tuer & de piller, avec le support de ceux du Parlement (qui au lieu de faire justice & d'obéir au Roy, favorisoient ouvertement aux plus cruels & inhumains) les cruautés furent encores continuées quelque temps, ainsi qu'il sera dit *à la suite de l'histoire*[3].

Par ce que dessus on peut veoir s'il fut onques une telle furie de ce peuple, non seulement durant la guerre, mais aussi depuis. Ce que toutesfois ne doit point estre tant imputé au peuple, qu'à certain nombre de personnes esmouvans tout le reste, ainsi que les

---

1. *Hist. des Martyrs* : à Espel, en terre neutre.

2. *Crespin* continue à copier ce qui suit, fol. 680 a.

3. L'auteur avait, comme on voit, l'intention de continuer cette *Histoire* au-delà des limites auxquelles s'arrêtent ces trois volumes.

vents caufent les tempeftes par tout où ils foufflent. Tels ont efté entre autres *Flaſſans, Mentin*[1], *Carces,* & fur tout certains malheureux & abominables hommes du Parlement d'Aix, comme nommeement *Bagarris, Chefne*[2]*, Sainƈte Marguerite*[3] & autres, manians tellement le refte, que non affouvis de telles plus que barbares & non jamais ouïes cruautés commifes durant la guerre contre tant de pauvres gens innocens, fans aucun refpeƈt de qualité aage & fexe, au lieu d'obtemperer à l'Ediƈt de la paix, ils firent tant que cefte caverne de brigands, abufant du nom de Parlement, ofa conclurre, que ceux de la religion reformée n'auroient aucun exercice, que ceux qui durans les troubles avoient efté leurs chefs ou ayans tenus office Royal, fe feroient abfentés, c'eſt à dire n'auroient tendu la gorge à leurs dagues, ne feroient receus au païs, & que les armes demeureroient fus bout pour l'entretenement defquelles furent levés grands deniers fur le peuple[4].

Bref, d'autant qu'en l'Ediƈt eftoient exceptés du benefice de grace les voleurs & brigands, ceux qui avoient exercés ce que jamais brigand n'ofa faire, oferent declarer qu'il feroit furfis à la

1. *Mentin*, c'est la seule fois que le nom de cet émule de Flassans et de Carces se trouve mentionné dans l'Histoire. Nous ne l'avons pas non plus rencontré ailleurs. Serait-il peut-être le même que le capitaine *Manty* ou *Mantil* qui figure en passant, comme compagnon de Flassans, Vol. I, 898 et II, 119 ?
2. Peut-être *Génas*, qui est nommé parmi les conseillers en 1567. *Lambert*, p. 221.
3. Les conseillers Tributiis, sieur de Sainte-Marguerite, et François Rascas, sieur de Bagarris furent parmi les huit membres du parlement temporairement exclus de cette cour, mais bientôt après réintégrés par des arrêts particuliers. *Lambert, Hist. des guerres de Provence*, I, p. 218 s. — *Jean de Pontevès*, seigneur de Carces, fut nommé quelques années plus tard, en 1566, lieutenant du roi au gouverment de Provence, *ibid.*, p. 221.
4. L'édit de paix d'Amboise avait suscité parmi les catholiques la plus grande irritation. En signe de mécontentement le parlement de Paris le recut «en robes noires, n'en lut que le commencement et la fin et l'enregistra au milieu d'un profond silence. Le parlement de Provence refusa de procéder à son enregistrement. Déjà, le 25 mars, sur la seule nouvelle du traité de paix, la Cour, siégeant en robes rouges, avait rendu un arrêt par lequel l'exercice du culte réformé était et demeurait défendu dans la province. Les Etats du pays en ce moment assemblés à Aix adressèrent une violente requête au Parlement pour soutenir le maintien de l'exercice exclusif du culte catholique. Tout était disposé pour une résistance ouverte à la volonté royale. *Lambert*, l. c., p. 193 s.

punition de tous ces delicts, encore qu'ils fuffent tels, qu'il n'eft pas mefmes poffible d'en ouir parler que les cheveux n'en dreffent à la tefte. Et pourtant ce n'eft pas merveilles fi d'une telle impunité authorifée du Parlement arriva[1] la cruauté de ces meurtriers, pour commettre les cas cy-deffus fpecifiés autant qu'on a peu defcouvrir & non pas tout ce qui f'en eft fait.

Commissaires chargés de la pacification du pays.

Le Roy donques, adverti aucunement de la rebellion & felonie de ceux qui auparavant f'appeloient trefobeiffans fujets, ordonna premierement le fieur Marefchal de Vielleville pour y faire publier l'Edict[2], puis auffi le fieur de Biron, avec deux Confeillers commiffaires, choifis du grand confeil, à favoir Bauquemare[3] & la Magdeleine[4], qui trouverent de terribles defordres[5], voire jufques à ce poinct qu'eftans en Arles, où ils avoient fait executer trois de ces brigands en effigie, la potence en fut arrachée, & dedans Apt, le jour que l'Edict de la paix fut publié, les brigands allerent chantans & danfans par toute la ville, difans que pour cela ils ne fe garderoient pas de faire à la maniere acouftumée, comme de faict on ne laiffa de tuer & maffacrer là & ailleurs,

---

1. Lisez, comme a l'*Hist. des Martyrs* : arma.
2. Voy. sur cette mission de *François de Scépeaux de Vieilleville* en Provence et surtout sur les détails faux insérés dans les soi-disant *Mém. du maréchal de Vieilleville*, Lambert, l. c., p. 200 s. — *De Thou*, II, p. 409, dit simplement : « La paix étant faite sur cette mission, on envoya Armand de Gontaud de Biron dans la Guyenne, et François de Vieilleville dans le Languedoc, la Provence et le Dauphiné, pour faire exécuter dans ces provinces tous les articles de l'Edit. Ils partirent avec les ordres du Roi, signés au château de Vincennes, le 18 de Juin etc.
3. *Joseph de Bauquemare*, conseiller au grand Conseil.
4. *Antoine de Colla*, sieur de Limans et de la Magdelaine, jurisconsulte habile, également Conseiller au grand Conseil, issu d'une famille considérable de Gênes, qui s'était établie dans la Provence, embrassa plus tard les croyances de la réforme et se retira à Genève en 1573. *France prot.*, nouv. éd., IV, 506.
5. Ce fut en 1564 qu'eut lieu cette commission, quand le roi chargea le comte de Tende d'installer la nouvelle cour de justice et lui adjoignit à cet effet le seigneur de Biron, qu'il fit accompagner des deux commissaires de la Magdelaine et de Bauquemaure, chargés plus spécialement d'informer contre les principaux auteurs des dernier troubles. *Lambert* dit à ce sujet (l. c., p. 211) : Au fond il est permis de penser que la mission de ces deux commissaires était une satisfaction illusoire donnée aux deux partis, et il ne paraît pas que leurs informations aient été suivies d'aucun résultat.

ainsi qu'il sera dit cy après aux contraventions à l'Edict[1]. Ce neantmoins, les susdits commissaires firent ce qu'ils peurent. Mais l'experience monstra que jusques à ce que la fontanie fust estoupée, les ruisseaux ne cesseroient de couler.

Et pourtant le Roy, deuement adverti, suspendit ladite Cour, envoyant à Aix certain nombre d'autres conseillers, avec le sieur de *Morsant,* President de Paris[2], ausquels ceste louange est deue que vrayement ils firent ce que gens de bien devoient faire, autant qu'il leur fust possible, ayans fait quelques notables executions des meurtriers qui peurent estre apprehendés, entre lesquels n'est à oublier un nommé *Firmin Scarel,* dit *Roux,* un de ceux qui avoient meurtri le sieur *de Demandols.* Ce qui a tant servi, que depuis, quoy que les armes ayant esté souvent reprises, ceste province s'est portée tout autrement qu'auparavant. Mais la qualité des uns, le credit des autres & la multitude des coulpables, & quand tout sera bien dit, le deffaut de justice, qui est aujourduy bannie à peu près de toute la terre, empescherent ces gens de bien de faire tout ce qu'ils vouloient & devoient, voire finalement à la solicitation de *Carces,* qui meritoit d'estre apprehendé & puni des premiers, le *Roy* escrivit les letres qui s'ensuivent :

Suspension du Parlement d'Aix.

Monsieur *de Carces,* j'ay entendu ce que m'avés mandé par le contrerolleur, present porteur, des contraventions qui se font en mes Edicts, & contre ma volonté, en *Provence,* dont en mesme instant j'escris à mon cousin, le *Comte de Tande,* & à ma *Cour de Parlement,* afin d'en savoir la verité, & d'y pourvoir tellement que ma volonté soit suivie, & le païs demeure en paix & en repos. Car vous savés bien, combien dernierement que je partis d'*Arles*[3],

Lettre du roi à Carces.

---

1. Ce renvoi (comme celui de p. 380) se rapporte encore à une continuation de notre *Histoire* qui n'a pas été donnée.
2. *Lambert,* l. c., p. 215. Par lettres patentes signées à Fontainebleau, le 4 mars 1565, le roi commettait l'administration de la justice en Provence, à une commission composée des sieurs: *Bertrand Prévost, seigneur de Morsan,* président à la Cour de Parlement de Paris ; *Etienne Charlet,* président aux requêtes ; *Nicolas Perrot; Denis Rivière; Jean de la Rozière; Jean de Monteaux ; Nicolas le Bernier ; Achille de Harlay; Jérôme Angenoust ; Arnaud Chaudon; Guillaume Abot ; Jacques Philippaux ; Joseph de Brauquemare* et *Robert Trignat.* Le nom du procureur général était en blanc ; la Cour en commit la charge à *Boniface Pellicot,* avocat de Marseille.
3. Depuis longtemps la reine mère avait projeté de montrer le roi aux provinces. C'était en même temps pour elle une occasion de raffermir l'autorité

je travaillay pour accommoder toutes choses en tel estat que chacun eust de quoy se contenter, en vivant en l'obeissance de mes Edicts, tellement que je ne puis trouver que tresmauvais que en cela on contrevienne à ma volonté. Or, y a il un autre poinct dont vous m'escrivés, qui est le grand nombre d'hommes qui a esté executé, & s'execute tous les jours, qui met tout le païs en desespoir, & vous fait craindre que les hommes desesperés, prenans les armes, facent une folie. Quant à cela je vous diray ce que j'en ay respondu à vostre homme, qui est, qu'avant que de partir dudit *Arles,* ayant veu l'enormité & malheurté des crimes execrables, commis durans les troubles, par je ne say combien de brigands & voleurs, qui n'avoient eu, comme il est aisé à voir, autre religion devant les yeux que l'envie de tuer, piller & se venger ; je commanday qu'on en fist executer quatorze ou quinze, dont les noms furent leus en conseil, lesquels ayans esté executés, le procureur *Poliquol*[1] m'en vint rendre raison, & comme il y en avoit encores plusieurs prevenus de plusieurs autres crimes infames & malheureux, advenus en ce mesme temps, auquel je commanday que s'il s'en trouvoit encores quatre ou cinq de ces execrables, on les fist chastier ; mais qu'après cela on fermast la main sans passer plus avant, ni à les rechercher, ni à les travailler, les laissant vivre à leurs maisons en paix, pourveu qu'ils se comportassent de façon qu'ils ne donnassent occasion de rechercher de nouveau, ce qu'ils m'ont mandé avoir suivi. Mais que tant s'en faloit que cela ayt profité, qu'ayans entendu cest arrest ils commençoient à lever les testes & à braver comme de coustume. Voilà comme vous êtes de different advis. Or, tant y a que je ne veux point qu'on les recherche plus avant, mais qu'ils retournent en leurs biens, dont main levée leur soit faite. Mais de leur bailler le

---

souveraine profondément ébranlée par la guerre civile. La Cour partit de Fontainebleau le 13 mars 1564. *De Thou,* III, p. 501. Le 24 septembre elle arriva en Provence (*ibid.*, p. 506). Le roi passa par Orange et alla à Avignon, où il séjourna trois semaines. Le 20 octobre il arriva à Aix et vit en chemin la ville d'Arles, d'où il se rendit à Marseille, pour revenir à Arles à la fin de novembre. C'est pendant le séjour qu'il y fit, et dont parle la lettre, qu'il retablit le 4 décembre l'ancien Parlement, dont la suspension ne dura ainsi que huit mois. (*Lambert,* l. c., p. 216, 218.)

1. *Boniface Pellicot,* voy. la page précédente, note 1.

pardon & abfolution qu'ils demandent, c'eft chofe que je ne puis faire, pource qu'elle eft de trop grande confequence par toutes les autres provinces de mon Royaume. Mais on verra comme ils fe gouverneront, & felon cela peut eftre, qu'ils obtiendront avec le temps ce qu'ils demandent, quand ils feront cognoiftre qu'ils en font dignes.

Toutesfois f'ils eftoient fi fols, comme vous m'efcrivés & ce porteur m'a dit, de faire cefte folie de prendre les armes, affeurés vous & les en affeurés, que je laifferay toutes chofes pour tourner la tefte au pays de par delà où j'iray fi bien accompagné qu'ils fe peuvent tenir certains, que j'en feray une fi cruelle & rigoureufe punition, qu'il n'y demeurera rien. Car j'ay trop enduré jusques ici, pour vouloir racouftumer mes fujets à cefte defobeiffance, eftant refolu que les premiers qui commenceront ferviront d'exemple à toute la pofterité.

Mais f'ils font fages, ils ont de quoy fe contenter & de vivre doucement en repos. Car il ne leur fera fait plus mauvais traictement que je fay à toutes les autres provinces de mon royaume, & à mes autres fujets, où je ne voy point qu'ils tiennent ce langage fi eftrange & efloigné de raifon. Je fay que vous avés le moyen avec eux, & qu'ils vous croyent. Confeillés leur je vous prie, comme je m'affeure que vous ferés, d'eftre plus advifés, & plus obeiffans, & vous ferés beaucoup pour eux, qui fe trouveront bien de vous croire, & je donneray ordre auffi qu'ils n'auront occafion de fe defefperer, ainfi que j'ay dit à ce porteur pour le vous faire entendre. Et fur ce je prieray Dieu, monfieur *de Carces*, vous avoir en fa fainéte & digne garde. *Du Mont de Marfan,* ce feize de May mille cinq cens foixante cinq. Signé Charles, & au deffus, A monfieur *de Carces,* chevalier de mon Ordre.

Voyla toute la juftice qui fut faite de ces defordres, ayant efté la cour de Parlement reftablie avec quelque leger changement.

Quant au *Contat de Veniffe,* le *Marefchal de Vieilleville,* deputé par le Roy avec les officiers du *Pape,* appointa les affaires comme f'enfuit[1].

Arrangement des affaires de la religion dans le Venaissin.

1. Le maréchal *de Vieilleville,* accompagné de *Truchon,* président au parlement de Grenoble, arriva le 16 juillet à Villeneuve-lès-Avignon, et fit le lendemain son entrée à Avignon. Mais il n'y fit qu'un court séjour, le 19 il se rendit à Beaucaire. Il vint ensuite à Aix le 1ᵉʳ août 1563. *Lambert,* l. c.,

Que les terres du *Pape* & places du Contat, occupées par ceux dudit Contat & autres qui fuivent la religion, feront rendues & mifes en l'obeiffance du *Pape,* & tous non fujets d'iceluy, qui font de ladite religion, fe retireront dudit Contat & autres fes terres.

Que ceux de la religion, qui font dudit Contat, demeureront és villes & terres dudit Contat qu'ils tiennent de prefent, fans qu'ils puiffent refider ni frequenter és autres lieux dudit Contat, excepté que pour le regard des terres de deça la riviere d'Aignos[1], habiteront feulement ceux qui font defdites terres & qui y fouloient habiter auparavant les troubles, & non autres, fans congé & permiffion par efcrit des officiers du *Pape,* jufques à ce que par iceluy autrement en ayt efté ordonné.

Que les fieurs *Vicelegat* & *Fabrice* enfemble, les officiers & Confeil des lieux où ils habiteront, prendront en protection & fauve garde lefdits de la religion, promettant à monfieur *de Vielleville,* Marefchal de France, qu'il ne leur fera faite aucune injure de faict ni de parole.

Que lefdits de la religion ne feront aucun exercice d'icelle és terres du Pape, ni femblablement uferont d'aucuns propos, perfuafions & dogmatizations, fans toutesfois qu'ils foient contraints en leurs confciences, ni recherchés du paffé pour ladite Religion, ni pour l'advenir.

Que tous prifonniers de guerre feront rendus, tant d'une part que d'autre, fans payer rançon, ce qui f'entend de ceux qui ont efté pris en guerre.

Que les gouverneurs, qui feront mis efdites places, avec les garnifons qu'il fera advifé par les officiers du Pape, feront gentilshommes qualifiés & approuvés par ledit fieur Marefchal, qui donneront ordre de tenir chacun en bonne paix.

---

p. 201, écrit 1564 : Ce fut probablement à cette époque que fut conclu le traité contenu dans le texte. L'ambaffadeur efpagnol, *Chantonney*, qui plus tard accompagna le roi, lors de fon voyage en Provence, écrit dans une lettre du 4 août 1563 : « Nous ne fçavons nouvelles certaines de ce que le Sieur De Vielleville aura befoigné ès coftez de Provence, Daulphiné, Avignon et Orenges. (*Mém. de Condé*, II, p. 173.)

1. *Aygues* ou *Eygues*, rivière prenant fa fource à 8 kil. de Nyons, après avoir traverfé cette ville, à 6 kil. o. d'Orange, elle fe jette dans le Rhône.

Que tous les habitans des lieux où refideront ceux de ladite religion, de quelque religion qu'ils foient, poferont les armes & les remettront en la garde de tels perfonnages qu'il fera advifé par les gouverneurs & officiers du *Pape,* fans y comprendre ceux de ladite garnifon, le tout jufques à ce que le *Pape* en ayt là deffus declaré fon bon vouloir, lequel ledit fieur *Vicelegat* & *Fabrice* promettent leur faire entendre pour tout le mois de Novembre prochain. Et au cas que le *Pape* ne vouſiſt confentir que iceux de la Religion demeuraffent en fefdits pays & terres, leur fera permis un terme honnefte qui leur fera donné pour fe retirer où bon leur femblera.

Et pareillement leur fera permife en ce cas la vendition ou jouiffance de leurs biens, & leur fera donné abolition des crimes, felon le bon plaifir du *Pape,* fuivant ce qui fut arrefté entre la Majefté du Roy & monfieur le *Cardinal de Ferrare,* Legat en France.

Que tous ceux de ladite Religion qui feront d'Avignon,
Chafteauneuf du Pape & de Bederrides jouiront fans
refidence du contenu és prefens articles, comme
ceux dudit Comtat.
En tout ce que deffus ne font compris
larrons, meurtriers & voleurs, ne
autres chofes commifes hors le
faict de la guerre, defquels
crimes la cognoiffance
fera à ceux qu'il
appartiendra.

HISTOIRE
ECCLESIASTIQUE
du Piedmont & Parlement de Turin.

* *
*

LIVRE XIIII.

Affaires du Piémont.
ENTRE les *Eglises reformées de France* je n'ay voulu oublier celle de *Turin,* siege de Parlement & ville capitale du pays de *Piedmont,* alors tenue par le Roy, auquel lieu l'an 1557, au mois d'Octobre, *Alexandre Guyotin*[1] envoyé des Eglises circonvoisines, à la solicitation d'un bien petit nombre de ceux de dedans la ville, y dreſſa le ministere & la discipline Ecclesiastique avec tel avancement, qu'en peu de temps le nombre accreut grandement, s'y estans adjoints plusieurs tant de la ville que du pays d'alentour. Cela n'advint toutesfois sans eschapper infinis dangers, ayant esté tost après decelée ceste compagnie par trois soldats qui s'y estoient introduits sous pretexte de la Religion, lesquels peu de jours après ne faillirent d'en advertir le sieur *de Briſſac,* lors gouverneur de Piedmont[2], auquel mesmes ils declarerent le nombre & la qualité des personnes ; mais Dieu voulut que ordre y fut observé de là en avant, que jamais ils ne peurent estre descouverts ni surpris, de

---

1. *Alex, Guyotin*, vol. I, p. 207.
2. Vol. I, p. 402. Comp. *Mém. de Castelnau,* éd. *Le Laboureur,* I, 294. Il resta Vice-roi du Piémont jusqu'à la paix de Câteau Cambresis, 1559. Il devint ensuite gouverneur de la Picardie et enfin de l'Ile de France et de Paris. Voy. aussi *Brantôme, Hommes illustres, etc.*, 2ᵉ partie, éd. *Panthéon,* p. 670.

forte que les delateurs au lieu d'eftre recompenfés, comme ils
efperoient, furent comme calomniateurs degradés des armes, &
caffés entierement à la pourfuite de quelques uns qu'ils avoient
nommés & qui attouchoient audit feigneur Gouverneur.

Cependant advint qu'un Miniftre de l'Eglife *du Tailleret* [1], au
val d'Angroigne, fut pris & amené aux prifons de Turin, où luy fut
tenue telle rigueur, que fans point de faute il y fuft mort de male
faim n'euft efté la charité & affiftence d'un armurier, nommé *Argencourt,* lequel nonobftant tous empefchemens ne luy faillit jamais,
le nourriffant & l'allant vifiter quand il pouvoit; ce qui le rend
digne de grande louange, ayant bien eu ce cœur lorfque le prifonnier, par arreft de la Cour, ayant efté degradé par l'Evefque eftoit
remené en prifon, de luy dire tout haut, qu'il euft bon courage,
& que Dieu qui avoit commencé fon œuvre en luy, le parache-
veroit à fon honneur & gloire. Ce mefme jour eftant la compagnie
affemblée pour ouyr la predication, après les prieres redoublées
pour le pauvre prifonnier, lequel on favoit devoir eftre condamné
le lendemain à eftre bruflé tout vif, *Argencourt,* ayant dit feulement à l'affemblée que Dieu luy avoit mis au cœur un moyen
d'ayder grandement au prifonnier, f'en allant à l'executeur, fit
tant qu'il luy promift de faire le malade le lendemain. Et de faict
ainfi en advint. Ce qu'eftant rapporté à la Cour par leur huiffier,
ils prononcerent bien l'arreft au prifonnier, mais furent contraints
de delayer l'execution par l'efpace de deux jours, durant lefquels
Argencourt ufa de telles perfuafions envers ceft executeur, qui
eftoit jeune homme, n'ayant femme ni enfans, que luy ayant
remonftré l'iniquité du jugement donné contre ce prifonnier, &
qu'il eftoit bien pour gagner fa vie à quelque autre meftier,
moyennant auffi une piece d'argent qu'il luy donna, il f'en alla fans
jamais avoir efté veu depuis à Turin ni au pays qu'on ait fceu.

Le ministre du Tagliaret.

1. *Le Tagliaret,* à un demi kil. de Torre di Pellice et à un peu plus d'un
kil. au haut (ouest) de Luserna, à un kil. à peu près d'Angrogne. Voy.
la *Carte du Dépôt de la Guerre de France. Muston, l'Israël des Alpes,* etc.,
t. II, p. 87, note 2, dit : «On donnait alors (en 1561) le nom de Taillaret à tout
l'espace compris entre les *Chiabriols* au couchant, *Champ-la-Rama* au levant,
les Copiers au midi et *Castelus* avec *Coste-Roussins* au nord.» Nous ne trouvons pas les quatre derniers noms sur la Carte citée. En tout cas l'endroit
est au pied septentrional du *Mont-Viso,* à la partie la plus élevée du Val-
d'Angrogne.

Cela eftant venu à la cognoiffance de la Cour, il fut commandé au Prevoft des Marefchaux de trouver promptement un executeur; à la requifition duquel f'eftant mis en chemin celuy de Grenoble advint, que fur le *Mont de Genevre* eftant rencontré par certains foldats retournans de Piedmont en France qui eureut envie de bonnes manches de maille qu'il portoit, fut tué & devalifé par eux fur le champ. Il fut donques queftion d'envoyer jufques à Chambery, mais l'executeur ayant entendu ce qui eftoit advenu à l'autre, n'en voulut jamais defloger. On f'avifa de f'adreffer au *Colonnel des Reiftres* eftant pour lors en Piedmont, le priant de prefter fon executeur. Mais ceux de la Religion réformée l'ayans adverti que c'eftoit pour brufler un Miniftre de la Religion, la refponfe fut qu'on ne le prefteroit point pour cela, mais bien pour toute autre execution. Advint donques que quatre brigands furent condamnés & livrés audit executeur, lequel devoit puis après porter leurs charongnes au lieu du delict; eftant dit toutesfois que l'un des quatre ayant affifté à cefte execution de fes complices, auroit la vie fauve pourveu qu'il fift deformais l'office d'executeur, efperant le Parlement de luy faire faire fon premier effay en la perfonne dudit Miniftre condamné. Cefte execution donques eftant faite, & les trois corps eftant chargés avec ce quatriefme brigand & deux Archers du Prevoft, l'executeur ayant efté pratiqué en la ville moyennant quelque argent, fit fi bien avec ce quatriefme dont il faifoit defia fon valet, qu'eftans les Archers à la taverne, il fe fauva; de forte que le Parlement demeura tout confus, & le Miniftre toufiours prifonnier.

Cependant voici venir la paix, par laquelle le pays, horfmis certaines villes devoit eftre rendu au *Duc de Savoye,* ce qui apporta un grand mefcontentement & remuement à Turin, fur laquelle nouvelle *Birague*[1], Prefident, fut tellement folicité de delivrer ce

---

1. *René de Birague*, né d'une illustre famille du Milanais, avait d'abord été conseiller au Parlement de Paris, ensuite Président, et après avoir été employé à différentes embassades et même à des emplois militaires, après avoir servi dans le Piémont, après que ce pays fut rendu au duc de Savoie, il reçut le gouvernement du Lyonnais. Il succéda comme Chancelier à son beau-père, le premier Président de Thou, on lui procura le cardinalat pour l'engager, cassé de vieillesse qu'il était, à se demettre des fonctions de Chancelier. Il mourut en 1583. *De Thou*, V, 546; VI, 310.

pauvre prisonnier qu'il voyoit luy-mesme avoir esté preservé tant de fois de la mort miraculeusement, qu'il enjoignit au geolier de luy laisser un jour la porte de la prison ouverte, & luy dit en l'aureille qu'il se sauvast. A quoy ne faillit le prisonnier, se retirant au pays d'*Angoumois,* d'où il estoit.

Or nonobstant ceste reddition du pays, *Alexandre* & son assemblée suivoient tousiours le train coyement & avec grand fruict, jusques à ce qu'un malheureux heretique Milanois, nommé *Jean Paul Alciat* [1], autrement dit *la Motte,* s'estant sauvé de Geneve où il avoit failli d'estre attrapé & chastié, aussi bien que ce blasphemateur *Servet,* son maistre, passant par Turin y sema son heresie pleine de blaspheme contre la saincte Trinité de personnes en une seule essence divine, lequel blaspheme estant trop tost receu par quelques esprits volages, fut aussi tost refuté amplement par *Alexandre.* De quoy estans irrités quelques uns, qui pour ceste occasion s'estoient retirés de l'assemblée, ne donnans aucun lieu à la vérité, firent en sorte qu'à la despourveue le sieur d'*Aussum,* acompagné des syndiques & sergens avec quelques soldats, estant entré au logis d'*Alexandre,* le saisit; mais il advint que l'ayant mis à la porte, entre les mains des sergens & syndiques, & estant remonté avec le reste de la compagnie pour visiter la maison, il trouva au grenier d'icelle les livres du ministre, & sur ce cria aux syndiques qu'ils montassent; l'un desquels monté au lieu & voyant ces livres, s'escria fort haut (de joye comme il est à presumer) à ceux d'embas qu'ils montassent, dont il advint que ceux qui estoient à la porte tenans le ministre, & cuidans que là haut on fist quelque effort aux syndiques y accoururent aussi, donnans par ce moyen ouverture au prisonnier, qui ne faillit de se sauver, &

---

1. *Jean Paul Alciat*, Piémontais, *de la Motte*, venu à Genève pour cause de religion (1557, *Gaberel, Hist. de l'Egl. de Genève*, t. 1, Pièces, p. 207, dit 1554), s'y fit condamner après y avoir séjourné, pour ses opinions antitrinitaires en 1558; après avoir quitté il paraît s'être rendu à Turin, comme le prouve notre texte, mais sans y faire un long séjour, car il alla à la même époque dans la Valtelline (à Chiavenna), à Zuric (en juillet 1558), et bientôt après en Pologne. Voy. *l'Index des Oeuvres de Calvin.* Trechsel, *Antitrinitarier,* II, 310. *Gaberel, Hist. de l'Egl. de Genève,* II, p. 187 et 224, par erreur, parle d'Alciat et de Jean-Paul de La Motte comme de deux hommes différents.

ayant rencontré par la providence de Dieu quelques uns de fon troupeau, fe fit mener en une hoftelerie hors la ville, feignant de venir de dehors, où il fe mit à fouper avec les autres, à caufe qu'il eftoit defia tard. Et combien que bien toft après d'*Auſſum*[1], en perfonne avec fes foldats (foit qu'alors à caufe du changement il euft acouftumé de vifiter les hofteleries, foit qu'il euft defcouvert quelque chofe de ce qui eftoit advenu) vinft au logis mefme où eftoit ledit *Alexandre Guyotin* à table comme les autres faifant bonne contenance, il ne fut jamais recognu; & le lendemain f'en vint à *Moncalier*[2], non pour fe repofer, mais pour y redreffer ce qui avoit ainfi efté diffipé à *Turin,* de forte qu'en peu de temps il y euft compagnie de ceux de la Religion reformée dreffée à *Carignan, Pancalier, Poyrin*[3]*, Villefranche, Villeneufve d'Aſt & Caſtillon*[4]; lefquelles toutesfois ont efté diffipées par les perfecutions enfuivies par l'*Evefque* dudit lieu de *Turin.*

Et ainfi demeura la furfeance de l'exercice jufques à l'Edict de Janvier, auquel temps *Alexandre* eftant redemandé par fes brebis, commença de les recueillir avec grande apparence d'un grand accroiffement. Mais les troubles furvenans, & le fieur de *Bourdillon*[5], gouverneur, fuivant les letres à luy envoyées au nom du Roy, commanda au miniftre de fortir; auquel néantmoins il bailla letres patentes de fa preud'hommie, & qu'il ne le faifoit fortir pour autre caufe que pour obeyr au commandement du Roy, après luy avoir rendu pareil tefmoignage de bouche devant tout fon confeil.

---

1. Le sieur *d'Aussun,* voy. vol. I, p. 803; II, 142, 241.
2. *Moncalieri,* à 1 kil. de Turin.
3. *Poirmo.*
4. Toutes ces villes sont situées dans les environs de Turin.
5. Le lieutenant général, sieur *de Bourdillon,* voy. vol. II, p. 137.

HISTOIRE
ECCLESIASTIQUE
du reffort & parlement de Bourgongne.

* *

Livre XV.

391 QUANT au *Parlement de Dijon*, nous avons veu[1], comme le *Maire* de la ville[2], affifté d'un Chanoine fe difant Syndic du clergé, avoit obtenu que le Parlement au lieu de faire publier l'*Edict de Janvier* envoyeroit deux Confeillers au Roy, pour faire tant que la province de Bourgongne ne fuft comprife en l'Edict. Cela luy eftant ottroyé, & ayant fous main fait entendre à la Cour

Affaires de Bourgogne.

---

1. Vol. I, p. 778 s. *(Goulard) Hist. des choses mémor.*, p. 276. *Baudouin, Hist. du Prot. et de la Ligue en Bourgogne.* Aux. 1881, t. I, p. 205 s.

2. Baudouin, l. c., p. 206 : Le 6 mars, les élus des Etats de Bourgogne et la cour des comptes intervenaient pour joindre leur résistance à celle des magistrats judiciaires. Ils inscrivaient la délibération suivante sur le registre des Etats dans une séance où se trouvaient réunis *Claude Loysel*, doyen de Beaune, élu de l'église ; *George de la Guiche*, élu de la noblesse ; *Bénigne Martin*, maire de Dijon, élu du Tiers-Etat ; *Etienne Noblet, Denis de Pontoux, Vincent le Grand et Legoux*, membres de la chambre des comptes ; enfin *Bénigne des Barres*, élu du roi. «Sur ce que ledict sieur *de la Guiche* a dict avoir heu certaine remonstrance d'aucungs principaux de l'estat de la noblesse touchant l'édit concernant la religion ; par lequel les assemblées sont permises ès faubourgs des villes ; ce qui ne pouvoit avoir lieu en ce païs, ains devait estre empesché, ont concluď et deliberé que, par eulx sera formé opposition à la publication dudict édit ; et pour cest effect, qu'ils se retireront devers la cour de parlement, pour former ladicte opposition, et y estre receus à donner leurs moiens d'empescher ladicte publication.»

qu'en la ville de Dijon & autres du Duché de Bourgongne, il n'y avoit point de gens de la Religion ni forme d'assemblée combien qu'en une seule ville de Dijon il y eust plus de deux milles personnes requerans la publication de l'Edict, il fut mandé par letres du dernier de Mars au sieur *de Tavanes,* lieutenant pour le Roy en l'absence du *Duc d'Aumale,* gouverneur[1], de ne permettre les presches à Dijon, ni aux villes de frontieres; & par ainsi fut l'Edict de Janvier frustratoire pour la ville de Dijon[2]. Ce neantmoins huict jours après, à savoir le huictiesme d'Avril, ceux de la Religion obtindrent nonobstant les troubles desia bien avancés, letres contraires & autres encores du douziesme dudit mois, adressantes à la Cour & à *Tavanes,* pour proceder à la publication & execution de l'Edict sous peine de s'en prendre à eux. Mais tout cela ne servit de rien, dautant que les conseillers de la religion Romaine estoient en plus grand nombre, & que les gens du Roy ne prenoient leurs conclusions, qu'après plusieurs injonctions, alleguans qu'on les vouloit forcer, quand on menoit des notaires pour avoir acte de leur reffus, joint qu'ils avoient leurs delegués en Cour desquels ils se disoient attendre la responce.

Intrigues du sieur de Tavannes.

Cependant les troubles s'allumoient de plus en plus; ce qui donna moyen au *Maire*[3] d'exécuter ce que de longtemps il avoit

1. Vol. I, p. 687. *Gaspard de Saulx-Tavannes.*

2. *De Thou,* III, 212, diffère de notre texte pour la date : Les Protestans furent cruellement persécutés en Bourgogne, et premièrement à Dijon, capitale de la Province. Gaspard de Saulx, seigneur de Tavannes, Lieutenant du Duc d'Aumale, obtint le premier Mars une Déclaration du Roi, enregistrée au Parlement de Bourgogne, par laquelle S. Majesté révoquoit la permission accordée aux Protestants, de tenir leurs assemblées à Dijon et dans les lieux voisins.

3. *Mém. de Gasp. de Saulx-Tavannes (Collect. des Mém. de l'Hist. de France par Michaud et Poujoulat),* VIII, p. 252 : La *Motte-Gondrin* ayant esté tué à Valence par les Huguenots, esveille davantage le sieur *de Tavannes.* Il ne s'arreste plus ny aux enigmes couverts ny secrets commandements de la *Royne* (Catherine de Médicis), ny de MM. *de Guise;* resout maintenir les Catholiques et la force de son costé, pour s'en prevaloir et pouvoir en tout temps se porter avec son gouvernement au service du Roy. Il descouvre l'entreprise des Huguenots sur Dijon, où ils estoient douze cens resolus de le tuer et se saisir de la ville. Ils avoient percé les maisons de la rue des Forges, pleines de ceux de la religion nouvelle et se pouvoient assembler secrettement tous en une quand ils vouloient. Les gens de mestier huguenots s'estoient

projetté. Pour y parvenir donques & attirer *Tavanes* du tout de son costé, il fit tant qu'il luy persuada que ceux de la Religion avoient resolu de le tuer, chose du tout controuvée & qui n'avoit apparence quelconque. *Tavanes,* toutes fois homme tressubtil, & surtout adonné à faire son profit, soit qu'il creust ce rapport, soit qu'il ne voulust perdre ceste occasion de s'enrichir des biens de ceux de la Religion, & quant & quant pour gratifier ceux de *Guyse,* qu'il voyoit avoir le dessus en Cour, commença dès lors à faire du pis qu'il pouvoit, sauf qu'il aimoit mieux les biens que le sang.

Premierement donques il mit les forces de toutes les places entre les mains de ceux de la religion Romaine, en depossedant ceux de la Religion, jusques à ce que le Roy (disoit-il) en eust ordonné; fit crier à son de trompe, que tous ceux de la Religion eussent à porter leurs armes en la maison de ville, desquelles fit faire une diligente recherche par les maisons; fit defense de s'assembler pour faire prieres ni presches, & de chanter pseaumes en public ni en privé; fit perquisition pour se saisir des ministres, jusques à faire crier qu'on eust à les reveler, disant qu'il les vouloit faire conduire en seureté hors du Royaume; mit douze prisonniers d'apparence au chasteau, qui y ont esté plus de six mois sans estre ouys ni interrogués, & mesmes en est mort deux en prison, sans jamais avoir esté ouys[1]. Et pource que les autheurs de ces captures virent

---

fournis de chacun cinq ou six soldats, qu'ils disoient estre leurs serviteurs et aprentifs. Le sieur *de Tavannes* dissimule de ne sçavoir leur entreprise. Eux la retardent pour entreprendre sur le chasteau de Dijon, qu'ils craignoient, et comme mal resolus, ils tastent, ils sondent le sieur de Tavannes par un de ses serviteurs, huguenot, qui s'efforce luy faire croire que ceux de la religion estoient les plus forts dans la ville, et luy conseilloit de s'en retirer. Sur quoy ledit sieur *de Tavannes* n'eut recours qu'à l'audace et à la bonne mine, pour avoir temps de faire venir des forces. Il respond à celui qui le pensoit intimider, que dans le lendemain au matin toute la ville seroit pleine d'armes catholiques, et qu'à luy seul il sauveroit la vie et envoya defendre de sortir des maisons de nuit. La rebellion estoit si preste, que les Huguenots tiroient des arquebusades aux trompettes qui publioient ce commandement. Le sieur *de Tavannes* se saisit d'une maison proche du chasteau, commandant trois rues. Le maire, qui avoit promis 500 hommes armez, n'en avoit pas cent de son party.

1. *Bénigne Martin.*

que cela eſtoit ſujet à reprehenſion, ils trouverent depuis une telle couverture, diſans qu'ils les avoient mis priſonniers ſeulement pour les garantir de la fureur du peuple.

Il fit auſſi entrer en la ville, en armes, le *Comte de Monrevel*[1] avec ſa compagnie & autres gens de guerre, auſquels il donna un ſignal par deux coups de canon tirés du chaſteau ; fit faire un petit boulevart en un carrefour de la ville, où il mit le capitaine *Mirebel*[2] & ſa compagnie ; fit venir un jour en ſa maiſon les ſerviteurs de tous meſtiers, qu'il livra entre les mains des gens de guerre pour les chaſſer hors la ville. Sur cela advint un cas fort notable, car ayant *Tavanes* mandé une bonne partie de ceux de la Religion de ſe trouver devant ſon logis (à quoy ils obeirent) & ſur cela leur ayant fait pluſieurs aigres remonſtrances juſques à uſer ſouvent de ce mot de pendre, un cellier nommé *Hugues Grilliere*, en ſ'approchant luy dit tout haut ces mots, Monſieur, je vous ſupplie de commencer par moy. Laquelle parole eſmeut tellement *Tavanes*, qu'il fut contraint de larmoyer devant tous. Ce neantmoins, contre ſa conſcience, il leur fit commandement de ſortir hors la ville, & de faict en fit mener hors la ville pluſieurs par le *Comte de Monrevel*.

Il fit auſſi armer, à ſon de trompe, ceux de la religion Romaine, ſans aucune diſtinction de qualité ni de mœurs, leur baillant les armes meſmes, dont il avoit entierement deſpouillé ceux de la Religion ; tint la ville fermée, ne laiſſant qu'une porte ouverte ; mit corps de garde par les places, & un guet continuel dont advindrent mille voleries & autres excés, avec toute impunité.

Qui plus eſt, eſtant contraint *Tavanes* d'aller à Chalon, qui fut

---

1. *De la Baume, comte de Montrevel*, avec sa compagnie de cavalerie. Voy. ci-dessus, p. 296 : *Montravel*. — *Mém. de Tavannes*, p. 253 : Cette bonne mine suspendit et estonna les Huguenots, et donna temps à M. le comte *de Morvel*, conduisant la compagnie de M. de Savoye, d'approcher, selon le commandement du sieur *de Tavannes*, après trois canonades pour signal tirées du chasteau sur la minuict. Ledit sieur *de Tavannes* fit entrer cette compagnie par le chasteau, et se rendit maistre ; chassa quinze cents valets huguenots, mit douze prisonniers des plus seditieux au chasteau, pour caution de sa vie, qu'ils avoient menacée. — Comp. *Baudouin. Hist. du Prot. en Bourgogne*, I, 253. *(Goulard) Hist. des choses mémor.*, p. 276 : *Maurevel*.

2. *Rosans*, sieur de Mirebel. Voy. ci-dessus, p. 253.

quittée par *Mombrun*[1], il laiſſa la garde de la ville aux Maire & Eſchevins, avec permiſſion de chaſſer tous ceux qui leur feroient fuſpects; fuivant laquelle permiſſion, infinis outrages & cruautés eſtranges ſe commirent, eſtant chaſſé grand nombre d'hommes, femmes & enfans, voire juſques aux malades & impotens, dont pluſieurs furent reduits à extreme mendicité, & fut dit à pluſieurs filles de maiſon, ſe lamentans & diſans ne ſavoir où elles devoient aller, que le bordeau ne leur pouvoit faillir.

Le ſeptieſme Juillet[2] furent faits des cris à ſon de trompe, eſtrangement cruels & barbares & monſtrans evidemment de quel eſprit eſtoient menés ceux qui en eſtoient les autheurs; à ſavoir, que tous les payſans euſſent à prendre les armes, & courir ſus aux rebelles, entendans par ce mot ceux de la Religion, qu'on n'euſt à recevoir, loger, ayder de boire ni de manger les expulſés des

---

1. Voy. *supra*, p. 222 et ci-dessous, p. 407 s. — *De Thou*, III, 213 : Les protestants ayant de leur côté pris la ville de Lyon, ils s'emparèrent quelque temps après de Châlons-sur-Saône. On y envoya aussitôt Charles du Puy, sieur de Montbrun, avec 500 arquebusiers, pour garder la ville. Mais Tavannes y étant venu, Montbrun, qui ne se trouva pas en état de résister, mit ses soldats sur des bâteaux, et abandonna la ville; elle ouvrit ses portes à Tavannes, qui la mit au pillage. Montbrun fut blâmé, et on lui reprocha d'avoir trop appréhendé l'ennemi, et d'avoir communiqué sa peur à ses gens. — Comp. les *Mém. de Gaspard de Saulx, seigneur de Tavannes (Collect. des Mém. de l'Hist. de France par Michaud et Poujoulat)*, t. VIII, p. 254. Baudouin, *Hist. du Prot. en Bourgogne*, I, 239 s.

2. *Hist. des Martyrs*, fol. 681 b. — L'ordonnance dont parle le texte (quoique la date ne soit pas exactement la même), paraît coïncider avec l'arrêt du parlement de Paris, du 13 juillet 1562, cité vol. II, p. 107 s. — *De Thou*, p. 213, la rapporte aussi comme publiée dans la Bourgogne et comme ayant occasionné l'expulsion de Dijon de 2000 religionnaires. *(Goulard)* l. c. Baudouin, l. c., p. 265 : On venait d'afficher à Auxerre deux arrêts du parlement de Paris, l'un du 13 juillet, autorisant les manants et habitants des villes et villages à prendre les armes contre tous ceux qui saccageaient les églises ou faisaient des conventicules illicites; l'autre, du 17 juillet, décrétant l'arrestation de tous les ministres, etc. — Comp. p. 393, note 3. — *De Thou*, l. c., p. 213 : Aussitôt on chassa les ministres; et quoique les Protestants eussent depuis obtenu des ordres contraires, jamais ils ne peurent recouvrer la liberté qu'on leur avoit une fois ôtée. Les gens de la ville furent ensuite désarmés; quelques-uns mis en prison, et ce qu'on ne pouvoit voir sans verser des larmes, leurs femmes et leurs enfans inhumainement chassés et contraints de sortir de la ville.

villes, que ceux qui avoient pris les armes, ou favorifé ces rebelles d'ayde, de confeil, eftoient condamnés comme criminels de lefe majefté, qu'on euft à tuer & maffacrer tous ceux qui f'affemble-roient pour prier ailleurs qu'aux temples de ceux de l'eglife Romaine. Chacun peut prefuppofer quelle defolation pouvoit advenir en authorifant une licence fi defbordée, mais Dieu y pourveut, n'ayant jamais peu le commun peuple de Bourgongne eftre attiré à toutes les cruautés, aufquelles on les vouloit inciter. Tant y a toutesfois que plufieurs pilleries & faccagemens en advindrent, tant és villes qu'aux champs, & quelques meurtres auffi, n'eftans mefmes efpargnés gens de qualité, comme confeil-lers en Parlement, maiftres des contes, threforiers generaux & autres gens d'honneur & de favoir, qui furent contrainéts de ceder à la fureur de gens pour la plus part ignorans, & de vile condi-tion, aufquels toutes chofes eftoient permifes, quelque mal renom-més qu'ils fuffent. Par ce moyen fe trouvera avoir efté chaffés de Dijon près de deux mille perfonnes pour la Religion, chofe fuffi-fante pour le moins, pour redarguer le Maire & fes partiaux d'une par trop grande impudence, ayans donné à entendre à la Cour, dès le mois de Mars, qu'à Dijon il n'y avoit perfonne de la Reli-gion.

On envoya auffi, environ ce temps, quatre cens hommes du bourg d'*Iffutile*[1], qui y firent quelques ravages; autres auffi à *Mirebel*[2], dont quelques prifonniers furent amenés, & depuis executés à mort; & d'autres à *Commarin*[3], à *Autun*[4], *Beaune*[5] & *Chalon*, d'où on amena grand nombre de prifonniers.

Parmi ces tempeftes, ceft une chofe incroyable comme *Tavanes* & le fieur *de Villefrancon*[6] pefcherent en eau trouble à l'occafion de la guerre faite és quartiers de Chalon & de Mafcon; pour les

---

1. L'origine de l'église d'Is-sur-Til est mentionnée vol. I, p. 782 s. — De Thou, l. c. Goulard, ibid.

2. Le bourg de *Mirebeau-sur-Bèẓe* (Côte-d'Or) est à 24 kil. de Dijon. — De Thou, ibid. Goulard, ibid.

3. *Commarin*, village (Côte-d'Or) non loin de Sombernon, à 37 kil. de Dijon (canton de Pouilly-en-Montagne).

4. Voy. ci-dessous, p. 399.

5. Voy. ci-dessous, p. 406.

6. *De Villefrancon*, beau-père de Tavannes. Voy. vol. I, p. 785 s.

frais de laquelle ils n'espargnerent personne, premierement par certaines cottisations bien grandes imposées sur les Evesques, Abbés, Chapitres, Prieurs & autres beneficiers notables de la Bourgongne, qui furent les premiers degraissés¹, puis par emprunts particuliers sur les suspects de la Religion, desquels il y en eut de cottisés à mille & deux mille escus, les autres à cinq & six cens. Outre cela il y eut d'autres emprunts sur les plus aisés des villes, sans distinction de religion, autres sur les villes, & non sur les aisez, & le fort portant le foible. Davantage il n'y a eu Bailliage en Bourgongne qui n'ait esté cottisé à grande quantité de bleds, vins & chairs, partie desquels ont payé leurs taxes en espece, les autres en argent. Les villages mesmes furent taxés particulierement à la fourniture des chevaux d'artillerie & de pionniers, la plus part desquels fournirent deniers; & si falut outre tout cela que plusieurs villes & villages ayent porté vivres au camp, de sorte qu'en dix ans le Roy n'a levé tant de deniers sur le pays de Bourgongne, qu'il en a esté pris pour ceste guerre, se plaignans toutesfois plusieurs soldats de n'avoir esté payés, & plusieurs villages ayans nonobstant tout cela esté gastés & destruits. Vray est que parmi tels desordres *Tavanes* & *Villefrancon* acquirent cest honneur, au lieu des meurtres commis ailleurs, d'avoir plustost vuidé les bourses que coupé les gorges.

Comme ces gouverneurs savoient bien faire leur proffit particulier, la *Cour de Parlement*, d'autre costé, se laissa tellement mener aux passions de certains particuliers, que se laissant despouiller de son authorité & de celle du Roy, elle se rendit vrayement esclave du magistrat inferieur, & se monstra plustost partie que juge. Car, jamais ceux de la Religion ne presenterent requeste pour avoir raison des torts & outrages à eux faits, qu'elle ne fust retenue, refusée ou appointée tout au contraire de leur requisition. D'autre costé, jamais ceux de la religion Romaine n'en presenterent qui ne

---

1. *Baudouin, Hist. du Prot. en Bourgogne,* I, 258 : Le 4 août, Tavannes transmit aux lieutenants des bailliages l'ordre du roi « de *recouvrer* (recourir) à l'argenterye, vaisseaulx et reliquaires des églises ; . . que sadicte Majesté a ordonné faire lever pour servir au souldoyement de la guerre ; » mais il prescrit d'en dresser en même temps « fidèle inventaire, prisée et estimation », pour en rembourser la valeur en temps opportun. La saisie paraît avoir été faite partout, sans obstacles.

fuſt receue, appointée & accompagnée des faveurs des gens du Roy & d'aucuns des Conſeillers. Jamais auſſi ne vindrent letres de proviſions du Roy pour ceux de la Religion, qui n'ayent eſté rejettées, alterées ou interpretées tout au rebours de verité, & jamais n'en vint une contre ceux de la Religion, qui ne fuſt receue & publiée avec precipitation & applaudiſſement. La commiſſion pour informer des ſeditions toutes manifeſtes procurées par le *Maire*[1] & certains Eſchevins ne fut onques executée. Les horribles violences & outrages faits, tant à *Dijon* qu'ailleurs, à divers jours, ne furent reprimés par la Cour, en ſorte quelconque. La petulance de *Piſtoris*, preſcheur[2], avec injures par luy proferées contre le Roy, les Princes & magiſtrats a meſme eſté notoirement favoriſée. L'entrepriſe du Maire ſur l'expulſion, non ſeulement des bourgeois de la ville, mais auſſi de certains Conſeillers de la Cour, & autres gens de qualité n'ayans jamais eſté admis à monſtrer leur innocence, fut diſſimulée, outre pluſieurs arreſts du tout eſtranges & nullement ſouſtenables, & le procès criminel fait aux officiers des bailliages, pour avoir fait publier l'Edict de Janvier (c'eſt-à-dire pour avoir obey au Roy, duquel ils avoient letres patentes pour ceſt effect). *Nicolas le Copiſte*[3] & quatre autres, par ordonnance du baillif, ſans avoir eſgard à l'appel, contre toute formalité de juſtice, furent meſmes executés à mort, & une femme fouettée, pour avoir fait ſeulement les prieres. Bref, il y a eu plus de trentehuict perſonnes condamnées à mort en figure, & plus de cent ſoixante mis priſonniers, une fille de ſeize ans decapitée pour la Religion ſeulement; tous leſquels ont eſté condamnés comme ſeditieux, combien qu'il n'y euſt eu aucun port d'armes. Tel fut donc le deportement de la principale ville de Bourgongne, devant & durant ces troubles, & longtemps encores après le premier Edict de pacification.

Affaires d'Auxonne.

A *Auxonne,* ville forte, & limitrophe du Duché de Bourgongne[4],

---

1. *Bénigne Martin.* Voy. *supra.*
2. Voy. vol. I, p. 779.
3. *Hist. des Martyrs*, fol. 681 b.
4. *Auxonne* avait été la capitale de la petite ſouveraineté des ſires d'Auxonne, ſéparée du duché et du comté de Bourgogne; elle forma enſuite un bailliage particulier et ſervit de barrière au duché de Bourgogne avant la conquête de la Franche-Comté. A 31 kil. de Dijon.

avec un fort chafteau & mortes payes ordinaires, y avoit un affés bon nombre de ceux de la Religion, & mefmes de gens de qualité, comme entre autres un nommé *Jean Girard* [1], advocat, & homme de bonnes letres & de gentil efprit, & quelques autres, lefquels, attendans la jouiffance de l'Edict de Janvier, furent bien efbahis quand le huictiefme jour d'Avril 1562, au lieu de l'Edict, fut publiée une letre du cachet du Roy, en laquelle il eftoit feulement porté que les confciences ne feroient point recherchées. Peu après, le fieur *de Torpes* [2], capitaine de la ville, ne pouvant diffimuler ce qu'il pretendoit de faire, fe fit pendre plufieurs petites images, lefquelles eftoient infcripts ces mots: *Memento mori,* qu'il envoya par toutes les maifons de la ville fufpectes de la Religion, & qu'il diftribuoit par moquerie à tous ceux qu'il rencontroit, leur difant & faifant dire qu'il faloit que bien toft ils allaffent à la meffe, ou qu'ils mouruffent. Cela toutesfois ne les efbranla point, ains ils continuoient en leur maniere acouftumée de f'affembler pour prier Dieu & ouir lire quelques paffages de l'Efcriture. Ce que entendant *Tavanes* ne faillit d'envoyer mandement fecret au Maire & Efchevins de la ville, pour chaffer ou emprifonner ceux de la Religion. Premierement donques la dame *de Merville,* femme du fieur *de Merville,* capitaine du chafteau, grande ennemie de la Religion, f'y eftant tranfportée avec letres expreffes de fon mari, adreffantes au fieur *du Temple,* auparavant fon lieutenant audit chafteau, luy fit par ce moyen quitter la place, avec lequel auffi deflogerent tous les foldats qui ne voulurent aller à la meffe, qu'elle fit dire dès lors au chafteau d'où elle avoit efté pieça bannie.

D'autre cofté *Torpes* & le Maire de la ville, le fixiefme de May [3],

---

1. *France prot.,* V, 275: *Jean Girard,* jurisconsulte et poète, né à Dijon, en 1518, après avoir étudié à Dôle, il se fixa à Auxonne et en fut nommé maire. — *Papillon, Bibliothèque des auteurs de Bourgogne,* nie qu'il ait été protestant.

2. *Alexandre de Saulx de Torpes,* de la maison de Tavannes. — *De Thou,* l. c.: Cousin de Gaspard de Saulx-Tavannes (*Mém.,* p. 253).

3. *De Thou,* l. c., dit le 16 de Mai. — Les *Mém. de Tavannes* disent simplement, p. 253: A *Beaune, Auxonne,* furent saisis les factieux par son commandement (de Tavannes). Prévoyant ces malheurs, il avoit mis ses cousins de Torpes et de Vantoux gouverneurs d'Auxonne et de Beaune.

ayans en premier lieu fait sortir de la ville, sans autre cognoissance de cause, six jeunes hommes de la Religion, qu'ils savoient estre les plus affectionnés, assignerent à heure de midi, en la maison du Roy, cinquante ou soixante des plus apparens de la Religion qui restoient, ausquels estans comparus, *de Torpes* remonstra le vouloir du Roy estre, que tous ceux de la Religion qui ne voudroient aller à la messe fussent mis hors de la ville. A quoy estant respondu, au nom & par l'advis de tous, par ledit *Girard*, qu'ils requeroient qu'on leur fist apparoir de ceste nouvelle volonté du Roy, attendu qu'il constoit du contraire par l'Edict de Janvier, & mesmes par les letres du cachet, que luy-mesme, auquel il parloit, avoit fait publier il n'y avoit pas un mois; il ne luy fut respondu autre chose, sinon qu'il eust à respondre pour son particulier, s'il vouloit aller à la messe ou non. Cela donna occasion audit *Girard* de faire une confession ouverte & ample de tous les poincts de la Religion avec grand silence de tous jusques à ce qu'il arriva sur le poinct de la conference de la messe. Mais alors *Torpes* entrant en colere, jusques à mettre la main sur son espée, luy ferma la bouche, commandant sur l'heure à ces mortes payes, qui assistoient là tous armés, qu'ils le chassassent hors la ville, & ce par la porte du Comté, afin qu'il ne repassast par sa maison. Ce qui fut aussi tost executé, & se retira *Girard* en une sienne grange près la ville, où il ne peut gueres sejourner, estant assailli par huict ou dix belistres, qui faillirent à le tuer.

Cependant *de Torpes* remit au lendemain les autres assiegés[1], auquel jour il mit dehors environ vingt hommes, retenant les femmes avec ceux qui par infirmité s'accorderent de retourner à la messe. Et quant & quant manda letres par les villages circonvoisins portans defenses recevoir les dechassés, de sorte que tous ces pauvres hommes (sur tout après que par ordonnance de *Tavanes*, d'environ le quinziesme de Juin, les armes furent mises entre les mains du peuple) furent contraints de se retirer par tout où ils peurent. Et tost après[2], un nommé *de la Planche*, lequel pour quelque affaire s'estoit retiré de France en Bourgongne, estant suspect de la Religion, & passant par le village de Fla-

---

1. Lisez : *assignés*.
2. *Hist. des Martyrs*, fol. 681 b.

meaux[1], à une lieue d'Auxonne, fut cruellement maffacré, trainé & jetté dans un eftang.

Environ ce temps auffi, la Cour de Parlement, fans avoir efgard que les abfens avoient efté dechaffés par commandement exprès, ne laifferent pour cela de les faire adjourner & proceder contre eux par deffauts. Et fut prife grande quantité de bled en la maifon, tant dudit *Girard* que d'un nommé *Jean Regnard,* greffier des efleus, & plufieurs pierres d'icelles demolies & appliquées à la fortification de la ville, avec l'entier pillage de la librairie dudit *Girard,* par un *chanoine de Beaune,* fon beaufrere, qui en brufla la plus part, avec les papiers & compofitions d'iceluy. Et d'abondant plufieurs impofitions furent levées fur ceux de la Religion expreffement, encores que la commiffion de *Tavanes* portaft qu'elles fuffent impofées fur les uns & fur les autres, & ainfi fut gouvernée la ville d'Auxonne, non feulement jufques à l'Edict de la paix, mais auffi long temps depuis, eftant l'entrée refufée aux dechaffés.

Affaires d'Autun.

Nous avons dit cy-deffus, au cinquiefme livre, que ceux de l'Eglife d'*Autun*[2], nonobftant toutes les pratiques de leurs adverfaires, jointes aux nouvelles du maffacre de Vaffy, f'eftoient refolus, pour fe fortifier contre ces tempeftes, de celebrer la Cene le jour de l'Afcenfion[3]. Cela eftant rapporté à l'Evefque & clergé, ils fe delibererent entierement de l'empefcher, quoy qu'il en deuft advenir, voire de ne laiffer paffer cefte occafion, veu que la guerre eftoit defià ouverte en plufieurs lieux, d'exterminer entierement ceux de la Religion, les trouvans ainfi tous enfemble[4]. Suivant cefte deliberation, plufieurs gentilshommes, parens, alliés ou amis furent conviés par eux de fe trouver au jour affigné dans *Autun* en equippage de guerre, & furent auffi levées quelques enfeignes de gens de pied compofées de bouchers, ferviteurs de preftres, & les plus diffolus tant de la ville que d'alentour; & quelques

---

1. *Flammerans*, village (Côte-d'Or) voisin d'Auxonne, à 37 kil. de Dijon.
2. Vol. I, p. 783-785.
3. C'est-à-dire le 7 mai.
4. *Baudouin, Hist. du Prot. en Bourgogne,* I, 256, ne connaît que ce que rapporte notre *Histoire.* Comp. *De Thou,* III, 214. *(Goulard) Hist. des choses mémor.,* p. 278.

fauconneaux, avec arquebouzes à croc, tirées de la maifon de l'Evefque, pour eftre le matin fuivant charriées contre la grange où la Cene fe devoit faire. Ceux de la Religion, d'auftre cofté, fe confians en leur jufte defenfe fi on les affailloit, attendu qu'ils eftoient fondés fur un Ediét folennel du Roy, firent auffi porter fecretement toutes fortes d'armes, tant en la grange qu'ès maifons prochaines qui eftoient de la Religion, & furent, dès le matin, pofés par eux bons corps de garde à toutes les advenues de la grange. Cela fait, & l'heure de l'affemblée f'approchant, ceux de la Religion fe trouverent au lieu en grand nombre & plus que de couftume, & fut toute l'aétion celebrée du commencement jufques à la fin, fans aucun trouble ni empefchement, avec une affeétion merveilleufe. Qui plus eft, chacun f'en retourna paifiblement en fa maifon, ayans efté tellement efpouvantés d'eux mefmes, leurs adverfaires, que perfonne d'iceux ne bougea, & mefmes la plus grand' part de leurs gens de cheval dès le matin retourna chés foy. Vray eft, qu'après difner, lorsque la grange eftoit vuide d'hommes & d'armes, quelques troupes des adverfaires y allerent & briferent les fieges & la chaire du Miniftre, en intention, comme il fut fceu depuis, d'y mettre le feu, mais la proximité de quelques maifons, & notamment de l'Abbaye des Nonnains de Sainét Jean, les en empefcha.

Ces chofes, ainfi courageufement commencées furent pourfuivies de mefme, tellement qu'encores que par les tempeftes de la guerre defià bien efchauffée, les autres Eglifes de Bourgongne fuffent rompues, ceux d'*Autun* continuerent en leur exercice jufqu'au vingtquatriefme du mois de Juin [1], auquel jour, eftans advertis à minuiét comme *Villefrancon* [2] avoit fait partir de Chalon, qui eft à fix lieues d'Autun, certaines compagnies de gens d'ordonnance & autres gens de pied pour venir à Autun, avec exprès commandement de luy envoyer les Miniftres & le fieur *de Bretaigne* [3] prifonniers, ou bien leurs teftes, les deffus nommés fe retirerent fi à poinét, que ces troupes, arrivées à Soleil levant, n'y trouverent que le nid.

1. *Hist. des Martyrs*, fol. 681 b.
2. *Villefrancon*, beau-père de Tavannes, *supra*, p. 395.
3. *Jacques Bretagne*, l'ancien représentant aux Etats de Pontoise.

L'église donc fut rompue, ayans efté d'advis les Anciens que les Miniftres fe retiraffent en Suiffe, comme ils firent. Alors ceux qui eftoient reftés en la ville furent traittés d'une eftrange façon, eftans injuriés, batus, trainés à la meffe ; les autres menés en prifon fi on les oyoit feulement chanter un verfet d'un Pfeaume ; joint que plufieurs enfans eftoient rebaptifés, & ceux qui naiffoient nouvellement, arrachés aux peres & meres pour les porter aux preftres. Plufieurs auffi furent contrains d'efpoufer derechef, les malades importunés & preffés en toutes fortes par les preftres, quelques uns deterrés & jettés à la voirie pour ne f'eftre voulus confeffer. Ainfi advint il entre autres à un honnefte citoyen nommé *Nicolas l'Orfevre,* & à un artifan menufier nommé *Philebert,* demeurant aux fauxbourgs Sainct Blaife ; lequel eftant trouvé befongnant fecretement en fa chambre un jour de fefte, pour nourrir fa famille qui eftoit bien pauvre, ainfi qu'on le trainoit en prifon fut tué fur l'heure par un fergent, d'un coup d'halebarde. Un autre, nommé *la Trompette,* trouvé à l'efcart, eut un bras coupé & fut laiffé pour mort. Grand nombre d'hommes & de femmes fut auffi reduit aux prifons, qui refufoient d'aller à la meffe & de figner les articles de Sorbonne, dont les uns, après longue prifon fe laifferent aller par infirmité, les autres fe racheterent par argent, autres plus conftans & nommeement plufieurs femmes notables fouftindrent la prifon jufques à la fin de la guerre[1]. Plufieurs auffi f'efcarterent, les uns fe retirans hors du royaume, & les autres allans à la guerre, & ainfi furent tous diffipés jufques à l'Edict.

Quant à la ville de *Beaune,* nous avons dit[2] que la grange, en laquelle ceux de la religion avoient fait la Cene le jour de Pafques, avoit efté bruflée. Ce nonobftant, on ne laiffa de continuer l'exercice de la religion dès le lendemain en un jardin prochain, & le

Affaires de Beaune.

---

1. *Baudouin,* l. c., p. 256 : *Villefrancon y envoya un de ses officiers, Charles de Saint-Léger, baron de Rully,* avec des forces différentes. *Jacques Bretagne...; Jacques (sic) Massol* (voy. p. 403), lieutenant de la chancellerie de Beaune, *deux ministres protestants,* et plusieurs agitateurs furent décrétés de prise de corps. *Bretagne* et quelques autres échappèrent. *Massol* fut arrêté à Paris, et le plus grand nombre s'enfuit à Lyon rejoindre *Montbrun.*

2. Vol. I, p. 781, 782. Comp. sur les faits de Ventoux à Beaune, *Baudouin,* l. c., p. 248 s.

jour d'après en l'aire de la grange bruſlée ; & depuis encores tant au jardin de *Jaques Bouchin*[1], qu'au maix[2] de *Robert le Blanc*[3], ès fauxbourgs Sainct Martin ; & en ce meſme temps un Chanoine de Beaune, nommé *Jean Mulot*[4], homme docte & de grande preudhommie, fit ouverte profeſſion de la religion, & peu après fut receu au miniſtere. Incontinent après, comme la guerre s'allumoit au cœur de France, le ſieur *de Ventoux*[5], capitaine de la ville, commença de fermer quelques portes, & de faire garder les autres ; & la compagnie du *Duc d'Aumale* eſtant arrivée en la ville, les armes furent oſtées à ceux de la religion, leſquels, nonobſtant tous ces empeſchemens, & combien qu'à cauſe des portes fermées ils furent contraints de faire un long tour pour aller au preſche, continuerent toutesfois à leur maniere acouſtumée ; meſmes la *Marquiſe de Rothelin*[6] paſſant par Beaune, retournant de Neufchaſtel en Suiſſe, Comté appartenant au *Duc de Longueville,* ſon fils[7], aſſiſta à l'aſſemblée avec toute ſa ſuite. Mais voyans finalement le danger evident où ils ſe mettoient en ſortant dehors, veu que la gendarmerie s'eſpanchoit de tous coſtés par le païs, ils commencerent de preſcher en la hale de la ville, le quatrieſme de May. Cela fit haſter ceux de la religion Romaine

1. *Jean Bouchin* était maire de Beaune et protestant. Vol. I, p. 780.

2. *maix* ou *mas*, de *mansus* ou *masus (Ducange) (manere,* demeurer), *manoir,* maison de campagne. *Vox mansus nostris familiaris fuit, quam in mas efferebant: Meix,* Burgundiones, *Mois,* Normanni, Provinciales et Arverni. *Ducange.*

3. *Rol. Blanc,* comp. ci-dessous, p. 406.

4. *Jean Mulot,* voy. plus bas, p. 403. *France prot.,* VII, 200.

5. De *Ventoux. supra,* p. 397.

6. Ce fut *Jacqueline de Rohan,* fille puînée de Charles de Rohan, sieur de Gié. Elle mourut en 1586, faisant profession de calvinisme. Elle était appelée marquise de Rothelin, parce que son mari, François d'Orléans, était marquis de Rothelin (*Röttelen,* ancienne seigneurie, dont le château en ruines se voit encore dans le Wiesenthal, grand-duché de Bade, non loin de Bâle). Les marquis de Rothelin étaient seigneurs de Neufchâtel. (Comp. *Oeuvres de Calvin,* XIV, 200 ; XVI, 510 etc., 536 s. 605, 696 ; XVII ; XVIII ; XIX, 135, 492, 689 ; voy. *l'Index.*)

7. Ce fils était *Léonor d'Orléans,* duc de Longueville et d'Estouteville, souverain de Neufchâtel, marquis de Rothelin etc., mort à Blois en 1573. Voy. le *Père Anselme,* I, 107. *(Oeuvres de Calvin, Index.)*

d'executer ce qu'ils avoient entrepris, s'eftant le jour fuivant *Ventoux* faifi de l'artillerie d'icelle ville qu'il mena au chafteau, ce qui donna à penfer à ceux de la religion, & regarder à leurs affaires, eftans de leur part affés forts dans la ville pour fe maintenir. Mais afin qu'iceux ne s'apperceuffent de ce qu'on avoit entrepris de leur faire le lendemain, envoyerent ce jour mefme prier ceux de la religion de s'affembler en leur Confiftoire & d'y choifir quatre perfonnes pour traitter avec les officiers du Roy & de la ville, des moyens de fe bien lier & unir enfemble pour la confervation d'icelle.

Suivant cela, s'eftans ceux de la religion pour ceft effect affemblés en la maifon d'un bourgeois nommé *Arthus du Bourgdieu*[1], le fixiefme jour dudit mois, tous leurs adverfaires capables de porter armes fe trouverent en armes à toxin fonnant, fur les trois heures d'après midi, avec *Ventoux* devant la maifon de ville, y ayans auffi efté introduits par le chafteau tous les vignerons des fauxbourgs, avec plufieurs des villages circonvoifins, & furent auffi amenées quatre pieces d'artillerie en la place, braquées contre quatre rues. Ceux de la religion voyans cela fe retirerent en leurs maifons fans faire autre bruit, & là apparut la providence de Dieu, qui contint tellement les cœurs de cefte multitude armée, que, fans faire autre chofe, ils ne bougerent de là le refte du jour & de la nuict fuivante jufques à dix heures du lendemain, feptiefme du mois.

Ce matin donques fix des anciens du Confiftoire furent appelés en la maifon de *Philippes Bataille*[2], où fe trouverent auffi *Antoine de la Tour,* tenant le lieu de Bailly, lors abfent, les advocat & procureur du Roy, le Maire & quelques Efchevins. Là, ceux de la religion ayans remonftré, comme il n'eftoit jamais advenu trouble de leur part, combien qu'on leur en euft donné affés d'occafion, mettant mefmes le feu en leur grange, avec plufieurs autres moleftes, qui les avoient contraints, outre l'evident peril des gens de guerre courans le pays, de s'affembler & prefcher paifiblement dans la hale, finalement il fut refolu d'un commun accord que ceux de la religion, fe departans de la hale, jouïroient de leur

---

1. *Arthus de Bourgdieu.* Comp. plus bas, p. 404.
2. *Phil. Bataille,* comp. ci-dessous, p. 406.

grange comme auparavant de ces troubles, & que les uns & les autres demeurans en la liberté de leurs confciences & de leur religion garderoient la ville au Roy unanimement.

Cela rapporté à *Ventoux,* qui eſtoit toujours en la place avec les armes, il voulut premierement que la maiſon d'un nommé *Pierre Champdoiſeau* fuſt viſitée, d'autant qu'on luy avoit dit qu'il y avoit leans quelques compagnies de ceux de la religion en armes; ce qu'eſtant trouvé faux encores, voulut-il avoir oſtages qui luy furent baillés & conduits à l'inſtant au chaſteau, à ſavoir *Pierre Maſſol,* fils de *Jean Maſſol*[1]*,* & *Robert Bouchin*[2], fils de *Jean Bouchin,* antique Maire de la ville, du conſentement de leurs peres; & par ainſi finalement chacun ſe retira, au grand regret de ceux à qui les mains demangeoient, comme auſſi y en eut quelques uns batus & outragés : mais tout cela ne fut qu'un delay du complot dreſſé contre eux. Car le lendemain, ſuivant l'accord, eſtant la porte Bretonniere ouverte à ceux de la religion pour aller à leur grange, ils la trouverent fermée à leur retour, de ſorte qu'il falut qu'avec grand crainte & danger ils entraſſent un à un par le guichet, & ne furent pas plus toſt rentrez, remarquez & contez, que la porte fut murée; comme auſſi toutes les autres furent fermées, fors une, gardée par ceux de la religion Romaine, avec expreſſes defenſes à ceux de la religion de porter armes, ni d'approcher les portes ni la muraille de la ville, ni d'en ſortir eſtans dedans, ni d'y entrer eſtans dehors, ni de ſ'aſſembler au dedans. Par ce moyen, dès lors, qui fut le huictieſme dudit mois, l'exercice de la religion ceſſa.

Le douzieſme dudit mois, les trois miniſtres, à ſavoir *Sebaſtian Tyran*[3], *Michel Lignol* & *Jean Mulot*[4] furent menés priſonniers

---

1. Comp. p. 404 et 406. — *Bull. du Prot. français,* XXI, 467. Dans une liste de réfugiés français à Lausanne se trouvent, à la date du 25 octobre 1568, les noms de *Jacques Massot* (l'orthographe de *l* ou de *t* est naturellement difficile à fixer) de Beaulne, lieutenant royal des cours de bailliage et chancellerie dudit Beaune au duché de Bourgogne. *Jehan Massot,* son frère, grenetier. *Pierre Massot,* son fils, avec la femme dudit sieur lieutenant et deux enfants.

2. Comp. ci-dessus, p. 401, 406.

3. *Tyran* et *Lignol,* ministres. Voy. vol. I, 780.

4. *Mulot,* ministre. Voy. ci-dessus, p. 401.

au chasteau, où ils furent nourris par ceux de la religion, leur envoyans des vivres de jour à autre, jusques à ce que les menaces du peuple les contraignirent de s'en deporter. Puis après, à divers jours, tous ceux de la religion assemblés à voix de cri à la grand' place, furent envoyés dehors les uns après les autres à tour de roolle, sans leur donner loisir de retourner en leurs maisons, de sorte qu'il n'en resta qu'environ trente ou quarante des plus riches & apparens, & n'en sortit pas moins que de sept à huict cens, y comprenant les femmes & enfans. Au mesme temps, *Ventoux* leva des soldats, qui furent logés ès maisons des absens, où ils firent beau mesnage, estans traittés ceux qui estoient demeurés au dedans avec infinis outrages, & tellement detestés qu'ils n'osoient pas sortir jusqu'en la rue, dont ils se trouverent en de terribles necessités, n'osans mesmes leurs parens leur monstrer aucun signe d'amitié. Les enfans aussi estoient ravis pour estre rebaptisés, les impositions intolerables levées sur ceux de la religion, presens ou absens, & exigées avec telle rigueur, que les meubles estans pris & vendus sur le champ, si cela ne suffisoit on se prenoit au corps pour faire prisonniers ceux qui l'estoient desià, attendu que toute la ville leur estoit pour prison, & n'avoit-on esgard à aucune qualité, tellement que la femme du lieutenant *Massol*, & celle de *Jean Massol*, son frere, deux des bonnes maisons de Bourgongne, cottisées à deux mille escus, furent reduites à ceste necessité, qu'elles coucherent sur la paille à faute de licts.

Le dimanche vingtuniesme de Juin se faisant une procession, passant par devant la maison d'*Arthus de Bourgdieu*[1], près le temple de Sainct Pierre, un certain prestre, nommé *Moingert*, s'escria hautement qu'il y avoit assemblée leans, & qu'on y preschoit; sur quoy s'esmouvant le peuple, combien que le sieur *de Poully*, lieutenant de *Ventoux*, eust luy-mesme visité la maison & rapporté qu'il n'en estoit rien, ce neantmoins la furie fut telle, que la maison fut forcée & entierement pillée, s'estans ceux qui estoient leans à grand' peine sauvés par dessus les maisons. De là ceste sedition s'espancha par toutes les rues jusques à la maison du lieutenant *Massol* & de son frere, qui n'en eussent pas eu moins, si la femme de *Ventoux*, estant survenue, n'eust appaisé le peuple, lequel fit

---

1. *Arthus de Bourgdieu*, *supra*, p. 404. Comp. *Baudouin*, l. c., p. 251.

plus pour une femme que pour les hommes, aussi ne s'en estoient-ils pas donné grand' peine.

Intervention du parlement de Dijon.

Les mois suivans, à savoir Juillet & Aoust, la Cour de Parlement de Dijon, suivant les erres du Parlement de Paris, fit plusieurs procès criminels & arrests à l'encontre de ceux de la religion, & notamment ordonnerent que chacun feroit profession de foy de l'eglise Romaine, ce qui augmenta les miseres de plusieurs, estans aussi les nouvelles arrivées que ceux de Lyon avoient jetté une armée aux champs[1], tirans vers la Bourgongne, au tresgrand dommage de la ville de *Beaune,* & notamment de ceux de la religion, desquels les maisons & jardinages ne furent espargnés, sous ombre de fortifier la ville dedans & dehors.

Tost après[2], ayant esté *Mascon* repris par surprise, estans prochaines les vendanges, ceux de *Beaune* craignans que la plus part des bourgeois sortans de la ville pour y vaquer à cause du grand vignoble qui y est, ceux de la religion qui estoient de reste en la ville, encores qu'ils fussent si petit nombre, ne remuassent quelque chose, furent tous mis en prison fermée, excepté un seul, qui resta pour quelque consideration, & furent ce mesme temps solennellement receus, jurés & signés les articles de Sorbonne, en la chambre du conseil, suivant l'arrest de Parlement de Dijon, par tous les juges, advocats, procureurs, notaires, sergens & autres officiers, dont fut toutesfois exempt, pour son absence, le lieutenant *Massol.* Cinq ou six de la religion, y estans appelés, se monstrerent lasches. Mais *Hugues Ythier,* greffier de la ville, *Nicole Belin,* advocat, *Jaques Regnier,* praticien & notaire Royal, & quelques autres, ne flechirent aucunement, & les refuserent tout à plat.

Les vendanges finies, les prisonniers furent relaschés & remis en leurs maisons. Mais à grand' peine y estoient-ils rentrés quand, au commencement d'Octobre, certains huissiers de la *Cour de Parlement* arriverent pour en prendre au corps quelques uns, & en adjourner personnellement les autres. Aucuns d'eux furent apprehendés, à savoir *Jaques Margueron* sieur *du Champ* &

1. Voy. ci-dessus, p. 231.

2. En août (le 18) 1562, Mâcon fut repris par Tavannes. *(Goulard) Hist. des choses mémor.*, p. 282. *De Thou,* III, 216.

Claude Doriol[1], medecin. Les autres se cacherent, & furent du nombre des adjournés, desquels aucuns allerent à Dijon se presenter, dont bien ne leur advint, car encores que l'accusation dressée contre eux fust frivole (à savoir qu'ils s'estoient assemblés dix ou douze ensemble en un repas), toutesfois ils eurent beaucoup de peine, & y firent de grands frais, outre ce que quelques uns y furent prisonniers plus de six mois, les autres furent plus sages, prenans autre chemin au sortir de la ville. Bref, il ne demeura à Beaune, pour ceste heure-là, que deux hommes faisans ouverte profession de la religion, à savoir *Barthelemy Navetier* & *Nicole Belin*, advocat, lequel se retira puis après au chasteau de *Molinet*[2], & quelques femmes honnestes.

Ceux qui estoient dehors eurent diverses rencontres, les uns estans parvenus sans aucun dommage à Lyon & à Geneve, les autres ayans esté contraints de se sauver en certaines places en chemin, & les autres tumbés en dangereuses mains, comme *Robert le Blanc,* grenetier, l'un de ceux qui ne comparut point à Dijon, lequel, se tenant sur les limites du païs de Bresse, fut arresté & rançonné de grosses sommes pour sa delivrance. Le lieutenant *Massot*[3], d'autre costé, ayant pris le chemin de la Cour ainsi comme il descendoit du cheval à Paris, fut constitué prisonnier avec son serviteur, & mené au Prevost de Paris, devant lequel ayant esté chargé d'avoir assisté à *Jaques Bretaigne*[4], qui avoit parlé bien hautement aux Estats pour le tiers Estat, fut conduit en la tour quarrée du palais, où il demeura longuement.

Environ le quinziesme de Novembre, l'armée des Alemans, conduite par le sieur d'*Andelot*[5], passa les confins de Bourgongne & Champaigne, ce qui donna grande frayeur à ceux de *Beaune,* tellement qu'en toute diligence ils commencerent un boulevart à la porte de Bourgneuf, auquel furent employées toutes les pierres des murailles, des granges & jardins de *Jean Bouchin* & *Pierre*

Approche de l'armée d'Andelot.

---

1. *Claude Dariot,* médecin de Dijon, mort en 1594. *France prot.*, IV, 205.
2. *Molinet,* village du Bourbonnais (Allier), à 54 kil. de Moulins-sur-Allier, près de Digoin, sur la Loire.
3. ou *Massol,* voy. ci-dessus, p. 404. (*Baudouin*, l. c., p. 256.)
4. *Jacques Bretagne,* voy. *supra,* p. 400 et vol. I, p. 474.
5. Vol. II, p. 186 s. *Andelot* arriva le 6 novembre à Orléans avec son armée. *Ibid.*, p. 187.

Fillot, arrachées jusques aux fondemens. Sur la fin du mois de Decembre [1], par sentence de l'official de Beaune, le corps d'un honneste marchand, nommé *Jaques la Corne,* mort en la religion, & enterré huict mois auparavant au cimetiere de sainct Pierre, fut deterré & jetté en la voirie, ce que plusieurs mesmes de la religion Romaine reprouverent. Au mesme temps le païs fut plein d'homicides & voleries, & mesmes à la porte du Bourgneuf fut tué par les gardes & autres, un sergent Royal, serviteur domestique de *Philipes Bataille,* conseiller au grand conseil, en haine de la religion, comme aussi griefvement blessé aux fauxbourgs pour mesme cause un messager de la ville de Dijon & autres, & continuerent ces desordres jusques à l'Edict de la paix du dixneufiesme de Mars 1563, & plus outre encores, n'ayant iceluy esté publié à Dijon qu'à la fin du mois de Juin & le premier jour de Juillet, comme il sera dit en la suite de ces histoires [2].

Affaires de Mâcon et de Châlons.

Estant arrivé à *Chalon* & *Mascon* l'Edict de Janvier, ceux de la religion en ces deux villes sortirent en public, & notamment ceux de *Mascon,* du gré & consentement, tant des officiers du Roy, que des Syndics & Eschevins & de la plus grand' part des manans & habitans de la ville, ayans prins à ferme du Roy les hales, pour y prescher, & se passoit ainsi le tout en grande tranquillité, quand les nouvelles du massacre de Vassy & de ce qui s'en estoit ensuivi à la Cour estans arrivées, chacun commença à se tenir sur ses gardes. Tost après, ayant esté saisie la ville de Lyon, le premier

---

1. *Hist. des Martyrs,* fol. 681.

2. De même que pour le renvoi qui se lit ci-dessus, p. 380, ici aussi les faits que l'auteur se propose de rapporter ne se trouvent plus dans notre *Histoire,* qui se termine proprement au mois de mars 1563. Sur la résistance que le Parlement et les Etats de Bourgogne opposèrent à la publication de l'édit de la paix d'Amboise, voy. *Baudouin*, *Hist. du Prot. en Bourgogne*, I, p. 297 s.: Une députation fut envoyée à Paris pour y faire des représentations. Le parlement délégua à cette occasion un de ses membres, *Jean-Baptiste Bégat,* qui avait déjà rempli la même mission l'année précédente, au sujet de l'édit de janvier. (Comp. *Niceron, Mém. pour servir à l'Hist. des hommes illustres*, t. VI, p. 166; trad. de *Baumgarten*, t. VI, p. 191). La démarche resta sans effet. Le parlement fut obligé d'ordonner la publication par un arrêt du 19 juin et l'édit fut enregistré le 21 juin 1563. Une *Remontrance* fut néanmoins imprimée en 1564. Elle ne resta point sans réponse.

du Parlement de Bourgongne. Livre XV. 497

de May 1562¹, ceux de Mafcon en firent autant le troifiefme du mefme mois², & ceux de Chalon confecutivement, le tout de telle façon qu'il n'y eut point de fang refpandu, declarans ceux de la religion que leur intention n'eftoit aucunement de fe rebeller contre le Roy, ni contre l'Eftat du royaume, ains au contraire de garder leurs villes avec leurs concitoyens, fous l'obeiffance du *Roy* & du *Prince de Condé,* comme ayant pris les armes defenfives contre ceux qui fe feroient faifis de la perfonne du Roy & de la Royne, fa mere, & qui auroient violé notoirement l'Edict de Janvier.

Trois jours après, eftant rapporté à Mafcon comme les images avoient efté abatues à Lyon, on ne peut empefcher que le femblable ne fe fift à Mafcon, ayans les miniftres & anciens perdu leur temps d'y contredire, joint que ceux qui voyoient qu'on en eftoit venu jufques aux armes, n'eftoient pas marris que quelques uns de la religion Romaine, prinffent cefte occafion de f'abfenter, aufquels toutesfois n'eftoit fait tort ni violence en leurs perfonnes, ni en leurs biens. Qui plus eft la plus grand' part d'iceux, monftrans, ou par feintife, ou à bon efcient, que leur religion ne leur eftoit fi precieufe que leur demeure, furent mefmes d'advis qu'on n'efpargnaft ni les images, ni les autels, de forte que, de leur confentement mefmes pour la plus part, tout le fervice de l'églife Romaine ceffa pour lors.

Ceux de *Lyon,* entendans ces chofes, & confiderans de quelle importance leur eftoient ces villes, lefquelles ils voyoient avoir affaire à *Tavanes,* rufé capitaine, & auquel ne deffaudroient les forces, prierent le fieur *de Mombrun,* n'agueres venu de Dauphiné, avec cinq cens arquebouziers³, de fe rendre à Chalon pour le garder, ce qu'il fit. Mais y eftant arrivé, & toft après invefti par *Tavanes,* toutesfois bien peu acompagné, & qui eftoit pluftoft venu

---

1. Voy. ci-deffus, p. 219 s. Comp. *Mém. de Gasp. de Saulx-Tavannes,* l. c., p. 253 s. *De Thou,* III, 213. (Goulard) *Hist. des choses mémor.,* p. 279. Baudouin, *Hist. du Prot. en Bourgogne,* p. 234.

2. *César de Guilleranne,* seigneur d'Entrague, s'empara de Mâcon à l'aide des frères Dagonneau, d'une partie des échevins et d'un grand nombre d'habitants.

3. *Charles du Puy,* sieur de Montbrun, «capitaine expérimenté». *Tavannes,* l. c.

pour recognoiftre ce qui eftoit dedans la place, qu'en efperance
d'y entrer, advint qu'une faillie de cent ou fix vingts foldats, un
brave & vaillant gentilhomme, appelé le capitaine *des Granges* [1],
de Dauphiné, avec trois autres y eftans tués, *Mombrun,* fur le foir,
le dernier jour de May, abandonna la ville, f'embarquant avec
fes troupes & la laiffant en defolation d'autant plus grande que
ce partement fut du tout à la defpourveue. Les raifons qu'il a
depuis alleguées de ce departement ont efté qu'il n'avoit pas
trouvé la ville de Chalon tenable de foy-mefme, ni munie
d'hommes, ni de courages, tels qu'il eftoit requis. Mais tout cela
ne femble avoir efté fuffifant pour le faire defloger en telle diligence, laiffant une ville, d'une telle importance, avec l'artillerie &
grandes munitions de guerre, qui y eftoient, & principalement
avec tant de pauvres familles, qui n'eurent loifir ni moyen de
pourvoir à leurs affaires. Et pourtant, ceux qui en jugent le
mieux, attendu qu'on ne fauroit imputer à *Mombrun* ni defloyauté,
ni faute de cœur, f'eftant toufiours auparavant & depuis monftré
homme de foy entiere & de trefgrand cœur, attribuent cela à certaines nouvelles, qu'il receut des affaires de fon païs de Dauphiné,
qui le rappeloient, & en partie auffi à ce que de fon naturel il
eftoit fujet à fon fens, comme il n'y a perfonne en qui il n'y ait
quelque chofe à redire. Mais tant y a qu'il fe peut dire à la verité
que ce mauvais confeil, trop fubitement pris & trop toft executé,
fut une des plus grandes fautes & des plus importantes qui foit
advenue en toute cefte guerre, eftant vray femblable que les
affaires de tout le païs d'enbas, depuis Chalon & de plus haut
encores, fe fuffent bien portés autrement fi le Lyonnais euft efté
flanqué de ces deux boulevarts [2]. Chalon donques, ainfi delaiffé,
demeura en piteux eftat, dautant que *Tavanes,* ne defaillant à fi
belle occafion, pour la crainte qu'il avoit que ceux de Lyon n'y

1. *Jean de Moreton*, seigneur des Granges. *Baudouin*, p. 243.
2. *Mém. de Gasp. de Tavannes*, p. 254 : Le sieur de Tavannes, voyant
Chalon et Mascon pris, une armée huguenotte dans Lyon sousteune du
Daufiné et des Suisses, ne perdit point courage ... et assemble six cens
chevaux et douze cens arquebusiers soudainement ; se résout d'intimider les
Huguenots, encores qu'il eust à faire à Montbrun, vaillant et accompagné. Il
arrive devant Chalon, ses forces si bien disposées, le commandement si bien
donné, et l'embuscade encore mieux dressée, qu'ayant Montbrun sorty grande

du Parlement de Bourgongne. Livre XV. 499

donnaſſent ordre, n'oublia de les ferrer de près, & d'autre part les habitans, qui autrement euſſent eu moyen de ſe ſauver avec leurs femmes, enfans & meubles par la riviere juſques à Maſcon, furent contraints de ſe ſauver comme ils peurent, pluſieurs eſtans prevenus & ſaccagés, aucuns auſſi tués par les chemins, & le tout en ſomme eſtant reduit en tresmiſerable eſtat.

La venue de *Mombrun* à Maſcon eſtonna auſſi bien fort les habitans, de ſorte que pluſieurs eſtoient d'advis de quitter auſſi la ville de Maſcon; ce qu'ayant entendu *Tavanes,* eſperant d'en avoir encores meilleur marché que de Chalon, leur envoya un gentil-homme pour leur aſſeurer qu'il ne pretendoit de leur faire aucune nuiſance, ni à les empeſcher aucunement en l'obſervation de l'Ediƈt de Janvier, ains ſeulement de faire un magazin en leur ville & d'y prendre quelques bateaux & cordages neceſſaires pour le ſiege de Lyon, auquel il diſoit qu'il ſe preparoit. Ces letres receues, ſix des plus notables de la ville furent envoyés vers luy, avec promeſſe de ſuſpenſion d'armes durant tout leur voyage, pour entendre plus amplement ſa volonté. Mais à grand' peine eſtoient partis ces deputés, quand on vit les ennemis aux portes, leſquels toutesfois furent contraints ſe retirer avec quelque perte de leurs gens. Ce nonobſtant, l'effroy ſe trouva tel en la ville, que les deputés eſtans de retour, & ayans rapporté que *Tavanes* avoit entierement reſolu d'entrer en la ville, leur promettant toutesfois tout gratieux traiƈtement, il fut conclu en l'aſſemblée des plus notables par un commun accord de tous (horſmis deux ou trois qui ne furent ouis ni receus, quelques raiſons peremp-toires qu'ils peuſſent alleguer) qu'on luy ouvriroit les portes, & ſortoit on deſià de la maiſon de la ville pour les aller ouvrir, quand le peuple non ſeulement ſ'y oppoſa, criant tout hautement qu'il n'en iroit pas ainſi, mais qui plus eſt, ſe ſaiſit des clefs des portes, & les mit entre les mains d'un bon perſonnage, pour les bien garder.

Tavanes, adverti de ces choſes, envoya depuis pluſieurs letres,

Tavannes assiège Mâcon.

partie de ses soldats à l'escarmouche, ils tomberent dans l'embuscade ; et en mesme temps furent chargez de la cavalerie jusques dans les portes; tellement qu'une partie de ceux qui estoient sortis y demeurerent, ensemble trois ou quatre capitaines, avec tel estonnement de Montbrun, que la mesme nuict il quitta la ville et se retira à Tornuz, à Mascon, et de là à Lyon.

aufquelles il fut tellement refpondu, qu'il luy fut aifé de f'apercevoir qu'on le cognoiffoit trop pour fe laiffer circonvenir par fes belles paroles. Cela fut caufe qu'avec tant de forces qu'il peut affembler, & quelques groffes pieces, il fe prefenta devant Mafcon, le troifiefme de Juin, efperant que fa venue les efpouvanteroit[1]. Mais ceux de Lyon y ayans envoyé le capitaine *Moreau,* acompagné du capitaine *Vertis*[2] & d'un du confeil de Lyon, ils furent tellement raffeurés que ne f'en eftans efmeus aucunement, *Tavanes,* attendant plus grandes forces, retira fon camp à Sainct Jean de Priche[3], à une lieue de Mafcon.

Pendant ce premier fiege, ceux de Mafcon voyans une bonne partie de l'armée de *Tavanes* eftre compofée de Bourguignons du Comté[4], portans ouvertement l'efcharpe rouge, fe fervirent de cefte occafion, envoyans à la Cour le fieur *de Pife* pour informer le Roy des caufes pour lefquelles ils fe tenoient forts en leur ville (non pour fe fouftraire aucunement de fon obeiffance, ains pour la luy garder durant cefte guerre avec toute fidelité), enfemble des raifons qui les gardoient d'ouvrir les portes à *Tavanes* acompagné d'eftrangers, & leur eftant fufpect pour plufieurs grandes caufes.

Les remonftrances entendues, combien que ceux de *Guyfe* euffent atitré le fieur *de Broffes* pour intimider ledit *de Pife,* le Roy & la Royne manderent à *Tavanes* qu'il euft à fe departir de devant Mafcon avec fes forces, fe contentant de mettre un gentilhomme dedans la ville pour y commander fous fon authorité[5].

1. *Mém. de Gasp. de Tavannes*, l. c. Le sieur de Tavannes entra à Chalon, qui fut une perte importante à Lyon, et sur sa bonne fortune investit Mascon, qui eust faict comme Chalon, n'eust esté le secours de Lyon qui arriva, aussi que ledit sieur de Tavannes reçoit des lettres du Roy et de la Royne de se retirer de devant Mascon, favorisant toujours leurs Majestez ceux de la religion huguenotte. Le secret du courrier estoit que la Royne vouloit faire la paix, et qu'il falloit laisser les armes. A quoy ledit sieur de Tavannes prevoyant, n'y voulut obeyr. (Comp. *Baudouin*, l. c., p. 344.)

2. Voy. ci-dessus, p. 222 s.

3. *St-Jean-le-Prissé*, village de Saône-et-Loire, à 7 kil. de Mâcon.

4. C'est-à-dire de troupes levées dans la Franche-Comté, et portant les couleurs et armes de l'Espagne, étant sous la dépendance de l'empereur Charles V.

5. *Mém. de Gasp. de Tavannes, supra,* p. 409, note 1.

Mais foit que *Tavanes* euſt receu un autre commandement fecret, foit qu'il fut plus obeiſſant à ceux de *Guyſe* qu'au Roy, il fe prepara à un autre ſiege, taſchant de ſe ſaiſir des portes au deſſous de la ville; à quoy il faillit, eſtant tres rudement repouſſé[1]. Ce neantmoins, le bruit de ce ſecond ſiege intimida tellement pluſieurs de l'une & de l'autre religion, que les uns ſortirent, les autres envoyerent dehors pluſieurs de leurs meubles. Entre ces meubles furent deſcouverts pluſieurs tonneaux pleins de chappes, reliques & joyaux des Cordeliers qu'on diſoit avoir eſté chargés par quelques uns des plus reſpectés du conſiſtoire, ce qui cuida cauſer une grande ſedition. Mais à l'ayde des gens de bien, le tout s'appaiſa, & furent ſeulement ſerrés quelques uns qui en eſtoient ſoupçonnés.

Cependant ceux de Lyon y envoyerent un gentilhomme, nommé le capitaine *Entrages*[2], pour y commander, lequel y eſtant entré à grande difficulté ſe mit en tout devoir de la bien defendre. *Tavanes* auſſi ne dormoit pas, ains nonobſtant les ſaillies de ceux de dedans, ayant bruſlé tous les moulins du coſté de Breſſe, fit faire ſes tranchées du coſté de Sainct Eſtienne[3]. Le deuxieſme jour de Juillet & le lendemain, ayant fait paſſer une partie de ſon infanterie du coſté de la Breſſe, acompagnée de quatre à cinq cens chevaux, gagna les fauxbourgs Sainct Laurens[4]. Ce ſoir meſme arriva de Lyon le Capitaine *Sainct Louys*[5] avec cent arquebouziers des compagnies ordinaires de Lyon & quelque piece de campagne. Leſquels eſtans rengés en leurs quartiers, l'ennemi donna quelques alarmes parachevant ſes tranchées, & poſa ſon

---

1. *De Thou*, p. 214 : Il (Tavannes) y revint le 3 juin. Il se disposait à en faire le siège; mais sur les reproches qu'on lui fit, de se servir d'Espagnols contre des Français, il s'en retourna à S. Jean d'Angely. Il revint sur le champ, pour la troisième fois, croyant surprendre les habitans et se rendre maître des portes. Ce fut inutilement, car la garnison qui faisoit bonne garde, le repoussa.

2. Voy. p. 241. *César Guilleran*, seigneur d'Entrages (ou d'Entragues. Baudouin, p. 244. *France prot.*, V, 391). *De Thou*, l. c.

3. *St-Etienne-sur-Reyssouse* (Ain), village à 32 kil. de Bourg-en-Bresse, près de Pont-de-Vaux.

4. *St-Laurent-de-l'Ain* (en Bresse), en face de Mâcon, sur la rive gauche de la Saône; un ancien pont de 12 arches relie le bourg à la ville.

5. Le capitaine *St-Louis*. Voy. *supra*, p. 223.

artillerie, à favoir deux colevrines baftardes du cofté de la Breffe, & quatre doubles canons batans la tour de Charrolles¹, avec quelques autres pieces moyennes. Les pieces donnerent de telle furie, le lendemain quatriefme dudit mois, qu'en moins de deux heures toutes les defenfes furent par terre.

Ce jour mefme, environ midi, eftant furpris en defcendant par le ravelin hors de fainct Pierre, le laquais d'un gentilhomme, nommé le fieur *de Muffy,* ayant dans fa pochette un petit taffetas rouge dans lequel y avoit un anneau d'or, confeffa à l'inftant d'eftre envoyé à un gentilhomme de la fuite de *Tavanes,* avec parole & creance de faire prendre la ville. Sur quoy eftant pris & convaincu, *Muffy* fut pendu & eftranglé, & fa tefte mife à la veue du camp de *Tavanes* duquel il eftoit domeftique & qui l'avoit fourré là dedans pour f'en fervir au befoin². *Entrages,* fommé peu après de fe rendre, fit refponfe que f'il tenoit *Tavanes,* il luy en feroit autant qu'à *Muffy;* qui fut caufe que la baterie recommença, en laquelle fut tué d'un coup de moyenne le capitaine *la Flaiche,* enfeigne d'*Entrages,* perfonnage fort regretté.

La brefche faite, chacun, fans exception, fe mit à la remparer, où il fe fit un grand meurtre, jufques à ce qu'on euft loifir de prendre des toiles & grandes tentes, eftant le peuple en veue fans cela depuis le pied jufques à la tefte, de forte que plufieurs y furent tués, les autres y perdirent les bras & autres membres de leur corps, felon que le canon donnoit, nonobftant laquelle furie, hommes, femmes & enfans, firent un merveilleux devoir. Il fut tiré de quinze à feize cens coups de canon contre la *tour de Charrolles,* laquelle commençant à f'efbranler, les ennemis uferent

1. *Baudouin,* p. 245 : Le premier (d'après notre *Histoire,* le deuxième) siège de Mâcon marcha avec lenteur et fut sans succès. Bien que dès le commencement de juillet de larges brèches eussent été faites aux murailles, que *la tour,* dite *de Charolles,* près la porte Saint-Antoine, fût en partie ruinée, et que les troupes catholiques occupassent le faubourg *Saint-Laurent,* les assiégés opposaient encore une énergique résistance et firent échouer l'escalade.

2. *Mém. de Gasp. Tavannes,* l. c. : Ainsi (Tavannes) fait baterie de six cens canonnades, soit que la bresche ne se trouvast raisonnable, ou que ce siege ne se fist que sur l'esperance d'une surprise conduite par un nommé *Mussy* (*Goulard,* p. 280 et *de Thou,* l. c.: ci-devant domestique de Tavannes), descouvert et pendu par les Huguenots dans la ville.

d'horribles blafphemes & menaces, avec plufieurs paroles extremement fales & impudiques, lefquelles, au lieu d'intimider ceux
de dedans, encouragerent tellement jufques aux femmes & aux
filles de la ville, qu'elles fe preparoient de fe trouver elles-mefmes
à la brefche, chantans Pfeaumes à haute voix. Et furent d'autre
part redoublées les prieres à Dieu tant plus ardentes, par tous les
carrefours & corps de garde, & de douze foldats ennemis qui fe
prefenterent pour recognoiftre la brefche, les fix y demeurerent.
A unze heures du foir, trente foldats, fortis de la ville en intention
d'enclouer l'artillerie de l'ennemi, marcherent fi dextrement que
deux des fentinelles furent tués par eux, & le camp tellement
efmeu, que fi *Tavanes* ne fuft comparu en perfonne, fon artillerie
euft efté abandonnée.

Le lendemain, cinquiefme dudit mois, ayant continué la baterie,
advint qu'à l'heure de midi la *tour de Charrolles* tumba, qui
rendit la brefche beaucoup plus grande & plus ayfée, & firent
contenance les ennemis de venir à l'affaut; mais voyans la refolution de ceux de dedans, ils ne bougerent, & dès lors la baterie
ceffée, *Tavanes* delibera d'effayer autre moyen, faifant mine de
retourner en Bourgongne, voire mefme à fi grand' hafte, qu'il
delaiffa quelques caques de poudre, le tout pour amorfer ceux de
dedans, efperant qu'ils ne faudroient de fortir incontinent après
eux, qui avoient logé leur infanterie au bois *du Parc,* à demie
lieue de Mafcon, & caché leur cavalerie fur les ailes; mais
Entrages, prevoyant cela, & confiderant le peu de gens de guerre
qu'il avoit, ne permit à aucun des fiens de fortir [1]. *Tavanes* alors,
fe voyant deceu, & laiffant garnifon à *Tournus* [2], *Clugny, Lourdon,
Pierre-Cloux* & autres lieux circonvoifins, remonta droit à
Chalon avec fon armée, là où toft après il vint trouver *Maugeron* [3]
avec toutes les forces qu'il avoit peu tirer de Dauphiné, dont

---

1. Le siege est levé le quinziesme juillet 1562; avoit une grande embuscade
contre ceux de la ville, où les Huguenots ne tomberent, se contentans d'estre
eschappez du siege. *Mém. de Gasp. Tavannes*, l. c.

2. *Tournus*, à 28 kil. de Mâcon, *Cluny*, à 25 kil., *Pierreclos*, à 14 kil.

3. Le sieur de Tavannes laisse garnison à Tornuz, se retire à Chalon, où le
vint trouver le sieur de Maugiron (*supra*, p. 220 s.) avec quinze cens hommes,
lequel avoit esté chassé du Dauphiné par le baron des Adretz, qui s'en estoit
rendu maistre pour les Huguenots (voy. ci-dessus, p. 269). *Mém. de Tavannes.*

il avoit auſſi eſté dechaſſé par le baron *des Adrets,* deliberans enſemble des moyens de ravoir Maſcon.

Cependant le plat païs eſtoit miſerablement traitté, au moins quant à ceux de la religion, qui pouvoient eſtre renconſtrés & où il y avoit à prendre par ceux qui avoient eſté laiſſés és places circonvoiſines. Entre les autres, un nommé *la Villere* vint un jour donner juſques ſur ceux qui travailloient aux gaſons pour remparer la breſche, & tua un bon perſonnage, nommé l'*Eſcarſelier,* qui fut grandement regretté. S'il y avoit des pillards par dehors du coſté des ennemis, il y en avoit bien auſſi au dedans de la ville, ſ'eſtans pluſieurs des ſoldats & quelques autres encores adonnés à piller & butiner, voire meſmes juſques à ſortir dehors & fourrager indifferemment, au grand ſcandale, non ſeulement des gens de bien de la religion, mais auſſi de pluſieurs qui commençoient d'y prendre gouſt. Ces deſordres eſtans vivement remonſtrés par les miniſtres, on ſe ſaiſit de deux ſergens de bande ; mais à faute de preuves, ils furent relaſchés avec grandes menaces, tant à eux qu'aux ſoldats, ſ'ils ne ſe contenoient autrement. L'enqueſte des joyaux des cordeliers qui avoient eſté trouvés & retenus à la porte devant le ſiege, eſtant remiſe ſur un Ancien du Conſiſtoire qui ſe trouva les avoir pris & chargés ſans authorité, en fut depoſé, combien qu'il verifiaſt que les Cordeliers meſmes l'avoient prié de ce faire & de les vendre, afin que les deniers qui en proviendroient, fuſſent par eux employés à l'eſtude de Theologie. Or, avoit-on, dès le temps que la ville fut ſaiſie, mis à part les reliques, tant d'or que d'argent, & les autres ornemens de l'Egliſe Sainct Vincent de Maſcon, avec reſolution priſe en l'aſſemblée de ville, de n'y toucher qu'en l'extreme neceſſité. Ce neantmoins, deux principaux Eſchevins, à l'inſceu des autres & des plus notables de la ville, les firent charger de nuict ſur des bateaux, en intention de les mener & vendre à Lyon. Sur quoy eſtant faite une grande crierie, & à bon droit, contre les deux Eſchevins qu'on chargeoit meſmes d'avoir aſſigné ſur cela le payement de leurs dettes particulieres ; ce nonobſtant, l'un d'iceux, nommé *Brunel,* ne laiſſa de ſe mettre en chemin avec quelques arquebouziers. Mais comme cela eſtoit treſmal entrepris en toute ſorte, auſſi ne peut il venir à bien. Car à grand' peine avoient ils fait deux ou trois lieues, qu'ils furent deſcouverts par le ſieur de *Sainct Poinct* [1], lequel, avec plufieurs gentilshommes de Dauphiné & bonne troupe de gens de pied ayant paffé la riviere au deffus de Belleville [2], & les ayant inveftis, en print les uns & tua les autres, fe faifant maiftre des bateaux & de tout ce qui eftoit dedans eftimé de trente à quarante mille francs; & combien qu'ils fe diffent bons catholiques, fi ne laifferent ils poinct d'empoigner auffi bien les calices, que f'ils euffent eu les doigts facrés, & mefmes mirent en quatre quartiers une image d'or maffif, appelé la belle noftre Dame, à la veue de l'Efchevin, lequel & autres prifonniers furent menés à Chalon, entre les mains de *Tavanes* [3].

Là deffus vint à la ville un jeune garçon [4] de quinze à feize ans difant eftre parti de la maifon du fieur *de l'Efclufe,* ennemi de la religion, où il fe difoit avoir efté envoyé par les capitaines *Laquot* (sic) & *Villet,* pour l'advertir qu'il y avoit des moyens pour prendre Mafcon, ce qu'il f'offroit de leur maintenir en prefence, avec beaucoup d'autres chofes. Ayans efté fur cela ces capitaines faifis & confrontés, il le leur maintint; mais toft après il commença de varier, & finalement confeffa franchement qu'à tort & fans caufe il les avoit accufés, fans que jamais on peut tirer de luy qui en avoit efté l'inftigateur. Tant y a que ces deux Capitaines furent abfous & lafchés, & fut l'accufateur, quelque jeune qu'il fuft, pendu & eftranglé, fans en pouvoir tirer autre confeffion; auquel tint compagnie ce mefme jour un trefmefchant homme, nommé *Laboron,* executé de mefme pour plufieurs maux par luy commis. Or eftoient ces deux capitaines enfans de la ville, ayans compagnie de gens de pied, & f'eftoient employés vaillamment & fans reproche,

---

1. Voy. sur *De St-Poinct*, plus bas, p. 429.

2. *Belleville-sur-Saône*, dans le Beaujolais (Rhône), à une trentaine de kil. de Mâcon et à 13 kil. de Villefranche.

3. *Mém. de Tavannes*: Le sieur de Tavannes, fault de prendre Belle-Ville, bourgade située entre Mascon et Lyon; *SainctPoinct*, un de ses capitaines, qui menoit ses coureurs, prit un batteau chargé de reliques du pillage de Mascon, que les Huguenots envoyoient à Lyon, qui furent employées au payement des Catholiques, contre la fausse calomnie d'aucuns Cordeliers, qui ont escrit que ces reliques n'estoient point conduites par les Huguenots à Lyon, ains par des Catholiques pour les cacher et sauver, et qu'elles furent partagées entre le gouverneur et les capitaines; ce qui est faux.

4. *Goulard*: un laquais.

qui fut cauſe que leurs ſoldats ſ'eſmeurent, uſans de grandes menaces ſ'ils n'eſtoient payés ſur le champ. Cela eſpouvanta pluſieurs des habitans ; mais ceſte premiere rumeur eſtant appaiſée par les remonſtrances que les ſieurs de la ville leur firent, *Entrages* leur joua un tour de vieil rotier[1] ayant commandé à toutes ſes troupes de comparoir en armes pour faire monſtres generales hors la ville en un lieu appelé le pré Blanchet, & après avoir fait ſortir les premieres, les deux compagnies des ſieurs *Luquot* (sic) & *Villet,* leur ferma tresbien la porte, de ſorte que les ſoldats contraints de prendre parti deſcendirent à Belleville ; en quoy ſe monſtra l'admirable providence de Dieu, y eſtans arrivés auſſi à propos que ſi on les y euſt envoyés expres, dont nous avons à parler maintenant.

Affaire de Belleville. Ceſte ſeule ville du pays de Baujollois avoit un peu auparavant receu la religion par le moyen premierement du ſieur *de Chabottes* dit *de la Roche,* gentilhomme & exerçant le miniſtere[2], à la pourſuite duquel, pource qu'il n'appartenoit pas à ceſte Egliſe là, y fut envoyé un nommé *Leonard Flavard,* lequel ſuivant l'Ediĉt de Janvier, y preſcha le quinzieſme de Mars & y celebra la Cene le jour de Paſques, vingtneufieſme du meſme mois, non toutesfois en telle liberté que l'Ediĉt le portoit. Le vingt cinquieſme d'Avril ſuivant, ceux de Maſcon y envoyerent un nommé *Jean de Leiry*[3], qui commença dès le lendemain à preſcher ouvertement en une grange près le port, au grand regret des preſtres & moines, uſans de grandes menaces. Mais pour cela on ne laiſſa de pourſuivre, & les nouvelles eſtans arrivées de la reduĉtion de Lyon,

1. Lisez : *routier,* se connaissant en fait de ruses et de finesses, ayant de l'expérience. *La Fontaine* : vieux routier et bon politique. *Littré.*

2. Ce sieur *de Chabottes,* dit *de la Roche,* pourrait avoir été allié du célèbre ministre Antoine de Chandieu, seigneur de la Roche-Chandieu, dont la mère était Claudine du Molard, dame de *Chabot* ou *Chabottes,* et qui était né au château de Chabot, dans le Mâconnais. *France prot.,* nouv. éd., III, 1049, 1061, où du reste manque le nom du ministre qui fonda l'église de Belleville.

3. *Jean de Léry,* connu surtout comme compagnon de l'expédition de Villegagnon au Brésil, dont il écrivit la relation. Voy. vol. I, p. 161. Revenu en France, avec Pierre Richer, il alla à Genève en 1560 et fut envoyé comme pasteur à Belleville. Il exerça le ministère dans plusieurs autres églises, et assista au célèbre siège de Sancerre, en 1574. Il se retira à Berne, où il mourut en 1611. *France prot.,* VI, 566 s.

ceux qui menaçoient changeans de langage prierent qu'on les laiffaft fortir. Cela leur fut aifément accordé, de forte qu'ils partirent avec tout ce qu'ils peurent & voulurent emporter de bleds, vins, meubles & autres hardes, fans eftre empefchés de faict ni de paroles. Par ainfi demeura la ville paifible entre les mains de ceux de la religion, lefquels ne peurent eftre empefchés par aucunes remonftrances des miniftres qu'ils ne demoliffent incontinent, (à favoir le quatriefme de May) toutes les images & autels, combien qu'ils fuffent en fort petit nombre. Le lendemain, cinquiefme dudit mois, qui eftoit jour de marché, les païfans ayans veu ce mefnage, fe cuiderent mutiner avec quelques uns de la ville. Mais la contenance de ceux de la religion, qui toutesfois n'eftoient les plus forts de nombre, eftonna tellement leurs adverfaires, qu'ils f'efcoulerent, & fut la Cene adminiftrée le jour de Pentecofte, qui donna courage à plufieurs lieux circonvoifins de Villefranche[1].

En ce temps le fieur *de Sainct Auban*[2], avec nombre de compagnies de gens de pied qu'il menoit de Languedoc au *Prince* à Orleans, ayant pris fon chemin par *Villefranche,* y trouva telle refiftence qu'il fut contraint de f'y arrefter, y ayant perdu quelques foldats, & d'autant auffi que toutes les communes eftoient en armes pour luy couper le paffage, lefquelles il defiroit chaftier pour donner exemple aux autres. Cela fut caufe que le Baron *des Adrets* luy envoya *Blacons*[3] avec forces de pied & de cheval & artillerie, fous la conduite des capitaines *Moreau, Baron* & *Vertis*[4]. Lequel *Moreau* ayant chargé une troupe de cinq à fix cens païfans armés de toutes fortes d'armes, qui tafchoient de fe jetter dans *Villefranche,* les desfit entierement, & les pourfuivit plus de trois quarts de lieue. Ce que voyans ceux de la ville & que l'artillerie eftoit à leurs portes, fe rendirent le lendemain promettans d'obeir à celuy qui commanderoit de la part du *Prince* dans la ville de Lyon, & par ce moyen efchapperent le fac, ne leur ayant efté fait aucun outrage en leurs perfonnes ni en leurs biens,

Expédition de S. Auban.

---

1. *Villefranche-sur-Saône* (dép. du Rhône), dans le Beaujolais, à 29 kil. de Lyon.

2. *Saint-Auban,* voy. vol. II, p. 89, 225 s., 481 s.; vol. III, p. 264.

3. Voy. ci-dessus, p. 221 s.

4. *Moreau,* capitaine, *supra,* p. 217, 221, 227, 409. *Claude Baron,* sieur de Valouse. *France prot.,* nouv. éd., I, 863.

horfmis que toutes leurs armes leur furent oftées, & furent quelques jours nourris les foldats à leurs defpens. Par ainfi *Sainct Auban* continua fon chemin vers Orleans, & les images eftans abatues, on commença d'y prefcher le vingtroifiefme de May ; comme auffi deux jours après à Beaujeu[1], où les images furent pareillement abatues par le capitaine *Montauban*[2], que le Baron *des Adrets* y envoya de Lyon. Le mefme fe fit és villages d'alentour, & notamment à Draffey[3], où fit prefcher le gentilhomme du lieu en la prefence du Curé & deux autres preftres. Mais cela ne dura gueres ; car la fepmaine mefme le gentilhomme fe retira du cofté des adverfaires. Ainfi demeura Belleville fans eftre preffée de trop près, jufques au vingtneufiefmne de Juillet, auquel ils furent affaillis comme f'enfuit.

Tavannes contre Belleville.

Tavanes f'eftant retiré à Chalon comme nous avons dit[4], & ne voulant perdre temps, & convié par les payfans circonvoifins de *Belleville,* qui l'affeuroient de la pouvoir aifément porter, y envoya *de Sainct Poinct* & *de Pierre Blou*, avec fix ou fept cens foldats & deux cens chevaux[5], lefquels f'eftans joints aux payfans des villages d'alentour, à quatre heures du matin inveftirent la ville, penfans bien y entrer fans difficulté. Mais Dieu voulut que le jour de devant les deux compagnies mutinées que nous avons dit avoir efté fubtilement defchaffées de Mafcon par *Entrages*[6], eftoient arrivées le foir precedent, les uns ne fachans rien des autres, comme auffi ceux de la ville n'avoient rien entendu de ce qui leur eftoit preparé. Eftans donques les affaillans approchés de la muraille, & comme Dieu le voulut, ayans efté defcouverts par un qui f'eftoit levé bien matin, ils furent receus fi rudement par ceux qu'ils ne penfoient pas trouver, que force leur fut de quitter tout avec honte & dommage, mettans le feu en quelques monceaux de

---

1. *Beaujeu*, petite ville à 22 kil. (nord-ouest) de Villefranche, ancienne capitale du Beaujolais.

2. Peut-être *Gaspard de Montauban*, sieur de Villard (*France prot.*, VII, 455).

3. *Dracé*, village du Beaujolais, à 18 kil. de Villefranche-sur-Saône.

4. Voy. *supra*, p. 412.

5. Le 28 juillet. (Goulard) *Hist. des choses mémor.*, p. 281. *De Thou*, III, 215. Lisez : *Pierre Cloux* ; comp. plus bas, p. 418. Le village et le château de *Pierre-Clos*, à 14 kil. de Mâcon, près de St-Sorlin.

6. Voy. p. 414.

bleds qui eſtoient à l'entour de la ville à la maniere du pays, & emmenans le beſtail de quelques metairies; mais une bonne partie d'entre eux, advertis qu'un nommé *Louys Guillerme*, homme riche de biens, ancien du Conſiſtoire, & pour ceſte cauſe grandement haï des adverſaires, la maiſon duquel eſtoit une vraye maiſon de charité à l'endroit des pauvres, eſtoit pour lors chés ſoy ſur le port de la Saone, à un petit quart de lieue de la ville, ne faillirent de ſ'y ruer de telle furie, qu'ils n'y laiſſerent rien, y ayans pillé juſques à la valeur de dix ou douze mille francs, comme on diſoit, avec grandes extorſions faites à ſa pauvre femme, prochaine d'acoucher. Quant à luy, ſ'eſtant retiré en une certaine cachette avec un autre de ſes amis, où il fut trahi & deſcouvert par le maſſon meſme qui avoit fait ladite cachette, & qui eſtoit parmi ces pillars, il eut la teſte fendue d'une hache de part en part, & fut ſon corps jetté en la riviere, dont toutesfois il fut tiré puis après, porté & enterré à Belleville. Et quant à ſon compagnon, ayant eſté attaché à la queue d'un cheval, trainé par les hayes & ruiſſeaux, & finalement laiſſé pour mort, il ſe traina toutesfois finalement en la ville & y recouvra ſanté.

Je revien maintenant à *Maſcon*, là où eſtoit rapporté, le dernier de Juillet, ce qui eſtoit advenu à Belleville, & qu'environ ſix vingts chevaux eſtoient logés à Varennes[1], bien près de Maſcon, le capitaine *Verty*, avec ſix vingts arquebouziers d'eſlite, y fut envoyé par *Entrages*, leſquels furent ſi bien conduits qu'ayans enfoncé le corps de garde, il y tuerent grand nombre de ceux que ils y trouverent, mettans les autres à vau de route, qui leur eſchapperent d'autant qu'ils n'eſtoient acompagnés de cavalerie, & emmenerent à Maſcon vingtcinq chevaux & quatre gentilshommes priſonniers, que *Tavanes* taſcha fort de ravoir, mais *Entrages* ne luy fit autre reſponſe ſinon qu'ils les rendroient en rendant, & feroit pareil traittement à ſes priſonniers que *Tavanes* feroit à ceux de la Religion. Dès lors auſſi, à meſme occaſion, fut arreſté que tous les biens des eccleſiaſtiques ſeroient ſaiſis ſous l'authorité du Roy, pour ſ'en ſervir à ceſte guerre, puis que le pareil eſtoit fait à ceux de la Religion en toute la Bourgongne par *Tavanes*.

Nouveau siège de Mâcon.

Ceux de Maſcon donques, encouragés en partie par ce ſuccès &

---

1. *Varennes-lès-Mâcon*, village à 5 kil. de Mâcon.

aussi par ce que les Lyonnois ayans pratiqué nombre de Suisses, comme il sera dit en son lieu, se mettoient aux champs, delibererent de leur costé de ne se tenir plus dans l'enclos de leurs murailles, & en premier lieu de nettoyer leur voisinage de certains brigandeaux, se retirans au chasteau de *Pierre Cloux*[1], leur voisin, & ennemi capital de la Religion, resolus de l'apprehender en sa personne s'ils pouvoient, pour en faire justice, & de ruiner entierement sa maison. Pour cest effect, *Entrages* avec trois cens arquebouziers, cent argoulets & deux pieces de campagne, ayant assiegé le chasteau, estonna tellement ceux de dedans, que le capitaine *Monrosat,* avec vingtcinq soldats, se rendit à discretion[2], lesquels estans recogneus pour vrais brigands, furent reduits aux prisons de Mascon, au lieu d'estre pendus sur le champ comme ils meritoient, de laquelle faute puis après survint un grand malheur quand la ville fut surprise, comme cy après il sera dit[3]. La plus part des meubles qui se trouverent dedans fut recognue & renduë à ceux ausquels ils avoient esté ravis; puis fut mis le feu aux quatre coings du chasteau pour le reduire en cendre, estant un chacun bien marri que le maistre ne s'estoit rencontré dedans.

En ce mesme temps le sieur *de Soubize*[4], arrivé à *Lyon* pour y commander comme il est dit en l'histoire de Lyonnois[5], ne voulant laisser oisifs les Suisses qui avoient esté levés auparavant sa venue, leur persuada d'aller à Mascon, & par delà si besoin estoit, sous la conduite du sieur *de Poncenat*[6], colonnel de la cavalerie de Lyon, homme de bien, mais meilleur gendarme que capitaine[7].

418

---

1. *Pierreclos*, village de Saône-et-Loire, déjà mentionné, p. 508.
2. Comp. *Baudouin*, Hist. du Prot. en Bourgogne, I, 262.
3. Voy. p. 425.
4. Comp. *Discours des choses advenues à Lyon pendant que Soubize y a commandé*, Bull. du Prot. français, XXVIII, 493 s.
5. Voy. ce vol. III, p. 226 s.
6. Poncenat, supra, p. 222.
7. *Mém. de Gasp. de Tavannes*, p. 254: M. de Sousbise, ayant les six mil Suisses et grand nombre de gens de pied de Dauphiné et Vivarez, les met ensemble, fait une bonne armée sous *Poncenat*, qui marche avec icelle à Mascon, et de là à Tournus où estoit partie de la compagnie de gensdarmes du sieur de Tavannes et quatre ou cinq cens arquebusiers. *Goulard* et *De Thou*, l. c.

du Parlement de Bourgongne. Livre XV. 511

Poncenat donques, avec toutes ſes troupes, tant des Suiſſes (deſquels eſtoit colonnel le ſieur *Nicolas de Dieſbach,* de Berne [1]) que des compagnies Françoiſes de pied & de cheval, arriva dans Maſcon le trentieſme de Juillet, où il fut tresbien receu. Mais toſt après, voyans ceux de la ville le petit ordre qu'il tenoit en ſon camp & en ſes affaires (joint que dès lors il taſchoit de degarnir la ville pour agrandir ſes troupes) il y eut quelques paroles de meſcontentement entre eux ; ce qui ne paſſa plus outre toutesfois, & fut prié *Poncenat* d'aller au chaſteau de *Sainct Poinct* [2], voiſin de la ville, pour en faire autant qu'*Entrages* avoit fait à *Pierre Cloux,* ce qu'il promit ; & de faict toutes choſes furent preſtes à ſ'acheminer, mais tout ſoudain il changea d'avis ſans qu'on ſceuſt pourquoy, dont grand malheur advint puis après.

Le lendemain, qui fut le deuxieſme d'Aouſt, il monta à *Tournus* [3], duquel lieu il demanda deux compagnies de la garniſon de Maſcon, qui luy furent envoyées, au grand regret des habitans, prevoyans le mal qui leur en pourroit advenir, de ſorte que pluſieurs de bourgeois allerent auſſi en ce camp [4], diſans tout haut qu'ils aimoient mieux encores y mourir qu'avoir la gorge coupée en leurs maiſons, attendu que *Poncenat* avoit meſmes mandé la compagnie d'*Entrages,* qui la luy mena luy-meſme, laiſſant par ce moyen la ville du tout deſpourveue, ſoit que Dieu, juſtement irrité, vouluſt ainſi punir les inſolences commiſes en la ville, ſoit que l'ambition ou l'eſpoir de participer au butin, qu'il ſembloit que ceſte armée devoit gagner, l'euſt aveuglé.

Ceux de la Religion, voyans ce gouvernement, & que leurs

1. *Nicolas de Diesbach,* membre du sénat de Berne. Voy. *Lettres de Calvin (Opera),* XXI, 437. Ruchat, *Hist. de la réform. suisse,* VI, 450.

2. *Saint-Point,* village (Saône-et-Loire) à 20 kil. de Mâcon, près de Tramayes ; le château, qui existe encore, a été la propriété de Lamartine.

3. *Tournus,* voy. p. 412 (Saône-et-Loire), à 20 kil. de Mâcon, sur la rive droite de la Saône, où aboutissent les routes de Lons-le-Saulnier en Suisse, et de Bourg à Genève.

4. *De Thou,* III, 216 : Poncenat, au lieu de prendre le château de St-Poinct, dont il étoit de si grande consequence de se rendre maître, pour la sûreté des autres places, s'en alla droit à Tournus ; il mena d'Entrages avec lui, et presque toute la garnison de Mâcon.

adverfaires de la religion Romaine demeuroient les plus forts au dedans de la ville, advertirent auffitoft *Poncenat* que fi on ne pourvoyoit autrement à leurs affaires ils aimoient mieux abandonner la ville que d'eftre un jour maffacrés au dedans. A quoy il leur refpondit qu'ils n'avoient que craindre, d'autant que luy & fon armée eftoit entre eux & leurs ennemis, qu'il efperoit de bientoft deffaire entierement, ou repouffer beaucoup plus loing.

Siège de Tournus. Il affiegea donques Tournus, le huictiefme d'Aouft, où eftoit la plus grande part des forces de *Tavanes* & *Maugeron,* partie dedans la ville & partie au dehors, delà la riviere. Là fut-il combatu de part & d'autre cinq heures durant, & finalement fut mis le feu aux portes, là où du cofté des affaillans fut tué le capitaine *Luquot,* fort regretté d'un chacun, & du cofté des affiegés fut auffi tué le capitaine *Beaurepaire,* non moins regretté par les troupes de *Maugeron*.

Au mefme inftant, ceux de delà l'eau tiroient fans ceffe fur les bateaux remontans de Mafcon, pour envitailler le camp; ce que voyans, les Suiffes braquerent fur eux quatre pieces de campagne de fi droit fil qu'on vid voler en l'air quelques drapeaux & enfeignes, de forte qu'ils fe retirerent plus loing. Durans ces efcarmouches fe leva un orage fi grand avec une pluye fi fort impetueufe que chacun, de part & d'autre, fut contraint de fe retirer en fon quartier; mais ceux de dedans fe trouverent tellement eftonnés que nonobftant l'injure du temps ils fe refolurent d'abandonner la ville, fe retirans par terre, avec ceux qui eftoient delà l'eau par les tenebres de la nuict, & tracaffans çà & là, de forte qu'au poinct du jour ils fe trouverent à demie lieue près du lieu d'où ils eftoient partis, cuidans avoir fait plus de fix lieues. Ceux de la ville defia efpouvantés, oyans comme ceux de delà deflogeoient, fe jetterent dans les bateaux pour traverfer la riviere, avec telle & fi grande precipitation, que deux grands bateaux f'enfoncerent avec les gens & les meubles qui eftoient dedans, qui furent tous perdus. Ce tumulte & naufrage advint environ minuict; ce qu'entendant *Poncenat,* il ne laiffa perdre cefte occafion, ains avec tout fon camp, ayant bien fait recognoiftre la ville, y entra environ une heure après minuict, & qui plus eft donna tel ordre à tout qu'il n'y eut aucun ravage, horfmis que les images & autels furent tantoft abatus, & furent mifes deux compagnies

du Parlement de Bourgongne. Livre XV. 513

de Suisses dans l'Abbaye, pour la garder d'estre bruflée[1]. *Tavanes*, estonné de ce succès, fut en quelque deliberation de reprendre le chemin de Dijon; mais trois choses l'en garderent, l'une fut qu'il vid que, partant de Chalon, personne n'y vouloit demeurer, l'autre qu'il eut nouvelles du secours des Italiens qui luy venoit, la troisiesme qu'estant adverti que les Suisses pour la plus part ne vouloient s'esloigner de Lyon, ni faire effort en Bourgongne, disans n'avoir esté envoyés par leurs superieurs que pour garder Lyon, il conceut esperance de les amener à quelque volonté de s'en retourner. Suivant donc ceste resolution, il se mit à fortifier Chalon de plus en plus, regardant aussi aux moyens de gagner les Suisses & de se preparer un chemin à recevoir ce secours d'Italiens & d'executer cependant ce qu'il pourroit sur Mascon, qu'il savoit estre destitué de gouverneur & de gens de guerre, par les advertissemens de ceux de la religion Romaine, qui estoient dedans, & qui tramoient ce que tost après ils executerent.

Transactions avec les Suisses.

Suivant donques ceste resolution, il depescha un heraut, au nom du Roy, vers les Suisses, leur remonstrant deux poincts, à savoir l'ancienne alliance de la couronne de France avec eux, & qu'ils avoient esté circonvenus, en leur donnant à entendre que le *Prince de Condé* & ceux de sa faction estoient en armes pour le service du Roy, s'offrant de leur faire apparoir notoirement du contraire. Par lesquelles deux raisons, il les prioit ou de s'en retourner en leur pays, ou de se joindre avec luy pour le service du Roy, leur faisant offre de tout bon & gratieux traittement. Il fut respondu à ces letres par *Diesbach*, que ses seigneurs & superieurs estoient bien informés de tout le merite de ceste cause, qui ne l'avoient envoyé avec ces troupes contre le service du Roy, ains tout au rebours contre les infracteurs des Edicts du Roy, pour le service duquel ils estoient descendus. Cependant *Mandozze*, Espagnol, & maistre d'hostel ancien du Roy, envoyé en Suisse, faisoit de grandes plaintes à Berne, jusques à demander aux seigneurs s'ils vouloient quitter l'alliance du Roy ou non, de

---

1. *Mém. de Tavannes*, l. c.: La ville ne vaut rien; ils la defendent six ou sept heures, et la quittent tumultueusement de nuict, joinct à la tempeste et orage qui survint; il se perdit deux bateaux et quelques soldats; ils pouvoient faire leur retraicte plus seurement, puisqu'il n'y avoit point de bresche faicte.

forte que tant au camp de *Poncenat* qu'en Suiffe mefmes on eftoit en fufpends fi les Suiffes retourneroient ou non, ce qui empefcha tout l'effect de cefte armée [1].

Prise de Clugny. *Poncenat* donques, fe voyant en ces deftroits, qui le gardoient d'entreprendre le fiege de Chalon, & ne voulant perdre temps, delibera de fe faifir des petites villes & chafteaux circonvoifins, fuivant laquelle refolution il envoya trois cens hommes contre Louans [2], mais ils n'y peurent rien faire, *Tavanes* y ayant pourveu. Il envoya une autre plus grande troupe à Clugny [3], efperant par mefme moyen rompre les Italiens, qui approchoient, pour fe joindre à *Tavanes,* ce qu'il ne peut faire [4]. Mais quant à Clugny, la ville fut prife fans refiftence, dont les moines eftoient partis

1. Voy. ci-dessus, p. 228. *Mém. de Tavannes*, l. c. : Le sieur de Tavannes, les voyant si voisins (Poncenas et les siens), fortifie Chalon en diligence, esperant que le secours qu'il attendoit des Italiens venu, il se remettroit en campagne. Cependant, pour ne perdre de temps, il s'occupe à gagner les Suisses et à l'entreprise de Mascon, jugeant que celles où il y a moins d'apparence reussissent plustost. Le Roy, par le conseil de M. de Guise, depesche Mendosse à Berne ; il leur demande s'ils vouloient rompre l'alliance, ou s'ils la vouloient garder, qu'ils revoquassent leurs gens qui estoient avec les Huguenots ; ce qui lui fut refusé. Le sieur de Tavannes envoye un heraut avec un habile homme, pour traicter avec le colonel Diesbach et ses capitaines, lesquels estoient dans Tornus ; leur remonstre qu'ils avoient esté trompez, et que le Roy estoit en toute liberté ; qu'on leur avoit fait entendre que le prince de Condé estoit en armes pour S. M. ; il offre de leur faire voir le contraire ... leur offre argent et moyens honorables de retraicte, que leur traicté n'estoit que pour soustenir la ville de Lyon. Il negocia tellement avec le colonel Diesbach, que dez l'heure mesme il le pria d'asseurer le Roy qu'il se retireroit en son pays à la premiere commodité, et arresta ce traicté secretement avec luy. *Calvinus Bullingero, 15 Aug. 1562. Opp. Calv.*, XIX, 498.

2. *Louhans,* ancienne ville de la Bourgogne (Saône-et-Loire), à 49 kil. de Mâcon, sur la Seille. *Baudouin,* l. c., p. 247.

3. *Cluny,* l'ancienne et célèbre abbaye, à 25 kil. de Mâcon et à peu près autant de Tournus. L'abbaye est détruite, le palais abbatial, une chapelle et une partie des clochers de l'ancienne église gothique sont seuls encore conservés.

4. *Mém. de Tavannes*, p. 255 : Poncenat, cognoissant ne pouvoir rien faire à Chalon ny aux forces du sieur de Tavannes, entreprend sur les petites places, fault Louans, prend Cluny et Senecey, si proche de Chalon qu'il tenoit tout ce qui estoit derriere luy bien asseuré.

auparavant, non toutesfois fans y laiffer quelques pieces d'argenterie & quelques chappes, faifies par les premiers venus, contre l'efperance de *Poncenat,* qui avoit bien fait fon conte d'en tirer bonne fomme d'argent pour foldoyer fon armée. La librairie, où il reftoit encores grand nombre d'anciens livres efcrits à la main, fut du tout deftruite ¹, & les livres partie rompus, partie emportés en pieces, de forte que tout ce threfor là fut perdu par l'infolence & ignorance des gens de guerre, difans que c'eftoient tous livres de la meffe. Le chafteau de Lourdon², forte place, appartenante à l'Abbé, fut bien fommée, mais ne fut rendue. *Verty*³ fut envoyé pour prendre le chafteau de Senefay⁴, ce qu'il fit trefdextrement.

Mais d'autre cofté *Tavanes*⁵, fachant en quel branfle eftoient les Suiffes, & voyant le refte de l'armée de *Poncenat* efcartée &

Nouvelle expédition contre Mâcon.

1. Le nombre des manuscrits détruits est évalué à plus de 5000. *De Thou* ignore les détails. *Chevrier, Not. hist. sur le Prot. dans le dép. de l'Ain.* Paris 1883, p. 85.
2. Le château de *Lourdon*, appartenant à l'abbé de Cluny.
3. Voy. ci-dessus, p. 222.
4. *Sennecey-le-grand*, bourg (Saône-et-Loire) à 23 kil. de Chalon-sur-Saône. Les derniers restes du château, autrefois flanqué de deux grosses tours rondes, furent détruits en 1833.
5. *Mém. de Tavannes,* l. c. : Le sieur de Tavannes fait partir huict cens arquebusiers et deux cens chevaux, qui se destournoient de deux lieues pour eviter l'armée ennemie ; passant par les montagnes à Lourdon et à Sainct Poinct, se treuvent une heure avant le jour proche Mascon, où ayant mis ses forces en embuscade, envoye trois chariots chargez de gerbes à la porte, iceux si artificiellement faicts, que tirant une cheville les assis tomboient et empeschoient de lever le pont et fermer les portes ; ceux qui les conduisoient estoient soldats desguisez en paysans. Proche la porte de la Barre furent cachez en une maison trente hommes. Les portiers ouvrent, voyant que c'estoit du bled dont ils avoient besoin, le laissent entrer, non si tost qu'ils ne missent dehors du peuple, qui descouvre l'embuscade de la maison, qui fut si prompte qu'elle porta l'alarme à la porte avec elle ; tiennent un chariot sur le pont, et les chartiers aux mains avec les portiers ; ils se rendent maistres de la porte, où accourans ceux de dedans et ceux de l'embuscade au signal qui leur estoit donné, le fort emporte le foible. Après avoir combattu une demye heure, la ville est prise avec estonnement à l'armée huguenotte, ne pouvant imaginer comme cela estoit advenu, veu qu'elle couvroit Mascon, et après que les chefs eurent jetté la faute l'un sur l'autre à l'accoustumée. — *Baudouin,* l. c., p. 260 : Les arquebusiers de Tavannes étaient sous la conduite de Canteperdrix et de Saint Poyat et les chevaux étaient commandés par Trotedan.

Mafcon deftitué de gens de guerre, ne faillit à cefte occafion, après avoir entendu la pratique menée par quelques uns de dedans la ville avec *Sainct Poinct,* & fit fortir de Chalon[1] de huict ou neuf cens hommes & quatre cornettes de gens de cheval, qui tirerent droit à Lourdon. *Poncenat,* adverti de cefte fortie, envoya *Verty* & *Entrages* pour les recognoiftre, mais ils ne les peurent defcouvrir, & ne rapporterent autre chofe, finon qu'ils avoient entendu que ces compagnies alloient à Clugny fans enfeigne ne tabourin ; à quoy voulant pourvoir, il ne peut rien obtenir du colonnel des Suiffes, ne f'accordant avec luy. Plufieurs jugeoient ce qui eftoit de cefte entreprife de *Tavanes.* Mais on ne tenoit conte des advertiffemens qu'on en donnoit, refpondant toufiours *Poncenat,* que *Tavanes,* ni autre, n'entreprendroit jamais rien fur Mafcon, tandis que luy & fon armée feroient entre deux.

Ce nonobftant, ceux de Tournus prierent un Efchevin de Mafcon, nommé *François Alloing,* y eftant lors arrivé, de faire extreme diligence pour y defcendre par eau, & advertir les habitans que foudain ils fiffent couvrir la muraille de gens, dreffer corps de garde, & furtout que le lendemain les portes ne f'ouvriffent, quand mefmes on demanderoit à y faire entrer des charrettes chargées d'or ou d'argent, & baillerent audit Efchevin des letres portans le mefme advertiffement exprès. Ceft Efchevin, partant le dixneufiefme d'Aouft, à heure de minuict, arriva toft après à Mafcon, là où au lieu de faire fon devoir, il fe contenta feulement de faire une ronde, à deux heures après minuict, avec un autre Efchevin, fans luy rendre les letres ; puis, f'eftant retiré en fa maifon, conta les deniers qu'il avoit receus à Tournus pour les munitions, & finalement f'en alla coucher pour ne gueres dormir. Au mefme inftant, les ennemis, partis de Lourdon, pafferent à un quart de lieue de Clugny, où l'alarme fut donnée bien chaude, & ne tint à quelques uns qu'on ne donnaft advertiffement à Mafcon ; mais on ne voulut fouffrir que perfonne fortift. Eftant donques venue l'heure du malheur de cefte pauvre ville, les gardes ne furent plus toft levées à la Diane, que ceux qui avoient fait la menée vindrent dire au commis à garder la clef de la porte de la Barre, qu'il y avoit au

---

1. A partir d'ici, l'*Hist. des Martyrs*, fol. 682 a, reproduit simplement notre texte.

devant d'icelle plusieurs charrettes chargées de bled & de paille, pour mettre au magazin de la munition de la ville. Le portier, qui avoit esté aussi pratiqué sur cela, ouvrit les portes, à l'ouverture desquelles le premier bouvier ayant passé la premiere & deuxiesme porte, & suivi des autres charrettes, ne faillit de verser sous la troisiesme, faisant tumber les roues de sa charrette, de sorte qu'on n'eust peu avancer ne reculer, sous la faveur duquel empeschement s'estans soudain glissés environ vingt que soldats que capitaines attitrés, qui avoient long temps demeuré couchés sur le ventre au derriere des murailles des jardins ès vignes plus prochaines de la porte de la Barre, couperent la gorge à quelques gardes de la porte de l'une & de l'autre religion, & s'estans par ce moyen saisis des portes, tirerent pour signal cinq ou six arquebouzades à leurs troupes, tant de cheval que de pied, cachées en un petit bosquet, appelé Marqueys[1], à un quart de lieue de la ville, appartenant à l'Advocat du Roy, qui y arriverent tantost.

La guette du clocher ayant descouvert cela, sonna bien le toxin, mais c'estoit trop tard, estans desià les portes surprises & gagnées. *Prise de Mâcon.* Le corps de garde, qui estoit à la Cour du Prevost, se renforça de quelques uns de la Religion qui firent un merveilleux devoir de repousser les ennemis hors la porte, mais pour n'avoir trouvé l'artillerie chargée, ils se trouverent si forts, qu'après avoir soustenu trois quarts d'heure & plus, le corps de garde fut contraint de reculer. Par ce moyen l'ennemi gagna la grande rue de la Barre, & lors fut entendu un des citoyens qui avoit pratiqué ceste trahison, nommé *François du Perron,* Procureur (& si grand larron, qu'estant un pauvre belistre quand il arriva en la ville, en peu de temps il s'estoit fait riche de plus de trente mille francs), crier qu'on tuast celuy qui avoit les clefs des portes, de crainte, disoit-il, qu'il ne me descouvre. Cela fut executé incontinent par ceux ausquels il monstra la maison où le portier s'estoit retiré.

De là, s'approchans de la Cour du Prevost, ils tuerent tout ce qu'ils y rencontrerent, & par ce moyen, en moins de deux heures, tuant tous ceux qu'ils rencontroient ès rues, se firent maistres de la ville, en laquelle, ayans mis plusieurs corps de garde, ils

---

1. Lisez: *Marqueys.* Chevrier, *Not. hist. sur le Prot. dans le dép. de l'Ain,* p. 88.

entrerent puis après aux maifons avec commandement de mettre à mort tous ceux de la Religion, defquels, pour fauver leur vie, les uns fe jettoient par deffus les murailles, où plufieurs fe rompirent les jambes, & quelques uns fe tuerent, d'autres fe jetterent en la riviere, autres de leurs maifons en bas, combien que quelques uns fe miffent en defenfe en leurs maifons, entre lefquels fe trouva une fille fi courageufe qu'à grands coups de groffes pierres qu'elle jetta des feneftres, elle tua quelques uns des ennemis.

L'occafion du plus grand carnage vint de ces brigandeaux qui avoient efté amenés prifonniers à Mafcon, du chafteau de *Pierre Cloux*[1], lefquels, fortans de prifon pleins de rage & les armes au poing, n'efpargnoient perfonne & crians à gorge ouverte: «Le feigneur, Dieu des Huguenots, vous conferve, le grand Diable vous benie, le feigneur face reluire fa face fur vous qui faites le mort.» Quand ils en avoient abatu quelqu'un demi mort fur le pavé, mettoient aux uns leurs efpées au travers du corps, aux autres coupoient le col, aux autres les bras & les jambes. Les ribaudes & paillardes des preftres qui avoient efté chaffées auparavant, eftans alors rentrées, fervoient à ces bourreaux d'enfeigner les maifons de ceux de la Religion, & furtout de ceux qui avoient pourfuivi leur dechaffement, ayans ceux de la religion Romaine fans cela, de bonne heure, remarqué leurs portes de croye blanche, qui eftoit le fignal qui leur avoit efté donné pour les preferver.

Si on n'efpargnoit les perfonnes, encores moins eftoient efpargnés les biens meubles qui furent tous pillés & volés. Quelques uns, ayans mieux de quoy, eftoient rançonnés & traittés d'une terrible façon. Mais fur tout on en vouloit aux Miniftres, l'un defquels, à favoir *Pafquier*[2], fut trefcruellement traitté, les uns luy arrachans la barbe, les autres luy piquans les feffes de coups de poignard avec coups de poing & de pied; eftant auquel eftat, & mené par toute la ville pour le venir voir jetter du haut du pont en bas en la riviere, un gentilhomme l'ofta aux foldats & le mit en une profonde prifon les fers aux pieds, en efperance d'en avoir quelque grande rançon; comme auffi ils regrettoient fort le contrerooleur du domaine en Mafconnois, nommé *Huguaut,* & un

---

1. Voy. ci-deffus, p. 418.
2. Voy. vol. I, p. 214. (Comp. fur lui, *Opp. Calvini*, XXI, 740, 769.)

Vincens, pelletier, qu'ils avoient tués, non pas qu'ils leur portaffent amitié, mais pource qu'ils en euffent tiré groffe rançon.

Cefte piteufe nouvelle rapportée ce mefme jour au camp de Poncenat, par quelques uns qui avoient fauté les murailles, il furvint un grand debat entre *Poncenat,* le Colonnel & *Entrages,* gouverneur de Mafcon, jufques à fe vouloir entretuer, rejettans l'un fur l'autre la faute qui avoit efté commife d'avoir ainfi deftitué la ville ou de ne l'avoir fecourue. Mais eftant remonftré à l'un & à l'autre qu'au lieu de fe quereler & entretuer il faloit accourir à Mafcon qui fe pouvoit ayfément reprendre devant que l'ennemi euft mis ordre à fes affaires, cefte querelle ceffée, l'armée commença de marcher de grand courage vers Mafcon. Mais la pluye furvint avec telle impetuofité que les Suiffes furent contraints de demeurer à une lieue près la ville. Ce qui advint fort mal à propos[1]. Car le poinct du jour venu, les courages fe trouverent merveilleufement changés, de forte qu'*Entrages,* ayant dreffé les efchelles, ne fut fuivi des uns ni des autres, ofans mefmes quelques uns refpondre à ceux qui les convioient, qu'ils ne fe vouloient faire tuer à l'appetit d'*Entrages,* homme paffionné de la perte de fa femme. Les Suiffes, d'autre part, crioient qu'on paffa outre contre Lyon, finon qu'ils forceroient l'avant-garde; & quelques remonftrances qu'on leur fift que les ennemis qui eftoient dedans n'avoient moyen encores de garder la ville, & mefmes qu'ils tenoient la porte du pont ouverte pour fe fauver du cofté de la Breffe, combien auffi que ces pauvres gens de Mafcon, qui avoient fauté les murailles, les fuppliaffent à genoux, les larmes à l'œil, qu'ils vouluffent feulement fe tenir campés devant la ville, à cent pas hors la portée du canon, perfifterent en leur refolution, les uns alleguans qu'ils avoient faute de vivres, les autres fe perfuadans que *Tavanes* les pourfuivoit avec une armée; mais la

Mesures de défense prises par Poncenat.

---

1. *Mém. de Tavannes,* l. c.: Antrages, auparavant gouverneur de Mascon, qui peu finement avoit abandonné la ville pour suivre l'armée, propose de la reprendre par escalade; à quoy estant mal suivy, la peur augmentée, il se retira en fuitte avec les Suisses mal-contens, et perdirent l'artillerie, leurs munitions et bagages, que le sieur de Tavannes prit, et leur donna l'alarme sur la retraicte proche Belle-Ville. Les Suisses, contre leur coustume, fuyent toute la nuict à Lyon, où arrivez, tiennent ce qu'ils avoient promis au sieur de Tavannes, s'en revont, hormis trois cens, en leur païs.

principale excufe eftoit qu'ils fe difoient eftre venus feulement pour garder Lyon. Ce qu'entendant, *Poncenat* leur requit pour le moins quelque temps pour recouvrer des bœufs par les villages, pour emmener & charger l'artillerie fur des bateaux, ufant de toute diligence pour en trouver à caufe qu'il ne peut jamais obtenir d'eux aucun delay que de trois heures au plus. Encores abregerent ils le temps & partirent, tant eux que les François qui les fuivirent, fans en advertir *Poncenat,* qui eftoit allé en perfonne au port pour charger l'artillerie fur des bateaux, tellement que fans l'un de fes gens qui l'alla querir à courfe de cheval, il eftoit pris & perdu auffi bien que fe perdit toute l'artillerie avec tout le refte des munitions & toutes les efchelles, ne f'eftans advifés de brufler les efchelles & jetter le refte en l'eau, tant eftoit chacun efpouvanté, combien qu'il n'y euft aucune occafion.

Le lendemain, vingtiefme du mois, les Suiffes allerent ce jour-là loger à la *Maifon blanche*[1]*,* auquel lieu un de Lyon, nommé *Galand,* f'avantura de mettre le feu en ce qui eftoit refté de poudres, qui eftoient fur un charriot, de quoy adverti, *Poncenat* y accourut pour y donner ordre & le faire pendre, mais il trouva qu'il eftoit à demi mort, dautant que le feu en avoit fait la juftice.

Les Suisses à Belleville. Eftans donc ainfi tous arrivés à *Belleville*[2], il ne tint à *Poncenat* que les Suiffes ne logerent tous enfemble avec eux. Mais ils en firent difficulté; & fur ces entrefaites, *Maugeron,* qui avoit efté depefché par *Tavanes,* dès le lendemain de la prife de Mafcon, avec bonnes troupes de chevaux, ayant entendu comme toute l'armée de *Poncenat* avoit tiré à Belleville, donna jufques au lieu, où chacun eftoit tellement empefché à chercher de quoy repaiftre, que perfonne ne f'aperceut de fa venue horfmis quelques goujats qui de bonheur fe trouverent fur la muraille. Ayans donc ceux-ci donné l'alarme, *Poncenat* comparut à la porte & fit fortir vingt chevaux qui luy reftoient en ce lieu, fous la conduite du capitaine *Pluviau*[3], lequel fit fi bien qu'à l'abordée il frappa à mort le

---

1. *La Maison-Blanche,* village (Saône-et-Loire), commune de Romanèche, à 17 kil. de Mâcon.
2. *Belleville-sur-Saône,* dans le Beaujolais (Rhône), à 13 kil. de Villefranche.
3. *France prot.*, III, 483, note.

du Parlement de Bourgongne. Livre XV.

Capitaine *Hercules,* lieutenant de *Maugeron* & conducteur de ces coureurs qui se mirent tous en route incontinent.

La nuict venue, les Suisses, cuidans que *Poncenat* se fust perdu en ceste escarmouche & craignans de tomber en faute de vivres, se donnerent une telle alarme que toute nuict ils deslogerent, tirans à Villefranche en grand desordre, à quoy toutesfois *Poncenat* remedia comme il peut par sa presence. Par ainsi les Suisses s'arresterent à Villefranche où nous les laisserons pour revenir à Belleville; là où *Poncenat,* combien que les soldats François, considerans la foiblesse du lieu, refusassent entierement de demeurer, s'arresta toutesfois pour espier les occasions de bien faire, esperant aussi qu'il avoit moyen de la fortifier. Mais le Capitaine *Moreau*[1], qui avoit lors la superintendence des fortifications de Lyon, y estant envoyé resolut qu'il n'y avoit ordre de la tenir ni de la fortifier en peu de temps, qui fut cause que *Poncenat* conclut, si *Tavanes* en approchoit trop près, de se retirer à Lyon, comme il fit aussi quand il fut temps. Il est vray que cependant il s'offrit une bonne occasion d'aller au devant des forces qui venoient de Forest pour se joindre à *Tavanes.* Mais quelques offres qu'il fist aux Suisses estans à Villefranche, ils ne voulurent jamais y entendre, perseverans tousiours à se vouloir retirer à Lyon selon leur capitulation, comme il sera dit en l'histoire de Lyonnois[2].

Les Suisses de Villefranche.

Je retourne maintenant à la pauvre ville de Mascon, en laquelle les prisonniers furent traittés d'une estrange façon. Entre les autres[3] un bon personnage nommé *Farrezier,* bon marchand & honorable par le tesmoignage mesmes de ceux de l'eglise Romaine, jetté du pont en bas, comme il estoit revenu sur l'eau criant: « Jesus Christ ayés pitié de moy », fut poursuivi dans un bateau

Exécutions à Mâcon.

---

1. Voy. ci-dessus, p. 217, 409.

2. L'Histoire du Lyonnais étant traitée ci-dessus, liv. XI, on se borne à renvoyer, p. 226 s.

3. *Hist. des Martyrs*, fol. 682 b. On peut aussi comparer, sur les horreurs commises par les catholiques contre les religionnaires, lors de la prise de la ville, et surtout sur ce qu'on appelait les *sauteries* de Mâcon, l'article Mâcon dans le *Dictionn. de Bayle.* Voy. aussi d'*Aubigné, Hist. univ.*, liv. III, chap. 7, p. 202. *Chevrier, Not. hist. sur le Prot. dans le dép. de l'Ain.* Paris 1883, p. 90.

par certains soldats qui l'assommerent, luy crians d'autre costé, autant de fois qu'il invoquoit Jesus Christ : « Crie, crie ton Jesus Christ qu'il te conserve ». Cinq ou six autres pauvres hommes de la Religion furent semblablement noyés.

Et sur ces entrefaites arriva *Tavanes* à Mascon, le vingt & uniesme d'Aoust, pour la bien venue duquel s'estans ces bourreaux saisis de l'autre Ministre, nommé *Bonnet*[1], natif de Mascon, de l'une des anciennes maisons de la ville, homme de grande erudition, de vie irreprehensible qui avoit servi ailleurs au ministere plus de vingt ans, combien donc qu'il eust esté desià rançonné par trois fois, ils le proumenerent avec mille moqueries, nazardes & coups de poing par tous les carrefours, crians que qui voudroit venir ouïr prescher ce devot & sainct personnage eust à se trouver au lieu & place de l'escorcherie ; là où ayant esté mené, buffeté & moqué deux heures durans, il les pria seulement de leur permettre de prier Dieu avant que mourir ; sur quoy, après qu'ils luy eurent coupé la moitié du nés & l'une des oreilles, luy disant : « Prie maintenant tant que tu voudras & puis nous te envoyerons à tous les Diables », il se mit à genoux, levant les yeux au ciel & priant d'une telle constance que mesmes aucuns des bourreaux s'en allerent gemissans. Puis, adressant sa parole à celuy qui luy avoit coupé le nés : « Mon ami, dit-il, me voilà prest à ceste heure à souffrir ce qu'il te plaira. Mais je te prie & tes compagnons de penser de plus près à vos actions envers ceste pauvre ville, car il y a un Dieu devant lequel il vous en faudra rendre conte ». Disant ceste parole, l'abondance du sang qui luy sortoit du nés l'empescha de parler plus outre, & comme un capitaine passant par là eust crié aux soldats, disant : « Laissés ce miserable de par le Diable », l'un d'eux, le prenant par la main, le mena au bord de la riviere de Saone, au dessous de l'escorcherie, & là, feignant le vouloir laver & luy oster le sang qu'il avoit sur le visage, le mit sur un petit bateau, où il ne fut pas plus tost qu'on le renversa dans la riviere, dans laquelle, se debatant & criant à Dieu misericorde, ces bourreaux l'acheverent à coups de pierres,

---

1. Le nom de *Bonnet* probablement est une faute d'impression, quoiqu'il se trouve aussi dans l'*Hist. des Martyrs*, et le pasteur mâconnais s'appelait *Bouvet*, comme il est écrit dans le vol. I, p. 214.

le tout à la veue d'aucuns de la Religion, prifonniers en un certain logis, qui n'eurent jamais le cœur de offrir rançon pour luy, qui eftoit toutes fois le moyen de luy fauver la vie.

Ce perfonnage mort, on courut aux autres, dont les uns furent rançonnés à toute extremité, les autres jettés en la riviere. Ce neantmoins, l'avarice de *Tavanes* fauva la vie à neuf prifonniers des plus remarqués & contre lefquels on crioit le plus ; à favoir *Pafquier,* Miniftre, *Thouillon Efleu, Diger* & advocat[1], *Olivier Dagonneau,* receveur du Roy, *Chaynard, Vincens Prifque, Thibau Corlier, Bernard Chevenis & Jean Jaubert,* bourgeois de Mafcon, lefquels il fit conduire premierement ès prifons de Lourdon, trefvillaines, & delà ès prifons de Dijon où ils furent fept mois entiers avec fi rude traittement que fouvent ils fouhaiterent la mort. Les maifons de la ville, de ceux de la Religion, eftans ainfi pillées & fi bien nettoyées qu'il fembloit qu'on n'y eut rien laiffé, Madame *de Tavanes*[2] y fceut bien defcouvrir les cachettes fi fubtilement, qu'elle eut pour fa part du pillage environ cent quatre vingts bahus de meubles tous pleins, outre le fil, pieces de toiles & toutes fortes de linge, comme linceuls, nappes & ferviettes, dont Mafcon avoit la reputation d'eftre bien meublée entre les villes de France. Quant aux rançons, bagues, vaiffelle & autres joyaux on n'en a pas bien fceu la valeur. Mais tant y a que ceux qui avoient le maniement de tels affaires difoient à leurs amis que *Tavanes* y avoit acquis dequoy acheter content dix mille livres de rente. Encores ne fut-ce pas affés de piller la ville, ains on vint jufques aux granges & metairies, où on ne laiffa bleds, vins, beftail, foin ni paille, mefmes il y en eut de bruflées.

L'exercice de l'eglife Romaine y fut auffi reftabli incontinent, & les preftres & moines redreffés en leur premier eftat, & le bordeau tout enfemble. Pour comble de tous malheurs, *Sainct Poinct* (homme du tout fanguinaire & plus que cruel, lequel fa propre mere a declaré en jugement, pour defcharger fa confcience, eftre fils d'un preftre qu'elle mefme nommoit) fut laiffé par

---

1. L'*Hist. des Martyrs* corrige : *Diger,* advocat.

2. La femme de Tavannes était *Françoise de la Baume,* de la maifon des comtes de Montrevel. *De Thou,* III, 217.

Tavanes gouverneur de la ville, lequel pour fon paffe temps, après avoir feftoyé les dames, avoit aconftumé de demander fi la farce, qui depuis fut nommée la farce de *Sainct Poinct*, eftoit prefte à jouer. C'eftoit comme un mot du guet par lequel fes gens avoient acouftumé de tirer de la prifon un ou deux prifonniers, & quelques fois davantage, qu'ils menoient fur le pont de la Saone, là où comparoiffant avec les Dames, après leur avoir fait quelques belles & plaifantes queftions, il les faifoit precipiter & noyer en la riviere. Ce luy eftoit auffi une chofe acouftumée de faire donner de fauffes alarmes & de faire, fous ce pretexte noyer ou arquebouzer quelque prifonnier, ou quelque autre qu'il pouvoit attrapper de ceux de la Religion, leur mettant à fus d'avoir voulu trahir la ville.

Ces chofes ainfi executées, *Tavanes*, renforcé de quatre mille Italiens, fe campa au deffous de bois de Tours, à deux lieues de Mafcon, & de là, quelques jours après, ayant pris Belleville & Villefranche abandonnée, vint jufques à Anfe[1], à trois lieues de Lyon, où il fejourna jufques au quinziefme de Septembre, fe retirant en Bourgongne après avoir remis toute l'armée entre les mains du *Duc de Nemours,* comme il eft dit plus à plein en l'hiftoire de Lyonnois[2].

Durant ce temps, c'eft à favoir les mois de Septembre, Octobre, Novembre & Decembre, *Sainct Poinct* continua ces pillages & cruautés acouftumées, aufquelles peu f'en falut que fin ne fuft mife par le fieur *de Soubize*, gouverneur de Lyon[3], lequel, ayant une bien fecrete intelligence en la ville de Mafcon, y envoya *Poncenat* le cinquiefme de Janvier 1563, pour y donner une efcalade. Mais y eftant arrivé feulement une heure trop tard, il fut defcouvert & repouffé, & y fut tué un Capitaine de la Religion nommé *de l'Efpine*[4].

Edit de pacification. Au mois de Mars fuivant, l'Edict de pacification fut fait, nonobftant lequel *Tavanes,* extremement marri de perdre fa

---

1. *Anse*, petite ville du département du Rhône, à 5 kil. de Villefranche, sur la Saône. *Discours des choses advenues à Lyon, Bull. du Prot. français*, XXVIII, 496.
2. Voy. plus haut, p. 229 et 230.
3. *Discours des choses advenues à Lyon, Bull. du Prot. franç.*, XXVIII, 401.
4. Voy. vol. II, p. 668.

proye, tarda fort longuement à lafcher les neuf prifonniers de
Mafcon qu'il tenoit à Dijon; mais *Sainct Poinct* ne mit gueres,
depuis la paix, à eftre puni de Dieu felon fes merites, eftant
advenu que retournant de fa maifon près de la ville, où
il avoit porté environ vingt mille efcus de pillage,
fut rencontré par *Achon*[1], avec lequel il avoit
querelle, qui luy tira un coup de piftole
dont il tomba mort par terre ; & par
ainfi fut tué le tueur, & le lendemain enterré à Mafcon
avec grands pleurs de
ceux de l'eglife
Romaine.

1. Voy. vol. II, p. 225, 409, 426; vol. III, p. 188 s., 190.

HISTOIRE

ECCLESIASTIQUE

de Mets & pays Meffin.

* *

Livre XVI.

L'évangile à Metz. LA ville de *Mets*[1] eſt bien ſituée en Lorraine mais n'appartient au Duc, ains eſt l'une des quatre principales villes de l'Empire avec titre d'Eveſché[2], en laquelle Dieu commença ſon œuvre par un eſtranger, & d'une façon admirable, à ſavoir par un nommé *Jean de Clerc*, de *Meaux*, en Brye[3], lequel n'eſtant homme de letres, ains cardeur de ſon meſtier, & toutesfois excellemment verſé en la lecture de la parole de Dieu, telle que lors on la pouvoit avoir en langue Françoiſe, après avoir eſté fuſtigé & fleſtri à Meaux pour avoir oſé attacher publiquement un eſcrit ſous un placart de pardons, où il maintenoit que le *Pape* eſtoit l'Antechriſt, arrivé à *Mets* l'an 1523, commença de parler de l'Evangile entre quelques menues gens qui y prindrent gouſt, de ſorte qu'il fut tantoſt tenu pour ſuſpect au moyen de quelques preſtres, dont ceſte ville là eſt fort peuplée.

431

---

1. Voy. *Hist. des Martyrs*, fol. 163 a s. *Huguenin, Chroniques de Metz*, 1838, in-8º. *Meurisse*, Dr et Prof. en théologie à Paris etc., *Hist. de la naissance et de la décad. de l'hérésie dans la ville de Metz et du pays Messin.* Metz 1642. *Barthold, Deutschland und die Hugenotten*, Bd. I. Bremen 1848, p. 33 s. *Herminjard, Corresp. des Réformateurs*, I, 344.

2. C'est-à-dire *Cambray, Metz, Toul* et *Verdun*.

3. *Jean le Clerc.* Voy. vol. I, p. 6. *Meurisse*, p. 19, 21.

Or advint que cest homme, sans en avoir rien communiqué à autre qu'à Dieu, sortit hors de la ville sur le soir, sachant que le lendemain se devoit faire une solennelle procession en une chapelle nommée *Notre Dame aux champs,* hors la porte Sainct Thibaut[1], trouva façon d'y entrer, & la nuict ayant abatu les images, ne laissa dès le poinct du jour de rentrer dans la ville. Ce qu'ayant esté incontinent descouvert, & luy saisi, tant s'en falut qu'il reniast le faict, qu'au contraire il commença de prescher Jesus Christ à haute voix; ce qui fut cause que son procès luy estant fait sommairement, il endura une mort trescruelle, luy ayant esté premierement coupé le poing dextre, puis le nés arraché avec des tenailles, les deux bras tenaillés, & les deux mammelles arrachées, parmi lesquels tourmens il prononça avec une constance admirable comme en chantant, ces versets du Psaume 115, leurs idoles sont d'or & d'argent, etc., & mourut ainsi dans le feu, priant Dieu jusques au dernier soupir. Ce fut un acte vrayement extraordinaire, & qu'il ne faudroit imiter legerement, mais la fin monstra de quel esprit cest homme avoit esté mené, comme aussi sa mort en reveilla plusieurs.

A cestuy-cy succeda l'année suivante, à savoir l'an 1524, un homme de grandes letres & docteur en theologie & de l'ordre des Augustins, nommé *Jean Castelan,* de Tournay[2]; lequel sema la doctrine de l'Evangile, premierement à *Bar-le-Duc,* puis à *Chalons,* en Champagne, puis à *Vic*[3], petite ville appartenant à l'Evesque de Mets, & finalement à Mets, au grand regret des prestres & des moines, & toutesfois avec telle faveur du peuple, qu'ils n'oserent jamais le saisir en la ville. Mais finalement ayant esté espié dehors, il fut empoigné par les gens de l'Evesque, à savoir de *Jean, Cardinal de Lorraine*[4], & mené premierement à

Jean Castelan.

---

1. La porte St-Thiébaut aboutit à la route de Nancy.
2. *Meurisse,* p. 5-8. Sleidan, *De statu relig. Comm.,* II, 275: *In hoc tempore Meti docebant evangelium unus et alter ordinis, cumque sacerdotum turba non obscurum odium præ se ferret, plerique cives vehementer orabant senatum, ne docentes impediret, omnem obsequentiam professi.*
3. *Vic,* petite ville sur la Seille, dans le pays Messin, à 29 kil. de Château-Salins, non loin de la frontière actuelle.
4. *Jean,* frère du duc Claude de Lorraine, oncle du duc François et du cardinal Charles, et cardinal depuis 1518. Il mourut d'apoplexie, un mois après son frère, en 1550. *De Thou,* I, 523.

Gorze¹ puis au chafteau de *Nomeny*², & finalement à *Vic*. Ce qu'eftant rapporté à la ville, fut caufe que quelques uns, fujets du Cardinal, furent auffi retenus prifonniers; mais finalement ils furent relafchés, & *Caftelan*, après avoir efté folennellement degradé, fut bruflé vif audit lieu de Vic, le douziefme de Janvier audit an 1524. Or eftoit-il advenu qu'après l'avoir degradé on l'avoit veftu & bruflé en habit de vigneron. Ce que les vignerons de Mets, qui ne font en petit nombre, ayans entendu, f'emeurent de telle forte avec plufieurs du populaire, que la maifon du gouverneur de Gorze fut demolie comme ayant efté caufe de tout, dont plufieurs furent puis après apprehendés & chaftiés. Et combien que entre ceux-là ne fe trouvaft pas un qui ne fuft de la religion Romaine, on ne laiffa toutesfois d'impofer le tout à ceux de la religion reformée. Cela fut caufe que plufieurs fe refroidirent.

P. Brusly et Watrain du Bois.
Ce neantmoins il y en eut d'autres qui continuerent toufiours fecretement jufques à l'an 1541, en laquelle deux Jacopins, l'un nommé *Pierre Brufli*³ & l'autre *Watrain du Bois*⁴, commencerent à prefcher clairement & hautement l'Evangile, ce qui donna tel courage à un bon nombre de citoyens, qu'ayans entendu au mefme temps les articles conclus & paffés cefte mefme année en la Diette Imperiale à Ratisbonne, ils prefenterent requefte aux maiftres Efchevins & treize de la ville, en laquelle après avoir remonftré l'obeiffance qu'ils vouloient porter au magiftrat, ils le

---

1. *Gorze*, à 15 kil. de Metz, célèbre par son ancienne abbaye fondée en 755 par le petit-fils de Charles Martel, Crodegang, évêque de Metz.

2. *Noményˑ*, petite ville sur la Seille, à 28 kil. de Nancy.

3. *Pierre Brusly* ou *Brully*, de Mercy-le-haut, à 6 kil. de Metz, provincial des Dominicains expulsé du couvent en 1540 pour ses opinions évangéliques, remplaça Calvin, dont il avait gagné l'amitié, à Strasbourg en 1541, pendant trois ans, après lesquels il vint à Metz pour y exercer le ministère, mais sans y rester. Il se rendit ensuite en Flandre où il prêcha en divers lieux, mais surtout à Tournay, et y termina sa carrière par le martyre en 1545. *Hist. des Martyrs*, fol. 158 a. *Calvini Opp.*, XI et XII. Paillard, *Le procès de P. Brully*, 1878. Rod. Reuss, *P. Brully*. Strasbourg 1879. *La France prot.*, nouv. éd., III, 327 s.

4. *Watrin Du Bois*, prieur des dominicains à Metz. Il accompagna Brully à Strasbourg. *Corresp. de Calvin*, XI, 258, note. *Osw. Myconius* rapporte (23 nov. 1543, *ibid.*, p. 649) son expulsion *(Valtrinus Sylvius)* de Metz par *Charles Boisot*. Sleidan, II, p. 304. Voy. ci-dessous, p. 436, note 1.

de Mets & pays Meſſin. Livre XVI. 529

ſupplioient inſtamment leur accorder libre exercice de la religion ſuivant la reſolution de la Diette[1] ; ce que toutesfois ne leur fut accordé.

Mais l'an 1542 ſuivant, ayant eſté creé maiſtre Eſchevin le *G. Farel.* ſeigneur *Gaſpard de Heu, ſeigneur de Buy*[2], homme de haute & ancienne maiſon, & qui avoit cognoiſſance de la verité, ceux de la religion firent venir de Neufchaſtel, en Suiſſe, le grand & notable perſonnage *Guillaume Farel*[3], lequel ayant commencé de preſcher au cimetiere des Jacopins, esbranla tellement la ville que ceux de la religion Romaine delibererent de faire tout leur effort au contraire. Et de faict, la plus grand' part des magiſtrats eſtant bandée contre leur maiſtre Eſchevin, le danger d'une groſſe ſedition eſtoit eminent, pour laquelle eviter, *Farel* ſe retira à Montigny[4], prochain village, non ſans avoir predit par eſprit prophetique ce que la ville a depuis experimenté, uſant de ces mots qui furent dès lors bien remarqués, & qu'il a encores depuis reiteré en quelque ſien eſcrit, « Vous ne voulés point recevoir Jeſus Chriſt, mais je vous di, qu'il viendra une nation qui vous dejettera de voſtre authorité, & ne ſerés maiſtres ni de vos maiſons ni de vos biens. »

Eſtant donc *Farel* à Montigny, il ſe remit à preſcher ; ce que

---

1. En 1541. *Supplication à nobles et honorez ſeigneurs les maistres eschevin et treize jurez en la noble, franche et imperiale cité de Mets, à l'honneur de Dieu et de sa parolle et prouffit de la Republique.*

2. Les *de Heu* avec les *d'Esch*, les *Gournais*, les *de Raigecourt*, les *Baudoche*, les *Roucel* et autres familles ariſtocratiques, depuis environ deux ſiècles gouvernaient ſeules la ville impériale de Metz. *Gaspard de Heu* ou *de Huy*, ſeigneur *du Buis* ou *de Buy* (Buxeus), avait à côté de lui ſon frère *Jean*, qui partageait ſon courage et ſes talents (*Barthold, Herminjard, Huguenin, la Corresp. de Calvin*, et autres). Il tenait du parti de la France et était intimement lié au roi de Navarre. Il mourut victime de la haine des Guiſe. (*Corresp. de Calvin*, XVII, 355.) *Bulletin*, t. XXVI, p. 437-439.

3. Ce fut plutôt de ſon propre mouvement que Farel ſe rendit à Metz (*Sleidan*, II, 276). Il y alla en août 1542 (*Corresp. de Calvin*, XI, 429, 450. *Kirchhofer, Farel*, II, 50). Il y arriva le 3 ſeptembre et y fit ſon premier ſermon en octobre (*Bucerus Calvino, Corresp.*, XI, 450). *Quum aliud non possent, strepitu campanae suæ verbum Domini populo avertere conati sunt. Sed Farellus noster voce intenta, usque ad summam raucedinem, campanae sonitum vicit. Bucerus*, l. c.

4. *Montigny-lès-Metz*, à 2 kil. de Metz, n'en forme pour ainſi dire qu'un fauxbourg.

voyans ceux de la ville, fermerent leurs portes à ceux de la ville qui y eftoient allés, ufans de telle rigueur, que plufieurs meres ayans laiffé leurs enfans alaictans, furent laiffées dehors, & ne cefferent les adverfaires jufques à ce que *Farel* fut contraint fe retirer à *Gorze*[1], là où plufieurs de la ville, nonobftant la difficulté du chemin, le venoient ouïr en grande allegreffe.

Cela efmeut ceux de la religion Romaine à prendre un tref-malheureux confeil, car eftans un jour de Pafques[2] ceux de la religion affemblés en grand nombre pour la celebration de la Cene, il furvint une compagnie de cavalerie, acompagnée d'un nombre de gens de pied François, lefquels ainfi comme enragés tuerent d'abordée un homme ancien, nommé *Adam le Drapier*[3], & de là fe jetterent au travers de ces pauvres gens courans çà & là comme pauvres brebis efgarées, plufieurs defquels n'ayans peu paffer la Mozelle pour avoir efté faite defenfe aux bateliers de ne paffer perfonne, f'y noyerent pauvrement, tant hommes que femmes, eftans contraints à grands coups de pierres d'entrer au fil de l'eau; comme au contraire il y en euft qui pafferent outre miraculeufement. Il y eut auffi plufieurs femmes prifes, violées & emmenées. Mais quoy qu'il en foit, le deffein de ces bourreaux ne leur fucceda comme ils pretendoient, f'eftant la plus part retirée en l'abbaye de *Gorze* qui puis après fut affiegée, & finalement rendue par compofition. Et combien que *Farel* fuft tref-foigneufement recherché, fi eft-ce qu'il efchappa de leurs mains, ayant efté mis dans une charrette parmi les ladres. Le conducteur de ce tant inique & cruel acte fut *Claude de Lorraine, Duc de Guife*[4], pere de celuy lequel a efté depuis tué au camp devant Orleans.

1. A Gorze, il se trouvait sous la protection de Guillaume de Fürstenberg, zélé protestant, à qui Gorze et Nomény appartenaient à titre de gage.

2. C'était le 25 mars 1543.

3. *Hist. des Martyrs*, fol. 164b. Seckendorf, *Commentarius historicus de Lutheranismo, Lipsiæ* 1694, fol., p. 400, addit. 2.

4. *Claude de Lorraine,* le frère du Cardinal Jean de Lorraine, connu dans l'histoire par le caractère sanguinaire et perfide dont il fit preuve dans la guerre des paysans en 1525. Le fanatisme du parti catholique ne fut pas peu excité par le nouveau maître-échevin, Richard de Raigecourt, qui avait succédé, le 21 mars 1543, à Gaspard de Heu. *Meurisse*, p. 88.

de Mets & pays Meſſin. Livre XVI.

Après cela les magiſtrats bannirent hors de la ville & du pays Meſſin, les principaux qui avoient encouragé les autres, & pour ruiner ce que *Farel* avoit baſti, firent venir l'apoſtat *Caroli*[1] duquel nous toucherons en peu de paroles la vie & la fin.

Ce malheureux eſtant doĉteur de Sorbonne, ayant eſté des premiers avec ce grand & celebre perſonnage *Jaques Fabri*, ſurnommé *Stapulenſis*, fut perſecuté comme heretique par les autres doĉteurs & après avoir beaucoup trotté çà & là, finalement vint à Geneve environ l'an 1535, où commencerent alors de preſcher & former l'Egliſe, *Farel & Viret*[2], deſquels comme auſſi puis après de *Jean Calvin,* ayant eſté deſcouvert, non ſeulement comme nageant entre deux eaux, mais auſſi comme gourmand & paillard qu'il eſtoit, il ſe retira de Geneve, tirant de Neufchaſtel, où il taſcha en vain d'entrer au miniſtere. De là venant à Mombeliard, & trottant ainſi de lieu en autre, il dreſſa d'horribles calomnies contre *Jean Calvin, Farel & Viret,* qu'il accuſoit maintenant comme Arriens, maintenant comme Sabelliens; ſur leſquelles accuſations ayant eſté ouy & condamné en plein Synode à Lauſane[3], il retourna finalement à la religion Romaine, & ayant fait ce qu'il avoit peu en eſperance de regagner quelque credit & d'eſtre pourveu de quelque gras benefice, print le chemin de Rome, là où pourſuivi de la verole qui le rongeoit, & ſurpris d'un horrible jugement de Dieu, il mourut pauvre & miſerable en un hoſpital.

P. Caroli.

---

1. *Pierre Caroli,* docteur de la Sorbonne. Voy. vol. I, p. 21 et l'*Index des Oeuvres de Calvin. Calvini Opp.*, VII, 300; X, 421, 424; XI, 520, 534, 544, 583, 589 s. *France prot.*, nouv. éd., III, 770 s. Ruchat, *Hist. de la Réform. de la Suisse*, V, 212. Seckendorf, *Commentarius*, p. 399 s. : *Evangelicorum opem subvertit Senatus (Metensis), magna ex parte Episcopo et clero addictus. De hoc questi sunt, in conventu Smalcaldico Scabinus Huyus et Doctor Johannes (Niedbrucker,* vulgo Dr *Hans von Metz), referentes, quod sacerdotem quendam Gallum, a Duce Aureliano, regis fratre, missum, in urbe haberent, de pulpito atrocissime Evangelicos criminantem... In Actis Reg. H.,* fol. 546, n° 180, *relatio extat de monacho (Carolo nomen erat) qui Metim missus erat, et Protestantes petulantissime insectabatur.*

2. Ce fut au commencement du mois d'octobre 1534 que Farel vint pour la première fois à Genève lors de son retour des vallées vaudoises. Kirchhofer, *Farel*, I, 157.

3. *Acta Synodi Lausann.* Voy. *Calvini Opp.*, VII, 310; X^b, 106.

Pour revenir à noſtre hiſtoire; la providence de Dieu monſtra, que ceux, avec leſquels les hommes avoient cuidé chaſſer la Religion, eſtoient ordonnés de Dieu pour l'introduire; car ayans eſté receus treshumainement par les ſeigneurs de *Strasbourg*[1], & aſſiſtés du Comte *Guillaume de Furſtemberg*[2], ils y firent de telles pourſuites envers les Princes & villes de l'Empire, tenans la confeſſion d'Ausbourg, qu'en une journée aſſignée au lieu de Strasbourg 1543, où les ambaſſadeurs d'une part & d'autre ſe trouverent, il fut conclu & arreſté avec le conſentement meſmes des magiſtrats de Mets, que les deſchaſſés rentreroient en leurs maiſons & biens[3], & que certain temple leur ſeroit aſſigné pour l'exercice de leur religion; ce qui fut puis après executé, leur eſtant aſſigné le temple de *Sainct Nicolas en Neufbourg,* en ladite ville; mais ce bien ne leur dura gueres, ayans les adverſaires obtenu un ambaſſadeur & mandement exprès de l'Empereur *Charles cinquieſme,* pour faire ceſſer les miniſtres & empeſcher le cours de ce qui eſtoit commencé[4]; à quoy il fut promptement obei.

1. *Le sénat de Strasbourg à celui de Metz*, 5 avril 1543. *Réponse du sénat de Metz*, 9 avril 1543. Opp. Calv., XI, 523 s. *Protocole de la Conférence de Strasbourg*, 21 mai 1543, *ibid.*, p. 555.

2. *Guillaume de Fürstemberg* (mort en 1549), fameux condottiere et chef de lansquenets, jouissait toujours de la confiance des Strasbourgeois, dont il commanda les troupes lors de la guerre de Schmalcalde (Rœhrich, *Gesch. der Reform. im Elsass*, II, 182). Brantôme (*Vies des grands capitaines*, liv. I, nº 41), en disant de lui : « fut estimé bon et vaillant capitaine », n'a que trop raison quand il ajoute : « et le fust esté d'advantage, sans qu'il fut leger de foy, trop avare et trop adonné à la pillerie, comme il le fit parestre en la France quand il y passoit avec ses troupes ; car après luy rien ne restoit. » Après s'être mis tantôt à la solde de François Iᵉʳ, tantôt à celle de Charles V, il finit par tomber entre les mains du roi de France, qui le fit mettre en la Bastille et ne lui rendit la liberté qu'au prix de trente mille écus de rançon. Il se montra, du reste, toujours fidèle aux convictions protestantes qu'il avait embrassées. E. Münch, *Gesch. des Hauses u. Landes Fürstenberg*, 1830, t. II, p. 1-138. Barthold, *Deutschland u. die Hugenotten*, p. 11 s.

3. *Le sénat de Metz à celui de Strasbourg*, 1ᵉʳ juin 1543. Opp. Calv., XI, p. 565.

4. *Bucerus Calvino*, 25 octobre 1543, *ibid.*, p. 634. Sleidanus, II, p. 324 : *Interea venit Metim, initio mensis octobris, missu Cæsaris, Carolus Bosetus iure consultus, et primis aliquot diebus, communicato cum senatu, cum monachis et ecclesiasticis consilio, quum ex concionatoribus alterum (Watrin*

Ainfi demeurerent ces pauvres brebis fans conducteur, fe con- *Prise* folans le mieux qu'elles pouvoient. Mais l'an 1552, & dixiefme *de Metz* d'Avril, fut accompli ce que *Farel* leur avoit prophetizé dix ans *par les* auparavant[1]. Car *Anne de Montmorancy,* conneftable, & con- *Français.* ducteur de l'armée du Roy Henry deuxiefme, fe difant alors Protecteur de l'Empire[2], flatta tellement les principaux de la ville, en

Du Bois), ad se vocatum, acriter obiurgasset, mandat ut ante triduum excedat urbe, neque sermonem deinceps cum ullo cive conferat, capitis denunciata poena, si secus faciat. Post, ad idus octobris recitatur edictum Cæsaris, quo senatui mandat, ne quid novi dogmatis admittant, et in sontes animadvertant. Itaque senatus edicit civibus, ut antiquam religionem colant ... ut qui propter diversam religionem sese dederunt in clientelam atque fidem protestantium, intra certum tempus ei renuncient: qui secus fecerint, iis et mulctam et exilium et alias poenas, pro cuiusque merito, constituit. — Meurisse, p. 89 : On se pourveut vers l'Empereur, qui au commencement du mois d'octobre despescha à Metz le juriconsulte *Charles Boisot,* conseiller d'Estat et maistre des Requestes odinaire, avec letres de creance au Magistrat. Aussitost qu'il fut arrivé, il manda chez luy l'apostat *Watrin du Bois,* et après l'avoir tancé rudement, il luy fit commandement de vuider la ville dans trois jours, et luy deffendit de parler ny de communiquer, cependant, avec qui que ce fut, sur peine de sa teste. *(Huchement, ordonnance et Edict du 13 oct. 1543.)*

1. La dureté avec laquelle l'empereur Charles V traita les protestants après la guerre de Schmalcalde et leur imposa l'Intérim qui devait être observé jusqu'à ce que les affaires religieuses fussent réglées par un concile, ses velléités d'assurer la succession à l'empire à son fils Philippe d'Espagne, la captivité prolongée dans laquelle il tenait toujours, outre l'électeur Jean-Frédéric de Saxe, le vieux landgrave Philippe de Hesse, amenèrent les princes protestants d'Allemagne à se liguer sous la conduite de Maurice de Saxe pour assurer le protestantisme et en général pour mettre fin à un état qui leur paraissait intolérable. Pour se renforcer, ils crurent devoir conclure une alliance avec le roi de France, à Chambord, le 15 janvier 1552 consentant comme porte le traité : « que ledit Seigneur (Henri II) s'impatronisât le plus tost possible qu'il pourroit des villes qui appartiennent d'anciennneté à l'Empire et qui ne sont pas de langue Germanique, savoir de Cambray, Toul en Lorraine, Metz, Verdun et autres semblables, et qu'il les garde comme Vicaire de l'Empire, auquel titre nous sommes prests de le promouvoir à l'avenir, en reservant toutesfois audict S. Empire les droicts qu'il peut avoir sur lesdictes villes. » Telles furent les circonstances qui préparèrent les faits qui suivent.

2. Tel fut le nom que Henri se donna sur l'arc de triomphe qu'il fit élever après son entrée à Metz, devant le palais de l'évêque : *Henricus Galliarum Rex Sacri Romani Imperii Protector. Franc. Belcarii Peguilionis, Metensis episcopi, Historia Gallica. Lugd. 1642,* p. 830.

feignant ne demander, que paſſage & vivres, qu'il y entra[1], & en mit en poſeſſion le Roy ſon maiſtre, avec grand ſerment toutesfois & promeſſes ſolennelles de ne rien faire ou innover au prejudice des privileges, droicts & libertés de la ville ni des habitans

[1]. Les récits concernant l'occupation de Metz par les Français ne s'accordent pas entre eux. Il est hors de doute que le roi, par des intrigues de toute espèce, avait su gagner des partisans, tant parmi les catholiques que parmi les protestants, néanmoins il ne paraît pas qu'il ait été question de livrer la ville au pouvoir des troupes de Henri et les faits ne s'accomplirent pas sans que la trahison y jouât un grand rôle *Iliacos intra et extra muros*. — *Sleidan*, non seulement contemporain, mais à même d'être renseigné sur tous les détails des événements et des intrigues, est extrêmement réservé dans son récit. (*Comment.*, t. III, liv. 24, p. 353) : *Connestablius Annas Mommorancius — Metim, urbem Imperii celebrem, occupat Aprilis die decimo, quum et modicum esset intus præsidium, et Galli multa pollicerentur, et ipsorum libertatis retinendæ causa, regem arma sumpsisse dicerent. Quum enim Galliæ finibus rex egrederetur, quod fuit ad idus Martii, datis ad illos literis et missis internunciis, commeatum sibi tantum expediri petebat, ut per ipsorum fines traduceret exercitum, pollicitus omnem benevolentiam. Utebatur autem administro cardinali Lenoncurto, urbis episcopo, qui studium ipsius atque voluntatem senatui commendabat. Connestablius quoque scripserat eis amicissime : verum ubi propius ad urbem cum copiis venisset, intromitti petebat, et obtinuit : postridie portas et munitiones omnes in suam potestatem redegit.* — *Gaspard de Tavannes* avait pris personnellement part aux événements; ses *Mémoires* qui, il est vrai, n'ont été rédigés que par son troisième fils, Jean de Saulx, s'expriment ainsi : (*Collect. de Michaud et Poujoulat*, VIII, 164) : « Le Roy, ayant gagné dans Metz ceux de Heu (les frères Gaspard, voy. *supra*, p. 433, et Robert) par presens et promesses, joints à la division du peuple, dont la negligence n'avoit à rien pourveu, arrive aux portes. Le sieur de Tavannes est employé comme mareschal de camp, et agreable à ceux de Metz pour le nom de Tavannes, grande maison au comté de Ferrette, d'où il estoit sorty du costé de sa mere; il les harangue, les intimide, les emplit de promesses, tire parole d'eux de recevoir le Connestable avec ses gardes et une enseigne de gens de pied : puisque le Roy alloit pour la liberté d'Allemagne, il ne pouvoit moins qu'avoir son logis en leur ville. Il conduit les bourgeois au Connestable. Soudainement tous les meilleurs hommes de l'armée sont mis sous une enseigne. (Elle) entre en la ville de Metz, les deux mareschaux de camp à la teste. Le sieur de Bourdillon (l'un des maréchaux) s'advance en la place, le sieur de Tavannes demeure à la porte que les bourgeois vouloient à tous coups fermer, voyant ceste enseigne si accompagnée, et tousjours les en garda par belles paroles. Un capitaine suisse, à la solde de ceux de Metz, tenant les clefs, en ayant veu entrer plus de sept cens hommes, les jette à la teste du sieur de Tavannes avec le mot du pays, *tout est choué*, et quitte la porte que le sieur de Tavannes tint jusque le connestable arrive. — L'exposé

d'icelle, ni de tout le pays Meſſin. Mais ayans les François le pied à l'eſtrier, ils ont appris le cheval à trotter à leur mode, comme il ſe voit encores aujourd'huy. De faiɕt l'année ſuivante eſtant la ville aſſiegée par l'Empereur *Charles cinquieſme,* le *Duc de Guiſe, François de Lorraine,* fils du ſuſdit *Claude de Lorraine,* y eſtant lieutenant general pour le Roy, & continuant l'inimitié mortelle de ſon pere contre la religion, fit meſmes fouiller toutes les maiſons des citoyens & bourgeois, & à la perſuaſion d'un nommé frere *Leonard,* gardien des Pieds-deſchaux [1], ſon confeſſeur, fit bruſler tous les livres de la ſainɕte Eſcriture qu'ils peurent trouver, en la

---

que donne *de Thou* paraît assez exact (t. II, p. 61): Le Connétable vint devant Metz ; après avoir disposé ses troupes aux environs de la ville, il fit savoir aux habitans l'arrivée du Roi, et leur commanda de lui ouvrir les portes. Les magistrats et les bourgeois formoient alors deux partis dans cette ville. Ceux-là, considérant que la reddition de la place les dépouilleroit de leur autorité, tiroient l'affaire en longueur, alléguant les libertés et les privilèges qui leur avoient été accordés par les Empereurs et les Rois de France. Les autres, au contraire, ravis de se soustraire à un empire dont ils avoient senti la dureté, épris d'ailleurs de l'amour de la nouveauté, qui a toujours des attraits pour le peuple, désiroient avec ardeur que le gouvernement prît une face nouvelle. Enfin, les principaux de la ville, gagnés par les promesses du Cardinal de Lenoncour, leur évêque, se déclarèrent ouvertement pour nous. Pressés de répondre, menacés même du canon, s'ils n'obéissoient promptement, ils prièrent le Connétable et les Princes qui étoient avec lui, par l'entremise d'Imbert de la Platiere, sieur de Bourdillon (le maréchal de camp), de ne point user de violence, et leur promirent de les recevoir dans la ville, avec deux compagnies d'infanterie. Telles furent les conditions du traité ; mais les habitans de Metz furent bien trompés, par rapport à l'exécution, dans laquelle on usa de supercherie. Au lieu de deux compagnies, qui ne devoient être chacune que de 300 hommes, on fit entrer dans la ville deux compagnies qui faisoient environ 1500 hommes des meilleures troupes de toute l'armée. Le Connétable y entra .. accompagné d'un grand nombre d'autres seigneurs... Ceux de Metz, effrayés de voir un plus grand nombre de soldats qu'ils n'attendoient, voulurent réparer leur faute en fermant les portes, mais il n'étoit plus temps ; nos troupes supérieures les repoussèrent vivement, et toute l'armée défila dans la ville. — Comp. *Chroniques de Metz,* recueillies par *Huguenin.* Metz 1838, p. 866. *Dom Calmet, Hist. de Lorraine.* Nancy 1728, II, 1298-1304. *Barthold, Deutschland und die Hugenotten,* p. 80 s. *Westphal, Gesch. der Stadt Metz,* I, 373.

1. C'est-à-dire *Cordeliers. Le Duchat,* dans la note qu'il ajoute à *de Thou,* II, 321, dit qu'ils étaient connus sous le nom de *Frères Baudes (Fratres Gaudentes)* qui, à la différence des Observantins, possédaient des biens fonds.

place du palais¹. Mais dès la faisie de la ville, plusieurs se retirerent à Strasbourg, voire mesmes plusieurs qui n'estoient de la religion Romaine & des plus opiniastres en icelle, lesquels furent puis après gagnés à la religion ; & par ce moyen après le camp de l'Empereur *Charles* levé, estans retournés à Mets à fin de pourvoir à leurs affaires, ceux de la religion se trouverent en plus grand nombre beaucoup que devant leur sortie, & s'encouragerent tellement les uns les autres, que nonobstant les grandes desolations advenues en ce changement, ils delibererent de n'en bouger & d'y attendre la grace de Dieu en patience.

N. de L'aubespine.

Nous avons parlé de frere *Leonard*, gardien des Pieds-deschaux, grand persecuteur de ceux de la religion, sur lequel Dieu exerça un terrible jugement, estant gouverneur de Mets, le sieur *de Vielleville*², homme equitable & de raison, qui depuis est mort Mareschal de France, & estant lors President pour la justice, *N. de L'aubespine*³, homme sage & cognoissant de long temps la verité. Ce frere, confesseur de *François Duc de Guise,* s'estant trouvé à la mort du *Duc Claude,* pere d'iceluy, avoit (à ce qu'on dit) entendu en confession un merveilleux cas, à savoir comme ledit *François & Charles, Cardinal,* son frere, ayans cuidé empoisonner le *Connestable* en un disner, il estoit advenu que leur pere avoit luy-mesme avalé le poison, en une huistre en escaille, par mesgarde, ce qu'il leur pardonna devant sa mort, du sceu de ce confesseur ; estant mort peu après, ledit *Duc Claude,* ayant le feu aux jambes, avec un merveilleux tourment. Voila pourquoy ce moine fut depuis grandement cheri par le susdit *Duc François,* qui l'accommoda

---

1. *Meurisse*, l. c., p. 112 : Après la levée du siege, M. de Guyse desira que l'on fist une Procession generale en action de graces. Et ceste Procession se fit — le 15 de Janvier 1553... et ne voulant laisser dans la ville aucun vestige d'abomination, il fit amasser tous les livres qui estoient restez des premiers Lutheriens et des Lutheriens converts, espars çà et là par les maisons des bourgeois, contenans doctrine reprouvée, et les fit brusler en la place du Palais.

2. *De Vieilleville* fut nommé gouverneur de Metz, en remplacement du sieur de Gonnor, le 18 mars 1553. *Mém. de Vieilleville,* liv. V, chap. 30, 31. (*Collect. de Michaud* et *Poujoulat,* t. IX, p. 188 s.) *Westphal,* l. c., II, 62.

3. *François de l'Aubespine* (comp. *supra,* vol. I, p. 62), lieutenant général, puis Président de la justice souveraine de Metz, et depuis 1558 Président au grand conseil. Voy. le *P. Anselme,* I, 471.

mesmes en son couvent, d'un moulin à vent, nommé du Saulcy en Suplice, dont il se tenoit bien fier, disant souventesfois à ses moines qu'ils auroient un jour leur passetemps d'y voir acoustrer ces heretiques Lutheriens de Mets. Mais il en advint bien autrement ; car ayant le *Duc de Guise* senti quelque vent, qu'il estoit advenu à ce moine de dire quelque chose de ce que dessus, à quelqu'un qui le trahit, on luy aposta soudain un Chartreux, nommé frere *Didier,* qui l'accusa d'avoir intelligence avec les Bourguignons, pour trahir la ville [1]. Sur quoy estant pris, il fut aussi tost fait mourir en prison, par ceux qui en avoient la charge, & quant (comme s'il se fust rendu convaincu du crime en s'estant tué soy-mesme) fut le quatriesme de Mars 1555, trainé sur une charrette en la place dudit Saulcy, avec les effigies de deux moines qui s'estoient sauvés à toutes avantures, & ainsi fut pendu en une potence, y assistans, avec la torche au poing, dixneuf pauvres moines du Convent, ausquels chacun disoit qu'on faisoit grand tort, ou de ne les pendre aussi s'ils estoient tant soit peu coulpables de la trahison, ou de les traitter ainsi s'il n'en estoit rien. Tant y a que la chose passa en ceste façon, par un merveilleux jugement de Dieu, & ne peut estre la chose si secrete, qu'elle n'ait esté depuis descouverte [2].

Cela humilia aucunement les prestres. Ce nonobstant, ils recommencerent leurs poursuites plus ouvertement qu'auparavant, ayans receu mandement les Curés de toutes les parroisses en

---

1. Les *Mém. de Vieilleville* (l. c., p. 216) rapportent que les Cordeliers à Metz, appelés Observantins, étaient tous de Nyvelle, dans les Pays-Bas, et que leur gardien, sous ombre de visiter ses parents, y trama le complot avec la reine de Hongrie, régente de Flandres.

2. Les principaux auteurs s'accordent sur le fait même de cette conspiration, mais ils varient sur les détails et même sur la date. *Dom Calmet* (II, 1339) donne l'année 1554. *François de Rabutin* assigne l'hiver de 1554 à 1555. Les *Mém. de Vieilleville,* dont le récit est de beaucoup le plus circonstancié, mais dont l'exactitude laisse beaucoup à désirer, met le supplice des Cordeliers en novembre 1555, tandis que notre texte fixe le 4 mars 1555. *De Thou,* sans préciser d'ailleurs, place l'événement en 1555 ; il ne désigne pas non plus autrement le cordelier qui fut l'instigateur principal du plan, il se contente de dire : Un de nos soldats ayant remarqué qu'un Cordelier alloit voir très-souvent les ennemis à Thionville, on le soupçonna de quelque dessein, et il fut arrêté. On l'appliqua à la question, où il avoua tout... On le punit avec ses complices, et on leur fit souffrir des supplices proportionnés à leur crime.

la sepmaine peneuse[1], qu'ils appellent, de remarquer tous les parroissiens qui faudroient de communiquer à leurs Pasques; ce qu'ayant esté fait soigneusement, & les rooles d'iceux ayans esté rapportés à *Rougeti,* official de l'evesque, il ne faillit de les appeler en son auditoire; là où estans comparus, il tascha de les retenir; mais s'estans saisis de la porte, ils sortirent dehors, & firent tant que finalement le sieur *de Vielleville,* fort importuné, & craignant que ceux de la religion, qui demandoient congé de se retirer hors la ville avec leurs biens plustost que d'estre assujettis à la jurisdiction d'un Official, ne remuassent quelque chose envers les Princes d'Alemaigne, commanda à l'Official de se deporter de telle poursuite jusques à ce que le Roy y eust pourveu[2].

En ce mesme temps retourna en la ville frere *Bernard Dominici,* ministre (qu'ils appellent) de l'ordre de la Trinité; lequel, avant la prise de la ville, ayant esté trouvé en habit de femme avec une Nonnain, au Couvent de Sainct Pierre, s'en estoit fui; & depuis estant retourné, commença de faire merveilles, preschant contre les idoles & contre la messe mesme, de sorte que plusieurs de la religion Romaine changerent d'opinion. Mais le *Cardinal de Lorraine, Evesque de Mets,* en vint aisément à bout, au moyen d'un benefice de trois ou quatre cens livres de rente, de sorte que tost après, sans aucune honte, il prescha tout le contraire, & fut appelé comme devant *monsieur le General*[3].

Peguillon évêque de Metz.

En ce mesme temps *Charles de Lorraine, Cardinal & Evesque de Mets,* le plus grand ennemi qu'eust la religion, se desmit de l'Evesché de Mets, de quoy ceux de la religion se rejouissoient grandement[4]. Mais comme il n'estoit aucunement vray semblable

---

1. Ou *peineuse. Du Cange, Glossar.* Hebdomada pœnalis dicitur illa, qua Christus crucem subiit, et quod jejuniis et laboribus transigatur ad memoriam passionis Christi. Laboriosam hebdomadam vocant latini Patres, nos etiamnum, la semaine peneuse ... hebdomada pœnosa.

2. *Meurisse,* l. c., p. 118, copie notre *Histoire.*

3. *Meurisse,* p. 216, raconte que ce *Bernard Dominici,* savant homme et excellent prédicateur pour ce temps, qui était même alors Général de son ordre, fut accusé par les Calvinistes de les avoir taxés en chaire d'Anabaptisme, mais qu'assuré de l'assistance du clergé et du gouverneur de Vielleville, il refusa de se rendre à leur assignation.

4. *Charles de Lorraine,* fils de Claude de Guise, était devenu évêque de Metz, le 21 juin 1550, après la mort du cardinal Jean. Il remit l'évêché au

qu'un tel homme, eftant des plus ambitieux & avaricieux de fon eftat qui fuft au monde, quittaft volontairement un fi gros morceau, il fe trouva incontinent que ce bon hypocrite n'avoit fait autre chofe finon refigner fon titre d'Evefque, comme faifant confcience de tenir tant de croffes en fes mains, & cependant f'eftoit refervé tout le temporel. Ceft Evefque titulaire fe nommoit *Peguillon*[1], l'un de ces prothenotaires, homme de quelques letres, mais mal verfé en Theologie, lequel, acompagné de deux autres *Evefques,* à favoir de *Thoul* & de *Verdun,* tous deux de mefme eftoffe que luy, venu à *Mets,* eftonna quelque peu ceux de la religion, eftimans qu'ils fuffent venus comme inquifiteurs avec quelque grand pouvoir de les perfecuter, qui fut caufe, que plufieurs fe abfenterent de la ville. Mais Dieu deftourna cefte tempefte; & fe contenta *Peguillon* de faire un petit livre en Latin, touchant la *fanctification* & *le Baptefme des petis enfans*[2], auquel

---

cardinal Robert de Lenoncourt, le 1er avril 1551, mais en s'en réservant l'administration et la jouissance à vie du temporel. *Barthold, Deutschland u. die Hugenotten,* p. 75. *De Thou,* I, 523. De Lenoncourt lui-même, qui était devenu cardinal dès 1538, était déjà titulaire de cinq évêchés en France et d'un autre en Italie. *Westphal,* I, 370.

1. *De Lenoncourt* ne conserva l'évêché de Metz que jusqu'en 1553, où par suite de ses démêlés avec de Vieilleville il dut s'en démettre, et où François de Beaucaire (ou Beauquerre), sieur de Péguillon, devint administrateur de Metz. *De Thou,* III, 377. *Meurisse, Hist. des Evesques de Metz.* Metz 1636, fol., p. 632. *Westphal, Gesch. d. Stadt Metz,* II, 69. — Robert de Lenoncourt mourut, du reste, bientôt après.

2. *Franc. Beaucaire (Belcarius). De infantium in utero sanctificatione, adversus Calvinistas.* Paris 1567. Il s'agit surtout ici de la nécessité du baptême des enfants, ou si ceux-ci pouvaient arriver au ciel sans avoir été baptisés. — *Meurisse,* p. 273: L'année 1565, l'Evesque *Beauquerre* retourna à Metz et fit une docte predication dans la Cathedrale, le jour de la Purification, sur le sujet de la sanctification des petits enfants, monstrant que les enfants des fideles n'estoient point sanctifiez dans le ventre de leurs meres par la foy des parents, comme enseignent les Calvinistes, mais seulement par le Baptesme. Et bientost après il mit au jour un livre entier sur le mesme sujet, qui estoit comme une espèce de paraphrase de ceste predication, dans lequel se trouvent refutez encor plusieurs autres erreurs de Calvin. Il fut force aux quatre Ministres de Metz de mettre leur quatre testes ensemble pour respondre à ce livre, et ils firent imprimer leur response à Geneve l'année d'après. (Comme on voit par la réplique de Belcaire, le titre du livre doit avoir été: *Apologia Ministrorum Metensium, adversus Franc. Belcarii*

il fut bien toft après refpondu, & par ainfi ceux qui f'eftoient abfentés rentrerent fans qu'on leur dift mot. Mais ces Evefques en rapporterent un foubriquet, qui leur fut donné par ceux de leur religion mefmes, qui les furnommerent *Evefques de Carefme-prenant,* pource (difoient ils) qu'ils eftoient maigres comme Carefme, n'ayans qu'une petite penfion affignée fur l'Evefché, dont ils avoient le titre ; mais le *Cardinal* eftoit le prenant. Voilà comme du veu & fceu du *Pape* mefme, les biens Ecclefiaftiques font partagés entre ceux qui f'appellent les catholiques & piliers de l'eglife.

Fr. Jufte. Tant f'en falut donc que cela defcourageaft ceux de la religion, qu'au contraire ils continuerent plus courageufement qu'auparavant leurs affemblées fecretes, efquelles après la lecture de quelques chapitres de la Bible, les prieres fe faifoient hautement par quelqu'un deputé à cela. Mais advint, comme ils eftoient affemblés en la maifon d'un nommé *François Jufte,* pelletier, en la ruë du haut Champé, qu'ils furent defcouverts par le *Curé de Sainct Euchere,* lequel, eftant mefmes entré en l'affemblée pour les efpier, fit tant, qu'au fortir, quelques uns du magiftrat, fe trouvans à la porte de la maifon, les remarquerent, & quelques jours après furent faifis & mis prifonniers ledit *François Jufte*

---

librum de Infantium in utero sanctificatione. Genevæ 1567. Bayle, dans l'Article *De Dieu*, note A, désigne Pierre de Cologne comme auteur de cette réfutation.) Ce qui m'a donné sujet de conjecturer que leurs maistres de Geneve, et non pas eux, avoient pu estre les autheurs de ceste Apologie. Car puisqu'ils avoient de si bons Imprimeurs à Metz, pourquoy en fussent ils allé chercher à Geneve, si ce n'eût esté pour y emprunter de l'esprit plustost que des characteres, pour mettre ceste piece au jour ? Tout aussitost après, ceste response fut suyvie d'une docte et eloquente replique, qu'un savant homme et des amis singuliers de l'Evesque Beauquerre publia... Et tant la paraphrase du sermon, que ceste replique, qui porte le tiltre d'*Antapologie*, se treuvent imprimées à Paris, rue S. Jacques, chez Claude Fremy, à l'enseigne de S. Martin 1567. (*Ant-apologia adversus Apologiam Ministrorum Metensium. Authore Francisco Belcario. Parisiis.* Cl. Fremy. 1567. 8°. — La même question donna lieu plus tard encore à une controverse entre Pierre Du Moulin et le jésuite Gontery, au commencement du 17ᵉ siècle. Beaucaire, du reste, ne s'occupa pas seulement de polémique, mais aussi d'histoire. Il existe de lui un ouvrage qui probablement ne fut imprimé que plus tard: *Franc. Belcarii Peguilionis, Metensis Episcopi, Rerum gallicarum commentarii ab a. Chr. 1441 ad a. 1580, fol. Lugd. 1625.*

avec plufieurs autres. Ce fut merveilles, eftant l'affemblée ainfi furprife, qu'il n'y eut aucune efmotion foudaine, ayant Dieu modéré le tout, voire tellement qu'à la folicitation des femmes des prifonniers, le fieur *de Vielleville,* qui craignoit toufiours que les Princes Alemans ne remuaffent quelque chofe, les relafcha dix ou douze jours après, fe contentant de les avoir aigrement repris, avec defenfe de plus y retourner, fous peine d'eftre chaftiés comme rebelles & donnans occafion de fedition [1].

Toft après, le fieur *de Vielleville* fit un voyage en France, laiffant pour gouverneur en fon abfence le fieur *Senetaire*[2], grand ennemi de la religion, & d'efprit bouillant; duquel fe fervans ceux de la religion Romaine, ne faillirent un jour de Dimanche de l'advertir qu'ils avoient veu fortir plufieurs perfonnes de la religion hors de la maifon d'un vieil homme Alemand, cordonnier, nommé *Hans Franc;* comme de faict, ce bon perfonnage n'avoit jamais refufé fa maifon à l'affemblée. Entendant cela, le gouverneur, & prenant cefte delation comme fi on luy euft voulu dire que ce cordonnier eftoit le prefcheur, il l'envoya querir, le menaçant de le chaftier comme un prefcheur deffous la cheminée; à quoy ce pauvre homme parlant trefmauvais François, non par affectation, mais pource qu'il n'avoit jamais autrement peu apprendre la langue Françoife, luy refpondit en ces propres mots à un accent de mefme: « Was? moy je croy pere Dieu.» Sur quoy chacun f'eftant prins à rire, & ayant le gouverneur entendu qu'à la verité ceft homme ne parloit point autrement François, il le renvoya, menaçant ceux qui l'avoient accufé de les chaftier, comme f'eftans moqués de luy, de forte que tout cela f'en alla en rifée.

Senneterre gouverneur de Metz.

Quelque temps après, à la folicitation d'un gentilhomme de

---

1. Comp. *Meurisse, Hist. de l'hérésie à Metz,* p. 124.

2. *Meurisse,* p. 135 : L'on n'estoit point encor fort advancé dans l'année 1559, que le Sieur de Vieilleville, ayant esté obligé d'aller faire un voyage en Cour, laissa icy le Sieur de Seneterre, qui y avoit esté envoyé pour commander en sa place. — *Mém. de Vieilleville,* p. 250 : M. de Vieilleville avoit extreme envie d'aller en sa maison, changer l'air, et achever de se guerir et fortifier. Il sejourna encores cinq mois après l'arrivée de M. de Sennecterre, pour l'instruire au devoir de sa charge. — *N. de La Ferté,* sieur de Senneterre ou de Saint-Nectaire.

Lorraine, fieur *de Dommartin*[1], homme plein de pieté & de zele, s'eftant quelques années auparavant retiré en Suiffe, vint à Mets un jeune homme de Bordelois, nommé *Villeroche*[2], envoyé de Laufane; lequel, exerçant fecretement le miniftere, fit un tref-grand fruict en peu de temps, f'eftans adjoints à la religion plufieurs des principaux de la ville, mefmes de la nobleffe, entre lefquels fut le fieur *de Clervant*[3], de la noble & ancienne maifon de *Vienne*, lequel, fans craindre aucun danger, tenoit fa maifon ouverte pour les affemblées, ce que ne pouvoient ignorer leurs adverfaires; mais ils fe trouvoient fort empefchés à y refifter, à caufe de l'authorité de ceux qui f'eftoient declarés de la religion. Ce neantmoins, firent en forte envers le Gouverneur, que le Prevoft des Marefchaux eut commandement exprès de defcouvrir & prendre au corps le miniftre; lequel, à cefte occafion fut mis dehors la ville par fubtils moyens. Mais non contens de cela, les adverfaires tafcherent de divertir ceux de la nobleffe & notamment ledit fieur *de Clervant*, envers lequel f'employa tant qu'il luy fut poffible *Bruneval*, grand Doyen de Mets, luy propofant les grandeurs où il pouvoit parvenir, & defquelles il fe privoit en favorifant à cefte religion haye & condamnée par les plus grands. Mais tant f'en falut que *Clervant* fe laiffaft gagner, qu'au contraire il luy ferma la bouche, le redargüant aigrement de ce qu'il parloit & vivoit contre fa propre confcience, veu qu'il avoit autresfois fait profeffion de la mefme Religion, à laquelle maintenant il preferoit le ventre & la cuifine.

Le sieur de Clervant.

Le sieur de Chambray.

Les chofes continuerent ainfi quelque temps par fecretes affemblées, où fe faifoient feulement quelques lectures avec prieres,

---

1. *Antoine de Saussure*, sieur de Monteuil, Dommartin etc., se réfugia plus tard à Strasbourg et à Lausanne; mort en 1569. Voy. *Corresp. de Calvin* (*Opp. Calv.*, XVII, 326), *Index. France prot.*, IX, 185.

2. *Pierre Villeroche*, plus tard à Bergerac. Voy. la *Corresp. de Calvin*, *Oeuvres*, XVII, XVIII, XIX, etc. *Meurisse*, l. c., p. 125, comme généralement ne fait que copier les données que lui fournit notre *Histoire*. — D'après O. Cuvier, *Le persécuteur de Metz*, Paris 1859, Villeroche vint à Metz en 1555.

3. *Claude Antoine*, baron de Coppet (*Oeuvres de Calv.*, XVII, 326. *France prot.*, nouv. éd., IV, 617). O. Cuvier, l. c., le nomme *Antoine de Vienne*, sieur de Clervant et de Montoy, près de Metz, par sa femme Catherine de Heu. Voy. une lettre que Calvin lui adressa, *Oeuvres de Calv.*, XVII, 703.

avec tel fuccès & accroiffement que l'an 1558 ceux de la religion fe refolurent de fe declarer ouvertement & de n'efpargner nul moyen pour avoir l'exercice libre & entier. Suivant donc la deliberation, ayans prié par letres le fieur *de Chembray*[1], leur voifin, & *Guillaume Farel,* leur ancien pere & maiftre, de fe trouver à certain jour à Strasbourg avec leurs deputés ; à quoy ils ne faillirent, après avoir communiqué leur intention au feigneur du lieu, qui eftoit de fe fervir de l'appointement fait & paffé au mefme lieu entre eux & ceux de la religion Romaine dès l'an 1543, comme il a efté dit cy deffus[2], & auquel accord copie leur fut ottroyée par les fufdits fieurs ; ils conclurent premierement qu'à Mets, fuivant ceft accord par lequel libre exercice de religion avec temples & miniftres entretenus leur eftoit ottroyé, ils feroient inftance par requefte & fupplication tant envers le fieur *de Vielle-*

---

1. *Lenfant (Infantius),* sieur de Chambray ; il était émigré de Metz et s'était retiré à Strasbourg. Voy. surtout les lettres du 16 septembre et du 20 octobre 1558, dans la *Corresp. de Calvin* (Oeuvres, XVII, 338, 358) et passim.

2. Voy. ci-dessus, p. 435. — *Meurisse,* p. 129 : S'estant remis en memoire qu'il s'estoit passé un traité l'an 1543 entre les deputez de Metz et les Lutheriens, par lequel ils pretendoient qu'on avoit accordé aux Lutheriens un temple dans la ville, et la permission d'y tenir un ministre, pour l'exercice de leur religion pretendue, et ne pouvant icy rencontrer aucune coppie de ce traicté, .. ils envoyerent des deputez à Strasbourg, et escrivirent au Sieur de Chambrain et à Guillaume Farel pour les prier de se trouver à jour nommé en la mesme ville de Strasbourg, avec leurs députés, pour tascher d'y recouvrer quelque copie de ce traicté, et de tramer d'autres monopoles avec les Princes d'Allemagne. S'estant donc addressez au Conseil de Strasbourg, auquel presidoit alors un nommé Fridrich (sic) Sturm, ils obtindrent une copie attestée et authentique de ce traicté, en datte du 25 de Fevrier. En suitte de quoy le Sieur de Chambrain, Guillaume Farel, les desputez de Metz, et quelques uns de Strasbourg s'estant assemblez ... ils conclurent premierement, que suivant cet accord, ceux de Metz feroient instance par requestes, tant envers le Sieur de Vieilleville, qu'envers le Magistrat, pour obtenir l'effet de cet accord ; et que cependant un Ministre seroit introduit dans la ville pour .. regler et ramasser le petit troupeau... Secondement, que Farel et Chambrain, etc. — Comp. la lettre de Farel au magistrat de Strasbourg, du 25 septembre 1558, celle du magistrat aux Comtes Palatins, du 28 septembre, et celle de ces comtes au duc de Saxe, Jean-Guillaume ; et une lettre de recommandation de Farel et de Cambrai, adressée par les mêmes à Philippe de Hesse, du 20 octobre 1558. (Neudecker, *Neue Beiträge zur Gesch. d. Reform.,* I, 174. *Corresp. de Calvin,* Oeuvres, XVII, 358.)

ville, gouverneur pour le Roy, que leurs magiſtrats ordinaires, pour jouir de l'effect de ceſt accord, pendant laquelle pourſuite feroit introduit un miniſtre dans la ville pour conſoler, & reiglant touſiours le peuple, ſe tenir preſt de monter en chaire ſi toſt qu'on l'auroit permis. Secondement que les ſuſdits *Farel* & *Chambray,* acompagnés de deux perſonnages, à ſavoir *Steff Bayſel* & *Nicolas Guerin,* Meſſins, reſidans en ladite ville de Strasbourg, s'achemineroient en deux bandes vers les Princes d'Alemagne pour induire leurs excellences à leur ayder de leurs letres favorables envers leurs magiſtrats.

<small>Requête des proteſtants.</small> Cela deliberé, la requeſte fut incontinent preſentée tant audit *Vielleville,* Gouverneur, qu'aux magiſtrats, remonſtrans la qualité de la dite ville eſtant Imperiale & le droict qu'ils avoient de jouir de l'exercice libre de leur religion, tant en vertu de ceſte qualité, que de l'accord ſuſdit qu'ils exhiboient[1], joint que le Roy, les prenant ſous ſa protection, leur avoit promis & juré de les maintenir en leurs privileges, franchiſes & libertés, qui conſiſtoient principalement en la liberté de leurs conſciences dont ils demandoient jouir, ayant eſgard aux ruines, pertes & dommages qu'ils avoient ſoufferts & endurés depuis le temps de ceſte protection & qu'ils ſouffroient encores journellement pour le ſervice de ſa majeſté; requerans pour ceſt effect leur eſtre ottroyés deux temples dans la ville, avec miniſtres entretenus pour l'exercice de religion fondée en la pure parole de Dieu, qui eſt la doctrine des prophetes & des Apoſtres, avec proteſtation de ne vouloir plus à l'advenir adherer en ſorte quelconque, à la doctrine & maniere de faire de l'Egliſe Romaine.

Ceſte requeſte preſentée, rendit leurs adverſaires bien eſtonnés & pluſieurs autres avec eux, ſurtout après que pluſieurs letres de la part de tresilluſtres Princes Alemans & d'autres furent apportées au magiſtrat, tendantes à meſme fin. Cela fut cauſe que *Vielleville* print garde de près à ſon gouvernement en perſonne, avec quelque opinion que ce pouvoit eſtre quelque entrepriſe

---

1. *Meurisse,* p. 131 : Ils preſenterent deux requeſtes, l'une au ſieur de Vieilleville et l'autre au magiſtrat, remplies de ſuppoſitions fauſſes. — Ils faiſoient force premierement ſur la qualité de la ville de Metz, laquelle ils ſuppoſoient criminellement eſtre ville Imperialle, etc.

braffée par les Alemands pour depoffeder le Roy. Mais ayant veu & cognu que c'eſtoient ſimples letres de prieres faites à la requeſte de quelques uns du lieu deſirans d'avoir l'exercice de leur religion dans la ville, il n'en tint pas grand compte[1].

Par ainſi alloient les affaires à la longue, ſans autre proviſion, quand ceux de la religion, ayans fait venir de *Saincte Marie aux mines* un miniſtre nommé *François Peintre,* dit *la Chapelle*[2], prindrent cœur ſi avant que ſur la fin d'Octobre audit an 1558, à deux heures après midi, en la maiſon de *Jean Eſtienne,* commencerent de preſcher à huis ouverts[3], eſtans en nombre d'environ cent perſonnes tant de la nobleſſe que des bourgeois, & chanterent tout hautement le pſeaume ſeizieſme : « Sois moy, Seigneur, » etc. Ce chant entendu de quelque chanoine ayant ſon jardin derriere en ceſte maiſon, *Vielleville* fut ſoudain adverti, par le commandement duquel, *Michel Praillon,* maiſtre Eſchevin, acompagné de quelques uns de la juſtice (combien que du temps que *Farel* preſchoit il euſt fait profeſſion de la religion & meſmes euſt eſté en office de diacre) vint toutesfois avec grande colere en l'aſſemblée, & rompant le propos au miniſtre, ſans luy vouloir permettre de continuer, luy commanda de le ſuivre, ce qu'il fit ſans qu'aucun de l'aſſemblée fit ſemblant de ſ'eſmouvoir afin qu'on n'euſt occaſion de les taxer de rebellion. Ce meſme jour[4], le ſieur *de Clervant, Jean Eſtienne* & pluſieurs autres eſtans advertis de ſe retirer,

Nouvelles tracaſſeries ſuscitées aux religionnaires.

---

1. *Meurisse*, p. 134 : Les lettres que les deputez avoient rapportées des Princes d'Allemagne, eſtonnerent le ſieur de Vieilleville, qui commença à recognoiſtre par là la puiſſance de ceſte cabale... Et ce fut auſſi ce qui l'obligea de prendre garde de plus près et à ſa perſonne et aux affaires de ſon gouvernement.

2. Lettre du paſteur *Bachellé,* dans le *Bulletin du Proteſt. franç.,* I, 163 : Il y eut de ce temps là (dans la ſeconde moitié du 16ᵉ ſiècle) auſſy trois miniſtres réfugiés en ceſte vallée (de Sainte-Marie-aux-Mines), l'un dit *Thomas Burette,* qui avoit eſté miniſtre à Lion (1558), le ſecond Mᵉ *Thouvenin* et le troiſieme Mᵉ *François de la Chapelle,* qui fut envoyé auſſi à l'Egliſe de Metz. Comp. *O. Cuvier, La Réforme à Metz (Encyclop. des ſciences relig.,* t. IX, p. 149). — *E. Mühlenbeck, Une Egl. calviniſte au 16ᵉ ſiècle,* Hiſt. de la communauté réf. de Sainte-Marie-aux-Mines, 1881, p. 181 : *François Peintre,* dit *La Chapelle*. — Nous le retrouvons plus tard à Sainte-Marie, où pluſieurs membres de ſa famille étaient fixés.

3. *Meurisse*, p. 126.

4. *Colonius Calvino 5 idus Mart. 1559. Opp. Calv.,* XVII, 473.

fortirent de la ville & firent telle diligence, que pluſieurs Princes d'Alemagne, & notamment le *Duc des deux Ponts,* advouant ledit *la Chapelle,* pour eſtre de ſa maiſon & à ſon ſervice, ayans eſcrit au magiſtrat pour le leur rendre, il fut delivré contre l'opinion de ſes ennemis, & mené en lieu de ſeureté hors la ville, & fut auſſi permis aux abſens de revenir en aſſeurance[1].

Clervant donques revint auſſi en ſa maiſon de *Montoy*[2], fort prochaine de la ville, mais non pas ſeul. Car, comme conſtant & reſolu qu'il eſtoit, ayant pris le chemin de Geneve, il en avoit amené un docte perſonnage nommé *Pierre de Coulongne*[3], lequel exerça le miniſtere audit lieu ſecretement, où ſe trouvoient auſſi quelques uns de la ville[4]. Sachant cela, *Vielleville* uſa de connivence, juſques à ce qu'un apothicaire, natif de France, nommé *Guillaume Paliſſeau,* y fit baptizer un ſien enfant. Ce qu'ayant entendu, il le fit ſaiſir, & quelque pourſuite qu'on fiſt envers luy pour le laſcher, ſ'en allant en France, le laiſſa entre les mains du ſieur *Senetaire,* gouverneur en ſon abſence, lequel l'envoya de nuict, lié & garroté, à *Auxerre,* pour l'y faire executer. Mais les Juges d'Auxerre n'en voulurent prendre cognoiſſance, à raiſon de quoy il fut detenu longuement, comme il ſera dit cy après[5].

Cela faict, *Senetaire,* ayant appelé ceux de la religion, leur fit defenſes tresexpreſſes de par le Roy, comme il diſoit, de ſ'aſſem-

---

1. *Meuriſſe,* l. c., ne fait que copier, à sa façon, notre texte.

2. *Montoy,* petit village à 7 kil. de Metz (est). Pierre de Cologne date ses lettres *ex arce Montoia,* il paraît donc que la maison de Clervant était un château.

3. *Pierre de Cologne* était né à Gand et s'appelait proprement *van Ceulen;* il signe ordinairement ses lettres : *Petrus Colonius, alias Agrippa.* Il fit ses études à Paris, où il se lia d'amitié avec Robert Estienne, qui l'engagea à se rendre à Genève. Ce fut là, qu'à la persuasion de Calvin, il se voua au ministère. Le seigneur de Vienne, comte de Clervant, le mena de Genève à Metz. Quand l'église y fut dispersée, il se réfugia à Deux-Ponts et y demeura environ trois mois avec la famille de Clervant. De là, il alla à Heidelberg. Plus tard, on le trouve à l'église de Sainte-Marie-aux-Mines. (*Mühlenbeck,* p. 156, 163, 165.) *Bayle,* art. Cologne et de Dieu. *France prot.,* nouv. éd., t. IV, p. 529 s. Voy. les lettres qu'il échangea avec Calvin dans la Correspondance de celui-ci *(Oeuvres, Index).* E. Mühlenbeck, *Une Egl. calviniste. Hist. de la commune réf. de Sainte-Marie-aux-Mines,* p. 156 s., 181.

4. *Meurisse,* p. 134.

5. Page suiv. *Colonius Calvino,* 8 déc. 1559 (*Calv. Opp.,* XVII, 696).

bler en forte quelconque, fous peine d'eftre bruflés ou arquebouzés fur le champ; ce qui les fit fe referrer pour quelque temps. Mais eftant advenue la mort de *Gertrude,* femme du fufdit *Hans Franc*[1], après que finalement fon mari euft obtenu de la pouvoir enterrer hors la ville, ceux de la religion, en eftans advertis, reprindrent courage, & f'y trouvans jufques au nombre de cinq cens & plus, convoyerent le corps publiquement jufques à un jardin près le lieu nommé la *Foffe au ferpent*[2]; & depuis, à favoir l'an 1559, au mois de May, envoyerent deux deputés à la Diette Imperiale d'Ausbourg pour remonftrer à *l'Empereur Ferdinand* la miferable condition d'une telle ville de l'Empire[3]; mais ils n'en remporterent que bonnes & grandes promeffes.

En ces entrefaites, eftant mort inopinément le *Roy Henry deuxiefme,* & luy ayant fuccedé le *Roy François deuxiefme,* entierement poffedé par le *Cardinal de Lorraine*[4], ceux de la religion Romaine ne voulans perdre cefte occafion, ayans auffi *Senetaire,* gouverneur, du tout affectionné à la ruine de ceux de la religion, firent tant qu'ils obtindrent letres du Roy adreffantes aux Magiftrats de la ville en datte du cinquiefme d'Octobre audit an, portans en fomme que pour le devoir du Roy trefchreftien, & pour acquitter la foy & promeffe du feu Roy fon pere, ayant receu la ville de Mets en fa protection, à la charge d'y entretenir toutes chofes au mefme eftat qu'il les y avoit trouvées, il commandoit incontinent, ces letres veues, que commandement fuft fait à toutes perfonnes demeurans en la ville, infectées d'erreurs, herefies & fauffes doctrines, qui ne voudroient recevoir la religion obfervée en France, & auparavant obfervée en leurdite ville de Mets, de vuider & fortir dans le temps qu'il leur affigneroit; leur eftant toutesfois permis de difpofer de leurs biens, meubles & immeubles, comme bon leur fembloit, fous peine de proceder

Mort de Henry II.

---

1. P. 440.
2. *Colonius Calvino, 5 idus Mart. 1559. Postscriptum. Calv. Opp.,* XVII, 473. *L'égl. de Metz aux Ministres de Genève,* 30 avril 1559, *ibid.,* 506. *Calv. Metensib., ibid.,* 582 ; *Colonio,* 584.
3. *Ibid.*
4. *Charles, Cardinal de Lorraine,* estoit administrateur perpetuel de l'evesché de Metz... surquoy les cathol. de Metz s'appuyans... firent diligence à la cour...

contre les rebelles par juftice comme perturbateurs du repos public de la ville; & que par exprès, il fuft commandé à *Clervant* qu'il euft à fe deporter de toutes affemblées & conventicules[1], fous peine de faire rafer & abatre fa maifon, & de proceder au refte alencontre de fa perfonne, felon la grandeur de fa faute. Ces letres prefentées, en plein confeil de ville, à quelque nombre de bourgeois de la religion, ils refpondirent qu'ils ne penfoient point que ces letres f'adreffaffent contre eux, comme n'eftans entachés d'erreurs ni de fauffes doctrines, requerans la copie defdites letres & fupplians leurs magiftrats naturels, de les vouloir fouftenir avec leurs droicts & franchifes, & par mefme moyen de faire rendre entre leurs mains *Guillaume Paliffeau*[2], prifonnier de longtemps.

Adreffe au nouveau roi.

La copie des letres ne leur fut ottroyée, mais bien efcrivirent au Roy les magiftrats en datte du cinquiefme Novembre audit an, luy faifans entendre la refponfe de leurs bourgeois, & au refte luy remonftrans que defià auparavant que le *Roy Henry* euft pris la ville en fa protection, plufieurs de leurs bourgeois eftoient de la religion, lefquels eftans dechaffés de leurs biens, feroient par ce moyen privés du fruict de la promeffe faite par ledit fieur Roy, de les maintenir en leurs droits & libertés. Ils le fupplioient auffi confiderer la defolation qui en adviendroit en la ville, qui demoureroit par ce moyen deshabitée d'une grande partie de fes bourgeois, avec une trefgrande defolation par tout le pays, & qu'il luy pleuft leur faire rendre *Guillaume Paliffeau,* ayant acquis le droict de bourgeoifie en ladite ville pour y eftre habitué depuis dix ans, & y avoir pris femme, offrans d'en faire bonne juftice, & de fi bien faire deformais, f'il luy plaifoit adoucir la rigueur de ces letres, qu'il n'adviendroit aucun trouble ni defordre en la ville.

Mais nonobftant ces remonftrances, autres fecondes letres furent expediées à Bloys, le quatorziefme de Novembre audit an, par

---

1. *Langueti epistolæ*, II, p. 33, jan. 1560. *Metensibus est significatum, ut qui nollent veterem religionem sequi discederent ex urbe cum suis rebus. Hoc ut esset minus invidiosum, curavit cardinalis, edici per ipsum senatum metensem. Sexaginta familiæ ex ea urbe migrant Argentoratum, nam ex antiquo fœdere debetur ipsis hospitium ab Argentoratensibus. Hotomannus Calvino,* 14 nov. 1559 (*Calv. Opp.,* XVII, 672). *Colonius Calvino,* 8 déc. 1559 (*ibid.*, 697).

2. Voy. page précéd. *Meurisse* copie notre texte, comme toujours.

lesquelles estoit enjointe l'execution des premieres ; à raison de quoy *Clervant,* contraint de ceder à cest orage, se retira en la ville des deux Ponts¹, & delà à Strasbourg avec sa famille, où il sejourna quelque temps, & *Pierre de Colongne* à Heydelberg². Le reste des bourgeois demanda un an de terme pour disposer de leurs biens & affaires, ce qui leur fut ottroyé. Mais cependant *Senetaire* usa de merveilleuses rigueurs, voire de tyrannie envers eux. Car estant mort un ancien citoyen, & qui estoit des magistrats de la ville, nommé *Didier de Hononville,* sans avoir voulu ouïr aucun prestre, non seulement il ne voulut jamais permettre qu'il fust enterré dans la ville, mais qui plus est, defendit qu'il ne fust mis en aucun lieu de son gouvernement; tellement qu'il fut force à la vefve & à ses heritiers de mener le corps jusques à Strasbourg, où il fut honorablement enseveli ; & depuis encores estant morte la femme d'un marchand drapier, nommé *Mathieu le Conrat,* qui avoit esté enterré au cimetiere de la parroisse en baillant quelque argent au Curé, *Senetaire* le contraignit de la deterrer lui mesme, trois jours après, & de porter le corps en un sien heritage hors la ville³. Il y eut aussi deux mariages de deux bourgeois de Mets en la ville de Strasbourg où ils s'estoient transportés pour cest effect avec leurs espouses. Ce qu'ayant entendu, *Senetaire* ne leur voulut permettre de rentrer dans la ville.

Mais si les ennemis de ceux de la religion leur faisoient du pis qu'ils pouvoient, Dieu, d'autre costé, besongnoit bien pour eux d'autre façon. Car en premier lieu, *Rougeti,* official, le plus fin &

---

1. *Colon. Calv.*, 8 déc. 1559 (*ibid.,* 698) : *Dom. de Clerevant, quum variis amicorum et bonorum virorum literis admonitus esset ut furori hostis cederet, relicta arce Montoio, Bipontum cum familia commigravit.*

2. *Colonius Calv.*, 4 non. april. 1560 (*Calv. Opp.,* XVIII, 40 s.). *Binas Rex literas miserat ad senatum (Metensem) quibus et arcem (D. a Clervant) demoliri et solo æquari et gravissimo in illum exemplo animadverti jubebat, nisi ab incepto desisteret. Itaque Bipontum venimus ibique consedimus trimestri spatio, quum ego interim pergerem in meo ministerio privatim in ipsius ædibus. Liberum enim id nobis reliquit præfectus princeps. Pulsus postea a Trevirensibus Gasparus (Olevianus) noster et Heidelbergam vocatus literis me invitavit ut in functione sua collega me illi adjungerem... De consilio itaque et consensu D. a Clerevant et Immanuelis Tremellii profectionem suscepi et onus cum illo subivi.*

3. *Meurisse,* p. 144.

cruel ennemi qu'ils euffent, ayant engroffé une fille, à laquelle il conseilla de jetter fon enfant dans un puits fi toft qu'il feroit né, comme elle fit, Dieu voulut que le cas fut tantoft defcouvert & la fille prife. Ce qu'entendant l'official, il gagna le haut, le quatriefme de May 1560, & fut fa paillarde bruflée par ordonnance de juftice, avec une merveilleufe confufion de ceux de la religion Romaine.

Mort de François II.
Ce neantmoins, ceux de la religion fe preparoient à la retraitte, & plufieurs mefmes eftoient defià deflogés, quand la mort du Roy *François*, decedé à Orleans, le cinquiefme de Decembre audit an 1560, apportée à Mets arrefta tout court la furie de *Senetaire*, & donna efperance à ceux de la religion d'une brefve delivrance, efcheant le maniement du Royaume entre les mains du *Roy de Navarre*, alors favorifant à la religion avec fon frere le *Prince de Condé*, ennemis de la maifon *de Guyfe*, comme on prefuppofoit.

Or advint en ce mefme temps qu'un certain Italien ingenieux[1], nommé *Roc Guerin*, fut aperceu allant par la ville avec certains maffons, garni de cordages & niveaux, & faifant certaines marques aux carrefours de quelques rues; de quoy le peuple eftonné, f'affembla par tous les meftiers & communautés de la ville, où il fut refolu d'envoyer certains deputés en Cour, pour empefcher que quelque citadelle ne fuft baftie[2]; lefquels f'eftans auffi toft departis fans parler au gouverneur, il en fut tellement irrité, que le lendemain ayant fait affembler lefdits meftiers, il leur fit tres-epreffes defenfes de plus faire telles entreprifes fans fa licence, declarant toutesfois que quand ils voudroient envoyer à la Cour, il ne les empefcheroit pour quelque chofe que ce fuft, non pas mefmes quand ce feroit contre fa propre perfonne, pourveu qu'il en fuft adverti.

Nouvelle députation à la Cour.
Cefte defenfe ayant efté entendue par ceux de la religion, qui avoient defià deliberé d'envoyer aux Eftats qui fe tenoient à Orleans[3], ils luy prefenterent dès le lendemain les poincts & articles pour lefquels ils avoient conclu d'envoyer en Cour leurs deputés : à favoir en fomme pour demander au Roy premiere-

---

1. Ingénieur.
2. Voy. sur la construction de la citadelle par *Vieilleville*, les Mém. de celui-ci, liv. VI, chap. 40, p. 238; liv. IX, chap. 24, p. 348. Elle fut achevée en 1563.
3. En décembre 1560. Voy. vol. I, 406.

ment, qu'il luy pleuft leur ottroyer l'exercice libre de la religion fans aucun defordre; fecondement, que ceux qui s'eftoient retirés fuivant l'injonction à eux faite, euffent à revenir & jouir de leurs franchifes & libertés; tiercement, que *Guillaume Paliffeau,* detenu prifonnier à Auxerre, pour le feul faict de la religion, fuft relafché & mis en pleine liberté. *Senetaire,* ayant leu ces articles & s'eftant en vain effayé de les divertir, refpondit finalement qu'il y adviferoit, & tafchoit de remettre les chofes en longueur. Quoy voyans, ceux de la religion luy prefenterent une requefte bien ferme, declarans qu'ils ne vouloient laiffer paffer cefte occafion, & le fupplians de les excufer, puis qu'il ne leur faifoit autre refponfe s'ils envoyoient en Cour, afin que leur condition ne fuft pire que celle d'un captif, qui fans faire tort à celuy qui le detient, a recours au fouverain.

Suivant donc cefte declaration, furent envoyés en Cour, *Didier Rolin,* bourgeois, & *Emanuel Tremelius,* Juif Ferrarois de nation, mais Chreftien de long temps & le plus docte de notre temps en fa langue Hebraique [1], ayant efpoufé une femme natifve de Metz [2], avec bonne procuration fignée de foixante bourgeois au nom de tous ceux de la religion. Ce que voyans leurs adverfaires envoyerent en Cour, au contraire *Michel Pralon* [3] & deux cha-

Tremellius.

---

1. *Emmanuel Trémellius* s'était réfugié avec *P. M. Vermigli* de Lucques à Strasbourg en 1542, d'où il avait été appelé en Angleterre; obligé d'en partir après la mort d'Edouard VI, en 1554, il fut appelé, après un court séjour à Berne, par le duc Wolfgang de Deux-Ponts, à la tête de l'école de Hornbach, jusqu'à ce que l'électeur Palatin Frédéric III le chargea de l'enseignement de l'hébreu à l'université de Heidelberg, en 1560. En 1578, l'électeur Louis VI, ayant introduit le luthéranisme, *Trémellius* perdit sa chaire; il vint à Metz pour passer à Sedan où il mourut en 1580. *Adami Vitæ Theologor. exteror.,* 71. *De Thou,* V, 818. *Corresp. de Calv.,* voy. *l'Index. France prot.,* IX, 418. *Hautz, Gesch. der Univ. Heidelberg,* 2 vol. *Struve, pfälz. Kirchen-Hist.,* 31. Le séjour de *Trémellius* à Metz et son ambassade à la cour de François II, doivent être assignés à l'année 1560.

2. *Pollanus Calvino, 3 id. oct. 1544 (Opp. Calv.* XI, 756): *Frater noster Emmanuel (Tremellius) ducit in uxorem Elisabetham illam repudiatam M. Dominici, quibus proxima feria 4 benedicemus in Domino.*

3. *Colonius Calv., 5 id. Mart. 1559 (Opp. Calv.* XVII, 472): *Scabinus primarius quem Praillon nominant. Meurisse,* p. 151: *Michel Praillon,* qui tenoit alors des premiers rangs dans le Conseil de la ville et qui avoit dignement exercé desja par trois fois la charge de maistre Eschevin.

noines. Les deputés des meftiers & communautés arriverent les premiers en Cour, s'adreffans au fieur *de Vielleville,* leur gouverneur en chef, lequel tafchant fous main & par une finguliere rufe de rompre leur deffein qu'ant à la Citadelle, leur jura trefbien qu'ils n'avoient que faire de parler de la citadelle, dautant qu'on n'en vouloit poinct faire; & fachant qu'un d'entre eux, nommé *Drouin Olri*[1], eftoit de la religion & les autres non, s'adreffa à luy à part, luy difant qu'il eftoit temps de demander l'exercice de leur religion, & d'autre cofté parlant à fes compagnons, leur donna à entendre que ceux de la religion venoient pour demander des temples, à quoy ils devoient bien penfer pluftoft qu'à leur citadelle; au moyen de quoy il les mit en telle divifion qu'il y euft mefmes des fouflets donnés, & peu s'en falut que les uns n'empefchaffent les autres, comme pretendoit *Vielleville.* Ce neantmoins, l'iffue en fut telle que s'enfuit.

Tremelius & fon compagnon, deputés de ceux de la religion, arrivés à la Cour, furent du commencement rudement receus par le *Roy de Navarre,* auquel on avoit donné à entendre que ceux de la religion eftoient gens mutins, & qu'ils avoient fouvent tafché d'introduire les Princes d'Alemagne dans la ville. A quoy ayant efté fuffifamment refpondu par *Tremelius* qui luy remonftra les rigueurs dont avoit ufé *Senetaire,* & la patience de ceux de la religion au contraire, fe fervant mefmes des nouvelles fraifchement arrivées, comme les foldats de la garnifon de Mets s'eftoient mutinés contre *Senetaire* jufques à avoir failli de le tuer d'une arquebouzade, fans que ceux de la religion fe fuffent jamais efmeus, le *Roy de Navarre* s'adoucit & promit de les faire expedier. Mais *Pralon* & fes deux compagnons, Chanoines, eftans arrivés, rendoient cefte pourfuite fort difficile. A quoy la providence de Dieu pourveut d'une façon admirable; car les deputés des meftiers voyans qu'ils eftoient là fans rien faire, & que *Tremelius* avoit eu bonnes paroles du *Roy de Navarre,* le prierent de porter la parole pour eux, attendu que ce qu'ils requeroient, qu'il

---

1. Ce *Drouin Olri* doit avoir été ancêtre de Jean Olry, dont M. Oth. Cuvier publia en 1859 en 2ᵉ éd. la *Descript. de la Persécution de l'Egl. de Metz* (Hanau 1690). M. Cuvier ne connaît que le grand-père de Jean, Michel Olry, marchand, dont un fils, Drouin, se maria en 1593 et un autre, Samuel, sieur de la Grange-d'Envie, né en 1579, mourut en 1639.

n'y euſt point de citadelle, eſtoit au proffit commun de toute la ville ; ce que *Tremelius* accepta, pourveu qu'ils confentiſſent que l'article de l'exercice libre de la religion fuſt auſſi inferé en leur requeſte[1]. Ce qu'eſtant veu au Conſeil, à ſavoir que les bourgeois meſmes de la religion Romaine conſentoient à la requiſition des autres, *Tremelius* obtint pour les ſiens ce qu'il voulut[2], nonobſtant toute la pourſuite contraire de *Pralon* & du Clergé, eſtant mandé à *Senetaire* de leur ottroyer le plus prochain temple hors la ville, avec le retour des bourgeois abſens pour la religion & la delivrance de *Paliſſeau*[3].

Pendant ceſte pourſuite, ceux de la religion ayans fait revenir de Heydelberg *Pierre de Colongne,* leur miniſtre, le firent rentrer

Pierre de Cologne revient à Metz.

1. *Meurisse*, p. 154 : Voicy les propres termes du troisieme (article), par lesquels il est aisé de conjecturer ce que pretendoient ces rusez Calvinistes : «Que sa Majesté commande aussi à ceux qui ont l'administration de ses forces en ladite Cité et pays d'icelle, de laisser du tout le different de la Religion estre par bon et paisible moyen debattu et accordé entre nous Bourgeois de ladite Cité, lesquels ne desirent rien moins que trouble ; quoy faisant, sa Majesté au grand souhait qu'avons tousjours eu que ses predecesseurs prosperassent en leur Royaume, adjoustera un très-merveilleux desir de prier Dieu pour la felicité de sa personne, Conseil et Royaume.»

2. *Meurisse*, p. 155 : Tremelle obtint, pour les siens, une partie de ce qu'il s'estoit proposé, mais non pas pourtant tout, à beaucoup près... Quant à l'article concernant la Citadelle, il n'en fut parlé ny près ny loing. Car quoyque les adversaires (c'est-à-dire les religionnaires), dans la veue qu'ils avoient de se rendre avec le temps les maistres de la ville, enrageassent de (c'est-à-dire contre) ce dessein, celuy de leur establissement les tenoit pourtant alors bien plus fort au cœur. Il fut donc dit premierement que les pretendus reformez n'auroient ny temples, ny aucun exercice de leur religion pretendue dans la ville de Metz ; qu'il ne leur seroit loisible, sur peine de la vie, d'y faire aucunes assemblées, en quelque nombre de personnes que ce fut, ny grand ny petit, et que nommément les soldats de la garnison n'auroient point la liberté de se trouver à leurs assemblées, en quelque part qu'elles se fissent. Secondement que le sieur de Seneterre leur assigneroit et designeroit un Temple, le plus proche de la ville, pour leurs presches et autres exercices etc.

3. *Meurisse*, p. 156 : Toutes ces choses se passerent dès le commencement de l'an 1561. Ceux de Metz n'en eurent advis pourtant que sur la fin du mois de May de la mesme année ; parce que leurs deputez n'estant pas contents de l'article des temples, de l'exercice de leur religion et des assemblées qu'ils n'avoient pu obtenir encor dans la ville, pressoient toujours pour faire reformer ceste exclusion, et esperoient d'en venir à bout, et de donner enfin à leurs freres de Metz la joye toute entiere.

en la ville, où il recommença fecretement de prefcher de maifon en maifon, & continua jufques au quatriefme de May[1] 1561, auquel jour, ainfi qu'il prefchoit en la maifon d'un nommé *Jean le Braconnier,* en intention d'y baptizer un enfant, SENETAIRE venant en l'affemblée avec fes gardes, l'emmena prifonnier, fans aucune refiftence ni efmotion. Mais fi toft qu'il fut forti, on fe raffembla, & fe trouva là fi à poinct un autre miniftre, nommé *Jean Taffin*[2], venu auffi de Strasbourg, à la requefte de ceux de la religion, qu'il paracheva l'exhortation & baptiza l'enfant. Quant au prifonnier, après avoir efté detenu quelques jours, *Senetaire* luy-mefme le mit dehors la ville fans ofer luy faire autre mal, lequel fut retiré par l'avis des anciens au village de Grixy[3], à demie lieue de la ville, en attendant les nouvelles de la Cour[4].

450

1. *Meurisse*, p. 157, dit que ce fut le sixième de May 1561... en la maison d'un nommé Jean Braconnier, ou Bracqueniez. C'est ainsi que je le trouve signé de sa propre main dans les originaux que j'ay devers moy.

2. *Jean Taffin de Tournay*, venu en Allemagne, en 1559, avec les protestants wallons d'Anvers, à la tête desquels il figure comme ministre à côté de Hermès Backerel, les conduisant de Emden à Aix-la-Chapelle et à Worms, à la recherche d'un refuge. Notre *Histoire* ne donne pas de renseignements sur son arrivée à Strasbourg, d'où Pierre de Cologne et son troupeau l'appelèrent à Metz. *Chr. Sepp, drie Evangelie dienaren uit den tijd der Hervorming.* Leiden 1879, p. 1-81.

3. *Grigy*, annexe de la communauté de Borny, à l'est de Metz.

4. *Meurisse*, p. 159, donne quelques détails qui méritent d'être insérés. Il dit: Ce fut en ce temps là que les sieurs de Haraucourt et de Gournay se declarerent de ce party, dans lequel pourtant ces nobles et anciennes familles ne croupirent pas longtemps... L'emprisonnement de ce ministre fit faire force deputations, vers le Roy, vers l'Electeur Palatin et autres, et fit mettre la main à la plume, pour dresser . . quantité de Requestes pour son eslargissement. Voicy la coppie de celle qui fut presentée au Roy, dont j'ay un original en main, signé des sieurs *de Haraucourt, de Gournay, de Clemery,* et de seize Bourgeois se qualifiant anciens et diacres de ceste Eglise pretendue...
«Au Roy. Sire, Ceux qui tiennent l'Evangile, Gentilshommes et Bourgeois de la ville de Metz, vous remonstrent que de tout temps et ancienneté ladite ville a esté regie et policée par les Maistres Eschevins, Conseil et Treizes de la Justice ordinaire, vivans librement et faisans profession de la parolle de Dieu. Et après la prinse de ladite ville, le feu Roy vostre pere les auroit prins en sa protection, et confirmé tous et chacuns les privileges, franchises et libertez dont ils jouyssoient auparavant ladite prinse, et depuis vostre advenement à la couronne, vous auriez voulu et ordonné que aucun d'eux ne fust molesté pour le fait de la religion et qu'il leur fust libre de s'assembler en nombre

Les nouvelles donques arrivées, & les letres mises ès mains competant, pour invocquer le Seigneur et ouyr sa parolle; et suivant ce, ils auroient deslors appellé un Ministre pour leur dresser et conduire le tout en tel ordre, qu'il n'en advint aucun trouble, ne scandale, et se seroient despartis en dix-sept assemblées, et tousjours depuis continué et poursuivy la parolle du Seigneur, l'invocqué et servi à sceu d'un chacun, jusque puis quelque temps en ca, que le Seigneur *de Seneterre*, gouverneur en l'absence de Monseigneur *de Vieilleville* dudit Metz, pretendant la domination et judicature universelle luy appartenir sur les Bourgeois de ladite Cité, les auroit voulu empescher en la jouyssance de leurs jurisdictions, privileges et franchises, fait constituer prisonniers de son authorité privée lesdits Bourgeois, sans avoir esgard à leur Bourgeoisie. Et sur ce que l'on luy auroit remonstré, que sa charge s'estendoit seulement sur les soldats et gens de guerre, il auroit fait responce qu'il attendoit mandement de vous pour ce faire, et que lors il en chastieroit aucuns si griefvement que les autres y prendroient exemple : en outre leur a fait deffence de ne plus s'assembler, auquel ils auroient remonstré le zele et devotion que le peuple de Metz avoit à la parolle du Seigneur, et qu'ils desiroient de poursuivre au plus petit nombre qu'il leur seroit possible lesdites assemblées, jusques à ce que vous ayant le tout fait entendre, y eussiez pourveu. Toutefois ledit *de Seneterre* adverty de ce qu'il y avoit assemblée d'une compagnie desdits fideles, combien qu'ils ne fussent en petit nombre, et sans aucunes armes, seroit le sixieme jour du present mois allé au lieu où estoit ladite assemblée, pris le pasteur et ministre, et iceluy fait constituer prisonnier, menassant les supplians de mettre le feu en la maison et les y faire brusler (l'auteur ajoute en note : le sieur *de Senneterre* contraignit les exposants de retracter ceste accusation comme fausse), fait battre et outrager ses serviteurs domestiques, jusques à grande effusion de sang, aucuns Bourgeois de ladite ville, et fait commettre grandes forces et violences aux femmes ensaintes avec espée, bastons et autres armes, dont ils auroient fait plainte à la justice ordinaire dudit Metz, qui leur auroit fait responce, que elle avoit esté faite sans son ordonnance. De sorte que ledit *Seneterre* auroit tousjours depuis continué à molester et travailler les supplians, et commandé à aucuns des principaux de la Noblesse sortir ledit jour de la ville; fait emprisonner l'hoste de la maison où ladite assemblée avoit esté faite, et à plusieurs et diverses fois menassé et fait menasser lesdits Bourgeois de tuer et leurs enfans au berceau, et dit que la premiere assemblée qui se feroit, encor qu'elle fust seulement de huit ou neuf personnes, il y viendroit, s'il en estoit adverty, et les feroit miserablement mourir, quoy qu'il en deust advenir. Et lorsque la Justice ordinaire luy a requis delivrer et mettre en ses mains lesdits prisonniers, attendu qu'ils n'estoient gens de guerre, en a fait refus. Et davantage estant un bourgeois de laditte ville decedé, ledit *Seneterre* n'auroit voulu permettre qu'il fut enterré audit Metz. Au moyen dequoy ils auroient esté constraints le faire enterrer à Strasbourg. Contraint un bourgeois de ladite ville enterrer sa femme sous un gibet, et chassé de ladite ville un homme et sa femme qui y demeuroient, parce qu'ils s'estoient mariez à

de *Senetaire,* fi bien efcrites qu'il n'eſtoit befoin d'autre com-

Strasbourg. Et lorsqu'il trouve aucunes personnes chantant les Psaulmes de David, il leur donne ou fait donner coups d'espée, et fait plusieurs grands outrages et rudesses aux supplians, d'aucuns desquels ont esté faites informations, lesquelles a esté impossible aux supplians faire apporter devers vous, pour la crainte que le Magistrat dudit Metz a dudit Seigneur *de Seneterre,* qui tient toute la publicque *(sic)* dudit Metz en sujection, et tasche par tous moyens à abolir leurs privileges et franchises dont ils ont, comme dit est, jouy de toute ancienneté. A ceste cause, lesdits suppliants vous supplient très-humblement qu'il vous plaise ordonner que le *Ministre* et autres dudit Metz detenus par ordonnance dudit *de Seneterre* prisonniers pour le fait de la religion, seront eslargis à pur et à plain, avec permission au dit *Ministre* de demeurer avec les suppliants pour les causes susdites ; et deffence estre faite audit *de Seneterre* n'empescher les supplians eux assembler en nombre competant, sans armes, comme ils ont cy devant fait, pour invoquer Dieu, ouyr sa parolle et user des Sacrements, selon la parolle de Jesus-Christ, ou pour ce faire leur ordonner un temple, comme ils avoient auparavant la prinse dudit Metz ; et outre, ordonner les informations faites contre ledit *de Seneterre* et autres ses serviteurs estre apportées par devers vous, pour, icelles veues, en estre ordonné ainsi que verrez estre à faire ; inhibitions et deffences estre faites tant audit *de Seneterre,* ses gens, serviteurs, ne autres, n'outrager aucunement les supplians, ne les appeller *Huguenots,* ne autrement leur meffaire ne mesdire, en quelque maniere que ce soit, et les supplians prieront Dieu pour vostre noble prosperité et senté.»

Il n'y avoit jour qu'ils n'en presentassent deux ou trois au Magistrat pour le mesme sujet, conceues presque en mesmes termes que celle-cy, qui fut presentée le *neufième de May* après disné... «A Messieurs Messieurs les Maistre Eschevin, Conseil et Treizes jurez de la Cité Imperiale de Metz. Messieurs, Remonstrent les Bourgeois de ceste cité suivant la parolle de Dieu, que veu et consideré les franchises et libertés de ceste cité conferrmées par le Roy, ayans plusieurs fois encore aujourd'huy matin requis la delivrance de Maistre *Pierre de Coulongne,* nostre Ministre, et ne pouvant obtenir autre responce que d'attendre lettre de sa Majesté : derechef vous supplions au nom de Dieu ne laisser ainsi perdre et abolir vostre jurisdiction et authorité avec nos privileges et franchises, et ce au grand detriment et prejudice du S. Empire. Et pourtant que Monsieur le Gouverneur n'a aucune cognoissance et ne doit avoir de droit sur les Bourgeois, ains seulement sur les soldats, et que ledit *Maistre Pierre* par nous appellé, et avec lequel nous nous tenons tous prisonniers, a esté apprehendé en ce lieu sous vostre jurisdiction (car aussi nous n'en cognoissons point d'autre), à vous appartient de droit l'avoir en main pour en faire et juger comme cognoistrez estre de raison, comme pareillement de *Jean le Braconnier,* nostre combourgeois. Ainsi donc supplions, et instamment requerons ou que retiriez lesdits prisonniers entre vos mains, ou qu'envoyez vers le Roy pour luy manifester l'infraction de nos privileges et franchises, et de vostre jurisdiction, et quant et quant les infor-

mandement[1], le temple de sainct Privé, qui est la ladrerie de

mations par vous prinses des outrages et insolences qui sans aucune raison nous sont faits journellement. Ce faisant vous vous acquitterez de vostre promesse et serment, et donnerez occasion à la Bourgeoisie de mieux se contenter de vous....»

Le mesme jour (19 may, où *P. de Cologne* fut mis en liberté), il arriva à Metz un *conseiller de l'Electeur Palatin*, accompagné de deux cavaliers, portant lettres dont leur Maistre les avoit chargez, en faveur et pour l'eslargissement du Ministre... Ces deputez de l'Electeur Palatin firent tout ce qu'ils purent pour obtenir que le Ministre fust mis entre leurs mains, mais le *sieur de Seneterre* n'y voulut jamais entendre, et le fit mettre, nonobstant tous leurs efforts, hors de la ville, par deux Prevosts.

Après l'expulsion de *Cologne* de la ville, les protestants adressèrent à *Seneterre* la lettre suivante, p. 167 : «A Monsieur Monsieur de Seneterre, Gouverneur pour le Roy en ceste cité de Metz. Remonstrent les Bourgeois de ceste cité de Metz, suyvant la parolle de Dieu, qu'ils ont entendu qu'hier soir auriez fait commandement à *Maistre Pierre de Colongne*, nostre pasteur, de sortir de ceste ville, et de la jurisdiction d'icelle, et ce en vertu de certaine lettre du Roy : Or d'autant que ledit *Maistre Pierre* a esté prins en ceste cité Imperiale, et qu'il n'a esté ouy en ses causes et deffenses, aussi qu'il a envoyé vers sadite Majesté supplication sur tout son fait, dont encores presentement il n'a obtenu aucune responce et que mesme il vous a supplié d'avoir attestation des causes de son emprisonnement et bannissement declaré (ce qu'il n'a peu obtenir de vous), les remonstrants se sentants en ce grandement grevez, supplient que tel commandement et ordonnance soit rappellée et revoquée, comme de raison, luy permettant servir à l'Eglise de Jesus-Christ, suivant sa charge, comme paravant, jusque à ce qu'autrement en soit ordonné. Et ce d'autant que sur la poursuitte que les commis par les remonstrants font vers sa Majesté, ils sont remis jusques à Villercoterel pour illec en avoir responce et resolution. Autrement supplient ne vouloir prendre de mauvaise part, si de vostre dit commandement ils se portent pour appelans vers sadite Majesté, pretendans obtenir d'icelle (en continuation de leurs anciennes libertez et franchises confermées par plusieurs promesses de sa Majesté) non seulement de retenir en leur compagnie leur dit Ministre, mais aussi d'avoir lieu publique pour s'assembler à l'administration de la parole de Dieu, et de ses saincts Sacrements.»

1. *Meurisse*, 168 : Le sieur *de Seneterre* leur fit responce par l'organe du Magistrat, que la volonté du Roy estoit qu'ils n'eussent aucun exercice de leur religion pretendue dans la ville, mais seulement hors la ville... Ceux du Magistrat furent contraints d'employer leurs tres-humbles prieres affin de les faire resoudre pour un temps. «Or voyant que totalement nous estoit deffendu de nous assembler en la ville (porte une de leurs lettres, escrite à leurs deputez dont j'ay l'original pardevers moy) et que Messieurs de la justice considerans la cholere du Gouverneur, et craignans grand trouble et scandal, suivant les menaces à eux faites, nous prioient instamment de nous contenter, pour

la ville [1], fut accordé à ceux de la religion, qui commencerent à y prefcher publiquement & au fon de la cloche, le Dimanche, jour de Pentecofte, vingtcinquiefme de May audit an 1561.

Réorganisation de l'Eglise de Metz.
C'eftoit une chofe admirable de voir l'ardeur de ce peuple venant, non feulement de la ville, mais auffi des villages du pays Meffin, de forte qu'il falut quitter le temple pour prefcher en deux lieux, en une mefme heure, en plaine campagne, quelque temps qu'il fift. Le refte de l'Eglife fut auffi dreffé, eftans efleus & confermés devant tout le peuple, les premiers anciens jufques au nombre de vingt, qui furent diftribués en quatre quartiers de la ville, à favoir au quartier d'outre Mezelle [2], de la grande eglife [3], d'outre Salle [4], & au quartier où fut depuis baftie la citadelle,

quelque temps, de faire nos assemblées hors de la ville, et que de brief nous aurions mieux : avons acquiescé à leur desir, aux conditions et protestations que voirez par la copie de la response à eux faite...» Or voici la response que les adversaires firent à ces zelez entremetteurs... «A Messieurs Messieurs les Maistre Eschevin, Conseil et Treizes de la Justice ordinaire de Metz. Messieurs, Sur ce que nous avez déclaré de la part de Monsieur de Seneterre, que le Roy nous deffend de nous assembler aucunement en la ville, pour prier Dieu et ouyr sa parolle, nous permettant de ce faire hors la ville ; pour oster toute occasion de trouble, et monstrer que ne cherchons que la gloire de Dieu, avons deliberé d'user de la liberté que nous presentez, en attendant mieux, comme nous esperons de brief, par le moyen de nos commis presentement en la cour du Roy, à condition toutefois que comme nous nous offrons à vous rendre et tenir toute fidélité, ainsi vous de vostre part faciez le semblable, à ce que l'issue et entrée en la ville nous soit libre, sans crainte d'aucun danger et inconvenient, ny aux corps ny aux biens, declarant en outre que par la presente acceptation ne soit aucunement fait prejudice aux franchises et libertez de ceste cité, quant à obtenir temple dedans la ville, comme l'avons pieçà requis, et poursuivons encor vers sa Majesté. D'avantage supplions que pour entretenir paix et union en ceste republique, il soit par vous tres estroitement deffendu à l'une partie et à l'autre, de s'entre-injurier de parolle ny de fait, sur telle amande que trouverez appartenir suivant l'Edit du Roy publié à Troyes le premier jour de ce mois.»

1. *S. Privat*, distant de la ville d'environ une demie lieue. *Meurisse*. C'est probablement l'église dont les restes se voient encore à proximité du fort.

2. Le quartier entouré de la Seille, au sud de la ville, traversé entre autres par la rue des Allemands et celle de Mazelle, qui aboutit à la porte du même nom, conduisant à Strasbourg.

3. Le centre de la ville.

4. La *Seille*, dont un bras entre dans la ville au sud, tandis que l'autre, plus petit, baigne les murs, pour se jetter dans la Moselle.

ayant chacun des anciens le roolle de ceux de leur quartier. Semblablement furent eftablis en chacun de ces quartiers quatre collecteurs pour lever les deniers efquels chacun s'eftoit volontairement cottifé tant pour l'entretenement des miniftres que pour autres fubventions de l'Eglife, & qui eftoient remis entre les mains du receveur commun qui en eftoit contable devant toute l'Eglife. Outre cela, furent efleus deux diacres en chacun de ces quartiers, tant pour la collecte des deniers des pauvres, que pour les vifiter & leur fubvenir en leur neceffité.

Quant au Confiftoire il fut arrefté de le tenir deux fois la fepmaine, auquel affiftoient avec les miniftres cinq anciens & deux diacres, de trois mois en trois mois, felon que nous avons dit qu'ils eftoient diftribués par quartiers.

Quant à la Cene, la premiere ayant efté celebrée le vingt-uniefme de Septembre, audit an avec toute modeftie & reverence, ce qui fut caufe d'en attirer plufieurs qui n'avoient jamais veu un tel acte, il fut arrefté de la celebrer de là en avant de deux en deux mois au premier Dimanche du mois, après les cenfures de l'entier confiftoire, faites le vendredi precedent, & la recerche des anciens par les quartiers, huict jours auparavant, pour reconcilier tous ceux qui feroient en querelles, & pour advertir chacun de fe preparer à venir dignement à la table du Seigneur. Et pource que plufieurs pouvoient venir à l'affemblée fans eftre encores difpofés & propres à fe prefenter à la Cene, ceux qui y devoient participer entroient par la petite porte du temple, après qu'il fut bafti, où ils eftoient recognus par leurs anciens; les autres entroient par la grand' porte du temple, & y avoit des barrieres pour feparer les uns d'avec les autres. Quant aux baptefmes des petis enfans, les peres les prefentoient eux-mefmes, recitans de leur bouche les articles de la foy, acompagnés toutesfois de parrins & marrines, comme tefmoins du baptefme des enfans, eftans les noms de tous prefentés en un billet au miniftre, pour cognoiftre s'ils eftoient membres de l'Eglife.

Quant aux jours de feftes, ils furent tous raclés, horfmis le Dimanche[1]. Le Catechifme des enfans fut auffi inftitué pour tous les Dimanches, & commença le quatorziefme de Decembre, dont

---

1. Conformément aux vues de Calvin.

les peres & meres furent merveilleusement resjouis, tellement que plusieurs catholiques mesmes y envoyerent leurs enfans.

Quant aux sepultures des morts, le cimetiere de Sainct Ladre leur fut assigné. Et pource que plusieurs de la religion Romaine, qui autrement faisoient difficulté de venir aux predications, se trouvoient là acompagnans la sepulture de leurs parens ou de leurs amis, il fut advisé d'y faire quelques exhortations sur la matiere de la mort & de la resurrection, où plusieurs furent gagnés confessans qu'ils y avoient plus appris qu'en tout le service de leurs trespassés.

Mesures des catholiques contre l'Eglise.

Ceux de la religion Romaine, voyans cest accroissement, ne dormoient pas de leur costé, & fut descouvert une fois à un presche un varlet de prestre ayant un miroir ardent, avec lequel il taschoit de donner sur les yeux du ministre, & toutesfois ne luy fut point fait de mal, le laissant escouler à la foule. *Senetaire* donc, pour commencer, fit defenses très-estroites aux soldats & gens de guerre, & les gentilshommes de la religion Romaine, les Chauvines, Abbés & Abbesses, aux habitans de leurs terres & seigneuries, de se trouver aux predications. Mesmes *Senetaire* ne vouloit jamais permettre à *Pierre de Colongne* de rentrer dans la ville, de sorte qu'il fallut qu'il se tinst au village de Grixi, dont il estoit amené au temple de Sainct Privé, & puis remené sous bonne garde. Mais *Vielleville* revenu en son gouvernement, le fit rentrer, & quant & quant falut que *Senetaire* s'en retournast en sa maison à si bonne heure qu'onques depuis il ne revint à Mets, à cause des plaintes contre luy formées à la Cour.

On tint aussi un autre moyen pour ruiner ceux de la religion, donnant à entendre au Roy par certains deputés, que ceux qui alloient à la predication n'estoient que gens mecaniques, & de simble estoffe, par lesquels il estoit à craindre que les simples de la ville & du païs fussent infectés, dont pourroit sourdre quelque grand inconvenient. Sur quoy fut envoyé le seigneur d'*Auzance*[1], alors incognu à ceux de la ville, lequel estant en simple habit & sans se donner à cognoistre, s'estant trouvé ès predications des

---

1. *Jacques de Montberon*, seigneur d'Auzance, qui succéda bientôt à Vieilleville comme gouverneur. *Mém. de Condé*, I, p. 181. Voy. p. 333 ss. *Le Laboureur, Annotat. aux Mém. de Castelnau*, I, 797. *France prot.*, IV, p. 8; VII, 458.

uns & des autres, trouva & rapporta fidelement tout le contraire, ayant veu ès predications de ceux de la religion beaucoup de nobleffe & plufieurs bourgeois honorables, de forte que ce coup fut rompu, comme plufieurs autres.

Il n'y eut point faute auffi de prefcheurs tant en la ville que par les villages, tafchans à degoufter le peuple par tous moyens à eux poffibles, jufques à dire que les miniftres avoient des cornes en la tefte, & que l'horloge de fable qui eftoit attaché auprès de la chaire eftoit un efprit familier, lequel les miniftres tournoient ou remuoient pour charmer tous ceux qui les efcoutoient, de forte qu'un jour fe trouvant une villageoife en la maifon d'un nommé *Maugin* de Sonabe, où difnoit *Taffin,* l'un des miniftres, elle dit tout haut ce qu'elle avoit entendu de fon Curé faifant fon profne, & falut qu'elle vift & taftaft toute la tefte de *Taffin* pour luy faire cognoiftre la fauffeté de cefte calomnie.

Il vint auffi de Verdun à Mets un Cordelier nommé frere *Fremin Capitis*[1], lequel fut fi impudent que d'ofer dire que ceux de la religion faifoient deux Cenes, à favoir, une pour les riches de pain blanc, & en vaiffelle d'argent, & une autre de pain noir, & avec des verres pour les pauvres; combien que chacun vift à l'œil le contraire.

Quelques *Jefuites*[2] auffi y vindrent, l'un defquels ayant efcrit à ceux de fa fecte quelques letres diffamatoires contre le gouverneur comme favorifant aux heretiques, fut renvoyé honteufement après afpres remonftrances. Il y en eut un autre de la mefme fecte qui fe mefla de catechifer les enfans de la religion Romaine en l'eglife *Saincte Croix;* mais tout cela ne tourna qu'en rifée de ceux-là mefmes de fa religion.

En ces entrefaites, *Vielleville*[3] eftant requis de ceux de la reli-

Intrigues de Vieilleville.

---

1. *Meurisse*, p. 206 : Entre autres, ils (les catholiques de Metz) firent venir de Verdun un celebre cordelier du couvent de Senlis, nommé *Fremin Capitis*, qui fit une excellente anatomie de la cœne calviniste, demonstrant en plusieurs predications qu'il prononça dans la cathedrale et ailleurs, que ce n'estoit qu'une action prophane, sans benediction, sans consecration, sans alteration ou mutation de la matiere du sacrement, etc.

2. *Ibid.*, p. 207.

3. *Ibid.*, p. 208 : Le sieur *de Vieilleville* octroya aux adversaires le quartier du retranchement (c. à d. le retranchement Guise, près de la porte Ste-Barbe).

gion de leur ottroyer quelque lieu à couvert dans la ville à cauſe de l'hyver, deſirant les gratifier non tant pour faveur qu'il portaſt à la religion, que pour parvenir par ce moyen à ce qu'il fit puis après, leur ottroya par la permiſſion du Roy le quartier de retranchement, ſous condition, premierement, que les principaux de l'Egliſe reſpondroient pour leurs miniſtres; ſecondement, qu'on ne feroit ni entreprendroit rien contre le ſervice du Roy, & finalement que toutes les fois qu'il plairoit au Roy de remettre leurs predications hors la ville, ils ſortiroient ſans aucun refus; leſquels articles il leur fit ſigner, & dont il ſe ſceut bien ſervir puis après, comme il ſera dit en ſon lieu.

Les ayant donc rendus bien contens par ce moyen, il commença de les pratiquer pour conſentir au baſtiment de la citadelle, comme auſſi il gagna quelques uns des principaux de la religion Romaine, leur diſant que le Roy deſirant l'avancement de la ville de Mets entre toutes les villes de ſon royaume, avoit conſideré qu'il y faloit entretenir ordinairement des forces pour la garder contre les eſtrangers; ce qui cauſeroit grandes incommodités aux bourgeois ſi ceſte garniſon eſtoit ainſi ſemée par la ville; & pourtant qu'il faloit dreſſer quelque fort pour les y retirer, en quoy faiſant, les bourgeois feroient remis en leur liberté, garderoient leurs portes eux-meſmes, ſeroient exempts de la contribution pour la garniſon, & qui plus eſt, le Roy leur bailleroit des foires franches pour les faire tous riches; joint que le Roy vouloit acheter les maiſons dont il ſe ſerviroit à plus haute eſtimation qu'elles ne valoient, afin que perſonne n'euſt occaſion de ſe plaindre. Par ce moyen donques *Vielleville* ayant alleché ce peuple, commença auſſi toſt à faire un merveilleux degaſt de maiſons; à cauſe de quoy pluſieurs pauvres bourgeois furent contraints de ſ'habituer comme ils peurent, au grand mecontentement des uns & des autres. Mais ceux de la religion Romaine eſtoient tellement aigris contre leurs combourgeois qu'il n'y avoit ordre de chercher

---

où il leur permit de baſtir un Temple aſſez proche du cimetiere qu'ils y poſſedent encor aujourd'huy. *Colonius et Taffinus ministris Genevensib.*, 26 *oct.* 1561 *(Opp. Calv.*, XIX, 80): *Intellexisse vos iam arbitramur, locum nobis in urbe habendis concionibus designatum et concessum, qui parietibus undique cinctus tecto suo propediem vestietur* (ſur l'emplacement de l'arſenal actuel).

quelque remede en commun ; & ceux de la religion d'autre cofté, craignans d'eftre remis hors la ville, voire mefmes de perdre l'exercice de la religion f'ils offenfoient *Vielleville,* n'ofoient dire mot.

Et par ce moyen fut baftie la citadelle, fans que *Vielleville* fe fouciaft de l'execution de fes promeffes ; ains f'en retourna à la Cour, laiffant le fieur *d'Aufance*[1] pour fon lieutenant en fon abfence, fous lequel, acompagné du fieur *de Seneton,* Prefident, ceux de la religion furent en grande tranquillité nonobftant la guerre civile de France, & que quelques uns de la nobleffe mefmes, tant de la ville que du païs Meffin, avec quelques foldats fuffent allés à Orleans trouver le *Prince de Condé,* ayant efté mandé de la Cour à *Aufance* d'entretenir ceux de la religion le plus paifiblement qu'il pourroit, de peur d'irriter les Alemans. Cela fut caufe qu'il fut mefmes defendu aux Ecclefiaftiques de fe mefler aucunement de ceux de la religion, ni en ce qui concerneroit leur faict.

Cela vint à poinct à la *Prieufe des feurs de la Magdeleine* & à quatre de fes Nonnains, qui quitterent le Couvent[2] ; & pareillement à plufieurs preftres & moines qui f'adjoignirent à ceux de la religion[3], tellement creus de nombre, qu'outre *Pierre de Cologne* *Conversions de religieux et autres.*

---

1. *Meurisse,* p. 213 : L'an 1562, les travaux de la citadelle estant desja aucunement advancez, le sieur *de Vadancourt* y fut envoyé et establi premier gouverneur, et presque en mesme temps, le sieur *d'Ausance* fut envoyé pour commander à la ville, sous le sieur de Vieilleville, et en son absence, et le sieur *de Seneton* pour exercer la charge de President, qui avoit esté exercée les années precedentes par le sieur *de l'Aubespine.*

2. *Meurisse,* p. 226 : Ce fut alors que six Religieuses, entre lesquelles estoit mesme la Superieure, sortirent du monastere de Ste-Magdelaine, en une nuict, pour se faire Huguenottes, dont l'une nommée sœur Antoinette fut mariée au petit Simonet, chaussetier de la Petite Place ; sœur Mariette à un cordonnier de la Porte aux Allemands, et sœur Janon à un apostat de l'ordre de Citeaux venu de France ; sœur Marie de Mousson n'ayant pu trouver personne qui voulust d'elle, parcequ'elle estoit un peu vieille et d'assez mauvaise grace, fut contrainte de demeurer au service de la Presidente de Metz ; les deux autres s'en allerent vagabonder par le monde et moururent enfin toutes six miserablement.

3. *Meurisse,* 226 : Ce fut au mesme temps qu'un nommé frere Dominique, cordelier, sortit de son cloistre et se maria scandaleusement au presche ; qu'un Prieur des Carmes, qui depuis mourut maistre d'escole à Longeville,

& *Taffin,* il leur falut encor avoir deux miniſtres, qui furent *Jean Garnier*[1], jadis miniſtre de l'Egliſe Françoiſe de Straſbourg, &

se maria avec un pareil scandale ; qu'un nommé Simon Melenne, curé de Vallieres, embrassa une pareille reforme. Mais sur tous qu'un nommé Messire Florentin Fusoris, pource qu'il estoit, peut estre, de meilleure condition que les autres, se maria aussi plus solennellement et plus scandaleusement; le Maistre Eschevin, nommé François d'Inguenhem, qui estoit effectivement de ceste Religion pretendue, et plusieurs de la Justice s'estant trouvés à ceste reformée ceremonie.

1. *Meurisse*, p. 233, en copiant et en complétant, comme à l'ordinaire, dit : Ils firent venir encor deux nouveaux Ministres : un nommé *Jean Garnier*, apostat de l'ordre de St-Dominique (détail qui paraît être resté inconnu à M. Haag et M. Ch. Dardier, mais qui explique ce que *Garnier* lui-même dit sur ses antécédents, dans sa *Brieue et claire confession.* 1549, voy. *Bullet. du Prot. franç.,* VI, 186 : «j'ay esté quelque temps plongé (à mon grand dommage) jusques oreilles, pour le passé, aux erreurs et superstitions papistiques... persecutant (voire jusques à la mort) ceux qui enseignoyent ce mesme que maintenant je croy et confesse»), natif ou Religieux d'Avignon. — Il reste beaucoup de points obscurs dans ce qui nous est parvenu sur la vie et les pérégrinations de cet homme intéressant. Les données les plus authentiques se trouvent éparses dans ce que nous possédons de ses lettres et de celles de quelques théologiens contemporains, voy. l'*Index de la Corresp. de Calvin.* Il arriva à Strasbourg à la fin de l'année 1544, où la petite communauté française, fondée par Calvin en 1538, l'élut comme ministre en 1545. Les troubles suscités par l'*Intérim* lui firent quitter la ville, partagea le sort de Bucer qui, à cette occasion, le 13 avril 1549, lui donna le témoignage : *fratrem et collegam nostrum egregie approbasse studium suum et fidem cum in pietate vitæ suæ et morum, tum etiam in fide et religione ministerii* (Rœhrich, *Gesch. der Reform. im Elsass*, II, 70). Après avoir été en Allemagne et surtout auprès du Landgrave de Hesse, il put revenir à Strasbourg, vers la fin de 1551. Après y avoir traversé de nombreuses difficultés suscitées, du moins en partie, par son zèle disciplinaire, il fut obligé de quitter une seconde fois, en 1555. Il retrouva un bon accueil à la cour de Cassel et devint professeur à Marbourg, et ce fut de là qu'il fut appelé à Metz (en 1562, paraît-il), d'où il vint ensuite à Ste-Marie-aux-Mines. — Pendant son séjour à Strasbourg, *Garnier* publia un petit livre intitulé : «*Briefue et claire confession de la foy Chrestienne, contenant cent articles selon l'ordre du Symbole des Apostres, faicte et declairée l'an 1549 par Jean Garnier. Le cœur croit pour justice, mais la bouche confesse à salut. Rom. 10. — Quand sera-ce ?*» Petit in-8. Ce traité fut imprimé en l'absence de l'auteur, comme il le dit au commencement des Errata. Il se compose, le titre compris, de 72 feuillets non chiffrés. Il s'adresse par une épître : «A toute la petite Eglise Francoyse de Strasbourg, assemblée pour l'evangile au nom de Jesus Christ.» Un exemplaire se trouvait à la bibliothèque brûlée de Strasbourg, un autre se trouve à la Bibl. de la ville de Zurich.

Louys des Masures[1], autrefois secretaire de l'ancien *Cardinal de Lorraine,* mais homme de bien & de bon savoir, lequel, contraint pour la religion de partir de la ville de *Sainct Nicolas,* se retira dedans Mets.

Leurs adversaires ne dormoient pas cependant, & nommément le *General de l'ordre de la Trinité*[2] & plusieurs autres moines,

---

Des réimpressions en furent faites en 1552 et en 1555. — Strieder, *Hist. lit. Hassiæ.* Comp. *La France prot.,* V, p. 219, et l'art. de M. Ch. Dardier dans l'*Encyclop. des sciences relig.* par M. Lichtenberger, V, p. 410. E. Mühlenbeck, *Hist. de l'Egl. de Ste-Marie-aux-Mines,* p. 183.

1. *Louis Desmasures (Masurius),* né à Tournai, environ 1523. Secrétaire du cardinal Jean de Lorraine, il commença par traduire plusieurs livres de l'Enéide en vers français. Il jouissait de la protection de François Ier, mais il s'était aussi suscité des ennemis qui, après la mort du roi, le forcèrent de sortir du pays; il vint à Rome, où le cardinal Du Bellay l'accueillit. Rentré en France, il gagna de nouveau les bonnes grâces de la duchesse Christine de Lorraine, dont il fut secrétaire, ainsi que de son fils le duc Charles III, en 1551. Ayant embrassé les idées de la Réforme, il commença à prêcher à Saint-Nicolas-du-Port, à 2 lieues de Nancy (1561), pèlerinage fréquenté. On y appela un des ministres de Metz, M. François Christofle. Mais alors les persécutions s'élevèrent (*Hist. des Martyrs,* 603 s.). *Des Masures* se retira à Deux-Ponts, d'où il revint à Metz et s'adjoignit aux ministres. Plus tard il se réfugia avec d'autres fidèles de Metz à Ste-Marie-aux-Mines. Il mourut à Eschery en 1574. Outre ses œuvres poétiques, il existe de lui: *Bref traitté des Sacremens en general fait en latin par M. Theod. de Beze et nouvell. trad. en franç. par Louis Des Masures.* Lyon, Jan d'Ogerolles, 1564, in-12, impr. à la suite d'un traité de *Thomas Eraste* sur la Cène, trad. par *Pierre de Cologne.* — *Ludovici Masurii Nervii Babylon sive Babylonicæ Tyrannidis eversio, gallice ante aliquot annos in lucem edita, nunc primum vero ab authore ipso in Latinum conversa. Apocal. XIIII. Cecidit, cecidit Babylon, urbs illa magna etc. (Genevæ) Apud Franc. Perrinum.* 1569. 4°. Il en fit la traduction à Strasbourg; la dédicace à *Eduardus Bisetus* est datée de cette ville, le 1er mars 1569. — *Calvini Opera,* XVIII, 490 ss. *France prot.,* IV, 260 s. E. Mühlenbeck, *Hist. de l'Egl. de Ste-Marie-a.-M.,* p. 178. — Des Masures mourut à Eschery, en 1574, le 17 juin (*ibid.,* p. 185).

2. *Meurisse,* p. 216: Il estoit arrivé que le dernier Dimanche de Janvier de 1562, le Ministre de la Trinité, nommé *Bernard Dominici,* sçavant homme, excellent predicateur pour le temps, qui a exercé plusieurs années les fonctions de Theologal dans la Cathedrale, et qui estoit mesme alors general de son ordre, avoit presché que celui qui dit que les petits enfans, comme estant sanctifiez par la foy de leurs parents, n'ont point besoin d'estre baptisez et que le Baptesme ne leur confere pas la grace, mais qu'il n'en est que le signe etc., seroit vrayment Anabaptiste... Sur cela, les Calvinistes de Metz sentirent

crians & tempeſtans de tout leur pouvoir, ſurtout contre *Garnier*, qui deſchiffroit la meſſe d'une terrible façon, & à la verité par trop violente[1]; ce qui eſmeut tellement ceux de la religion Romaine,

bien que ces parolles s'addreſſoient à eux, presenterent aussitost deux Requestes, l'une au Gouverneur et l'autre au President, contre luy, disant qu'il les avoit appelez Anabaptistes... Cest affaire demeura là.

1. *Meurisse*, p. 237 : Le Ministre *Garnier* avoit entrepris ceste année là (1563) de souiller le mystere de l'Eucharistie et le sacrifice de la Messe avec des blasphemes si execrables que ceux mesme de son party en avoient horreur, etc. Probablement cette polémique se borna aux sermons débités par *Garnier*. Nous ne savons pas si la publication de *Pierre de Cologne* : *Vraye et droicte intelligence de ces paroles de la Cene de J. Chr. : Cecy est mon corps, composé premierement en allemand par M. Thomas Erastus, et en françois par M. Pierre de Cologne, ministre de l'eglise reformée de Metz*; Lyon 1564 (voy. supra, p. 565, note 1), se rattache à ces discussions. *Meurisse*, p. 272, rapporte seulement : La mesme année 1564, les deux Ministres *Pierre de Cologne* et *Louys Des-Masures*, pource peut-estre qu'ils n'estoient point capables de produire quelques originaux d'eux mesmes, s'amuserent, pour occuper leurs imprimeurs, à mettre au jour deux meschantes traductions. La premiere d'un Traicté de la Cœne composé en allemand par un nommé *Thomas Erastus*, et l'autre, d'un Traicté des Sacremens composé en Latin par *Theodore de Beze*. Et le premier dedia ceste importante version au Sieur *de Clervant*, comme à un des principaux piliers de la reforme; et tout cela imprimé à Metz par Jean d'Arras, et Odinet Basset, imprimeurs de la Religion pretendue, 1564. — *Meurisse* raconte ensuite, p. 252 : La violence de ceste tempeste obligea l'Evesque *Beauquerre*, au commencement de 1564, de venir à Metz, où il assembla le clergé et où la resolution fut prise de deputer en cour pour faire des remonstrances (dont le texte est inséré et porte la date du 8 avril 1564). Il continue, p. 258 : Ces remonstrances furent faites au Roy par la bouche mesme de l'Evesque *Beauquerre*, dans la ville de Bar-le-Duc... Le Roy trouva bon d'envoyer à Metz le *Mareschal de Bourdillon*, ordonner de sa part que les choses fussent remises au mesme estat qu'elles estoient lorsque Henry II prit la ville sous sa protection... Une indisposition qui survint au *Mareschal de Bourdillon* l'ayant empesché de faire ce voyage, Monsieur *de Lansac* en eut la commission... Les Religionnaires presenterent ceste derniere requeste à M. *de Lansac*, sur le point de son partement de ceste ville. P. 261 : «A Monseigneur Msgr. de Lansac, Chevalier de l'ordre du Roy etc. Remonstrent les Gentilshommes et Bourgeois de l'Eglise reformée à Metz, comment l'obeissance, fidelité et patience dont ils ont donné bon tesmoignage jusqu'à present, et nommément durant les troubles, les ont fait esperer que la Majesté du Roy recognoissant combien un tel devoir estoit important pour son service, les accommoderoit, voire à leur premiere requeste, après la pacification des troubles. Toutesfois ayant esté remis à la venue de sadite Majesté vers ce pays, n'a sinon esté augmentée leur esperance par

de Mets & pays Meffin. Livre XVI. 567

qu'au lieu qu'auparavant ils ne faifoient qu'une proceffion generale le jour qu'ils appellent la fefte-dieu, eftant efcheu le jour de

nouvelles promesses qu'elle les accommoderoit. Et ce pendant ont continué en la patience accoustumée, tant que vous estant venu en ceste ville, pour cognoistre, comme ils ne doutent point, des complaintes, demandes et petitions de l'une et l'autre partie, ils vous ont requis verbalement que suivant les raisons contenues en leurs requestes presentées au Roy et à Monsgr. le Gouverneur de ceste ville, dont ils vous ont donné copies, il vous pleust faire en leur endroit ce que cognoistriez estre de raison. Et d'autant que la responce qu'il vous a pleu leur faire ce matin, monstre qu'ils sont entierement frustrés de leur attente et esperance, ils ont bien voulu encor ceste fois vous remonstrer et supplier de considerer l'estat et qualité de ceste ville, laquelle estant Imperiale, et ayant promesse de sa Majesté d'estre conservée en ses privileges et franchises, a matiere de se complaindre que leur refusant leur demande et petition, ils sont frustrez de l'effet de la promesse de sadite Majesté. Car si Worms, Spire, Landau et autres villes Imperiales, où les deux Religions sont entretenues, ceux de l'Evangile sont accommodez de temples bastis, voire tellement qu'à Landau en un mesme temple se fait la predication et la Messe, pour ne priver les Evangelistes du fruict de ce privilege : A plus forte raison, en ceste ville, en laquelle la pluspart des temples sont quasi inutiles, les remonstrans, qui sont beaucoup plus que la moitié de la Noblesse et Bourgeoisie, ont matiere de requerir le fruit et effet de tels privileges et franchises ; et en cas de refus, de se complaindre, à bon droit, qu'ils sont rompus et enfraints contre la volonté de sa Majesté, laquelle il a toujours declarée par ses promesses : Veu principalement qu'avant que ceste ville fut sous la protection du Roy, auroit esté accordé aux fideles un temple basty. Que si l'effet et octroy de leur petition fondée en telle raison estoit prejudiciable au service du Roy, ils endureroient le refus aussi patiemment comme les ruines de leurs maisons et autres dommages des guerres passées. Et si leur fidelité et obeissance n'estoit pour le moins aussi manifeste et certaine que celle de ceux de l'Eglise Romaine, ils endureroient patiemment d'estre continuez au *Retranchement* (la place assignée à leur culte), sous la puissance de ceux qui les voudroient là tenir enserrez comme en prison. Mais s'estans demonstrez tant affectionnez serviteurs de sa Majesté, et ne pouvant l'effet de leur demande porter aucun prejudice à son service, ils vous supplient de considerer s'il y a raison de les tenir si longtemps en langueur, leur faisant comme porter, toutes les fois qu'ils vont au *Retranchement*, une marque d'infidelité et mespris. Veu aussi l'incommodité du lieu, qui est quant à la distance non seulement de deux cent pas, ains telle qu'un chacun peut voir à l'œil. De sorte que ceux du Magistrat qui sont de la Religion reformée, plusieurs anciennes gens, debiles et autres de mestier, sont fort incommodez et empeschez de se trouver aux predications ordinaires : laquelle incommodité n'est seule, ains n'estant le lieu capable de toute la multitude en aucuns jours, plusieurs sont contraints partir sans ouyr la predication. Et quant à le faire plus grand, il n'est raison-

ceste feste au quatriesme Juin 1563 [1], ceux de la grande Eglise, assistés de tout le clergé, firent une procession à part, & quant aux paroisses, elles firent leurs processions distinctement le Dimanche suivant. Qui plus est, *Ausance,* pratiqué par ceux de la religion Romaine, commanda aux autres de fermer leurs boutiques, ce qu'ils n'avoient acoustumé de faire en aucun autre jour de feste que le Dimanche; qui fut cause que quelques uns, ayans refusé d'obeir, furent chassés de la ville, dont s'estant grandement resioui entre autres un certain sien sommelier, accourut vers *madame d'Ausance,* luy disant ces mots: «Madame, voilà monsieur qui fait bien garder la feste-dieu aux Huguenots de par tous les diables.» Mais sa joye fut bien courte; car à grand'peine eut-il achevé son propos, qu'il tumba tout roide mort aux pieds de ladite dame; ce qui apporta un grand effroy à tous ceux qui en ouirent parler. Il advint encores un autre accident, le Dimanche d'après, en la parroisse *sainct Martin,* au moyen d'une pauvre femme, laquelle mettant sa vache dehors, advint que la beste rencontrant la procession avec tant de torches, s'effaroucha tellement, que se jettant sous le poisle, elle cuida renverser le prestre qui portoit son hostie, dont la pauvre femme fut menée prisonniere avec sa vache.

D'Andelot à Metz. Le deuxiesme de Septembre audit an (1564) [2], messire *François de Coligny,* sieur *d'Andelot* & frere de l'*Amiral,* homme renommé entre tous les capitaines & gens de guerre, & Couronnel general de l'infanterie Françoise, espousa au chasteau de Montoy [3] Anne

nable, après tant de pertes et dommages, charger les remonstrans de nouveaux frais. Joint qu'il n'y a Ministre de la parole, duquel la voix y peut fournir. Lesquelles choses considerées, les remonstrans s'asseurent etc.» (qu'on leur accordera leur demande).

1. *Meurisse*, p. 264: Les satyres du Ministre *Garnier* contre l'adorable mystere de la Messe porterent l'Evesque *Beauquerre* à instituer de nouvelles processions du S. Sacrement... Ceste année, il ordonna qu'outre la procession generalle, qui se faisoit desjà le jour du S. Sacrement, il s'en feroit encor de particulieres, par toutes les Paroisses, le Dimanche d'après, etc.

2. *Meurisse*, p. 266, ne fait que copier, à sa manière. Le comte *Delaborde, Gasp. de Coligny*, II, 343 s. — *D'Andelot* avait épousé en premières noces Claude de Rieux (vol. I, p. 141; II, 749), fille de Claude, sire de Rieux, comte de Harcourt, et de Catherine de Laval, morte en 1561. *Anne de Salm* était fille de Jean, comte de Salm, veuve du baron d'Aussonville. (*Le Laboureur, Add. aux Mém. de Castelnau,* I, 380.)

3. *Montoy*, à 7 kil. de Metz.

456 de *Salme*, feur du Comte *de Salme*, & de là venu à Mets à la predication, le quatriefme dudit mois, refiouit grandement tous ceux de la religion, ayant efté grandement careffé ledit fieur tant du fieur *d'Aufance* que du prefident & de tous les gens de guerre d'une & d'autre religion.

 L'an fuivant, *Guillaume Farel*, nonobftant fon extreme vielleffe qui paffoit quatre vingts ans, eftant convié par fes anciennes brebis de venir voir le fruict de fa femence qui avoit comme dormi en terre près de vingt ans[1], devant que fe pouvoir eflever, y arriva le douziefme de May 1563, & le lendemain y prefcha avec une incroyable confolation de toute l'affemblée; puis, retourné à Neufchaftel, y finit fes jours heureufement[2], ayant efté le premier à fonder plufieurs eglifes ès païs de Savoye, *Aille*[3], *Vaux*, *Neufchaftel* & jufques à *Mombeliard*[4], avec un zele merveilleux depuis le commencement jufques à la fin. Il eftoit de noble & ancienne maifon du Gapenfois, & non pas preftre ni moine, comme fauffement quelques uns ont efcrit, mais homme de letres & difciple de ce grand perfonnage *Jaques Fabri*, furnommé *Stapulenfis*[5], & grand ami de *Girard Ruffi*[6], tous deux docteurs de Sorbonne. Mais *Farel* voyant fon precepteur dechaffé, ayma mieux fe retirer à Bafle[7] que fuivre fon cours de Theologie à Paris, & là, après

Farel à Metz.

---

 1. *Ruchat, Hist. de la Réf. de la Suisse, par Vulliemin.* T. VII, p. 74 s.: vingt-deux à vingt-trois ans auparavant. Lui... déféra à cette invitation, et sans aucun égard pour ses infirmités et son grand âge (car il avait 76 ans, étant né l'an 1489), et contre l'avis de ses amis, il se mit en chemin. — Le magistrat de Neuchâtel lui donna comme compagnon de voyage un de ses membres, Jonas Favargier. *Kirchhofer, Farel*, II, 164.

 2. Il rentra à Neuchâtel, vers le milieu de juillet 1565; il languit encore pendant quelques semaines et mourut le 13 septembre. *Ruchat*, l. c. *Kirchhofer.*

 3. *Aigle*, et dans le pays de Vaud; il alla prêcher ensuite en nombre d'endroits des pays romands: Morat, Bienne, La Bonneville, Avenche et surtout Orbe, avant de se fixer à Neuchâtel.

 4. Il vint à Montbéliard dès 1524, où Toussaint lui succéda. *Kirchhofer*, I, p. 33 s. *(Georges Goguel) Précis hist. de la réf. dans l'ancien Comté de Montbéliard.* Paris 1841.

 5. Vol. I, p. 5.

 6. Vol. I, p. 5, 6, 14 s.

 7. Il vint à Bâle avant d'aller à Montbéliard, en 1524, mais seulement pour peu de temps. Il se retira ensuite à Strasbourg, où il se rencontra de

avoir communiqué avec *Oecolampade, Zwingle* & autres doctes des villes de Suiſſe, les unes ayans jà receu l'Evangile, les autres eſtans ſur le poinct de le recevoir, ſ'employa à l'avancer tres-heureuſement & treſlonguement, ainſi comme dit a eſté.

Environ ce temps[1] cuida ſurvenir un tresgrand eſclandre entre ceux de la religion Romaine au moyen d'une diſpute ſur le purgatoire, advenue en un grand banquet ſolennel entre le *chancelier du grand temple* de Mets & le *gardien des Cordeliers*, à raiſon de laquelle fut contraint le *Chancelier,* nonobſtant ſon credit, de tenir priſon quelques jours en ſa maiſon, durans leſquels il eut quelque ſecrete conference avec *Garnier,* de ſorte qu'il eſtoit en quelque deliberation de ſe renger avec ceux de la religion. Mais les grands benefices qu'il tenoit & l'eſperance qu'il en avoit d'en avoir davantage, l'en empeſcherent, deſquels toutesfois il ne jouit pas longuement, eſtant mort environ demi an après, bien miſerablement & en grande langueur.

Perſécutions par le cardinal de Guiſe.

En ceſte meſme ſaiſon[2] le *Cardinal de Lorraine,* ſieur ſouve-

nouveau avec *Le Fèvre d'Etaples.* En 1526 il est de nouveau à Bâle, toujours exposé à différentes aventures, et de là enfin il se fixe pour quelque temps à Aigle, en 1527. *Kirchhofer,* I, p. 49, 64. Comp. aussi la *France prot.,* V, 59. *Schmidt, Farel.*

1. D'après *Meuriſſe,* p. 280, ce fut en 1565. Il ne donne pas non plus le nom ni du chancelier, ni du gardien des Cordeliers, et ne paraît pas en savoir plus que ne rapporte notre *Histoire,* qu'il se contente de copier.

2. A la fin de l'année 1565 (dit *Meuriſſe,* p. 285), ceux du Clergé... se resolurent de dresser des cahiers contenants les verifications des choses qui estoient exposées dans leurs mesmes remonstrances... et de deputer de nouveau en Cour... pour presenter ceste nouvelle *Requeste* au Roy: «Au Roy Remonstrent en toute humilité ceux du Clergé de Metz... que dès l'an passé, estant V. M. à Bar-le-Duc, ils vous auroient fait plusieurs doleances — tant par escript que par la bouche de leur Evesque lors y present, tendant afin qu'il pleût à V. M. avoir benin esgard à la grande-patience qu'ils auroient eu les années precedentes et depuis qu'ils sont sous la protection de vostre Couronne, nonobstant plusieurs et grands dommages... qu'ils ont souffert — tant durant les guerres passées, qu'à l'occasion des troubles ce pendant intervenus en la Religion... Que ceux qui sont de la nouvelle Religion, qu'on dit reformée audit lieu, se sont depuis tousiours fortifiez... Et ne s'estants... voulu contenter du lieu qui leur fut concedé au *Retranchement* de ladite Ville, Tellement que là où ils n'avoient que ce seul lieu... ils en ont pour le jourd'huy, aux environs, proche de la dite Ville... presque une douzaine, outre qu'au cœur d'icelle Ville ont erigez Consistoire, Colleges,

rain temporel de l'Evefché de Mets¹, extremement indigné de l'avancement de ceux de la religion non feulement en la ville de Mets, mais ès villages d'alentour, & nommément au village de *Leffy*², fit tant que cefte eglife fut tranfportée au village de *Sey*³, pource qu'il difoit qu'elle infectoit fes fujets des mairies du *Vaul*⁴, & pour faire revolter fes fujets des villages d'*Aucy*⁵, *Airs*⁶, *Chaptel*⁷ & *Leffy*, qui eftoient de la religion, fit publier par ordonnance que dans un brief jour ils euffent à retourner à la meffe, ou defloger defdits villages, avec injonction à fes officiers de la ville de *Vic*⁸ de fe faifir des defobeiffans pour en faire juftice & confifquer leurs biens fans aucune grace.

Au mois de Septembre 1566 le zele indifcret de *Garnier*, duquel nous avons defià parlé, mit l'affemblée en grand danger, ayant efté contraint le Gouverneur luy defendre la chaire, qui fut caufe d'envoyer à la Cour pour tafcher de le reftablir, mais ce fut en vain⁹. *Taffin*, d'autre cofté, eftoit allé au Païs Bas, dont il eft

Nouveaux ministres.

Escolles, Imprimeries ... et fait une libre retraicte de toutes sortes d'estrangers chassez de leurs pays ... Vous suppliants — vouloir considérer ces choses et y donner tel ordre que le cas le requiert.»

1. *Meurisse* le désigne seulement comme Administrateur perpétuel de l'Evesché de Metz, pour le reste il n'ajoute rien de particulier.
2. *Lessy*, village sur le penchant occidental du mont St-Quentin, à 8 kil. de Metz et à 10 kil. nord-est de Gorze.
3. *Scy (Scey)*, village sur le penchant méridional du mont St-Quentin, à 4 1/2 kil. ouest de Metz, avec vue sur la vallée de la Moselle.
4. *Vaux*, village dans un petit fond de la vallée sur la Moselle, à 8 kil. sud-ouest de Metz et autant nord-est de Gorze.
5. *Ancy*, formé de trois hameaux sur la rive gauche de la Moselle et sur la route de Nancy, à 13 kil. de Metz et à 5 kil. est de Gorze.
6. *Ars-sur-Moselle (Arx)*, à l'entrée d'une vallée, à 6 kil. de Gorze et à 10 kil. de Metz, ancien bourg avec plusieurs hauts-fourneaux.
7. *Chatel-St-Germain*, à 8 kil. ouest de Metz et à 10 kil. nord-est de Gorze, avec les ruines d'un ancien château sur la hauteur voisine et des restes druidiques.
8. *Vic (Vicus)*, sur la Seille, dans un vallon resserré, sur la route de Dieuze à Metz et à Nancy, avec un vieux château, à 29 kil. de Château-Salins.
9. *Garnier* alla à Ste-Marie-aux-Mines. *Mühlenbeck*, l. c., p. 183. C'est à tort que la *France prot.*, V, p. 220, doute de l'identité du personnage du même nom qui, chassé de Metz, était ministre de la paroisse française à Strasbourg en 1569 et qui figura comme prédicateur de la cour à Cassel, où il mourut en 1574.

natif, y eſtant appelé pour donner ordre aux Egliſes qui ſ'y dreſ-
ſoient¹, & *Pierre de Cologne* inſiſtoit fort auſſi à ce qu'il luy fuſt
permis d'aller faire ſon devoir en ſon païs² en la neceſſité; ce qui
mit l'Egliſe de Mets en tresgrand'peine. Mais il y fut pourveu
ayant eſté ſecourue par le moyen de *Jean Malot,* miniſtre de
l'*Amiral*³, qui le leur accorda pour un temps, de *Olivier Valin*⁴,
que leur accorda de meſme auſſi le ſieur *d'Andelot;* joint que
Pierre de Cologne ſe deporta de ſon voyage, & *Taffin* retourna
au mois d'Avril 1567⁵, ayant amené avec luy *François du Jon*⁶,
jeune homme, mais dès lors doué de grandes graces de Dieu, de
ſorte qu'ils furent mieux pourveus que jamais.

1. *Taffin* alla se fixer à Tournay, sa ville natale, et à Anvers. Sepp, Drie
Evangeliedienaren, p. 19, 20, 24 s. Ollier, Guy de Brès. Paris 1883, p. 102,
122. Ch. Paillard, Bull. du Prot. franç., XXVII, 382. Bull. du Prot. franç.,
XXII, 113.

2. C'est-à-dire, probablement, à Gand, en tout cas dans les pays flamands
où le mouvement de la Réforme à cette époque était très prononcé.

3. Voy. vol. I, p. 490, 671 ; II, 13, 462. *France prot.*, IV, p. 9; VII, p. 200.
Lors de l'assassinat de sa femme Anne Chrestien, il est encore désigné comme
ministre du S. Evangile en la maison de l'Amiral, Chastillon-sur-Loing, mais
on ignore quand il quitta Metz pour y retourner, ni quand et comment il
mourut. Coligny doit avoir eu plusieurs ministres, puisque Raymond Merlin,
qui antérieurement déjà avait été attaché à son service, se retrouva de nouveau plus tard auprès de sa personne, surtout dans les derniers temps.
(*Fr. Hotman*) Mém. de Coligny. Paris 1565, p. 151. Delaborde, Coligny,
III, 441.

4. *Olivier Valin (Varin?).* Cette notice est la première connue touchant
ce ministre. Taffin était revenu en 1567, il retourna probablement auprès de
M. d'Andelot, jusqu'à la mort de celui-ci, 7 mai 1569, où il reparaît à Metz:
voy. ci-dessous, p. 470. Comp. *France prot.*, IX, p. 443; IV, p. 9.

5. *Sepp*, l. c., p. 26, 27.

6. *François du Jon*, plus connu sous le nom de *Junius*, né à Bourges, 1545,
mort professeur à Leyde en 1602, après avoir été ministre à Anvers et dans
le Palatinat, à Schœnau, et ensuite professeur à Neustadt, à Heidelberg et
à Leyde. Il laissa une autobiographie : *Vita Francisci Junii Bituricensis, ab
ipso nuper conscripta et edita a Paulo Merula. Ludg. Bat. 1594.* Après avoir
commencé ses études à Bourges et à Lyon, il alla étudier la théologie à
Genève en 1562. En 1565 il accepta la place de ministre à Anvers, et la
remplit au milieu des périls de la persécution, auxquels il échappa en 1566.
Il rapporte lui-même qu'il passa par Metz, en se rendant de Genève dans les
Pays-Bas : *In transcursu Metensem Ecclesiam salutavimus, ordinemque illius
vidimus libentissime, quem fideles Dei servi Joannes Garnerius, Joannes*

de Mets & pays Meſſin. Livre XVI. 573

Auſſi en avoient ils beſoin; car deux grands fleaux de Dieu *La peste à Metz.*
aſſaillirent alors la ville, à ſavoir la peſte & les flammeſches de la
guerre civile de France recommencée. La peſte dura environ deux
ans [1], dont pluſieurs moururent de l'une & de l'autre religion,
mais non pas tous d'une façon. Car ceux de la religion furent
premierement viſités & tresſongneuſement conſolés par leurs pasteurs, & finalement, pource que le peuple les vouloit eſpargner,
furent aſſiſtés par un nommé *Guillaume Braſier*[2], deputé à cela,
comme auſſi il y eſtoit fort propre, eſtant plein de zele & de
conſtance. Les preſtres, au contraire, ſe monſtrerent merveilleuſement laſches & craintifs en ceſt endroit, de ſorte que pluſieurs de
leur parti envoyerent querir *Braſier,* par la vigilance & conſola-
tion duquel pluſieurs familles furent converties à la religion, dont
les uns moururent comme les autres ſurveſquirent. Entre autres,
de quelque diligence qu'uſaſt *Auſance* pour ſe garder, faiſant vider
d'autour de ſoy & de la maiſon du Roy, nommée *la Hautepierre*[3],
toutes les familles, & meſmes ayant fait fermer la rue en deux
bouts, il ne ſceut tant faire que ſa fille unique, aagée de dixhuict
ans, damoiſelle douce de beaucoup de graces, ne fuſt frappée de
ce mal. Quoy voyant, elle voulut avoir *Taffin* près de ſoy, duquel
elle fut fortifiée & conſolée juſques à la mort, ayant fait une
excellente profeſſion de ſa foy, & fut puis après, ſelon qu'elle avoit

Taffinus, Petrus Colonius et alii pietate doctrinaque insignes viri observa-bant religiosissime. Ceci ne s'accorde pas avec ce que dit notre texte. Taffin paraît être revenu à Metz avant le commencement de la seconde guerre de religion (qui dura de sept. 1567 jusqu'en mars 1568). *Junius* ayant quitté Anvers en 1566, alla exercer ses fonctions dans le pays de Limbourg. De nouveaux dangers l'engagèrent à aller en Allemagne, où, après un voyage à Bourges, il accepta la place de Schœnau que lui offrit l'Electeur Palatin, Frédéric III; mais avant de s'y rendre, il fut d'abord, pendant la guerre civile, aumônier de l'armée du prince d'Orange, et fonctionna peut-être ensuite quelque temps à Metz, pour de là se rendre dans sa cure du Palatinat, d'où il fut appelé à Heidelberg, en 1573. Voy. *Sepp*, l. c., p. 25. *Bayle, France prot.*, IV, p. 381. *Encyclop. des sciences relig.*, IV, p. 133.

1. D'après *Meurisse*, p. 291, la peste éclata encore en 1566.

2. *Meurisse*, l. c., écrit *Guillaume Brayer*, comme le nom se trouve aussi écrit ci-dessous, p. 476.

3. L'ancien Palais du Gouverneur entre l'Esplanade et la rue du Heaume, vis-à-vis de la Citadelle.

tresinftamment requis, enfevelie au Retranchement, dans le cimetiere de ceux de la religion.

Metz pendant la guerre civile.

Quant à la guerre, elle fit plus de peur à la ville que de mal. L'occafion de f'efmouvoir fut, que quelques uns des Eglifes Françoifes, bien advertis du tour qu'on leur vouloit jouer, & voulans prevenir, prierent ceux de Mets de fe vouloir joindre avec eux en leur jufte defenfe, leur remonftrans que f'ils n'y pourvoyoient, le mefme danger les menaçoit, ce qu'ils leur monftroient par grands argumens. Eux, d'autre cofté, eftans d'un naturel fort paifible, refiftoient fort à cela, remonftrans qu'ils eftoient du corps de l'Empire, & que fe tenans en paix, ils auroient plus de moyen d'ayder à leurs freres en leur fervant de retraitte, qu'en prenans les armes; f'affeurans auffi que, moyennant qu'ils fe tinffent cois, ils feroient maintenus en paix & tranquillité, comme durant la premiere guerre. Telles furent leurs repliques efquelles ils perfevererent jufques à ce qu'*Aufance* [1],

---

1. Le sieur *d'Ausance* ou *d'Auzance*, lieutenant du gouverneur de Metz voy. *supra* p. 452, 454, 456), favorable aux intérêts protestants. *Meurisse*, p. 293, rapporte ces faits à la seconde guerre de religion: L'an 1567 (c'était en septembre) les Religionnaires prirent les armes en France contre le Roy... et troublerent le repos de la Monarchie françoise pour la seconde fois... Ils implorent — l'assistance de ceux de Metz, qui s'excuserent de se joindre à eux... Ils s'imaginoient que cet orage ne dureroit pas longtemps, mais qu'il seroit bientost dissipé, que les rebelles seroient enfin reduits à la raison... Ils portoient leurs pensées plus haut. Le dessein de l'establissement d'une republique et de se rendre les maistres d'eux mesmes les pressoit bien plus que cela. L'exemple qu'ils avoient devant les yeux, de Geneve et de Strasbourg, allumoit ardemment le desir... de se voir en mesme estat. Ils estoient mal satisfaits du voyage de *Monsieur de Lansac*, estoient picquez des responces favorables que le Roy avoit faites aux remonstrances de ceux du Clergé, avoient en haine le *Cardinal de Lorraine*, duquel ils se voyoient souvent mal traictez, se faschoient de demeurer sous la protection d'un Prince qui ne leur accordoit pas tousjours tout ce qu'ils desiroient, se representoient l'entiere et la parfaicte satisfaction qu'ils auroient, quand ils pourroient eux mesmes disposer de leurs affaires... Doncques... ils resolurent enfin de secouer le joug de la domination françoise, d'exterminer tous les pauvres Catholiques, et de se rendre les maistres de la ville de Metz. Les chefs de ce detestable dessein estoient *d'Ausance*, *Salcede*, le *capitaine Contré*, et *Roc Guerin*, l'ingenieux, ce grand abbatteur d'Eglises, qui avoit fait mettre par terre, peu de temps auparavant, les Eglises de S. Sauveur et de S. Jacques, et le clocher de S. Martin. Dès la fin du mois de Septembre ils se saisirent

Salcede, Bailly de Vic[1], *Roc Guerin*, l'ingenieux[2], & le capitaine *Contré* les affeurerent que ceux de la religion Romaine eftoient tous prefts à leur courir fus, & que *Vielleville* venoit acompagné de ceux de la faction de *Guyfe* pour les ruiner. Cela fut caufe que la nobleffe & bon nombre de ceux qui eftoient habiles aux armes, promirent à *Aufance* de faire ce qu'il leur commanderoit pour leur tuition & defenfe.

Quant à la ville, elle eftoit comme en leur main, & quant à la citadelle, gardée par le fieur *Gadencourt* (sic), l'entreprife eftoit tellement dreffée par le moyen d'un jeu de paume que fans diffi-

des avenues de la ville, et firent prendre les armes aux Bourgeois et aux villageois du party, jusques aux personnes plus viles et plus mechaniques, commencerent à s'assembler par troupes à pied et à cheval, à occuper les places publiques de la ville, à faire des courses et des sorties à toute heure, à piller les Eglises qui sont autour de la ville, à battre et à outrager les Ecclesiastiques, à prendre les catholiques prisonniers, les despouiller, les chasser et les traicter en barbares. La ville estoit entierement à leur devotion. Mais la Citadelle, sans laquelle il n'y auroit plus maintenant de Catholiques à Metz, les tenoit encor aucunement en bride. Ils entreprirent donc, avant toutes choses, de s'en rendre les Maistres, par le moyen d'un jeu de paulme qui estoit dedans, où ils devoient faire semblant d'aller jouer, et sous ce masque, y entrer en nombre suffisant pour faire reussir leur conspiration, les uns en qualité de joueurs, et les autres en qualité de spectateurs, tous bien armez, afin de ne manquer point à ce coup de si grande importance. L'on tient mesme qu'ils avoient gagné pour cela le sieur *Viconte*, Lieutenant, du sieur *de Vadancourt* (sic) et quelques autres Officiers de ceste Citadelle ... D'*Ausance* ne manquoit pas de cœur; mais Dieu le luy fit faillir en ceste rencontre, et luy mit devant les yeux tant de considerations, ... qu'il l'arresta tout court au point de l'execution de ceste execrable entreprise ... Le sieur *de Vieilleville*, qui estoit en Cour, ayant eu advis de ce desordre, s'approcha pour tascher d'y remedier.

1. *Pierre Salcede*, chevalier de l'ordre du Roy, gouverneur de Marsal (sur la Seille et sur la route de Dieuze à Vic, à 6 kil. est de ce dernier endroit), bailly de l'évêché, «homme, dit *Meurisse*, p. 275, qui n'estoit ny catholique, ny calviniste, mais athée, et qui fut massacré à Paris, 1572, à la St-Barthélemy ... Il prenoit aussi grand soin de planter l'heresie dans son gouvernement et dans son bailliage, que Ausance, avec lequel il avoit une profonde intelligence, dans la ville de Metz et dans le pays Messin.» Voy. aussi sur ses hostilités avec le Cardinal de Lorraine, *Mém. de Condé*, I, 159; V, 332 s. Comp. *de Thou*, III, 552 s.; IV, 593.

2. L'ingénieur *Roch Guerin* avait fait le plan de la nouvelle citadelle de Metz. *Meurisse*, p. 148.

culté ne grande refiftence elle euft efté faifie fi le cœur n'euft failli
à *Aufance*, ayant promis merveilles au commencement, & puis
après ayant faigné du nés, foit qu'il ne fuft pas homme d'execution, foit qu'il euft quelque doute que ceux de la nobleffe ne pre-
tendiffent à le defchaffer luy-mefme & tous les François, pour y
introduire les Alemans. Cela donques le retint en fuspens & fit
perdre tous les moyens d'executer ce qui avoit efté projetté.

Vielleville cependant, fe doutant bien de quelque divifion, fe
mit en chemin, non toutesfois avec telle troupe qu'on donnoit à
entendre. Mais quoy qu'il en foit, ceux de la garnifon qui eftoient
de la religion pour la plus part, ayans entendu qu'il approchoit,
commencerent à faire des courfes à *Liverdun*[1] & ailleurs, pillans
les preftres & les temples, fortans & rentrans dans la ville à toutes
heures. Qui plus eft, ayans rencontré au village de *Rofeliere*[2] le
maiftre d'hoftel de *Vielleville*, ils le tuerent, dont plufieurs pauvres
Meffins, combien qu'ils n'en fuffent coulpables, porterent la peine
puis après. *Vielleville*, ayant entendu cela, fe retira plus loin[3],
mais ayant attiré à foy le capitaine *Camas* & quelques autres à
fa devotion, il commença de fe rapprocher, ce qui eftonna tellement *Aufance*, qu'ayant oublié fes promeffes & foy-mefme, il
affembla le peuple de l'une & de l'autre religion[4] en la maifon de

1. *Liverdun*, bourg autrefois fortifié du département de le Meurthe, à
12 kil. à peu près de Nancy et à 20 kil. de Toul, situé sur le revers d'une
côte escarpée, au bas de laquelle coule la Moselle.

2. Il y a un village du nom de *Roulieures* (c'est ainsi que Meurisse l'écrit)
dans le département de la Meurthe, à 21 kil. de Lunéville; mais il se pourrait
qu'il y eût erreur de nom et que ce fût le village de Rozerieulles dans le pays
Messin, sur la route de Metz à Verdun, à 8 kil. de Metz et à 9 de Gorze.

3. *Meurisse*, p. 299, ajoute : Pourtant il ne perdit pas temps, parce que
par les intelligences qu'il avoit dans la ville, et par quelques pratiques secrettes,
il regagna bientost quelques uns des principaux officiers de la garnison, entre
autres le *Capitaine Camas*, qui estoit catholique : moyennant quoy il commença de se rapprocher.

4. *Meurisse*, l. c.: Le 28 d'Octobre, à trois heures après midi, dans la cour
de l'Evesché, où estant accompagné du *President Seneton*, du *Lieutenant de
Vadancourt*, de tous les Capitaines de la garnison, de Mathieu de Mondelange, Maistre Eschevin, des Treize de la Ville, il exposa : que depuis qu'il
avoit pleu au Roy de permettre l'exercice de la Religion reformée à Metz, la
ville s'estoit tousjours maintenue dans une grande tranquillité, mesme durant
les plus grands troubles qui avoient esté suscitez et allumez les années prece-

la Cour l'Evesque, les exhortans à ne se deffier les uns des autres, & à se reconcilier sur ce qui estoit advenu, remonstrant nommément à ceux de la religion Romaine, qu'il avoit tousiours tenu & tenoit encores leur religion, & pourtant ne leur devoit estre suspect.

dentes, au Royaume de France : laquelle tranquillité avoit esté procurée et conservée par le moyen du bon ordre qui avoit tousjours esté tellement gardé, qu'au sujet de la Religion, et nonobstant la diversité de creances, il n'estoit survenu entre les bourgeois et les habitans aucune alteration qui eût peu produire aucune sedition ny troubler le repos public : d'où venoit qu'il s'estonnoit que le Jeudy precedent, sur les 5 ou 6 heures du soir, plusieurs bourgeois et gens de guerre, tant de l'une que de l'autre religion, s'estoient mis en tel effroy et en telle deffiance les uns des autres qu'il pouvoit sembler que l'estat de ceste republique fut en danger d'estre grandement troublé, sans toutefois qu'il y en eût aucune occasion, comme tous l'avoient peu cognoistre et s'en devoient asseurer, dès qu'il leur eût fait entendre la venue de Mr. de Mareschon en ceste ville, et qu'il leur eût communiqué ses lettres, et celles que le Roy luy avoit escrites, par lesquelles sa Majesté luy tesmoignoit que son intention estoit de maintenir toutes choses au mesme estat qu'elles estoient, sans rien innover au fait de la Religion... Et parce qu'il ne se pouvoit figurer qu'ils fussent tumbés en ceste deffiance sans raison, il les pria tous d'en declarer librement les causes et motifs. Et s'estant addressé premierement à ceux du Clergé, un nommé Maistre *Jean Humbert*, Chanoine de la Cathedrale et l'un des Archidiacres de l'Evesque, assisté de plusieurs Chanoines, ses confreres, et d'autres gens d'Eglise, respondit au nom du Clergé, qu'ils le remercioient... « Et que puisqu'il luy plaisoit de leur permettre de declarer librement les causes des effrois et des deffiances dont ils estoient saisis : ils luy representoient que... ils avoient veu et entendu que depuis quelques jours, plusieurs de ceste Religion pretendue avoient pris les armes, dont les uns estoient demeurez dans la ville et les autres en estoient sortis... et tenoient la campagne et occupoient les avenues, exerceant des insolences et des sacrileges sur les Eglises, et des actes de cruauté sur les Ecclesiastiques et sur les catholiques. De plus, qu'ils avoient veu entrer dans la ville plusieurs paysans de la mesme religion, armez, qui s'estoient allé loger aux maisons des Bourgeois de leur party... ce qui avoit esté la cause mesme qu'aucun d'entre eux s'estoient retirés avec leurs biens dans la Citadelle; le prioient de considerer, qu'ils n'avoient jamais voulu — se munir d'aucunes armes, ny conspirer, ny monopoler contre le corps de ceux de la religion pretendue: Mais qu'ils avoient tousjours vescu avec eux paissiblement, qu'ils promettoient aussi — de deposer tout deffiance... de vivre en toute amitié civile avec eux et ne faire aucune chose dont la tranquillité de la ville pût estre alterée ou troublée. — Et qu'ils le prioient de tirer la mesme asseurance de ceux de la Religion pretendue à leur esgard, afin qu'ils pussent, et dans et hors la ville, sans crainte et vasquer librement à leurs affaires.» Ceux de la Cathedrale, s'estant assemblez capitulairement le 21 d'Octobre

Taffin, au nom de ceux de la religion, reſpondit hautement & publiquement qu'ils n'avoient jamais pretendu d'offenſer aucun de la religion Romaine, mais ſeulement de ſe tenir ſur leurs gardes & de conſerver leurs vies, après avoir entendu que ceux

suivant, conclurent de rediger ceste response faite au Sieur *d'Ausance,* par escrit, et de la coucher sur leurs registres, où elle se trouvera — de mesme en substance que cet abregé que j'en ay extraict.

Matthieu de Mondelange, Maistre Eschevin, prit la parolle après, et dit au nom des bourgeois catholiques, que les raisons qui avoient esté proposées par l'Archidiacre *Jean Humbert,* leur avoient donné une juste crainte d'estre offencez par ceux de la Religion pretendue, combien que de leur part ils n'eussent jamais eu aucun dessein de les offenser ... ne desirant rien plus que de vivre avec eux fraternellement et en bons bourgeois, comme parents, alliez et amys qu'ils estoient, de mesme qu'ils avoient tousjours fait par le passé.

Le Ministre *Jean Taffin* harangua puis après — et fit un discours si hardy — que de peur qu'on ne croye que j'y aye changé quelque chose, j'en coucheray icy le recueil en mesmes termes que ceux de son party l'ont redigé par escrit. « Maistre *Jean Taffin* — a remonstré que de leur costé ils se sont tousjours contenus sous l'obeissance et protection de sa Majesté, ses Lieutenans et Gouverneurs de ceste Ville et pays — sans offenser ny se deffier de personne : et que on leur a tousjours promis de les conserver en la liberté de l'exercice de leur Religion ; et neantmoins que depuis les nouveaux troubles advenus en France, ils ont pensé que par plusieurs moyens estoit facile à leurs malveillans de les opprimer. *Premierement* que leur façon de vivre paisible ne donnast occasion à quelque turbulent de contraire religion de les offenser, avant que ledit Sieur *d'Ausance* et Magistrats de la ville en fussent advertis pour y remedier. *Secondement,* que estant la Citadelle close et en estat ayant issue hors la ville et entrée dedans icelle, le sieur Gouverneur de laquelle et tous autres habitants sont de Religion contraire, ils ont eu crainte que l'on mist force plus grande dedans la Citadelle pour les opprimer inopinement. Et combien que ledit Sieur Gouverneur de la Citadelle ait promis audit sieur *d'Ausance* de n'attenter rien contre eux, ce neantmoins d'autant que par le Concile de Constance, ceux de l'eglise Romaine ne se tiennent obligez à garder telles promesses à l'endroit de ceux qu'ils estiment heretiques, ne se pouvoient reposer sur ladite promesse jusques à ce qu'il y fust autrement pourveu par ledit sieur *d'Ausance. Tiercement,* pour la situation de leur Temple, qui est au Retranchement, où ils n'entrent et ne peuvent sortir que par une porte, et est le lieu clos de tous costez. Que dernierement, lors du passage du duc d'Albe, un capitaine Espagnol — ne se put tenir de dire que ce seroit un beau trait — de saccager tous ceux de ladite Religion qui s'y trouveroient ; et ... que Jeudy dernier aucuns des capitaines des compagnies Catholiques qui sont en ceste ville s'estoient armez contre la coustume et avoient renforcé leurs gardes. *Quartement,* qu'ils ont eu plusieurs

de Mets & pays Meſſin. Livre XVI. 579

de la religion Romaine leur vouloient courir ſus, priant le ſieur *d'Auſance* qu'il vouluſt employer ſon authorité pour maintenir la ville & le pays en paix, & ſuppliant ceux de la religion Romaine de ſe deporter de leur vouloir mal, & pluſtoſt condeſcendre à vivre en bonne paix, nonobſtant le différent de la religion, avec leurs parens, alliés & combourgeois, auſquels ils offroient toute entiere & ſincere amitié. Ceux de la religion Romaine ſur cela repliquerent & proteſterent de ne leur eſtre jamais venu en penſée de faire aucun mal à leurs combourgeois; ains au contraire, qu'ils eſtoient en extreme peur d'eſtre outragés & dechaſſés par eux.

En ces entrefaictes, *Vielleville* pratiqua ſi bien qu'il euſt ſon entrée dans la ville[1], ce qui eſtonna merveilleuſement, & non ſans cauſe, ceux qui avoient eſté de ceſte pratique, craignans que *Vielleville*, juſtement irrité, ne vouluſt uſer de vengeance. Quelques uns donques des principaux s'enfuirent. *Auſance,* ayant fait ſortir les miniſtres & leurs familles, bien empeſché parmi ces difficultés, marchoit armé de toutes pieces & ainſi tint les portes fermées juſques au dernier jour d'Octobre, auquel jour les portes eſtans ouvertes à ceux de la religion pour ſe retirer, ce fut un piteux ſpectacle[2] de les voir ſe ſauver à la foule & en pauvre eſtat, hommes, femmes, enfans, jeunes & vieux, prenans quaſi tous la route de l'Alemagne, comme leur plus ſeure retraitte. Mais eſtant

Expulsion et rappel des protestants.

advertiſſemens du changement qui ſe devoit faire de la garniſon qui eſtoit en la ville, pour en oſter ceux qui ſont de leur Religion, et y mettre autres qui ſont ſerviteurs de Meſſieurs de la maiſon de Guyſe, ennemi de leur Religion, et chaſſer tous ceux de leur Religion. — Et a remonſtré que tout ainſi que pour le déſir qu'ils ont de la conſervation du repos publique — ils ne trouveroient bon que l'on permiſt que Meſſieurs l'*Amiral* et *d'Andelot* fuſſent receus durant ces troubles en ceſte d. Ville. Auſſi ſupplioient ledit Sieur *d'Auſance* qu'on n'y reçoive meſd. Sieurs *de Guyſe* — ny autres ennemis de leur Religion. »

Toutes ces choſes ouyes, le Sieur *d'Auſance* — fit jurer au *Capitaine* et au Sieur *Vicomte*, Lieutenant en la Citadelle — qu'ils employeroient toutes leurs forces pour les conſerver tous en repos. — Luy meſme, le Preſident et les Treize firent auſſi les meſmes promeſſes. — Après cela il exigea les meſmes promeſſes des Bourgeois.

1. *Meurisse*, p. 310, ajoute : à l'inſceu et contre l'opinion du Sieur d'Auſance et de ceux de la conſpiration.

2. *Meurisse* dit : ce fut la plus plaiſante farce du monde. Cette journée fut appelée *la journée des Esperons.*

chofe affeurée que le pauvre commun peuple avoit fuivi comme il
avoit efté mené, fans eftre autrement informé ni avoir mauvaife
intention, Dieu pourveut à leur calamité, ayant envoyé à *Vielleville* telle opinion que cela pourroit attirer une guerre d'Alemaigne, à laquelle il euft efté lors difficile au Roy de refifter, qu'il
envoya après ces pauvres gens en toute diligence pour les faire
retourner avec les miniftres en toute affeurance d'y eftre maintenus comme auparavant, pour tefmoignage de quoy il fit continuer la predication au lieu acouftumé, à quelque nombre de
peuple qui eftoit demeuré, par *François Chreftofle*[1], miniftre de
l'Eglife dreffée au quartier des villages du haut chemin au pays
Meffin.

Ainfi donc retournerent tous les fugitifs avec leurs miniftres, &
fut reftablie l'Eglife contre l'opinion de plufieurs, non fans grand
changement toutesfois. Car tous les gentilhommes, capitaines &
foldats de la religion, fortans de la ville, f'en allerent en France
trouver les troupes des Eglifes Françoifes, & au lieu d'iceux
entrerent nouvelles compagnies de foldats de la religion Romaine
qui uferent de grandes rigueurs. D'autre part, le *Cardinal* fit
tant envers ceux du Clergé, en leur donnant affeurance de la
ruine prochaine & toute certaine deftruction totale de la religion,
qu'ils confentirent à la vente des joyaux des temples & parroiffes[2],

1. *France prot.*, nouv. éd., vol. IV, 376 : *François Christophe*, ancien
curé, fut ministre à Metz de 1561 à 1568. En 1561 il était attaché à l'église
de Magny ; on le trouve à Courcelles-Chaussy, de 1564 à 1568. Il est encore
mentionné comme ministre à Metz, en 1584. Comp. *O. Cuvier. Persécution
de l'église de Metz*, p. 15.

2. *Meurisse*, p. 313 : La guerre des Religionnaires estoit alors fort allumée
en France, et le Roy avoit esté contraint d'appeler les Allemands à son
secours, en leur faisant entendre que c'estoit plustost de rebellion que de
religion qu'il s'agissoit. *Jean Guillaume*, Duc de Saxe, entre autres, amena
des trouppes Allemandes pour le service de la Couronne contre les attentats
des rebelles. Et le *Cardinal de Lorraine* escrivit à ceux de la Cathedrale du
4 de Novembre mesme année 1567, pour les prier de consentir à l'engagement qu'il desiroit faire des salines de l'Evesché, pour la somme de trente
mille escus, et derechef du 6 du mesme mois, par Monsieur *de Bassonniere*,
Bailly de l'Evesché, pour les prier de luy prester quelque somme de deniers
à interest et de vendre mesme pour cela leurs Reliquaires, s'il en estoit
besoin. En mesme temps il pria aussi qu'on fit la mesme chose par toutes les
Paroisses de la ville : et il fut aussi punctuellement satisfait à toutes ses

entre lesquels fut prise au grand temple Sainct Estienne, fondue & monnoyée une image qu'ils appeloient Sainct Honoré, pour souldoyer l'armée que *Jean Guillaume, Duc de Saxe*[1], amena lors en France contre ceux de la religion.

demandes. Les *Chanoines de la Cathedrale* consentirent à cest engagement, à condition pourtant que luy ou ses successeurs Administrateurs en pourroient faire le rachat, toutes et quantes fois que bon leur sembleroit, en restituant la mesme somme de 30,000 escus. Ils vendirent aussi la meilleure partie de leurs joyaux, mesme l'or, l'argent et les pierreries dont le Crucifix appellé St-Honoré estoit enrichi, et luy firent dix mil francs monnoye de Lorraine, qu'ils luy presterent, moyennant un cens annuel de 500 francs mesme monnoye de Lorraine, qu'il leur assigna specialement sur le ban de Remilly, et generallement sur tout le domaine de l'Evesché. Les Paroisses vendirent aussi quelque partie de leurs joyaux, dont on luy fit une somme de 13002 francs, un gros, monnoye aussi de Lorraine, moyennant pareillement un cens annuel de 694 francs, un gros, mesme monnoye de Lorraine, qui leur fut assigné specialement sur les pieces particulieres du domaine qui sont à Metz et aux environs, et en general sur tout le domaine du mesme Evesché. Et il employa toutes ces sommes pour payer et entretenir les trouppes que Jean Guillaume, Duc de Saxe, amena alors contre les Calvinistes, qui menaceoient toute ceste contrée d'une entiere desolation.

1. *Jean Guillaume,* second fils de l'électeur Jean Frédéric de Saxe, gouvernait d'abord la portion de Weimar jusqu'à ce qu'après les troubles de Grumbach son frère aîné, Jean Frédéric, dut lui abandonner tout le duché de Saxe. Il avait épousé la fille de l'électeur Palatin, Frédéric III. — *Mém. de Castelnau,* l. VI, ch. 9, éd. *Le Laboureur,* p. 215 : Je fus envoyé en Allemagne querir le Duc Jean Guillaume de Saxe, lequel avoit esté au service du Roy Henry II avec 4000 chevaux, lorsque nous avions la guerre avec le Roy d'Espagne et que la paix fut faite au Chasteau Cambresis . . . Le Duc de Saxe avoit envoyé offrir son service à la Reine Mere . . . Il mit à part toutes autres considerations — pour assembler en grande diligence 5000 chevaux Reistres — et passer le Rhin en moins de 27 jours. De sorte qu'en cinq semaines je l'amenay à Retel . . . Estant arrivé à Paris, incontinent que leurs Majestez me virent, comme elles m'avoient dit lorsque je fus depesché pour effectuer cette commission, que ce seroit le plus grand service que je leur pourrois jamais faire, d'amener en diligence cette armée de Reistres ; aussi me dirent-elles lors, que je m'estois trop hasté, d'autant que tous les plus sages du Royaume avoient conseillé, avec la necessité du temps, de faire la paix, autrement que l'Estat estoit perdu, ou pour le moins fort esbranlé par le grand nombre d'estrangers qui estoient en France . . . Avec toutes ces raisons — ils me dirent qu'il me falloit — retourner en diligence vers Jean Guillaume de Saxe, tant pour luy dire qu'il estoit le bien-venu, que pour le remercier de la peine qu'il avoit prise de s'acheminer avec de si belles troupes... Que plus de dix jours avant que l'on n'eust nouvelle de sa venue en France,

Thévales gouverneur.

Aufance donc laiſſant encores ſa femme à Mets qui embraſſa la religion, ſe retira en France¹, & fut mis en ſa place pour gouverneur de Mets le ſieur *de Thevales,* en l'abſence de *Vielleville,* ſon oncle. *Seneton,* Preſident, s'en alla auſſi, & arriva en ſa place *Jaques Viart,* l'un des fils du Baillif de Bloys, capital ennemi de ceux de la religion.

Meurtre de Candole.

Les capitaines *la Rote* & *Miſſart,* avec leurs argoulets faiſoient des courſes de toutes part, eſquelles ayans rencontré *Candole*²

leurs Majestés avoient esté conseillées — de faire accord avec le Prince de Condé, chef des Huguenots, qui ne demandoient que l'exercice de leur religion — obeir au Roy et poser les armes... Estant retourné vers le Duc Jean Guillaume et luy ayant fait entendre ce que dessus, il fit appeler tous ses Colonels Capitaines, et se mit en grande colere, disant qu'il se plaignoit grandement du Roy — que c'estoit luy faire un deshonneur de l'avoir amené si avant dedans la France — sans la delivrer de l'oppression des Huguenots. — Que pour le regard du Duc Jean Casimir, son beau-frere (qui avoit amené aux Huguenots les auxiliaires allemands), encore qu'il eust espousé sa sœur, fille de l'Electeur Palatin, il avoit bonne esperance que s'ils se fussent rencontrez au combat, il luy eust fait connoistre qu'il estoit plus juste de combattre pour la bonne cause du Roy, que pour la mauvaise de ses sujets... Il s'accorda à la fin à tout ce que je luy proposay; et aussitost qu'il auroit fait la monstre, de faire prendre à ses hommes le chemin de la Picardie, et luy de s'en venir à la Cour, où il fut fort bien reçu. — L'on luy monstra de n'avoir aucune defiance de ses troupes — encore que l'on eust au Conseil une merveilleuse defiance des Ducs Casimir et Jean Guillaume, beaux-freres, tous deux allemands et puisnez de leurs maisons, pauvres et grandement armez pour entreprendre contre l'Estat, comme ils en avoient beau-jeu par nos divisions, bien qu'ils ne s'accordassent, pour rendre les Huguenots plus forts que les Catholiques. Aussi la Religion de ces deux estoit différente (encore qu'ils s'appellent tous Protestans), car le Duc Jean Guillaume estoit de la confession d'Augsbourg, et le Duc Jean Casimir de celle de Calvin et de Bèze, où la différence n'est guere moindre qu'entre les Catholiques et les Huguenots.

1. *Meurisse,* p. 315 : D'Ausance fut demis de sa charge et renvoyé chez luy — et le sieur de Thevalle, neveu du mareschal de Vieilleville, luy succeda en la charge de Lieutenant au Gouvernement etc.

2. *Meurisse,* l. c. L'année 1568 ne fut point icy fort favorable aux Religionnaires, parce qu'ils furent privez d'une bonne partie de leurs supports... Tous les Gentilshommes, les Capitaines, les autres Officiers et les soldats de la Religion pretendue sortirent de la ville... et leurs charges et leurs places furent données à de nouvelles compagnies, dont tous les Officiers et tous les soldats estoient catholiques. Vray est qu'à la chaude et au commencement de ce changement il y eut un Ministre nommé *Candole* traicté d'une façon que

ministre, allant à Strasbourg, l'emmenerent prisonnier à Mets, luy imposans qu'il s'en alloit en Alemagne pour y pratiquer contre le Roy ; & finalement l'ayans tiré de nuict hors la ville, le tuerent trescruellement, puis le jetterent dedans le ruisseau de Valliere¹ ; le corps duquel y estant le lendemain trouvé par ceux de la religion, on fit bien semblant d'en vouloir faire justice, mais autre chose ne s'en suivit en effect.

Voilà comme passerent les affaires à Mets durant la seconde guerre civile commencée à la fin de Septembre 1567, & terminée par une paix à la fin de Mars 1568², laquelle toutesfois ne dura que jusques au mois d'Aoust. Et par ainsi fut ceste année plus sanglante que toutes les autres, durant laquelle le Duc d'Aumale ayant esté envoyé pour empescher le secours des Alemans, vint aussi au pays Messin, où furent faits plusieurs grands degasts sur 462 ceux de la religion, jusques à ruiner leur temple basti au village de *Scey*³, pour les villages du vau de Mets. Alors aussi le capi-

D'Aumale à Metz et à Saverne.

je ne puis approuver. Les capitaines *La Rotte* et *Missart* faisant tous les jours des courses dans le pays, pour empescher que les adversaires n'y fissent aucunes entreprises, trouverent ce compagnon qui tiroit du costé de Strasbourg ; et parce que vraysemblablement ils avoient descouvert qu'il alloit en Allemagne, pour y monopoler contre le Roy, ils l'amenerent prisonnier à Metz, d'où ayant esté tiré la nuict, il fut trouvé mort dans le ruisseau de Vallieres, etc. — Comp. *Hist. des Martyrs*, p. 834ᵇ : Plusieurs furent tuez avant et depuis les massacres en France (c'est-à-dire la St-Barthelemy) entre lesquels je me souviens de *Magdelon de Candoles*, provençal, docte personnage, qui voyageant pour afaires necessaires, fut sur le chemin d'entre Metz et Strasbourg rencontré par les argoulets des capitaines *de la Route* et *Missart* et amené à Metz, durant la seconde guerre civile, puis tost après tiré de nuict hors, cruellement massacré, puis son corps jetté dans un ruisseau, etc. — Voy. aussi la *France prot.*, 2ᵉ éd., III, 693.

1. *Vallières*, ruisseau qui, après avoir traversé le village du même nom, à 3 kil. de Metz, se jette dans la Seille et la Moselle au-dessous de Metz.

2. Le *traité de paix de Longjumeau*, 20 mars 1568, et *édit de pacification* donné à Paris, 23 mars 1568. *France prot.*, Supplém., p. 83. De Thou, IV, 54 s. Delaborde, *Coligny*, II, 539 ; III, 1. (Goulard) *Hist. des choses mém.*, p. 331.

3. Voy. ci-dessus, p. 457. *Meurisse*, p. 320 : Sur la fin de l'année 1568 Monsieur *d'Aumale* estant arrivé sur ceste frontière, avec 10,000 hommes de pied et 1000 chevaux, pour s'opposer au secours que les Allemands envoyoient en France à ceux de la Religion pretendue, il envoya prier les Chanoines de Metz de l'assister de quelque somme de deniers, pour le service de l'Eglise

taine *la Coche,* qui avoit si bien fait ès premieres guerres civiles à Grenoble estant passé par la Savoye avec quelque troupes de gens de pied, se cuidant joindre aux forces qui se preparoient en Alemagne pour le secours de la religion, fut deffait par *Aumale* près de Saverne, le douziesme de Novembre; en laquelle deffaite estant pris avec *Mischailon,* son enseigne, ils furent finalement amenés à Mets, le cinquiesme de Janvier 1569, & gardés jusques à ce qu'estans tirés de nuict par quelques uns de la garnison, disans qu'ils avoient charge de les mener à la Cour, ils furent tresindignement massacrés à coups de poignard.

Le Roi à Metz. Le vingttroisiesme de Fevrier audit an, le Roy vint en personne à Mets[1], ayant auparavant *Tevale* donné ordre avec le *Cardinal* que le temple de ceux de la religion fust fermé, promettant toutesfois qu'incontinent après le departement du Roy, toutes choses feroient remises en leur estat. Mais tost après, à la solicitation du *Cardinal,* fut presentée au Roy une requeste au nom de tous ceux de l'Eglise Romaine, donnans à entendre, comme le feu Roy Henry, son pere, prenant la ville en sa protection, avoit promis de les entretenir au mesme estat qu'il les avoit trouvés, & que ce neantmoins quelques uns infectés d'heresie, avoient impetré durant sa minorité quelque congé d'exercer leur religion au grand prejudice de la foy & religion Chrestienne, & grand dommage de la ville & du service de sa majesté, laquelle permission ils reque-

---

et du Roy: qui, après qu'ils se furent excusez sur les sommes notables qu'ils avoient esté contraints de tirer pour le Mareschal de Vieilleville, pour le sieur de Thevale, pour la garnison et pour le Cardinal de Lorraine, ils ne laisserent pas de luy prester encore 1000 escus, qui puis après leur furent rendus. Ce Prince fit tout plein de beaux exploits contre les adversaires, aux environs de Metz. Il arresta le secours des Allemands, deffit les trouppes que le capitaine *la Coche* (ci-dessus, p. 258, 268, 280, 284, 308, etc.) menoit, pour se joindre à celles d'Allemagne, auprès de Saverne, le 12 de Novembre. Et en ceste deffaite le mesme Capitaine *la Coche* fut pris prisonnier avec son Enseigne et furent amenez tous deux à Metz, où quelque temps après il leur en cousta la vie. Il ruina aussi quelques temples que les heretiques avoient bastis dans le pays Messin; entre autres celuy du village de *Scey*. Et, à son imitation, le Sieur *de Tallange de Vry* ruina aussi celuy que les mesmes heretiques avoient fait bastir à Vry (à 15 kil. de Metz), et fit brusler la chaire du Ministre au milieu du village.

[1]. Il y demeura jusqu'au 12 avril. *Meurisse*, p. 322.

roient eftre abolie. Cefte requefte fut prefentée par le *Cardinal de Guife* [1], devenu Evefque fpirituel de Mets au lieu de *Peguillon*, comme d'un commun confentement du maiftre Efchevin, de tout le confeil des treize, & en general des trois eftats de la ville. Ce qu'ayans entendu ceux de la religion entre lefquels y en avoit du confeil des treize, ils defadvouerent leurs compagnons, avec grandes plaintes & doleances contre iceux, & prefenterent ceux de la religion leur requefte au contraire. Mais au lieu d'en avoir refponfe, ils furent moqués & brocardés par les courtifans, de forte que dès lors ils commencerent à prevoir quelque plus rude tempefte. Ce neantmoins aucun d'eux ne bougea de la ville, non pas mefmes les miniftres fe tenans toutesfois clos & couverts.

La premiere efmeute [2] ouverte qui fe dreffa contre eux fut à l'occafion que à l'enterrement d'un certain courtifan un pauvre garfon courroyeur, befognant en un grenier, fit cheoir une petite pierre fur la troupe de ceux qui paffoient, dont il cuida advenir grand efclandre, f'eftant fauvé ce garfon par deffus les toits. Mais Dieu voulut que les plus fages appaiferent le tout. *Emeutes.*

La feconde fut bien d'une autre façon [3]. Car le troifiefme d'Avril ayant le *Cardinal* fait un fermon au grand temple, à une heure après midi, durant lequel il y eut une groffe chauvefouris qui ne ceffa de voltiger tout alentour du temple & du peuple (ce qui fit efmerveiller plufieurs & dire que quelques mauvaifes nouvelles eftoient par les champs) advint fur les unze heures de nuict, que le fieur *de Loffes*, venant en pofte, apporta nouvelles de la bataille perdue à *Baffac*, en Xaintonge, par le *Prince*, en laquelle luy-mefme avoit efté tué [4]; lefquelles entendues, le Roy fe levant de

---

1. *Louis de Lorraine*, frère du duc de Lorraine; il fut d'abord archevêque de Sens et nommé enfuite cardinal de Guise, évêque de Metz, après François de Beauquerre, mort en 1578.
2. *Mourisse*, p. 327.
3. *Ibid.*, 328.
4. Voy. vol. II, 229. *Bassac*, ancienne abbaye et village à peu de distance de Jarnac, en Saintonge (Charente), et à 12 kil. de Cognac, sur la Charente. La bataille, que le duc d'Anjou (depuis Henri III) gagna contre l'amiral, se livra à 1 kil. de Bassac, sur les bords d'un petit ruisseau, derrière lequel l'armée protestante était rangée. Condé, déjà grièvement blessé et tombé du cheval, fut obligé de se rendre et lâchement tué par Montesquiou. La Noue et La Loue furent aussi fait prisonniers dans cette malheureuse bataille.

son lict manda environ minuict que la grosse cloche, appelée « *la Mute* »¹, sonnast en signe de victoire. Toute la ville fut merveilleusement esmeue à ce son, crians ceux de la religion Romaine que c'estoit fait des Huguenots qu'ils appellent, & ceux de la religion n'attendans que le mort. Et de faict, combien que la nuict il ne se fist autre desordre que de menaces, le lendemain matin, quatriesme dudit mois, après une procession solennelle, ayant recommencé la cloche à sonner sur le midi, les pages & laquais avec toute sorte de menu peuple, se ruerent dans le temple de ceux de la religion, avec telle furie qu'ils le demolirent entierement², & par risée portans en leurs mains les sachets de la colecte des pauvres, alloient disans par les rues, N'oubliés par les porques. Ce neantmoins il n'y eust point de sang respandu, ni grand excés commis ès personnes, horsmis que un pauvre savetier, aperceu comme il regardoit de loin ceste ruine en gemissant, fut aussitost pris à la course & assommé dans la riviere de *Salle*³, près les moulins.

Il y eust aussi un nommé *George,* musnier de la haute Salle⁴, qui fut en grand danger d'estre jetté dans la Mezelle⁵. Mais le sieur *de Tevale*⁶, y estant survenu le garantit, comme aussi *Vielleville* ayant trouvé un bourgeois nommé *Nicolas le Vic,* qu'on batoit outrageusement dans le grand temple, pour le contraindre de s'agenouiller devant une image, le sauva d'entre les mains du peuple; & courant au Roy de ce pas, auquel il remonstra ce qui pouvoit advenir d'un tel desordre s'il n'y estoit promptement remedié, fit tant qu'il fut quant & quant defendu à son de trompe sous peine de la vie de faire aucun mal ni desplaisir à ceux de la religion, en leurs personnes ni en leurs biens, lesquels par ce moyen

---

1. *La Mute* : cette belle cloche qu'on ne sonne jamais qu'à de grandes occasions et à des ceremonies extraordinaires. *Meurisse.* Elle fut fondue en 1427 et plusieurs fois refondue depuis, et pèse 13,000 kilogr. Le nom paraît assez singulier pour une cloche : *mu* ou *mut, mutus,* muet. Peut-être ce nom était-il une allusion à ce qu'elle ne se faisait entendre que rarement.
2. En moins de trois heures. *Meurisse,* p. 330.
3. La *Seille.*
4. Le pont de la *Haute-Seille*, où le fleuve entre dans la ville.
5. La *Moselle.*
6. *Thevalle*, neveu du maréchal de Vieilleville et son lieutenant au gouvernement. Voy. vol. I, 304.

de Mets & pays Meſſin. Livre XVI. 587

furent preſervés d'une deſtruction toute preſente. Mais quant aux miniſtres, ayans eſté deſcouverts, ils furent encores en plus grand danger, & ne faut douter qu'ils n'euſſent eſté maſſacrés à certaine heure aſſignée, ſ'ils ne fuſſent ſortis par les grilles de Rumont[1] par le moyen des ſieurs *de Vielleville* & *Tevale*, qui en

1. Meurisse, p. 331 : par les grilles du Reimport (où la Moselle sort de la ville). — *Meurisse*, 331, assigne à cet Edit la date du 6 avril : Le Mercredy, sixiesme du mesme mois d'Avril, le Roy fit publier cet Edit : « Charles, par la grace de Dieu, Roy de France, A tous ceux qui ces presentes lettres verront, Salut. Comme nostre intention ait tousjours esté, et soit encor de present, d'entretenir et conserver la ville de Metz et pays Messin, manants et habitants desdits ville et pays (à la protection desquels nous avons succedé après le deceds de deffunt nostre tres-cher et tres-honoré Seigneur et Pere, que Dieu absolve) aux mesmes estat et libertez qu'ils estoient lors que ledit deffunt, nostre Pere, les receut en sa protection, et specialement pour le regard de la Religion : Scavoir faisons que nous désirants continuer toutes choses en l'estat quelles estoient lorsque nostredit feu Seigneur et Pere receut lesdits ville et pays en sa protection : considerants qu'il n'y avoit autre exercice de Religion que de la Catholique, et que l'alteration et changement depuis advenus ont esté par la malice du temps et durant nostre minorité ; voulans à cela pourveoir et remettre le tout à son premier estat, avons dit et declaré, disons et declarons par ces Presentes, que nostre intention est que esdits ville et pays n'y ait autre exercice de Religion que de la Catholique, sans qu'il soit loisible ne permis à aucuns habitants desdits ville et pays, compris en ladite protection, faire autre exercice, ny entretenir escholes à l'instruction de leurs enfants. Ce que de tant que nous avous sur eux et chacun d'eux pouvoir et authorité, nous leur deffendons par ces dites Presentes, par lesquelles nous donnons en mandement à nostre tres-cher et aimé cousin, le Sieur de Vielleville, Comte de Durestal, Mareschal de France, Gouverneur et nostre Lieutenant general esdits ville de Metz et pays Messin, ou à celuy qui commande en son absence, et au President par nous commis en ladite ville, que nos presents vouloir et intention ils fassent entendre et garder par tous les lieux et endroits des dits ville et pays de ladite protection, les faisant bien et diligemment observer de point en point, selon nostre intention, sans les enfraindre, et proceder contre les infracteurs par les peines qui y eschoiront, et que le cas le requerra. Car tel est nostre plaisir. En tesmoin de quoy nous avons fait nostre seel à cesdites Presentes. Donné à Metz, le 6ᵉ jour d'Avril, l'an de grace 1569, et de nostre regne le neufiesme. *Ainsi signé sur le reply* : Par le Roy en son Conseil, De l'Aubespine, *et seellé du grand seel de cire jaune sur double queue.*»

Cest Edit fut publié dès le lendemain, comme il appert par cest acte. Et la publication s'en fit mesme hautement, solennellement et à son trompe. «Le Jeudy, septiesme dudit mois d'Avril 1569, lesdites lettres de declaration ont

cela se monstrerent treshumains. Mais le mal fut en ce qu'estans sortis ils ne trouverent aucune conduite, tellement que cheminans par les tenebres de la nuiét, ils furent en merveilleuse peine, en laquelle toutesfois Dieu leur assista tellement, qu'ils arriverent sains & saufs jusques à Heidelberg, ville principale du Palatinat, delà le Rhin.

Le roi défend l'exercice du culte réformé.

Le Samedi, neufiesme jour d'Avril, le Roy fit publier un Edict, par lequel il declaroit qu'en faisant droiét sur l'une & l'autre requeste presentée par les Catholiques & les pretendus reformés, & voulant maintenir toutes choses au mesme estat qu'elles estoient lors que le feu Roy Henry, son seigneur & pere, print ladite ville & cité en sa protection, il vouloit & commandoit qu'il n'y eut exercice quelconque en ladite ville & pays Messin, d'autre religion que Catholique Romaine, attendu qu'il n'y en avoit point d'autre au jour de ladite prinse; faisant defense à tous de n'en faire autre pour l'advenir, & donnant commandement à tous ses lieutenans & autres officiers d'y tenir la main exactement, pource que tel estoit son bon plaisir. Et afin d'oster toute excuse d'ignorance à ceux de la religion, l'Edict fut mis ès mains dudit sieur *de Vielleville*, pour le denoncer à tout le peuple d'une & d'autre religion, lequel pour cest effect ayant assigné toute la bourgeoisie en son logis à certaine heure en la presence de la justice de la ville, en fit faire lecture avec injonction au greffier de la ville d'en faire registre pour le faire observer de poinct en poinct, plusieurs de ceux de la

esté leues et publiées par moy soubsigné Greffier de l'audiance de Monsieur le President de Metz, au logis de mondit Sieur le Mareschal, et par son commandement, presents Monsieur de Thevalle, Lieutenant general du Roy en l'absence de mondit Sieur le Mareschal, et mondit Sieur le President, le Sieur Mathelin le Febvre, Maistre Eschevin de ladite ville de Metz, accompagné des Sieurs de son Conseil et Treizes de la Justice presents, et en presence de plusieurs habitants de ladite Ville, tant de l'une que de l'autre Religion, pour ce mandez au logis. Et le mesme jour ont esté leues et publiées en la Chambre desdits Sieurs Treizes, où assistoient mondit Sieur le President, ledit Sieur Maistre Eschevin, Sieurs de son Conseil et Treizes de la Justice : et a esté ordonné qu'elles seroient enregistrées au Gref de mondit Sieur le President, ensemble au Gref de la Ville, et qu'elles seront publiées par les places, lieux publics et carrefours de ladite Ville accoustumez à faire cris. Et à ceste fin ont esté baillées à Roch Balthazar, Escuyer Lieutenant de Monsieur le Prevost de l'hostel, qui a fait faire ladite publication esdites places, l'an et jour que dessus. »

de Mets & pays Meſſin. Livre XVI.

religion gemiſſans en leurs cœurs, & diſans que le Roy Henry, l'an 1552, & le dixiefme d'Avril, les avoit mis en ſervitude corporelle, & le Roy Charles, ſon fils, les mettoit en ſervitude ſpirituelle, le neufiefme d'Avril 1569, vigile de Paſques.

Ce fait, à ſavoir le douziefme d'Avril, le Roy partit de Mets pour retourner en France, & pource que *Vielleville* le ſuivoit, ceux de la Religion envoyerent après pour le ſupplier de faire tant ſ'il eſtoit poſſible envers le Roy, que ceſt Edict fut moderé. Mais *Vielleville* leur fit reſponſe, qu'ils ne ſe pouvoient plaindre, attendu qu'eux meſmes avoient ſigné de leurs mains une promeſſe de faire ceſſer les preſches quand il plairoit au Roy le leur commander; ce qui eſtoit bien vray, mais il devoit adjouſter que leur faiſant faire & ſigner ceſte promeſſe, il leur avoit juré que ce n'eſtoit que pour contenter ceux de la religion Romaine, & qu'il n'en feroit jamais parlé. Bref, tout ce qu'ils peurent obtenir fut qu'il leur dit, qu'il y avoit un Miniſtre à *Courcelle ſur Nieds* [1], nommé maiſtre *Nicole* [2], qu'on ſouffriroit y reſider, pourveu que ſous peine de la vie, il ne fiſt preſche ni Cene, ains ſeulement les Baptefmes & les mariages, ſans y admettre toutesfois plus de ſix

---

1. *Courcelles-sur-Nied*, village à 4 kil. sud-ouest de Pange et à 13 kil. de Metz.

2. *Nicolas François* avait été primitivement prêtre du côté lorrain de la vallée de la Lièpvre ou de Ste-Marie-aux-Mines; en 1560 environ il quitta le papisme pour embrasser le luthéranisme. Il faisait des sermons à l'église du Pré, dans lesquels il critiquait vivement les ministres français, c'est-à-dire calvinistes, et tournait surtout leur discipline en ridicule et « calomniait l'Eglise ». Le ministre Jean Figon, de Ste-Marie-aux-Mines, avertit les frères de l'Eglise française de Strasbourg de ces menées. Deux délégués, Zanchi et Garnier, furent chargés de procéder à une enquête. Ils réunirent un grand Consistoire qui jugea que l'on devait forcer Nicolas de changer de ton, ou qu'on devait le faire taire, comme n'étant pas prédicateur attitré, mais intérimaire seulement. Une lettre de Holbrac à Calvin, du 28 juillet 1562 (*Opp. Calv.*, XIX, 491), annonce que Nicolas François fut installé à Ste-Marie à la place de Figon comme pasteur, à la condition qu'il s'engagerait par serment à observer certains articles dressés par Pierre de Cologne. Il paraît avoir soulevé des difficultés, qui aboutirent cependant à un compromis. En 1566 il quitta le ministère pour se rendre auprès du sieur de Clervant. (*Mühlenbeck, Histoire de l'église de Ste-Marie-aux-Mines*, p. 160, 167 s.) On le retrouve ensuite pasteur à Courcelles et enfin à Burtoncourt (à 9 kil. de Vigy et à 23 kil. de Metz), jusqu'en 1579. (*O. Cuvier, La persécution de l'église de Metz*, p. 15.)

perfonnes. Cela fut depuis declaré par *Tevale* audit *Nicole*, & falut que ceux de la Religion f'en contentaffent, nonobftant la longueur du chemin, le temps fafcheux de l'hiver, & le debordement de la riviere de Nieds, par delà laquelle eft affis le village, de forte que plufieurs enfans en font morts, & mefmes quelques uns y ont efté noyés avec leurs parens. Qui plus eft, il leur fut defendu de f'affembler en façon quelconque pour invoquer Dieu, & d'avoir maiftres ou maiftreffes d'ecoles pour inftruire leurs enfans, le tout avec telle rigueur que quelques femmes mefmes furent à cefte occafion mifes en prifon & chaffées hors la ville, avec defenfes de par *Viart*, Prefident, à certains maiftres d'efcole, de plus enfeigner la jeuneffe ni prendre efcoliers en penfion, fous peine de la vie. Entre lefquels un nommé *Didier Haubriat,* aagé de feptante ans, enquis de quel meftier il avoit efté auparavant, refpondit du meftier de preftre, monfieur à parler par reverence; ce que le Prefident feignit n'avoir entendu, defchargeant fa colere fur quelques autres qui avoient auffi efté de meftier, aufquels il commanda de f'y remettre fous peine de la vie. Brief, ce Prefident fe monftra tellement animé contre ceux de la religion, que f'eftant trouvé un pauvre oyfeau, qu'on appelle un geay, auquel on avoit appris à dire fi de la meffe, il ordonna que l'executeur de la haute juftice tordroit le col en plein public à ceft oyfeau, & le jetteroit en l'air pour un tel blafpheme. Ce qu'ayant quelcun entendu, l'oifeau fut tranfporté fecretement en une autre maifon, en laquelle on luy apprint de dire, j'en appelle, ce qui tourna finalement en grande rifée contre le Prefident. Mais fi falut il, que le maiftre f'enfuit à faute de reprefenter l'oifeau.

466

Pierre Cartelle.

Il ne fera icy hors de propos de parler de la fimplicité & integrité d'un nommé *Pierre Cartelle*, cordonnier, & Picard de nation, lequel ayant efté furpris comme il prioit Dieu avec quelques fiens voifins, mis prifonnier & depuis amené au Prefident, pour eftre examiné, ainfi comme le Prefident luy dit: Venés ça, ce bon homme ne faillit de fe venir affeoir près de luy, difant: & bien, Monfieur, je m'afferray, puis qu'il vous plaift. De quoy eftant repris & luy ayant le Prefident demandé fon nom, fon aage, fon meftier, fon païs, & depuis quel temps il eftoit venu à Mets & pourquoy, il luy fit infinis contes en pareille fimplicité, & finalement enquis pourquoy il eftoit prifonnier: Je ne fay, dit-il, mais j'ay esté pris en priant Dieu. Sur quoy le Président luy ayant dit, que c'estoit pour cela : Ha (dit-il) monsieur, c'est à faire aux meschans à defendre de prier Dieu, ne le faites pas ; de quoy le Président irrité, disant qu'il le faloit chasser comme estranger : Monsieur (dit-il) j'estois en ceste ville plus de dix ans devant que le Roy la prinst ; & s'il faloit chasser tous les estrangers, vous en fortiriés aussi. Bref, sur cela il fut renvoyé en prison, & falut qu'il payast une bonne amende avec defense à peine de la vie, de ne retourner plus à faire de mesme.

Outre ces choses, ceux de la religion ayans esté privés de leur exercice, furent aussi expulsés de l'administration de la justice, quand le temps fut venu de la creation des magistrats de la ville, à savoir le vingtquatriesme jour de Juin[1]. Et comme ainsi fut que le Dimanche devant l'election on eust acoustumé de convoquer le peuple, chacun devant sa parroisse pour donner sa voix, la formalité fut bien gardée, mais ce ne fut que par contenance, le tout y estant tellement conduit, que outre les gens du tout ignorans de l'office de judicature qui y furent establis, on y en admit un notoirement diffamé, pour avoir servi de maquereau, jusques à mener des femmes à Rome.

Election des magistrats.

Au mois d'Octobre 1569, les nouvelles de la bataille de Moncontour[2], perdue par ceux de la religion, furent apportées à Mets, ausquelles on adjoustoit que l'*Amiral* avoit esté fait prisonnier, ce qui enfla tellement le cœur à ceux de la religion Romaine qu'ils croient par les rues que c'estoit à ce coup que les Huguenots

Bataille de Moncontour.

---

1. *Meurisse* donne une autre date, p. 336 : Le temps de la creation de la Justice estant arrivé, qui fut ceste année là le 13 de juillet, ceux de la Religion pretendue furent exclus de la magistrature ; et il n'y en eut pas un seul qui fut admis ny à aucune charge publique de la ville, ny à l'administration de la justice.

2. La malheureuse bataille de Moncontour se livra le 3 octobre 1569. Le mécontentement de son armée, qui menaçait l'amiral Coligny de l'abandonner, l'obligea à livrer bataille, avec environ 15,000 soldats, à 24,000 catholiques commandés par le duc d'Anjou sous la direction du maréchal de Tavannes. Coligny lui-même y fut grièvement blessé d'un coup de pistolet à la figure par le Rhingrave, qu'il eut encore la force d'étendre raide mort à ses pieds. Voy. *Lanoue*, *Disc. polit. et milit.*, p. 818 s. *D'Aubigné*, *Hist. univ.*, l. V, ch. 17, p. 432. *De Thou*, IV, 224. *Delaborde*, *G. de Coligny*, III, 152 s. (*Goulard*) *Hist. des choses mémor.*, p. 375.

iroient à la meffe, & fonna tellement à branfle cefte groffe cloche, dont il a efté parlé cy deffus, que f'eftant feflée, il la falut refondre à grands frais ; fur quoy après que les nouvelles furent venues que l'*Admiral* n'eftoit ni mort ni prifonnier, quelcun ne rencontra pas mal, difant que cefte cloche ne reffembloit pas les prefcheurs de l'églife Romaine, veu qu'elle avoit mieux aimé crever que mentir.

La paix de 1570.

Tel eftoit l'eftat de ceux de la religion, quand les nouvelles de la troifiefme paix[1] leur furent apportées, au mois d'Aouft 1570, qui leur donna grande efperance de quelque foulagement ; mais cela ne leur dura gueres, ayant entendu toft après qu'il n'eftoit autrement fait mention d'eux en l'Edict[2], non point par faute de ceux qui f'eftoient trouvés à la négociation de la paix, mais d'autant, comme leur manda l'*Amiral*, qu'eftant faite mention d'eux, *Vielleville*, qui y affiftoit, repliqua qu'ils avoient l'exercice en un village à deux lieues de la ville, dont ils fe contentoient[3]. Ce neantmoins, ils ne laifferent d'envoyer trois deputés à la Cour, pour faire toutes les inftances qu'il feroit poffible. Mais après avoir effayé tous moyens & avoir mefmes employé Madame *de Deuilli*[4] envers le fieur *de Vielleville,* fon pere & les Ambaffadeurs des Princes Alemans, ils ne peurent jamais obtenir autre refponfe, finon qu'on ne vouloit toucher aucunement à l'eftat de

---

1. *La paix de Saint-Germain-en-Laye*, du 8 août 1570, par laquelle la liberté du culte fut accordée aux protestants dans tous les lieux qu'ils possédaient, en outre dans deux villes par province ; ils obtenaient en outre droit égal d'admission aux charges publiques et la permission de résider dans tout le Royaume. Les villes de La Rochelle, La Charité, Cognac et Montauban devaient leur être livrées en ôtage pendant deux ans.

2. *L'Edit de pacification*, également daté de St-Germain-en-Laye et publié le 11 août. *Recueil de Fontanon*, t. IV, p. 300. *France prot.*, IX, p. 91. (Goulard) *Hist. des choses mémor.*, p. 409.

3. *Meurisse*, p. 338.

4. *François de Scepeaux de Vieilleville* laissa deux filles, Marguerite et Jeanne de Scepeaux, laquelle épousa Orry du Chastellet, baron de Dueilly (ou Duily) en 1556. (*Mém. de Vieilleville*, éd. Michaud et Poujoulat, l. VI, ch. 39, p. 238. Comp. *Le Laboureur*, *Mém. de Castelnau*, II, 167.) Ce Monsieur de Duilly était fils unique du grand sénéchal de Lorraine. Le clergé adressa de son côté une lettre au roi, le 6 octobre 1570, pour protester contre toute concession qu'on aurait pu être disposé à faire aux protestants. Voy. *Meurisse*, p. 338, qui donne aussi les réponses obtenues.

la ville tel qu'il avoit efté dreffé dernierement, mais que *Vielleville*, à fon retour à Mets, f'enquerroit de tout, afin qu'il y fuft pourveu felon fon rapport.

Entre ces entrefaites *Chreftofle Lambleti,* curé de Sainct Livier, (lequel, durant l'eftat floriffant de ceux de la Religion, avoit, comme plufieurs autres de fon eftat, quitté la religion Romaine, & qui f'eftoit marié à la vefve d'un notaire), après avoir mangé le bien de fa femme & de fes pauvres enfans pupilles, l'empoifonna & auffi toft retourna à la religion Romaine, avec une abjuration volontaire, efcrite & fignée de fa main, le vingttroifiefme de Mars, jour de Jeudi abfolu[1] (qu'on appelle) audit an 1570, dont plufieurs de l'eglife Romaine faifoient grand cas, mais ceux de la Religion leur difoient qu'ils n'avoient rien perdu, ni eux rien gagné.

Le curé Lambleti.

Peu après le retour des deputés envoyés en Cour, revenant *Vielleville* en fon gouvernement, ceux de la Religion allerent au devant de luy jufques à Thoul[2] & ne cefferent ni lors ni depuis de le fupplier en toute humilité qu'il euft pitié d'eux, mais ils ne peurent jamais obtenir de luy autre refponfe, finon après beaucoup de traverfes qu'ils le vinffent trouver à la Cour f'ils vouloient, là où il feroit pour eux ce qu'il pourroit; à quoy ils ne faillirent. Et de faict, après beaucoup de peines, f'eftant *Vielleville* retiré en fa maifon de Duretal, en Anjou[3], ils obtindrent le vingtiefme d'Avril 1571 qu'ils auroient l'exercice public au lieu de Courcelle en toute affeurance. Mais cela eftant rapporté à *Viart*[4],

Le culte à Metz interdit.

---

1. Le *Jeudi absolu*, c'était ainsi qu'on désignait le Jeudi saint, *absolutionis dies, feria quinta ante Pascha, qua pœnitentes absolvi solebant. Du Cange.*

2. Les *Mémoires de Vieilleville* ne donnent aucun renseignement sur ces faits.

3. *Duretal*, petite ville (Maine-et-Loire). *Mém. de Vieilleville*, l. IV, ch. 26, p. 105 : Durestal, ung fort chasteau sur le Loir (Anjou), et autant seigneurial que tout autre scauroit estre en France. — *Ibid.* p. 153 : La terrasse n'a point de pareille en France, au jugement mesme du Roy.

4. Voy. ci-dessus, p. 461. *Jacques Viart* avait succédé à Séneton dans la charge de Président ou « d'Intendant du militaire, justice, police et finance », titre qu'on donna plus tard, depuis 1663, à ce fonctionnaire dont les pouvoirs étaient aussi bien militaires que civils et embrassaient toutes les branches indiquées.

il en refusa l'execution¹, & prolongea ce reffus jufques à ce que ceux de la religion Romaine en obtindrent la revocation, qui fut folennellement notifiée le dixiefme de May², de forte qu'il ne leur fut ottroyé autre chofe que ce qu'ils avoient auparavant, à favoir la liberté des baptefmes & des mariages, audit lieu de Courcelle.

Le culte à Montoy. Le fieur *de Clervant*³ fur cela, encores que durans les afflictions paffées ceux de Mets, furpris de crainte, euffent bien mal recognu les biens qu'ils avoient receu de luy, ne voulant laiffer paffer aucun moyen d'avancer la Religion, commanda comme feigneur en partie de Courcelle (qu'il maintenoit n'eftre de la jurifdiction de Mets) au Miniftre⁴ de prefcher à fes fujets, ce qu'il fit : à raifon de quoy *Tevale* le mit prifonnier és prifons de la ville & le traitta fort rudement, nonobftant qu'il fuft aagé de foixante fix ans. Ce

---

1. Cette opposition provenait surtout du *Cardinal de Guise*, alors évêque de Metz. *Meurisse*, p. 346. Celui-ci ajoute, p. 348 : Avant que les deputez du *Cardinal de Guyse* et des trois Estats de la Ville fussent arrivez auprès du Roy, ceux des adversaires (c'est-à-dire des protestants) avoient desja fait leur affaire, ayant obtenu un decret au bas d'une Requeste qu'ils avoient presentée au Roy, du 25 d'Avril 1571, par lequel il leur estoit permis de faire toute sorte d'exercice de leur Religion pretendue, au village de Courcelles, au lieu qu'auparavant ils n'y pouvoient faire que les baptesmes et les mariages. Mais une requeste des Estats (catholiques) provoqua de la part du Sieur de Thévale et du Président Viart la surséance du decret du roi.

2. *Meurisse*, p. 352, donne la lettre du roi au Cardinal de Guise : « Mon Cousin, Ayant receu la lettre que les deputez des Estats de la ville de Metz m'ont apportée de la part des Maistre Eschevin et Treize, ensemble la vostre, et bien consideré ce que vous et eux me remonstrez, pour le regard de l'instance que me pourroient faire ceux de la nouvelle Religion, d'avoir exercice de leurdite Religion audit Metz et pays Messin : Je me suis resolu (encores que je leur eusse fait responde une requeste estant à Paris (le 25 avril), par laquelle je leur permettois de faire leur exercice de ladite Religion à Courcelles) à declarer de nouveau que je veux et entends que ma declaration expediée à Metz, lorsque j'y estois, soit observée, permettant toutefois que ceux de ladite nouvelle Religion peussent continuer audit lieu de Courcelles l'exercice d'icelle, pour le regard de leurs baptesmes et mariages seulement, sans l'estendre à aucun autre exercice, etc. Escrit à Eunette, le 10ᵉ jour de May 1571. »

3. Voy. ci-dessus, p. 441.

4. C'est-à-dire *Nicolas François*, *supra*, p. 465.

neantmoins, huict jours après il le relafcha avec defenfe de plus y retourner. Mais toft après eftans advertis ceux de la Religion de dedans de la ville, aufquels fe joignirent plufieurs gentilshommes haut jufticiers du pays Meffin, que le Roy devoit faire quelque fejour à Bloys, où l'*Amiral* le devoit venir trouver, ils ne faillirent d'y envoyer leurs deputés[1], à favoir le fieur *de Barisi* pour les gentilshommes, & deux bourgeois; lefquels, bien recueillis par *Vielleville,* fachant bien fe gouverner felon le vent, & voulant favorifer à l'*Amiral,* auquel l'on defiroit lors de gratifier pour moyenner le mariage du *Roy de Navarre* & l'amener à la trappe, finalement nonobftant les traverfes du Prefident, venu expreffement à la Cour pour les empefcher, ils obtindrent[2] que tous les gentilshommes & autres habitans de Mets & du pays Meffin,

---

1. *Meurisse*, p. 354: Sur le milieu de l'an 1571 il arriva une conjuncture fort favorable aux adversaires. Les chefs des Religionnaires s'estoient assemblez à La Rochelle; dequoy le Roy estant entré en juste deffiance, prit resolution de descendre en Touraine, afin qu'en s'approchant d'eux, il les obligeast de venir à luy, ou bien s'ils manquoient à ce devoir, ils peust tirer quelque lumiere de leurs desseins, par leur deffiance. Les adversaires ayant eu advis que l'Amiral ne manqueroit pas d'aller trouver le Roy — se resolurent d'envoyer en Cour, afin de recommencer leurs poursuites, pour obtenir le libre exercice de leur Religion dans la Ville par l'entremise d'un si puissant protecteur. Ils bastirent donc une requeste . . . Ils advancerent premierement que les Catholiques avoient introduit dans la ville quantité de blasphemateurs du nom de Dieu . . . Ils exposerent, secondement, qu'ils estoient en beaucoup plus grand nombre que tous les Catholiques et les Ecclesiastiques ensemble : ce qui pouvoit estre pourtant convaincu de faux à veue d'œil, les Calvinistes n'ayant jamais fait, en nombre de personnes, le tiers de la ville. Ils advancerent troisiemement qu'ils estoient les vrays et naturels bourgeois de la ville, et que la pluspart des Ecclesiastiques et des Catholiques estoient gens estrangers, venus du dehors . . . Ils conclurent à ce qu'il plût au Roy de leur permettre le restablissement de leurs exercices, comme des presches, des cathechismes, de l'administration de leurs sacrements, des escholes, du consistoire, et d'autres semblables libertez dans la ville, et notamment de leur permettre de travailler les jours des festes . . . Le Clergé ne manqua point de donner advis de tout cecy au Cardinal de Lorraine et au Cardinal de Guyse . . . par les lettres . . . du dernier du mois d'aoust 1571 . . . L'occasion que les adversaires avoit prise leur fut si favorable qu'ils retournerent avec ceste depesche.

2. L'ordonnance royale du 14 octobre 1571 se trouve dans *Meurisse*, p. 357 s. : «Ordonnons, que au lieu de Courcelles où lesdits Sieurs Gentils-

auroient pour l'exercice de leur Religion, le lieu de *Montoy*[1], appartenant audit fieur *de Clervant*, & non autre lieu quelconque, mais ne feroient recherchés pour le faict de la Religion, ni contraints de faire aucune chofe contre leur confcience, & feroient au refte egalement traittés comme les autres habitans de la religion Romaine. Cefte depefche apportée en bonne forme en la ville, on n'en tint pas grand conte, de forte qu'il falut obtenir de la Cour une feconde juffion, & cependant fut fait le procès à deux pauvres artifans, à favoir *Jaques de Foreft,* chapelier, & *Cefar Fabelle,* menufier, prifonniers pour avoir efté trouvés faifans les prieres avec quelques uns de leurs voifins, lefquels furent condamnés à quarante livres d'amende, payées par quelques uns de la religion, fachans leur pauvreté. Finalement, eftant arrivée la feconde juffion, elle fut interinée en la prefence des uns & des autres, & nommément du *feigneur de Chaftelus,* gouverneur de la citadelle, le vingt deuxiefme de Novembre, & par ainfi, ayans efté ceux de la religion en perpetuelles miferes, depuis le troifiefme d'Avril 1569, recommencerent leur exercice à Montoy, le vintcinquiefme dudit mois de Novembre, audit an 1571, ayans pour miniftre *Olivier Valin*[2], avec une merveilleufe allegreffe d'une trefgrande

hommes, manans et habitans de ladite ville de Metz font à prefent l'exercice de leurdite Religion, ils le puiffent faire à Montoy pour les prefches, cenes, baptefmes, ainfi que mariages et non pour autre chofe, ny ailleurs.» *Meuriffe,* p. 359, ajoute encore cet avis fecret, donné fur cette négociation: «Ceux de la Religion ont obtenu le restabliffement de l'exercice, pour tout le Gouvernement de Metz, en la maifon de Montoy, qui appartient à *Clervant,* et n'a pas tenu à eux et à leurs favoris qu'ils ne l'ayent eu dans la Ville, et dans les maifons particulieres des Gentilshommes; comme auffi les escoles publiques et la permiffion d'entrer aux Magiftrats comme les Catholiques. Et comme toutes chofes ont efté conduites fur ce fait, je le referve à le faire entendre à Monfieur le Gouverneur, et à vous, à bouche, car cefte fufée ne s'eft desmeflée qu'avec grande fubtilité et induftrie. Et fi ceux aufquels ceste caufe principalement appartenoit, euffent ufé de diligence, et de l'office qu'ils doivent, les Maiftres euffent efté, peut eftre, bien aifes d'y trouver quelques empefchemens et oppofitions.»

1. *Montoy* (voy. p. 455), village à 7 kil. de Metz et à 9 kil. de Pange, à 4 kil. de Courcelles.

2. *Olivier Varin* leur fut accordé par le fieur d'Andelot, dont il était ministre. Mühlenbeck, l. c., p. 183. Selon O. Cuvier, *La perfécution de l'églife de Metz.* p. 15. *Olivier Valin* fonctionna à Montoy de 1565 à 1572.

multitude de peuple, nonobſtant qu'il fiſt un temps extremement pluvieux, & que le chemin de Mets à Montoy ſoit des plus faſcheux d'alentour de la ville. Ce nonobſtant on leur faiſoit du pis qu'on pouvoit, ne leur eſtant permis d'avoir qu'un ſeul miniſtre, aveques defenſes d'avoir aucun maiſtre d'eſcole en la ville, à Montoy, ni ailleurs. Et pource que les habitans des villages d'outre la riviere de Mezelle ſe preſentoient aux portes pour paſſer par la ville, & aller à Montoy, ils eſtoient deſchaſſés à grand rigueur, voire juſques à ce poinct que quelques uns eſtans paſſés devant la defenſe faite, & reprenans leur chemin par la ville à leur retour, furent reboutés juſques à ne permettre à homme ni à femme d'entrer pour acheter du pain ; & ſi quelques uns ſ'eſtoient coulés en la ville parmi la foule, eſtans deſcouverts, ils en eſtoient deſchaſſés à coups de baſton. Qui plus eſt, *Tevale*, ayant eſté adverti, que quelques villageois du Vault[1], venans le Samedi au marché, demeuroient au giſte en la ville, pour aller au preſche le lendemain à Montoy, fit defendre à ſon de trompe, ſous peine de cent ſols d'amende qu'homme n'euſt à les loger. Pluſieurs remonſtrances luy furent faites ſur cela en toute humilité, qui fut cauſe qu'ils envoyerent derechef leurs deputés à la Cour, eſtant pour lors à Amboiſe, là où par le moyen de *Clervant*, qui pour lors ſ'y trouva, ils obtindrent commandement exprès du Roy de laiſſer paſſer & repaſſer les villageois[2].

Vielleville, ſur ces entrefaites, eſtant mort tout ſoudain en ſa maiſon de *Duretal*[3], le gouvernement de Mets fut baillé à [*Albert*][4] *Gondy*[5], duquel il ne ſera hors de propos de dire en brief la con-

La famille de Gondi.

1. *Vaux*, vieux village, sur la rive gauche de la Moselle, à 8 kil. de Gorze et à 8 kil. de Metz.
2. *Meurisse*, p. 360.
3. Il mourut empoisonné, le 2 novembre 1571, à l'âge de 72 ans. *Le Laboureur, Mém. de Castelnau*, II, 158.
4. Dans l'édition d'Anvers 1580, le prénom est laissé en blanc.
5. *Albert Gondi*, fils d'Antoine de Gondi, né à Florence en 1528. Il assista à la bataille de Renti, 1554, à celle de St-Denis, 1567, et à celle de Moncontour en 1569. Charles IX, des bonnes grâces duquel il jouit à un haut degré, l'employa à différentes hautes missions où il montra son habileté, aussi fut-il créé maréchal de France en 1567. Henri III lui continua aussi ces faveurs et le créa duc et pair de France. Il mourut en 1602. Il était le grand-oncle du fameux cardinal de Retz, le chef de la Fronde. Il fut accusé d'être un des auteurs de la St-Barthélemy. Voy. plus bas, p. 474.

dition. Un Florentin habitué à Lyon, banquier de bien peu de crédit, eut cest heur d'avoir une femme sachant fort bien son entregent, laquelle parvenue à estre nourrisse du Roy François deuxiesme, gagna si bien la bonne grace de la Royne mere, qu'elle parvint à un merveilleux credit, & mit son fils, duquel il est question, tellement en la bonne grace du Roy Charles neufiesme & de la Royne sa mere, que d'un clerc de vivres, qu'il estoit au voyage du Roy Henry en Alemagne, on fut tout esbahy qu'on le vid fait premier gentilhomme de sa maison & de la chambre du Roy, puis Comte de Rets, marié à la vefve du feu sieur *de Hannebaut*[1], & depuis Mareschal de France; ayant si bien fait ses besognes, qu'ayant voulu acheter pour un coup une terre de neuf cens mille livres, il n'est estimé avoir moins de quatre vingts à cent mille livres de revenu, outre les profits secrets que chacun ne sait pas, estant aussi l'un de ses freres, nommé *la Tour*, maistre de la garde-robbe du Roy & son autre frere Evesque de Paris, tous habiles hommes, & sachans bien faire leurs affaires. Ce gouvernement de Mets donques, combien qu'il eust esté promis au sieur *de Crussol, Duc d'Uzès*[2], fut donné à cestuy cy, duquel on disoit à la Cour, que ceux de Mets seroient fort estonnés, voyans entrer en leur ville comme lieutenant du Roy celuy qu'ils y avoient veu arriver la premiere fois avec les Charrettes des munitions.

Nous avons dit qu'à la solicitation des deputés de ceux de la religion, le Roy avoit commandé qu'on laissast passer & repasser les villageois; mais rien n'en estoit executé, & outre cela rien n'avoit esté respondu sur deux autres articles contenus en la mesme requeste, dont le premier estoit qu'il pleust au Roy d'ottroyer que les gentilshommes du pays Messin eussent mesme liberté pour l'exercice de leur religion que les gentilshommes François. Le second, que quelque lieu fut baillé aux bourgeois & habitans de la ville dedans le pourpris d'icelle, ou bien quelque lieu de seureté entre les rivieres de Mezelle & de Salle, estant le lieu de Montoy, si près des terres du Roy d'Espagne, qu'ils avoient juste occasion de craindre d'y estre outragés. Voyla pourquoy les deux deputés,

---

1. Voy. vol. II, 240.
2. *Antoine de Crussol*, si souvent nommé dans notre *Histoire*.

auſquels furent encores adjoints deux autres, ayans entendu l'arrivée prochaine de la *Royne de Navarre* à Bloys, ſ'arreſterent à la Cour. Ce qu'entendans ceux de la religion Romaine, y en envoyerent cinq de leur part, à ſavoir un pour la nobleſſe, deux pour le clergé, & deux pour les bourgeois, ſolicitans les uns contre les autres, dont l'iſſue fut telle que le lieu de *Montoy* fut confermé pour ſ'y aſſembler & non en autre lieu, mais quil ſeroit permis à tous ceux du pays Meſſin de paſſer & repaſſer par leur ville pour y aller ſans aucun deſtourbier, & qu'ils pourroient choiſir tels Miniſtres & autant qu'ils en voudroient, ſauf à les preſenter au gouverneur ou à ſon lieutenant, pour ſ'informer quelles gens ils ſeroient; & que pareillement l'election des treize & gens de juſtice ſe feroit comme on avoit acouſtumé auparavant, ſans aucune diſtinction de religion, eſtant le reſte concernant les demandes de ceux de la Religion remis à l'arrivée du *Mareſchal de Rets* en ſon gouvernement, lequel dès lors leur fit de grandes promeſſes, exhortant les uns & les autres à ſ'entretenir en bonne paix. Il falut donc qu'ils ſe contentaſſent de cela; & pource que *Tevale* ne voulut jamais admettre *Taffin*[1], alleguant qu'il eſtoit homme de menée & ſujet naturel du Roy d'Eſpagne[2], ils emprunterent *François du Jonc*[3], de l'Egliſe de Schenau au Palatinat, pour deux mois.

Tel eſtoit l'eſtat de l'Egliſe, croiſſant tous les jours, nonobſtant encores tous empeſchemens, quand les nouvelles arriverent de la bleſſeure de l'*Admiral*[4], advenue à Paris le vingt deuxieſme d'Aouſt 1572, ce qui apporta un grand effroy à ceux de la Religion. Ce neantmoins au meſme inſtant le Roy ayant mandé à *Tevale* qu'un tel acte avoit eſté fait à ſon deſceu, dont il ſe deliberoit de faire bonne & prompte juſtice, & ces letres ayans eſté auſſi toſt publiées avec exhortation de ſe tenir en paix, on ſe rappaiſa aucunement en attendant nouvelles de ce qui ſ'en enſuivroit.

La St-Bar-thélemy.

1. *Taffin.* Voy. ci-deſſus, p. 450.
2. Comme étant né à Tournay, en Flandre.
3. Voy. ci-deſſus, p. 457.
4. A la ſuite de l'attentat de Maurevel. Delaborde, *Coligny*, III, 437 s. Hiſt. des choſes mémor. (Goulard), p. 425.

Ce qui s'en ensuivit fut cest horrible & execrable massacre commis à Paris le vingtquatriesme dudit mois, jour de la feste S. Barthelemi; cruauté si barbare & inhumaine que tant que le monde sera monde, & encores après le monde fini, tant les autheurs que les executeurs d'un si malheureux massacre seront en perpetuelle execration, ayant esté cest acte commencé premierement à Paris, & depuis suivi en la plus part du Royaume de France. Ce ne fut pas donc sans cause que ces pauvres brebis de Mets furent esperdues, n'attendans que le couteau des bouchers ainsi que les autres. Ce neantmoins au lieu de s'enfuir on les voyoit se renger à leur pasteur de plus grande ardeur que jamais, & fut tellement conduit l'affaire par la providence de Dieu, que leurs plus grands ennemis condamnans une telle procedure, n'oserent jamais entreprendre de ruiner l'assemblée par manifeste violence.

Vexations nouvelles et incessantes. Tevale, sur cela, & le President ayans envoyé querir quelques uns des principaux, les admonnesterent de faire cesser les predications publiques & la celebration de la Cene, leur permettans toutesfois de s'assembler jusques au nombre de vingt ou trente personnes. Mais estant cela rapporté au Consistoire & depuis consulté entre les principaux, chacun fut d'avis de se remettre à la providence de Dieu, & de perseverer, sinon que *Tevale* leur dist expressement avoir commandement du Roy de leur defendre leur exercice acoustumé; mais estans conseillés quelque temps après par quelqu'un pensant bien faire en cela, ils cederent au temps après que *Tevale* les eut asseurés que cela ne seroit que par entrepos, & commença lors *Olivier*[1], à prescher en particulier en sa maison à Montoy, ne sachant toutesfois si bien faire que les assemblées ne fussent de deux à trois cens personnes, lesquelles continuerent jusques à la venue du *Mareschal,* leur gouverneur, qui fut le quinziesme de Novembre 1572[2], estant recueilli magnifiquement & avec grande joye de ceux de la religion Romaine, ressemblans en cela les oyseaux de proye qui ont tantost oublié leur liberté, tellement que pour la haine qu'ils portoient à ceux

---

1. *Olivier Varin.* Voy. p. 470.

2. Ce ne fut qu'alors qu'il vint prendre possession de son gouvernement. *Meurisse,* 372.

de la religion ils planterent un tableau dans le temple [1], où estoient escrits ces mots:

«Un Dieu, un baptesme, une foy, une loy
Et vivre en paix sous un Roy.»

Ceux de la religion au contraire, voyans cest homme qu'on tenoit avoir esté l'un des principaux conseillers de cest horrible & desloyal massacre [2], estoient en grande crainte & non sans cause, comme il apparut bien tost après; car ayant fait venir à soy *Olivier*, il tascha par tous moyens, tant de luy-mesme que par autres, avec toutes les promesses dont il se pouvoit adviser, de le faire deporter de son ministere; en quoy n'ayant rien peu profiter, il se delibera de luy tendre des embusches sous ombre d'une dispute, & l'eust fait n'eust esté que *Tevale*, aussi vehement & ouvert que l'autre est fin & cauteleux, eust dit à part à *Olivier*, en sortant avec colere, que puis qu'il ne vouloit faire autre chose, il defendroit dès le lendemain tout exercice de la religion, comme il fit aussi. Mais *Olivier*, ayant recueilli par ces paroles à quelle dispute on le vouloit attirer, print droit le chemin de la ville de *Falzbourg* [3] dès le lendemain, acompagné seulement d'un cordonnier nommé *Paris;* ce que *Gondy* ayant entendu, il envoya des argoulets après luy &, voyant qu'il avoit failli de l'attraper, deschargea sa colere sur la femme & huict petis enfans d'iceluy, lesquels, nonobstant les neiges & les pluyes excessives, il dechassa à travers des bouës & des glaces, & fit aussi bannir le pauvre cordonnier qui l'avoit conduit. Qui plus est, parlant à plusieurs des principaux bourgeois de la religion, il leur declara ouvertement que le Roy ne vouloit souffrir autre religion que la sienne en son royaume, ni pays de son obeissance, taschant de les induire par tous les offres de la volonté du Roy, qu'il luy fut possible. A quoy

---

1. C'est-à-dire dans la cathédrale, *ibid.*
2. *Mém. de l'estat de France sous Charles IX*, t. I, p. 380 s. (2ᵉ éd., Meidelbourg 1578, p. 265 et surtout 266 s. *D'Aubigné, Hist. univ.*, I, 540. *Delaborde, Coligny*, III, 458.
3. *Phalsbourg (Pfalzburg)*, dans le pays Messin, sur le croisement des routes de Strasbourg, Saarunion, Fénétrange et Nancy, à 19 kil. de Sarrebourg. Ce fut l'empereur Maximilien Iᵉʳ qui conféra à ce village le rang de ville. La seigneurie de Pfalzbourg appartenait jusqu'en 1583 aux comtes palatins De Veldenz qui alors la vendirent au duc de Lorraine.

ayant esté constamment & unanimement respondu, que cela seroit contre les promesses à eux faites comme à une cité imperiale, voire des quatre principales de l'empire, il les renvoya avecques grandes menaces.

Le lendemain, ayant en vain essayé le mesme envers certains particuliers, les menaça de les chasser tous de la ville par commandement du Roy, à quoy luy ayant esté remonstré qu'il faloit donques que l'herbe creust par les rues, il persista de paroles en ses menaces, disant que l'herbe y valoit mieux que telles gens. Mais si n'osa il executer ce qu'il avoit deliberé, mais essaya un autre moyen, ayant fait venir à Mets un malheureux ministre revolté, nommé *du Rozier*[1], acompagné d'un docteur Jesuite Espagnol, nommé *Maldonat*[2], estimé le plus docte & le plus subtil de tous ceux de la faculté ; comme aussi *du Rozier* avoit fait à

Du Rozier et Maldonat.

---

1. *Hugues Sureau*, dit *du Rosier* (voy. plus haut, p. 247), né à Rozoy-sur-Serre, en Thiérache, avait été d'abord correcteur d'imprimerie. Après s'être voué au ministère évangélique, il fut quelque temps pasteur à Orléans (vol. I, p. 738), où il écrivit quelques ouvrages de controverse. Etant devenu suspect à ses collègues et accusé d'être l'auteur du pamphlet : *Défense civile et militaire des innocents et de l'Eglise de Christ 1563*, enseignant le tyrannicide, on l'arrêta et le mena prisonnier à Paris (voy. ci-dessus, p. 247). Il prouva qu'il était innocent et fut mis en liberté. Arrêté lors de la St-Barthélemy, il abjura le protestantisme et fut employé à la conversion du roi de Navarre et de Henri, prince de Condé (*De Thou*, IV, 630). Condé résista. Employé ainsi comme convertisseur, il fut envoyé à Sedan, par le duc de Montpensier, pour y travailler à la conversion de sa fille, la duchesse de Bouillon, et de son mari, mais sans succès. C'est ainsi qu'il fut aussi envoyé à Metz. (*De Thou*, l. c. *France prot.*, IX, 329. *Bulletin du Protest. franç.*, VIII, 602 ; XII, 266. Comp. *Meurisse*, p. 376).

2. *De Thou*, VI, 311. *Bayle, Dictionn. Jean Maldonado*, né en 1534 à Las Casas de la Reina, en Estramadure, fit ses études à Salamanque, enseigna avec succès la philosophie et la théologie au Collége des Jésuites à Paris et y prêcha en français. Il soutint aussi des disputes contre les ministres protestants, entre autres surtout à Sedan, lors de son voyage en Lorraine. Il ne put éviter d'être accusé d'hérésie, mais en fut déclaré innocent. Il mourut à Rome en 1583, où il avait été appelé pour travailler à l'édition de la bible grecque. Ses Commentaires sur les Evangiles ne furent publiés qu'après sa mort. *De Thou*, qui avait lui-même assisté à ses leçons au collège de Clermont à Paris, vante beaucoup son érudition. A Metz, *Maldonat* fit tous les jours, pendant 3 semaines, un catéchisme de controverse où l'on obligeait les Calvinistes de se trouver. *Meurisse*, p. 378.

Paris tout ce qu'il avoit peu pour en faire revolter d'autres, jufques à faire imprimer une abjuration¹ & autres livres pleins de fauffetés & de mefchante confcience, au lieu qu'auparavant il avoit acquis reputation d'homme docte, comme il eftoit à la verité, ayant mefme efté choifi pour la difpute tenue à Paris contre les docteurs *Vigor*² & *de Saintes*³. La revolte de ce perfonnage fut un grand fcandale à plufieurs, laquelle il tafcha de rabiller depuis tellement quellement, mais jamais depuis on ne cognut en luy un fens raffis, ni confcience droite, & finalement eft mort de pefte avec fa femme & tous fes enfans en la ville de Francfort⁴.

Pour revenir à noftre hiftoire, eftans ces deux arrivés à Mets, & la plus part de ceux de la religion eftans contraints de fe trouver un jour de dimanche en la maifon de l'Evefché, *du Rozier* leur fit une grande harangue parlant de la fucceffion des Evefques, qu'il difoit eftre la marque de la vraye Eglife. Mais tant f'en falut que perfonne en fuft efmeu, qu'au contraire plufieurs fimples gens de l'Eglife difoient tout haut, qu'ils entreprendroient bien de luy refpondre; & y euft mefmes un boucher, nommé *Nicolas du Bois*, lequel eftant allé en la maifon de *Maldonat*, l'amena à cefte raifon, qu'il confeffa que fi on ne vouloit croire que ce qui eft efcrit en la Bible, on ne pourroit monftrer que la meffe fuft bonne. Et

---

1. *France prot.*, IX, 330 : Confession de foy faicte par *Hugues Sureau-Du Rosier*, avec abjuration et detestation de la profession huguenotique : ensemble la refutation de plusieurs points mis en avant par Calvin et Beze contre la foy et Eglise catholique. Paris 1573, in-8; Lyon, 1573, in-12.

2. Voy. vol. I, p. 93, 692.

3. Voy. vol. I, p. 578. Comp. *Labitte, De la Démocratie chez les prédicateurs de la Ligue*, 2ᵉ éd., Paris 1865, p. 201 s. Comme évêque d'Evreux il prêcha avec la plus grande véhémence contre Henri IV. Lors de la prise d'Evreux par Biron, il se réfugia à Louviers et y fut fait prisonnier à la reddition de cette ville. On découvrit dans ses papiers qu'il avait justifié dans un écrit l'assassinat de Henri III et établi la nécessité de tuer le Béarnais. Envoyé à Caen, il fut condamné à une prison perpétuelle et mourut bientôt au château de Crèvecœur où il avait été enfermé.

4. Après avoir envoyé sa famille en sûreté à l'étranger, il quitta lui-même secrètement la ville le 19 décembre, gagna heureusement Strasbourg et de là Heidelberg, où il fit reconnaissance publique de sa faute. Il se retira bientôt à Francfort, où il entra comme correcteur dans l'imprimerie des Wechel ; il y mourut trois ans après.

quant à *du Rozier*, eftant en partie convaincu en fa propre confcience, & auffi admonnefté par gens de bien d'avoir pitié de foy mefme, il pria qu'on luy aydaft à fortir de ce bourbier, ce qu'on fit¹, & fut conduit ce pauvre miferable en l'Eglife d'Heydelberg, où il recognut aucunement fes fautes, dont il publia un petit traitté², contraire à ceux qu'il avoit fait imprimer à Paris.

Le *Marefchal de Rets* fur cela voyant ce qui eftoit advenu, & n'ayant pouvoir, comme il eft à prefuppofer, de faire pis à ceux de la Religion, f'en retourna en Cour, dont il ne f'abfentoit pas volontiers; donnant charge à *Tevale*, fon lieutenant pour le Roy, en fon abfence, & à *Viart*, Prefident, de ne fouffrir en forte quelconque aucun exercice de la Religion, & de preffer ceux qui en eftoient de retourner à la meffe par tous les moyens qu'ils pourroient fans trop alterer la paix de la ville; à quoy ils tindrent la main la plus roide qu'ils peurent, faifant chaffer hors la ville *Guillaume Brayer*³, dont il a efté parlé cy-deffus, *Jean Humain*, les libraires de la Religion, efpians auffi les acouchées & faifans prendre leurs enfans, malgré les peres & meres, pour les faire baptifer à la façon de l'eglife Romaine, au fon des cloches & du tabourin. Pour à quoy obvier ceux de la Religion uferent de beaucoup d'artifices, les uns tranfportans leurs femmes de bonne heure en quelque village, les autres mettans leurs enfans dans des hottes, & les couvrans d'un peu de fumier comme pour les porter en quelque heritage, les autres les mettoient en quelque bateau par les grilles de Rumpert. Il y en eut d'autres qui appointerent avec les fergens, & pource qu'il n'eftoit permis aux beliftres⁴ de briber⁵ par la ville, habilloient une femme en pauvre bribeufe

---

1. *Meurisse*, p. 382. Il s'esquiva le propre jour que le *comte de Retz* et *Maldonat* partirent de ceste ville, pour s'en retourner à Paris, qui fut le 19 de decembre.

2. *Confession et recognoissance de Hugues Sureau, dict du Rosier*, touchant sa cheute en la papauté et les horribles scandales par luy commis, servant d'exemple à tout le monde de la fragilité et perversité de l'homme abandonné à soy et de l'infinie misericorde et ferme verité de Dieu envers ses eslus. Basle 1574, in-12, p. 46, réimprimé dans les *Mémoires de Charles IX* (par *Goulard*), 2ᵉ éd. 1578, vol. II, p. 104. *France prot.*, l. c.

3. *Guill. Brayer*, supra, p. 458. *G. Brasier*.

4. *Bélitre*, mendiant. *Littré*.

5. *Briber*, brimber, ancien wallon : mendier.

à laquelle ils bailloient leurs enfans au col habillés de mefme, mifes par ce moyen hors la ville à peine d'eftre punies à la rigueur des ordonnances ; puis eftoient ces enfans portés & baptifés par les Miniftres à *Alteville*[1], près de Buquenon, appartenant au *Comte de Naffau ;* ou à *Jamets*[2], terre fouveraine du *Duc de Buillon,* en laquelle, comme auffi à *Sedan,* il y avoit exercice de la Religion. Et advint lors à un pauvre boulenger une chofe digne d'eftre remarquée, lequel fachant que fes voifins efpioient la couche de fa femme, ufa de telle diligence qu'il l'emporta fi à poinct hors de la ville, qu'eftans entrés les voifins pour le prendre & baptifer en l'eglife Romaine, n'y trouverent rien. Mais advint que le lendemain elle acoucha encores d'un autre enfant ; ce qu'eftant ignoré par fes voifins il ne fut point recerché, & partant le pere eftant de retour du baptefme du premier, eut moyen d'en faire autant du fecond ; ce que *Tevale* ayant entendu, il le fit mettre prifonnier, mais voyant fa conftance, il le relafcha quelques jours après.

La guerre[3] fe faifoit cependant trefcruelle, à travers du Royaume de France, & notamment à la Rochelle, où fut tué entre autres le *Duc d'Aumale*[4], ce qui contrifta *Tevale* merveilleufement. Et furent ceux de la Religion en grand danger que les gens de guerre ne fe jettaffent fur eux. Mais tant y a que Dieu voulut qu'ils efchappaffent ce coup comme plufieurs autres. Toft après

Le sieur de Piennes.

---

1. *Altweiler (Altwiller),* village à 4 kil. de St-Avold et à 46 kil. de Saverne. Il y a encore une communauté réformée. Tout près se trouve *Bouquenom* ou Bockenheim, petite ville qui porte aussi le nom de Saar-Union ou de Saarwerden (Bas-Rhin). La Saar divise l'endroit en deux parties jointes ensemble par un pont : Bouquenom et Neu-Saarwerden. Ce lieu appartenait alors au comte de Nassau-Saarbrück.

2. *Jametz,* petite ville du pays Messin (Meuse), à 12 kil. de Montmédy, autrefois ville forte appartenant au duc de Bouillon.

3. C'était la quatrième guerre de religion. Elle avait commencé en novembre 1572 avec le secours d'Elisabeth d'Angleterre et des protestants d'Allemagne, et prit fin en juillet 1573.

4. Le 4 mars 1573, «*Claude de Lorraine, Duc d'Aumale,* oncle du Duc (Henri) de Guise, estant derriere un gabion, fut tué d'un coup de piece (couleuvrine) braquée sur le boulevard de l'Evangile, traversa le gabion et ce Duc qui pensoit à toute autre chose qu'à ce qui lui avint.» *(Goulard) Hist. des choses mémor.,* p. 472. De Thou, IV, p. 779.

auſſi furent apportées nouvelles que le *Mareſchal de Rets,* ayant quitté ſon gouvernement de Mets pour avoir mieux, le ſieur de *Piennes* eſtoit eſtabli gouverneur en ſa place ; ce qui donnoit eſperance de quelque bon ſoulagement à ceux de la Religion, ſachans qu'il en avoit fait profeſſion telle ès premieres guerres civiles de l'an 1562, qu'il avoit meſmes ſuivi le *Prince de Condé* à Orleans[1]. Mais ils ignoroient que c'eſtoit un vray fantaſtique, & qu'en partie l'ambition, en partie ſa legereté l'avoient fait revolter dès lors juſques à ce poinct qu'il porta meſmes les armes en la bataille de Dreux contre le *Prince* qui l'avoit tant honoré à Orleans[2]. *Piennes* donques arriva à Mets, le huictieſme de Novembre 1573, & ayant donné bonnes paroles à ceux de la Religion ſ'en retourna, pour ſe trouver comme il diſoit à quelques Eſtats, leſquels on a depuis eſtimé avoir eſté dreſſés expreſſement pour y attrapper ce qui eſtoit reſté du maſſacre de la Sainct Barthelemi, ce qu'eſtant deſcouvert fut cauſe de la cinquieſme guerre civile, recommencée l'an 1574[3] par Charles neufieſme, & continuée par Henri troiſieſme. *Piennes* donques finalement retourna de la Cour, & au lieu de ſoulager ceux de la Religion, fit rechercher & oſter les armes aux bourgeois, ce qui n'avoit jamais eſté fait, voire juſques à les contraindre de jurer ſ'ils en ſavoient point d'autres que celles qu'on trouvoit & prenoit. Auquel ſerment n'ayant voulu

1. Vol. II, p. 93, 106, 128, 133.

2. Vol. II, p. 241. Il fut pourvu du gouvernement de Metz au mois d'août 1573. *Meurisse*, p. 387.

3. On peut faire remonter les commencements des troubles de la cinquième guerre au mois de mars 1574 (*Goulard*) *Hist. des choses mémor.*, p. 494. Le duc de Montpensier se mit en campagne au mois d'avril, pour faire la guerre en Poitou à ceux de la religion (*ib.*, p. 500). Charles IX mourut le 30 mai. Les habitants de La Rochelle recommencèrent la guerre en septembre. — *Meurisse*, 389 : Au commencement de ceste guerre, le *prince de Condé* se retira en Allemagne avec *Méru* et *Thoré*, frères du *Duc de Montmorency;* où estant, ils ne cesserent de travailler, pour porter l'*Electeur Palatin* et le Duc Jean Casimir, son fils, à former tous ensemble un corps d'armée pour le secours des Religionnaires. Le Roy Charles IX, qui vivoit encore alors, se deffiant de ceste pratique, leur envoya le *Mareschal de Retz*, pour tascher de les ramener, ou au moins de destromper ces princes d'Allemagne et destourner cest orage. — Ces ambassades ne produisirent pourtant aucun effet.

obeir un ancien bourgeois nommé *Antoine Tomaſſin,* fut mis en
prifon & à grand' peine relafché, eſtant aagé de feptante ans.

Ce nonobſtant ceux de la religion eſtans grandement haraſſés
du travail d'aller à Alteville ou à Jametz pour leurs baptefmes &
mariages, reprindrent cœur à la folicitation du fieur *de Clervant,*
combien qu'il fe fuſt habitué avec fa famille en fa baronie de
Coppet [1], ès terres des feigneurs de Berne. Ils eurent donc pour
miniſtre ce mefme maiſtre *Nicole,* qui avoit eſté longuement à
Courcelle, comme dit a eſté; lequel ils etablirent au village de
Burtoncourt [3], à trois lieues de Mets, appartenant audit *Clervant,*
& mouvant en fief du *Duc des deux Ponts.* Ce qu'ayant entendu
Piennes, & voyant que le peuple y alloit à grand' foule, il y envoya
faire defence de par le Roy; & non content de la refponfe à luy
faite, à favoir que le Roy n'avoit rien à commander en ce lieu-là,
fut fi outrecuidé qu'il y envoya des argoulets qui fourragerent le
village, nommément la maifon du Miniſtre, mettant le Roy par
ce moyen en grand hazard d'une guerre contre les Princes Alemans dont il n'avoit pas befoin pour lors. Mais nonobſtant tout
cela ceux de la religion ne laiſſerent d'y aller, aufquels il ne fceut
faire pis, un jour de Cene, que de leur fermer les portes au retour,
jufques à ce que après quelques jours il leur permit de rentrer,
avec defenfe de n'y plus aller faire la Cene fans fon congé.

La guerre cependant continuoit trefcruelle en France, où il y *La guerre*
eut grand remuement, f'eſtant monfieur [4], frere du Roy, retiré *civile.*
de la Cour pour f'aſſocier, comme on eſtimoit, avec ceux de la
religion, acompagné de ceux qui f'appellerent les *Politiques* ou
mal contens, fe plaignans du mauvais gouvernement des affaires
du Royaume, comme ils le declaroient par plufieurs proteſtations
imprimées [5]. D'autre coſté monfieur le *Prince de Condé,* acom-

---

1. Ce fut après la conquête Bernoise du pays de Vaud que la ville et la
terre de Coppet passa par achat en la propriété *d'Antoine de Clervant,* de la
maison des *de Vienne.* Voy. *supra,* p. 441.

2. *Nicolas François.* Voy. *supra,* p. 465 et 469.

3. *Burtoncourt,* village non loin de Boulay, à 9 kil. de Vigy et à 23 kil. de
Metz. Le vieux château y existe encore.

4. C'est-à-dire le *duc d'Alençon.*

5. *Meurisse,* p. 391 : *Monsieur,* frere du Roy, fit publier un manifeste, par
lequel il exposoit les causes de sa retraite, où, entre autres choses, il declara

pagné des sieurs *de Meru*[1] & *de Thoré*[2], fils du feu *Connestable*, s'estans dès le commencement de la guerre renouvelée, retirés en Alemaigne, dresserent par commandement dudit Seigneur frere du Roy, deux armées, en l'une desquelles d'environ deux mille chevaux Reistres sous la charge de *Clervant* & quelques petit nombre de François de pied & de cheval, se mirent en campagne au mois de Septembre 1575, estant *Thoré* chef general de ceste armée comme Lieutenant dudit Seigneur, auquel il esperoit mener ses forces, en attendant la grosse armée qui devoit suivre[3]. Et de faict, nonobstant qu'ils eussent les *Ducs de Guise* & *de Meyne*[4], son frere à costé, si furent ils conduits si heureusement jusques auprès de *Dormant,* sur Mayne, qu'ils l'aisserent leurs ennemis beaucoup en arriere[5]. Mais ayans esté contraints de sejourner quelque peu en attendant response de quelque lieu dont on leur donnoit esperance d'avoir quelques deniers pour contenter aucune-

qu'il prenoit en sa protection tous les naturels François, tant de l'une que de l'autre Religion, protestant de les entretenir chacun en l'exercice de sa religion, jusques à ce que les differens, touchant la foy, fussent determinez et decis par un libre et legitime Concile.

1. *Charles de Montmorency, Sieur de Méru*, colonel des Suisses. *Le Laboureur, Addit. à Castelnau*, II, 747.

2. *Guillaume de Montmorency, Sieur de Thoré, de Dangu*, etc. *Le Laboureur*, l. c., 748.

3. *Meurisse*, 392 : Entre autres articles, ils convindrent ensemble qu'ils ne poseroient jamais les armes, que le Roy n'eût baillé au Duc *Jean Casimir*, le Gouvernement de Metz, de Toul et de Verdun, avec le revenu des trois Eveschez et une grosse pension.

4. C'est-à-dire le Duc de Mayenne, *Charles de Guise*. Ils étaient encore accompagnés d'Armand Gontaut de Biron et de Guillaume de Hautemer de Fervaques. *De Thou*, V, 221.

5. *De Thou*, l. c. : Sur la nouvelle de l'entrée des Allemands en France, Henri de Lorraine, duc de Guise, à la tête de mille gendarmes, se rendit à son gouvernement de Champagne, pour fermer le passage aux ennemis. Il fut suivi de Philippe Strozzi, colonel général de l'infanterie française, qui lui mena dix mille hommes de pied. Il fut encore joint par les troupes que les ducs d'Uzès et de Montpensier avoient amenées, l'un de Languedoc, l'autre de Poitou. — *Thoré* se vit investi de toutes ces troupes proche de Château-Thierry-sur-Marne (*Dormans*, également sur la Marne, dans le département de la Marne). Les détails que *De Thou* ajoute sur la défaite de Thoré et sur la prise de Clervant, répondent entièrement à ce que rapporte notre texte.

de Mets & pays Meffin. Livre XVI.   609

ment leurs Reiftres, ils y furent chargés à la defpourveue & du tout rompus. La route fut grande, mais il n'y euft pas grand meurtre, f'eftant rendu le gros des Reiftres fans coup frapper, pour avoir efté furpris, dont les uns fe retirerent d'où ils eftoient venus, les autres allerent vers le Roy. *Thoré* avec quelque petit nombre fit fi bien qu'il arriva fain & fauf jufques à *Monfieur*, frere du Roy, ayant mefme traversé la riviere de Loyre. *Clervant* ayant vaillamment combatu fut arrefté prifonnier, & n'euft efté le credit de plufieurs feigneurs fes parens (joint qu'environ ce mefme temps *Befme*, l'un des principaux meurtriers de l'*Admiral*[1], & tant pour cefte caufe que pour autres grandement cheri du *Duc de Guife*,

---

1. La Popelinière, *Hist. de France*, vol. II, 1581, in-fol. 69b, dit : On ne sçait au vray qui tua l'Amiral, encor que le plus de voix en face auteur un Allemand nommé Besme : car d'autres se sont vantez luy avoir donné le coup mortel. (*Hotman*) *Mém. de Messire Gaspard de Coligny*, à Paris 1665 (éd. lat. 1575), dit p. 154 : Un Allemand, nommé Besme, natif du Duché de Wirtemberg, et fils, comme l'on dit, d'un qui avoit eu la charge de l'artillerie, fut le premier qui entra dans la chambre. Il ajoute : Besme luy donna un coup d'épée sur la teste, et fut le premier qui s'ensanglanta du sang de l'Amiral : que *Cosseins, Attins*, et autres qui suivirent, acheverent. — (*Goulard*) *Hist. des choses mémor.*, p. 431, le nomme : Besme, serviteur domestique du duc de Guise. Ce Besme, luy enfonce un coup d'estoc en la poitrine et recharge sur la teste, chacun des autres luy donnant aussi son coup. — D'Aubigné, *Hist. univ.*, I, 543, rapporte : *Cosseins*, ayant fait rompre la porte, avec quelque travail, trouva l'Amiral à genoux, appuyé contre son lict, l'Amiral le voyant, et *Besme*, qui se jettoit devant *Cosseins*, et lui demandoit : Es-tu l'Amiral ? La response fut (selon le rapport du Capitaine *Alain*, qui avec *Sarlaboz, Cardillac*, et un Italien, suivoyent *Cosseins*) : Jeune homme, respecte ma vieillesse. Et puis au premier coup : Au moins, dit-il, si je mourois de la main d'un Cavalier, et non pas de ce goujat. A ces mots, Besme lui redoubla un coup d'espée à travers le corps, et en la retirant, lui donna sur la teste un grand estramasson. — *Le Reveille Matin des François*, Edimbourg 1574, p. 56 : A l'instant un nommé *le Besme*, Alleman, serviteur domestique du duc de Guyse, qui, avec les capitaines *Caussens, Sarlaboux* et plusieurs autres, estoit entré dans sa chambre, le tua, toutesfois Sarlaboux s'est vanté que ce fut lui. — Comp. *Bayle, Dict.*, art. *Beme* : L'auteur du livre *De Furoribus Gallicis* (*Ernestus Varamundus, Frisius*) remarque qu'on disoit, que le Cardinal de Lorraine avoit fait épouser l'une de ses batardes à Beme. — *Méҙerai* nomme cet assassin *N. Dianoviҙ Besme*. — L'*Hist. des Martyrs*, f. 779a, qui s'en rapporte au récit d'un tesmoin qui a fait rapport de ces choses et spécialement aussi au témoignage d'Attin, désigne aussi *Besme*, Aleman, serviteur domestique du duc de Guise, comme ayant été l'assassin.

avoit efté pris par ceux de la religion près de *Ponts* en Poytou [1],
à grand' peine euft il eu la vie fauve, eftans fes ennemis extremement irrités d'une terrible bleffeure qu'avoit receu le *Duc de Guife*
en cefte rencontre d'un coup d'arquebouze en la face, dont on
penfoit qu'il deuft mourir. *Clervant* peu après fut conduit à Paris
& beaucoup proumené, pour effayer d'en faire efchange avec

1. *De Thou*, V, p. 199 : Quelque temps auparavant (sept. 1575), *Bême*
avait été pris, proche de Jarnac, par la garnison de Bouteville, en Angoumois.
Il revenoit alors d'Espagne, où le Duc de Guise l'avoit envoyé après la mort
du Cardinal de Lorraine, son oncle, sous prétexte de lui acheter des chevaux,
mais en effet, disoient ses ennemis, pour renouer la négociation que le Cardinal avoit entamée avec Philippe. C'étoit ce même Bême qui avoit assassiné
l'Amiral de Châtillon (Gaspard de Coligny) à la St-Barthélemy. Il savoit
combien cette action l'avoit rendu odieux aux protestants. Aussi offrit-il pour sa
rançon des sommes immenses qui passoient sa condition, et par conséquent
l'espérance de ceux qui l'avoient fait prisonnier. D'abord même il promettoit,
si on vouloit lui donner la vie, de travailler à la liberté de Montbrun qui
venoit d'être arrêté par les Catholiques, et qui, quoique prisonnier de guerre,
étoit menacé du dernier supplice. La garnison fut sourde à ses propositions.
Cependant, pour tirer quelque argent de leur prise, les soldats offrirent aux
Rochelois de le leur livrer pour mille écus d'or, afin qu'ils pussent, disoient-
ils, venger sur lui l'assassinat détestable de l'Amiral. Mais ceux-ci craignirent
de donner par là occasion aux Catholiques d'avoir leur revanche. Ils suivirent
le conseil de *la Noue*, et ne voulurent point entendre à ce marché. *Bertoville*,
qui commandoit dans Bouteville, ne pouvoit se déterminer à recevoir du
Duc de Guise une rançon pour la liberté de Bême. D'un autre côté, s'il le
faisoit mourir, il appréhendoit la loi du talion. Il prit un milieu. Il gagna un
soldat qui conseilla à Bême de se sauver, et qui lui offrit pour cela ses services. Tous deux s'enfuirent la nuit, comme on en étoit convenu ; mais ils
n'avoient pas fait beaucoup de chemin, qu'ils donnerent dans une embuscade
que *Bertoville* leur avoit tendue, et où *Bême* fut poignardé. — Comp. (*Goulard*)
Hist. des choses mémor., p. 548 s., où la fuite de Bême est représentée comme
ayant été organisée à l'insu de Bertoville : Il trouva moyen de gaigner un des
soldats de la garnison auquel *Bertoville* se fioit le plus, qui lui donna moyen
de se sauver, et mesme sortit avec lui, n'ayans qu'un cheval pour eux deux.
Cela toutesfois ne se peut executer si secrettement, que Bertoville n'en fust à
l'instant averty, et montant à cheval, les atteignist aussitost. *Besmes* ne se
voyant attaqué que par un seul, lasche un pistolet, qui n'ayant porté coup,
Bertoville l'enfonce et renverse par terre, où il fut achevé à coups de poignard
par les soldats acourus après leur capitaine. Telle fut la fin de ce meurtrier,
et quant au soldat qui l'avoit sauvé, on lui donna quelques coups d'espée,
et remené à Bouteville (sic), il fut peu de temps après jetté dehors, ayant au
preallable payé rançon.

Besme. Mais quoy qu'il fust en tresgrand danger de sa vie, estant solicité d'accorder cest eschange, il respondit genereusement que jamais il ne consentiroit d'estre eschangé avec un tel & si detestable meurtrier. Et Dieu le favorisa tellement qu'ayant esté mis à rançon, de laquelle *Monsieur* se chargea, il fut finalement delivré. Et *Besme* se cuidant sauver du chasteau où il estoit prisonnier, fut rattint & mis en pieces comme il meritoit, horsmis que ce ne fut par la main d'un bourreau. Les deux autres principaux meurtriers de l'*Admiral*, à savoir *Cossins* [1] & *Atin* [2], avoient esté frappés au siege de la Rochelle de la main de Dieu se servant de celles des assiegés, comme il apparut à leur mort, pleine de desespoir & d'hurlemens, sans vouloir admettre aucune consolation ni esperance de leur salut, & disant *Cossins* tout hautement en grinçant les dents, qu'il savoit bien que Dieu ne luy pardonneroit jamais.

Fin des assassins de Coligny.

Pour revenir à nostre histoire, la deffaite de *Thoré* & de *Clervant* estant apportée à Mets, les uns en firent les feux de joye, les autres furent en grande frayeur. Mais la crainte de la grosse & puissante armée tant d'Alemans que de Lansquenets & Suisses qu'amena le *Duc Casimir*, fils puisné de Monseigneur *Frederic*

Rétablissement du culte à Metz.

---

[1]. *Cosseins* (ou *Coussins*). qu'on dit originaire du Languedoc, était le capitaine chargé de commander la garde de sûreté, de 50 arquebusiers, que le roi avait accordé à l'amiral pour garder son hôtel, après l'attentat de Maurevel. Et ce fut lui qui à la tête de ses gens et des autres assassins força l'entrée de la maison, armé d'un corps de cuirasse avec la rondache au poing et l'épée nue, se précipita dans la chambre du grand homme (*Hist. des Martyrs*, 779, ainsi que toutes les autres sources). — *D'Aubigné*, *Hist. univ.*, 587 : (Au siège de La Rochelle, le 18 avril) furent tuez *Cosseins* et *Scipion* : nous avons fait cognoistre le premier à la St-Barthélemy : ses domestiques nous ont conté d'estranges propos à sa mort. — *La Popelinière*, II, 143ᵃ : Cossius, Maistre de camp d'un regiment François de la garde du Roy, estant aux tranchées, fut frappé d'une harquebuzade dont il mourut comme en furie et chaude langueur. Son corps fut porté en son païs avec honneur d'estre un des plus resolus et fidelles Chefs de ce temps.

[2]. *Mém. de l'estat de France sous Charles IX*, t. I, p. 391 (*Delaborde, Gaspard de Coligny*, III, 474, note): Un picard nommé le capitaine *Attin*, domestique et familier du duc d'Aumale, qui autrefois avoit esté aux gages de ceux de Guise pour tuer le sieur d'Andelot . . . Cest *Attin* qui, revenant les jours suyvans chez soy, ores qu'il fust accompagné et bien armé, estoit neanmoins en une frayeur estrange, laquelle paroissoit à son visage et à ses contenances.

troifiefme, Comte Palatin du Rhin & premier Electeur de l'Empire, acompagnant le *Prince* de *Condé,* comme Lieutenant general en icelle de mondit feigneur frere du Roy, avec quelque nombre de la nobleffe Françoife & de gens de pied, retint tellement *Piennes* en bride, que ceux de la Religion ne laifferent de continuer en la façon acouftumée. L'iffue de cefte guerre fut telle que la paix f'en enfuivit affés avantageufe pour ceux de la Religion [1] fi elle euft efté bien obfervée, en laquelle il fut dit, nonobftant les traverfes des adverfaires & nomméement de *Piennes,* que ceux de Mets auroient exercice dans la ville [2] : à quoy *Piennes* ayant efté contraint finalement d'obeir par une feconde juffion expreffe [3], ceux de la Religion ayans appelé à ceux de l'Eglife Françoife de Bafle, un nommé *Jean Tenans* [4], auquel fut depuis adjoint un autre nommé *Jean Chaffagnon* [5] tous deux hommes de grandes

1. En mai 1576.

2. *Meurisse*, p. 393 : Enfin, l'issue de ceste guerre fut telle, que la paix s'en ensuivit advantageuse, à l'ordinaire, pour ceux de la Religion pretendue, en laquelle ayant esté arresté que leurs presches seroient establis au dedans des villes frontières, telles que sont Calais, Bolongne, Lyon et Metz, afin d'éviter toute occasion de surprises. Ceux de *Metz* ne manquerent pas de travailler pour se mettre les premiers en possession de ce nouvel octroy.

3. *Ibid.*, p. 394 : Les trois Estats de la ville presenterent requeste, là dessus, au Marquis de Piennes, pour le prier de surseoir l'execution de tout ordre qui luy pourroit venir de la Cour, pour l'establissement d'une si pernicieuse nouveauté, jusques à tant qu'ils auroient esté ouys en leurs justes remonstrances, sur un sujet de si dangereuse consequence, etc.

4. *France prot.*, IX, 354. Jean Tenans ou *Tenant* figure d'abord comme vicaire de *Sébastien Lepusculus* (*Levrault*) à Bâle, d'où il fut appelé à Metz, où il commença ses fonctions le 2 juillet 1577. Il paraît encore avoir suivi son église à Montoy, quand elle y fut reléguée en 1579. Plus tard il doit avoir exercé à Sedan, de 1586 à 1589. Il y prononça l'oraison funèbre de Louis Cappel (*France prot.*, III, 208). Enfin il fut appelé comme pasteur et professeur d'hébreu à Montauban. Il mourut en 1617 *(Nicolas, Acad. de Mont.,* p. 223).

5. Jean Chassagnon (*Jean de la Chasse*) (voy. vol. I, p. 100, 196, 218, 330 s., 341, 881. *France prot.*, III, 351, 2ᵉ édit., voy. IV, 76), né à Monistrol, dans le Velay, en 1531. Après avoir organisé l'église de Meaux, en 1556, il porta son activité à Montpellier et prêcha dans bon nombre de lieux du Languedoc. Il fut consacré à Lyon en 1556 et envoyé en 1570 à Troyes (*Bullet. du Prot.*, XXI, 473). On suppose que ce fut la St-Barthélemy qui l'obligea de quitter. Notre texte dit qu'il commença à prêcher à Metz le 2 juillet; nous ignorons sur quel renseignement se fonde la *France prot.*, qui

letres & tresfuffifans, firent baftir un beau temple fpacieux en la
rue de la Chevre[1], où ils commencerent de prefcher le deuxiefme
de Juillet 1576, & continuerent jufques au vingtiefme
de Fevrier 1577 : auquel temps la fixiefme guerre
civile fut renouvelée fous le nom des *Eſtats*
tenus à *Bloys*, & fut par ce moyen par
letres expreſſes du Roy *Henry troifiefme* adreſſantes à *Tevale*, derechef interdit tout exercice
de Religion à ceux
de Mets comme
aux autres.

ne l'y fait arriver que le 1er septembre, avec *Tenans* et *Gardesy* comme collègues. Son séjour ne fut pas sans luttes. En février 1577, les ministres furent expulsés de Metz par ordre du roi et le temple de la Chèvre fut fermé (*Meurisse*, p. 396). Ils se retirèrent à Montoy. Selon la *France prot.*, Chassagnon fut obligé de s'absenter momentanément en 1579, pour avoir écrit contre le primicier de la Grande Eglise. En 1583, il fut emprisonné, en août, avec ses collègues exerçant en commun à Montoy, *François Descombres*, surnommé *Comble*, et *François Buffet*, sorti de l'ordre des Carmes, pour avoir permis à un divorcé (*Liénard le Masson*) de se remarier (*Meurisse*, p. 431). Ils furent de nouveau élargis par suite d'un arrêt du Conseil d'Etat (*ibid.*, 435). Obligés de quitter Montoy, ils se retirèrent à Courcelles (*ibid.*, 455) en octobre 1585, où ils furent tolérés, ainsi qu'à Silly. Ils paraissent même avoir pu rentrer à Metz. La Chasse mourut en 1598 (*France prot.*, l. c.). D'après *Haag* (*France prot.*, 351), *Chassanion*, dans une lettre adressée à Bèze (*Mss. de Genève*, 197aa, carton 2), lui rend compte de l'état de l'église de Metz.

1. La rue de la Chèvre, une des rues centrales de la ville, parallèle au cours de la Seille. La situation du Temple se trouve indiquée sur un plan de 1652.

TABLE ALPHABÉTIQUE.

TABLE ALPHABÉTIQUE

DES NOMS DE PERSONNES ET DE LIEUX

CONTENUS

DANS LE TEXTE

DE

L'HISTOIRE ECCLÉSIASTIQUE

DES ÉGLISES RÉFORMÉES AU ROYAUME DE FRANCE.

A.

ABATIA, prévôt à Foix, persécuteur, III, 204.
ABBÉ, L', lieutenant particulier à Bourges, persécuteur à Sancerre, I, 20.
ABBEVILLE, ville de la Somme; persécutions à, II, 345. 347.
ABEILLE, Jacques, notaire et martyr à Luc, III, 340. 345.
ABEL, André, bourgeois catholique de Manosque, III, 365.
ABELI, Honoré, habitant de Castelet, III, 365.
ABLIS, localité de Seine-et-Oise; Condé y campe, II, 227.
ABREVEUX, Claude, blessé au massacre de Vassy, I, 726.
ABRILH, Guigou, martyr à Antibes, III, 341.
ACHARD, Louis, dit Chercherus, massacreur catholique à Digne, III, 358.
ACHON, sieur d', prisonnier à Gentilly, II, 225. — Met les catholiques sous les armes à Nevers, 409. — Repoussé de la ville, 410. — Attaque La Charité, 426. — Neveu de Saint-André, il s'empare de Moulins, 436. — Persécuteur à Moulins, 479. — A Bourges, 485. — A Annonay; ses perfidies, III, 188. 189. — Tue Saint-Poinct, 430.
ACIER, Jean d', capitaine huguenot à Montauban, III, 96. 137.
ACIER, madame d' (voy. ASSIER).
ACONTAT (voy. ACOURAT).
ACOURAT (ou Acontat), ancien capitaine huguenot à Foix et martyr, III, 204.
ACTE D'ASSOCIATION de la noblesse réformée à Orléans, II, 20.
ADAM, le drapier, bourgeois et martyr à Metz, III, 434.
ADEMAR, N., capitoul à Toulouse, I, 825.
ADIGNAN, sieur d', enseigne huguenot à Beaucaire (voy. LEDIGNAN).
ADRETS, François de Beaumont, baron des. Au siège de Barjols, I, 898 suiv. II, 97. — Condé cherche à empêcher ses projets, 226. — Envoie des secours en Languedoc, III, 161. 163. 164. 165. — Remplacé par Crussol en Dauphiné, 179. 186. 188. 191. — Arrive à Lyon, 221. 222. 223. 224. 225. — Son rôle dans le Lyonnais, 230. 231. 232. 233. 234. — Son arresta-

tion par Soubise, 235. — A Valence, 253. 255. — A Grenoble, 257. 258. 259. 264. — Prend Pierrelatte, 265. — Pont-Saint-Esprit, 266. 267. 269. 270. 272. — Bat M. de Suze, 272. — Se retire à Valence, 273. 274. 275. 276. 277. 278. 281. — Battu par Nemours, 282. 283. 284. 285. 288. 289. 290. — Correspondance de Soubise à son sujet trahie, 291. — Nemours parlemente avec lui, 292. 295. 296. 297. 298. — Essaie de faire nommer Nemours gouverneur du Dauphiné, 299. 300. — Les Etats protestent contre ses menées, 301. 302. — Il est suspecté, 303. 304. 305. — Arrêté, puis relâché, 306. — Il quitte la religion, 307. 325. 326. 327. — Se trouve en Bourgogne, 412. 415.

Afillé, L' (voy. Lafillé).

Agard, Barthélemy, persécuteur catholique à Arles, III, 353.

Agathius, hébraïsant à Paris, I, 4.

Agde, ville du Languedoc, III, 148. 150. 160. 161. 170. 171. 172.

Agebaston, de l' (voy. Lagebaston).

Agen, ville de Lot-et-Garonne; persécutions, I, 24. 25. — Le maréchal de Saint-André y amène Pierre David, 102. — Nouvelles persécutions, 151, 207. — L'Eglise y est dressée, 215. — Troubles, 320 suiv. — Oudet, ministre y prêche, 789. — Barselles y prêche, 791. — Fausses accusations et émeutes, 792. — Burie adouci par les protestants, 794. — Assemblée redemandant la messe, 795. — Prêches au temple des Jacobins, 797. — Destruction des images, 804. — Efforts du sénéchal pour faire rendre les églises, 806. 808. — Publication de l'Edit de Janvier, 811. — Machinations des catholiques, 812. — Célébration de la Cène, II, 752. — Les catholiques s'entendant avec Monluc, reprennent possession de la ville, 760. — Les huguenots la quittent, 773. — Massacres à Agen, 791.

Agenois (province d'). I, 151.

Agienne (lisez Aniane) localité de l'Hérault, III, 173. 177.

Agnane (voy. Agienne).

Agneaux, sieur de Sainte-Marie-aux; capitaine huguenot, va à Avranches et à Vire, II, 329. 330 — A Caen, 698. 699. 705. 747.

Agniton, Peyron, martyr à Lourmarin, III, 363.

Agniton, Matthieu, martyr à Lourmarin, III, 363.

Aguillon, Inard, martyr à Sisteron, III, 343.

Aguitte, Jacques, martyr à Lourmarin, III, 363.

Agulhes, sieur d', gentilhomme provençal, III, 349.

Aigle, L', ville de Normandie, forcée par le vicomte de Dreux, II, 332. — Coligny y passe, 333.

Aignier, Jean, martyr à Hyères, III, 343.

Aignières, localité de Provence, III, 349.

Aigo, André, bourgeois de Saint-Chamas, III, 371.

Aigosi, Gaspard, catholique massacré à Manosque, III, 344.

Aigremont, sieur d', gentilhomme catholique de la Champagne, défait par les protestants, II, 395.

Aigremont, baron d', capitaine huguenot en Languedoc, III, 158.

Aigues-Mortes, Eglise d', I, 218. Persécutions, 335. III, 145.

Aiguilles (voy. Eguilles).

Aiguillon, ville de Guyenne, II, 757. 758.

Aille (Aigle), localité du pays de Vaud, III, 456.

Aillet, Pierre, ministre à Annonay, III, 187, 191.

Aimard, Antoine, prêcheur et martyr à Arles, III, 353.

Aimé, N., maître d'école (voy. Aymé).

Aire, localité des Landes, II, 810.

Aire, Jean d', soldat à Abbeville, tué, II, 349.

Airebaudouse, Pierre, sieur d'Anduze (voy. Anduze).

Airs (Ars-sur-Moselle), localité du pays messin, III, 457.

Table alphabétique. 621

Aisse, Pierre d', capitaine huguenot, gouverneur d'Aigues-mortes, tué à Lyon, III, 159. 176. 217. 218. 221. 335.
Aix, ville de Provence, I, 374. 375.
— Violences commises à Aix, 894.
— Elle se soumet à Cadenet, 895.
— Massacres religieux, III, 337. 342. 344, 347. 368. 369.
Aix, parlement d', I, 374.
Alaisse, Antoine, l'épouse de, huguenote tuée à Cabrières, III, 373. 375.
Alaix (Alais), localité du Gard; Eglise d', I, 341.
Alani, N., cordelier à Angers, I, 754.
Alarbère, Hugues, avocat du roi, persécuteur en Auvergne, II, 476. 477. 478.
Alard, Antoine, fermier et martyr à Senas, III, 345.
Alard, Raymond, de Lambesc, tué à Salon. II, 338. 363.
Alba, Marcial, écolier, martyr à Lyon, I, 89.
Albefeuille, village de Tarn-et-Garonne; destruction des images, I, 847.
Albeine, sieur d' (Elbène ?), chargé des lettres de Soubise à la cour, III, 239.
Albert, duc de Brandebourg, I, 84. 383.
Alberti, N., métayer huguenot, tué à Aix, III, 369.
Albiac, village de la Haute-Garonne, I, 843. — Église dressée par le ministre Carvin, 851.
Albiac, Acace d', bourgeois de Paris; sa femme martyre, II, 594.
Albiac, Charles d', dit du Plessis, ministre à Tours, I, 106. — Prêté à Blois, 148. — A Angers, 299. 302 suiv. — Aux Etats d'Anjou, 304. — Tué, II, 550. 594.
Albias, bourg du Quercy, III, 99. 118.
Albigeois, Les, secte religieuse, I, 137.
Albigeon, sieur d' (Jacques d'Amboise, comte d'Aubijoux), capitaine catholique devant Castres, III, 206.

Albon, d' (voy. Saint-André).
Albret, Jeanne d', reine de Navarre (voy. Navarre).
Albret, maison d', I, 357.
Alby (l. Albi), ville du Tarn; le ministre Vaysse y prêche, I, 864.
Alciat, Jean Paul, dit La Motte, hérétique milanais, III, 389.
Alciat, André, docteur en droit à Bourges, I, 10. 80.
Aléandre, Jerôme, cardinal, enseigne le grec en France, I, 3.
Alègre, sieur d', envoyé à Condé, II, 7. 194. 617.
Alègre, dit Millaut, son livre condamné à Orléans, II, 150.
Alègre, Pierre, tué près de Gardane, III, 356.
Alein, Guillaume, consul à Aurillac, II, 477.
Alel, Jacques, médecin à Toulouse, III, 28.
Alembert, sieur d', maire de Cognac, II, 816.
Alençon, ville de l'Orne, occupée par Matignon, II, 701. — On y fait cesser les prêches, 722.
Alençon, Guillaume d', brûlé à Montpellier, I, 94.
Alène, Honoré, persécuteur catholique à Besse, III, 342.
Aléran de Saxe, marquis de Saluces, II, 141.
Alès, baron d' (voy. Alex).
Aleux, Guyon et Jules des, massacreurs à Cossé, II, 575. 576.
Alex, baron d' (l. d'Alais), gentilhomme huguenot du Languedoc, III, 138. 193.
Alex, Eglise d' (voy. Alais).
Alexandre, ministre à Poitiers, I, 765.
Alexandre (voy. Farnèse).
Alexandre (voy. Guyotin).
Aliaud, Antoine, de Lurs, tué à Forcalquier, III, 359.
Aliaude, Marie, tuée à La Coste, III, 371.
Alibert, Jean d', marchand à Orléans, I, 737.
Alix, N., conseiller à Bordeaux, I, 27.
Alizon, Honoré, martyr à Valensolles, III, 364.

ALLART, Raymond (voy. ALARD).
ALLÈGRE, Pierre, martyr à Aix, III. 348.
ALLEMAGNE, I, 1. — Les princes protestants d'Allemagne font des remontrances lors de la persécution pour les placards, 22. — Ambassadeur envoyé en France pour empêcher d'y établir l'Inquisition, 141. — Pour la paix entre les partis, II, 82 suiv. — Les princes protestants prêtent leur appui à Condé, 88.
ALLEMAND, Etienne L', seigneur de Vousay ou Vouzé, dit Marmagnac, confident du cardinal de Lorraine, I, 262. II, 487. 488.
ALLEMAND (ou Alemand), N. L', président au parlement de Rouen, II, 651. 652. 663. 667. 670.
ALLENC, sieur d', fait révoquer une commission de persécution contre les Vaudois, I, 38.
ALLEROS, N., bourgeois de Toulouse, III, 22.
ALLEVARD, localité du Dauphiné, III, 270.
ALLEVERT (voy. ARVERT).
ALLIÈS, Bernard, avocat du roi à Montauban, I, 827. 834.
ALLIÈS (l. Aliès), Jean d', avocat au parlement de Toulouse, III, 10.
ALLIÈS, Raymond, capitoul à Toulouse, III, 14.
ALLOING, François, échevin à Mâcon, III, 422.
ALLOUARD, Nicolas, capitaine catholique en Dauphiné, III, 249.
ALLUYE, N. Robert, sieur d', secrétaire d'Etat, I, 471. II, 138. — Reproches que Condé lui adresse sur les massacres de Sens, 402.
ALMARIC, Jean, martyr à Paris, I, 133.
ALORGNES (l. Lorgues), localité de Provence, III, 368.
ALPHONSE, vicaire-général à Auch, I, 796.
ALTEVILLE (l. Altwiller), localité du comté de Nassau-Sarrebrück, III, 476. 478.
ALVERT, localité de Saintonge (voy. ARVERT).
ALYE, Jacques, huguenot tué à La Roque d'Anthéron, III, 367.

ALZON, Guérin d', conseiller au parlement de Toulouse, persécuteur, I, 327. 822. 825. 829. 830. III, 3. 4. 127. 136.
AMADINE, N., capitaine catholique à Damiate, III, 178.
AMADOU, N. prévôt de Toulouse, III, 23. 27. 31.
AMBAGNE (l. Aubagne), localité de Provence, III, 351.
AMBASSADE des cantons protestants suisses, à propos des persécutions de la rue Saint-Jacques, I, 132.
AMBIEL (l. am Bühl), Pierre, colonel suisse, III, 228. 232. 284.
AMBLEVILLE, sieur d', gouverneur de Cognac, II, 820.
AMBOISE, ville d'Indre-et-Loire, I, 214. 262. 347. II, 90. — Prise par le Prince Porcien, 248.
AMBOISE, conjuration d', I, 249. Dénoncée, 261 suiv. — Déjouée, 266. 299. 307. 312. 319. 349. 379.
AMBOISE, Edit d', I, 265. — Edit de pacification du 12 mars 1563, II, 282 suiv.
AMBRES, Jean-Jacques de Voisins, baron d', III, 71.
AMBRES, François de Voisins, chevalier d', III, 206.
AMBROIS, Remy, président au parlement d'Aix, persécuteur à Angers, I, 107.
AMBROIS, Henri, persécuteur à Angers (sans doute identique au précédent), I, 108.
AMBROISE, frère, de l'ordre de la Trinité, à Carcassonne, I, 875 suiv.
AMBRUN (voy. EMBRUN).
AMELLE, Catherine, huguenote désenterrée à Antibes, III, 376.
AMELOT, Jean, dit de Paris, martyr à Hyères, III, 350.
AMELY, Olivier, protestant de Montauban, exécuté en effigie, I, 838. III, 64.
AMIEL, N., de Grasse, martyr à Antibes, III, 344.
AMIENS, ville de Picardie ; Eglise d', ses persécutions, II, 345. 674.
AMIENS, évêque d' (Nicolas de Pellevé), II, 61.
AMIRAL (Coligny, Gaspard de, seigneur de Châtillon, amiral de

France). Politique du cardinal de Lorraine à son égard, I, 114. — Prisonnier, 140. — Organise l'expédition du Brésil, 158. — Intercède en faveur des protestants, 224 suiv., 228. — Conjuration d'Amboise, 264. — Son conseil à la reine-mère, *ibid.* — Va en Normandie, 273. — Conseille d'assembler les notables, 275. — Sa requête à cette assemblée, 276 suiv., 284. — Se rend aux Etats d'Orléans malgré les attentats tramés contre lui, 392. — Se déclare prêt à rendre raison de sa foi aux Etats-Généraux, 394. — Aux Etats-Généraux, 407. — Porte plainte contre le discours de Quintin, 437. — Amène les Etats de Poissy à reconnaître la régence de Catherine de Médicis, 473. — Au colloque de Poissy, 499. — Invité par la reine à procéder au dénombrement des Eglises, 669. — Elle cherche à le gagner en protégeant les réformés, 690. — Appelé à Paris par Condé, II, 4. — Engage la reine-mère à mener le roi à Orléans, 5. — Rendez-vous avec Condé à Meaux, 6. — Arrive à Orléans, 10. — S'oppose à la destruction des images, 32. — Assiste au synode national, 33. — S'oppose à la demande de secours étrangers, 35. — Ne peut empêcher les excès de Cléry, 36. — A la conférence de Talcy, 93. — Arrêt du Parlement du 18 août contre lui et autres seigneurs huguenots, 128. — Millaud (d'Allègre) de sa suite, condamné à Orléans, 150. — Réception de d'Andelot, 190. — Entrevue avec le connétable, 195. — Marche sur Paris, 196. — Assiste à l'entrevue de Saint-Marceau, 197. — Averti de la défection de Genlis, 217. — Son avis sur les mouvements de l'armée, 226. — Réprime des desordres à Gallardon, 227. — Arrive à Néron, en retard de l'armée de Condé, 228. — Ne croit pas à l'imminence d'une bataille, 229. — Manque de prévoyance, 231. — Va à la rencontre du connétable avec Condé et d'Andelot, 232. — Soutient le poids de l'attaque, 233. — Défait les troupes du connétable, 235. — Vains efforts pour arrêter la fuite des reîtres, 237. — Marche sur Blainville, 238. — Attaque, 239. — Se retire à Neufville, *ibid.* — De Losses répand la nouvelle de sa défaite à Paris, 243. — Propose de renouveler la lutte le lendemain, 244. — Elu chef à Gallardon, reçoit des nouvelles de Condé, 245. — Arrive au Puiset et à Joinville, 246. — Se rencontre avec Caraccioli; loge à Patay; punit des actes d'indiscipline, *ibid.* — A Espies, 247. — Passe la Loire à Beaugency, prend Amboise, 248. — Les difficultés avec les reîtres, 250. — Sa sévérité et ses entraînements, 251. — Prend Sully, 252. — Entre à Orléans, 253. — Ses remontrances contre la déclaration royale, 255. — Démarche de Catherine auprès de lui, 256. — Part pour la Normandie, 257. — Arrive à Bernay et à Dives, 258. — Appelé par ceux de Caen, 259. — Il leur envoie Mouy, puis vient lui-même, 260. — Poltrot lui apporte des dépêches, 268. — Chargé par Poltrot, 271. — Considéré par la reine-mère comme un empêchement à la paix, 277. — On ne l'attend pas pour la conclusion de la paix d'Amboise, 290. — Dépositions de Poltrot, déclaration en réponse à ces accusations, *ibid.* et suiv. — Considère Guise comme ennemi de Dieu et du roi, 296. — Guise engage des meurtriers contre Coligny, *ibid.* — Description de sa personne, 305. — Jugement sur sa défense contre Poltrot, 307 suiv. — Sa protestation contre les allégations de Poltrot, 308. — Sa manière de penser sur Guise et sur sa mort, *ibid.* 309. — Nouvelle déposition de Poltrot, 310. — A Caen, 328. 330. — Quitte pour Orléans, 332. — Envoie Mouy à Caen, 333. — Prend Falaise et Argentan, *ibid.* — Arrive à Orléans, 335. — Ses objections à la paix, *ibid.* — Envoie de la Bichonnière à Gien, 451. — Prise de Sully, 456.

624   *Table alphabétique.*

— Ses enfants reviennent à Orléans, 458. — Perd son fils aîné, 461. — Brûle les poudres royales près de Chateaudun, 496. — Arrive à Caen, 691. — Ecrit à ceux de Dieppe, 692. — Soubise lui envoie des lettres de Lyon, III, 232. 233. 239. — Mêlé aux affaires du Dauphiné, 291. 296. 297. 301. — Donne son aumônier aux Messins, 457. — Battu à Moncontour, 467. — Négocie la paix de 1570, 467. — Doit rencontrer le roi à Blois, 469. — Blessé, 472. — Assassiné, 479.

AMIRAL, compagnie de l', à Sens, II, 399.

AMMILI, Michel d', maître d'école de Mareuil, noyé, II, 359.

AMMOY, N., sieur d', gentilhomme catholique près de Bourges, II, 485.

AMNANE, Jeanne, huguenote tuée à Aix, III, 368.

AMOURS, Jacques d', procureur du roi à Rouen, I, 774, 777. II, 662.

AMPHOSSI, N., tué au Luc, III, 361.

AMYOT, Jacques, abbé de Bellozane, traducteur de Plutarque, I, 16, 84.

AMYOT, Nicolas, sénéchal à Cossé, II, 575.

ANATEAU, Jean, emprisonné à Castres, I, 874.

ANDEFROY, capitaine huguenot à Lyon, III, 241.

ANDELOT, François de Coligny, seigneur d'. — Inimitié du cardinal de Lorraine, I, 114. — Embrasse la Réforme, 140. — Emmène le ministre Carmel en Bretagne, 141. — Arrêté à Monceaux, 143. — Relève l'église de Tours, 150. — Conjuration d'Amboise, 264. II, 4. 5. — Rendez-vous avec Condé à Meaux, 6. — A la conférence de Talcy, 93. — Camisade manquée, 100. — Envoyé en Allemagne, 102. — Arrêt du Parlement contre lui et autres, 128. — Succès de ses négociations en Allemagne, 134. — Arrive à Strasbourg, 135. — Gagne le duc de Wurtemberg, *ibid*. — Se porte garant envers le landgrave de Hesse, 136. — Passe la revue des secours d'Allemagne à Baccarat, 186. — Arrive à Orléans, 188. 190. — Se rencontre avec l'armée du connétable à Dreux, 232. — S'efforce en vain d'arrêter les lansquenets de Condé, 237. — Exhorte Nevers blessé à résipiscence, 242. — Prépare la défense d'Orléans, 249. — Gouverneur d'Orléans, 253. — Ses dispositions pour la défense du Portereau, 262. — Vains efforts pour y combattre la lâcheté des Allemands, 263. — Sa valeur, 265. — Ses mesures vis-à-vis de Guise, 267. — Envoie Poltrot à l'Amiral, 268. 284. — Guise essaie de le faire assassiner, 296. 303. 352. 363. 383. — Le prince de Porcien va au-devant de lui à Strasbourg, 395. 407. — Défait ceux de Saint-Cyr près d'Auxerre, brûle Jussy, 407. — A Orleans, 457. — Ses enfants, 458. 460. — Perd sa fille aînée à Chatillon, 461. — Envoie une lettre à ceux de Montauban, III, 75. — Envoyé en Allemagne, 224. — Lettre de Soubise à son adresse, 231. — Son armée arrive en Bourgogne, 406. — Se marie à Anne de Salm, arrive à Metz, 455. 456. — Donne son ministre à ceux de Metz, 457.

ANDELYS, LES, ville de l'Eure; le roi de Navarre y meurt, II, 193.

ANDONNE, Foursine, huguenote tuée à Cabrières, III, 372.

ANDRÉ, Antoine, dit Cadet, tué à Lorgues, III, 368.

ANDRÉ, Barnabé, martyr à Besse, III, 350.

ANDRÉ, N., bourreau de Carcassonne, I, 877.

ANDRÉ (Andreae), Jacques, théologien wurtembergeois, envoyé à Poissy, I, 615. — Accompagne le duc de Wurtemberg au colloque de Saverne, 691.

ANDRÉ, Jean, libraire à Paris, I, 53. 86.

ANDRÉ, Louis, protège le ministre La Ponge à Montmorillon, I, 766.

ANDRÉ LE PIÉMONTAIS, capitaine catholique du Dauphiné, III, 314.

ANDRÉ, Pierre, martyr à Bar-sur-Seine, II, 386 suiv.

ANDRÉ, N., capitaine huguenot à Valréas dans le Dauphiné, III, 272.

Table alphabétique.

ANDRÉ, Saint- (voy. maréchal de SAINT-ANDRÉ, président de SAINT-ANDRÉ, capitaine de SAINT-ANDRÉ).
ANDRINET, Huguet, Claude, George, martyrs à Lourmarin, III, 363. 364.
ANDUZE, Guy d'Airebaudouze, seigneur d', président de la Chambre des Comptes de Montpellier, III, 175.
ANDUZE, Pierre d'Airebaudouze, sieur d', ministre à Nimes, Genève et Lyon, I, 218. III, 216.
ANDUZE, N., sieur d', envoyé du roi de Navarre en Espagne, I, 688.
ANDUZE, ville des Cévennes ; Eglise dressée à, I, 218. 340. — Son ministre, 341.
ANGERS, ville du Maine, I, 13. 20. 24. — Prédication de l'Evangile, 62. 68. 71. 95. — L'Eglise est dressée, 100. — Persécutions, 107 suiv. 113. — Relevée par d'Andelot, 150. 191. 215. — Ses ministres, 302. — Vexations de Montpensier, 304. — Son lieutenant d'Esguilly, 753. — M. de la Faucille se maintient au château contre lui, *ibid*. — Culte dans une église, 754. — Publication de l'Edit de Janvier, 755. II, 22. 131. — Etat de la ville, 541 à 551. — Persécutions, 552 à 559.
ANGERVILLE, localité de Seine-et-Oise ; Condé y arrive, II, 9.
ANGES, LES, prêtre au Mans, II, 528.
ANGIENS, village de Normandie, II, 697.
ANGER, Etienne, martyr à Claviers, III, 354.
ANGLAIS, Richard l', bourgeois protestant de Valognes, II, 703.
ANGLAIS, Jean l' (Jacques Langlois?), ministre à Lyon, III, 216.
ANGLAIS, David, personnage paraissant dans l'interrogatoire de Poltrot, II, 317.
ANGLES, Jacques Cabrol, seigneur des, capitaine huguenot à Agde, III, 172. 177.
ANGLETERRE, persécutions religieuses en, I, 21. 94 suiv. — Subsides d'A. arrêtés par les vents contraires, 254. Ils arrivent au Hâvre, 260.
ANGLETERRE, Elisabeth, reine d'. Secours promis par elle à Condé, II,

136. — Traité avec Dieppe, 677. 678. 680. — Ambassade du vidame de Chartres à sa cour. Traité de Hampton-Court, 728 729. — Sa déclaration sur son intervention, 730 suiv. — Ecrit à Charles IX, 738. 739.
ANGLIERS, Renée d', demoiselle de Fouilleux, à Arvert. I, 135.
ANGLIERS, Claude d', président de La Rochelle, II, 833.
ANGLOIS, Nicolas L', conseiller au Châtelet, à Paris, I, 234.
ANGLOIS, Jacques L', ministre à Tours, I, 106.
ANGLOIS, Claude l' ; Cirette fille de, blessée au massacre de Vassy, I, 726.
ANGLOIS, Jean l', avocat et martyr à Sens, I, 55.
ANGOULÈME, Jean comte d', aïeul de François Ier ; son tombeau violé, II, 815.
ANGOULÈME, ville de l'Angoumois ; Eglise dressée, I, 214. II, 813. 814. 815. 816.
ANGROGNE, Eglise vaudoise du val d', I, 137. III, 284. 387.
ANGUESOLE (Anguisciola), Jean comte d', III, 229. 230.
ANGUILLON, chapelle d', à Nevers, I, 749.
ANIÈRES, village du Berry ; assemblées à, I, 113.
ANJOU, Henri duc d', appelé d'abord Alexandre duc d'Orléans ; assiste à la réunion des Etats à Orléans, I, 407. A Pontoise, I, 473. — Projet de l'enlever, 668. II, 181.
ANISSY (Annecy) en Savoie, I, 13.
ANISSY (Anisi), château de Mad. de Roye, en Picardie, I, 291.
ANNE, Madame (Anne de Beaujeu, fille de Louis XI), I, 440.
ANNEBAUT, sieur d', I, 444. — Sa mort à Dreux, II, 240. 681. 686. III, 471.
ANNEBOURG, du Bois d' (voy. du BOIS).
ANNIBAL, archer à Manosque, martyr, III, 345.
ANNONAY (voy. NONNAY).
ANSEINS, localité de Bretagne, II, 749.
ANSE, localité du Lyonnais, III, 229. 430.
ANSONO (Anzono? Ausono?) de, conseiller à Toulouse, I, 822. 825.

ANTHOARD, Bonnet, bourgeois de Saint-Quentin, III, 373.
ANTHOARD, François, tué à Cabrières, III, 365.
ANTHOARD, Claude, tué à Cabrières, III, 365.
ANTHOARD, Claude, femme et enfants de, morts de faim, III, 376. 377.
ANTHOARD, Honoré, quatre enfants de, morts de faim, III, 377.
ANTHOARD, Jean, tué à Cabrières, III, 365.
ANTHOARD, Louise, tuée à Saint-Quentin, III, 373.
ANTHOT, Saint- (voy. SAINT-TOT).
ANTIBE (Antibes), ville de Provence; massacres à, III, 341. 344. 350.
ANTIBOUL (voy. ANTIBE).
ANTIN, Pierre, ministre à Autry, II, 465.
ANTOINE, Mathieu d', avocat, trahit Montbrun, I, 370. — Offre ses services à Guise; son procès, 372.
ANTOINE, Marc, avocat à Toulouse, III, 29.
ANTOINE, Jean, martyr à Hyères, III, 338. 351.
ANTOINE, frère observantin d'Avignon, III, 369.
ANTOINE, sieur de Belican (voy. BELICAN).
ANTOINE, Saint-, temple catholique à Marolles, III, 89.
ANTONI, Pont-, maisons incendiées au, II, 225.
ANTRAIGUES (voy. ENTRAIGUES, ENTRAGUES).
ANTRAIN (Entrains), ville de la Nièvre; sa garnison protestante reprend Bar-sur-Seine, II, 387; échange le gardien des cordeliers contre le ministre de Nevers, 418. — Fuite des protestants, 424. — Blosset sauve la ville, 425. 433. — Ceux d'E. délivrent La Charité, 426. — Ceux de La Charité s'y réfugient, 433. 443.
ANVERS, ville des Pays-Bas, séjour de fugitifs huguenots, II, 686.
ANVILLAR (voy. AUVILLAR).
ANVILLE, Frédéric d', martyr à Paris, I, 132.
ANZONO (voy. ANSONO).
AOUROY, prêtre persécuteur dans l'Angoumois, I, 240.

APASOT, Jacques, femme de, brûlée à La Coste, III, 374.
APCHER, Jacques d', seigneur de Billière, capitaine catholique en Languedoc, III, 166. 179. 194. 196. 197. 200. 201.
APT, ville de la Vaucluse, III, 275. — Massacres à, 340. 343. 362. 370. 381.
APESTIGNY, sieur d', ancien de l'Eglise de Paris, pillé et tué, II, 451.
APOLOGIE des Réformés, à propos de l'affaire de la rue Saint-Jacques, I, 124.
APOLLO, Guy, conseiller au Châtelet, à Paris, I, 234.
ARAMON, bourg près de Nîmes, III, 154. 174. 179.
ARAMON, dame d', à Sisteron, I, 894.
ARAN (Arran), comte David d', frère du duc de Chatellerault, I, 319.
ARAN (Arran), James Hamilton, comte d', duc de Châtellerault, I, 198. 235. 319.
ARBAUDE, Catherine, tuée à Cabrières, III, 373.
ARCAMBAL, aubergiste à Issoudun, II, 509.
ARCAS, localité de l'Yonne; conjuration contre les protestants, II, 393.
ARCHAMBAULT, N., chanoine à Issoudun, I, 147.
ARCHE, de l', greffier au Châtelet, I, 238.
ARCHELLES, village de Normandie, II, 676.
ARCHER, Pierre l', à Meaux, tué, II, 357.
ARCHER du prévôt des maréchaux à Sens, pillé et lapidé, II, 401.
ARCHEVÊQUE, Marc l', soldat à Abbeville, tué, II, 349.
ARCHIMBAULT, sieur d', bourgeois huguenot de Lyon, III, 215.
ARCUEIL, localité de l'Ile-de-France; Condé et Coligny y passent, II, 196. — Incendiée, 225.
ARDEL, Adam, brodeur, tué à Lagny, II, 134.
ARDERAY, sieur d', capitaine catholique à Angoulême, II, 818.
ARDOUIN de Porcelles (voy. PORCELLES).
ARDRES, sieur d', de Fleurines, supplicié à Paris, II, 341.

ARDUS, village du Quercy; images détruites, I, 847. III, 118.
ARÉNASSES, LES, lieu d'une défaite des protestants dans l'Hérault, III, 167.
ARGENCOURT, armurier à Turin, III, 387.
ARGENTAN, localité de l'Orne, prise par Coligny, II, 333.
ARGENTAT, localité du Limousin; persécutions à, II, 473. — Pillé, 475.
ARGENTIER, L', N., huguenot tué à Lorgues, 368.
ARGON, Etienne, de Séreste, tué à Forcalquier, III, 360.
ARGYROPYLUS, Jean, savant grec à Florence, I, 2.
ARLES, l'archevêque d', persécuteur des Vaudois, I, 47.
ARLES, les catholiques d', I, 376. III, 275.
ARLES, ville de Provence ; massacres à, III, 338. 340. 352. 369. 381.
ARLOT, Jacquet, martyr à Castellane, III, 343.
ARMAGNAC, George d', cardinal-évêque de Rhodez, I, 12. 15. 208. — A Nérac, 325. — Disperse l'Eglise de Millau, 337. — Interroge le ministre Mallet à Rhodez, 857. — Remet la messe à Villefranche, 866. — Arrive à Toulouse, III, 47. — Fonde une association pour la défense de la religion romaine, 52. 62. — Ecrit à ceux de Montauban, 136. — Appelle Monluc à Villefranche, 192. 196.
ARMAND, Antoine, bourgeois d'Apt, III, 371.
ARMAND, Guillemette, tuée à Apt, III, 371.
ARMAND, Guillaume, martyr à Cabrières, III, 366.
ARMANT, Guillaume, délégué des Vaudois, I, 38.
ARMÉ, N., capitaine catholique devant Montauban, III, 78.
ARNAUDI, chanoine à Montpellier, I, 884.
ARNAULD, lieutenant civil à Angoulême, II, 814.
ARNAY-LE-DUC, localité de la Côte-d'Or, I, 782.
AROARD, René, teinturier à Digne, III, 358.
ARONDEAU, Pierre, martyr à Paris, I, 240.
ARPAJON, localité du Rouergue, près d'Aurillac, I, 770.
ARPAJON, sieur d', protecteur des églises du Rouergue, I, 217. 865. — Meurt à Dreux, II, 242. — Vient à Agen, 761. 763. III, 8. 23. — Tiraillements entre lui et ceux de Montauban, 67. 68. 70. 71. 72. 73. 79. 80. 82. 192.
ARPEYAN, Claude d', bourgeois de Mont-de-Marsan, II, 811.
ARPEYAN, Giraud d', huissier de la reine de Navarre et concierge du Vieux-Château à Mont-de-Marsan, II, 811.
ARQUES, bourg de Normandie, II, 672. 673. 674. 676. 677. 691.
ARQUESSON, Jean, bourgeois catholique à Saint-Just, I, 313.
ARQUEVILLE, sieur d', maître des requêtes, III, 45.
ARQUIER, Annibal, martyr à Manosque, III, 344.
ARQUIN, Pierre, emprisonné à Cognac, I, 156.
ARRAN (voy. ARAN).
ARRABY, N., prisonnier à La Charité, sauvé, II, 431.
ARRAS, Etienne d', docteur en théologie, I, 17 suiv.
ARRÊTS du Parlement de Paris contre les rompeurs d'images, II, 107. — Contre le cardinal de Châtillon, ibid. — Déclarant rebelles ceux d'Orléans, 108. — Ordonnant de louer les maisons des absents, 110. — Contre ceux d'Orléans, 128.
ARTENAY, château du connétable et localité du Loiret ; orage extraordinaire à, II, 259.
ARTHÉ, sieur d', commandant à Nevers, II, 411. — Destitué, 412.
ARTHUIS, Jean, procureur du roi à Issoudun, I, 66. 297. 298. 506. 510. 511.
ARTHUIS, François, fils, procureur à Issoudun, I, 761. II, 511.
ARTHUS, Désiré (voy. DÉSIRÉ).
ARTICLES de foy de la Sorbonne, I, 33. II, 630.
ARTICLES des propositions de Condé

à Saint-Marceau, II, 197. 217. — Réponses, 224.
ARTIGAT, village du pays de Foix, III, 210.
ARTIGUES, N., huguenot exécuté à Carcassonne, III, 152.
ARTIS, Jean, surveillant de l'église de Negrepelisse, martyr, I, 850. III, 91.
ARTIS, Pierre, martyr à Negrepelisse, III, 91.
ARVANNES, Jacques, martyr à Besse, III, 350.
ARVERT, île d', localité de Saintonge; persécutions de l'église d', I, 101, 134. 139. 199. 201. 202. — Prédications publiques, 313. — Léopard, ministre, II, 826. 829. 831. 832. 833.
ARVOY, village près de Jargeau, localité du Loiret; supercherie d'un prêtre, I, 739.
ASCOT, duc d' (Aerschoot?), I, 121. 146.
ASEZAT ou Assezat, Pierre, sieur du Cèdre, marchand et capitoul à Toulouse, I, 818. 825. III, 6. 12. 58.
ASNIER, Guy, l' (voy. LASNIER).
ASPREMONT, Bernard d', lieutenant du roi à Agen, I, 323. II, 760.
ASQUET, Pierre, martyr à Toulouse, III, 36.
ASSEMBLÉE de Fontainebleau (voy. FONTAINEBLEAU).
ASSEMBLÉE des prélats de Poissy (voy. POISSY).
ASSEMBLÉE des notables à Saint-Germain, I, 674.
ASSEZAT, N., capitoul à Toulouse, III, 6. 22.
ASSEZAT, Pierre (voy. ASEZAT).
ASSIER, Jean, bourgois de Montauban, III, 107. 120.
ASSIER, Mad., Jeanne de Genouillac, II, 796. III, 121.
ASSIER, village du Quercy, III, 121.
ASSIGNY, sieur d', commandant des catholiques à Troyes, II, 376. 377. 691.
ASTI, comté d', II, 140.
ASTILLE, d', sieur des Honays, gentilhomme huguenot du Craonnais; son frère massacré, II, 560.
ASTURGY, N., lieutenant du sénéchal, blessé à Carcassonne, I, 877.

ATHEVOUX, Marcel, persécuteur catholique à Barjols, III, 348.
ATIN (l. Altin), capitaine catholique, l'un des assassins de Coligny, III, 479.
AU, sieur d' (d'O), capitaine des gardes du roi, II, 662.
AUBAN SAINT-, (voy. SAINT-AUBAN).
AUBERGE, N., dit Lovernet, cordonnier et martyr à Pierrerue, III, 343.
AUBERGÉ, dit Le Court, martyr à Pierrerue, III, 338.
AUBERT, N., avocat du roi, à Rouen, II, 658.
AUBERT, Claude, avocat à Sens, saccagé, II, 399.
AUBERY, N., avocat, plaide pour Mérindol, I, 78.
AUBERTI, martyr à Aix, III, 347.
AUBESPINE ou Aubépine, François, sieur de l', lieutenant-général à Bourges, I, 62.
AUBESPINE, Claude, sieur de l', secrétaire d'État, I, 276. II, 197. 214. 498. III, 50.
AUBESPINE, Sébastien de l', évêque de Limoges, envoyé pour traiter de la paix à Orléans, II, 271. 291.
AUBETERRE, baron d', l'un des conjurés d'Amboise; Poltrot en parle dans ses dépositions, II, 313. 319.
AUBIGNAN, N., notable du Comtat-Venaissin, I, 360.
AUBIGNY, localité du Cher; commencements de la Réforme, I, 33. — Église dressée, 104. II, 252. 437. 450. — Sa garnison secoure Gien, 456.
AUBIGNY, sieur d', persécuteur, I, 33. — Emprisonné, 34. — Vaines tentatives contre Châtillon-sur-Loire, I, 438. 439.
AUBRY, Urbain, martyr à Mouliherne, II, 560.
AUCH, ville du Gers; le prêche y est permis, I, 796. II, 757.
AUCY (l. Ancy), localité du pays messin, III, 457.
AUDAUX, A. de Gontaut, sieur d', sénéchal du Béarn, II, 764. 768. 769.
AUDEBERT, Anne, veuve Genest, martyre à Orléans, I, 82.
AUDOUIN, Barthélémi, avocat, brûlé à Aix, I, 78.

Table alphabétique.

Auger, Jean, délégué des protestants accusés à Issoudun, I, 298.
Augrant, Jean, et sa femme, tués à Meaux, II, 356.
Augustin, maréchal et chef d'une bande de pillards entre Paris et Meaux, II, 354.
Augustin, martyr à Peyrolles, III, 338. 361.
Augy, François d', martyr à Annonay, I, 53.
Aulneau (l. Auneau), localité du pays Chartrain, II, 245.
Aumale, duc d', instrument du cardinal de Lorraine, son frère, I, 389. — Aux Etats d'Orléans, 428. — S'oppose à l'Edit de Janvier en Bourgogne, 687. — Accompagne le duc de Guise à Paris, II, 3. 284. III, 391. — Envoyé en Normandie, II, 616. — Attaque Rouen, 620. 621. 624. 626. 627. 628. 635. — Assiège Dieppe, 675. 676. 677. — Marche contre Luneray, 696. 698. — Vient à Metz et à Saverne, III, 461. 462. — Tué devant La Rochelle, 477.
Aumosnier, Pierre d', capitaine catholique, pendu à Vire, II, 330.
Ausnaiz-Datilly, sieurs des (voy. Macé de la Boissière).
Aunay, localité de la Saintonge, I, 317.
Aups, localité de Provence, III, 373.
Auray, sieur d', beau-frère de Sarzay, à Issoudun, II, 507.
Auriac, sieur d', gouverneur de Marvejols, III, 194.
Aurillac, ville du Cantal; Eglise dressée, I, 770. II, 472. 475. 767.
Aurillet, N., persécuteur manceau, II, 533.
Aurioules (Auriol), localité de Provence, I, 383.
Aurival, sieur d' (voy. Jean de Nos).
Auros, capitaine huguenot à Bordeaux, II, 765.
Auroux, conseiller au parlement de Paris, II, 310.
Ausance (voy. Auzance).
Ausbor (Osborne?), capitaine huguenot à Paris, I, 672.
Ausono, de (voy. Ansono).
Aussi, Adrien d', dit Douliancourt, martyr à Paris, I, 240.

Aussois (l. Ansouis), localité de Provence, III, 372.
Aussons, chevalier d', persécuteur catholique à Lourmarin, III, 363.
Aussun, sieur d', capitaine français en Savoie, I, 803. II, 144. 241. III, 389.
Austel, N., écolier et martyr à Angers, II, 555.
Autry, village près de Gien; Eglise à, II, 450.
Autun, ville de Saône-et-Loire, I, 63. 96. 110. 219. 783 suiv. III, 394. 399. 400.
Auvergne, persécutions en, II, 472. 477.
Auvergne, grand-prieur d', II, 428.
Auvet, N., avocat à Toulouse, III, 29.
Auvillars, localité de l'Armagnac, I, 822. II, 758.
Auxerre, Philippe de Lenoncourt, évêque d', I, 467. 688. 691. II, 13.
Auxerre, ville de l'Yonne, I, 768. 769. II, 405. 408. 424. III, 444. 448.
Auxonne, le ministre d', prêche à Beaune, I, 782.
Auzan, sieur d', capitaine catholique à Issoudun, II, 507. 509.
Auzance, sieur d', lieutenant de Vieilleville au gouvernement de Metz, III, 452. 454. 456. 458. 459. 460. 461.
Auzance, Mad. d', III, 455.
Auzin (voy. Ouzain).
Avaines, N., capitaine huguenot en Normandie, II, 708. 709. 711. 714. 715.
Avalon (l. Avallon), femme du châtelain d', tuée à Auxerre, II, 406.
Avançon, Jean de Saint-Marcel, sieur d', conseiller à Grenoble, I, 353. 372. 398 II, 406. III, 308. 311.
Avançon, la veuve du sieur d', III, 308. 309.
Avanson (voy. Avançon).
Avaret, d', capitaine huguenot; tâche d'empêcher la défection de Genlis, II, 216. — Attaque les à Suisses Dreux, 234. — Défait les chevaux-légers de Guise, 249. — A Orléans, 253. — Sa mort à Orléans, 282.
Avenelles, des, avocat, trahit l'entreprise d'Amboise, I, 261. 266.
Averdet, sergent, fait exploit contre ceux d'Orléans, II, 129.

AVERIQUE, Geoffroi, martyr à Saint-Mitre, III, 348.
AVERMENIL (l. Avermesnil), sieur d', gentilhomme normand, II, 696.
AVIGNAU, sieur d', gentilhomme d'Auxerre, II, 407. — Sa maison pillée, 408.
AVIGNON, ville du Comtat-Venaissin, I, 36. 360. III, 174. 264. 266. 271.
AVRANCHES, ville de Normandie, II, 330. 701. 709.
AVRANCHES, évêque d' (voy. CÉNALIS).
Ax, localité (voy Dax).
AYDE, Jean de l', martyr à Sisteron, III, 355.
AYGUEMORTES (voy. AIGUES-MORTES).
AYMÉ, N., serrurier catholique à Tours, I, 150.
AYMÉ, N., maître d'école à Tonrs, fouetté, II, 381.
AYMENART, N., sieur d', gentilhomme huguenot du Maine, tué, II, 534.
AYMONT, dit le Mâle, charpentier à Troyes, tué, II, 382.
AYS, sieur des, de la compagnie de La Fayette à La Charité, II, 431.
AYSSIEU, d', cadet, gentilhomme catholique à Mont-de-Marsan, II, 811.
AZAIS, sieur d', capitaine huguenot en Guienne, II, 825.
AZE-LE-BRÛLÉ (l. Azay-le-Rideau), localité de Touraine, II, 586.
AZELIÈRES, Simon d', verrier à Troyes, tué, II, 384.
AZEZAT (voy. ASEZAT et du CÈDRE).
AZIL (voy. MAS-D'AZIL).

B.

BABAULT, Pierre, bourgeois huguenot à Gien, I, 164.
BABELOT, frère cordelier de la suite de Montpensier, II, 831.
BABOT, Jean, sieur de l'Espaut, tué à Moulins, II, 483.
BABOU, Philibert, sieur de la Bourdaisière, évêque d'Angoulême, cardinal, II, 431.
BABUT, Jean, avocat à Toulouse, hostile aux protestants, I, 815. 825. III, 5.

BACARA (Baccarat), bourg de Lorraine, II, 136. 185.
BADE, le margrave Charles de, II, 35. 275.
BADET, Bernard, conseiller au parlement d'Aix, I, 44. 72.
BADINEAU, Antoine, greffier à Nevers, I, 746.
BADIUS, N., ministre, mort à Orléans, II, 149.
BAGARRIS, François Rascas, sieur de, conseiller au parlement d'Aix, III, 380.
BAGNOLS, localité du Gard, 1, 341. — Assemblée des Etats à, III, 173. 179. 275. 301.
BAGUERRE, N., bourgeois de Rouen, II, 620.
BAIGNOLS (voy. BAGNOLS).
BAILLE, Guillaume, le père de, martyr à Cabrières, III, 366.
BAILLE, Jean, bourgeois de Toulouse, III, 29.
BAILLE, Michel, huguenot meurtri à Arles, III, 353.
BAILLE, Guillem Paul, bourgeois catholique de Vergons, III, 379.
BAILLET, Claude, huguenot tué à Meaux, II, 356.
BAILLET, Denis, bourgeois de Toulouse, III, 29.
BAILLET, René, président au parlement de Paris, I, 467.
BAILLI, le, de Dieppe, II, 738.
BAILLI, le, d'Orléans, I, 740.
BAILLOLET, château du sieur de Sausseux, I, 756.
BAILLY, Jean le, ministre à Brugé, martyr, II, 560.
BAILLY, N., avocat à Troyes, II, 378.
BAILLY, N., chanoine à Orléans, II, 449.
BAJORDAN (voy. BAZORDAN).
BALAAM (Ballan), localité de Touraine, II, 587.
BALANCOURT, localité près de Corbeil, II, 193.
BALARIN, Jean de, huguenot tué à Arles, III, 352.
BALAZU, sieur de, gentilhomme protestant du Dauphiné, tué en Vivarais, III, 283.
BALDERIE, François de la, avocat à Fabrègues, II, 475.

BALE, ville de Suisse, I, 14. 36. III, 456. 480.
BALEUR, Jean le, prévôt de camp en Normandie, II, 661. 662.
BALEURE, Aymé, juge de Corbelin, tué à Auxerre, II, 407.
BALFONDS, le cadet d'une compagnie catholique, tué à Saint-Paragone, III, 173.
BALLEUR, Ambroise le, dit de La Plante, ministre à Orléans, I, 112. — A Angers, 302. 303. — A Issoudun, II, 309. 507.
BALLY, N., chanoine à Grenoble, III, 280.
BALMARET, Jean, martyr à Annonay, III, 187.
BALON, Nicolas, martyr à Paris, I, 195, 240.
BALTHASAR, Jean, procureur à Sens, II, 399.
BAN, baron du, gouverneur de Corbigny, I, 750. II, 421.
BANDON, Tacy, la femme et les cinq enfants de, massacrés à Cabrières, III, 376. 377.
BANDON, Bernard, un fils de, martyr à Antibes, III, 344. 345. 377.
BANNES, François des, dit du Mesnil, capitaine du château de Saint-Dizier, de la suite de Guise, I, 724.
BANTELU, village de la Beauce, II, 131.
BANTELU, sieur de, assassiné au Vexin, II, 129.
BAQUEVILLE, sieur de, gouverneur de Rouen, II, 615. 617. 684. 686. 687. 688. 690.
BAR, Claude de Grasse, sieur du, capitaine huguenot en Provence et en Languedoc, III, 163. 326.
BARANTIN (l. Barentin), bourg du pays de Caux, II, 628.
BAR-LE-DUC, ville du Barrois, III, 432.
BAR-SUR-SEINE, ville de l'Aube, II, 131. 380. 383. 385. 386. 387.
BARAT, Robert, élu huguenot à Nemours, assailli, I, 750, 751. — Déjoue une attaque des catholiques contre la ville, II, 470.
BARATIER, N., capitaine catholique dans le Dauphiné, III, 278.
BARBANÇOIS, Charles de, sieur de Sarzay, persécuteur à Bourges, II, 485. 491. 506. 507. 508. 509. 510. 511. 512.
BARBASTE, N., ministre de la reine de Navarre, I, 692.
BARBÉ, N., capitaine catholique en Saintonge, II, 832.
BARBÉE, Jean Duret, sieur de la, à Angers, I, 304. II, 543.
BARBE-SAINT-CRESPIN, LA, capitaine catholique, pillard à Angoulême, II, 814.
BARBES, ministres des Vaudois, I, 35.
BARBEVILLE, Jean, martyr à Paris, I, 168.
BARBEY, Jean, tué à Céant-en-Othe, II, 394.
BARBEZIEUX, sieur de, à Bourges, I, 295. — Surprend les protestants de Troyes à Senan, 374. — Fournit des soldats aux catholiques de Sens, 404.
BARBIER, Robert, dit de la Croix, ministre à Issoudun, II, 507.
BARBIÈRE, femme dite la, tuée à la Roquebrussane, III, 369.
BARBILLIÈRES, localité du pays de Foix, III, 212.
BARDÉ, Mesnil (voy. MESNIL).
BARDERIA, Jean, capitoul catholique à Toulouse, III, 14.
BARDIN, Noël, huguenot fouetté à Autun, I, 110.
BARDONNANCHE, N., capitaine huguenot à Grenoble, III, 308.
BARGE, LA, chanoine-comte du chapitre de Lyon, III, 218. 219.
BARGELIÈRES, vallée des, au comté de Foix, I, 870.
BARGES, localité de Savoie, I, 158. II, 141.
BARGES, Charles de, lieutenant-criminel à Montpellier, III, 174.
BARIAT (Barias), Jean, dit Paviot, consul à Grenoble, III, 255.
BARIEI, sieur de, député des huguenots messins à Blois, III, 469.
BARJOUL et BARJOUX (Barjols), localité de Provence, I, 898 suiv. III, 138. — Massacres à, 340. 341.
BARLE, Louis le, de Chinon, gouverneur catholique de Saint-Jean-d'Angély, II, 827.
BARLES, localité de Provence, III, 331.

BARLES, Salvaire, martyr aux Mées, III, 362.
BARON, Claude, sieur de Vallouse, capitaine huguenot en Dauphiné, III, 289. 305. 314. 415.
BARONNIES, Les, partie méridionale du Dauphiné, III, 274.
BARRALIS, François, ménager à Arles et martyr, III, 353.
BARRANI, conseiller au parlement de Toulouse, persécuteur, III, 16. 58.
BARRAS, Eléon de, capitaine catholique en Provence, III, 354. 355. 377.
BARRAUT, Jean, ancien prêtre, martyr à Angoulême, II, 818.
BARRAUT, N., conseiller catholique à Tours, II, 596.
BARRE, Eglise dressée à, (Lozère), I, 866.
BARRE, Isaac de LA, ministre à Nevers, II, 414.
BARRE, N., la, envoyé par Condé au vidame de Chartres, II, 727.
BARRÉ, Godefroy, de La Forêt (voy. RENAUDIE, LA).
BARRÉ, N., capitaine huguenot à Rouen, II, 625.
BARREAU, Michel, fauteur de troubles à Montargis, II, 463.
BARRELLES, Jean, dit Carmières, ou Cormère, ministre à Toulouse, I, 156. — Prêche à Agen, 790. 791. — Il y est ministre, 795. 797. — Sa mission auprès de Monluc, 807. 808. — Menacé de mort, 811. 834. — Chargé de dresser une Eglise à Lectoure, 822. 834. III, 21. 23. — Se sauve à Agen et à Montauban, 36. 63. 64.
BARRÊMES, localité de Provence, III, 361.
BARRIER, Jean, martyr à Apt, III, 340.
BARRIER, Martin, martyr à Apt, III, 362.
BARRIÈRE, Antoinette, tuée à Gignac, III, 371.
BARRIÈRE, Marthe, tuée à Gignac, III, 371.
BARTALON (et Barthalon), Jean, les six enfants de, morts de faim à Cabrières, III, 377. — Sa femme tuée, III, 376.
BARTEL, Marguerite et Supplix, blessés au massacre de Vassy, I, 727.

BARTELASSE, capitaine catholique dans le Comtat, III, 266.
BARTELET, Jean, bourgeois catholique à Nemours, II, 470.
BARTHELAINE, de, fonde l'Eglise de Milhaud, I, 216.
BARTHELEMI, Antoine, martyr à Loriol, III, 339.
BARTHELEMI, le cordonnier, meurtri à Arles, III, 353.
BARTOMIEU, Pierre, martyr à Lourmarin, III, 364.
BARTOMIEU, Jacques, un fils de, tué à Lourmarin, III, 377.
BARVILLE, N., archidiacre de Sens, persécuteur, I, 55.
BAS, LE (voy. LEBAS).
BASQUE, le petit (voy. Jean de la RIVE).
BASSAC, village de la Charente; Condé y est tué, II, 229.
BASSEFONTAINE, N., capitaine huguenot, noyé à Caudebec, II, 641.
BASSOT, Balthasar, martyr à Saint-Martin-de-Castillon, III, 344.
BASTARD, N., diacre et martyr à Toulouse, III, 32.
BASTARD, N., archer du prévôt d'Angers, II, 559.
BASTIDE, Jaubert, sergent, tué à Fabrègues, II, 475.
BASTIDE, de Castellane, sieur de Laval, martyr à Arles, III, 353.
BASTIDE, LA, localité de Tarn-et-Garonne, III, 87.
BASTIDE, LA, capitaine catholique de Montauban, III, 78.
BASTIDE (La Bastide-l'Evêque), localité de l'Aveyron; un tailleur de, exécuté, III, 192.
BATAILLE, Bertrand, écolier de Genève, brûlé à Chambéry, I, 97.
BATAILLE, Philippe, conseiller au parlement de Dijon, III, 402. 406.
BATAILLE, N., capitaine huguenot en Dauphiné, III, 231. 295.
BATAILLE, N., orfèvre et martyr à Toulouse, III, 36.
BATISTE, le caporal, commandant du château de Vizille, III, 313.
BATONS des confréries, I, 642.
BATTRESSE, sieur de, commandant de Caen, II, 331.
BATUTI, bazochien et martyr à Aix, III, 347.

Table alphabétique.

BATZ, localité de la Loire-Inférieure ; Carmel y prêche, I, 152.
BAUBIGNY, N., sieur de Mézières (ou de la Mézière), s'oppose aux persécutions aux environs de Dreux et de Mantes, II, 130. — Offre de surprendre la Normandie, 227. — Tue Saint-André à Dreux, 240. 333. — Auprès d'Antoine de Navarre mourant, 665. 666. 667.
BAUCHENU, N., lieutenant-général de Pontoise, pendu, II, 129.
BAUDE, Claude, martyr à Issoudun, II, 509.
BAUDESSON, maçon, tué au massacre de Vassy, I, 725.
BAUDIMANT, N., capitaine catholique en Provence, persécuteur, I, 900. II, 589. III, 349. 350. 351. 352.
BAUDINÉ, Jacques de Crussol (ou Cursol), baron de, lieutenant du roi en Languedoc, III, 121. 126. — Elu protecteur des Eglises, 146. 148. 149. 157. — Battu par Joyeuse à Pezenas, 158. 159. 160. — Se retire à Montpellier, 161. 162. — Guerroie en Languedoc, 163. 164. 166. 167. 170. 171. 173. 176. 197. 201.
BAUDOIN, François, d'Arras, célèbre jurisconsulte, I, 645.
BAUDON, Bernard, bourgeois de la Motte-d'Aigue, III, 374. — Son fils, martyr à Cabrières-d'Aigue, III, 366.
BAUDOUIN, Jean, catholique de Nemours, I, 751.
BAUDOUIN, Jean, brûlé à Meaux, I, 51.
BAUDOUIN, Jean, procureur huguenot à Arvert, I, 135.
BAUDOUIN, N., apothicaire catholique au Mans, II, 528.
BAUDOUIN, Guillaume, notaire à Livré, martyr, II, 577.
BAUDOUIN, Guillaume, menuisier à Sens, persécuté, II, 398.
BAUGÉ, ville de l'Anjou, II, 560.
BAUGENCY, ville du Loiret, I, 164. II, 8. 33. — Pris par Condé, 36. 101. — Cédé par Condé au roi de Navarre, 90. — Sortie de ceux d'Orléans à B., 131. — La garnison se retire devant Condé, 191. — Coligny y arrive, 247. 322. — Commandé par Rochefort, 580. III, 224.
BAUGIS, sieur de, de la compagnie de Noysat à Corbigny, II, 422.
BAULX (l. Les Baux), localité de Provence ; massacres à, III, 337. 342. 348.
BAUME, La, bourg près de Sisteron, en Provence, III, 321.
BAUQUEMARE, Joseph de, conseiller au Grand-Conseil, III, 381.
BAUSSIERS, Honoré et Taurin, bourgeois catholiques tués à Signes, III, 368.
BAUX, LES (voy. BAULX).
BAUX, Martin (voy. MARTINBAUX).
BAYE, du (voy. UBAYE).
BAYEUX, ville de Normandie, II, 328. 331. 698. 700. 701. 720. 722.
BAYONNET, N., martyr à Manosque, III, 346.
BAYORT, Giraud, apothicaire huguenot, tué à Aurillac, I, 771.
BAYSEL, Steiff, bourgeois huguenot de Metz, envoyé en Allemagne, III, 442.
BAZA, N., cordonnier, capitaine catholique à Paris, II, 23.
BAZAC, N., sieur de, gentilhomme tué à Toulouse, III, 4.
BAZAS, ville de la Gironde ; Burie s'y rend, I, 795. — Désordes à, 806. — Attaqué par le vicomte d'Uzès, II, 757. 771.
BAZOGES, N. de, gentilhomme breton, persécuteur, II, 719.
BAZOIS (voy. CHATILLON).
BAZON, Charles de, gouverneur catholique de Nérac, II, 769.
BAZORDAN (Bois-Jourdan?), capitaine catholique tué devant Montauban, II, 789. III, 8. 9. 11. 17. 78. 89. 90. 93. 97. 103. 104. 105. 137.
BÉARN, pays de, I, 326.
BEAU, Nicolas, procureur à Troyes, pendu, II, 380. 381.
BEAUCAIRE, ville du Gard, I, 333. 334. 898. III, 153. 154. 196.
BEAUCHAMPS, dit le Loup, prévôt des maréchaux à Angers, persécuteur, II, 557. 565.
BEAUCHESNE, sieur de, gentilhomme d'Anjou, II, 541.
BEAUDISNER (voy. BAUDINÉ).

BEAUFAY, village du Maine, II, 534.
BEAUFORT, N., capitaine huguenot à Millau, III, 199.
BEAUFORT, village de l'Anjou, II, 560.
BEAUGENCY (voy. BAUGENCY).
BEAUGENDRE, Jean, martyr au Mans, II, 530.
BEAUJEU, Robert de Quiqueran, sieur de, capitaine huguenot en Provence, III, 320. 322. 323. 324. 325, 326. 327.
BEAUJEU, localité du Beaujolais, III, 416.
BEAUJASSIER, localité de Provence, III, 367.
BEAULAC, la maison de, favorise l'Evangile, I, 152. 153.
BEAULIEU, port de, localité près de Villefranche-en-Rouergue, I, 772.
BEAUMONT, ville de Lomagne, I, 800. 810. II, 441. 762. III, 65.
BEAUMONT-DE-PERTUIS, localité de Provence, III, 365.
BEAUMONT-LE-VICOMTE, localité du Maine, II, 526.
BEAUMONT, sieur de, tué à Jarnac, II, 388. 389. 426. 430.
BEAUMONT, dit Pied de bœuf, sieur de, gouverneur catholique de Bellême, II, 540. 541.
BEAUMONT, N., martyr à Vire, II, 720.
BEAUMONT, François de (voy. baron des ADRETS).
BEAUNE, ville de Bourgogne; persécutions à, I, 26. 171. — Opposition à l'Evangile, 780. — Assemblées instituées, 781. 782. — Persécutions, III, 394. 401. 402. 403. 404. 405. 406.
BEAUPAS (voy. CHASSEBŒUF).
BEAUQUEMARE, Michel de, quartenier à Rouen, II, 645, 646.
BEAUREGARD, N., martyr aux Baux, III, 342.
BEAUREGARD, sieur de, figure dans l'interrogatoire de Poltrot, II, 327.
BEAUREGARD, capitaine catholique tué au siège de Rochefort, II, 562. 564.
BEAUREGARD, sieur de, dit Le Berger, diacre de l'église d'Angers, martyr, II, 553.
BEAUREGARD, N., lieutenant huguenot à Beaucaire, III, 153.
BEAUREPAIRE, localité du Dauphiné, III, 231. 232. 282. 283. 292.
BEAUSSE (Bauce), pays de; assemblées dans le, I, 757. — Le roi la traverse, II, 110.
BEAUVAIS, Henri, blessé au massacre de Vassy, I, 726.
BEAUVAIS, ville de l'Oise; émeute contre le cardinal de Châtillon, I, 457.
BEAUVAIS, comte de (voy. cardinal de CHATILLON).
BEAUVAIS, N., sieur de, mort à Dreux, II, 241. 388. 592.
BEAUVOIR, Jean de la Fin, sieur de la Nocle-, blessé au siège de Caen, II, 260. 681. 726. 727. 728. 729. — Gouverneur du Hâvre, ses ordonnances, 742. 747.
BEAUVOISIN, N., docteur à Rhodez, I, 861. 862.
BEAUVOISIN, Melchior de Génas, sieur de, capitaine huguenot à Beaucaire, III, 153.
BECAUDELLE, Marie, martyre à La Rochelle, I, 23.
BÉDA, N., docteur de la Sorbonne, I, 2. 7. 13. 14. 15.
BÉDARIEUX, ville de l'Hérault, III, 160. 177.
BÉDARRIDES, localité du Comtat-Venaissin, III, 271. 273.
BEDAT, DU, ministre à Mont-de-Marsan, II, 812.
BEDEAU, Constantin, de Senlis, condamné aux galères, II, 343.
BEDIN (voy. FORNEL).
BEDOIRE, N., bourgeois à Tours, I, 105. 106.
BEDON, N., lieutenant civil à Agen, I, 789.
BEGAT, Jean, conseiller au parlement de Dijon, I, 780.
BEGUE, Jean, dit l'Armade, persécuteur à Arles, III, 352.
BEGUETTI, N., jacobin, prêche librement à Paris, I, 30. — Se rétracte, 34. — Ses prêches fanatiques à Sens, II, 398.
BÉJAN, localité près de Béziers, III 169.
BÉJAUMONT, sieur de, catholique d'Agen, I, 797. 798.

BELCASTEL, sieur de, capitaine catholique, persécute les protestants de Milhau, I, 337. III, 193.
BELCIER, président au parlement de Bordeaux, I, 27. 29.
BELESME (Bellême), ville du Perche; Eglise dressée, I, 756. II, 514. — Persécutions à, 539.
BELET, DE (Bellet), huissier à Toulouse, I, 822. 823.
BELETTE, persécuteur catholique dans l'île de Ré, II, 831.
BELFORT, N., capitaine huguenot à Montauban, III, 70. 71. 79. 85. 193.
BELIAT, Louis, noyé à Abbeville, II, 349.
BÉLICAN, Antoine, sieur de, capitaine catholique aux environs de Béziers, III, 149.
BELIÈVRE (Bellièvre), conseiller à Grenoble, commissaire dans le Dauphiné, I, 351.
BELIMES, sieur de (Bellines?); sa déposition au procès de Condé, I, 465.
BELIN, Philippe, lieutenant particulier à Paris, I, 139.
BELIN, Pierre, de Troyes, envoyé par les catholiques à Guise, II, 370. 382.
BELIN, Jacques, blessé au massacre de Vassy, I, 726.
BELIN, Nicole, avocat huguenot à Beaune, III, 405.
BELIN (l. Blain), localité de la Loire Inférieure, II, 750.
BELLANGER, Gilles de, dit Préaux petit-pied, massacre un gentilhomme huguenot à Chevillé, II, 535.
BELLAY, Guillaume du, seigneur de Langey, ambassadeur du roi de France, I, 15. 22. 38.
BELLAY, Jean du, évêque de Paris, I, 15.
BELLEGARDE (Roger de?), neveu du maréchal de Termes, capitaine catholique en Languedoc, III, 12. 23.
BELLESME (voy. BELESME).
BELLET (voy. de BELET).
BELLETON, André, martyr à Brignoles, III, 337.
BELLEVILLE, François et Jules, sieurs de, gentilhommes de la Saintonge, combattent sous Condé, II, 91. 92. 95. 105. 106. 601. 765. 826.

BELLEVILLE (Belleville-en-Caux), sieur de, gentilhomme catholique de Normandie, défait par ceux de Dieppe, II, 677.
BELLEVILLE-SUR-SAÔNE, localité du Beaujolais, III, 414. 416. 417. 426.
BELLEVILLE, localité du Lyonnais, III, 229.
BELLON, Louis, martyr à Brignoles, III, 366.
BELLON, N., bourreau, tué à Quinson, III, 342.
BELLONET, Auban, martyr à Forcalquier, III, 359.
BÉNAC, baron de, capitaine huguenot à Pamiers, III, 206.
BENARD, Jean, sergent à Coursebœuf, persécuteur, II, 534.
BENAS, François, huguenot de Negrepelisse, III, 63.
BÈNE, Jean de, à Gien, II, 455.
BENERQUE, localité près de Toulon, I, 791.
BENESTAYE, N., sieur de la, gentilhomme catholique d'Anjou, II, 561.
BENETON, Nicolas de, procureur à Grenoble, I, 891.
BENIÈRE, Philippe de la, sellier et martyr à Aix, III, 347.
BENNÊCHE, Catherine, tuée à Cabrières, III, 373.
BENOT, Jean, docteur en théologie à Paris, I, 30.
BEOCE, Jean, marchand à Poitiers, II, 604.
BERAIL, Jean, marchand catholique à Toulouse, I, 825.
BERAL, dit le Bavart, consul à Agen, I, 812.
BERANT, Joseph, martyr à Pierrefeu, III, 352.
BERART, N., calomnie les protestants d'Agen, I, 795.
BERAUD, Claude, serrurier, martyr à Valensolles, III, 364.
BERAUDI, N., docteur protestant à Montpellier, I, 882.
BERAUDIN, Gabriel, brûlé à Chambéry, I, 84.
BERBINIER, N., conseiller au parlement de Toulouse, III, 31.
BERC de Villeneufve, sieur de, lieutenant de Joyeuse, III, 171. 223.

BERDONNÉ, Catherine et Madeleine, tuées à Saint-Quentin, III, 373.
BERGEMON (l. Bargemont), localité de Provence, III, 354. 377.
BERGER, Guillaume, avocat huguenot à Grenoble, I, 891.
BERGER, Pierre, du, avocat à Montauban, III, 64.
BERGER, Pierre, martyr à Lyon, I, 89. 90.
BERGER, LE (voy. BEAUREGARD).
BERGERAC, ville de Guyenne, II, 754. 770. — Surprise momentanément par Piles, 797. 798. — Il l'occupe, 807.
BERGERIE, DE LA (voy. Pierre GILBERT).
BERGERIE, sieur de la, gentilhomme de l'Angoumois, II, 815.
BERGERIES, Pierre des, médecin à Bourges, martyr, II, 509.
BERGERON, Jean, lieutenant criminel à Saint-Pierre-le-Moustier, I, 95.
BERGERON, Nicolas, pendu à Meaux, II, 357.
BERMONTET, N., pillard à La Charité, II, 431.
BERNARD, Jacques, cordonnier tué à Signes, III, 367.
BERNARD, Imbert, martyr à Angers, I, 108.
BERNARD, Guillaume, persécuteur à Cognac, II, 820.
BERNARD, Macé, martyrisé à Craon, miraculeusement sauvé, II, 574.
BERNARD, Martin, meurtrier catholique à Issoudun, pendu, II, 505.
BERNARD, Raymond, une fille de, tuée à Cabrières, III, 376.
BERNARD, N., capitaine catholique à Mens, III, 315.
BERNAS, Jean-Jacques de, capitaine huguenot à Castres, III, 143.
BERNAY, ville de l'Eure; l'amiral y châtie les paysans, II, 257. — Est prise, 332.
BERNE, ville de Suisse, III, 225. 226. 227.
BERNE, les Jacobins de, I, 17.
BERNEUIL, Antoine de Pons, sieur de, II, 823. 824.
BERNIN, N., capitaine huguenot, gouverneur de Vienne, III, 230.
BERNOYE, Jacques de, président au parlement de Toulouse, III, 21. 24. 29. 31.
BERNY (ou Bernins), François de Terrail, sieur de, III, 277. 278. 281. 282.
BÉRON, Jacques, soldat tué à Amiens, II, 345.
BERQUIN, Louis de, martyr à Paris, I, 7.
BERRY, province du, I, 16. 213. II, 247.
BERRY, bailli de, persécuteur (voy. de Rys).
BERRUYER, N., conseiller au parlement de Paris, II, 310.
BERSEUR, LE, Robert, condamné à Rouen, sauvé, I, 311.
BERSUEIL (?), localité du Rouergue, I, 865.
BERTAULT, N., prédicateur appelé à Paris par Marguerite de Navarre, I, 14.
BERTHAUT, Guillaume, gouverneur à Senlis, II, 338. 340. 341. 343.
BERTHE, LA, ministre à Lavaur, I, 852.
BERTHE, Raymond, ministre à Castres, I, 874.
BERTHELIN, André, martyr à Annonay, I, 26.
BERTHELIN, Denis, martyr à Saint-Martin-de-Castillon, III, 342.
BERTHELMY, Antoine, martyr à Lourmarin, III, 364.
BERTHELOT, Gilles, prévôt des maréchaux, I, 51.
BERTHI, sieur de, tué au Vexin, II, 129.
BERTHIER, Caton, sieur de Vanay, meurtrier à Corbigny, II, 422.
BERTHONVILLE, Noël Cotton, sieur de, secrétaire du roi, à Rouen, II, 611. 642. 652. 658. 659.
BERTIN, Dominique, architecte à Toulouse, III, 50. 51.
BERTIN, Gingo et Raymond, massacrés à Lourmarin, III, 363.
BERTINE, Marguerite, tuée à Lourmarin, III, 372.
BERTOMIER, bourgeois huguenot de Paris, I, 127.
BERTON, Jacques, martyr à Brignoles, III, 337.
BERTON, Honoré, martyr à Valensolles, III, 365.
BERTRAND, Guiraud, tué à Carcassone, I, 876.

Table alphabétique. 637

BERTRAND, dit Bottine, menuisier, tué à Forcalquier, III, 359.
BERTRAND, Jean, martyr à Blois, I, 109.
BERTRAND, Jean, cordonnier, tué au Luc, III, 361.
BERTRAND, Paul, métayer à Revel, III, 156.
BERTRAND, Pierre, évêque de Cahors, I, 854. II, 781.
BERTRAND, prévôt à Issoudun, I, 147.
BERTRANDI, Jean, cardinal et garde-des-sceaux, I, 125. 128. 142. 193. 212. 221. 222.
BERUY (Bernui), Jacques de, sieur de la Villeneuve, président au parlement de Toulouse, III, 18.
BESAUDIN, Antoine de, meurtrier catholique à Arles, III, 353.
BESME, N., assassin de Coligny, III, 479.
BESONS (voy. BRESONS).
BESSE, localité de Provence, I, 897. III, 337. 339. 342. 350. 369.
BESSÉ, les deux de, capitaines huguenots à Poitiers, II, 607.
BESSIER, N., bourgeois de Montauban, III, 114.
BESSONNIE, LA, capitaine huguenot, saccage l'église de Roc-Amadour, III, 89.
BESSON, Rigaut, femme de, tuée à Joucas, III, 371.
BETHAUCOURT (ou Béthancourt), sieur de, gentilhomme des environs de Châlons, II, 369.
BETHUNE, N., capitaine d'une troupe de protestants de Meaux, II, 352.
BEUERLIN, Jacques, théologien wurtembergeois, mort à Paris, I, 615. 616.
BEUGNON, le, localité près de Bourges, II, 495.
BEUVRIÈRE, sieur de la, capitaine protestant à Mehun, II, 491.
BEYNE, comte de, capitaine français en Savoie, II, 144.
BEZANCOURT (Béthancourt?), sieur de, II, 392.
BÈZE, THÉODORE DE, Séguin son secrétaire, I, 89. — Envoyé en Suisse après l'affaire de la rue Saint-Jacques, 132. — A Nérac, 324. — Le roi de Navarre doit l'amener à Orléans, 326. — Invité au colloque Poissy, 471. — Son arrivée, 490. — Prêche à Saint-Germain, 492. — Ses premiers écrits français, 493. — Remet la requête du 8 septembre 1561, 498. — Son discours à Poissy, 502. 503. — Effet de ce discours, 521. — Sa lettre à la reine, 522. — Demande à répondre au cardinal de Lorraine, 553. — Sa réponse, 556 suiv. — Sa réponse à Saintes, 578. 584. — Sa prétendue défaite par d'Espence, 589. — Sa protestation présentée au nom des ministres, 591. — Sa réponse à Lainez et à d'Espence, 600. — Conférence particulière entre lui, des Galards, d'Espence et l'évêque de Valence, 603. — Autre conférence entre cinq évêques et cinq ministres, 606. 608. — Invité par la reine à prolonger son séjour, 665. — Lutte contre les intrigues qui gagnent le roi de Navarre, 688. — A la conférence de Saint-Germain, 692. — Déclaration sur les images, 696 suiv. — Autre déclaration sur les conditions d'un concile, 716. — Député vers le roi à Monceaux, pour demander justice contre Guise, II, 2. — Chargé par Poltrot, 271. — Sa réponse contre ces accusations, 290. 297. 301. — Poltrot révoque ses dépositions, 311. 312. 317. 325 suiv.
BÈZE, NICOLAS DE, frère du réformateur, bailli de Vezelay, à Chalonne, II, 431.
BÉZIERS, ville du Languedoc; persécutions, I, 335. 843. 878. — Le ministre Antoine Vivés y est tué, 879. — Protestants dispersés, 880. — Menacé par Joyeuse, III, 31. — Froissements intérieurs, 139. — Habitants se préparent à la défense, 146. — Assiégé par Joyeuse, 160. — Menaces de trahison, 169. — Affaires de la ville, 175. 178. 179. — Publication de l'Edit de paix, 183.
BIARD, Jean, capitaine de robe longue à Sens, persécuteur, II, 398. 404. 405.
BICHE, LA, capitaine huguenot à Rouen, II, 639.

BICHONNIÈRE, sieur de la, gouverneur à Gien, II, 451.
BIDEMBACH, Balthasar, théologien wurtembergeois à Poissy, I, 615 suiv.
BIDONNET, N., capitaine catholique, lieutenant de Terrides, I, 796. III, 136.
BIENASSIS, N., apostat à Poitiers, I, 101.
BIERON, Jean, martyr à Angers, I, 113.
BIESSE, N., sergent à Chinon, II, 589.
BIEULLE (Biulle) (voy. MANFRÈDE).
BIGARRAT, LE, soldat protestant, pendu à Toulouse, III, 26.
BIGNE, Jean La, serviteur de La Renaudie, I, 267.
BIGNE, Jacques de la (voy. LA BIGNE).
BIGOT, Laurent, avocat du roi à Rouen, I, 774. II, 620. 652. 656. 658. 663. 667. 668. 669. 670.
BIGOT, Jean, huguenot tué à Rouen, II, 662.
BILLON, N., bourgeois huguenot de Limoges, II, 834.
BINET, Jean, tué à Céant-en-Othe, II, 394.
BIOIAS (Ristolas?), localité du Dauphiné, III, 333.
BIOTIE, de la (voy. BÉOTIE, de la).
BIRAGUE, Charles de, gouverneur de Lyon, II, 138. 139. III, 247.
BIRAGUE, René de, président du parlement de Paris, III, 388.
BIRON (ou Bironis), Bernard, sieur de, ministre à Caussade et à Réalmont, I, 843. 851. 853. 865.
BIRON, sieur de, au prêche d'Agen, I, 797. II, 105. 106. 236. 266. 381. 467.
BIRON, Renée-Anne de Bonneval, baronne de, protectrice des protestants de Guienne, II, 796.
BIRON, château du Périgord, II, 803.
BIRONIS, Louis, emprisonné à Annonay, I, 345.
BIROUT, N., martyr à Valognes, II, 723.
BISELLE, LA, huguenote tuée à Meaux, II, 356.
BIULE (ou Bieule), de (voy. MANFRÈDE).
BIZANET, N., capitaine catholique dans le Languedoc, tué aux Arénasses, III, 149. 150. 169.
BIZOT, N., avocat du roi à Gien, hostile aux protestants, II, 444.
BLACONS, Jacques de Forest, sieur de, capitaine huguenot dans le Dauphiné, I, 363. III, 221. 222. 223. 224. 227. 241. 253. 295. 296. 303. 415.
BLAGNAC, N., capitaine huguenot à Tournon, III, 89.
BLAGNAC, village près de Toulouse, III, 23.
BLAINVILLE, sieur de, gentilhomme de Normandie, II, 632.
BLAINVILLE (Blainville-le-Crevon), bourg normand, II, 637.
BLAINVILLE, localité près de Dreux, II, 231. 233. 237. 238.
BLAMAIRE, N., compagnon d'Antoine de Mouvans à Draguignan, I, 374.
BLANAY, René de Monceaux, sieur de, lieutenant à Dreux, surprend Corbigny, II, 423. 425. 433 suiv.
BLANC, Antoine, femme de, tuée à Noves, III, 369.
BLANC, Arnaud du, conseiller à Saintes, I, 317.
BLANC, Pierre, martyr à Aurillac, I, 772.
BLANC, Guigou, martyr à la Roche d'Anthéron, III, 340.
BLANC, George, solliciteur et martyr à Aix, III, 347.
BLANC, Jacques, martyr à la Roque d'Anthéron, III, 367.
BLANC, Jacques, dit Chafaire, meurtrier catholique à Arles, III, 338. 353.
BLANC, Lanceaulme, mercier catholique à Draguignan, I, 157.
BLANC, Morisi, Vaudois tué, I, 45.
BLANC, Pierre Le, consul à Marseille, III, 356.
BLANC, Robert Le, grenetier huguenot à Beaune, III, 401. 406.
BLANC-CASTEL, capitaine catholique à Mont-de-Marsan, pillard, II, 812. 813.
BLANCHARD, N., lieutenant particulier à Saintes et martyr, II, 828.
BLANCHET, Martin, martyr à Apt, III, 343.
BLANCHIER, N., protestant pendu à Valence, I, 352.
BLANCHOT, Jean, blessé au massacre de Vassy, I, 726.
BLANCPIGNON, peintre à Troyes, tué, II, 383.
BLAYE, ville de Guyenne, II, 771, 823.

Table alphabétique.

BLEREU, N., avocat, député de l'Eglise de Bordeaux à la cour, I, 795. — Envoyé par ceux d'Agen à Poissy, 805.
BLERY (l. Bléré), bourg de Touraine, II, 248.
BLIOUX (l. Blieux), localité de Provence, III, 361.
BLOIS, ville du Loir-et-Cher; Eglise dressée, I, 93. 105. — Un martyr, 109. 148. — Ministres menacés, 196. 253. 262. 299. — Les protestants s'y emparent d'églises, 741. — Chassebœuf ministre, 752. 753. — Navarre y conduit le roi, II, 110. — Lettres du roi, 127. — Peste, 149. — L'armée catholique y envoie des renforts, 247. — Orages extraordinaires, 250. 305. 315. — Les protestants de Blois s'enfuient, 452. — Se refugient à Montargis, 464. — Triumvirs à Blois, 525. — Massacres à Blois, 577. 580. — Etats de Blois, III, 480.
BLONDELET, Etienne, prêtre à Entrains, complote l'extermination des protestants, II, 424. — Est pendu, 425.
BLONDET, Octavian, martyr à Lyon, I, 69.
BLONDET, Nicolas, marchand huguenot à Rouen, II, 639.
BLONDET, N., capitaine huguenot à Rouen, II, 617.
BLOSSET, Louis, sieur de Fleury, surprend Entrains, II, 425. — Reprend La Charité, 433.
BOCHE, Jean, sellier et martyr à Aix, III, 347.
BOCHE, Nicolas, crieur public et martyr à Toulouse, III, 32.
BOCHEREAU, N., capitaine catholique en Saintonge, II, 832.
BOCQUET, Guillaume, bourgeois de Rouen, II, 643.
BODANE, village de la Beauce, II, 539.
BODARD, Joyeux, bourgeois catholique de Nemours, II, 430.
BODEVILLE, N., imprimeur à Toulouse, III, 3.
BODIER, N., martyr à Mamers, II, 535.
BODIN, N., bourgeois protestant de Toulouse, emprisonné, I, 816.

BOESSE (Boisse), village du Périgord, II, 803.
BOÉTIE, Etienne de la, conseiller au parlement de Bordeaux, I, 795. 798. 799.
BŒUFFLON, sieur de, capitaine catholique en Normandie, II, 708.
BOHELIMER, N. de, frère de la maison de Beaulac, I, 152. 154.
BOILEAU, Pierre, chirurgien à Poix, tué, II, 345.
BOIS, DU, N., conseiller à Tours, II, 596.
BOIS, DU, N., lieutenant à Corbigny, I, 750.
BOIS, DU, dit du Plain, ministre à Valognes, II, 701.
BOIS, DU, d'Annebourg, envoyé par ceux de Dieppe à la reine-mère, II, 682. 684.
BOIS, DU, Watrin, ministre à Metz, III, 433.
BOIS, Nicolas, martyr à Brignoles, III, 337. 339. 350.
BOIS (ou Boys, ou Le Boys des Mérilles), N., capitaine huguenot, surprend La Charité. II, 424. 426. 434. — Ses soldats à Gien, 451. 452.
BOISAUBIN, sieur de, gouverneur à Nevers. II, 421.
BOIS-LE-CONTE, son expédition au Brésil, I, 159.
BOIS, LE, maréchal des logis du baron des Adrets, III, 305. 306.
BOISDAVID, N., capitaine huguenot à Rouen, II, 628.
BOISHEU, N. de, gentilhomme normand, II, 718.
BOISHUBERT, N. de, gentilhomme angevin, martyr, II, 557.
BOISJOURDAN (ou Boyjourdan), sieur de, capitaine catholique à Toulouse, II, 533. 534. 535. 537. III, 17.
BOISNORMANT, François, dit du Gué, ou Le Guay dit Boisnormant, ministre à Nérac, I, 155. — Excommunié, 324. 325. — Doit être mené à Orléans, 326. — Décide la reine de Navarre à se déclarer pour l'Evangile, 326. — Menacé par Monluc, 811. — Arrêté à Auvillards et délivré, 822.
BOISRAME, Claude, bourgeois de Craon; sa femme persécutée, II, 572.

Boisseson, sieur de, gentilhomme huguenot à Castres, III, 143.
Boissezon, Antoine de Peyrusse, sieur de, capitaine à Montauban, III, 85. 93. 193.
Boissi, de Montpellier, capitaine huguenot, III, 197. 198.
Boissière, Claude de la, ministre à Saintes, I, 155. — Député à Poissy, 490. 814.
Boissière, Hardouin de la, assassiné par son frère aux Aunaiz, III, 576.
Boissière, Macé de la, sieur des Aunaiz-Datilly, gentilhomme du Craonnais, apostat, assassin de son frère, II, 576.
Boissy, sieur de, grand-écuyer de France, II, 12. — Démolit les fortifications des protestants à Meaux, 353. — Prend contre eux des mesures rigoureuses, 354.
Boistaillé, Jean Hurault, sieur de, conseiller au parlement de Paris, ambassadeur à Venise, I, 650.
Bolé, N., bourgeois catholique de Toulouse, III, 20.
Bolène, bourg de Vaucluse, I, 362.
Bolengers, Christophe de, à Sens, saccagé, II, 399.
Bolizet (Bolsec), Jérôme, devant le Synode d'Orléans, II, 39.
Bollet, Honoré, martyr à Penne, III, 356.
Bollone, localité de Provence, III, 374.
Bolongue, Barthélemi, dit Courte-Aureille, martyr à Aix, III, 347.
Bolot, Pierre, ministre à Annonay, III, 187.
Bomail, sieur de, gentilhomme huguenot, supplicié par Joyeuse, III, 158.
Bombas, capitaine huguenot en Languedoc, III, 161.
Bomin, procureur-général à Bourges, I, 57.
Bonacoursy, général des finances à Rouen, II, 670.
Bonacoursy, le jeune, gentilhomme huguenot, III, 242.
Bonafos, procureur à Toulouse et martyr, III, 32.
Bonail, de, conseiller au Parlement de Toulouse, persécuteur, III, 19. 34.

Bonal (Bonail de ?), N., conseiller au parlement de Toulouse, I, 825.
Bonardon, Olivier, persécuteur des protestants à Digne, II, 358.
Bonaud, Jean, dit le Clavelier, martyr au Pertuis, III, 338.
Bondeville (identique à Bodeville ?), imprimeur et martyr à Toulouse, III, 32.
Bondes, Les, village près d'Issoudun, I, 149.
Bonencontre, Hugues, licencié et syndic à Montauban, I, 834. 835. 836. 838. III, 76. 109. 110. 115. 130.
Bonfilhon, Jean, meurtrier à Eguilles, III, 357.
Bongnac, N., capitaine huguenot à Montauban, III, 96.
Bonifas, N., écuyer, martyr à Grimaud, III, 341.
Boniol, Manant, avocat à Toulouse, martyr, III, 29. 33.
Bonneau, Jean, ministre à Beaugency, provoque un schisme, I, 164 suiv.
Bonnefille, Etienne, martyr au Pertuis, III, 338.
Bonnemain, Henri, blessé au massacre de Vassy, I, 726.
Bonnestable, village près du Mans, II, 531.
Bonnet, Honoré, dit Beringuet, martyr à Eguilles, III, 357.
Bonnet, Hugues, martyr à Cabrières d'Aigues, III, 366.
Bonnet, Pierre, tué à Carcassonne, I, 876.
Bonnet, ministre à Mâcon (voy. Bouvet).
Bonnet-Vert, le, meurtrier catholique à Sens, II, 405.
Bonnetier, Bertrand, tué à Lorgues, III, 368.
Bonnezi, Girault, consul à Aurillac, II, 477.
Bonnot, Jean, martyr à Lourmarin, III, 363.
Bonny, localité du Gâtinais, II, 438. 444. — Le ministre blessé, 445. — Attaqué par Fumée, 450.
Bonofex (voy. Jean du Puy).
Bonpain, Pierre, martyr à Aubigny, I, 33 suiv.
Bonrepaire (Bonrepaux ?), localité du Languedoc, III, 87.

Table alphabétique.

Bonshommes, frères minimes, II, 448.
Bonson, Louis, docteur et martyr à Arles, III, 352.
Bonvalet, N., contrôleur à Ingrande, tué à Angers, II, 556.
Bonvillers, Nicolas de, procureur à Senlis, menacé de persécution, II, 344.
Bonyn, Antoine, dépose au procès de Condé, I, 466.
Boquet, N., capitaine huguenot du Dauphiné, assassiné, III, 311.
Boquin (ou Bouquin), Jean, ministre à Oléron, député à Poissy, I, 490. 814. II, 822.
Boquin (ou Bouquin), Pierre, appelé par erreur Jean dans notre texte, comme son frère qui précède, professeur à Heidelberg, appelé par le cardinal de Lorraine à Poissy, I, 616.
Borborites, secte religieuse de l'antiquité, I, 236.
Bordat, N., capitaine des troupes de Strozzi, II, 352.
Borde, Jean de la (voy. La Borde).
Bordeaux, ville de la Guyenne ; persécutions du parlement, I, 109. 110. 124. 200. 206 suiv. 313. 315. 320. — Hostilité contre les protestants, 323. — Première assemblée, 785. — Dispute sur la messe, 786. — Syndicat érigé contre les protestants, 787. — Cène suspendue, 789. — Proclamation de l'Edit de Janvier, 810. — Nouvelles persécutions, II, 755. 756. 757.
Bordeaux, écoliers du collège de, soupçonnés de luthéranisme, I, 28.
Bordeilles, de capitaine catholique à Saint-Savin, II, 609.
Bordel, Jean du, martyr au Brésil, I, 161.
Bordenave, dit Théophile, auteur d'une remontrance à la reine, I, 274.
Bordenoue, N., chanoine et banquier à Toulouse, I, 825.
Borderie (ou La Borderie), capitaine catholique à La Fresnaye, II, 527. 537.
Bordes, Jean, de Negrepelisse, soldat huguenot à Montauban, III, 92.

Bordes, André, Antoine et Thomas de, blessés au massacre de Vassy, I, 726.
Bordesière (Bourdaisière), sieur de la, I, 650. II, 37.
Bordet (ou du Bordet), capitaine huguenot, II, 777. 778. 780. 788. 792. 793. 825. III, 89. 95.
Bordeu, Pierre de, blessé au massacre de Vassy, I, 726.
Bordia, Antoine de, martyr à Vassy, I, 726.
Borgant, N., avocat à Auxerre, pillard, II, 407.
Borgo, Guillaume, martyr à Lourmarin, III, 364.
Borgoin (l. Bourgouin), localité du Dauphiné, II, 284.
Boriquet (voy. Jean Materon).
Bormes, localité de Provence ; massacres à, III, 3338. 339. 352.
Borneseaux, N., capitaine huguenot à Poitiers, II, 607.
Borridone, Jeanne et Marie, tuées à La Motte-d'Aigues, III, 374.
Bosc, N., capitaine huguenot à Nérac, massacré par Ch. de Bozon, II, 794. 795.
Bosc, Jean du, sieur de Mantreville, président au parlement de Rouen. II, 620. 642. 645. 646. 648. 651. 652. 653. 654. 655. 659.
Bosco, Jean de, jacobin à Bourges et Issoudun, I, 56. 66. — Ministre à Revel, 873.
Bosquet, Hélie du, ministre à Aiguesmortes, I, 218. 219. — Pendu, 335.
Bosquet, George, dit Brusquet, auteur toulousain, III, 47.
Bosroger, sieur de, avocat du roi à Rouen, massacré, II, 669.
Boucard (ou Boucart), sieur de ; vient au devant de d'Andelot, II, 187. — Prend Sully, 252. 253. — Publie l'Edit de la paix à Nevers, 419. — A La Charité, 434. 460. — A Montpellier, III, 180. 181. 242. 315.
Bouchard, Amaury, chancelier du roi de Navarre, I, 317.
Bouchard, N., receveur à Rouen, II, 738.
Bouchard, N., conseiller au parlement de Rouen, II, 668.
Bouchavanes, sieur de, gentilhomme

III.   40a

de Picardie, envoyé par Condé à la cour, capitaine à Orléans, II, 253. 344.
BOUCHE, sieur de, gentilhomme huguenot à Angoulême, pillé, II, 815.
BOUCHEBET, Jacques, brûlé à Meaux, I, 51.
BOUCHER, N., maître des requêtes, II, 310.
BOUCHERAT, moine de l'ordre de Citeaux, prêche librement à Paris, I, 30. 86.
BOUCHET, N., meurtrier catholique à Coursebœuf, II, 534.
BOUCHETEL, Jean, secrétaire d'Etat, I, 16. 761.
BOUCHIN, Jacques, de Beaune, III, 401.
BOUCHIN, Jean, maire de Beaune, I. 780. III, 401. 403.
BOUCHIN, Robert, à Beaune, III, 403.
BOUCHON, LE, capitaine catholique en Champagne, II, 395.
BOUDEVILLE, N., imprimeur à Toulouse, III, 35.
BOUDEVILLE, Guyon, la femme de, martyre à Toulouse, III, 37.
BOUDON, N., capitaine huguenot à Tournon, III, 89.
BOUÈRE, localité du Maine, II, 533.
BOUFAY, Marin, métayer à La Coudre, martyr, II, 529.
BOUGET, Pierre, ancien de l'Eglise de Rouen, II, 663.
BOUGIÈRE, LA, capitaine huguenot à Montauban, III, 79.
BOUILLARGUES, Pierre Suau, dit le capitaine, capitaine huguenot en Provence, III, 153. 154. 155. 158. 161. 163. 164. 165. 169. 173. 174. 177. 301. 306.
BOUILLE, LA, bourg près de Rouen, II, 687.
BOUILLENAL, château du pays Chartrain, assemblée de huguenots à, I, 757.
BOUILLI, René, membre du Consistoire de Tours, II, 596.
BOUILLON, Henri-Robert, duc de, gouverneur de Normandie, I, 308. 776. II, 612. 613. 615. 616. 673. 700. 701. 706. 707. 708. 709. 711. 720. 724. III, 476.
BOUILLON, duchesse de; son hostilité aux protestants, I, 757.

BOUILLON, duchesse douairière de, retient prisonnier le ministre Pérucel, II, 242.
BOUJU, Mathurin, receveur des tailles à Angers, martyr, II, 552. 554.
BOULART, N., avocat à Paris, I, 235. 238.
BOULAY, François, martyr à Bellême, II, 541.
BOULÈNES (Bollène), localité du Comtat-Venaissin, III, 266. 271. 272. 275. 294.
BOULENGER, Florent, témoin au procès de Condé, I, 465.
BOULIEU, localité de l'Ardèche, III, 191.
BOULLE, Claude de la, martyr à Vassy, I, 725.
BOULOGNE (Boloigne), N., capitaine huguenot du Dauphiné, III, 303. 304.
BOULOGNE (-sur-mer), huguenots fugitifs de, se retirent à Dieppe, II, 674.
BOUPAR, Gaspard, sieur de Pères, martyr à Aix, III, 347.
BOUQUENÈGRE, N., capitaine catholique en Provence, III, 322. 338. 339. 351.
BOUQUIN (voy. BOQUIN).
BOURASE, Sperite, femme tuée à La Roque, III, 372.
BOURBON, Louis de (voy. prince de CONDÉ).
BOURBON, Antoine de (voy. roi de NAVARRE).
BOURBON, Charles, cardinal de; gagne Pierre David au catholicisme, I, 103. — Membre de la commission d'inquisition, 114. — A Rouen, 199. — Aux prises avec Cottin, 308. 309. — Va à Nérac pour attirer ses frères à la cour, 325. — Aux Etats-Généraux à Orléans, 407. — Assiste à la déclaration d'innocence de Condé, 460. 461. 467. — Gouverneur de Paris, II, 6. 7. 284. 289. 291. 499. — Assiste à la mort d'Antoine de Navarre, 666.
BOURBON, François de, second fils du prince de Condé, II, 11.
BOURBON, Antoinette de, duchesse de Guise; son inimitié contre les protestants, I, 722.

Table alphabétique. 643

BOURBON, Mademoiselle de, fille du prince de Condé, II, 11.
BOURCHAGE, sieur de, gentilhomme catholique de Touraine, II, 590.
BOURDEAUX, sieur de, conseiller au parlement de Rouen, II, 663.
BOURDILLON, Imbert de la Plattière, sieur de, lieutenant-général du roi en Piémont, II, 137. III, 239. 284. 390.
BOURDIN, Gilles, procureur-général à Paris, I, 233. 242. 256. 258. 260. 261. 612. 673. 681. 687. II, 317. III, 45.
BOURDON, Pierre, martyr au Brésil, I, 161.
BOURDOYSEAU, Claude, avocat du roi, persécuteur à La Charité, II, 429.
BOURG, Anne du (voy. Anne DU BOURG).
BOURG, Gabriel du (voy. G. DU BOURG).
BOURG, Jean du, huguenot de Vire, II, 710.
BOURG, N., capitaine catholique, apostat, devant Agen, II, 772.
BOURG-EN-BRESSE, un martyr à, I, 86.
BOURG-SAINT-ANDÉOL, localité du Vivarais, III, 170. 171. 176. 261. 265.
BOURG-SUR-GIRONDE, localité de Guienne, II, 823. 824.
BOURG, LE, localité du Quercy, II, 771. 777.
BOURGAREL, Michel, huguenot de La Garde, III, 378. 379. — Sa femme massacrée à la prise de Demandols, 379.
BOURGDIEU, Arthus du (ou de), à Beaune, III, 402. 404.
BOURGEAU, Jean, président et martyr à Tours, I, 150. II, 595.
BOURGEOIS, Claude, blessé au massacre de Vassy, I, 726.
BOURGES, ville du Berry ; l'Evangile prêché à, I, 10. 16. 19. 20. 56. 57. 59. — Faux démoniaque, 60. — Imposture au couvent des Ursins, 61. — Faux miracle, 62. — Un martyr, 83. — Etablissement de l'Eglise, 103. — Persécution, 113. — Ceux d'Issoudun s'y réfugient, 298. — Remontrances faites à, 299. — Prisons construites, 387. — Emeute, 760. — Manque de poudre, II, 37. — 106. 132. — Rendu au triumvirat, 133. — Renforts catholiques, 247. 415. 439. — Siège de la ville, 452. 453. — Garnison catholique secourt Gien, 456. 458. — Prêches, 484. — Arrivée de Monterud, 485. — Intervention de Condé, 486. — Arrivée de Montgomery, 487. — Démolition des images, 488. — Prise de la grosse tour, 490. — Ville sommée de se rendre par le roi, 493. — Réponse d'Ivry, 494. — Siège de la ville, 495. 496. 497. 498. 499. — Reddition, 500.
BOURGOGNE, province et parlement de, I, 214. 687. 778. 782.
BOURGOIN, N., conseiller au parlement de Paris, persécuteur à Sancerre, I, 20.
BOURGOIN, François, dit Dagnon, chassé de Nevers, ministre à Genève, à Troyes, à Céant-en-Othe, I, 65. — Entretient l'Evangile à Corbigny, 749. 767. — Dresse l'Eglise de Moulins, II, 478.
BOURGOING (Bourgouin), localité du Dauphiné, III, 232.
BOURGONNIÈRE, LA, ministre à Nantes, II, 564.
BOURGUEIL, localité de Touraine, II, 599.
BOURGUIGNON, George le, bourgeois d'Angers, I, 303.
BOURJAC, sieur de, sénéchal du Valentinois, favorise les protestants à Montélimart, I, 219. 344 suiv. III, 306.
BOURNEVAUX, N., capitaine huguenot à Poitiers, II, 605. 607.
BOURNOEUF (Bourg-neuf ?), faubourg de Blois, I, 149.
BOURNONVILLE, Jean de, dit Toquet, prieur à Bourges, embrasse l'Evangile, I, 56.
BOURREL, du, dit Ponsenas, avocat du roi à Grenoble, persécuteur, I, 351. — Sa mort horrible, 366. 367.
BOURRY, sieur de, capitaine huguenot à Rouen, II, 548. 633.
BOURSAUT, sieur de, chef de pillards au Mans, II, 524.

BOURSAUT, Jean, sieur du Chesne, avocat catholique à Angers, II, 554.
BOURSETTE, Gonette, tuée à Apt, III, 371.
BOUSQUET, sieur de, blessé à Toulouse, III, 20.
BOUSSARGUES, sieur de, notable huguenot de Bagnols, III, 175.
BOUST (ou Bout), Pasquier, ministre à Anduze, I, 218. 340 suiv.
BOUTELIER (Boutillier), N., docteur de Sorbonne, I, 605 suiv. 692.
BOUTOUX, Jean, de Corps, capitaine huguenot du Dauphiné, III, 314.
BOUVER, Marin de, prévôt en Dauphiné, I, 354 suiv.
BOUVERIE, LA, capitaine huguenot à Rouen, II, 640.
BOUVET (ou Bonnet), N., ministre à Mâcon, I, 214. — Martyr, III, 427.
BOUVOT, N., commissaire du Châtelet, à Paris, mis au pilori, I, 146.
BOVIN, Bertrand, un neveu de, tué à Lourmarin, III, 377.
BOYER, Jean, martyr à Brignoles, III, 337.
BOYER, N., martyr au Pertuis, III, 362.
BOYJOURDAN (voy. BOISJOURDAN).
BOYNE, Philippe, un enfant de, tué à Murs, III, 377.
BOYNORMAND (voy. BOISNORMANT).
BOYOUX, les trois, gentilshommes catholiques de Bourges, II, 486. 490.
BOYS, LE (voy. BOIS).
BOYSSON, Melchior, martyr à Fréjus, III, 346.
BOYSSONADE, N., avocat et syndic à Agen, I, 323.
BOYSTANNÉ, Guillaume, martyr à Angers, I, 108.
BOYTEUX, de la Motte de Burey, gentilhomme normand, II, 172.
BRACHET, Jean, blessé au massacre de Vassy, I, 726.
BRACHET, N., conseiller au parlement de Paris, II, 310.
BRACHO, Colin, blessé au massacre de Vassy, I, 726.
BRACHOT, Henri, et sa femme, blessés au massacre de Vassy, I, 726.
BRACHOT, Simon, Jeannette, femme de, blessée à Vassy, I, 726.
BRACHY, village de Normandie, I, 311.

BRACONNIER, Jean le, bourgeois huguenot de Metz, III, 449.
BRAGELONNE, Thomas, conseiller au Châtelet, I, 232. 233.
BRAGELONNE, Martin de, lieutenant criminel à Paris, I, 232. II, 325 suiv.
BRAIN (-sur-Longuemé), bourg de l'Anjou, II, 570.
BRAMONT, sieur de (voy. MONCEAU).
BRANCACCIO, Jules, colonel catholique sous les ordres de Nemours, III, 230. 235.
BRANCASSE, femme tuée à Bollonne, III, 374.
BRANCOIX, N., serviteur, martyr aux Baux, III, 348.
BRANCONNER, N., libraire et martyr à Toulouse, III, 33.
BRANDEBOURG, Albert, margrave de, I, 141.
BRANDON, N., conseiller au parlement de Paris, II, 319.
BRAS, Louis, capitaine catholique au Luc, III, 361.
BRASIAC, sieur de, gentilhomme catholique de l'Agenois, I, 808.
BRASIER (Brayer), Guillaume, huguenot de Metz, III, 458. 476.
BRASSAC, localité de Tarn-et-Garonne, II, 757.
BRASSAC, Jean, lieutenant du sénéchal à Montauban, I, 833 suiv. — Exécuté en effigie, 838. III, 96.
BRASSAC, Durand, marchand à Montauban, I, 837.
BRASSAC, baron de, gentilhomme catholique à Lauzerte, II, 775.
BRASSAURI, Pierre, catholique massacré à Hyères, III, 351.
BRAYER (voy. BRASIER).
BRÉCHAN, village près de Nérac, II, 769.
BRÈCHE, N., capitaine huguenot à Poitiers, II, 605.
BREFEUIL (l. Verfeil), village de Tarn-et-Garonne, III, 193.
BREHON, René de, meurtrier à Craon, II, 576.
BREIL, Pierre du, consul à Montauban, I, 847.
BREMOND de Laroque, huguenot tué à Lourmarin, III, 364.
BRÉMONT, Jean de Moureau, dit de, bourgeois de Montauban, III, 67.

Table alphabétique. 645

BRENCE (Brentz), Jean, théologien wurtembergeois, auteur d'une confession de foi, produite à Poissy, I, 489. — Assiste à l'entrevue de Saverne, 691.
BRENIQUET, N., marchand catholique à Chateauneuf, pendu à Cognac, II, 819. 820.
BRESAY, Vallier- (voy. VALLIER).
BRESCHON, Jean, blessé au massacre de Vassy, I, 726.
BRÉSIL, voyage de N. Durant de Villegagnon au, I, 158.
BRESONS (Bresous), sieur de, gentilhomme catholique, lieutenant du roi dans la Haute-Auvergne, I, 770. 773. 778. — Ses persécutions en Auvergne, II, 472 suiv. 475. 477. 478. III, 200.
BRESSAL, Jean, lieutenant particulier à Assier, III, 121.
BRESSAUF, sieur de, gentilhomme angevin, capitaine huguenot en Normandie, III, 557. 637. 721.
BRESSEY, N., capitaine huguenot en Normandie, II, 708.
BRESSIEU, baron de, fait publier l'Edit de pacification à Grenoble, III, 315.
BRESSOLS, village de Tarn-et-Garonne, I, 849. III, 125.
BRESSON, N., persécuteur à Aurillac, I, 770.
BRETAGNE, province de; prédications organisées par d'Andelot, I, 151. 155. 252. — Troubles religieux, II, 748 suiv.
BRETAGNE (ou Bretaigne), Jean de, lieutenant-général à Autun, favorable aux huguenots, I, 110. — Son discours aux Etats de Pontoise, 474. — Mis en prison, III, 400. 406.
BRETAGNE, hôtel du général des finances, à Lyon, III, 216.
BRETE, Catherine et Marie, tuées à Cabrières, III, 372.
BRETE, Jeanne, tuée à Cabrières, III, 376.
BRETESCHE, LA, maison de d'Andelot en Bretagne, I, 151.
BRETEUIL (ou Brétel), capitaine huguenot en Champagne et à Rouen, II, 395. 661.

BRETHEVILLE, N., capitaine au service du duc de Bouillon, pris en Normandie, II, 706.
BRETON, N., Le (voy. LE BRETON).
BRETON, Jacques, Le (voy. LE BRETON).
BRETON, Pierre, Le (voy. LE BRETON).
BRETON, Bruet (voy. BRUET).
BRETONNIÈRE, N., de la, capitaine catholique à Saint-Lô, II, 329. 698. 708. 725.
BRETTE, Etienne, dit Perchandière, d'Angers, député à Orléans, I, 305.
BRETTE, Jeanne, trois enfants de, morts de faim à Cabrières, III, 377.
BRÉVEDENT, N., lieutenant civil à Rouen, II, 658. 664.
BRÉZOLLES, localité du Perche, prise par les catholiques, II, 254.
BRIANÇON, ville du Dauphiné, III, 257. 334.
BRIANDE, N., notaire à Montauban, I, 837.
BRIANSONNET, sieur de, gentilhomme provençal, III, 377.
BRIANT, Jean, martyr à Angers, II, 557.
BRIANT, N., conseiller au parlement de Bordeaux, I, 24.
BRIARE, sieur de, à La Charité, II, 433. 438. — Commande à Gien, 456 suiv.
BRIÇONNET, Guillaume, évêque de Meaux, I, 5.
BRIE, Persécutions dans la, II, 186. 357.
BRIÈRE, Thomas, martyr à Bellême, II, 540.
BRIGNOLES, ville de Provence, occupée par Flassans, I, 896 suiv. — Massacres à, III, 337. 366. 367.
BRIMONT (Brimond), Charles de, gentilhomme de Guyenne, II, 784. 785. 786. III, 211.
BRINDE, Pierre, envoyé à Burie par ceux de Montauban, I, 842. — Conseille de briser les images, 843.
BRINGON, capitaine des *pieds-nus* à Moret, II, 468.
BRION, Denis, martyr à Sancerre, I, 20.
BRION, N., capitaine huguenot, accusé par Poltrot, II, 271. — Celui-ci révoque ses dépositions contre lui,

310. 311. 313. 317. 320. 325. — Après la prise de Bourges passe au service des Guise, 500.
Brion, Jean des Vieux, sieur de, gentilhomme huguenot du Dauphiné, III, 220. 259.
Brionne (Briosne) bourg du Maine, II, 532. — Massacre du ministre à, 628.
Brioux, village du Poitou, II, 608. 821.
Briquebec, château de Normandie, II, 707.
Briquemaut, sieur de, capitaine huguenot en Normandie, II, 102. — Au siège de Caen, 260. — Arrive à Rouen, 634. 635. — A Dieppe, 677. 678. 681. 682. 683. — En Angleterre, 687.
Briqueville, François de, sieur de Colombières, arrive à Bayeux, II, 698. 699. 708.
Brisebarre, Jean, brûlé à Meaux, I, 51.
Brison, N., prévôt à Mont-de-Marsan, II, 811.
Brison, Claude, tué à Moulins, II, 482.
Brisonnet, Colas, martyr à Vassy, I, 725.
Brissac, Charles de Cossé, comte de, maréchal de France, I, 389. — Créature des Guise, 402. — A l'assemblée des Etats d'Orléans, 407. — Gouverneur de Paris, II, 75. — Ses rigueurs contre les protestants, 90. — Demande de réprimer les tumultes à Paris, 121. 284. — Attaque Dieppe 692. 695. 818. — Tâche de gagner le baron des Adrets, III, 233. — Essaie de prendre Lyon par surprise, 240. 290. 297. 302. — Gouverneur du Piémont, 386.
Brissac, bâtard de, évêque de Coutances, II, 708.
Brissonnade, Jean, notaire à Marchastel, traître aux huguenots, III, 199.
Brocas, village des Landes, II, 812.
Brochard, Jean, lieutenant au bailliage, à Céant-sur-Othe, tué, II, 394.
Brochet, N., docteur en théologie, attaché à l'évêque d'Autun, I, 783.

Brochot, Nicolas, blessé au massacre de Vassy, I, 726.
Broquière, La, bourgeois protestant de Toulouse, III, 23. — Sa femme pendue, 36.
Broquiers, sieur de, gentilhomme huguenot à Milhau, I, 337.
Brossay, sieur de, capitaine de l'arrière-ban de l'évêché de Nantes, assailli par la populace au Croisic, I, 154.
Brosse, sieur de La (voy. La Brosse).
Brosse, de La, ministre (voy. La Brosse).
Brosses, sieur de, gentilhomme catholique en Bourgogne, III, 410.
Brossier, Simon, ministre à Bourges, Issoudun, Tours et Blois, I, 103. 104. 105. — Prêche à Périgueux, 793. — Y est emprisonné, 794.
Brou, localité d'Eure-et-Loir, assemblée publique à, I, 757.
Brouage, localité de Saintonge, II, 829.
Brouhart, N., huguenot de Souhé, II, 830.
Brouzeval (Brousseval), village près de Vassy, I, 723.
Brucher, Michel, conseiller à Sens, saccagé, II, 399.
Bruet, capitaine catholique breton, à Granville, II, 698.
Brugère, Jean, martyr à Issoire, I, 55.
Brugny, château près de Loisy-en-Brie, II, 360.
Brulart, Noël, procureur-général à Paris, I, 131.
Brulières, Etienne de, ministre à Gien, II, 450.
Brun, Antoine, sieur de La Sale, capitoul à Toulouse, I, 815. III, 24. — Martyr, 33.
Brun, Balthasar, martyr au Luc, III, 338.
Brun, Etienne, paysan à Recortier et martyr, I, 26.
Brun, Jacques, le père de, martyr au Luc, III, 361.
Brun, Geoffroi, Le (voy. Le Brun).
Bruneau, N., tailleur et martyr à Angers, II, 555.
Brunel, Guillaume, meurtrier à Arles, III, 353.

Brunel, Laurence, fils du précédent, à Arles, III, 353.
Brunel, N., échevin à Mâcon, III, 413.
Brunet, Gaspard, martyr à Forcalquier, III, 360.
Brunet, Gilles, échevin à Beaune, I, 780.
Brunet, N., dit Du Parc, ministre à Limoges, II, 834.
Brunet, Jean, notaire à Arles, III, 353.
Brunet, Jean, femme de, tuée à Cabrières, III, 373.
Bruneval, N., grand-doyen du chapitre de Metz, III, 441.
Bruniquel, localité du Quercy; église dressée à, I, 851. III, 118.
Bruniquet (ou Bruniquel), Bernard-Roger de Comminges, vicomte de, III, 68. 125.
Bruslé, Jean, ministre de Saint-Just en Saintonge, II, 822.
Bruslé, Pierre, ancien avocat à Metz, ministre à Valence, I, 219.
Brusli (Brully), Pierre, prédicant à Metz, martyr à Tournay, III, 433.
Brusque, domaine du marquisat de Saluces en Savoie, II, 141.
Brusquet (voy. Creux).
Bryois, Pierre, Le (voy. Le Bryois).
Bryois, Hélie, Le (voy. Le Bryois).
Buccin, Robert, docteur en théologie à Paris, I, 30.
Bucer, Martin, ministre à Strasbourg, confère avec les députés vaudois, I, 36.
Bucher, Pierre, procureur du roi à Grenoble, III, 248. 249. 255. 256.
Buclin, Jacques (voy. Beuerlin).
Bude, Jean, envoyé en mission en Suisse, I, 132.
Budé, Guillaume, célèbre helléniste à Paris, I, 3.
Buech, Barthélemi, bourgeois d'Apt, III, 62. — Sa mère, tuée à Saint-Quentin, 373.
Buet, de, conseiller au parlement de Toulouse, III, 18.
Buffenent, Jean de, vice-bailli à Grenoble, III, 255.
Buffon, Jean, libraire au Mans, II, 529.
Bugole (ou Bégole), N., capitaine béarnais à Lectoure, traître, II, 782. 783. 784.
Buisson, Melchior, martyr à Fréjus, III, 341.
Buisson, Jean, ivrogne, auteur de désordres à Nemours, I, 751.
Buisson, du, impliqué dans le procès de Poltrot, II, 317.
Buisson, sieur du, d'Iquelon, envoyé de Catherine de Médicis au synode de Rouen, II, 610.
Bulle du 20 novembre 1560, convoquant de nouveau le concile, I, 384.
Bunau, Henri de, capitaine de reîtres, rejoint Condé, II, 107. 147. 794.
Bunel, Pierre, savant au service de l'évêque de Lavaur, I, 48.
Buno (voy. Bunau).
Buquenon (Bouquenom, Saarunion), localité du comté de Nassau-Sarrebrück, III, 476.
Buret, Jean, avocat à Issoudun, II, 507.
Burgensis, Jérôme, évêque de Châlons-sur-Marne, I, 722.
Burgondi, N., capitaine huguenot, gouverneur de Montfrin, III, 174.
Burie, Charles de Coucy, comte de, lieutenant-général en Guyenne; à Marennes, I, 199. — A Saintes, 206. — En Saintonge, 314. — Exprime ses bonnes dispositions à l'égard des protestants, 316. 318. — Menace les protestants, 317. — Laisse en paix les protestants de Bordeaux, 785. — Le syndicat de Bordeaux veut l'écarter, 787. — Autorise les prédications à Agen, 791. — Partage à Condom le temple entre les cordeliers et les réformés, 793. — Adouci par les députés d'Agen, 794. — Reçoit les députés de Nérac à Bazas, 795. 796. — Intrigues de Monluc contre lui à Agen, 798. — Y accorde un temple aux protestants, 799. — Doit rétablir l'ordre en Guyenne, 805. — Conférence avec Monluc, 811. — Protège les protestants à Fumel, etc., 812. 831. 832. 833. 839. — Menace de sévir contre les violences des protestants de Montauban, 843. 844. 845. 846. — Rentre à Bordeaux sans pour-

suivre, 847. — Permet les prédications à Cahors, 854. — Envoyé pour y faire justice, 856. — Entrave la prédication à Cahors, II, 751. 753. — Rappelé à Bordeaux, 754. — Cherche à rassurer les esprits, 756. — Se prépare à la guerre, 757. — Ecrit au sujet des catholiques d'Agen, 760. — Sa lettre à Monluc interceptée par les huguenots, 761. — Négocie avec Mémy, 764. — Dominé par sa femme, 765. — Donne l'alarme à propos de la tentative sur Bordeaux, 766. — Campe à Saint-Selve, 769. — Pille Marmande, Tonneins etc., 771. — Entre à Agen, 774. — Entre à Penne, 776. — Y viole des femmes, 776. — Bat Duras avec Monluc, 787. — Rappelé au moment d'entrer à Montauban, III, 66. — Va à Bordeaux, 67. — Revient devant Montauban, 93. — Lève le siège, 94. 130. 192.

BUROLURE, N. de, gentilhomme catholique des environs de Bourges, II, 485.

BURON (voy. BIERON).

BURRÉ, Honoré, martyr à Dijon. I, 78 suiv.

BURSON, Mathurin, meurtrier catholique à l'abbaye de Saint-Calais, II, 538.

BURTONCOURT, village du pays messin, III, 478.

BUSQUET, LE (Le Buis), localité de la Drôme, I, 370.

BUSSETTE, N., capitaine persécuteur à Moulins, II, 480.

BUSSI (ou Bussy), Jacques de Clermont d'Amboise, sieur de, gouverneur de Châlons, II, 363. — Persécute ceux de la religion, 366. 368. 369. 370. — Organise la surprise contre le duc de Lunebourg, 392.

BUSSIÈRE, N., capitaine huguenot à Grenoble, III, 309.

BUSSIÈRE, LA (La Buissière), village du Dauphiné, III, 258. 268. 279. 290. 310. 311. 313.

BUSSY, seigneur de, frère du prince de Porcien, gentilhomme protestant à Paris, I, 672. — Repousse les offres de la reine, II, 246. — Capitaine à Orléans, 253.

BUTIN, Jean, le jeune, tué à Céant-en-Othe, II, 394.

BUY, Gaspard de Heu, sieur de, échevin à Metz, III, 433.

BUZAULURE, sieur de, gentilhomme catholique, commande à Cosne, II, 436.

BUZET, localité de la Haute-Garonne, III, 72. 136.

BYRON (voy. BIRON).

C.

CABANES, Les, bourg de l'Ariège, III, 208.

CABAS, Pierre, licencié-ès-lois à Montauban, reconnaît l'Evangile, I, 215.

CABASSI (ou Cabasso), Paul, syndic huguenot à Saillans et martyr, III, 344.

CABOCHES, Gilles, procureur du roi à Meaux, assassiné, II, 355.

CABRÈRES, sieur de, huguenot de Cahors; massacre des fidèles dans sa maison, I, 855.

CABRIÈRELLE, village vaudois de Provence, I, 45. 73.

CABRIÈRES, ville de Provence, I, 35. 43. 46. — Eglise redressée, 172. — Massacres à, III, 347. 366. 372. 373. 375. 376. 377.

CABRIOLES, N., juge à Béziers, I, 335.

CABROL, Jean, consul à Gaillac, III, 70.

CACHAN, localité près d'Arceuil (Seine); les reîtres de Condé à, II, 196. — Incendiée, 225.

CADENET, bourg de Provence, I, 45. 75. III, 357. 374.

CADENET, vicomte de, soumet Aix, I, 895.

CADEROUSE, prison de l'évêque à Rhodez, I, 156.

CADEROUSSE, localité de la Vaucluse, III, 271. 273.

CADEROUSSE, notable du Comtat-Venaissin, I, 360.

CADILLAC, localité de la Guyenne, II, 767.

Table alphabétique. 649

CADILLAC, maître du port de Toulouse, III, 18. — Au siège de Montauban, 99.
CADRET (Cadoret), capitaine catholique à Valence, III, 254.
CAEN, ville de Normandie, I, 216. — Eglise dressée à, 220. — On y prêche, 306. — Guise y envoie Renouard pour y commander, II, 259. — Mouy fait marcher des troupes contre la ville, 260. — Le château pris par Coligny, 309. — L'amiral à Caen, 330. — Montgomery, gouverneur, *ibid.* — Occupé par de Battresse, 331. — Les habitants s'arment, 698. — On y réunit le ban et l'arrière-ban, 699. 700.
CAFFER, Antoine, ministre à Foix, III, 204.
CAFFER, Ruth, femme du précédent, III, 204.
CAGER, N., pendu après le tumulte de Saint-Médard, I, 674.
CAGNES, localité de Provence, III, 341.
CAHORS, ville du Lot ; création de l'Eglise, I, 216. 824. 843. 848. — Massacres à, 802. 808. 810. 811. 824. 854 suiv. — Les articles de Burie publiés, 848. — Cestat, ministre à, 854. — Jean Carvin redresse l'Eglise, 855. — Burie et Monluc envoyés pour y faire justice 856. suiv.
CAHORS, évêque de (voy. P. BERTRAND).
CAILLAC (voy. François CHANNEIL).
CAILLARD, Jean, docteur en droit à Orléans, II, 111.
CAILLART, Pierre, orfèvre à Paris ; sa femme et ses enfants tués, III, 133.
CAILLAT, N., sergent de la compagnie du capitaine La Coche, traître à Grenoble, III, 308. 309.
CAILLAU, Guy, martyr à Chinon, II, 557.
CAILLE, N., prêtre à Castellane, II, 557.
CAILLE, N., consul au Luc, III, 361.
CAILLE, Honoré, femme et fils de, tués à Bargemont, III, 375. 377.
CAILLE, Valentin, femme de, tuée à Bargemont, III, 375.
CAILLE, de la (voy. Marguerite de la RICHE).

CAILLON, Michel, brûlé à Meaux, I, 51.
CAILLOU, Jean, brûlé à Tours, I, 134.
CALABRE, la, province d'Italie, I, 35. 36.
CALAIS, ville de l'Artois, I, 138. II, 675. 728.
CALAIS, Saint- (voy. SAINT-CALAIS).
CALANDRIN, N. ; sa déposition au procès de Condé, I, 465.
CALLAS, Jean, martyr à Fréjus, III, 361.
CALONGES, sieur de, gentilhomme protestant à Agen, I, 794.
CALVET, Hugues, conseiller, puis premier consul à Montauban, huguenot, I, 834. III, 64. 78. 100. 106. 123. 133.
CALVET, François, curé, puis ministre à Montalsat, I, 851. — Martyr à Toulon, III, 35.
CALVET, N., enseigne huguenot à Agde, III, 171.
CALVIMONT, N, président au parlement de Bordeaux, I, 27. 29.
CALVIN, Jean, étudie le droit à Orléans, I, 9. — A Bourges, 10. — A Paris, 14. — Se retire de France, 21. — Réfute les Libertins, 22. 49. — Publie l'*Institution chrestienne*, 22. — Défense du livre à Paris, 30. — Ecrit contre la Sorbonne, 33. — Contre les Nicodémites, 48. — Dresse l'Eglise française de Strasbourg, 49. — Un livre contre Hesshusius, produit à Passy, 587. 588. — Combat le projet de conciliation de François Baudouin, 645. — Consulté sur l'admission de l'évêque Caraccioli au ministère, 767. — Auteur de la Confession des Eglises présentée à Francfort, II, 156. — Parrain d'un des enfants du baron des Adrets, III, 307. — Accusé par J. Caroli, 435.
CALVINE, Jeannette, tuée à Brignoles, III, 375.
CAMARGUE, La (delta du Rhône), I, 898.
CAMAS, capitaine catholique à Metz, III, 459.
CAMAZILLE, Jean, surveillant de l'Eglise de Montauban, I, 837.
CAMBO, de, moine jacobin à Rhodez, I, 861 suiv.

CAMBON, localité du Tarn, I, 337.
CAMP, Jean de, tué à Moulins, II, 483.
CAMPAGNAC, capitaine huguenot à Poitiers, II, 604.
CAMPAGNES, capitaine catholique au Mans, II, 527.
CAMPANE (voy. CATEL).
CAMUS (voy. LE CAMUS).
CAMUSE, Marie, de Cabrières, massacrée, III, 373.
CANALS, N., prieur de, dans les Cévennes, I, 889.
CANAYE, Jacques, écolier à Bourges et plus tard célèbre avocat à Paris, I, 16.
CANCELERI, Antoine de, gentilhomme huguenot à Abbeville, II, 348.
CANDALE, Frédéric de Foix, comte de, II, 764. 767. 770. 794.
CANDALIER, tambour à Béziers, III, 169.
CANDÉ, localité de l'Anjou, II, 560.
CANDERONNE, Catherine, huguenote d'Hyères, massacrée, III, 375.
CANDOLE (Magdelon de Candoles), ministre massacré près de Metz, III, 461.
CANES, Simon de, lieutenant du sénéchal à Revel, III, 156.
CANESILLES, Antoine, consul à Montauban, III, 100.
CANESSIÈRE, Claude de la, martyr à Lyon, I, 107.
CANNY, François de Barbançon, sieur de, assiste à la déclaration d'innocence de Condé, I, 460. — Est déclaré innocent, 467. — Se rend à Orléans, II, 344.
CANTELU (ou Canteleu), François de, sieur de Seconville, tué à Abbeville, II, 348. 349.
CANTIL, Anselme, massacreur catholique à Digne, III, 358.
CANTREYNE, soldat à Saint-Lô, II, 721.
CANUS, Alexandre, dit Laurent de la Croix, ex-jacobin, martyr à Paris, I, 22.
CANY, bourg de Normandie, II, 675. 676.
CANY, sieur de (voy. CANNY).
CAPEL, Louis, ministre, député de Paris aux Etats d'Orléans, I, 287.
CAPERON, cordelier à Grenoble, III, 256.

CAPITIS, Firmin (ou Frémin), cordelier à Verdun, III, 453.
CAPITO, Wolfgang, ministre à Strasbourg, I, 2. — Sa conférence avec les députés vaudois, 36.
CAPPELLE-LIVRON, LA, village du Quercy, III, 197.
CAPPOLETTE (voy. GODAIL).
CAPTAN, avocat à Toulouse, pillé, III, 29.
CARACCIOLI, Antoine, prince de Melphe, évêque de Troyes, embrasse la Réforme, I, 83. — Sa défection, 86. — Admis au ministère par Pierre Martyr. Opposition du ministre Le Roy, 767. — Enseignements erronés sur le baptême, à Orléans, II, 148. — Traite avec Catherine de Médicis après la journée de Dreux, 246.
CARAFFA, cardinal (pape Paul IV), I, 88. 158.
CARAMAN (ou Caraming, ou Carming), comte de, capitaine catholique à Toulouse, III, 14. 17. 19. 33.
CARBONNIER, Antoine, Estienne et Simon, massacrés à Lourmarin, III, 363.
CARBONNIÈRE, Marguerite, tuée à Lourmarin, III, 372.
CARBONNIÈRE, la tour, fortifications près d'Aigues-mortes, III, 168. 169. 177.
CARCASSONNE, ville du Languedoc ; le ministre Le Masson en est chassé, I, 843. — Assassinats, 875. — L'évêque empêche les punitions, 877. III, 40. — Pillages à Carcassonne, 152. — Proclamation de l'Edit à, 183.
CARCASSONNE, évêque de (François de Faucon), I, 330.
CARCES (ou Carses), sieur de, comte de Pontevès, capitaine catholique en Provence, I, 901. III, 223. 260. 278. 294. 324. 348. 380. 382. 384.
CARDAILLAC, capitaine huguenot à Montauban, III, 85.
CARDE, localité de Savoie, II, 141.
CARDÉ (ou Cardet), Jacques de Saluces de Miolans, sieur de, I, 900. III, 318. 319. 326. 327.
CARDELLES, N., sergent à Montauban, III, 75. 77.

Table alphabétique.   651

CARDEREAU, Guillaume, meurtrier catholique à l'abbaye de Saint-Calais, II, 538.
CARDET, Marc de Valette, sieur de, capitaine huguenot, envoyé à Condé, III, 138.
CARDINAL de Guise (voy. GUISE).
CARDINAL de Lorraine (voy. LORRAINE).
CARENTAN, localité de Normandie, II, 700.
CARGOLES, sergent protestant à Montauban, III, 94.
CARIGNAN, localité du Piémont, II, 141. III, 389.
CARITAT, Henri, sieur de la, gentilhomme huguenot d'Orange, III, 264.
CARLAT, localité du Cantal, II, 475.
CARLAT (Carla-le-Comte), localité du pays de Foix, III, 210.
CARLES, évêque de Riez, I, 725. — Son discours sur la mort de Guise, II, 270.
CARLES, président au parlement de Bordeaux, I, 786.
CARLIÈRE, sieur de la, mort à Dreux, II, 242.
CARMAGNE, localité de Savoie II, 141.
CARME, Roustang, tué à Manosque, III, 365.
CARMEL, Gaspard, dit Fleury, ministre, prêche en Bretagne, I, 141. — A Angers, 150. — A Bretesche etc., 151. 152.
CARMIÈRES (voy. BARRELLES).
CARMING (voy. CARAMAN).
CARNIN (voy. CARVIN).
CARNOLES (Carnoulés), localité de Provence, III, 351.
CAROLI, J., docteur en Sorbonne, I, 21. III, 434.
CARPENTIER, Jean, martyr à Forcalquier, III, 343.
CARPENTRAS, ville de Vaucluse, III, 271. 273.
CARPENTRAS, évêque de (voy. SADOLET).
CARPOCRATIENS, secte religieuse, I, 14.
CARRACIOLI (voy. CARACCIOLI).
CARRAIL, localité de Savoie, II, 141.
CARREIL, château du, près du Croisic en Bretagne, I, 153. 154.
CARREL, sergent-major à Dieppe, II, 692.
CARRON, Claude, laveur, martyr à Toulouse, III, 4.

CARS, Des (voy. d'ESCARS).
CARSES, sieur de (voy. CARCES).
CARTELLE, Pierre, cordonnier huguenot à Metz, III, 466. 467.
CARTOT, sieur de, gentilhomme catholique de Normandie, II, 702. 703.
CARVIN, Jean, diacre à Montauban, I, 27. — Prêche à Villeneuve-d'Agenois, Albiac, etc., 843. 851 suiv. — Redresse l'Eglise de Cahors, 855. — Burie lui défend de prêcher, II, 752. — A Montauban, III, 66. 75. 76. 78. 99. 113. 115.
CARVOLLES (voy. CARNOLLES).
CASE, LA (Lacaze), localité du Tarn, III, 178.
CASEBONE, Jérôme, martyr à Bordeaux, I, 110.
CASENONE, N., diacre de Grenade, ministre de Fau, I, 851.
CASERAS (Cazères-), en Marsan, localité des Landes, II, 813.
CASIALAT, Pierre, greffier à Saint-Etienne, en Auvergne, II, 476.
CASIMIR, duc de Deux-Ponts, III, 480.
CASIROQUE (Cazideroque), village de l'Agenois, II, 761.
CASSAN, Jean, tué à Digne, III, 358.
CASSANDRE, théologien allemand de Cologne, essaie de concilier les partis religieux, I, 645.
CASSART, Alexandre de, capitaine huguenot du Dauphiné, III, 270. 279.
CASSEN (voy. CACHAN).
CASSENEUVE, Marot, traître à Béziers, III, 169.
CASTAGUE, Marthe, tuée à Lourmarin, III, 372.
CASTAIN (Castang?), village de la Guyenne, II, 801.
CASTALION (voy. CHATILLON).
CASTEL-ARNOUX (Château-Arnoux), localité de Provence, III, 320. 322.
CASTEL-JALOUX, localité près de Nérac, II, 761. 769. 795.
CASTEL-JALOUX, ministre de, pendu, II, 769.
CASTEL-JALOUX, Pierre de, ex-prêtre, martyr, II, 813.
CASTELLAN, Raynaud de, tué à Brignoles, III, 367.
CASTELLAN (Châtelain), Jean, de Tournay, prédicateur à Metz, III, 432.
CASTELLANE, localité de Provence ;

Eglise dressée, I, 172. 373. 374. 378. 382. — Persécutions, 383. III, 343. 360. 373.

CASTELLANE, Bastide de, sieur de Leval (voy. BASTIDE).

CASTELLANUS (Pierre Du Chastel), évêque de Mâcon, I, 48. — Réfuté par un couturier à Paris, 79. — Evêque d'Orléans, 80. — Défend Robert Estienne, *ibid*.

CASTELLE, LA, capitaine huguenot à Béziers, III, 160. 162.

CASTELLE, LA, abbaye (voy. LA CASTILLE).

CASTELMAURE, sieur de, chef des huguenots à Carcassonne, III, 141.

CASTELMORON, Eglise de (Lot-et-Garonne), I, 790.

CASTELNAU, baron de, I, 253. — Conjuré d'Amboise, surpris, 266. — A Tours, 299. II, 496.

CASTELNAU D'ARRI (Castelnaudary), localité de l'Aude ; troubles à, I, 849. III, 7. — Massacres à, 139. 143.

CASTELNAU DE LEVEZOU (ou Castelnau-Peyralès), localité de l'Aveyron, I, 217. 866.

CASTELNAU DE MIRANDES, localité du Périgord, II, 787.

CASTELNAU DE MONTRATUR (Castelnau-de-Montratier), localité du Lot, I, 856.

CASTELNAVE, localité de Provence, III, 362.

CASTELSAGRAT, N., protestant à Agen, I, 794.

CASTEL-SARRASIN, localité de Tarn-et-Garonne ; trois Montalbanais y sont emprisonnés, I, 328. 837. II, 762. III, 81.

CASTELVILIERS (Castelvieil), château près d'Agen, II, 753.

CASTILLE, conseiller du roi de Navarre, à Foix, I, 868.

CASTILLON, Pierre, martyr à Cagolin, III, 341.

CASTILLON, sieur de, gentilhomme catholique à Mont-de-Marsan, II, 811.

CASTILLONE (Castiglione), localité du Piémont, III, 389.

CASTRES, ville du Tarn, I, 842. — Geoffroi Le Brun, ministre, 864.

— Eglise dressée à, 874. — Cessation des assemblées et persécutions, destruction des images, 875. — Les protestants se saisissent de la ville, III, 143. 157. — Elle est assiégée, 206. 207. 213.

CATALEUX, château près de Montauban ; l'Eglise y est plantée, I, 851.

CATEAU-CAMBRÉSIS, paix de, I, 161.

CATEL, dit Campane, conseiller à Toulouse, I, 822. 823. 825.

CATEVILLE, sieur de, gentilhomme normand, II, 688. 689.

CATHELAN, Dominique, lapidé à Pamiers, I, 867.

CATHERINE DE MÉDICIS, reine-mère de France, I, 195. 211. — Son attitude vis-à-vis des protestants, 224. 225. 227. — Effrayée de la conjuration d'Amboise, 236. — Contention avec le cardinal de Lorraine, 257. — Avertit le roi de Navarre des projets dirigés contre sa vie, 390. — Avec Coligny, 392. — Sa position à la mort de François II, 399. — Ses intérêts communs avec ceux des Guise, 402. — Devient régente, 405. — Aux Etats-généraux d'Orléans, 407. — Sa réponse aux plaintes de la noblesse contre les Guise, 448. — S'accorde avec le roi de Navarre, 454. — Réunit une assemblée à Paris, 467. — Aux Etats de Pontoise, 473. — Première entrevue avec Théodore de Bèze, 499. — Sa réponse à la requête des ministres de Poissy, 499. — Au colloque de Poissy, 500. — Réponse à l'invective du cardinal de Tournon, 522. — Ordonne une conférence particulière à Saint-Germain, 603. 604. — Nouvelle conférence entre dix théologiens, 605. — Exprime à Bèze et au cardinal son contentement sur la formule de d'Espence, 608. — Lettre à M. de l'Isle sur le rapprochement des partis religieux, 645. — Invite Bèze à prolonger son séjour, 665. — Sa politique, 666. — Ses mesures de conciliation irritent les Guise, 667. — Commencements du triumvirat, 668. — Demande les prières des Eglises pour le roi ma-

Table alphabétique.

lade, *ibid.* — Provoque le dénombrement des églises réformées, 669. — Convoque l'assemblée des notables à Saint-Germain, 674. — Réponse que lui fait la reine de Navarre, 689. — Sa politique d'attente, 690. — Ordonne une nouvelle conférence des théologiens à Saint-Germain, 692. — Louvoie entre les partis, 720. — Machinations à Lyon, 774. 803. — Sa réponse aux protestants demandant justice contre les Guise, II, 2. — Mène le roi à Fontainebleau, 4. — Le roi de Navarre l'emmène à Melun, 7. — Veut empêcher Condé d'aller à Orléans, 9. — Vient à Paris, 12. — Sa réponse à Condé, 48. — Ses lettres à Condé l'engageant à la guerre, 50. — Entrevue de Thoury, 76. — Arrive à Saint-Simon, 91. — Condé se met entre ses mains à Talcy, 93. — Elle trahit ses plans par son impatience, 95. — Elle se retire à Châteaudun et à Melun, 98. — Au camp du triumvirat, 107. — Engage Condé à quitter le royaume, 109. — A Chartres, 110. — Cherche à intimider Condé, 137. — Envoie Gonnor à Condé, 191. 194. — Invite Condé à une entrevue au moulin de Saint-Marceau, 197. — Réponse aux articles de Condé, 198. — Traîne en longueur les négociations, 213. — Reçoit la nouvelle de la bataille de Dreux, 243. — A Chartres, 249. — Poltrot devant elle, 270. — Menacée par Coligny, selon Poltrot, 271. — Provoque l'intervention du duc de Wurtemberg, 272. — Hâte les négociations pour la paix avant l'arrivée de l'amiral à Orléans, 277. — Son entrevue avec la princesse de Condé à Saint-Mesmin, 278. — Paix d'Amboise, 282. 283. 284. 291. — Appelle d'Ivoy pour traiter de la reddition de Bourges, 497. — Signe la capitulation de Bourges, 499. — Vient devant Rouen, 637. — Visite le roi de Navarre blessé, 643. — Ses conditions aux Rouennais, 644. — Accord avec les Dieppois, 687. —

Décrit à Nemours la bataille de Dreux, III, 237. — Ecrit à Soubise, 238. — Envoie le sieur de Boucart en Dauphiné, 315.

CATI, conseiller au présidial de Toulouse, III, 29.

CATURCE, Jean de, jurisconsulte et martyr à Toulouse, I, 11. 12.

CATUS, sieur de, gentilhomme protestant à Agen, I, 794. 808. — Commande à Penne, II, 758.

CAUDEBEC, ville et Église de Normandie, II, 617. 641. 681. 687. 696.

CAUDECOSTE, localité de l'Armagnac, II, 758. 759.

CAUDEROT (ou Caudrot), bourg de Guyenne, II, 757.

CAULET, N., conseiller au parlement de Toulouse, III, 29. 30. 34.

CAULNET, Michel, martyr à Bormes, III, 339.

CAUMONT, sieur de, gentilhomme huguenot à Agen, I, 790. 797.

CAUMONT, sieur de, blessé à la bataille de Vergt (François de Caumont-La-Force?), II, 789.

CAUMONT, localité de l'Agenois, II, 764. 770. 787. 790.

CAUSANS, sieur de, gouverneur d'Orange, III, 260.

CAUSSADE, bourg du Languedoc, I, 843. — Sédition des catholiques, 848. — Emeute, 853. — Duras ménage ceux de, II, 775. — Massacres à, 778. — Garnison mise à, III, 118.

CAUSSE, Barthélemi, ministre à Senlis, I, 163. — Au pays Chartrain, 213.

CAUTEL (Caulet?), conseiller au parlement de Toulouse, III, 58.

CAUTÈRES, sieur de (voy. LE FAVOIS).

CAUVILLE, village de Normandie, I, 311.

CAUX, pays de, I, 311.

CAVAGNAC, N., conseiller de la sénéchaussée à Beaucaire, III, 196.

CAVAGNES, Jean de, conseiller au parlement de Toulouse, III, 19. 29. 31. 35. 58.

CAVAILLON, localité de la Vaucluse, III, 260. 275. 319.

CAVAILLON, évêque de (Pierre Ghinucci), persécuteur des Vaudois, I, 41 suiv.

CAVALIER, localité de Savoie, II, 141.
CAVALIER, Claude, Collet, Hugues et Simon, massacrés à Lourmarin, III, 363.
CAVALLIER, Bernard, tué à Carcassonne, I, 876.
CAVALLON, Jean, martyr à Senas, III, 349.
CAVELIER, N., sieur d'Espine, conseiller au parlement de Rouen, II, 668.
CAVILLER, Frémin, échevin à Meaux, supplicié, I, 359.
CAVORS (Cavour?) localité de Savoie, II, 141.
CAYER, N., incendiaire et assassin à Céant-sur-Othe, II, 394.
CAYER, N. (le même que le précédent?), gendre d'Etienne Garnier, procureur du roi, préside aux massacres de Sens, II, 398.
CAYER, Garnier (sans doute le même que le précédent), l'un des chefs des Pieds-Nus à Sens, II, 404.
CAYLUS, Antoine de Lévis, comte de, envoyé par le roi en Languedoc pour y faire exécuter l'Edit de pacification, III, 180. 181. 182. 183.
CAYLUS, localité du Quercy; Eglise dressée, I, 851. II, 778. III, 62. 89.
CAYRON, N., soldat à Saint-Lô, II, 721.
CAYRON, Raymond, lieutenant-criminel à Rhodez, I, 338.
CAZALGIAS, localité de Savoie, II, 141.
CAZE, Bernard de la, tué à Manosque, III, 365.
CAZES, Jean de, martyr à Bordeaux, I, 109. 134.
CAZETTE, George de Ferrus, dit La, gouverneur de Briançon, III, 308. 310. 333.
CAZIS, Jean, prieur des jacobins à Revel, I, 872.
CÉANT-EN-OTHE, petite ville de Champagne, I, 65. II, 393. 394.
CÈDRE, Pierre Assezat, sieur du, capitoul à Toulouse, I, 818. 825. III, 6. 12. 58.
CELIÈRES, de, capitaine catholique au siège de Rochefort, II, 562. 563.
CELLE, LA, localité de Provence, III, 375.

CELLES, localité près de Villefranche, II, 302. 327.
CELLIER, Mad., bourgeoise d'Olérac, II, 796.
CÉNALIS (voy. LE CIRIER).
CENAS, capitaine huguenot du Dauphiné, III, 271.
CÈNE, Nicolas Le (voy. LE CÊNE).
CÈNE, Philippe, martyr à Dijon, I, 137.
CENTAL., domaine en Savoie, II, 141.
CENTAL, Gabriel de Bouliers, sieur de, de l'armée de Sommerive devant Sisteron, III, 294. 330.
CENTAL, dame de, propriétaire de villages vaudois donnés au capitaine Poulain, I, 73.
CENTURIATEURS de Magdebourg, I, IV.
CERBELONE (voy. SERBELLONE).
CÉRESTE, localité de Provence, III, 360.
CERF, Simon le, bourgeois catholique de Nemours, II, 470.
CERISAY, sieur de, gentilhomme du duché de Beaumont, pillé, II, 537.
CERISAYE, La, lieu du prêche à Paris, I, 666. II, 312.
CERISIERS (Seriziers), bourg de l'Yonne, II, 391. 393.
CERMOISE (voy. SERMAIZE).
CERNY (Servy, Gervy), baron de, II, 388 suiv.
CERVOY, sieur de, prend le château de Mézières, II, 333.
CESSERON, localité de l'Hérault, III, 175.
CESTAT, Dominique, ministre à Montauban, I, 841. — A Cahors, 854. 865. — Envoyé en Gascogne, III, 64. 66. — Nommé ministre à Lavaur, 67.
CÉVENNES, Eglises dressées dans les, I, 218. 330. 339. 889.
CHABANEL, procureur à Toulouse, I, 825.
CHABANES, N., ministre à Nantes, II, 564.
CHABERT, Esprit, martyr à Cuers, III, 351.
CHABERT, Honoré, tué à Brignoles, III, 367.
CHABOT, N. de, amiral, gouverneur de Bourgogne, I, 778.

Table alphabétique. 655

CHABOT, Marthe de, tuée à Vacchières, III, 370.
CHABOT, Pierre, député des Eglises aux Etats de Languedoc, I, 880.
CHABOTTES, sieur de, dit de La Roche, ministre à Belleville, III, 414.
CHABOUILLE, Jean, prévôt du camp à Orléans, II, 33. 187. 227.
CHABRY (Chabris), village de l'Indre ; sa châsse pillée, II, 154.
CHAFAIRE (voy. Jacques BLANC).
CHAILLANT, Antoine, baille de Lambrusse, tué à Castellane, III, 361.
CHAIS, Sauvaire, tué à Ribiers, III, 355.
CHAISEAU, Mathurin, enfant tué à Cormery, II, 585.
CHAISE-DIEU, LA, abbaye et localité d'Auvergne, III, 227.
CHAISNAY, Jean, huissier à Troyes, persécuteur, II, 379.
CHALAIS, village de la Sarthe, II, 532.
CHALCONDILAS, Démétrius, savant grec, I, 2.
CHALIN, village de l'Anjou, II, 571.
CHALLON, Pierre, tué à Montpellier, I, 884.
CHALLOT, Jean, meurtrier catholique à Arles, III, 353.
CHALMEAUX, Jacques, prévôt d'Auxerre, huguenot, I, 768. 769. II, 405.
CHALON, N., marchand de Toulouse, assassin, III, 134.
CHALON-SUR-SAÔNE, village de Bourgogne, III, 394. 400. 406. 407. 408. 409. 412. 414. 416. 420. 421. 422.
CHALONNE, propriété de Nicolas de Bèze, pillée et incendiée, II, 431. 560.
CHALONNE, N., cordonnier et martyr à Angers, II, 559.
CHALONS-SUR-MARNE, ville de Champagne ; Eglise dressée, I, 220. 781. 784. — Le ministre Fournier y est emprisonné, II, 364. — Le duc de Lunebourg y meurt, 393. III, 432.
CHALONS-SUR-MARNE, évêque de (Jérôme Burgensis), I, 722. II, 364.
CHALONS, vidame de (voy. RAGUIER).
CHALONS, Jean, avocat huguenot à Sens, II, 399.
CHALOPIN, N., avocat à Tours, I, 302.
CHALORE (Castelnau-Chalosse), village des Landes, II, 810.

CHALOUZY, sieur de, assiégé et tué par le duc de Nevers, II, 388 suiv.
CHAMAION, Gilles, bourgeois de Toulouse, III, 29.
CHAMBELI, Jean de, avocat à Issoudun, I, 299.
CHAMBÉRY, ville de Savoie ; martyrs à, I, 84. — Cinq étudiants de Genève brûlés, 97.
CHAMBON, N., député par le parlement de Paris au roi, II, 121.
CHAMBON, Pierre Jean, martyr à Lyon, I, 90.
CHAMBOURG, village près de Loches en Touraine, I, 391. 394. — Prêtre de, tué dans une sortie de ceux d'Orléans, II, 131.
CHAMBRAY, N. Lenfant, sieur de, gentilhomme messin, III, 441. 442.
CHAMBRE ARDENTE, au parlement de Paris, I, 68. 100.
CHAMBRE, Philippe de la, évêque d'Orange, III, 260.
CHAMEL, N., capitaine huguenot dans le Dauphiné, III, 303.
CHAMIN, Guillaume, martyr à Lurs, III, 343.
CHAMP, Jacques Margueron, sieur du, gentilhomme protestant à Beaune, III, 405.
CHAMP, Sébastien Marqueray, sieur du, gentilhomme huguenot à Beaune, I, 782.
CHAMP, N., capitaine huguenot à Grenoble, III, 288.
CHAMPAGNE, Claude, tué à Céant-en-Othe, II, 394.
CHAMPAGNE, province de, II, 186. — Etat de la religion en, 370. — Le duc de Nevers gouverneur, 371.
CHAMPAGNE, René, sieur de, capitaine catholique persécuteur aux environs du Mans, II, 533. 534. 536.
CHAMPAGNE, sieur de la, gentilhomme normand, martyr, II, 714. 719.
CHAMPDOISEAU, Pierre, bourgeois de Beaune, III, 402.
CHAMPÉ, le jeune, capitaine huguenot du Dauphiné, III, 280. 308.
CHAMPENOIS, Pierre, dit Lorrain, tué à Meaux, II, 355.
CHAMPIGNY, château de Montpensier en Touraine, II, 582. 591.

CHAMPLENUS, François de la Rivière, sieur de, gouverneur à Auxerre, II, 405 suiv.
CHAMPOLIEU, N., capitaine huguenot dans le Dauphiné, III, 314.
CHAMPSOR (Le Champsaur), district du Dauphiné, III, 313.
CHAMPY, Marc, lieutenant criminel à Troyes, I, 83.
CHANAC, localité de la Lozère, III, 195.
CHANAU, LA (La Chenal), localité de Savoie, III, 333.
CHANCELIER de France (voy. L'HOSPITAL).
CHAND, André, martyr à Segonnier, III, 339.
CHANDIEU, sieur de, gentilhomme protestant, frère du ministre qui suit, tué à Dreux, II, 242.
CHANDIEU, Antoine de la Roche, sieur de, ministre à Paris, confère avec Landry, I, 32. — A Orléans, 112. — Emprisonné et délivré, 140. 165. — A Poitiers, 172. — Chargé de provoquer la réunion d'un synode, 173. — A Chartres, 213. — La reine-mère demande à le consulter, 274. — Condé confère avec lui, II, 279.
CHANEVAT, Pierre, persécuté et sa femme tuée à Nemours, I, 751.
CHANGNION, Claude, martyr à Vassy, I, 725.
CHANGY, Michel du Fay, sieur de, gentilhomme protestant à Romans, I, 219. 343. III, 222. 289. 300. 303.
CHANGY, le jeune, Jacques du Fay, sieur de, III, 270. 303.
CHANIN, Sébastien, tué à Apt, III, 362.
CHANNAGUES, château de La Trémoille, II, 572.
CHANNEIL, François, dit Caillac, persécuteur à Aurillac, I, 770. 773.
CHANORRIER, Antoine, dit Desmeranges, ministre à Blois, I, 148. — A Orléans, 164. 165. 288. 291. — Comment il devint ministre à Orléans, 299. 737. — Consulté par Condé sur la paix à conclure, II, 279.
CHANTAL, maître des monnaies, tué à Villeneuve-d'Avignon, I, 889.
CHANTANDO, Antoine, meurtrier catholique à Grimaud, III, 356.
CHANTEPIED, sieur de, gentilhomme du Maine; fait condamner René de Champagne par contumace, II, 536.
CHANTERAC, sieur de, gentilhomme huguenot de Guyenne, II, 753.
CHANTEREAU, Laurent, femme de, persécutrice des huguenots à Troyes, II, 381.
CHANTERIER (Champtercier), localité de Provence, III, 370.
CHANTONNEY, Perrenot, seigneur de, ambassadeur d'Espagne, I, 687.
CHANUT, Jean, consul à Aurillac, persécuteur, II, 477.
CHAPANS, les deux, capitaines huguenots du Dauphiné, III, 314.
CHAPELIÈRE, la, femme tuée à Manosque, III, 372.
CHAPELLE, Jean, diacre à Négrepelisse, I, 850.
CHAPELLE, N. La, bourgeois protestant d'Agen, I, 794.
CHAPELLE, La, localité du Vivarais, III, 283.
CHAPELLE, N. La, procureur à Toulouse, I, 815.
CHAPELLE, de la, des Ursins, sieur de Trainel, II, 2. — Permet l'exercice des protestants à Meaux, II, 353.
CHAPELLE-BIRON, sieur de la, gentilhomme d'Agenois, II, 791.
CHAPELLE, François Peintre dit La. ministre à Metz, III, 443.
CHAPEROLIAN (Chapareillan), localité de l'Isère, III, 270.
CHAPERON, Claude, ancien à Montargis, II, 463.
CHAPONNEAU, Jean, moine et prédicateur évangélique à Bourges, I, 10. 56.
CHAPOT, Jean (ou Pierre), du Dauphiné, martyr à Paris, I, 53. 54.
CHAPUYS, Mathurin, procureur à Issoudun, II, 509.
CHARBONNEAU, capitaine huguenot du Dauphiné, III, 270. 303.
CHARCHERIES, N., massacreur catholique à Digne, III, 358.
CHARDON, Pierre, ancien de l'Eglise d'Azay, II, 586.
CHARDON, Jean, attaché à la maison de la reine de Navarre, tué, II, 589.
CHARDONNEL, N., sieur de, gentilhomme du Maine, pillé, II, 537.

Table alphabétique.

CHAGOART, N., martyr à Vire, II, 719.
CHARITÉ, LA, ville de la Nièvre ; Régnier de la Planche y est ministre, I, 743. — Chevenon l'attaque, II, 409. 421. — Elle est surprise, 424. — Délivrée par ceux d'Entrains, 426. — Capitulation, 428. — Pillage, 429. — Chevenon en sort, 430. — Le lieutenant-général emprisonné et sauvé, 431. — Les habitants protestants se réfugient chez d'Andelot, 432. — Briare vient partager le butin ; cruautés des soldats de Guise, 433. — Reprise de la ville par les protestants, 434. 436.
CHARLEMAGNE, N., barbier huguenot à Issoudun, I, 148.
CHARLES-QUINT, empereur d'Allemagne, opposé à la Réforme, I, 4. — En guerre avec François Ier, 23. 33. — S'oppose à la Réforme à Metz, III, 436.
CHARLES, margrave de Bade (voy. BADE).
CHARLES le Bel, roi de France, I, 410.
CHARLES VIII, roi de France, I, 413. 440.
CHARLES IX, roi de France ; Amyot son précepteur, I, 17. — État des choses à son avènement, 402. — Aux États d'Orléans, 407. — Son sacre, 460. — Son discours d'ouverture au colloque de Poissy, 500. — Sa remontrance apocryphe au pape, 650. 651. 652. — Prières des Églises pour son rétablissement, 668. — Est conduit à Monceaux, 721. — Part d'Orléans, 729. — Les protestants lui demandent justice contre Guise, II, 2. — Sa protestation qu'il est libre de ses actions, 21. — À Chartres, 110. 249. — Déclaration de Blois, 255. — Voit les cadavres des huguenots de Sens dans la Seine, 402. — Plaintes portées devant lui sur les meurtres de Sens, 404. — Arrive à Montargis, 465. — Signe la capitulation de Bourges, 499. — Arrive à Bourges, 501. — Devant Rouen, 637. — Signe la capitulation de Dieppe, 684. 685. — Sa lettre au sénéchal de Toulouse, III, 48. — Écrit à M. de Carces, 382. — Vient à Metz, 462. — Publie un édit défendant l'exercice du culte réformé à Metz, 464. 465. — Commence la cinquième guerre de religion, 477.
CHARLES, duc de Savoie, II, 142.
CHARLET, N., conseiller au parlement de Paris, II, 310. 319.
CHARLET (Charly), village du Cher, II, 495.
CHARLUS, sieur de, fausse la justice à propos des meurtres de Sens, II, 404.
CHARMALIÉ, meurtrier catholique à Ouzouer, II, 451.
CHARMES, village de la Drôme, III, 174.
CHAROLLES, tour de, à Mâcon, III, 411. 412.
CHAROUX, sieur de, gentilhomme angevin, II, 558. 567.
CHARRY (ou Charri), capitaine catholique à Lauzerte, II, 761. 769. III, 78.
CHARTIER, Guillaume, ministre ; va au Brésil, I, 159. 160.
CHARTIER, Louis, bourgeois d'Issoudun, II, 512.
CHARTIER, N., conseiller au parlement de Paris, II, 310. 319.
CHARTRAIN, pays, les protestants du, I, 213. — Première assemblée près de Gallardon, 756.
CHARTRES, ville d'Eure-et-Loir ; martyrs à, I, 93. — Église dressée, 163. — Les ministres, 213. — Assemblées, 756. — Hostilité des chanoines, 757. — M. de Monterud y maintient la paix, 758. — Querelles intestines, 759. — Expulsion des protestants, 760. — La cour s'y rend, II, 110. — Clergé et protestants mis à contribution, 132. — Peste, 149. 225. — Le roi et la reine y sont conduits, 249. — Image de la Sainte-Vierge, chemise de Notre-Dame, III, 129.
CHARTRES, évêque de (Charles Guillard d'Espichellière), se montre favorable aux protestants, I, 758.
CHARTRES, vidame de (voy. MALIGNY).

CHARTRES, N., capitaine huguenot de Dieppe, II, 678.
CHARTREUSE, La Grande, près de Grenoble, III, 259.
CHARTRIGNY, sieur de, capitaine protestant à Tours, II, 587.
CHASLUS (Châlus), localité du Limousin, II, 835.
CHASSAGNON, dit de La Chasse, Jean, premier ministre de l'Eglise de Meaux, I, 100. — S'en retire, 196. — Ministre à Montpellier et dans les Cévennes, 218. — Rappelé à Montpellier, 330. — S'en retire, 336. — A Nimes, 341. — Dresse de nouveau l'Eglise de Montpellier, 881. — Ministre à Metz, III, 480.
CHASSAIGNE, Geoffroi de la, conseiller au parlement de Bordeaux, persécuteur à Agen, I, 24.
CHASSANÉE, Barthélemi, premier président du parlement d'Arles, suspend un arrêt de persécution contre les Vaudois, I, 37. — Sa mort, 43.
CHASSEBŒUF, François, dit de Beaupas, ministre, prêche à Blois, I, 105. — A Tours, 148. — Revient à Blois, 752. — Y est pendu, 753. — Son martyre, II, 580.
CHASSE, Jean de la (voy. CHASSAGNON).
CHASTEAU (voy. DU CHASTEAU).
CHASTELAIN, Vincent Mathieu, huguenot à Pons, I, 135.
CHASTELIER, Portault, sieur de, gentilhomme huguenot du Poitou, blessé devant Paris, II, 214. 450.
CHASTELNON, sieur de, parlementaire du duc de Joyeuse, III, 160.
CHASTELUS (Chastellus), sieur de, gouverneur de la citadelle de Metz, III, 470.
CHASTERAN, Pierre de, juge à Limoux, I, 335.
CHASTILLON, N., cordonnier et martyr à Tours, II, 597.
CHASTILLON, Sébastien, professeur à Bâle, I, 101.
CHASTILLOUVE (Castillonés), localité de l'Agenois, II, 761.
CHATEAU, Pierre du (voy. DU CHATEAU).
CHATEAUBRIAND, localité de Bretagne, II, 748. 749 (voy. aussi EDIT).

CHATEAU-DU-LOIR, localité de la Sarthe; Eglise dressée, II, 514. 517.
CHATEAUDUN, ville d'Eure-et-Loir, II, 92. 98. 110. 132. 191.
CHATEAU-GAILLARD, Entrevue au, près de Thoury, II, 76.
CHATEAU-GONTIER, ville du Maine, II, 560. 572.
CHATEAUNEUF, sieur de, capitaine huguenot en Provence, conjuré d'Amboise, I, 254. 375. 382.
CHATEAUNEUF, dit Nez-de-Velours, capitaine huguenot en Provence, III, 320. 322.
CHATEAUNEUF (Château-Calcernier ou Château du Pape), localité de Vaucluse, III, 265. 271. 273.
CHATEAUNEUF-EN-THIMERAIS, localité du Perche, II, 254.
CHATEAUNEUF, bourg près d'Orléans, I, 738. — Caraccioli demande à s'y retirer, II, 246.
CHATEAUNEUF-SUR-CHARENTE, ville de l'Angoumois, II, 816. 817.
CHATEAUROUX, sieur de, capitaine catholique, prend Saint-Jean-d'Angely, II, 827.
CHATEAU-SARRAZIN (voy. CASTEL-SARRAZIN).
CHATEAUVILAIN, localité de la Haute-Marne, châtiée par d'Andelot, II, 187.
CHATELAIN (voy. CASTELLANUS).
CHATELET, du (voy. DE THOU).
CHATELIER, Portault de (voy. de CHASTELIER).
CHATELLERAUT, ville de la Vienne; assemblée dressée, I, 198. — L'Eglise est fermée, 319. 320. II, 603.
CHATELLERAUT, duc de (voy. comte d'ARRAN).
CHATILLON, maison de, I, 211. — Les trois frères consultés par la reine Catherine lors de l'affaire d'Amboise, 264 suiv. — Se retirent de la cour, 273. — Menacés, 387. — Prennent part au dissentiment entre le roi de Navarre et les Guise, 454. — Affectionnés aux protestants, 456. — Leurs efforts pour calmer le fanatisme du connétable, 457. — Se retirent de la cour devant le roi de Navarre, 720.

CHATILLON, cardinal Odet de, comte-évêque de Beauvais; protège Beguetti à Paris, I, 30. 31. — Membre du tribunal de l'Inquisition, 114. — Soupçonné d'hérésie, 264. — Aux Etats d'Orléans, 407. — Prend le parti du roi de Navarre, 454. — Émeute contre lui à Beauvais, 457. — Assiste à la déclaration d'innocence de Condé, 467. — Donne l'hospitalité aux ministres à Saint-Germain, 490. — Arrêt du parlement de Paris contre lui, II, 107. 292. 300. — Poltrot révoque ses dépositions contre lui, 311. — Se retire à Orléans, 457. — Accusé de la destruction des images à Châtillon, 459. — Ecrit à l'amiral, III, 233. — Écrit à la cour, 238. — Mêlé aux affaires du Dauphiné, 291. 297. 301.

CHATILLON-EN-BAZOIS, sieur de, gentilhomme catholique du Nivernais; entre à Nevers, II, 411. — Nommé gouverneur de la ville, 416. 424. — Attaque La Charité, 434.

CHATILLON-EN-BAZOIS, chevalier de, de la maison de Pontalier, frère du précédent, à Corbigny; ses pillages, II, 423. — Attaque La Charité, 426.

CHATILLON-EN-BAZOIS, un lieutenant du sieur de, à Nevers; son fils, persécuteur, II, 418.

CHATILLON-SUR-LOING, localité du Loiret; résidence de l'amiral. II, 444; gardé par le capitaine La Borde, 448. — Protestants du temps de la mère de Coligny, 457. — Menacé par le duc de Guise, 458. — Ordre de destruction, donné par le connétable et contre-ordre, 459. — Intrigues menaçantes des prêtres, 460. — Menacé de la peste, 461. — Les protestants y rentrent au temple, 462.

CHATILLON-SUR-LOIRE, ville du Loiret; Eglise dressée, II, 434. — Défense de sa liberté, 435. — Porte secours à ceux de Cosne, *ibid*. — Chevenon repoussé, 436. — Accusé de rébellion, 437. — Ceux de Châtillon défont la garnison de Gien, 438. — Assaut repoussé, 439. — Prise par Monterud. 440. — Cruautés commises, 442. — Exercice de la religion rétabli, 442. 459.

CHATILLON-SUR-SEINE, localité de la Côte-d'Or, I, 782.

CHATRE, LA, ville (voy. LA CHATRE).

CHAUDAN, N., capitaine catholique du Dauphiné, III, 313.

CHAUFFOUR, Pierre, blessé au massacre de Vassy, I, 726.

CHAULAY, diacre de Sainte-Foy, martyr à Toulouse, III, 32.

CHAULETIÈRE, maison de la, en Perche, pillée, II, 155.

CHAUME, Guillaume de, sieur de Poussan, viguier à Montpellier, I, 329. — Député à la cour, 330.

CHAUMET, N., apothicaire à Marseille, III, 356.

CHAUMONT, N., capitaine huguenot de l'armée de Duras; combat Burie et Monluc, II, 779. 780.

CHAUMONT, Scipion Sardini, baron de, III, 136.

CHAUSSE, Nicolas, blessé au massacre de Vassy, I, 726.

CHAUSSÉE, Jean, régent au collège de Bourges, I, 60.

CHAUSSEGROS. Barthélemi, meurtrier catholique à Digne, III, 346.

CHAUT, Antoine, martyr à Forcalquier, III, 360.

CHAUTEREAU, Laurent, marchand à Troyes, persécuteur, II, 379.

CHAVÉ, Jacome, huguenot tué à La Coste, III, 371.

CHAUVET, Claude, huguenot tué à Céant-en-Othe, II, 394.

CHAUVET, François, conseiller au parlement de Toulouse, III, 21. 24. 25. 29. 31.

CHAUVETON, Urbain, avocat à La Châtre, I, 213.

CHAUVIN, N., martyr brûlé à Senlis, I, 52.

CHAUVIN, Louis, massacré à Senlis, II, 343.

CHAUX, N. de la, conseiller au parlement de Paris, en mission en Provence, I, 895.

CHAVAGNES, sieur de, gentilhomme protestant à Angers, II, 543. 544.

CHAVARY, Robert, martyr à Arles, III, 340.

CHAVENELLES, capitaine catholique dans le Dauphiné, I, 364.
CHAVIGNY, sieur de, capitaine des gardes, arrête le prince de Condé, I, 290. — Lieutenant du duc de Montpensier en Anjou, II, 517. — Persécute les protestants à Angers, 555. 557. 559. 574. 582. 588. 592. 595. 597. 598.
CHAVIGNY (Chauvigny), ville du Poitou, II, 609.
CHAVILLONNÉ, Louise, tuée à Lourmarin, III, 372.
CHAY, François, délégué des Vaudois, I, 38.
CHAYLA, LE (ou Le Chaylar), capitaine catholique dans le Gévaudan, III, 200.
CHAYNARD, N., bourgeois huguenot de Mâcon, III, 428.
CHEMAUX, sieur de, apporte à Condé la réponse à ses articles, II, 224.
CHEMIN, J. du (voy. Jean MASSON).
CHEMIN, Guillaume du (voy. DU CHEMIN).
CHEMIN, Antoine du (voy. DU CHEMIN).
CHEMIN, Nicolas du (voy. DU CHEMIN).
CHENAU, sieur de la (voy. LA CHENAU).
CHÊNE, sieur du (voy. BOURSAUT).
CHENEAU, N., martyr à Angers, II, 556.
CHENET, Jean, un des fondateurs de l'Eglise d'Orléans, I, 111.
CHENET, N., capitaine huguenot dans l'île d'Oléron, II, 829. 830. 833. 834.
CHENILLE (Chenillé?), localité de Maine-et-Loire; assemblée de huguenots à, I, 757.
CHENOCHE, sieur de la, gentilhomme huguenot à Bourges, envoyé à Condé, II, 498.
CHENONCEAUX, résidence royale en Touraine, I, 391. 394.
CHERADAMUS, enseigne le grec et l'hébreu à Paris, I, 3.
CHERASCO, ville de Savoie, II, 140.
CHERBOURG, ville de Normandie; reste aux protestants, II, 331. 700. 701. 707.
CHERCHERUS (voy. ACHARD).
CHERVILLE, château de, en Beauce, pillé, II, 155.
CHESNAYE, de, gentilhomme angevin, impliqué dans la conjuration d'Amboise, I, 253.

CHESNAYE, Lallier, sieur de la, à Craon, II, 569. 570. 571.
CHESNE (Génas?), conseiller au parlement d'Aix, persécuteur, III, 380.
CHESNOY, du, commence à prêcher l'Evangile à Pamiers, I, 866.
CHEVALIER, Pierre, dit la Truye, à La Charité, II, 432.
CHEVANNES, localité près d'Auxerre; prédications à, I, 769.
CHEVAUCHEUR, LE, de SARGNAC, capitaine catholique défait à Damazan, III, 155.
CHEVENIS, Bernard, bourgeois huguenot de Mâcon, III, 428.
CHEVENON, sieur de, capitaine catholique à Nevers, II, 409. 411. — Pillard, 414. 417. — Exerce une pression hostile à Entrains et à Côsne, 424. 427. — Attaque La Charité, 436. — Ses pillages, 437. 450. — A Bourges, 485. — Devant Sancerre, 513.
CHEVENON, château du Nivernais, II, 409.
CHEVERIEU, N., capitaine huguenot à Lyon III, 220.
CHEVERY, Jean de (voy. de la RIVE).
CHEVET, Pierre, martyr à Paris, I, 171.
CHEVILLON, N., fustigé à Romans, I, 353.
CHEVREUL, Charles, dit Magasserie, meurtrier catholique dans l'Anjou, II, 560. 574.
CHEVRIÈRES, de, chanoine-comte de Lyon, III, 219.
CHEY, LA, château de Beauce, pillé, II, 155.
CHIGNE, Simon, martyr à Vassy, I, 725.
CHIGNEY, Claude, blessé au massacre de Vassy, I, 726.
CHILÈBRE, Catherine de, tuée à Saint-Chamas, III, 371.
CHILLEURE (Chilleurs), localité du Loiret, I, 165.
CHINON, ville d'Indre-et-Loire, I, 84. II, 557. 589.
CHION, Achille, secrétaire de l'évêque de Valence, pendu comme traître, III, 314.
CHIOUS, Auban, huguenot tué à Lorgues, III, 368.

Table alphabétique. 661

Chirac, localité de la Lozère, III, 194. 195. 199.
Chiray, de, gentilhomme huguenot de Chatelleraut, l'un des conjurés d'Amboise, I, 253.
Chiré, curé de (voy. P. Desprez).
Chiriaz (voy. Chivasso).
Chivasso, localité de Savoie, II, 138.
Chollant, Antoine, huguenot tué à Digne, III, 358.
Chomot, sieur de, pillé à Sens, II, 399.
Choquet, Jacques, tué à Céant-en-Othe, II, 394.
Chorges, localité du Dauphiné, III, 276.
Chouan, N., libraire au Mans, II, 528.
Choux, Les, village près de Gien, pillé, II, 450.
Chrestien, Pierre, ministre à Poitiers, I, 101. — Temporairement à Angers, 109. 764.
Chrestien, Jean, dit de La Garande, ministre à Villefranche en Rouergue, I, 337. — Dissension provoquée par lui sur la discipline, 863. 864. — Expulsé, 866. III, 62.
Chrestien, Thomas, ministre à Issoudun, I, 297.
Chrestofle (Christophe), François, ministre au pays messin, III, 460.
Christaudins, sobriquet donné aux protestants et qui précéda celui de *huguenots*, I, 98. 249.
Christophe, duc de Wurtemberg; son ambassade, I, 141. — Entrevue avec les Guise à Saverne, 691. II, 35. — Sa lettre à la reine-mère, 85. — Sa réponse au duc de Guise, 87. 135. — Appelé à intervenir par Catherine de Médicis, 272.
Christophe, N., prieur au Mans, II, 530.
Cieurac, village du Lot; Eglise dressée par Carvin, I, 852. III, 65. 75.
Cieurre (Cieurac?), localité du Lot; Preisac ministre à, I, 850.
Ciperrine, N., capitaine huguenot à Gien, pillard, II, 451.
Cipierre, Pierre de Marcilly, sieur de, évêque d'Autun, I, 783.

Cipierre, René de Savoie, baron de, lieutenant du gouvernement, vient à Orléans, I, 290. II, 8. 284. 291. III, 269. 318. 319.
Cipierres, Paul de, marchand et martyr à Marseille, III, 357.
Cirier, Le, Antoine, évêque d'Avranches, I, 124.
Cirier, Le, N., conseiller au parlement de Paris, II, 310.
Cisteron (Sisteron), ville de Provence; Eglise dressée à, I, 172. — Appelle Mouvans à son aide, 377. — Les protestants chassés, 893. 894. — Prise par Sommerive, III, 164. — Senas et Mouvans pressés à Sisteron, 270. 271. 273. 274. 275. — Chute de, 276. 278. 279. 280. 282. — Tende s'établit à, 319. 320. 327. 328. 334. — Un martyr à, 343. — Massacres à, 355. 369.
Civile, Antoine de, sieur de Bouville, (voy. Siville).
Clain, Le, rivière, II, 590.
Clairac, ville de l'Agenois; on y publie l'Edit de Janvier, I, 811. — Colloque à, II, 752. — Charité de ceux de, 796. 797.
Clairveaux, sieur de, commandant à Tours, II, 595. 599.
Clapiers, François de Saint-Félix, sieur de, capitoul catholique à Toulouse, III, 14.
Claret, Jean, dit des Plats, diacre à Negrepelisse, martyr, III, 63, 91.
Claude, le jeune, capitaine blessé au massacre de Vassy, I, 726.
Claude, le jeune, un valet de, tué à Vassy, I, 725.
Claude, le peintre, orfèvre à Paris et martyr, I, 27.
Clausonne, Guillaume Roques, sieur de, conseiller huguenot au présidial de Nimes, III, 175. 181. 299. 300.
Clausse, Jean de, évêque de Senez, III, 378.
Claux, château près de Montauban, I, 830.
Clavier, Guillaume, tué à Brignoles, III, 366.
Clavier, Jean, juge à Brignoles, III, 337.

662   *Table alphabétique.*

CLAVIERS, localité de Provence, III, 354.
CLAYE, localité de Seine-et-Marne, II, 352.
CLÉMENT, N., moine augustin à Montauban, I 832. — Se défroque, II, 809. — Prêche l'Evangile à Mont-de-Marsan, *ibid.*
CLÉMENT, Pierre, ministre à Ilmade, I, 851. — A Pamiers, 865. 867. — A Foix, 869.
CLÉMENT, Pierre, sieur de Pouilly, procureur à Troyes, supplicié, II, 380. 386.
CLÉMENT, Pierre, meurtrier catholique à Grimaud, III, 356.
CLÉMENT, N., sergent au Mans, martyr, II, 528.
CLÉRAC (voy. CLAIRAC).
CLÉRAC (Clairac), abbaye de, donnée à Gérard Roussel par Marguerite de Navarre, I, 15.
CLÉRAC, abbé de (voy. maison de CAUMONT).
CLERC (voy. LE CLERC).
CLERC, Saint- (voy. SAINT-CLERC).
CLÉRÉ, capitaine huguenot de Dieppe, II, 678.
CLÉRÉ, sieur de (ou du), gentilhomme catholique normand, II, 614. 617. 618. 632.
CLEREAU, ministre à Sancerre, II, 513. 514.
CLÈRES, bourg près de Rouen, II, 619. 637.
CLÉRET, Jean, conseiller à Agen, martyr, II, 791.
CLERGÉ, le, répond des subsides promis par le pape et l'Espagne, II, 109.
CLERICI, Nicolas, docteur en Sorbonne à Paris, I, 30. 54.
CLERMONT, Charles de, dit de La Fontaine, ministre à La Rochelle et à Saintes, I, 136. 140. — A Marennes et Arvert, 155. 199. — A Oleron, 206.
CLERMONT, Antoine, sieur de, lieutenant du roi en Dauphiné, I, 347. 350. 355. 362.
CLERMONT, N., sieur de Faudoas, capitaine catholique à Toulouse, III, 8. 11. 22. 25.
CLERMONT-LODÈVE, localité de l'Hérault, III, 159.

CLERVANT, Antoine de Vienne, sieur de, à Metz, III, 441. 443. 445. 446. 469. 470. 478. 479. 480.
CLÉRY, localité près d'Orléans; excès à, II, 36. 250. 262.
CLÉRY, N., capitaine huguenot du Dauphiné, III, 234.
CLEUX, Pierre de, dit Teranac, essaie de tuer le ministre du Croisic, I, 153.
CLINET, Nicolas, martyr à Paris, I, 126. 127.
CLISSON, hôtel de (ou de Guise), à Paris, II, 237.
CLITOVÉE (Clictou), Josse, docteur en Sorbonne, I, 5.
CLOS, Nicolas d'Estampes, sieur du, gouverneur du château de Caen, II, 724.
CLUGNY (Cluny), localité de Bourgogne, III, 412. 421. 422.
CLUTIN (voy. D'OYSEL).
COCHE (ou La Coche), Pierre de Theys, dit le capitaine, capitaine huguenot du Dauphiné, III, 258. 268. 280. — Gouverneur de Grenoble, 281. 284. 285. 286. 287. 288. 308. 309. 311. 312. — Battu près de Saverne, 462.
COCHE, Jean-Antoine, martyr à Saint-Maximin, III, 355.
COCHERY, Pierre, martyr au Mans, II, 531.
COCON, sieur de, adversaire des réformés à Agen, I, 798.
COCOT, lieutenant du prévôt à Châlons, II, 366. 368.
COCQUEVILLE, capitaine, représentant de la Picardie à la conjuration d'Amboise, I, 253.
CODERC, JEAN, dépose au procès de Condé, I, 465. 466.
CODÈRE, capitaine protestant à Toulouse, III, 20.
CODERET-SUR-GIRONDE (Caudrot), localité de Guyenne, II, 767.
CODOYRE, Guillaume, martyr à Lourmarin, III, 364.
CODROUHAC, N, capitaine huguenot à Agde, III, 149.
CODUM, Jean, bourgeois catholique de Meaux, II, 356.
COFFART, N. LE, capitaine catholique, gouverneur de Recoules-d'Aubrac, III, 199. 200.

Table alphabétique.

Coffinet, Jean, l'aîné, blessé au massacre de Vassy, I, 726.
Cogolin, localité de Provence, III, 366.
Coiffart, bailli de Saint-Aignan, I, 232. 235.
Coiffart (Coyfart), Noël, lieutenant-général à Troyes, II, 371. 379.
Coiffier, André, martyr à Dampmartin, I, 248.
Coignac (l. Cognac), ville de l'Angoumois; persécutions à, I, 155. II, 816. 817. 824.
Coignart, N., conseiller au parle-Toulouse, I, 825.
Coignat, Jean, conseiller au parlement de Toulouse, I, 327.
Coignée, Joachim le Vasseur, sieur de, venge le pillage de sa maison, II, 333. 337. 539.
Coignet, sieur de, ambassadeur de France auprès des Ligues, II, 81. 415. III, 45.
Colas, dit Magister, menuisier et martyr à Vassy, I, 725.
Colettes, sœurs, religieuses à Gien, II, 445.
Colguart, N., conseiller au parlement de Toulouse, III, 10.
Colhot, Matthieu, habitant de Signe, III, 367.
Colignon, Nicolas, blessé au massacre de Vassy, I, 726.
Coligny, île et colonie française au Brésil, I, 159.
Coligny, François de (voy. d'Andelot).
Coligny, Gaspard de (voy. l'Amiral).
Coligny, Odet de (voy. cardinal de Chatillon).
Coliman, provincial des cordeliers d'Orléans, I, 17.
Colin, Jacques, abbé de Saint-Ambroise, protège Châtelain, I, 80.
Colin, N., bourgeois huguenot d'Angers, abjure, I, 62. 63.
Collambot, Raymond, martyr à Arles, III, 340.
Colle, Bernard, ancien de l'Eglise, pendu à Châlons, II, 369.
Colle, Michel, martyr à Grimaud, III, 340.
Colle, Claude, blessé au massacre de Vassy, I, 726.
Collet, Guillaume, conseiller au parlement de Toulouse, III, 31.
Colloque de Poissy, I, 489—665, passim.
Collot, Claude, blessé au massacre de Vassy, I, 726.
Cologne, théologiens de, I, 1.
Cologne (Colongne), Pierre de, ministre à Metz, III, 444. 446. 449. 452. 454. 457.
Colombeau, N., fonde l'Eglise d'Orléans, I, 111.
Colombel, N., prêtre à Rouen, I, 198.
Colombier, Honoré de, ministre à Mamers, I, 756. II, 535.
Colombier, capitaine catholique (voy. Coulombier).
Colombier, Le (Colommiers), village près de Toulouse, III, 27.
Colombières, sieur de (voy. Briqueville).
Colombis, N., sergent huguenot dans le Dauphiné, III, 289.
Colommiers, sieur de, martyr à Toulouse, III, 33.
Colon, Bernard, répand l'Evangile à Montauban, I, 215.
Colon, Pierre, enseigne huguenot à Montauban, III, 137.
Colonges, de, François de Morel, sieur de, ministre, au synode de Paris, I, 190. — A Poissy, 490. 499. II, 284. — Ministre de la duchesse de Ferrare, 465.
Coloux, N., capitaine commandant à Manosque, III, 319. 320.
Colporteur, un, brûlé à Bourges, I, 83.
Combart, Guillaume, persécuteur, à Corbigny, II, 422.
Combas, baron de, gentilhomme huguenot à Béziers, III, 148. 173.
Combe, Arnould de la, official à Agen, I, 25.
Combe, Huguette, tuée à Lourmarin, III, 372.
Combe, La, capitaine catholique du Dauphiné, III, 270. 271.
Combes, sieur de, capitaine huguenot de Guyenne, II, 825.
Comet, Guillaume, tué à Cadenet, III, 357.
Commarin, localité de Bourgogne, III, 394.

664 *Table alphabétique.*

Commenay (Communay), localité du Dauphiné, III, 824.
Commission d'enquête pour les désordres de Guyenne, I, 805.
Commung, N., capitaine protestant à Grenoble, III, 257.
Compain, N., conseiller au parlement de Bordeaux, I, 805. 811. — Commissaire à Cahors, 856. II, 751.
Compeyre-en-Rouergue, ville de l'Aveyron. — Eglise dressée par le ministre de Vaux, I, 866. III, 193. 196.
Compiègne, ville de l'Oise (voy. Edit de C.).
Comps, Sébastien de Vesc, sieur de, gentilhomme huguenot du Dauphiné, I, 343.
Comtat-Venaissin, pays du, I, 358 suiv. III, 269. 270. 299.
Comte, Le (voy. Le Comte).
Conards, les, société carnavalesque à Rouen, II, 611.
Concergue, métairie près de Pézénas, III, 158.
Concile de Trente, I, 47 suiv.
Concresson, localité d'Anjou, II, 560.
Condé, Louis de Bourbon, prince de, embrasse l'Evangile, I, 140 suiv. — Ses vues, 212. — Intercède en faveur des protestants, 224. 228. — Impliqué dans la conjuration d'Amboise, 250. — Sa justification, 270. — Poursuites contre lui, 271. — Demande à être jugé, 272. — Se réfugie en Béarn, 274. — Invité à l'assemblée de Fontainebleau, 275. — Va à Orléans et y est fait prisonnier, 290. 317. — Fait prêcher à Poitiers, 320. — Assiste à Nérac au prêche de Boisnormand, 324. — Attiré à Orléans par le cardinal de Bourbon, 325. — Sa mort arrêtée, 387. 392. — Mort du roi, 405. — Prisonnier à Ham et à La Fère, 406. — Déclaré innocent, 453. — Se montre affectionné aux protestants, 456. — Arrêt d'innocence, 461 suiv. — Réconciliation avec le duc de Guise, 471. 472. — A Poissy, 499. — Catherine cherche à le gagner par des promesses, 690. — Manque être envoyé en Guyenne, 720. — Résiste à son frère, le roi de Navarre, 721. — Se retire à Paris, II, 1. — Se rend au prêche du temple de Jérusalem, 4. — Quitte Paris et rencontre l'amiral à Meaux, 5. 6. — Engage les protestants à résister au triumvirat, 7. — Va au Pont de Saint-Cloud, à Monthléry, *ibid.* — Arrive à Orléans, 10. — Ses enfants se retirent à Strasbourg, 11. — Son manifeste aux Eglises, 13. — Sa déclaration du 8 avril, 14. — Sa lettre aux princes d'Allemagne, 15. — Acte d'association de la noblesse réformée à Orléans, 20. — Lève des troupes, 22. — Seconde déclaration, 27. — S'oppose à la destruction des images, 32. — Acte de sévérité, 33. — Ecrit aux princes protestants d'Allemagne, 35. — Leur envoie deux agents, 36. — Ne peut empêcher les excès de Cléry, 37. — Sa lettre à la reine-mère sur la paix, 38. — Sa lettre excusant la destruction des images, 51. — Il écrit au duc de Savoie, 52. — Entrevue de Thoury, 76. — Lettre au roi de Navarre, 78. — Négociations en Allemagne, 82. — Son agent y recrute des mercenaires, 88. — Engagé par le roi de Navarre à lui céder Beaugency, 90. — Il entre en campagne, 91. — Se laisse circonvenir par Catherine, 92. — Conférence de Talcy, 93. — Echappe au piège dressé par Catherine, 95. — Surprend une lettre des Guise et un mémoire adressé au roi de Navarre, 96. — Délibération de ses confédérés après la conférence de Talcy, 97. — Résolution de combattre, 98. — A La Ferté, 99. — Camisade manquée, 100. — Reprend Beaugency, 101. — Recrute de nouvelles forces à Orléans, 102. — Envoie d'Andelot en Allemagne, fait rédiger une confession de foi, 103. — Reîtres qui prennent son parti, 107. — Proteste contre les arrêts du parlement, 108. — Ses levées de troupes en Allemagne, 109. — Préparatifs de défense à Orléans, 110. — Remontrance contre le jugement du par-

lement de Paris, 111. — Réponse à la citation des échevins d'Orléans devant le roi, 127. — Ses affaires s'embarrassent, 131. — Réponse au roi de Navarre sur la dénonciation des clauses de l'Edit de Janvier, 137. — Sa réponse au cardinal de Ferrare, réclamant ses bagages, 145. — Saisit les provisions des catholiques expulsés. Nouvelles expulsions à cause des incendiaires, 147. — Envoie Spifame à Francfort, 155. — Ordonne l'exécution de Sapin et Gastines à Orléans, 187. — Organise l'arrivée des secours d'Andelot, 188. — Institution d'aumôniers, 190. — Prend Pithiviers et Etampes, 191. — Se dirige sur La Ferté et Corbeil, 192. — Accorde une suspension d'armes devant Paris, 193. — Gonnor lui est envoyé par Catherine, 194. — Entrevue avec le connétable à Port-l'Anglais, 195. — S'établit à Arcueil, 196. — Provoque en vain l'armée de Paris, 197. — Entrevue de Saint-Marceau, articles proposés par Catherine, 198. — Réponse de Condé, 199. — Nouvelles propositions, 200. — Catherine cherche à traîner les négociations en longueur, 213. — Espérances de paix perdues, 214. — S'aperçoit de la mauvaise foi des Guise, 215. — Défection de Genlis, 217. — Opposition aux propositions de la reine, 224. — Marche sur Paris, 225. — Envoie Saint-Auban en Dauphiné, 226. — Résolution d'entrer en Normandie, 227. — Arrive à Ormoy, en avant de Coligny, 228. — N'apprend rien de l'approche de l'armée catholique, et ne prend aucune mesure de défense, 230. — Le matin de la bataille, 231. — Sa position difficile vis-à-vis du gros de l'armée du connétable, 232. — Force de son armée, 233. — Se rend à Damville, 237. — Promesse de Nevers à Condé, 241. — Passe à Nogent, 242. — Procédés de Guise envers le prisonnier, 244. — Conduit à Saint-Chéron, 249. — A Blois, 250. — Au château d'Onzain; offres de liberté pour traiter, 251. 256. — Rigueurs à son égard, 257. 275. — Sa fermeté vis-à-vis de Catherine, 277. — Il faiblit; entrevue avec le connétable à l'Ile-aux-Bœufs, 278. — Entretien avec trois ministres à Orléans, 279. — Il consulte la noblesse protestante, 282. — Paix d'Amboise, 283. 284. — Guise et Saint-André engagent des meurtriers contre Condé, 296. — Amène Poltrot au camp d'Orléans, 321. — Comment il justifie la paix, 335. — Gouverneur de Picardie, 344. — Sa lettre à propos des massacres de Sens, 402. — Ses reproches aux envoyés de la cour, 430. 444. — Envoie Genlis à Gien, 445. 451. — Envoie Dampierre à Châtillon, 460. — Protège la duchesse de Ferrare à Montargis, 464. — Son intervention à Bourges, 486. 487. 497. 498. — Signe avec la reine Elisabeth d'Angleterre le traité de Hampton-court, 677. 728. 729. — Appelle La Rochefoucauld à Orléans. 821. — Envoie Boucart aux Etats de Montpellier, III, 180. 181. 182. — Ses envoyés à Lyon, 221. 222. 224. — Soubise veut lui envoyer des troupes, 227. 231. 234. 237. 239. — Ses ordres en Dauphiné, 254. 255. 264. 272. 274. 293. 294. 300. — Affaire de la défection du baron des Adrets, 301. 302. 303. — Mort de Condé, 463.

Condé, Henri de Bourbon, prince de, III, 478. — Se retire en Allemagne, 480.

Condé, Eléonore de Roye, princesse de, embrasse l'Evangile, I, 141. — Ses plaintes au connétable contre les ennemis de son mari, 406. — Son voyage à Muret, II, 11. — Coligny lui transmet des nouvelles de Condé prisonnier, 245. — Charge Caraccioli de traiter avec la reine, 246. — Offres de paix, 251. 254. — Bon mot, 256. — Entrevue avec Catherine à Saint-Mesmin, 278.

Condobart, Jean, messager à Aurillac et martyr, I, 771.

Condom, localité du Gers, I, 793. 804. II, 754.

CONDOM, l'évêque de (Charles de Pisseleu), II, 600.
CONDORCET, Henri de Caritat, baron de, capitaine protestant à Montélimart, I, 343. III, 221.
CONDOS (voy. LA MIEUSSEUX-CONDOS).
CÔNE (voy. COSNE).
CONFESSION de foi des Eglises de France au Synode national de Paris, I, 172. 173. 228. II, 317. — Présentée au roi, 490.
CONFESSION de foi préparée par le cardinal de Lorraine, comme un piège pour les Châtillon, I, 387.
CONFESSION de foi des Eglises, présentée par Spifame à Francfort, II, 156.
CONFESSION de foi wurtembergeoise, produite au colloque de Poissy, I, 588.
CONFIGNOL, enseigne huguenot à Montauban, III, 137.
CONFLANS, localité du Maine, II, 538.
CONFOLANS, N., capitaine huguenot à Rouen, II, 636. 640.
CONFOULANS (Confolens), ville du Limousin, II, 835.
CONNAS, sieur de, capitaine catholique devant Béziers, gouverneur de Pézénas, III, 148. 149. 161. 162. 166. 171.
CONNÉTABLE, Anne de Montmorency; son influence sur Henri II, I, 68. — Son caractère, 144. 162. — Excite le roi lors de la mercuriale au parlement, 192. — Sa position, 212. — Assiste à l'assemblée de Fontainebleau, 275. — Il est menacé, 387. — Avances que lui fait la reine-mère, 403. — Va aux Etats-Généraux d'Orléans, 404. 407. — Partage le mécontentement du roi de Navarre contre les Guise, 454. — Excité contre les protestants par un sermon de l'évêque de Valence, 456. — Sa femme et son beau-frère Honorat de Savoie, 457. — Assiste à la déclaration d'innocence de Condé, 467. — Aux Etats de Pontoise, 473. — Membre du triumvirat, 489. — Propos sur l'entrevue du cardinal de Lorraine et de Bèze. 498. — Hostile à l'assemblée des notables de Saint-Germain, 674. — Opposition à l'Edit de Janvier, 687. — Visite Guise à Nanteuil après le massacre de Vassy, II, 3. — Saccage les temples de Paris, 12. 180. — Entrevue avec Condé à Port l'Anglais, 195. — Marche sur Paris, 196. — Assiste à l'entrevue de Saint-Marceau, 197. — Présages de sa mort à Saint-Denis, 229. — Sa rencontre avec l'armée de Condé à Blainville, près de Dreux, 231. — Sa canonnade met en déroute les reîtres, 232. — Sa lutte avec l'avant-garde ennemie, 233. — Sa troupe défaite par l'amiral, 235. — Prisonnier, 242. — Nouvelles de sa prise à Paris, 243. — Conduit à Orléans, 244. — Remplacé par Guise comme général de l'armée catholique, 245. — Caraccioli parlemente avec lui à Orléans, 246. 251. — Près d'Aubigny, 252. 256. — Entrevue avec Condé à l'Ile-aux-Bœufs, 278. 308. — Envoie une compagnie à Senlis, 337. — Ordonne en vain la délivrance du ministre Fournier, 368. 433. 437. — Demande des vivres à Gien, 453. — Ordonne de raser Châtillon-sur-Loing, 459. — Signe la capitulation de Bourges, 499. — Devant Rouen, 637. — Entrevue avec Marlorat, 648. — L'insulte pendant le supplice, 660. III, 44. — Fait nommer Guillaume de Joyeuse lieutenant du roi en Languedoc, 182. — Prend Metz, III, 436.
CONQUES, bourg de l'Aude, III, 2. 152.
CONRAT, Mathieu le, bourgeois de Metz, III, 446.
CONSERANS, petit pays des Pyrénées; l'évêque de, fait attaquer la ville de Foix, 870.
CONSISTOIRE, établi dans l'Eglise de Paris, I, 99.
CONSTANDIÈRE, sieur de la, martyr beauceron, II, 529.
CONSTANS, Jean, dit Robbi, métayer à Montauban, III, 94.
CONSTANS, Jean, le vieil, conseiller huguenot à Montauban, I, 834.
CONSTANS, Jean, ministre à Montauban, I, 215. 844. — A Lavaur, à

Saint-Léofaire, 852. — Son rôle au siège de Montauban, III, 62. 65. 66. 67. 75. 76. 77. 79. 80. 82. 83. 90. 99. 101. 105. 106. 108. 113. 115. 130.

Constant, Etienne, licencié et conseiller à Montauban, I, 831. III, 108.

Constantin, N., martyr à Rouen, I, 29.

Contarin (Contarini), cardinal, légat du pape en Allemagne, I, 282.

Contat, Jean, étudiant en Sorbonne, prend part à l'expédition au Brésil, I, 160.

Contour, Guillaume de, contrôleur-général des finances à Montpellier, III, 175.

Contré, capitaine catholique à Metz, III, 458.

Conty, ville de Picardie, II, 674.

Conty, Henri de Bourbon, marquis de, fils aîné du prince de Condé, II, 11.

Convertirade, La, localité du Rouergue, III, 198.

Cony (Coni), ville de Savoie, II, 141.

Cop, Nicolas, recteur de l'Université de Paris, I, 13. — Prononce un discours de Calvin; obligé de fuir, 14.

Copier, N., ministre à Mende, III, 194. 196.

Coppé, N., procureur à Sens, pillé, II, 401.

Coppet, baronnie de, sur territoire bernois, III, 478.

Coque, Jeanne, tuée à Gignac, III, 371.

Coquemant, Louis, banni de Meaux, I, 51.

Coqueville, sieur de, gentilhomme de Valognes, II, 703. 704.

Coras (ou Corax), Jean, conseiller au parlement de Toulouse, III, 29. 30. 31. 34. 45. 58. 90.

Corbarieu, localité près de Montauban, III, 96.

Corbeil, ville de l'Ile-de-France, II, 192. 193. 217.

Corbigny (ou Saint-Léonard), localité du Nivernais; commencements de l'Eglise, I, 64, 749. — Michel Rouillard y est ministre, 750. — Pillé, III, 421. 422. 424.

Cordeliers, les, d'Orléans; leur fraude, I, 17.

Cordier, Jean-Antoine, tué à Grimaud, III, 356.

Cordier, Jean; Marguerite femme de, blessée à Vassy, I, 726.

Cordière, La, capitaine pillard sous Chevenon; essaie de surprendre La Charité, II, 427.

Cordognac, sieur de, maître de camp de Baudiné à la bataille de Pézénas, III, 159.

Corges, localité de Beauce; Guise s'y établit, II, 250.

Corguilleray, Philippe de, dit du Pont, prend part à l'expédition du Brésil, I, 159. 160.

Corlarieu (Corbarieu), localité de Tarn-et-Garonne, III, 87.

Corlier, Thiebault, huguenot de Mâcon, III, 428.

Corlieu, Girard de, ministre à Troyes, I, 138. 292.

Cormery, bourg de la Touraine, II, 585.

Cormier, Jean Nodreux, sieur du, avocat et martyr à Angers, II, 552. 556.

Cormononcle, sieur de, capitaine huguenot, défait les pillards à Saint-Benoît (Aube), II, 392. 393.

Corne, Jacques La, huguenot déterré à Beaune, III, 406.

Cornefin, pendu à Orléans pour vol, II, 76.

Corneille, N., diacre à Cahors, I, 854.

Corneille, l'Ecossais, capitaine huguenot à Poitiers, II, 605. 606. 609.

Corneli, Georges, ministre tué à Saint-Auban, III, 378.

Cornet, château (voy. Corney).

Cornet, N., capitaine catholique à Toulouse, III, 25.

Corney, château près d'Orléans; Guise y loge, II, 268. 316.

Cornillon, localité de Provence, III, 373.

Cornisson, sieur de (Cornusson de Lavalette?), III, 98. 193.

Cornon, Jean, martyr à Mâcon, I, 23.

Cornonterrail (Cournonterral), bourg de l'Hérault, III, 163.

CORNOUAILLES, Nicolas de, bourgeois de Senlis, I, 162. — Emprisonné II, 339. — Fait amende honorable, 342.
CORNUS, localité de l'Aveyron, III, 193.
CORP (Corps), localité du Dauphiné, III, 277. 278. 334. 335.
CORRET, LE, lieutenant du comte de Burie, II, 757.
CORRILLAULT, prévôt des maréchaux à Cognac, II, 820.
CORROGE, Joseph, moine jacobin, inquisiteur à Carcassonne, III, 142.
CORTES, Melchior, martyr à Claviers, III, 354.
CORTILLAUT, Claude, marchand huguenot à Montauban, tué dans une sortie, III, 92.
CORVAIL, château près d'Orléans (sans doute le même que CORNEY), II, 301.
CORVIDAT, écolier de Toulouse, assassiné par Châlon, III, 134.
COS, bourg du Quercy, III, 118.
COSNE, ville du Nivernais, II, 427. 431. — Perdue par la faute de Genlis, 435. — Ses habitants protestants se retirent à Châtillon, 436. 438.
COSSÉ, maréchal de (voy. GONNOR).
COSSÉ, Charles de (voy. BRISSAC).
COSSÉ, bourg de l'Anjou ; massacres à, II, 575 suiv.
COSSIAN, Tristan, commissaire à Paris, I, 234.
COSSINS (Cosseins), capitaine catholique, participe à l'assassinat de Coligny, à la Saint-Barthélemy, III, 479. 480.
COSSON, N., ministre à Bellesme, I, 756. — Sa mort à Orléans, II, 149. 539.
COSSON, N., potier d'étain à Auxerre, tué, II, 406.
COSSON, Nicolas (voy. SAUSSON).
COSTA, de (voy. Pierre de LA COSTE).
COSTIER, capitaine huguenot tué devant Frontignan, III, 161.
COT, Aynemont, capitaine huguenot à Grenoble, III, 257.
COTENTIN, proclamation au bailliage de, II, 701.

COTEREAU, Robert, fouetté à Autun, I, 110.
COTEREAU, chanoine à Angers, II, 556.
COTÈRES (ou Cautères), N. Le Favois, sieur de, avocat au Mans, II, 530.
COTTE, Jean, libraire huguenot tué à Aurillac, I, 771.
COTTERETS (voy. VILLIERS-COTTERETS).
COTTIN, N., libertin à Rouen, I, 306.
COTTON, Noël (voy. BERTHONVILLE).
COTTON, Jean, chirurgien, tué à Saint-Remy, III, 363.
COTZ, sieur de, capitaine catholique, tué à Toulouse, III, 24.
COUBERON, N., tisserand, exhorte les martyrs de Meaux, I, 51. 52.
COUCHE, François La, huguenot à Arvert, persécuté, I, 202.
COUCY, sieur de, capitaine picard, va à Orléans, II, 344.
COUDRAY, N., capitaine huguenot à Dieppe, II, 681.
COUDRAY, château du Berry, II, 491.
COUDRAY, pont du, sur l'Orne, II, 723.
COUDRE, François Bouchard d'Aubeterre, sieur de Saint-Martin-de-la-, capitaine huguenot à Tours, II, 582. 587. 588. 604. 821.
COUDRÉE, Jean de la, curé à Autun, se prononce pour l'Evangile, I, 219.
COUGNAT, N. de, ministre à Moulins, II, 479.
COULANGES, sieur de, gentilhomme catholique des environs de Bourges, II, 485.
COULEINES, sieur de, ex-gouverneur huguenot de Chinon, II, 588.
COULOMBIER, N., capitaine catholique devant Montauban, III, 78. 90. 91. 118. 128. 129. 133. 134. 137. 149. 160.
COULOMBIERS, sieur de, gentilhomme huguenot à Béziers, III, 149.
COULON, Laurent, huguenot de Montauban, tué dans une sortie, III, 92.
COULONGES, sieur de, gentilhomme catholique à Mehun, II, 490.
COULOURS, village de l'Yonne, II, 391. 393.
COUMONS (Caumont), localité de Vaucluse, III, 264.

Table alphabétique. 669

Coupé, N., capitaine protestant de Paris, à Orléans, II, 23. 501.
Cour, conduite de la, à Chartres après le triumvirat, II, 110.
Cour, N. de Chiré, sieur de la, II, 243. — Son frère, ministre, blessé à Dreux, *ibid.*
Courault, Augustin, prédicateur appelé par Marguerite de Navarre, I, 14. — Se retire en Suisse, 15.
Courbaut, François, blessé au massacre de Vassy, I, 726.
Courbons, localité de Provence, III, 358.
Courcelles-sur-Nied, localité du pays messin, III, 465. 468. 469. 478.
Courcemont, village près du Mans, II, 532.
Courgains, village de la Sarthe, II, 537.
Courlieu (voy. Corlieu).
Coursebœuf-sous-Balon, village manceau, II, 534.
Courselles, sieur de, gentilhomme catholique près de Châtillon, II, 437. 438.
Court, Jacques, femme de, tuée à Murs, III, 371.
Court, Louis, bourgeois de Pertuis, III, 362.
Court, Pierre, tué à Lourmarin, III, 364.
Court, Le (voy. Le Court).
Courtain, Philippe, huissier à Arles, I, 44.
Courtaison, localité de Vaucluse, III, 271. 273.
Courtelary, interprète du roi, envoyé en Allemagne, pour prévenir les princes protestants contre Condé, I, 83. 84. 87.
Courtenay, Gabriel de Boullainvilliers, baron de, gentilhomme de la suite de Condé, viole une pauvre fille, II, 99.
Courtenay, localité du Loiret; protestants de, revenant du culte célébré à Sens, attaqués, III, 396.
Courtes, Antoine, martyr à Claviers, III, 354.
Courtet, N., capitaine catholique à Angers, II, 554.
Courtin, Augustin, tué à Pagny, II, 346.

Courtois, Ignace, bailli à Montargis, II, 463.
Courtois, Louis, blessé au massacre de Vassy, I, 726.
Courville, localité du pays Chartrain, I, 213.
Cous, Le moine de, envoyé en cour pour se plaindre des protestants d'Agen, I, 323.
Cousages, Christophe de, deuxième président au parlement de Bordeaux, I, 206.
Cousin, N., procureur à Toulouse, I, 825.
Cousin, Claude, d'Ay, tué à Epernay, II, 388.
Cousin, Jean, orfèvre à Paris, tué, II, 134.
Coussin, Julien, meurtrier catholique dans le Vendômois, II, 538.
Coussin, Pierre, meurtrier catholique dans le Vendômois, II, 538.
Coustances (Coutances), ville de Normandie, II, 708.
Coutras, ville de Guyenne; le ministre de, tué, II, 831.
Couturier, un, brûlé à Paris, I, 79.
Couvrepuis, Colas, martyr à Vassy, I, 725.
Coye, Marie, tuée à Tourves, III, 374.
Coyfart (voy. Coiffart).
Cozes, bourg de Saintonge, II, 825.
Cramoyn, capitaine catholique devant Montauban, III, 78.
Cran (Craon), ville de la Mayenne, II, 557. 569. — Les réformés occupent le château, 570. 571. — Persécutions à, 572. 573. — La ville livrée à la populace, 574.
Cranequin, Jean, praticien à Bourges, I, 58.
Cravan, sieur de, partisan de Condé, II, 155.
Creissac, Jean, martyr à Montauban, III, 78.
Cremat, sieur de, gentilhomme catholique dans les Cévennes, I, 889.
Crémieux, ville du Dauphiné, III, 231. 232. 282. 284. 336.
Creny, sieur de, gentilhomme catholique de Normandie, II, 696.
Créon, Pierre, dit Nez-d'Argent, prend part au tumulte de Saint-Médard à Paris, I, 671. — Pendu, 674.

CRÉQUI, Antoine de, évêque de Thérouanne et de Nantes, cardinal, I, 153. — Sa maison à Abbeville, II, 349.
CRESPIAS, les frères, huguenots de Loupiac, III, 201.
CRESPIN, Antoine, tué à Cabrières, III, 366.
CRESPIN, Jean, son *Histoire des Martyrs*, I, 21. 23. 28. 79. 90. 91. 92. 95. 97. 109. 111. 124. 125. 132. 141. 157. 158. 161. 168. 171. 217.
CRESSAC, diacre de Puy-La-Roque et martyr, III, 36. 37.
CREST, Jean. tué à Saint-Martin-de-Castillon, III, 365.
CREVANS, village près de Beaugency, I, 288.
CREVENT (Crevans), localité de la Haute-Saône ; d'Andelot y passe l'Yonne, II, 186.
CRILLON, capitaine catholique dans le Comtat-Venaissin, I, 360.
CRISAS, Etienne, chaussetier d'Albi, dit le capitaine La Croix, chef catholique, III, 194.
CROISETTES, Laurent des, substitut du procureur-général au parlement de Paris, I, 261. II, 317.
CROISIL (Le Croisic), localité de la Loire-Inférieure, I, 96. 152. 153.
CROISSANS, Pierre Sestier, dit des (ou du Croissans), ministre à Montauban, I, 832. 841. 843. 844. — Au Fau, 851. 853. — A Pamiers, 866. 867. — Prêche à Montauban, III, 61. 62. — Quitte la ville, 64. — Se tient caché, 76. 79. 99. — Assiste à un conseil de guerre, 106. 112. 113. — Sa mort, 134.
CROISSON, Polyte, tué à Gignac, III, 376.
CROIX, Jean de la, secrétaire du roi à Rouen, II, 663.
CROIX, de la, Robert (voy. Robert BARBIER).
CROIX, Laurent de la (voy. CANUS).
CROIX-HAUTE, col de la, dans les Alpes du Dauphiné, III, 274.
CROSE, LA, capitaine (voy. LA CROSE).
CROSES, Antoine, tué à Lourmarin, III, 377.
CROSES, Jean des (ou de Crose), capitaine huguenot en Normandie, II, 624. 633. 661. 662. 726.
CROSNIER, Guillaume, martyr à Angers, II, 559.
CROSSES, village près de Bourges, II, 500.
CROUESSE, François, prêtre persécuteur à Rutain, II, 537.
CROUY (Croy), maison de, I, 672. II, 394.
CROZILLE, Robert, martyr à Angers, II, 555.
CROZILLE (ou Crouzille), capitaine huguenot à Lignan, III, 158. 160.
CROZILLE, LA (La Crouzille), capitaine catholique devant Montauban, III, 78. 158.
CRUARDIÈRE, sieur de, gentilhomme angevin, II, 549. 556.
CRUSEAU, Jean, ministre à Sainte-Foy, II, 799.
CRUSSOL, Antoine comte de, duc d'Uzès; envoyé à Nérac pour attirer le roi de Navarre à Orléans, I, 325. — A Montpellier, 330. — En Dauphiné et Languedoc, 720. 882. — A Villeneuve-d'Avignon, 888. — Sa mission en Provence, 895. — Envoyé en Languedoc, 901. — Duras veut aller le rejoindre, II, 777. — Sa mère, 796. — Intervient à Toulouse, III, 10. — Ecrit à ceux de Montauban, 126. — Ordonne aux huguenots de Nîmes de quitter leurs temples, 138. 139. 142. 143. 145. 146. — Nommé chef des protestants du Languedoc, 174. 175. 179. 180. 181. 182. 183. 188. 199. — Arrive à Lyon, 216. 233. 238. 249. 264. 291. 301. 306. 307. — Délivre Grenoble, 312. 313. 317. 366. — On lui promet le gouvernement de Metz, 471.
CRUSSOL, Jacques de (voy. BEAUDINÉ).
CRUSSOL, dame de ; son propos sur le cardinal de Lorraine, I, 497.
CUBART, Jaquette, veuve de Loys Chartier, à Issoudun, II, 512.
CUCURRON, localité de Provence, III, 372. 377.
CUERS, localité de Provence ; massacres à, III, 344. 351.
CUGES, capitaine catholique en Provence, III, 364.

Table alphabétique.

Cugy, Aimé de Glanes, sieur de, capitaine huguenot en Dauphiné, III, 295.
Cugnet (Cognet), village du Dauphiné, III, 310.
Curé de Saint-Paterne à Orléans, pendu, II, 109.
Curée, Gilbert, sieur de la; commande les argolets à Dreux, II, 231. — Envoyé à Tours par Condé, 582. — A Dieppe, 694. 695.
Curial, Bernardin, marchand protestant à Grenoble, I, 893. III, 248.
Curiat, Antoine de, tué à Sisteron, III, 355.
Cursol, de (voy. Crussol).
Curte, sieur de la (voy. de la Curée).
Curzol (voy. Crussol).
Cussin, Nicolas, blessé au massacre de Vassy. I, 726.
Cussonet, Guillaume de, emprisonné à Annonay, I, 341.
Cuzor, château de l'Agenois, I, 325.

D.

Dabidon, Sébastien, prêtre défroqué à Montauban, III, 123.
Daboval, tué à l'assemblée de La Cerisaye, I, 666.
Dachié, N., consul à Castelnaudary et martyr, III, 139.
Dagnon (voy. François Bourgoin).
Dagnon, Guillaume de, brûlé à Limoges, I, 96.
Dagonneau, Olivier, receveur du roi à Mâcon, huguenot. III, 428.
Dagues, eslu au Mans, meutrier catholique, II, 531.
Dagulhes, Bigorre, assassin catholique à Velaux, III, 355.
Daigna, de, avocat huguenot, tué à la prise de Granes, III, 199.
Daigna, Bertrand, sieur de, avocat du roi au parlement de Toulouse, chef de la faction catholique, I, 825. III, 58.
Daisse (voy. d'Aissi).
Dalbiac (voy. d'Albiac).
Dalesme, Léonard, conseiller au parlement de Bordeaux, I, 84.

Dalfas, Antoine, avocat huguenot à Grenoble, I, 891.
Dalibert, Jean; assemblée des protestants d'Orléans dans sa maison, I, 737.
Dallies, N., avocat catholique à Toulon, I, 825.
Dalzon (voy. d'Alzon).
Damiate, localité du Tarn, III, 178. 207.
Damfront (Domfront), ville de l'Orne, II, 701.
Dammartin, sieur de; sa maison à Amiens ruinée, II, 346.
Dammesan ou Damanzan, (l. Damazan), localité près de Condom, I, 793. II, 768.
Damours (voy. d'Amours).
Dampierre, sieur de, capitaine de l'amiral; surprend les bagages du cardinal de Ferrare, II, 145. — Prend Sully, 252. — Somme Gien de se rendre, 253. — Demande la grâce d'un capitaine catholique à Mortagne, 333. 433. — Dresse une embuscade à Chevenon, 437. 456. — Détruit l'abbaye de Fontaine-Jean, 460.
Dampierre, château de, près de Gien, II, 454.
Dampmartin-le-Franc, localité près de Joinville, III, 250.
Damville. Henri de Montmorency, sieur de, maréchal de France, amène la défection de Genlis, II, 215. — A Dreux, 234. — Met Condé en sûreté contre les attentats des Guise, 249 suiv. — Envoie Battresse à Caen, 331. — Opère en Normandie, 681. 698. — Gouverne le Languedoc, III, 182. 183. 191. 201.
Dandot, Louis, martyr à Forcalquier, III, 346.
Danéamille, Jacques, Dariac, dit, vicaire-général à Toulouse, I, 327.
Daneau, Lambert (Danneau), ministre à Gien, II, 448. 456.
Danes, Jean, huguenot à Revel, I, 873.
Danès, Pierre, professeur au Collège de France, évêque de Lavaur, I, 4. 48. 852.
Dangarravaques, sieur de (Engarre-

vaques, d'), colonel d'un régiment catholique, III, 184.
DANGEREUX, N., surnommé Le, bourgeois séditieux à Entrain, pendu, II, 425.
DANGNON (voy. DAGNON).
DANGU, Nicolas, évêque de Mende, confident du roi de Navarre, I. 226. — Le gagne aux Guise, 688. — Confesse le roi mourant, II, 665. III, 195. — Portrait de ce personnage, 203.
DANIEL, martyr à Vassy, I, 725.
DANIEL, François, avocat à Orléans, I, 9.
DANIEL, Nicolas Gorre, dit, ministre à Poitiers et à Angers, I, 151. 302.
DANNEAU (voy. DANEAU).
DANQUEVILLE, N., conseiller au parlement de Toulouse, III, 127.
DANTOINE (voy. d'ANTOINE, Mathieu).
DAPHIS, N., président au parlement de Toulouse, I, 817. 839. III, 5.
DARDENAY (voy. ARTENAY).
DAREAU, Guillaume, capitoul à Toulouse, I, 818. 825. III. 58.
DARIAC, Jacques (voy. DANÉAMILLE).
DARIAC, N., conseiller au parlement de Toulouse, I, 825.
DARIAT, Jean Tieys ou Treys, dit, bourgeois de Montauban, III, 66. 100. 102. 123. 124. 132.
DARIAT, Jean, receveur du Quercy (le même que le précédent ?), III, 132.
DARNETAL, bourg de Normandie, II, 618. 625. 637. 638. 643.
DARPAJON (voy. d'ARPAGON).
DARUT, Jean, marchand huguenot de Lyon, III, 220.
DAS, Bastien, soldat italien à la solde du baron des Adrets, III, 292.
DASNIÈRES, Antoine et George, protestants de Gien, I, 163.
DAUCHES, Pierre ou Peyrot, chef de bandes catholique à Carcassonne, III, 151. 183.
DAULPS, Arband, dit Nez d'Argent, huguenot tué à Brignoles, III, 366.
DAUPHIN, Honoré, huguenot de Thoard, III, 354.
DAUPHIN, Jean et Claudine, blessés au massacre de Vassy, I, 726.

DAUPHIN (Delfino), Zacharie, évêque du Phare (Faro), I, 449.
DAUPHINÉ, province du, I, 36. — Etablissement des premières Eglises, 219. — Condé y envoie Saint-Auban, 225. — Grands mouvements en, 342. 347. 355. 361. 372. — Envoi du sieur de Crussol, 720. — Etat des Eglises, 890. II, 190.
DAUZANVILLERS, Benjamin, Girard et Nicolas, blessés au massacre de Vassy, I, 726.
DAVANSON (voy. d'AVANÇON).
DAVARET (voy. d'AVARET).
DAVID, Claude, orfèvre à Paris, traître, I, 239.
DAVID, Gilles, de Tourette, martyr à Fayence, III, 349.
DAVID, Louis, capitaine huguenot à Rouen, II, 616.
DAVID, Pierre, moine, prêche l'Evangile à Agen, I, 102. — A Nérac, 103. 106. — Prêche à Tours, 302.
DAX, ville des Landes, I, 800.
DAYGNA (voy. DAIGNA).
DAYSSE (voy. AISSE).
DEBRARD, N., ministre à Londres et à Amiens, martyr, II, 681.
DECHÉS, Colas, martyr à Vassy, I, 725.
DECIZE, ville du Nivernais, II, 416.
DÉCLARATION de Blois, sur l'état de Paris, II, 255.
DEFFAURS, capitaine sous le baron des Adrets dans le Dauphiné, III, 304.
DEHAN, Jean, frère minime, prédicateur fanatique à Paris, II, 166. — Excite le peuple, 457. — Membre de la conférence de Saint-Germain, 692.
DEÏTES, secte fondée par Guillaume Postel, I, 88.
DELACROIX, L. (voy. CANUS).
DELANTA, abbé de Sainte-Croix, à Saint-Sévérin, persécuteur, I, 209.
DELAPORTE, Eustache (voy. de LA PORTE).
DELAS, Gratien, avocat du roi à Agen, huguenot, I, 790. II, 764.
DELAVI, Jacob, martyr à Vassy, I, 725.
DELISLE, André Guillard, sieur du Mortier; la reine-mère lui écrit, I, 645.

DELPECH, François, meneur catholique à Toulouse, I, 817.
DELPECH (Delpuech), Pierre (voy. PUECH, Pierre).
DEL RIU, capitaine huguenot à Montauban, III, 135.
DEMANDOLS, sieur de, gentilhomme provençal tué, III, 377. 378. 379. 380. 382.
DEMANDOLS, localité de Provence, III, 370. 378.
DÉMOCHARÈS ou de Mouchy, sorbonniste inquisiteur, écrit contre les réformés, I, 124. 128. 230. 235. 238. — Ses odieuses menées, 258. 261. — Assiste à la conférence de Saint-Germain, 692.
DENAUGES, localité près de Rauzan (Gironde) II, 770.
DENIS, Jason, avocat à Issoudun, II, 505. 506.
DENIS, N., solliciteur au parlement et martyr à Toulouse, III, 33.
DÉNOCHEAU, Pierre, brûlé à Chartres, I, 93.
DÉON, Crespin, tué à Céant-en-Othe, II, 394.
DEPORTA (voy. de PORTA).
DEQUERCU (voy. de QUERCU).
DERBES, Etienne, martyr à Barjols, III, 340.
DERSES, Antoine, martyr à Barjols, III, 348.
DES ADRETS (voy. ADRETS).
DESAILLANS, diacre de l'Eglise de Valence, I, 345.
DE SAINTES (voy. SAINTES).
DESBORDES, N., sieur, gentilhomme du duc de Nevers, le séduit, le blesse grièvement sans le vouloir et meurt lui-même à Dreux, II, 241. 242. — Se querelle avec le frère de Genlis, 371. — Son influence sur Nevers, *ibid.* — Ses exploits contre les protestants de Troyes, 374. — Fait exécuter des huguenots, 380. — Envoie des troupes contre Bar-sur-Seine, 386. — Son influence fâcheuse sur Nevers, 409.
DESCALICES, Barthélemy, catholique tué à Marseille, III, 357.
DESCARS (voy. d'ESCARS).
DESCHAMPS, N., capitaine protestant en Normandie, II, 706. 708. 716.

DESCROISETTES (voy. CROISETTES).
DESCROISSANS (voy. CROISSANS).
DES FOSSES, Claude, écolier à Paris, impliqué dans l'affaire des placards, se sauve à Bourges, I, 16.
DES FOSSES, Jean, lieutenant-général du roi à Issoudun, I, 65.
DES FOSSÉZ, demoiselle, dame d'honneur de la princesse de Condé, malade à Orléans, II, 111.
DESFOZ, ministre à La Châtre, I, 213.
DES GALARS, Nicolas (voy. GALARS).
DESGRANGES (voy. GRANGES).
DESGUERRES, curé, lieutenant à La Charité, II, 432.
DÉSIRÉ, Arthus, prêtre, auteur d'un livre rimé, I, 693. — Député en Espagne par les sorbonnistes, arrêté, 730. — Ses pétitions, 730. — Le curé de Saint-Paterne à Orléans, son complice, II, 109.
DESJARDINS, N., lieutenant criminel à Paris, I. 671. 672. 690.
DESJARDINS, Jean, massacré à Senlis. II, 343. 344.
DESLANDES, sieur du Moulin, exécuté pour adultère à Orléans, II, 336.
DES MARAIS (voy. des MARAIS).
DESMASURES, Louis, ministre à Metz, III, 454.
DES MARETS, gentilhomme huguenot de l'Anjou, II, 548.
DESMERANGES (voy. CHANORRIER).
DESPEAUX, René, sieur de Gaubert, gouverneur de Craon, II, 499. 569.
DESPAILLA, soldat huguenot à Montauban, III, 129.
DESPENCE (d'Espence), Claude, théologien catholique, prêche librement à Paris, I, 32. — Chargé de la rédaction du discours du cardinal de Lorraine à Poissy, 525. — Assiste le cardinal, 528. — Répond à Bèze, 577. — Se prétend vainqueur, 589. — Met en avant la question de la présence réelle, 598. — Loue le discours de P. Martyr, 599. — Appelé à une conférence particulière avec Bèze, 603. — Y combat la formule des ministres sur la cène, 607. — En propose une autre, 608. — Elle est rejetée par les prélats, 609. — Membre

674 *Table alphabétique.*

de la conférence de Saint-Germain, 692.
DESPLANS, sieur, huguenot à Lyon, III, 219.
DESPORTES, Guillaume, président au parlement de Grenoble, I, 892. III, 248. 255. 256.
DESPREZ, Pierre, dit curé de Chiré, ministre, prêche à Poitiers, I, 764.
DES RIEUX (voy. RIEUX).
DESROCHES, ministre à Rouen, I, 310. II, 646. 657.
DESSUS, Jacques, bourgeois catholique de Toulouse, envoyé à la cour, I, 817.
DESSUS, Pierre, bourgeois catholique de Revel, tué, I, 874.
DESTERNAY (voy. d'ESTERNAY).
DESTRADES, Pierre, lieutenant criminel à Agen, I, 25. — Persécuteur, 84.
DESTRECH, Jean du, dit Tanelon (ou Taurelon), meurtrier catholique à Arles, III, 340. 352. 353.
DE THOU (voy. THOU).
DEUILLI (Dueilly), Jeanne de Scepeaux de Vieilleville, femme du baron de, III, 468.
DEUX-LYONS, sieur de, gentilhomme protestant à La Charité, II, 428.
DEUX-PONTS, Wolfgang, duc de, II, 35. 275. III, 443. 478.
DEUX-PONTS (Zweibrücken), ville du Palatinat, III, 446.
DE VAILLY (voy. VAILLY).
DEVANGE, enquêteur à Sens, pillé, II, 401.
DIANE DE POITIERS, duchesse de Valentinois; son influence sur Henri II, I, 68. — Occasionne le martyre d'un couturier, 79. — Sa déchéance, 212. — Son château de Limours, 225. — Donne un état à Guy de Godail, 324. — Clermont, lieutenant du roi en Dauphiné, est son parent, 347. 355. — Les Guise et Saint-André prétendent à sa succession, 445.
DIARRE, localité de Champagne; les protestants y sont pillés, II, 391.
DIDIER, Didier, blessé au massacre de Vassy, I, 726.
DIDIER, moine chartreux à Metz, III, 437.

DIEPPE (Normandie), Église et ville de, I, 220. — On y prêche publiquement, 306. — Présente une confession de foi, 309. 311. — Ville réclamée par les Anglais, II, 633. 634. — Se prépare à la défense après le massacre de Vassy, 671. — Brissac essaie de la surprendre, 692.
DIESBACH, Nicolas de, colonel des troupes suisses, III, 418. 421.
DIEURAT, François, ministre dans l'Agenois, I, 806.
DIGER, avocat huguenot à Mâcon, III, 428.
DIGNE, ville de Provence; massacres à, III, 343. 358. 370.
DIGOIN, bourg de Saône-et-Loire, II, 481.
DIGOINE, Claude, meurtrier à Vassy, I, 727.
DIGUE, rivière de Normandie, II, 701.
DIJON, parlement de, I, 26. 78. 93. — Ses persécutions, 137. 219. — Son opposition à l'Édit de Janvier, 687.
DIJON, ville de Bourgogne; persécutions à, I, 137. — Commencements de l'Évangile, 778.
DILLER, Michel, théologien allemand envoyé à Poissy, I, 616.
DIOIS, sieur de, gentilhomme catholique, commandant à Bourges, II, 487.
DIOU, village près d'Issoudun, II, 505.
DIOU, sieur de, conseiller au parlement de Paris, II, 319.
DISCIPLINE ecclésiastique des Églises de France, I, 185.
DISMES, Jacques Le, blessé au massacre de Vassy, I, 726.
DISPANIA, Nicolas, avocat à Toulouse, III, 33.
DIVOLE, N., moine jacobin à Angers, I, 754.
DIVONNEAU, Jean, commissaire à Paris, I, 234.
DIXMONT (Dymont), localité de l'Yonne; conjuration contre les protestants, II, 393.
DOCQUENAUX, Laurent, de Meaux, pendu, II, 358. 359.
DOGNY, N., bourgeois catholique de Chalais, assassiné, II, 532.

Table alphabétique.

Dohna, Christophe de, envoyé de Condé en Allemagne, II, 135. — Organise l'arrivée des secours, 136.
Doidier, Martin, huguenot tué à Forcalquier, III, 359.
Doivet (voy. Doyvet).
Dolon, capitaine catholique dans le Dauphiné, III, 273.
Dolus, village de l'île d'Oléron, II, 822.
Dombes, principauté de, III, 233. 234. 235.
Domcham (Domazan), village près de Nîmes, III, 155.
Domicelli, inquisiteur à Embrun, I, 26.
Dominici, Bernard, de l'ordre de la Trinité, à Metz, III, 438. 455.
Dommartin, Antoine de Saussure, sieur de, gentilhomme lorrain, III, 441.
Domo, Pierre de, martyr à Gaillac, III, 69.
Donadieu, Sauvaire, huguenot tué à Digne, III, 358.
Donas, Claude, martyr à Angers, I, 108.
Dondeville (Doudeville), village de Normandie, II, 697.
Dones, capitaine catholique à Béziers, tué devant Agde, III, 147. 148. 149. 150.
Donjat, Guillem, conseiller au parlement de Toulouse, III, 31.
Donmenge de Nîmes, sieur de Remingan, bourgeois catholique de Mont-de-Marsan, fauteur de troubles, II, 809. 810. 812.
Donzois, Le (ou Douziois), partie du Nivernais, II, 418.
Dorieux, Jean, marchand huguenot à Troyes, III, 382.
Doriol, Claude (Dariot?), médecin à Beaune, III, 405.
Dormant (Dormans), localité de la Marne, III, 479.
Dormesay (Ormsby, Edward), capitaine anglais, II, 678.
Dormy, N., conseiller au parlement de Paris, II, 310.
Dornberg, Gaspard de, capitaine de reîtres, se joint à Condé, II, 107.
Dorsaine, Antoine, lieutenant-général à Issoudun, I, 104. 148. 292. — Professe la religion, 761. II, 506. 507. 509.
Dou, La (l'Adour), rivière, I, 800.
Doubte, François, l'un des fondateurs de l'Église d'Orléans, I, 111.
Douliancourt (voy. d'Aussi).
Doullyoules (voy. Ollioules).
Doumenge (voy. Donmenge).
Dourdan, ville de Seine-et-Oise, se rend à Condé, II, 194.
Douziois, Le (voy. Donzois).
Doysel (voy. d'Oysel).
Doyvet (ou Dryvet), Antoine, lieutenant-général pour Saint-Pierre-le-Moustier, persécuteur à Corbigny, II, 422. 423. 430. 432.
Drac, Adrian du, conseiller au parlement de Paris, II, 310. 318.
Drac, rivière du Dauphiné, III, 289.
Draguignan, ville de Provence, I, 99. 157. 374. 378.
Drapier, Adam le (voy. Adam).
Drapier, un, tué à Auxerre, II, 407.
Drassey (Dracé), localité du Beaujolais, III, 416.
Dreux, vicomte de, prend L'Aigle, II, 332.
Dreux, ville d'Eure-et-Loir; persécutions à, II, 130. 227.
Dreux, bataille de, I, 425. II, 229. 230. 231. 232. 233. 239. 240. 243. 257.
Drouet, Guillaume, martyr à Vassy, I, 725.
Druelle, capitaine huguenot à Montauban, III, 94.
Druy (Druy-Parigny), château du Nivernais, pris par les catholiques, II, 417.
Dryvet, Antoine (voy. Doyvet).
Du Ban (voy. Ban).
Du Bellay (voy. Bellay).
Du Blanc (voy. Blanc).
Dubois, François, lieutenant de Corbigny et persécuteur, I, 750. II, 422 suiv.
Dubois, N., ministre du Plain et à Valognes, II, 701.
Dubois, Nicolas, boucher à Metz, III, 475.
Du Bois, Watrin, moine jacobin, prêche librement à Metz, III, 433.
Du Bordel (voy. Bordel).
Du Bosquet (voy. Bosquet).

Du Bost, Jean, lieutenant du juge de Montauban, huguenot, I, 834. III, 136.
Du Bourg, Anne, conseiller au parlement de Paris, arrêté, I, 193. — Son procès, 196. 221. 227. — Aggravation de sa captivité, 241 suiv. — Intercession de l'Electeur palatin, 246. — Son supplice, 247.
Du Bourg, Gabriel, conseiller au parlement de Toulouse, III, 29. 31. 58.
Du Bourg, Jean, marchand drapier et martyr à Paris, I, 21.
Du Bourrel, dit Ponsenas, avocat à Grenoble, I, 351. 366 suiv.
Du Boys, prévôt à Villeneuve-d'Avignon, massacré, I, 889.
Du Buisson, personnage mentionné dans l'interrogatoire de Poltrot, II, 317.
Ducey, château de Montgomery en Normandie, II, 432. 706.
Du Chasteau, Pierre, juge à Limoux, III, 152.
Duche (voy. La Duche).
Duchemin, Antoine, médecin huguenot à Béziers, blessé mortellement, III, 175. 179.
Duchemin, Guillaume, commissaire à Paris, I, 234.
Duchemin, Jean (voy. Le Masson).
Duchemin, Nicolas, jurisconsulte à Orléans, I, 9.
Du Chesnoy (voy. Chesnoy).
Du Croissant (voy. des Croissants).
Ducros, N., bourgeois de Toulouse, III, 29.
Du Fau, Antoine, conseiller au présidial d'Aurillac, I, 773.
Du Faur, Raymond (voy. Faur).
Du Faur, Jean (voy. Faure).
Du Faur, Michel (voy. du Faur).
Du Faur, Louis, conseiller au parlement de Paris, arrêté, I, 194. — Son procès, 243. 255 suiv.
Du Faur, Charles, conseiller à Toulouse, persécuté, III, 31.
Du Fay, François et Ymbert, seigneurs de Changy, déposent au procès de Condé, I, 466.
Du Fossé (voy. Fossé).
Du Gué (voy. Boisnormant).
Du Harlay (voy. Harlay).

Du Mas (voy. Mas, Le).
Dumas, Louis, ministre à Espalion et Florac, III, 198.
Du Mazel, procureur à Toulouse, pillé, III, 29.
Du Mesnil, Baptiste, avocat du roi à Paris, I, 126.
Du Mesnil, Pierre, protestant de Senlis, tué, II, 338.
Du Mesnil, Jean, chanoine à Senlis, II, 338.
Dumet, Jacques, apothicaire, tué à Arles, III, 353.
Du Mex, Jean, curé de Corbigny, I, 750.
Du Mex, Léonard, gentilhomme huguenot près de Corbigny, tué, II, 422.
Du Mont (voy. Védoque).
Du Mont, N., ministre à Châtillon-sur-Loire, II, 514.
Du Mortier, membre du conseil privé, I, 473. II, 518.
Du Moulin, Charles, avocat au parlement de Paris, III, 244.
Du Moulin, Claude, ministre à Fontenay-le-Comte, envoyé à Orléans, I, 741.
Du Moulin, Jean, député du Berry aux Etats d'Orléans, I, 296.
Du Moulin (voy. Deslandes).
Dunes, localité de l'Agenois, II, 758.
Du Nort (voy. Nort).
Du Palmier (voy. Salvart).
Du Périer, (ou de Peirier), Pierre ministre à Montauban, I, 215. — Au Fau et à Bruniquel, 851. — De nouveau à Montauban, III, 62. 66. 67. — Tué à Gaillac, 70.
Du Perron, ministre à Rouen, I, 773. II, 657.
Du Pin (voy. Gravelle).
Du Pins, conseiller au parlement de Toulouse, III, 31.
Du Plessis (voy. Plessis).
Dupleix, Antoine (voy. Gremian).
Du Point, Jean, dépose au procès de Condé, I, 465.
Du Poix, Raymond, marchand huguenot à Carcassonne, I, 876.
Du Pont, N., ministre à Bazas, I, 806.
Du Pont, Pierre, tué à Barjols, III, 341.
Du Pont, Jean, soldat à Abbeville, tué, II, 340.

Table alphabétique.

Du Pont, sergent du capitaine Saint-Michel, à Montauban, III, 83. 84.
Du Pont (voy. Phil. de Corguilleray).
Du Pont, Pierre, régent à Agen, va à Genève, I, 25.
Du Poy, Christophe, ancien à Hiers, député à Orléans, I, 813.
Du Prat, Antoine, chancelier de France, persécuteur, I, 5. 6. 7. 17. — Sa maison, III, 22. — Son fils naturel l'évêque de Mende, 202. 203.
Du Prat, bourgeois de Toulouse, III, 22.
Du Pré, N, maître des requêtes, l'un des juges de Poltrot, II, 311.
Du Pré, N., ministre à Chalon-sur-Saône, I, 220.
Du Puy, Jean, dit Bonafex, ancien notaire à Revel, I, 872. 873.
Du Puy, N., conseiller au parlement de Paris, II, 108.
Du Puy, Dominique, persécuteur dans les Cévennes, I, 339.
Du Puy, sergent de Fontgrave, à Montauban, III, 124.
Du Puys, libraire parisien, tué à Toulouse, III, 32.
Du Ran (voy. du Ran).
Durance, rivière, III, 275.
Durand, le cordonnier, martyr à Aix, III, 347.
Durant, Antoine, lieutenant du juge à Montauban, huguenot, I, 834. III, 105. 136.
Durant, Pierre, boucher à Aix, I, 47.
Durant, N., procureur à Paris, I, 241.
Durant, Nicolas, dit de Villegagnon, apostat, I, 139. 158. — Sa dispute avec le ministre Chasseboeuf, II, 580.
Durant, Spire, martyr à Senas, III, 349.
Durant-Brassac, marchand huguenot à Montauban, I, 837.
Duras, Symphorien de Durfort, comte de; partisan de Condé, envoyé en Guyenne, II, 102. — Arrive à Orléans avec les restes de son armée, 187. 226. — Guise lui enlève Etampes, 249. — Placé à Orléans, 253. — Y meurt, 282. — A Poitiers, 602. — Invité à défendre la Guyenne contre Monluc, 753. — Essaie de surprendre Bordeaux, 764. 765. 766. — Fait prisonnier le comte de Candale, 767. — Prend Saint-Macaire, 768. — Battu près de Rauzan, 769. 770. — Ses mesures ultérieures, 771. 773. — Prend Lauzerte, 775. — Assiège Sarlat, 787. — Est défait par Monluc, 788. 789. 790. — Sa retraite vers Saintes, 792. — Rejoint La Rochefoucauld et arrive à Orléans, 793. — Enrôle des troupes à Orléans, III, 88. — Prend Caylus, 89. — Conseille de capituler à ceux de Montauban, 90. — Arrive à Montauban, sa conduite, 92. 94. 96. 97. 98. 197. 224.
Duras, le jeune (Jean de Duras de Durfort), cadet du précédent, II, 789.
Duras, la dame de, II, 771.
Duras, ville de l'Agenois, II, 771.
Durbaut, Jean, meurtrier catholique à Arles, III, 353.
Du Reau (voy. Reau).
Durefeu, sieur de, parlementaire à Rouen, III, 645. 646.
Duretal, ville et château de l'Anjou, III, 468. 471.
Du Rosier (voy. Rosier).
Du Rouet, Louise de la Béraudière, demoiselle, maîtresse du roi de Navarre, I, 689. II, 650.
Du Rousseau, Nicolas, martyr à Dijon, I, 137.
Du Roux, N., juge-mage à Carcassonne, I, 876.
Du Roux, Pierre, marchand huguenot à Béziers, I, 879. 880.
Durre, capitaine catholique à Sorrèze, III, 184.
Durval, Jean, capitaine protestant à Montauban, III, 75. 92.
Du Seau (voy. Seau).
Du Solier (voy. du Solier).
Dusson, Ferrand, seigneur de, gentilhomme huguenot, massacré à L'Isle-Bouchard, II, 591.
Du Teil (voy. du Teil).
Du Terme, Michel et Jeanne, blessés au massacre de Vassy, I, 726.
Du Vache, conseiller au parlement de Grenoble, commissaire en Dauphiné, I, 351.
Du Val, évêque de Séez, assiste à la conférence de Saint-Germain, I, 605. 606.

Du Val, conseiller au parlement de Paris, pillé, se réfugie à La Ferté, II, 358.
Du Val, avocat au Mans, II, 534.
Du Vaux, Jean, huguenot d'Arvert ; son enfant rebaptisé meurt, I, 134.
Du Verdoy, gentilhomme catholique du Nivernais, II, 438.
Du Verger (voy. Verger).
Duzane, Trophime, meurtrier catholique à Arles, III, 352. 353.
Dye (Die), ville du Dauphiné, II, 277.
Dymon (voy. Dixmont).
Dymonet, Mathieu, martyr à Lyon, I, 91.

E.

Ecluse, sieur de l', gentilhomme catholique de Bourgogne, III, 414.
Ecoliers, cinq, brûlés à Lyon, I, 88.
Ecosse, Marie reine de France et d'; retourne dans son pays, I, 471. — Déclaration de la reine Elisabeth contre elle, II, 732.
Ecouen (Seine-et-Oise), maison du connétable de Montmorency, I, 194.
Ecrivain (voy. Escrivain).
Edit plus rigoureux contre les hérétiques, I, 229.
Edit du 20 Novembre 1560, I, 245.
Edit d'Amboise, ou d'abolition, I, 265. 343.
Edit de Chateaubriant, I, 84.
Edit de Fontainebleau, I, 339. 342.
Edit de Janvier (voy. Edit de Fontainebleau).
Edit du 19 Avril 1561, défendant l'emploi des mots de huguenots et papistes, I, 457 suiv.
Edit de Romorantin, I, 274. 294. 298. 469.
Edit d'Octobre 1561, ordonnant de livrer les armes, I, 665.
Edit du 3 Novembre (ou 18 Octobre) 1561, ordonnant aux réformés de vider les temples, I, 665.
Edit de Janvier 1562, I, 674. — Déclaration restrictive du 14 février, 690. — Déclaration des députés protestants sur l'observation de l'édit, II, 21. 182. — Publié à Loisy avec des articles contraires, 359.
Edit du Mesnil, I, 728.
Edit de pacification d'Amboise, du 12 mars 1563, II, 282. 290.
Edouard VI d'Angleterre, I, 94. 410.
Eglises, leur premier établissement en France, I, 97. — Leur dénombrement, 669.
Eglise d'Abbeville, II, 347.
Eglise d'Agen, I, 215. 320.
Eglise d'Aigues-mortes, I, 218. 335.
Eglise d'Alais, I, 341.
Eglise d'Amiens, II, 345.
Eglise d'Anduze, I, 218. 340 suiv.
Eglise d'Angers, I, 107. 150. 302 suiv.
Eglise d'Angoulême, I, 214.
Eglise d'Angrogne, I, 137.
Eglise d'Annonay, I, 26. 53. 341.
Eglise d'Arvert, I, 101. 134. 139. 199. 201. 313.
Eglise d'Aubigny, I, 104.
Eglise d'Aubry, II, 450.
Eglise d'Autry (voy. Aubry).
Eglise d'Autun, I, 63. 96. 110. 219. 783.
Eglise d'Auxonne, I, 782.
Eglise de Bagnols, I, 341.
Eglise de Barre, I, 866.
Eglise de Beaugency, I, 164. 165.
Eglise de Bellême, I, 756.
Eglise de Béziers, I, 878.
Eglise de Blois, I, 105. 109. 148. 196. 299.
Eglise de Bourges, I, 10. 56. 83. 113. 295. 298. 387. 760. II, 105.
Eglise de Caen, I, 220. 306.
Eglise de Cahors, I, 216.
Eglise de Carcassonne, I, 875.
Eglise de Castellane, I, 172.
Eglise de Castelmoron, I, 790.
Eglise de Cataleux, I, 851.
Eglise de Caylus, I, 851.
Eglises des Cévennes, I, 339.
Eglise de Chalons, I, 219. II, 369.
Eglise de La Charité, I, 743. II, 426.
Eglise de Chartres, I, 213.
Eglise de Chatellerault, I, 198.
Eglise de Chatillon-sur-Loing, II, 457.
Eglise de Chatillon-sur-Loire, II, 435.

Table alphabétique. 679

Eglise de La Chatre, I, 213.
Eglise de Chinon, II, 589.
Eglise de Cieurac, I, 852.
Eglise de Cieurre, I, 850.
Eglise de Cisteron (Sisteron), I, 377.
Eglise de Compeyre, I, 866.
Eglise de Corbigny, I, 64. 749. II, 421.
Eglise de Cosne, II, 435.
Eglise du Croisil (Croisic), I, 153.
Eglise de Dieppe, I, 220. 306.
Eglise d'Entrains, II, 424. 426.
Eglise d'Espalion, I, 866.
Eglise d'Evreux, I, 220.
Eglise de Florac, I, 866.
Eglise de Fréjus, I, 172.
Eglise de Froissac, I, 866.
Eglise de Ganges, I, 341.
Eglise de Genève, I, 6. 15. 199. 768.
Eglise de Gergeau (Jargeau), I, 738.
Eglise de Gignac, I, 341.
Eglises du Givaudan, I, 866.
Eglise de Guépie, I, 866.
Eglise de Gyen (Gien), II, 444.
Eglise de Harfleur, II, 623.
Eglise d'Ilebonne (Lillebonne), II, 623.
Eglise d'Ilmade, I, 851.
Eglise d'Issoudun, I, 104. 146. 296.
Eglise de Langres, I, 55.
Eglise de Loisy, II, 359.
Eglise de Lucerne, I, 137.
Eglise de Luneray, I, 220. 311.
Eglise de Lyon, I, 55. 56.
Eglise de Macon, I, 13. 214. 781.
Eglise de Mamers, I, 756. II, 535. 536. 537.
Eglise de Marennes, I, 155. 199.
Eglise de Marmejoux, I, 866.
Eglise de Marseille, I, 172.
Eglise de Meaux, II, 350.
Eglise de Merlet (voy. Mialet).
Eglise de Mialet (Melet), I, 218. 340. 341.
Eglise de Milhau, I, 216. 327.
Eglise de Moncuq, I, 216. II, 752.
Eglise de Montalsat, I, 851.
Eglise de Montargis, II, 463.
Eglise de Montauban, I, 215. 327.
Eglise de Montélimart, I, 219. 343. 351.
Eglise de Montivilliers, II, 623.
Eglise de Montpellier, I, 217. 329. 341.
Eglise de Moulins, II, 478.

Eglise de Négrepelisse, I, 850.
Eglise de Nevers, I, 65. II, 408.
Eglise de Nimes, I, 218. 335. 341.
Eglise de Noyers, I, 782.
Eglise d'Oleron, I, 206.
Eglise d'Orléans, I, 112. 164. 291. II, 8. 31.
Eglise de Paris, I, 97. 227.
Eglise de Pau, I, 107.
Eglise de Pérusse, I, 866.
Eglises de Picardie, II, 344.
Eglises vaudoises du Piémont, I, 137.
Eglise de Piquecos, I, 851.
Eglise de Poitiers, I, 63. 101. 197. 215. 319. 320. 396.
Eglise du Pont-Saint-Esprit, I, 341.
Eglise de Poussan, I, 886.
Eglises de Provence, I, 375.
Eglise de Ré, I, 207.
Eglise de Réalmont, I, 851.
Eglise de Réalville, I, 852.
Eglise de Revel, I, 217.
Eglise de Riouperoux, I, 866.
Eglise de Romans, I, 219. 343. 352.
Eglise de Rouen, I, 112. 198. 220. 305. 309. 370. 374.
Eglise de Saint-Affrique, I, 866.
Eglise de Saint-Amand, I, 214.
Eglise de Saint-Cire, I, 852.
Eglise de Saint-Goudon, II, 450.
Eglise de Saint-Germain de Calberte, I, 218.
Eglise de Saint-Hippolyte, I, 341.
Eglise de Saint-Jean-d'Angély, II, 504.
Eglise de Saint-Jean-du-Gard, I, 218. 339.
Eglise de Saint-Léofaire, I, 852.
Eglise de Saint-Léonard (voy. Corbigny, Eglise de).
Eglise de Saint-Lô, I, 220. 306.
Eglise de Saint-Lyons, I, 866.
Eglise de Saint-Martin, I, 137.
Eglise de Saint-Paul, I, 172.
Eglises de Saintonge, I, 134. 312. 317.
Eglise de Saint-Savin, I, 766.
Eglise de Saujon, I, 202. 204.
Eglise de Sauve, I, 218. 341.
Eglise de Savignac, I, 866.
Eglise de Senlis, I, 52. II, 337.
Eglise de Sens, I, 55. 133. II, 396.
Eglise de Septfonds, I, 852.
Eglise de Sercotes, I, 164.

Eglise de Sisteron, I, 893.
Eglise de Sommières, I, 341.
Eglise de Soubise, I, 201.
Eglise française de Strasbourg, I, 49.
Eglise de Toulouse, I, 156. 217. 327.
Eglise de Tours, I, 105. 148. 299.
Eglise de Troyes, I, 65. 82. 112. 138. 292. 294. II, 370.
Eglise d'Uzès, I, 341.
Eglise de Valence, I, 342. 351.
Eglise du Val Francesc, I, 866.
Eglise de Vendôme, II, 514.
Eglise du Vigan, I, 341.
Eglise de Villefranche, I, 157. 337.
Eglise de Villeneuve, I, 866.
Eglise de Vire, I, 220.
Egledines, village des Cévennes, I, 341.
Eguilles, localité de Provence, III, 357.
Elbœuf, René de Lorraine, marquis d', II, 132. — Surprend une compagnie de Condé à Cléry, 146. — Va en Normandie, 147. — A Caen, 258. — En sort librement, 260. — Conduit à Honfleur, 262. 309.
Elisabeth de France, fille de Henri II, I, 193.
Embornet ou Embournet (Embourie?), localité de la Charente, II, II. 792. 819.
Embrun, évêque d' (Guillaume de Saint-Marcel d'Avançon), III, 276. 333.
Embrun, ville du Dauphiné, III, 257.
Emery, N., capitaine de Honfleur, II, 721.
Emery, Pierre, meurtrier catholique à Hyères, III, 351.
L'Enderron (Landerrouat), localité du Bazadois, II, 768.
Endesielle (Endoufielle?), capitaine catholique à Toulouse, III, 19.
Enfumés, sobriquet des religieux minimes, I, 166.
Enguerrevaques, capitaine catholique à Toulouse, III, 17. 31.
Ensierre, Guillaume, dit Pillose, huguenot tué à Vence, III, 360.
Entrages (d'Entraigues?), N., capitaine catholique, conspirateur, pris à Barjols et décapité à Aix, I, 900. II, 119.

Entragues, César-Guillaume, sieur d', capitaine huguenot, commandant à Lyon et Mâcon, III, 223. 241. 410. 411. 412. 414. 416. 417. 418. 419. 422. 425.
Entraigues (ou Antraigues), N. d', capitaine catholique, tué devant Montauban, III, 127. 135. 137.
Entraigues, bâtard d', habitant catholique de Chirac, III, 194.
Entrains, ville (voy. Antrain).
Epernay, ville de Champagne; meurtre d'un protestant à, I, 388.
Epimye (Epnuye?), localité de Savoie, II, 141.
Epinaye, village près de Dreux, II, 233.
Epine (voy. Espine).
Eplache, village près d'Amiens, II, 346.
Erasme de Rotterdam, sa traduction latine du N. T., ses colloques, I, 20.
Erlesson, Julien, martyr à Vassy, I, 725.
Escale, Sylve de l', envoyé par ceux d'Agen à M. de Duras, à Villeneuve, II, 772.
Escale, prieuré de l', et village en Provence, III, 325.
Escalle, Jules-César de l' (Scaliger), à Toulouse, I, 11. — A Agen, 24. — Consulté par Saint-André, 102.
Escarbot, Antoine d', sieur de Gemasse, persécuteur à Bellesme, II, 540.
Escarcelier, L', huguenot de Mâcon, tué, III, 412.
Escars, François d', comte de Ventadour, favori du roi de Navarre, I, 226. 688. II, 13. 792. 794.
Eschevay, sieur d', surprend des soldats du prince de Porcien, II, 250.
Esclavolles, sieur d', prisonnier à Dreux, instrument des Guise, II, 242. 371. 372. 373.
Escleron, localité près de Vassy, I, 724.
Escluse, sieur de l', gentilhomme catholique de Bourgogne, III, 414.
Escossans (Escoussens), village du Tarn, III, 207.
Escrivain, Pierre, écolier martyr à Lyon, I, 89.
Esguilly, sieur d', lieutenant de Montpensier à Angers, I, 753.

Esmendreville (ou Mantreville) (voy. J. du Bosc).
Esnay, Estienne L', élu à Valognes, II, 703.
Espagne, intrigues de son ambassadeur auprès du roi de Navarre, I, 687. — Intervention du roi sollicitée, 730. — La cour lui demande des secours, II, 109.
Espagnol, L', verrier à Vassy ; son serviteur massacré, I, 725.
Espagnols, attaquent le prince de Porcien à Gentilly, II, 225.
Espaillon (Espalion), localité de l'Aveyron, I, 866. III, 192. 198.
Espains, sieur d', gentilhomme normand, II, 718.
Espant, sieur de l' (voy. Babot).
Espel, L', localité de Savoie, III, 380.
Espenan, capitaine catholique tué au siège de Montauban, III, 122. 137.
Espenay, demoiselle d', à Saint-Cosme, II, 517.
Espense, Claude d' (voy. Despense).
Esperville, sieur de l', capitaine catholique en Normandie, II, 705.
Espiard, Jacques, meurtrier catholique à Arles, III, 340. 352. 353.
Espinasse, L', solliciteur et martyr à Toulouse, III, 35.
Espinasse, sieur d', gentilhomme du Dauphiné, III, 335.
Espinasse, monastère près de Toulouse, dont les religieuses embrassent l'Evangile, I, 847.
Espinasson, sieur de l', maître des requêtes à Carcassonne, III, 142.
Espine, Jean de l', prêche l'Evangile à Bourges, I, 56. — Au colloque de Poissy, 490. — A la conférence de Saint-Germain, 606.
Espine, sieur de l', capitaine huguenot tué devant Mâcon, III, 430.
Espine, L', (voy. Epinay).
Espinouse, sieur d', gentilhomme catholique de Provence, I, 900.
Espoir, d' (ou de Pleurs), Jean, ministre à Poitiers, I, 100. 109.
Essay, sieur de l', conseiller à Caen, II, 711.
Est, dom Francisque d' (François d'Este), capitaine catholique, III, 202.
Estamier, L', martyr à Vire, II, 719.

Estampes, Jean de Brosse, duc d', gouverneur de Bretagne, I, 155. II, 226. 284. 291. 326. 564. 708. 709. 713. 714. 717. 718. 721. 722. 748.
Estampes, sieur d' (voy. du Clos).
Estampes, ou Estempes (Etampes), ville de Seine-et-Oise, II, 191. 249.
Estang, sieur de l', gentilhomme du Berry, introduit Poltrot chez Guise, II, 268. 299. 315. 322.
Estanges, sieur d', de Loisy-en-Brie, s'oppose à l'Evangile, II, 359. 369.
Estaples, d' (Lefèvre) (voy. Fabri).
Este, Hippolyte d' (voy. cardinal de Ferrare).
Esternay, Antoine Raguier, sieur d', gentilhomme huguenot, II, 110. — Assiste à l'entrevue de Saint-Marceau, 197. — Son château en Champagne défendu contre les Pieds-nus, 392.
Esternan (le même qu'Espenan ?), capitaine au siège de Montauban, III, 118.
Estève, Saint- (voy. Saint-Estève).
Estevenely, N., conseiller catholique à Carcassonne, III, 141.
Estey, Jean, blessé au massacre de Vassy, I, 726.
Estienne, clerc protestant de du Bourrel, avocat à Grenoble, I, 366.
Estienne (le beau-fils de N.), huguenot tué à Forcalquier, III, 359.
Estienne, le jardinier (le fils d'), massacré à Pertuis, III, 362.
Estienne, Jean, huguenot de Metz, III, 443.
Estienne, N., pâtissier et martyr à Angers, II, 556.
Estienne, Robert, imprimeur du roi, I, 80.
Estillac, château de Monluc près d'Agen, I, 798. 807.
Estogy, N., conseiller catholique à Carcassonne, III, 141.
Estoille (voy. L'Estoille).
Estrées, sieur d', grand-maître de l'artillerie, doit s'assurer d'Orléans, II, 10. 11.
Estrehan (Etreham), bourg du Calvados, II, 720.
Estrille, L', écolier de Bourges, martyr à Toulouse, III, 35.

682   *Table alphabétique.*

Estrille, L', bourgeois de Bordeaux, II, 766.
Etampes (voy. Estampes).
Etats de Paris, I, 460.
Etats convoqués à Meaux, I, 285. — A Orléans; moyens de les empêcher de s'occuper des questions religieuses, 385 suiv.
Etats d'Orléans, après la mort de François II, I, 406. — Assemblée de chacun des Etats, 427. — Remis au premier mai, 445. — Ordonnance de mise en liberté des captifs protestants, 446.
Etats particuliers a Pontoise, hâtés, I, 454.
Etats-généraux a Pontoise, remis au 1er août, I, 456. — Leur réunion, 472. — Reconnaissance de la régence de Catherine de Médicis, 473. — Discussions sur la préséance etc., 474. — Requêtes de réformes, 487. — Offres d'argent du clergé, 488. — Les plaintes du tiers-état amènent le triumvirat, 489.
Etienne d'Arras (voy. Arras).
Eu, ville de Normandie, II, 674. 675. 691.
Eu, comte d', fils du duc de Nevers, I, 748.
Euchytes, secte hérétique de l'antiquité, I, 236.
Eusimade, mas près de Montpellier, III, 162.
Evaille, village du Vendômois, II, 538.
Eveillart, Jacques (voy. de la Ganerie).
Eveillé, Julien l' (voy. L'Eveillé).
Evêques volants ou portatifs, I, 25.
Evreux, ville de Normandie; supplice d'un martyr, I, 93. — Eglise à, 220. — Escarmouche près d', II, 257.
Eymet, village du Périgord, II, 804.
Eysses, abbaye près de Villeneuve-en-Agenois, I, 793.

F.

Fabelle, César, menuisier huguenot à Metz, III, 469.
Fabre, Antoine, notable huguenot d'Annonay et martyr, III, 176. 190.
Fabre, Esprit, huguenot tué à La Mothe d'Aigues, III, 366.
Fabre, Gaspard, bourgeois de Salon, III, 371.
Fabrecques (Fabrègues), bourg de l'Hérault, III, 168.
Fabrèque-les-Aurillac, château en Auvergne, II, 475.
Fabresse, Antoinette, massacré à Salon, III, 371.
Fabri, Guillem, martyr à Toulouse, III, 34.
Fabri (Le Fèvre), Jacques, dit d'Estaples, a pour disciple Clitovée, I, 2. — Appelé à Meaux, à Blois et à Nérac, 5. — Calvin confère avec lui. Sa mort, 14. III, 435. 456.
Fabri, Jean, ministre à Lyon, I, 55. 56.
Fabri, N., conseiller à Grenoble, I, 367.
Fabri, N., avocat à Toulouse, III, 29.
Fabrice, François (voy. Serbelloni).
Fabricio (voy. Serbelloni).
Factal, Arnaud, serrurier huguenot tué à Tarascon, III, 368.
Faget, Ambroise (Jehan Gardepuys, dit), ministre à Orléans, I, 112. — Ministre à La Rochelle, II, 825.
Fagius, Paul (Büchlin), réformateur strasbourgeois, I, 2.
Falaise, ville de Normandie, prise par Coligny, II, 333. 700.
Faraon, N., bonnetier et martyr à Toulouse, III, 35.
Fardeau, François, martyr à Angers, I, 63.
Fare, baron de La, capitaine catholique devant Florac, III, 197. 201.
Farel, Guillaume, réformateur. — A Paris, à Meaux, I, 5. — En Suisse, 15. — Chez les Vaudois, 23. — En mission à propos des persécutions, 132. — A Gap et Grenoble, 891. — Dresse l'Eglise de Gap, III, 276. — Vient à Metz, 433. — Se retire à Montigny, 434. 435. 436. 441. 443. — Revient à Metz, 456.
Farinier, « Un appelé » le, martyr à Aix, III, 348.
Farnèse, Alexandre, légat du pape à Avignon, I, 360.
Farrezier, N., marchand huguenot exécuté à Mâcon, III, 427.

Table alphabétique. 683

Fassin, soldat italien au service du baron des Adrets, III. 292.
Fatigue, bourgeois catholique de Montauban, III, 129.
Fau, Antoine du (voy. Du Fau).
Fau, Le, village de Tarn-et-Garonne, I, 847. 851.
Faucaut, Richard, pâtissier à Saint-Calais et martyr, II, 539.
Faucille, sieur de la, maintient le château d'Angers, I, 753. — II, 541. 542. 544. 548.
Faucillon, curé à Rouen, I, 198.
Faucon, sieur de, parent du président Ménier à Toulouse, I, 73. 816.
Faudas (voy. Fodas).
Faudoas, sieur de (voy. Clermont).
Faur, Jean du, sieur de Marnac, bourgeois protestant de Toulouse, député aux Etats du Languedoc, I, 815. 817. III. 21. 29. 37.
Faur, du, Michel, président au parlement de Toulouse, III, 29. 31. 34.
Faur, Raymond du, sieur de Marmas, capitoul protestant à Toulouse, I, 815. 816.
Faure, Antoine, procureur du roi à Annonay, emprisonné, I, 341.
Faure, Charles, écolier martyr à Lyon, I, 89.
Faures, N., conseiller catholique au parlement de Toulouse, persécuteur, III, 16.
Fauris, Valérian de, huguenot déterré à Manosque, III, 346.
Fautray, Nicolas, bourgeois huguenot de Beaune, I, 171.
Favallon, prêtre à Rouen, I, 310.
Favardin, Pierre, lieutenant criminel à La Charité, persécuteur, II. 429.
Favarique, N., martyr à Barjols, III, 348.
Faveau, président au parlement d'Aix, I, 895.
Faverge, Gaspard de la, ministre à Montauban, I, 839. 842. 849. 851. — Echappe au massacre de Cahors, 855.
Favier, conseiller à Paris, envoyé comme commissaire à Senlis, II, 339.
Favières, sieur de, gouverneur huguenot de Castres, III, 143.

Favois, Le, sieur de Cautères (ou Cotères), avocat au Mans, II, 530.
Favorelles, sieur de, gentilhomme pillard de Normandie, II, 255.
Fay (voy. Du Fay).
Faye, Georges La, praticien à Arles, martyr, III, 352.
Faye, N., conseiller au parlement de Paris, II, 121. 310.
Fayence, localité de Provence, III, 349.
Fayet, Antoine, minime, prédicateur fanatique à Toulouse, I, 816.
Fayet, Christol (la mère de), tuée à Saint-Quentin, III, 374.
Fayet, Pierre (la femme de), tuée à Saint-Quentin, III, 371.
Fayet, Polire (la femme de), tuée à Saint-Quentin, III, 373.
Fayet, Toussaint, soldat tué à Abbeville, II, 349.
Fayette, La (voy. La Fayette).
Fédarius (voy. Fiari).
Félicien, Marie, tuée à Cabrières, III, 372.
Félix, Barthélemy, maréchal à Cogolin, tué à Brignoles, III, 367.
Felles, N., canonnier à Dieppe, II, 691.
Fenario, moine jacobin, inquisiteur en Gascogne, I, 25.
Fendilles, capitaine catholique, tué devant Béziers, III, 169.
Feraporte, Barthélemy, huguenot tué à Grimaud, III, 356.
Férard, Barnabé, notaire à Pignans, martyr, III, 351.
Féraut, Pierre, martyr à Thoard, III, 354.
Feray, Jean, élu au Hâvre, II, 738.
Ferdinand Ier, empereur d'Allemagne, III, 35. 155. 444.
Fère, La (voy. La Fère).
Fernouillet, Léonard, sergent à Céant-en-Othe, arquebusé, II, 394.
Ferrand, Christophle, lieutenant-particulier à Sens, II, 398.
Ferrand, Jean, notaire à Manosque, massacré, III, 364.
Ferrand (voy. de Dusson).
Ferrandier, N., procureur du roi à Rhodez, I, 338.
Ferrare, Hippolyte d'Este, cardinal de, légat du pape, I, 527. — Sa

personne et sa suite, 554. — Appelé *regnard*, 555. — Intrigue auprès du roi de Navarre, 688. — Son vicaire-général comme archevêque d'Auch, 796. — Reproche aux protestants l'émeute de Saint-Médard, II, 2. — A Chartres, 110. — Ses bagages surpris, 145. III, 385.

FERRARE, Renée de France, duchesse de, reçoit Marot, I, 22. — A l'assemblée des Etats à Orléans, 407. — Loge les ministres à Saint-Germain, 490. 554. — Intercède pour le ministre Jean Papillon à Nemours, 750. 752. II. 298. — Intercède pour le ministre de Nevers, II, 419. — S'établit à Montargis et y institue le culte, 463. — Offre un refuge aux persécutés, 464. — Son courage après le siège de Bourges, 465. — Le duc de Guise lui enlève la garde de Montargis, 466. — Elle résiste à Malicorne, 467.

FERRARE, duc de, engagiste des vicomtés de Caen et de Falaise, II, 722.

FERRI, Jean, huguenot massacré à Martigues, III, 341.

FERRIER, Antoine, bourgeois de Toulouse, III, 29.

FERRIER, Jean, avocat à Toulouse et martyr, III, 35.

FERRIER, Raymond, conseiller au parlement de Toulouse, III, 31.

FERRIER, N., président au parlement de Toulouse, III, 5.

FERRIER, de, médecin à Toulouse, III, 29.

FERRIÈRE, sieur de la (voy. LA FERRIÈRE).

FERRIÈRES, Etienne, bourgeois de Toulouse, III, 29.

FERRIÈRES, François, conseiller au parlement de Toulouse, III, 31. 35.

FERRIÈRES, Pierre de, marchand à Toulouse et martyr, III, 35.

FERRON, Arnauld, conseiller au parlement de Bordeaux, I, 24.

FERRON, René, maçon à Conflans et martyr, II, 538.

FERTÉ, LA (voy. LA FERTÉ).

FERTIN, Jean, serviteur de La Haye, pendu, II, 358.

FERVY, capitaine protestant, reprend Bar-sur-Seine, II, 385.

FESCAMP (Fécamp), ville de Normandie, II, 674.

FESQUAMP, sieur de, capitaine huguenot à Rouen, II, 626.

FEUGARET (Feugeret), localité de Provence, III, 361.

FEUGÈRE, Pierre, martyr à Bordeaux, I, 209.

FEUQUIÈRES (le puiné), sieur de, saisit des provisions à Tours, II, 37. — Chargé par Condé d'examiner les tranchées devant Paris, 214. 215. — Fortifie Orléans, 249. — Accusé par Poltrot, 271. 291. 302. — Poltrot révoque ses dépositions contre lui, 310. 313. 317. 320. 325.

FEUQUIÈRES, sieur de, l'aîné, maître d'hôtel du roi François II, II, 37.

FEURS, ville du Forez, III, 223.

FEUSGUAUT, Mathurin, martyr à Angoulême, II, 818.

FEUTRIER, Gaspard, martyr à Fréjus, III, 341. 346.

FÈVRE, LE (voy. LE FÈVRE).

FÉVRIER, sergent à Toulouse et martyr, III, 36.

FIARI Saint-, (Fedarius ou Saint-Phébade), un des premiers évêques d'Agen, I, 791.

FIDELIS, théologien de l'évêque d'Autun, I, 783.

FIE, François de la, serger, un des fondateurs de l'Eglise d'Orléans, I, 111.

FIGEAC, ville du Lot, I, 157.

FIGUIER, Jean, bourgeois huguenot de Negrepelisse, III, 63.

FILLEUL, Jean, brûlé à Saint-Pierre-le-Moustier, I, 95.

FILLOT, Pierre, bourgeois de Beaune, III, 406.

FINANCES du royaume, Etat des, I, 815.

FINÉE, Oronce, professeur au Collège de France, I, 4.

FINO, de, moine jacobin à Rhodez, I, 861.

FIRMENT, Ambroise, huguenot de Castres, emprisonné, I, 874.

FISES, sieur de, secrétaire d'Etat, I, 774.

FISTON, Gilles, persécuteur dans le Vendômois, II, 538.

Table alphabétique. 685

FIZEL, Guillaume, meurtrier catholique à Revel, I, 874.
FLACIUS ILLYRICUS (voy. CENTURIATEURS).
FLACY, capitaine catholique, pille Diarre en Champagne, II, 391.
FLAMAREUX, Regnault de, sieur de Vivau, sénéchal à Mont-de-Marsan, II, 809. 811.
FLAMANT, Antoine, blessé au massacre de Vassy, I, 726.
FLAMEAUX (Flammerans), localité de Bourgogne, III, 398.
FLAMOLON, Antoine, martyr à Montauban, III, 120.
FLASSANS, sieur de, capitaine catholique en Provence; ses violences à Aix, I, 894. — Sa rébellion, 896. — Assiège Besse, 897. — Combat de Varages, 898. — Assiégé à Barjols, 898. — Se retire à Porquerolles, 900. — Suite de ses campagnes en Provence, III, 260. 317. 318. 324. 338. 345. 356. 366. 380.
FLASSARD, Antoine, huguenot tué à Marseille, III, 357.
FLAVARD, Léonard, ministre à Belleville, III, 414.
FLAVIAC, N., capitaine catholique à Sarlat, II, 787.
FLAVIN, Melchior, cordelier à Toulouse, I, 12. 207. — Ses prédications fanatiques, 816. — Désordres arrivés à ses sermons, 817.
FLESCHE, Jean, brûlé à Meaux, I, 51.
FLEUR, LA (voy. LA FLEUR).
FLEURAC (Florac), ville de La Lozère; Eglise dressée, I, 866. — III, 197. 201.
FLEURAC, village près de Jarnac, II, 818.
FLEURI (voy. de LA RIVOIRE).
FLEURINES, village près de Senlis (quatre gentilhommes de, suppliciés à Paris), II, 341.
FLEURY, de (voy. BLOSSET).
FLEURY, N., conseiller à Paris, II, 310.
FLEURY (voy. Gaspard de CARMEL).
FLOQUET, N., huguenot de Meaux, pendu, II, 357.
FLORAC (voy. FLEURAC).
FLORAC, sieur de, gentilhomme huguenot de l'Angoumois et ministre, pillé, II, 818.

FLORENSAC, localité de l'Hérault, III, 171.
FLORENTIN, N., martyr à Angoulême, II, 818.
FLURENCE (Fleurance), localité du Gers, II, 782. III, 178.
FODAS (Faudoas), localité de Tarn-et-Garonne, II, 757. 760.
FOISSAC, sieur de, à Tournon-en-Agenois, tue un protestant, I, 793.
FOISSY, capitaine catholique devant Rochefort-sur-Loire, II, 562. 564. 567.
FOISSY, N., solliciteur de Nemours en Bretagne contre mademoiselle de Rohan, maltraité à Nantes, II, 748. 749.
FOIX, comté et ville de; désordres à, I, 867. — Ministres à, 869. — Destruction des images, 870. — Hostilités, 871. — Le gouvernement de M. de Pailles, III, 202. 203. 204. 205. 206. — L'ordre y est rétabli, 214.
FOIX, sénéchal de, accorde un temple aux protestants de Pamiers, I, 867.
FOIX, Paul, sieur de, conseiller au parlement de Paris, accusé, I, 194. — Son procès, 243 suiv. — Il est libéré, 255.
FOIX, maréchal de (voy. MIREPOIX).
FOIX, Honorat, de (voy. HONORAT).
FOLAMBERT, Antoine de, martyr à Angers, II, 556.
FOLION, Nicolas, dit de La Vallée, ministre à Toulouse, I, 156. — Député à Poissy, 490. — Ministre à Orléans, 730. 737. 874.
FON, de la (voy. de LA FON).
FONT, de la (voy. de LA FONT).
FONTAINE, Jean, martyr à Lurs, III, 343.
FONTAINE, LA (voy. LA FONTAINE).
FONTAINE, Jacques (ou La Fontaine), ministre à Agen, I, 215. — Pris et maltraité par Monluc, 320. — Délivré et conduit à Gontaud, 326.
FONTAINE, Jean, ministre à Lavaur, I, 852.
FONTAINE-JEAN, abbaye près de Châtillon, repaire de moines pillards, brûlé par Dampierre, II, 460.
FONTAINEBLEAU, château royal, II, 183. 460.

FONTAINEBLEAU, assemblée de, I, 275. — Son issue, 285.
FONTAINES, sieur de, occupe Marennes, II, 830.
FONTAVILLES (Pontavilles?), sieur de, gentilhomme huguenot des Cévennes, I, 339.
FONTENAILLES, capitaine huguenot dans le Gévaudan, III, 200.
FONTENAY, Jean, diacre de Toulouse, I, 847. 848. — Ministre à Lavaur, 852.
FONTENAY (Frontenay), Jean de Rohan, sieur de, colonel à Orléans, II, 91. — Incendie Arcueil, 225. — A Dreux, 236. 750.
FONTENAY-LE-COMTE, ville de Poitou, II, 609.
FONTFROIDE, sieur de, gentilhomme huguenot du Poitou, II, 607.
FONTGRAVE (ou Fongrave), capitaine, traître aux huguenots, à Montauban, III, 86. 91. 92. 95. 97. 98. 101. 104. 124.
FONTIANE (Fontienne), localité de Provence, III, 359.
FONTNEUVE, village aux environs de Montauban, I, 847.
FORCALQUIER, ville de Provence; massacres à, III, 341. 343. 346. 359. 360. 370. 374.
FORES, N., conseiller à Toulouse, I, 825.
FOREST, Giraud, martyr à Mont-de-Marsan, II, 811.
FOREST, Pierre, bourgeois de Poitiers, II, 607.
FOREST, Le (Forez, pays du), III, 219.
FOREST, de la (voy. de LA FOREST).
FOREST, Jacques de, chapelier huguenot à Metz, III, 469.
FOREST, Jacques de, sieur de Blacons (voy. BLACONS).
FORET, de la (voy. LA RENAUDIE).
FORGE, Etienne de la (voy. LA FORGE).
FORGES, de, sergent huguenot à Montauban, III, 129. 130. 136.
FORIAN (Fortau), village de la Beauce, II, 539.
FORMEL, Louis, martyr à Thoard, III, 354.
FORNEL, Louis, dit Bedin, martyr à Digne, III, 358.
FORS, sieur de, capitaine commandant à Dieppe, II, 672. 673. 674. 676. 678. 682. 686. 687. 730.
FORT, passage en Savoie, II, 141.
FORTEAU, de Soubize, capitaine huguenot, prend Talmont, II, 823.
FORTET, receveur à Cavagnac, II, 475.
FOSSAN, ville de Savoie, II, 140. 141.
FOSSÉ, du, ministre en Bretagne, I, 155. — A Meaux, 196.
FOSSES, Claude des (voy. Claude DESFOSSES).
FOSSES, Jean des (voy. Jean DESFOSSES).
FOSSEZ, demoiselle des (voy. DESFOSSEZ).
FOUASSE, Pasquier, à Meaux, banni, I, 51.
FOUCAUT, André, à Céant-en-Othe, tué, II, 394.
FOUCO, Balthasar, martyr à Brignoles, III, 337.
FOUILLEUX, demoiselle de (voy. Renée d'ANGLIERS).
FOULET, sieur de, près de Moulins, II, 479. 482.
FOULON, Abel, chargé de battre monnaie à Orléans, II, 37.
FOULQUE (ou Fourque), Honoré, martyr à Quinson, III, 342. 347.
FOUQUET, Etienne, bourgeois à Pertuis, III, 362.
FOUQUET, N., membre du Consistoire de Tours, II, 596.
FOUQUETE, Jacques, apothicaire, tué à Saint-Maximin, III, 355.
FOURC, Jean, lieutenant du sénéchal à Mont-de-Marsan, II, 809.
FOURNANDIN, localité de l'Yonne; conjuration contre les protestants, II, 393.
FOURNEAUX, de, prévôt de Guyenne, I, 795.
FOURNEL, Jean, lieutenant-général de Lyon, I, 466.
FOURNELET, Pierre, ministre, fonde l'Eglise de Lyon, I, 55. 56. III, 215.
FOURNIER, N., docteur en Sorbonne, I, 457. — Siège à la conférence de Saint-Germain, 692.
FOURNIER, Jean, ministre à Loisy-en-Brie, II, 359. — Sa mort, 369. 370.
FOURNIER, Jean, bourgeois catholique de Montauban, I, 827.

Table alphabétique.

FOURNIER, François, capitaine catholique de Murat, pillé, II, 477.
FOURNIER, François, martyr à Cuers, III, 344.
FOURNIER, Pierre, ex-chanoine à Toulon, martyr à Cuers, III, 351.
FOUROUX, N., capitaine catholique en Provence, III, 249.
FOURQUE, Honoré (voy. FOULQUE).
FOURQUENAULX (Fourquevaux), Raymond de Pavie, sieur de, capitaine catholique, gouverneur de Narbonne, III, 12. 14. 26. 29. 31. 52. 147. 149. 162. 166.
FOXUS (JOHN Foxe), historien de l'Eglise, I, v.
FOY, maréchal de (voy. MIREPOIX).
FRAISNE, LE (voy. LE FRAISNE).
FRA JUSTINIAN (voy. JUSTINIAN).
FRANC, Hans, bourgeois huguenot de Metz, III, 440. 444.
FRANC, Gertrude, bourgeoise de Metz, III, 444.
FRANCE, Etat religieux de la, après le colloque de Poissy, I, 665.
FRANCFORT, journée impériale à, II, 155. — Confession des Eglises de France y est présentée par Spifame, 156. — Harangue de Spifame à l'empereur Ferdinand, 178.
FRANCHESQUIN, Nicolas, huguenot mort de faim à Cabrières, III, 346.
FRANCISCAIN, Pierre, bourgeois de Cabrières, III, 376.
FRANCISE, LA, village près de Montauban, III, 93.
FRANCISQUE d'Este (voy. ESTE).
FRANCISQUE, capitaine italien, pendu à Orléans, II, 191.
FRANÇOIS, l'aîné, tué à Céant-en-Othe, II, 394.
FRANÇOIS Ier, roi de France, protecteur des lettres, fondateur du Collège de France, I, 3. — Reçoit le nom de Grand, 4. — Opposé à la Réforme, ibid. — Excité par du Prat contre les hérétiques, 6. — Influence de sa sœur Marguerite sur lui, 13. — Désire entendre Melanchthon, 15. — Persécutions sous lui, 23. — Réintégration du président Calvimont après sa mort, 29. — Meurt à Rambouillet, 66. — Jacques Colin son lecteur, 80. — Protège G. Postel, 87. — Tolère les psaumes, 110. II, 272. — Ordonne de raser le bourg de Darnetal, 618.
FRANÇOIS II, roi de France; son avènement, II, 211. 215. 220. — Sa santé; faux bruits, 244. 276. — A Orléans, 290. — A Tours, 300. — Edit d'Amboise, 342. — Il doit assassiner le roi de Navarre, 390. — Commencements de sa maladie, 395. — Caractère de celle-ci, 397. — Ses vœux, 398. — Sa mort, 400. — Etat des choses en France au moment de sa fin, 401. — Son ensevelissement, 403. — Son avènement III, 444. — Sa mort, 447.
FRANÇOIS II, Vraie histoire de (par Regnier de la Planche), II, 220. 267.
FRANÇOIS, capitaine à Châtillon-sur-Loing, II, 457. — Escorte les enfants de l'amiral et de d'Andelot à Orléans, 458.
FRANCOURT, N., sieur de, député vers le roi à Monceaux pour demander justice contre Guise, II, 2. — Lieutenant du gouverneur au Hâvre, 746.
FRANGEUL, Jacques, persécuteur dans le Vendômois, II, 538.
FRANQUERVILLE (Franqueville-Notre-Dame), village près de Rouen, II, 620.
FRÉDÉRIC III, comte palatin du Rhin, électeur. Sa lettre à propos des persécutions, I, 132. — Envoie une ambassade, 141. — Mentionné par l'envoyé wurtembergeois, II, 272. 275. — Le duc Casimir, son fils, III, 480.
FRÉDÉRIC, comte palatin (voy. WOLFGANG).
FREDONNIÈRE, sieur de la, à Paris, I, 232. — Sa mort à Dreux, II, 242.
FRÉGEVILLE (Fégeville), village du Tarn, III, 87.
FRÉGIER, Bertrand, martyr à Aix, III, 337.
FRÉGOSE (Fregoso), César, de Gênes, au service de François Ier, assassiné en Italie, I, 28.
FRÉGOSE, Jean, son fils, évêque d'Agen, I, 28. 208.

FRÉJUS, ville de Provence; Eglise dressée à, I, 172. 374. — Persécutions, 383. — Massacres à, III, 339. 341. 346. 361. 370.
FRÉLÉ, Augustin, de Gien, mis à la torture, II, 455.
FRELIN, crieur de vins et martyr à Vassy, I, 725.
FRÉMI, Claude, ministre à Montpellier, I, 218.
FRÉMONT, Louis, tué à Caen, II, 259.
FRENEL, Hugues, meurtrier catholique à Saint-Rémy, III, 342.
FRÉROT, un fils de, martyr à Vassy, I, 726.
FRESLON, Jean, libraire huguenot à Lyon, III, 225.
FRESNAY (Fresnay-sur-Sarthe?), localité de la Sarthe, II, 526.
FRESNAYE, LA (La Fresnaie?), village de Maine-et-Loire, II, 532.
FRESSINES, Arnauld, martyr à Villefranche, III, 62.
FRESSINIÈRES (Freissinières), localité du Dauphiné, I, 36. III. 334.
FRÈTE, N., clerc du greffe criminel à Paris, I, 231.
FRÉTEVAL, localité de Loir-et-Cher; des détachements catholiques s'y retirent, II, 247.
FRÉTIÈRE, sieur de la (voy. LASNIER).
FREULICH (voy. FRŒHLICH).
FRIEZ, Nouel du, apothicaire à Abbeville, II, 347.
FRIQUANT, N., conseiller à Angoulême, I, 214.
FRISSY, capitaine catholique, commandant à Chinon, II, 557.
FRŒHLICH, colonel des Suisses, chargé de demander des troupes aux Cantons, II, 81. 82. 103. — Sa mort, 240.
FROIDFOSSÉ, sieur de, gentilhomme champenois, II, 363.
FROISSAC (Foissac), localité du Rouergue, I, 866. III, 192.
FROLO, lieutenant de justice à Meaux, pendu en effigie pour assassinat, devient président au présidial de Meaux, persécuteur, I, 69. II, 355.
FROMAGET, Alexis Gautier, dit, martyr à Aix, II, 289. III, 337.
FROMENTÉ, La (voy. Philibert GRENÉ).
FRONSAC, terre du maréchal de Saint-André, I, 324.

FRONTAUT, Pierre, bourgeois catholique à Craon, II, 569.
FRONTIGNAN, localité de l'Hérault, III, 159. 161.
FUGUERAY (Feugueray), Guillaume, ministre à Vire, II, 710.
FUMÉE, Antoine, sieur de Blandé, conseiller au parlement de Paris, I, 18. 192. — Arrêté, 194. — Son procès, 243. — Soubise intercède en sa faveur, 257. — Le cardinal de Lorraine son mortel ennemi, 260. — Absous, 261. — Tumulte de Saint-Médard, 672. — Sa mission à Montpellier, 886. — En Provence, 895. II, 35. — Soupçonné de malversations à Arles, 188.
FUMÉE, Louis, sieur de Bourdelles, capitaine protestant, fils du précédent; ses méfaits à Orléans et à Gien, II, 449. — Son entreprise sur Ouzouer et Bonny, 450. — Aide à prendre Mehun, 490. — Aide à défendre Bourges, 495.
FUMEL, localité de Guyenne, II, 752.
FUMEL, sieur de, porte de fausses accusations contre les protestants d'Agen et de Montauban; ses violences, I, 792. 798. — Tué, 800. 805. 816. — Suites du meurtre de Fumel, II, 752. III, 192.
FURET, Jean, martyr à Issoudun, II, 510.
FURMEYER, Jacques de Rombaud, sieur de la Villette-F., capitaine huguenot dans le Dauphiné, III, 257. 277. 283. 289. 290. 313. 314. 322. 324.
FURSTEMBERG, Guillaume de, seigneur de Gorze, appui des protestants de Metz, III, 435.

G.

GABART, Pierre, solliciteur de procès et martyr à Paris, I, 130. 131.
GABASTON, chevalier du guet, chargé de protéger les assemblées à Paris, I, 670. 671. 672. 699.
GABIAN, village de l'Hérault, III, 149.
GABRIAC, localité de l'Aveyron, I, 218.

Table alphabétique.

GABRIAC, Maffre-Janin, sieur de, capitaine huguenot dnas la Lozère, III, 195.
GACHERIE, LA, caporal huguenot à Montauban, III, 94.
GADE, Andrinette, tuée à Saint-Quentin, II, 373.
GADENCOURT, N. de, commandant de la citadelle de Metz, III, 459.
GAIDON, Jean, blessé au massacre de Vassy, I, 726.
GAILLAC, ville du Tarn; massacres à, III, 66. 67. 68.
GAILLADÉ, village de Normandie, II, 697.
GAILLEUSE, Pierre, ministre d'Albias, III, 66. 99.
GAILLON, château de Normandie, I, 308.
GAINAS, l'arien, sectaire de Byzance, I, 431. 437.
GAINIER, un apostat protestant à Paris appelé le, traître, I, 16.
GALAND, N., bourgeois de Lyon, III, 426.
GALARS, Nicolas des, dit de Saules (SALICETUS), ministre de Genève, prêté à Paris, échappe à Dijon, I, 37. 173. — Député à Poissy, 490. 499. — Appelé à des conférences particulières, 603. 606.
GALEUSE (voy. GAILLEUSE).
GALEYS, N., premier consul de Grenoble, III, 310.
GALIMAR, Léonard, martyr à Paris, I, 81.
GALLARDON, localité du pays chartrain, I, 756. II, 245.
GALLIOT, Jacques de Genouilleux, sieur d'Assier-, grand-maître de l'artillerie, II, 796.
GALLISERAYE, de la, gentilhomme angevin, assassiné par la bande de Chevreul, II, 560.
GALLOIS, Claude, blessé au massacre de Vassy, I, 726.
GALOIS, Pierre, savetier à Troyes, tué, II, 381.
GALUS, Arthus, tué à Céant-en-Othe, II, 394.
GAMACHES, Joachim Bouhaut, sieur de, venu à Dieppe pour empêcher l'accord avec les Anglais, II, 676.
GAMAIRE, Jean, prêtre, prêche l'Évangile à Bourges, I, 56.

GAMOYE, Jean, capitoul de Toulouse, III, 51. 59.
GANDELU, localité de l'Aisne; la princesse de Condé y accouche prématurément, II, 11.
GANELON, Antoine, sieur de la Tricherie et de Sel, marchand et capitoul à Toulouse, I, 818. 825. III, 6. 8. 58. 59.
GANERIE, Jacques Eveillart, sieur de la, avocat à Angers et martyr, II, 555.
GANGES, localité de l'Hérault, I, 341.
GANNES, Jean de, dit Rochemont, emprisonné à Troyes pour colportage de livres religieux, I, 139.
GANOT, LE, Jean, martyr à Forcalquier, III, 341.
GANTIER, LE (voy. TRIOU).
GANTIER, Mathieu, boulanger à Meaux, tué, II, 356.
GANTIER, Pantaléon, aiguilletier à Troyes, tué, II, 381.
GAP, ville du Dauphiné, I, 891. III, 276. 278. 279. 283.
GARANDE, de la (voy. Jean CHRESTIEN).
GARCIN, François, huguenot tué au Luc, III, 361.
GARDE, baron de la, dit Poulin, capitaine catholique en Provence, I, 376. — Sa mauvaise foi, 380. — Persécute les protestants à Castellane et Fréjus, 380. — A Montargis, II, 466. 467. III, 19. 36. — Devant Montauban, 99.
GARDE, François de la, conseiller à Toulouse, huguenot, I, 327. — Tué, III, 19. 36.
GARDE, LA, localité de Provence, III, 378.
GARDENÉ, Baptiste, martyr à Cagnes, 341. 344.
GARDÈRES, bourg de la Dordogne, II, 802.
GARDIOL, Claude, huguenot tué à Lourmarin, III, 364.
GARDIOLLE, Espérite, femme tuée à Joucas, III, 371.
GARDONNENCHES, Saint-Jean de (voy. SAINT-JEAN).
GARDONNENQUE, Saint-Jean de (voy. SAINT-JEAN).
GARDON, Jacques, soldat et martyr à Martigues, III, 353.

III.

GARDOUCHE, capitaine catholique à Toulouse, III, 17. 19. 103. — Devant Montauban, 118. 125. — Blessé, 127. 137.
GARGAS, Pierre de, capitaine catholique à Toulouse, au siège de Montauban, III, 32. 99.
GARGAS, N., conseiller au parlement de Toulouse, un des chefs de la faction catholique, I, 825.
GARGAS, N., marchand catholique à Toulouse, I, 825.
GARGAS, N., natif de Ventavon, capitaine catholique dans le Dauphiné, III, 276. 278.
GARGET, capitaine à Bourges. II, 502.
GARINE, Honorade (le mari de), huguenot tué à Apt, III, 362.
GARIS, François, prêtre à Cossé, II, 575.
GARNIER, Etienne, procureur à Sens, persécuteur, II, 398.
GARNIER, veuve, à Sens, saccagée, II, 399.
GARNIER, Jean, ministre à Strasbourg et à Metz, III, 454. 455. 456. 457.
GARNIER, Mathurin, marchand et capitaine de Paris, pillard et séditieux, pendu à Orléans, II, 191.
GARNIER, N., capitaine de Paris, assiste à la dernière déposition de Poltrot, II, 327.
GARRIGUE, soldat et martyr à Toulouse, III, 33.
GASCON, capitaine huguenot à Dieppe, II, 688. 689.
GASPARET, sieur de, capitaine huguenot à Béziers, III, 149.
GASSERAS, localité près de Montauban, III, 93. 130.
GASSIN, René, sieur de, gentilhomme huguenot du Languedoc, envoyé par les ministres de Genève à Mâcon, I, 214.
GAST, sieur du, gentilhomme huguenot de l'Anjou, II, 551. III, 292.
GASTERON, greffier à Lyon, III, 246.
GASTINES, abbé de (voy. Jean de TROYS).
GASTINOIS, Claude, affligé du mal caduc à Issoudun, maltraité, I, 147.
GATHERIE, LA, localité près de Nérac, II, 769.

GAUBERT, sieur de (voy. DESPEAUX).
GAUCHER, N., conseiller au parlement de Bordeaux, fait brûler une maison protestante à La Réole, I, 793.
GAUCHERIE, de la, précepteur du prince de Navarre, excommunié, I, 325. — Doit être mené à Orléans, 326.
GAUDINE, Antoinette (deux enfants d'), tués à Joucas, III, 376.
GAUDINE, Marguerite, tuée à Joucas, III, 371.
GAULARD, Claude, tué à Troyes, I, 767. 768.
GAURELET (Gaurelot), clerc du parlement de Rouen, II, 669.
GAUSSEVILLE (Ganseville?), capitaine huguenot, commandant de Fécamp, puis de Dieppe, II, 692. 693. 694. 695.
GAUTHERY, martyr à Aix, I, 78.
GAUTHIER, Alexis (voy. FROMAGET).
GAUTHIER, Jean, protestant de Toulouse, arrêté, I, 816.
GAUTHIER, N., conseiller au parlement de Bordeaux, I, 151.
GAUTHIER, Raymond (voy. SAVIGNAC).
GAUTIER Jean, martyr à Arles, III, 353.
GAUTIER, Trophime, dit Curateau, martyr à Martigues, III, 341.
GAVAGNOLI, Pierre, huguenot tué à Fréjus, III, 361.
GAVAUDAN, village de l'Agenois, II, 791.
GCY, Michel, huguenot tué à Valensolles, III, 364.
GAY, Pierre, de Cosne, rançonné à Chalonne, II, 431.
GAYANT, Louis, conseiller au parlement de Paris, I, 126. 261. — Au tumulte de Saint-Médard, 672.
GAVE, Jean de, capitaine persécuteur des Vaudois, I, 46.
GAYRAT, N., avocat à Toulouse, III, 45.
GEMASSE, de (voy. ESCARBOT).
GEMME, Saint- (voy. SAINT-GEMME).
GENDRON, ancien de l'Eglise de Tours, II, 597.
GENEBRIÈRES, village près de Montauban, III, 96.
GÉNÉLARD, capitoul à Toulouse, III, 51.

GENEST (voy. AUDEBERT).
GENÈVE, ville de Suisse, I, 23. 33. 49. 53. 101. 102. 216. 219. 297. 306. 337. 381.
GENÈVE, la petite, faubourg Saint-Germain-des-Prés, à Paris, I, 230.
GENIERS, Tristan, coutelier de Montauban ; sa sépulture, I, 826.
GENIERS, sieur de, capitaine huguenot et martyr à Granes, III, 199.
GENLYS (Genlis), François de Hangest, sieur de, gentilhomme huguenot de Picardie, II, 91. — A Talcy, 93. — Arrêt contre lui, 128. — Repousse une sortie, 132. — Résiste aux séductions du triumvirat, 133. — Se saisit des provisions de Pithiviers, 190. — Chargé des feutes de Condé, 192. — S'établit à Montrouge, 196. — Assiste à l'entrevue de Saint-Marceau, 197. — Sa défection, 215. — Se retire à Montrouge, 216. — Jugements sévères portés sur lui, 217. — D'Avaret son successeur, 234. — Suit Condé à Orléans, 344. — Perd Cosne par ses retards, 435. — Sa mauvaise conduite à Gien, 445. — Demande qu'on juge son frère, 501. — A Bourges, 543. — Envoyé à Tours, 583. — Envoyé à l'armée de Duras, 794.
GENSTYMESNIL, capitaine huguenot sous Montgomery, occupe Vire, II, 330.
GENTIL, LE, localité près de Grenoble, III, 287.
GENTILLY, localité près de Sceaux ; les Espagnols y attaquent le prince Porcien, II, 225.
GENTON, Gabriel de, capitaine huguenot à Grenoble, III, 308. 309.
GEOFFRET, Luquet (ou Luquin), chef de bandes catholiques et massacreur en Provence, III, 372.
GEOFFROI, Jean, martyr à Paris, I, 240.
GEOFFROY, Pons, notaire et martyr à Besse, III, 350.
GEOFFROY, Paulet de, martyr à Besse, III, 350.
GEOFFROY, Huguet, martyr à Besse, III, 350.
GEOFFROY, Jacques, martyr à Besse, III, 350.

GEOFFROY, Pierre, bourgeois de Besse, III, 369.
GEOGELIER (Le Georgelier du Bois), conseiller au parlement de Rouen, II, 628.
GEORGE, bourgeois protestant de Toulouse, III, 16.
GEORGE, N., juge à Séreste, martyr, III, 360.
GEORGE, meunier huguenot à Metz, III, 464.
GEORGES, Antoine, et sa femme, blessés au massacre de Vassy, I, 726.
GEORGES, capitaine, conduit des soldats à Orléans, surpris par ceux de Sens, II, 404.
GERAUT, Georgine, dame huguenote des environs de Craon, pillée, II, 571.
GERGUEAU (Jargeau), ville du Loiret, I, 164. 291. — Église dressée, 738. — Coligny tire sur Jargeau, II, 250. 251. — Les reîtres de l'amiral y sont logés, 253.
GERMAIN, SAINT- (voy. SAINT-GERMAIN).
GERMERAY, localité du pays chartrain ; assemblées à, I, 757.
GERMIER, SAINT- (voy. SAINT-GERMIER).
GERVASI, Henri, docteur en Sorbonne, à Paris, I, 30.
GERVY, sieur de (voy. CERNY).
GÉVAUDAN, pays du (Lozère), I, 866. — Brigandages dans le, II, 477. III, 179. 193.
GIBIER, André, protestant tué à Sens, II, 405.
GIDY, village du Loiret, I, 164.
GIEN, ville (voy. GYEN).
GIÈRES, localité du Dauphiné, III, 280. 309. 335.
GIERY (voy. GIÈRES).
GIFFARD, François, imagier huguenot, témoin infidèle, pendu à Angers, II, 553.
GIGNAC, localité de l'Hérault, I, 882. III, 159. 170. 171. 173. — Massacres à, 340. 371.
GIGON, sieur de ; son château refuge des protestants de Châtillon, II, 458. — Sauve Châtillon, cité devant le roi, 459.
GILBERT, Denis, martyr à Mamers, II, 536.

GILBERT, Pierre, dit de la Bergerie, ministre à Orléans, I, 112. 164. 291. — Meurt, 730.
GILES, maître, apothicaire à Toulouse et martyr, III, 35.
GILLEHEUT, Jean, martyr à Vire, II, 719.
GILLES, Philippe, huissier au Châtelet à Paris, à Senlis, condamné à faire amende honorable, II, 338. 339.
GILLET, Robert, soldat à Abbeville, tué, II, 349.
GIMARD, de Meaux, personnage figurant dans l'interrogatoire de Poltrot, II, 317.
GINAIS, Jean de, ancien de l'Eglise à Chartres, I, 759.
GINASSERVIS, localité de Provence, III, 338. 362.
GINVILLE (voy. JOINVILLE).
GIQUEAU, Jean, ancien de l'Eglise d'Arvert, I, 204.
GIRAC, localité près de Montauban, III, 111. 112.
GIRAD (Girard), Guillaume, protestant tué à Apt, III, 362.
GIRARD, Esprit (mère de), tuée à Saint-Quentin, III, 373.
GIRARD, Esprit (frères et neveu de), tués à Apt, III, 362.
GIRARD, Guillaume (femme de), tuée à Saint-Quentin, III, 371.
GIRARD, Jean, avocat protestant à Auxonne, III, 396. 397. 398.
GIRARD dit Arneul, martyr à Vassy, I, 725.
GIRARD, Jean, envoyé des Vaudois à Farel, imprimeur à Genève, I, 23.
GIRARD, Mathelin, huguenot tué à La Roque d'Antheron, III, 367.
GIRARD, N., lieutenant du prévôt de l'Hôtel à Bordeaux, I, 805. 811. — Commissaire à Cahors, 856, II, 751.
GIRARD, Pierre, Marie veuve de, blessée au massacre de Vassy, I, 726.
GIRARDE, Egine, des Touasses, tuée à Gignac, III, 371.
GIRARDE, Jeanne, tuée à Gignac, III, 371.
GIRARDIN, conseiller à Auxerre, huguenot, I, 769.
GIRAUD, Jean, avocat au parlement et martyr à Aix, III, 342.
GIRAUT, Marin, ministre à Corbigny, II, 424.
GIRAUT, Ferrier, martyr à Castellane, III, 343.
GIRY (ou Givry), sieur de, lieutenant de la compagnie du duc de Nevers, I, 745. — Assiste au siège du château du sieur de Saint-Étienne, II, 388 suiv.
GISCART, N., ministre à Castelnaudary, martyr, III, 139.
GIVAUDAN (voy. GÉVAUDAN).
GIVRY, René d'Anglure, sieur de, capitaine catholique tué à Dreux, II, 240.
GLANDAGES, sieur de, capitaine catholique du Dauphiné, III, 273.
GLAREANUS, Henri, professeur de grec à Paris, I, 3.
GLÉE, La, bourgeoise de Tours et martyre, II, 598.
GLEYE, Charles (la mère de), tuée à Besse, III, 369.
GLEYS, Antoine, martyr à Besse, III, 350.
GMASSERINS (voy. GINASSERVIS).
GNOSTIQUES, LES, I, 236.
GO, LE (voy. LE GO).
GODAIL, Robert, trésorier du roi en Agenois, luthérien, I, 24. — Pendu à Paris, 324. — Ses lettres figurent au procès de Condé, 466.
GODAIL, Guy, dit Cappolette, espion du cardinal de Lorraine, I, 324. 325.
GODARD, Mathurin, emprisonné à Cognac, I, 156.
GODARDE, femme Godin (voy. GODIN).
GODART, N., ministre à La Châtre, I, 213.
GODEAU, Jean, brûlé à Chambéry, I, 84.
GODET (ou Gaudet), lieutenant du roi à Sainte-Menehould, II, 361. 362. 368.
GODIN, Jean, bourgeois de Blois; sa femme exécutée pour adultère à Orléans, II, 336.
GODION, Alexandre, sieur de Lestang, ministre à Poitiers, II, 600.
GOGAUT, Gilles, pendu pour vol à Orléans, II, 76.
GOHIN (voy. MALABRY).
GOIZE, baron de, capitaine catholique pillard dans le Gévaudan, III, 196.
GOLLARD, apothicaire à Troyes, pillé, II, 385.

Table alphabétique.

GOLUPEAU, Jean, huguenot de Lussé, massacré au Mans, II, 531. 532.
GOLUPELLE, La, mère du précédent, massacrée au Mans, avec un autre fils, II, 532.
GOMBERT, Sébastien, procureur à Hyères et martyr, III, 351.
GOMON, Louis, huguenot tué à Lourmarin, III, 364.
GONBAUDIÈRE, LA (voy. LA GONBAUDIÈRE).
GONDI, Albert de, comte de Retz, maréchal de France, III, 471. 472. 473. 474. 476. 477.
GONDON, SAINT-, (voy. SAINT-GONDON).
GONDRIN, de La Motte-, capitaine catholique et lieutenant-général en Dauphiné, I, 355. 361. — Ses exploits contre Montbrun, 362. 363. 368. — Son caractère, 369. — Il démantèle le château de Montbrun, 372. — Hostilités à Romans, 890. 892. — Sa modération à Grenoble, 893. — On attend ses troupes à Toulouse, III, 17. 221. 248. 249. — Sa conduite à Valence, 250. 251. 252. 253. — Il y est massacré, 254. 255. 292.
GONDRIN, sieur de, gentilhomme catholique de la Guyenne, dénonce M. de Mesmy, II, 792.
GONFARON, localité de Provence, III, 352.
GONGEL, martyr au Mans, II, 529.
GONNOR, Arthus sieur de, dit le maréchal de Cossé, envoyé par la reine Catherine à Orléans, II, 132. 191. 194. — Assiste à l'entrevue de Saint-Marceau, 197. III, 121.
GONOUX, Huguet, martyr à Lourmarin, III, 364.
GONTAUD, un ministre au pays de, I, 798.
GORA, Jeanne de la, femme d'Ouzery, martyre, II, 813.
GORDES, Bertrand de Simiane, sieur de, gentilhomme catholique du Dauphiné, III, 242. 304.
GORDES, localité de Provence; massacres à, III, 370. 376.
GORDON, localité (voy. GOURDON).
GORE, sieur de, capitaine huguenot en Limousin, II, 835.
GORRE, Nicolas (voy. DANIEL).

GORZE, abbaye et ville du pays messin, III, 432. 433. 434.
GOSSET, Nicolas, clerc à Senlis, pendu, II, 338. 339.
GOTRINIÈRE, LA (voy. LA GOTRINIÈRE).
GOUBAUDIÈRE, de LA (voy. LA GOUBAUDIÈRE).
GOUBAUT (voy. GUYON).
GOUEURET, Guy, diacre à Bellesme, II, 535.
GOUIN, Martin, envoyé des Vaudois auprès de Farel, martyr à Grenoble, I, 23.
GOUJON, Jean, de Meaux, se retire à Senlis, I, 52. 163. 291. — Est brûlé, II, 342.
GOULAY, André, bourgeois catholique de Craon, II, 569. 575. 576.
GOUPILIÈRE, N., capitaine, commandant au Mans pour les huguenots, II, 525. — Quitte la ville, blessé, 526.
GOURDANT, Pierre, sergent à Troyes, persécuteur, II, 379.
GOURDON, Jean, emprisonné à Cognac, I, 156.
GOURDON, ville du Quercy, II, 778. III, 89.
GOURGNE, Arnauld de, diacre à Mont-de-Marsan, II, 812.
GOUSELIN (Goncelin), localité du Dauphiné, III, 280.
GOUSSELON, huguenot tué à Aurillac, I, 770.
GOUSTÉ, Claude, prévôt à Sens, saccagé, II, 399. — Porte plainte au roi, 404.
GOUTEREAU, Pierre, sergent royal à Issoudun, I, 296.
GOUTIER, Honoré, assassin à Grimaud, III, 356.
GOUX, LE (voy. LE GOUX).
GOVÉA, André de (dit Sinapivorus), principal du collège de Bordeaux, I, 28.
GOY, Bernard, huguenot de Digne, tué, III, 358.
GOYART, capitaine huguenot à Fourques, III, 155.
GOYER, Quentin, potier à Sens, persécuté, II, 398.
GOYRARD, Pierre, huguenot tué à La Mothe-d'Aigues, III, 365.
GOYRIN, Guillaume, hugenot tué à Cabrières, III, 366.

GRAFENRIED, Nicolas de, membre du Magistrat à Berne, III, 228.
GRAFFART, Philippe, bourgeois de Rouen, III, 639.
GRAIGNAGUE, capitaine catholique, tué devant Montauban, III, 136.
GRAMMONT, sieur de, Antoine, capitaine huguenot, amène à Orléans les forces du Languedoc, II, 89. — Colonel d'un régiment, 91. — A Talcy, 93. — Arrêt contre lui, 128. — Résiste aux avances du triumvirat, 133. — Ramène des troupes à la débandade, 147. — Saisit les provisions de Pithiviers, 190. — Chargé des fautes de Condé, 192. — Assiste à l'entrevue de Saint-Marceau, 197. — A Dreux, 236. — La reine essaie de le gagner, 246. — Les habitants d'Orléans le repoussent comme commandant, 254. — Coligny l'emmène en Normandie, *ibid.* — A Poitiers, 602. — Chargé de conduire des troupes à Orléans, 759. 761.
GRANADE, localité (voy. GRENADE-SUR-L'ADOUR).
GRANBOIS (Grambois), localité de Provence, III, 373.
GRANDJEAN, menuisier à Moulins, pendu, II, 480.
GRANDMOULIN, les frères, gentilshommes huguenots massacrés à Châlin, II, 571.
GRAND-PRIEUR DE FRANCE, le, François de Lorraine, frère du duc de Guise, apporte la nouvelle de la défaite de Dreux à Paris, II, 243. — Sa mort, 283. — Seigneur de Coulours et Cerisiers, 391. — Ses dissensions avec le duc de Bouillon en Normandie, 707.
GRAND-PRIEUR D'AUVERGNE, le, entre à Nevers avec sa compagnie, II, 411. — Attaque La Charité, 427. 428. — Signe la capitulation de la ville, 429.
GRANDCOLAS, martyr à Vassy, I, 725.
GRANES, château près de Villefranche-en-Rouergue, III, 198. 199. 200.
GRANES, sieur de (voy. YMBERT).
GRANES, la foi de, dicton causé par l'assassinat de Savignac à Granes, malgré la capitulation jurée, III, 199.

GRANGE, LA (voy. LA GRANGE).
GRANGES, Jean de Moreton, sieur des, gentilhomme huguenot du Dauphiné, tué dans une sortie à Châlon-sur-Saône, III, 408.
GRANGES, un fils du sieur des, catholique de la compagnie de Chevenon, tué par ceux de La Charité, II, 427.
GRANVELLE, cardinal de, persécuteur, I, 161.
GRANVILLE, ville de Normandie, II, 331. 698. 700. 701. 725. 726.
GRAS, LE (voy. LE GRAS).
GRASSE, LA (voy. LA GRASSE).
GRASSE, ville de Provence; massacres à, III, 360.
GRASSE, Jean, martyr à La Valette, III, 351.
GRASSETEAU, Marin, barbier catholique à Tours, I, 150.
GRASSICOURT, prieuré près de Nantes, II, 130.
GRATEUX, sieur de, bourgeois de Toulouse, III, 29.
GRAVE, LA (voy. LA GRAVE).
GRAVELINES, ville du Nord, I, 396.
GRAVELLE, Taurin, de Dreux, avocat au parlement et martyr à Paris, I, 126 suiv.
GRAVELLE, Jean, dit Du Pin, ministre à Troyes, I, 294.
GRAVELLE, LA, château près de Loing-en Brie, II, 360.
GRAVERON, Philippe de Luns, sieur de, I, 126.
GRAVIER, Hugues, brûlé à Bourg-en-Bresse, I, 86.
GRAVOT, Étienne, martyr à Lyon, I, 92.
GRAVOT, N., martyr à Toulouse, III, 36.
GRAY, lord, capitaine anglais à Rouen, II, 654.
GRÉAUX (Gréoux), localité de Provence, III, 347. 359.
GREFFIER, Etienne, parcheminier à Conflans et martyr, II, 538.
GREFFIN, Jean, lieutenant particulier à Senlis, I, 162. — Emprisonné avec sa femme, II, 339. — Supplicié, 341.
GRÉGOIRE, orfèvre, protestant d'Agen, emprisonné à Moissac et délivré, I, 823. 824.

Table alphabétique.

GRÉGOIRE, procureur catholique au parlement de Toulouse, I, 825.
GRÉGONS, surnom des protestants à Béziers, III, 140.
GRÉGORIAUX, surnom des catholiques à Béziers, III, 139.
GRÉMIAN, Antoine Dupleix, sieur de, capitaine huguenot à Béziers, III, 159. 171. 177.
GRÉMIAN, les (Antoine et Guillaume Dupleix), capitaines huguenots en Languedoc, III, 149. 166.
GRENADE, localité de la Haute-Garonne; massacres à, I, 802. 824. 848.
GRENADE-SUR-L'ADOUR (Landes); femme tuée à, I, 800.
GRENÉ, Philibert, dit La Fromentée, ministre à Chalon-sur-Saône et à Bordeaux, I, 220. 785. — Condamné à mort et exécuté par ordre du parlement de Bordeaux, II, 768.
GRENIER, Claude, martyr à Mont-de-Marsan, II, 811.
GRENOBLE, ville du Dauphiné, I, 23. 350. — Parlement, 353. 362. — Etats tenus en novembre 1560, 372. — Assemblée religieuse, 890. — Farel y prêche, 891. 893. — Siège de Grenoble, III, 248. 254. 255. 257. 258. 259. 266. 267. 269. 270. 278. 279. 280. 281. 284. 285. 286. 287. 288. 289. 290. 308. 309. 310. 311. 312. 313. 315.
GRENOLIÈRE, Hugonne, protestante noyée à Murs, III, 374.
GREPIAR, N., capitaine catholique à Toulouse, III, 17.
GREVEVILLE, sieur de, capitaine catholique en Normandie, II, 705.
GREVIERS, sieur de, fait prisonnier près de La Charité, II, 427.
GREVIN, Françoise, d'Amiens, noyée, II, 345.
GRIGNAN, Jean, ministre à Sommières, I, 341.
GRIGNAN, sieur de, gouverneur de Provence; son absence exploitée par les persécuteurs des Vaudois, I, 44.
GRILLE, Honoré des Martins, dit le capitaine, gentilhomme de la Chambre du Roi, protestant, III, 161. 164. 165. 167. 168. 217. 221.

GRILLIÈRE, Hugues, cellier à Dijon, protestant, III, 393.
GRIMAUDET, François, avocat à Angers, député aux Etats d'Anjou, I, 304.
GRIMAUT (Grimaud), localité de Provence, III, 341. 356.
GRISVAUDAN (Grésivaudan), bailliage du Dauphiné, III, 268. 278.
GRIVEAU, sergent à Troyes, I, 292.
GRIVEAUX, chanoine de la Sainte-Chapelle, aux Etats d'Orléans, I, 428.
GRIXY (Grigy), village près de Metz, III, 450.
GROLIÈRES, localité de Provence, III, 360.
GROLLERON, Georges, avocat catholique à Issoudun, II, 505.
GROMBACH (Grumbach), Guillaume de, capitaine allemand au service du roi, II, 274.
GRONGNET, Adrian, fustigé à Meaux et banni, I, 51.
GROS, Antoine, huguenot tué à Lourmarin, III, 364.
GROS, Giraud (un enfant de), tué à Gordes, III, 376.
GROSELI, sieur de, huguenot à Beaune, I, 782.
GROSLOT, Jérôme, bailli d'Orléans, I, 290. 291. 398.
GRUCHET, Vincent de, sieur de Soquence, conseiller de ville à Rouen, II, 642. 651. 658. 659.
GRUIER, Alexandre de, un des instigateurs du massacre de Vassy, I, 727.
GRULLÈRES, Etienne, dit Lafontaine, avocat protestant à Gien, I, 164. suiv.
GRUYÈRES, comte de (Ludovic de Gonzague, prince de Mantoue et), assiste à l'information contre Poltrot, II, 291.
GUACHERIE, LA, marchand huguenot de Cahors, massacré, I, 855.
GUAINIER, LE (voy. GAINIER).
GUAY, François Le (voy. BOISNORMANT).
GUAY, capitaine huguenot sous des Adrets, dans le Dauphiné, III, 303.
GUAY, N., capitaine catholique devant La Charité, II, 428.

Gué, François du (voy. Boisnormant).
Gué, du, ministre à Blois, I, 105. 148.
Guede, Andrinette (la mère de), tuée à Cabrières, III, 372.
Guedon, Claude, blessé au massacre de Vassy, I, 726.
Gueiresse, Bastienne, brûlée à Forcalquier, III, 374.
Guenon, Nicolas, martyr à Paris, I, 240.
Guérande, ville de la Loire-Inférieure, I, 153. 155.
Guérapin, moine jacobin à Troyes, I, 85.
Guérin, Joseph, tué à Marseille, III, 339. 356.
Guérin, N., avocat au parlement d'Aix, commissaire contre les Vaudois, I, 44. — Pendu, 78.
Guérin, Honoré, ex-prêtre de Saint-Paul, martyr à Antibes, III, 350.
Guérin, Geoffroi, brûlé à Paris, I, 145.
Guérin, Jacques, ex-prêtre et martyr à Quinson, III, 342. 347.
Guérin, N., capitaine catholique devant Montauban, III, 118.
Guérin, Nicolas, huguenot de Metz, envoyé en Allemagne, III, 442.
Guérin, Antoine, dit Béringuier, martyr à Tarascon, III, 347. 368.
Guérin, Roc, ingénieur à Metz, III, 447. 458.
Guérine, bourgeoise à Aix (le « rentier » de), martyr, III, 348.
Guerrier, N., martyr à Valognes, II, 723.
Guersin, François, huguenot massacré au Luc, III, 375.
Gueset, curé de Saint-Paterne à Orléans, pendu, I, 731. II, 109.
Guette, de la, capitaine protestant à Rochefort, puis à Valognes, II, 564. 565. 702.
Guetz, sieur de, gouverneur de Sully, II, 251.
Gueyne, sergent du guet à Toulouse, martyr, III, 36.
Gueypier, Michel, de Fréjus, martyr à Tourette, III, 354.
Guichard, Antoine, huguenot tué à Digne, III, 358.
Guichard, François, capitaine du guet à Montpellier, I, 329. — Pillard,

884 suiv. — Tente une trahison contre Montpellier, III, 170.
Guichard, Madeleine, tuée à Lourmarin, III, 372.
Guichard, N., avocat, dépose au procès de Condé, I, 466.
Guien (Gien), le bailli de, I, 752.
Guienne (voy. Guyenne).
Guigou, N., huguenot tué à Lançon, III, 358.
Guillat, agitateur catholique à Toulouse, I, 819.
Guillaud, docteur en Sorbonne, I, 96.
Guillaume, paysan huguenot pendu à Châlons, II, 369.
Guillaureau, N., apporte les premières nouvelles de Dreux à Paris, II, 243.
Guillauvin, joueur d'instruments à Angers et martyr, II, 555.
Guillebédouins, sobriquet donné aux déserteurs du parti de Condé, II, 106. 587.
Guillegière (Henri Killegrew), capitaine anglais à Rouen, II, 747.
Guillemin, solliciteur à Grenoble, emprisonné, I, 890.
Guillemin, Jean, martyr à Bellême, II, 540.
Guillemot, conseiller au parlement de Toulouse, III, 33.
Guillerme, Louis, ancien à Belleville, martyr, III, 416.
Guilletat, François, faux ministre à Beaune, I, 171. 172.
Guillin, Jacques, bourgeois protestant de Nemours, II, 469.
Guilloche, conseiller à Bordeaux, I, 151.
Guillon, Nicolas, menuisier huguenot à Gien, I, 163.
Guillot, Guillaume, orfèvre à Tours, II, 597.
Guillot, capitaine huguenot à Marvejols, III, 200.
Guilloti, huguenot tué à Marseille, III, 357.
Guilly, sieur de, chef du parti catholique à Chartres, I, 760.
Guiotet, Nicolas, martyr à Sens, I, 133.
Guiotin (voy. Guyotin).
Guiral, N., avocat à Toulouse et martyr, III, 37.

GUIRART, André (la mère de), tuée à Saint-Quentin, III, 373.
GUIROUCH, Simon, huguenot tué à Lourmarin, III, 363.
GUISART, N., conseiller à la sénéchaussée de Beaucaire, III, 196.
GUISE, hôtel de (voy. CLISSON).
GUISE, Charles de Lorraine, cardinal de (cardinal de Lorraine), assiste à la Mercuriale, I, 193. 221. — Aux Etats-Généraux à Orléans, 407. — A la déclaration d'innocence de Condé, 467. — Au massacre de Vassy, 722. 725. 727. II, 181. — Massacres à Sens, 183. — Empêche l'exécution de l'édit de Janvier à Sens, 397. — Paroles dites par lui devant les cadavres des huguenots égorgés à Sens, 402.
GUISE, François de Lorraine, duc de, I, 138. 193. 220 suiv. 263. — Gouverneur du Dauphiné, 343. — Mesures contre Valence, 347. 355 suiv. — Cherche à gagner Mouvans, 381. — Inquiété par la maladie de François II, 397. — Cherche à influencer la rédaction de la harangue aux Etats d'Orléans, 428. 457. — Au sacre de Charles IX, 460. — A la déclaration d'innocence de Condé, 467. — Sa tenue blâmable aux États de Pontoise, 473 suiv. — Membre du triumvirat, 489. — Introduit les députés protestants à l'assemblée de Poissy, 502. — Massacre les protestants à Vassy, 721. — Menacé par eux de poursuites, II, 2. — A Nanteuil. Son entrée à Paris, 3. — Déclaration sur la liberté du roi, et sur l'édit de Janvier, 21. — Essaie de gagner les princes d'Allemagne, 34. — Trompe Christophe de Wurtemberg à Saverne, ibid. — Son arrivée à Paris décide la demande de troupes aux cantons suisses, 81. — Machinations pour gagner le duc de Wurtemberg, 83. — Se trahit par une lettre au cardinal, surprise par Condé, 95. — Contenu de cette lettre, 96. — Demande que le nom de camp de Guise soit changé en celui de camp du roi, 110. 181. — Condé découvre sa mauvaise foi, 215. — Sa position au commencement de la bataille de Dreux, 233. — Attaque le bataillon des Français sous Grammont et Fontenay, 236. — Fautes commises, 238. — Oppose le bataillon français de Martigues à la charge de l'amiral, ibid. — Rallie les siens pour camper à Dreux, 239. — Cru mort, 240. — Se réjouit de la mort du roi de Navarre et de celle de Nevers, 242. — Ses procédés envers Condé prisonnier, 244. — Chargé du commandement pendant la captivité du connétable, 245. — Le bruit court qu'il renonce à assiéger Orléans, 247. — Prend Etampes et Pithiviers sur Duras, 248. — Arrive près de Beaugency, 249. — S'établit dans la Beauce, 250. — Fortifie Gien, 253. — Ses efforts pour attirer les reîtres, 255. — Envoie Renouard commander à Caen, 258. — Campe à Olivet, 262. — Attaque le Portereau et les Tourelles, 263. — Fanfaronnade féroce, 265. — Prise de Sully, 266. — Annonce à la reine la prise imminente d'Orléans, 267. — Blessé à mort par Poltrot, 269. — Ses derniers moments, 270. — Négociations pour la paix, reprises après sa mort, 271. — Le grand-prieur, son frère, meurt, 283. — Madame de Guise, 296. 308. — Le duc de Guise engage des meurtriers contre Condé, Coligny et d'Andelot, 296. — Déclaration de Coligny sur Guise, 308. — Poltrot avec lui, 324. — Funérailles de Guise, 334. — Il succède à Nevers comme gouverneur de Champagne, 366. — Ses agissements pour se rendre maître à Troyes, 371. — Ses menées, 382. — Le sieur de Saint-Estienne tué à son instigation, 388. — Son différend avec un duc de Lunebourg, 392. — Ordonne des mesures de violence à Nevers, 413. 444. — Envoie huit canons à Orléans, 461. — A Montargis, 465. — Enlève la garde de cette ville à Renée de Ferrare, 466. — Remontrances contre lui présentées au roi par les

Manceaux, 519. — Sa conduite au siège de Blois, 578. — Fait pendre le ministre Chasseboeuf à Talcy, 580. — Arrive devant Rouen, 637. — Ecrit à Burie, à Bordeaux, 756. — La nouvelle de sa mort arrive à Montauban, III, 133. — Ecrit à La Motte-Gondrin de massacrer les protestants du Dauphiné, III, 249. 250. 267. 297. — Défend Metz, 436. — Fait exécuter frère Léonard, 437. 438.

GUISE, ceux de, I, 212. 221. — S'approprient l'hôtel de Clisson, 237. — Les conjurés d'Amboise visent à s'emparer de leur personne, 251. — Gardent le sceau du roi, 254. — Leur crainte des Châtillon, 264. — Mesures contre les conjurés d'Amboise, 266. 269. — Projets contre le roi de Navarre et Condé, 286. 389. 396. — A Tours, 300. 312. — Ordonnent de se saisir du comte d'Arran, 320. 344. — Poursuites contre Montbrun, 367. — Leurs machinations pour se soumettre le royaume, 386 suiv. — Projets d'assassinat contre le roi de Navarre, 390. — Mesures projetées contre Coligny, 392. — Leurs plans déjoués par la maladie de François II, 395. — Ils persistent dans leurs projets contre le roi de Navarre, 396. — Leur influence sur la reine-mère, 399. — Leurs inquiétudes lors de la mort de François II, 400. — Leur attitude lors de cet évènement, 402. — A l'assemblée des Etats-Généraux d'Orléans, 407. 428. — Ils prétendent à la succession de Diane de Poitiers, 445. — Plaintes de la noblesse contre eux, 448. — Rupture imminente avec le roi de Navarre, 454. — Se montrent hostiles à toute concession faite aux protestants, 667. — Se retirent de la cour; accusés du projet d'enlever Henri d'Anjou, 668. — Hostiles à l'assemblée des notables de Saint-Germain, 674. — Leur opposition à l'Edit de Janvier, 687. — Irrités par les poursuites contre Nemours, 691. — Leur maintien, 721. 725. 893. 898. — Leurs complots, II, 119 suiv. 180 suiv. — Ordonnent l'extermination des protestants de Sens, 397. 402. — Empêchent l'action de la justice à Sens, 404. — Ordonnent de s'emparer de l'Auvergne, 472.

GUISE, Louis de Lorraine, cardinal de, évêque de Metz, III, 462.

GUISE, Henri de Lorraine, duc de (dit le Balafré), nommé grand-maître, Grand-chambellan et gouverneur de Champagne, II, 270. — Vainqueur à Dormans, III, 479.

GUISE, le Grand-Prieur de, frère du duc (voy. GRAND-PRIEUR).

GUISE, madame de, fille de Renée de Ferrare, II, 465.

GUISE, le guidon de la compagnie de, pris à Gien, II, 444.

GUISE, le maréchal de la compagnie de, II, 469.

GUISOR, Gaspard, huguenot tué à Lançon, III, 357.

GUITARD, Jean, espion des Guise; ses machinations à Lyon, I, 774. — Ses lettres à la reine-mère et au cardinal de Lorraine, 775. — Est pendu, 777.

GUITART, Pierre, espion des Guise à Rouen, II, 663.

GUITONNE, Françoise, huguenote tuée à Lourmarin, III, 372.

GUYBERT, Arnaud, avocat à Montauban, III, 77.

GUYENNE, province de, I, 139. 215. — Blaise de Monluc y est envoyé, 720. — Ligue de la noblesse, 802. — Organisation politique des protestants, 803. — Envoie des secours à Condé, II, 136. — Restes de l'armée de, arrivent à Orléans, 187.

GUYFART, Jean, martyr à Valognes, II, 704.

GUYON, Goubaut, martyrisé au Luc, III, 339.

GUYOT, Jacques, moine de Saint-Calais, II, 538.

GUYOT, Jean, et sa femme, blessés au massacre de Vassy, I, 726.

GUYOT DE VEYNE, capitaine huguenot du Dauphiné, III, 313. 314.

GUYOTET (voy. GUIOTET).

Table alphabétique.

GUYOTIN, Alexandre, ministre à Oléron, I, 207. — A Turin, III, 386. 389. 390.
GUYOTIN, Alexandre, homme de loi de Valréas, invite Montbrun à s'emparer du Comtat-Venaissin, I, 356. 357. 358. — Arrêté, 371.
GUYTEL, martyr à Angers, II, 557.
GYÉ, de, lieutenant du duc d'Etampes à Nantes, I, 155.
GYEN, sieur de, capitaine catholique en Provence, III, 350.
GYEN (Gien), ville du Loiret ; commencements de l'Eglise, I, 163. — Détruite par l'armée catholique, II, 133. — Réfugiés à Orléans, ses habitants y meurent de la peste, 149. 436. — Le capitaine La Borde s'y maintient, 435. — Etat de défense, 444. — Mauvaise conduite de Genlis, 445. — Brigandage de ceux d'Ouzouer, 446. — Désordres des soldats dans les églises, 447. — Daneau y est ministre, 448. — Le capitaine Fumée, 449. — Accroissement de l'Eglise, 450. 451. — Les protestants se retirent à Orléans, 453. — Cruautés de l'ennemi, 454. — Des protestants de Gien sont massacrés à Saint-Brisson par suite de leur zèle inconsidéré, 455. — Retour des protestants après la paix, 456. — Gien, lieu d'exercice, 457. — Le camp du roi passe par la ville, 458.

H.

HA, château du, à Bordeaux, II, 754. 755.
HAGONNOT, tisserand au Mans et martyr, II, 532.
HAIREAU, Guillaume, huguenot de Craon, prisonnier, sauvé, II, 574.
HALLER, Berthold, de Berne, confère avec les députés vaudois, I, 36.
HALLUIN (voy. PIENNES).
HALOT, sieur de, gentilhomme catholique de Normandie, II, 711.
HAM, château de, prison de Condé, I, 406.

HAMART, Nicolas, martyr à Mamers, II, 536.
HAMEL, Etienne, huguenot de Vire, II, 710.
HAMEL, Jean, martyr à Valognes, II, 722.
HAMELIN, Philibert, prêche à Arvert, I, 102. — Supplicié à Bordeaux, 134. 135.
HAN, Jean de (voy. DEHAN).
HANAUT, Pierre, sieur de Lanta, capitoul à Toulouse, I, 825.
HANCIO, Claude, martyr à Vassy, I, 725.
HANEBAULT, sieur de (voy. ANNEBAUT).
HANET, N., ministre à Aubigny, I, 105.
HARGONS, Martin de, dit de Rossebut, ministre à Bourges, I, 104.
HARGULHOUX, Pierre, martyr à Bormes, III, 338.
HARIVEAUX, Christofle, tué à Céanten-Othe, II, 394.
HARLAY, du, président au parlement de Paris, I, 168. II, 310. 317 suiv.
HASTÉ, Antoine, avocat huguenot de Gien, pillé et blessé à Saint-Brisson. II, 455.
HASTES, sieur de, conseiller au parlement de Rouen, II, 668.
HAUBRIAT, Didier, ex-prêtre à Metz, III, 466.
HAUCOURT, sieur de (voy. SAINT-DELYS).
HAUDRENCOURT, sieur de, assassiné au Vexin ; ses filles emprisonnées à Vernon, II, 130.
HAULTERIVE (Hauterive), capitaine catholique mort au siège de Montauban, III, 103. 137.
HAUMONT (Aumont), bourg du Rouergue, III, 200.
HAUMONT, capitaine de Condé à Beaugency, II, 22. — Châtie ceux de Pathay, 493. 500. 501.
HAVÉ, bourgeois de Vassy, I, 725.
HAVRE-DE-GRACE ou Hâvre-Neuf (Le Hâvre), ville de Normandie ; l'Eglise présente une confession de foi protestante, I, 309. — Tenu en bride par le rhingrave, II, 190. 191. 621. 636. — Donné aux Anglais, 677. 688. 701. — Négociations avec l'Angleterre au sujet du Hâvre, 725. 726. 727. 728. 729. — Warwick y arrive, 730.

HAVRE-NEUF (voy. HAVRE-DE-GRACE).
HAYE, Robert de la, chef du conseil de Condé, conseiller au parlement de Paris, plus tard maître des requêtes, arrêté, I, 291. — Assiste à la déclaration d'innocence de Condé, 461. — Déclaré innocent lui-même, 467. — Envoyé en Angleterre, II, 729. — Signe le traité de Hampton-Court, 738.
HAYE, de la, marchand de la Brie, pendu à Paris, II, 358 suiv.
HAYE, de la, ministre à La Charité, dispute avec de Vaux, II, 430.
HAYE, baron de la, gentilhomme catholique de la Normandie, II, 708.
HAYES, Jean des, bourgeois d'Issoudun, II, 509.
HÉBERT, Claude, clerc au greffe de Paris, II, 318.
HECTOR, Barthélemy, martyr à Turin, I, 111.
HEIDELBERG, ville de l'Electorat palatin, III, 446. 449. 464.
HÉLIE, Jean, martyr à Vassy, I, 725.
HEMARD, Robert, lieutenant criminel à Sens, I, 133. — Empêche la publication de l'Edit de Janvier, II, 396. 401.
HEMARD, Toussaint, cordelier d'Issoudun, envoyé aux galères pour avoir attaqué Marguerite de Navarre, I, 66. — Ses dérèglements, 147.
HENDIER, Michel, supplicié à Rouen, I, 311.
HENEY, Pierre, blessé au massare de Vassy, I, 726.
HENNEGUY, Pierre, bourgeois de Senlis, condamné aux galères pour cause de religion, II, 343.
HENRI II, roi de France; son caractère, ses favoris, I, 67. — Fait brûler un couturier à Paris, 79. — Protecteur de l'empire d'Allemagne, 84. — Publie l'Edit de Chateaubriand, ibid. — Fait chanter les psaumes, 110. 158. — Assiste à l'assemblée de la mercuriale, 192. 193. 194. — Sa mort, 195. 200. 206. 211. 220. 240. 272. — Paul de Mouvans obtient de lui un arrêt d'évocation, 373. 379. 398. — Sa fin connue à Metz, III, 444. 445.
— Nomme Gondi premier gentilhomme de sa maison, 471.
HENRI III, roi de France, continue la guerre civile, III, 477. 480.
HENRI, duc d'Anjou (voy. ANJOU).
HENRI VIII, roi d'Angleterre, opposé à la Réforme, I, 4. — Se révolte contre la papauté, 21. — Sa nièce épousée par Lennox, 34.
HENRY, Jean, ministre à Pau et à Nérac, I, 107. 316. — Doit être mené à Orléans, 326. — Décide la reine de Navarre à se déclarer pour la Réforme, ibid.
HENRY, Pierre (de Barrau), ministre à Saint-Lô et martyr, I, 326. II, 702. 705.
HENRY, N., vieillard huguenot, tué Troyes, II, 381.
HENRY, le cordonnier, tué à Gonfaron, III, 352.
HÉRAUT, Jean, meurtrier catholique à Marseille, III, 357.
HERBAUT, Michel, ministre à Tours et martyr, II, 597.
HERBAUT, sieur de, à Blois, II, 577.
HERBAUT, capitaine huguenot dans le Languedoc, III, 163.
HERBERT, Jacques, maire de Poitiers, 606. 608.
HERBERT, René, martyr à Cossé, II, 575.
HERCULES, capitaine sous les ordres de Maugiron en Dauphiné, III, 426.
HÉRÉTIQUES, s'ils doivent être punis par le magistrat, I, 165.
HERGULOU, Ponce, martyr à Bormes, III, 352.
HERLANT, George, hôtelier à La Charité, pendu, II, 432.
HERLIN, Marc, receveur à Lyon, huguenot, III, 239. 240.
HERMEL, Nicolas, sieur de la Rets, receveur à Abbeville, massacré, II, 348.
HERMERAY, localité de Seine-et-Oise; assemblées à, I, 757.
HERMESIS, sieur de, gentilhomme huguenot de Normandie; son fils assassiné, II, 708.
HERMITE, Jean, persécuteur à Digne, III, 343.
HERMITE, L' (voy. L'HERMITE).
HÉROUART, capitaine huguenot dans le Languedoc, III, 168.

Table alphabétique.

HERRY, bourg du Cher, II, 432.
HERVET, Gentian, curé à Crevans, I, 288.
HESLONYN, N., lieutenant du gouverneur huguenot à Craon, II, 569.
HESSE, Philippe, landgrave de, II, 35. 135. 136. 275.
HESSE, maréchal de (Rollshausen, de), chef des secours allemands à l'armée de Condé, II, 135. 136. 215.
— Sa réponse aux menaces de Guise, 246. — Se jette dans Orléans, 253. 254. — Déclaration de Blois, à lui adressée, 255. — Auprès de l'amiral, 290.
HEU, Gaspard de (voy. de BUY).
HEUDREUX, village du Périgord, II, 787.
HEUDREVILLE, sieur de Quièvremont, conseiller au parlement de Rouen, II, 668.
HIEROSME (Jerôme), de Prague, I, 1.
HIERS, bourg de Saintonge, II, 829.
HILAIRE, notaire à Montpellier, I, 885.
HILLE, LA (voy. LA HILLE).
HIMAULT (voy. HUNAULT).
HIPPOLYTE, SAINT- (voy. SAINT-HIPPOLYTE).
HIRET, Tugal, marchand huguenot aux Sallorgues, pillé, II, 572.
HISPAGNAC (Ispagnac), bourg de la Lozère, II, 202.
HOMMEAU, Jean de l' (voy. L'HOMMEAU).
HONFLEUR, ville de Normandie ; s'accorde avec l'amiral, II, 258. — Le marquis d'Elbœuf s'y rend après la capitulation de Caen, 262. — Pris par Mouy, 331. — Morvilliers y campe, II, 621. — Pris par Aumale, 628. 721.
HONONVILLE, Didier de, bourgeois huguenot de Metz, III, 446.
HONORAT, de Foix, capitaine protestant au Languedoc, III, 143. 193.
— Envoyé au secours de Castres, 206. 207. 208.
HONORAT de Savoie (voy. SAVOIE).
HONORÉ, Thomas, brûlé à Meaux, I, 51.
HONTAUT (Gontaud), localité de l'Agenois, I, 326.
HÔPITAL, Michel de L' (voy. L'HOSPITAL).

HOQUETON, capitaine huguenot à Dieppe, II, 692.
HORSMARD, Jeanne, femme de Claude Boisrame, huguenote persécutée à Craon, II, 572.
HOSTAU, Pierre de l' (voy. L'HOSTEAU).
HOUDENCOURT, de Fleurines, sieur de, supplicié à Paris, II, 341.
HOUQUES, localité près de Beaugency, prise par Coligny, II, 247.
HOVESVILLE, sieur de, gentilhomme protestant massacré à Valognes, II, 703. 704.
HUART, Christophe, martyr à Gonfaron, III, 352.
HUCIEL, Guillaume, martyr à Vassy, I, 725.
HUÉ, Jean, bourgeois de Chartres, prête sa maison aux assemblées, I, 759.
HUESTRE, LA (voy. LA HUESTRE).
HUET, Philippe, procureur huguenot à Pithiviers, I, 165.
HUET, Jean, martyr à Cognac, II, 820.
HUGO, Philippe, huguenot tué à Lourmarin, III, 363.
HUGON, capitaine huguenot à Orange, III, 270.
HUGONIS, cordelier à Rouen, II, 611.
HUGONIS, Antoine, avocat à Hyères et martyr, III, 339.
HUGUAUT, contrôleur du domaine, massacré à Mâcon, III, 425.
HUGUENOTS, surnom des protestants, I, 249. — Origine du nom, 269. — Injure défendue, 458. II, 208.
HUGUENOT, LE (voy. SAINT-MARTIN).
HUGUET, François, martyr à Angers, II, 559.
HUGUEVILLE, sieur de, commandant du château de Caen, II, 698. 700.
HUILLIER, L' (voy. L'HUILLIER).
HUMAIN, Jean, bourgeois huguenot de Metz, III, 476.
HUMBERT, Antoine et Jean, blessés au massacre de Vassy, I, 726.
HUMIÈRES, Charles de, évêque de Bayeux, II, 699.
HUNAUT, Pierre (voy. de LANTA).
HURLES, Jean de, lieutenant particulier à Troyes ; ses biens saisis, II, 379. — Massacré, 384.
HUSS, Jean, réformateur bohême, I, 1.

Husson, Guillaume, brûlé à Rouen, I, 34.
Husson, Yves, martyr à Mamers, II, 535.
Hutinot, Henri, martyr à Meaux, I, 51.
Hyères, localité de Provence, III, 338. — Massacres à, 339. 343. 350. 351.

I. J.

Jacommel, Aunet, lieutenant de la garnison de Montpellier, décapité comme traître, III, 168.
Jacoville, sieur de, gentilhomme huguenot de Normandie, II, 721.
Jacques V, roi d'Ecosse, I, 34.
Jaiquot, Jean, blessé au massacre de Vassy, I, 726.
Jalle, Saint- (voy. Saint-Jalle).
Jambérigaut (Chamborigaud), village du Gard, III, 193.
Jamets (Jametz), ville du duché de Bouillon, III, 476. 478.
Jame, Saincte- (voy. Sainte-Jame).
Jamme, Sainte- (voy. Sainte-Gemme).
Jamme, J., huguenot tué à Lourmarin, III, 363.
Janson, Antoine de, enseigne huguenot à Montauban, III, 96.
Janville, capitaine catholique en Normandie, II, 696.
Jaquelot, conseiller au parlement de Paris, II, 310.
Jaquemard, Claude et Jean, blessés au massacre de Vassy, I, 726.
Jaquemard, prisons de, à Romans, I, 351.
Jaques, N., huguenot prisonnier à Dijon, I, 136.
Jaqui, Jacques, libraire à Aix et martyr, III, 347.
Jaquière, La (voy. La Jaquière).
Jaquinot (ou Jacquinot), Nicolas, lieutenant criminel à Paris, I, 139. — Au bailliage de Troyes, 292. — Se relâche des persécutions, 382.
Jaquot, Claude, avocat à Troyes, persécuteur, II, 385.
Jardinier, Pierre Le; veuve de, martyre à Vassy, I, 725.
Jardins, des (voy. Desjardins).

Jargeau (voy. Gergeau).
Jarnac (ou Jernac), Guy de Chabot. sieur de, I, 317. — Gagné à l'Evangile par Léopard, 813. — Doit amener sa compagnie à Niort, II, 601. — Gouverneur de La Rochelle, 824. — Un enseigne à lui sauve un ministre à Villefranche, III, 62.
Jarnieu, capitaine et bailli d'Annonay, III, 186. 188. 189. 190.
Jarsé (Jarzé), village de Maine-et-Loire, II, 568.
Jaubart, soldat huguenot à Montauban, III, 112.
Jaubert, Jean, huguenot de Mâcon, III, 428.
Jauffreton, huguenot tué à Puymasson, III, 365.
Jayet, sieur du, gentilhomme catholique du Dauphiné, III, 310.
Idriard, conseiller au présidial de Toulouse, III, 29.
Jean, cordonnier à Arles; sa femme tuée, III, 369.
Jean, de Draguignan, huguenot tué à Lorgues, III, 368.
Jean, le clavelier (femme de), tuée à Pertuis, III, 370.
Jean, Marcelin (fils de), martyr à Aix, III, 347.
Jean, Marie (fils de), martyr à Aix, III, 347.
Jean, vieillard martyr à Saint-Cannat, III, 349.
Jean, le cousturier (frère de), martyr à Senas, III, 349.
Jean, Antoine de, capitaine protestant à Montauban, III, 86.
Jean, Jean de, consul à Montauban, I, 837. 842. III, 74.
Jean, le jeune; la femme de, blessée au massacre de Vassy, I, 726.
Jean, frère, jacobin à Nevers, I, 743.
Jean, Guillaume, huguenot tué à Grasse, III, 360.
Jean, Pierre, martyr à Vassy, I, 725.
Jean de Lorraine, cardinal, évêque de Metz, III, 432.
Jean, Saint- (voy. Saint-Jean).
Jeanjean, meurtrier catholique à Arles, III, 353.
Jeanne d'Albret (voy. reine de Navarre).

Table alphabétique.

JECHOVILLE, capitaine huguenot en Normandie, II, 708.
JEINVILLE (voy. JOINVILLE).
JÉRÔME de Prague (voy. HIÉROSME.)
JÉRÔME, vicaire de Notre-Dame-du-Chemin à Orléans, imposteur, I, 739. 740. 741.
JÉRES (voy. HYÈRES).
JERNAC, sieur de (voy. JARNAC).
JÉRUSALEM, lieu de prédication à Paris, saccagé, II, 12.
JESSÉ, avocat à Toulouse, hostile aux protestants, I, 815.
IGUY, sieur d', conseiller au présidial de Caen, II, 711.
ILE-AUX-BŒUFS (voy. L'ISLE-AUX-BŒUFS).
ILLIERS, localité d'Eure-et-Loir; protestants à, I, 213.
ILMADE, village près de Montauban; église dressée par Clément, I, 847. — Détruite par Parasols, 851.
INGRANDE, baron d', gentilhomme normand des environs de Vire, II, 714.
INNOCENT, SAINT- (voy. SAINT-INNOCENT).
INQUISITION, édit de l', I, 114. 138. 140. — Arrêtée par une ambassade des princes d'Allemagne, 141. — Préparée par le cardinal de Lorraine, 388 suiv.
JOAN, armurier, exécuté à Paris, II, 193.
JOBERT, Jacques, lieutenant-général à Bourges, II, 486.
JODON, Adrianne, femme Mainmousseau, huguenote de Craon trainée à la messe, II, 572.
JOÉRY, Jean, martyr à Toulouse, I, 86.
JOFFRET, Lucain, capitaine catholique en Provence, III, 364.
JOINVILLE, baronnie de, I, 721.
JOINVILLE, localité de la Beauce, I, 158. — Haumont y tient garnison, II, 22. — Coligny le prend, 246. — Le duc de Guise y est enterré, 334.
JOLY, Pierre, assesseur à Arvert, I, 316. 318.
JOLY, drapier et martyr à Vassy, I, 725.
JOMBERT, Louis, prêtre et prieur de Saint-Laurent à Marseille, massacré, III, 356.

JON (ou Jonc), François du, ministre à Metz, III, 457. 472.
JONAS, maître d'école à Annonay, I, 9.
JONCHÉE, de la (voy. de LA JONCHÉE).
JONY (voy. JOUY).
JONCARD, Jean, juge à Digne, persécuteur, III, 358.
JONQUES (Jouques), localité de Provence, III, 367.
JONVILLIERS, localité de Beauce; assemblées religieuses à, I, 757.
JONZAC, le ministre de, se réfugie en Angleterre, II, 830.
JOPPINEUX, Bastien, blessé au massacre de Vassy, I, 726.
JOQUAS (Joucas), localité de Provence, III, 371. 373.
JORDAINS, des, bourgeois protestant de Toulouse, III, 16.
JORDANI, conseiller de sénéchaussée à Toulouse, III, 29.
JORDANIS, les deux, capitaines à Toulouse, III, 19. 26. 32.
JORDANNE, Jeanne, tuée à Cabrières, III, 372.
JORTRIN, Jean, ministre à Bourges, I, 295.
JOSSE, avocat au parlement de Toulouse, l'un des meneurs catholiques, I, 825.
JOSSE, ex-jacobin et martyr à Toulouse, III, 35.
JOUBERT, Raymond, conseiller au présidial de Toulouse et martyr, III, 35.
JOURDAIN, Antoine, huguenot de Cabrières, mort de faim, III, 346.
JOURDAIN, barbier à Tours, II, 597.
JOURDAN, François (un enfant de), mort de faim à Cabrières, III, 377.
JOURDANNE, Dauphine, tuée à Cabrières, III, 375.
JOURS, François d'Anglure, sieur de, visite la reine-mère II, 105. — Empêché d'entrer dans le parti de Condé, 106.
JOUVE, Laurent, huguenot tué à Forcalquier, III, 360.
JOUVENT, Osias, huguenot tué à Cabrières, III, 366.
JOUY, localité de la Beauce; assemblées religieuses à, I, 757.
JOYEUSE, Guillaume, vicomte de, lieutenant du roi en Languedoc, I,

335. 874. — A Carcassonne, 877. — A Béziers, 879. — **A** Montpellier, 883. — Dresse un camp contre Béziers, III, 31. — Lettres d'abolition à lui adressées, 44. — On lui communique le traité de l'Association catholique, 52. — Le roi lui annonce l'issue de la bataille de Dreux, 125. — Sa conduite en Languedoc, 142. 143. 145. 147. 148. 149. — Devant Lignan, 150. 157. — Bat Baudiné à Pézenas, 158. 159. — Accord entre eux ; Joyeuse assiège Béziers, 160. 161. — Arrive au camp de Lattes, 166. 167. — Le lève, 168. 170. — Son entreprise contre Agde, 171. 173. 175. 178. 179. — Caylus lui notifie l'Edit de paix, 180. 181. 182. 183.

JOYEUX, Bodard, bourgeois catholique de Nemours. II, 470.

ISABELLE de France, fille du roi Henri II, I, 193.

ISLE, André Guillard, sieur du Mortier de l', ambassadeur à Rome; lettre à lui adressée par la reine-mère, I, 645. 646. 647. 648. 649. 650.

ISLE-BONNE (voy. LILLEBONNE).

ISLE-D'ALBIGEOIS (voy. L'ISLE-D'ALBI).

ISLE-DE-FRANCE, assemblée des états particuliers de, I, 287.

ISLE-EN-JOURDAN (Ile-en-Jourdain), ville de l'Armagnac, II, 793. 828. III, 20.

ISLES, LES, Arvert et Marennes, localités de Saintonge, I, 314. II, 824. 831.

ISLES, marquis d' (ou de l'Isle), fils du duc de Nevers, embrasse la Réforme, I, 748. — Protège le ministre Fournier captif à Châlons, II, 365.

ISLES, marquise d', femme du précédent, I, 748. II, 364. 366.

ISSERTIEUX, de la Porte-Amader, sieur d', gouverneur de La Charité, II, 426. — Sa défense de la ville, 427. — Prisonnier et maltraité, 429. — A Gien, 449. — Sa défection à Orléans, *ibid*.

ISSOIRE, ville d'Auvergne ; un martyr à, I, 55.

ISSOUDUN, ville de l'Indre ; commencements de l'Evangile, I, 16. 65. — Eglise dressée, 104. — Persécutions, 146. — Désordres des cordeliers, 147. 296. 298. — Spifame ministre, II, 409. — Se rend à Montgomery, 489. — Assiégé par les protestants sous Ivoy, 490. 492. — Nouvelles persécutions, 504. 505. 512. — Le ministre Poterat emprisonné, 760. — Culte professé, 761. 762.

ISSUTILE (Is-sur-Tille), localité de Bourgogne ; Eglise dressée, I, 782. — Pillage de la ville, III, 394.

ITHIER, Bernard, bourgeois huguenot de Carcassonne, III, 152.

ITHIER, Jacques, médecin à Sens, II, 400.

JUDET, Jean, martyr à Paris, I, 248.

JULES III, pape, I, 449.

JULIEN, Antoine, martyr à Thoard, III, 345.

JULIO, capitaine (voy. Ranutio Rosso).

JUNCA, sieur de, capitaine catholique à Mont-de-Marsan, II, 809. 810. 811.

JURE-DIEU (voy. capitaine LA GRANGE).

JUST, Pierre, de Montignac, martyr, II, 819.

JUST, SAINT- (voy. SAINT-JUST).

JUSTE, François, pelletier huguenot à Metz, III, 440.

JUSTICE, Claude, vinaigrier à Troyes, tué, II, 381.

JUSTINIAN, Fra, cordelier à Poissy, I, 554. — A Saint-Germain, 692.

JUSTINIE, LA (voy. LA JUSTINIE).

JUVENIN, pendu à La Charité, II, 430 suiv.

JUVIGNY, sieur de, gentilhomme normand, commandant du château de Vire, II, 717.

JUVIN, capitaine protestant tué à Toulouse, III, 20.

JUVISY, localité de Seine-et-Oise : Condé y passe, II, 194.

IVOY, Jean de Hangest, sieur d', frère de Genlis, II, 50. — Colonel à Orléans, 91. — Gouverneur de Bourges et du Berry, 102. — Arrêt contre lui, 128. 370. 453. — Envoyé par Condé à Bourges, 490. 491. — Donne l'assaut à Issoudun,

Table alphabétique.

492. — Au siège de Bourges, 493. 496. 497. 498. 499. 500. — Mal accueilli à Orléans, 501. — Essaie de prendre Issoudun, 509. — A Bourges, 543.

L.

La Balderie, de (voy. Balderie).
La Barbée, de (voy. Barbée).
La Barre, Isaac de (voy. Barre).
La Barre, capitaine huguenot de Laval, au Mans II, 524. 525. — Sa défection, 526.
La Barre, Jean de, pénitencier à Angers, II, 543.
La Bergerie, de (voy. Pierre Gilbert).
La Berthe (voy. Berthe).
La Bigne, Jacques de; sa déposition au procès de Condé, I, 465.
La Bigne, Jean, serviteur de La Renaudie, I, 267.
La Béotie, de (voy. E. de la Boétie).
La Boissière, de (voy. Boissière).
Labon, Honoré, martyr à Cignes, III, 346.
La Borde, Jean de, gentilhomme huguenot de l'Auxerrois; sa déposition au procès de Condé, I, 465. 467. — Cosne perdu par sa faute, 495. — A Gien, II, 445. 447. 448.
La Borde-Petot, gentilhomme huguenot, surprend Corbigny, II, 423. 424.
La Bordesière (voy. Bordesière).
Laborel ou Laboret ou Labouret, capitaine catholique dans le Dauphiné, gouverneur du Gapançois, III, 308. 309. 310.
Laboria ou La Boria (Jean, sieur de La Borie), gentilhomme protestant, défenseur de Montauban, III, 75. 79. 80. 81. 83. 85. 86. 96. 97. 101. 105. 106. 107. 108. 109. 110. 111. 112. 113. 114. 115. 118. 119. 120. 121. 124. 125. 129. 130. 131. 132. 134.
Laborie, Antoine, écolier de Genève, brûlé à Chambéry, I, 97.
Laboron, méchant homme exécuté à Mâcon, III, 414.

La Bouille, bourg de Normandie, II, 621.
La Bourgonnière (voy. Bourgonnière, La).
La Bretonnière, faubourg de Beaune, I, 782.
La Bretonnière, sieur de (voy. Bretonnière).
La Brosse, Mathurin, sieur de, chargé de l'ensevelissement de François II, I, 403.
La Brosse, sieurs de, père et fils, lieutenant et guidon de la compagnie de Guise, participent au massacre de Vassy, I, 723. 724. 725. 727.
La Brosse, Jacques de, le père, envoyé par les Guise à la reine Catherine, II, 61. — Tué à Dreux, 240.
La Brosse, Mathurin de, ministre à Sens, I, 769. II, 397.
La Brosse, N., auteur de brigandages dans l'Orléannais, forcé et tué à Lanqueret, II, 147. — Reprend Marchenoir, 154.
La Brosse, sieur de, commandant catholique dans le Berry, vient au secours d'Issoudun, II, 492.
La Bussière, bourg du Gâtinais, II, 501.
La Cagne (voy. Cagnes).
La Caille (voy. Riche).
La Canessière, de (voy. Canessière).
La Carlière, de (voy. Carlière).
La Castelle, abbaye près de Grenade; les moines tuent une femme à Grenade, I, 800.
La Catelle, maîtresse d'école à Paris, martyre lors de l'affaire des placards, I, 21.
La-Celle-Cramoise (La-Selle-Craonnaise), bourg de l'Anjou, II, 570.
La Chapelle (voy. Chapelle).
La Chapessière, veuve, martyre à Tours, II, 594.
La Charité, ville (voy. Charité, La).
La Chassaigne (voy. Chassaigne).
La Chasse, de (voy. Chassagnon).
La Chatre, ville de l'Indre; Eglise dressée, I, 213.
La Chauletière (voy. Chauletière).
La Chaux, de (voy. Chaux).
La Chenau, sieur de (Leschenau), chevalier de Malte à Auxerre, pillé,

III.   46

II, 407. — Gouverneur à La Charité, 432 suiv.
La Chey (voy. Chey).
La Congne, capitaine catholique à Toulouse, III, 17.
La Cordière (voy. Cordière).
La Coste, village vaudois de Provence, I, 73. III, 371. 374. 377.
La Coste, Guy de, avocat à Aurillac, I, 772.
La Coste, prévôt à Valognes, emprisonné par les catholiques, II, 705.
La Coste, sieur de, gentilhomme provençal, parent de d'Opède, I, 46.
La Coste, Pierre de, juge-mage à Montpellier, I, 335. III, 10. 31. 34.
La Coste, capitaine huguenot à Béziers, III, 179.
La Coste, le jeune, capitaine huguenot à Orange, III, 261. 264.
La Coste-Saint-André, localité de l'Isère, III, 267. 268. 282. 283.
La Coste, ministre à Condom, I, 805.
La Coste (voy. Valech).
La Couche (voy. Couche).
La Coudrave, village près de Pithiviers, pillé, II, 155.
La Coudre (voy. Coudre).
La Croix, capitaine catholique pillard à Rochechouart, II, 819.
La Crose, capitaine catholique commandant à Poussan, III, 170.
La Curée (voy. Curée).
Ladau, Jacques, orfèvre à Corbigny, persécuteur, II, 421.
La Duche, sieur de, gentilhomme envoyé en parlementaire à des Adrets par le duc de Nemours, III, 292. 295. 301.
La Faucille (voy. Faucille).
La Favergue (voy. Favergue).
La Faye, ancien de l'Eglise de Paris, tué à Meulan, II, 131.
La Fayette, sieur de, fils du sieur d'Apcher, gouverneur à Nevers, persécuteur, II, 411, 412. — Rappelé, 415. — Envoie de Noyat à Corbigny, 422. 426. 427. — A La Charité, 430. — A Bourges, 485. 494. — Un de ses subordonnés ravage le Gévaudan, III, 196.
La Fère, ville de l'Aisne, prison de Condé, I, 406.
La Ferrière, sieur de, gentilhomme catholique du Nivernais, aide à surprendre La Charité, II, 426.
La Ferrière, sieur de, gentilhomme du Maine, provoque l'organisation de l'Eglise de Paris, I, 99.
La Ferté, moine bernardin à Troyes, I, 86.
La Ferté, sieur de, capitaine des gardes, I, 502. 521. 553. II, 459.
La Ferté-Alaix (Ferté-Alais), localité de Seine-et-Oise, II, 192.
La Ferté-au-Vidame, château en Normandie, pris par les catholiques, II, 254. 726. 727.
La Ferté-Bernard, localité du Maine, II, 155. 526. 537.
La Ferté-sous-Jouarre, ville de Seine-et-Marne, les protestants de Meaux s'y retirent, II, 354. 358.
La Ferté-sur-Jouarre, maison de Condé, II, 5.
La Ferté-Ymbaut (La Ferté-Imbault), localité de Loir-et-Cher; le prince de Porcien y est surpris, II, 250.
L'Afillé, commissaire du Châtelet, assommé à Bourg-la-Reine, I, 673.
La Flaiche, enseigne du capitaine d'Entragues, tué à Mâcon, III, 411.
La Fleur, Jean de, soldat à Abbeville, tué, II, 439.
La Fon, de (La Fond), François, deuxième président du parlement d'Aix, commissaire contre les Vaudois, I, 44. 47. 72 suiv.
La Fond, de, notaire et diacre à Nègrepelisse, I, 850.
La Fontaine, N., ministre à Marennes (sans doute identique avec Charles de Clermont dit de L. F.), I, 155. 199. — Visite Oleron, 206.
La Fontaine, Robert, Le Maçon, dit de, ministre à Orléans, I, 112. 164. 291. 737. 738.
La Fontaine, Charles de (voy. Ch. de Clermont).
La Fontaine, Jacques (voy. J. Fontaine).
La Fontaine, Orson, capitaine catholique en Champagne, défait par les protestants, II, 395.
La Fontaine-Beaufay, sieur de, gentilhomme manceau, II, 534.
La Forest, ministre à Amiens, II, 345.

Table alphabétique.

La Forest, de, dit de Vassy, capitaine huguenot en Normandie, II, 708. 712. 714. 715. 716. 717.
La Forge, capitaine protestant en Champagne, II, 395.
La Forge, Étienne de, martyr à Paris (affaire des placards), I, 21.
La Fosse, Thomas de, gentilhomme et martyr manceau, II, 532.
La Fosse, de, avocat protestant à Sens, II, 399. — Echappe au massacre, 400.
La Fredonnière (voy. Fredonnière).
La Fresnaye (voy. Fresnaye).
La Garande (voy. Chrestien).
La Garde, de, conseiller au parlement de Toulouse (voy. Garde).
La Garde, baron de, dit Poulin (voy. Garde).
La Garde, capitaine catholique au siège de Montauban, III, 99.
La Gaucherie (voy. Gaucherie).
Lagnac, sieur de, gentilhomme catholique de Guyenne, persécute les protestants, I, 792. — Excite Burie contre ceux d'Agen, 798.
Lago, capitaine catholique tué devant Poitiers, II, 607.
La Goize (voy. Goize).
La Gonbaudière, capitaine catholique en Saintonge, II, 829. 832. 833.
La Gotrinière, capitaine de la garnison protestante de Gien, II, 451.
Lagran (Lagrand), village des Hautes-Alpes, III, 275.
La Grange, Pierre de, procureur huguenot à Agen, emprisonné, I, 320. — Elargi, 326.
La Grange, dit Jure-Dieu, capitaine catholique à Angoulême, assassin, II, 819.
La Grasse, capitaine catholique, pille le château de Duras, II, 771.
La Grave (Laragne), abbaye et bourg du Dauphiné, I, 364.
La Guacherie, marchand huguenot tué à Cahors, I, 855.
La Guépye (La Guépie), localité de Tarn-et-Garonne ; Église dressé par François Férond, I, 866. — III, 192.
La Haye (voy. Haye, de la).
La Hille, capitaine huguenot à Foix, I, 872.

La Huestre (Huêtre), village du Loiret, I, 164.
Laidet, capitaine pris à Barjols, décapité, I, 900. II, 119.
Laidet, Mathieu, prêtre à Vacchières, tué à Forcalquier, III, 360.
Laignade, La, capitaine huguenot à Béziers, III, 160.
Lainez, Jacques, général des Jésuites, I, 554. — Son discours à Poissy, 599. — A la conférence de Saint-Germain, 692. — Y provoque une déclaration des ministres sur les conditions d'un concile, 716.
La Jacquière, capitaine huguenot à Lyon, III, 220.
La Jonchée, de, ministre à Rouen, I, 112.
La Justinie, prévôt à Agen, II, 791.
Lalande, N., chanoine à Agen, persécuteur et homme de guerre, I, 322. 791. — A Marmande, 795. — Cousin de Monluc, 808. — Nommé gouverneur d'Agen, II, 770. 791.
Lalave, sieur de, protestant d'Agen, I, 794.
La Legade, capitaine huguenot à Montauban, III, 136.
L'Allemant, sieur de Vouzé (voy. Allemand).
Lalleyne, Guillaume, capitaine catholique à Toulouse, III, 14.
Lallier (voy. de la Chesnaye).
Laloé, Simon, brûlé à Dijon, I, 93.
Laloue, sieur de, gentilhomme catholique des environs de Bourges, II, 485. 490.
La Lynde (Lalinde), localité du Périgord, II, 778.
La Magdelaine, Didier, blessé au massacre de Vassy, I, 726.
La Magdeleine, capitaine protestant de Paris, en garnison à Orléans, II, 23. 501.
La Magdeleine, Antoine de Colla, sieur de, conseiller au Grand-Conseil, commissaire en Provence, III, 381.
La Manne, capitaine protestant à Villeneuve-en-Rouergue, III, 193.
Lamaserie, procureur catholique à Toulouse, I, 825.
La Mauvoisinière (voy. Mauvoisinière).

Lambert, capitaine huguenot à Rouen, II, 625.
Lambert, Fiacre, tisserand à Meaux, tué, II, 355.
Lambleti, Christophe, curé empoisonneur à Metz, III, 468.
Lambrusche ou L'Ambouche (Lambruisse), localité de Provence, III, 358. 361.
Lamezan, capitaine catholique à Toulouse, III, 17. 18.
La Mieusseux-Condos, conseiller au parlement de Toulouse, expulsé, III, 31.
La Mothe d'Aigues, localité de Provence, III, 345. 372. 374. 375. 376.
La Mothe, village vaudois de Provence, I, 45.
La Mothe, Robert, tué à Toulouse, I, 817.
La Mothe, capitaine gascon, de la maison de Condé, pendu pour avoir laissé prendre les Tourelles d'Orléans, II, 264.
La Motte-Culon, sieur de, gentilhomme catholique, pillard à Auxerre, II, 408.
La Motte-Gondrin (voy. Gondrin).
La Motte-Potin, sieur de, adversaire des protestants à Sully, I, 742. — S'oppose à l'approvisionnement d'Orléans, II, 252.
La Motte-Rovilier, médecin à Angers, II, 553.
La Motte-Tiberjau (ou Tibergeau), capitaine huguenot au Mans, II, 527. — A Saint-Lô, 708. — A Vire, 711. 712. 714. — Se rend aux assiégeants, 716.
L'Amoureux, ministre à Saint-Satur, II, 514.
Lamy, Mathurin, catholique persécuteur à Angers, blessé mortellement, II, 552.
Lamy, Jean, blessé au massacre de Vassy, I, 726.
Lamyate (voy. Damiate).
Lamyre, conseiller au présidial de Toulouse, III, 29.
Lana, de, jacobin, prédicateur fanatique à Toulouse, I, 816. 817. 818.
La Nafrède, capitaine à Montauban, III, 135. 137.

La Nasse, femme de, martyre à Vassy, I, 725.
La Naufville ou Neufville (voy. Neufville).
Lancelot (d'Albeau), gentilhomme angevin, ministre à Tours, I, 105. — A Montoire, 106. — Ministre à Valence, 219. — Emprisonné, 350. — Décapité, 352.
Lande, sieur de la (voy. Vaumont).
Lande-de-Vaumont, La, village près de Vire en Normandie, II, 710.
Landelle, de La (voy. de Puibesque).
Landgrave de Hesse (voy. Hesse).
Landier, Jean ; sa déposition au procès de Condé, I, 465.
Landre, La, capitaine catholique en Normandie, II, 676.
Landry, François, curé à Paris, prêche librement, I, 30. — Intimidé, 31. — Sa mort, 32.
Landry, contrôleur à Troyes, pillé, II, 391.
Landry, marchand à Sens, tué, II, 402.
Landuc, Pierre, huguenot tué à Forcalquier, III, 359.
Lanet, sieur de, chef des huguenots de Carcassonne, III, 141.
La Neufville, localité (voy. Neufville).
Lange, Jean, avocat de Bordeaux, orateur du Tiers-Etat à Orléans, I, 428. — Son discours, 444. — Auteur du Syndicat à Bordeaux, 787.
Langèle, sieur de, gentilhomme catholique à Toulouse, III, 14.
Langey, sieur de (voy. du Bellay).
Langier, Melchior, martyr à Seillans, III, 354.
L'Anglois (voy. Anglois).
Langnac, sieur de, gouverneur catholique d'Agen, I, 323.
Langon, ville du Bazadois, II, 764.
Langres, ville de la Haute-Marne ; Eglise dressée à, I, 55.
Languedoc, Etats particuliers du, I, 334. — Envoient de Crussol à propos des troubles, 720. II, 190.
Languetot, sieur de, capitaine huguenot à Rouen, II, 622. 624. 653. 675. 696.

Lanis, Martin de, capitaine huguenot à Montauban, III, 96. 123. 125. 127. 134.
Lannan, sieur de, gentilhomme catholique du Berry, II, 490.
Lannes, Raymond de, huguenot de Montauban, exécuté en effigie, I, 838.
La Nocle (voy. Beauvoir).
Lanqueret, château près d'Orléans, pris par les troupes de Condé, II, 147.
Lanssac, sieur de, chambellan de la reine Catherine, envoyé par elle au pape, I, 649.
Lanta, Pierre Hunaut, sieur de, capitoul à Toulouse, I, 818, 825. III, 10. 11. 12. 58. 59.
Lanzerte (voy. Lauzerte).
Lapidanus, Guillaume, prêtre flamand à Agen, I, 25.
Lapierre, Pierre de, soldat à Abbeville, tué, II, 349.
La Place, ministre à La Rochelle, I, 140.
La Place, de (voy. André de Mazières).
La Place, Jean de, ministre à Valence, III, 252.
La Planche, Jean (voy. Logery).
La Planche, Guillaume, avocat à Montauban, I, 847.
La Planche, Guillaume de, ministre à La Charité, évangélise Nevers, I, 743.
La Plante, Ambroise de (voy. Balleur, Le).
La Ponge (Pouge), François de, ministre à Montmorillon et à Saint-Savin, I, 765 suiv.
La Porte, capitaine huguenot à Bourges, passe au service de Guise, II, 500.
La Porte, ministre à Condom, I, 805.
La Porte, de, écolier du Béarn, emprisonné à Rhodez revenant de Genève, I, 156.
La Porte, Gérault de, avocat huguenot à Aurillac, tué, II, 476.
La Porte, Guillaume de, official à Bourges, I, 58. 61.
La Porte, Jean de, licencié, envoyé par ceux de Montauban à Burie, I, 831.

La Porte, Jean de, syndic du pays de Quercy (identique au précé-(dent?), apporte les clefs de Montauban à Monluc, III, 66.
La Porte, Eustache de, conseiller au parlement de Paris, arrêté avec Anne du Bourg, I, 244. — Délivré, 255.
La Porte, capitaine gascon de l'armée de Condé, tué devant Paris, II, 214.
La Porte, Amader de (voy. Issertieux).
La Prenanchère, village près d'Orléans, I, 164.
La Presaye, sieur de, gentilhomme manceau, rançonné par l'évêque du Mans, II, 517.
Laqua, Jean-Antoine de, capitaine catholique à La Buissière, III, 290.
Laquier, Pierre, pendu à Vire, II, 330.
Laquot (voy. Luquot).
Larchamp, baron de, blessé au Mont-Saint-Michel, II, 331. 708.
L'archier, N., conseiller au parlement de Paris, l'un des juges de Poltrot, II, 310.
La Renaudie (voy. Renaudie).
La Réole, localité de Guyenne; violences faites aux protestants de, I, 793.
Largebaton (Lagebaston), Jacques Benoît de, président au parlement de Bordeaux, I, 209.
La Richardière, capitaine à Châtillon-sur-Loire, II, 443.
La Riche (voy. Riche).
La Rive, de (voy. Rive, de la, dit Chevery).
La Rive, de (voy. Rive).
La Rivière, Jean (voy. Le Masson).
La Rivière, capitaine huguenot à Poitiers, II, 605.
La Rivière, sieur de, gentilhomme huguenot à Montmorillon, I, 766.
La Rivière, François de, sieur de Champlenus (voy. Champlenus).
La Rivière, N., sieur de, prend Sainte-Foy, II, 798. 799. 800. 801. 802. 803. 804. 805.
La Rivoire, Fleury de, ministre à Castres, I, 874.
Larlon, bourgeois catholique de Toulouse, III, 5.

LARMOIE, lieutenant de justice à Béziers, I, 879.
LA ROCHE, Antoine de, ministre (voy. CHANDIEU).
LA ROCHE, capitaine (voy. ROCHE).
LA ROCHE, écolier d'Alby, massacré à Toulouse, III, 24. 26.
LA ROCHE-SAINT-SERRET (voy. ROCHE-SAINT-SERRET).
LA ROCHE, ministre à Lyon (voy. LA ROCHEBOUILLER).
LA ROCHEBOUILLER (Jean Boulier dit La Roche), ministre à Vandœuvre, puis à Lyon, III, 215. 245.
LA ROCHELLE (voy. ROCHELLE).
LA ROCHE-SUR-YON (voy. ROCHE-SUR-YON).
LA ROCHEFOUCAULT (voy. ROCHEFOUCAULT).
LA ROCHE-POSAY (voy. ROCHE-POSAY).
LARON, Guigo, huguenot tué à Lourmarin, III, 363.
LA ROQUE-DANTHORRON (d'Anthéron), localité de Provence, III, 340. — Massacres à, 367. 374.
LA ROQUE, Brémond de (voy. BRÉMOND).
LA ROQUE-D'ESPUELS, localité de Provence, III, 372.
LA ROQUETTE, capitaine tué à Barjols, I, 900.
LA ROUGERAYE, de (voy. ROUGERAYE).
LARROMIEU, LE (Larroumieu), localité du Condomois, II, 782.
LARTIER, Jean, conseiller à Troyes, II, 382.
LAS, Gratian de, avocat du roi à Agen, protestant, I, 790.
LA SAGUE, témoin au procès de Condé, I, 464.
LA SAUSSAYE, couvent de religieuses près de Paris; Condé y arrive, II, 195.
LASCARIS, Jean, savant grec, I, 2.
LA SERRE, de, chevalier, gentilhomme catholique des environs de Montauban, III, 126.
LA SERRETTE, diacre, exécuté à Villefranche-en-Rouergue, III, 192.
LASNIER, Guy, sieur de La Frétière, avocat du roi à Angers, I, 107. — Ennemi des protestants, 304. — Député à Orléans, 305. — S'enfuit d'Angers, II, 544.

LASSAY, localité du Maine; Eglise dressée, II, 514.
LASSAY, la receveuse de, pendue au Mans, II, 533.
LASSES (ou Lasset), François de, président au siège présidial de Carcassonne, persécuteur, I, 876. III, 142.
LA TAULADE, ministre à Cahors, I, 216.
LATIGER, Thomas, conseiller au parlement de Toulouse, destitué par ses collègues, III, 31.
LATOMI, président au parlement de Toulouse, un des chefs de la faction catholique, I, 825. III, 15. 31. 35.
LATOUCHE, couvrier et martyr à Angers, II, 555.
LA TOUR, Antoine de, lieutenant du bailli à Beaune, III, 402.
LA TOUR, Jean de Tournay, dit de, ministre, au colloque de Poissy, I, 490. II, 359. — Sa fin, 589. 590.
LA TOUR, capitaine huguenot à Poitiers, II, 605.
LA TOURNELLE, de, capitaine huguenot à Loisy-en-Brie, II, 360. — Intercède en faveur du ministre Fournier, 368.
LA TRICHERIE, village de la Vienne, II, 589.
LA TRIMOUILLE, localité du Poitou, II, 609.
LA TRIMOUILLE (voy. TRÉMOUILLE).
LATROCHE, avocat, député de Paris aux Etats d'Orléans, I, 287.
LA TROUSSE, sieur de, prévôt de l'Hôtel du roi, I, 271.
LATTES, village près de Montpellier et camp retranché, III, 162. 163. 166. 168. 170. 282.
LAUBESPIN, conseiller au parlement de Grenoble, commissaire en Dauphiné, I, 351. 352. — Sa fin, 365.
L'AUBESPINE, Claude de, secrétaire d'Etat (voy. AUBESPINE).
LAUBESPINE, N. de, président de justice à Metz, III, 437.
LAUBEREAU, meurtrier du ministre Antoine Vivés à Béziers, I, 879.
LAUBERIE, sieur de, gentilhomme huguenot de Normandie, II, 721.
LAUMOSNIÈRE (ou Laumosnerie), capitaine apostat, défait et tué par Duras à Embornet, II, 792. 819.

Table alphabétique. 711

Launay, capitaine pillard à l'attaque de La Charité, II, 427 suiv.
Launoy, Louis de (voy. Morvilliers).
Lauraguès, capitaine catholique, défait par ceux de Béziers à Cessenon, III, 175.
Lauraguez (Lauraguais), pays de, I, 217.
Laure, Jacques, huguenot tué à Castellane, III, 361.
Laure, village vaudois, I, 45.
Laurens, Barthélemy, soldat à Digne, III, 358.
Laurens, Jean et André, huguenots tués à Lançon, III, 358.
Laurens, N., capitaine catholique à Sancerre, II, 513.
Laurier, Honoré, dit Gasson, huguenot tué à Brignoles, III, 366.
Lauris, de, conseiller au parlement d'Aix, assiste d'Opède contre les Vaudois, I, 45. 157. 894. — Sa conjuration, II, 119.
Lausanne, ville de Suisse, III, 345.
Lauselergie, conseiller catholique au parlement de Toulouse, I, 825.
Lausson (Lançon), localité de Provence; massacres à, III, 357.
Lauzerre, montagne de (Lozère), ramification des Cévennes, III, 196.
Lauzerte, ville du Languedoc; le lieutenant de L. maltraité par Monluc, I, 856. — Monluc y passe, II, 757. 761. — Pris par Duras, 775.
Lauzette, Morelet, exécuté par Monluc, I, 812.
Lauzun, sieur de, à Agen, I, 798. — Gouverneur à Bergerac, II, 798.
La Vache, dénonciateur des assemblées à Toulouse, I, 327.
Lavaine, Benoît, menuisier huguenot à Sorèze, III, 184.
Laval, ville de Mayenne; fondation de l'Eglise de, II, 514. 517.
Laval, Anne de, veuve de François de La Trémouille, II, 570.
Laval, sieur de (voy. Bastide).
La Valée, de, conseiller au parlement de Bordeaux, favorise Scaliger, I, 24.
La Valette, localité de Provence, III, 351.
La Valette, Jean de Nogaret, sieur de, mestre de camp de cavalerie sous Guise, II, 290.
La Vallée, N., ministre à Gien, II, 456. — Pris à Châtillon-sur-Loing, 514.
La Vallée, Nicolas de, ministre (voy. Folion).
La Vau, de, ministre intrus à Poitiers, I, 101. 172.
La Vau, Pierre de, huguenot de Pontillac, martyr à Nimes, I, 94. 95.
La Vauguyon (voy. Vauguyon).
Lavaur, évêque de (Pierre Danès), I, 48.
Lavaur, ville du Languedoc; I, 48. 852. 853. III, 71.
La Veine (voy. Veine, La).
Laverdière, sieur de, capitaine catholique du Dauphiné, III, 260.
La Vergne, persécuteur à Corbigny, II, 422.
La Vergne, huissier au parlement de Bordeaux, commissaire chargé d'une enquête contre les protestants de la Saintonge, I, 313 suiv.
La Vernade, de (voy. Vernade).
Laveron, le (l'Aveyron), rivière de Guyenne, II, 780. III, 92. 118.
La Vignole, Jean de, martyr à Angers, I, 63.
La Villère, N., pillard catholique, tue l'un des défenseurs de Mâcon, III, 412.
La Vorrette, catholique de Nègrepelisse, tué, III, 91.
La Voye, Aymon de, martyr à Bordeaux, I, 27.
Laynez (voy. Lainez).
Laz, château près de Pithiviers, assiégé par les troupes de Guise, II, 253.
Laz, de, archidiacre à Lectoure, fauteur de troubles, I, 823.
Leavardan (Lavardens), ville de l'Armagnac, II, 810.
Le Balleur (voy. Balleur).
Leberon (Luberon), le, montagne de Provence, III, 366.
Le Berseur, Robert, boulanger à Rouen, séditieux, I, 311.
Lebœuf, pestiféré huguenot, assassiné à Montargis, II, 467.
Le Bourguignon, George, bourgeois huguenot d'Angers, I, 303.

Le Boys des Mérilles (voy. Bois des Mérilles).
Le Breton, capitaine du guet à Bordeaux, gagné à l'Evangile, I, 785.
Le Breton, Pierre, dit Renardier, massacreur à Cossé, II, 575.
Le Breton, Jacques, maire de Poitiers, II, 609.
Le Brioys, Pierre, président à Auxerre, persécuteur, II, 405. 406.
Le Brioys, Hélie, lieutenant particulier à Auxerre, persécuteur, II, 405. 406.
Le Brun, Geoffroi, ministre à Castres et à Pamiers, I, 864. 867. 869. 874.
Le Brun, Aymé, huguenot tué à Céant-en-Othe, II, 394.
Le Brun, Jean, bourgeois huguenot d'Issoudun, II, 503. 507. 509.
Le Brun, Jean, dit le Loup, martyr à Toulouse, III, 33.
Le Camus, François, témoin dans le procès de Condé, I, 466.
Le Cène, Nicolas, médecin à Paris et martyr, I, 129 suiv.
Le Cerf, Simon, bourgeois catholique de Nemours, II, 470.
Le Chayla (voy. Chayla).
Le Cirier (voy. Cirier).
Le Clerc, Denys; sa veuve blessée au massacre de Vassy, I, 726.
Le Clerc, Nicolas, blessé au massacre de Vassy, I, 727.
Le Clerc, conseiller au parlement de Paris, l'un des juges de Poltrot, II, 310.
Le Clerc, Adrien, huguenot de Senlis, tué, II, 340.
Le Clerc, François, huguenot de Meaux, condamné au bûcher, I, 51.
Le Clerc, François, capitaine à Valognes, II, 705.
Le Clerc, Guillaume, martyr à Meaux, I, 52.
Le Clerc, Jean, cardeur de laine, premier témoin à Meaux, brûlé à Metz, I, 6. III, 431.
Le Clerc, Jean, arquebusier à Angers et martyr, II, 556.
Le Clereau (voy. Cléreau).
Le Comte, docteur et martyr à Toulouse, III, 32.
Le Comte, Adrian, capitaine catholique en Normandie, II, 677.
Le Comte, Jean, bourgeois d'Angers; sa maison occupée par Puygaillard, II, 549. 550.
Le Comte, bourgeois huguenot de Toulouse, emprisonné, III, 26.
Le Comte, Jean, consul à Aurillac, II, 477.
Le Court, Gilles, martyr à Paris, I, 240.
Le Court, Nicolas, corratier et meurtrier à Arles, III, 353.
Lectore (Lectoure), ville de Guyenne, I, 822. 824. 842. II, 754. 773. 782. 783. 784. 786.
Le Coustelier, capitaine catholique à Blois, persécuteur, II, 579.
Ledenon, baron de, capitaine catholique, fait prisonnier au combat de Saint-Gilles, III, 165.
Ledignan, sieur de, enseigne huguenot à Beaucaire, III, 153. 154.
Le Fèvre, Pierre, aubergiste et surveillant de l'église à Mamers, décapité au Mans, II, 536.
Lefèvre, Adam, bourgeois catholique d'Angers, II, 557.
Le Fèvre, Colin, blessé au massacre de Vassy, I, 726.
Le Fèvre, greffier catholique à Gallardon, pendu comme pillard, II, 227.
Lefèvre d'Etaples (voy. Fabri).
Lefèvre, Richard, orfèvre de Rouen, brûlé à Lyon, I, 95.
Le Fraisne, capitaine catholique à Sainte-Ménéhould, II, 361 suiv.
Legade (voy. La Legade).
Le Gantier (voy. Priou).
Legat, soldat à Toulouse et martyr, III, 53.
Legier, Nicolas, blessé au massacre de Vassy, I, 726.
Legendre, soldat huguenot à Montauban, III, 102.
Legendre, N., martyr à Vassy, I, 725.
Le Go, greffier huguenot au Mans, pendu, II, 530.
Le Goux, doyen d'Illiers, persécuteur, I, 93.
Le Gras, Nicolas, capitaine catholique à Rouen, pousse à une prise d'armes, tué, II, 612.
Le Guainier (voy. Gainier).
Le Guay (voy. Boisnormant).

Table alphabétique.

Lehon, sieur de, gentilhomme huguenot, massacré avec son fils à Conflans, II, 538.
Leiry (ou Léry), Jean de, ministre à Belleville, historien de l'expédition du Brésil, I, 161. III, 415.
Leithon (Leighton, Thomas), capitaine anglais à Rouen, II, 747.
Lejet, Paulet et Pierre, martyrs à Montauroux, III, 352.
Le Maçon, Guillaume, procureur du roi à Angers, persécuteur, I, 150. 753.
Le Maçon, Robert (voy. de La Fontaine).
Le Maçon, Zacharie, surveillant à Paris, envoyé à Chartres, I, 213.
Le Maçon (voy. Le Masson).
Le Magnan (voy. Magnan).
Lemagne, Beaumont de (voy. Beaumont de Lomagne).
Le Maire, Didier ; sa femme, blessée au massacre de Vassy, I, 726.
Le Maistre (voy. Magistri).
Le Mans (voy. Mans).
Le Masson, procureur du roi à Angers, hostile aux protestants, I, 753.
Le Masson, Jean, dit Du Chemin, ou Vignaux, ou de Vignols, ministre à Nérac, I, 155. — Prêche à Toulouse, 156. 327. — Envoyé à Montauban, 216. — Enterre T. Géniers, 826. — Interrompu en chaire, 831. 832. — Sème le schisme, 834. — Déposé par le synode de Saint-Foy, 842. — Rétabli ministre à Carcassonne et à Béziers, 843. III, 140. — Ministre à Limoux, tué à la prise de la ville, 151.
Le Masson (ou Le Maçon), Jean, dit La Rivière, organise la première Eglise de France à Paris, I, 97. 98. — Elu ministre, 99. — Dresse l'Eglise de Troyes, 139.
Le Médecin (voy. Médecin).
Le Mercier (voy. Mercier).
Le Mesny, gouverneur de Saint-Dizier, défait par les protestants, II, 395. 396.
Le Moine, Louis, martyr à Angers, I, 107. 108.
Le Moine, Pierre, massacreur à Cossé, II, 575.
Le Moine, Didier et Jean, blessés au massacre de Vassy, I, 726.
Lemps (Lans), village du Dauphiné, III, 308.
Lenfantin, Jovin, bourgeois catholique de Craon, II, 569.
Lenoncourt, Philippe de, prieur de La Charité, évêque d'Auxerre, II, 13. 433.
Lenos (Lenox), Mathieu Stuart, comte de, I, 34.
Lenta, de (voy. Lanta).
Léofiède, Saint- (voy. Saint-Léofiède).
Léon X, pape, autorise la traduction latine du Nouveau Testament, faite par Erasme, I, 2. 5.
Léon, Jacques, martyr à Aix, III, 348.
Léonard, Saint- (voy. Corbigny).
Léonard, N., chirurgien du maréchal de Brissac, soigne le roi de Navarre, II, 649.
Léonard, cordelier persécuteur à Metz, III, 436. 437. — Exécuté comme traître, 438.
Léopard, Charles, ministre à Arvert, I, 199. 202. 204. — A Oléron, 206. — Prêche publiquement à Jarnac, 813. — Aumônier des troupes huguenotes de Saintonge à Tours, II, 822. — Envoyé d'Orléans à Jarnac, 826. — Encourage les assemblées aux îles, 832.
Le Page, N., massacré à Cossé, II, 575.
Le Page, Jean, martyr à Toulouse, III, 37.
Le Peintre (voy. Peintre).
Le Pelissier, Jean, traître à Montpellier, III, 170.
Le Pers, Gilles, prévôt des maréchaux à Paris, I, 95.
Le Plessis, ministre à Orléans, mort de la peste, II, 149.
Le Pois, martyr à Vassy, I, 725.
Le Pois, Edine, blessée au massacre de Vassy, I, 726.
Le Port-de-Piles (Port-de-Pille), village de la Vienne, II, 588.
Le Port, capitaine catholique en Dauphiné, I, 363.
Le Proust, Christophle, persécuteur dans le Vendômois, II, 538.
Lérac (Layrac), localité de l'Agenois, II, 773.

Le Rat, Guillaume, président à Angers, persécuteur, I, 107. 150. 753. 755. II, 566.
Le Ret (Loiret), rivière, II, 301.
Le Riche, Christophle, marchand huguenot à Amiens, pendu comme séditieux, II, 347.
Lerminier, prieur des jacobins de Guérande et inquisiteur en Bretagne, I, 153.
Lero, Jean de, huguenot tué à Lançon, III, 357.
Leroux, Mathieu, orfèvre à Rouen, ennemi des protestants, I, 774.
Leroux, fils du précédent, ministre à Rouen, I, 774.
Le Roy, Jean, martyr à Vire, II, 710.
Le Roy, Guillaume, huguenot au Croisic; sa maison saccagée, I, 154.
Le Roy, Jean, lieutenant particulier à Vire, II, 711.
Le Roy, Etienne, brûlé à Chartres, I, 93.
Le Roy, Pierre, ministre à Dijon, s'oppose à l'admission de l'évêque Caraccioli au ministère à Troyes, I, 767.
Le Roy, Philippe, avocat à Grenoble, plaide pour les assemblées, I, 891.
Le Royer, Simon, martyr à Angers, I, 63.
Le Sain, Claude, prévôt et l'un des fauteurs du massacre de Vassy, I, 723. 727.
Leschenau (voy. Lachenau).
Lescure, procureur général au parlement de Bordeaux, y apporte l'Edit de Janvier, I, 789. — A Marennes, II, 829.
Lésignan-la-Cèbe, village de l'Hérault, III, 158.
Lespignan, village de l'Hérault, III, 149.
L'Espine, Jean de (voy. Espine).
Lessein, sieur de, capitaine catholique devant Lyon, III, 236.
Les Rues, métairie près de Cossé, II, 575.
Lessy, village près de Metz, III, 457.
Lestèle, sieur de, gentilhomme catholique de Tournon-en-Agenois, tue un protestant, I, 793.
L'Estoille, Pierre de, docteur en droit et professeur à l'université d'Orléans, I, 9.
Le Sueur, greffier en la Cour des Aides, II, 289.
Lettres patentes du roi interdisant les appellations de papistes et de huguenots, I, 457 suiv.
Lettres de pardon du roi, de septembre 1562, II, 530. 566.
Le Vaur, bourgeois huguenot de Montauban, III, 64.
Le Vayr, Denis, martyr à Rouen, I, 95.
L'Eveillé, Julien, huguenot de Sancerre, brûlé à Saint-Pierre-le Moustier, I, 95.
L'Evesque, Jean, blessé à Vassy, 1, 726.
Le Visconte, bourgeois de la rue des Marais, chez qui se faisaient les assemblées de Paris; sa maison assaillie et pillé, I, 231. 232. 233. 234.
Levrière, lâcher la grande, locution du triumvirat (exterminer ceux de la religion), II, 584.
Leyrault, Jean, maçon catholique à Grenoble, III, 312.
Lez, Guy de, meurtrier catholique à Angers, II, 550.
Lez, le, rivière du Languedoc, III, 162.
Lezignan (voy. Lésignan).
L'Hermite de Livry, près de Meaux, brûlé à Paris, I, 7.
L'hommeau ou Lonmeau, Jean de, receveur du sieur de Pons, ancien de l'Eglise d'Arvert, I. 316. 317.
L'Hospital, Michel de, chancelier de France, I, 275. — Son discours aux Etats d'Orléans, 407. — Jugements divers, 426. 428. — Assiste à la déclaration d'innocence de Condé, 453. 462. — Ses propositions à l'assemblée de Paris, 467. — Aux Etats de Pontoise, 473 suiv. — A Saint-Germain et à Paris, 499. — Son discours à Poissy, 500. — Refuse d'homologuer les pouvoirs du légat du pape, 555. — Son nom mis sur une liste de proscription, 777. — Exclu du Conseil, II, 12. — Les échevins d'Orléans parlent devant lui à la reine, 22. — Réponse aux catholiques de Gien, 454. 455. — Fait exécuter Breniquet, 820.

Table alphabétique.

L'Hospital-de-Bouillie (L'Hôpital-de-Bouillé), village de Maine-et-Loire, II, 571.
Lhuillier, lieutenant civil de Paris, II, 75.
L'Hostau, Pierre de, ministre à Castres, I, 874.
Liancourt, sieur de, gentilhomme huguenot tué à Dreux, II, 242.
Libelles contre les Guise, I, 274.
Libertins, réfutés par Calvin, I, 14. — Leur influeuce sur Marguerite de Navarre, 22. 49. — A Poitiers, 63. — L'abbé de Saint-Martin, à Autun, accepte en partie leurs idées, 64. 487.
Libose (Libos), localité de Tarn-et-Garonne; Fumel y maltraite des protestants, I, 792.
Libourne, ville de Guyenne; troupes réunies à, I, 810. — La Vauguyon y est surpris, II, 757. — Tentative de s'en emparer, 771.
Libraires, deux, brûlés à Autun, I, 96.
Liège, bourg de Touraine, II, 590.
Lieuran (voy. Lyouran).
Lieva, général des Jésuites, nom donné par erreur à Lainez (voy. Lainez).
Lignan, château près de Béziers, III, 150. 157. 158. 160.
Lignères, bourg de l'Orne, I, 10.
Lignères, capitaine, découvre l'entreprise sur Amboise, I, 266.
Lignerolles, sieur de, gentilhomme du duc de Nemours, mis en prison à cause d'un projet d'enlèvement du duc d'Orléans, I, 668. III, 239.
Ligneul (Ligueil), localité de Touraine, II, 585.
Lignol, Michel, ministre à Beaune, I, 780. III, 403.
Ligondes, sieur de, capitaine catholique, II, 429. — Gouverneur de La Charité, pillard, 432.
Ligues (Grisons); Coignet, ambassadeur du roi au pays des, II, 81.
Ligueris, sieur de, gentilhomme huguenot tué à Dreux, II, 242.
Lihoux, sieur de, frère de Monluc (voy. Lyous).
Limezy, couvent et village près de Rouen, II, 637.

Limoges, capitale du Limousin; un martyr à, I, 96. 395. — Origine et état de l'Eglise à, II, 834.
Limoges, évêque de (voy. Aubespine).
Limours, château de Condé (Seine-et-Oise), II, 225.
Limousin, brigandages dans le, II, 477.
Limoux, ville de l'Aude; première prédication, I, 11. — Persécutions, 335. 843. — Emeutes à, III, 150.
Liner, Hans, marchand de Saint-Gall, à Lyon, I, 89.
Lion, Jean, praticien huguenot de Béziers, tué par le baron de Loudun, I, 880.
Liset ou Lizet, Pierre, premier président au parlement de Paris, cruel ennemi de l'Evangile, I, 33. 59. — Révoqué par le roi, 69. — Dresse les accusateurs, 231.
Lisieux, ville de Normandie, résiste au prince de Porcien, II, 332. 721.
L'Isle, localité du Comtat-Venaissin, III, 271.
L'Isle-aux-Bœufs, localité près d'Orléans; entrevue entre Condé et le connétable, II, 278.
L'Isle-Bonne (Lillebonne), localité de la Seine-Inférieure; Eglise de, II, 381.
L'Isle-Bouchard, ville de Touraine, II, 585. 591.
L'Isle-d'Albi, localité du Tarn, III, 71.
Lisy (Lissy) village de Seine-et-Marne, II, 353.
Liverdun, localité de Lorraine, III, 459.
Livry, forêt de, I, 51. — L'hermite de Livry (voy. L'hermite).
Lizet (voy. Liset).
Lô, Saint- (voy. Saint-Lô).
Lobon, Honoré, huguenot tué à Signes, III, 367.
Loches, ville de Touraine, château-fort et prison, I, 387. 405. — Massacres à, II, 585.
Lodève, l'évêque de (Michel ou Claude Briçonnet), III, 198.
Loe, Claude le, martyr à Valognes, II, 723.
Loge, Jean de la, martyr à Vassy, I, 725.
Loge, La, soldat huguenot à Grenoble, III, 285.

Logery, Jean, dit La Planche, ministre à La Charité, II, 429.
Loingthier, Jacques ; sa veuve blessée au massacre de Vassy, I, 726.
Loir (voy. Chateau-du-Loir).
Loire, villes de la, prises par le triumvirat, I, 100.
Loiret, rivière (voy. Le Ret).
Loisel, Léger, soldat à Abbeville, tué, II, 349.
Loiseleur, dit de Viliers, ministre au Croisic, I, 153. — A Evreux, 220.
Loison, Etienne et Nicolas, huguenots tués à Jouques, III, 367.
Loisy, localité de la Brie ; supplice du ministre Jean Fournier, persécutions, II, 359. 365.
Lom, sieur de, dit capitaine Paraloups ou Pareloups, gouverneur huguenot de Montagnac et d'Agde, III, 158. 171.
Lombat, les frères, capitaines huguenots dans le comté de Foix, III, 208. 210. 211. 213. — Giraut L., l'aîné, III, 210.
L'oménie (Loménie), Martial de, greffier du Conseil d'Etat, III, 60.
Lompan (Raoullin de Longpaon), conseiller au parlement de Rouen, ennemi de l'Eglise, I, 774. 777. — Sa maison brûlée, II, 618. — Se rend auprès de la reine, 663. 667. — Persécuteur, 669.
Londe, sieur de la, capitaine catholique à Rouen, II, 612.
Longchamp, sieur de, capitaine catholique en Saintonge, II, 829.
Longjumeau, maison de (Seine-et-Oise), pillée, II, 155.
Longpaon (voy. Lompan).
Longpré, Jean de, concierge des prisons de Sens, massacré, II, 402.
Longué, village d'Anjou, II, 560.
Longue, Pierre, mestre-de-camp du camp de Duras près de Montauban, II, 779.
Longueville, Léonor d'Orléans duc de, III, 401.
Longueville, Etienne de, ministre de Saint-Christophe en Touraine, tué, II, 600.
Longveru, Guillaume de, procureur au présidial d'Aurillac, emprisonné, I, 772.

Lonmeau, Jean de (voy. L'Hommeau).
Lonnat, Jean, bourgeois huguenot de Troyes, pillé, II, 385.
Loppes, capitaine huguenot du camp de M. de Duras, III, 94.
Loquet, Jean, moine augustin, prêche l'Evangile à Bourges, I, 56.
Loquet, capitaine huguenot, commandant de Miribel, III, 258.
Loradou, localité près de Carlat, en Auvergne, II, 475.
Lorci, Claude, blessé à Vassy, I, 726.
Lordo (Lardo), Jean, médecin à Toulon et martyr, III, 340.
Lorges, localité de Loir-et-Cher ; l'armée de Condé y séjourne, II, 100.
Lorice, Valentin, blessé à Vassy, I, 726.
Lorillonnière, sieur de, gentilhomme huguenot du Poitou, second fils du sieur de Vérac, tué en défendant Poitiers, II, 607.
Loriquette, pâtissier à Angers et martyr, II, 555.
Lormais, maison de d'Andelot ; on y prêche, I, 151.
Lormais ou Lormois, capitaine catholique à Saint-Lô, II, 329. — Roué pour voleries, 725.
Lormarin (voy. Lourmarin).
Lorme, sieur de, gentilhomme catholique du Dauphiné, III, 310.
Lorques (Lorgues), localité de Provence, III, 373.
Lorrain (voy. Champenois, Pierre).
Lorraine, Claude de, duc de Guise, III, 434. 436. 437.
Lorraine, Charles, cardinal de, persécuteur, I, 28. — Son influence sur Henri II, 68. — Cause le supplice d'un couturier, 79. — Son zèle se relâche, 84. — Pervertit Pierre David, 103. — Etablit l'Inquisition, 113. — Membre de ce tribunal, 114. 138. — Arrestation de d'Andelot, 143. 145. — Excite aux persécutions, 161. — Excite contre les conseillers évangéliques au parlement, 192. — Assiste à la Mercuriale, 193. — Ses persécutions, 220. 228. — Son attitude dans l'affaire Des Marets, 236. — Calomnie les protestants, 239. —

Table alphabétique. 717

Ses menées contre quatre conseillers, 254. — Contestation avec la reine-mère, 257. — Ennemi de Fumée, 260. 262. — Effrayé par la conjuration d'Amboise, 263. — Persécute Condé, 271. — Son discours à l'assemblée de Fontainebleau, 284. 288. — Abbé de Marmoutiers près de Tours, 301. — A Tours, 302. — Menées contre le roi de Navarre, 323. 326. — Entrave le culte à Montpellier, 333. — Provoque la bulle du 20 novembre, 384. — Son plan pour soumettre la France, 386. — Prépare une confession de foi trompeuse, 387. — Plans contre le roi de Navarre, à Orléans, 390. — Contre Coligny, 393. — Ses craintes lors de la maladie de François II, 398. 403. — Aux Etats-généraux d'Orléans, 407. — Demande à y parler au nom des trois Etats, 428. — Sacre le roi Charles IX, 460. — Assiste à la déclaration d'innocence de Condé, 467. — Entrevue avec Théodore De Bèze, à Saint-Germain, 492. — Propos de la dame de Crussol sur son compte, 497. — Son jugement sur le discours de Bèze à Poissy, 525. — Ses intrigues pour faire venir des ministres allemands, 527. — Son discours au colloque de Poissy, 528. — Cherche à compromettre les ministres par le livre de Calvin contre Hesshusius, 587. Réponse à la protestation de Bèze, 596. — Vive discussion avec lui, 598. — Refuse de répondre au discours de Pierre Martyr, 599. — Déclare accepter la formule de conciliation proposée par d'Espence, 608. — Son excuse quand elle est rejetée par les prélats, 609. — Sort de la députation des théologiens allemands, appelés par lui à Paris, 615. — Entrevue de Saverne avec Christophe de Wurtemberg, 691. — Machinations à Lyon, 774. — Essaie de détourner Condé de la guerre, II, 38. — Lettre à son frère, 105. — Arrêts qu'il provoque, 107. — Engage le clergé à répondre des subsides du pape et de l'Epagne, 109. — A Chartres, 110. — Se rend au concile de Trente, 144. 181. 185. — Son influence sur son frère, 270. 308. — Apprend à Venise la nouvelle de la mort du duc de Guise, 334. — Conseille à d'Estanges de fausser l'Edit de Janvier, 359. — Vient à Châlons-sur-Marne, 364. — Pousse Nevers à tuer le sieur de Saint-Etienne, 388. — Menace Châtillon-sur-Loing, à cause de la destruction des images, 459. — A Montargis, 465. — Fait rendre par le parlement de Paris un arrêt contre les protestants, 584. — On lui propose de prendre le Hâvre par trahison, 727. — Se démet de l'évêché de Metz, III, 438. 439. 444. — Persécute les huguenots de Metz, 457. 461. 462. 463.

LORRAINE, François de (voy. GUISE).

LORRIS, ville du Loiret; les catholiques de, secourent Gien, II, 456. — Les protestants de, se réfugient à Montargis, 464.

LORT, capitaine catholique à Angers, II, 568.

LOSSES, sieur de, apporte à la cour la nouvelle de la bataille de Dreux, II, 243. 291. — Condé lui reproche les massacres de Sens, 402. — Assiste à la mort d'Antoine de Navarre, 666. III, 463.

L'OSTRELIN (voy. Jean RIVERDY).

LOTAP (voy. MALFÈRES).

LOUANS (Louhans), ville de Bourgogne, III, 421.

LOUDON (Laudun), localité du Gard, III, 177.

LOUDUN, baron de, gentilhomme catholique du Languedoc, tue un protestant de Béziers, I, 879. 880.

LOUE, sieur de la, gentilhomme huguenot, fait prisonnier de Piennes, II, 241.

Louis XI, roi de France, I, 409.

LOUISE de Savoie, mère de François Ier, II, 140.

LOUP, le (voy. BEAUCHAMPS).

LOUP, le, malfaiteur, participe aux massacres de Meaux, II, 357.

LOUPAN, sieur de (voy. LOMPAN).

LOUPIAN, village de l'Hérault, III, 162. 171. 173.
LOUPIAN, Peyrot, chef de bandouliers espagnols dans le Languedoc, III, 150. 162. 163. — Sa mort, 166.
LOURDON, localité de Bourgogne, III, 412. 421. 422. 428.
LOURMARIN, localité de Provence, I, 35. — Massacres à, III, 363. 364. 373. 377.
LOUVAIN, les théologiens de, adversaires de Reuchlin, I, 1.
LOUVET, Gilles, martyr à Valognes, II, 704.
LOUVIERS, N., capitaine huguenot à Rouen, II, 616.
LOUVIERS, ville de Normandie; le parlement de Rouen y est réuni, II, 628. — Arrêt de Louviers, 629. 667.
LOUYE, Bertrand, huguenot tué à Lourmarin, III, 363.
LOUYS, Didier, blessé à Vassy, I, 726.
LOUYS, le menuisier, meurtrier catholique à Arles, III, 338.
LOUYS, capitaine huguenot au siège de Rouen, II, 640.
LOVERNET (voy. AUBERGE).
LOVET, Jean, sénéchal de Beaugé, I, 108.
LOZELARGIE, de, conseiller au parlement de Toulouse, persécuteur, III, 4.
LOZET (Le Lauzet), village de la vallée de Barcelonette, III, 332.
LOZET, le pas du, passage alpestre de Provence en Savoie, III, 332.
LOZIER, capitaine catholique en Normandie, II, 697.
LUC (Le Luc), localité de Provence; massacres au, 338. 339. 345. 361. 373. 375.
LUC, Estienne (la mère et la sœur de), tuées à Saint-Quentin, III, 374.
LUC, Jaqui, bourgeois de Vassy, I, 725.
LUC, Raymond du, conseiller en la sénéchaussée d'Agen, abjure, I, 24.
LUC, Roland (les frères de), martyrs à Saint-Quentin, III, 345.
LUCERNE, ville suisse; Église vaudoise à, I, 137. II, 82.
LUCOT, Didier, blessé au massacre de Vassy, I, 727.
LUCOT, Henri, femme de, blessée au massacre de Vassy, I, 726.
LUCOT, Girard, Marguerite, femme de, blessée au massacre de Vassy, I, 726.
LUDE, Guy de Daillon, comte du, chargé d'arrêter le comte d'Arran, I, 319. — Ses soldats pillent Montmorillon, II, 793. — Quelques hommes d'armes du comte pris par le capitaine La Rivière, 802.
LUGUA, martyr à Carcassonne, III, 152.
LUINES (Luynes), François de, président au parlement de Paris, I, 3.
LUMAU, ministre à Roquecourbe, dresse l'Église de Revel, I, 217.
LUNEAU, soldat de l'évêque du Mans, crève les yeux à un huguenot, II, 517.
LUNEBOURG, duc de, blessé mortellement à Ramerupt en Champagne, II, 392.
LUNERAY, bourg de Normandie; Église dressée à, I, 220. 311. II, 671. 695. 696. 697.
LUNEL, localité de l'Hérault, III, 168.
LUNS, Philippe de, veuve de Graveron, martyre (affaire de la rue Saint-Jacques), I, 126. 127. 146.
LUPIS, bourgeois catholique de Toulouse, III, 25.
LUQUOT, capitaine huguenot en Bourgogne, III, 414. 419.
LUSQUE, localité du marquisat de Saluces en Savoie, II, 141.
LUSSAN, Gabriel d'Audibert, sieur de, capitaine protestant en Provence, III, 138.
LUTHER, Martin, réformateur allemand, I, 4. — Son traité de la captivité babylonique condamné par la Sorbonne, 5. — Moins paisible que Melanchthon, 15. — Son hérésie, 18. 31.
LUTHÉRIENS, surnom donné aux protestants, I, 249. 257.
LUTOUT, Charles et sa femme, blessés au massacre de Vassy, I, 726.
LUTRAT, Lupin, blessé à Vassy, I, 726.
LUTS ou Lux (Lurs), village de Provence, III, 320. 343. 360.
LUXEMBOURG, Thiébaut, cardinal de, évêque du Mans; violation de sa sépulture au Mans, II, 523.

Table alphabétique.

Luzech, sieur de, gentilhomme du Quercy, I, 325.
Lyden, prévôt des maréchaux, II, 508.
Lyhoux (voy. Lyous).
Lyon, ville du Lyonnais; commencements de l'Eglise, I, 55. — Son développement, 56. — Un martyr, 85. — Supplice des cinq étudiants, 88. — Autres exécutions, 90. — Crussol passe par Lyon, 895. — Siège de Lyon, III, 215. 229. 230. 231. 232. 233. 234. 235. 236. 282. — Ceux de Lyon viennent en aide à Châlon, 408. 410. 411. 416. 417. — Soubise arrive à, 418. 420. — Les Suisses marchent vers, 425. 426. — Tavannes s'approche de, 429. 430.
Lyonnais, le, province de France, II, 190.
Lyons, Saint-, endroit (voy. Saint-Lyons).
Lyouran (ou Lieuran), capitaine huguenot, gouverneur de Penne, II, 773, 776.
Lyous (Lihoux), sieur de, frère de Blaise de Monluc, I, 812. II, 105. — Envoyé à Meaux après le tumulte, 351.
Lys, Le, capitaine catholique, pille Mouilleron, II, 609.
Lysiard, Denis, martyr à Bellême, II, 541.
Lysieux (voy. Lisieux).

M.

Mabrun, capitaine catholique à Bordeaux, II, 755. 756.
Macé-l'Oyseau, martyr à Mamers, II, 535.
Macé, Marquet, huguenot tué à Forcalquier, III, 359.
Macert, Jean, martyr au Mans, II, 530.
Maces, capitaine catholique à Toulouse, III, 17. 118.
Machault, de, conseiller au parlement de Paris, l'un des juges de Poltrot, II, 310.
Machopolis, Etienne, cordelier, auditeur de Martin Luther, prédicateur à Annonay, I, 8.

Macon, ville de Bourgogne; Eglise dressée à, I, 13. 214. 781. — Troupes envoyées à, III, 222. 223. 227. 229. — Repris par surprise, 404. 406. — Edit de Janvier à, 407. — Tavannes l'assiège, 409. 412. 414. 415. 416. 417. 418. 419. 420. — Prise de la ville, 423. 424. 425. — Exécutions, 427. — Poncenat essaie de la prendre par suprise, 430.
Maçon, femme d'un, noyée à Troyes, II, 381.
Maçon, Le, Guillaume (voy. Le Maçon).
Maçon, Le, Robert (voy. de La Fontaine).
Maçon, Le, Zacharie (voy. Le Maçon).
Macquet, Jean, lieutenant de la sénéchaussée du Ponthieu à Abbeville, II, 349.
Madeleine de Savoie (voy. Savoie).
Maderon (voy. Madron).
Madier, Jean, martyr à Caylus, III, 62.
Madron, le jeune, Pierre, marchand catholique et capitoul à Toulouse, I, 825. III, 7. 14.
Magalas, sieur de, capitaine catholique aux environs de Béziers, III, 149.
Magalas, village de l'Hérault, III, 149.
Magasserie (voy. Chevreul).
Magdeleine, La, village près de Bergerac, II, 802.
Magdeleine, La, monastère près d'Orléans, I, 288.
Magdeleine, sieur de la (voy. La Magdeleine).
Mage-Juge, le, de Montpellier se retire dans le fort Saint-Pierre, I, 330.
Magistri ou Le Maistre, Gilles, premier président au parlement de Paris, persécuteur, I, 69. 221. — Se moque de l'Edit de Romorantin, 274. — Ses persécutions, 287. — Chef de l'opposition à l'Edit de Janvier dans le parlement, 687. — Sa mort, II, 196. — Son dernier arrêt de mort, 342.
Magnali, Pierre, martyr à Valensolle, III, 339.
Magnan, Jacques et Olivier, huguenots tués à Manosque, III, 365.
Magnan, Nicolas Le, official au Croisic, I, 152.

MAGNAN, Noël, ministre à Tonnay, I, 813.
MAGNE, Antoine, martyr à Paris, I, 93.
MAGUELONNE, château de Provence sur l'étang de la Thau, III, 163.
MAHÉ, Michel, sollicite de Chavigny un emploi de contrôleur du sel, I, 557.
MAIGNAGUT, capitaine toulousain au siège de Montauban, III, 99.
MAILLAIRE ou Maillane, Hardouin de, sieur de Porcelles, gentilhomme huguenot, capitaine à Beaucaire, III, 153. 154. 165. 166. 179.
MAILLANE (voy. MAILLAIRE).
MAILLARD, avocat, commissaire du parlement de Toulouse à Montauban, I, 832.
MAILLARD, Guillaume, lieutenant particulier à Orléans, mort de la peste, II, 111.
MAILLARD, Jean, dit Milly, sommelier du cardinal de Lorraine et de Nemours, auteur de désordres à Nemours, I, 751. — Essaie de surprendre cette ville, II, 468. — Meurt de la peste, 470.
MAILLARD, doyen de la Sorbonne, I, 51. — Doit disputer avec Chapot, 54. — Exhorte Paul de Saint-Thomas à appeler de sa sentence de mort, 86. — Sodomite, 127. — Accusé par le cardinal de Lorraine, 261. — Membre de la conférence de Saint-Germain, 692.
MAILLART, Robert, ministre à Mialet, I, 218. 341.
MAILLERAYE, de la (voy. MILLERAYE).
MAILLET, Jean, huguenot tué à Céant-en-Othe, II, 394.
MAINE, pays du, I, 756.
MAINE-LA-JUHAIS (Villaines-la-Juhel), village du Maine, II, 574.
MAINTENON, château de la famille de Rambouillet, II, 228.
MAIRE, le, de Meudon, témoin contre Fumée, I, 259.
MAISON-BLANCHE, La, localité de Bourgogne, III, 426.
MAISON-BLANCHE, sieur de la, gentilhomme huguenot de Fleurines, supplicié à Paris, II, 341.
MAITRE, LE (voy. MAGISTRI).

MAJESTÉ, introduction de ce titre en France, I, 443.
MAJET, Pierre, martyr aux Baux, III, 337.
MALABRY, Pierre Gohin, sieur de, martyr à Angers, II, 555. 561.
MALASSIS, capitaine catholique devant Rouen, II, 625.
MALAT, Laurent, martyr à Angoulême, II, 818.
MALAVILLE, sieur de, fait poursuivre et pendre le pillard Breniquet, II, 819.
MALDONAT (Maldonado), Jean, jésuite appelé à Metz, III, 475.
MALE, LE (voy. AYMONT).
MALET, Blaise, ministre à Lyon, à Milhaud, I, 216. — Emprisonné, 337. — Son interrogatoire, 857. — Exerce le ministère à Villefranche, 863. — Dresse les Eglises de Peyrusse et Espalion, 866.
MALET, Félix, martyr à Mamers, II, 536.
MALET ou Mallet, Pierre, martyr à Thoard, III, 354.
MALET, Pierre, martyr à Paris, I, 240.
MALFÈRES, François, dit Lotap ou Letap, capitaine protestant à Montauban, III, 86.
MALFONTAINE, sieur de, gentilhomme picard apostat, surprend et tue le duc de Lunebourg à Ramerupt, II, 393.
MALICORNE, sieur de, capitaine catholique envoyé à Montargis, II, 466. — Ses violences envers Renée de Ferrare, 466. 571.
MALICY, capitaine catholique au siège de Montauban, III, 132.
MALIGNI (Maligny), localité de l'Yonne; scènes de désordre à, II, 392.
MALIGNI (voy. TRICHER).
MALIGNY, l'un des conspirateurs d'Amboise, I, 271. — Embauche des gens de Montbrun, 363.
MALIGNY, Jean de Ferrière, sieur de, vidame de Chartres; sa mémoire réhabilitée, I, 467. — Propriétaire de Granville, II, 725. — Occupe le Hâvre, 726. — Passe en Angleterre, 727. 728. — Y signe un traité, 729. — Le roi demande son extradition, 738.

Table alphabétique. 721

MALLESATRE, Amiel de, persécuteur à Arles, III, 353.
MALLIOT, conseiller à Sens, saccagé, II, 399.
MALON, greffier au parlement de Paris, I, 467.
MALORIFIQUE ou Malrifique, Jean de Nos (ou Denos), sieur de, capitoul de Toulouse, I, 817. III, 29.
MALOSSÈNE (Malaucène), ville du Comtat, I, 359. 360. 362.
MALOT, Jean, ministre à Paris, assiste à l'assemblée de Poissy, I, 490. — Prêche au Patriarche, 671. — Se sauve à Orléans, II, 13. — A Châtillon-sur-Loing, 462. — A Metz, III, 457.
MALRAS, président au parlement de Toulouse, persécuteur dans les Cévennes, I, 339.
MALRIFIQUE (voy. MALORIFIQUE).
MALVAUT, conseiller au parlement de Paris, juge au procès de Poltrot, II, 307. 310.
MALVES, sieur de, viguier à Carcassonne, I, 877.
MALVIRADE, capitaine huguenot à Montauban, III, 96.
MAMERS (voy. MEMERS).
MAMIDE, sieur de, gentilhomme normand, pillé, II, 712.
MAMIDE, demoiselle de, II, 713.
MANCHETTE, La, femme martyre à Blois, II, 579.
MANDAGOUT, sieur de, capitaine huguenot en Languedoc, III, 138.
MANDE (Mende), évêque de (voy. DANGU).
MANDELOT, sieur de, capitaine catholique en Dauphiné, III, 296. 305. 306.
MANDINEL (voy. MANDINELLI).
MANDINELLI, Adhémar, capitoul à Toulouse, I, 818. 825. III, 27. 28. — Supplicié, 35. — Ses enfants, 58. 59.
MANDOLS, sieur de (voy. DEMANDOLS).
MANDOZE, de, maître d'hôtel de Henri II, I, 80.
MANES, Jacob, huguenot assassiné par le capitaine Jure-Dieu à Angoulême, II, 819.
MANFRÈDE, dit de Bieulle, chancelier de l'université de Cahors, I, 854.

MANGER, Richard, capitaine huguenot en Normandie, accusé de rébellion, II, 661. 662.
MANGIN, Etienne, brûlé à Meaux, I, 50. 51. 52.
MANGIN, Faron, de Senlis, se retire à Orléans, I, 53.
MANGOT, capitaine huguenot à Poitiers, II, 605. 608.
MANNE, Goffre, dit La, capitaine protestant à Montauban, III, 73. 79. 80. 81. 82. 85. 193.
MANOSQUE, localité de Provence, III, 319. 342. — Massacres à, 345. 346. 365.
MANROY, Nicolas, conseiller au présidial de Troyes, persécuteur, II, 380.
MANS, LE, ville de la Sarthe; premières assemblées, I, 756. II, 106. — Eglise établie au, 514. — Attitude hostile de l'évêque, 515. 517. — Les protestants se rendent maîtres de la ville, 516. — Le conseiller Mortier y arrive, 518. — Requête des Manceaux au roi, 519. 520. 521. 522. 523. — Désordres commis par ceux de la religion, 523. 524. — La ville abandonnée, 525. 526. — Vengeances des catholiques, 527. — Exécutions, 528. 529. 530. — Procès faits aux absents et aux morts, 531. — Persécutions dans les environs, 532. 533. 534. 535.
MANTELAN (Manthelan), localité de Touraine, II, 585.
MANTES, ville de Seine-et-Oise; persécutions à, II, 130. 131. — Les troupes espagnols y arrivent, II, 215.
MANTON, localité près d'Annecy, en Savoie, I, 12.
MANTOUE, concile de, transféré à Trente, I, 384.
MANTOUE, Ludovic de Gonzague, prince de, II, 291. 666.
MANTREVILLE (voy. Jean du Bosc).
MANTY (Mantie), capitaine catholique dans le Dauphiné, I, 898. II, 119.
MANUEL, Jérôme, membre de la Seigneurie de Berne, III, 228.
MAQUEVILLE, sieur de, gentilhomme de l'Angoumois, capitaine catholique, fait pendre des huguenots, II, 818.

III. 48

MARAIS, Madame Des, dame huguenote, belle-mère du bailli d'Orléans, I, 398.
MARANAL, sieur de, moine, parlemente avec les huguenots devant Montauban, III, 126.
MARANAL, capitaine catholique du Languedoc, persécuteur, III, 78.
MARANES, localité de Guyenne, II, 769.
MARAT, l'un des assassins du duc de Lunebourg à Ramerupt, II, 393.
MARC, huissier au parlement de Rouen, ennemi de l'Eglise, I, 774. II, 662.
MARC, sieur de, gentilhomme de Brie, II, 360.
MARC, sieur de, comte-chanoine à Lyon, III, 218. 219.
MARCEL, Claude, orfèvre, échevin et prévôt des marchands à Paris, I, 687.
MARCHAL, Isnard, huguenot tué à Digne, III, 358.
MARCHAND, Jean, blessé au massacre de Vassy, I, 726.
MARCHAND, Antoine; Alix, sa fille, blessée à Vassy, I, 726.
MARCHASTEL, Geoffroi de Peyre, sieur de, appelé aussi sieur de Thoras, fils aîné du sieur de Peyre, capitaine huguenot nommé chef de la ligue des protestants de la Guyenne, I, 803. — Revient à Montauban, II, 763. — A Saint-Antonin, 777. 778. — A Montauban, 780. 792. — Prépare des troupes, III, 67. 68. — Va au secours de ceux de Toulouse, 70. — Retourne à Montauban, 72. — Le quitte, 73. — En Agenois, 79. 80. 82. — Rentre à Montauban, 83. — Blessé par le capitaine Saint-Michel, 84. — Jugement sur cette affaire, 85. — Séjourne à Saint-Antonin, 88. 89. — Engage ceux de Montauban à capituler, 90. — Rentre à Montauban avec Duras, 92. — Conseille encore une fois de composer avec l'ennemi, 95. — Vient au secours de Beaudiné, 161. — Conseille la reprise de Villeneuve, 193. — Attitude de son père, 195.
MARCHASTEL, localité de la Lozère, III, 199. 200.
MARCHENOIR, Christophe, libraire à Paris; son serviteur noyé par la populace, II, 134.
MARCHENOIR, ville de Loir-et-Cher; surprise, II, 154.
MARCHETS, martyr à Angers, II, 556.
MARCII, martyr à Toulouse, I, 12.
MARCUES (Mercuès), château près de Cahors, II, 781.
MARE, George de, garde de l'artillerie au Hâvre, II, 738.
MARÉ, sieur de, gentilhomme huguenot du Mans, II, 515.
MARÉCHAL de Hesse (voy. ROLLSHAUSEN).
MARÉCHAL, Louis, huguenot emprisonné à Castres, I, 874.
MAREIL, ministre de La Flèche, tué à Poitiers, II, 608.
MAREL, François, moine de l'abbaye de La Celle, près de Troyes, I, 292.
MARENNES, ville de Saintonge; prédications à, I, 155. 199. 200. 313. 318. — Les troupes de, envoyées à Montauban, II, 771. — Les troupes de Duras s'y retirent, 793. — Capitule devant les troupes catholiques, 828.
MARESCALE, soldat de la garnison de Grenoble, III, 309.
MARET, Pierre, martyr aux Baux, III, 342.
MARETS, sieur des, attaque La Charité, II, 426. 548. — Pendu au château de Rochefort, 556. 561. 562. 564. 565.
MARETS, demoiselle Des, à Orléans; son dévouement, II, 266.
MARETS (Marais ?), rue des, à Paris; tumulte contre les huguenots, I, 231. 232.
MAREUIL-LES-MEAUX, village près de Meaux; le curé y tue son maître d'école, III, 359.
MAREY, Jean, blessé au massacre de Vassy, I, 726.
MARGARITIS, Machnane, pendue à Aix, III, 374.
MARGAS, apothicaire à Mantes, pillé, II, 130.
MARGIDE, affidé de Bresons, persécuteur en Auvergne, II, 476.
MARGUERITE, Madame, duchesse de Savoie, favorise l'Evangile à Issoudun, I, 65. 87. 193. — Assiste aux

Etats d'Orléans, 407. — A Pontoise, 473.
MARGUERITE, reine de Navarre (voy. NAVARRE).
MARGUERITE, femme de Jean Olivier, tuée à Meaux avec son enfant, II, 356.
MARGUERON, Jacques (voy. du CHAMP).
MARGUERY DE RANTY, sacristain de l'abbaye de Saint-Calais, persécuteur, II, 538.
MARICHAU, Nicolas, un gendre de, massacré à Vassy, I, 726.
MARIE, Marin, colporteur normand, martyr à Paris, I, 240.
MARIE, SAINTE-, capitaine (voy SAINTE-MARIE).
MARIE STUART, reine d'Ecosse (voy. ECOSSE).
MARIESALLA, Jacques, évêque de Viviers, vice-légat du pape à Avignon, I, 360.
MARIE TUDOR, reine d'Angleterre persécutrice, I, 94.
MARIGNANE, localité des Bouches-du-Rhône, occupée par Crussol, I, 895.
MARILLAC, Charles de, archevêque de Vienne; son discours à l'assemblée de Fontainebleau, I, 277. — Sa mort, 285.
MARILLAC, avocat d'Anne du Bourg, I, 222.
MARIN, Folquet, martyr à Ollioules, III, 337.
MARIN, Nicolas, apothicaire à Toulon, martyr, III, 350.
MARIN, N., ministre en Dauphiné, assassiné, III, 311.
MARION, contrôleur de la reine à Castelnaudary, martyr, III, 139.
MARLORAT, Augustin, dit Pasquier, ministre à Bourges, I, 57. 58. — A Rouen, 310. — Député à Poissy, 490. 491. — Membre d'une conférence particulière, relative à la cène, 606. — Assiste à celle de Saint-Germain, 692. — Représailles de son exécution II, 187. — Pris à Rouen, conduit devant le connétable, 648. — Son procès, 652. — Ses interrogatoires, 656. 657. 658. — Son arrêt de mort, 659. — Son exécution, 660.

MARMAGNAC (voy. Etienne ALLEMAND, l').
MARMAILLON, Boniface, tué à Pourcieux, III, 357.
MARMANDE, ville de Lot-et-Garonne; Burie y vient, I, 795. — Les moines en sont chassés, 804. — Occupée par les huguenots, II, 754. 771.
MARMAS, sieur de (voy. Raymond du FAUR).
MARMEJOLS ou Marmejoux (voy. MARVEJOLS).
MARMOUTIERS, abbaye près de Tours; François II y couche, I, 301.
MARMOZIN, prêtre fanatique à Grenoble, mis en prison par Gondrin, I, 893.
MARNAC, sieur de (voy. Jean du FAUR).
MARNE, de, sieur de Pruniers, exécuté à Angers, I, 305.
MAROT, Clement, quitte la France, I, 22. — Sa traduction des Psaumes et sa fuite à Genève, 33, 62.
MARQUAUT, N., huguenot tué à Amiens, II, 346.
MARQUE, Jeannette, tuée à Tourves, III, 369.
MARQUERAY, Sébastien, sieur du Champ, huguenot de Beaune; les assemblées se font dans sa maison, I, 782.
MARQUET, procureur huguenot à Valence, I, 346. — Pendu, 352.
MARQUET, capitaine catholique en Provence, III, 364.
MARQUIS, François, député d'Angers aux Etats d'Orléans, I, 305.
MARROC, Pierre, avocat au parlement d'Aix et martyr, III, 347.
MARROQUE, André et Michel, martyrs à Aix, III, 347.
MARROUL, Le, Étienne, chef des Vaudois de Cabrières, I, 46.
MARSAC, Louis de, martyr à Lyon, I, 91.
MARSAL, Benoît, martyr au Pertuis, III, 340.
MARSANE, Jules, domestique d'Antoine de Navarre, II, 727.
MARSEILLE, ville de Provence; Eglise dressée, I, 172. 362. 376. — Massacres à, III, 338. 339. 356.
MARSEILLE, N., secrétaire des Guise, II, 114. III, 303.

MARSILLAN (Marseillan), localité de l'Hérault, III, 171.
MARSILLARGUES, protestant tué à Sisteron, I, 894.
MARSILLE, Jean, tisserand à Craon et martyr, II, 572.
MARSOLIER, Jacques, catholique de Pommerieux, tué à Craon, II, 576.
MARTÈGUE (Les Martigues), localité de Provence, III, 341. 353.
MARTEL, Jean, martyr à Pignans, III, 338.
MARTEL, Jean, tué à Lourmarin, III, 363.
MARTEREUL, huissier au parlement de Normandie, II, 662.
MARTIAL (Mazurier), docteur en théologie, appelé à Meaux par Briçonnet, I, 5.
MARTIGUE-BRIAND (Martigné-Briand), bourg de Maine-et-Loire, II, 575.
MARTIGUES, Sébastien de Luxembourg, sieur de, colonel, oppose son bataillon à l'amiral, lors de la journée de Dreux, II, 238. 291. 326. — Traite cruellement les Manceaux, 523. — Prend Vire, 714. 719. 720. — Adjoint au duc d'Etampes, son oncle, en Bretagne, 748. 749.
MARTIMBAUX, Nicolas, docteur en Sorbonne, fait avancer l'Evangile à Senlis, I, 162. 291.
MARTIN, Antoine (femme de), tuée au Pertuis, III, 370.
MARTIN, Christol, tué à Gignac, III, 376.
MARTIN, Bénigne, maire de Dijon, adversaire de la Réforme, I, 778.
MARTIN, Barthélemy, martyr à Sainte-Anastasie, III, 349.
MARTIN, N., greffier à Toulouse, III, 32.
MARTIN, Guillaume (femme de), tuée à Apt, III, 370.
MARTIN, Jacques, dit de Relane (femme de), tuée à Pertuis, III, 376.
MARTIN, Jean, commissaire à Paris, informe contre les huguenots, I, 234.
MARTIN, Jean (femme de), tuée à Lourmarin, III, 372.
MARTIN, Louis, martyr à Sainte-Anastasie, III, 349.

MARTIN, Michel (femme de), tuée à Apt, III, 370.
MARTIN, Nicolas, martyr à Sainte-Anastasie, III, 349.
MARTIN, Pierre, postillon à Liège, martyr, II, 590.
MARTINE, N., procureur du roi au Châtelet, empêche le massacre des huguenots, rue Saint-Jacques, I, 118.
MARTINE, Catherine, tuée à Lourmarin, III, 372.
MARTIN-EGLISE, village de Normandie, II, 676.
MARTINVILLE, demoiselle de, à Orléans; son dévouement, II, 266.
MARTOT, village de l'Eure, II, 619.
MARTRON, Hubert de La Rochefoucauld, sieur de, ennemi de la religion, essaie de se saisir d'Angoulême, II, 813. — On lui en refuse l'entrée, 814. 815. — Saccage les châteaux des protestants de l'Angoumois, 816. 817. — Les protestants d'Angoulême lui rendent la ville, 818. — Ses cruautés, 819.
MARTYR, Pierre, Vermigli, réformateur italien, appelé au colloque de Poissy, I, 471. — Il y arrive, 490. — Sa participation, 556. — Discours prononcé par lui, 559. — Il est chargé de répondre à la formule proposée par d'Espence, 605. — Son écrit présenté à la conférence du 29 septembre, 606. — Rentre à Zurich, 665. — Est d'avis qu'on admette Caraccioli au ministère, 767.
MARTYRS, Histoire des (voy. CRESPIN).
MARVEIL (voy. MAREUIL).
MARVEJOULS ou Marvejols, localité de la Lozère; commencements de l'Evangile I, 217. — Eglise dressée, 866. III, 193. 194. 195. 196. 199. 200. 201.
MAS, Arthur, lieutenant du viguier de Béziers, tué, I, 880.
MAS, François du, martyr à Toulon, III, 340.
MAS, Jean Raymond du, surveillant de l'église de Négrepelisse, I, 850. III, 63.
MAS, N. Le (ou du Mas), substitut du procureur-général de Toulouse; ses méfaits à Montauban, I, 823.

Table alphabétique. 725

Mas-d'Agenois, Le (Le Mas-d'Agenais), ville de Lot-et-Garonne, I, 324. — Publication de l'Edit de Janvier, 811.
Mas-d'Aire, Le, localité des Landes, II, 810.
Mas-d'Azil, Le (aussi Mas-Dazils), localité du comté de Foix ; commencements de l'Eglise, I, 869. — Les huguenots y entrent de force, III, 214.
Maset, Le, village du Gévaudan, III, 196.
Massaucal (de Mansencal), N., premier président au parlement de Toulouse, assez favorable aux huguenots, III, 29. — Meurt, 47.
Massaucal (Mansencal), Jean de, seigneur de Grépiac, avocat du roi à Toulouse, un des chefs de la faction catholique, I, 825. — Commissaire à Montauban, 830. 839. — Ses deux enfants protestants, 854. III, 5. — Capitaine de troupes, protège son père, 29.
Masse, Nicolas, catholique tué à Marseille, III, 357.
Massicaut, huguenot de Diarre en Champagne, maltraité, II, 391.
Massol, N. (ou Massot), lieutenant du roi à Beaune, III, 404. 405. — Emprisonné pour cause de religion, 406.
Massol, Jean, bourgeois de Beaune, III, 403. 404.
Massol, Pierre, bourgeois de Beaune, III, 403.
Masson, Le (voy. Le Masson).
Masson, Pierre, député vaudois en Suisse et en Allemagne, I, 36.
Massue, Marie, femme huguenote au Mans, noyée, II, 529. 530.
Massy, Marie de Monchenu, dame de, entraîne son mari, le sieur de Pons, à la défection, I, 201.
Masure, N., huguenot centenaire, noyé à Angers, II, 558.
Masures, des (voy. Des Masures).
Mateflon, Jean, brûlé à Meaux, I, 51.
Matelles, Les, village près de Montpellier, III, 168.
Materon, Jean, dit Boriquet, tué à Valensolle, III, 364.

Mathé, Pierre, conseiller au parlement de Bourges, I, 59.
Mathelin, Jacques, persécuteur catholique à Arles, III, 352. 353.
Mathelon, Jacques, persécuteur à Arles (probablement le même que J. Mathelin), III, 353.
Mathieu, Pierre, blessé au massacre de Vassy, I, 726.
Matignon, sieur de, lieutenant du roi en Normandie, II, 329. 636. 698. — Saisit Cherbourg, 700. — Prend Alençon, 701. 702. — Occupe Valognes, 706. — Se retire à Cherbourg, 707. — Arme la noblesse catholique, 708. 709. 713. 714. — Prend Saint-Lô, 721. 722. — A Bayeux, 723. 724. 725.
Maubranche, bourgeois catholique de Bourges, II, 486.
Maufferaye, Jean, potier d'étain à Troyes, pillé, II, 385.
Maugansy (Mongausi), localité de l'Armagnac, III, 213.
Maugarny, capitaine catholique du Dauphiné, III, 313.
Maugeron, Laurent sieur de (ou Maugiron), instrument du duc de Guise, à Valence, I, 347. 349. — à Montélimart, 351. — Lieutenant-général en Dauphiné, III, 220. 223. 225. 236. 242. — Achète des armes à Lyon, 254. — Réunit des troupes à Chambéry, 257. — Des Adrets ordonne de le prendre, 258. 259. 265. — Prépare son entrée à Grenoble, 266. 267. 268. — Mesures violentes, 269. 287. 300. — Organise un complot pour entrer à Grenoble, 308. 309. — Sa déloyauté, 310. — Ravage le pays de Trièves, 311. — Fait publier l'Edit de pacification, 315. 316. 412. — Poncenat assiège ses troupes à Tournus, 419. — Arrive à Belleville, 426.
Maugeron, Madame de, III, 293.
Mauget, Guillaume, ministre à Nîmes et à Montpellier, I, 218.
Maugin, femme huguenote à Metz, III, 452.
Maugnier, huguenot tué à Amiens, II, 346.
Maugueul (voy. Mogueul).

MAULEVANS, sieur de (un fermier du), tué à Digne, III, 358.
MAUPAS, chirurgien à Issoudun, I, 148.
MAUPAS, sieur de, gentilhomme catholique aux environs de Bourges, II, 485.
MAUPEAU, François, diacre à Montpellier, I, 218. 330. 332. — Ministre à Mauvezin, 800. 882.
MAURASQUE, localité de Provence, III, 374.
MAURICE, électeur de Saxe, entre en relations avec le roi Henri II, I, 84.
MAURILLE, martyr à Angers, II, 555.
MAURIN, prévôt à Toulouse, persécuteur, I, 819.
MAURISSON, Pierre, martyr à Thoard, III, 355.
MAUVEZIN, localité des Hautes-Pyrénées I, 800.
MAUVOISIN DE MONCRABAN, capitaine huguenot en Guyenne, II, 770. 790.
MAUVOISINIÈRE, sieur de la; Poltrot achète son cheval, II, 301. 324.
MAXIMILIEN, roi de Bohême, élu roi des Romains à Francfort, II, 155.
MAYLLAC, vigneron et martyr à Vassy, I, 725.
MAYNIER, Claude, huguenot tué à Brignoles, III, 367.
MAYENNE, Charles de Guise, duc de, III, 479.
MAZE, capitaine catholique à Rouen, II, 612. 616.
MAZELLES, sieur de, tué à Dreux, II, 242.
MAZÈRES, localité de l'Ariège; son ministre brûlé à Toulouse, III, 35.
MAZÈRES, capitaine huguenot, l'un des conjurés d'Amboise, I, 253. 266. 299.
MAZIER, Jean, soldat protestant à Montauban, III, 93.
MAZIÈRES, André de, dit de La Place, ministre à Bordeaux, à Pons, à Arvert, à Saintes, à La Rochelle, I, 134. 135. 140.
MAZURIER (voy. MARTIAL).
MEAUX, ville de la Brie; commencements de la Réforme, I, 5. — Denis de Rieux y est brûlé, 7. — Antoine Poille martyr, 21. — Première Eglise dressée, 49. —
Persécutions, 100. — Ministres, 196. 218. 285. 287. 303. II, 106. 131. — Tumulte et destruction des images, 350. — Arrêt de proscription contre les protestants, 351. — La messe y recommence, 352. — Protestants pillant les églises catholiques, défaits et dispersés, 353. — Bandes de Paris y arrivent, 354. — Meurtres et persécutions, 355. 356.
MEAUX, luthériens de, I, 49. 100.
MEBRETIN, sieur de, gentilhomme huguenot de l'Anjou, s'empare d'Angers, II, 542. 543. 544. — Se brouille avec Soucelles, 547.
MÉDECIN, Jean le, huguenot noyé à Troyes, II, 381.
MÉDICIS, maison de, accueille les savants grecs, I, 2.
MÉES, Les, localité de Provence, III, 326. 362.
MÉGANELLE, sieur de la, gentilhomme protestant des Cévennes, I, 339.
MEIGNAN, Jacques, martyr à Angers, II, 557.
MEGRIGNY, Jean de, président à Troyes; ses biens confisqués, II, 379.
MEHUN (Mehun-sur-Yêvre), ville du Berry; sa garnison va à Beaugency, II, 191. — Guise s'y retire, 250. 299. 315. — S'offre à Montgomery, 489. — Prise par les protestants, 490.
MEINEL, conseiller au parlement de Rouen, II, 668.
MEISSAC (voy. MOISSAC).
MEISTRAL, capitaine catholique dans le Dauphiné, III, 267.
MÉJANES (voy. Gaucher de QUIQUERAN).
MÉLANCHTHON, Philippe, réformateur allemand; François Ier désire l'entendre, I, 15.
MELANTHON, André, maître d'école allemand, prêche l'Evangile à Tonneins, I, 27. — Emprisonné, 28.
MELET (voy. MIALET).
MELLE, Antoine, martyr à Lourmarin, III, 363.
MELLE, Marguerite, tuée à Cabrières, III, 372.
MELLE, Michelle, tuée à Lourmarin, III, 372.

MELLEJAY (Henri de Grasse, sieur de Mallegeay), capitaine huguenot en Provence, III, 324. 326.
MELLET, Damian, menuisier et martyr à Aix, III, 347.
MELLO, Robert (une nièce de), tuée à Gignac, III, 371.
MELPHE, prince de (voy. CARACCIOLI).
MELUN, ville de l'Ile-de-France; conférence de, I, 48. — Le roi de Navarre y mène Catherine de Médicis et le roi, II, 7. 183. — Les protestants de Melun se réfugient à Montargis, 464.
MELUN, Fabian, huguenot de Rutain, martyr à Courgains, II, 537.
MEMERS (Mamers), ville de la Sarthe; église dressée par Colombier, ministre, I, 756. II, 517. — Soldats de, pillent au Mans, 523. 524. — Massacres à, 535. 536. 537.
MEMY, Jean, sieur de, chef de la ligue protestante dans la Haute-Guyenne, I, 793. 803. — Ses entrevues avec Monluc, 807. 808. — Nommé chef des huguenots de Guyenne au colloque de Villeneuve. II, 758. 759. 760. — Exécuté à Bordeaux, 792.
MENADE, huguenot de Saint-Jean-d'Angély, brûlé à Bordeaux, I, 200.
MENDE, ville de la Lozère, III, 193. 194. 196. 201.
MENDE, évêque de (voy. DANGU).
MENERBES, de, prévôt des maréchaux, à Sorèze, III, 185.
MÉNIER (voy. MÉNYER).
MENMAUR (voy. MONTMORT).
MENOLHON, Elias de, baile de Vachières, tué à Forcalquier, III, 360.
MENOLHON, François de, tué à Forcalquier, III, 360.
MENS, Alphonse, bourgeois de Digne, III, 370.
MENS-EN-TRIÈVES, localité du Dauphiné; émeute à, III, 314. 315. 335.
MENTE (voy. MANTES).
MENTIN, capitaine catholique en Provence, III, 380.
MENUDE, Honorable, femme huguenote tuée à Brignoles, III, 374.
MENUISIER, Girard, martyr au Mans, II, 531.
MENUISIER, Pérot, martyr au Mans, II, 531.
MENUISIER, Un, huguenot pendu à Troyes, II, 380.
MENUISIER, Un, huguenot noyé à Sens, II, 401.
MENYER, Jean, sieur d'Opède, président au parlement d'Aix, persécuteur des Vaudois, I, 43. 72. — Absous, 78. — Sa mort, 78.
MÉON, ministre à Meaux, I, 196.
MER, Henri de la, ex-prêtre et martyr à Toulon, III, 339. 340.
MER, localité de Loir-et-Cher; troubles à, II, 579.
MERCIER, Antoine, martyr à La Roque-d'Antheron, III, 340.
MERCIER, Antoine (un beau-frère d'), tué à Brignoles, III, 367.
MERCIER, famille huguenote à Tarascon en Foix, III, 210.
MERCIER, capitaine, de Paris; Poltrot dépose en sa présence, II, 327.
MERCIER, Le, curé de Saint-Ouen au Mans, II, 530.
MERCUES (Mercuès), localité du Lot. II, 787.
MERCURIALE, Assemblée de la, I, 171. 190.
MEREY (voy. POLTROT).
MÉRINDOL, village vaudois de Vaucluse; persécutions, I, 35. 37. 43. — Lettre de révocation de l'arrêt contre M., 70. — Cause jugée, 78. — Eglise rétablie, 172. 370. — Une réunion de délégués huguenots y choisit P. de Mouvans pour chef, 375. III, 319. — Un huguenot de, rôti vif, 345. — Deux femmes de, tuées, 369.
MERINDOL, Jean (le fils de), martyr à Saint-Cannat, III, 341.
MERLE, Guillaume de, prévôt des marchands à Paris, I, 687. 691.
MERLE, capitaine huguenot en Dauphiné, III, 163. — Sa mort, 167.
MERLIN, Jean Raymond, dit Monroy, ministre, au colloque de Poissy, I, 490. — Prêche à Châtillon-sur-Loing, II, 457.
MERLIN, N., docteur en Sorbonne et pénitencier, I, 8.
MEROUL, Marie, femme Caillart, tuée à Paris avec ses enfants, II, 133.

728	*Table alphabétique.*

Méru, Charles de Montmorency, seigneur de, III, 478.
Merville, sieur de, capitaine catholique, gouverneur du château d'Auxonne, III, 397.
Merville, dame de, épouse du précédent, III, 397.
Mery-Bonin, lieutenant-général au bailliage du Berry, II, 510.
Mèse (Mèze), localité de l'Hérault, III, 171.
Mesencal (voy. Massaucal).
Mesmes, N. de, ministre à Lyon, III, 245.
Mesmes, Jean de, capitaine huguenot de Mont-de-Marsan, abandonne Duras, 770. — Trahi par Bugole, 783. 784.
Mesmes, N. de, maître des requêtes, II, 310. 319.
Mesmi (Mesmy), sieur de, chef des huguenots du Périgord, impliqué dans la conjuration d'Amboise (le même que Jean de Memy?), I, 253. 395.
Mesmin, Pierre, chanoine à Montpellier, abjure et devient ministre à Poussan, I, 885. 886.
Mesnager, Jean, avocat à Sens, adversaire des protestants, II, 397.
Mesnager, Claude, avocat du roi à Sens, fils du précédent, II, 398.
Mesnil, Du (voy. Du Mesnil).
Mesnil-au-Bourg, sieur du, gentilhomme de la suite de Villarceaux, gouverneur de Mantes, massacré par la populace, II, 130.
Mesnil, capitaine huguenot à Rouen, II, 624.
Mesnil-Bardé, sieur de, gentilhomme manceau; son fils tué, II, 529.
Mesnil-Liénard (Mesnil-Esnard), village près de Rouen, II, 620. 637.
Mesny, Du (voy. Du Mesny).
Mesny, Le, gouverneur de Saint-Dizier (Haute-Marne), II, 395.
Messa (voy. Metz).
Messas, bourg de l'Orléanais, II, 299. 301. 305. 315. 316. 322. 323.
Messier, Jean, soldat huguenot à Montauban, III, 107. 108. 114.
Messier, Jean, martyr à La Roque-Brusanne, III, 339.
Mestral, capitaine catholique devant Grenoble, III, 288.

Mets ou Metz, ville de Lorraine; réforme introduite par J. Le Clerc, I, 6. 22. II, 274. — Soldats de Metz surpris à Sens, III, 404. — J. Le Clerc, 431. — Jean Castelan, 432. — Pierre Brusly et Watrin du Bois, 433. — Gaspard de Heu y appelle G. Farel, *ibid*. — Celui-ci se retire à Gorze, 434. — L'apostat Caroli, 435. — Journée de Strasbourg, *ibid*. — Metz pris par Henri II, 436. — Supplice de N. de L'Aubespine, 437. — Péguillon évêque, 439. — Assemblées surprises à, 440. — Senneterre gouverneur, *ibid*. — Intervention de Strasbourg, 442. — Tracasseries contre les religionnaires, 443. 444. — Adresse au nouveau roi, 445. — Protestants bannis de la ville, 446. — Nouvelle députation à la cour, 447. — Em. Tremellius, 448. 449. — Pierre de Cologne et Jean Taffin reviennent à, 450. — Réorganisation de l'Église 450. 451. — Mesures des catholiques, 452. 453. — Intrigues de Vieilleville, 454. — Conversions de religieux, 455. — D'Andelot à Metz, 456. — Farel y revient, *ibid*. — Persécutions du cardinal de Guise, 457. — La peste à, 458. — Metz pendant la guerre civile, 458. 459. — Expulsion et rappel des protestants, 460. 461. — D'Aumale et le roi à Metz, 462. — Émeutes, 463. 464. — Le roi défend l'exercice du culte, 465. — Un ministre toléré à Courcelles-sur-Nied, 466. — Pierre Cartelle, *ibid*. — La nouvelle de la bataille de Moncontour arrive à, 467. — Paix de 1570, 468. — Le culte interdit à Metz, *ibid*. — Le culte célébré à Montoy, 469. 470. — Albert de Gondy, gouverneur de Metz, 471. — François du Jonc, ministre, 472. — Nouvelles vexations, 473. 474. — Colloque avec du Rozier et Maldonat, 475. — Huguenots expulsés, 476. — Piennes nommé gouverneur, 477. — Il expulse le ministre de Bartoncourt, 478. — Rétablissement du culte à Metz, 480.

Mesurier, Louis de, persécuteur à Arles, III, 353.
Meudon, localité de Seine-et-Oise; le maire de, dépose en faveur de Fumée, I, 259. 260.
Meulan, localité de Seine-et-Oise; assassinat à, II, 131.
Meung (Meung-sur-Loire), ville du Loiret, II, 22. 36.
Meussier, Nicolas, blessé au massacre de Vassy, I, 726.
Mex, du (voy. Du Mex).
Meyne, duc de (voy. Mayenne).
Meyran, Jean, capitaine catholique à Aix, persécuteur des Vaudois, I, 45.
Meysonnier, Michel, huguenot tué aux Mées, III, 362.
Mezelle, La (Moselle), rivière, III, 464.
Mezière, Raphael de Taillevis, sieur de la, dit Raphael, médecin du roi de Navarre, II, 649. 650.
Mézières, de (voy. Baubigny).
Mézières, château près de Dreux; la garnison pille les protestants, II, 255. — Pris par de Cervoy, 333. 334.
Mialet, localité du Gard; Eglise et ministre à, I, 218. 340.
Mialet, N., martyr à Agen, II, 774.
Micael, ministre à Lyon, III, 245.
Michaux, Gilles, médecin et martyr à Valognes, II, 704.
Michel, Jean, moine à Bourges, I, 10. — Prêche l'Evangile à Sancerre, 19. — A Bourges, 56. 57. — Martyr à Paris, 59.
Michel, Jean, élu à Sens, pillé, II, 400.
Michel, ex-prêtre, martyr à Montauroux, III, 352.
Michel le palfrenier, huguenot tué à Forcalquier, III, 359.
Michelon, Thomas; femme de, tuée à Apt, III, 370.
Michelot, Jean, blessé au massacre de Vassy, I, 726.
Mieusseux, de La (voy. Myeusseux).
Mignot, Etienne, quartenier à Rouen, II, 661.
Mileoy (Millery?), avocat catholique à Vire, pendu, II, 330.
Milet, secrétaire du duc de Guise, I, 262.

Milier, François, avocat catholique à Issoudun, II, 505.
Millas, Guillaume, martyr à Négrepelisse, III, 91.
Millas, Jean, martyr à Négrepelisse, III, 91.
Millau, de, dit de la Pierre, capitaine protestant à Toulouse, écartelé, III, 37.
Millaut d'Allègre, Antoine; gentilhomme huguenot à Orléans, écrit un livre «très-pernicieux contre la doctrine chrétienne», condamné par le consistoire, II, 150. 151. 152. 155. — Blessé à Corbeil, 194.
Millau (Milhau), ville de l'Aveyron; Église à, I, — cutions, — Mallet ministre, 857. 863 — Sa mort, 865. — L'Église résiste à la persécution, III, 193. — Ceux de M. battus, 196. — Se met sous la protection de Crussol, 199. — Menacé par Valsergues, 202.
Milleraye, Jean de Mouy, sieur de la (ou Mailleraye), cède Pontl'Evêque à Porcien, II, 258. 695. 721.
Millot, Nicolas, blessé au massacre de Vassy, I, 726.
Milly, sieur de, parent du sieur de Ligonde, gouverneur catholique de La Charité, II, 432.
Milon, Barthélemy, martyr à Paris, dans l'affaire des placards, I, 21.
Minard, Andoche, martyr à Autun, I, 111.
Minard, Antoine, président au parlement de Paris, persécuteur, assassiné, I, 248.
Minchaud, Madeleine, tuée à Carnoulès, III, 369.
Minguetière, capitaine huguenot à Poitiers, II, 605.
Minimes, frères, nommés les Bonshommes, à Gien, refusent de se convertir, II, 448.
Ministres, assemblés à Orléans en octobre 1562 condamnent les erreurs de Caraccioli, II, 148. — Ordonnent un jeûne à propos de la peste, 149. — Ordonnent un examen pour l'admission à la Cène, 154. — Leur avis sur la paix, 280, 281. 282.

MINISTRES :
Aillet, Pierre (voy. ce nom).
Albeau, d' (voy. *Lancelot*).
Albiac, Charles d' (voy. ce nom).
Anduze, d' (id.).
Anglois, Jean l' (id.).
Antin, Pierre (id.).
Badius, N. (id.).
Bailly, Jean le (id.).
Balleur, Ambroise Le (id.).
Barbier, Robert (id.).
Barelles, Jean (id.).
Barre, Isaac de la (id.).
Beaupas, François (voy. *Chassebœuf*).
Bedat, du (voy. ce nom).
Berger, Le (voy. *Beauregard*).
Bergerie, de la (voy. *Gilbert*).
Berthe, Raymond (voy. ce nom).
Biron, Bernard (id.).
Bois, du, dit Plain (id.).
Boisnormant, François (id.).
Boissière, Claude de la (id.).
Bolot, Pierre (id.).
Bonneau, Jean (id.).
Bonnet (voy. *Bouvet*).
Bosco, Jean de (voy. ce nom).
Bosquet, Hélie du (id.).
Bouquin, Jean (voy. *Boquin*).
Bourgoin, François (voy. ce nom).
Bourgonnière, La (id.).
Boust, Paquier (id.).
Bouvet, N. (id.).
Brosse, de la (voy. *La Brosse*).
Brossier, Simon (voy. ce nom).
Brulières, Etienne de (id.).
Brunet, dit du Parc (id.).
Bruslé, Jean (id.).
Bruslé, Pierre (id.).
Brusli, Pierre (id.).
Caffer, Antoine (id.).
Calvet, François (id.).
Calvin, Jean (id.).
Candole, N. (id.).
Capel, Louis (id.).
Caraccioli, Antoine (id.).
Carmel, Gaspard (id.).
Carvin, Jean (id.).
Causse, Barthélemy (id.).
Cestat, Dominique (id.).
Chabanes, N. (id.).
Chabottes, N. de (id.).
Chandieu, Antoine de (id.).
Chanorrier, Antoine (voy. *Demeranges*).

MINISTRES :
Chassagnon, Jean (voy. ce nom).
Chassebœuf, François (id.).
Chevery, Jean de (voy. de la *Rive*)
Chrestien, Jean (voy. ce nom).
Chrestien, Pierre (id.).
Chrestien, Thomas (id.).
Chrestoffle, François (id.).
Clément, Pierre (id.).
Cléreau, N. (id.).
Clermont, Charles de (id.).
Cologne, Pierre de (id.).
Colombier, Honoré de (id.).
Colonges, François de (id.).
Constans, Jean (id.).
Copier, N. (id.).
Corlieu, Girard de (id.).
Corneille, N. (id.).
Corneli, George (id.).
Cosson, N. (id.).
Cougnat, N. de (id.).
Croissans, Pierre des (id.).
Cruseau, Jean (id.).
Daneau, Lambert (id.).
Daniel, Nic. (id.).
David, Pierre (id.).
Debrard, N. (id.).
Desaillans, N. (id.).
Descroissans (voy. *Croissans*).
Desfoz, N. (voy. ce nom).
Des Galars (voy. des *Galars*).
Desmasures, Louis (voy. ce nom).
Desmeranges (voy. *Chanorrier*).
Desprez, Pierre (voy. ce nom).
Desroches, N. (id.).
Dieurat, François (id.).
Du Bosquet (voy. *Bosquet*).
Du Croissant (voy. *Croissants*).
Du Fossé (voy. du *Fossé*).
Du Gué (voy. *Boisnormant*).
Du Mas, Louis (voy. ce nom).
Du Mont, N. (id.).
Du Moulin, Claude (id.).
Du Palmier (voy. *Salvart*).
Du Parc (voy. *Brunet*).
Du Périer, Pierre (voy. ce nom).
Du Perron, N. (id.).
Du Plessis (voy. d'*Albiac*).
Du Pont, N. (voy. ce nom).
Du Pré, N. (id.).
Du Rosier, N. (voy. *Rosier*).
Fabri, Jean (voy. ce nom).
Farel, Guillaume (id.).
Faverge, Gaspard de la (id.).

Table alphabétique.

Ministres :
Flavard, Léonard (voy. ce nom).
Folion, Nicolas (id.).
Fontaine, Jacques La (id.).
Fontenay, Jean (id.).
Forest, La (voy. La Forest).
Formy, Claude (voy. Frémi).
Fournelet, Pierre (voy. ce nom).
Fournier, Jean (id.).
Frémi, Claude (id.).
Gailleuse, Pierre (id.).
Galars, Nicolas des (id.).
Galeuste (voy. Gailleuse).
Garande, de la (voy. Chrestien).
Garnier, Jean (voy. ce nom).
Gilbert, Pierre (id.).
Girant, Martin (id.).
Giscart, N. (id.).
Godart, N. (id.).
Godion, Alexandre (id.).
Gorre, Nicolas (voy. Daniel).
Goueuret, Guy (voy. ce nom).
Gourgne, Arnauld de (id.).
Gravelle, Jean (id.).
Grené, Philibert (id.).
Grignan, Jean (id.).
Gué, du (voy. Boisnormant).
Guyotin, Alexandre (voy. ce nom).
Hamelin, Philibert (id.).
Hanet, N. (id.).
Hargons, Martin de (id.).
Haye, N. de la (id.).
Henry, Jean (id.).
Henry, Pierre (id.).
Herbaut, Michel (id.).
Hosteau, Pierre de l' (voy. L'Hosteau).
Jon, François du (voy. ce nom).
Jortrin, Jean (id.).
La Barre, Isaac de (voy. Barre).
La Bergerie, de (voy. Gilbert).
La Berthe (voy. Berthe).
La Boissière (voy. Boissière).
La Bourgonnière (voy. Bourgonnière).
La Brosse, de (voy. Brosse).
La Coste, N. (voy. ce nom).
La Favergue (voy. Favergue).
La Fontaine, Jacques (voy. Fontaine).
La Fontaine, dit le Maçon (voy. ce nom).
La Fontaine, N. (id.)
La Forest, N. (id.).

Ministres :
La Garande, de (voy. Chrestien).
La Haye, de, N. (voy. Haye).
La Jonchée, N. (voy. ce nom).
Lamoureux, N. (id.).
Lancelot (d'Albeau), N. (id.).
L'Anglois, Jean (voy. l'Anglois).
La Place, N. (voy. ce nom).
La Planche, Guillaume de (id.).
La Plante (voy. le Balleur).
La Ponge, de, N. (voy. ce nom).
La Porte, N. (id.).
La Rivière, de (voy. Le Masson).
La Rivière, Fleury de (voy. ce nom).
La Roche, Antoine de (voy. Chandieu).
La Taulade, N. (voy. ce nom).
La Tour, Jean de (id.).
La Vallée, Nicol. de (voy. Folion).
La Vau, de, N. (voy. ce nom).
Le Balleur (voy. Balleur).
Lebrun, Geoffroi (voy. ce nom).
Le Cléreau (voy. Cléreau).
Le Guay (voy. Boisnormant).
Leiry, Jean de (voy. ce nom).
Le Maçon, Robert (voy. La Fontaine).
Le Masson, Jean, dit du Chemin (voy. ce nom).
Le Masson, Jean, dit La Rivière (id.).
Léopard, Charles (id.).
Le Plessis, N. (id.).
Le Roux, N. (id.).
L'Espine, Jean de (voy. Espine).
L'Hostau, Pierre de (voy. ce nom).
Lignol, Michel (id.).
Logery, Jean (id.).
Loiseleur, dit de Viliers, N. (id.).
Longueville, N. (id.).
Loquet, Jean (id.).
Lumau, N. (id.).
Magnan, Noël (id.).
Maillart, Robert (id.).
Malet, Blaise (id.).
Malot, Jean (id.).
Mareil, N. (id.).
Marin, N. (id.).
Marlorat, Augustin (id.).
Martyr, Pierre (id.).
Mas, Louis du (voy. Du Mas).
Masures, des, Louis (voy. Des Masures).
Mauget, Guillaume (voy. ce nom).

MINISTRES :
Maupeau, François (voy. ce nom).
Mazières, André de (id.).
Merlin, Jean Raymond (id.).
Mesmes, N. de (id.).
Mesmin, Pierre (id.).
Micael, N. (id.).
Michel, Jean (id.).
Mison, N. (id.).
Moalan, Etienne (id.).
Molan, Olivier (id.).
Monier, Claude (id.).
Monroy (voy. Jean *Merlin*).
Mont, du (voy. *Du Mont*).
Morel, François de (voy. *Colonges*).
Morel, Henri (voy. ce nom).
Morel, Léonard (id.).
Morenges, Guy de (id.).
Moulin, Charles du (voy. *Du Moulin*).
Moulin, Claude du (id.).
Moulinon, N. (voy. ce nom).
Movaillian, Etienne (id.).
Mulot, Michel (id.).
Neufchâtel, N. (id.).
Nicole, N. (id.).
Nort, Oudet (id.).
Olivier, N. (voy. *Valin*).
Otrand, Antoine (voy. ce nom)
Pagès, Pierre (id.).
Pagesi, P. (voy. *Pagès*).
Paiani, N. (voy. ce nom).
Papillon, Antoine (id.).
Papillon, Jean (id.).
Pasquier, N. (id.).
Passy, de (Spifame) (id.).
Paul, Antoine de Saint- (id.).
Paumier, N. (id.).
Payan, N. (voy. *Paiani*).
Peintre, François (voy. ce nom).
Pelet, N. (id.).
Périer, du (voy. *Du Périer*).
Perrin, Bernard (voy. ce nom).
Perron, du (voy. *Du Perron*).
Pérucel, François (voy. ce nom).
Pichon, Eynard (id.).
Pierius, Jean (id.).
Planche, de La (voy. *Logery*).
Planche, Guillaume de la (voy. *La Planche*).
Plessis, Charles du (voy. d'*Albiac*).
Pleurs, Jean de (voy. ce nom).
Poncelet, Michel (id.).
Poterat, Jean (id.).
Poupin, Abel (id.).

MINISTRES :
Pré, du, N. (voy. *Du Pré*).
Preissac, Bernard (voy. ce nom).
Rabasteux, Pierre de (id.).
Regnault, N. (id.).
Renard, Hugues, (id.).
Richer, Pierre (id.).
Richer, N. (id.).
Rivau, Vincent (id.).
Rive, Jean de la (voy. *Chevery*).
Rivière, de La (voy. *Le Masson*).
Roche, Jacques La (voy. *Trouillet*).
Roche, N. La (voy. ce nom).
Roche, de la, N. (voy. *Chabotte*).
Rochebouillet, N. (voy. ce nom).
Roche-Chandieu, A. de la (voy. *Chandieu*).
Roches, Jean des (voy. Jean *Papillon*).
Romigly, N. (voy. de nom).
Rosier, N. du (id.).
Rossehut, de (voy. de *Hargons*).
Rouillard, Michel (voy. ce nom).
Rouvière, N. (id.).
Roux, Jacques (id.).
Rovières, N. (id.).
Ruffi, Jacques (id.).
Ruisseaux, des (voy. *Mulot*).
Ruspeaux, Yves des (voy. ce nom).
Saint-Paul, François de (id.).
Salicet, Pierre (id.).
Salvart, Jean François (id.).
Sauses, Jean (id.).
Semide, L. de (id.).
Sevin, Jean (id.).
Simon, Michel (id.).
Solas, Gille (id.).
Solte, Jacques (id.).
Sorel, Jacques (id.).
Soret, Jacques (voy. *Sorel*).
Spifame, Jacques (voy. *de Passy*).
Tafin, Jean (voy. ce nom).
Tardieu, Olivier (id.).
Tartas, N. (id.).
Taschard, Martin (id.).
Taulade, La (voy. *La Taulade*).
Tenans, Jean, (voy. ce nom).
Térond, François (id.).
Tiran, Sébastien (id.).
Torreau, N. (id.).
Tournay, Jean de (voy. de *La Tour*).
Trouillet, Jacques (voy. ce nom).
Vaillant, Roland (id.).
Vaisse, Bernard (id.).

Table alphabétique. 733

MINISTRES :
Valin, Olivier (voy. ce nom).
Vallée, de la, Nicolas (voy. *Folion*).
Vallée, Jérémie (voy. ce nom).
Vallier, Jacques (id.).
Vau, de La (voy. de *La Vau*).
Vau, Nicolas du (voy. ce nom).
Vauville, Richard (id.).
Vaux, Gilbert de (id.).
Vaysse, (voy. *Vaisse*).
Védoque, Lucas (voy. *Du Mont*).
Véran, David (voy. ce nom).
Vignaux ou de Vignoles, N. (voy. *Masson*).
Vignol, Michel (voy. ce nom).
Viliers, de (voy. *Loiseleur*).
Virel, Jean (voy. ce nom).
Virel, Mathieu (id.).
Viret, Pierre (id.).
Vitalis, N. (id.).
Vivès, Antoine (id.).
Voisin, Jean (id.).
Voyon, Jean (id.).

MIRABEL, Helion de, huguenot tué à Digne, III, 358.
MIRABEL, localité près de Montauban, III, 89. 91.
MIRABEL, Claude de, gentilhomme huguenot à Valence, I, 342. — Dupé par Vinay, 348. — Négocie avec Maugiron, 349. — Réunit des troupes à Romans, III, 232. — Arrive à Valence, 253. — Bat Fabrice, 274. — Des Adrets l'avertit de son entrevue avec Nemours, 295.
MIRABEL, Myrebel (Miribel), N., sieur de Rozans, gentilhomme catholique du Dauphiné ; complote avec les catholiques de Grenoble, III, 255. — Ce complot est découvert, 256. — Assiste au siège de Sisteron, 328. 331. — En garnison à Dijon, 393.
MIRAILLET, capitaine huguenot défait par Buzaulure, II, 436. — Défend Bourges, 489.
MIRAMBEAU, François de Pons, sieur de, passe par Poitiers, commande en Saintonge pour Condé, II, 601. 771. 823.
MIRAMBEAU, bourg de Saintonge, II, 823.
MIREBEAU, sieur de, gentilhomme du Dauphiné, assassiné par Saint-Jalle, I, 362.

MIREBEL (Mirebeau-sur-Bèze), localité de Bourgogne, III, 394.
MIREBEL (Miribel-L'Anchâtre), localité du Dauphiné, III, 258.
MIREPOIX, Philippe de Lévis, vicomte de, dit le maréchal de Foix ou de la Foy, III, 150. 151. 166.
MIREPOIX le jeune, capitaine catholique à Toulouse, III, 31.
MIRIBEL (voy. MIRABEL).
MISERETS, sieur de, gentilhomme normand, II, 717.
MISCHAILON, enseigne du capitaine huguenot La Coche, III, 462.
MISNIER, Antoine, enquêteur à Issoudun, I, 65.
MISON, ministre à Hyères et à Bormes, III, 378.
MISSARD, capitaine catholique à Metz, III, 461.
MITRITE, Jacques de, huguenot tué à Grimaud, III, 356.
MOALAN, Etienne, ministre à Caylus, III, 99.
MOANT, château de Provence, III, 377.
MOGUEUL (Mauguio), village près Montpellier, III, 164. 168.
MOILLERON (Mouilleron-en-Parède), localité du Poitou, II, 609.
MOINE, Alain Le, promoteur à Nantes, I, 152.
MOINE, Claude Le, de Meaux, pendu, II, 358.
MOINE, Louis Le (voy. L. LE MOINE).
MOINE, Pierre Le (voy. P. LE MOINE).
MOINGERT, prêtre persécuteur à Beaune, III, 404.
MOINGUEVILLE, sieur de, gouverneur protestant de Granville, II, 698.
MOISSAC, Moyssac, ou Meissac, ville de Tarn-et-Garonne ; le prêche y est permis, I, 796. — Grégoire, huguenot d'Agen, y est arrêté, 823. — Armes des protestants de Montauban y sont retenues, 849. — Occupé par la compagnie de Thermes, II, 758. — Occupé par les catholiques, III, 85.
MOISSAC-BEAUVILÉ (-Beauville), bourg de l'Agenois, II, 761.
MOISY, Alexandre, huissier au parlement de Rouen, II, 660. 662.
MOISY, Jean, martyr à Vassy, I, 725.
MOITECH (voy. MONTECH).

MOLAN, Olivier, ministre à Gien et à Nemours, II, 471. 472.
MOLIÈRES, localité du Quercy, II, 775.
MOLIÈRES (Molines ?), localité du Dauphiné, III, 333.
MOLINET, château du Bourbonnais, III, 405.
MOLLANS (voy. MOULANS).
MOLLEBRUNE, localité de Savoie, II, 141.
MOLVANT, Hélène, veuve Doucher, martyre à Craon, II, 573.
MOMBAUT, sieur de, huguenot massacré à Sens, avec son serviteur, II, 399. 400.
MOMBEL, capitaine catholique, commet des violences à Cahors, I, 810.
MOMBELLART, persécuteur à Vassy, I, 728.
MOMBETON, sieur de, gentilhomme catholique de Guyenne ; son château pillé, III, 82. — Parent de Marchastel, 84.
MOMBETON ou Monbeton, château et village près de Montauban ; images y sont détruites, I, 847. — Pillé, III, 82. 84. — Attaqué par Duras, 93. — Reçoit une garnison catholique, 118. — Celle-ci est appelée devant Montauban, 125.
MOMBODEN (Monbadon), capitaine catholique à Bordeaux, II, 755. 757.
MOMBONIN, moine de Saint-Jean, tué à Sens, II, 405.
MOMBOURSIER ou Monboucher (Montbourchier ?), capitaine catholique, gouverneur d'Angers, II, 560. — Pille à Craon, etc., 565. 575.
MOMBRISON (voy. MONTBRISON).
MOMBROM (Montbrun), localité du Limousin, II, 835.
MOMBRON (Montberon), Gabriel de, quatrième fils du connétable de Montmorency, tué à Dreux, II, 234. 660.
MOMBRUN, sieur de (Charles du Puy, sieur de Montbrun), gentilhomme protestant de Montélimart, I, 343. — Menacé de poursuites, 353. — Ecrit des lettres de protestation, 354. — Le parlement ordonne de le saisir, 355. — Fait irruption dans le Comtat Venaissin, 358. 359. 360. 361. 362. — Traite avec La Motte-Gondrin, 363. — Ses soldats congédiés, dévalisés et tués, 364. — Reprises des hostilités contre lui, 367. — Résiste victorieusement, 368. 369. — Trahi par l'avocat Mathieu Dantoine, 370. — Echappe et se retire à Genève, 371. 372. — Son château démoli, ibid. — Envoyé à Châlon, 222. — Des Adrets vient à son secours, 225. — Arrive à Valence, 253. — Des Adrets lui laisse une partie de ses troupes, 270. — Prend Mornas, 271. — Arrêté par Suze, 272. — Arrive à Orpierre, 274. — Défait par Suze à Lugrand, 275. — Se rend à Montélimart, 277. — Passe par Grenoble, 279. — Echappe à Nemours, 283. — Est à Romans, 285. 306. — Battu par Suze, 328. — Quitte Châlon, 393. — Entre à Châlon, puis le quitte, 408. — Est à Mâcon, 409.
MOMBRUN ou Monbrun ou Montbrun, Léon, sieur de, dit de La Vigne, gouverneur huguenot de Mende, III, 193. 194. — Acquiert le surnom de *Mange-peuple*, 201.
MOMPERROUX ou Montpeiroux, baron de, capitaine huguenot à Béziers, III, 149. — S'empare de Servian, 178.
MOMPESAT (ou Mompezat), Melchior des Prèz, sieur de, I, 319. 320. — Sénéchal à Poitiers, y contrarie les protestants, 764. — Envoyé par le roi à Chatellerault, II, 588. 589. — Au siège de Poitiers, 607. — Menace les troupes allemandes à Orléans, 794.
MOMPEZAT, cadet de (Jacques des Prez), évêque de Montauban, III, 90. 101.
MON, Jean, meurtrier catholique à Moulins, II, 483.
MONASTEROL, localité de Savoie, II, 141.
MONCALIERI, localité du Piémont, III, 389.
MONCEAU ou Montcau, Jean de, dit Bramont, dit aussi Moncau le vieil, enseigne huguenot à Montauban, III, 86. 96. 119. 125. 126.
MONCEAU (Montcau), localité de Lot-et-Garonne, III, 87.

Table alphabétique.

MONCEAUX, château de l'Ile-de-France; Catherine de Médicis y conduit Charles IX, II, 1. — Le roi de Navarre s'y trouve, 2. — Francour et de Bèze y sont députés, *ibid.*
MONCEAUX, René de (voy. BLANAY).
MONCHAL, Jean, martyr à Annonay, III, 190.
MONCHENU, Marie de (voy. dame de MASSY).
MONCHENU, sieur de, envoyé par la reine-mère à Soubise, III, 229.
MONCHOU, meurtrier catholique à Aurillac, II, 473.
MONCONTOUR, bataille de, III, 467.
MONCORNET-ÈS-ARDENNES, maison du prince de Porcien près Mézières, II, 360. 395.
MONCUQ ou Moncuc (Montcuq), localité du Lot; Eglise dressée par Vignols, I, 216. — Dominique Cestat y prêche, 841. — Monluc y défend le culte, II, 752. — Le ministre Jean Carvin en est chassé, III, 166.
MONCY, Saint-Eloy, sieur de, de Fleurines, supplicié à Paris, II, 341.
MONDENARD, village de Tarn-et-Garonne, II, 775.
MONTDEVIS (Mondovi?), ville de Savoie II, 140. 141.
MONDRAGON, sieur de, capitaine catholique en Provence, III, 260. 345.
MONDOUBLEAU, village du Vendômois, II, 539.
MONET DE ROSSIGNOL, huguenot tué à Grasse, III, 360.
MONFERRAT, Pierre de, huguenot tué à Manosque, III, 365.
MONFLANQUIN, localité de l'Agenois, II, 761.
MONFRAIN (Montfrin), bourg près de Nîmes, III, 154. 174.
MONGAUZY (Mongauzy), localité de la Gironde; troubles à, I, 869.
MONGENET, sieur de, surprend Romorantin, II, 154.
MONGERS, René de, dit Nizière, martyr à Angers, I, 108.
MONGET, Antoine de, blessé au massacre de Vassy, I, 726.
MONGIN, capitaine catholique du Dauphiné, III, 313. 314.
MONGO, Jacques de, tué à Vassy, I, 725.

MONGUILLAN (Monguillem), village du Condômois, II, 776.
MONGUYON, sieur de (voy. MONTANDRE).
MONIER, Arnaud, de Saint-Emilion, martyr à Bordeaux, I, 109. 134.
MONIER, Claude, ministre à Lyon, I, 56. — Sa vie et son martyre, 85. — Dirige des assemblées, III, 215.
MONIÈRE, Catherine, brûlée à La Roque d'Anthéron, III, 374.
MONJOUX (Montjoux), Jean de Forest, dit de Vesc, sieur de, capitaine huguenot; met garnison dans l'abbaye de La Chaise-Dieu, III, 227. — Arrive à Valence, 253. — Prisonnier en Auvergne, 303.
MONJOY (La Montjoie), localité de l'Agenois, II, 762.
MONLAUSUN (ou Monlozun), sieur de, gentilhomme huguenot; sa noble conduite à Montauban, I, 833. 834. — Pris à Beaumont et pendu, III, 65.
MONLÉDIER (ou Mouledier), François de Villettes, sieur de, capitaine huguenot à Montauban, III, 70. 71. 72. 73. — A Castres, 143.
MONLUC, Jean de, évêque de Valence, irrite les Guise, veut regagner leurs bonnes grâces, I, 343. 344. — S'adoucit à l'égard des protestants, 352. — Un sermon de lui irrite le connétable, 456. — Appelé à conférer avec Bèze, 603. — Au colloque particulier du 29. septembre, 605. 606. — Confère avec la reine, 608. — A la conférence de Saint-Germain, 693. — Sa déclaration au sujet des images, 694. — Fait accorder des privilèges à ceux d'Annonay, III, 191. — Poursuivi par le gouverneur de Vienne, arrêté à Annonay, s'évade, 277. 278.
MONLUC, Blaise de, l'un des principaux chefs catholiques dans les guerres de religion; à Agen, I, 321. 322. 323. — Envoyé en Guyenne, 720. — Intrigues pour le mettre à la place de Buric, 787, 789. — S'adoucit envers les protestants, accorde un ministre au pays de Gon-

taud, 797. — Va à Estillac, 798. — Doit faire justice du meurtre de Fumel, de concert avec Burie, 805. — Son entrevue avec le ministre Barelles, 806. 807. — Ses agissements dans l'Agenois, 809. — Conférence avec Burie, 811. — Cruautés à Saint-Mézard et à Monségur, *ibid.* — Exécutions à Villeneuve-d'Agenois, 812. — Envoyé à Cahors pour y faire justice, 856. II, 187. 351. — Défend au ministre de Cahors de prêcher, 751. 752. — Vient à Fumel, *ibid.* — Prend des mesures contre les huguenots d'Agen, 753. — Ordonne de massacrer ceux de Lectoure, 754. — Sa correspondance avec Burie interceptée, 756. — Dans le Quercy et l'Agenois, 757. 758. — Au Sampoy, 759. — A Faudas, 760. — Ses lettres saisies, 761. — Essaie de prendre Montauban, 762. — S'approche d'Agen, 763. — Ses rapports avec les catholiques de cette ville, 764. — Repoussé devant Nérac, 767. 768. — Réunit ses troupes dans la plaine de Damazan, *ibid.* — Prend Nérac, 769. — Bat Duras près de Rauzan, *ibid.*, 770. — Prend Marmande, Tonneins et autres villes, 771. — Prend Montségur, y viole la fille du ministre, 772. — Entre à Agen, 774. — A Penne, 776. — Y viole des femmes, *ibid.* — Rencontre Duras près de Montauban, 779. 780. — Arrive devant Montauban, 781. — Assiège Lectoure, 786. — Tue le capitaine Lamothe, 790. 793. — Va à Agen, 794. — Veut attaquer Piles, 805. — Lettres de lui apportées à Toulouse, III, 10. — Appelé à Toulouse, 12. — On l'y attend, 17. — Y arrive et fait brûler le temple, 27. — Va vers Montauban, 31. — Adhère à l'Association catholique-romaine, 52. — Veut faire arrêter un ministre à Montauban, 61. — Fait étrangler un fidèle à Caylus, 62. — Ses persécutions à Villefranche, 63. — Rappelé au moment d'attaquer Montauban, 66. — Va à Agen, 67. — Pose son camp devant Montauban, 78. — Somme la ville de se rendre, 79. — Son cheval tué sous lui, 81. — Prend Montségur, 88. 89. — Prend Penne, *ibid.* — Retourne devant Montauban, 93. 94. — Envoie un parlementaire aux assiégés, 123. — Prépare son artillerie, 126. 133. — Fait un dernier effort pour prendre la ville, 134. — Refuse le gouvernement de Montauban, 137. — Persécute les protestants du Rouergue, 192. — Pille Montségur, 210.

Monmaur (voy. Montmaur).

Monnier, François, martyr à Saint-Mitre, III, 348.

Monnier, George, martyr à Aix, III, 347.

Monquoquiers, capitaine catholique à Moulins, persécuteur, II, 480.

Monrard, Pons, huguenot tué à Forcalquier, III, 359.

Monravel, Monrevel ou Montrevel, comte de, capitaine catholique dans le Dauphiné, III, 296. 392. — A Dijon, 393.

Monrosat, capitaine catholique en Bourgogne, rend le château de Pierreclos, III, 418.

Monrouge, localité près de Paris; l'infanterie de Condé et de Genlis à, II, 196. — Genlis s'y retire, 216. — Incendié par les reîtres, 225.

Monroy (voy. Jean Raymond Merlin).

Mons, capitaine catholique à Toulouse, III, 17.

Monségur, ville de Guyenne; violences de Monluc à, I, 812. — Siège de, II, 771. 773. — Prise par Monluc, III, 88. 210.

Monségur, capitaine huguenot de Gascogne, III, 220.

Monsieur, François, duc d'Alençon, puis d'Anjou III, 478. 479.

Monstière, Alix, tuée à La Motte-d'Aigue, III, 372.

Mont-de-Tarare, localité du Rhône, II, 225.

Mont, Du (voy. Du Mont).

Mont, Du (voy. Védoque).

Montagnac-sur-Lède, village du Périgord, II, 803.

Montagnac, village de l'Hérault, III, 158.

Montagne, l'un des meurtriers de Vassy, I, 727.
Montagut, sieur de, capitaine catholique en Provence, III, 331.
Montal, sieur de, persécuteur en Auvergne, II, 476.
Montaléon, capitaine, protège le culte huguenot à Châtillon-sur-Loing, II, 460.
Montalzat, localité de Tarn-et-Garonne; les articles de Burie y sont publiés, I, 848. — Eglise dressée, 851.
Montandre, de la Rochefoucauld, baron de (ou Montendre), et Montguyon, II, 789. 814. 817.
Montanier, Jean, écolier et l'un des fondateurs de l'Eglise à Montauban, I, 215.
Montargis, ville du Loiret; d'Andelot la traverse, II, 186. — Le camp du roi y passe, 458. — Demeure de Renée de Ferrare, 463. — Etablissement du culte protestant, ibid. — Lieu de refuge des persécutés, 464. — L'armée de Bourges y passe, 465. — Ravagée, ibid.
Montaré, sieur de, persécuteur à Moulins, II, 479. 480.
Montarlot, Pierre, blessé au massacre de Vassy, I, 726.
Montauban, ville du Quercy; Eglise établie à, I, 215. — Elle augmente, 327. — Trois protestants de, emprisonnés à Castel-Sarrazin, 328. — Accusée d'avoir frappé monnaie, 792. — Hostilité de l'évêque, 827. — Agitations, 828. — Commission du parlement de Toulouse, 830. — Des Croissans, ministre, 832. — Périls de l'Eglise écartés, 833. — Notables protestants, 834. — Masson, ministre, censuré; synode, 835. — Culte public défendu, 836. — Arrêt du parlement contre les protestants, 838. — Nouveaux conflits, 839. — Prêches dans les églises, 841. — Images brûlées, 844. — Edit de juillet publié; arrêt du parlement cassé, 846. — Martin Tachard, ministre, ibid. — Désordres causés par les chanoines de Saint-Etienne, 847. — Articles de Burie publiés, 848. — Secours portés à Grenade, ibid. — Les religieux vont au prêche, 849. — Désordres des protestants, censurés par le Consistoire, ibid. — Les assemblées continuent jusqu'en mars 1562, 850. — Eglises dressées par ceux de Montauban, 851. 852. — A Caussade, 853. — Ceux de Montauban repoussés de Saint-Antonin, 865. — Eglise de M. reste presque seule en France, II, 190. — Monluc veut le ravager, 754. — Burie et Monluc campent devant la ville, 780. — Sa situation en mars 1563. — Monluc ordonne d'arrêter le ministre Tachard, III, 61. — Monluc et Terride s'approchent de la ville; terreur des habitants, 72. 73. — Commencement du siège, 78. — Ceux de Montauban font une sortie, 86. — Duras y passe, 92. — Le faubourg Saint-Antonin pris, 98.
Montauban, sergent du guet à Toulouse et martyr, III, 36.
Montauban, capitaine huguenot en Bourgogne, III, 416.
Montauron, localité de Provence, III, 352.
Montauses, localité du Périgord, II, 789. 792.
Montbéliard, localité de Franche-Comté, III, 435. 456.
Montbertier, maître de l'artillerie au siège de Montauban, III, 99.
Montbougefri, sieur de, capitaine catholique, envoyé par Montpensier pour surprendre Craon, II, 570.
Montbreton, N. de, sieur de la Garde, tué au prêche à Toulouse, III, 3.
Montbrison (ou Mombrison), ville du Forez, III, 223. 224.
Montbrun (voy. Mombrun).
Montcassin, capitaine catholique au service des Guise, tué à Montagnac, II, 803. 804.
Montcau (voy. Monceau.)
Montclar, vicomte de, gentilhomme catholique des environs de Montauban, III, 124.
Mont-de-Marsan, ville des Landes, II, 809. 810. 384.
Montdidier, ville de la Somme, II, 674.

MONTDOZIL, sieur de, bourgeois de Toulouse, III, 29.
MONTECH (ou Montesch), localité du Quercy, III, 85. 93. 94. 95. 118. 120.
MONTEILLY, Le Sourd de, avocat à Aurillac, persécuteur, I, 772.
MONTÉLIMART, ville de la Drôme, I, 219. 343. 350. III, 264. 265. 277. 283. 294. 300.
MONTELLY, lieutenant de Guise; ses cruautés à Aurillac et à Argentat, II, 473.
MONTERAT, bourgeois protestant de Carcassonne, III, 152.
MONTERUD ou Montrud, J. Tripier, sieur de, lieutenant du prince de la Roche-sur-Yon, gouverneur d'Orléans et du Berry, I, 742. — Maintient la paix à Chartres, 758. 759. — Essaie d'empêcher l'entrée de Condé à Orléans, II, 8. — Y reçoit l'amiral, 10. — Assiège et prend Châtillon-sur-Loire, 440. 441. 442. — Se rend à Bourges, 485. — Chargé de la garde de cette ville, 502.
MONTESQUIEU, Arnaud de Vignes, sieur de, capitoul à Toulouse, I, 818. III, 59.
MONTFAUCON, capitaine protestant en Champagne, II, 395.
MONTFERRANT, Pierre de, calomnie les protestants d'Agen, I, 792, 798.
MONTFERRANT, vallée de (Montferrier), village près de Montpellier, III, 168.
MONTFERRIER, capitaine huguenot en Forez, III, 223.
MONTGOMERY, Gabriel, comte de, cause la mort de Henri II, I, 195. — Arrêt contre lui, II, 128. — Envoyé pour défendre Saint-Lô, 330. — Menace Pontorson et le Mont-Saint-Michel, 331. — Se retire chez lui après la paix, *ibid*. — de Lorges, son frère, 333. — Envoyé à Bourges par Condé, 487. 488. 489. 504. 526. 571. — A Rouen, 634. 635. 636. 637. 639. 642. — Se sauve de Rouen, après la prise de la ville, 647. — Demande secours à Dieppe, 681. 687. — Va lui-même à Dieppe, 689. 690. 691. — Rappelé par Coligny à Caen, 692. — Renvoyé d'Orléans en Normandie, 706. — Surprend le château de Caen, 707. — Réunit ses forces à Saint-Lô, 708. — Ses exactions, 709. — A Vire, 710. — Ses troupes pillent le pays, 711. 712. 714. 718. — Se retire au Hâvre, 720. 721.
MONTGROS, capitaine huguenot à Annonay, II, 188.
MONTIER, Blaise, persécuteur à Marseille, III, 356.
MONTIFAUT, conseiller à Saintes, essaie de surprendre Arvert, II, 832.
MONTIGNAC (Montignac-le-Coq?), village près de Berbezieux, II, 792.
MONTIGNY, sieur de, gentilhomme catholique des environs de Bourges, II, 485.
MONTIGNY (-les-Metz), village près de Metz, III, 433. 434.
MONTIN, Antoine, soldat et martyr à Sainte-Anastasie, III, 349.
MONTIROT, syndic des religionnaires à Carcassonne, III, 142.
MONTIVILLIERS, localité de Normandie, II, 748.
MONTLHÉRY, localité de Seine-et-Oise, II, 7. — L'armée de Paris s'y rend, 76. — Pris par Condé, 194.
MONTLUC (voy. MONLUC).
MONTMARTRE, paveur à Angers et martyr, II, 554.
MONTMAUR (voy. MONTMORT).
MONTMORENCY, Anne de (voy. CONNÉTABLE).
MONTMORENCY, François duc de, maréchal de France, se rend à Orléans avec le connétable, son père, I, 404. 456. — S'efforce d'apaiser le fanatisme de celui-ci, 457. — Assiste à la déclaration d'innocence de Condé, 467. — Gouverneur de Paris lors du tumulte de Saint-Médard, 671. 672. — Avise les ministres de Paris d'avoir à suspendre leurs prédications, II, 1. — Envoyé à l'armée, 75. — Assiste à l'entrevue de Saint-Marceau, 197. 284. — Au siège de Bourges, 497. 498. 499. — A Dieppe, 686.
MONTMORENCY, Henry de (voy. DAMVILLE).
MONTMORILLON, ville de la Vienne; Eglise dressée, I, 765.

Table alphabétique. 739

Montmorin, sieur de, l'un des capitaines catholiques à la prise de La Charité, II, 429.
Montmort (ou Monmaur, Menmaur, Montmaurt), capitaine catholique à Toulouse, III, 8. 11. 14. 78. — Au siège de Montauban, 99. 118. — Meurt, 127. 137. — Appelé de Toulouse à Revel, 157.
Montoire, localité de Loir-et-Cher ; Eglise dressée, I, 106. 109.
Montoison, sieur de, gentilhomme catholique, accompagne le duc de Montpensier à Tours, II, 581.
Monton, Malesion, bourgeois de Basse, III, 369.
Montoy, village près de Metz, III, 443. 469. 470. 472. 473.
Montpeiroux (voy. Mompeiroux).
Montpellier, ville du Languedoc ; un martyr à, I, 94. — Origines de l'Eglise, 217. — Agrandissements, 329. — Répression par le comte de Villars. 333. 335. 336. 341. — Eglise rétablie, 881. — De Terrides en garnison dans la ville, *ibid.* — Tumulte et assassinats, 882. — Hostilité du clergé, 883. — Partage des temples, 885. — Crussol et Fumée en mission, 886. — Lettre de Viret, 887. — Il prêche à Montpellier, 888. — Les huguenots s'organisent pour la défense, 146. — Mission de Caylus a, III, 182.
Montpellier, évêque de (Guillaume Pelissier), assiste à une assemblée générale de justice, II, 330.
Montpensier, Louis de Bourbon, duc de, assiste à la Mercuriale, I, 193. — Vexations contre les protestants d'Angers, 304. — Assiste au sacre de Charles IX, 460. — A la déclaration d'innocence de Condé, 467. 517. 524. 525. 548. — Il entre à Angers, 554. 555. — Cruautés qu'il y exerce, 558. 560. — Attaque Craon, 570. 571. — Vient à Tours, 581. 582. 585. 591. 749. — Arrive à Tours, 753. — A Bergerac, 792. — Supprime le culte protestant à La Rochelle, 828. — Aux Iles, 829. 830. — A Saintes, 831. II, 284. 289. 304. 305. — On annonce son arrivée devant Montauban, III, 128.

Montpensier, Madame de, du parti des protestants, I, 226. — Avertit le roi de Navarre des projets contre sa vie, 390.
Montravel (voy. Monravel).
Montréal, sieur de, gentilhomme protestant assassiné au Mans par le curé Ruille, II, 515. 516.
Montreuil (ou Monstreul), ville de Normandie, II, 674.
Montrichard, localité de Touraine, prise par le prince de Porcien, II, 247.
Montron, sieur de, persécuteur à Moulins, II, 479.
Montrosier (ou Montrousier), emprisonné à Millau, I, 338. 857. — Délivré, 863.
Montrud (voy. Monterud).
Monts, capitaine catholique à Toulouse, III, 16.
Monts, chanoine d'Agen, organise une ligue de la noblesse de Guyenne, I, 802. 803.
Mont-Saint-Michel, forteresse de Normandie ; menacée par Montgomery, II, 331. 701.
Montségur (voy. Monsegur).
Montvaillant, Jean de Belcastel, sieur de, capitaine huguenot en Languedoc, III, 161.
Monvert, bourgeois protestant de Toulouse, III, 16.
Monvert (Montvert), localité du Cantal, I, 218.
Moquet, Claude, huguenot de Meaux, pendu, 358. 359.
Morache (Moraches), village de la Nièvre, II, 432.
Morainville, sieur de, capitaine huguenot à Rouen, II, 747.
Moran, bourgeois de Toulouse, III, 22.
Moranges, Gui de, ministre à Aurillac, I, 770. — Assiste au synode de Villefranche-en-Rouergue, 771.
Moras, localité du Dauphiné, III, 304.
More de Royon, Le, capitaine catholique à Montpellier, I, 884.
Moreau, Jean, emprisonné à Cognac, I, 156.
Moreau, Macé, brûlé à Troyes, I, 83.
Moreau, N., martyr à Angers, II, 555.
Moreau, N., traître pendu à Craon, II, 570. 571.

Moreau, N., martyr à Cormery, II, 585.
Moreau, N., bourgeois huguenot de Tours, II, 596.
Moreau, N., capitaine envoyé par les Eglises du Languedoc, du Dauphiné et de Lyon à Orléans, III, 217. — A Lyon, 221. 222. 223. 234. — Envoyé à Mâcon, 410. 415. 427.
Morel, cordelier à Troyes, y prêche d'abord l'Evangile, I, 65. 82. — Sa conduite immorale, 84. 85. — Intimide l'évêque Caraccioli, 86. — Dénonce un colporteur protestant, 139.
Morel, François de (voy. Colonges).
Morel, Georges, ministre des Vaudois, député en Suisse et en Allemagne, I, 36.
Morel, Henri, ministre à Saujon en Saintonge, I, 202. — Se réfugie en Angleterre, II, 830.
Morel, Jean, martyr à Paris, I, 165.
Morel, Léonard, ministre à Vassy, I, 722.
Morelet, Lauzette (voy. Lauzette).
Morelli ou Morely, de Paris; son livre de la discipline ecclésiastique condamné à Orléans, II, 34.
Morenges (voy. Moranges).
Morenne (Moirans), localité du Dauphiné, III, 267.
Moret, ville de Seine-et-Marne, II, 469.
Moreti, Jean, huguenot tué à Grimaud, III, 356.
Moreti, N., huguenot tué au Luc, III, 361.
Morette, localité de Savoie, II, 141.
Morgue, chanoine de Montpellier, tué à S. Paragone, III, 173.
Morgues, bourgeois d'Annonay, qui dénonce Jean de Monluc, III, 277. 278.
Mories, Alery, huguenot tué à Lorgues, III, 368.
Morin, Jean, lieutenant-criminel à Paris, persécuteur dans l'affaire des placards, I, 16. 20. 30. 68. — Sa mort, 69. — Poursuit un tailleur G. Renard, 230. 258.
Morin, Louis, avocat à Sens, pillé, II, 399.

Morisot, Denis, martyr à Vassy, I, 725.
Mormets (Mormès), village du Condômois, II, 776.
Mormoiron, capitaine catholique à Lyon, III, 216.
Mornas, localité du Comtat-Venaissin, III, 271.
Moroux, Mathieu, huguenot de Riberon, I, 204.
Morsant, Bertrand Prevost, sieur de, président au parlement de Paris, III, 382.
Mortagne, bourg de l'Orne, pris par Coligny, II, 333.
Mortereul, huissier au parlement de Rouen, II, 660.
Mortier, sieur du (voy. Du Mortier).
Mortier, dame du, martyre à Tours, II, 594.
Morvilliers, Jean de, évêque d'Orléans, protège Amyot, I, 16. — Assiste aux Etats d'Orléans, 428.
Morvilliers, Louis de Launoy, sieur de, capitaine huguenot, gouverneur du Boulonnais, envoyé par Condé à Rouen, II, 89. — Arrêt contre lui, 128. — Suit Condé à Orléans, 344. — Sa compagnie, 345. — Envoyé par Condé à Rouen, 620. 621. 623. 624. — Empêche une surprise, 626. — Grâcie un pillard, 627. — Quitte Rouen, 633. — A Dieppe, 676.
Moscon, sieur de, capitaine huguenot à Montpellier, III, 144.
Mossu, Pierre, martyr vendômois, II, 538.
Most, Etienne du Val, sieur du, de Caen, emmené prisonnier, II, 262. — Député de Caen à la cour, 723.
Mothe, de la, martyr à Toulouse, III, 33.
Mothe, La, capitaine huguenot gascon, blessé par Monluc, II, 789. 790.
Mothe, de la, gentilhomme catholique du Quercy, lieutenant de Bazordan, III, 89.
Mothe, La, Robert, bourgeois catholique de Toulouse, assassiné par la populace comme hérétique, I, 817. 818.

Table alphabétique.

Moto, Marquet, massacreur à Lourmarin, III, 372.
Moton, Claude, huguenot tué à Velaux, III, 355.
Moton, Pierre, huguenot mort d'épouvante à Aix, III, 344.
Motte, Charles d'Aure, sieur de La, gentilhomme huguenot à Castres, III, 143.
Motte, La, capitaine catholique à Lyon, III, 219.
Motte, La, Jean Paul (voy. Alciat).
Motte, La, -Gondrin (voy. Gondrin).
Motte, La, -Potin (voy. La Motte).
Motte, La, -Culon (voy. La Motte).
Motterouge, de la, commissaire de l'artillerie catholique devant Montauban, III, 81.
Mottet, Melchior, grenetier, tué à Fréjus, III, 361.
Mouchy, de (voy. Démocharés).
Mougne, Pierre, persécuteur à Corbigny, II, 422.
Moulandrin, capitaine huguenot à Dieppe, II, 675. 681.
Moulans (ou Mollans), localité du Dauphiné, I, 368.
Mouledier (voy. Monlédier).
Mouliherne, village d'Anjou, II, 560.
Moulin, Charles du (voy. Du Moulin).
Moulin, Claude du (voy. Du Moulin).
Moulin, Jean du (voy. Du Moulin).
Moulin, N. du (voy. Deslandes).
Moulinon, ministre à Lectoure, I, 824.
Moulins, ville du Bourbonnais; Eglise dressée par F. Bourgoing, II, 478. — Persécutions, 479. 480. — Tyrannie de Montaré, 481. 482. — Nouveaux assassinats, 483.
Moulins, martyr à Toulouse, III, 36.
Mounier, Julien, martyr au Mans, II, 530.
Moureau, Jean de (voy. Brémont).
Mouron, localité du Forez, III, 223.
Mousot, Jean, blessé au massacre de Vassy, I, 726.
Mouton, François, chirurgien à Aix et martyr, III, 347.
Mouvaillian, Étienne, ministre à Caylus, I, 851.

Mouvans (Mauvans), Antoine et Paul de Richiend, seigneurs de, fondent l'Eglise de Castellane, I, 172. — Fournissent des soldats à Mombrun, 363. — Chefs du mouvement protestant en Provence, 372. 373.
Mouvans, Antoine de, tué à Draguignan, I, 374.
Mouvans, Paul de, élu chef du contingent de Provence pour l'entreprise d'Amboise, I, 375. — Sa tentative malheureuse contre Aix, 376. — Son accord avec le comte de Tende, 379. — Se retire à Genève, 381. — Embûches dressées contre lui, 382. 893. 897. — Combat de Flassans à Varages, 898. — Prend Barjols, 899. 900. 901. — Guerroie en Dauphiné, III, 230. 232. 234. — Entre à Grenoble, 269. 271. — Assiégé à Sisteron, 273. 274. 275. 276. 280. — Arrive à Lyon, 282. 284. 295. — Ses troupes à Romans, 304. 306. — En Provence, 318. 319. — Vient en aide à Sisteron, 324. 325. 326. — Blessé, 329. — A Lozet, 332. — Passe la Durance, 334. 335. 336.
Mouy, Jacques de Vaudray, sieur de; arrêt contre lui, II, 128. — Repoussé lors d'une sortie d'Orléans, 132. — Surprend le camp de Cravan, 147. — Marche sur Paris avec Condé, 195. — Attaque les Suisses à Dreux, 233. — Sa belle conduite envers le duc de Nevers, 242. — Fait prisonnier, le ministre de sa compagnie blessé, 243. — Envoyé contre Caen, 260. — Prend Honfleur, 331. — Rappelé à Caen, 333. — Passe à Sancerre, 513.
Movaillian (voy. Mouvaillian).
Moynerie, La, soldat huguenot à Montauban, tué, III, 94.
Moyneville, sieur de, député protestant à Poissy, I, 499.
Moyrant (Moirans), localité du Dauphiné, III, 336.
Moysant, Pierre, huguenot d'Arvert, emprisonné, I, 202.
Moyssac (voy. Moissac).
Mucidan (Mussidan), ville du Périgord, II, 805. — Prise par les huguenots, 806. 808.

742   Table alphabétique.

Muet, capitaine commandant sous le baron des Adrets dans le Dauphiné, III, 304.
Mulassan, localité de Savoie, occupée par les Français, II, 141.
Mulot, Michel, dit des Ruisseaux, ministre à Soubise, I, 201. 206.
Mulot, Jean, chanoine, puis ministre à Beaune, III, 401. 403.
Mule, La, capitaine huguenot à Dieppe, II, 692.
Mun, ville du Berry (voy. Mehun).
Muns (Mens) -en-Trièves, localité du Dauphiné, III, 278. 290. 310. 311.
Muns (Murs), localité de Provence, III, 362. 371. 374.
Munster, Sebastien, professeur à Bâle, I, 2. — Sébastien Castellain demeure chez lui, 80.
Munster, ville de Westphalie; les anabaptistes à, I, 21.
Murat, localité d'Auvergne, II, 473.
Mure, La, localité du Dauphiné, III, 268. 290. 308. 310. 335.
Muresaut (Muresange?), localité de Bourgogne, I, 782.
Muret (Mucet?), localité de Savoie, occupée par les Français, II, 141.
Muret, maison du prince de Condé, en Picardie; Condé y envoie sa femme, II, 7.
Muret, Marc-Antoine, savant humaniste à la suite du légat du pape, I, 554.
Mureur, Guillaume, martyr à Barjols, III, 340.
Mus (voy. Muns).
Musnier, François, chirurgien à Sollères et martyr, III, 351.
Musnier, N., lieutenant civil à Paris, persécuteur, I, 121. — Sa fin, 145.
Mussault, Paul, martyr à Angoulême, II, 818.
Mussy, sieur de, gentilhomme catholique de Bourgogne, étranglé comme traître, III, 411.
Mussy, de, capitaine gouverneur du château de Valognes, II, 706.
Musurus, Marc, savant grec à Rome, I, 2.
Myeusseux, de la, conseiller au présidial de Toulouse, pillé, III, 29.
Myrebel (voy. Mirabel).

N.

Nadal, Nicole, lieutenant particulier à Agen, I, 25.
Nafrède, La (voy. La Nafrède).
Nail, Nicolas, brûlé à Paris, I, 92. 93.
Nantaire, Pierre, capitaine du guet et martyr à Toulouse, III, 34.
Nantes, ville de la Loire Inférieure; assemblée à, I, 252. 374. — Persécutions à, II, 749.
Nanteuil, localité de Seine-et-Marne, II, 3. 183.
Nantuch, village du Périgord, II, 792.
Nantueil, sieur de, gentilhomme huguenot de l'Angoumois, pillé, II, 815.
Narbonne, ville du Languedoc, I, 879. 885.
Nassau (-Sarrebrück), le comte de, seigneur d'Alteville, III, 476.
Naufville (voy. Neufville).
Naumbourg, ville d'Allemagne; réunion des princes protestants à, I, 449.
Navarre, Antoine de Bourbon, roi de, s'intéresse à l'Evangile, I, 103. — Il envoie Jean Henry à Pau, 107. — Protège Chandieu, 141. — Chante les psaumes au Pré-aux-Clercs, 142. 165. — Burie son lieutenant-général en Guyenne, 199. — Il engage les protestants à se tenir tranquilles, 200. — Il protège ceux d'Agen, 208. — Dénoncé au roi par Melchior Flavin, 208. 209. — Les Guise intriguent contre lui, 211. 212. — Il délivre le ministre La Taulade, 216. — Les Eglises espèrent davantage, 229. — Intercession infructueuse en faveur de Soucelles, 235. — Un de ses secrétaires fouillé, 272. — Invité à l'assemblée de Fontainebleau, 274. — Accusé auprès du roi, 288. — Arrive à Orléans, 290. 317. 319. 320. — Fait cesser la persécution à Agen, 323. — Se rend de Bordeaux à Nérac, 324. — Entrevue avec Saint-André, 324. — Affectionné à la religion, 325. — Fait

Table alphabétique. 743

dire la messe à Nérac, *ibid.* — Appelé à Orléans, pour y attirer Condé et les ministres, 326. 333. — Fait arrêter d'Antoine à Orléans, 372. — Projet d'assassinat à son égard, 389. 392. 394. 395. — Interpelle Catherine sur les embûches dressées par les Guise, 396. 397. — Ses droits à la régence, 402. 403. — Il cède le pouvoir entier à la reine-mère, 404. — Son attitude à Orléans et aux Etats, 406. 407. — Expose l'état des dettes royales et les prodigalités des monarques défunts, 445. — Il est sur le point de rompre avec les Guise, 453. — S'entend avec la reine-mère et est déclaré lieutenant-général, 454. 455. — Se montre favorable aux protestants, 456. — Assiste au sacre de Charles IX, 460. — A la déclaration d'innocence de Condé, 467. — Aux Etats de Pontoise, 473. — Présente Th. de Bèze à Catherine, 492. — Gagné par les intrigues des Guise, 687. 688. — Prête la main à empêcher l'exécution de l'Edit de Janvier, 690. 691. — Accède au triumvirat et aux mesures prises contre l'Edit, 720. — Amène les Châtillon à quitter la cour, *ibid.* — Assiste au prêche à Poitiers, 764. — Arrête les machinations hostiles contre les protestants de Lyon, 776. 828. — Sa conduite envers l'Église de Montauban, 832. 833. — Défend le culte public à Montauban, 836. 838. — Invectives du ministre Le Masson contre lui, 842. 856. 872. — Bruit de sa défection, II, 1. — Se trouve à Monceaux, 2. — Prend le parti des Guise ; excuse le massacre de Vassy, *ibid.* — Assiste à une procession à Sainte-Geneviève, 5. — Mène Catherine et le roi à Melun, 7. — Fait venir le roi à Paris, 12. — Chef militaire à Paris, 75. — Conduit l'armée parisienne à Montlhéry, 76. — Amène Condé à lui céder Beaugency, 90. — Condé se met entre ses mains à Talcy, 93. — Un mémoire, à lui destiné, trahit les plans du triumvirat à Condé, 96. — Conduit la reine et le roi au camp du triumvirat, 107. — Dénonce à Condé le contenu de l'Edit de Janvier, 136. 182. — Sa mort aux Andelys, 193. — Son action sur le duc de Nevers, 371. 409. 459. — Signe la capitulation de Bourges, 499. — Somme les protestants de Tours de se rendre, 586. — Envoie Beauvais à Tours, 592. — Vient mettre le siège devant Rouen, 637. — Blessé, 643. — Ses derniers moments, 665. 666. III, 202. 203. — Devient co-régent à la mort de François II, 447. 449.

NAVARRE, Marguerite de France, reine de, protège Le Febvre d'Etaples, I, 5. — Gérard Roussel, 6. — Appelle Wolmar à Bourges, 10. — Donne l'évêché de Rhodez à d'Armagnac, 12. — Penche vers la Réforme, 13. — Son *Miroir de l'âme pécheresse*, *ibid.* — Appelle à Paris les prédicateurs Ruffi, Bertault et Courault, 14. — Subit l'influence de Roussel, Quintin et Pocques, 22. — Suspend le président de Calvimont à Bordeaux, 29. — Calvin lui donne des éclaircissements sur les *libertins*, 49. — Elle possède Issoudun, 65. — Elle est attaquée par les cordeliers, 66. — P. David et Jean Henry ses prédicateurs, 102. 107. — Elle intercède en faveur des protestants, 157. — Melchior Flavin prêche contre elle, 208. — David son aumônier, 302.

NAVARRE, Jeanne d'Albret, reine de ; craint d'abord de perdre ses biens en se prononçant pour la Réforme, I, 325. — S'y attache bientôt de plus en plus, 326. — Ecrit une lettre à la reine-mère, dévoilant un complot organisé autrefois contre Antoine de Navarre, 390. — Vient au colloque de Poissy, 490. 498. — Elle découvre le projet d'enlever Henri d'Anjou, 668. — Est délaissée par son mari, 689. — Donne aux protestants de Nérac un couvent, 793. — Protège le ministre Brossier, 794. — Fait dresser une Eglise à Lectoure, 822. — Appelle des ministres de Genève, 824. —

Revient de la cour, II, 764. — Conseille à ceux de Nérac de fuir, 769. — Son dévouement, 770. — Va en Béarn, 771. — Protège les huguenots, 795. 796. — Intervient en faveur des protestants de Mont-de-Marsan, 810. — Veut venir en aide à ceux de Foix et de Pamiers, III, 206. 212. — Doit aller à Blois, 472.

NAVARRE, Henri, prince de ; son précepteur, I, 325.

NAVARRIN (Navarreux), place forte du Béarn, I, 326.

NAVES, conseiller à Montauban, III, 100.

NAVETIER, Barthélemy, huguenot de Beaune, III, 405.

NAVIÈRES, Pierre, écolier à Lyon, martyr, I, 89.

NÉAU, village du Maine, II, 535.

NÉEL, Guillaume, brûlé à Évreux, I, 93.

NÈGRE, Jean, meurtrier catholique à Marseille, III, 357.

NEGREPELISSE, ville de Tarn-et-Garonne, I, 843. 850. III, 67. 85. 91. 118.

NEGREPELISSE (ou Negrepelice), sieur de, gentilhomme catholique des environs de Montauban, I, 844.

NELLE, village du Vexin ; de Berthi y est assassiné, II, 129.

NEMOURS, ville de Seine-et-Marne ; commencements de l'Église, I, 750. — Sédition contre les protestants, 751. — Le procès interrompu, 752. — Les huguenots se réfugient à Montargis, II, 464. — Surprise manquée, 468. — Les protestants expulsés, 471.

NEMOURS, Jacques de Savoie, duc de ; son inimitié contre le roi de Navarre à propos de Mlle de Rohan, I, 389. 402. — Son projet d'enlever Henri d'Anjou, 668. — Se retire en Savoie, II, 182. — Engage Bourges à se rendre, 496. 497. 498. — Ses affaires en Bretagne gérées par Foissy, 748. — Les Guise l'envoient contre Soubise, III, 229. Entre en Dauphiné, 230. — Sa cavalerie attaque des Adrets près de Beaurepaire, 231. 232. — Les armées en face l'une de l'autre, ibid. — Brissac lui envoie une lettre de l'amiral interceptée, 233. — Ses négociations avec des Adrets, 234. — Luttes en Dauphiné, 235. — Essaie d'escalader Lyon, 236. — La reine-mère lui annonce l'issue de la bataille de Dreux, 237. — Négociations avec Soubise, 238. — Dupé par Herlin, 239. 240. — Sa maladie, 241. — La conclusion de la paix lui est annoncée, 242. — Se retire dans un de ses châteaux, 243. — Maugeron revient en Dauphiné avec lui, 269. — Il s'empare de Vienne, 281. — Bat des Adrets, 282. — Montbrun lui échappe, 283. — Est assiégé à Vienne, 284. — Demande à parlementer avec des Adrets, 292. — Lettre que lui écrit des Adrets, 293. 294. 295. — Entrevue de Nemours avec des Adrets, 296. 297. — Nouveaux pourparlers entre eux, 298. 299. — Des Adrets cherche à le faire accorder comme gouverneur du Dauphiné, ibid. — Nemours ne peut accepter les conditions de des Adrets, 300. 301. 302. — Ce dernier insiste sur un accommodement, ibid. — Il envoie à Nemours un secrétaire des Guise, prisonnier, 303. — Pourparlers repris, 304. 305. 306. — Appelle des troupes pour surprendre Lyon, 312.

NENTEUL (Nanteuil?), Jacques de ; sa femme blessée au massacre de Vassy, I, 726.

NÉRAC, ville du Lot-et-Garonne, I, 5. 14. 102. — Église dressée et ministres, 155. 216. — État des esprits, 325. — La reine de Navarre y donne le couvent des cordeliers aux protestants, 793. — Députation auprès de Burie, 795. — Occupée par les huguenots, II, 754. 761. — Attaque manquée contre la ville, 762. — Nouvelle attaque par Monluc, 768. — Sortie malheureuse des protestants, 769. — Les religionnaires quittent la ville, ibid.

NERMONSTIER (Noirmoustier), Claude de La Trémouille, sieur de, prend

Craon, II, 571. 573. 574. — Nomme Turpin son procureur, 575. 576.
NÉRON, village près de Dreux, étape de Coligny, II, 228. 231.
NÉSIN, Jacques, huguenot tué à Lourmarin, III, 363.
NEUFCHASTEL, ville de Suisse, III, 225. 227. 433. 456.
NEUFCHASTEL (-en-Bray), localité de Normandie, II, 674. 685.
NEUFCHATEL, ministre à Bordeaux, I, 785. — Martyr, II, 768.
NEUFVILLE, sieur de la, capitaine catholique, défend Vire contre Montgomery, est pris, II, 330.
NEUFVILLE (ou Naufville), sieur de la, assiste à l'assassinat du sieur de Saint-Etienne, II, 388. 389.
NEUFVILLE, La, localité près de Dreux; l'amiral y campe après la journée de Dreux, II, 239. 244.
NEUMBOURG (voy. NAUMBOURG).
NEUVELET, Pierre, marchand catholique à Troyes, II, 377.
NEUVILLE (Neuville-aux-Bois), localité du Loiret, I, 165.
NEUVY (Neuvy-le-Roy), village de Touraine, II, 438. 600.
NEVERS, chef-lieu du Nivernais; commencements du culte, I, 65. — Tumulte, 744. 745. — Ordre rétabli, 746. 748. 749. II, 408. — Nouveaux troubles et persécutions, ibid. — Un diacre blessé à mort, 409. — Surprise de d'Achon repoussée, 410. — Préparatifs des catholiques; commencement des troubles, 411. — Les ministres emprisonnés, 412. — L'un d'eux meurt, 414. — Supplices et exactions, 415. 416. — Châtillon gouverneur, ibid. — Emprunt forcé; un cordonnier pendu, 417. — Le ministre Salvart délivré, 417. 418. — Madame de Ferrare intercède vainement en sa faveur, 419. — Le sieur de Boucart y publie l'Edit de paix, ibid. — Résistance du gouverneur aux ordres du nouveau duc de Nevers, 420. — Fin de la persécution, 421. — La peste éclate, ibid. — M. de Bois-Audin remplace Châtillon comme gouverneur, 436. — Il signe la capitulation de Bourges, 499.
— Création d'une nouvelle Eglise, 514.
NEVERS, François Ier de Clèves, duc de, I, 214. 746. — Protège l'Évangile, 748. — Meurt protestant, 749.
NEVERS, François II de Clèves, duc de (d'abord comte d'Eu), assiste à la déclaration d'innocence de Condé, I, 467. — Se range parmi les défenseurs de la religion, 748. — Fait prêcher en son château de Nevers, 749. — Doit empêcher le passage de d'Andelot en Champagne, II, 186. — Assiste à une entrevue entre le connétable et Condé, 195. 196. — Blessé à mort à Dreux par Desbordes, 241. — Exhorté par Mouy, 242. — Interdit à d'Estanges ses violences contre l'Evangile à Loisy-en-Brie, 360. 363. — Protège le ministre Fournier emprisonné à Châlons, 365. — Gouverneur de la Champagne, 370. — Envoie Spifame à Condé, 371. — Détourné du parti de Condé, hésite sur la conduite à suivre, 374. — Se retire à Saint-Lyé, 375. — Effrayé par un coup de foudre, 376. — S'endurcit contre les protestants, 378. — Rentre à Troyes, 380. — Y relâche un huguenot captif, 382. — Contrairement à sa promesse, il fait attaquer et mettre à mort le sieur de Saint-Etienne et ses amis, 388. 389. — Attaque les troupes réunies par le prince de Porcien en Champagne, 395. — La ville d'Entrains lui appartient, 424.
NEVERS, Louis de Gonzague, prince de Mantoue, successeur de François II, comme duc de, ordonne la mise en liberté du ministre Salvart, de Nevers, II, 420, 421.
NEVERS, duchesse de (voy. marquise d'ISLES).
NEVERS, compagnie de, II, 399.
NEVEU, Anselme, martyr à Bellême, II, 540.
NEVEU, Jean, greffier au parlement de Paris, II, 317.
NEZ-D'ARGENT (voy. Pierre CRÉON).
NEZ-DE-VELOURS (voy. CHATEAUNEUF).
NICODÉMITES, tendance religieuse combattue par Calvin, I, 48.

NICOLAÏ, Antoine, notaire à Sisteron, tué, III, 355.
NICOLAS, Guillaume, martyr à La Motte d'Aigues, III, 346. 366.
NICOLAS l'orfèvre, martyr à Autun, III, 400.
NICOLAS, peintre de la reine, déjoue l'intrigue des Sorbonnistes avec l'Espagne, I, 730.
NICOLAS, brûlé vif à Joinville, I, 134.
NICOLAS, capitaine catholique à Valence (sans doute Nic. Allouard), III, 251.
NICOLAS, Honoré, meurtrier catholique à Arles, III, 353.
NICOLAS le copiste, martyr à Dijon, III, 396.
NICOLE (François Nicolas), ministre à Courcelles-sur-Nied, III, 465. 478.
NICOUTIER, Blaise, martyr à Marseille, III, 339.
NÎMES, ville du Languedoc; un martyr à, I, 85. — Un autre, 94, 95. — Eglise fondée, 218. III, 138.
NÎMES, sieur de (voy. DONMENGE DE NISMES).
NIORT, ville du Poitou; le comte du Lude s'y retire, II, 601.
NIQUET, N., agent de la reine Catherine à Rome, I, 650.
NIVELLE, Nicolas, persécuteur à Troyes, II, 379.
NIVET, Saintin, martyr à Meaux, I, 69.
NIZIÈRE, de (voy. R. de MONGERS).
NOAILLES (voy. NOUAILLES).
NOBLE, Le, notable de Dieppe, II, 683.
NOCAZE, capitaine protestant à Montélimar, I, 343.
NOCLE, LA (voy. BEAUVOIR).
NODREUX, Jean de (voy. sieur du CORMIER).
NOEL, Etienne, ministre de la vallée d'Angrogne et à Grenoble, III, 284.
NOEL, Thomas, contrôleur du domaine à Bayeux, exécuté, II, 329. 722.
NOGENT, localité d'Eure-et-Loir; la douairière de Bouillon y arrête prisonniers après la bataille de Dreux Throckmorton et Pérucel, II, 242.
NOGENT-LE-ROI (sans doute Nogent-le-Phaye), château de la duchesse de Bouillon, au pays Chartrain, I, 757.
NOGERET, capitaine catholique en Saintonge, II, 828.
NOGUE, Barnabé, martyr à Aix, III, 337.
NOHAULT, Gervais de, marchand et capitoul à Toulouse, I, 815. 816.
NOIRMOUTIER (voy. NERMOUTIER).
NOISY, capitaine huguenot pillard à Gien, II, 447. — Se vente d'avoir écrit un livre sur la Cène, 448. — Repoussé d'Ouzouer, 450. — Sa défection, 448. — Arrive à Bourges, 487.
NOMÉNY, bourg de Lorraine, III, 432.
NONAC, sieur de, capitaine catholique, commandant à Châteauneuf, II, 818. — Commet des horreurs dans les environs, 819.
NONES (Noves), localité de Provence, III, 369.
NONNAY (ou Annonay), ville du Vivarais; prédication de l'Evangile, I, 8. 9. — Un martyr, 26. — Nouvelles persécutions, 53. — Divers fidèles emprisonnés, 341. 342. — Sarras, gouverneur huguenot défait, III, 186. — Assiégé, 187. — Pillage. Nouveau siège, 188. — Capitulation violée, 190. 191. — L'évêque Jean de Monluc y est arrêté, 277. 278.
NORMANDIE, province de, I, 220. 305. 306. — Condé décide de s'y rendre, II, 227.
NORT, Martial du, consul à Agen, hostile aux protestants, I, 151. 208. 322. 323.
NORT, Oudet du, ministre à Castelmoron, Toulouse, Agen, I, 790. III, 1.
NORT, N., bourgeois catholique d'Agen, II, 774.
NORT, Pierre, fils du précédent, capitaine à Agen, viole des femmes, II, 774.
NORT, François de, conseiller au parlement de Bordeaux, I, 789.
NORTHUMBERLAND, duc de; réfutation de sa confession par Théod. de Bèze, I, 493.
Nos, Jean de (Denos), sieur d'Aurival et de Malorifique ou Malsifique, capitoul protestant à Toulouse,

I, 815. — Sa maison pillée, III, 29. 31. — Martyr, 33.
NOSTRADAMUS, astrologue de la reine-mère, I, 241. — Provoque un soulèvement à Toulouse, III, 51.
NOUAILLES (ou Noailles ou Novailles), sieur de, capitaine du château du Ha, élu maire de Bordeaux, I, 788. II, 754. 755. 764. — Rappelle Burie à Bordeaux, III, 67.
NOUGAUSI, l'image miraculeuse, de, III, 204 (voy. MONGAUSY).
NOUVEAU - TESTAMENT ; défense de l'imprimer et de le vendre, I, 110.
NOUVELLES, sieur de, gentilhomme huguenot pendu à Limoux, III, 151.
NOVAUT, Jean de, gouverneur de Craon, II, 569.
NOVERY, Richard, conseiller au parlement de Toulouse, persécuteur, III, 16.
NOVEZAN, capitaine catholique dans le Comtat Venaissin, I, 360.
NOYAN (Noyant), village de l'Anjou ; fondation d'une Eglise, II, 514.
NOYARE (Noyarey), localité du Dauphiné, III, 289.
NOYEN-SUR-SARTHE, village de la Sarthe, II, 530.
NOYERS, localité de Bourgogne ; Eglise dressée, I, 782.
NOYON, ville de Picardie, I, 9.
NOYSAT, sieur de, gouverneur de Corbigny, pillard, II, 422.
NOYSAY (Noizay), château de Touraine ; plusieurs des conjurés d'Amboise y sont faits prisonniers, I, 266.
NOYSEAU, localité de l'Anjou, II, 560.
NUD, Le, Blanchet, enseigne huguenot en Normandie, II, 661. — Condamné à mort, 662.
NUPTIIS, de, cordelier, prêchant librement à Toulouse, poursuivi par le parlement, I, 12.

O.

OARDET, sieur de, gentilhomme huguenot des Cévennes ; sa maison rasée, I, 340.
OCHIN, Bernardin, réformateur italien, I, 158.

ODET, prévôt de Cognac, meurt subitement, I, 156.
ODOART, Jacques, conseiller à Sens, emprisonné, II, 399.
ODOH, Jean, dit Garrigue, tué à Lorgues, III, 368.
OECOLAMPADE, Jean, réformateur suisse, I, 2. — Les députés vaudois confèrent avec lui, 36. — En rapport avec G. Farel, III, 456.
OGER, Jean, «garnement» catholique à Valognes, II, 703.
OGER, Isaac, tué à Paris, II, 133.
OISEL, d' (voy. d'OYSEL).
OISELEUR, L', ministre (voy. L'OISELEUR).
OLÉRAC (Clairac, dans le Lot-et-Garonne ou Oleac, dans les Hautes-Pyrénées ?), localité, II, 796.
OLÉRON, île d' ; commencements de l'Eglise, I, 15. 206. — Mouvements à, II, 822.
OLIER, Jean, huguenot tué à Gignac, III, 376.
OLINIÈRES, sieur d' (Ulmières), président au parlement de Toulouse, III, 1.
OLIVARI, Melchior, martyr à Sainte-Anastasie, III, 349.
OLIVET, bourg près d'Orléans ; Guise y campe, II, 262. 301. 302.
OLIVET, les sieurs d', s'opposent aux persécuteurs de Dreux et de Mantes, II, 130.
OLIVETAN, Pierre Robert, traducteur de la Bible, I, 21. — Sa traduction imprimée par les Vaudois, 36.
OLIVIER, N., capitaine huguenot à Béziers, III, 149. 168.
OLIVIER, Gilles, martyr à Saint-Calais, II, 539.
OLIVIER, Guillaume, martyr à Rahay, II, 539.
OLIVIER, Sébastien (deux enfants de), tués aux Baux, III, 348.
OLIVIER, N., président au parlement de Paris, chancelier de France, I, 62. — Intervient au procès d'Anne du Bourg, 222. — En fait le rapport au roi à Villers-Cotterets, 236. 237. — Son attitude lors de la conjuration d'Amboise, 263. 264. 265. — Sa mort tourmentée, 268 — Maudit les Guise, 269.

OLIVIER, Jean, frère du chancelier, évêque d'Angers, doux et tolérant, I, 62.
OLIVIER, Etienne, martyr à Besse, III, 342.
OLIVIER, Monet (femme de), tuée à Maurasque, III, 374.
OLIVIER, Martin, martyr à Sainte-Anastasie, III, 349.
OLIVIER, ministre (voy. VALIN).
OLIVIÈRE, Marguerite, tuée à Saint-Quentin, III, 373.
OLLIOULES, localité de Provence, III, 337. — Massacres à, 340.
OLUVARI, George, martyr à Marseille, III, 338.
OMÉNIE, sieur de l' (voy. LOMÉNIE).
ONGLES, localité de Provence, III, 359.
ONVILLE, d' (voy. OUVILLE).
ONZAIN (Ouzain), château et village de Loir-et-Cher; Condé y est enfermé, II, 250. 256.
OPÈDE, sieur d' (voy. MENYER).
OPÈDE (OPPÈDE), localité de Vaucluse, I, 43.
ORAISON, sieur d', comte de Cadenet, donne son cheval au connétable, démonté à Dreux, II, 235. — Fait prisonnier, 242.
ORANGE, prince d' (Guillaume-le-Taciturne), envoie Alexandre de la Tour à Orange, III, 260.
ORANGE, ville du Comtat-Venaissin, III, 259. — Débuts de la Reforme à, 260. — Investissement de la ville, 261. — Prise de la ville, 262. — Horribles cruautés, 263. 264. 265. 269. 270. — Vengeance des soldats huguenots d'Orange, 271. — Garnison catholique chassée, 273. — Crussol recouvre la ville, 307.
ORANS, Saint- (voy. SAINT-ORANS).
ORFIÈRES (Orcières), localité du Dauphiné, III, 334.
ORGES, comte de l' (de Lorges), nommé gouverneur d'Argenton par Coligny, II, 333.
ORGON, localité des Bouches-du-Rhône, III, 275.
ORIGÉNISTES, secte religieuse de l'antiquité, I, 236.
ORIS (Ory), Mathieu, inquisiteur à Sancerre, I, 20. — A Issoire, 55. — A Bourges, 57. 58. — A Angers, 107.
ORLÉANS, Alexandre, duc d' (voy. ANJOU).
ORLÉANS, évêque d' (Jean de Morvillier), II, 138.
ORLÉANS, la baillive d'; son dévouement, II, 266.
ORLÉANS, chef-lieu de l'Orléanais; commencements de la Réforme, I, 9. — Les cordeliers d'Orléans, 17. 19. — Martyrs à Orléans, 82. — Etablissement de l'Eglise, 111. 162. — Les ministres, 164. — L'assemblée des Etats, appelée d'abord à Meaux, y est renvoyé, 287. — La «messe à la sauce verd», 288. 289. — Entrée du roi, 290. — Arrestation de Condé et du bailli Groslot, 291. — L'Eglise dissipée et restaurée, ibid. — Les Etats-généraux, 303. — Projet d'un massacre général des protestants de la ville, 392. — Leurs prières, 399. — Réunion des Etats, 406. — Etat de l'Eglise, 729. — Mort et remplacement du ministre Gilbert, 730. — Les assemblées s'y multiplient, 737. — Assassinat à Châteauneuf près d'Orléans, 738. — Supercherie du prêtre Hiérosme, 739. — Les protestants s'emparent de temples, 741. — Condé y envoie préparer sa réception, II, 8. — Monterud veut empêcher son entrée, ibid. — Acte d'association, 20. — Députation des échevins au roi, 21. — Faibles contributions envoyées à Orléans, 23. — Accroissement de l'Eglise, 31. — Images détruites, 32. — Bon ordre rétabli, 33. — Synode national, ibid. — La ville approvisionnée, 37. — Arrivée de Grammont et de Saint-Auban, 89. — Condé y réunit ses troupes, 91. — Sermon à Sainte-Croix, 101. — Expulsion des catholiques; peste, 110. — Fabrique des poudres saute aux Cordeliers, 111. — Les échevins cités devant le roi, 127. — Sorties vigoureuses, 131. — Surprise d'un convoi par l'amiral, 132. — Les Gascons et Dauphinois quittent la ville, 147. — Condamnation

Table alphabétique.

des erreurs de Caraccioli, 148. — Peste; jeûne public prescrit, 149. — Condamnation d'un livre d'Allégre, 150. — Inquisition ordonnée pour l'admission à la Cène, 154. — Emissaires envoyés en Espagne, amenés à Orléans, 184. — Arrivée des restes de l'armée de Guyenne, 187. — Arrivée des secours d'Andelot, 188. — Requête des ministres en faveur d'une répression des désordres, 190. — Deux capitaines pendus, 191. — Avis de Coligny sur l'importance de la ville, 226. — Nouvelles de l'issue de la bataille de Dreux, 243. — Le connétable y est mené, 244. — Bruit que Guise renonce à l'assiéger, 247. — Fortifiée par d'Andelot et Feuquières, 249. — Orages extraordinaires, 250. — Guise s'en approche, 253. — Les habitants protestent contre le commandant de Grammont, 254. — Coligny va en Normandie, 257. — Guise campe à Olivet, 262. — La lâcheté des troupes allemandes amène la prise du Portereau, 263. — Péril des Iles, 264. — Bastions élevés par Feuquières pour leur défense, 265. — Ordre du culte; ambulances; dévouement des femmes, 266. — Guise fixe la prise d'Orléans au 23 février, 267. — On y traite de la paix, 271. — Mauvais effet de l'Edit de pacification d'Amboise, 290. — La paix y est publiée, 336. — Méfait du capitaine Fumée contre le chanoine Bailly, 449. — Une députation huguenote de Metz y est envoyée, III, 447.

ORMEZAY, sieur d' (Edward Ormsby), général anglais, II, 678. 682.

ORMOY, localité d'Eure-et-Loir, étape de l'armée de Condé, II, 228.

ORPIERRE, bourg des Hautes-Alpes, III, 274. 275.

ORSÉ, d' (Dorset?), capitaine anglais, envoyé par la reine Elisabeth à Rouen, II, 654.

ORTINGEVILLE, village de Normandie, II, 697.

ORY (voy. ORIS).

OSANNE, N., tisserand et martyr à Angers, II, 558.

OSSOIS, chevalier d', massacreur catholique en Provence, III, 372.

OSONAY (voy. OUZOUER-SUR-LOIRE).

OSTRELIN, L' (voy. L'OSTRELIN).

OTRAND, Antoine, ministre à Pons, I, 201. 204. 205.

OUSSON, village du Loiret, pillé par Chevenon, II, 437.

OUVÈZE, affluent de la Sorgue dans le Dauphiné, III, 270.

OUVILLE, demoiselle d', à Dieppe, II, 671. 696.

OUVILLE (-la-Rivière), localité près de Dieppe, II, 671.

OUVRIER, N., conseiller au parlement de Toulouse, commissaire à Limoux, III, 31.

OUZAIN (voy. ONZAIN).

OUZERY, Falques d', bourgeois de Cazères, II, 813.

OUZOUER-SUR-LOIRE, localité du Loiret, II, 437. 454.

OUZOUER-SUR-TRÉZÉE, localité du Loiret; brigandages de ses habitants, II, 446. — Attaqué par Noisy, 447. — Par Fumée, 450. — On y tue le sieur d'Apestigny, 451.

OYSANS (Bourg-d'Oisans), localité du Dauphiné, III, 279.

OYSEL, Henri Clutin, sieur d', II, 61. — Envoyé en Allemagne par le triumvirat, 109. — Echoue devant d'Andelot, 135. 155. — Envoyé à Orléans, 271. 276. — A Rouen, 619.

OZEBOST (Auzebosc), sieur d', capitaine catholique en Normandie, II, 614. 617. 632.

OZOY-SUR-TRÉZÉE (voy. OUZOUER-SUR-TRÉZÉE).

P.

PAGES (ou Pagesi) Pierre, ministre à Lyon, III, 216. 245.

PAGES, Pierre de, dit Revel, traître à Béziers, III, 169.

PAIANI (Payan), ministre à Lyon, III, 216. 245.

PAILLES, sieur de, lieutenant du roi de Navarre au comté de Foix, I, 871. — Son attitude, III, 202. —

S'empare de Foix, 203. 204. 205.
— Menace Pamiers, 206. 207. —
Fait occuper Artigat, 210. — Négocie en secret avec les catholiques
de Pamiers, 212.
PAINON, procureur du roi à Sens,
pillé, II, 401. — Porte plainte au
roi, 404.
PAIX de Cateau-Cambrésis, I, 162.
PALATIN, comte et électeur (voy.
FRÉDÉRIC III).
PALÉ, martyr à Senlis, I, 53.
PALISSEAU, Guillaume, apothicaire et
bourgeois huguenot de Metz, emmené prisonnier à Auxerre, III,
444. — Sa délivrance est réclamée,
445. 446. 448. — Sa liberté est
accordée, 449.
PALMIER, du (voy. Jean SALVART).
PAMBELON, caporal huguenot à Montauban, III, 130.
PAMIERS, ville du comté de Foix ;
Eglise dressée à, I, 866. — Désordres à, 867. — Menacée par
Pailles, III, 206. 207. 208. — Négociations secrètes des catholiques de
P. avec Pailles, 210. 211. 212. 213.
PANCALIER (Pancalieri), localité de
Savoie, II, 141. — Eglise dressée
à, III, 389.
PANESEIGUE, fort et localité près de
Montauban, III, 114. 119. 120. 122.
126. 127. 132. 135.
PANNEYRALLE, Marguerite, tuée à
Saint-Quentin, III, 371.
PANTE (Paulte), Jean, capitaine et
maire d'Angoulême, refuse les clefs
de la ville à Martron, II, 814.
PAPAUT, dénomination injurieuse défendue, II, 208.
PAPE, le nonce du ; la cour lui demande des secours, II, 109.
PAPELON, teinturier catholique à
Rouen, banni comme séditieux, I,
777.
PAPILLON, Antoine, ministre à Châlon-sur-Saône, I, 220.
PAPILLON, Jean, dit des Roches, ministre de Châtillon-sur-Loire,
prêche à Nemours, I, 750.
PAPILLON, Richard, conseiller à Lyon,
I, 774.
PAPIN, village vaudois de Provence,
I, 45.

PAPOLIN, Mathurin, libraire à Nantes,
II, 749.
PAPUS, conseiller au parlement de
Toulouse, I, 839.
PARADIS, Paul, savant hébraïsant à
Paris, I, 4.
PARANCE, bourgeois catholique, persécuteur au Mans, II, 531. 532.
PARALOUPS ou Pareloups (voy. sieur
DE LOM).
PARASOLS, sieur de (ou Paresols, ou
Paresoles), gentilhomme catholique
à Ilmade, près de Montauban, I,
851. — Loge son parent le capitaine La Vernade, III, 79. — Blessé
à mort au combat de Miribel, 89.
PARC, du (voy. BRUNET, ministre).
PARC, Le, bois près de Mâcon, III, 412.
PARCALUS ou Pancarlus, nommé chef
de la ville par les religionnaires de
Meaux, maltraite le ministre de
Claye, II, 352.
PARCÉ (Parse), village de l'Anjou, II,
534.
PARDAILLAN, bourg de l'Agenois, II,
805.
PARDAILLAN (voy. LE PUCH, dit de).
PARDILLAN, sieur de, sénéchal d'Armagnac, va au prêche, I, 797.
PARDILLAN, sieur de (Pardaillan?),
tué par La Renaudie dans la forêt
de Château-Renault, I, 266.
PARDILLAN, le jeune, frère cadet de
Ségur de Pardaillan, dit Le Puch,
capitaine huguenot envoyé par
Duras en Quercy, II, 771.
PARENCE (voy. PARANCE).
PARENT, Antoine, conseiller à Senlis,
emprisonné avec sa femme, II, 339.
— Se sauve, ibid. — Elle est enfermée dans un couvent, 342.
PARESOLES (Parasols), village près de
Montauban, III, 82. 85. 93. 135.
PARESOLS, sieur de (voy. PARASOLS).
PARGADE, prévôt persécuteur à Brocas-en-Marsan, II, 812.
PARIS, Antoine, martyr à Lourmarin,
III, 364.
PARIS, Annet, tué à Gignac, III, 377.
PARIS, N., martyr à Apt, III, 362.
PARIS, N., cordonnier huguenot à
Metz, III, 474.
PARIS, premier synode national de,
I, 172. 173. 200. 317.

Table alphabétique.

Paris, capitale du royaume; état des lettres, I, 2. 3. — Persécutions à, 13. 15. — Affaire des placards, 17. 20. — Martyrs en 1549, 81. 82. 86. 92. — Première Église organisée en France, 97. — Persécutions de la rue Saint-Jacques, 108. 113. 114. 116. — Deux nouveaux martyrs, 134. — Progrès de l'Évangile, 140 — Chant des psaumes au Pré-aux-Clercs, 141. 142. — Un martyr, 145. — Un autre martyr, 165. — Massacres à Saint-Innocent et à Saint-Eustache, 166. 167. — Procès de quatre prisonniers, 168. 213. — Lettre de l'Église à la reine-mère, 227. — Recrudescence des persécutions, 228. — Les assemblées trahies, 230. — Diffamation des protestants, 234. — Parmentier martyr, 240. — Violences exercées contre les protestants, 248. — Assemblées de l'Église, 286. — Assemblées politiques, 454. — Excitation du peuple par les sermons du frère J. de Han, 457. — États de Paris, 461. 467. — Amènent la publication de l'Édit de juillet, 468. — Arrêtent la convocation du colloque de Poissy, 471. — Arrivée à Paris des théologiens allemands, 615. — Permission accordée aux réformés de se réunir en particulier, 666. — Troubles lors de l'assemblée de La Cerisaye, ibid. — Lieux des assemblées, 670. — Tumulte de Saint-Medard, ibid. — Hostilités continues, 689. — Les ministres prêtent serment selon l'Édit de janvier, II, 4. — Terreur à l'approche de Condé, 7. — Assemblées des protestants, 11. — Violences impunies, 13. — Les ministres se sauvent à Orléans, ibid. — Les protestants demandent la protection du roi, 22. — Organisation militaire des habitants, 75. — Désordres provoqués par le parlement contre les huguenots, 129. — Actes de cruauté, 133. — La ville fournit des subsides au triumvirat, 145. — Peste à Paris, 149. — Les capitaines de Paris pillent la Beauce et le Perche, 155. 183. — Nouvelle de l'exécution de Sapin à Orléans, 188. — Épargné par Condé, 192. — Envoie protéger Corbeil contre Condé, 193. — Les faubourgs fortifiés, ibid. — Ceux de Paris tirent malgré la suspension d'armes, 194. — Terreur à l'approche de Condé, 196. — Quartiers des troupes de Condé autour de la ville, 226. — Nouvelle de la bataille de Dreux, 243. — Brissac, gouverneur de Paris, envoyé à la défense de Rouen, 254. — Anarchie à Paris, 255. — Défense aux protestants d'en approcher, 271. — Les huguenots de la ville se réfugient à Montargis, 464.

Paris, parlement de, défend la vente de l'*Institution* de Calvin, I, 30. — Défend les conventicules, 456. — Remontrances contre les lettres royaux accordant certaines concessions aux protestants, 458. — Son opposition à l'Édit de Janvier, 687. 689. — Publie cet édit, 691. — Sa réponse à la déclaration de Condé, II, 23. — Arrêts contre les démolisseurs d'images etc., 107. — Arrêt déclarant rebelles les partisans de Condé, 108. — Arrêt ordonnant de louer les maisons des absents, 110. — Corruption du parlement, 120. — Arrêt contre ceux d'Orléans, 128. — Prononce la prise de corps contre les protestants réfugiés de Bourges, Poitiers, Meaux, Rouen etc., 146. — Condamne à mort l'amiral et d'Andelot, 194. — Exécutions de protestants, ibid.

Parisiens, les, capitaines huguenots à Gap, III, 314.

Parisols, de (voy. Parasols).

Parisot, Jean, procureur à Aurillac, persécuteur, II, 477.

Parme, Marguerite, comtesse (duchesse) de, régente des Pays-Bas, accorde le passage des Suisses à travers la Franche-Comté, II, 82. 106.

Parmentier, Philippe, martyr à Paris, I, 240.

Parnajon, Florent, écolier et soldat à Bourges, apostat, se suicide, II, 503.

Paron, capitaine catholique en Guyenne, II, 784.

PARON, village de l'Yonne; des protestants de Courtenay y sont attaqués, II, 396.
PARPAILLE, sieur de (voy. PERRIN).
PARPALON, procureur à Senas et martyr, III, 349.
PARTENAY (Parthenay), Anne de, dame de Pons, fidèle à l'Evangile, I, 201.
PARTEY, couturier à Tours, II, 597.
PARVI (Petit), Guillaume, évêque de Senlis et confesseur du roi, I, 13.
PASCAL, Antoine (un enfant d'), tué à Murs, III, 377.
PASCAL, Jean, martyr à Cabrières d'Aigues, III, 366.
PASCHAL, Antoine (trois enfants d'), morts de faim à Cabrières, III, 377.
PAS D'ANE, Le, prison à La Charité, II, 433.
PASQUIER, N., ministre à Mâcon, I, 214. — Maltraité, III, 424. — Conduit en prison à Dijon, 428.
PASQUIER, Aug. (voy. MARLORAT).
PASQUIER, gentilhomme dauphinois, envoyé en Suisse, pour solliciter l'enrôlement de troupes, II, 81.
PASQUIER DES CHAMPS, blessé au massacre de Vassy, I, 726.
PASQUOT, protestant de Paris, occasionne le tumulte de Saint-Médard, tué, I, 670.
PASSAFONT, Antoine, marchand à Roquebrou, tué, II, 476. 477.
PASSAFONT (ou Passefont), lieutenant particulier, persécuteur à Aurillac, I, 772.
PASSAGE, LE, bourg près d'Agen, II, 772. 775.
PASSERON, Claude, garde de la porte Saint-Michel, à Bourges, tué, II, 134.
PASSY, sieur de (voy. SPIFAME).
PASTOREL, Olivier, marchand et capitoul à Toulouse, I, 818, 825. III, 6. 58.
PASTORET, Honoré, martyr à Marseille, III, 338.
PATAU, Jean, martyr à Vassy, I, 726.
PATÉ, capitaine huguenot de Paris, à Orleans, II, 23. 501.
PATHAY (Patay), localité du Loiret; ses habitants châtiés, II, 22.
PATERNE, Saint- (voy. SAINT-PATERNE).
PATRIARCHE, Le, lieu d'assemblée à Paris, théâtre du tumulte de Saint-Médard, I, 670.
PAUL III, pape, I, 384.
PAUL, Saint-, de (voy. de SAINT-PAUL).
PAULET, Jean, lieutenant du sénéchal de Montauban, I, 834. — Executé en effigie, 838. 842. — III, 76.
PAULO, sieur de, second président au parlement de Toulouse, I, 828. — Son fils aîné protestant, 854. — Impliqué dans les massacres de Toulouse, III, 5. 15. — Sa maison pillée par ses propres partisans, 25.
PAUMIER, ministre à Troyes, emprisonné, échappe, I, 294.
PAUMIER, Nicolas, blesse au massacre de Vassy, I, 726.
PAUPELON, caporal à Montauban (sans doute identique avec PAMBELON), III, 110.
PAUTON, Louis, praticien et martyr à Arles, III, 353.
PAUX, sieur de, informe sur le massacre de Vassy, I, 727.
PAUX (Pau), ville de Navarre; son Eglise fondée par Jean Henry, I, 107.
PAVAN, sieur de, fait brûler les faubourgs de Balancourt, II, 193. — Ses exploits contre les protestants réfugies à La Ferté et ses pillages dans la Brie, 357. 358. — Délivre ses prisonniers, 359. — Assiste au siège du château du sieur de Saint-Etienne, 388. 389.
PAVANNES, Jacques, martyr à Meaux, I, 6.
PAVES, Jean, scribe à Beaune, hostile à l'Evangile, I, 780.
PAVILLON, lieutenant de la prévôté et martyr à Tours, II, 596.
PAVILLY, bourg de Normandie, II, 628. 675.
PAVIOT, Jean (voy. BARIAT).
PAYAN, ministre (voy. PAIANI).
PAYS-BAS, persécutions aux, I, 21.
PÉCARRÈRE, martyr à Villeneuve-de-Marsan, II, 776.
PECH, bourgeois huguenot à Carcassonne, III, 152.
PECHELEZ, Pierre, bourgeois huguenot à Montauban, I, 839.
PECHIREL (voy. PICHEREL).

PÉGORIER, Anne, consul protestant à Montauban, exécuté en effigie, I, 837.
PÉGUILLON, François de Beaucaire, sieur de, évêque de Metz, III, 439. 462.
PEIGNE (Pègue), Charles des Alrics, sieur du, capitaine huguenot en Dauphiné, III, 295.
PEIGRE, capitaine huguenot à Milhaud, tué, III, 196.
PEINTRE, Claude Le, brûlé à Paris, I, 27.
PEINTRE, François, ministre (voy. CHAPELLE, LA).
PEIRAT, capitaine catholique de Lyon, tué à Beaurepaire, III, 283.
PEIRE, sieur de, gentilhomme huguenot, élu chef des réformés de Guyenne, I, 803.
PEIRET, Jacques, martyr à Tourette, III, 343.
PEIRIER, Pierre du, ministre (voy. DU PÉRIER).
PEIRIER, N., martyr à Mamers, II, 535.
PEIROL (ou Peyrol), enseigne de Fontgrave, retient ses soldats pour défendre Montauban, III, 95. 96.
PEIRONNE, Jeanne, huguenote, tuée à Gordes, III, 371.
PELANGUIÈRES, localité de Savoie, II, 141.
PELAT (ou Pellat), Claude (un frère de), huguenot de Cabrières, tué, III, 346. — (Une sœur de), tuée, III, 376.
PELATIER, Jean, jésuite, prédicateur fanatique à Toulouse, arrêté, I, 816.
PELET, ministre à Lyon, III, 245.
PELISSIER, greffier à Toulouse, III, 17.
PELISSON, Pierre, de l'Orrière, martyr au Mans, II, 529.
PELLADE, Marguerite, tuée à Cabrières, III, 376.
PELLAT, Claude (voy. PELAT).
PELLEFIGUE, capitaine catholique devant Montauban, III, 137.
PELLETIER, docteur en Sorbonne, assiste à la conférence de Saint-Germain, I, 692.
PELLICAN, Conrad, érudit et réformateur alsacien, I, 2.

PELLICIER, Guillaume, évêque de Montpellier, marié, désavoue sa femme, I, 333. — Assiste à l'assemblée des protestants, 882.
PELOQUIN, Denis, martyr à Lyon, I, 90.
PELOQUIN, Etienne, huguenot de Blois, martyr à Paris, I, 82. 90.
PELOUX, sieur du, bourgeois huguenot d'Annonay, III, 189. 190.
PEMERT, dom Philippe, moine bénédictin; ses extorsions à La Charité, II, 431.
PENCHINAT, Marin, chaussetier et martyr à Aix, III, 337.
PÊNES, sieur de, capitaine catholique à Toulouse, III, 19.
PENEUR, Pierre, martyr à Vassy, I, 726.
PENNE, localité de l'Agenois; un serrurier de, brûlé à Agen, I, 207. — Les cordeliers en sont chassés, 793. — Le juge de, instruit contre Fumel, II, 752. — Monluc y passe, 758. — Ceux de P. battent le capitaine catholique Charri, 761. — Duras y met garnison, 773.
PENOT, François, martyr à Aix, III, 337.
PENTHENON, capitaine huguenot en Normandie, II, 713.
PEPPIN (ou Poupin), Abel, cordelier, prêche l'Evangile à Issoudun, ministre à Genève, I, 66.
PEQUAIX (Peccais), étang de, sur la Méditerranée, III, 163. 169.
PERAT, du (du Peirat), capitaine catholique à Lyon, III, 218.
PERCHAUDIÈRE, de la (voy. BRETTE).
PERCHE, Assemblées dans la province du, I, 757. — II, 254.
PERCHERON, Adam, huguenot de Céant-en-Othe, tué, II, 394.
PÈRES, sieur de (voy. BOUPAR).
PÉRIAUD, Jean, martyr à Forcalquier, III, 359.
PÉRICART, procureur du roi à Rouen, I, 774. — Envoie un sauf-conduit au président de Mandreville, II, 620. — Vend des pardons, 632. — Continue les persécutions, 667.
PÉRICART, sieur de, gentilhomme catholique de l'Agenois, II, 792.
PÉRIER, Jean, catholique de Memers, pillard, tué, II, 524.

754 Table alphabétique.

Périer, Pierre du (voy. Du Périer).
Périgord, les protestants du (voy. Mesmy).
Périgueux, ville du Périgord; Simon Brossier y prêche, I, 793. — Il y est emprisonné, 794. — Le ministre Romigly en est chassé, II, 758.
Perisaut, Etienne, martyr à Mont-de-Marsan, II, 812.
Périsoles, De (voy. Parasols).
Perneranches, capitaine catholique à Marvejols, III, 202.
Pernisset, François, greffier à Forcalquier et martyr, III, 360.
Péronie, La (La Perrière?), ville de Savoie, II, 138.
Perot, capitaine, fils de Monluc (voy. Peyrot).
Pérot de Luchet, capitaine catholique en Saintonge, II, 831.
Perpignan, ville du Roussillon; siège de, I, 33.
Perrasson, Jeannette, blessée au massacre de Vassy, I, 726.
Perraut, Guillaume, avocat à Angers, II, 561.
Perreau, N., introduit les idées de la réforme à Corbigny, I, 749.
Perreau, Jehan, paveur, huguenot à Orléans; réunions des protestants dans sa cour, I, 737.
Perreau, N., lieutenant du gouverneur huguenot d'Agde, III, 171.
Perricart, sieur de (voy. Péricart).
Perrier, Pierre du (voy. Du Périer).
Perrières, Les, conseiller huguenot au parlement de Toulouse, III, 30.
Perrin, Bernard, ministre au Mas d'Azil, I, 869.
Perrin, Jean, sieur de Parpaille, président pour ceux de la religion à Orange, III, 260. — Fait prisonnier, 261. — Décapité à Avignon, 264.
Perrin, Constans, martyr à Lourmarin, III, 363.
Perrin, Nicolas, blessé au massacre de Vassy, I. 726.
Perrinet, bourgeois protestant, blessé par un vicaire de Montauban, I, 845.
Perrinet, enseigne protestant, tué à la défense de Montauban III, 98. 137.
Perron, du, ministre (Du Perron.)

Perron, François du, procureur à Mâcon, traître, III, 423.
Perrotel, Jean, de Suré, martyr au Mans, II, 517.
Perrotet, Guillaume, martyr à Lourmarin, III, 364.
Perrouses, sieur des, gentilhomme huguenot des environs de Chinon, massacré à Champigny, II, 591.
Perrousse (Peyrusse), village du Rouergue; Eglise dressée, I, 866. III, 192.
Pers, Gilles Le (voy. Le Pers).
Persevau, bourgeois huguenot de La Charité, tué à Dreux, II, 433.
Persin, Jean, conseiller au parlement de Toulouse, III, 31.
Pertuis, bourg de Provence, I, 45. Massacres à, III, 319. 338. 340. 362. 370. 376.
Pérucel, François, cordelier, prêche librement à Paris, I, 30. — Membre de la conférence de Saint-Germain, 692. — Prisonnier à Nogent, accordé comme aumônier à Condé, II, 242.
Péruse, Gilliot, martyr manceau, II, 531.
Pérusse (voy. Perrousse).
Pervin, Jacques, prévôt des maréchaux du Nivernais à Cosne, assassin à La Charité, II, 432.
Pestellat, Nicolas, blessé au massacre de Vassy, I, 726.
Petit, Philippe, martyr à Meaux, I, 51.
Petit, Pierre, avocat à Sainte-Menehould, II, 362.
Petitbon, Léon, huguenot blessé à Issoudun, I, 296.
Petit-Courselles, sieur du, tué à Châtillon-sur-Loire, II, 439.
Petiteau, Guillaume, bourreau, tue le ministre Jean de Tournay près de Chatellerault, II, 590.
Petitpré, capitaine catholique devant Rochefort, II, 563.
Petot, Pierre, huguenot tué à Beaune, I, 781.
Petremel, Louis, prévôt à Lyon, I, 776. 777.
Petri, avocat à Toulouse, III, 29. 37.
Peyralade, capitaine rebelle à Montauban, III, 83. 84.

Table alphabétique.

PEYRAULT, François de Fay, sieur de, capitaine huguenot surpris à Tarare, II, 226. III, 138.

PEYRE, Jean, huguenot aux Baux, III, 348.

PEYRE, Noël, chaussetier et martyr à Arles, III, 353.

PEYRE, Pierre, martyr aux Baux, III, 348.

PEYRE, N., sieur de, à Cieurac près de Cahors; père de Geoffroi de Peyre, sieur de Marchastel, III, 65. 75. 195. 196. 199. 200.

PEYRELONGUE (ou Peirelongue), capitaine huguenot, maréchal du camp de M. de Duras, II, 790. 802. III, 94. 96. 110.

PEYREST, Jacques, martyr à Tourette, III, 454.

PEYRMS (Peyruis), localité de Provence, III, 359.

PEYROLET, sergent et martyr à Toulouse, III, 36.

PEYROLIER, Barthélemy, martyr à Barjols, III, 348.

PEYROLLES (Peyroulles), localité de Provence; massacres à, III, 338. 361.

PEYROT, Loupian (voy. LOUPIAN).

PEYROT, Pierre-Bertrand de Monluc, dit le capitaine, fils du maréchal, I, 322. — A Agen, II, 763. — Battu par Duras, 779. 782. — Assiège Terraube, 784. 785. — Prend Caumont, 787. — Envoyé devant Mussidan, 808. 824. — Prend Saint-Paul et Damiate, III, 178. — Attaque Pamiers, 209.

PEZÉNAS, ville de l'Hérault; I, 885. — Huguenots de, viennent au secours de Béziers, III, 148. 149. — Défaite de Baudiné à, 158. — Joyeuse y fait massacrer soldats et habitants, 160. 170. 173. — Ceux de Béziers essaient d'entrer dans la ville, 178.

PFORZEN (Pforzheim), ville d'Allemagne, patrie de J. Reuchlin, I, 1.

PHALIZET, Claude, blessé à Vassy, I, 726.

PHARE, évêque du (voy. DAUPHIN).

PHELIZOT, Aaron, blessé au massacre de Vassy, I, 726.

PHILEBERT, menuisier et martyr à Autun, III, 400.

PHILIPPE, landgrave de Hesse (voy. HESSE).

PICARD, François, cordelier fanatique à Orléans, I, 730.

PICARD ou Piccard, François, de l'Université de Paris, persécute l'Evangile, I, 14. — Chassé de Paris, 15. — Docteur en théologie, 30. — A Meaux, 51. — Dispute avec Chapot, 54. 55.

PICARDIE, province de France, I, 9; Eglises de, leur persécution, II, 344.

PICAULT, Jean, martyr à Angers, I, 305.

PICHEREL, Pierre, docteur en théologie catholique, assiste à la conférence de Saint-Germain, I, 692. 693.

PICHON, Jean, d'Alençon, martyr à Senas, III, 349.

PICHON, Pierre, blessé au massacre de Vassy, I, 726.

PICHON, Eynard ou Esnard, ministre à Grenoble, I, 891. III, 268.

PICOT, martyr à Valognes, II, 722.

PIE IV, pape, convoque à nouveau le concile de Trente, I, 449.

PIEDS-NUS, Les, pillards à Sens, II, 392. 405. — A Nemours et à Moret, 468.

PIÉMONT, Vaudois du, persécutés, députent vers Farel, I, 23. — Marot en, 33. 35. — Reddition des villes du Piémont par le triumvirat, II, 137. 138. 139. 140. 141.

PIENNES, sieur de, partisan de Condé, II, 93. — A Talcy, 105. 106. — Le parlement le décrète de prise de corps, 128. — Quitte Orléans, séduit une femme et combat Condé à Dreux, 133. 241. — Prisonnier, *ibid.* — Gouverneur de Metz, III, 477. 478. 480.

PIERIUS (Juan Perez), ministre à Blois, II, 279.

PIERO, Denys, martyr à Meaux, II, 356.

PIERRE, Claude, huguenot de Gordes, III, 371.

PIERRE, frère, martyr à Arles, III, 338. 353.

PIERRE, secrétaire du sieur d'Agulhes, martyr à Saint-Cannat, III, 349.

PIERRE, maître, ancien prêtre, martyr à Azay, II, 586.

756 *Table alphabétique.*

Pierre, le menuisier, martyr à Saint-Cannat, III, 349.
Pierre, Pierre de la, tué à Abbeville, II, 349.
Pierre, de la, capitaine (voy. Millau).
Pierreblou, sieur de (Pierrecloux), gentilhomme catholique de Bourgogne, III, 416.
Pierrebrun, localité de Provence, III, 353.
Pierrecloux (Pierreclos), localité de Bourgogne, III, 412. 418. 424.
Pierre Domeine, désignation fautive de La Pierre et Domène, deux villages du Dauphiné, III, 280.
Pierrelatte, localité du Dauphiné; trois marchands de, tués à Moulins, II, 483. — Des Adrets y exerce des représailles, III, 265. 275. 294.
Pierrefu (Pierrefeu), localité de Provence, III, 352.
Pierrerue, localité de Provence; massacres à, III, 338. 343. 359.
Pievre, Etienne, consul à Saint-Raphael et martyr, III, 361.
Pignans (ou Poignans), localité de Provence; massacres à, III, 338. 341. 351.
Pignerol, ville du Piémont, II, 138.
Pignoli, capitaine catholique en Provence, III, 364. 372.
Pignot-Lache, femme blessée au massacre de Vassy, I, 726.
Pignou, Claude, massacré à Issoudun, II, 509.
Piles, Armand de Clermont, sieur de, gentilhomme de Bergerac, capitaine huguenot, prend Bergerac; est tué à Paris lors de la Saint-Barthélemy, II, 797. 798. 803. 804. 805. 806. 807. 808.
Pin, du, conseiller à Agen, II, 791.
Pin, Gaston du, capitoul à Toulouse, III, 14.
Pin, du (voy. Gravelle).
Pin, Le (voy. Louis le Barle).
Pince, Christophe de, lieutenant-criminel à Angers, I, 150.
Pinchinat, Claude, martyr à Saint-Cannat, III, 349.
Pineau, receveur-général à Poitiers, traître, II, 602. 603. 605. 607.
Pinette, Guillaume, maire de Troyes, instrument des Guise, II, 375. —
Fait tuer Blancpignon, 383. — Sa maison à La Charité, 433. — Emprisonné, *ibid.*
Pinette, Louis, martyr à Vire, II, 710.
Pipet, sieur de, gentilhomme huguenot du Dauphiné, III, 289. 308.
Pipet, château au-dessus de Vienne en Dauphiné, III, 281.
Piquecos (Piquequos, Piquequaux), village près de Montauban; images détruites, I, 847. — Eglise dressée, 851. III, 78. 85. 93. 118.
Piquelon, sieur de, capitaine catholique en Normandie, II, 723.
Piqueri, Jean, brûlé à Meaux, I, 51.
Piquery, Louis, fustigé à Meaux et emprisonné, I, 51.
Piquery, Pierre, brûlé à Meaux I, 51.
Piquigni, sieur de (Antoine d'Ailly, sieur de Piquigny), vidame d'Amiens; sa maison forcée, II, 345.
Pirsac, sieur de, gentilhomme de Saintonge, I, 134.
Pisay, capitaine huguenot à Lyon, III, 220.
Piscatoribus, Thomas de, bourgeois catholique de Montauban, devient fou, I, 841.
Pise, sieur de, gentilhomme protestant de Bourgogne, III, 411.
Pistoris, moine de Paris, hostile aux protestants de Dijon, I, 799. III, 396.
Pisy, capitaine huguenot à Châtillon-sur-Loire, II, 435.
Piteux, Louis le (Louis-le-Débonnaire), I, 429.
Pithiviers, ville du Loiret, I, 165. II, 129. — Sommée de se rendre, 131. — Prise par Condé, 190. — Prêtres tués; deux capitaines pendus, 191. — Reprise par Guise, 249.
Pitié (Pites), village de la Seine-Inférieure, II, 695.
Pius, capitaine de la garnison de Montauban, III, 107. — Désireux de trahir, passe à l'ennemi, 117. 118.
Placards, les, de 1534, I, 15. 16.
Place, La (voy. La Place).
Plaimpied, village du Berry, II, 495.
Plain, Le, bourg de Normandie, II, 701. 705.

Plan, Angelin du, martyr à Thoard, III, 354.
Plan, Benoît du, martyr à Thoard, III, 355.
Planche, de la (voy. La Planche).
Planche, de la, huguenot massacré à Flammerans, III, 398.
Plante, Ambroise de la (voy. Le Balleur).
Plante, du, ancien prêtre, martyr à Mormès, II, 776.
Plateau, maison de Beauce, pillée par des bandes de Paris, II, 155.
Plats, Jean des, curé de Camps, pillé, II, 478.
Plause, Pierre, huguenot tué à Cadenet, III, 357.
Plessis, Antoine du (voy. Richelieu, le moine).
Plessis, Charles du (voy. d'Albiac).
Plessis, du, de Cherre, demoiselle, martyre à Angers, II, 558.
Plessis-Bouchard (voy. Sainte-Gemme).
Plessis-Bourré, Le, village de l'Anjou, II, 568.
Plessis-de-Cosmes, Le, château près de Craon, II, 574.
Plessis, Le, ministre à Orléans, meurt de la peste, II, 149.
Pleurs, Jean de (voy. d'Espoir).
Plume, Antoine, martyr à Forcalquier, III, 359.
Pluviau, capitaine huguenot, sous les ordres de Poncenat en Bourgogne, III, 426.
Pobrian, sénéchal de Limoges, II, 835.
Pocheseuil, château du sieur de Champagne dans l'Anjou, II, 536.
Pocques, libertin protégé par Marguerite de Navarre, réfuté par Calvin, I, 22. 49.
Poetevin, Salvaire, marchand à Riez, III, 370.
Poignan, N., martyr à Vassy, I, 725.
Poignans (voy. Pignans).
Poille, Antoine, martyr à Meaux, I, 21.
Point, Jean du (voy. Du Point).
Pointet, Jean, martyr à Paris, I, 13.
Poiseux, sieur de, attaque La Charité, II, 426.
Poisle, prêtre persécuteur à Meaux, III, 356.

Poisonnet, Guillaume, archidiacre à Sens, ennemi de l'Evangile, II, 397.
Poissy, localité de l'Ile-de-France; convocation de l'*Assemblée des prélats*, I, 471. — Caractéristique de cette assemblée, 489. — Rejette une formule de conciliation sur la Cène, 609. — Sa confession sur la Cène, 614. — L'Assemblée se dissout, 616. — Ses canons sur la réforme de la discipline, 616-644. — *Le Colloque*; ministres qui y assistent, I, 489. — Leur requête, 490. — Seconde requête, 498. — Demande des prélats de ne pas admettre les ministres à discuter ; première séance; harangues du roi et du chancelier, 500. 501. — Réponse du cardinal de Tournon, 502. — Discours de Théodore de Bèze, 503. — Interruption des séances, 521. — Invective du cardinal de Tournon et réponse de la reine, 522. — Résolution des prélats contre le discours de Bèze, 525. — Deuxième séance ; discours du cardinal de Lorraine, 528. — Bèze demande à y répondre, 553. — Arrivée du légat du pape, 554. — Il intrigue contre les ministres, 555. — Troisième séance ; P. Martyr y vient ; réponse de Bèze au cardinal de Lorraine, 556. — Discours de d'Espence, 577. — De Saintes attaque Th. de Bèze ; réponse de ce dernier, 578. — Discussion avec de Saintes, 584. — Avec d'Espence, 585. — Le cardinal de Lorraine s'en mêle, 586. — Produit une confession de foi wurtembergeoise, 587. 588. — La séance est levée, 589. — Projet des prélats de soulever l'Allemagne contre les ministres, 590. — Protestation remise à la reine par ces derniers, 591. — Réponse du cardinal de Lorraine, 596. — Réplique de Bèze, 597. — Discussion animée qui s'en suit, 598. — Discours de P. Martyr, 599. — Lainez prend la parole ; réponse dédaigneuse de Bèze, 600. — Intervention de deux docteurs en Sorbonne, 602. — Fin du colloque. 603.

POITEVIN, soldat protestant à Rochefort, II, 564.
POITIERS, chef-lieu du Poitou; commencements de l'Evangile, I, 63. — Eglise dressée, 101. — Troubles, 197. 215. — L'Eglise est fermée, 319. — On y prêche de nouveau, 320. 396. — Désordres des étudiants, 763. — Prédications publiques, 764. — Divers ministres à, 765. — Synode général, remontrances au roi, 881. — Pris par le triumvirat, II, 101. — La déclaration du prince de Condé y arrive, 600. — Mouvements, 601. — Destruction des images, 602. 603. — Siège de, 605. 606. — Pris par trahison, 607. 608.
POITIERS, Assemblée synodale tenue à, I, 172. 173.
POITIERS, Diane de, duchesse de Valentinois (voy. DIANE).
POIX, village près d'Amiens (Somme); un homme y est tué, II, 345.
POIX, Raymond du (voy. DU POIX).
POLE, cardinal, persécuteur en Angleterre, I, 94. 283. — Fugitif, 288.
POLIQUOL (Pellicot), Boniface, procureur au parlement d'Aix, III, 383.
POLTROT, Jean, sieur de Merey, employé par Feuquières, puis au service de Soubise, II, 267. — Vient chez l'amiral à Selles, 268. — Lui communique les plans de Guise, ibid. — Présenté à Guise par l'Estang; reçoit de l'argent de Coligny; ses luttes intérieures, ibid. — Blesse Guise mortellement, 269. — Sa fuite ; conduit devant la reine, 270. — Accuse Feuquières, Bèze, La Rochefoucauld, Coligny, 271. — Déclaration de ceux-ci contre ces accusations, 290. 291. — Son procès est hâté, 309. — Son interrogatoire, 310. — Allait au prêche à La Cerisaye, 312. — Son entrevue avec Coligny, 314. — Présenté au duc de Guise, 315. — Mis à la question, 317. — Sa condamnation, 318. — Ses dernières déclarations et son exécution, 324. 326. 334. — Envoyé par Soubise à Coligny, III, 239. — Mot de Poltrot sur ses projets, 296.

POMAS (ou Pommas), sieur de, gentilhomme catholique de Carcassonne, III, 150. 152. — Sa mort, 158.
POMERAUX, conseiller à la sénéchaussée de Beaucaire, III, 196.
POMMERIEUX, village de l'Anjou, II, 576.
POMPERTUSAT, capitaine et martyr à Toulouse, III, 33.
PONAT (ou Ponnat), N., conseiller au parlement de Grenoble et gouverneur huguenot de cette ville, III, 266. 270. 279. 280. 281. 284.
PONAT (ou Ponnat), Pierre, capitaine huguenot à Grenoble, III, 279. 326. 327.
PONAT, Jean, avocat à Grenoble, emprisonné, I, 890. — Sa mission en Provence, 895.
PONCE (André de Ponnat ?), conseiller à Grenoble, fervent catholique, commissaire en Dauphiné, I, 351. — Sa triste fin, 367.
PONCELET, Michel, ministre à Troyes, I, 82. 84. 86. — Quitte la ville, 112.
PONCENAT, Jacques de Boucé, sieur de, capitaine huguenot dans le Lyonnais et le Dauphiné ; envoyé par le prince de Condé d'Orléans à Lyon, III, 222. — Prend Feurs en Forez, 223. — Essaie d'empêcher les cruautés du baron des Adrets, 224. — Marche avec les Suisses vers Mâcon, 227. 232. — Marc Herlin, un de ses lieutenants, 239. — Arrive trop tard, lors de la surprise de Nemours contre Lyon, 241. — Sa marche avec les Suisses, 284. — Des Adrets lui communique la demande d'entrevue de Nemours, 295. — L'y accompagne, 296. — Arrive à Mâcon, 418. — Dégarnit la ville pour assiéger Tournus, 419. — Prend cette place, 420. — S'empare de l'abbaye de Clugny, 421. — En présence de Tavannes, 422. — On lui reproche la perte de Mâcon, 425. — Est abandonné par les Suisses, 426. — Négocie avec eux à Villefranche, 427. — Essaie inutilement de prendre Mâcon, 430.
PONCHER, Etienne, évêque de Paris, encourage les études, I, 3.

Table alphabétique. 759

Ponet, Thomas, bourgeois catholique de Vire, II, 715.
Ponge (Pouge), François de la (voy. La Ponge).
Ponins, milord (sir Adrien Poynings), capitaine anglais au Hâvre, II, 729.
Pons, Antoine de, comte de Marennes, I, 201. 202. 316. II, 794. 829. 830.
Pons, chevalier de, frère cadet du précédent, I, 202.
Pons, Jean, consul à Montauban, III, 100.
Pons, ville de Saintonge; petite assemblée à, I, 135. — Ministre à, 201. 204. — Les protestants abandonnent la ville, II, 777. 824. — Elle est prise par La Rochefoucauld, 827.
Ponsenas, Bourrel dit (Jean Borel de Ponsonas?), avocat du roi au parlement de Grenoble, commissaire à Vienne, persécuteur, I, 351. — Sa terrible fin, 366. 367.
Pont, du (voy. Du Pont).
Pont, Pierre, capitaine huguenot en Normandie, attaque Bayeux, II, 328.
Pont, Le, capitaine huguenot en Dauphiné, III, 266.
Pont-Antoni (voy. Antoni, Pont-).
Pontauron (Auros?), localité de la Guyenne, II, 823.
Pont-Charra, localité du Dauphiné, III, 270.
Pont-de-Beauvoisin, localité du Dauphiné, III, 267.
Pont-de-Camarès, localité du Rouergue, III, 193. 200.
Pont-de-l'Arche, ville de l'Eure, II, 617. 675.
Pont-de-Monvert, localité de la Lozère I, 218. III, 196.
Pont-de-Sorgue, localité du Comtat-Venaissin, III, 270. 271. 273. 274.
Pont-l'Evêque, ville de Normandie, II, 258.
Pont-Saint-Esprit, localité du Dauphiné, I, 341. III, 265. 274. 275. 301.
Pontac, greffier à Bordeaux, I, 110.
Pontalier, maison de (voy. Chatillon-en-Bazois).
Pontchenon (ou Pouchenon), sieur de, gentilhomme huguenot du Craonnais, massacré et pillé, II, 560. 571.
Ponteau-de-Mer (Pont-Audemer), ville de l'Eure, II, 621. 627.
Pontene (Pontevés?), seigneurie provençale, III, 348.
Pontoise, localité de l'Ile-de-France, I, 445. 451. — Etats particuliers avancés, 454. — Leur issue, 472. 473.
Pontoise, le lieutenant-général de (Bauchenu), pendu, II, 129.
Pontorson, localité de Normandie, II, 331. 701.
Ponts, localité du Poitou; Besme y est pris, III, 479.
Ponts, ville de Saintonge (voy. Pons).
Pontus, Martin, bourgeois huguenot de Lyon, II, 215.
Popillon, Antoine (voy. Papillon).
Popincourt, lieu de prédications huguenotes à Paris, I, 670. — Saccagé, II, 12.
Poques (voy. Pocques).
Porcien, prince de (voy. Portien).
Porcelles, sieur de (voy. Maillaire).
Porcher, capitaine catholique devant Rouen, II, 625.
Porcheron (voy. sieur de Sainte-Gemme).
Pordéac (Pordiac), baron de, gentilhomme catholique de Guyenne, II, 754.
Porgeron (voy. Porcheron).
Porgnerolles (île de Porquerolles), fort de Provence, I, 900.
Porquerez (Porcairès), Hérail Pagès, sieur de, capitaine huguenot à Montagnac, III, 158.
Port, Le, capitaine de La Motte-Gondrin, en Dauphiné, I, 363.
Port-de-la-Roche, endroit près de Grenoble, III, 267.
Port-L'Anglois, localité de l'Ile-de-France, sur la Seine, II, 195.
Port-Sainte-Marie, localité de l'Agenois, II, 769. 771. 795.
Port-Senne (Portsmouth), ville d'Angleterre, II, 729.
Porta, de, cordelier à Troyes, II, 380.
Portail (Portal), Jean, viguier à Toulouse, I, 816. III, 23. 29. — Décapité, 32.

PORTAIL, Louis de, partisan de Condé, III, 65.
PORTAL, Gaspard, martyr à Besse, III, 350.
PORTE, Amader de la (voy. ISSERTIEUX).
PORTE, Eustache de la (voy. LA PORTE).
PORTE, de la (voy. LA PORTE).
PORTE-SAINT-HONORÉ, à Paris; destruction d'images et massacres, II, 107.
PORTEAU (voy. de CHASTELIER).
PORTEREAU, Le, faubourg d'Orléans, attaqué par Guise, II, 262. 301.
PORTES, capitaine huguenot au Dauphiné, III, 303. 305.
PORTES, des, président au parlement de Grenoble (voy. DES PORTES).
PORTES, Guillaume des, dit Viset, valet de chambre du prince de Navarre, fait prisonnier, II, 811.
PORTES, baron des, l'un des capitaines envoyés au prince de Condé par les protestants de Provence et de Languedoc, III, 138.
PORTESSON, François, bourgeois de Béziers, III, 179.
PORTHUS (ou Portus), Jean, syndic huguenot à Montauban, exécuté en effigie, I, 837. — III, 100.
PORTIEN (Porcien), Antoine de Croy, prince de, I, 672. — Délivre le ministre de Vassy, 724. 725. — A Talcy, II, 93. — Envoyé en Champagne, 102. — Arrêt contre lui, 128. — Rejoint d'Andelot à Strasbourg, 186. — Marche avec Condé sur Paris, 196. — Attaqué par les Espagnols, 225. — Défait le corps d'armée du connétable à Dreux, 235. — Accompagne l'amiral, 238. — Bussy son frère, 246. — Entre à Beaugency, 247. — Prend Montrichard, Amboise, etc., 248. — A la Ferté-Ymbaud, 250. — Prend Pont-l'Evêque, 258. — Lors de la mort de Saint-André, 307. — Attaque en vain Lisieux, 332. — Reconduit les reîtres en Champagne, 336. 352. — Moncornet-ès-Ardennes, sa maison, 360. — Intervient en faveur du ministre Fournier à Châlons, 368. — Lève un corps de troupes pour défendre les protestants de Champagne; va au devant de d'Andelot à Strasbourg, 394. 395.
PORTIEN (Porcien), princesse de (Catherine de Clèves, comtesse d'Eu), protège le ministre Fournier à Châlons, II, 364.
PORTIER, Gonin, métayer près de La Chapelle, rançonné et pillé, II, 430.
PORTORIN, François, sellier à Angers et martyr, II, 559.
PORTUS, François de, soldat huguenot à Montauban, III, 129.
POSSONNIÈRE, La (Poissonnière), château et village sur la Loire, II, 562.
POST, du, capitaine catholique à Vire, II, 720.
POSTEL, Guillaume, érudit, sa vie et ses aventures, I, 87.
POTERAT, Jean, ministre à Tours, I, 302. — A Issoudun, emprisonné, 761. 762.
POTTIN (ou Potin), La Motte- (voy. LA MOTTE-POTIN).
POUCHENON, sieur de (voy. PONTCHENON).
POUILLÉ, sieur de, président à la Cour des Aides à Rouen, II, 670.
POUILLOT, Etienne, se retire de Meaux à Fère-en-Tardenois, martyr, I, 53.
POUILLY, sieur de (voy. Pierre CLÉMENT).
POULAIN, Etienne, martyr à Valognes, II, 703.
POULAIN, Robert, apostat à Valognes, II, 703.
POULAIN, capitaine (voy. POULIN).
POULET, prévôt des maréchaux à Lyon, I, 88.
POULIN, baron de La Garde, capitaine catholique en Provence, marche contre Mérindol, I, 44. — Reçoit plusieurs villages de la dame de Cental, 73. — A la suite du cardinal de Tournon, 362. — Appelé par le parlement d'Aix, 376. — Ses cruautés à Fréjus, etc., 383.
POULIN, Guichat, blessé au massacre de Vassy, I, 726.
POULLY, sieur de, lieutenant de Ventaux, gentilhomme catholique à Beaune, III, 404.

Table alphabétique.

Poupelière, La, capitaine huguenot en Normandie, II, 708. 711. 712. 713. 714. 715. 717. 718. 719.
Poupin, Abel (voy. Peppin).
Pourchat, ex-prêtre à Blieux et martyr, III, 361.
Pourcieux, localité de Provence, III, 357.
Pouriez, sieur de, gendre et complice du baron d'Opède contre les Vaudois, I, 45.
Pous, Pierre, martyr à Toulouse, III, 367.
Poussan, localité de l'Hérault; Eglise fondée, I, 885. 886. III, 170. 173.
Poussan, sieur de (voy. Guillaume de Chaume).
Poussemye, Roland, conseiller au Châtelet, I, 233.
Pouvert (ou Pouvet), capitaine huguenot traître, à Rochefort, II, 564. — Pendu, 565.
Poy, du (voy. Du Poy).
Poyers, village du pays Chartrain, I, 756.
Poyet, René, martyr à Saumur, I, 87.
Poyet (du Poët ?), capitaine huguenot à Lyon, III, 241.
Poyrin (Poirmo), localité du Piémont, III, 389.
Pradon, Jeannot, charpentier à Arles et martyr, III, 352.
Pragela, village et vallée vaudoise au pied du Mont-Genèvre, dans les Alpes, I, 372. III, 231. 256. 257. 280. 333.
Pralon (ou Praillon), Michel, maître-échevin à Metz, III, 443. 448. 449.
Prat, Antoine du, chancelier (voy. Du Prat).
Prata, Pierre de, notable huguenot à Agde, III, 175.
Prau, capitaine huguenot du Vivarais, III, 220.
Pray, Le, conseiller au présidial de Saint-Lô, II, 721.
Pré, Le, abbaye près du Mans, II, 526.
Pré-aux-Clercs, à Paris; chant des psaumes au, I, 141.
Pré, du (voy. Du Pré).
Préaux-petit-pied (voy. G. de Bellanger).
Preissac, Bernard, ministre à Cieurre, I, 850. — A Carjac; au siège de Montauban, III, 99.
Prenanchère, La, village des environs d'Orléans, I, 164.
Presles, sieur de, gouverneur de Dieppe, II, 691. — Va à Caen, 694.
Preudhomme (voy. Prudhomme).
Preudhomme, René, sergent et martyr à Angers, I, 305.
Prévost, Bertrand, juge à Issoudun, I, 147. II, 506.
Prévost, chanoine à Montauban, I, 848.
Prévost, David, hôtelier à Amiens, tué, II, 346.
Prévost, procureur au parlement de Toulouse, I, 327.
Prévost, Claude, le Saint (voy. Le Saint).
Prévôt de Sens, pillé, II, 401.
Prié, sieur de, gouverneur à Gien, persécuteur, II, 438. 439. 443. 456.
Prieur, orfèvre à Angers et martyr, II, 556.
Prieur de Saint-Caprase d'Agen (voy. Saint-Caprase).
Primat, Vincent, persécuteur à Arles, III, 352. 353.
Princes protestants d'Allemagne assemblés à Naumbourg, I, 449.
Prisque, Vincent, huguenot de Mâcon, III, 428.
Privée, François Melet, sieur de, avocat et martyr à Angers, II, 555.
Privée, François de, sieur de la Roue, conseiller au présidial d'Angers, II, 555.
Prost, capitaine huguenot à Annonay, III, 188.
Proust, Christophe Le, infirmier à l'abbaye de Saint-Calais, persécuteur, II, 538.
Proust, François, curé de Rahay, persécuteur, II, 538.
Proust, Jean, médecin à Marennes en Saintonge, I, 316.
Provanes, René de (voy. Valfinières).
Provence, province de, I, 37. — Eglises dressées, 172. 372. — Recrudescence des persécutions, 383. — Etat de l'Evangile, 893. — Comtes de, II, 141. — Etat de la Provence, III, 317 suiv.
Prudhomme (voy. Preudhomme).

Prunes, sieur des, général des finances à Poitiers, II, 601.
Prunette, Louis, chaussetier à Arles et martyr, III, 353.
Pruniers, sieur de (voy. de Marne).
Psalliens, secte hérétique de l'antiquité, I, 236.
Psaumes, traduction de Marot, I, 33. — Défense de les imprimer et de les vendre, 110. — Chants au Pré-aux-Clercs, 141.
Puch, Le, dit de Pardaillan, capitaine huguenot en Guyenne, II, 765. 766, 771. 777. 788. 790. 793. 825.
Puch, capitaine catholique, commandant à Bergerac, II, 808.
Puech, Pierre del, marchand et capitoul catholique à Toulouse, I, 817. 825. III, 7. 10. 17. 25. 28. 51. — Au siège de Montauban, 99.
Puechanet ou Pucchaut (de Puechassaut?), capitaine catholique en Rouergue, III, 199.
Puget, martyr à Forcalquier, III, 360.
Puibesque, Laurent de, sieur de la Landelle, capitoul à Toulouse, III, 14.
Puinisson, Bernard, avocat et capitoul protestant à Toulouse, I, 815.
Puiset, Le, localité d'Eure-et-Loir ; Coligny y arrive, II, 245.
Puits, Martin du, diacre à Revel et martyr, III, 156.
Puniaut, capitaine, nommé dans les interrogatoires de Poltrot, II, 327.
Puy, du (voy. Du Puy).
Puy, Le, ville d'Auvergne, III, 227.
Puy, évêque du (voy. Sennetere).
Puyart, Robert, huguenot tué à Troyes, II, 381.
Puygaillard, Jean de Léomond, sieur de, capitaine du duc de Montpensier à Angers, II, 548. 549. 550. — Sa perfidie, 551. — Ses vexations et cruautés, 552. 560. 561. 563. — Assiège Rochefort, 564. 566. — Sa femme tuée, 568. — Ses persécutions à Craon, 572. 573. 574.
Puygreffier, de, sieur de Saint-Sire ou Saint-Cyre, châtié par d'Andelot, II, 187. — Capitaine à Orléans, 253. — Gouverneur d'Orléans ; acte de sévérité, 336.

Puy-La-Roque, localité près de Montauban, III, 36.
Puylaurens, ville du Tarn, reprise par les protestants, III, 178.
Puylaurens, un diacre de, décapité à Toulouse, III, 35.
Puyméril ou Puymirel (Puymirol), localité de l'Agenois, II, 761. 764.
Puys, du, gentilhomme catholique normand, II, 708.
Puzol (Pujol), Olivier de Thésan, baron de, III, 160.
Pyoulère (Piolenc), localité de la Vaucluse, III, 271. 273.
Pyramis, soldat à Montauban. III, 114,
Pyrénées, montagnes ; La Motte-Gondrin accusé d'avoir vécu avec les bandouliers des, I, 356.
Pyviers (voy. Pithiviers).

Q.

Quaux (l. Saux), capitaine huguenot à Montauban, III, 27.
Quelin, conseiller au parlement de Paris, envoyé en mission en Provence, I, 895.
Quercu, de (Du Chesne), docteur en Sorbonne, adversaire d'Erasme et de Lefebvre d'Etaples, I, 2. 7.
Quercy, province ; prédications en, I, 157. 215. 325. — Brigandages, II, 477.
Quercy, sénéchal du, I, 847. 853.
Quésac (Queysac), village de la Lozère, III, 193. 201.
Quetier, prévôt des maréchaux à Angers, I, 304.
Quibout, Pasquier, huguenot de Rouen, condamné à mort pour destruction d'images, I, 777.
Quidel, Jean, martyr à Rouen, II, 663.
Quiers (Cherasco?), localité du Piémont, II, 140.
Quièvremont, de (voy. Heudreville).
Quillebœuf, localité de Normandie, II, 635. 636.
Quillebœuf, avocat de Pont-Audemer, II, 631.
Quincé, chanoine débauché au Mans, II, 529.

Table alphabétique.

Quingo, capitaine catholique en Normandie, II, 717.
Quinserot, sieur de, capitaine huguenot à Dreux, II, 424.
Quinson, localité de Provence, III, 342. 347. 367.
Quinsy, sieur de, gentilhomme catholique des environs de Bourges, II, 485. 490.
Quintel, Jean de, capitaine huguenot à Valence, I, 342. 349.
Quintin, Jean, d'Autun, écolier à Poitiers, docteur en droit à Paris, I, 63. — Orateur du clergé aux États d'Orléans, 428. 429. — Effet de son discours, 436. — Fait des excuses à Coligny, 437. — Son discours de congé, 446. 447.
Quintin, libertin protégé par Marguerite de Navarre et réfuté par Calvin, I, 22. 49.
Quiqueran, Gaucher de (voy. Vantabran).
Quiqueran, Jean de (voy. Vantabran).
Quiqueran, Robert de (voy. de Beaujeu).
Quiqueran, Honoré de, dit le Secrestain, III, 353.
Quirier, Jacques, dit le Lansquenet, assassin catholique à Grimaud, III, 356.
Quirieu (Virieu ?), château et village du Dauphiné, III, 249.
Quore (Querré), bourg de l'Anjou, II, 570.

R.

Rabasteux (Rabastens), bourgade sur le Tarn; Église à, I, 865. III, 20. 70. 71.
Rabasteux, Étienne de, capitoul catholique à Toulouse, III, 14.
Rabasteux, Hermi de, bourgeois de Toulouse, III, 32.
Rabasteux, Pierre de, ministre à Bersueil, I, 865.
Rabaudage (Raboudange), sieur de, bailli d'Alençon, II, 536. 722.
Rabec, Jean, cordelier, martyr à Angers, I, 108.
Rabel, Mathieu, huguenot tué à Quinson, III, 367.

Rabot, Laurent, conseiller du roi et consul à Grenoble, III, 266.
Rabot, Tour de, maison fortifiée près de Grenoble, III, 285.
Raconis, localité de Savoie, II, 141.
Radulphi, Gérault, huissier à Aurillac, tué, II, 473.
Raffin, François, dit Poton, seigneur d'Azay, sénéchal d'Agen, II, 752. 806.
Raffosville, sieur de, capitaine catholique en Normandie, II, 705.
Ragonneau, Pierre, prêtre à Gien, II, 452.
Raguier, Antoine, vidâme de Châlons, aux États d'Orléans, I, 448. — Meurt de la peste, II, 110.
Raguin, Macé, martyr à Angers, II, 557.
Raguin, Macé, hôtelier huguenot, pendu à Craon, II, 573.
Rahay, village du Vendômois, II, 538.
Raillanette (Reilhanette), château de Montbrun en Dauphiné, I, 354. 355.
Raimon, François, conseiller au parlement de Paris, arrête les persécutions à Aurillac, I, 773. II, 477.
Rainandi, Honoré, notaire, tué à Fréjus, III, 361.
Rair, du, capitaine du château d'Angoulême, II, 814.
Raisson, Jean, procureur à Aix et martyr, III, 337.
Ralet fils, procureur à Bar-sur-Seine, pendu à la sollicitation de son père, II, 387. — Son père tué par les protestants, ibid.
Ralhane (ou Relhane), Denys de, ex-prêtre, martyr à Forcalquier, III, 341. 359.
Ramasse, Jeannette, huguenote tuée à La Motte, III, 376.
Ramasse, Catherine, huguenote tuée à Cabrières, III, 377.
Rambouillet (ou Remboullet), Jacques d'Angennes, sieur de, II, 115. — Envoyé par le triumvirat à l'assemblée de Francfort, 155. — Propriétaire du château de Maintenon, 228. 276.
Ramerupt, village de l'Aube; le duc de Lunebourg y est surpris et tué, II, 392.

Ran, Thomas du, auteur du Syndicat à Bordeaux, I, 787.
Ranchon, Ymbert, chirurgien et martyr à Annonay, III, 190.
Randan, Charles de La Rochefoucauld, comte de, accompagne le duc de Guise à Paris, II, 601. 757. — Tué à Rouen, III, 121.
Ranty, capitaine à la suite du roi de Navarre, I, 390.
Raphael, sieur de (voy. Mézières).
Rapin, sieur de, sénéchal à Toulouse, I, 824.
Rapin, Pierre (ou Philibert?), sieur de, capitaine huguenot, gouverneur de Montpellier, III, 71. 73. 75. 136. 137. 143. 170. 171. 177.
Rapouel, Jacques, conseiller au Châtelet à Paris, I, 233.
Ras, Puech, marchand huguenot en Auvergne, pillé, II, 477.
Rascalon, Christophe de, espion du cardinal de Lorraine, I, 527. — Lui rapporte une confession de foi du Wurtemberg, 588. II, 87. — Débauche Ratzemberg et Schachlin, 135. — Soustrait une dépêche, 136. — Envoyé comme négociateur en Wurtemberg, 272. 273.
Rascalon, capitaine huguenot à Montpellier, exécuté comme traître, III, 168.
Raspaud, prêtre à Pamiers, III, 209.
Rat, capitaine à Montpellier, III, 144.
Rat, Guillaume Le (voy. Le Rat).
Ratoire, La (Ratonière), confession de foi sorbonniste du cardinal de Lorraine, I, 388. II, 64.
Ratisbonne, ville de l'Allemagne, III, 433.
Ratzemberg, Jean de, chef de mercenaires allemands à la solde de Condé, II, 88. — Fléchit devant les promesses de Guise, 134.
Raubault, Pierre, ancien bourreau à Angoulême, martyr, II, 818.
Raucau, localité près de La Charité, II, 427.
Raucoules, capitaine huguenot à Lyon, III, 220.
Raudan, sieur de (voy. Randan).
Raudanne, sergent du guet et martyr à Toulouse, III, 33.

Raulin, Nicolas, femme de, blessée au massacre de Vassy, I, 726.
Raunay, sieur de, l'un des conjurés d'Amboise, surpris, I, 266.
Raupalhe, Raymond, procureur du roi, tué à Saint-Remy, III, 363.
Raupe, Augustin, meurtrier catholique en Provence, III, 378.
Ravier, Etienne, prêtre à Gien, II, 452.
Ravoiron, huguenot tué à Forcalquier, III, 359.
Ravot, Claude, crieur public à Lyon, III, 246.
Rayasse, La, bois près de Gien, II, 445.
Raymond, Jean, marchand à Castres, I, 875.
Raymond, N., frère du capitaine Saint-Michel, tué par lui, III, 85.
Raymonenque, Antoinette, tuée à Aups, III, 373.
Raynaud, Pierre (un fils de), avocat au parlement d'Aix, martyr, III, 348.
Rays, Claude, guidon de la compagnie de Bouillargue, III, 177.
Rays, La, bourgeois huguenot d'Orange, III, 261. 264.
Ré, île de l'Océan; commencements de l'Eglise à, I, 207. — Tumultes des catholiques à, III, 832.
Réalmont, localité du Tarn; Eglise dressée par Bernard de Biron, I, 851. 865. III, 64.
Réalville, localité du Quercy; I, 852. II, 779. III, 92. 118.
Réau, baron de, capitaine catholique en Bourbonnais; ses gens pillards, II, 431.
Rebezier, François, martyr à Paris, I, 132.
Rebours, Jean, prêtre persécuteur à Senlis, II, 340.
Rebours, Mathieu, martyr à Romans, I, 352.
Rebuffa, Elias, huguenot tué à Marseille, III, 357.
Rebul, Pierre, huguenot tué à Saint-Chamas, III, 363.
Recodère, docteur protestant à Toulouse, III, 18.
Recoles-d'Albrac (Recoules-d'Aubrac), localité de la Lozère, III, 199. 200.

Recques, Jean, juge à Revel, I, 873.
Redon, Pierre, lieutenant criminel dans l'Agenois, I, 207. — Son entretien avec le ministre La Fontaine, 321.
Reglet (voy. Reiglet).
Regnal, François, huguenot tué à Vezac, II, 473.
Regnard, Jean, greffier huguenot à Auxonne, pillé, III, 398.
Regnauld, Baptiste, meurtrier catholique à Besse, III, 350.
Regnault, ministre à Cataleux, III, 99. 108.
Regnault (voy. Flamareux).
Regnier, Jacques, notaire à Beaune, III, 405.
Reiglet (ou Reglet), Nicolas, receveur général du roi en Berry, II, 489. 501.
Reims, ville de Champagne; sacre de Charles IX, I, 460.
Reine-mère de France (voy. Catherine de Médicis).
Reistres, reçus à Orléans, II, 190. — A Cachan, 196. — Murmurent contre Condé, 227. — Chargent les Suisses à Dreux, 234. — Se déclarent pour la cause protestante à Orléans, 256. — Reconduits en Champagne après la paix, 336.
Relhane (voy. Ralhane).
Remand, François, concierge des prisons d'Aix et martyr, III, 337.
Remingan, sieur de (voy. Doumenge).
Remontrance au roi, présentée par les conjurés d'Amboise, I, 267.
Remorantin, couturier catholique à La Charité, II, 428.
Remy, conseiller à Grenoble, III, 299. 300. 303.
Renand, Guillaume (un fils de), tué à Saint-Martin-de-Castillon, III, 365.
Renard, Georges, apostat et traître à Paris, I, 230. — Témoin contre Fumée, 258. — Pris dans ses propres pièges, 259.
Renard, Hugues, dit de Saint-Martin, ministre au pays Chartrain, I, 756.
Renaudie, Godefroy de Barre, dit La Forest, sieur de la, fauteur de la conjuration d'Amboise, I, 251. 252. 253. 254. — Trahi, 261. — Sa mort, 266. 375. 377.

Renbure, sieur de, gentilhomme catholique à Abbeville, II, 349.
Rendant (voy. Randan).
Renée de France (voy. duchesse de Ferrare).
Renel, marquis de, fils de la comtesse de Senigan, impliqué dans son procès, I, 146.
Renepont, sieur de, fait tuer un enfant à Bar-sur-Seine, II, 387.
Renier, Etienne, prédicant et martyr à Annonay, I, 9.
Renier, Jacques, notaire à Beaune, I, 171.
Rennes, ville de Bretagne; persécutions à, II, 749.
Renouart (Renouard), Jean de Bailleul, sieur de, commandant à Caen, II, 259. — Rend le château, 260. 262. 309. 328. 724.
Renty, sieur de, lieutenant de la compagnie du roi de Navarre à Condom, II, 754.
Réole, La (voy. La Réole).
Repaire, chef des argoulets de Monluc, III, 127.
Requête remise au roi à Saint-Germain par les ministres, I, 490.
Requête des ministres remises le 8 septembre 1561, I, 498.
Requête des ministres du 11 septembre 1561, I, 525. 526.
Requêtes du triumvirat, II, 42. 46.
Requiran, bâtard de, meurtrier catholique à Aurillac, II, 476.
Resseiguier, conseiller au parlement de Toulouse, III, 31.
Rets, de la (voy. Hermel).
Rets, comte de (voy. Gondi).
Reu, Guillaume de, martyr à Angers, I, 63.
Reuchlin, Jean, célèbre humaniste allemand, I, 1.
Revan, capitaine catholique en Guyenne, II, 757.
Revel, ville du Lauraguais; Eglise dressée, I, 217. — Persécutions, 872. — De Bosco ministre à, 873. — Les catholiques maîtres à, III, 155. — Massacres à, 156. 157. — Les troupes huguenotes s'en approchent, 207.
Revel, Barthélemy, prêtre persécuteur à Lourmarin, III, 372.

REVEL (voy. Pierre PAGES).
REVELLES, sieur de, capitaine huguenot à Rouen, II, 640.
REYMOND, François (voy. RAIMON).
REYNNE, Anne, huguenote tuée à Lourmarin, III, 372.
REYT, Jean, marchand à Aurillac, pillé, I, 477.
REZAT, lieutenant de Monluc, II, 799. 800. 801.
RHINGRAVE de Daun, Jean-Philippe, Wild- et, lève des mercenaires en Allemagne pour le triumvirat, II, 88. 103. — Arrive avec vingt enseignes, 108. — Conduit la cour à Chartres, 110. 184. 185. — Garde Rouen et surveille Le Hâvre, 191. — Employé à la defense de Rouen, 254. — Parlemente devant Bourges, 497. 498. 499. — Devant Rouen, 643. — Ses troupes devant Dieppe, 681. 686. 688. — Essaie de surprendre Le Hâvre, 747. 748.
RHODEZ, évêque de (voy. G. d'ARMAGNAC).
RHODEZ, ville de l'Aveyron ; persécutions, I, 156. 157. 208. 337. — Le ministre Mallet emprisonné, 857. 858. — Les protestants chassés, 865.
RIBAUT, capitaine huguenot à Dieppe, II, 686.
RIBERON, localité de la Saintonge, I, 204.
RIBERON, N. de Saint-Germain, sieur de, gentilhomme huguenot de Normandie, II, 712.
RIBES, Jean, bourgeois catholique massacré à Limoux, III, 151.
RIBIERS, localité de Provence, III, 355.
RICARD (ou Ricaud), capitaine catholique à Toulouse, III, 17. 19.
RICARD (ou Richard), Jean, sieur de, dit Viguier, capitaine huguenot, III, 64.
RICARD, Barthélemy, martyr à Aubagne, III, 341.
RICARDI, Pierre, docteur en théologie à Paris, I, 30.
RICARVILLE, sieur de, capitaine du duc de Bouillon, gouverneur d'Arques, puis de Dieppe, II, 672. 673. 676. 686. — Tué, 688.
RICEY, sieur de ; ses efforts pour reprendre Bar-sur-Seine aux huguenots, II, 386.
RICHARD, capitaine protestant à Montauban, III, 73. 75.
RICHARD, conseiller au parlement de Toulouse, I, 825.
RICHARD, vicaire de l'inquisiteur à Agen ; brûlé à Toulouse comme sodomite, I, 24.
RICHARD, Antoine, huguenot tué à Velaux, III, 356.
RICHARD, Jacques, lieutenant civil à Montmorillon, persécuteur, I, 766.
RICHARD, Pierre, martyr à Angers, II, 552. 553.
RICHARD, Simon, huguenot tué à Lourmarin, III, 364.
RICHARDIÈRE, La, capitaine huguenot tué au sac de Châtillon-sur-Loire, II, 443.
RICHE, La, faubourg de Tours, I, 300.
RICHE, Marguerite de la, dame de la Caille, martyre à Paris, I, 240.
RICHE, Christophe Le, marchand à Amiens, pendu, II, 347.
RICHEBOIS, imprimeur à Sens, blessé, II, 398. — Tué avec sa femme et sa fille, 400.
RICHELIEU, dit le Moine, Antoine du Plessis, sieur de, capitaine catholique à Tours, prend Sully, I, 266. 299. 301. — A Angers, 304. — Blessé par Saint-Martin, II, 495. — Maréchal du camp devant Bourges, 500. — Ses troupes pillent à Angers, 552. 553. 556. — Accompagne Montpensier à Tours, 581. 592. 599. — Pille Saint-Jean-d'Angély, 827.
RICHELME, Barthélemy, bourgeois de l'Espel, III, 380.
RICHELMY, Antoine de, gentilhomme martyr à Aix, III, 337.
RICHER, Pierre, ministre à La Rochelle, I, 139. — Va au Brésil, 158. — Persécuté par Villegagnon, 160. — Fonde l'Eglise de Ré, 207.
RICHER, natif de Paris, ministre à Poitiers, tué, II, 608.
RICHIEND, Antoine et Paul de (voy. de MOUVANS).
RICOBEAU, capitaine huguenot à Grenoble, III, 290.

Riés (Riez), localité de Provence, III, 370.
Rieutort, cordelier, auteur d'une sédition à Carcassonne, I, 876.
Rieux (-en Mulcien), localité près de Meaux, I, 7.
Rieux, Denis de, martyr à Meaux, I, 7.
Rieux, Don, consul de Varilles (Foix), III, 209.
Rieux, des, gardien du couvent des jacobins à Troyes, II, 380.
Rieux, dame Claude de, femme de d'Andelot, I, 141. II. 749.
Riez, évêché de (en Provence), II, 269.
Rigaud, Jean, bourgeois huguenot d'Hyères, III, 350.
Rigord, Jean, martyr à Besse, III, 350. 366.
Rinard (Rivail), conseiller à Grenoble, commissaire en Dauphiné, I, 351.
— Sa fin, 367.
Ringraff (voy. Rhingrave).
Riouperoux, localité de l'Isère; Eglise dressée par François Férond, I, 866.
Rioux, sieur de, gentilhomme de Saintonge, I, 205.
Ris, Bernard, martyr à Senas, III, 349.
Riu, del (voy. Del Riu).
Rivan, Vincent, ministre à Béziers, I, 880.
Rive, Jean de la, dit le Petit Basque, ou Chevery, ministre à Villefranche et Rhodez, I, 157. 337. 863. 864.
— Expulsé, 866. — Se retire à Saint-Antonin, III, 62. — Arrive à Montauban, 64. 66.
Riverac, sieur de, gentilhomme persécuteur en Agenois, I, 27.
Riverant, Jacques de, à Senlis; sa femme blessée à mort, III, 337.
Riverdy, Jean, dit L'Ostrelin, fourrier du duc de Nemours, II, 469.
Rives, village du Dauphiné, III, 310.
Rivière, gabelier à Angers, pendu, II, 553.
Rivière, de la (voy. La Rivière).
Rivière, François de la (voy. Champlenus).
Rivière, Jean de la (voy. Le Masson).
Rivoire, La (voy. La Rivoire).
Roaldès, docteur en droit à Cahors, I, 854.

Robert, bedeau à Montauban, III, 123.
Robert, ceinturier à Amiens, massacré, II, 346.
Robert, le menuisier, huguenot tué à Forcalquier, III, 359.
Robert, Jean, avocat à Grenoble, plaide contre les assemblées, I, 891. III, 255. 256.
Robert, Pierre, avocat du prince de Condé, I, 461.
Robert, Pierre, conseiller au parlement de Toulouse, III, 31.
Roberte, Marguerite, tuée à Gignac, III, 371.
Roberté, martyr à Romans, I, 352.
Robertet (voy. d'Alluye).
Robin, Jean, la veuve de, blessée à Vassy, I, 726.
Robin, Léonard, concierge au château de Toulouse, III, 5. 15.
Robin, Nicolas, fils du précédent, commis à la Conciergerie de Toulouse, III, 15.
Robin, Nicolas, blessé au massacre de Vassy, I, 726.
Robinet, avocat du roi à Issoudun, I, 147. 296. — Hostile aux protestants, 761. — Sa querelle avec Sarzay, II, 512.
Robiquet, lieutenant civil à Angoulême, II, 816. — Sévit à Cognac, 820.
Roc, le frère, imprimeur, tué à Paris, II, 134.
Roc, le bâtard de, chef de bandes catholique dans le Poitou, II, 819.
Roche, Simon, martyr manceau, II, 530.
Roche, Pierre, martyr à Digne, III, 346.
Roche La, (ou Roches), capitaine sous La Motte-Gondrin dans le Dauphiné, I, 363.
Roche, David de la, soldat protestant dans le Dauphiné, III, 313. 314
Roche, sieur de la, viguier d'Uzès, III, 175.
Roche, de la (voy. Chabottes).
Rochebouillet, La (voy. J. Boulier dit La Roche).
Roche-Chandieu, Antoine de la (voy. Chandieu).
Rochechouart, localité du Poitou, II, 819.

Rochefort, bourg et château de l'Anjou, II, 556. 563.
Rochefort, Jacques de Silly, baron de, orateur de la noblesse aux Etats d'Orléans, I, 428. — Son discours, 440. — Il présente une requête, 444. — Fait prisonnier à Dreux, II, 242. — Co-seigneur de Loisy-en-Brie, 359. 369. — Commandant à Beaugency, 580.
Rochefoucault, Charles de (voy. comte de Randan).
Rochefoucault, François comte de la, accompagne Condé à Orléans, I, 453. — Arrive à Orléans, II, 23. — A Talcy, 93. — Envoyé en Saintonge, 102. — Arrêt contre lui, 128. — Arrive à Orléans avec les restes de l'armée de Guyenne, 187. — Maltraité par les Suisses à Dreux, 234. — Tue leur colonel, 235. — Accompagne l'amiral, 238. — Rentre à Saint-Aignan, 247. — Prend Jargeau, 250. — Chargé par Poltrot, 271. — Déclaration contre les accusations de Poltrot, 290. 302. — Envoyé à Tours, 583. — Passe à Poitiers, 600. — Se retire en Saintonge, 605. 607. — Arrive trop tard pour délivrer Poitiers, 608. — Duras lui fait demander des secours, 771. 777. — Assiège Saint-Jean-d'Angely, 792. — Se retire à Saint-Jean-d'Angely, 824. — Réunit un synode à Saintes, 826. — Prend Pons, 827. — Envoyé par Condé en Poitou, III, 224.
Rochefoucault, Charlotte de Roye, seconde comtesse de la, II, 821.
Roche-Giron, La, localité de Provence, III, 359.
Rocheli, jacobin inquisiteur à Sancerre, I, 20.
Rochelle, La, ville de Saintonge, I, 23. — De Clermont ministre, 136. — Eglise dressée, 140. — Un ministre envoyé au roi de Navarre, 200. — Ceux de La Rochelle restent neutres, II, 824. — Tentative malheureuse des huguenots pour s'emparer de la ville, 833. 834.
Roche-Maupetit, La, serviteur de l'official au Mans, tué, II, 530.
Rochemont (voy. J. de Gannes).

Roche-Posay, sieur de la, gentilhomme catholique de Touraine, II, 588. 589.
Rochery, Jean, martyr à Angers, II, 556.
Roches, capitaine catholique au Mans, II, 527.
Roches, Jacques des (voy. J. Trouillet).
Roches, Jean des (voy. Papillon).
Roche-Saint-Serret, La, château en Dauphiné, pillé, I, 362.
Roche-sur-Yon, Charles de Bourbon, prince de la, assiste à la mercuriale, I, 193. — Gouverneur d'Orléans, 290. — Aux Etats-généraux, 407. — A la déclaration d'innocence de Condé, 467. — Chargé de protéger les protestants comme gouverneur de Paris, 690. 692. — Maintient la paix à Orléans, 729. — Monterud son lieutenant, 758. — Assiste à l'entrevue de Saint-Marceau, II, 197. — Signe la déclaration des princes, 255. 256. — Mentionné dans l'Edit de pacification, 284. — Figure dans les dépositions de Poltrot, 323. — Intervient en faveur de Châtillon-sur-Loing, 459. — Entre à Bourges, 500. — Visite Antoine de Navarre blessé, 643. — Assiste à sa confession, 665. — Prie avec lui, 666. — Reçu comme gouverneur du Dauphiné à Grenoble, III, 315. 316.
Rochet, inquisiteur à Agen, brûlé comme sodomite, I, 24.
Rochette, La, capitaine catholique devant Grenoble, III, 285.
Rochon, Pierre de, juge criminel à Toulouse, ennemi des protestants, I, 816.
Rockendorf (voy. Roquendorf).
Rocobrun, Jean, bourgeois de Thoard, III, 354.
Rocoles, Antoine, traître à Béziers, III, 169.
Rocque, sieur de, persécuteur des Vaudois, I, 45.
Rocque, La, village vaudois en Provence, brûlé, I, 45.
Rodes, prêtre à Pamiers, III, 209. 211
Rodet, Paquot, huguenot tué à Lourmarin, III, 364.

Table alphabétique.

Rodeur, Guillaume, bourgeois protestant de Negrepelisse, I, 850.
Rodulphi (ou Rudolphi), Jean Pons, homme de lettres, martyr à Fréjus, I, 383. III, 339.
Rodulphi, Antoine, tué à Fréjus, III, 361.
Rodulphi, N., mère des deux précédents, massacrée à Frejus, III, 370.
Roffet, prévôt à Pontoise, persécuteur, II, 129.
Roffignac, sieur de, président au parlement de Bordeaux, I, 209. — Membre du Syndicat contre les protestants, 787.
Roggendorf (voy. Roquendorf).
Rognac (voy. Rougnac).
Rohan, sieur de (voy. Fontenay).
Rohan, demoiselle de, séduite par le duc de Nemours, I, 389. II, 748.
Roi, Guillaume Le (voy. Le Roy).
Roland, prévôt et procureur à Toulouse, III, 37.
Rolandière, martyr manceau, II, 531.
Rolin, Didier, bourgeois huguenot de Metz, III, 448.
Rollet, Pierre, huguenot tué à Fréjus, III, 360.
Rollin (Raoullin), Robert, sieur de Loupan (voy. Loupan).
Roltzhosen (Rollshausen ou Rudolshausen) (voy. maréchal de Hesse).
Roma, de, inquisiteur, persécute les Vaudois, I, 36. 43.
Romain, Guillaume, huguenot tué à Eguilles, III, 357.
Romain, Bernard (femme de), tuée à Cabrières, III, 376.
Romain ou Romans, ville du Dauphiné; Eglise dressée à, I, 219. — On y prêche publiquement, 343. 347. 350. 365. — Poursuites et emprisonnement des fidèles, 890. — Mirabel part de, III, 232. 233. — La Motte-Gondrin y arrive, 249. 267. — Des Adrets s'en empare, 269. 283. — Montbrun y séjourne, 285. — Furmeyer y réunit des troupes, 289. — Des Adrets y négocie avec Nemours, 303. 304. 305.
Romans, N. (femme de), tuée à Lourmarin, III, 372.
Romette, localité du Dauphiné, III, 313. 314.

Romey, commissaire pour un emprunt forcé à Rouen, II, 670.
Romien, Benoît, martyr à Draguignan, I, 157.
Romigly, ministre à Périgueux, II, 758.
Romiville (Romainville?); lettres d'abolition données à, en faveur des protestants de Toulouse, III, 45.
Rommerou, capitaine huguenot en Normandie, II, 708. 714. 716.
Romorantin, ville de Loir-et-Cher; Edit de, I, 274. 275. — L'Edit de, publié à Troyes, 294. — Aux Iles, 314. — A Montauban, 328. — Modifié par l'Edit de Juillet, 469. — La ville est surprise par Mongenet, II, 154.
Romoules, capitaine catholique en Normandie, II, 727.
Rondelet, bourgeois d'Amiens, assommé, II, 346.
Ronsard, Pierre de, poète, persécuteur dans le Vendômois, II, 538. 539.
Roque, Jean, avocat du roi à Hyères, mort de peur, III, 344.
Roque ou Roques, Jean de la, martyr à Mont-de-Marsan, II, 811.
Roque, sieur de La, réfugié huguenot en Angleterre, réclamé par le roi, II, 738.
Roque, Guillaume de, avocat du roi à Carcassonne, catholique fanatique, I, 876, III, 183.
Roque, Mathurin de la, pelletier à Aix et martyr, III, 347.
Roquebrou, La, ville du Cantal, II, 476. 477.
Roquebrune, sieur de, capitaine huguenot en Normandie, traître, II, 727. 728. III, 203.
Roquebrune, village de l'Armagnac, II, 784.
Roquebrussane (ou Roquebrussême), localité de Provence, III, 339. 369.
Roquecourbe, localité du Tarn, I, 217. III, 157.
Roquemadour (Roc-Amadour), célèbre sanctuaire et localité du Lot; l'église détruite, II, 777. 778. III, 89.
Roquemaure, localité du Comtat-Venaissin, III, 274. 275.
Roquemaure, Philippe, huguenot tué à Grasse, III, 360.

III   54

ROQUENDORF, comte de, lève des mercenaires en Allemagne pour le triumvirat, II, 88. 103. — Déclaré *chelme*, *ibid*. — Mandé à Chartres, 107. 184. 185. 250. — Envoyé dans le Dauphiné, III, 229.

ROQUES, Jean, juge à Revel, III, 156.

ROQUES (ou Rocques), Castille, femme huguenote tuée à Sorèze, III, 184. 185.

ROQUESURE, Jacomme, femme huguenote tuée à Murs, III, 371.

ROQUETTE, LA (voy. LA ROQUETTE).

ROQUEZIÈRE, « un de », martyr à Toulouse, III, 36.

ROSE, Guillin, laboureur tué à Meaux, II, 357.

ROSELIÈRE (Roulieures?), localité de Lorraine, III, 459.

ROSIER, Pierre, huguenot tué à Lourmarin, III, 364.

ROSIER, Rodet, huguenot tué à Lourmarin, III, 364.

ROSIER, Hugues Sureau, dit du, ministre à Orléans, I, 738. — Apostat, III, 247. — A Metz, 475.

ROSSEHUT, de (voy. Martin HARGONS).

ROSSET, capitaine catholique dans le Comtat-Venaissin, pillard et assassin, I, 362.

ROSSIEU (Guillaume Bouvard, sieur de Roussieu), capitaine catholique dans le Dauphiné, III, 271.

ROSSILLON, Savignac de Thouars, dit le capitaine, commande à Béziers, I, 879. — Envoyé à la reine, II, 757. — Essaie de recouvrer Saint-Antonin, III, 67.

ROSSO, Julio Ranutio, capitaine catholique en Normandie, défend Bayeux, II, 328. — Exécuté à Caen, 329. — Ses exactions à Bayeux, 698. 722. 734.

ROSTAIN (Rostaing), Job, conseiller au parlement de Grenoble, commissaire en Dauphiné, I, 351. — Sa fin, 367.

ROSTAIN, Honoré, menuisier à Ollioules et martyr, III, 340.

ROSTAIN, Jean, martyr à Barjols, III, 348.

ROSTAIN, Jean, catholique tué à Marseille, III, 357.

ROTE, La, capitaine catholique à Metz, III, 461.

ROTELUGE, Martin, conseiller au présidial de Meaux, persécuteur, II, 359.

ROTHELIN, Jacqueline de Rohan, marquise de, III, 401.

ROUBIN, Valentin, huguenot tué à Castellane, III, 360.

ROUCY, capitaine protestant en Champagne, II, 395.

ROUE, sieur de la (voy. François PRIVÉE).

ROUEN, chef-lieu de la Normandie; un martyr à, I, 34. — Eglise dressée, 112. — Persécutions, 198. 220. — Emeute et persécutions, 305. — Un illuminé, 306. — Présentation d'une confession de foi, 309. — Marlorat à Rouen, 310. — Bruit de la défaite de Bèze à Poissy; lettres des ministres de Rouen à ce sujet, 389. 390. — Du Perron ministre, 773. — Edit de juillet publié, *ibid*. — Accroissement de l'Eglise, 777. — Prise de, II, 186. — Nouvelle des exécutions et représailles à Orléans, 187. 190. — Le rhingrave garde Rouen et tient en bride Le Hâvre, 191. — Brissac et Vieilleville à Rouen, 254. — Aumale, 258. — Synode provincial tenu à, 610. — Marlorat accusé d'avoir causé la sédition de, 657. — Rouen reçoit une garnison anglaise, 747.

ROUEN, parlement de; ses persécutions, I, 29. 34. 93. 95. 198.

ROUERGUE, pays du, I, 8. 12. 99. 156. 216. 857. II, 477. III, 191.

ROUET, demoiselle du (voy. DU ROUET).

ROUGEOREILLE, Claude, prévôt à Paris lors du tumulte de Saint-Médard, I, 671. — Chargé de protéger les protestants, 690. — Prévôt des bandes à Orléans, II, 187.

ROUGERAYE, Jean de la, emprisonné à Montauban pour cause de religion, I, 327. 328.

ROUGETI, official de l'évêque de Metz, III, 438. — Séduit une fille, 446.

ROUGNAC, sieur de, gentilhomme huguenot, tué à Dreux, II, 242.

ROUILLARD, Michel, ministre à Corbigny, I, 750.

ROUILLE, SAINT- (voy. SAINT-ROUILLE).

Table alphabétique.

Rouleau, N., chanoine à Sens, II, 404.
Roulet, Antoine, tué à Céant-en-Othe, II, 394.
Roulet, Philippe, tué à Céant-en-Othe, 394.
Rouseau, Jean, tué à La Coste, III, 376.
Roussanes, Gracian de, conseiller à Angers, I, 215. 320. 791. — Député à Poissy, 795.
Rousseau, avocat du roi à Angoulême, II, 814.
Rousseau, Martin, martyr à Paris, I, 240.
Rousseau, Nicolas du, martyr à Dijon, I, 137.
Rousseau, Pierre de, écolier à Genève, martyr à Angers, I, 108.
Roussel, Gérard (voy. Ruffi).
Rousset, capitaine huguenot en Provence, III, 138.
Roussière, Béatrix, huguenote tuée à Saint-Quentin, III, 371.
Rouvière (ou Rovières), ministre à Tours, I, 150. — Prêche à Bourges, II, 487.
Rouvray, sieur de, capitaine huguenot à Rouen, II, 638. 672. 675. 676. 678.
Roux, Jacques, ministre à Poitiers et à Lyon, I, 320. III, 245.
Roux, François, huguenot tué à Cabrières, III, 366.
Roux, Jacques, huguenot tué à Cabrières, III, 366.
Roux, Jean, huguenot tué à Cabrières, III, 366.
Roux, Marcellin (femme de), tuée à Vellaux, III, 373.
Roux, chevalier de, bourgeois catholique de Montauban, I, 847.
Roux, Le (voy. Le Roux).
Roux, Raymond du, juge mage à Carcassonne, I, 876.
Rouziers, capitaine huguenot à Marvejols, III, 199.
Rovézières, métairie dans le Berry, II, 492.
Roy, Le (voy. Le Roy).
Roy, Guillaume, huguenot tué à Lourmarin, III, 364.
Roye, ville de Picardie, II, 674.
Roye, madame de, embrasse l'Évangile, I, 141. — Intercède pour les protestants, 224. 228. — Arrêtée, 291. — Assiste à la déclaration d'innocence de Condé, 461. — Est déclarée innocente, 467. — Se retire à Strasbourg avec les enfants de Condé, II, 11.
Roye, Eléonore de (voy. princesse de Condé).
Royer, Claude, notaire et sergent royal à Vassy, blessé lors du massacre, I, 726.
Royer, Le (voy. Le Royer).
Royon, Le More de (voy. More).
Rozan (Rauzan), localité du Bazadois, II, 769.
Rozans, sieur de (voy. Mirabel).
Rozay, localité de Brie, I, 6.
Rozier, Etienne, martyr à Aix, III, 348.
Rozier, du (voy. du Rosier).
Rubay, N., maître des requêtes au parlement de Paris, II, 310.
Ruchs (Ruch), village du Bazadois, II, 770.
Rudelle, conseiller au parlement de Toulouse, III, 31.
Rudolshausen (voy. Roltzhosen).
Ruffec, Philippe de Volvire, sieur de, persécuteur en Angoumois, II, 820.
Ruffec, ville de la Charente, II, 820.
Ruffi (Roussel), Gérard, à Meaux, I, 5. — Auprès de la reine Marguerite, 6. — Appelé par elle à Paris, 14. — Nommé par elle évêque d'Oleron, 15. — Son influence nuisible sur Marguerite de Navarre, 22. II, 796. III, 456.
Ruffi, Jacques, ministre à Lyon, III, 215. 216. 335.
Ruille, Blaise de, marchand à Toulouse, capitoul protestant, I, 815.
Ruille, curé, persécuteur au Mans, II, 515.
Ruisseaux, des (voy. Michel Malot).
Ruspeaux, Yves, ministre à Pons, I, 201. — A Saujon, 204.
Russanges, sieur de, apostat et traître à Paris, I, 228. 230. 245. 258.
Rutain, village de la Sarthe, II, 537.
Ruzé, de, avocat au parlement de Paris, orateur de la noblesse aux Etats-généraux, I, 460. — Arrêté, II, 12.

Ruzé, Louis de, lieutenant civil à Paris, encourage les études en France, I, 3.
Ruzé, docteur en Sorbonne, confesseur du roi, tente d'Andelot, I, 145.
Rye, La (Rye), port anglais vis-à-vis de Boulogne, II, 682. 687. 730.
Rynaudes, archer de la garde royale, favori du duc de Guise, chargé de la garde de Montargis, II. 466.
Ryon, Antoine du, martyr à Angers II, 556.
Rys, sieur de, à Bourges, bailli du Berry, persécuteur, I, 295. — Se saisit de la grosse tour à Bourges, II, 484.
Ryves, localité du Dauphiné, III, 282.

S.

Sabatery (ou Sabatier), Bertrand, procureur-général à Toulouse, l'un des chefs de la faction catholique, I, 327. 825.
Sabatier, Annel, meurtrier catholique à Marseille, III, 357.
Sabatier, Jacques, martyr à Carcassonne, III, 142.
Sabatier, Jean, meurtrier catholique à Marseille, III, 339. 356. 357.
Sabatier, Louis, martyr à Saint-Mitre, III, 348.
Sabille, Antoine, martyr à La Roque-d'Anthéron, III, 340.
Sablé, ville du Maine, II, 533.
Sablière, La, capitaine catholique de Marennes, II, 831.
Sabouin, Pierre (femme de), tuée à Saint-Quentin, III, 373.
Sac, Claude du, dit Gendre de Brodequin, condamné à mort à Rouen, II, 661. 662.
Sacalé, bourgeois de Toulouse, III, 17.
Saconex (Saconay), Gabriel de, persécuteur à Lyon, I, 69.
Sacy, village de la Marne, I, 51.
Sadolet, cardinal et évêque de Carpentras, suspend la persécution contre les Vaudois, I, 41, 283.
Sague, La (voy. La Sague).
Saillans, de (voy. Desaillans).
Saim Pol, de (voy. de Saint-Paul).

Sain, Claude Le (voy. Le Sain).
Sainctes, Claude de (voy. Saintes).
Sainte-Affrique, localité de l'Aveyron; Eglise dressée par le ministre de Vaux, I, 866. III, 193.
Saint-Agnan, localité du Berry, prise par La Rochefoucauld, II, 247.
Saint-Agnen (Aignan), comte de, capitaine huguenot, menace Blois, II, 577. — Tué à Rouen, 624.
Saint-Aignan, bailli de (voy. Coiffard).
Saint-Ain, localité du Tarn, III, 184.
Saint-Amand, localité du Berry; Eglise dressée, I, 214.
Saint-Andien (Saint-André-de-Sangonis), localité de l'Hérault, III, 159.
Saint-André, abbaye en Provence, I, 377.
Saint-André-de-Méouille, localité de Provence, III, 361.
Saint-André, sieur de, président au parlement de Paris, persécuteur, I, 228. — Suborne des témoins, 230. 235. 238. 239. — Son attitude vis-à-vis d'Anne du Bourg, 241. 243. — Ses menées, 255. 256. 258. 259. 298.
Saint-André, de, capitaine catholique, persécuteur à Montpellier, I, 336. 337.
Saint-André, capitaine protestant à Montpellier, III, 146. — A Orange, 261.
Saint-André, Jacques d'Albon, maréchal de; son influence sur Henri II, I, 68. — A Agen, 102. — Menacé, 212. — Vient voir le roi de Navarre et Condé, 324. — Appelé au commandement d'une armée, 389. — Serviteur des Guise, 402. — A l'assemblée des Etats à Orléans, 407. — Prétend à la succession de Diane de Poitiers, 445. — Assiste à la déclaration d'innocence de Condé, 467. — Membre du triumvirat, 489. — Refuse de se rendre dans son gouvernement, 720. 770. — Accompagne le duc de Guise à Paris, II, 3. 180. 181. — A Troyes pour empêcher le passage de d'Andelot, 186. — Quitte Sens et abandonne Etampes, 191. — Présage de sa mort, 229. —

Charge les reîtres à Dreux, 237. — Faute qu'il commet, 238. — Tué par Baubigny, 240. — Engage des meurtriers contre Condé et Coligny, 296. — Sa mort, 306. 307. — A Troyes avec le duc de Nevers, 382. — Sa compagnie pille Auxerre, 408. 426. — Gouverneur de La Charité, *ibid*. — Mulets de sa compagnie surpris, 445. 479. — Au siège de Bourges, 495. — Arrive à Issoudun, 510. — Au siège de Poitiers, 607. — Ecrit aux huguenots de La Rochelle pour les amadouer, 824.

Saint-Ange, Pierre de Briançon, sieur de, capitaine huguenot en Dauphiné, III, 313.

Saint-Anthot (ou Saint-Tot), sieur de, premier président du parlement de Rouen, II, 611. 667. 668.

Saint-Antoine-de-Marcolles, localité du Quercy; temple catholique détruit, III, 89.

Saint-Antoine, faubourg de Montauban pris; horreurs commises, III, 88.

Saint-Antonin, localité du Rouergue, évangélisée par J. Chrestien, I, 863. — Eglise dispersée, 865. — Vaysse, ministre, 866. — Duras y passe, II, 775. 777. — Burie et Monluc y passent, III, 66. — Ceux de Montauban s'y retirent, 76. 78. — Marchastel y séjourne, 89. — Recouvré par Savignac, 193.

Sainte-Apollinaire, localité de l'Ardèche, I, 348.

Saint-Arnoul, localité d'Eure-et-Loir, prise par Condé, II, 226.

Saint-Auban, Gaspard Pape, sieur de, capitaine protestant à Montélimart, I, 343. — Au siège de Barjols, 898. 899. — Amène des secours à Orléans, II, 89. — Envoyé en Dauphiné par Condé, 225. 226. 481. — Colonel de troupes huguenotes en Provence, III, 138. — Pris à Tarare, 234. — Gouverneur d'Orange, 264. 301. 302. — A Villefranche, 415. 416.

Saint-Auban, localité de Provence, III, 370. 373. 378.

Saint-Aubin, sieur de, gentilhomme huguenot réfugié en Angleterre, II, 738.

Saint-Barthélemy, La, à Chartres (1572), I, 214.

Saint-Benoît-sur-Vanne, village de l'Aube, II, 392.

Saint-Bonnet, localité du Dauphiné, III, 334.

Saint-Brisson, village du Loiret; pillé par le capitaine Noisy, II, 447. — Des protestants de Gien y sont massacrés, 455.

Saint-Calais, abbaye dans le Maine, prise par de Coigné, II, 333.

Saint-Calais, ville du Maine, II, 524. 538.

Saint-Capraise (Saint-Caprais?), localité près de Montauban, III, 87.

Saint-Caprase, couvent d'Agen, II, 764.

Saint-Chamas, localité de Provence, III, 363. 371. 375.

Saint-Chaumont, sieur de, grand prieur d'Auvergne, prend Annonay, III, 187. — L'assiège de nouveau, 188. 189. — Viole la capitulation, 190. 191. — A la Chaise-Dieu, 227. 229. — Essaie de surprendre Lyon, 235.

Saint-Chély-d'Apchier (Saint-Chély-d'Apcher), localité de la Lozère, III, 200.

Saint-Chéron, abbaye d'Eure-et-Loir; Condé y est renfermé, II, 249.

Saint-Chinan (Saint-Chinian), village de l'Hérault; un diacre de Béziers y est arrêté, I, 880.

Saint-Christophe, village de Touraine, II, 600.

Saint-Cire-de-la-Popie (Cirq-la-Popie), localité du Lot; Eglise dressée par Carvin, I, 852.

Saint-Cire, chanoines de, à Nevers, mis à contribution, II, 415.

Sainte-Claire, sœurs de, à Gien, II, 448.

Saint-Clère, de, capitaine à Châtillon-sur-Loire, II, 438.

Saint-Cloud, pont de; Condé y rencontre le cardinal de Bourbon, son frère, II, 7.

Saint-Coignat, sieur de, fait prisonnier et pendu à Limoux, III, 151.

SAINTE-COLOMBE, capitaine béarnais, tué à la prise de Rouen, II, 647.
SAINTE-COLOMBE, sieur de, envoyé à Montauban par le roi, III, 137. — Pris à La Rochelle en 1572, 153.
SAINT-COSME, village du Maine, II, 517.
SAINT-CRÉPIN (voy. BARBE, LA).
SAINT-CRESPIN, bourg de l'Anjou, II, 558.
SAINT-CYRE (voy. PUYGREFFIER).
SAINT-DELYS, François de, lieutenant à Abbeville, tué, II, 347. 349.
SAINT-DELYS, Robert de, sieur de Hancourt, gouverneur d'Abbeville, assassiné, II, 347.
SAINT-DENIS, abbaye de l'Ile-de-France; bataille où le connétable trouve la mort, II, 229.
SAINT-DENIS, localité de l'île d'Oléron, II, 829.
SAINT-DENIS, sieur de, capitaine huguenot à Vire, II, 715. 716.
SAINT-DIDIER, capitaine huguenot à Grenoble, III, 290.
SAINT-DIZIER, localité de la Haute-Marne, II, 395.
SAINT-ELOY (voy. de MONCY).
SAINT-ERAN, sieur de, capitaine catholique en Auvergne, III, 227.
SAINT-ESPIN (Saint-Epain), bourg de Touraine, II, 588.
SAINT-ESTÊVE, sieur de, gouverneur du Vieux-Palais à Rouen, II, 648.
SAINT-ETIENNE, sieur de, gentilhomme huguenot de Champagne, II, 388. — Assiégé par le duc de Nevers et tué malgré la parole donnée, 389.
SAINT-ETIENNE, ville des Cévennes; commencements de l'Evangile, I, 218.
SAINT-ETIENNE-LÈS-VILLE en Auvergne; un protestant y est emprisonné, I, 476.
SAINT-ETIENNE-DE-FOREST, ville du Forez, surprise par Sarras, III, 186.
SAINT-ESTIENNE (-sur-Reyssousse), localité de l'Ain, III, 410.
SAINT-EUSTACHE, église de Paris; massacre à, I, 167.
SAINT-FALE, Anne de Vaudray, sieur de, bailli à Troyes, I, 294.
SAINT-FARON, monastère près de Meaux; protestants y sont reclus, I, 51.

SAINT-FÉLIX, François de (voy. de CLAPIERS).
SAINT-FÉLIX, capitaine catholique battu à Saint-Paragone, III, 173.
SAINT-FÉLIX-DE-SORGUES, village du Rouergue, III, 193.
SAINT-FIARI (Fedarius), ancien évêque d'Agen, I, 791.
SAINT-FLORENT, sieur de, gentilhomme catholique des environs de Bourges, II, 486. 491.
SAINT-FLORENT, localité du Cher, II, 491. 492.
SAINTE-FOY (ou Saincte-Foy-la-Grande), ville de la Guyenne; synode de, donne une organisation politique aux protestants de la province, I, 803. 806. — Publication de l'Edit de janvier, 811. — Synode, 825. 842. — Articles de confédération des églises, délibérés à, II, 758. — Duras rallie ses troupes à, 770. — Prise par Rezat, 799. — Délivrée par La Rivière, 800. 801.
SAINTE-FOY, Charles de Chabot, sieur de, I, 813. — Mentionné dans une lettre du cardinal de Lorraine, II, 105. — Sa défection et sa mort, 825.
SAINTE-GEMME, N. Porcheron, sieur de, procureur du roi à Poitiers; son fils ameute les étudiants de Poitiers et démolit les chapelles, II, 602.
SAINTE-GEMME (ou Sainte-Jamme), Lancelot du Bouchet, sieur de, capitaine huguenot, gouverneur à Poitiers, II, 589. 602. 604. 606. 609.
SAINTE-GEMME, dit Plessis-Bouchard, gentilhomme catholique manceau, II, 534.
SAINTE-GENEVIÈVE, église de Paris; procession à, II, 5.
SAINT-GENIS-LAVAL, localité du Lyonnais, III, 233. 234. 235. 237.
SAINT-GEORGE, Guillaume de Sandic, sieur de, capitaine huguenot à Montpellier, III, 146.
SAINT-GEORGES, bourg de l'Anjou, II, 563.
SAINT-GERMAIN-DE-CAMBERTE (Saint-Germain-de-Calberte), localité des

Cévennes; Eglise dressée, I, 218. — Images abattues, 889.
SAINT-GERMAIN-EN-LAYE, localité près de Paris, I, 291. — Théodore de Bèze y prêche, 492. — Conférence particulière à la suite du colloque de Poissy, 603. — Formule proposée sur la cène, 604. — Les ministres la repoussent, 605. — Autre conférence, 606. — Les ministres proposent une nouvelle formule, 607. — D'Espence également, 608. — Rejetée par l'assemblée des prélats, 609. — Déclaration opposée par les ministres, 614. 615. — Assemblée des notables à, 674. — Arrête l'Edit de Janvier, *ibid.* — Mécontente les deux partis, 681. — Déclaration des ministres sur l'Edit, 682. — Opposition des parlements, 687. — Nouvelle conférence des théologiens, 692. — Discussion sur les images, *ibid.* — Déclaration de Monluc à ce sujet, 694. — Déclaration des ministres, 696 à 716. — Déclaration sur les conditions d'un concile chrétien œcuménique, 716. 717. 718. 719. 720.
SAINT-GERMAIN, sieur de (voy. RIBERON).
SAINT-GERMAIN, capitaine huguenot dans le Dauphiné, III, 314.
SAINT-GERMIER, sieur de, gentilhomme huguenot tué à Dreux, II, 242.
SAINT-GILLES (Saint-Gilles-du-Gard), localité du Languedoc; Sommerive y est battu, III, 164. 165. 197. 335. 336.
SAINT-GONDON, localité près de Gien, assaillie par le capitaine La Porte, II, 449. — Eglise dressée, 450.
SAINT-HÉRAN, sieur de, capitaine catholique en danger de mort à Dreux, II, 241.
SAINTE-HERMINE, Joachim de, sieur du Fâ, capitaine huguenot de l'armée de Duras, II, 779. 789.
SAINT-HILAIRE (Saint-Hilaire-Saint-Mesmin), localité près d'Orléans, où campe l'armée royale, II, 271. 301.
SAINT-HIPPOLYTE, localité des Cévennes; Eglise dressée, I, 341.

SAINTS-INNOCENTS, église de Paris; massacres, I, 166. 192.
SAINT-JACQUES, rue, à Paris, I, 116. 211.
SAINT-JACQUES, le maréchal de, ou de Blois, chef des catholiques de Blois, I, 753. — Ses cruautés, II, 578. 579. — Fait pendre Chassebœuf, 580.
SAINT-JACQUES, hôtellerie à Saint-Jean-de-Gardonnanque, démolie, II, 340.
SAINT-JALLE, capitaine catholique dans le Comtat-Venaissin, I, 362.
SAINTE-JAME, lieutenant catholique devant Montauban, III, 126. — Tué, 127. 137.
SAINTE-JAMME, sieur de (voy. SAINTE-GEMME).
SAINT-JEAN-D'ANGÉLY, ville de la Saintonge; un ministre à, I, 155. — Persécution, 199. 200. II, 504. Siège, 792. — Réunion de la noblesse à, 821. — Synode, 822. 824. — La Rochefoucauld s'y retire, 827.
SAINT-JEAN-D'ASSÉ, village près du Mans, II, 533.
SAINT-JEAN-DE-GARDONNENCHE (ou Gardonnanque), sieur de, capitaine huguenot dans le Gévaudan et à Montpellier, I, 333. 339. — Sa maison rasée, 340. — Amène des troupes à Orléans, II, 481. III, 138. Fait la guerre dans le Gévaudan, 200.
SAINT-JEAN (-de-Gardonnanque), localité des Cévennes, I, 218. 339. 340.
SAINT-JEAN, de Laon, abbé de, agent du cardinal de Lorraine, II, 38, 39.
SAINT-JEAN-DE-PRICHE (-le-Prissé), localité de Bourgogne, III, 410.
SAINT-JULLIAN, capitaine huguenot à Lavaur, I, 853.
SAINT-JUST, localité de la Charente-Inférieure; culte introduit, I, 313. — Jean Bruslé ministre, II, 822.
SAINT-LAURENT, journée de; défaite des troupes françaises à Saint-Quentin en 1557, I, 115. II, 788.
SAINT-LAURENT-DES-ARBRES, localité du Gard, III, 177. 274.
SAINT-LAURENT, localité de Provence, III, 367.

SAINT-LAURENT (ou Sainct-Laurens), dit Saint-Martin le luthérien, capitaine huguenot à Bourges, II, 488. 490. 495. 500. 501.
SAINT-LAURENT-DE-L'AIN, localité en face de Mâcon, III, 411.
SAINT-LÉOFAIRE, localité du Languedoc ; Eglise dressée par J. Constans, I, 851. — Reçoit une garnison catholique, III, 85. — Pillé par la garnison de Montauban, 87.
SAINT-LÉOFAIRE, sieur de, gentilhomme protestant à Montauban, III, 68.
SAINT-LÉOFIÈDE, village du Quercy ; images détruites, I, 847.
SAINT-LÉONARD, localité (voy. CORBIGNY).
SAINT-LÉONARD, capitaine apostat, parlemente à Montauban, III, 105. 106. 118. 129. 132.
SAINT-LISAGNE, Jean Bouchetel, sieur de, secrétaire du roi à Issoudun, I, 761.
SAINTE-LIZAIGNE, village de l'Indre, II, 505.
SAINT-LÔ, ville du Cotentin ; Eglise dressée, I, 220. — On y prêche publiquement, 306. — Abandonnée par la garnison catholique, II, 329. — Coligny y envoie Montgomery, 330. — Au pouvoir des protestants, 700. — Montgomery y réunit ses forces, 708. — Ne peut y nourrir ses troupes, 709. 711. 717. — Quitte la ville, 720. — Elle est prise par le duc d'Etampes, 721. 722. — Le duc de Bouillon n'y est pas admis, 725.
SAINT-LOUYS, capitaine huguenot à Mâcon, III, 223. 411.
SAINT-LYE (Saint-Lyé), château et localité près de Troyes en Champagne, II, 375.
SAINT-LYONS (Saint-Lions), localité des Basses-Alpes ; Eglise dressée par de Vaux, I, 866.
SAINT-MACAIRE, localité de la Guyenne, I, 811. II, 768. 771.
SAINL-MAISSANT (Saint-Maixent), ville du Poitou, II, 606.
SAINT-MANET, Geraut, sieur de, lieutenant-général à Aurillac, persécuteur en Auvergne, II, 477.

SAINT-MARC, Jean de, huguenot tué à Lourmarin, III, 363.
SAINT-MARCEAU, moulin de ; entrevue de Catherine de Médicis et de Condé, II, 197. 199. 213.
SAINT-MARCEL, François de, évêque de Grenoble, 258.
SAINT-MARCELLIN, ville du Comtat-Venaissin, III, 269. 303.
SAINTE-MARGUERITE, N. Tributiis, sieur de, conseiller au parlement d'Aix, III, 380.
SAINTE-MARIE, capitaine normand, l'un des conjurés d'Amboise, I, 253.
SAINTE-MARIE, capitaine à la suite de La Motte-Gondrin dans le Dauphiné, III, 363.
SAINTE-MARIE, chef de bandes catholique, attaque les protestants de Meaux, II, 353.
SAINTE-MARIE-AUX-AGNEAUX (voy. AGNEAUX).
SAINTE-MARIE-DU-MONT, Nicolas aux Epaules, sieur de, capitaine huguenot en Normandie, II, 624. 705.
SAINTE-MARIE-DE-THÉIS (voy. THÉIS).
SAINTE-MARIE-AUX-MINES, localité d'Alsace, III, 443.
SAINT-MARS-DOUTILLÉ, village du Maine, II, 524. 533.
SAINTE-MARTHE, Françoise de, tuée à Arles, III, 369.
SAINT-MARTIN, l'abbé de, à Autun, penche vers la Réforme, I, 64. 749.
SAINT-MARTIN, de (voy. Hugues RENARD).
SAINT-MARTIN, de (voy. de la COUDRE).
SAINT-MARTIN, sieur de, gentilhomme huguenot des environs de Pezénas, parlemente au nom de Baudiné avec Joyeuse, III, 160.
SAINT-MARTIN, de, sieur de Brichanteau, dit le Huguenot, capitaine huguenot à Bourges, II, 495. — Se rallie au duc de Guise, 500.
SAINT-MARTIN-LE-LUTHÉRIEN (voy. SAINT-LAURENT).
SAINT-MARTIN-LE-LUTHÉRIEN, le fils de, sert l'artillerie au siège de Bourges, II, 495.
SAINT-MARTIN, sieur de, gendre de Senas, gentilhomme huguenot du Dauphiné, III, 335.

Table alphabétique. 777

Saint-Martin, de, lieutenant de Crussol dans le Vivarais, III, 159. 188.
Saint-Martin, village vaudois de Provence, brûlé, I, 45. 137.
Saint-Martin-de-Houx (Houx), localité d'Eure-et-Loir ; assemblées à, I, 757.
Saint-Martin-de-Douet, village du Perche, II, 540.
Sainte-Martre, sieur de, fils du premier médecin du roi, fait des cours de théologie à Poitiers, I, 63.
Saint-Mas, sieur de, gentilhomme huguenot de Champagne, repousse les paysans catholiques assaillant Céant-en-Othe, II, 393.
Saint-Maur-des-Fossés, abbaye de Paris, II, 666.
Saint-Maurice, village près de Montauban, III, 135.
Saint-Mauris (ou Saint-Maurice), Claude de Brunel, sieur de, gentilhomme huguenot du Dauphiné, sauve Grenoble, III, 280. 312.
Saint-Mauris (ou -Muris), le jeune, sieur de, capitaine huguenot dans le Dauphiné, III, 270.
Saint-Maximin, localité de Provence, I, 898. III, 338. 355. 373.
Saint-Médard, église à Paris; tumulte à, I, 671. 672. 673. 674. II, 3.
Sainte-Menehou (Sainte-Ménéhould), localité de Champagne, II, 361.
Saint-Mesmes, sieur de, écuyer de la reine Catherine, envoyé à Condé, II, 193.
Saint-Mesmin (Saint-Hilaire-Saint-Mesmin), localité du Loiret, II, 262. 268. — Entrevue entre Catherine et la princesse de Condé, 278. — On y publie l'Edit de paix d'Amboise, 290. — Poltrot y arrive, 322.
Saint-Mézard, localité du Gers; cruautés de Monluc, I, 811. 812.
Saint-Michel, capitaine huguenot à Montauban, III, 70. 72. 74. 75. 76. 77. 79. 81. 82. 83. 84. 85. 95.
Saint-Nicolas, localité de Lorraine, III, 455.
Saint-Orans, sieur de, dit capitaine Pilladet, partage le temple de Condom entre les cordeliers et les huguenots, I, 793.

Sainte-Orseille, localité du Gévaudan, III, 200.
Saint-Paragone (Saint-Pargoire?), localité du Languedoc, III, 173.
Saint-Paterne, le curé de (Jacques Gueset), à Orléans, I, 731. — Pendu comme traître, II, 109.
Saint-Paul, Antoine de, brûlé à Annonay, I, 53.
Saint-Paul (ou Saint-Pol), François de, ministre à Montélimart, I, 219. — A Dieppe, 220. — De nouveau à Montélimart, 343. — Député à Poissy, 490. 491. II, 686. — Rappelé d'Angleterre, 691.
Saint-Paul, Thomas de, martyr à Paris, I, 86.
Saint-Paul, capitaine catholique dans le pays de Foix, pillard, III, 210.
Saint-Paul, Valéran de, soldat tué à Abbeville, II, 349.
Saint-Paul-de-Joux, localité du Tarn, III, 178.
Saint-Paul-du-Var, localité de Provence, III, 338. 360. 362.
Saint-Paul, localité de Provence (la même que la précédente?); Eglise dressée, I, 172.
Saint-Paulo (Saint-Paul), localité de la vallée de Barcelonette, III, 332.
Saint-Pierre-le-Moustier, bourg du Nivernais, I, 95. 743. II, 422. 429.
Saint-Pierre, village de l'île d'Oléron; Eglise dressée, I. 207. II, 822.
Saint-Pierre, sieur de, gentilhomme normand, parlemente au nom des huguenots dieppois, II, 684.
Saint-Point, N. sieur de, gouverneur de Mâcon, persécuteur, III, 429.
Saint-Pol, de (voy. François de Saint-Paul).
Saint-Pol, localité de Provence (voy. Saint-Paul).
Saint-Pons, localité de l'Hérault, III, 153.
Saint-Porquin, localité près de Montauban, I, 328.
Saint-Povange (-Pouange?), sieur de, capitaine huguenot, reprend Bar-sur-Seine sur les catholiques, II, 385. 386.

Saint-Prie, capitaine catholique dans le Forez, III, 223.
Saint-Privat, localité des Cévennes; Eglise dressée, I, 218.
Saint-Quanat (Saint-Cannat), localité de Provence, III, 340. 349.
Saint-Quentin, ville de Picardie; bataille et prise de, I, 115. II, 788.
Saint-Quentin, le prieur de, à Cognac, I, 156.
Saint-Quentin, localité de l'Isère, III, 312.
Saint-Quentin, village près d'Apt (Vaucluse), III, 362.
Saint-Quintin (voy. Saint-Quentin).
Sainte-Radegonde, village près de Villeneuve-sur-Lot, III, 72.
Sainte-Raffine (Ruffine?), localité près de Montauban; images détruites, I, 847.
Saint-Rasel (Saint-Raphaël), localité de Provence, III, 361.
Saint-Ravy, Michel, sieur de, général en la cour des aides de Montpellier, capitaine huguenot à Montauban, III, 146. 175.
Saint-Rémésy (ou Remesy), Victor de Comban, baron de, capitaine huguenot, tué à Bourg-Saint-Andéol, III, 176. 194. 202.
Saint-Remy, localité de Provence; occupée par Ventebran, I, 898. — Abandonnée, 901. — Massacres à, III, 362.
Saint-Rémy, l'aîné, sieur de, capitaine huguenot à Bourges, II, 488. 490. 495. 500.
Saint-Rouille, son tombeau à Sancerre ouvert, II, 513.
Saint-Sabatou, le, soulier de la Sainte-Vierge conservé à Rhodez, I, 156.
Saint-Salvy, N. de Lomagne, sieur de, capitaine catholique en Languedoc, frère de Terrides, III, 78. 103. 118. 122. 127. 128. 133. 136. 137.
Saint-Samson, moulins de, près d'Orléans, II, 262.
Saint-Saphorin (Saint-Symphorien), bourg du Dauphiné, III, 228. 232. 295.
Saint-Satier (Saint-Astier), ville du Périgord, II, 778.
Saint-Savin, bourg du Poitou, II, 609.

Saint-Selve, bourg de Guyenne, II, 769.
Saint-Sernin (ou Saint-Sornin), sieur de, gentilhomme catholique du Dauphiné, III, 233. 291. 292.
Saint-Seurin, sieur de, gentilhomme protestant, nommé commandant à Angoulême, II, 814, 817.
Saint-Severin, bourg de l'Angoumois, I, 209.
Saint-Sire, sieur de (voy. Puygreffier).
Saint-Staves, le cadet, martyr au Luc, III, 345.
Saint-Sulpice, localité du Languedoc, III, 71.
Saint-Tot, sieur de (voy. Saint-Anthot).
Saint-Valery, village de Normandie, II, 675.
Saint-Véran, capitaine huguenot à Nîmes, III, 135. — A Beaucaire, III, 153. 155.
Saint-Vidal, baron de, gentilhomme catholique des environs d'Annonay, III, 186. — Assiège Florac, 197. — Guerroie dans le Forez, 223. — A la Chaise-Dieu, 227.
Saint-Vigour (voy. Jean de Selva).
Saint-Vincent, faubourg d'Orléans, I, 165.
Saint-Vit (ou Sainte-Vit), sieur de, capitaine huguenot, gouverneur de Tournon, II, 773. III, 89.
Saintes (ou Xaintes), Claude de, docteur en Sorbonne, attaque de Bèze au colloque de Poissy, I, 578. 579. 583. 584. 586. — Dispute avec le ministre du Rozier, III, 475.
Saintes, ville de la Saintonge; Philibert Hamelin y prêche, I, 102. 139. — Un ministre nommé, 155. — Persécutions, 200. — L'Eglise menacée, 206. — Assemblée des Etats, 317. — Claude de la Boissière ministre, 814.
Saintonge, province de; commencements de l'Evangile, I, 101. — Ministres, 155. — Persécutions, 198. 312. — Etat paisible du pays. 813. — Effet des édits, 814.
Sala (voy. Mariesalla).
Salcède, Pierre, bailli de Vic, III, 458.

Table alphabétique. 779

Sale, La, capitaine catholique dans l'Agenois, II, 769. 801.
Sale, Antoine de la (voy. Brun).
Sale, Louis, huguenot tué à Lourmarin, III, 363.
Salebrasse, sieur de, gentilhomme catholique à Chirac, III, 195.
Salerne, prince de; sa compagnie de gens d'armes est envoyée en Dauphiné, I, 350. 362.
Salettes, capitaine catholique en Dauphiné, III, 278.
Salicet, Pierre, ministre à Rabastens, I, 865. III, 71. — A Montauban, 99. 107. 108.
Salignac, Jean de, jurat de Bordeaux, II, 765. 766. 787.
Salignac, docteur en Sorbonne, à la conférence de Saint-Germain, I, 605. — Y présente un sermon de Cyrille de Jérusalem sur la cène, 606. — Membre d'une nouvelle commission, 692.
Salin, Le, pharmacie à Toulouse, III, 35.
Sallan, André, huguenot tué à Lourmarin, III, 363.
Salle (Seille), la, rivière près de Metz, III, 464.
Sallon-de-Craux (Salon), localité de Provence, III, 338. 363. 371.
Salm, Anne comtesse de, femme de d'Andelot, III, 455.
Salm, le comte de, beau-frère de d'Andelot, III, 456.
Salomon, Jean, conseiller au parlement d'Aix, III, 337.
Salomonis, bandoulier à Foix, I, 871.
Salonnet (Selonnet), localité de Provence, III, 332.
Saluces, marquisat de, en Savoie, II, 141.
Salvart, Jean François, dit du Palmier, ministre à Nevers, I, 746. — Emprisonné, II, 415. — Délivré, 418.
Salvas, François, huguenot de Revel, I, 873.
Salvas, Guillaume, huguenot de Revel, I, 873.
Salviati, Bernardo, cardinal, aumônier de Catherine de Médicis, I, 650.
Salvin, Antoine, huguenot de Béziers, pendu, III, 176.

Sambonin, Pierre, martyr à Manosque, III, 344.
Sampoy-en-Gaure, château de Monluc en Agenois, II, 758. 759. 783.
Sancerre, Jean comte de, seigneur de Bueil (du Buis), I, 219. II, 600.
Sancerre, ville du Cher; prédication de l'Evangile, I, 19. 20. — Synode à, 752. — Est investi, II, 436. — La garnison de, vient attaquer Châtillon, 439. — Peste à, 513.
Sanegon, prêtre à Meaux, persécuteur, II, 356.
Sanglas (ou Senglar), Jean-Amaury, sieur de, capitaine huguenot à Agde, III, 170. 171.
Sanravi, capitaine (voy. Michel de Saint-Ravy).
Sansac, Louis Prévost, sieur de, gouverneur de l'Angoumois, I, 214. 319. — Chargé de l'ensevelissement de François II, 403. — A Monceaux, II, 284. — Assiste à la déclaration de Coligny, 291. — Figure dans la déposition de Poltrot, 305. 326. — Sa compagnie est attendue à Poitiers, 601. — Envoie des troupes contre Duras, 792. — Somme Angoulême de se rendre, 817. — Cruautés qu'il y commet, 819. 820.
Santelli, huguenot tué à Forcalquier, III, 360.
Santerre, martyr à Toulouse, III, 32.
Sapientis, sergent huguenot à Montauban, III, 94.
Sapin, Baptiste, conseiller au parlement de Paris, émissaire des Guise, envoyé en Espagne, capturé, II, 154. — Son supplice, 187.
Sappet, protestant prisonnier à Moulins, délivré, II, 482.
Sarcelles, capitaine huguenot à Bourges, II, 490. 492.
Sardi, Léa, bourgeois d'Aix, III, 344.
Sardon, village de Savoie, III, 220.
Sarlabos, compagnie du régiment de, en garnison à Marvejols, III, 202.
Sarlat, ville de la Dordogne, II, 778.
Sarras, François de Buisson, sieur de, gouverneur protestant d'Annonay, III, 186.
Sarrasier, écolier emprisonné à Rhodez, I, 156.

SARRASIN, Philibert, huguenot d'Agen, persécuté, I, 23.
SARRAZIN, CHATEAU- (voy. CASTEL-IN).
SARROSTE, Giraut, marchand de blé du Quercy, pillé par Jean Chanut, II, 478.
SARZAY, sieur de (voy. BARBANÇOIS).
SASELLE, Claude, femme de Pierre L'Archer, huguenote de Meaux, noyée, II, 357.
SAUBIN, Pierre, conseiller au présidial d'Agen, I, 151. 215.
SAUDERAYE, sieur de la, gentilhomme catholique d'Anjou, II, 575.
SAUJON, bourg de Saintonge, I, 204. II, 830.
SAULAIE de Gilbert Balon, la, lieu hors de Corbigny, I, 750.
SAULAS (voy. SOLAS).
SAULE, sieur de la, gouverneur du Port-Sainte-Marie, II, 795.
SAULES, de (voy. Nicolas des GALLARS).
SAULSAY, gantier à Paris et capitaine d'une bande de pillards venue à Meaux, II, 354. 356.
SAULT, François d'Agoult de Montauban, comte de, lieutenant-général du roi à Lyon, III, 215. 216. 217. 222. — Son procureur est tué à Grimaud, 356.
SAUMON, sieur de, gentilhomme catholique de Guyenne, entre dans une ligue contre les protestants, I, 803.
SAUMUR, ville de Maine-et-Loire ; un martyr à, I, 87. — Prise par le triumvirat, II, 101.
SAUREAU, Denis, martyr à Angers, I, 63.
SAURET, Pierre, martyr à Aurillac, I, 772.
SAUSAC (voy. SANSAC).
SAUSES, Jean, ministre à Saintes, II, 830.
SAUSSE, Bertrand, martyr à Saint-Paul, III, 338. 362.
SAUSSEUX, sieur de, gentilhomme huguenot du pays chartrain, 163. 213. — Assemblée tenue dans son château de Baillolet, 756. — Dans sa maison à Chartres, 758.
SAUSSEUX (M. de Bonvilar, sieur de Sausseux ?), capitaine huguenot à Montauban, III, 65.
SAUSSEUX (Saussay ?), château du pays chartrain, pillé, II, 155.
SAUSSON, Catherine, femme de Nicolas Cosson, à Issoudun, emprisonnée pour la foi, II, 512.
SAUTÉ, sieur de la, capitaine catholique à Toulouse, III, 27.
SAUTEREAU, Antoine, commis à la recette des deniers en Berry, II, 489.
SAUVAGES, sieur de, gentilhomme huguenot à Castres, III, 143.
SAUVAIRE, Barthélemy, martyr à Bargemont, III, 354.
SAUVAT, capitaine de vaisseau, provoque des désordres à Bordeaux, I, 786.
SAUVE, localité du Gard ; Eglise dressée, I, 218. 341.
SAUVETAT-DE-GAURE (La Sauvetat), localité du Gers, II, 782.
SAUX, capitaine protestant à Toulouse, III, 12. 14. 18. 19. 23. 24. 27. — Ecartelé, 32.
SAUZE, localité du Dauphiné, III, 333.
SAUZEL, sieur du, capitaine huguenot en Dauphiné, III, 295.
SAUZET, sieur de, à Montélimar, I, 343.
SAUZET, Guillaume, sieur de, capitaine huguenot de Nîmes, tué à Bourg-Saint-Andéol, III, 176.
SAVARY, martyr à Mamers, II, 536.
SAVERDUN, château de, dans le pays de Foix, III, 208.
SAVERNE, ville d'Alsace ; entrevue entre les Guise et le duc Christophe de Wurtemberg à, I, 691. 692. III, 462.
SAVIGNAC, village près de Villefranche-en-Rouergue ; l'Eglise dressée, I, 866. — Elle est dispersée, III, 192.
SAVIGNAC, sieur de, capitaine catholique à Toulouse, III, 17. 19. 23. 27.
SAVIGNAC, les trois frères, capitaines huguenots en Languedoc sous Duras, II, 771. 777. 825.
SAVIGNAC, Raymond, sieur de, dit Gauthier, capitaine huguenot à Villefranche, I, 864. — Reprend Saint-Antonin, III, 193. — Massacré traîtreusement à Granes, 198. 199.

Savignac, de Thouars, sieur de (voy. Rossillon).
Savigny, bourg de la Beauce, II, 539.
Savillan (Savignano ?), ville de Savoie, II, 140. 141.
Savin, ministre (voy. Sevin).
Savoie, duché de ; Alexandre Guiotin s'y retire, I, 371. — Les villes de, occupées par le roi, doivent être livrées au duc, II, 137. 138. — Négociations de Bourdillon à ce sujet, 139. 140. 141. 142. 143. 144.
Savoie, la compagnie de, passe à Nemours, II, 470.
Savoie, Honorat de, comte de Villars, beau-frère du connétable de Montmorency, l'excite contre les protestants, I, 457. — Sa compagnie passe à Nemours, II, 470.
Savoie, Charles III, duc de, II, 142.
Savoie, Claude de (voy. comte de Tende).
Savoie, Madeleine de, femme du connétable de Montmorency, I, 457.
Savoie, Philibert-Emmanuel, duc de, II, 52. — Ses négociations avec le maréchal de Bourdillon pour la reddition des villes du Piémont, 137. 138. 139. 140. 141. — Fournit des blés à Soubise, III, 236.
Savollan, Etienne, huguenot tué à La Roque d'Anthéron, III, 367.
Saxe, Jean-Guillaume, duc de, amène des troupes contre ceux de la religion, III, 461.
Saxe, Auguste, duc et électeur de ; Condé lui écrit, II, 35.
Saxe, Maurice, électeur et duc de, envoie une ambassade en France, I, 84. 141.
Scaliger, J. C. (voy. de l'Escalle).
Scarel, Firmin, dit Roux, meurtrier catholique en Provence, III, 382.
Schenau (Schœnau), localité et Église du Palatinat, III, 472.
Schachtin, Henri de, chef de mercenaires allemands à la solde de Condé, II, 88. — Refuse son concours à d'Andelot, 135.
Scholace, martyr à Manthelan, II, 585.
Schomberg, Gaspard, sieur de, agent de Condé en Allemagne, II, 88.

Scorbiac, Guychard (ou Richard), syndic protestant à Montauban, I, 847. — Présente les clefs de la ville à Burie et Monluc, III, 63. — Se cache, 76. — Négocie avec Terride, 112. 113. 114. 115.
Séant-en-Othe (voy. Céant).
Seau, René du, martyr à Paris, I, 133.
Sebille, Louis, blessé au massacre de Vassy, I, 726.
Sécard (ou Secar), curé de Saint-Maclou à Rouen, docteur en Sorbonne et vicaire de l'archevêque, I, 198. — Hostile aux protestants, 310. — Ses menées, 774. 777.
Secenat, Maurice, brûlé à Nîmes, I, 85.
Séchelles, Jean de Poix, sieur de, gentilhomme picard, va à Orléans, II, 344.
Seconville, sieur de (voy. Cantelu).
Secrestain, Le (voy. Honoré de Quiqueran).
Sedan, chef-lieu du duché de Bouillon, II, 725. III, 476.
Sederon, localité de Provence, III, 359.
Sées (ou Séez), ville de Normandie, II, 333. 701.
Séez, évêque de (voy. du Val).
Sefond (Sept-Fonds), bourg près de Montauban, II, 773.
Segond, Esprit, martyr à Tourette, III, 354.
Segonier, localité de Provence, III, 339.
Séguier, François de, sénéchal du Quercy, à Montauban, I, 329. 836.
Séguier, prêtre et protonotaire à Toulon, tué, III, 367.
Séguier, Pierre, président au parlement de Paris, I, 168. — A la Mercuriale, 191. — Doit présider les Etats, 460.
Seguin, Bernard, écolier et martyr à Lyon, I, 89.
Seguine, Jeanne, huguenote tuée à Lourmarin, III, 372.
Sel, Gabriel du, bourgeois de Toulouse, III, 29.
Sellans (ou Scillans), localité de Provence, III, 344. 354.

SELLES, localité du Berry, attaquée par les protestants, II, 93. — Prise par l'amiral, 248. — Poltrot s'y présente à Coligny, 268.
SELVA, George de, évêque de Lavaur, I, 48. 852.
SELVA, Odet, sieur de, maître des requêtes, émissaire en Espagne, capturé à Orléans, II, 154. — Échappe au supplice, 188.
SELVA, Jean, sieur de, dit Saint-Vigour, frère du précédent, à la suite de Condé, II, 188. — Envoyé à Bourges, 486. 487.
SÉMENAT, Jacques, notaire à Montauban, I, 828. — Ses démarches à la cour, 832.
SEMER, Bernard, lieutenant du viguier à Limoux, massacré, III, 151.
SEMER, bourgeois huguenot à Varilles, III, 209.
SEMIDE, N. de, capitaine huguenot en Champagne, retire ses troupes à Sermaize, II, 395.
SEMIDE, L. de, ministre à Lyon, III, 215. 245.
SENAN, village de Champagne, II, 374. 405.
SENARPONT, Jean de Mouchy, sieur de, accompagne Condé à Orléans, I, 453, II, 344. — Son gendre à Rouen, 624.
SENARPONT, Antoine de Mouchy, fils puîné de, conduit des troupes à Orléans, II, 344.
SÉNAS, Balthasar de Gérente, sieur de, capitaine huguenot en Languedoc, I, 898. — Sa compagnie à Lattes, III, 163. — Abandonne Sisteron, 230. — Soubise l'envoie au baron des Adrets, 232. — Entre à Grenoble, 269. — Prend Tallard, 276. — On le croit devant Briançon, 280. — Se retire dans les montagnes, 282. — Rencontre des Adrets à Crémieu, 284. — Celui-ci lui communique ses pourparlers avec Nemours, 295. — Son fils amène des secours à Sisteron, 324. — Dresse un camp près de cette ville, 326. — Gouverneur de Sisteron, 327. — Se décide à la retraite, 329. 330. — Arrive au Lauzet, 332. — Passe la Durance, 334. — Arrive à Corp, 335. — Soubise l'invite à venir à Lyon, 336. — Son château pillé, 343.
SÉNAS, localité de Provence; massacres à, III, 345. 349. 373.
SÉNÉCHAL d'Agen, le (voy RAFFIN).
SÉNÉCHAL de Saintonge (voy. GUITARD).
SÉNÉCHALE, la grande (voy. DIANE DE POITIERS).
SENEQUIER, Pierre, meurtrier catholique à Arles, III, 338. 353.
SENERPONT (voy. SENARPONT).
SENÈS (Senez), évêque de (voy. CLAUSSE).
SENESAY (Sennecey-le-Grand), localité de Bourgogne, III, 422.
SÉNETON, sieur de, président au parlement de Metz, III, 454. 461.
SENIGAN (Seninghen), Françoise d'Amboise, comtesse de, mère du prince de Porcien; son procès, I, 121. 126. 145.
SENLIS, ville de l'Oise; I, 13. — Recueille les fugitifs de Meaux, 52. — Progrès de l'Évangile, 162. — Révolte de Martimbaux, 291. — Quatre gentilshommes du bailliage de Senlis éxécutés à Paris, II, 194. — Effets de la guerre à, 337. 338. — Deux commissaires y sont envoyés, 339. — Meurtres judiciaires, exactions, 340. — Persécutions dans les environs, 341. — Supplice de Jean Greffin, lieutenant particulier, *ibid*. — Autres condamnations, 342. — Désordres et meurtres, 343.
SENNETAIRE (Senneterre), sieur de, sous-gouverneur de Metz, III, 440. 444. — Poursuit les protestants, 446. 447. 448. 449. 450. 452.
SENNETERRE, Antoine de, évêque du Puy, III, 186.
SENS, Jacques de, commissaire à Paris, pillard, I, 234.
SENS, ville de l'Yonne; persécutions à, I, 34. — Un martyr, 55. — Persécutions, 133. — De la Brosse, ministre, dresse l'Église, 769. — Massacres à, II, 183. — Saint-André se retire à Sens, 186. — Quitte la ville, 191. — Ceux de Sens attaquent des troupes destinées à Condé, 374. — Les *Pieds-*

nus à Sens, défaits, 392. — Massacres à, 396. — Le ministre La Brosse mis en sûreté, 397. — Pillages, 400. — Miracle, 401. — Le roi voit les cadavres dans la Seine, 402. — Expulsion des survivants, 404. — Les protestants de, se réfugient à Montargis, 464.

SENTAC, sieur de, capitaine catholique en Dauphiné, III, 260.

SENTAL, sieur de, propriétaire des villages vaudois de Provence, I, 45.

SENTARAILLE, capitaine catholique, gouverneur de Casteljaloux, II, 769. 795.

SEPET, notable huguenot à Toulouse, III, 19.

SEPET le jeune (le même que le précédent?), bourgeois protestant de Toulouse, III, 22.

SEPS (Ceps), sieur de, capitaine catholique d'Avignon, III, 273.

SEPT-FONDS (voy. SEFOND).

SEPTIER, capitaine et martyr à Angers, II, 556.

SÉRAPHIN, réunit les fidèles à Langres, brûlé à Paris, I, 55.

SÉRAPHON, Archambaut, martyr à Dijon, I, 137.

SÉRAPI, procureur à Toulon, III, 29.

SERBELLONE ou Cerbelone (Serbelloni), François Fabrice, sieur de, gouverneur d'Avignon, auteur de massacres à, I, 888. 889. — Sa conjuration, 119. — Le pape lui envoie des troupes, III, 254. 260. — Assiège et prend Orange, 261. — Fait raser les murs, 264. — Des Adrets le menace, 269. — Avec Suze dans le Comtat, 270. — Battu, 274. 294. — Soutient Sommerive, 319. — S'engage à protéger les protestants, 384. 385.

SERCOTES (Cercottes), village du Loiret, I, 164. II, 9.

SÈRE, chanoine à Conques, excite les esprits à Toulouse par ses sermons, III, 2.

SERENIER, Antoine, martyr à Gréoux, III, 347. 359.

SÈRES, recteur et official à Toulouse, III, 28.

SÈRES, vicomte de, gentilhomme catholique à Tarascon, III, 208. 211.

SÉRESTE (voy. CERESTE).

SERIGNAN, localité de la Vaucluse, III, 262. 264. 265. 307.

SERIZIER (voy. CERIZIER).

SERMAIZE ou Cermoise, prieuré dans la Marne, saisi par les protestants, II, 395.

SERLAT (voy. SARLAT).

SERNIANTES (Serverette?), localité du Gévaudan, III, 200.

SERNIN, sieur de, gentilhomme catholique du Dauphiné, III, 288.

SERRADET, soldat catholique à Toulouse, III, 7.

SERRE, Alzias (un neveu de), tué à Gordes, III, 376.

SERRE, François, martyr à Aix, III, 348.

SERRE, François (un fils de), tué à Lourmarin, III, 377.

SERRE, chevalier de la, gentilhomme catholique devant Montauban, III, 126.

SERRE, Pierre, martyr à Toulouse, I, 94.

SERRE (Serres), localité des Hautes-Alpes, I, 364.

SERRE (Serres), localité de la Drôme, III, 304. 305.

SERRE, Barthélemy, huguenot tué à Apt, III, 362.

SERRE, Étienne, huguenot tué à Lourmarin, III, 364.

SERRE, Florimond, martyr à Arles, III, 340.

SERRE, Gonette, tuée à Murs, III, 371.

SERRÉ, receveur du roi à Mende, III, 194.

SERRETTE, La, diacre à Villefranche et martyr, III, 192.

SERRIAN (Sarrians), bourg du Comtat, III, 270. 273.

SERRIER, André, meurtrier catholique à Arles, III, 353.

SERRUSSE, Mathieue, femme huguenote tuée à Lourmarin, III, 372.

SERS, localité de l'Angoumois, II, 815.

SERTOIRE, Nicolas, brûlé à Aoste, I, 138.

SERVAS, capitaine huguenot à Beaucaire, III, 153. 154. 155. 159.

SERVET, Michel, «malheureux monstre», I, 14. — Maître de l'hérétique milanais P. Alciat, III, 389.

SERVIAN, village de l'Hérault, III, 149. 178.
SERVIÈRES, localité de la Lozère, pillée par d'Entraigues, III, 199.
SERVIN, secrétaire de M. de Soubise à Lyon, III, 246.
SESSENAGE, localité du Dauphiné, III, 285. 289.
SESSONAGE ou Seysonnage (Sassenage), baron de, gouverneur de Grenoble, III, 268. 287. — Fait prisonnier, 308.
SESTALLE, sieur de (voy. SOUSTELLE).
SESTIER, Pierre (voy. des CROISSANTS).
SEUDRE, rivière de Saintonge, II, 829.
SEURIES, Pierre, martyr à Brocas-en-Marsan, II, 812.
SEURY, sieur de, gentilhomme catholique des environs de Bourges, II, 485. 486.
SEVERAC, localité de l'Aveyron; prêches à, I, 217. III, 199.
SEVIN, Jacques, juge mage à Agen, I, 25.
SEVIN (ou Savin), Jean, ministre à Saint-Paul et Damiate, sauvé du massacre, III, 178.
SEVIN, le président, vient à Marmande avec Burie, I, 795.
SEVRIER, Pierre, huguenot tué à Forcalquier, III, 359.
SEY (ou Scey), localité près de Metz, III, 457. 462.
SEYSSONAGE, bourg (voy. SESSENAGE).
SEZANNE, localité du Dauphiné, III, 333.
SEZERAN, Jean, martyr à Négrepelisse, III, 91.
SEZET (Sauzet), capitaine protestant à Montélimart, I, 343.
SIBAR, docteur en théologie, attaché à l'évêque de Châlons, dispute avec le ministre Tournier, II, 364. 365.
SICHEM, maître d'hôtel de Desbordes à Troyes, trahit les protestants, II, 374.
SICOLLE, Honoré, notaire et martyr à Lorgues, III, 368.
SICOLLE, Honoré (un fils de la femme d'), tué à Lorgues, III, 373.
SIELLE, femme huguenote tuée à Apt. III, 376.

SIGNES, localité de Provence; horreurs commises à, par Flassans, I, 897. III, 346.
SIGNETS, château de la Brie, pillé, II, 358. 359.
SIGONGNE, Gilles (femme de), martyre à Angers, II, 559.
SIGOYER, localité de Provence, III, 360.
SIGUAN, capitaine catholique à Bordeaux, II, 755.
SILANDES, capitaine catholique à Vire, II, 717.
SILAVACHE, marchand à Toulouse, I, 825.
SILLY, Jacques de (voy. ROCHEFORT).
SIMARS, George, laboureur à Loisy, persécuté, II, 370.
SIMIERS, Gaspard, viguier d'Hyères et martyr, III, 351.
SIMON, Jean, maire de Beaune, hostile aux protestants, I, 781.
SIMON, Martin, huguenot tué à Castellane, III, 361.
SIMON, Michel, docteur en théologie, prêche l'Evangile à Bourges, I, 56. 57.
SINAPIVORUS (voy. A. DE GOVEA).
SIPIERRE (voy. CIPIERRE).
SIRE, Nicolas Le, bourgeois de Rouen, II, 643. 645.
SIRENDE, huissier au parlement de Rouen, II, 660. 662.
SIRUS, personnage mentionné dans l'interrogatoire de Poltrot, II, 317.
SIST, sieur de, gentilhomme protestant à Mont-de-Marsan, II, 811.
SISTERON, ville (voy. CISTERON).
SITAVAT (ou Sithanat), sieur de, gentilhomme catholique des environs de Bourges, II, 485. 490.
SIVILLE, sieur de (Antoine de Civile), sieur de Bouville, conseiller huguenot au parlement de Rouen, II, 668.
SLEIDAN, Jean, historien allemand, I. v.
SNARPONT (voy. SENARPONT).
SOBEYRAS, capitaine huguenot dans la Lozère, III, 198.
SOLAS, Gilles, ministre à Valence, I, 219. — Décapité 352.
SOLDAT, N., martyr à Valognes, II, 723.

Table alphabétique.

Solery, Pierre, médecin huguenot à Aurillac; sa conservation miraculeuse, II, 473. 474.
Solier, Antoine du, notable huguenot de Privas, III, 175.
Solier (Solliès), localité de Provence, III, 351.
Soligny, château de Champagne, pris, II, 392.
Sollier, maison du, en Savoie, II, 141.
Solsac, maître d'hôtel du cardinal d'Armagnac, à Rhodez, I, 857. 858.
Solte (Soret?), ministre à Mâcon, I, 214.
Sommerive, ville de Savoie, II, 241.
Sommerive, Honoré de Savoie, comte de, fils aîné du comte de Tende, chef catholique en Provence et en Dauphiné, III, 164. — Ses bagages pris au combat de Saint-Gilles, 165. — Des Adrets le combat en Dauphiné, 223. — Le roi de Navarre lui écrit, 225. — Nommé lieutenant de son père au gouvernement de Provence, 254. — Réunit ses forces à ceux de Serbelloni, 260. — Mouvans essaie de l'arrêter, 270. — Assiège Sisteron, 271. 273. — Ravage le Dauphiné, 278. — Prend Orange, 294. — Le comte de Tende, son père, 317. — Ordonné son lieutenant-général, 318. — La ville de Pertuis veut lui donner passage, 319. — Passe la Durance, *ibid.* — Etablit son camp à Cavaillon, 320. Prend Lurs, *ibid.* — Campe devant Sisteron, 321. — Quitte Château-Arnoux, 322. — Fait ouvrir le feu contre Sisteron, 323. — Fait semblant de vouloir lever le siège, 324. — Continuation du siège par Sommerive, 325. 326. 327. 328. — Repousse Montbrun, 329. — Assauts donnés à Sisteron, *ibid.* 330. — Entre dans la ville, 331. — Ses cruautés en Provence, 336. — Un sergent royal envoyé par lui à Barrême, tué, 359. — Fait tuer un habitant de Beaumont, 365.
Sommières, localité du Gard, I, 341. III, 168.
Sonallier, François, huguenot tué à Lorgues, III, 368.

Sonen, Charles, meurtrier catholique à Marseille, III, 339.
Songy, château du prince de Porcien et localité de la Marne, II, 369.
Sonnestre, Pierre, mercier à Craon, tué, II, 576.
Sopets (ou Souppets), F. J. de Laurens, sieur de, capitaine protestant à Toulouse, III, 20. 71. 86. 193.
Soquence, sieur de (voy. Gruchet).
Sorbe, Catherine, martyre à Montpellier, I, 217.
Sorbiac, Guychard (voy. Scorbiac).
Sorbonne, La, à Paris, I, 2. 5. 7. 13. 14. — Ses articles de foi attaqués par Calvin, 33.
Sore, Gratien, huguenot tué à Lourmarin, III, 364.
Sorel, Jacques, ministre à Mâcon, I, 214. — A Troyes, 766. — Sauvé, III, 378.
Soret, Jacques, ministre (voy. Sorel).
Sorèze, Balthasar de, fils du baron de Sénas, capitaine huguenot en Provence, III, 324. 325. 326.
Sorgue (voy. Pont-de-Sorgue).
Sorgues, sieur de, habitant de Béziers; sa maison assiégée par la foule, I, 879.
Sorrèze (voy. Souraize).
Sorte, Jeanne, femme Chanevat, tuée à Nemours, I, 751.
Sotineau, Etienne, avocat du roi à Auxerre, blessé à mort, II, 407.
Soubise (Soubize), localité de la Charente-Inférieure, I, 201.
Soubise (ou Soubize), Jean de Parthenay-L'archevêque, sieur de, l'un des principaux adhérents de Condé, I, 201. — Intercède pour Fumée, 257. — Assiste à la réunion de Meaux, II, 6. — A l'entrevue de Talcy, 93. — Envoyé à Lyon, 102. — Arrêt contre lui, 128. — A Orléans avec Condé, 291. — Poltrot se serait ouvert à lui de ses projets, 303. — Déposition de Poltrot contre lui, 310. 311. — Poltrot employé par la dame de Soubise, 313. — Poltrot se découvre à Soubise, 319. 320. — Soubise fait parvenir de ses nouvelles au baron des Adrets, III, 163. — Gouverneur du Lyonnais,

III.   56

179. — Arrive à Lyon, 224. — Se sépare de des Adrets, 225. 226. — Négocie au sujet des mercenaires suisses 227. — Tentatives faites pour le corrompre, 228. — Envoyés bernois le visitent, 229. — Se réjouit de voir émigrer une partie des habitants, *ibid.* — Sommé de rendre la ville, 230. — Appelle des Adrets et les capitaines de Provence, 231. — Envoie le capitaine Bataille à d'Andelot, *ibid.* — Préparatifs pour le siège, 232. — Conçoit des soupçons sur des Adrets, 233. — Le surveille, 234. — Empêche une escalade, 235. 236. — Nemours lui communique une lettre de la reine-mère, 237. — Soubise répond à Catherine de Médicis, 238. — Nouvelle correspondance, 239. — Herlin lui sert d'agent pour tromper Nemours, 240. 241. — Notification de la paix faite à Soubise, 242. — Pamphlet renvoyé par lui aux ministres, 244. — Ordonne la suppression de cet écrit, 245. 246. — Fournit une compagnie de Suisses à des Adrets, 272. — Des Adrets mécontent de ce que Soubise eût été envoyé à Lyon, 274. — L'évêque de Valence écrit à Soubise, 278. — Avertit Berny d'être sur ses gardes à Vienne, 281. — Appelle des Adrets Lyon, 282. 283. — Se ravitaille, 284. — Sa correspondance, touchant des Adrets, trahie, 291. 295. — Des Adrets lui envoie un message, 296. — La trêve entre Nemours et des Adrets lui est annoncée par ce dernier, 298. — Envoie Mouvans à Romans, 304. — Ecrit à Senas, 336. — Arrive à Lyon, 418. — Envoie Poncenat devant Mâcon, 430.

SOUBISE, Forteau de, capitaine (voy. FORTEAU).

SOUCELLES, frères, gentilshommes huguenots de l'Anjou, à Paris, I, 232. 235. 672.

SOUCELLES, sieur de, à Angers; sa maison démolie, I, 304. II, 545. 547.

SOUCIN, Charles, meurtrier catholique à Marseille, III, 356. 357.

SOUHÉ, village de Saintonge, II, 830.

SOULE, LA, capitaine huguenot envoyé à Montauban par Duras, III, 90.

SOULERRE, bois de, près d'Angers, I, 305.

SOUPÈS, sieur de, gentilhomme huguenot à Castres, III, 143.

SOURAIZE (Sorrèze), localité du Tarn; massacres à, III, 184. 185.

SOURCELLES (voy. SOUCELLES).

SOURDEVAL, sieur de, gentilhomme normand, II, 712.

SOURZAC, prieuré près de Mussidan, II, 806. 807.

SOUSTELLE, Jean de, fils du baron d'Alais, capitaine huguenot en Provence, III, 138.

SOYON, le châtelain de, huguenot exécuté à Valence comme séditieux, I, 352.

SPIERA, Francisque, avocat italien, meurt de désespoir d'avoir abjuré, I, 813.

SPIFAME, Jacques, dit de Passy, ancien évêque de Nevers, ministre à Poterat, I, 762. — Envoyé par Condé à l'assemblée de Francfort, II, 155. 156. — Sa harangue à l'empereur, 178. — Promesses du duc de Nevers, par lui transmises à Condé, 241. — Envoyé par le duc à Condé, 371. 408.

SPINA, Jean de (voy. d'EPINE).

SPINOUSE (Espinouse), localité de Provence, III, 367.

SPONDILLAN, capitaine huguenot dans le Dauphiné, III, 301.

STAPLES (voy. ESTAPLES, Lefebvre d').

STILAVERE (Saint-Alvère), localité du Périgord, II, 787.

STILLAC (Estillac), château près d'Agen, II, 758. 763.

STOCQ, Claude, gouverneur de Senlis; ses violences, II, 340. 343.

STRASBOURG, ville libre d'Alsace, I, 36. — Eglise française dressée par Calvin, 49. — D'Andelot y tombe malade, II, 136. — Intervient dans les affaires de Metz, III, 435. 441. 442. 446. 450.

STROSSI (Strozzi), Laurent, cardinal de, évêque de Béziers et d'Albi, I, 878. — Menace le camp de

Table alphabétique.

Duras, à Saint-Antonin, II, 777. — Membre de l'Association catholique, III, 52. — Instigateur du massacre de Gaillac, 69, 71. — Se réserve le château de Lignan pour en faire son « bordeau », 157.

Strossi, Philippe, sieur de, capitaine catholique; Guise loge chez lui devant Orléans, II, 267.

Strossi, la compagnie de, emmenée par le sieur de Lyons à Meaux, II, 351.

Stuart, Marie (voy. reine d'Ecosse).

Stuart, Robert, sieur de, gentilhomme écossais, accusé du meurtre du président Minard, I, 248. — Aide à arrêter les incendiaires du *Patriarche*, 672. — Blessé devant Corbeil, II, 194.

Stucard (Stuttgart), ville du Wurtemberg, II, 272, 273. 277.

Suard, François, massacré à Senlis, II, 338.

Suau, Julien, martyr à Toulouse, III, 37.

Suberne, bourgeois de Toulouse, III, 17.

Suilly ou Sully (Sully-la-Chapelle), ville du Loiret; origines de la Réforme à, I, 742. — Prise de la ville par Coligny, II, 251. 252. — Capitulation, 266.

Suilly (ou Sully), sieur de (voy. de la Trémouille).

Suisse, la; Montbrun fugitif y est accueilli, I, 372. — Troupes suisses demandées par le roi, II, 81. — Avis partagés des cantons, 82. — Suisses au service du triumvirat, 103. — Suisses à la bataille de Dreux, 234. — Leur colonel tué, 235. — Leurs pertes, 240.

Supersanctis, Bertrand de, avocat au parlement de Toulouse, III, 59.

Suraut, Jean, meurtrier catholique à Cossé, II, 575.

Suré, village du Perche, II, 517.

Susac (Bussac?), localité de Saintonge, II, 823.

Suse (ou Suze), François de La Baume, comte de, capitaine catholique en Dauphiné, passe le Rhône, III, 164. — Combattu par des Adrets, 223. 225. — Parlemente avec Gondrin, 249. — Prend Orange, 259. 260. — Fait incendier la ville, 263. — Prend le plus riche butin, 264. — Va à Pierrelatte et Suze, 265. — Des Adrets marche contre lui, 269. — S'établit dans le Comtat, 270. — Arrête Montbrun, 271. — Prend Valréas, 272. — Battu par des Adrets, 273. — Défait Montbrun, 275. — Ravage la Provence, 278. — Prend Orange, 294. — Sort d'Avignon, 298. — Parlemente avec des Adrets, 299. — Marche vers le Dauphiné, 311. — Engage Sommerive à prendre Orange, 319. — Va devant Sisteron, 327. — Envoyé contre Montbrun, 328.

Suze (Suze-la-Rousse), localité de la Drôme, III, 265.

Sylvestre, Jacques, exécuteur des hautes-œuvres à Dijon, se convertit et se retire à Genève, I, 94.

Symon, Claude, la veuve de, blessée au massacre de Vassy, I, 726.

Symonnet, Edine, blessée au massacre de Vassy, I, 726.

Symonnet, Gilon, fille de Pierre, blessée à Vassy, I. 727.

Synode des Eglises de Saintonge à Aunay, I, 317.

Synodes généraux, I, 690. — Premier synode général à Paris, I, 172. — A Orléans, II, 33. 34.

T.

Tabart, Nicolas, avocat et martyr à Toulouse, III, 37. 45.

Tabbot, capitaine catholique en Normandie, II, 696.

Tabonel, François, notaire, massacré à Lorgues, III, 368.

Tachard (voy. Taschard).

Taconnet, Jacques (la femme de), tuée à Senlis, II, 338.

Tafin (ou Taffin), Jean, ministre à Metz, III, 450. 452. 453. 454. 457. 458. 459. 472.

Tagny, village près d'Amiens; persécutions à. II, 346.

TAILLEBOURG, localité de la Saintonge, II, 824.
TAILLERET (Tagliaret), localité du Piémont, III, 387.
TAILLESON, Mathelin, dit le Haut-Bois; sa femme pendue, III, 36.
TAIRON, Pierre, bourgeois catholique de Beaucaire, III, 153.
TAISSANT, Raymond, meurtrier catholique à Digne, III, 370.
TALART (Tallard), localité des Hautes-Alpes, III, 276. 278.
TALMONT-SUR-GIRONDE, localité de Guyenne, II, 823. 824. 825.
TALON, capitaine huguenot en Provence, III, 324.
TALSY (Talcy), château et localité de Loir-et-Cher; le triumvirat y transporte son camp, II, 92. — Conférence entre Catherine et Condé, 93. 94. 95. 96. 97. 98. 99. 100. — Condé néglige d'y attaquer l'ennemi, 578.
TAMBLONT, Robert, huguenot de Conflans, massacré, II, 538.
TAMPOY, sieur de, gentilhomme catholique à Mont-de-Marsan, II, 811.
TANCARVILLE, bourg et château de Normandie, II, 635. 642.
TANCHON, capitaine catholique de Paris, témoin au procès de Poltrot, II, 327.
TANDES, comte de (voy. TENDE).
TANELON (ou Taurelon) (voy. J. DESTRECH).
TANNEGUI Du Chastel, chambellan du roi Charles VII, I, 403.
TAP, LE, localité du Languedoc, III, 87.
TAP, du, capitaine huguenot à Montauban, III, 91. 92. 96.
TARARE, Mont de, dans le Lyonnais; Saint-Auban et Peyrault y sont défaits, II, 225. III, 234. 301.
TARASCON, ville de Provence; Crussol y arrive, I, 895. — Ventebran l'occupe, 898. — Ceux de, s'emparent de Beaucaire, III, 153. 154. 155. — Les prisonniers d'Orange menés à, 264. — Massacres à, 347. 368.
TARASCON-EN-FOIX, localité de l'Ariège, III, 208. 209.
TARDIER (voy. TARTIER).
TARDIEU, Honoré, martyr à Montauroux, III, 352.
TARDIEU, Olivier, ministre à Saint-Jean-de-Gardonnanque, à Montpellier, à Gignac, I, 218. 341.
TARDIF, Georges, brûlé à Sens, I, 133. 134.
TARON, lieutenant civil au Mans, II, 531.
TARRAUBE (Terraube), ville de Guyenne, II, 782. 783. — Massacres à, 784. 785.
TARRE, Jean, bourgeois de Noves, III, 369.
TARTAS, ministre à Sauve, I, 218. 341.
TARTEL, Balthasar, bourgeois catholique de Troyes, sollicite en cour des lettres d'abolition en faveur des protestants de cette ville, II, 382.
TARTIER, Jacques, marchand protestant à Troyes, II, 376. 377.
TARTIER, Nicolas, official de Troyes et curé de Saint-Jean, I, 86. II, 379.
TASCHARD, Martin, ministre à Montauban, menacé de mort, I. 811. — Arrive de Genève, 846. — Prêche contre les désordres, 849. — On essaie de l'arrêter, III, 61. — S'évade, 62. — Revient en ville, 87. — Son rôle pendant le siège, 99. 101. 104. 106. 108. 113. 114.
TASQUIER, Monnet, huguenot tué à Lourmarin, III, 363.
TASQUIER, Jean, et son fils, tués à Lourmarin, III, 364.
TASQUIER, Bertrand (femme de), huguenote éventrée à Apt, III, 376.
TASSET, Balthasar, meurtrier catholique à Eguilles, III, 357.
TASTE, LA, conseiller au parlement de Bordeaux, envoyé à la cour par les catholiques, II, 756.
TATOY, avocat et martyr à Toulouse, III, 36.
TAULADE, LA (voy. LA TAULADE).
TAURELON (voy. Jean DESTRECH).
TAURIGNY (Thorigny), localité de Seine-et-Marne; le diacre de, tué à Lagny, II, 134.
TAUXIGNY, bourg de l'Indre-et-Loire, II, 585.
TAVANES (ou Tavannes), Gaspard de Saulx, comte de, maréchal de France, I, 350. — Lieutenant d'Aumale en Bourgogne, 687. — Persécute les huguenots d'Auxerre,

Table alphabétique. 789

769. — A Dijon, 778. — Ses hostilités à Autun, 784. 785. III, 223. 225. — Menace Lyon, 229. 230. 269. 281. — Le roi lui écrit de défendre les prêches à Dijon, 391. — Sa conduite en Bourgogne, 394. 395. — A Auxonne, 397. 398. — A Lyon, 407. 408. 409. 410. 411. 412. 414. — Marche contre Belleville, 416. — Au siège de Mâcon, 417. — Ses troupes assiégées dans Tournus, 419. — Envoie un héraut aux Suisses, 420. 421. Marche sur Mâcon, 422. 425. 426. — Arrive à Mâcon, 427. — Son avarice sauve la vie à quelques prisonniers, 428. 429. — Arrive à Anse, 430.

TAVANNES, Madame la comtesse de, III, 429.

TEIL, sieur du, gentilhomme huguenot, arrêté à Poitiers, I, 197.

TEMBON, sieur de (le pédagogue du), martyr à Aix, III, 347.

TEMPESTE, cordelier à Montélimart, I, 219. 343.

TEMPLE, sieur du, lieutenant au château d'Auxonne, III, 397.

TENALE (voy. THÉVALE ou THÉVALLE).

TENANS, Jean, ministre à Bâle et Metz, III, 480.

TENAY (Ternay), bourg du Dauphiné, III, 232. 284.

TENDE, Claude de Savoie, comte de, lieutenant-général du roi en Provence, I, 376. — Réunit des forces contre Mouvans, 377. — Parlemente avec lui, 378. — Conclusion d'un accord, 379. 380. — Son influence calmante, III, 317. — On lui ordonne de congédier les troupes en Provence, 318. — Arrive à Manosque, 319. — Fortifie Sisteron, 320. 322. 323. 326. 327. — Est à Arles, 340. — Des hommes de sa suite massacrés à Manosque, 343. 345. — Un de ses recruteurs massacré à Brignoles, 366. — Le roi lui écrit, 382.

TERANAC (voy. de CLEUX).

TERMES, Paul de la Barthe, sieur de, maréchal de France, à Poitiers, I, 320. 326. — Instrument du cardinal de Lorraine, 389. — Doit assaillir le Béarn, 395. — A Agen, 789. — Un de ses gens tué à Popincourt, II, 12. — Monluc veut l'appeler à lui, 757. — Sa compagnie à Boissac, 758. — Bellegarde, son lieutenant, III, 12. 23. — Bazordan, son neveu, 78.

TERNAY (voy. TÉNAY).

TÉROND, François, ministre en Rouergue et Gévaudan, I, 866.

TÉRONDE, Jean, sieur de, avocat et capitoul à Toulouse, martyr, III, 16. 29. 33. 34.

TERONDEL, orfèvre à Milhaud, I, 863.

TÉROUENNE, conseiller au parlement de Paris, commissaire à Senlis, II, 339. 340.

TERRAIL, château épiscopal près de Montpellier, III, 162.

TERRASSON, Barthélemy, huguenot de Saint-Laurent, tué à Espinouse, III, 367.

TERRENDEL, capitaine huguenot dans le Dauphiné, III, 289.

TERRENEUVE, vallée des montagnes de Savoie, III, 333.

TERRIDES, Antoine de Lomagne, baron de, chef de la ligue catholique en Guyenne, I, 803. — Appelé à Montauban par l'évêque, 825. — Ennemi des protestants de Montauban, 833. 834. — On menace de l'introduire dans la ville, 844. — A Lauzerte, 856. — Sévit à Montpellier, 882. — Doit empêcher d'Arpajon d'entrer en Guyenne, II, 761. — Marche sur Montauban, 762. — A Aurillac, 767. — Appelé par les catholiques à Toulouse, III, 12. 17. 23. — Va à Montauban, 31. — Entre dans l'Association catholique, 52. — Sa cavalerie s'empare du vicomte de Bruniquet, 68. — Devant Montauban, 78. — Prend le Faubourg Saint-Antoine, 98. — Négocie, 101. — Commande l'assaut, 103. — On refuse ses propositions, 106. 107. 109. 112. — Entrevue de Scorbiac avec lui, 113. 114. 115. 117. — Les mutins lui envoient une liste des défenseurs de la ville, 119. 124. — Nouvelles négociations, 132. 133. — Annonce

la signature de la paix aux assiégés, 136. 137.
TESCON (Tescou), affluent du Tarn à Montauban, III, 78. 81.
TESTAMENT (voy. NOUVEAU-TESTAMENT).
TESTAMIER, Antoine dit Court, martyr à Fayence, III, 349.
TESTE D'OR, brodeur et martyr à Angers, II, 555.
TEULA, bourgeois protestant de Toulouse, III, 16.
TEYSSERAND, Marquet, huguenot tué à Cabrières, III, 366.
TEYSSONAT, sieur de, gentilhomme protestant à Agen, I, 794. 795. — Commande à Villeneuve, II, 758.
THÉARDS, Jacques les, martyr à Angers, II, 555.
THÉAS, Jean, martyr à Montauroux, III, 352.
THÉATIN, le cardinal (Jean-Pierre Carafa), depuis le pape Paul IV, mentionné par Charles de Marillac, I, 282.
THÉIS, de, sieur de Sainte-Marie, gentilhomme huguenot de Grenoble, III, 288.
THÉOPHILE, pseudonyme (voy. BORDENAVE).
THÉRONDE (voy. TIRONDE).
THÉROUDE (Bourgthéroulde), localité de l'Eure, II, 621.
THÉVALE (ou Thévalle), sieur de, député d'Angers aux Etats d'Orléans, I, 304. III, 293.
THEVALES, sieur de, gouverneur de Metz, neveu de Vieilleville, 461. 462. 464. 465. 469. 470. 472. 473. 474. 476. 477. 480.
THEVAR, N., procureur en la cour du parlement de Paris, I, 673.
THIBAUDIER, Etienne, dépose au procès de Condé, I, 466.
THIBAULT, Nicolas, persécuteur des Vaudois, I, 45.
THIBAULT, Pierre, huguenot tué à Meaux, II, 357.
THIBERGEAU-LA-MOTTE, sieur de (voy. LA MOTTE).
THIÉBAUT, Didier et Pierre, blessés au massacre de Vassy, I, 726.
THIELLEMONT, Laurens, blessé à Vassy, I, 726.

THIELMAND, Nicolas, échevin; sa femme et son fils tués à Vassy, I, 724.
THIERRY, Claude, brûlé à Orléans, I, 82.
THIEZAC, localité d'Auvergne, pillée, II, 473.
THIFAINE (ou Tifaine), religieuse à Issoudun, I, 147.
THOARD, Jacques, greffier de la sénéchaussée à Agen, persécuté comme luthérien, I, 24.
THOARD, localité des Basses-Alpes, III, 345. — Massacres à, 354. 355. 358. 377.
THOMAS, Charles, martyr à Thoard, III, 354. 358.
THOMAS, Guillaume, martyr à Ruffec, II, 821.
THOMASSE, femme huguenote, martyre à Montauban, III, 120.
THOMÉ, Etienne, huguenot tué à Saint-Martin-de-Castillon, III, 366.
THONINS (Tonneins), ville de Guyenne, II, 753. 771. 811.
THORAMÈNE-LA-HAUTE, localité de Provence, III, 373.
THONNOYE, château de l'évêque du Mans, II, 516.
THORAS (ou Thouras), G. de Peyre, sieur de (voy. de MARCHASTEL).
THORÉ, Guillaume de Montmorency, sieur de, fils du connétable, III, 478. 479. 480.
THOU, Christophe de, président au parlement de Paris, doit présider les Etats de l'Ile-de-France, I, 460.
THOU en Lorraine, une fille de (Catherine Sorbe), martyre à Montpellier, I, 217.
THOU, N. du Châtelet, sieur de, instrument de la douairière de Guise, I, 727. — Fait prisonnier lors d'une sortie d'Orléans, II, 132.
THOUARS, sieur de (voy. Louis de LA TRÉMOILLE).
THOUILLON, élu huguenot à Mâcon, III, 428.
THOUL (Toul), évêché lorrain, III, 468.
THOURNEAU, cordonnier et martyr à Angers, II, 556.
THOURY, localité de Loir-et-Cher, II, 10. — Entrevue de, entre Condé et le roi le Navarre, 76. 77. 78.

Table alphabétique.

THROCKMORTON, Nicolas, ambassadeur d'Angleterre, pris par ceux d'Orléans, II, 132. — Fait prisonnier à Dreux, envoyé à Nogent, 242. — A Caen, 260.
THUILLAY, localité du pays chartrain; assemblées tenues à, I, 757.
THUILLAY, sieur de, gentilhomme huguenot, appelé devant la duchesse de Bouillon, I, 757.
THURIN (voy. TURIN).
TIEYS (ou Treys), Jean (voy. DARIAT).
TIGNAC, lieutenant de justice à Lyon, blasphémateur, I, 91.
TIGNY, sieur de, gouverneur de Saumur, II, 561.
TIGNY, sieur de, fils, fait prisonnier, II, 561. 605.
TIL, mademoiselle du, femme d'Acace d'Albiac, martyre à Tours, II, 594.
TILLADET, N. sieur de Saint-Orans, dit le capitaine, favorise les protestants à Condom, I, 793. — Commande à Caudecoste et à Dunes, II, 758. 759. III, 78. — Au siège de Montauban, 99.
TILLER, Pierre, médecin à Bourges, I, 64.
TILLET, Jean du, greffier au parlement de Paris, I, 256. 464. — Mécontente les États, 468. 501.
TIRAN (ou Tyran), Sébastien, ministre à Beaune, I, 782. III, 403.
TIRATENE, Vincens d'Isabelle, meurtrier catholique à Digne, III, 358.
TIRONDE (ou Theronde), Jean, avocat et capitoul protestant à Toulouse, I, 815. 818.
TOLADE, La (voy. LA TAULADE).
TOLLERON, Pierre, conseiller à Sens, ennemi de l'Evangile, II, 397.
TOLON, Antoine, lieutenant-criminel à Agen, I, 209.
TOLONIAC, sieur de, martyr huguenot à Granes, III, 199.
TOM, Le grand, localité près de Vélaux en Provence, III, 356.
TOMASSI, conseiller à Castelnaudary, martyr, III, 139.
TOMASSIN, Antoine, bourgeois huguenot de Metz, III, 477. 478.
TONDEUR, Le, martyr à Craon, II, 569.
TONDEUR, Jean, blessé au massacre de Vassy, I, 726.

TONINS (voy. THONINS).
TONNAY-CHARENTE, localité de la Charente-Inférieure; synode tenu à, I, 813.
TONNIGOVES, capitaine catholique en Normandie, maistre de camp devant Vire, II, 716.
TOQUET (voy. J. de BOURNONVILLE).
TORAN, Guiraud, écolier de Genève, brûlé à Chambéry, I, 97.
TORETTE (voy. TOURETTE-LES-FAYENCE).
TORIGNY, château près de Saint-Lô, II, 713. 714.
TORNEBERG, Gaspard de (voy. DORNBERG).
TORPES, Alexandre de Sault, sieur de, capitaine catholique à Auxonne, III, 396. 397. 398.
TORREAU, ministre à Agde, III, 172.
TORRIÈRES, bourgeois de Castellane, III, 361.
TORRIS, sieur de, martyr à Sainte-Anastasie, III, 349.
TORTONE (Portona), localité de Provence, III, 360.
TORVÉON, Néry, lieutenant-criminel à Lyon, I, 466.
TOTÉ, LA, sergent-major à Agen, II, 758.
TOUFOU, sieur de, tué au siège de Bourges, II, 495.
TOULON, ville de Provence; massacres à, III, 339. 340. 367.
TOULOUSE, Mathurin, chirurgien à Nemours, II, 471.
TOULOUSE, parlement de, persécuteur, I, 94. 814. 815. — Ses agissements iniques, 819. — Envoie une commission à Lectoure pour informer contre les protestants, 823. — Injustice à propos des massacres de Grenade, 824. — Commisson envoyée à Montauban, 830. — Enpêche les effets de l'Édit de janvier, 835. — Calomnies contre Montauban, 836. 837. — Y défend toutes les assemblées huguenotes; condamnation à mort, 838. — La cause portée devant Burie et à la cour, 839. — Poursuit les protestants de Cieurre, 850. — Ceux de Revel, 872. — Arrêt du parlement du 20 août 1562, III, 38. — Lettres d'abolition du roi, envoyées au par-

lement, 40. — Nouvelles lettres du roi au parlement, 45. — Menace ceux de Pamiers, 208.
TOULOUSE, ville du Languedoc; commencements de la Réforme, I, 10.12. — Deux martyrs à, 86. — Vignaux ministre, 156. 217. — Célébration de la cène, 327. — L'or de Toulouse, 435. — Les capitouls, 815. — Reunion des protestants, hostilité du sénéchal, 816. — Arrestations ; députation à la cour, 817. — Iniquités favorisées par le parlement, 819. 820. — Oudet du Nort ministre; état des choses en février 1562, 824. 825. — Jean Fontenay diacre, 847. — Massacres à, II, 762.
TOUQUES, localité du Calvados, II, 721.
TOUR, Alexandre de la, écuyer de Guillaume prince d'Orange et gouverneur à Orange, III, 260. 261. 264.
TOUR, Antoine de la (voy. LA TOUR).
TOUR, sieur de la, gouverneur intérimaire protestant de Montauban, III, 70. 73. 75. 84. 85.
TOUR, N. de Gondi, sieur de la, frère du comte de Retz, III, 471.
TOUR, Jean de Tournay, dit de la, ministre (voy. LA TOUR, J. de).
TOURAINE, Raymond comte de, I, 357.
TOURETTE-LES-FAYENCE, localité de Provence, III, 343. 349.
TOURIES, localité de Provence, III, 373.
TOURNAY, Jean de (voy. TOUR, J. de la).
TOURNEL, baron de, gentilhomme de Rouergue, III, 202.
TOURNELLE, Chambre de la, à Paris, I, 109. 168.
TOURNELLE, LA (voy. LA TOURNELLE).
TOURNIER, greffier criminel à Toulouse, III, 26. 35.
TOURNIER, N., procureur catholique à Toulouse, I, 825. 835.
TOURNOIR, du, président du parlement, l'un des chefs de la faction catholique à Toulouse, I, 825.
TOURNON, ville de l'Agenois, II, 762. 773. III, 304.
TOURNON, sieur de, persécuteur à Annonay, I, 341.

TOURNON, François de, archevêque de Lyon et cardinal, I, 16. 31. — Provoque des persécutions contre les Vaudois, 44. — Assiste au procès d'Anne du Bourg, 227. — Oncle de Montbrun, 353. — Traite avec lui, 362. — Provoque une bulle du pape, 384. — Mêlé aux projets des Guise à Orléans, 397. — Leur partisan, 402. — Assiste aux Etats-généraux, 407. — Empêche la rupture avec le roi de Navarre, 454. — Son discours à l'ouverture du colloque de Poissy, 502. — Son invective contre Théodore de Bèze, 521. — Son attitude lors de la seconde séance, 553. — Intrigue auprès du roi de Navarre, 688. 772. — Introduit chez lui comme espion un médecin italien, II, 649.
TOURNUS, localité de la Bourgogne, III, 412. 419. 422.
TOURPES (Tourves), localité de Provence, III, 369. 374.
TOURRIE, capitaine huguenot à Béziers, III, 160.
TOURS, ville de Touraine; commencements de l'Eglise, I, 105. — Ministres, 148. — Désordres, 149. 299. 301. 302. — Les protestants se saisissent d'églises, 741. — Tendances libertines, 753. — Prise par le triumvirat, II, 101. 131. — Les protestants se réfugient à Montargis, 464. — Massacres à, 581. 582.
TOURY, sieur de, meurt de la peste à Orléans, II, 110.
TOUTEVILLE (Estouteville), dame de, veuve du duc de Nevers, II, 707.
TOUVILLON, cadet d'une compagnie catholique, III, 173.
TOUX, Antoine, huguenot tué à Lourmarin, III, 364.
TOUXIGNY (voy. TAUXIGNY).
TOUZELLES, Jacques de, avocat à Issoudun, I, 299.
TRAILLES, juge à Condom, apostat persécuteur, I, 793. — Réponse de Burie à ses plaintes, 794.
TRAINEL, sieur de (voy. CHAPELLE-DES-URSINS, La).
TRAMERY (ou Tremery), capitaine ca-

tholique devant Sancerre, II, 438. 513.
TRANCHANT, Jean, archiprêtre à Sancerre, I, 20.
TRANCHANT, Mathurin, diacre à Avert, I, 202. 318.
TRAPIER, Antoine, huguenot de Senlis, supplicié à Paris, II, 342.
TRAVES, sieur de, gentilhomme huguenot, conduit Poltrot chez Coligny, II, 268. 300.
TREBONS (ou Trebous), capitaine catholique à Toulouse, III, 8. 11. 17. 78.
TREILLANS, cadet, capitaine catholique dans la Lozère, III, 194. 196. 197. 199. 201.
TREILLES (voy. TRAILLES).
TREIZEMINES, village vaudois de Provence, I, 45.
TREMBLAYE, sieur de la, capitaine protestant à Tours, II, 587.
TREMELLIUS, Emmanuel, juif converti de Ferrare, député par les Messins à Antoine de Navarre, III, 448. 449.
TRÉMOUILLE (ou Trimouille), Louis de La, seigneur de Sully et de Thouars, persécuteur des protestants, I, 742. II, 251. 516. 527. 569. 571. 575. 601.
TRÉMOUILLE, Claude de, sieur de Nermoutiers (voy. NERMOUTIERS).
TRENCAIRE, soldat huguenot d'Agde, III, 172. 173.
TRENTE, ville du Tyrol; concile à, I, 47. 286. — Bulle de Pie IV pour la reprise des séances, 384. 446. 449. 881.
TRÉON (ou Trion), bourg près de Dreux, II, 230. 232. 237. 257.
TRÉPORT, Le, ville de Normandie, II, 675.
TRÉS, sieur de, premier président au parlement d'Aix, III, 358.
TRESSEBOIS, localité de Saintonge, II, 832.
TRESSELIN, Edon, catholique massacré à Marseille, III, 357.
TRESVES, soldat et martyr à Toulouse, III, 36.
TRÉVANS, Saint-André de, abbaye en Provence, I, 377.
TRÉVOUX, localité de la principauté de Dombes, III, 234.

TREYS (voy. DARIAT).
TRÉZAC (voy. THIÉZAC).
TRIBUTIIS, Honoré de, conseiller au parlement d'Aix, commissaire contre les Vaudois, I, 44. 72.
TRICHER, Elie et Jean, sieurs de Maligny en Champagne, pillards défaits, II, 392.
TRICHERIE, sieur de la (voy. GANELON).
TRIGALET, Jean, licencié-ès-loix, brûlé à Chambéry, I, 97.
TRION (voy. TRÉON).
TRIOU, Gilles, dit le Gantier, témoin au procès de Condé, I, 464.
TRIPIER, Aimery, martyr au Mans, II, 530.
TRIPIER, Innocent (voy. sieur de MONTERUD).
TRIPOLI, bastide près de Fayence; un prêtre y est assassiné, III, 349.
TRIUMVIRAT, le, ses commencements, I, 688. — Ses mesures contre l'Edit de janvier, 720. — Tient conseil à Paris, II, 4. — Mène le roi à Melun, 7. — Requête du triumvirat au roi, 42. 43. — Seconde requête, 46. — Envoie Roggendorf lever des mercenaires en Allemagne, 88. — Feint de vouloir se retirer, 92. 93. — S'empare de Blois, Tours, Poitiers, Saumur, 101. 102. — Troupes étrangères à son service, 103. — Efforts de Roggendorf, 107. 110. — Provoque des monitoires épiscopaux contre les huguenots, 127. — Son armée tire sur Rouen, 127. — Ordonne la remise des villes de Savoie, 137. — Accusé par Spifame à Francfort, 180. — Prend des mesures pour empêcher le retour d'Andelot en France, 186. — Son armée quitte la Normandie, 191. 192. — Envoie Saint-Mesmin pour endormir les soupçons de Condé, 193. — Mouvements de son armée, 226. — Vers Dreux, 229. — Passe l'Eure, 230. — Force de leur armée à Dreux, 233. — Son avant-garde, 236. — Pertes subies, 240. 242. — — Ses troupes pillent les protestants, 254.
TROARDIÈRE, LA, sergent de la compagnie de Noisy, II, 447.

794   *Table alphabétique.*

TROMBAULT, Jean Martin, persécuteur des Vaudois, mordu par un loup enragé, I, 138.
TROIA, de, cordelier fanatique à Poitiers, I, 63.
TROMPETTE, Chateau-, fort de Bordeaux, II, 755. 756. 766.
TROMPETTE, LA, huguenot massacré à Autun, III, 400.
TRONSON, Jean, conseiller rapporteur contre les protestants de Meaux, I, 51.
TROPHÊME, « travailleur » et martyr à Arles, III, 353.
TROQUEMARTON (voy. THROCKMORTON).
TROUAN, sieur de, attaque Entrain, tué, II, 425.
TROULDE, Etienne, marchand de Valognes, II, 704. 705.
TROUILLET, Jacques, dit des Roches, ministre à Rouen, I, 112. 310.
TROUSSE, LA (voy. LA TROUSSE).
TROYES, ville de Champagne; commencements de l'Eglise, I, 65. — Accroissement, 82. — Scandales à, 84. 85. — Défection de Caraccioli, 86. — Dispersion 112. — L'Eglise dressée, 139. — Son état florissant, 292. — Persécutions, 293. 294. — Sorel, ministre, 766. — Bourgoing ministre, 767. — Goulard tué, II, 131. — Caraccioli, 148. — Saint-André et Nevers y arrivent, 186. — Croissance de l'Eglise, 370. — Nevers, gouverneur de Champagne, gagné au triumvirat, 371. — Opprime ceux de la religion à Troyes, ibid. — Protestants envoient des secours à Orléans, 374. — Desbordes y devient lieutenant du roi, 375. — Les catholiques réunissent des troupes dans la ville, 376. — Premiers meurtres, 377. — Le ministre Sorel sauvé, 378. — Progrès de la persécution, 379. — Emprunt levé sur les protestants, 382. — Massacres à, 383. — Le corps de Guise traverse Troyes, 384. — Maisons saccagées, 385. — Les protestants de Troyes supris à Sens, 404. 405.
TROYS, Jean de, abbé de Gastines, émissaire des Guise envoyé en Espagne, arrêté à Orléans, II, 154. — Supplicié, 187. 188.
TRUCHON, N., premier président au parlement de Grenoble, ses exploits à Valence et à Montélimart, I, 350. 351. 367. — Provoque aux Etats de Grenoble une expédition contre Pragela, 372. — Son attitude hostile à Grenoble, 890.
TRUCHON, Philippe, martyr à Longué, II, 560.
TRUELLE, capitaine huguenot d'Agen, I, 823. — Fait une sortie, II, 772. 773.
TRUYE, LA (voy. Pierre CHEVALIER).
TUBEF, consul et martyr à Toulouse, III, 34.
TUBINGUE, ville du Wurtemberg, II, 86.
TUFFANI (Tuffany), Guillaume, l'un des chefs des réformés à Montpellier, III, 146.
TUFFIER, Jean, martyr à Arles, III, 352.
TULINS (Tullins), localité du Dauphiné, III, 303.
TULOTTE (Tulettes), localité de la Drôme, III, 273.
TUQUET, N., consul à Castelnaudary et martyr, III, 139.
TURÉES, Sébastien, juge à Revel, III, 156.
TURIN, ville du Piémont; un martyr à, I, 158. — Rendue au duc de Savoie, II, 138. 141. 142. — Persécutions à, III, 386. 388. 389.
TURIN, parlement de, persécuteur, I, 111. III, 387.
TURPIN, Olivier, procureur à Craon, II, 575.
TURQUEVILLE, sieur de, capitaine catholique en Normandie, II, 705.
TURREAU, Pierre, régent à Dijon, I, 80.
TUSAN, Jacques, professeur de grec au Collège de France, I, 4.
TYRAN, Sébastien (voy. TIRAN).
TYSART, martyr à Vendôme, II, 538.

U.

UBAN, sieur d' (voy. du BAN).
UBAYE, village de Provence, III, 332.
UCHAUD, village (voy. VEHAU).
ULMO, de, président au parlement de Toulouse, déposé et exilé, I, 837.

Table alphabétique.

UNDERWALDEN (Unterwalden), canton suisse, II, 82.
URDES, Lucas, docteur catholique de Toulouse, envoyé à la cour, I, 817. 819. 825.
URÉGON, Jean, dit L'Armade, meurtrier catholique à Arles, III, 353.
URI, canton suisse, II, 82.
URSINS, aux (voy. CHAPELLE-AUX-URSINS).
USACHAS, Jean Raymond, meurtrier à Arles, III, 339.
USELAT, Augustin, huguenot à Forcalquier, III, 358.
USSON, sieur d' (voy. DUSSON, de).
UTROLIS, huguenot tué à Grasse, III, 360.
UZA (Usas), vicomte d', capitaine catholique, attaque Bazas, II, 757.
UZAS, capitaine huguenot sous les ordres de l'amiral, commandant de Sully, II, 253. — Se rend, 266.
UZÈS, ville du Gard, III, 174. 175.
UZÈS, évêque d' (Gabriel du Chastel), assiste à la déclaration d'innocence de Condé I, 467.
UZÈS, duc d' (voy. CRUSSOL).

V.

VABRES, évêque de (François de La Valette-Parisot), vicaire du cardinal d'Armagnac, I, 337. 861.
VACCHIER, Raymond, meurtrier catholique à Arles, III, 353.
VACHAL, Raymond, dit de Cabrières, meurtrier catholique à Arles, III, 353.
VACHE, LA, espion à Toulouse, I, 327.
VACHE, DU, (voy. DU VACHE).
VACHIÈRE (Vachères), localité de Provence, III, 360. 370.
VACHIÈRES, dame de; son «porteur de lettres» massacré, III, 360.
VAILLAC, sieur de, capitaine du Château-Trompette à Bordeaux, entrave l'Evangile à Agen, I, 791. — Envoyé par Burie à Montauban, 853. 854. — Burie l'appelle à son conseil, II, 764. — Son lieutenant huguenot veut livrer le Château-Trompette, 765. 766.

VAILLANT, conseiller à Paris, II, 310.
VAILLANT, Robert, soldat huguenot à Montauban, III, 129.
VAILLANT, Roland, ministre de Marmande, tué, II, 768.
VAILLANT, Edine, blessée au massacre de Vassy, I, 726.
VAINTE, Foulcrand, traître à Béziers, III, 169.
VAIRAGNES (Varagnes), Isaac de Gach, sieur de, gentilhomme huguenot des environs de Castres, III, 143.
VAISSE, Bernard, diacre à Milhaud, ministre à Villefranche, I, 216. 337. — Emprisonné à Rhodez, 857. — Dresse l'Eglise de Villeneuve, 866. III, 62. 192.
VAL, Charles du, conseiller au parlement de Rouen, II, 628.
VAL, Etienne du (voy. sieur du MAST).
VAL, du, évêque (voy. DU VAL).
VALABRIGUE (Vallabrègues), localité du Gard, III, 155.
VALECH, Antoine, dit La Coste, huguenot de Roquebron, massacré, II, 476.
VALÉE, sieur de la (voy. LA VALÉE).
VALEMANNE, sieur de, gentilhomme huguenot de l'Agenois, III, 65.
VALESANS, Les (troupes du Valais), accordés à ceux de Lyon, III, 225. 227.
VALENCE l'abbé de (voy. de VEIRAC).
VALENCE, l'évêque de (voy. Jean de MONLUC).
VALENCE, ville du Dauphiné; établissement de l'Eglise, I, 219. — Troubles, 342. — Publication de l'Edit d'Amboise, 343. 365. — Troubles à, III, 251. 252, 255. — Des Adrets y fait conduire de l'artillerie, 259. — Il marche vers Valence, 269. — S'y retire, 273. 274. 275. 277. — Furmeyer y arrive, 289. 292. — Des Adrets revient à Valence, 301. 302. — S'y livre à des actes suspects, 303. 304. 305. 306.
VALENCIENNES (ou Valentiennes), François de, lieutenant particulier à Issoudun, I, 709. — Mis en prison comme huguenot, II, 506.
VALENTIN, marchand à Montauban, III, 73.

VALENTINOIS, duchesse de (voy. DIANE DE POITIERS).
VALENTINOIS, sénéchal de (Félix de Barjac), I, 343. III, 224. 306.
VALERY, Jean, évêque suffragant à Agen, I, 26. — Ses mœurs, 28. 102.
VALESTRE, chef de maraudeurs catholique, tué dans le Languedoc, III, 168.
VALETON, Nicolas, martyr à Paris (affaire des placards), I, 21.
VALETTE, Antoine, protestant de Négrepelisse, diacre de Vieulle, I, 850.
VALETTE, Etienne, aubergiste à Mamers, II, 530.
VALETTE, Laurent, avocat et capitoul protestant à Toulouse, I, 815.
VALETTE, sieur de la (voy. LA VALETTE).
VALFINIÈRES (René de Provanes-Valfénières), capitaine huguenot à Rouen et Dieppe, II, 638. 641. 661. 662. 671. 673. 675. 676. 678.
VAL FRANCESE; Eglise dressée par le ministre Térond, I, 866.
VALIN (ou Varin), Olivier, ministre à Metz, III, 457. 470. 473. 474.
VALINS, LES, château près de Saint-Mesmin; Poltrot séjourne aux environs, II, 268.
VALLÉE, de la, dit Folion (voy. LA VALLÉE).
VALLÉE DE GROSBOIS, La, lieu près de Paris; le ministre Corlieu y a une aventure, II, 293.
VALLÉE, Jérémie, ministre à Loisy-en-Brie, II, 359.
VALLEFÉNIERES, sieur de (voy. VALFINIÈRES).
VALLENSONNE (Valensolle), localité de Provence, III, 338. 364. 365.
VALLERON, capitaine persécuteur des Vaudois, I, 46.
VALLEZ, Jean de, consul à Montpellier, I, 883.
VALLIE, Louis, maçon tué à Brignoles, III, 366.
VALLIER, Jacques, ministre à Rouen, I, 308.
VALLIER-BRESAY, sieur de, député de la noblesse d'Angers aux Etats, I, 304.
VALLIÈRES, sieur de, capitaine protestant à Tours, II, 587. 588.
VALLIÈRES, La, affluent de la Seille, près de Metz, III, 461.
VALLOG, Claude du, capitaine huguenot du Dauphiné, III, 314.
VALOIS, Philippe de (Philippe VI, roi de France), I, 410.
VALONGNES (Valognes), bourg et château de Normandie; massacres à, 701. 702. 705. 722.
VALSERGUES, sieur de, à Vlllefranche-de-Rouergue, III, 192. 193. 202.
VALSIÈRE, Elione, bourgeoise d'Hyères, III, 350.
VAME, Louis de, beau-frère du baron d'Opède, se noie dans la Durance, I, 47.
VANAY, sieur de (voy. BERTHIER).
VANDOVERE (Vendeuvre), localité du Poitou, II, 588. 591.
VANIER, Simon, martyr à Bellême, II, 540.
VANTEBRAN (ou Ventabren ou Ventraban), Jean de Quiqueran, sieur de, capitaine catholique en Provence, I, 898. 901. III, 155. 260. 345. 352. 353.
VANTEBRAN, Gaucher, sieur de, dit Méjanes, capitaine catholique en Provence, III, 271. 353.
VAQUE, Jérôme, bourgeois de Montauban, III, 64.
VARADE, sieur de, conseiller au parlement de Paris, l'un des juges de Poltrot, II, 319.
VARAGES, localité de Provence; combat entre Flassans et Mouvans à, I, 898. III, 348.
VARAGLE, Geoffroi, martyr à Turin, I, 158.
VARANNE, LA, sage-femme au Mans. II, 529.
VARCE, sieur de, gentilhomme catholique du Dauphiné, III, 310.
VARENNES-LES-MÂCON, localité de Bourgogne, III, 417.
VARENNES, Jacques de, huguenot de Dijon; sa maison saccagé, I, 778.
VARILLES, localité du comté de Foix, III, 209.
VARIN, Olivier (voy. VALIN).
VASCOSSAN, imprimeur à Paris, III, 33.

Table alphabétique.

Vassé, Antoine, martyr à Marseille, III, 339. 356.
Vasset, contrôleur à Ingrande, martyr à Angers, II, 559.
Vasseur, Le, procureur de la ville, à Dieppe, II, 683.
Vassy (voy. sieur de La Forest).
Vassy, ville de la Haute-Marne ; Eglise constituée ; massacre des huguenots à, I, 721. — Noms des victimes, 725. 726. — Emotion produite par le massacre dans l'Eglise de Paris, II, 1. 58. — Massacre de, 183. 189.
Vatable, François, savant hébraïsant à Paris, I, 4.
Vatanquitte, sonneur de cloches, martyr à Limoges, II, 835.
Vau, Pierre de la (voy. La Vau).
Vau, Nicolas du, ministre à Marennes, II, 830.
Vaubrisseau, sieur de, ancien gouverneur de Rochefort, II, 562.
Vaudeirre (voy. Vaudeurs).
Vauderay (Vendrest), localité de Seine-et-Marne ; les habitants en attaquent la princesse de Condé, II, 11.
Vaudeurs, localité de l'Yonne ; conjuration contre les protestants, II, 393.
Vaudois à Cabrières, Mérindol, Lourmarin, I, 35. — Font imprimer la Bible d'Olivetan, 36. — Lettres de grâce pour eux, 37. — Leur confession de foi de 1543, 37. — Lettre de révocation de l'arrêt de Mérindol, 70, 137.
Vaudray, village de Normandie, II, 711.
Vaudray, Anne de (voy. Saint-Fale).
Vaugirard, localité près de Paris ; l'infanterie de Condé s'y loge, II, 196.
Vauguion, La, capitaine catholique persécuteur à Négrepelisse, III, 63
Vauguyon, sieur de la, sénéchal du Bourbonnais, II, 479. 601. 757.
Vault (Vaux), village près de Metz, III, 470.
Vaumont, N. de, sieur de la Lande, capitaine huguenot à Vire, tué à la prise de la ville, II, 716.
Vaumont, de, sieur de la Lande, cadet, massacré après la prise de Vire, II, 719.
Vaupierre (Orpierre), bourg du Dauphiné, I, 364. III, 278.
Vaur, La (voy. Lavaur).
Vaur, Le (voy. La Vaur).
Vauréas (Valréas), localité de la Vaucluse, I, 356. III, 271. 272. 273. 275. 298.
Vaurias, Richard de, capitaine catholique à Pierrelatte, III, 265.
Vauselles (ou Vauselle) moulin près de Bourges, II, 495. 496.
Vausienne, Jean, martyr à Vassy, I, 725.
Vaussoudun, localité près d'Orléans ; lieu de campement de la cavalerie orléanaise, II, 91.
Vauville, Richard, moine augustin, prêche l'Evangile à Bourges, se retire en Angleterre, meurt à Francfort, I, 56.
Vaux, de, docteur en Sorbonne, dispute avec le ministre La Haye, II, 430.
Vaux, Gilbert de, écuyer de Condé, I, 271.
Vaux, Jean du (voy. J. Du Vaux).
Vayr, Denis Le (voy. Le Vayr).
Vayson (Vaison), localité de Vaucluse, I, 359. III, 271.
Vaysse, Antoine, médecin à La Charité, rançonné à Chalonne, maison de Nicolas de Bèze, II, 431.
Vaysse, Bernard (voy. Vaisse).
Veau, Jean, tué à Céant-en-Othe, II, 394.
Vedonne (Vedènes), localité de Vaucluse, III, 264.
Vedoque, Lucas, dit du Mont, ministre à Saint-Jean-d'Angely, I, 155.
Vegat, Jean de, tué à Marseille, III, 356.
Vehau (Uchaud), village près de Nîmes, III, 163.
Veine, La, de Lodève, enseigne de Joyeuse, défait par Baudiné, III, 158.
Veirac, de, abbé de Valence, à Poitiers, penche vers l'Evangile, I, 63.
Velaux, localité de Provence, III, 355. 373. 377.
Vely, de, protonotaire, parlementaire royal devant Rouen, II, 641.
Venaissin, Le Comtat (ou Comtat de

Venise), I, 41. — Guerre de Montbrun contre le légat du pape au, 356. 358. 359. 361.
VENCE, localité de Provence, III, 360.
VENDARGUES, village de l'Hérault, III, 167.
VENDÔME, ville de Loir-et-Cher; Eglise fondée, II, 247.
VENDÔME, François de, vidame de Chartres, sa déposition au procès de Condé I, 465. — Sa mémoire réhabilitée, 467.
VENDÔMOIS, pays du, I, 263.
VENDÔMOIS, le receveur du; l'avocat huguenot Boulart est enfermé dans sa maison à Paris, I, 238.
VENÈS, localité du Tarn, III, 157.
VENISE, comtat de (voy. VENAISSIN, COMTAT-).
VERNOT, Florent, de Sedane en Brie, martyr à Paris, I, 81.
VENTADOUR, Gilbert de Lévis, comte de, lieutenant du roi en Limousin, II, 835.
VENTADOUR, François, comte de (voy. d'ESCARS).
VENTABRAN, de (voy. VANTEBRAN).
VENTAVON, localité du Dauphiné, III, 276.
VENTEROL, sieur de, capitaine catholique en Dauphiné, III, 260.
VENTILLAC, village du Quercy; images détruites, I, 847.
VENTOUX, sieur de, capitaine catholique, gouverneur de Beaune, III, 401. 402. 403. 404.
VÉOLLAC-REYMES (Verlac-Reyniés), sieur de la, gentilhomme protestant à Montauban, III, 68.
VER (Vergt), localité du Périgord, II, 787. 790.
VER, localité de Champagne; le ministre Fournier y rétablit l'Eglise de Loisy-en-Brie, II, 369.
VÉRAC, sieur de, gentilhomme poitevin; son fils tué au siège de Poitiers, II, 607.
VÉRAN, David, ministre à Bourges, I, 295.
VERD, capitaine huguenot envoyé de Toulouse au secours des protestants de Montauban, I, 830.
VERDEIER, sieur de, gentilhomme catholique du Dauphiné, III, 310.

VERDAILLE, capitaine catholique devant Béziers, III, 176.
VERDET, Jean, huguenot tué à Forcalquier, III, 359.
VERDET, procureur du roi à Jargeau, assassine un protestant, est pendu à Orléans, I, 739.
VERDIER, huguenot tué à Céant-en-Othe, II, 394.
VERDIÈRE, Philippe de Castellane, sieur de la, capitaine catholique en Provence, III, 326.
VERDON, Le, rivière de Provence, III, 342.
VERDOY, DU (voy. DU VERDOY).
VERDUM, moine de Saint-Denis, prêche l'Evangile à Chartres, I, 758.
VERDUN; un ancien capitaine de l'évêque de, se saisit de Bar-sur-Seine, II, 385.
VERDUN, Robert de, martyr à Valognes, II, 704.
VERDY, Jean de, huguenot blessé à Châtillon, II, 440.
VERFEUIL, bourg de la Haute-Garonne, III, 20. 27.
VERGER, Claude du, député de Bourges aux Etats d'Orléans, I, 296.
VERGER, Guillaume du, caporal protestant à Montauban, tué près de Mirabel, III, 92.
VERGERIUS (Vergerio), Paolo, ancien évêque et ambassadeur du pape, se prononce contre le concile de Trente, I, 449.
VERGNE, LA (voy. LA VERGNE).
VERGONS, localité de Provence, III, 378. 379.
VÉRIET, Jean, curé de Saint-André à Autun, prêche le pur Evangile, I, 219.
VERLAC, sieur de, gentilhomme envoyé en parlementaire à ceux de Montauban, III, 122, 123. 126.
VERLAC-TESCOU, localité près de Montauban, III, 66.
VERLIGNY, sieur de, huguenot réfugié en Angleterre, accusé de lèse-majesté; son extradition demandée, II, 738.
VERMEIL, Mathieu, martyr au Brésil, I, 161.
VERMIGLI, P. (voy. Pierre MARTYR).
VERNADE, sieur de la (ou Vernède),

Table alphabétique. 799

capitaine protestant à Montauban, III, 68. 70. 73. 79. 86. 91. 92. 94. 95.
Vernet, Giraud, chirurgien tué à Cavagnac, II, 475.
Vernet, du, lieutenant principal à Carcassonne, III, 141.
Vernon, localité du Vexin, II, 130.
Vernot, Florent, martyr à Paris, I, 81.
Vernou, Jacques, écolier de Genève, brûlé à Chambéry, I, 97.
Vernoux, Jacques, cordelier agitateur à Issoudun, I, 147.
Vérone, ville d'Italie, patrie des Scaliger, I, 11.
Verquères, village près d'Aurillac, II, 476.
Versé, sieur de, gentilhomme catholique du Dauphiné, III, 313.
Versoris, Guillaume, conseiller au Châtelet, à Paris, I, 234.
Vertueil (Verteuil), localité de la Charente, II, 821.
Verty (ou Vertis), sieur de, capitaine huguenot à Lyon, III, 217. 222. 223. 410. 415. 417. 422.
Vervin, avocat à Grenoble, III, 288. 312.
Verzac (Vézac ?), localité de la Lozère, III, 199.
Vesin, Jean de (ou Vezin), capitaine catholique en Rouergue et Gévaudan, III, 193. 196.
Vesines, Jean de, maréchal de la garnison de Gien ; son fanatisme, II, 455.
Vesse, François, conseiller à Bourges, I, 83.
Vesset, sergent de Laboria à Montauban, III, 120. 124.
Vessière, Jean, excommunié à Montauban, III, 124.
Veuilles (Veules), village de Normandie, II, 675. 676. 696.
Vexin, province de France ; saccagements et meurtres au, II, 129. 130.
Veyne, Guyot de (voy. Guyot).
Vézac, localité de l'Auvergne, II, 473.
Vezelay, localité de l'Yonne ; Église de, I, 65.
Vezien, conseiller catholique au parlement de Toulouse, I, 825.
Vezin, de (voy. Vesin).
Vezines, N. Stuart, seigneur de, I, 248. — Le connétable se rend à lui à Dreux, II, 235.
Vezon, localité (voy. Vayson).
Vial, Suffren, huguenot tué à Forcalquier, III, 359.
Vialle, Louise, tuée à Gordes, III, 370.
Viarron (Viabon ?), bourg du pays Chartrain, II, 250.
Viard, Jean (voy. Biard).
Viart, Jacques, président à Metz, III, 461. 466. 468. 476.
Vic, localité de Lorraine, III, 432. 457.
Vic, Nicolas Le, bourgeois huguenot de Metz, III, 464.
Vicence, ville d'Italie, I, 11. 384.
Vicomte, Le, bourgeois huguenot de Paris ; assemblées tenues chez lui, I, 231. 232. 233. 234. 235.
Victoris, Henry, conseiller au parlement d'Aix, I, 374.
Vidame de Châlons (voy. Raguier), II, 110.
Vidame de Chartres (voy. F. de Vendôme et J. de Maligny).
Vidau, Jacques, meurtrier catholique à Arles, III, 353.
Viel, Le, capitaine catholique à Toulouse, III, 17.
Vielcourches, capitaine huguenot à Avranches, II, 330.
Vieilleville, François de Scepeaux, sieur de, maréchal de France, gouverneur de Metz, I, 310. 311. — Le cardinal de Lorraine lui écrit pour faire venir des ministres luthériens à Poissy, 527. — Envoyé à Rouen, II, 254. — Son entrevue avec le ministre Fournier à Châlons, 364. — Querelle avec Villebon, 661. — Vient à Rouen, 670. — Doit faire observer l'Édit de pacification dans le sud-ouest, III, 315. 381. 384. — Gouverneur à Metz, 437. — Défend d'y persécuter les protestants, 438. 440. — Va en France, 441. — Revient, 442. 443. 444. — Ses intrigues, 453. 454. 459. — Expulse les protestants, 460. — Ils reviennent, 461. 464. 465. 467. 468. 469. — Meurt, 471.
Vienne, archevêché de (en Dauphiné), I, 8. 9.

800 *Table alphabétique.*

Vienne, archevêque de (voy. Charles de Marillac).
Vienne, ville du Dauphiné; les protestants y sont emprisonnés, I, 890. — Son sort dans les luttes en Dauphiné, III, 277. 278. 282. 283. 284. 289. 290. 292. 296. 298. 304. 305.
Vierzon, localité du Berry, se rend à Montgomery, II, 489.
Vieulle, localité du Quercy, I, 850. III, 118.
Vieux-Ponts, maison seigneuriale en Normandie, II, 671.
Vigan, Le, localité des Cévennes (Gard); Eglise au, I, 341.
Vigean (ou Vigen), François du Fou, sieur du, II, 105. — Envoyé à Tours, 583. — A Poitiers, 601.
Vigenaire, secrétaire du duc de Nevers et son instigateur contre les protestants, II, 241. 371. 373. 375. 409.
Vigier, Jacques, huguenot, aide à déjouer une surprise sur Arvert, II, 832.
Vignaux (ou Vignols) (voy. Le Masson, Jean).
Vigne, chevalier de la, gouverneur catholique de Chanac, III, 195.
Vigne, sieur de la (voy. Léon de Mombrun).
Vignes, Arnaud de (voy. de Montesquieu).
Vignol, Michel, ministre à Beaune, I, 782.
Vignole, Jean de la (voy. La Vignole).
Vignols, Jean (voy. Vignaux).
Vignon (Viggiona), localité de Savoie, II, 141.
Vigny, sieur de, gentilhomme tué avec les siens dans l'Yonne, II, 391.
Vigor, Simon, docteur en Sorbonne, I, 93. — Assiste à la conférence de Saint-Germain, 692. III, 475.
Vigour, Saint- (voy. J. de Selve).
Vigreux, marchand d'Orléans, fait condamner La Fayette à Nevers à lui rendre ses marchandises, II, 415.
Viguier (voy. J. de Ricard).
Vilaire, Josse, martyr à Montauban, III, 78.
Vilarmois, capitaine catholique à Valognes, II, 706. — Sa cruauté, 708.

Viliers, de (voy. Loiseleur).
Villa, Barthélemy de Ferrier, sieur du, gentilhomme protestant décapité à Carcassonne, III, 153.
Villabert, sieur de, pillé à Sens, II, 401.
Villain, George, blessé au massacre de Vassy, I, 727.
Villaines, localité du Maine, II, 535.
Villarceaux, sieur de, gouverneur de Mantes, II, 130.
Villars, château près de Rouen, II, 635.
Villars, comte de, capitaine catholique en Languedoc, I, 217. — A Montpellier, Aigues-mortes et Beaucaire, 333. 334. 335. — Persécute les protestants des Cévennes, 339. 340. 457. 881. — Au Conseil, II, 12. — A Chatellerault, 588. 591. 604. — Devant Poitiers, 606.
Villars, compagnie de, massacre des protestants de Gien à Saint-Brisson, II, 455.
Villate, faubourg d'Issoudun, II, 492.
Ville, capitaine catholique, blessé à Angers, II, 549.
Ville-sur-Arce, sieur de la, capitaine catholique, cherche à reprendre Bar-sur-Seine aux protestants, II, 386.
Villebon d'Estouteville, lieutenant du roi à Rouen, y réprime le mouvement protestant I, 308. 310. 311. — Expulsé par les religionnaires, II, 612. 614. 616. — Se saisit de Pont-de-l'Arche, 617. 618. 619. — Attaque Rouen, 620. 624. — Assiège Tancarville, 635. — Dresse le rôle des rebelles de Rouen, 651. 660. 661. — Vieilleville lui coupe le poing, 670. 675. 676. — Somme ceux de Rouen de se rendre, 689. 698.
Villefaller (?), localité de Savoie, II, 141.
Ville-Francesque, localité des Cévennes, évangélisée par un libraire de Genève, I, 218.
Villefranche, ville du Rouergue, I, 157. 192. — Suppression transitoire du culte, 337. 338. — Synode, 770. 844. 863. — Schisme entre les ministres, 864. — Synode, 865. —

Table alphabétique. 801

Eglises catholiques saisies, 866. II, 762. III, 63. 193. 198. 199. 202.

VILLEFRANCHE, ville du Lyonnais; Denis Peloquin y est pris et supplicié, I, 90.

VILLEFRANCHE (Villafranca), localité de Savoie, II, 141. III, 389.

VILLEFRANCHE (-sur-Cher), près de Celles; Poltrot y rencontre La Rochefoucauld, II, 302.

VILLEFRANCHE-SUR-SAÔNE, localité du Beaujolais, III, 223. 233. 415.

VILLEFRANCON, sieur de, gentilhomme bourguignon catholique, beau-père de Tavannes, I, 784, 785.

VILLEGAGNON, sieur de (voy. Nic. DURANT).

VILLEHEUSE, Pierre, prêtre à l'abbaye de Saint-Calais, II, 538.

VILLELOBIER, sieur de, gentilhomme catholique devant La Charité, II, 429.

VILLEMADON, ancien officier de la reine Marguerite de Navarre; sa lettre à Catherine de Médicis, I, 225. 226.

VILLEMAGNE, capitaine catholique à Toulouse, III, 17. — Au siège de Montauban, 78. 99.

VILLEMANCHE, un moine de l'abbaye de, établi lieutenant à Bédarieux, III, 161.

VILLEMENARD, sieur de, gentilhomme catholique de Bourges, II, 486.

VILLEMUR-SUR-TARN, localité du Languedoc, III, 67. 85.

VILLENEUFVE, Pierre de, prêtre catholique pendu à Montauban, III, 130.

VILLENEUVE, localité du Rouergue; Eglise dressée par Vaysse, I, 866.

VILLENEUVE, localité près de Montauban, III, 130.

VILLENEUVE-EN-MARSAN, localité des Landes, II, 776. 812.

VILLENEUVE-LES-BÉZIERS, localité de l'Hérault, III, 147. 148. 179.

VILLENEUVE-AUX-RICHES-HOMMES, château du sieur d'Esternay, défendu contre les Pieds-nus en Champagne, II, 392.

VILLENEUVE-D'AGENOIS; les protestants en chassent les cordeliers, I, 793. — Colloque à, II, 758. — Prise

771. — Voisin ministre, 795. — Exécutions de Monluc, 812.

VILLENEUVE-D'ASTI (Villanuova d'Asti), localité du Piémont, II, 138. 241. III, 389.

VILLENEUVE-DU-SOLLIER, localité de Savoie, II, 141.

VILLENEUVE, localité de Guyenne, occupée par les protestants, II, 754.

VILLENEUVE-D'AVIGNON, localité du Comtat-Venaissin; assassinats à, I, 888. III, 164.

VILLENEUVE, sieur de, gentilhomme catholique à Bourges, II, 486. 562. 564.

VILLENEUVE, sieur de (voy. de BERC).

VILLENEUVE, sieur de (voy. Jacques de BERNY).

VILLENEUVE-LA-COMTESSE, sieur de, capitaine catholique, pillard à Montmorillon, II, 793.

VILLERÉAL, localité du Quercy, II, 772.

VILLERETS, Pierre, protestant à Issoudun blessé, I, 146..

VILLEROCHE, Pierre, ministre à Metz. III, 441.

VILLETTE, Jean de, martyr à Saint-Remy, III, 342.

VILLIERS-COSTERETS (Villers-Cotterets), localité de l'Aisne, I, 224.

VILLIERS, assesseur des capitouls à Toulouse, III, 36.

VILLIERS (voy. LOISELEUR).

VILLIERS-MACÉ, de, martyr de Donnemarie, II, 540.

VILLIEU, capitaine huguenot sous les ordres du baron des Adrets, III, 305.

VINAY, César d'Ancezune, sieur de, persécuteur en Dauphiné, I, 347. III, 249. 279. 280. 334. 335.

VINAY, Madame de, III, 292.

VINCENCE, Jeanne, huguenote morte de faim à Cabrières, III, 376.

VINCENNES, bois de, près de Paris, I, 309. — Ordonnance de, du 18 juin 1563, III, 60.

VINCENS, pelletier, massacré à Mâcon, III, 425.

VINCENT, Jean, huguenot de Meaux, banni, I, 51.

VINCENT, Pierre, dépose au procès de Condé, I, 466.

VINCENT, serviteur du libraire Marchenoir à Paris, tué, II, 134.

III.   58

Vincent, de Cannes, martyr à Pertuis, III, 338.
Vincent, Jean, huguenot tué à Lorgues, III, 368.
Vincentio, médecin du roi de Navarre, II, 649.
Vindocin, Jérôme, moine jacobin, martyr à Agen, I, 25.
Vire, localité de Normandie; Eglise dressée, I, 220. — D'Agneaux marche sur la ville, II, 330. — Défendue par de la Neufville, prise par Montgomery, *ibid.* — Martigues s'empare de la ville, 523. — Les protestants s'en saisissent, 700. 709.
Virel, Jean, ministre à Paris, I, 490.
Viret (Virel), Mathieu, ministre à Nemours, I, 750.
Viret, Pierre, ministre et réformateur suisse, I, 89. — A Nimes, 732. — Sa lettre aux protestants de Montpellier, 886. — Y prêche, 888. — Morely lui dédie son livre, II, 34. — Prêche à Montpellier, III, 144. — Prêche à Lyon, 216. 245. — Accusé par Caroli, 435.
Virieu, localité du Dauphiné, III, 336.
Visconte, Le (voy. Vicomte, Le).
Viset (voy. G. des Portes).
Vitalis, Esprit, conseiller au parlement d'Aix, I, 374.
Vitalis, substitut du procureur du roi au parlement de Toulouse, martyr, III, 4.
Vitalis, ministre à Hyères et à Bormes, III, 378.
Viterbe, bourg du Tarn, III, 4.
Viton, Jamme, huguenot tué à Lourmarin, III, 363.
Vitré, capitaine catholique pillard à Fontenay-le-Comte, II, 609.
Vitri, le bailli de, envoyé à Loisy pour y protéger l'Eglise, II, 360.
Vitronne, Andrienne, huguenote tuée à Lourmarin, III, 372.
Vitry-le-François, ville de Champagne, II, 392.
Vivarez (Vivarais), pays de, I, 7.
Vivau, sieur de (voy. R. de Flamareux).
Vivés, Antoine, ministre à Béziers, assassiné, I, 879.
Viviers, l'évêque de (Jean-Marie Sala), vice-légat à Avignon, I, 360.

Vizille, localité du Dauphiné, III, 313.
Voisin, Jean, ministre à Agen, I, 215. — Echappe à la persécution, 320. — Ministre à Villeneuve-d'Agenois, député vers Burie, 795.
Volant, François, martyr à Toulon, II, 340.
Volegine, capitaine catholique en Provence, pille les villages vaudois, I, 45.
Vorcio, de, consul à Lectoure, I, 823.
Voréas (voy. Valréas).
Vouilly, capitaine huguenot à Dieppe; son enseigne tue un canonnier de la ville, II, 691.
Voulongne (Volonne), localité de Provence, III, 325.
Vousay, sieur de (voy. Etienne l'Allemand).
Vouzan, sieur de, gentilhomme angoumois, II, 813.
Vouzé, sieur de (voy. Vousay).
Voye, Aymon de la, martyr à Bordeaux, I, 27.
Voyon, Jean de, ministre à Angoulême, I, 214.
Vuet, Mathurin, martyr à Angers, II, 556.

W.

Waldech (Waldeck) comte de, capitaine de reîtres, rejoint Condé, II, 105.
Warwich (Warwick), Ambroise Dudley, comte de, commandant des forces anglaises en Normandie, II, 677. 681. 687. 730. 741. 743. 746. 747. 748.
Welingen (Wildungen), ville de la Hesse; on y passe en revue les troupes envoyées à Condé, II, 136.
Wiclef, Jean, réformateur anglais, I, 1.
Wittemberg, ville de Saxe, I, 4.
Wolfgang, comte palatin du Rhin; sa réponse à la missive de Condé (réponse attribuée par erreur au comte palatin Frédéric), II, 17.
Wolmar, Melchior, enseigne le droit à Orléans et à Bourges, encourage Calvin à l'étude du grec, I, 10. — Protège Amyot, 16. 17.

Table alphabétique.

WORMES (Worms), ville libre d'Allemagne, II, 136.
WURTEMBERG, le duché de, dévasté par la grêle, II, 135.
WURTEMBERG, Christophe duc de (voy. CHRISTOPHE).
WYLEACQUE (?), un protestant de, pendu à Angers, II, 557.

X.

XAINTES, Claude de (voy. SAINTES).
XAINTONGE, province de France (voy. SAINTONGE).

Y.

YAUPLUT (Eauplet), village près de Rouen, II, 638.
YCACHE, nom véritable ou nom de guerre d'un agent de la reine Catherine à Venise, I, 650.
YCARD, Etienne, meurtrier catholique à Arles, III, 353.
YCHER, Bernard, marchand huguenot à Revel, I, 873.
YETTE, Richard, martyr à Angers, I, 108.
YGUIÈRES, Les (François de Bonne, sieur de Lesdiguières), gentilhomme huguenot du Dauphiné, III, 314.
YMBAUT, Antoine, malfaiteur exécuté à Issoudun, I, 762.
YMBERT, Esprit, apothicaire, tué à Valensolles, III, 365.
YMBERT, Jean, sieur de Granes, en Rouergue, III, 198.
YMBERT, Pierre (femme de), tuée à Manosque, III, 372.
YOLLET, sieur d', gentilhomme huguenot, poursuivi par les pillards catholiques d'Auxerre, I, 772.
YON, Raoul, avocat à Rouen, hostile aux protestants, I, 774.
YSABEAU, Jean, martyr à Paris, I, 248.
YTHIER, Hugues, greffier à Beaune, III, 405.
YVOY, d' (voy. d'IVOY).
YVRY, Julien d', sergent et martyr à Angers, II, 554.

Z.

ZACHARIE le Maçon (voy. LE MAÇON).
ZIGOUSAC, capitaine catholique devant Montauban, III, 137.
ZUG, canton suisse, II, 82.
ZURICH, canton suisse, I, 4. — Ambassadeurs de, II, 82.
ZWINGLE, Ulric, réformateur suisse, I, 4. III, 456.

ERRATA.

Tome I. p. 73, ligne 1 d'en bas, lire : mil cinq *cent* cinquante et un.
» p. 104, ligne 12, lire 1 au lieu de 8.
» p. 104, ligne 15, lire 2 au lieu de 9.
» p. 113, note 1, lire *ibid.* pour *ibib.*
» p. 225, ligne 2, d'en bas, lire 3 pour 2.
» p. 303, note 1, lire *of Queen* pour *ofu Qeen.*
» p. 336, note 3, lire *Baugy* pour *Bauge.*
» p. 373, note, lire *Navarrenx* au lieu de *Navarreux.*
» p. 543, note 1, lire *Raguier* pour *Raquier.*
» p. 653, note 2, lire *argumenta* pour *argumento.*
» p. 824, note, lire *Fontenay* pour *Fontonay.*
» p. 833, note 6, lire 1619 pour 1618.
» p. 853, note 1, lire *Céant* pour *Séant.*
Tome II. p. 41, note, lire *Marcillac* pour *Marsillac.*
» p. 59, note 2, lire *Philibert* pour *Philippert.*
» p. 139, note 6, lire *reîtres* pour *reiters.*
» p. 175, ligne 4 d'en bas, lire 2 au lieu de 1.
» p. 175, en marge, lire *succès* au lieu de *succée.*
» p. 176, note, lire *margrave* pour *margraf.*
» p. 177, note 1, lire *landgrave* pour *langraf.*
» p. 177, note 5, lire *d'Oysel* pour *Doisel.*
» p. 192, ligne 3 d'en bas, lire 2 au lieu de 1.
» p. 231, note 1, lire *La Noue,* pour *Lanoue.*
» p. 239, note 2, lire 1569 pour 1567.
» p. 280, note, première ligne, supprimer *grande, mais.*
» p. 446, en marge, remplacer *355* par *356.*
» p. 521, note, lire *cène* pour *scène.*
» p. 554, ligne 12, *Loing* pour *Loire.*
» p. 582, note 1 à effacer; il s'agit évidemment, non de plats *avalés* par des paysans, mais *utilisés comme cuirasses.*
» p. 662, note 2, lire *Vaurigaud* pour *Vaurigand.*
» p. 694, en marge, lire *Tours* pour *Tour.*

Errata.

Tome II. p. 764, note 5, au lieu de *Frédéric* lire *Henri* de Foix.
» p. 766, en marge, au lieu de 650 lire 649.
» p. 831, note 1 et 2, intervertir ces deux chiffres.
» p. 835, en marge, lire 701 au lieu de 791.
» p. 838, en marge, le chiffre 703 manque.
» p. 850, en marge, lire 715 au lieu de 751.
» p. 915, supprimer la note 2 ; il ne s'agit pas de *Clérac*, mais de *Clairac*, localité près de Tonneins, dans Lot-et-Garonne.
» p. 932, en marge, lire *Terraube* au lieu de *Tarraube*.
Tome III. p. 6, note, ligne 8, lire *des Albigeois* pour *de Albigeois*.
» p. 15, note 2, ligne 3, intercaler: (Un autre) Fourquevaux servait, etc.
» p. 23, en marge, ajouter l'indication du feuillet 20.
» p. 33, note 5, lire *Adhémar* pour *Adémor*.
» p. 141, note 2, il y a confusion entre le vicomte Guillaume de Joyeuse, mort en 1592, et son fils, le duc Anne de Joyeuse, mort en 1587.
» p. 157, note 4, lire fol. 669[b] au lieu de 699[b].
» p. 163, note 8, lire *protestants* au lieu de *protestnats*.
» p. 235, ligne 16, placer la virgule après *Hispagnac*, et non avant.
» p. 236, ligne 13 d'en bas, lire *Navarre* au lieu de *Narrare*.
» p. 238, ligne 14, lire *Pailles* au lieu de *Paille*.
» p. 262, note 1, lire *ci-dessous* au lieu de *ci-dessus*.
» p. 264, le renvoi de la note 1 confond les deux Mombrun, celui de la Lozère et celui du Dauphiné.
» p. 293, en marge, lire *apaise* au lieu de *appaise*.
» p. 305, note 1, lire *données* au lieu de *donnés*.
» p. 366, note, lire 296 au lieu de 298.
» p. 392, note 1, lire *du* au lieu de *dn*.
» p. 402, ligne 3 d'en bas, lire *village* pour *viage*.
» p. 443, ligne 10 d'en haut, lire *furent* pour *furert*.
» p. 446, en marge, ajouter le chiffre 366.
» p. 453, ligne 14, lire *une* pour *un*.
» p. 458, note 5, ajouter (Bargemont).
» p. 464, en marge, lire *Amboise* au lieu de *Ambroise*.
» p. 475, note 1, lire *Valteline* au lieu de *Valtelline*.
» p. 485, ligne 11, lire *peindre* au lieu de *pendre*.
» p. 529, note 2, lire *Gournay* au lieu de *Gournais*.
» p. 561, ligne 12, lire *Souabe* au lieu de *Sonabe*.
» p. 608, ligne 4 d'en bas, lire *Marne* au lieu de *Mayne*.
» p. 611, note 1, ligne 10, lire *Cossins* au lieu de *Cossius*.

Strasbourg, imprimerie de J. H. Ed. Heitz (Heitz & Mündel).

www.ingramcontent.com/pod-product-compliance
Lightning Source LLC
Chambersburg PA
CBHW070854300426
44113CB00008B/835